Gerhard Krieger (Hg.)

Verwandtschaft, Freundschaft, Bruderschaft

Akten des 12. Symposiums des Mediävistenverbandes
vom 19. bis 22. März 2007 in Trier

Im Auftrag des Mediävistenverbandes
herausgegeben von Gerhard Krieger

Verwandtschaft, Freundschaft, Bruderschaft

Soziale Lebens- und Kommunikationsformen im Mittelalter

Im Auftrag des Mediävistenverbandes herausgegeben von Gerhard Krieger

Akademie Verlag

Abbildung auf dem Einband:
Der Erzbischof von Paris segnet den Jahrmarkt von Saint-Denis (Foire du Lendit).
Pontificale à l'usage de Sens, Paris, 14. Jahrhundert,
Ms. Lat. 962, fol. 264r, Bibliothèque nationale de France

Bibliografische Information der Deutschen Nationalbibliothek

Die Deutsche Nationalbibliothek verzeichnet diese Publikation in der Deutschen Nationalbibliografie;
detaillierte bibliografische Daten sind im Internet über http://dnb.d-nb.de abrufbar.

ISBN 978-3-05-004487-3

© Akademie Verlag GmbH, Berlin 2009

Das eingesetzte Papier ist alterungsbeständig nach DIN/ISO 9706.

Alle Rechte, insbesondere die der Übersetzung in andere Sprachen, vorbehalten. Kein Teil dieses Buches darf ohne schriftliche Genehmigung des Verlages in irgendeiner Form – durch Photokopie, Mikroverfilmung oder irgendein anderes Verfahren – reproduziert oder in eine von Maschinen, insbesondere von Datenverarbeitungsmaschinen, verwendbare Sprache übertragen oder übersetzt werden.

Einbandgestaltung: Ingo Scheffler, Berlin
Druck und Bindung: Druckhaus „Thomas Müntzer" GmbH, Bad Langensalza

Printed in the Federal Republic of Germany

Inhalt

Zur Einführung 10

Plenarvorträge

Hans-Werner Goetz
Verwandtschaft im früheren Mittelalter (I): Terminologie und Funktionen 15

Gerhard Dilcher
An den Ursprüngen der Normbildung – Verwandtschaft und Bruderschaft
als Modelle gewillkürter Rechtsformen 37

Claudine Moulin
Paratextuelle Netzwerke: Kulturwissenschaftliche Erschließung und soziale
Dimensionen der althochdeutschen Glossenüberlieferung 56

Sektionsvorträge

Praxis und soziale Lebens- und Kommunikationsformen

Kurt Smolak
Formel und Freundschaft 83

RÉGINE LE JAN
„Kompetitiver Tausch" zwischen Eliten des frühen Mittelalters 96

HERMANN KLEBER
Die Tafur im *Premier cycle de la croisade*: asoziales Gesindel, militärische
Schocktruppe, religiöse Bruderschaft oder feudaler Lehnsverband? 106

WENDELIN KNOCH
Gebets- und Lebensgemeinschaft in Freundschaft –
Bernhardinische Reformimpulse 118

RÜDIGER SCHNELL
Kommunikation unter Freunden vs. Kommunikation mit Fremden.
Eine Studie zum Privaten und Öffentlichen im Mittelalter 127

GABRIELE KÖSTER
Künstler als Mitglieder venezianischer Bruderschaften im 14. und frühen
15. Jahrhundert am Beispiel der ‚Scuola di Santa Maria della Misericordia' 151

ROBERT GRAMSCH
„Seilschaften" von universitätsgebildeten Klerikern im deutschen Spätmittelalter –
Beziehungsformen, Netzwerkstrukturen, Wirkungsweisen 176

CLAUDIA RESCH
Verwandtschaft oder Freundschaft im Angesicht des Todes:
Vmbstender am Kranken- und Sterbebett.. 189

Herrschaft und soziale Lebens- und Kommunikationsformen

TINA BODE

Klöster und Bischofssitze als Kommunikationsknotenpunkte? –
Nachrichtennetze in der ottonischen Reichskirche (936-1024) 211

GENEVIÈVE BÜHRER-THIERRY

Unter dem Blick des Herrschers: Blick, Augen und Sicht im Frühmittelalter 221

KATRIN KÖHLER

Die Königin innerhalb der früh- und hochmittelalterlichen Kommunikation 229

NORBERT BRIESKORN

Drei päpstliche Akte und ihre Wirkung auf drei Gemeinschaften 238

LEAH OTIS-COUR

Universitas: The emergence of the juristic personality of towns in the
South of France at the turn of the twelfth to the thirteenth century 253

SIMONE SCHULTZ-BALLUFF

triuwe – Verwendungsweisen und semantischer Gehalt im Mittelhochdeutschen 271

Deutung und Kritik sozialer Lebens- und Kommunikationsformen

PHILIPPE DEPREUX

Die Schenkung an die Kirche als bleibende Erinnerung an das Verhältnis
zwischen Herrscher und *fideles* im Frühmittelalter 297

DANIEL FÖLLER
„Rate, der es kann!" – Schriftkultur und Totengedenken in der Wikingerzeit 307

FRANCESCA TASCA
La famiglia dell' eretico: dalla normalità all' esclusione. Una fonte emblematica 330

SABINE OBERMAIER
„Der fremde Freund". Tier-Mensch-Beziehungen in der mittelhochdeutschen Epik .. 343

BEATRICE MICHAELIS
„Die Sorge um sich" und die Sorge um den Freund – Zur Inszenierung von
Freundschaft im ‚Prosalancelot' 363

ASADEH ANSARI
Selbstzweck und Nutzen in der Freundschaftsdiskussion der Antike
und des Mittelalters 385

ROLF DARGE
Die philosophische Lebensweise in mittelalterlicher Wertung 394

DOROTHEA KULLMANN
Der entartete Sohn – Problematisierungen von Familienbeziehungen
und sozialem Status in französischen Epen des 14. Jahrhunderts 408

SILKE WINST
Freundespaar und Bruderpaar: Verflechtungen von Freundschaft und
Verwandtschaft in spätmittelalterlichen Bearbeitungen von ‚Valentin
und Namelos' und ‚Amicus und Amelius' 427

CHRISTINA DOMANSKI
Buchillustration, die „rechte Ehe" und die Kirche als Heilvermittlerin:
Die ‚Melusine' des Thüring von Ringoltingen 440

GEORG STRACK
De Germania parcissime locuti sunt ... Die deutsche Universitätsnation und
das „Lob der Deutschen" im späten Mittelalter 472

JOHANNES KLAUS KIPF
Humanistische Freundschaft im Brief – Zur Bedeutung von *amicus, amicitia*
und verwandter Begriffe in Briefcorpora deutscher Humanisten 1480-1520 491

KLAUS OSCHEMA
Riskantes Vertrauen. Zur Unterscheidung von Freund und Schmeichler im späten
Mittelalter 510

NACHTRAG

GERHARD KRIEGER
Philosophie und soziale Lebensform im Mittelalter 533

ANHANG

Autoren und Herausgeber 561
Personenverzeichnis 564

Zur Einführung

Der vorliegende Band versammelt ausgewählte Beiträge des Vortragsprogramms des 12. Symposiums des Mediävistenverbandes, das vom 19. bis 22. März 2007 an der Theologischen Fakultät Trier und der Universität Trier durchgeführt wurde. Insofern danke ich allen, die der Einladung zur Publikation ihres Vortrages im vorliegenden Band gefolgt sind.

Am Symposium haben 206 Wissenschaftlerinnen und Wissenschaftler aus neun Ländern (Deutschland, England, Frankreich, Griechenland, Italien, Kanada, Luxemburg, Österreich, Schweiz) teilgenommen, insgesamt wurden 63 Vorträge gehalten, von diesen sind im vorliegenden Band 28 aufgenommen. Den Fächern nach reicht die Palette dieser Beiträge von der Geschichte, Germanistik und Kunstgeschichte über die Latinistik, Philosophie und Rechtsgeschichte hin zur Romanistik, Skandinavistik und Theologie, ihren Tätigkeitsorten nach stammen die Beiträger aus Deutschland, Frankreich, Italien, Kanada, Österreich und der Schweiz.

Das Thema des Symposiums und damit das des vorliegenden Bandes lautet: *„Verwandtschaft, Freundschaft, Bruderschaft ... Soziale Lebens- und Kommunikationsformen im Mittelalter"*. Leitender Gesichtspunkt für diese Thematik ist die Frage nach der Dynamik und der Bedeutung sozialer Lebens- und Kommunikationsformen, für die beispielhaft Verwandtschaft, Freundschaft und Bruderschaft, aber auch Herrschaft stehen. Zugleich werden derartige soziale Beziehungsgeflechte, ihre Deutung und Kritik in ihrem wechselseitigen Verhältnis in den Blick genommen. Unter dem Aspekt der Kommunikation geht es nicht nur um Mitteilungen in mündlicher und schriftlicher Form, sondern darüber hinaus auch um körperliche, visuelle, affektive, symbolische u.ä. Artikulationen, Darstellungen und Erscheinungen.

Die Anordnung der Beiträge folgt der des Symposiums. Das bedeutet zum einen, dass zwischen drei Plenarvorträgen und den Sektionsbeiträgen unterschieden wird. Zum anderen sind die letztgenannten Vorträge nach drei Hinsichten geordnet, deren erste das Verhältnis von „Praxis und sozialen Lebens- und Kommunikationsformen" anspricht. Die zweite Hinsicht richtet sich auf „Herrschaft und soziale Lebens- und Kommunikationsformen". Die dritte Spezifizierung gilt schließlich der „Deutung und Kritik sozialer Lebens- und Kommunikationsformen", und zwar im Religiösen, in Visualisierungen, in Sprache, Literatur und Musik, in Wissenschaft und Philosophie sowie in Politik, Recht und Wirtschaft. Darüber hinaus habe ich in einem Nachtrag einen eigenen Beitrag zum Thema „Philosophie und soziale Lebensform im Mittelalter" aufgenommen.

Auf's Ganze gesehen verbietet sich der Versuch, unter dem Aspekt sozialer Beziehungen, wie diese im Fokus der Thematik des vorliegenden Bandes angesprochen werden, so etwas wie *die* mittelalterliche Realität und Auffassung zu benennen. Ebenso wenig lassen sich in diesem Sinne einige wenige Aspekte hervorheben. Wenn dennoch in aller Vorläufigkeit und Vorsicht von einem Gesamtergebnis gesprochen werden soll, so zunächst insoweit, als eben dies zu betonen ist, dass sich das Feld sozialer Beziehungen und deren kommunikative Seite im Mittelalter als äußerst vielfältig und verschieden darstellt. Deswegen darf erwartet werden, dass die Tagung und der Band mit einer Reihe von Beiträgen durchaus Anstöße zu neuen und veränderten Betrachtungen und Forschungen im Zusammenhang des insgesamt zur Diskussion stehenden Themas geführt hat bzw. führt. Ein weiterer, das Gesamtergebnis betreffender Aspekt dürfte darin liegen, dass das (hier in einem weiten zeitlichen Sinne in den Blick genommene) Mittelalter ebenso sehr antikes Erbe darbietet und entfaltet, wie es zugleich dieses weiterentwickelt und verändert sowie Perspektiven eröffnet und möglich macht, die über das Mittelalter selbst hinausweisen und bis in die Gegenwart reichen.

Das Erscheinen dieses Band gibt mir Gelegenheit, allen ganz herzlich zu danken, die dazu beigetragen haben. Das gilt zunächst insoweit, als ich an dieser Stelle noch einmal allen Einzelpersonen und Institutionen ganz herzlich Dank sage, die zur Durchführung und zum Gelingen des Symposiums beigetragen haben. Weiter gilt mein Dank denen, die den vorliegenden Band durch finanzielle Unterstützung gefördert haben. Diesen Dank richte ich im Besonderen sowohl an das Bistum Trier wie in Richtung Theologische Fakultät Trier und Universität Trier. Zwar der Aufzählung, aber gewiss nicht der Bedeutung nach an letzter Stelle möchte ich mich schließlich von ganzem Herzen bei meinen Mitarbeiterinnen und Mitarbeitern bedanken.

Möge diesem Band eine ähnliche Resonanz beschieden sein wie dem Symposium selbst!

Plenarvorträge

Hans-Werner Goetz

Verwandtschaft im früheren Mittelalter (I): Terminologie und Funktionen[1]

I. Forschungsstand und Fragestellung

Trotz vielfältiger Forschungen der beiden letzten Jahrzehnte zu Familie und Verwandtschaft im Mittelalter birgt das Thema immer noch eine ganze Reihe von Forschungsproblemen, zu denen nicht zuletzt Terminologie und gesellschaftliche Funktionen zählen. Blickt man auf den Forschungstand,[2] dann fällt (zugespitzt) zumindest dreierlei auf:

– Die historisch-anthropologische Forschung hat sich erstens sehr viel mehr mit der Familie als mit der „Verwandtschaft"[3] befasst (oder beide Begriffe mehr oder weniger synonym gebraucht).[4] Entsprechend gibt es verschiedene „Geschichten der Familie"[5].

---

[1] Der Schlussvortrag auf dem Trierer Kongress war zugleich eine Art „Abschiedsvortrag" des scheidenden Verbandspräsidenten. Da die Druckfassung des Vortrags den Tagungsband „gesprengt" hätte, habe ich mich für einen Abdruck dieses ersten Teils entschieden. Der zweite Teil hat das Problem der Spannung zwischen engem Zusammenhalt und Brüchen in der Verwandtschaft behandelt und ist an anderer Stelle erschienen; vgl. Goetz, Hans-Werner: Verwandtschaft im früheren Mittelalter zwischen Zusammenhalt und Spannungen (II), in: Uwe Ludwig und Thomas Schilp (Hrsg.): *Nomen et fraternitas*. Festschrift für Dieter Geuenich (RGA Erg.-Bd. 62). Berlin 2008, S. 547-573.

[2] Vgl. dazu jetzt vor allem – an der Frage der Leistung der Thesen Jack Goodys und deren Rezeption durch die internationale Forschung bzw. die Nichtrezeption durch die deutsche Mediävistik orientiert: Jussen, Bernhard: Perspektiven der Verwandtschaftsforschung zwanzig Jahre nach Jack Goodys ‚Entwicklung von Ehe und Familie in Europa', in: Karl-Heinz Spieß (Hrsg.): Die Familie in der Gesellschaft des Mittelalters. Ostfildern (im Druck), dem ich herzlich für die Überlassung des Manuskripts bereits vor der Drucklegung danke. Den Forschungsstand in Frankreich und Deutschland fassen zusammen: Guerreau-Jalabert, Anita/ Le Jan, Régine/ Morsel, Joseph: De l'histoire de la famille à l'anthropologie de la parenté, in: Jean-Claude Schmitt/ Otto Gerhard Oexle (Hrsg.): Les tendances actuelles de l'histoire du Moyen Âge en France et en Allemagne (Histoire ancienne et médiévale 66). Paris 2002, S. 433-446, und Jussen, Bernhard: Famille et parenté. Comparaison des recherches françaises et allemandes, in: ebd., S. 447-460.

[3] Das betont auch Jussen: Perspektiven [Anm. 2].

[4] Vgl. Le Jan, Régine: Famille et pouvoir dans le monde franc (VIIIe-Xe siècle). Essai d'anthropologie sociale (Histoire ancienne et médiéval 33). Paris 2003, S. 381-427 (Kapitel 11:

aber noch keine „Geschichte der Verwandtschaft". Beide Phänomene hängen zweifellos eng miteinander zusammen, sind aber nicht identisch: Verwandtschaft löst sich zum einen mit der Konzentration auf verwandtschaftliche Bindungen von der – mit der Familie enger verbundenen – Hausgemeinschaft (der so genannten Haushalts-Familie), bringt zum andern (als der weitere Begriff) eine soziale Gruppe einschließlich ihrer „Ränder" in den Blick und entzieht sich schließlich, anders als „Familie", einer stärker institutionellen Betrachtungsweise. Mir geht es im folgenden deshalb gerade um diese weitere Verwandtschaft (den „Familienverband"), nicht um die Kernfamilie oder die Familie als Institution (vgl. die graphische Darstellung am Ende des Beitrags).

– Inhaltlich hat man sich in Bezug auf das frühere Mittelalter zweitens, abgesehen von genealogischen und prosopographischen Studien, vor allem mit zwei (miteinander verknüpften) Aspekten befasst, nämlich einmal mit den Familienstrukturen[6] und zum andern mit dem Familienbewusstsein, vornehmlich (oder sogar fast ausschließlich) der Königs- und Adelsfamilien. Hingegen ist das Verhältnis von „Familie" und „Verwandtschaft" bislang kaum thematisiert worden.

– Drittens schließlich beziehen sich die daraus resultierenden Forschungskontroversen in erster Linie wiederum auf zwei Streitfragen: das Verhältnis einmal von Groß-

---

„Autour des parentèles"), und Spieß, Karl-Heinz: Familie und Verwandtschaft im deutschen Hochadel des Spätmittelalters. 13. bis Anfang des 16. Jahrhunderts (Vierteljahreshefte für Sozial- und Wirtschaftsgeschichte, Beihefte 111). Stuttgart 1993. Beide verwenden in ihren umfassenden und inhaltlich exzellenten Arbeiten beide Begriffe mehr oder weniger gleichbedeutend. Diese vorausgesetzte Synonymität bei gleichzeitiger, impliziter Unterscheidung scheint mir kennzeichnend für den Forschungsstand zu sein, wenngleich Guerreau-Jalabert, Le Jan und Morsel [Anm. 2] eine Entwicklung der neueren französischen Forschung weg von der „Histoire de la famille" und hin zu einer anthropologischen „Histoire de la parenté" feststellen und damit treffend die Forschungsentwicklung skizzieren, ohne eine Abgrenzung beider Begriffe zu postulieren.

5 Vgl. vor allem Duby, Georges (Hrsg.): Histoire de la famille. Bd. 2: André Bourguière u. a. (Hrsg.): Moyen Âge. Paris 1986 (dt. 1994); Michael Mitterauer: Mittelalter, in: Andreas Gestrich/ Jens-Uwe Krause/ Michael Mitterauer (Hrsg.): Geschichte der Familie (Europäische Kulturgeschichte 1 = Kröners Tb. 376). Stuttgart 2003, S. 160-363. Zu methodischen Aspekten der Familiengeschichte vgl. jetzt: Aurell, Martin (Hrsg.): Le médiéviste et la monographie familiale: sources, méthodes et problématiques (Histoire de famille. La parenté au Moyen Âge). Turnhout 2004.

6 Einen ebenso umfassenden wie übersichtlichen Überblick über Verwandtschafts- und Haushaltsfamilie und die Forschung bietet: Mitterauer [Anm. 5]; zu den Strukturen ebd., S. 309-354, zusammenfassend S. 355-363. Vgl. ferner: Schulze, Hans K.: Grundstrukturen der Verfassung im Mittelalter. Bd 2. Stuttgart u. a. 1986, S. 9-48; Goetz, Hans-Werner u. a.: Art. Familie, in: Lexikon des Mittelalters. Bd. 4 (1989), Sp. 256-275; Jussen, Bernhard: Art. Verwandtschaft, in: ebd. Bd. 8 (1997), Sp. 1596-1599; Duby, Georges/ Le Goff, Jacques (Hrsg.): Famille et parenté dans l'Occident médiéval (Collection de l'École Française de Rome 30). Rom 1977; Le Jan: Famille [Anm. 4]. Zu Spanien: Montanos Ferrin, Emma: La familia en la alta edad media española. Pamplona 1980. Zur Adelsfamilie in Ostmitteleuropa: Bak, Janos M. (Hrsg.): Nobilities in Central and Eastern Europe. Kinship, Property and Privilege (History and Society in Central Europe 2 = Medium aevum quotidianum 29). Budapest/ Krems 1994.

und Klein- (oder Kern-)Familie bzw. von Verwandtschafts- und Haushaltsfamilie und zum andern von (agnatischer) Abstammungs- und angeheirateter (kognatischer) Familie (also unter Einbeziehung der Schwägerschaft) – mit den Begriffen Karl SCHMIDS: von „Geschlecht" und „Sippe" – und somit das Verhältnis von agnatischem und kognatischem Bewusstsein. Strittig ist besonders die Entwicklung von der relativ unstabilen, kognatischen „Sippe" zum (patrilinearen) „Geschlecht".[7] Die Verwandtschaft des frühen Mittelalters gilt seither als ein flexibles Gebilde mit außergewöhnlich großer Fluktuation.[8]

Die genannten Kontroversen müssen hier nicht mehr näher behandelt werden. Es dürfte inzwischen wohl nahezu einhellig akzeptiert sein, dass die Großfamilie als Wohngemeinschaft[9] (das berüchtigte „ganze Haus" eines Wilhelm RIEHL im 19. und wieder eines Otto BRUNNER im 20. Jahrhundert) ebenso eine Forschungslegende ist wie die längst überholte Vorstellung von der alten, germanischen „Sippe", für die kaum

---

[7] Vgl. Schmid, Karl: Geblüt, Herrschaft, Geschlechterbewußtsein. Grundfragen zum Verständnis des Adels im Mittelalter, hrsg. v. Dieter Mertens u. Thomas Zotz (Vorträge und Forschungen 44). Stuttgart 1999. An Schmids anfangs weithin rezipierten Thesen sind seither mancherlei Zweifel aufgekommen (vgl. Jussen: Perspektiven [Anm. 2], Alexander Callender Murray (Germanic Kinship Structure. Studies in Law and Society in Antiquity and Early Middle Ages [Studies and Texts 65]. Toronto 1983) lehnt eine patrilineare „clan structure" bereits für die germanische Zeit ab, während Constance Brittain Bouchard („Those of My Blood": Constructing Noble Families in Medieval Francia [The Middle Ages Series]. Philadelphia 2001, S. 73 und S. 175-180) und Le Jan (Famille [Anm. 4], zusammenfassend S. 430f.) die Entwicklung zum Geschlecht einerseits bereits spätestens seit dem 9. Jahrhundert annehmen (wenn nicht gar von Anfang an), französische Forscher andererseits aber ein agnatisches System im ganzen Mittelalter bestreiten; vgl. Guerreau-Jalabert/ Morsel/ Le Jan [Anm. 2], S. 441. Ähnlich stellte auch Spieß (Familie und Verwandtschaft [Anm. 4], vor allem S. 500-531) die Bedeutung der kognatischen Verwandtschaft noch im späten Mittelalter heraus. Spieß unterscheidet feiner zwischen Agnaten, Kognaten und Schwägerschaft. Tatsächlich ist daher weit eher von zwei nebeneinander verlaufenden Tendenzen des Familienbewusstseins auszugehen. – Ein Beispiel für agnatisches Denken gibt im 11. Jahrhundert Petrus Damiani: ep. 36, hrsg. v. Kurt Reindel (MGH. Epp. d. dt. Kaiserzeit 4,1). München 1983, S. 344: Da die Bibel nicht die Gewohnheit hat, die Verwandtschaftsreihe über die Frauen zu flechten, stellt sie die Genealogie Christi über die Männer her (*Plane cum scripturarum consuetudo non teneat, ut per mulieres cognationis lineam texat, per viros Christi genealogia producitur*).

[8] So Althoff, Gerd: Verwandte, Freunde und Getreue. Zum politischen Stellenwert der Gruppenbindungen im früheren Mittelalter. Darmstadt 1990, S. 34f.

[9] Zum Haushalt vgl. Herlihy, David: Medieval Households. Cambridge (Mass.)/ London 1985, S. 56-78; fast durchweg spätmittelalterlich: Beattie, Cordelia/ Maslakovic, Anna/ Rees Jones, Sarah (Hrsg.): The Medieval Household in Christian Europe, c. 850-1550. Managing Power, Wealth, and the Body (International Medieval Research [IMR] 12). Turnhout 2003. Im übertragenen Sinn spricht von *unum domicilium consanguinitatis*: Briefsammlungen der Zeit Heinrichs IV. Regensburger Rhetorische Briefe 8, hrsg. v. Carl Erdmann u. Norbert Fickermann (MGH. Briefe der deutschen Kaiserzeit 5). Weimar 1950, S. 301.

Quellenbelege beizubringen sind,[10] und auch die These des Anthropologen Jack GOODY, die Kirche habe bewusst einen Wandel der Familienstrukturen herbeigeführt, um den eigenen Besitz (durch Schenkungen) zu vergrößern, darf als widerlegt gelten.[11] Nach inzwischen weithin vorherrschender Ansicht haben sich die Familienstrukturen bereits sehr früh auf die Kernfamilie hin ausgerichtet.

Hingegen wurden die – im folgenden zu stellenden – Fragen nach der „Verwandtschaft" im früheren Mittelalter, an deren (biologischer) Existenz ja nicht zu zweifeln ist,[12] und nach ihrer historischen Bedeutung bislang kaum (oder erst in Ansätzen) näher behandelt.[13] Sie werden um so wichtiger, wenn „Familien" aus heutiger Sicht Konstrukte sind[14] und „Verwandtschaft" (mit Bernhard JUSSEN) nicht „ist", sondern „sich ereignet",[15] denn dann wäre zu fragen, *wie* sie sich „ereignet". In diesem Sinn soll im Folgenden untersucht werden, was „Verwandtschaft" im früheren Mittelalter eigentlich meint[16] und welche Funktionen und Leistungen sie (noch) übernimmt.[17] Den eigenen Forschungsschwerpunkten gemäß, geht es mir dabei nicht nur um sozialgeschichtliche Fragen, sondern in erster Linie um eine vorstellungsgeschichtliche Perspektive, die zugleich überprüfen hilft, wieweit die zitierten Kontroversen und Forschungsmeinungen dem mittelalterlichen Denken angemessen sind.

II. Terminologie und Verständnis

Bereits die mittelalterliche Terminologie verweist auf Unterschiede zum modernen Verständnis.[18] Der heutige (offenere) Verwandtschaftsbegriff sei „zu blass, um die

---

[10] Vgl. trefflich zusammenfassend Herlihy [Anm. 9], S. 44: „In spite of its importance, the *Sippe* is rarely encountered in the early sources, and it remains very hard to investigate its size, structure, and internal organization."

[11] Jussen (Perspektiven [Anm. 2]) betont zu Recht, dass zwar diese Deutung, nicht aber die Beobachtungen Goodys obsolet geworden sind, und strebt eine Überprüfung einzelner Bereiche (Adoption, Heiratsverbote und -gebote, Wiederheirat, Scheidung, Polygynie, Bastarde) anhand des Forschungsstandes an. Nach Le Jan (Famille [Anm. 4], S. 314f.) ging es vielmehr um die Durchsetzung der kirchlichen Eheauffassung.

[12] Vgl. Althoff [Anm. 8], S. 40f., in Bezug auf die Völkerwanderungszeit.

[13] Grundlegend aber: Althoff [Anm. 8].

[14] „Families were constructed" schreibt Bouchard [Anm. 7], S. 2f.

[15] Jussen: Verwandtschaft [Anm. 6], Sp. 1597.

[16] Da sich die noch ungedruckte und mir nicht zugängliche Habilitationsschrift von Gerhard Lubich näher mit diesem Komplex befasst, werde ich mich in diesem Teil auf kurze Beobachtungen beschränken.

[17] Im zweiten Teil des Beitrags [vgl. Anm. 1] wird danach gefragt, wie sich Zusammenhalt und Verwandtschaftsbewusstsein manifestierten und wo die Brüche dieses „Systems", die Diskrepanz zwischen Anspruch und Wirklichkeit, liegen.

[18] Vgl. dazu Le Jan: Famille [Anm. 4], S. 158-177; zu späteren Verwandtschaftsbezeichnungen vgl. Spieß [Anm. 4], S. 496-500. Eine semantische Analyse der (modernen und mittelalterlichen)

große Bedeutung von Verwandtschaftsbeziehungen im Mittelalter klar genug zum Ausdruck zu bringen", schreibt Hans Kurt SCHULZE.[19] Für unsere Frage ist es nun bereits bezeichnend, dass die „Familie" als Begriff im mittelalterlichen Denken – ganz im Gegensatz zur Forschung – eine sehr untergeordnete Rolle spielt: Dass *familia* nicht, jedenfalls nicht ausschließlich oder überwiegend, unsere „Familie" meint, ist bekannt. Der Begriff bezieht vielfach die ganze Hausgemeinschaft ein (und kann von hier aus etwa auch den Hörigenverband als „Familie" des Grundherrn bezeichnen).[20] Die mittelalterliche Terminologie richtet sich nicht auf die Familie, sondern auf die Verwandtschaft und rechtfertigt schon von daher unsere Fragestellung.

Die Unterscheidung zwischen Blutsverwandtschaft (*consanguinitas*), Verschwägerung (*affinitas*) und geistlicher Verwandtschaft (*spiritualis germanitas sive propinquitas*) findet bereits eine mittelalterliche Entsprechung, etwa bei Hugo von St. Viktor anlässlich der Besprechung der Inzestverbote:[21] Danach verbindet *consanguinitas* nach der Abstammungsfolge (*secundum lineam generis*), während *affinitas* eine Verbindung nicht nach der Abstammung (*qui genere quidem juncti non sunt*), sondern durch

---

nimmt allein Gerhard Lubich (Das Wortfeld ‚Verwandtschaft' im Mittelalter. Kontextuell-semantisches Arbeiten im historischen Feld, in: Sozialer Sinn. Zeitschrift für hermeneutische Sozialforschung 4 [2003], S. 21-36) vor. Zu den deutschen Begriffen vgl. Haubrichs, Wolfgang: Die Erfindung der Enkel. Germanische und deutsche Terminologie der Verwandtschaft und der Generationen, in: LiLi. Zeitschrift für Literaturwissenschaft und Linguistik 120 (2000), S. 41-80.

[19] Schulze [Anm. 6], S. 10. Mit der neuen westlichen Forschung hat Bernhard Jussen völlig zu Recht darauf aufmerksam gemacht, dass Verwandtschaft sich nicht (mehr) auf die biologischen Zusammenhänge (und schon gar nicht auf „Blutsverwandtschaft") beschränkt, sondern über die Verschwägerung hinaus noch weitere Elemente wie Patenschaften und Adoptionen aufnehmen kann, die mit dem Begriff „künstliche Verwandtschaft" nicht ganz treffend charakterisiert sind. Jussen (Verwandtschaft [Anm. 6], Sp. 1596, und ders.: Perspektiven [Anm. 2], definiert Verwandtschaft daher als „ein begriffliches Ordnungssystem zur Definition sozialer Beziehungen, das seine Terminologie aus dem Wortfeld der biologischen Reproduktion bezieht, dessen Bezug zu Zeugung und biologischer Reproduktion aber weder notwendige noch zureichende Bedingung für Verwandtschaft im sozialwissenschaftlichen Sinn ist". Anita Guerreau-Jalabert (Sur les structures de parenté dans l'Europe médiévale, in: Annales E.S.C. 36 [1981], S. 1029-1049, hier S. 1030) spricht von „parenté" als „un ensemble de relations sociales formant système". Dennoch bleibt die biologische Verwandtschaft das Grundprinzip, an dem sich alles andere orientiert. Die folgenden Bemerkungen konzentrieren sich auf diesen Bereich.

[20] Vgl. dazu Bosl, Karl: Die *familia* als Grundstruktur der mittelalterlichen Gesellschaft, in: Zeitschrift für bayerische Landesgeschichte 38 (1975), S. 403-424. Ganz eindeutig ist der Sachverhalt aber nicht. Wenn Gregor von Tours (Historiae 4, 36, hrsg. v. Bruno Krusch u. Wilhelm Levison [MGH. SS rer. Mer. 1,1]. Hannover 1937, S. 168f.) beispielsweise von Gottes Strafgericht an der ganzen *familia* des Bischofs Priscus von Lyon spricht, nennt er konkret nur Frau und Sohn, also doch Verwandte. Buchner übersetzt *familia* hier mit Haus, im nächsten Satz mit „Dienerschaft". Beides ist möglich, aber keineswegs zwingend.

[21] Hugo von St. Viktor, De sacramentis Christianae fidei 2, 11, 17 (Migne 176), Sp. 518-520. Inzestehen hatte – ebenso wie die Ehen von Verheirateten – bereits die ‚Lex Salica' verboten (Pactus legis Salicae [fortan: PLS] § 13, 11f., hrsg. v. Karl August Eckhardt [MGH. LL nat. Germ. 4,1]. Hannover 1962, S. 62; § 15, 1, S. 70).

Anbindung an ein Geschlecht bewirkt (*mediante genere sunt sociati*), beispielsweise durch die Frau des Neffen (letzterer ist blutsverwandt, erstere verschwägert). Blutsverwandtschaft und Verschwägerung entsprechen in gewissem Sinn einer Unterscheidung von „agnatisch" und „kognatisch". Interessant ist es aber, dass Hugo beide Arten von Verwandtschaft gleichermaßen in die Inzestverbote einbezieht, während diese sich bei Patenschaften nur auf den Paten und das Patenkind, nicht aber auf deren Verwandte erstrecken.[22] Ihm (und anderen) geht es offenbar um Verwandtschaft schlechthin und weder um die Geschlechterfolge noch um Agnaten und Kognaten (was sich in diesem Fall allerdings noch aus der Inzestthematik erklären könnte).

Für die Verwandtschaft selbst (als Abstraktum) kennt die mittelalterliche Terminologie keine unmittelbare, jedenfalls keine geläufige Entsprechung,[23] sondern bevorzugt personelle Bezeichnungen (nicht „Verwandtschaft", sondern „Verwandte").[24] Das entspricht mittelalterlichem Denken und ist noch leicht nachvollziehbar. Hier aber werden – neben den konkreten Verwandtschaftsbezeichnungen (wie Vater, Mutter, Oheim usw.), auf die ich hier nicht näher eingehe[25] – gleich mehrere (allgemeine) lateinische Begriffe verwendet, die nur schwer voneinander abzugrenzen und ihrerseits oft mehrdeutig sind:

– *Parentes*[26] waren im weiteren Sinn die Verwandten schlechthin, im engeren die Eltern,[27] aber auch die Vorfahren. Der Begriff umschließt somit drei verschieden weite Verwandtschaftskreise.

---

[22] Bonifatius war es in einem Brief an Erzbischof Nothelm von Canterbury (ep. 33, hrsg. v. Michael Tangl [MGH. Epp. sel. 1]. Berlin 1916, S. 57f.) noch unverständlich gewesen, weshalb eine Ehe mit der Mutter des Patenkindes eine Sünde sein sollte, da hier doch keine leibliche Verwandtschaft vorliege.

[23] Gelegentlich, wie in der ‚Lex Salica', begegnet der Begriff *parentela* (*parentilla*); vgl. PLS § 44, 11 [Anm. 21], S. 172. Auch *consanguinitas* oder *propinquitas* meinen eher die Verwandten als die „Verwandtschaft" im Sinne einer sozialen Beziehung, wenngleich letzteres nicht ganz ausgeschlossen ist.

[24] Hingegen ist Lubich (Wortfeld ‚Verwandtschaft' [Anm. 18], S. 33) der Meinung, dass *propinquitas* kaum je die Personengruppe, sondern die Relation meint.

[25] Es sei zumindest darauf hingewiesen, dass auch *nepos* neben den gängigen Bedeutungen Enkel oder Neffe allgemein den Verwandten bezeichnet.

[26] Auf diesen Begriff geht Lubich (Wortfeld ‚Verwandtschaft' [Anm. 18]) nicht ein.

[27] Wenn der Herr des Attalus zur Hochzeit *multos parentum suorum* einlud (Gregor von Tours 3, 15 [Anm. 20], S. 114f.), dann müssen hier die Verwandten im weiteren Sinn gemeint sein; wenn Laster den Hochgeborenen (*a magnis natos parentibus*) hingegen wenig Ehre einbringen (so Brunos Buch vom Sachsenkrieg 1, hrsg. v. Hans-Eberhard Lohmann [MGH. Dt. MA 2]. Leipzig 1937, S. 13), dann sind damit offensichtlich die Eltern (oder die Vorfahren) angesprochen. Eindeutig in diesem Sinn auch Bonifatius, ep. 29 [Anm. 22], S. 53: *Ergo unica filia sum ambobus parentibus meis*. Vgl. auch Petrus Damiani, ep. 19 [Anm. 7], Bd. 4, 1, S. 185f.: *Inter eas personas, quae parentum liberorumve locum inter se obtinent, nuptiae contrahi non possunt, velut inter patrem et filiam, aviam et nepotem et usque ad infinitum*.

– *Consanguinei* sind eigentlich natürlich die Blutsverwandten,[28] der Begriff wird bezeichnenderweise jedoch nicht ausschließlich agnatisch,[29] sondern nach beiden Seiten (Vater *und* Mutter) hin verstanden.[30] So behauptete jemand, *consanguineus* des Dänenkönigs Knut zu sein, nämlich der *regia Danorum stirps* zu entstammen.[31] Der Begriff ist insgesamt recht häufig: Blutsverwandtschaft als solche spielte folglich, zumindest terminologisch, eine weit größere Rolle als die (von der modernen Forschung) betonte (und demnach wohl überbetonte) Differenzierung nach „agnatischer" und „kognatischer" Linie. In diesem Rahmen hebt sich im engeren Kreis die *germanitas* der Geschwister ab,[32] während ein Terminus für die Kernfamilie fehlt.

– Umgekehrt sind *cognati* keineswegs ausschließlich die kognatischen, sondern ebenfalls alle Verwandten.[33] In diesem Sinne konnten auch Völker miteinander verwandt sein (und sich von äußeren Feinden und Fremden abheben.)[34]

– *Propinquus / propinqui* schließlich drückt zunächst aus, dass jemand einem nahe steht[35] und meint nur unter anderem auch den Verwandten. So erklärt es sich, wenn Thietmar von Merseburg den Priester Bernarius in Magdeburg als seinen *carnis propinquitate consanguineus* bezeichnet[36] und erst durch diese Erläuterung, „durch

---

[28] Vgl. Lubich: Wortfeld ‚Verwandtschaft' [Anm. 18], S. 30-32.

[29] So fälschlich Lubich, ebd., S. 30.

[30] Entsprechend bezeichnen die ‚Annales regni Francorum' (a. 788, hrsg. v. Friedrich Kurze [MGH. SSrG 6]. Hannover 1895, S. 80) den Bayernherzog Tassilo als *consanguineus* Karls des Großen, die ‚Annales Fuldenses' (a. 883, hrsg. v. Friedrich Kurze [MGH. SSrG 7]. Hannover 1891, S. 110) Berengar als *consanguineus* Arnulfs.

[31] Helmold von Bosau: Chronicon 1, 49, hrsg. v. Bernhard Schmeidler (MGH. SSrG 32). Hannover 1937, S. 97.

[32] Vgl. etwa Regino von Prüm: Chronicon a. 866, hrsg. v. Friedrich Kurze (MGH. SSrG 50). Hannover 1890, S. 91, zu Ludwigs des Deutschen Einfall in das Reich seines Bruders Karl: *oblitus germanitatis ac consanguinitatis foedera*.

[33] Wenn Welf VII. sich wegen des Unrechts an „Freunden, Verwandten und Getreuen" rächen will (Historia Welforum 30, hrsg. v. Erich König [Schwäbische Chroniken der Stauferzeit 1]. Stuttgart/ Berlin 1938 [Neudruck Sigmaringen 1978], S. 60), so sind mit den „Verwandten" gewiss nicht nur die Verschwägerten gemeint, und Thegan verfolgt unter der *cognatio* des Alemannenherzogs Gottfried teils die männliche, teils die weibliche Linie (Thegan: Vita Hludowici imperatoris 2, hrsg. v. Ernst Tremp [MGH. SSrG 64]. Hannover 1995, S. 176).

[34] Vgl. Rahewin: Gesta Frederici 3, 47, hrsg. v. Franz-Josef Schmale (FSGA 17). Darmstadt ²1974, S. 488: *Itaque non ut cognatus populus, non ut domesticus inimicus, sed velut in externos hostes, in alienigenas, tanta in sese invicem sui gentiles crudelitate seviunt, quanta nec in barbaros deceret*.

[35] *Propinquus* bezeichnet in der Grundbedeutung die Nähe an sich, auch in räumlicher Hinsicht, Dafür ließen sich unzählige Beispiele anführen. Vgl. etwa Gregor von Tours: Historiae 7, 23 [Anm. 20], S. 343: *in puteum, qui propinquus erat domui eius, proiecti sunt*; ebd. 10, 48, S. 185: *et fluvium, qui propinquus est*. Zum komplexen Wortfeld vgl. Lubich: Wortfeld ‚Verwandtschaft' [Anm. 18], S. 33-35.

[36] Thietmar von Merseburg: Chronicon 8, 10, hrsg. v. Robert Holtzmann (MGH. SS rG n.s. 9). Berlin 1935, S. 504.

fleischliche Nähe blutsverwandt", klärt, dass er an Verwandtschaft denkt.[37] Wenn Rudolf von Rheinfelden nach Lampert von Hersfeld der Kaiserin Agnes durch die Ehe mit ihrer Tochter (Mathilde) *propinquitate* verbunden war,[38] dann bezieht auch dieser Begriff offensichtlich die Verschwägerung ein (die im übrigen fortdauert, wenn die Frau, wie hier, bereits verstorben und Rudolf längst wiederverheiratet war).[39] Wenn von *propinqui parentes* (im Sinne von „nahen Verwandten") gesprochen werden konnte,[40] dann bedeutet diese Differenzierung darüber hinaus, dass nicht nur „die Verwandtschaft" schlechthin, sondern, wie die Gesetze bestätigen, auch der Verwandtschaftsgrad eine Rolle spielte.[41] Die Synonymität der verschiedenen Verwandtschaftsbegriffe (*consanguinitas*, *propinquitas*, *parentela*) beweist ein Brief Johannes VIII., in dem er sich über den Bruch der Inzestgebote beschwert.[42]

Man wird aus dem – hier nur skizzierten – terminologischen Befund schließen dürfen, dass das Mittelalter bei der Verwandtschaft – anders als bei der „Familie" – zwar mit unseren Begriffen zumindest vergleichbare Vorstellungen entwickelte, diese aber keineswegs deckungsgleich waren. Begrifflichkeit, deren Konnotationen und Kontext müssen bei der Quellenauswertung also stets mitbedacht und mitanalysiert werden. Die Terminologie zeigt aber auch bereits die gegenüber der modernen Forschung anders gelagerte Perspektive des Mittelalters: Man unterschied zwar zwischen

---

[37] Vgl. auch Bonifatius, ep. 31 [Anm. 22], S. 55: *fratri et spiritalis germanitatis propinquitate conexo*; Bethmann, Ludwig Conrad: Gesta episcoporum Cameracensium 1, 74 (MGH. SS 7). Stuttgart/ Hannover 1846, S. 427: *proximae cognitionis consanguinitate propinquos*.

[38] Lampert von Hersfeld: Annales a. 1072, hrsg. v. Oswald Holder-Egger (MGH. SSrG 38). Hannover 1894, S. 137. Von *genere propinquos* spricht Lampert (a. 1077, S. 286) dann offenbar im Blick auf die Blutsverwandten.

[39] Vgl. auch Widukind von Corvey: Res gestae Saxonicae 2, 9, hrsg. v. Paul Hirsch u. Hans-Eberhard Lohmann (MGH. SSrG 60). Hannover 1935, S. 73: Thankmar, der Sohn Heinrichs I., war mit dem Grafen Siegfried verwandt (*propinquus*), weil seine Mutter die Tochter von Siegfrieds Tante mütterlicherseits (also ebenfalls angeheiratet) war.

[40] Vgl. etwa Gregor von Tours: Historiae 2, 42 [Anm. 20], S. 92: *Erat autem tunc Ragnacharius rex apud Camaracum tam effrenis in luxoria, ut vix vel propinquis quidem parentibus indulgeret*. Ebd., S. 93 auch: *primi parentes*. Donatus (Vita Trudonis confessoris Hasbaniensis 24, hrsg. v. Bruno Krusch [MGH. SS rer. Mer. 6]. Hannover 1913, S. 293) prägt die Wendung *consanguinea lege sancto patri propinquus*, „nach dem Gesetz der Blutsverwandtschaft verwandt" (bzw. eng verbunden).

[41] Zur Zählung des Verwandtschaftsgrades im Sachsenspiegel (und seiner Traditionen) vgl. Meuten, Ludger: Die Erbfolgeordnung des Sachsenspiegels und des Magdeburger Rechts. Ein Beitrag zur Geschichte des sächsisch-magdeburgischen Rechts (Rechtshistorische Reihe 218). Frankfurt a.M. u. a. 2000.

[42] Johannes VIII.: ep. 189, hrsg. v. Erich Caspar (MGH. Epp. 7). Berlin 1912-1928, S. 151: *Preterea unum valde illicitum et execrabile malum contra venerabilia sanctorum patrum decreta eosdem vestros parrochianos committere audimus, hoc est, ut nulla generis consanguinitate custodita, nulla propinquitatis parentela observata unusquisque suam propinquam, in quocumque fuerint gradu, accipiat in uxorem atque incesto et nefario se coniugio copulent, quod licitum facere Christianis non est, dum usque se generatio cognoverit.*

Blutsverwandtschaft und Verschwägerung, nicht aber zwischen Agnaten und Kognaten, während die mittellateinischen Begriffe sich sämtlich auf beide Gruppen beziehen konnten und damit eine strenge Trennung relativieren. Mehr noch: Die von der modernen Forschung (auch von mir selbst) betonte Trennung zwischen (Kern-) Familie und (weiterer) Verwandtschaft findet im Mittelalter gerade keine begriffliche Entsprechung. Nach dieser Beobachtung ist nun zu klären, ob denn funktionale Unterschiede feststellbar sind, welche Rolle also die Verwandtschaft (als Ganzes) in der frühmittelalterlichen Gesellschaft spielte.

III. Funktionen und Leistungen der Verwandtschaft

Dass die Familie im Mittelalter eine Reihe von Funktionen wahrnahm, die in der Moderne mehr und mehr vom Staat gewährleistet wurden, ist nicht zu bestreiten. Nicht zufällig bildet die mittelalterliche Familie, auch wenn sie tatsächlich nur ein soziales System neben anderen war,[43] das Modell für übergreifende soziale Ordnungen: für den Mönchskonvent ebenso wie für den Hörigenverband oder die Bruderschaft, aber auch für „künstliche Verwandtschaften" (Adoptionen und Patenschaften) sowie für politische Bündnisse (wie die „Familie der Könige") und den Staat selbst. Die *res publica*, schreibt Notker Balbulus in seinen ‚Gesta Karoli Magni imperatoris', gründet auf zwei Fundamenten: auf Ehe und Waffengebrauch, ohne die kein Staat bestehen kann.[44] Nach gängiger Ansicht war die Familie ein Rechtsverband und eine Wirtschaftseinheit, sie nahm kultisch-religiöse Aufgaben wahr, sorgte für Fortpflanzung sowie Erziehung und Ausbildung der Kinder und für Schutz und Versorgung ihrer Mitglieder, war eine Wohngemeinschaft (zumindest der Kernfamilie)[45] und übernahm selbst militärische Funktionen.[46] Solche Aufgaben wurden nach herrschender Meinung im Verlauf des

---

[43] Das betonen zu Recht Althoff ([Anm. 8], S. 32 [neben „Freunden" und „Getreuen"]) und Jussen (Verwandtschaft [Anm. 6], Sp. 1596 [nur ein Modell neben Vasallität, Staat, Gilden, Universität]).

[44] Notker Balbulus: Gesta Karoli 2, 10, hrsg. v. Hans F. Haefele (MGH. SSrG n.s. 129). Berlin ²1980, S. 66: *exceptis eis rebus et negociis, sine quibus res publica terrena non subsistit, coniugio videlicet usuque armorum.*

[45] Ein Hinweis auf ein Zusammenleben aller Verwandten findet sich bei Landolfus Sagax: Historia miscella 18, hrsg. v. Hans Droysen (MGH. AA 2). Berlin 1877, S. 373: *at vero imperator Gelimeri predia in Galatia multa contulit et amoena et cum omnibus cognatis suis in his habitare permisit.* Vgl. auch Rodulf Glaber: Historiae 1, 5, 21, hrsg. v. Maurice Prou. Paris 1886, S. 20: *Nam omnis provincia, quae illorum ditioni subici contingebat, ac si unius consanguinitatis domus vel familia, inviolate fidei concors degebat.* Eine Vorstellung von der zusammenwohnenden Verwandtschaft existierte also durchaus.

[46] Mitterauer ([Anm. 5], S. 309-354) nennt Kult, Schutz, Arbeit und Erziehung; Schulze ([Anm. 6], S. 13-19) Fortpflanzung, Erziehung, Schutz und Versorgung, wirtschaftliche Funktionen, Kontrollfunktionen, religiöse Funktionen; Spieß ([Anm. 4], S. 500-531) Erbrecht, Streitschlichtung,

Mittelalters zum einen durch staatliche Regelungen und die Überlagerung durch andere Sozialformen (wie Grundherrschaft, Lehnswesen, geistliche Konvente, Kommunitäten oder Gemeinden) immer mehr eingeschränkt und haben sich zum andern von der Verwandtschafts- auf die Haushaltsfamilie verlagert, eine Ansicht, die im folgenden noch zu überprüfen sein wird.[47]

Dass die Verwandtschaft in der Frühzeit soziale und politische Funktionen innehatte, zeigt sich bereits in den *Leges*, den sog. Volksrechten, ja lange (und teilweise bis heute) ist man davon ausgegangen, dass die „vorstaatlichen" Strukturen geradezu auf der Übernahme öffentlicher Aufgaben durch die Verwandtschaftsfamilie, die „Sippe", gründeten und deren Rechte zu öffentlichen Pflichten machten.[48] In der ‚Lex Salica' treten in dieser Hinsicht mehrere Faktoren hervor. Das fränkische Erbrecht[49] zielte in erster Linie allerdings bereits auf die Kinder ab und berücksichtigte die weitere Verwandtschaft erst dann, wenn keine Kinder vorhanden waren. Für diesen – anscheinend keinesfalls mehr eindeutigen – Fall legte die ‚Lex Salica' folgende Reihenfolge fest: Eltern, Geschwister, Tante mütterlicherseits, dann väterlicherseits, danach die nächsten Verwandten beider Linien (*de illis generationibus, quicumque proximior fuerit*).[50]

Solidarität, Festgemeinschaft, Vormundschaft, Namengebung, Treue, finanzielle und politische Unterstützung.

[47] Dazu sei auch auf den zweiten Teil dieses Beitrags verwiesen; vgl. Anm. 1.

[48] Zur frühfränkischen Familie (und zum folgenden) vgl. Murray [Anm. 7], der die Quellenbelege allerdings strikt unter der Frage agnatisch oder kognatisch betrachtet und weniger nach den Funktionen fragt. Die Widerspiegelung der rechtlich-sozialen Strukturen der Verwandtschaft in der mittelalterlichen Dichtung betont Dagmar Hüpper: Poesie und Recht aus einem Bette. Zu Verhaltensnormen und Umgangsformen in der mittelalterlichen Familie und Verwandtschaft, in: Frühmittelalterliche Studien 27 (1993), S. 87-123. Im Folgenden gehe ich nicht auf die längst behandelten Rechtsfragen an sich, sondern nur auf die Beteiligung der Verwandten an den Rechten und Pflichten ein.

[49] Vgl. Murray [Anm. 7], S. 177-215; zur ‚Lex Salica' vgl. ebd., S. 119-133; zur Karolingerzeit: Le Jan: Famille [Anm. 4], S. 233-242. Zu Testamenten und Erbfolgen, Besitzsicherung und Schenkungen im frühmittelalterlichen Europa vgl. Bougard, François/ La Rocca, Cristina/ Le Jan, Régine (Hrsg.): Sauver son âme et se perpétuer. Transmission du patrimoine et mémoire au Haut Moyen Âge (Collection de l'École Française de Rome 351). Rom 2005; zu Testamenten im Frankenreich zuletzt Barbier, Josiane: Testaments et pratique testamentaire dans le royaume franc (VIᵉ-VIIIᵉ siècle), in : ebd., S. 7-79; zur Quellenkritik: Nonn, Ulrich: Merowingische Testamente. Studien zum Fortleben einer römischen Urkundenform im Frankenreich, in: Archiv für Diplomatik 18 (1972), S. 1-129.

[50] PLS § 59 [Anm. 21], S. 222f. Vgl. dazu Murray [Anm. 7], S. 201-215. Der vieldiskutierte Ausschluss der Frauen vom Erbe bezog sich tatsächlich nur auf die *terra salica* (das „Stammland"?). Eine Formel Marculfs (2, 12, zitiert nach Marculfi Formularum, libri duo, hrsg. v. Alt Uddholm. Uppsala/ Lund 1962, S. 218; vgl. auch die Edition von Karl Zeumer, MGH. Form., Hannover 1882-1886, S. 83) bezeichnet den Ausschluss der Töchter von der *terra paterna* als *diuturna sed impia inter nus consuetudo* und setzt eine Tochter mit den Söhnen als gleichberechtigte Erbin *tam de alode paterna quam de conparatu vel mancipia aut presidium nostrum vel quodcumque morientis relinquaeremus* ein, da ein Vater alle Kinder gleich liebe. Eine Ergänzung König Chlothars zur ‚Lex Salica' (PLS § 108, S. 262) lässt Töchter und Schwestern als Erbinnen am

Wenn die Erbfolge in dieser konkreten Reihung auch nur schwer erklärbar ist, so waren die Verwandten jedenfalls nicht nur – in bestimmter Folge – am Erbe beteiligt, sondern die letzte Formulierung besagt darüber hinaus, dass man eine genaue Vorstellung von Grad und Reihenfolge der Nähe der Verwandtschaft besaß. Das belegen auch Urkundenformeln, die das übliche Erbrecht voraussetzen und daher mit Vorliebe Beispiele für solche Fälle bieten, die von dieser Norm abwichen. So bevorzugte nach der Formelsammlung Marculfs ein Erblasser wegen seiner treuen Dienste einen *nepos* (Enkel oder Neffen) gegenüber dessen Brüdern und seinen eigenen Söhnen.[51]

Entsprechende Vorkehrungen bestätigen sich sinnfällig in den Erbbestimmungen zahlreicher Privaturkunden, wie sie sich vor allem in den Prekarieformeln „verbergen": In den St. Galler Urkunden bleibt das dem Kloster verschenkte Gut gegen eine Zinszahlung noch lange im „Nutzungseigentum" der Familie, und zwar zumeist: des Schenkers selbst (424mal), danach der Kinder (112mal) oder/ und aller Nachkommen oder Erben (166mal); im einzelnen werden Ehefrau (28mal), Eltern (15mal), Geschwister (22mal) und Neffen/ Nichten (17mal) genannt.[52] Als „übliche" Reihenfolge ließe sich daraus die Folge Ehefrau – Kinder/ Enkel – Eltern – Geschwister – Neffen/ Nichten – weitere nächste Verwandten herausfiltern. Vorfahren und Seitenverwandte traten zumeist wohl dann in das Erbe ein, wenn unmittelbare Nachkommen fehlten. Einen ähnlichen Zweck verfolgte ein Rückkaufsrecht an der Schenkung, das der Schenker nicht nur sich, sondern auch seinen Verwandten vorbehielt.[53]

Alle diese Erbrechtsbestimmungen lassen in unserem Zusammenhang erkennen, dass die Kinder zwar (soweit feststellbar: von Anfang an) bevorrechtigt waren, darüber hinaus aber die weitere Verwandtschaft stets berücksichtigt wurde: zum einen, wenn keine Kinder vorhanden waren, zum andern partizipierte sie offenbar aber auch sonst oder machte Kindern oder beschenkten Kirchen immer wieder das Erbe streitig. Darauf weisen jedenfalls die zahlreichen Sanktionsformeln gegenüber den eigenen Verwandten in kirchlichen Schenkungsurkunden oder Testamenten. Man rechnete offensichtlich mit

---

Chlothars zur ‚Lex Salica' (PLS § 108, S. 262) lässt Töchter und Schwestern als Erbinnen am Land zu, wenn Söhne bzw. Brüder fehlen oder verstorben sind. Ein Kapitular Childeberts II. beteiligt die Enkel gleichberechtigt mit den Kindern, schließt hingegen Neffen und Nichten aus (PLS, Childebert II § 1, 1, ebd., S. 267).

[51] Formulae Marculfi 2, 11 [Anm. 50], hrsg. v. Uddholm, S. 214f.; hrsg. v. Zeumer, S. 82.

[52] Vgl. dazu Goetz, Hans-Werner: Coutumes d'héritage et structures familiales au Haut Moyen Âge, in: Sauver son âme [Anm. 49], S. 203-237, hier S. 219-231.

[53] Beispielsweise das Urkundenbuch der Abtei St. Gallen (Bd. 2, hrsg. v. Hermann Wartmann. Zürich 1866, Nr. 538, S. 151f.) sieht den Rückkauf vor für den Schenker selbst (Ruadpert), seine Mutter, dann, *si tamen ego legitimum heredem non relinquo*, seinen Bruder (Hagano) *et legitimi ejus heredes, si forte ei procreati fuerint*, andernfalls die Schwestern, sofern sie legitim verheiratet sind, und deren *legitimi filii* und schließlich einen Neffen. Vgl. auch ebd., Nr. 539, S. 152f. (Schenker, Söhne, Bruder und dessen Söhne, Töchter, *consanguineus* Thiothelm, *si heredem masculum habuerit*). Das Erbe sollte hier deutlich in der männlichen Linie gehalten werden. Töchter waren nachrangig (und gleichsam als Platzhalter für die Enkel) erbberechtigt. Anders aber ebd., Nr. 571, S. 184, mit ausdrücklicher Erbfolge an die Töchter.

Widersprüchen der weltlichen Erben, wie sie in der Praxis besonders gegenüber Kirchenschenkungen immer wieder bezeugt sind,[54] aber ebenso das weltliche Erbe betroffen haben dürften,[55] auch wenn es oft heißt: „was ich nicht glauben kann"[56]. Nicht minder bezeichnend ist es, wenn Verwandte (als eigentliche Erben) ihre ausdrückliche Zustimmung zu Kirchenschenkungen gaben[57] oder sich sogar daran beteiligten[58] oder wenn Erbschaft ausdrücklich mit der Verwandtschaft begründet wird.[59] Bischof Bertuin von Malonne versammelte alle Verwandten (*parentes et cognatos omnesque consanguineos*) um sich, um sein Erbe zu verteilen.[60] Das galt im Übrigen auch für das Reich: Als Konrad I. den Sachsenfürsten Heinrich als Nachfolger designierte, tat er das nach der (späteren) Vorstellung der Chronisten vor Brüdern und Verwandten (*cognati*).[61] Ein Beleg für den verwandtschaftlichen Erbverband ist (nach

---

[54] Eine Reihe von Konfliktfällen registriert Warren Brown (Unjust Seizure. Conflict, Interest, and Authority in an Early Medieval Society. Ithaca/ London 2001), dem es in seiner Arbeit allerdings um die Konfliktführung an sich und nicht um die Verwandtschaft geht.

[55] Vgl. Les transferts patrimoniaux en Europe occidentale, VIIIe-Xe siècle. Actes de la table ronde a Rome, 6, 7 et 8 mai, in: Mélanges de l'École Française de Rome. Moyen Âge 111 (1999), S. 487-972.

[56] Vgl. Marculfi Formulae 2, 11 [Anm. 50], hrsg. v. Uddholm, S. 215f.; hrsg. v. Zeumer S. 83: *Si quis vero, quod futurum esse non credo, aliquis de heredibus vel proheredibus meis seu qualibet persona contra hanc cessionem meam quoque tempore venire aut eam infrangere voluerit, inferat tibi cum cogente fisco auri tantum*; UB St. Gallen 1 [Anm. 53]. Zürich 1863, Nr. 221, S. 211: *Si quis vero, quod fieri non credo, si ego ipse, quod absit, aut ullus de heredibus proheredibusque meis vel quislibet persona contra hanc convenientię ac traditionis cartulam venire et eam inrumpere conatus fuerit, affectum quem inchoaverit non obtineat et in ęrarium regis multa conponat, id est auri untias III et argenti pondere quinque coactus exsolvat.*

[57] Vgl. die Anwesenheit (und Zustimmung) der *coheredes* bei einer Schenkung an Freising: Bitterauf, Theodor (Hrsg.): Die Traditionen des Hochstifts Freising. Bd. 1, Nr. 446 (Quellen und Erörterungen zur bayerischen Geschichte n.F. 4). München 1905, S. 382, von 821: *inter conmarcanis et coheredibus meis qui ibidem praesentes fuerunt quando hoc factum fuit*; dazu Herlihy [Anm. 9], S. 46. Vgl. zu dieser *laudatio parentum* im Hochmittelalter: White, Stephen D.: Custom, Kinship, and Gifts to Saints. The *Laudatio parentum* in Western France, 1050-1150 (Studies in Legal History). Chapell Hill/ London 1988.

[58] So errichtete beispielsweise Theudar aus dem Vermögen seiner Eltern und Verwandten ein kleines Kloster: Ado: Vita Theudarii abbatis Viennensis 12, hrsg. v. Bruno Krusch (MGH. SS rer. Mer. 3). Hannover 1896, S. 529: *atque de facultatibus tam parentum quamque propinquorum suorum monasteriolum dotatum.*

[59] Vgl. beispielsweise Historia Welforum, Cont. Hugonis [Anm. 33], S. 94: *Quibus in expeditione Hierosolimitana mortuis, idem Welfo propter innatam familiaritatem et consanguinitatis lineam praedictum patrimonium cum omnibus suis pertinentiis Heinrico illustri Romanorum imperatori sub hereditaria possessione contradidit.*

[60] Levison, Wilhelm (Hrsg.): Vita Bertuini episcopi Maloniensis 4 (MGH. SS rer. Mer. 7). 1919/20, S. 179: *Mane autem facto, mox ut aurora daret initium, surrexit pontifex almus maturius solito, accersivit parentes et cognatos atque omnes consanguineos suos et tradidit illis hereditatem suam, monasteria scilicet et praedia, et divisit illis unicuique, prout voluit.*

[61] So Adalbert von Magdeburg (Continuator Reginonis) a. 919, hrsg. v. Friedrich Kurze (MGH. SSrG 50). Hannover 1890, S. 156, *vocatis ad se fratribus et cognatis suis, maioribus scilicet*

fränkischem Recht) zudem das gemeinsame Erbe aller Brüder – häufig ist von der *consortio fratrum* die Rede[62] –, das eine genaue Erbteilung freilich nicht ausschließt.[63]

Die Verwandten wurden darüber hinaus für Verfehlungen und Schulden ihrer Mitglieder haftbar gemacht. Der Hausmeier Karl verbannte den Bischof Eucherius von Orléans *cum omni propinquitate eius* und konfiszierte alle Würden.[64] Der Langobardenkönig Aripert, so Paulus Diaconus, blendete nicht nur Sigiprand (den Sohn des Vorgängers Ansprand), sondern verfolgte auch alle seine Verwandten,[65] und Ludwig der Deutsche verwies nicht nur den aufständischen Ernst, sondern auch seine *nepotes* aus seinem Reich.[66] Traf man zwecks gerichtlicher Ladung den Belangten nicht an, so wandte man sich nach fränkischem Recht an die Ehefrau oder *quemcumque de familia illius*.[67]

Interessant an der ‚Lex Salica' sind auch die detaillierten Bestimmungen zur Wiederheirat:[68] Sie war nämlich erst nach Vorsprache vor dem Gericht und nach Nachweis der Zahlungsfähigkeit des neuen Ehemannes durch symbolisches Vorzeigen von drei Schillingen und einem Denar und Zahlung dieser Summe an die (bzw. einen bestimmten)

Francorum. Vgl. Thietmar von Merseburg: Chronicon 1, 8 [Anm. 36], S. 12: *cum residua consanguineorum ac familiarium caterva.* Nach Widukind von Corvey (Res gestae Saxonicae 1, 25 [Anm. 39], S. 37f.) rief Konrad hingegen nur seinen Bruder Eberhard zu sich.

[62] Vgl. Marculfi Formulae 2, 11 [Anm. 50], hrsg. v. Uddholm, S. 214; hrsg. v. Zeumer, S. 82f.: *absque consorcio fratrum tuorum vel filiis meis [...] vel quicquid exinde facire volueris, absque consorcio fratrum tuorum vel filiorum meorum liberam in omnibus habeas potestatem.* Von *portio* sprechen viele St. Galler Urkunden; vgl. Goetz: Coutumes d'héritage [Anm. 52], S. 220f.

[63] Die ‚Lex Salica' lässt diesen Modus offen, doch Urkundenformeln und Schenkungsurkunden bestätigen ihn zur Genüge. Eine andere Formel bei Marculf (2, 14 [Anm. 50], hrsg. v. Uddholm, S. 222; hrsg. v. Zeumer, S. 84) bezeichnet die Aufteilung des väterlichen Allods unter Verwandten als freiwilligen, nicht als rechtlich festgelegten Vorgang: *Quicquid enim inter propinquos de alode parentum, non a iudiciaria potestate quoacti sed sponte, manente caritate, iusti debita unicuique porcio terminatur, non de rebus detrimentum sed augmentum pocius potest esse censendum.*

[64] Levison, Wilhelm (Hrsg.): Vita Eucherii episcopi Aurelianensis 7 (MGH. SS rer. Mer. 7). 1919/20, S. 49.

[65] Paulus Diaconus: Historia Langobardorum 6, 22, hrsg. v. Ludwig Bethmann u. Georg Waitz (MGH. SS rer. Lang. 1). Hannover 1878, S. 172: *Rex igitur Aripert, confirmato regno, Sigiprandum, Ansprandi filium, oculis privavit omnesque qui ei consanguinitate iuncti fuerant diversis modis afflixit.*

[66] So Grat, Félix/ Vielliard, Jeanne/ Clémencet, Suzanne (Hrsg.): Annales Bertiniani a. 861. Paris 1964, S. 85: *Hlodouuicus socerum Karlomanni filii sui Arnustum honoribus priuat et nepotes ipsius a regno suo expellit.* Vgl. ebd., a. 865, S. 125, zur Entkleidung der Verwandten von Ämtern: *Inde ad Rofiacum uillam ueniens, Adalardo, cui custodiam contra Nortmannos commiserat, sed et suis propinquis Hugoni et Berengario, quia nihil utilitatis contra Nortmannos egerant, conlatos honores tollit et per diuersos eosdem honores disponit.* Ähnlich ging es den Verwandten (Bruder und Vetter) des aufständischen Grafen Bernhard von Septimanien (Astronomus: Vita Hludowici imperatoris 45, hrsg. v. Tremp [Anm. 33], S. 460).

[67] PLS § 1, 3 [Anm. 21], S. 19.

[68] PLS §§ 79 und 100f., S. 250 und 256.

Verwandten[69] sowie nach symbolischer Auflösung des Hausstandes erlaubt: Man musste Bank, Bett und Bettdecke herrichten und den Verwandten vor neun Zeugen vorzeigen und zurücklassen, um vor ihnen Frieden zu haben (*ut pacem habeam parentum*). Beide Eheleute heirateten folglich jeweils in einem Maße in die Familie des Partners ein, dass sie – auch nach dessen Tod – zu dessen Verwandtschaft zählten, die bei einer Wiederheirat „entschädigt" werden musste, ein weiteres Indiz für die regelrechte „Verschmelzung" mit den Kognaten. (Auch das resultierte sicherlich aus Erbfragen, zumal die Zahlung jeweils an einen bestimmten Verwandten erfolgte.) Entsprechend wurde auch ein Eheversprechen sowohl den eigenen wie den Verwandten (bzw. Eltern: *parentibus*) der Braut geleistet,[70] und die Brautgabe kam vom Vater oder von der Verwandtschaft (*parentilla*).[71]

Erkennbar, wenngleich strittig, ist schließlich die Rolle der Verwandtschaft bei der Blutrache, die in der ‚Lex Salica' zwar nicht unmittelbar, wohl aber – damit eng verbunden – bei der Wergeldzahlung erwähnt wird: Danach stand das Wergeld (als Kompensation für den Verzicht auf Blutrache) beim Tod eines Familienvaters zur Hälfte den Söhnen, zur anderen Hälfte den nächsten Verwandten (*parentes, qui proximiores sunt*), und zwar (wiederum) von väterlicher wie von mütterlicher Seite, zu.[72] Erneut zeigt die Beteiligung der Verwandten beider Linien an der Entschädigung an, dass nicht nur die Kinder betroffen waren und dass die Verwandtschaft der Ehefrau sich durch den Todesfall ebenso beeinträchtigt fühlte wie die eigene und in den Frieden eingeschlossen werden musste, damit sie nicht ihrerseits eigenständig Rachemaßnahmen ergriff. Folgerichtig hafteten die Verwandten – und zwar gestuft nach der Nähe

---

[69] Nach PLS § 44, 6-11, S. 170-172, waren das der älteste Neffe (Sohn der Schwester), der älteste Sohn der Nichte, der Sohn der Nichte mütterlicherseits *(consobrine filius)*, der Mutterbruder *(avunculus, frater matris)*, der Bruder und schließlich der nächste Verwandte (bis zum 6. Glied). Auffälligerweise kommen die nächsten Verwandten zuletzt. Vgl. dazu Murray [Anm. 7], S. 163-175. Nach der jüngeren Fassung (PLS §§ 100/101) wurden – unbeschadet des gesetzlichen Freikaufs *(achasium)* vor dem Richter – die Verwandten des Mannes nur einbezogen, falls aus der Ehe Kinder hervorgegangen waren, und zwar jetzt in der Reihenfolge der nächsten Verwandten: Eltern, ältester Bruder, Neffe (Sohn des älteren Bruders). Waren keine Kinder vorhanden, so fiel die Geldzahlung an den Fiskus. Die Höhe der Zahlung richtete sich jetzt nach der Ehegabe *(dos)*. Nach der Zeremonie durfte die Frau zwei Drittel ihrer ersten Ehegabe in die zweite Ehe mitnehmen. Wollte der Mann wieder heiraten, so durfte er die Ehegabe der ersten Frau nicht antasten, sondern musste sie als Erbe der Kinder verwahren. Waren keine Kinder vorhanden, so erhielten die Verwandten der Frau zwei Drittel der Ehegabe zurück und mussten ihrerseits das Mobiliar symbolisch zurücklassen, also damit den Mann vom früheren Hausstand lösen. Ausführlich zur Ehegabe im frühen Mittelalter: Bougard, François/ Feller, Laurent/ Le Jan, Régine (Hrsg.): Dots et douaires dans le haut Moyen Âge (Collection de l'École Française de Rome 295). Rom 2002.
[70] PLS § 65a [Anm. 21], S. 234.
[71] PLS § 67, S. 238.
[72] PLS § 62, 1, S. 227f. Nach PLS § 68, S. 239, erhielten die Söhne die Hälfte, die Mutter ein Viertel und die *parentes propinqui*, jeweils drei von väterlicher und mütterlicher Seite, zusammen ein Viertel des Wergeldes.

der Verwandtschaft – auch für die Wergeldzahlung. Das belegt der so genannte „Erdwurf":[73] Wenn jemand das Wergeld nicht bezahlen konnte, musste er Erde aus den vier Ecken seines Hauses auf den nächsten Verwandten (*proximiorem parentem*) werfen (der dann offensichtlich dafür aufkommen sollte). Wenn Vater, Mutter und Brüder gezahlt hatten, mussten – erneut – die nächsten drei Verwandten sowohl *de generatione matris* wie *de generatione patris* (*qui proximiores sunt*) jeweils die Hälfte zahlen. Wenn man sich darüber hinaus auf symbolische Weise von der Verwandtschaft (*parentilla*) loslösen konnte – man musste dazu im Thing vier Erlenstücke in die vier Ecken werfen[74] –, um auf diese Weise zwar das Erbe zu verlieren, aber auch den Bußzahlungen (*compositio*) zu entgehen, dann bestätigt auch diese Bestimmung die prinzipielle Bußpflicht aller Verwandten, die ganz offensichtlich Funktionen für die Familie übernahmen, in der ‚Lex Salica' allerdings kaum als Einheit auftraten, sondern jeweils konkret benannt wurden.

Das Recht auf Vergeltung geht eindeutig aus verschiedenen, bei Gregor von Tours berichteten Episoden hervor. Da Beretrudes Schwiegersohn dem Hausmeier Waddo Pferde gestohlen hatte, wollte dieser sich rächen, indem er sich eines Hofs bemächtigte, den Beretrude ihrer Tochter hinterlassen hatte. Er tötete den Verwalter (*actor*) und wurde daraufhin selbst von dessen Sohn umgebracht.[75] Das Beispiel belegt eine „Kettenreaktion" der Rachehandlungen und zeigt zudem, dass nicht nur der Verursacher, sondern auch dessen Verwandtschaft in die „Wiedergutmachung" einbezogen wurde. In einem anderen Fall deutet Gregor die Blutrache der Verwandten sogar als gerechtes Gottesurteil.[76] Berühmt und aus rechtshistorischer Sicht vielfach behandelt ist

---

[73] PLS § 58, S. 218-221. Vgl. dazu Murray [Anm. 7], S. 144-149; Kaufmann, Ekkehard: Art. Chrenecruda, in: Handwörterbuch zur deutschen Rechtsgeschichte. Bd. 1 (1971), Sp. 611-613; Schmidt-Wiegand, Ruth: Chrenecruda, Rechtswort und Formalakt der Merowingerzeit, in: Hans-Wolf Thümmel (Hrsg.): Arbeiten zur Rechtsgeschichte. Festschrift für Gustaf Klemens Schmelzeisen (Karlsruher Kulturwissenschaftliche Arbeiten 2). Stuttgart 1980, S. 252-273 (abgedr. in: Hüpper, Dagmar/ Schott, Clausdieter [Hrsg.]: Stammesrecht und Volkssprache. Ausgewählte Aufsätze zu den *Leges barbarorum*. Weinheim 1991, S. 481-502).

[74] PLS § 60, S. 225. Vgl. dazu Murray [Anm. 7], S. 150-155.

[75] Gregor von Tours: Historiae 9, 35 [Anm. 20], S. 455f.

[76] Ebd., 5, 5, S. 201f., zur Rache der Verwandten eines Ermordeten an einem Mann (dem Sohn Silvesters), der zuvor Gregors eigenen Bruder umgebracht hatte: *Cuius parentes condolentes propinqui exitum, commota seditione, extractis gladiis, eum in frustra concidunt membratimque dispergunt. Tale iusto iudicio Dei exitum miser accepit, ut, qui propinquum innocentem interimerat, ipse nocens diutius non maneret.* Ebd., 3, 7, S. 103f., nutzte König Theuderich solche Vorstellungen politisch und wendete sie gegen äußere Feinde, wenn er die Franken zum Krieg gegen die Thüringer damit zu animieren suchte, dass er an die Schmach erinnerte, die jene ihren Verwandten zugefügt hatten: *Convocatis igitur Francis, dicit ad eos: ‚Indignamini, quaeso, tam meam iniuriam quam interitum parentum vestrorum, ac recolite, Thoringus quondam super parentes nostros violenter advenisse ac multa illis intulisse mala. Qui, datis obsidibus pacem cum his inire voluerunt, sed ille obsedes ipsus diversis mortibus peremerunt et inruentes super parentes nostros, omnem substantiam abstullerunt, pueros per nervos femorum ad arbores appendentes, puellas amplius ducentas crudeli nece interfecerunt, ita ut, legatis brachiis super*

ferner die Sichar-Episode:[77] Sichar, ein Bürger von Tours, lud zum Weihnachtsfest (585) im nahen Dorf Manthelan ein. Als einer der Eingeladenen den Boten (einen Diener des Priesters) erschlug, kam es zu einer bewaffneten Auseinandersetzung zwischen den Leuten Sichars und Austregisels. Das Gericht (*in iudicio civium*) verurteilte Austregisel.[78] Sichar aber überfiel nachts das Haus Aunos (wo die ihm entwendeten Sachen deponiert worden waren), tötete Auno sowie dessen Sohn und Bruder und raubte deren Gut. Gregor von Tours mahnte daraufhin die Parteien, Frieden zu halten, und bot seinerseits Geld an, doch Aunos Sohn Chramnesind wies das zurück, um lieber den Tod von Vater, Bruder und Oheim zu sühnen. Auf die (falsche) Nachricht von Sichars Tod hin drang er mit seinen – hier wiederum beteiligten – Verwandten und Freunden (*commonitis parentibus et amicis*) in Sichars Haus und in die Gehöfte seines Gutes ein und trieb Gut und Viehherden davon. Erneut trat das Gericht zusammen und bestimmte, dass Chramnesind wegen dieses gesetzeswidrigen Vorgehens die Hälfte der (früher zuerkannten, aber abgelehnten) Buße (*compositio*) verlieren und diese nun Sichar zufallen sollte. (Gregor betont an dieser Stelle, dass diese Regelung gegen das Gesetz getroffen wurde, um den Frieden zu retten.) Das schien dieses Mal zu funktionieren, denn Sichar und Chramnesind schlossen bald eine innige Freundschaft. Zwei Jahre später aber provozierte Sichar den Freund bei einem Gelage, indem er dessen Reichtum der Bußzahlung zuschrieb, die er dem Mord an seinen Verwandten verdanke, und zwang ihn damit zur Rache und zur Verteidigung seiner Ehre: „Wenn ich den Tod meiner Verwandten nicht räche, so verdiene ich fortan nicht, ein Mann zu heißen; ein schwaches Weib muss man mich dann nennen," so sprach Chramnesind zu sich selbst und tötete Sichar. Der konkrete Vorfall zeigt die Einbeziehung der Verwandten in die Blutrache (bzw. eher die Sühnung durch Fehde), gegen die die Gerichtsgewalten trotz aller Anstrengungen letztlich machtlos waren. Wie gefährlich aber auch Chramnesinds Tat trotz ihrer Rechtlichkeit war, zeigt die Tatsache, dass er sich sofort König Childebert unterstellte, um sein Leben bat und sich mit seinem Rechtsanspruch auf Sühnung rechtfertigte: „Ich habe nur diejenigen erschlagen, die meine Verwandten heimlich getötet und alle meine Habe mitgenommen haben." Offenbar war die Blutrache zwar ein Recht, blieb ihrerseits aber nicht ungesühnt. Da die Königin Brunichilde ihm die Tat verübelte, floh Chramnesind zu seinen Verwandten in das Reich Guntchrams, und auch Sichars Frau hatte sich nach der Ermordung

---

equorum cervicibus, ipsique acerrimo moti stimulo per diversa petentes, diversis in partebus feminas diviserunt'.

[77] Ebd., 7, 47, S. 366ff.; 9, 19, S. 432ff. Dazu zuletzt Meyer, Christoph: Freunde, Feinde, Fehde: Funktionen kollektiver Gewalt im Frühmittelalter, in: Jürgen Weitzel (Hrsg.): Hoheitliches Strafen in der Spätantike und im frühen Mittelalter (Konflikt, Verbrechen und Sanktion in der Gesellschaft Alteuropas 7). Köln/ Weimar/ Wien 2002, S. 211-266.

[78] Von einer Bußzahlung, wie Buchner übersetzt, spricht Gregor ebenso wenig explizit (vielmehr: *censura legali*) wie von einem „Friedensbruch" (vielmehr: *mota seditione*). Erst später ist von *compositio* und *pratium, quod ei fuerat iudicatum* die Rede, doch bezieht sich das auf Chramnesind.

ihres Mannes zu ihrer Familie zurückgezogen. Dieses Vorgehen belegt zugleich die Schutzfunktion der Verwandten, die ihre Mitglieder im Notfall „auffingen". Alle ihre Verwandten, so klagte später die Äbtissin Eangyth bei Bonifatius, seien verstorben und es gäbe niemanden mehr, dessen sie so dringend bedurfte (außer einer Tochter, einer Schwester, einer alten Mutter und einem Neffen ...).[79] Daher brauche sie nun einen treuen Freund.

Wie die Verwandtschaft ihre Angehörigen schützte, so übte sie ihrerseits auch eine Art Kontrollfunktion über ihre eigenen Mitglieder (und deren Wohlergehen) aus: Gregor berichtet von der Beziehung eines Priesters in Le Mans zu einer Frau aus vornehmem Hause, deren Verwandte (*propinqui*) Rache für die Demütigung ihres Geschlechts übten (*ad ulciscendum humilitatis generis sui*), indem sie den Priester gefangen nahmen und dann zum Freikauf anboten – er wurde von seinem Bischof losgekauft –, die Frau aber (das eigene Familienmitglied) verbrannten. Als der Priester später rückfällig wurde und ein neues Verhältnis mit einer anderen Frau einging, konnte er vor deren Verwandten, die offenbar Ähnliches planten, erneut nur durch den Bischof gerettet werden.[80] Gregor erschien es somit durchaus üblich, dass Verwandte Selbstjustiz an den eigenen Familienmitgliedern (und zugleich Rache an den Verantwortlichen) übten,[81] auch wenn es sich hier um einen Extremfall handelte. In den langwierigen Streit um Berthefledas Scheidung – sie sollte das Kloster ihrer Mutter übernehmen und daher ihren Mann verlassen; dabei unterstützte sie ihr Bruder, Bischof Berthamn von Bordeaux – mischte sich schließlich König Guntchramn mit den Worten ein: „Sie ist meine Verwandte. Wenn sie Böses im Hause ihres Mannes verübt hat, so werde ich es rächen. Ist das aber nicht der Fall, warum wird dann dem Manne alle mögliche

---

[79] Bonifatius, ep. 14 [Anm. 22], S. 23: *Additur his omnibus miseriis amissio amicorum et contribulium, caterva propinquorum et consanguineorum turba. Non habemus filium neque fratrem, patrem aut patruum, nisi tantum unicam filiam penitus destitutam omnibus caris in hoc saeculo, preter unam tantum sororem eius et matrem valde vetulam et filium fratris earum, et illum valde infelicem propter ipsius mentis statum et quia rex noster eius gentem multum exosam habet. Et nullus est alius, qui noster sit necessarius.* Vgl. ders., ep. 147, ebd., S. 284: *Ego enim sola derelicta et destituta auxilio propinquorum.* Vgl. später Petrus Damiani: ep. 132 [Anm. 7], Bd. 4, 3, S. 439: *tu michi licet non sit filius, a mea tamen cura non merito iudicaris extraneus, cui germana videris affinitate propinquus.*

[80] Gregor von Tours: Historiae 6, 36 [Anm. 20], S. 306f. Es ist auffällig, dass Gregor hier und anderwärts die hohe Herkunft als Grund für das Eingreifen der Verwandten angab (*Erat enim mulier ingenua genera et de bonis orta parentibus*). So berief sich auch die Königstochter Chrodechilde, die im Radegundkloster in Poitiers einen Nonnenaufstand gegen die Äbtissin anzettelte, mehrfach auf den Schutz ihrer königlichen Verwandten: ebd., 9, 39, S. 460: *ipsa quoque quasi de parentibus confisa regibus;* [...] *‚Vado ad parentes meos regis, ut eis contumeliam nostram innotiscere valeam';* ebd., S. 463: *‚Numquam nos ulla retinebit mora, nisi ad reges, quos parentes nostros esse novimus, accedamus';* ebd., 10, 15, S. 503: *‚Nolite super me, quaeso, vim inferre, quae sum regina, filia regis regis alterius consubrina.'*

[81] Vgl. auch ebd., 6, 17, S. 286f.: Die Verwandten rächten den Tod des Priscus.

Schmach angetan und ihm die Frau genommen?"[82] Zwar sprach aus Gunthchramn die königliche Autorität (und höchste richterliche Instanz), sein Handeln aber resultierte demnach aus den verwandtschaftlichen Bindungen.

Nicht minder fühlten sich die Verwandten zum Schutz ihrer (schutzbedürftigen) Mitglieder (wie der Frauen) verpflichtet, auch nachdem die Frau in eine neue Familie eingeheiratet hatte. So berichtet Gregor von einem Streit unter den Franken in Tournai (dem Kernsitz Chlodwigs), weil ein Mann seinen Schwager zur Rechenschaft zog und ihm Vernachlässigung seiner Schwester (der Ehefrau des Beklagten) zugunsten von Dirnen vorwarf und ihn, als das nichts half, umbrachte. Daraufhin wurde er selbst von den Leuten seines Schwagers getötet, und es entstand ein allgemeines Blutgemetzel. Als sich anschließend die Väter befehdeten, griff die Königin Fredegunde ein, lud die drei Fehdeführer zu einem Versöhnungsmahl und ließ hier kurzerhand alle drei umbringen. Fredegunde konnte der Fehde nicht Einhalt gebieten, sondern nur Frieden vermitteln (oder ihrerseits Gewalt anwenden). Für Gregors Wertung spielte zweifellos sein grenzenloser Hass auf Fredegunde eine Rolle. Das Schutz- und Racherecht der Verwandten wird in dieser Geschichte aber deutlich herausgestellt. Dabei ist es nicht minder bezeichnend, dass die Verwandten (*parentes*) der Ermordeten anschließend die Königin verfolgten und sie bei König Childebert anklagten.[83] In Paris wandten sich die Verwandten eines Ehemannes an den Vater seiner Frau, weil diese eine außereheliche Beziehung hatte, mit den Worten: „Entweder beweise, dass deine Tochter sich [zur Ehe] eignet (*idoneus*), oder sie muss sterben, auf dass nicht ihr Ehebruch Schande bringe über unser Geschlecht." Der Vater beeidete daraufhin am Grab des heiligen Dionysius die Unschuld seiner Tochter. Dabei kam es dennoch zu einem Handgemenge, bei dem viele umkamen und das Kirchengebäude entehrt wurde. Die Beteiligten wurden daher sämtlich exkommuniziert und erst nach einer Sühne wieder in die Kirchengemeinschaft aufgenommen. Die Frau aber erhängte sich.[84]

In der Merowingerzeit übte die Verwandtschaft folglich (noch) vielfältige Funktionen aus. Dass diese in der Folgezeit nun keineswegs verloren gingen, mögen einige wenige Episoden der Fehdeführung exemplarisch belegen. So soll die Gemahlin Tassilos III. den Bayernherzog zum Aufstand bewogen haben, um die Verbannung ihres Vaters Desiderius zu rächen.[85] Otto I. wollte es nach Widukind nicht dulden, dass die Ungarn nicht nur seine Burgen überfielen, sondern sich auch am Blut seiner Verwandten sättigten.[86] Obwohl Ottos Sohn Thangmar, so Thietmar von Merseburg, bei einem Aufstand gegen den eigenen Vater getötet wurde, rächte dieser seinen Tod, indem er später seinen Mörder gleichfalls mit dem Tod bestrafte.[87] Auch der König war

---

[82] Ebd., 9, 33, S. 451–454.
[83] Ebd., 10, 27, S. 519f.
[84] Ebd., 5, 32, S. 237.
[85] Einhard: Vita Karoli 11, hrsg. v. Oswald Holder-Egger (MGH. SSrG 25). Hannover 1911, S. 14.
[86] Widukind von Corvey: Res gestae Saxonicae 3, 32 [Anm. 39], S. 118.
[87] Thietmar von Merseburg: Chronicon 2, 2 [Anm. 36], S. 40.

von solchen Racheakten nicht ausgenommen. Nach Lampert von Hersfeld mahnten die Fürsten Heinrich IV. vor einer Ehescheidung von Bertha von Turin, weil das deren Verwandten (*parentes*) einen Grund zu Abfall und berechtigtem Aufstand geben würde.[88] Noch in Gisleberts Chronik der Grafen vom Hennegau aus dem 12. Jahrhundert brach der Herzog von Löwen mit seinem Oheim, dem Herzog von Limburg, und vielen Grafen und Verwandten in die Ländereien des Grafen von Hochstaden ein „und verwüstete das ganze Land zur Rächung seines Bruders"[89]. Die Schutz- und Vergeltungsfunktion der Verwandten blieb (mindestens) bis in das 12. Jahrhundert hinein erhalten.

Verwandte standen gleichermaßen einander bei. Thietmars eigene Verwandte beteiligten sich an der Lösegeldzahlung für seine Oheime, die in Gefangenschaft der Wikinger geraten waren: „Meine Mutter gab, schmerzlichst erschüttert, für die Befreiung ihrer Brüder alles, was sie besaß oder irgendwie aufbringen konnte." Söhne und andere Verwandte stellten sich als Geiseln, bis die Restsumme aufgebracht war. Da Thietmars Oheim Siegfried keinen Sohn hatte, wollte Thietmars Mutter ihren gleichnamigen Sohn als Geisel stellen, der als Mönch im Kloster Berge lebte. Als der Abt das ablehnte, wurde Thietmar selbst auserwählt, doch bevor es zum Austausch kam, konnte Siegfried entfliehen.[90] Die Geschichte macht aber deutlich, wie sehr die Familie zusammenhielt, um ihre Mitglieder zu befreien.[91] Die Verwandten wurden zur Rechenschaft gezogen, wie sie ihrerseits füreinander eintraten. Ganz offensichtlich ging man (auf beiden Seiten) von einem Zusammenhalt aus.[92]

IV. Fazit

„Verwandtschaft" ist ein komplexes Thema, zu dem sich noch vieles anfügen ließe. Die hier angestellten Beobachtungen und im Folgenden zusammengefassten Ergebnisse tragen daher durchaus noch vorläufigen Charakter.

---

[88] Lampert von Hersfeld: Annales a. 1069 [Anm. 38], S. 110: *ne parentibus reginae causam defectionis et iustam turbandae rei publicae occasionem daret.*

[89] Gislebert von Mons: Chronicon Hanoniense a. 1192, c. 195, hrsg. v. Léon Vanderkindere, in: La chronique de Gislebert de Mons (Commission royale d'histoire. Recueil de textes pour servir à l'étude de l'histoire de Belgique). Brüssel 1951, S. 282f.: *Post natale vero Domini dux Lovaniensis cum duce de Lemborch, avunculo suo, et multis hominibus tam comitibus quam consanguineis suis terram comitis de Hostada invasit, et omnia castra sua, excepto Ara castro fortissimo, ei abstulit et totam terram in vindictam fratris sui devastavit.*

[90] Ebd. 4, 23-25, S. 158/160.

[91] Vgl. auch Annales regni Francorum a. 826 [Anm. 30] S. 171: Der Sorbenfürst Tunglo stellte seinen Sohn als Geisel. Vom Freikauf durch *parentes* berichtet auch Gregor von Tours: Historiae 3, 13 [Anm. 20], S. 109.

[92] Zu diesem Aspekt sei auf den zweiten Teil des Beitrags verwiesen; vgl. Anm. 1.

1. Zunächst sollte deutlich geworden sein, dass das Thema noch manche Forschungsprobleme birgt, die vor allem noch interdisziplinär zu durchdringen wären, und dass sich der Blickwinkel fruchtbar erweitert, wenn das Augenmerk nicht nur (wie bisher) der „Familie", sondern auch der „Verwandtschaft" gilt.

2. Diese Sichtweise entspricht zudem der mittelalterlichen Perspektive, die keinen Begriff für die Familie, aber gleich mehrere Termini für die Verwandten kannte: Terminologisch und inhaltlich richtete sich der Blick frühmittelalterlicher Autoren nicht auf die Familie, sondern auf die Verwandtschaft. Rechtsquellen und Geschichtsschreibung zeichnen dabei ein vergleichbares Bild.

3. Die Autoren des früheren Mittelalters – und das war meine Perspektive – schrieben der Verwandtschaft im gesamten Zeitraum wichtige Funktionen zu: Verwandte machten Erbrechte geltend, sollten einander beistehen und fördern, kontrollierten das Verhalten der eigenen Familienmitglieder und sühnten Übergriffe von außen (einschließlich des Königs).

4. Solche Funktionen engten sich – gegen den Forschungsstand – keineswegs zunehmend auf die Kern- oder auf die Haushaltsfamilie ein, sondern griffen durchweg darüber hinaus, auch wenn den direkten Nachkommen eine bevorrechtige Position im Erbrecht zukam. Von einer abnehmenden Bedeutung der Verwandtschaft kann aus zeitgenössischer Sicht jedenfalls keine Rede sein. Vielmehr ist deren Rolle im Rahmen anderer „Systeme" noch genauer zu untersuchen.

5. Feste Grenzen, bis zu welchen Graden ein Verwandtschaftsbewusstsein reichte, lassen sich nicht ausmachen (das entschied sich von Fall zu Fall), doch spielte die Nähe der Verwandtschaft, die immer wieder betont wird, durchaus eine Rolle im Bewusstsein der Menschen. Rechtliche und soziale Pflichten lasteten auch nicht auf der Verwandtschaft schlechthin, sondern – nach einer mehr oder weniger festen Reihenfolge – jeweils auf bestimmten Verwandten.

6. Die modernen Streitfragen interessierten die mittelalterlichen Autoren hingegen kaum. Sie zielen damit letztlich an den mittelalterlichen Perspektiven vorbei. Bei aller Bedeutung der Kernfamilie (und ich selbst habe eine solche mehrfach betont) konstruierten die Zeitgenossen hier weder eine terminologische noch eine funktionale (und letztlich auch keine klare personelle) Grenze: Begrifflichkeit, Familienbewusstsein und gemeinsame Tätigkeiten schlossen vielmehr stets einen weiteren Verwandtenkreis ein.

7. Noch viel weniger machte man einen Unterschied zwischen dem (vieldiskutierten) agnatischen oder kognatischen Familienbewusstsein. Zwar wurde begrifflich zwischen Blutsverwandtschaft und Schwägerschaft unterschieden, doch wie letztere schon in der nächsten Generation zu Blutsverwandten wurden, so haben auch diese Unterschiede offenbar kaum Auswirkungen auf Funktionen und (erwartetes und tatsächliches) Verhalten gezeigt. Vielmehr waren die Kognaten aus mittelalterlicher Perspektive im Erb-, Ehe-, Wiederheirats- und Fehderecht in dieselben Funktionen und dieselben Verwandtschaftsbande einbezogen, ja sie verschmolzen hier begrifflich wie funktional geradezu

mit den Blutsverwandten. Das erklärt zugleich die – zumindest beim Adel erkennbare und gut untersuchte – bewusste Ehepolitik.

8. Insgesamt wird man die Rolle der Verwandtschaft im frühen Mittelalter daher vielleicht nicht überschätzen dürfen (wie in der überholten Vorstellung „germanischer Sippen"), doch sollte man sie ebenso wenig unterbewerten: In der Vorstellungswelt des frühen Mittelalters war (und blieb) sie von großer Bedeutung. Diese mittelalterliche Perspektive sollte aber auch zur Überprüfung heutiger Forschungsdiskussionen anregen.

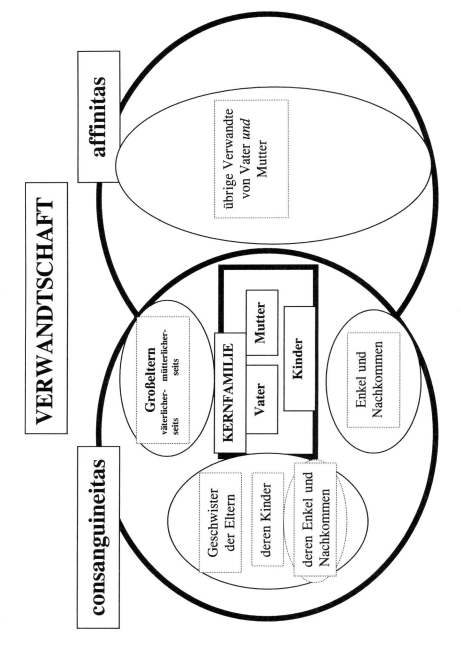

GERHARD DILCHER

An den Ursprüngen der Normbildung – Verwandtschaft und Bruderschaft als Modelle gewillkürter Rechtsformen

I. Zur Einführung

Wir wollen auf dieser Tagung über Bruderschaft und Verwandtschaft sprechen. Es handelt sich dabei, wie wir alle nicht nur wissen, sondern auch empfinden, um soziale Formen und soziale Beziehungen, die sehr nahe an der „Natur" sind: Sie entspringen aus den Fakten der natürlichen Reproduktion des Menschen, von Zeugung und Geburt. Dies wird vielfach mit der Metapher des Blutes zum Ausdruck gebracht; man spricht von Blutsverwandtschaft, davon, gleichen Blutes oder Geblütes zu sein. Gleichwohl handelt es sich hier lediglich um eine Metapher; wie wir heute wissen, sind die Gene hier wichtiger als das Blut, das in dieser Hinsicht gar nicht ein solch „besonderer Saft" ist. Wie schon diese Anspielung auf das Blut als die natürliche Grundlage von Verwandtschaft und Bruderschaft ein Sprachbild ist, also ein Kulturprodukt, so ist es auch die konkrete soziale Ausgestaltung dieser Beziehungen, die wir erst seit dem Beginn der Moderne als familiäre, als der Familie zugehörige bezeichnen.[1] Überall finden wir also bei näherem Zusehen keine naturgegebenen Selbstverständlichkeiten, sondern hochkomplexe Beziehungen menschlicher Vergemeinschaftungen und Vergesellschaftungen.[2] Dennoch lassen wir es uns nicht ausreden – und lassen es uns zu Recht nicht ausreden –, dass wir es hier mit einem „natürlichen" Untergrund der Gesellschaft zu tun haben. Bei Brüdern, bei Geschwistern ist es die Geburt von einer Mutter, die Abstammung von einem Vater, zu der in aller Regel das gemeinsame Aufwachsen, die Prägung durch gleiche Verhältnisse, Erziehung und Wertvorstellungen kommt. – Dabei handelt es sich also um ein Stück unmittelbar an die Gegebenheiten der Natur anschließender

---

[1] Mitterauer, Michael (Hrsg.): Historische Familienforschung. Frankfurt am Main 1982; ders. (Hrsg.): Geschichte der Familie. Stuttgart 2003.
[2] Die Begriffe Vergemeinschaftung und Vergesellschaftung werden im Folgenden im Sinne der Definitionen von Max Weber gebraucht. Vgl. ders.: Wirtschaft und Gesellschaft. Tübingen ⁵1972 u. ö. (Studienausgabe hrsg. v. Johannes Winckelmann), S. 21.

Kultur, den Bereich nämlich der unmittelbarsten und ersten sozialen Prägungen. So ist das Wort „Bruder" ein indoeuropäisches Urwort, ähnlich wie „Vater" und „Mutter".[3] Aus dieser historischen Tiefe schöpft wohl auch die Metapher der Bruderschaft die Kraft, mit der sie bildhaft die Verschiedenheit der Menschen in einem emotionalen Aufschwung zu überwinden vermag. Das zeigt sich in den religiösen Schöpfungsmythen: Sie stellen in vielen Kulturen die Menschen dar als Abkömmlinge eines, des ersten Menschen- (oder auch Götter-)paares:[4] Abkömmlinge von Adam und Eva nach der hebräischen Bibel, darum gleichermaßen der Sterblichkeit unterworfen und der Erlösung bedürftig und schon insofern Brüder, Geschwister. Aber auch der germanische Mythos der Abstammung von Mannus und andere stammesgeschichtliche Ursprungsmythen haben eine ähnliche Grundlage.[5]

Auf biblischen Grundlagen beruht dann auch der Gedanke christlicher Bruderschaft,[6] der vertieft ist durch die Erfahrung der Jünger und ersten Gemeinden, der Ausweitung der rituellen jüdischen Gemeinschaft zu einer solchen des Glaubens auf Grund der charismatischen Erfahrung von Pfingsten. Alle diese Elemente, Natur, Ritus, Charisma wollen wir festhalten, um zu sehen, wie wir sie in den Bruderschaften des Mittelalters wiederfinden.

Inmitten der durch die Aufklärung bewirkten Säkularisierung des christlichen Bruderdenkens steht Schillers Lied an die Freude, heute mit Beethovens Melodie Europa-Hymne: „Alle Menschen werden Brüder!" – Sie werden es demnach erst, sie sind es nicht schon durch Adam oder Christus. Der Historiker Schiller weiß wohl, dass das „Zum Bruder Werden" der Friedensrituale bedarf,[7] nämlich Umarmung und Kuss: „Seid umschlungen, Millionen, diesen Kuss der ganzen Welt!". Auch hier inmitten der Säkularisierung finden wir die religiöse Anrufung: „Brüder – überm Sternenzelt muss ein lieber Vater wohnen!" – Als ein Äquivalent für die Verbürgung der bruderschaftlichen *coniuratio* durch Gott steht am Ende des Gedichts: „Schwört bei diesem goldnen Wein, dem Gelübde treu zu sein, schwört es bei dem Sternenrichter!" – Der emotionale

---

[3] Deutsches Wörterbuch von Jacob und Wilhelm Grimm. Bd. 2. Nachdr. der Erstausg. 1860, München 1984, Art. Bruder, Sp. 417ff.

[4] Angenendt, Arnold: Der eine Adam und die vielen Stammväter. Idee und Wirklichkeit der *Origo gentis* im Mittelalter, in: Peter Wunderli (Hrsg.): Herkunft und Ursprung. Historische und mythische Formen der Legitimation. Sigmaringen 1994, S. 27-52.

[5] Ebd.; Wolters, R.: Art. Mannusstämme, in: Heinrich Beck/ Dieter Geuenich/ Heiko Steuer (Hrsg.): Reallexikon der Germanischen Altertumskunde. Bd. 19. Berlin/ New York 2001, S. 234-237.

[6] Schieder, Wolfgang: Art. Brüderlichkeit etc., in: Otto Brunner/ Werner Conze/ Reinhart Koselleck (Hrsg.): Geschichtliche Grundbegriffe. Historisches Lexikon zur politisch-sozialen Sprache in Deutschland. Bd. 2. Stuttgart 1972, S. 552ff., bes. S. 554f.

[7] Vgl. Fried, Johannes (Hrsg.): Träger und Instrumentarien des Friedens im hohen und späten Mittelalter, Vorträge und Forschungen. Bd. 43. Sigmaringen 1996, insbes. dort Klaus Schreiner, „Gerechtigkeit und Frieden haben sich geküßt" (Ps. 84, 11). Friedensstiftung durch symbolisches Handeln, S. 37-86.

Aufschwung universaler Verbrüderung, den Schillers Verse aufrufen, bedarf offenbar der meta-physischen Abstützung, um ihn zu sichern und vor Absturz zu bewahren. Einen solchen Absturz aber erlebte die *fraternité* der französischen Revolution, als sie über Stände, Klassen und dann sogar nationale Abgrenzungen hinweg zum Motor der politischen *egalité* gemacht werden sollte und in Blutvergießen und Unterjochung endete.[8] Beständigere Wirkung hatte sie bei der modernen Bildung bürgerlicher Nationen wie auch bei der Solidarisierung des vierten Standes.[9] Auch hier sieht Schiller historisch klar, wenn er die Volks- und Staatswerdung der Schweizer mit dem Rütlischwur beginnen lässt: „Wir wollen sein ein einig Volk von Brüdern..." und dabei die Ziele der Solidarität, der Freiheit und die Bürgschaft Gottes anfügt.[10]

Mit diesen Vorüberlegungen, so denke ich, haben wir unser Thema bereits erfasst und umgrenzt. Der Artikel „Brüderlichkeit, Bruderschaft, Verbrüderung" in den ‚Geschichtlichen Grundbegriffen' aus der Feder von Wolfgang SCHIEDER[11] scheidet den ideologisch gefärbten und oft brisanten Gesinnungsbegriff der Moderne von der älteren Begriffsgeschichte dieser Worte, in welcher es immer gleichzeitig auch um eine institutionelle Einbindung jeglicher brüderlicher Ideengemeinschaft gegangen sei. Um dieses aber, um institutionelle Einbindung, die Fassung in feste und auch mit Durchsetzungszwang ausgestattete Regeln, also Recht, darum soll es mir, der ich im Programm durchaus zutreffend als Rechtshistoriker ausgewiesen bin, gehen. Zwar gehen die Regeln etwa des Erbrechts unmittelbar von dem natürlichen Faktum der Geburt sowie dem rechtlichen Faktum des Vorliegens einer legitimen Ehe für das Erbrecht der Brüder aus – und hierbei, beim Erbe, handelt es sich in der Tat um eines der Grundverhältnisse der Bruderschaft, das uns noch beschäftigen wird. Jedoch wollen wir gemäß unserem Thema über die natürliche Bruderschaft hinausgreifen, vielmehr diese als Vorbild und Modell für die Gestaltung weiterer sozialer Beziehungen untersuchen. Dabei sollen Bruderschaften mit primär religiösen Zweckbestimmungen nicht im Vordergrund unserer Betrachtung stehen; ihrer großen Bedeutung gemäß werden sie auf dieser Tagung in eigenen Beiträgen behandelt. Vor allem die Bedeutung des benediktinischen Mönchtums für die Geschichte des bruderschaftlichen Gedankens soll hier aber doch wenigstens erwähnt werden. Auch werde ich mich auf bestimmte Bereiche der Gesellschaft konzentrieren; Verbrüderungen des Adels oder von Herrschern müssen deshalb ebenfalls außer Betracht bleiben. Dies vorausgeschickt, möchte ich Sie bitten, mich durch verschiedene Zeiten und Räume, durch keineswegs unbekannte Quellen und Problemfelder zu begleiten. Mein Bestreben ist es, dabei aus der Perspektive

---

[8] Schiller selbst schildert die Schrecken der Revolution in seinem Gedicht „Die Glocke". Vgl. dazu auch Schieder [Anm. 6], S. 565: „Die ‚fraternité' der Jakobiner".
[9] Schieder, ebd., S. 572: „Brüderlicherkeit bürgerlicher Demokraten" und S. 573: „Soziale Brüderlichkeit in der Arbeiterbewegung".
[10] Wilhelm Tell, Zweiter Aufzug, Zweite Szene a.E.
[11] Schieder [Anm. 6].

„Bruderschaft" immer wieder ähnliche Leitmotive, jedoch in jeweils anderer Beleuchtung, aufscheinen zu lassen.

II. Bruderschaft und Gesellschaftsrecht

Als erstes Beobachtungsfeld für unsere weiteren Überlegungen wählen wir das hoch- und spätmittelalterliche Oberitalien und lassen uns dabei von der rechtshistorischen Arbeit ‚Zur Geschichte der Handelsgesellschaften im Mittelalter. Nach südeuropäischen Quellen' leiten, mit der der damals etwa fünfundzwanzigjährige Max WEBER vor der Berliner juristischen Fakultät 1889 promoviert wurde.[12] Seine Arbeit gilt immer noch als grundlegend für den fraglichen Bereich und ist als Leitlinie für unsere Fragestellung bedeutsam.

WEBER sieht die Handelsgesellschaft in ihrer modernen Form nicht im römischen Recht der *societas*, sondern in der südeuropäischen Handelswelt des Mittelalters entstehen. Die *societas* war nämlich eine reine Innengesellschaft, ohne Gesamthandvermögen und solidarische Haftung nach außen. Er leitete darum das neue, bis heute gültige Prinzip der solidarischen Haftung aller Gesellschafter wie auch das eines einheitlichen Gesellschaftsvermögens aus der Brüdergemeinschaft des langobardisch-germanischen Rechts ab, in der die Söhne als Erben des väterlichen Vermögens die Geschäfte weiterbetreiben. Damit ist von Anfang an ein Gesamtvermögen aus dem ungeteilten väterlichen Erbe vorhanden; es liegt auch eine weiterbestehende Haftung aller gegenüber den Geschäftpartnern nahe, die eben die vorherige Haftung des Vaters einfach fortsetzt, nur dass sie nun kollektiv für die Gesamtheit der Brüder gilt, die also im genauen juristischen Wortsinn „solidarisch" haften („einer für alle, alle für einen"). Damit sieht WEBER die wichtigsten Merkmale der Handelsgesellschaft durch die einfache Fortführung der Brüdergemeinschaft mit den entsprechenden Außenwirkungen vorliegen, ohne dass es eines weiteren Rechtsaktes bedurft hätte.[13] Eine solche Brüdergemeinschaft – *fratres communiter viventes* – im ungeteilten Erbe wurde in Kapitel 167 des Ediktes des langobardischen Königs Rothari aus dem Jahre 643 geregelt, sogar dem Wortsinn nach also eine „Brüderkommune". Über die Lombarda, eine systematische Verarbeitung dieses Rechts aus der Rechtschule von Pavia aus dem 11. Jahrhundert, bleibt dies eine für das Hoch- und Spätmittelalter maßgebende Rechtsquelle – ein Beispiel für die eigene longue dureé der Wirkung von Rechtstexten.[14]

---

[12] Weber, Max: Zur Geschichte der Handelsgesellschaften im Mittelalter. Nach südeuropäischen Quellen. Stuttgart 1889. Demnächst als Bd. I/1 in der Max Weber Gesamtausgabe (MWG), hrsg. v. Gerhard Dilcher und Susanne Lepsius. Tübingen 2008.

[13] Ebd., bes. S. 45-50.

[14] Beyerle, Franz (Hrsg.): Die Gesetze der Langobarden. Weimar 1947; Die Lombarda (MGH, Leges IV), hrsg. v. F. Bluhme. Hannover 1869.

Darüber hinaus kann WEBER nachweisen, dass solche Brüdergemeinschaften und aus ihnen hervorgegangene Handelsgesellschaften, also Familienunternehmen, sich sowohl in konkreten Vertragsgestaltungen wie in städtischen Statuten des oberitalienischen Spätmittelalters finden. Seine Hauptbeispiele hierfür bietet die Handels-, Gewerbe- und Bankiersstadt Florenz.[15] Diese Verhältnisse entsprechen also einem lebendigen Rechtsbrauch, sie stellen kein Buchrecht, sondern Lebenswirklichkeit dar. In ihr ist die gelebte Familienstruktur Ausgangspunkt für eine Weiterentwicklung von Rechtsbeziehungen, die nunmehr vertraglich ausgestaltet werden. Auf diese Weise wird den Bedürfnissen des wachsenden mittelalterlichen Handels entsprochen. WEBER gebraucht für diesen Übergang zur planvollen Vertragsgestaltung den auch von uns gewählten Begriff „gewillkürt", den er zweifellos bei seinem Studium der deutschen Rechtsgeschichte kennen gelernt hat. Er ist jedoch erst in den Fünfzigerjahren des 20. Jahrhunderts durch eine Monographie des Göttinger Rechtshistorikers Wilhelm EBEL über die Willkür als Denkform des älteren deutschen Rechts zu einem festen Begriff der rechtshistorischen Wissenschaft geworden.[16] Bei WEBER steht dieser Begriff, wie wir noch sehen werden, schon hier für das für ihn später so zentrale Theorem des okzidentalen Rationalisierungsprozesses, eines der Kernstücke also seiner weltgeschichtlichen soziologischen Betrachtung, nämlich als bewusst vorgenommene, willentliche Gestaltung der Regelung sozialer Beziehungen.[17]

Das römische Recht aber habe eine solche Verbindung nicht entwickelt wegen der zentralen Rechtsmacht des *paterfamilias*, neben dem selbst Söhne, wie auch Sklaven, nur das Sondervermögen des *peculium* anvertraut bekamen, ein Gesamtvermögen und ein Haftungsverband sich also gar nicht erst bildete.[18] Das römische Recht schied darum als unmittelbares Vorbild aus, während der stärker genossenschaftliche Verband insbesondere der germanischen Brüdergemeinschaft, der auch in Oberitalien Einzug gehalten hatte, als maßgebende Brücke zur Handelsgesellschaft dienen konnte.[19] Wir haben also zwei Familienmodelle, die weitgehende unterschiedliche Auswirkungen auf das Wirtschaftsleben hatten. WEBER verteidigt seine „familiensoziologische" Herleitung der Entstehung der Handelsgesellschaften auch vehement gegen seinen verehrten Lehrer Levin GOLDSCHMIDT, der hier in seiner ‚Universalgeschichte des Handelsrechts' von seinem Schüler abweicht und die Entwicklung einer mittelalterlichen Haftung des Gesamtvermögens rein juristisch aus dem Außenverhältnis, nämlich der Vertretung durch einen Gesellschafter gemäß der römischen Rechtsfigur des *Institorats*

---

[15] Weber [Anm. 12], Kap. V, S. 128-148.
[16] Ebel, Wilhelm: Die Willkür. Eine Studie zu den Denkformen des älteren deutschen Rechts (Göttinger Rechtswissenschaftliche Studien, Bd. 6). Göttingen 1953.
[17] Dazu Dilcher: Einleitung zur Edition der MWG [Anm. 12]; ders.: Von der Rechtsgeschichte zur Soziologie. Max Webers Auseinandersetzung mit der Historischen Rechtsschule, in: Juristenzeitung 62 (2007), S. 105-112, hier S. 110.
[18] Weber [Anm. 12], S. 3-12.
[19] Weber [Anm. 12], Kap. III, S. 44 ff.

begründen will.[20] WEBER kritisierte diese Herleitung methodisch in einem Brief an den Wirtschaftshistoriker Lujo BRENTANO als „juristisch-formal"[21].

Bei WEBER entsteht das komplexe neue rechtliche Gebilde der Handelsgesellschaft dagegen nicht einfach durch Herleitung aus Recht. Vielmehr geht er aus von einem schon vorhandenen menschlichen Verband. Es handelt sich also um einen vor allem sozialgeschichtlichen und rechtssoziologischen Erklärungsansatz: Eine durch normative Vorstellungen der Familie und Verwandtschaft geprägte Gemeinschaft bewirkt durch ihre lebendige Fortentwicklung in der aufblühenden Wirtschaft Oberitaliens eine zunächst gelebte, erst dann in vertragliche und statutarische Regeln gefasste neue Rechtsform, die sich nun von der strengen Bindung an Verwandtschaft und Familie ablöst. Im Verhältnis von Rechtsnorm und sozialem Leben gewinnt also in diesem Erklärungsmodell letzteres als Faktor der Entwicklung den Vorrang. Das zeigt sich noch an einem anderen Gesichtspunkt, den Max WEBER in seinen Beweisgang einführt. Nach ihm ist nämlich die tragende Kraft der Fortentwicklung nicht die Gemeinschaft des Blutes, sondern gemeinsame Arbeit und soziale Nähe. Gerade am Beispiel von Florenz zeigt er, wie die Kaufleute- und Bankiershäuser aus Gewerbebetrieben hervorgehen, in die zwanglos auch nichtverwandte Personen einbezogen werden können. Vor allem aber findet sich in den Quellen immer wieder die Bemerkung, dass diejenigen, die gemeinsam Handel treiben und einen gemeinsamen Haushalt führen, deshalb auch gemeinsam haften. Die Quellen setzen dafür die Bezeichnung: *stare ad unum panem et vinum*, legen also Gewicht auf die urtümliche Form der Gemeinschaft von gemeinsamem Trunk und Mahl.[22] Das Prinzip brüderlicher Verwandtschaft wird also ergänzt durch die intime Form des Zusammenlebens auch nichtverwandter Person, die damit in den brüderlichen Verband einbezogen werden. An die Stelle der „geborenen" Teilnahme am Gemeinschaftshandeln trete damit die rationale Vergesellschaftung zum Zwecke des Erwerbsgeschäfts; sie erst führe zur objektiven Berechenbarkeit der individuellen Kapitalanteile und Erwerbsleistungen des Einzelnen innerhalb der Gesellschaft, damit zur Einführung der „Rechenhaftigkeit" als Teil des kapitalistischen Rationalisierungsprozesses.[23] Ohne dies aber, oder die dadurch ermöglichte freie und gewillkürte Zusammenarbeit von menschlicher Arbeit und Kapital, wäre der unvergleichliche wirtschaftliche Aufschwung des europäischen Spätmittelalters nicht möglich gewesen. Diesen Gesichtspunkt führt WEBER dann Jahrzehnte später sowohl in seinem Hauptwerk „Wirtschaft und Gesellschaft" wie auch in seiner aus Nachschriften publizierten Vorlesung „Wirtschaftsgeschichte" mit großem Nachdruck und unter Bezug auf die

---

[20] Dazu Dilcher: Einleitung zur Edition der MWG [Anm. 12].
[21] Weber, Max: Jugendbriefe. Tübingen o. J., aber 1936, Brief vom 20.2.1893, S. 363.
[22] Weber [Anm. 12], S.54: Der unselbstständige Geselle teilte Tisch und Haushalt, was auch als *stare ad unum panem ed vinum* bezeichnet wird. Es ist nach Weber das „naturale" dieser Arbeitsgesellschaft.
[23] Dilcher: Von der Rechtsgeschichte [Anm. 17], S. 112; ders.: Einleitung zur Edition der MWG [Anm. 12], passim.

Ergebnisse seiner Jugendschrift aus.[24] Der aufgezeigte Punkt besitzt also erhebliche Bedeutung für seine Geschichtskonzeption und sein Gesamtwerk.

Etwas anders scheint das Verhältnis der Bruderschaft zur Gesellschaft im Europa nördlich der Alpen zu sein, wenn wir vor allem an den Bereich der Hanse denken. In Anknüpfung an WEBER hat Albrecht CORDES dies kürzlich grundlegend aufgearbeitet.[25] Hier steht lange das zeitlich begrenzte Zusammenlegen von Kapital durch zwei Partner im Vordergrund; dabei entsteht aber auch nicht die für WEBER so maßgebende „Außengesellschaft". Wir wollen hier nur so viel festhalten, dass die einfachere „Gleichteilung" des Gewinns nach Köpfen statt nach Kapitalanteilen, die man als bruderschaftlich-personal ansehen kann, sich hier in der oralen Rechtskultur des Nordens länger hält[26], also die Rechenhaftigkeit des Kapitals weit langsamer in das alte personale Verhältnis der Gesellschafter eindringt.

III. Gilden als Bruderschaften

Das Stichwort Bruderschaft spielt eine Rolle nicht erst bei der genossenschaftlichen inneren Strukturierung der Stadtbürgerschaft in Gilden und Zünften seit dem 12. Jahrhundert, sondern schon im Vorfeld der Kommunebildung selbst. Seit langem in der Stadtforschung viel beachtet und durchaus kontrovers diskutiert ist dabei die Rolle der vorkommunalen Gilde bei der Ausbildung der kommunalen Stadt im europäischen Norden.[27] Das kann uns deshalb für unsere Fragestellung interessieren, weil wir damit mitten hineinkommen in jene weiteren terminologischen und damit auch sachlichen Zusammenhänge, die MICHAUD-QUANTIN 1970 *espressions du mouvement communautaire dans le Moyen Age latin* genannt hat.[28] Hier spielt der bruderschaftliche Aspekt mit den Begriffen *fraternitas*, *confraternitas*, *confratria* eine immer wieder wichtige Rolle, steht aber gleichberechtigt und oft austauschbar neben *consortium*, *collegium*,

---

[24] Weber: Wirtschaft und Gesellschaft [Anm. 2], S. 425-426; ders.: Wirtschaftsgeschichte, hrsg. v. S. Hellmann/ M. Palyi. ³1958 u. ö., S. 184, 199-203.

[25] Cordes, Albrecht: Spätmittelalterlicher Gesellschaftshandel im Hanseraum. Quellen und Darstellungen zur hansischen Geschichte, N.F. Bd. 45. Köln/ Weimar/ Wien 1998.

[26] Ebd., bes. S. 285-288 sowie bes. ders.: Gewinnteilungsprinzipien im hansischen und oberitalienischen Gesellschaftshandel des Spätmittelalters, in: Wirkungen europäischer Rechtskultur. Festschrift für Karl Kroeschell zum 70. Geburtstag. München 1997, S. 135-149.

[27] Ennen, Edith: Frühgeschichte der europäischen Stadt. Bonn 1953, bes. S. 165-178; Planitz, Hans: Die Deutsche Stadt im Mittelalter. ³1973 (¹1954), Wien/ Köln/ Graz ³1973, bes. S. 75-79; Dilcher, Gerhard: Die Rechtsgeschichte der Stadt, in: Karl S. Bader/ ders.: Deutsche Rechtsgeschichte. Land und Stadt- Bürger und Bauer im Alten Europa. Berlin/ Heidelberg/ New York 1999, bes. S. 280-282, 309-311, 367-372.

[28] Michaud-Quantin, Pierre: *Universitas*, Expressions du mouvement communautaire dans le Moyen Age latin (L'église et l'état au Moyen Age 13). Paris 1970.

societas, communio, communitas, coniuratio, aber auch *caritas, amicitia, pax* und schließlich früh neben dem germanischen Wort *gilda, gelda, geldonia*.

Beginnen wir mit der Gilde. Ihre Grundstruktur ist seit den letzten Jahrzehnten gut erforscht, und Otto Gerhard OEXLE hat sie im ‚Lexikon des Mittelalters' noch einmal klar umrissen.[29] Gilden sind seit karolingischer Zeit bezeugt. Sie werden von geistlichen wie weltlichen Obrigkeiten eher kritisch gesehen wegen ihres widerständigen und autonomen Charakters. Hincmar von Reims setzt die Gilden ausdrücklich mit Bruderschaften gleich, Alpert von Metz schildert um das Jahr 1000 die Kaufleutegilde von Tiel missbilligend in sehr genauen Details.[30] Wegen dieser Missliebigkeit bei den geistlichen und weltlichen Gewalten müssen wir damit rechnen, dass diese kurzen aber charakteristischen Erwähnungen nur sporadische Zeugnisse viel verbreiteter sozialer Phänomene darstellen. Der Gildename und das Gildephänomen, das schon in Tiel als Form des kaufmännischen Soziallebens erscheint, findet sich später im gesamten Bereich des nordeuropäischen Handels, vor allem des Seehandels, neben Norddeutschland und dem nordfranzösischen und niederländischen Küstenbereich in England, in Dänemark und Skandinavien.[31]

Die Gilde wird gerne als Antwort auf einen Zustand der Desorganisation charakterisiert.[32] Das ist insofern richtig, als die Gilde die Funktion hat, Schutz nach außen und Hilfe nach innen zu gewähren. In der frühmittelalterlichen Gesellschaft ist diese Funktion besonders deutlich: Anstelle von Familien- und Nachbarschaftsverbänden gewährt sie die notwendige kollektive Unterstützung bei der Austragung von sozialen Konflikten, die noch nicht durch staatliches Gewaltmonopol reguliert werden: also für gewaltsame Fehde und gerichtlichen Austrag, der im Aufgebot von Eidhelfern oder im Kampfbeweis durchaus als deren Fortsetzung erscheint; außerdem steht sie für Hilfe bei Bedürfnis und Not. Dies gilt für soziale Gruppen wie vor allem die der Kaufleute, die durch Sonderstellung oder besondere Mobilität durch die traditionalen Verbände nicht hinreichend abgesichert sind. Das Modell für die neue Gruppenbildung ist dabei die *confratria*, die Brüdergemeinschaft in ihrer verwandtschaftlichen Bedeutung. Sie ist deshalb nicht Männerbund, sondern bezieht Frauen und Familien mit ein – ein für den Charakter des Verbandes außerordentlich wichtiger, erst in neuerer Zeit hervorgeho-

---

[29] Oexle, Otto Gerhard: Art. Gilde, in: Lexikon des Mittelalters. Bd. 4 (1989), Sp. 1452-1453; grundlegend auch ders.: Gilden als soziale Gruppen in der Karolingerzeit, in: Herbert Jankuhn u.a. (Hrsg.): Das Handwerk in vor- und frühgeschichtlicher Zeit. Teil 1. Göttingen 1981, S. 284-354.

[30] Histoire urbaine nederlandaise, Lib. 2, c. 20 (Elenchus Fontium Historiae Urbanae 1), hrsg. v. van den Kieft, Nr. 12. Leiden 1967, S. 424.

[31] Friedland, Klaus (Hrsg.): Gilde und Korporation in den nordeuropäischen Städten des späten Mittelalters. Köln/ Wien 1984.

[32] Die Wortprägung stammt von Lujo Brentano (Zur Geschichte der englischen Gewerkvereine [die Arbeitergilden der Gegenwart 1], 1871, S. XII). Es ist von Oexle (Gilden als soziale Gruppen [Anm. 29], S. 294 u.ö.) wieder in die Diskussion eingeführt worden.

bener Gesichtspunkt.[33] Um diese Vergemeinschaftung zu erreichen, greift man zu den Mitteln der rituellen Herstellung von sozialer Nähe: Gemeinsamkeit von Mahl und Trunk in festlicher Form, auch gemeinsame Kasse, gemeinsamer Gottesdienst und vor allem die Gemeinsamkeit der Totenmemoria.

Um wirkliche rechtliche Verbindlichkeit zu gewinnen, bedarf es aber offenbar darüber hinaus der Bindung durch den Eid, der Schwurgemeinschaft, der *conjuratio*, wie sie immer wieder in diesem Zusammenhang bezeugt ist.[34] Während sich aus dem bloßen Zusammenleben Gewohnheiten bilden können, beruht die Verbindlichkeit von Statuten auf diesem Eid als Selbstbindung und Selbsturteil. Er wird also Garant für gewillkürtes Recht, wie es für Gilden in einem besonders frühen Zeitpunkt seit dem 11. Jahrhundert bezeugt ist.

In zeitlicher Parallele hierzu formt sich die mittelalterliche Gesellschaft immer stärker herrschaftlich-hierarchisch aus, vor allem in den Formen der Grundherrschaft und des Lehnswesens. Demgegenüber stellt die Gilde einen auf dem Prinzip der Parität, also der Gleichordnung gegründeten Verband dar.[35] Das Modell hierfür bietet offenbar das Verhältnis unter Brüdern. Wir können deshalb vielleicht den Begriff der *fraternitas* als Gegenbegriff zur *fidelitas*, der Herstellung verbindlich-personaler hierarchischer Sozialbeziehungen durch Treue begreifen, welcher sich vor allem in der Gefolgschaft und im Lehnswesen ausprägt.

Einen Blick werfen möchte ich auf die eigenartige Form der „Seeräubergilde" der Vitalienbrüder, die vor allem durch den Namen eines ihrer Führer, Klaus Störtebeker, bekannt ist.[36] Dieser Zusammenschluss entsteht um 1390 als eine Art Hilfstruppe Mecklenburgs in der Auseinandersetzung mit Dänemark; die so bezeichneten Gruppen werden dann aber zunehmend zu selbstständigen Freibeutern in der Ostsee und dann auch in der Nordsee. Wilfried EHBRECHT hat in einem Aufsatz 1983 darauf hingewiesen[37], wie die Vitalienbrüder innerhalb der Sozialgeschichte der Gilde zu sehen sind und damit keineswegs außerhalb des mittelalterlichen Rechtsbegriffs stehen, sogar einen volkstümlichen Gerechtigkeitsbegriff in Anspruch nehmen, der wohl mit dem Bruderschaftsideal verbunden ist. Für diesen Zusammenhang ist besonders hervorzuheben die Selbstbezeichnung als *likedeeler*, als „Gleichteiler", mit der sie sich als Ge-

---

[33] Oexle: Art. Gilde [Anm. 29]; insbes. Alpert von Tiel um 1000 berichtet über die Beteiligung der Frauen am Gildeleben.
[34] Michaud-Quantin [Anm. 28]; Oexle: Art. Gilde [Anm. 29]; Dilcher: Rechtsgeschichte der Stadt [Anm. 27].
[35] Die Gilden entsprechen insoweit dem Sozialtyp der Genossenschaft, dazu Dilcher, Gerhard: Zur Geschichte und Aufgabe des Begriffs Genossenschaft, in: ders./ Bernhard Diestelkamp (Hrsg.): Recht, Gericht, Genossenschaft und Polizei. Studien zu Grundbegriffen der germanistischen Rechtshistorie. Symposium für Adalbert Erler. Berlin 1986, S. 114-123.
[36] Puhle, Matthias: Die Vitalienbrüder. Frankfurt am Main ²1994.
[37] Ehbrecht, Wilfried: Hansen, Friesen und Vitalienbrüder an der Wende zum 15. Jahrhundert, in: ders./ Hans Schilling (Hrsg.): Niederlande und Nordwestdeutschland. Franz Petri zum 80. Geburtstag. Köln/ Wien 1983, S. 61-98.

nossenschaft gleichen Rechts – vor allem an der Beute – im Sinne ihrer Bruderschaft zu erkennen geben. Wir erinnern uns des Gleichteilungsprinzips der hansischen Handelsgesellschaften, wie sie uns CORDES erschlossen hat. Die wilden Gesellen können also durchaus etwas beitragen zur Ermittlung mittelalterlicher Vorstellungen von Bruderschaft.

IV. Bruderschaftliche Elemente der Kommune

Wie schon bemerkt, steht die Gilde in spezifischer Weise am Beginn der eigentlichen kommunalen Entwicklung der Stadt. Etwa die Gildesatzung von St. Omer um 1100 zeigt einerseits den alten bruderschaftlichen Zug der Gilde, andererseits ihre Rolle in der entstehenden Stadtgemeinde.[38] Diese ist jedoch anders strukturiert, nämlich als Ortsgemeinde, die unterschiedliche Bevölkerungsgruppen eint. Es kann heute als ausdiskutiert gelten, dass die Gilde nicht als kausaler „Ursprung" oder Vorform der Stadtkommune gelten kann. Andererseits ist ebenso anerkannt, dass Elemente der Gilde wie der allgemeine Rechtsschutz, der innere Friede (*pax, amicitia*), die Einung durch Eid – also *coniuratio* – und die Fähigkeit, nicht nur eigene Gewohnheiten, sondern auch gewillkürtes Recht, also Statuten zu erzeugen, beiden gemeinsam ist und die Gilde hier vorausgeht.[39] Auch findet sich schon bei der Gilde die Wahl leitender Amtsträger (*iurati*).

Wir wollen aber nicht kausal-genetisch, sondern strukturgeschichtlich fragen: Inwieweit finden wir bruderschaftliche Prinzipien, wie in der Gilde, so auch in der städtischen Kommune? Max WEBER sieht in seinem berühmten Text ‚Die Stadt' sowohl die antike wie die mittelalterliche Stadt als Phänomen der Verbrüderung.[40] Die mittelalterliche Stadtkommune sei dabei in besonderer Weise dadurch geprägt, dass das Christentum sämtliche inneren rituellen Abgrenzungen aufgehoben und auch der Sippe die Bedeutung sakraler Exklusivität genommen habe. Unter dem Eindruck dieser Idee sieht Max WEBER die ursprüngliche Konzeption der brüderlichen Gemeinde durch den Apostel Paulus im ‚Galaterbrief' und durch die entsprechenden Ereignisse in der Gemeinde von Antiochia gegeben, in der die rituellen Unterschiede zwischen Juden und Griechen zur Mahlgemeinschaft der Gläubigen überwunden wurden.[41] Die Vollendung

---

[38] Ennen [Anm. 27], S. 169-173 u. ö. Schulz, „Denn sie lieben die Freiheit..." [Anm. 53], S. 123-132.
[39] Dilcher: Rechtsgeschichte der Stadt [Anm. 27], S. 367-372.
[40] Weber: Wirtschaft und Gesellschaft [Anm. 2], S. 748-753.
[41] Ebd., S. 265, 745, zur Bedeutung für die Stadtforschung siehe auch Gerhard Dilcher: Max Webers Stadt und die historische Stadtforschung der Mediävistik, in: Hinnerk Bruhns/ Wilfried Nippel (Hrsg.): Max Weber und die Stadt im Kulturvergleich (Kritische Studien zur Geschichtswissenschaft 140). Göttingen 2000, S. 119-143, zum Thema direkt Schmeller, Thomas: Das paulinische Christentum und die Sozialstruktur der antiken Stadt. Überlegungen zu Webers „Tag von

dieses Prinzips sieht WEBER aber in einem Sprung über tausend Jahre in der Entstehung der mittelalterlichen Stadtkommune um 1100 durchgeführt; also eine politische und soziale Verwirklichung des christlichen Bruderschaftsprinzips in einer bestimmten historischen Konstellation. Die religiöse Herunterstufung der ursprünglichen, hier germanischen Sippen- und Verwandtschaftsbindungen macht also eine weitere Öffnung für freie bruderschaftliche Verbindungen möglich.

Können wir als Historiker dieser bei Max WEBER mehrfach angesprochenen geschichtsdeutenden Vision folgen? Die vorkommunale mittelalterliche Stadt nach der Schwelle des ersten Jahrtausends ist im Norden wie im Süden der Alpen durch eine Einwohnerschaft gekennzeichnet, die durch geburtsständisch unterschiedene, meist genossenschaftlich vereinigte Gruppen gekennzeichnet ist. Sie werden zunächst nur zusammengehalten durch einen gewissen Immunitätscharakter des Stadtgebietes und die Oberhoheit eines Stadtherren, meistens des Bischofs.[42] In Deutschland, besonders am Rhein, handelt es sich innerhalb der Bischofsstädte vor allem um die verschiedenen Gruppen der unfreien *familia*. Sie durften weder untereinander in Ehegemeinschaft treten noch ihre Rechte an Grund und Boden über die Grenzen der Genossenschaften hinaus übertragen; Verhältnisse extremer Partikularisierung innerhalb der Stadt-bevölkerungen also. Wir finden diese Verhältnisse besonders deutlich bezeugt in Burchards Hofrecht für Worms von 1020 und etwa 100 Jahre später in den Privilegien Heinrichs V. für Worms und Speyer, die diese Partikularisierung aufheben sollten.[43]

In Italien war es nicht die Unfreiheit, die zu sozialen und geburtsständischen Abgrenzungen und Differenzierungen führte. Vielmehr wurde dies bewirkt durch das Spannungsverhältnis zwischen einem auf die Stadt zentrierten oberen Lehensadel (*capitanei*), den kleineren Vasallen und den Schichten der nichtadlig-bürgerlichen Stadtbewohner, die aber durch Handel und Gewerbe Auftrieb bekommen hatten. Als weiteres Element kamen hinzu im Süden wie im Norden Zuwandernde vom Lande, die nach Integration in die Stadtbevölkerung suchten.

Die Stadtforschung der letzten Jahrzehnte hat nun deutlich gemacht, wie sich im 11. Jahrhundert in Oberitalien und speziell in Mailand im Vorfeld der Kommunebildung soziale Gärungen und Auseinandersetzungen mit Gedanken der religiösen und Kirchenreform verbinden.[44] Letztere zielt auf eine bessere, mehr im Sinne des ursprünglichen

---

Antiochien", ebd., S. 107-118. Zuletzt: Oexle, Otto Gerhard: Max Weber und die okzidentale Stadt, in: Albrecht Cordes/ Joachim Rückert/ Reiner Schulze (Hrsg.): Stadt-Gemeinde-Genossenschaft. Festschrift Gerhard Dilcher zum 70. Geburtstag. Berlin 2003, S. 375-388.

[42] Dilcher: Rechtsgeschichte der Stadt [Anm. 27], insbes. S. 272f., 292-295.

[43] Keutgen, Friedrich: Urkunden zur städtischen Verfassungsgeschichte. Neudruck Aalen 1965, Nr. 21 (Speyer) u. 23 (Worms), S. 14, 17. Dazu Schulz, Knut: ebd., S 92-99.

[44] Dilcher, Gerhard: Die Entstehung der lombardischen Stadtkommune. Aalen 1967, insbes. S. 115-127; Keller, Hagen: Die soziale und politische Verfassung Mailands in den Anfängen des kommunalen Lebens, in: HZ 211 (1970), S. 34-64; ders.: Einwohnergemeinde und Kommune: Probleme der italienischen Stadtverfassung im 11. Jahrhundert, in: HZ 224 (1977), S.561-579; ders.: Der Übergang zur Kommune: Zur Entwicklung der italienischen Stadterfassung im 11.

Christentums geordnete Welt und bringt damit einen emphatischen Bruderschaftsgedanken mit Ideen der Gleichheit aller zum Zuge. Hier gewinnt die Bruderschaft also das, was uns bislang in unserem mittelalterlichen Spektrum gefehlt hat, nämlich den Charakter eines ideologisch brisanten Gesinnungsbegriffs. Vor allem seit den Forschungen von Hagen KELLER ist das für die Pataria in Mailand ganz deutlich.[45] Die Gedanken der Kirchenreform, wohl von Burgund über Piemont in die Lombardei und die Toskana gedrungen, dann aber auch vom päpstlichen Rom gefördert, fallen in eine Atmosphäre sozialer Gärung, der Unzufriedenheit mit der innerstädtischen ständischen Gliederung und ihrem Haupt, dem vom Kaiser eingesetzten und somit als simonistisch angesehenen Bischof. Die alte Ordnung wird zersetzt von mehreren großen Wellen anarchischer revolutionärer Bewegungen, in denen die Stadt sich mittels Vollversammlungen der aktiven Einwohnerschaft unter der Leitung religiös legitimierter charismatischer Führer regiert. Diese Vollversammlungen stehen unter dem Zeichen christlicher Gleichheit und Bruderschaft, der Herstellung von Frieden inmitten von Gewalt, aber auch mittels Gewalt, der Verschwörung = *coniuratio* zu einem Gottesbund als einer Gerichtsversammlung unter Gott – *placitum Dei* –, mit deren Hilfe die rechte Ordnung hergestellt werden sollte. Nicht nur die ständische und die reichsrechtliche, sondern auch die kirchliche Hierarchie wurde durch diese elementare Bewegung in Frage gestellt und nachhaltig erschüttert.

Doch ging aus diesen Erschütterungen eine neue Ordnung der Kirche und der Stadt hervor: Bischöfe und eine Priesterschaft, die der Kirchenreform und ihren Forderungen verbunden waren, vor allem aber die neue Form der Stadtverfassung als Kommune.[46] Diese etablierte sich über die städtische Vollversammlung. In ihr wird die Schwureinung geschlossen, die Stände der *milites* und *cives* verbrüdert und als Repräsentanten dieser Verbrüderung die Konsuln gewählt. Die Elemente charismatischer Herrschaft und spontaner Verbrüderung treten dann zunehmend zurück, um den Formen der von einem neuen Recht getragenen Stadtverfassung Platz zu machen – also der bekannte Vorgang der Veralltäglichung des Charisma und der Institutionalisierung seiner Erträge.[47] Diese Stadtverfassung beruht auf dem Bürgereid, ist also gewillkürtes Recht wie die danach zunehmend auf ihrer Grundlage erlassenen städtischen Satzungen und Statuten. Otto von Freising beschreibt in einer viel zitierten Stelle diese Verfassung bürgerlicher Gleichheit auf der Grundlage von Freiheit unter gewählten Konsuln aus der Sicht einer hochadligen Herrschaftswelt scharfsichtig und mit Erstaunen und Distanz.[48]

Jahrhundert, in: Bernhard Diestelkamp (Hrsg.): Beiträge zum hochmittelalterlichen Städtewesen, Köln/ Wien 1982, S. 55-72.

[45] Keller, ebd.
[46] Dilcher: Stadtkommune [Anm. 44].
[47] Weber: Wirtschaft und Gesellschaft [Anm. 2], Sachverzeichnis S. 937 s. v. Veralltäglichung des Charisma.
[48] Otto von Freising und Rahewin: *Gesta Frederici* ed. F. J. Schmale. Freiherr vom Stein Gedächtnisausgabe 17. Darmstadt 1965, cap. II, 14, S. 308f.

Das bruderschaftliche Prinzip eidgenossenschaftlicher Solidarität ist trotz der aufkommenden politischen Konkurrenz unter den und innerhalb der Kommunen noch stark genug, um mit dem Bund der lombardischen Liga dem Prinzip städtischer Freiheit und Autonomie im Frieden von Konstanz 1183 reichsrechtliche Anerkennung zu erkämpfen.[49] Die Verfassung der Liga ist ein kunstvolles Produkt gewillkürten Rechts auf der Grundlage eines beanspruchten kollektiven Widerstandsrechts der Kommunen.[50]

Schwieriger zu erkennen sind die bruderschaftlichen Ansätze im Vorfeld der Kommunebildung im Norden. In der Gottesfriedensbewegung haben wir einzelne Elemente wie die Mobilisierung der Massen, den Gedanken bruderschaftlichen Friedens und den Erlass von verbindlichen Rechtssatzungen.[51] Es ist jedoch mehrfach und zu Recht, etwa von Hans-Werner GOETZ, auf die andersartigen Strukturelemente und Zielrichtungen von Gottesfriedens- und Kommunebewegung hingewiesen worden.[52] Doch zeigt die zusammenfassende Studie von Knut SCHULZ über kommunale Aufstände und Entstehung des europäischen Bürgertums[53] folgendes: In gewissen Regionen, vor allem Nordfrankreichs und Flanderns, verbinden sich in der zweiten Hälfte des 11. Jahrhunderts gleichheitliche Tendenzen sozialer Gärungen mit Gedanken der Kirchenreform und der Friedensbewegung, um gegen etablierte Bischofsherrschaft und mit ihr verbundene soziale Strukturen aufzustehen. Auch hier wird die herkömmliche Form von ständisch-hierarchischer Herrschaft zwar nicht ganz und auf Dauer außer Kraft gesetzt, aber doch nachhaltig erschüttert. Auch hier geht in den ersten Jahrzehnten des 12. Jahrhunderts die Durchsetzung von Gedanken der Kirchenreform mit der Etablierung einer auf den Kommune-Gedanken gegründeten Stadtverfassung einher. Hier handelt es sich gleichzeitig um eine Region, in welcher die in der Gilde geeinten Kaufleute eine gewisse Führungsfunktion beanspruchen können, also Wechselwirkungen verschiedener bruderschaftlicher Strukturen angenommen werden können.

Alfred HAVERKAMP hat parallel hierzu auf bruderschaftlich-religiöse Bewegungen hingewiesen, die Ende des 11. Jahrhunderts die bürgerliche Einung in den Städten vorbereitet haben könnten.[54] Dazu gehörte vor allem die *nova familia Dei*, die der Eremit und Prediger Robert von Abrissel in Fontevraud in der Grafschaft Anjou begründete

---

[49] Dilcher, Gerhard: Reich, Kommunen, Bünde und die Wahrung von Recht und Friede, in: Helmut Maurer (Hrsg.): Kommunale Bündnisse Oberitaliens und Oberdeutschlands im Vergleich (Vorträge und Forschungen 33). Sigmaringen 1987, S. 231-247.
[50] Ebd.
[51] Kaiser, Reinhold: Art. Gottesfrieden, in: Lexikon des Mittelalters. Bd. 4 (1989), Sp. 1587-1591.
[52] Goetz, Hans Werner: Gottesfriede und Gemeindebildung, in. ZRG GA 105 (1988), S. 122-144.
[53] Schulz, Knut: „Denn sie lieben die Freiheit so sehr". Kommunale Aufstände und Entstehung des europäischen Bürgertums im Hochmittelalter. Darmstadt 1992, insbes. S. 49-74 zu Laon und Cambrai, S. 101-134 zu Brügge/Gent und St. Omer.
[54] Haverkamp, Alfred: Neue Formen und Bindung und Ausgrenzung: Konzepte und Gestaltungen von Gemeinschaften an der Wende zum 12. Jahrhundert, in: Bernd Schneidmüller/ Stefan Weinfurter (Hrsg.): Salisches Kaisertum und neues Europa. Die Zeit Heinrichs IV. und Heinrichs V. Darmstadt 2007, S. 85-122.

und die durch das Prinzip der Gleichheit verbunden, Hunderte, ja Tausende von Männern und Frauen umfasste. Es handelte sich um eine durch brüderliche oder geschwisterliche Liebe (*amor fraternus*) zusammengeführte und -gehaltene Gemeinschaft unter der charismatischen Führung Roberts. Sicher musste eine solche, allen Ständen offene Vergemeinschaftung die Vorstellungen von den Möglichkeiten gesellschaftlicher Ordnung in der sich ausbildenden Feudalgesellschaft nachhaltig verändern. Allerdings geht die Institutionalisierung des spontan gebildeten Verbandes dann andere Wege als bei Gilde oder Kommune: Noch unter Anleitung Roberts geht die Führung an eine adlige Dame als Priorin über und unter Mitwirkung eines „Senats" von hohen Klerikern wird die Gemeinschaft dem Kirchenrecht eingefügt. Der bruderschaftliche Verband der Kommune erlangte dagegen nur unter schärferen Konflikten mit der Herrschaftswelt seine Ausbildung zu einer politischen Form der Autonomie und Autokephalie. Den religiösen Zielen des Robert von Abrissel war dagegen offenbar durch die verinnerlichte Institutionalisierung des bruderschaftlichen Prinzips in einer Art von Ordensverfassung Genüge getan.

In den beobachteten Bewegungen begegnen sich also vor und um 1100 zwei verschiedene Formen des bruderschaftlichen Prinzips, die sich gegenseitig verstärken und ergänzen: das Prinzip der im Friedensgedanken und in Gleichheit charismatisch geeinten christlichen Gemeinschaft von Menschen unterschiedlicher Herkunft und das Prinzip eines sozial homogenen, rechtlich institutionalisierten bruderschaftlichen Verbandes in der Form eben der Gilde. Es spricht für die Stärke des gegenüber der Gilde weiteren, emphatischen Bruderschaftsgedankens zu Beginn der Kommune, freilich auch für die Entwicklung einer bürgerlichen Interessengemeinschaft, wenn die Kaufleutegilde ihre Abgrenzung und Exklusivität aufgibt und sich in den neuen Verband der Kommune gleichsam einbringt. Nicht die Gildegeschworenen, sondern eigene *iurati*, die die gesamte Stadt repräsentieren, später Konsuln und Ratsmannen übernehmen die Führung der Stadt, aus dem Gildehaus wird häufig das kommunale Rathaus.[55]

Im deutschen Raum dagegen wirkt der bruderschaftliche Gedanke weniger deutlich. In Norddeutschland haben wir zwar städtische Gilden, wie in Köln etwa die Richerzeche, die innerhalb der Entwicklung zur Kommune eine Rolle spielen; einer der ersten Akte kommunaler Mitwirkung in Köln gilt überdies der Stiftung der zunftähnlichen Bruderschaft der Bettziechenweber im Jahre 1149.[56] Bruderschaftliche Phänomene also auch hier. Doch hat in Deutschland die Bewegung der Kirchenreform nicht die fürstengleiche und stadtherrliche Stellung der Bischöfe wirklich erschüttert. Bischöfliche Stadtrechte und königliche Privilegierungen, nicht autonome Satzungen und gewill-

---

[55] Ennen: Frühgeschichte [Anm. 27], S. 165-222; Planitz: Die Deutsche Stadt [Anm. 27], S. 75-129; Dilcher: Rechtsgeschichte der Stadt [Anm. 27], S. 366-404, 518f.
[56] Keutgen [Anm. 43], Nr. 255, S. 352f.

An den Ursprüngen der Normbildung 51

kürtes Recht zeichnen das Bild der deutschen Stadt im 12. Jahrhundert.[57] Dieser Zustand sollte festgeschrieben werden durch das Reichsurteil König Heinrichs VII. von 1231 gegen alle Formen konjurativer und kommunaler Verbindungen der Städte, weiterhin durch das Reichsgesetz Kaiser Friedrichs II. von Ravenna vom Jahre 1232.[58] Dieses wendet sich ausdrücklich in einem Absatz gegen alle Formen der Kommune einschließlich gewählter Räte und Bürgermeister, im folgenden Absatz gegen die Bruderschaften und Gesellschaften – *fraternitates et societates* – innerhalb der Stadt. Hier werden die schwurgenossenschaftliche, die kommunale und die bruderschaftliche Rechtsform also auf eindrucksvolle Weise vom Kaiser und seinen Juristen als Ausdruck desselben Prinzips angesehen und reichrechtlich verfemt und unterdrückt.[59]

Ebenso grundsätzlich ist der Gegenschlag nach dem Zusammenbruch der kaiserlichen Macht im so genannten Interregnum. Der Rheinische Bund bringt nicht nur die Anerkennung der kommunalen Verfassungsform durch Fürsten und Reich, sondern bezieht auch seine dynamische Kraft aus dem Gedanken der Verbrüderung, wie wir es schon früher andernorts am Ursprung der kommunalen Bewegung beobachtet haben. Der Rheinische Bund, im Kern eindeutig ein Städtebund, zeigt alle Merkmale einer emphatischen bruderschaftlichen Bewegung vor allem im Mainzer Gründungsdokument von 1254: Den charismatisch auf Christus begründeten „heiligen" Friedensgedanken, die Auflösung ständischer Grenzen zu Gunsten allgemeiner Gleichheit von *maiores* wie *minores* oder *pauperes*, von Klerikern und Ordensleuten, von Laien und Juden, die alle unter dem Schutz des Friedens stehen sollen. Dies alles wird auf eine umfassende Schwurgemeinschaft der verbundenen Kommunen begründet, in die unter dem Zeichen des Friedens auch Fürsten und Herren einbezogen werden.[60]

Die Not des Reiches bewirkt hier eine Überwindung von Standesschranken. Der Antrieb dazu ist die Gesinnung christlicher bruderschaftlicher Gleichheit unter dem Zeichen des Friedens. Als Mittel rechtlicher Institutionalisierung aber bewährt sich einmal mehr die ebenfalls unter dem Zeichen der Gleichheit stehende Schwurgemeinschaft der *conjuratio*. Der ideelle Aufschwung freilich vergeht, die Aufgabe der Herstellung von Frieden gegen die institutionalisierte Gewaltsamkeit der Fehde bleibt noch

---

[57] Dilcher, Gerhard: Die Bischofsstadt. Zur Kulturbedeutung eines Rechts- und Verfassungstypus, in: Bischofsstädte als Kultur- und Innovationszentren. Das Mittelalter. Perspektiven mediävistischer Forschung. Bd. 7 (2002) I, S. 13-18.

[58] Elenchus [Anm. 30], Quellensammlung zur Frühgeschichte der deutschen Stadt, Nr. 141 (Reichsurteil von 1231), Nr. 147 (Reichsgesetz Kaiser Friedrich II von 1232).

[59] Dilcher, Gerhard: Die genossenschaftliche Struktur von Gilden und Zünften, in: Berent Schwineköper (Hrsg.): Gilden und Zünfte (Vorträge u. Forschungen Bd. 29). Sigmaringen 1985, S. 71-112, hierzu S. 92-94; jetzt auch in: ders.: Bürgerrecht und Stadtverfassung. Köln/ Weimar/ Wien 1996, Nr. 6, sowie ders.: Rechtsgeschichte [Anm. 27], S. 437.

[60] Diestelkamp: *Elenchus* [Anm. 58], Nr. 177 (erste Versammlung des ersten Städtebundes zu Mainz 13. Juli 1254), c. 2a; dazu zuletzt Distler, Eva-Marie: Städtebünde im deutschen Spätmittelalter. Eine rechtshistorische Untersuchung zu Begriff, Verfassung und Funktion (Studien zur europäischen Rechtsgeschichte, Bd. 207). Frankfurt a. M. 2006, bes. S. 120-126.

lange ungelöst, aber das Ergebnis der reichsrechtlichen Anerkennung der auf den Bürgereid begründeten Kommune, ihres internen Friedens und gewillkürten Rechts und der Leitungsgewalt ihrer Repräsentanten bleibt bestehen.

Im Inneren der kommunalen Städte herrscht nun sicher nicht ein ewiger Zustand des Friedens und der Brüderlichkeit – das wäre unter vergesellschafteten, interessegeleiteten Menschen unwahrscheinlich. Vielmehr gibt es Konkurrenz, Konflikte und oligarchische Tendenzen. Doch wird das Friedensprinzip mit Hilfe eines durchgeformten, auf die Verbindlichkeit des Bürgereides gegründeten Stadtrechts auch gegen die Starken, gegen den Stadtadel durchgesetzt. Die Nürnberger hängen auch Adlige, wenn sie sie denn kriegen,[61] und die italienischen Kommunen verbannen ihre besten Köpfe, wenn diese politisch auf der falschen Seite stehen, von Dante bis Machiavelli. Städtisches Gleichheitsdenken, dessen Wurzeln im Bruderschaftsgedanken wir erkennen konnten, fordert vor allem und stets gleiches Recht für Arm und Reich. Darüber hinaus wirkt aber das emphatische Gleichheitsdenken der bruderschaftlichen Prediger- und Bettelorden hin auf eine aktive Gleichstellungspolitik gegenüber den Armen. Es wirkt – ich zitiere aus der hierfür grundlegenden Arbeit von Barbara FRENZ[62] – auf eine „Bürgergleichheit als eine Konsequenz aus dem städtischen Grundwert des Friedens". Der bruderschaftlich-charismatische Aufschwung zu Beginn der kommunalen Bewegung wird zwar eingefangen in die Veralltäglichung des Charisma durch Institutionalisierung, wie man es in der etwas gewaltsamen, aber doch überaus griffigen WEBER'schen Begrifflichkeit zusammenfassen kann.[63] Aber das hindert nicht sein Weiterwirken unter neuen Impulsen und Konstellationen, denn seine Prinzipien blieben in der Form der kommunalen Verfassung im mehrfachen Sinne des Wortes aufgehoben und wurden in entsprechenden Situationen wieder neu wirksam.

V. Zusammenfassende Überlegungen

Versuchen wir, die wichtigsten Ergebnisse unserer Untersuchungen und Überlegungen zusammenzuführen. In allen betrachteten Fällen bestand ein spezifisches Bedürfnis, Verbände zu schaffen mit nicht-hierarchischer, vielmehr gleichheitlicher Struktur, mit innerem Frieden, gesichert durch Festigkeit neu geschaffener Institutionen, dazu äußere soziale Anerkennung; sie bedeutet gleichzeitig Freiheit, Autonomie und möglichst

---

[61] Dazu Martin, Helmut: Verbrechen und Strafe in der spätmittelalterlichen Chronistik Nürnbergs. Konflikt, Verbrechen und Sanktion in der Gesellschaft Alteuropas. Fallstudien. Bd. 1. Köln/ Weimar/ Wien 1996, bes. S. 226-243.

[62] Frenz, Barbara: Gleichheitsdenken in deutschen Städten des 12. bis 15. Jahrhunderts. Geistesgeschichte, Quellensprache, Gesellschaftsfunktion (Städteforschung A/52). Köln/ Weimar/ Wien 2000.

[63] Weber: Wirtschaft und Gesellschaft [Anm.2], Sachverzeichnis S. 937 s. v. Veralltäglichung des Charisma sowie Sachverzeichnis S. 899 s. v. Institution.

soziale und politische Autokephalie.⁶⁴ Die mittelalterlichen Gesellschaften des romanisch-germanischen lateinischen Abendlandes haben auf solche Bedürfnisse spontane und vielfältige Antworten gefunden. Diese Antworten zeigen immer wieder die inneren Prinzipien und tragen den Namen der Bruderschaft. Neben dem Vorbild natürlicher Bruderschaft, über deren Gleichheitsmodell sich noch einmal nachzudenken lohnte, steht dabei das die Blutsbindung ja bewusst überschreitende der christlichen Brüderlichkeit. In von charismatischen Bewegungen getragenen Wellen des Gesinnungswandels unter dem Zeichen des Friedens konnte es ständische Grenzen hin zu einer umfassenderen Verbrüderung wirksam überwinden.

Nur im Falle der italienischen Handelsgesellschaft ging der neue Verband unmittelbar aus einer natürlichen Bruderschaft hervor. Es ging hier um das unmittelbare wirtschaftliche Ziel, Kapital und Handelstätigkeit zur Kooperation zusammenzuführen. In den anderen Fällen, von der Gilde bis zur Kommune, bestanden die primären Ziele darin, in einer Gesellschaft der legitimen Gewaltsamkeit inneren Frieden in einer Gruppe nicht verwandter Personen zu schaffen und den einzelnen Mitgliedern nach außen den kollektiven Schutz der Gruppe in dieser Welt der Gewaltsamkeit zu gewähren. Zusammenschlüsse dieser Art finden sich deshalb vor allem in den Schichten der Gesellschaft, die wirtschaftlich aufstrebten, aber auf dem Markt der gewaltsamen Durchsetzung mit den von Berufs wegen wehrhaften Ständen, also dem Kriegeradel, nicht konkurrieren konnten. Das sind vor allem zunächst die Kaufleute, dann das städtische Bürgertum insgesamt, das in einem langen Prozess Anerkennung als Stand und als eigene politische Körperschaft erlangte. Es wäre deshalb interessant, die Bildung mittelalterlicher Bruderschaften unter dem Gesichtspunkt einer Antwort auf die Ausbildung einer adligen Kriegerkaste und des Lehnswesens zu verfolgen. Die Bildung adeliger Konsortien und Verbrüderungen folgt jedenfalls anderen Regeln und erfüllt andere Funktionen, die hier nicht verfolgt werden konnten. In den Städten Oberitaliens findet dagegen in der kommunalen Verbrüderung eine besonders eigenartige Amalgamierung aufsteigender „bürgerlicher" Schichten mit dem kriegerischen Lehensadel statt.

Die Bezeichnung Bruderschaft, *fraternitas* und ähnliches, stellt in der Regel nur bei Verbänden mit religiöser Zweckrichtung die Hauptbezeichnung dar. Ansonsten steht sie meist neben anderen Bezeichnungen der kommunitaristischen Begrifflichkeiten im Sinne Michaud QUANTINS, also Gilde und Zunft, Kommune, auch *collegium*, *societas*, *universitas* und ähnlichem. Der Gedanke ist deshalb nahe liegend, dass der Bruderschafts-Begriff hier einen Aspekt des Verbandes besonders hervorheben soll: die Angleichung an ein Verhältnis der Blutsverwandtschaft, das auf brüderlicher Gleichstellung beruht. Es verlangte deshalb die innere Haltung von Freundschaft und Frieden,

---

⁶⁴ Dilcher, Gerhard: Rechtshistorische Aspekte des Stadtbegriffs, jetzt in: ders.: Bürgerrecht und Stadtverfassung im europäischen Mittelalter. Köln/ Weimar/ Wien 1996, S. 65-92. Der Begriff der Autokephalie in Trennung vom Begriff der Autonomie wird benutzt im Sinne Max Webers (Wirtschaft und Gesellschaft [Anm. 2], S. 749, 788-791).

vielfach bezeugt als *amicitia* und *pax*. Das wird rituell vollzogen in gemeinsamem Trunk und Mahl und Fest, befestigt durch gemeinsames Geld für gemeinsame Zwecke, als Gemeinschaft der Lebenden und Toten vertieft in die Dimension der Zeit in der *memoria*. Es handelt sich also um jenen Aspekt der Verbandsbildung, den Max WEBER als „Vergemeinschaftung", nämlich als auf subjektiv gefühlter Zusammengehörigkeit beruhend definiert.[65] Er umfasst nicht nur die männlichen Mitglieder, sondern auch Frauen und Familien; es handelt sich also, sofern nicht eine zölibatäre Bindung besteht, nicht um einen Männerbund. Die Bruderschaft beruht insofern auf vorrechtlichen Grundlagen, die in den genannten rituellen Akten evoziert werden; sie haben aber, wie die Verwandtschaft, selbstverständliche rechtliche Auswirkungen wie eben Friede und Pflicht zu gegenseitigem Schutz und Hilfe.

Es erscheint mir sinnvoll, davon die Schwurgemeinschaft, die *coniuratio*, die mit den Verbrüderungen regelmäßig einhergeht, als eigenen Aspekt zu trennen – dass sie nicht zwingend zur Bruderschaft gehört, zeigen die religiösen Bruderschaften und Orden, die andere Rituale der Verbindlichkeit als den Eid kennen. Die gemeinsame Eidesleistung (zu der auch ein Beitrittseid gehört), ist ein Akt höchster willentlicher individueller und kollektiver Selbstbindung. Er spielt nicht auf dem Feld gefühlter, sondern dem gewollter, rationaler Interessenverbindung. Er entspricht deshalb WEBERS Definition von „Vergesellschaftung". Er betrifft darum auch nur die Männer als Träger der Rechtsordnung. Er baut auf und fügt sich hinzu zu dem Aspekt bruderschaftlicher Vergemeinschaftung, bedeutet aber den gewillkürten, das heißt auf willentlicher Entschließung beruhenden Rechtsakt, der die Regeln und die Eigenart und Ausgestaltung des jeweiligen Verbandes von Gilde, Zunft oder Kommune bestimmt. Es ist wohl die Verbindung von gefühlsmäßiger Bindung = Verbrüderung und rationaler Verbindlichkeit = Schwurgemeinschaft, die den fraglichen Verbänden und insbesondere der städtischen Kommune in einer andersartig, nämlich aristokratisch-hierarchisch-herrschaftlich strukturierten Gesellschaft Dauer und Durchsetzung gesicherte hat.

Wie vor allem Peter BLICKLE deutlich gemacht hat,[66] wirkt diese Form von Vergemeinschaftung und Vergesellschaftung als soziale Praxis des „Kommunitarismus" wie als theoretischer Impuls – etwa bei Rousseau – durchaus auf die Gestaltung von Staat und Gesellschaft der europäischen Moderne. Die Anklänge, die wir anfangs bei Schiller fanden, bezeugen also dies Weiterwirken, keine nostalgische Rückschau.

Nachdem wir die Linie auf diese Weise bis zur Gegenwart verfolgen konnten, möchte ich noch kurz zum Schluss einen Gedanken auf die Vorgeschichte des europäischen Bruderschaftsprinzips wenden. Wir fanden, dass Bruderschaft mit Gleichheit verbunden war, auch dort, wo wir nicht direkt die Gleichheit der Christenmenschen

---

[65] Weber: Wirtschaft und Gesellschaft [Anm. 2], S. 21.
[66] Blickle, Peter: Kommunalismus. Skizzen einer gesellschaftlichen Organisationsform. 2 Bde. München 2000; ders.: „Coniuratio. Die politische Karriere einer lokalen Gesellschaftsformation, in: Stadt-Gemeinde-Genossenschaft [Anm. 41], S. 341-361.

dahinter vermuten können. Was ist es, das die Menschen des Mittelalters mit Bruderschaft immer auch Gleichheit assoziieren ließ? In der römischen Gesellschaft war dies offenbar angesichts der Stellung des *paterfamilias* weit weniger der Fall. Der Rechtshistoriker Alfred SCHULTZE hat in einem Aufsatz zur Rechtsgeschichte der germanischen Brüdergemeinschaft darauf hingewiesen,[67] dass es in manchen Kulturen etwa des Orients auch die Form des Fratriarchats gibt, also die rechtlich begründete Machtposition eines, meist des ältesten Bruders in der Familie nach dem Tod des Vaters. Einen Vorzug im Erbrecht, sei es für den ältesten, sei es für den jüngsten Sohn, gibt es ja durchaus auch in der europäischen Geschichte. Aber offenbar ist dies nicht das Grundmuster, an das man denkt, wenn man im Mittelalter von Bruderschaft und Verbrüderung spricht. Wir müssen davon ausgehen, dass für die Menschen auch aus ihrer familiären Lebenswelt Bruderschaft und Gleichheit gleichlaufende Begriffe waren. Woher dies kommt, dies kann hier aber nur als Frage an die weitere soziologische und anthropologische Forschung gestellt werden.

---

[67] Schultze, Alfred: Zur Rechtsgeschichte der germanischen Brüdergemeinschaft. Ein Beitrag aus dem altnorwegischen und altisländischen Recht, in: ZRG (GA) 56 (1936), S. 264-347. Es ist interessant, wie Schultze von dem nordgermanischen Bereich her das alte Anliegen der Historischen Schule zu einem umfassenden Kulturvergleich wieder aufnimmt, übrigens in einer dem damaligen politischen Zeitgeist keineswegs entsprechenden, streng wissenschaftlichen Weise unter voller Zitierung jüdischer Gelehrter.

CLAUDINE MOULIN

Paratextuelle Netzwerke: Kulturwissenschaftliche Erschließung und soziale Dimensionen der althochdeutschen Glossenüberlieferung

I. Einleitung

Die Erforschung sprachgeschichtlicher Zusammenhänge hat in den letzten Jahren vor allem durch inter- und transdisziplinäre Zugänge verstärkt außersystemische, insbesondere kulturwissenschaftliche Faktoren herangezogen. Linguistische Fragestellungen, die im Kontext pragmatisch orientierter Ansätze verankert sind, konnten somit auch solche Prozesse thematisieren, die außersprachliche Dimensionen wie den Sprachkontakt und die Sprachreflexion betreffen, ferner aber auch funktionale und kommunikationsbezogene Kontexte der Sprachverwendung in den Blickpunkt rücken.

Der folgende Beitrag fokussiert sich auf einen besonderen Quellentyp der volkssprachigen Überlieferung im Mittelalter: die so genannten volkssprachigen Glossen.[1] Seit dem Anfang des 8. Jahrhunderts wurden in lateinischen Handschriften einzelne volkssprachige Eintragungen als Marginalien oder interlinear vorgenommen, die in der Regel auf eine Auseinandersetzung mit dem zugrunde liegenden lateinischen Text zurückzuführen sind. Diese Glossierungspraxis stellt eine der wichtigsten Quellen für die Erforschung der volkssprachigen Überlieferung im frühen Mittelalter dar; im Falle des Deutschen handelt es sich um die ältesten greifbaren Sprachzeugen überhaupt. Neben dem systemlinguistischen Stellenwert, der bereits seit über hundert Jahren von den verschiedenen Einzelphilologien ergründet wird, hat die Erforschung der volkssprachigen

---

[1] Der folgende Beitrag stellt eine leicht überarbeitete Fassung des Plenarvortrages anlässlich des 12. Symposiums des Mediävistenverbandes in Trier im März 2007 dar; der einführende Teil des Vortrags zu den Spielarten der Glossenüberlieferung ist ferner in gekürzter Form in einen Aufsatz zu Hrabanus Maurus geflossen: vgl. Klaes, Falko/ Moulin, Claudine: Wissensraum Glossen: Zur Erschließung der althochdeutschen Glossen zu Hrabanus Maurus, in: Archa Verbi 4 (2007), S. 68-89. Rolf Bergmann (Bamberg) und Martin Przybilski (Trier) sei herzlich für Anregungen und Hinweise gedankt.

Glossierung vor allem in den letzten Jahren auch in vielfältiger Weise Einblick in die Handschriftenproduktion und Handschriftenrezeption sowie in die Dynamik der Konstitution und Tradierung von Wissen im Mittelalter gewähren können. Verbunden hiermit war ein Paradigmenwechsel im methodischen Vorgehen. Dieser Wechsel hat unter anderem weggeführt von der isolierten Behandlung und alleinigen Fokussierung auf das in den Handschriften überlieferte sprachliche Material hin zu einer ganzheitlichen Erschließung der Überlieferungszusammenhänge. Dabei wurden etwa die sonstigen sekundären Eintragungen der betreffenden Handschrift oder die Erforschung funktionaler Zusammenhänge der Handschriftenherstellung und der Eintragungstechniken berücksichtigt. Mit diesem veränderten Blick auf die Glossierungsüberlieferung können darüber hinaus sowohl individuelle als auch kollektive Glossierungspraktiken aufgedeckt werden sowie Einblicke in die Lebens- und Kommunikationsformen mittelalterlicher Skriptorien und Bibliotheken bzw. der Schreiber und Handschriftenbenutzer gewonnen werden.

Der Beitrag ist wie folgt gegliedert: Zunächst wird die auf den ersten Blick von Außenstehenden oft als spröde empfundene volkssprachige Glossenüberlieferung bezüglich Typologie, Überlieferungsformen und Forschungszusammenhängen in ihren wesentlichen Merkmalen dargestellt. Dabei soll besonders auf die Aspekte eingegangen werden, die für die im Zentrum des Beitrags stehende Frage von Bedeutung sind, und zwar, inwiefern volkssprachige Glossen soziale Lebens- und Kommunikationsformen im Mittelalter greifbar machen können. Die Beantwortung dieser Frage erfolgt dabei exemplarisch und im Kontext übergreifender kulturhistorischer Überlegungen.

II. Volkssprachige Glossenüberlieferung: Typologie, Überlieferungsformen, Erforschung

Als Glossen bezeichnet man sekundäre Eintragungen (sowohl Einzelwörter als auch Syntagmen), die in mittelalterlichen Handschriften zu Wörtern oder Wortgruppen eines Textes als Übersetzungen oder Erklärungen am Textrand oder zwischen den Zeilen hinzugefügt wurden.[2] Das Verfahren ist bis heute vertraut, wenn wir uns intensiv mit

---

[2] Siehe Henkel, Nikolaus: Art. Glosse$_1$, in: Reallexikon der deutschen Literaturwissenschaft. Bd. 1 (^{3}1997), S. 727-728; Thoma, Herbert: Art. Glossen, althochdeutsche, in: Reallexikon der deutschen Literaturgeschichte. Bd. 1 (^{2}1958), S. 579-589; Splett, Jochen: Glossen und Glossare. §1. Althochdeutsche und altsächsische Glossen, in: Reallexikon der Germanischen Altertumskunde. Bd. 12 (^{2}1998), S. 218-226; Bergmann, Rolf/ Stricker, Stefanie: Katalog der althochdeutschen und altsächsischen Glossenhandschriften. Unter Mitarbeit von Yvonne Goldammer und Claudia Wich-Reif. Bde. 1-6. Berlin/ New York 2005, hier Bd. 1, S. 101-109 [im Folgenden abgekürzt als BStK.]; vgl. ferner grundlegend Bergmann, Rolf/ Stricker, Stefanie (Hrsg.): Handbuch zur althoch-deutschen und altsächsischen Glossographie (in Druckvorbereitung, Berlin: De Gruyter).

Texten auseinandersetzen und mit dem Bleistift in der Hand lesen, um entsprechende Annotationen an den Textrand bzw. zwischen die Zeilen zu schreiben. Besonders prägnant geschieht dies in der Regel bei der Auseinandersetzung mit einem fachsprachlichen oder einem fremdsprachigen Text, bei dem wir unter Umständen auch mit unbekannten Wörtern konfrontiert werden. Im Grunde genommen hat sich das Verfahren seit dem Mittelalter (außer dem Materialwechsel und der anderen Textsprache) nicht grundlegend geändert; auch die Frage, unter welchen Bedingungen und zu welchem Zweck die Glossen heutzutage in Bücher gelangen, weist Parallelen auf: Der Kontext ist in der Regel der des Studiums und der sprachlichen bzw. inhaltlichen, oft kulturtranslatorischen Auseinandersetzung mit einem zu bearbeitenden Text. Die Eintragungen können im Alleingang in Einzellektüre vorgenommen worden sein, wobei eventuell mit Wörterbüchern bzw. Textkommentaren gearbeitet wurde. Umgekehrt ist auch eine Glossierungssituation in der Gruppe, sei es als Dozent-Studierenden-Gespann bzw. in einer Lerngruppe, vorstellbar. Schließlich ist auch denkbar, dass dem modernen Glossator eine bereits von einem Vorgänger annotierte Ausgabe (etwa aus der Universitätsbibliothek) vorlag und er diese Glossen in seine Textausgabe übertragen hat. Eine Kombination der verschiedenen Situationen ist dabei nicht auszuschließen. Prinzipiell erlaubt dieser neuzeitliche Vergleich einen Transfer zur Glossierungssituation im Mittelalter und ermöglicht es, erste methodische Überlegungen zur mittelalterlichen Glossierungspraxis anzuknüpfen.

Althochdeutsche bzw. altsächsische Glosseneintragungen in lateinische Pergamenthandschriften begegnen ab dem frühen achten Jahrhundert.[3] Die Tradition der volkssprachigen Glossierung geht auf den altirischen und altenglischen Sprachraum zurück. Sie wurde durch altirische und angelsächsische Geistliche an Schreiber und Schreiberinnen in kontinentalgermanischen Skriptorien weitergegeben, und zwar zunächst in Klöstern, die auf insularen Gründungen beruhen. Die Übernahme dieser Technik stellt also eine ganz besondere Form von Kulturtransfer im Zusammenhang der mittelalterlichen Schriftlichkeit und Praxis der Wissensaneignung dar.

Die volkssprachige Glossierung steht neben der reichhaltigen lateinischen Glossierungspraxis des Mittelalters, die in vielen Tausenden von Handschriften bezeugt ist, aber bislang noch nicht wirklich übergreifend erschlossen bzw. untersucht wurde.[4] Viele Handschriften weisen sowohl lateinische als auch volkssprachige Glossen auf; diese Mehrsprachigkeit der Glossierungsarbeit ist kein isoliertes Phänomen, sondern gibt Aufschluss über Textaneignungsstrategien und Einblicke in die konkrete Textarbeit aus inhaltlicher und grammatischer Sicht.

---

[3] In der glossographischen Forschung wird die Überlieferung der beiden Vorstufen des Deutschen (Althochdeutsch als Vorstufe des Hochdeutschen im sprachgeographischen Sinn und Altsächsisch als Vorstufe des Niederdeutschen) in der Regel zusammen behandelt.

[4] Vgl. Wieland, Gernot: Latin Lemma – Latin Gloss: the Stepchild of Glossologists, in: Mittellateinisches Jahrbuch 19 (1984), S. 91-99; ders.: Interpreting the Interpretation: The Polysemy of the Latin Gloss, in: The Journal of Medieval Latin 8 (1998), S. 59-71.

Im Hinblick auf die Textkonstitution gehören Glossen in der Regel nicht primär zum Inhalt des Handschriftentextes, sondern stellen sekundäre Eintragungen zu diesem dar. Sie können in diesem Sinne auch als Paratexte[5] aufgefasst werden, die in vielfältiger Interaktion zum Primärtext stehen. Ihr Weg in die betreffenden Handschriften kann, wie bereits angedeutet, ganz unterschiedlich sein; es begegnen unterschiedliche Eintragungskontexte, Eintragungstechniken und Glossierungsfunktionen.

Neben den Glossen, die zu Wörtern eines lateinischen Textes eingetragen wurden, den so genannten Textglossen, kommen Glossen vom Beginn der Überlieferung an auch in eigens angelegten, über eine Zwischenstufe des Exzerpierens entstandenen Glossaren vor.[6] Glossareintragungen bestehen in der Regel aus einem lateinischen Lemma und einem erklärenden lateinischen und/oder übersetzenden volkssprachigen Interpretament.[7] Glossare bieten keinen Kontext im eigentlichen Sinn, die Einträge können in der Reihenfolge ihres Aufkommens im Primärtext gegliedert sein, oder aber sie weisen eine alphabetische oder andere Anordnung nach inhaltlichen Gesichtspunkten auf. Glossare können in vielfacher und komplexer Form auftreten; des Öfteren werden mehrere Glossare in umfangreiche Sammelcodices vereint. Sowohl Textglossare als auch Sachglossare sind wissenschaftsgeschichtlich von großer Bedeutung. Als wissensorganisierende Textsorte erlauben sie Einblicke in die lexikographische Praxis der Zeit sowie in die Geschichte der lexikographischen Techniken und Methodologien. Vor allem sind sie Zeuge der großen Herausforderung der mittelalterlichen Bildung, Wissen zu sammeln und zu ordnen.

---

[5] Vgl. Genette, Gérard: Paratexte. Das Buch vom Beiwerk des Buches. Mit einem Vorwort von Harald Weinrich, aus dem Französischen von Dieter Hornig. Frankfurt a. M. 2001, S. 12-13. Zur Überlieferungsvielfalt aus typologischer Sicht siehe Bergmann, Rolf: Ansätze zu einer Typologie der althochdeutschen Glossen- und Glossarüberlieferung, in: Wolfgang Haubrichs (Hrsg.): Theodisca. Beiträge zur althochdeutschen und altniederdeutschen Sprache und Literatur in der Kultur des frühen Mittelalters. Eine internationale Fachtagung in Schönmühl bei Penzberg vom 13. bis zum 16. März 1997 (Ergänzungsbände zum Reallexikon der Germanischen Altertumskunde 22). Berlin/ New York 2000, S. 77-104.

[6] Dazu BStK. Bd. 1 [Anm. 2], S. 115-116; Bergmann, Rolf: Kulturgeschichtliche Aspekte des althochdeutschen Glossenwortschatzes, in: Isolde Hausner u. a. (Hrsg.): Deutsche Wortforschung als Kulturgeschichte. Beiträge des Internationalen Symposiums aus Anlass des 90-jährigen Bestandes der Wörterbuchkanzlei der Österreichischen Akademie der Wissenschaften. Wien, 25.-27. September 2003 (Österreichische Akademie der Wissenschaften, phil.-hist. Klasse 720). Wien 2005, S. 49-66, hier S. 54-59; Wich-Reif, Claudia: Studien zur Textglossarüberlieferung. Mit Untersuchungen zu den Handschriften St. Gallen, Stiftsbibliothek 292 und Karlsruhe, Badische Landesbibliothek St. Peter perg. 87 (Germanistische Bibliothek 8). Heidelberg 2001.

[7] Bei Glossaren die ausschließlich aus einem lateinischen Lemma und einem althochdeutschen Interpretament bestehen, handelt es sich bei den althochdeutschen Eintragungen nicht mehr um genuine Glossen bzw. Paratexte im eigentlichen Sinn, denn sie sind unmittelbar Teil der Textkonstitution – ließe man sie weg, würde der Text zerstört werden. Im Hinblick auf ihre Genese und Entstehungsbedingungen werden solche zweisprachige Glossare dennoch zur Glossenüberlieferung gezählt.

Mittlerweile sind mehr als 1.300 lateinische Handschriften des Mittelalters bekannt, die althochdeutsche und altsächsische Glossen überliefern. Die Glossen tragenden Handschriften sind in dem sechsbändigen Referenzwerk von Rolf BERGMANN und Stefanie STRICKER verzeichnet, wobei weiterhin mit Neufunden zu rechnen ist. [8]

Die Bedeutung der Glossenüberlieferung für das Althochdeutsche, das im Hinblick auf die Textüberlieferung als Korpussprache betrachtet werden kann, ist überragend.

Insgesamt überliefern Glossenhandschriften ungefähr 250.000 althochdeutsche und altsächsische Wortformen (Interpretamente), die als übersetzende oder erklärende Einträge zu lateinischen Lemmata geschrieben wurden. Diese volkssprachigen Belege bezeugen insgesamt etwa 27.000 Wörter bzw. Lexeme. Der althochdeutsche Wortschatz umfasst insgesamt, rechnet man den literarischen Wortschatz und den Glossenwortschatz zusammen, etwa 30.000 verschiedene Lexeme.[9] An diesen Zahlen ist abzulesen, welche Bedeutung die Glossenüberlieferung für die Erforschung des Althochdeutschen hat; nach neuesten Schätzungen werden zwei Drittel des althochdeutschen Wortschatzes in Glossen überliefert. Die Glossen besitzen somit schon alleine aus quantitativen Gesichtspunkten und im Hinblick auf die zeitliche Kontinuität ihrer Überlieferung eine hohe Relevanz. Sie liefern zentrale Daten für die historische Wortforschung sowie für die Morphologie, Phonologie, Graphematik und in gewissen Aspekten auch für die Syntax des Althochdeutschen. Auf diese innersprachlichen Ebenen kann im Folgenden aus Platzgründen nicht weiter eingegangen werden.[10]

Als Forschungsgegenstand bieten Glossen insgesamt vielfältige Anknüpfungspunkte im fachlichen und fachübergreifenden Kontext. Bei der Erforschung der volkssprachigen Glossographie und vor allem in dem Moment, wo man sich bewusst mit den Handschriften, in denen die Glossen stehen, auseinandersetzt, wird der Blick natürlich auch auf die glossierten Texte und mögliche Motive für die Glossierung gelenkt. Hat man etwa den Schluss gezogen, dass Texte (wie z. B. die Bibel), die häufig und viel glossiert wurden, auch viel gelesen und verwendet worden sind, etwa im Bereich des Schulunterrichts, so gilt der umgekehrte Schluss interessanterweise nicht: nur wenig glossierte Texte, wie etwa die für den Schulunterricht besonders geeigneten Avian-

---

[8] BStK. [Anm. 2].

[9] Vgl. hierzu die (zum Teil leicht abweichenden) Angaben bei Bergmann: Kulturgeschichtliche Aspekte [Anm. 6], S. 49-50; BStK. Bd. 1 [Anm. 2], S. 58; Schützeichel, Rudolf: Althochdeutsches Wörterbuch. Tübingen ^{6}2006, S. 7.

[10] Man vgl. etwa die onomasiologischen Untersuchungen des althochdeutschen Wortschatzes zum Bereich „Mensch/ soziale Beziehungen des Menschen" bei: Kochskämper, Birgit: ‚Frau' und ‚Mann' im Althochdeutschen. (Germanistische Arbeiten zur Sprache und Kulturgeschichte 37). Frankfurt a. M. 1999; von Olberg, Gabriele: Freie, Nachbarn und Gefolgsleute. Volkssprachige Bezeichnungen aus dem sozialen Bereich in den frühmittelalterlichen Leges (Germanistische Arbeiten zur Sprache und Kulturgeschichte 2). Frankfurt a. M. u. a. 1983; dies.: Die Bezeichnungen für soziale Stände, Schichten und Gruppen in den *Leges Barbarorum* (Die volkssprachigen Wörter der Leges Barbarorum 2. Arbeiten zur Frühmittelalterforschung 11). Berlin/ New York 1991.

fabeln, sind nicht unbedingt wenig rezipiert und gelesen worden. Insgesamt spielt hier auch die Geschichte der Text- und die Autorenrezeption eine wichtige Rolle: ein klassisch-antiker Autor wie Vergil, der aufgrund der christlichen Interpretation eine Sonderstellung in der mittelalterlichen Rezeption antiker Literatur aufweist, war fester Bestandteil des mittelalterlichen Lesekanons und wurde auch entsprechend intensiv glossiert. Solche interdisziplinär verankerten Fragestellungen beruhen, wie bereits erwähnt, auf einer veränderten Untersuchungsmethodik, auf die im Folgenden kurz eingegangen werden soll.

Die germanistische Glossenforschung blickt auf eine lange Tradition zurück; ihr Beginn fällt in den Zeitraum der Entstehung der Germanistik. Wichtige Arbeiten der frühen Phase sind insbesondere das Werk von Eberhard Gottlieb GRAFF und die fünfbändige Glossenedition von Elias von STEINMEYER und Eduard SIEVERS.[11] Dieses Werk ist heute noch eine unverzichtbare Grundlage, die auch die handschriftlichen Aspekte mitberücksichtigt, allerdings etwas versteckt in einem gesonderten Band. Die Editionsanlage der Glossen bei STEINMEYER und SIEVERS ist auf die Mitteilung der volkssprachigen Glossen und ihrer lateinischen Lemmata (ohne wörtliche Wiedergabe des Kontextes) beschränkt, was zur Konsequenz hatte, dass „die Glossenforschung sich lange Zeit an eine gewisse Handschriftenferne gewöhnt hatte"[12]. Ein Beispiel möge hier genügen, und zwar die Glossierung einer Handschrift mit dem ‚Liber Benedictionum' von Ekkehart dem IV (Abb.1):[13]

---

[11] Graff, Eberhard G.: Althochdeutscher Sprachschatz oder Wörterbuch der althochdeutschen Sprache. Bde. 1-6. Berlin 1834-1842; von Steinmeyer, Elias/ Sievers, Eduard: Die althochdeutschen Glossen. Bde. 1-5. Berlin 1879-1922 (Nachdruck Dublin/ Zürich 1968/69); siehe auch BStK. Bd. 1 [Anm. 2], S. 60-62, 67-73.

[12] BStK. Bd. 1 [Anm. 2], S. 63.

[13] St. Gallen, Stiftsbibliothek, Cod. 393, p. 1-246; siehe BStK. Bd. 2 [Anm. 2], Nr. 227. Die Handschrift wurde im Rahmen des Projekts *Codices Electronici Sangallenses* digitalisiert (www.cesg.unifr.ch); Edition der althochdeutschen Glossen bei Steinmeyer und Sievers: Die althochdeutschen Glossen. Bd. 2 [Anm. 11], S. 159.

EKKEHARDI QUARTI LIBER BENEDICTIONUM.
DCXXV
Codex SGalli 393.

10	Nucleus scála 10	Periscelidę ristilla ⁴ 113		27
11	Granatio chérno 10	Prenldet smurzot 114		28
12	Crinus húlsa 10	Incubitores scratin 177		29
13	Osanna chereque tonanti uuillichomo	Elixum cesótin brot 185 — *Mitteilungen*		30
14	heil herro 18	*der antiq. gesellschaft in Zürich* 3		31
15	Discophorus, propositor. trúhtsazzo 24	(1846—47), 106, 11		32
16	Isfusor ² uini, pincerna. scéncho 24	Salsuram sulza 186 — 107, 38		33
17	Stupescentes Er ónte 32	Esocem lahs 186 — 108, 45		34
18	Sordet leidet ³ 51	Almarinus harinch 187 — 108, 53		35
19	Perfracta tonitrua toniris chláccha 78	Rubricum rutin ⁵ 187 — 108, 61		36

¹ *das darüber stehende zeichen verweist auf* femininū, *welches unmittelbar über* pāpinus *in der hs. steht*   ² *l.* Infusor   ³ *auf rasur von Ekkehard*   ⁴ *auf rasur von Ekkehard*   ⁵ *das deutsche und lat. wort auf rasur*

Abb. 1: E. von Steinmeyer und E. Sievers: Die althochdeutschen Glossen. Bd. 2, S. 159

Die etwas nüchtern gestaltete Edition bei STEINMEYER und SIEVERS beschränkt sich auf die Mitteilung der wenigen althochdeutschen Glossen mit ihrem jeweiligen lateinischen Interpretament. Verdeckt werden dadurch die Kontexte, in denen die Glossen stehen: dass sie nicht alleine stehen, sondern im Verbund mit einer sehr dichten lateinischen Glossierung (Abb. 2). Interessant ist in diesem Falle auch, dass wir den Schreiber der Glossen kennen: Es handelt sich um Ekkehart IV. von Sankt Gallen (um 980-1060), den bekannten Schüler von Notker Labeo (um 950-1022). Ekkehart ist nicht nur Autor des Textes, sondern auch Glossator, was in der Glossenforschung nahezu singulär ist. Ekkehart hat eine ganze Reihe von Handschriften althochdeutsch glossiert;[14] die Erschließung seiner Glossierungstätigkeit würde in einer heutigen (modernen) Untersuchung und Edition auch die Kontexte dieser Glossierung (inklusive der lateinischen Eintragungen) mitberücksichtigen. Dieser Paradigmenwechsel in der Glossenforschung, den Ernst Hellgardt mit einem „Plädoyer für eine neue Art der Glossenlektüre"[15] unterstrichen hat, ist mit einer ganzheitlichen Analyse der Überlieferungskontexte und des handschriftlichen Befundes inklusive der lateinischen Glossierung und unter Berücksichtigung der inhaltlichen und funktionalen Interaktion zwischen lateinischen und volkssprachigen Eintragungen verknüpft.

---

[14] Siehe BStK. Bd. 1 [Anm. 2], Nr. 190-196, Bd. 2, Nr. 209, 211, 215, 217, 227, 230, 235-237; vgl. ferner Rolf Bergmann und Petrus W. Tax, in: Bergmann/ Stricker [Anm. 2].

[15] Hellgardt, Ernst: Die lateinischen und althochdeutschen Vergilglossen des clm 18059. Plädoyer für eine neue Art der Glossenlektüre, in: Ernst Bremer/ Reiner Hildebrandt (Hrsg.): Stand und Aufgaben der deutschen Dialektlexikographie. 2. Brüder-Grimm-Symposion zur Historischen Wortforschung. Beiträge zu der Marburger Tagung vom Oktober 1992 (Historische Wortforschung 4). Berlin/ New York 1996, S. 73-88, hier S. 73.

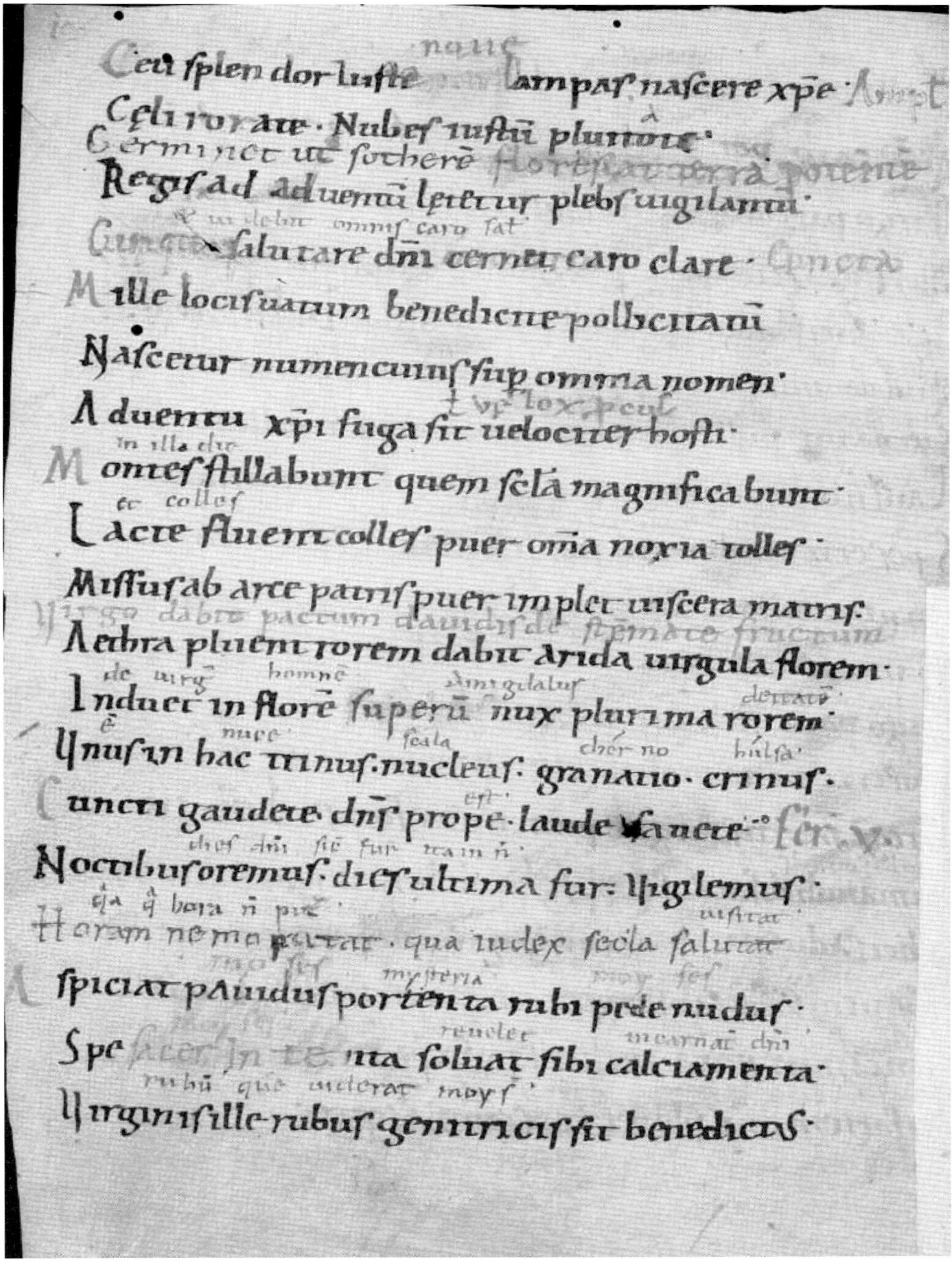

Abb. 2: St. Gallen, Stiftsbibliothek, cod. 393, p. 10; Ekkehart IV (um 980-1060), ‚Liber benedictionum', 1. Hälfte des 11. Jahrhunderts

III. Kommunikative und soziale Dynamik der Glossenüberlieferung

Die Untersuchung der volkssprachigen Glossierung wie oben geschildert ermöglicht es somit, den Blick nicht nur auf die eher statische Erschließung des sprachlichen Materials zu lenken, sondern richtet ihn vielmehr auch auf die dynamischen Faktoren, die der Glossierung zugrunde liegen: Solche Gesichtspunkte sind unmittelbar verbunden mit dem so genannten „Sitz im Leben" dieser Überlieferungsformen und berühren auch Dimensionen der Kommunikationsstrategien und sozialer Organisationsformen des Schreibens und Lesens in den Klöstern des Mittelalters. Geschrieben wurde in den Skriptorien, gelesen wurde zusätzlich auch in der Bibliothek bzw. in der Zelle – für all diese Formen der Auseinandersetzung mit der mittelalterlichen Schriftlichkeit liefern Glossen wichtige Hinweise. Als Paratexte weisen sie insgesamt bestimmte allgemeine Eigenschaften auf, die im Sinne von Gérard GENETTE wie folgt fassbar sind:

> Diese Charakteristika beschreiben im wesentlichen deren räumliche, zeitliche, stoffliche, pragmatische und funktionale Eigenschaften. Konkreter gesagt: Definiert wird ein Paratextelement durch die Bestimmung seiner Stellung (Frage *wo*?), seiner verbalen oder nichtverbalen Existenzweise (*wie*?), der Eigenschaft seiner Kommunikationsinstanz, Adressant und Adressat (*von wem*? *an wen*?) und der Funktionen, die hinter seiner Botschaft stecken: *wozu*?[16]

Im Folgenden sollen exemplarisch drei Bereiche aus kommunikativ-sprachlicher und sozialer Perspektive näher betrachtet werden: Zuerst die funktionalen Aspekte, die mit der Materialität der Handschriften selber und den in ihnen enthaltenen Glossen verbunden sind. Zweitens die Frage nach möglichen kollektiv motivierten Glossierungspraktiken sowie drittens die Frage nach individuellen Glossierungspraktiken und deren kontextueller Verortung im klösterlichen Gemeinschaftswesen. Alle drei Bereiche können selbstverständlich Berührungs- und Überschneidungspunkte aufweisen.

1. Funktionale Aspekte konkreter Überlieferungsformen: Überlieferungsträger, Anlage, Sprachwahl, Eintragungstechniken und Glossierungsschichten

Funktionale Aspekte der Glossenüberlieferung können vielversprechend unter Berücksichtigung des Gesamtkontextes des *Überlieferungsträgers* gewonnen werden. Eine Handschrift des 15. Jahrhunderts etwa, die ein durch kopiale Tradition gewonnenes, mittelalterliches Glossar samt dessen althochdeutschen Glossen enthält, wird für die dort enthaltenen althochdeutschen Eintragungen keinen „lebendigen Gebrauch" mehr ermöglichen, die volkssprachigen Einträge sind vielleicht überhaupt nicht mehr ver-

---

[16] Genette [Anm. 5], S.12.

ständlich gewesen.[17] Hier haben die Glossen unter Umständen eine eher antiquarisch-tradierende Funktion, falls es sich überhaupt noch um althochdeutsche Glossen handelt, als eine auf Textverständnis ausgerichtete kommunikative Absicht einer Originalglossierung, die von einem althochdeutschen Schreiber in seinen Codex eingetragen wurde, wie etwa in einer Trierer Handschrift des 9./10. Jahrhunderts mit Boethius' ‚De consolatione philosophiae' (siehe Abb. 3).[18]

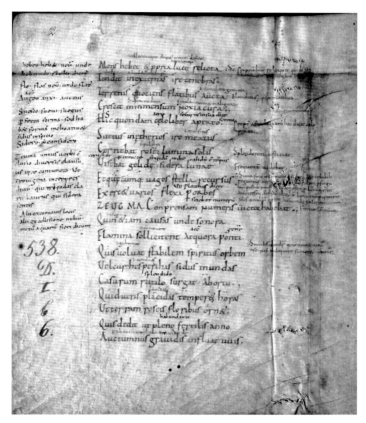

Abb. 3.: Stadtbibliothek Trier, Mappe I, Fragment mit dem Anfang von Boethius' ‚De consolatione philosophiae' (9./10. Jh.; Foto: Anja Runkel).

Auch hier stellt sich die Frage, ob der Schreiber die Glossen aus einer Vorlage abgeschrieben hat, etwa als er den Gesamttext aus einer Vorlage kopierte, oder ob er beim Glossierungsvorgang in einem bereits bestehenden Text eine Vorlage mit Glossen benutzt hat. In all diesen Fällen spricht man von kopialer Überlieferung. Im Fall der Ab-

---

[17] Siehe etwa das Sachglossar in Merkversanordnung in der Handschrift Basel ÖBU F.V. 41, um 1427-1435; vgl. BStK. Bd. 1 [Anm. 2], Nr. 34e.

[18] Trier, Stadtbibliothek, Mappe I, Boethius-Fragment; BStK. Bd. 5 [Anm. 2], Nr. 883 (I).

schrift der Glossen samt der Textvorlage hat sie vielleicht rein mechanischen Charakter: Es wird alles abgeschrieben, was vorliegt. Im Fall der gezielten, sekundären Übernahme von Glossen einer Textvorlage in eine andere Handschrift deutet dies eher auf eine nähere Auseinandersetzung mit dem Inhalt bzw. der Konstitution des lateinischen Textes hin. Zum Teil können die Glossen auch beim Korrigieren bzw. textkritischen Redigieren des lateinischen Grundtextes über die zur Verfügung stehende Korrekturvorlage in eine Handschrift übernommen worden sein, mit der Intention, so viel wie möglich an konkreter Textarbeit zu leisten. Viele Glossenhandschriften zeigen diese Art von Textgewinnung: die Korrekturhand hat nicht nur an der lateinischen Textgrundlage gearbeitet, sondern hat dann auch noch lateinische und volkssprachige Glossen eingetragen.

Neben der Möglichkeit, dass Glossen von der Schreiberhand des Haupttextes bzw. von Korrekturhänden eingetragen worden sind, gibt es auch Glossen, die zu einem späteren Zeitpunkt von Benutzern der Handschrift bei der inhaltlichen Auseinandersetzung mit dem Primärtext eingetragen wurden. Wenn keine direkten kopialen Zusammenhänge vermutet werden können, spricht man von Originalglossierung. Diese Glossen können alleine in einer Handschrift vorkommen oder in Verbindung mit kopial entstandenen Eintragungen. Wir haben es also mit komplexen Sachverhalten zu tun, die auch komplexe Verflechtungen zwischen Schreibern und Handschriftenbenutzern, also paratextuelle Vernetzungen entstehen lassen können.

Oft liefert bereits die *Anlage der Handschrift* bei ihrer Erstellung Hinweise zur Textherstellungsstrategie, darüber geben insbesondere auch das Layout und die Einrichtung der Handschrift Aufschluss: Die oben erwähnte Trierer Boethius-Handschrift (Abb. 3) zeigt breite Ränder mit Platz für Kommentare, Scholien sowie Glossierungen; sie hat einen großen Zeilenabstand für interlineare Eintragungen, wobei alles mit dem Griffel sorgfältig vorliniert wurde. All diese Elemente sind Indizien dafür, dass es sich um eine Schulhandschrift gehandelt hat, die von vornherein für die Aufnahme einer ganzen Reihe von paratextuellen Elementen geplant war.

Einen weiteren zu berücksichtigenden Aspekt bildet die *Sprachwahl*. Neben dem Sprachwechsel lateinisch-deutsch, den man auch auf seine Funktionen hin untersuchen kann,[19] gibt es in manchen Handschriften Glossen in unterschiedlichen Volkssprachen. Dies betrifft einerseits das gelegentlich bezeugte Nebeneinander von Althochdeutsch

---

[19] Siehe etwa: Hellgardt, Ernst: Philologische Fingerübungen. Bemerkungen zum Erscheinungsbild und zur Funktion der lateinischen und altsächsischen Glossen des Essener Evangeliars (Matthäus-Evangelium), in: Eva Schmitsdorf u. a. (Hrsg.): ‚Lingua Germanica'. Studien zur deutschen Philologie. Jochen Splett zum 60. Geburtstag. Münster u. a. 1998, S. 32-69; ferner auch grundlegend ders.: Zur Mehrsprachigkeit im Karolingerreich. Bemerkungen aus Anlaß von Rosamond McKittericks Buch ‚The Carolingians and the Written Word', in: Beiträge zur Geschichte der deutschen Sprache und Literatur 118 (1996), S. 1-48.

und Altsächsisch,[20] und andererseits insbesondere in früh glossierten Handschriften, das Vorhandensein von althochdeutschen/altsächsischen und altenglischen Glossen.[21] Besonders der letztgenannte Fall ist insofern bemerkenswert, weil die altenglischen Glossen zum Teil auf dem Festland eingetragen wurden. Diese Glossierungen weisen auf die kulturvermittelnde Rolle der angelsächsischen Mission und der angelsächsischen Klostergründungen hin und liefern Indizien dafür, dass altenglisch sprechende Geistliche etwa in Fulda oder Echternach aktiv sowohl bei der Arbeit und Ausbildung in den Skriptorien tätig waren (wie auch aus paläographischen und ikonographischen Befunden sichtbar), als auch im Unterricht und Studium der Texte selber. Glossen sind somit auch Zeugen des klösterlichen Lebens und der Interaktion zwischen den Mitgliedern dieser Gemeinschaft, die unter Umständen eben unterschiedliche Muttersprachen haben. Ein prominentes Beispiel für diese Wechselwirkung angelsächsischer und festländischer Schriftlichkeit bilden die ältesten bekannten deutschsprachigen Glossen. Sie wurden im Kloster Echternach niedergeschrieben, das bekanntlich eine Gründung des northumbrischen Missionars Willibrord (658-739) ist.[22]

Die Glossierungen der frühen Echternacher Glossenhandschriften zeichnen sich ferner durch eine äußere Gemeinsamkeit im Hinblick auf die *Eintragungstechnik* aus: Die Glossen sind nicht mit Feder und Tinte, sondern mit dem Griffel eingetragen worden. Die Glossierungspraxis mit dem Griffel, der (im Gegensatz zu Feder und Tinte) neben dem Wachstäfelchen wohl zum semiprivaten Besitz der Mönche gehörte, wird seit einigen Jahren intensiv erforscht.[23] Diese Griffelglossen sind auf den ersten

---

[20] Vgl. Bliesener, Ulrich: Die hochdeutschen Wörter in altsächsischen Glossaren. Maschinenschriftliche Dissertation Frankfurt a. M. 1955; Klein, Thomas: Studien zur Wechselbeziehung zwischen altsächsischem und althochdeutschem Schreibwesen und ihrer Sprach- und kulturgeschichtlichen Bedeutung (Göppinger Arbeiten zur Germanistik 205). Göppingen 1977; Tiefenbach, Heinrich: Zur altsächsischen Glossographie, in: Rolf Bergmann/ Elvira Glaser/ Claudine Moulin-Fankhänel (Hrsg.): Mittelalterliche volkssprachige Glossen. Internationale Fachkonferenz des Zentrums für Mittelalterstudien der Otto-Friedrich-Universität Bamberg 2. bis 4. August 1999 (Germanistische Bibliothek 13). Heidelberg 2001, S. 325-351; ders.: Xanten – Essen – Köln. Untersuchungen zur Nordgrenze des Althochdeutschen an niederrheinischen Personennamen des neunten bis elften Jahrhunderts (Studien zum Althochdeutschen 3). Göttingen 1984.

[21] BStK. Bd. 6 [Anm. 2], S. 2365 verzeichnet insgesamt 31 Glossenhandschriften mit altenglischen Einträgen; siehe auch Glaser, Elvira/ Moulin-Fankhänel, Claudine: Die althochdeutsche Überlieferung in Echternacher Handschriften, in: Michele C. Ferrari u. a. (Hrsg.): Die Abtei Echternach 698-1998. Luxemburg 1999, S. 103-122, hier S. 104-109; Hofmann, Josef: Altenglische und althochdeutsche Glossen aus Würzburg und dem weiteren angelsächsischen Missionsgebiet, in: Beiträge zur Geschichte der deutschen Sprache und Literatur 85 (1963), S. 27-131, 456.

[22] Siehe zur Glossenüberlieferung aus Echternach: Glaser/ Moulin-Fankhänel [Anm. 21].

[23] Zur Technik der Griffelglossierung siehe grundlegend: Ernst, Oliver: Die Griffelglossierung in Freisinger Handschriften des frühen 9. Jahrhunderts (Germanistische Bibliothek 29). Heidelberg 2007; Glaser, Elvira: Frühe Griffelglossierung aus Freising. Ein Beitrag zu den Anfängen althochdeutscher Schriftlichkeit (Studien zum Althochdeutschen 30). Göttingen 1996; Nievergelt, Andreas: Die Glossierung der Handschrift Clm 18547b. Ein Beitrag zur Funktionalität der mittelalterlichen Griffelglossierung (Germanistische Bibliothek 28). Heidelberg 2007, insbesondere S. 41-97.

Blick nicht immer sichtbar und es gehört ein geübtes Auge dazu, sie heute anhand von Taschenlampe und Lupe zu finden und zu entziffern. Bei den Griffeleintragungen handelt sich um eine Technik, die seit dem Beginn der althochdeutschen Überlieferung im frühen 8. Jahrhundert angewendet wurde; sie ist aber nicht, wie ursprünglich angenommen, auf diese frühe Überlieferungszeit beschränkt, sondern lässt sich inzwischen auch in späteren Handschriften des 10. Jahrhunderts nachweisen.[24] Ihr Ursprung ist wie die Glossierungstätigkeit selber ebenfalls insularer Herkunft.[25] Diese Eintragungstechnik, die nur bei paratextuellen Elementen eingesetzt wird (und nicht etwa für den Haupttext), lässt zunächst vielleicht eher auf eine spontane Art der Glossierung schließen, und nicht so sehr auf ein im kollektiven Rahmen des Skriptoriums geplantes Vorhaben. Aber auch hier sind Varianten denkbar, die eine Skala von individueller, spontaner Glossierungstätigkeit zur kollektiven, geplanten Texterschließung bzw. mehrphasigen Glossierungshandlungen umfassen kann. Im Unterschied zu den Federglossen sind Griffeleintragungen wohl nicht primär zur raschen und unkomplizierten Entzifferung durch andere Personen außerhalb des Glossierungsnetzwerkes gedacht gewesen. Selbstverständlich gilt auch hier, dass jede Handschrift im Einzelfall zu prüfen ist und jede Handschrift auch unter Umständen neue Glossierungsszenarien preisgibt. Ein schönes Beispiel für eine sehr intensive, und letztendlich persönliche Auseinandersetzung mit einem einzigen Text ist die Griffelglossierung in der Freisinger Handschrift Clm 6300, die Elvira GLASER[26] untersucht hat: Hier wurden über 500 althochdeutsche Wörter zu Gregors ‚Moralia in Hiob' mit Griffel in das Pergament geritzt, und zwar von einer einzelnen Hand am Ende des 8. bzw. Anfang des 9. Jahrhunderts. Die Glossierung, die ausschließlich althochdeutsch ist, kann als Werk einer einzelnen Person betrachtet werden, die wohl den inhaltlich schwierigen Text über längere Zeit intensiv gelesen und studiert hat.[27]

Neben Griffelglossen können auch andere Eintragungstechniken Hinweise für eher individuelle bzw. funktionsspezifische Glossierungspraktiken geben, etwa abgekürzte bzw. verkürzte Glossierungen (mit der Feder oder dem Griffel), in denen nur das Wortende oder aber ein Zeichen des Wortanfangs vermerkt werden.[28] Im Falle eines Würz-

---

[24] Ernst [Anm. 23], S. 583-584; Nievergelt [Anm. 23], S. 803f.
[25] Glaser/ Moulin-Fankhänel [Anm. 21], S. 105.
[26] Glaser [Anm. 23].
[27] Zu weiteren Indizien für individuelle Glossierungsschichten in Freisinger Handschriften siehe Ernst [Anm. 23], S. 258 (Clm 6263), 408-414 (Clm 6272), 567-569 (Clm 6277).
[28] Dazu: Henkel, Nikolaus: Die althochdeutschen Interlinearversionen. Zum sprach- und literarhistorischen Zeugniswert einer Quellengruppe, in: Joachim Heinzle u. a. (Hrsg.): Übersetzen im Mittelalter. Cambridger Kolloquium 1994 (Wolfram Studien XV). Berlin 1996, S. 46-72, hier S. 62-65; ders.: Verkürzte Glossen. Technik und Funktion innerhalb der lateinischen und deutschsprachigen Glossierungspraxis des frühen und hohen Mittelalters, in: Bergmann/ Glaser/ Moulin-Fankhänel [Anm. 20], S. 429-451; Voetz, Lothar: Formen der Kürzung in einigen alemannischen Denkmälern des achten und neunten Jahrhunderts, in: Sprachwissenschaft 12 (1987), S. 166-179; Nievergelt [Anm. 23], S. 672-674; Ernst [Anm. 23], S. 585-587.

burger Prachtevangeliars[29] wurden solche abgekürzten Glossierungen kaum fürs Auge sichtbar interlinear mit einem Rötel angebracht – hier zielten sie auf die Wiedergabe bzw. Andeutung des lexikalischen-semantischen Trägers und waren wohl aufgrund der komplexen Kodierungs- und Dekodierungsvorgänge, die eine solche Technik mit sich brachte, nicht für andere Augen als die des Schreibers gedacht.

Im Hinblick auf Kodierungs- und Dekodierungsphänomene wäre noch auf Geheimschriftglossen zu verweisen, die in der Regel als Federglossen erscheinen und ebenfalls als paratextuelle Eintragungstechnik begegnen. Eine der beliebtesten Geheimschriften[30] ist die sogenannte *bfk*-Geheimschrift, bei der eine Ersetzung der Vokale durch den im Alphabet jeweils nachfolgenden Konsonantenbuchstaben erfolgt. Eine solche *bfk*-Geheimschrift ist vor kurzem in einem Handschriftenfragment einer antiquarischen Buchhandlung in London entdeckt worden.[31] Das Fragment besteht aus einem Blatt mit dem Matthäusevangelium (Mt 2, 13-3, 9). Am linken Rand der Versoseite (Z. 15; Abb. 4) steht zu Mt 3, 4 *xkllknb*, aufgelöst heißt das *uillina*[32]; die adjektivische Form steht inhaltlich und morphologisch kongruent zum lat. Textlemma *pelliciam*.[33]

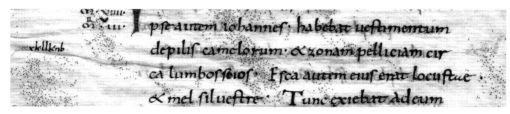

Abb.4: Matthäus-Fragment, Privatbesitz, Bernard Quaritch Ltd.; fol.1v, links neben Z. 15, geheimschriftliche Glosse *xkllknb*.

---

[29] Würzburg, Universitätsbibliothek, M. p. th. f. 67; sieh die Edition und Analyse bei Claudine Moulin: Würzburger Althochdeutsch (in Druckvorbereitung).

[30] Sieh dazu: Bischoff, Bernhard: Übersicht über die nichtdiplomatischen Geheimschriften des Mittelalters. Mit zwei Alphabettafeln (Tafel III und IV), in: ders.: Mittelalterliche Studien. Bd. 3. Stuttgart 1981, S. 120-148; ders.: Paläographie des römischen Altertums und des abendländischen Mittelalters. Berlin ²1986, S. 234-235; siehe grundlegend für die Glossenüberlieferung Nievergelt [Anm. 23], S. 641-672 (mit Verzeichnis der Handschriften mit geheimschriftlichen althochdeutschen Glossen). Eine umfassende Untersuchung der geheimschriftlichen Glossierungspraxis stellt noch ein Forschungsdesiderat dar. Geheimschriftähnliche Funktion können auch Glosseneintragungen mit fremden Alphabeten aufweisen; vgl. Glaser/ Moulin-Fankhänel [Anm. 21], S. 116; Ernst [Anm. 23], S. 584-585.

[31] Privatbesitz, Bernard Quaritch Ltd., London (vgl. Bernard Quaritch Ltd., Catalogue 1348 [2007], item 9). Den Hinweis auf die Glosse verdanke ich David Ganz (London).

[32] Die flektierte Form (Akk. Sing. Fem.) ist zum Adj. ahd. *fillīn* zu stellen, was soviel wie 'aus Leder, ledern' bedeutet; vgl. Grosse, Rudolf (Hrsg.): Althochdeutsches Wörterbuch, begründet von Elisabeth Karg-Gasterstädt und Theodor Frings. Bd. 3. Berlin 1980, Sp. 825.

[33] Vgl. Mt 3,4: *Ipse autem Iohannes habebat vestimentum de pilis camelorum et zonam pelliciam circa lumbos suos.*

Dass das Chiffrierungssystem alles andere als kryptologisch anspruchsvoll und eigentlich leicht zu entschlüsseln war, liegt auf der Hand – es ging hier wohl nicht primär um möglichst sicheres Verheimlichen von Informationen vor den Augen Dritter. In manchen Fällen kann die Geheimschriftmarkierung auch als eine Art Auszeichnungsschrift für die Textsorte „Glosse" gedeutet werden, um sie optisch, d. h. layout-technisch, vom Rest des Textes abzuheben.

Dass die Dekodierung der geheimschriftlich kodierten Glossen oder die Entzifferung von Griffelglossen durch Dritte auch eine gewisse Rolle gespielt haben kann oder gar Herausforderung war, zeigen solche Beispiele, bei denen Griffelglossen nachträglich von einem Benutzer aufgelöst und mit der Feder am Textrand oder neben der interlinearen Griffelglosse wiederholt wurden.[34] Zum Teil kann die sich auf eine Griffelglosse beziehende Federglosse wiederum in Geheimschrift erfolgen.[35] Ferner begegnen Griffelglossierungen, die als geplante Vorstufen zur einer Glossierung mit der Feder intendiert waren, also kein glossenspezifisches „Auszeichnungsmittel", sondern eine „Entwurfs-" bzw. „Skizzentechnik" darstellten, die der ursprünglichen Funktion der Verwendung des Griffels bei der Handschriftenerstellung auch entsprach.[36]

In all diesen Fällen werden nicht nur unterschiedliche *Glossierungsschichten* sichtbar, sondern die Eintragungen werden über mehr oder weniger große Zeiträume in Form paratextueller Netzwerke in Verbindung zueinander gesetzt: In der klösterlichen Gemeinschaft entstehen somit über die Glossierungen eigene „Wissensräume" bzw. virtuelle Gemeinschaften von Glossatoren, die einerseits das Wissen um die Textgrundlage bzw. deren Varianten betreffen, andererseits Wissen über den Inhalt des Textes bzw. die Sprache erzeugen. Dabei können explizit oder implizit auch intertextuelle Bezüge hergestellt werden, indem etwa eine Glossierung nur durch Benutzung eines entsprechenden interpretierenden Kommentars zustande gekommen ist. Ferner können in manchen Handschriften eindeutig weniger geübte neben „professionalisierten" Händen unterschieden werden, so dass auch unterschiedliche Bildungsgrade bzw. Kompetenzen innerhalb der klösterlichen Gemeinschaft (Anfängerhände, geübte Schreiber, unterschiedliche Typen von Lesern usw.) greifbar werden und Einblicke in verschiedene Kontexte des klösterlichen Lebens wie etwa Unterricht und Studium gewährt werden.

---

[34] Siehe etwa die Interaktion zwischen Griffelglossierung und Tintenglossierung in einer Würzburger Bibelhandschrift (Oxford, Bodleian Library, Laud. lat. 92; BStK. Nr. 730); Moulin [Anm. 29].

[35] Sieh ferner zum funktionalen Zusammenspiel von Griffelglossen und geheimschriftlichen Federglossen bei Mehrfachglossierungen Nievergelt [Anm. 23], S. 800-801.

[36] Nievergelt [Anm. 23], S. 797-803.

2. Kollektive Aspekte: Ein Würzburger Bibelglossar

Einen aufschlussreichen Einblick in den Entstehungsprozess einer Glossierung, die als paratextuelle Teamarbeit bezeichnet werden kann, bietet ein Bibelglossar, das in Würzburg entstanden ist.[37] Es handelt sich um ein relativ kurzes Glossar, das auf den ursprünglich leer gebliebenen Vorder- und Rückblättern einer Canoneshandschrift eingetragen wurde. Wir haben es also mit einer Art Füllseleintrag zu tun, der freien Platz ausschöpft. Diese ursprünglich frei gebliebenen Blätter enthalten kolumnenweise und ohne Kontext lateinische und althochdeutsche Bibelglossen zum Alten Testament. Die Interpretamente sind teils lateinisch, teils althochdeutsch, zum Teil fehlen sie ganz. Die Glossareinträge sind nicht alphabetisch geordnet, sondern nach den verschiedenen biblischen Büchern gruppiert und mit entsprechenden Überschriften gekennzeichnet. Die Bibelglossen sind laut Bernhard BISCHOFF[38] wie die Canones-Handschrift von angelsächsischer Hand aus dem Anfang des 9. Jahrhunderts. Nach mehrmaliger Autopsie der Handschrift konnten etwa sechs Hände unterschieden werden, die an der Glossarerstellung mitgewirkt haben.[39] Das Bibelglossar kann in gewisser Hinsicht als original (und nicht kopial) eingestuft werden: Neben Parallelglossierungen stellt immerhin ein Drittel der Glossierungen die einzige bekannte althochdeutsche Entsprechung zur entsprechenden Bibelstelle dar. Auch die leer gebliebenen Stellen, zu denen das Interpretament fehlt, zeugen nicht von einer vorlagenorientierten Erstellung des Glossars, denn gerade etwa für die fehlenden Tierbezeichnungen hätten sich leicht entsprechende Glossarvorlagen finden können. Auch dies deutet auf eine mehrphasige Textkonstitution hin. Weitere Beobachtungen erlaubt die Zweisprachigkeit der Glossierungsarbeit: In quantitativer Hinsicht stellt die althochdeutsche Glossierung mit 68 Belegen gegenüber 49 lateinischen Interpretamenten die Mehrzahl der tatsächlich ausgefüllten Entsprechungen dar. Genaue Motive für die Wahl des Lateinischen gegenüber der Volkssprache bei der Glossierung sind nicht immer im Einzelnen nachvollziehbar, es sind aber Tendenzen erkennbar. Einerseits kann eine spontane Entscheidung der Sprachwahl oder das aus dem Unterrichtskontext bekannte lexikalisch-grammatische Interesse an lateinischer Synonymbildung gewirkt haben. Auffallend sind lateinische Glossierungen von Entlehnungen aus dem Griechischen bzw. Hebräischen sowie die Erläuterungen von Maßangaben oder Eigennamen bzw. Lexeme proprialen Charakters, die an sich eben nicht übersetzt werden können. Umgekehrt fällt

---

[37] Würzburg Universitätsbibliothek M. p. th. f. 3 (BStK. Nr. 978). Siehe auch die Edition und Analyse des Glossars bei Claudine Moulin: Work in Progress. Zu einem Würzburger Bibelglossar (Würzburg UB, M. p. th. f. 3), in: Albrecht Greule u. a. (Hrsg.): Entstehung des Deutschen. Festschrift für Heinrich Tiefenbach (Jenaer germanistische Forschungen 17). Heidelberg 2004, S. 303-354.

[38] Bischoff, Bernhard/ Hofmann, Josef: ‚Libri Sancti Kyliani'. Die Würzburger Schreibschule und die Dombibliothek im VIII. und IX. Jahrhundert (Quellen und Forschungen zur Geschichte des Bistums und Hochstifts Würzburg 6). Würzburg 1952, hier S. 45.

[39] Moulin [Anm. 37], S. 307.

die Präferenz des Althochdeutschen gegenüber dem Lateinischen als Glossierungssprache bei den Einträgen mit Tierbezeichnungen, Kleidungsstücken, Kriegsgeräten und Verwandtschaftsbezeichnungen auf. Ähnlich wie für den Bereich der Farbbezeichnungen bietet die Wahl der Volkssprache gegenüber dem Lateinischen hier die näher liegende Lösung,[40] denn synonyme monolinguale Umschreibungen wären sicherlich mit größerer Komplexität verbunden gewesen. Dieser Befund wird dadurch gestützt, dass Tierbezeichnungen und Kriegsgeräte, wenn sie nicht althochdeutsch glossiert sind, unübersetzt bzw. unerläutert bleiben.

Die Kontexte und die Funktion der Glossierungsarbeit weisen insgesamt auf eine im schulischen Kontext entstandene gemeinsame Textkonstitution hin. Das Glossar war durch die vorherige Eintragung der lateinischen „Wunschlemmata" auf eine gewisse Länge geplant, wurde schrittweise ergänzt und blieb dann unvollendet. Gerade die Unvollständigkeit und die Vorläufigkeit des kleinen Glossars lassen diese Einblicke in die Dynamik seiner Entstehung zu – unter Umständen wäre eine fertig gestellte Liste wieder in Reinschrift abgeschrieben und die Spuren der Entstehung verwischt worden.

3. Individuelle Glossierung: Identifizierbare Schreiber und ihre paratextuellen Welten

Wenn auch in manchen Glücksfällen Einblicke in die individuelle Glossierungspraxis eines mittelalterlichen Schreibers bzw. Lesers möglich sind, so bleibt doch etwa der fleißige Griffelglossator des Gregortextes im Clm 6300 letztendlich unbekannt – wir kennen seinen Namen nicht und auch nicht seine Herkunft oder seinen Werdegang. Manchmal bekommen prominente Glossenhände nachträglich von den Glossenforschern einen Namen, wie „Anonymus X", dessen Hand auffallend oft und intensiv in den Schulhandschriften aus Echternach mitwirkt und Korrekturen, weitere Kommentare und auch viel Volkssprachiges einträgt.[41] Diese Hand wurde vom Luxemburger Historiker Jean SCHROEDER in die Mitte des 11. Jahrhunderts datiert und mit der des jüngeren Abtes Thiofrid (gest. 1110) in Verbindung gebracht,[42] aber dies bleibt letztendlich unsicher.[43]

---

[40] Zu diesem Verfahren sieh auch Hellgardt [Anm. 19], S. 55.

[41] Vgl. Glaser/ Moulin-Fankhänel [Anm. 21], S. 109-121. Siehe etwa die reich glossierte Vergil-Handschrift Paris, Bibliothèque Nationale, lat. 9344 (Ende 10. Jh., mit über tausend Glossen); BStK. Bd. 3 [Anm. 2], Nr. 752.

[42] Schroeder, Jean: Bibliothek und Schule der Abtei Echternach um die Jahrtausendwende, Luxembourg 1977, S. 103-128.

[43] Sieh diesbezüglich die methodischen Bedenken bei Michele Camillo Ferrari: Sancti Willibrordi venerantes memoriam. Echternacher Schreiber und Schriftsteller von den Angelsachsen bis Johann Bertels. Ein Überblick (Publications du CLUDEM 6). Luxemburg 1994, hier S. 36-37.

Die wenigen sichereren Zuweisungen sind erst in spätalthochdeutscher Zeit bezeugt,[44] etwa für das 11. Jahrhundert im Fall des bereits erwähnten Ekkehart IV. von Sankt Gallen. Ein für die Eruierung von kommunikativen und sozialen Dynamiken aufschlussreicher Fall ist in diesem Zusammenhang Froumund von Tegernsee (um 960-1006/12), wobei der Beiname von seinem späteren Wirkungsort stammt.[45] Als Glücksfall ist zunächst festzuhalten, dass relativ viel über Froumunds Lebenslauf bekannt ist, unter anderem auch deswegen, weil er einige seiner Handschriften mit Subskriptionen versehen hat, die auch Auskunft über seinen jeweiligen Aufenthaltsort geben.[46] Insgesamt sind fünf Handschriften überliefert, die von Froumund signiert sind; ferner sind acht weitere Codices bekannt, an denen er als Schreiber beteiligt war. Von diesen dreizehn Überlieferungsträgern sind sieben zum Teil intensiv althochdeutsch glossiert worden.[47] In wenigen Worten lässt sich der Lebenslauf von Froumund wie folgt zusammenfassen: Froumund wurde etwa um das Jahr 960 im Südwesten Deutschlands,

---

[44] Eine frühe Ausnahme und einen ganz besonderen Fall stellt der karolingische Gelehrte und Dichter Otfrid von Weißenburg (um 800 - nach 870) dar, von dessen Hand auch Glossierungen in zwei Weißenburger Handschriften erhalten sind. Sieh hierzu: Kleiber, Wolfgang: Zur Sprache der althochdeutschen Glossen Otfrids in Cod. Guelf. 50 Weiss., in: Rolf Bergmann/ Heinrich Tiefenbach/ Lothar Voetz (Hrsg.): Althochdeutsch (Germanische Bibliothek. Neue Folge. 3. Reihe: Untersuchungen). Bd. 1. Heidelberg 1987, S. 532-544; ferner BStK. Bd. 4 [Anm. 2], Nr. 972 und Nr. 976. Auch von Notker III. von St. Gallen, dem anderen großen mit Namen bekannten althochdeutschen Gelehrten, sind wohl eigenhändige Glossen belegt; vgl. BStK. Bd. 2 [Anm. 2], Nr. 240.

[45] Vgl. Bergmann, Rolf: Froumund von Tegernsee und die Sprachschichten in Köln. Zur Diskussion der 2. Lautverschiebung, in: Zeitschrift für Dialektologie und Linguistik 50 (1983), S. 1-21; Eder, Christine E.: Die Schule des Klosters Tegernsee im frühen Mittelalter im Spiegel der Tegernseer Handschriften, in: Studien und Mitteilungen zur Geschichte des Benediktiner-Ordens und seiner Zweige 83 (1972), S. 6-155; Ineichen-Eder, Christine E.: Froumund von Tegernsee, in: Die deutsche Literatur des Mittelalters. Verfasserlexikon. Bd. 2 (^{2}1980), Sp. 978-982; Froumund von Tegernsee [Korr./Nachtr.], in: Die deutsche Literatur des Mittelalters. Verfasserlexikon, Bd. 11 (^{2}2004), Sp. 469; Sporbeck, Gudrun: Froumund von Tegernsee (um 960-1006/12) als Literat und Lehrer, in: Anton von Euw/ Peter Schreiner (Hrsg.): Kaiserin Theophanu. Begegnung des Ostens und Westens um die Wende des ersten Jahrtausends. Gedenkschrift des Kölner Schnütgen-Museums zum 1000. Todesjahr der Kaiserin. Bd. 1. Köln 1991, S. 369-378; Teitge, Hans-Erich: Froumund von Tegernsee und die ahd. Priscianglossen. Dissertation Halle/S. 1949, wiederabgedruckt in: ders.: Berliner Manuskripte und Viadrina-Drucke. Kleine Schriften, hrsg. von Wolfgang Milde u. a. (Spolia Berolinensia 20). Hildesheim 2004, S. 13-87; Unterkircher, Franz: Der Wiener Froumund-Codex (Cod. 114 der Österreichischen Nationalbibliothek), in: Codices Manuscripti 12 (1986), S. 27-51.

[46] Vgl. Berschin, Walter: Eine griechisch-althochdeutsch-lateinische Windrose von Froumund von Tegernsee im Berlin-Krakauer Codex lat. 4°939, in: Vetustatis amore et studio. Księga pamiątkowa ofiarowana Profesorowi Kazimierzowi Limanowi. Pod redakcją Ignacego Lewandowski – Andrzeja Wójcika (Uniwersytet im. Adama Mickiewicza w Poznaniu. Seria Filologia Klasyczna Nr. 19). Posen 1995, S. 23-30, hier S. 23; Eder: Die Schule des Klosters Tegernsee [Anm. 45], S. 39-41.

[47] BStK. [Anm. 2], Nr. 45, 430, 642, 656, 665, 685, 892.

also im oberdeutschen Raum, aus freiem Geschlecht geboren. Von ca. 990 bis 993 hielt er sich in Köln auf, wo er in der Schule der Benediktinerabtei St. Pantaleon seinen Studien im Hinblick auf seinen späteren Lehrerberuf nachging; in dieser „Stätte der Gelehrsamkeit"[48], wie Franz UNTERKIRCHER es formulierte, lernte Froumund auch Griechisch und fing an, sich systematisch eine Materialsammlung mit Texten und Unterlagen für den Unterricht zuzulegen. Anschließend ging Froumund (auf Umwegen) für etwa zwei Jahre (bis 995) nach Feuchtwangen, um dort zusammen mit anderen Tegernseer Mönchen das Tegernseer Tochterkloster wiederherzustellen. Danach wirkte er als Lehrer hauptsächlich in Tegernsee, wo er zwischen 1006 und 1012 gestorben ist. In allen Wirkungsorten hat Froumund Handschriften abgeschrieben, vornehmlich mit Texten, die im Rahmen des Unterrichts und Studiums zentral waren. Teilweise hat er die Handschriften an einem Ort begonnen und an einem anderen vollendet, teilweise hat er die bereits fertig gestellten Codices von einem Ort zum anderen mitgebracht. Manche der erhaltenen Handschriften zeigen bereits am paläographischen Befund ihre Entstehungsgeschichte im Rahmen der Schule als sozialer Ort: Neben Froumunds Hand begegnen auch die Hände seiner Schüler, die er zum Teil in der Textherstellung begleitete und ergänzte. Auch das Layout der Handschriften weist auf die Funktion als Schulhandschriften hin, indem Platz für Scholien und Glossen gelassen wurde. Dabei wurde zum Teil auch jeder Zentimeter freier Platz ausgenutzt.

Froumunds Handschriften, Kommentare, Randnotizen und eigene literarische Erzeugnisse zeichnen das Bild eines belesenen und wissenschaftlich interessierten Lehrers, der selber aktiv an der Wissenskompilation und Textgewinnung im Unterrichtszusammenhang mitwirkte. Seine Glossierungen zeigen das breite Spektrum einer intensiven Glossierungspraxis: volkssprachige Glossen sind neben lateinischen bei der Textabschrift übernommen worden, teilweise wurden dabei auch ganze Textglossare abgeschrieben; ferner begegnen Glossierungen, die nicht in direktem kopialen Zusammenhang stehen.

Eine aus sprachlicher Sicht besonders ergiebige Handschrift stellt der heute in Krakau aufbewahrte Boethius-Codex dar:[49] Froumund schrieb den ‚Trost der Philosophie' ab, während er in Köln an der Benediktinerabtei St. Pantaleon weilte, und glossierte diesen auch volkssprachig. Nach einem Eintrag im Codex wurde die Handschrift anschließend der Benediktinerabtei in Tegernsee geschenkt. Der zweite (unglossierte) Teil des Codex mit Texten und Kommentaren zu Boethius wurde von Schülern Froumunds angefertigt. Rolf BERGMANN hat in einer Untersuchung zum Sprachstand der Glossen in dieser Handschrift auf eine erstaunliche Tatsache hingewiesen: Der aus Süddeutschland stammende Froumund hat die volkssprachigen Glossen nicht in einer seiner Herkunft entsprechenden oberdeutschen Form eingetra-

---

[48] Unterkircher [Anm. 45], S. 36.
[49] Berlin, Staatsbibliothek zu Berlin – Preußischer Kulturbesitz, Ms. Lat. 4° 939 (derzeit Krakau, Biblioteka Jagiellońska, Nr. 834); BStK. Bd. I [Anm. 2], Nr. 45; Berschin [Anm. 46], S. 23-30.

gen, sondern „milieugetreu" mittelfränkisch nieder- bzw. abgeschrieben. Froumund hat, so Rolf BERGMANN weiter, „seine eigene oberdeutsche Sprache nicht sichtbar werden lassen. Er hat vielmehr die Sprache seines Studienortes Köln geschrieben; ob aus einer Vorlage oder aus eigenem Zutun, kann offen bleiben"[50].

Somit schrieb Froumund die Glossen in dem vorgefundenen mittelfränkischen Lautstand; von seiner Hand stammen Formen wie *gihalp, buchstave, gilouues, uuad* oder *that*.[51] Die Überlieferung deutet auf eine linguistisch kontextbedingte, mit dem sprachgeographischen Raum kongruente, unmarkierte Übernahme bzw. Realisierung von sprachlichen Elementen (auch bei kopialem Zusammenhang), denen als normierter Bezugspunkt das Lateinische gegenüberstand. Hier zeigt sich Froumund als Glossator von großer sprachlicher Flexibilität. In Köln begann Froumund auch eine Handschrift, die er dann in Feuchtwangen fortsetzte; sie befindet sich heute in Wien[52] und war ehemals im Besitz des Humanisten Konrad Celtis (1459-1508). Der Codex besteht aus drei ursprünglich selbstständigen Teilen und enthält unterschiedliche Texte, die alle im Zusammenhang mit der Schultätigkeit zu sehen sind, unter anderem Prisciankommentare sowie andere, etwa grammatische Texte zum Lateinischen und Griechischen.[53] Geschrieben wurde die Handschrift im letzten Jahrzehnt des 10. Jhs. von Froumund sowie von seinen Schülern, wobei die drei Teile noch im gleichen Jahrhundert vereinigt wurden. Der Codex ist somit von Froumund geplant und unter seiner Obhut mit Hilfe seiner Schüler in Teamarbeit realisiert worden. Umfangreiche Randeinträge wurden in allen drei Teilen von Froumund ebenfalls noch in den 90er Jahren des 10. Jhs. in Köln und danach in Feuchtwangen geschrieben.[54] Froumund nahm die Handschrift dann anschließend mit nach Tegernsee. Der Codex enthält über 300 althochdeutsche (bairische) Glossen, die mit den Kommentaren Ende des 10. Jhs. eingetragen wurden. Die inhaltliche Zusammenstellung des Codex weist darauf hin, dass Froumund seine Zeit in Köln nutzte, sich zum Lehrerberuf auszubilden und entsprechend auch Materialsammlungen für sein späteres Wirken anlegte.[55]

Bei seiner zweijährigen Zwischenstation in Feuchtwangen zwischen 993 und 995 entstand wohl eine Handschrift, die unter anderem die ‚Institutio arithmetica' des

---

[50] Bergmann: Froumund von Tegernsee [Anm. 45], S. 14; siehe auch ders.: Mittelfränkische Glossen. Studien zu ihrer Ermittlung und sprachgeographischen Einordnung (Rheinisches Archiv 61). Bonn ²1977, S. 203-206.
[51] Dazu Bergmann: Froumund von Tegernsee [Anm. 45], S. 16-18.
[52] Wien, Österreichische Nationalbibliothek, Cod. 114; BStK. Nr. 892. Eine ausführliche Beschreibung der Handschrift findet sich bei Unterkircher [Anm. 45].
[53] Zu den althochdeutschen Priscian-Glossen siehe Teitge [Anm. 45].
[54] In seiner Subscriptio vermerkt Froumund die jeweiligen Aufenthaltsorte, an denen er die Priscianglossierungen vorgenommen hat: Buch 1 bis 4 wurden in Köln, Buch 5 bis 10 in Feuchtwangen glossiert; siehe Unterkircher [Anm. 45], S. 36, ferner S. 39. Anm. 4.
[55] Unterkircher [Anm. 45], S. 35.

Boethius enthält.⁵⁶ Auch hier waren neben Froumund mehrere Schüler an der Anfertigung beteiligt; der Codex wurde dann ebenfalls mit nach Tegernsee genommen. Die darin enthaltenen althochdeutschen und lateinischen Glossen zu Boethius stammen von der Hand Froumunds und wurden wahrscheinlich ebenfalls in Feuchtwangen eingetragen. Der Sprachstand der Glossen ist bairisch. Eine ganze Reihe von Handschriften schrieb Froumund schließlich an seinem letzten Wirkungsort, in Tegernsee, ab – auch hier teilweise unter Mitwirkung seiner Schüler. Einen in der Glossenforschung prominenten Codex stellt insbesondere der Clm 19440 dar.⁵⁷ Der Codex besteht aus sechs Teilen und einem Brevierfragment und ist in verschiedenen Jahrhunderten entstanden. Der erste Teil wurde größtenteils von Froumund um das Jahr 1000 in Tegernsee geschrieben und enthält verschiedene Texte und Textglossare, unter anderem Isidor und zahlreiche Bibelglossen. Die anderen Teile wurden ebenfalls von Händen aus Tegernsee geschrieben und enthalten mehrere Textglossare. Der Codex überliefert über 8000, überwiegend im Kontext der Glossare eingetragene althochdeutsche Glossen. Diese große Sammlung an Glossaren stellt somit zugleich ein Instrument der mittelalterlichen Wissensorganisation und Wissensverwaltung dar, bei dem auch die Volkssprache eine tragende Rolle spielt.

Insgesamt spiegeln die Froumund-Handschriften und die dort enthaltenen Glossen das geistige und pädagogische Interesse Froumunds als Individuum wider. Sie geben darüber hinaus Einblicke in die Bildungsgeschichte und Wissensorganisation um die Jahrtausendwende, in denen das gemeinsame Ringen von Lehrer und Schülern um entsprechende Textgrundlagen und das Generieren von Wissen durch gezieltes Erstellen von paratextuellen Netzwerken sichtbar werden.

Für die früheste Zeit der Glossenüberlieferung ab dem 8. Jahrhundert ist uns keine solche „Individualüberlieferung" mit Namensnennung bekannt. Hier sind die Handschriften und auch die dort enthaltenen Glossen zunächst nur „stumme" oder sogar unsichtbare Zeugen, deren Funktionen erst im Zusammenspiel verschiedener methodischer Zugänge und nur unter Berücksichtigung der Gesamtüberlieferung greifbar werden. Auch hier lassen sich dann, wenn auch über diesen indirekten Weg, kommunikative und soziale Aspekte herausarbeiten und in ein interdisziplinäres Gesamtforschungsprojekt zum Thema „Wissensraum" einbetten, das zur Zeit in einem universitätsübergreifenden Forschungsverbund entsteht.⁵⁸ Dabei ist wünschenswert, dass eine inter- und transdisziplinäre Synergie mit der mittellateinischen Glossenforschung

---

56 München, Bayerische Staatsbibliothek, Clm 18764; BStK. Bd. 3 [Anm. 2], Nr. 656; siehe auch Bergmann, Rolf/ Stricker, Stefanie: Die althochdeutschen Boethiusglossen. Ansätze zu einer Überlieferungstypologie, in: Amsterdamer Beiträge zur Älteren Germanistik 43/44 (1995), S. 13-47.
57 München, Bayerische Staatsbibliothek Clm 19440; BStK. Bd. 3 [Anm. 2], Nr. 665.
58 Vgl. das Vorhaben „Kulturwissenschaftliche Erschließung der volkssprachigen Glossenüberlieferung des Mittelalters" im Rahmen des Historisch-Kulturwissenschaftlichen Forschungszentrums Mainz-Trier (www.hkfz.info).

entsteht, um etwa im Sinne einer „wechselseitigen Komplementarität"[59] gemeinsame glossographische Untersuchungen und Editionsvorhaben zu einzelnen Autoren, Themenkomplexen oder Handschriftengruppen durchzuführen.

IV. Ausblick: Der Wissensraum Glossen

Insgesamt bieten die althochdeutsche Glossographie und der hierdurch konstituierte Wissensraum viele Anknüpfungspunkte im interdisziplinär forschenden Bereich: Die Untersuchung der volkssprachigen und der lateinischen Glossen gewährt Einblicke in die Schrift- und Buchgeschichte, in die Vermittlung und Aneignung der lateinischen Bildungstradition sowie in die Wissensorganisation des Mittelalters. Ferner können Textaneignungsstrategien, Übersetzungstechniken und Kommunikationsformen untersucht werden, die in vielfältigen Netzwerken neue Wissensformen entstehen lassen. Solche übergreifenden Fragestellungen, die die kulturwissenschaftliche Bedeutung der Glossen unterstreichen, sind in den letzten Jahrzehnten vermehrt thematisiert worden und beruhen auf dem Wunsch, mehr über Zusammenhänge der mittelalterlichen Schriftlichkeit und Wissensvermittlung zu erfahren.

---

[59] Oexle, Otto Gerhard: Kultur, Kulturwissenschaft, Historische Kulturwissenschaft. Überlegungen zur kulturhistorischen Wende, in: Das Mittelalter. Perspektiven mediävistischer Forschung 5 (2000), S. 13-33, hier S. 33.

Sektionsvorträge

Praxis und soziale Lebens- und Kommunikationsformen

Kurt Smolak

Formel und Freundschaft

Das Formular der Anfänge und der Schlüsse römischer Briefe orientiert sich am gesprochenen Gruß: *salve*, „sei gesund", beziehungsweise *vale*, „sei stark", oder wieder „sei gesund" als Abschiedswort.[1] Trotz seiner Einfachheit sind aber Variationsmöglichkeiten vorhanden. So lautet die Normalform beispielsweise Paulus *Aemilio salutem* (sc. *dicit*, was nie ausgeschrieben wird); sie kann jedoch affektiv erweitert werden: um das ein Freundschaftsverhältnis anzeigende Possessivpronomen, *Aemilio suo*, oder um das Quantum des dem Adressaten gewünschten „Heils", worunter immer die körperliche Gesundheit gemeint ist – also: *salutem plurimam*, sc. *dicit*, in der Regel abgekürzt als s. p. (d). Der Möglichkeit zur Erweiterung steht jene der radikalen Reduktion auf das nominale Minimum gegenüber. So schreibt Kaiser Trajan aus der Position des Souveräns an den mit ihm zwar befreundeten, aber rangmäßig doch niedrigeren Statthalter von Bithynien, Plinius den Jüngeren, einfach: *Traianus Plinio*, „Trajan an Plinius". Im 2. Jh. n. Chr. kam die *Usance* auf, aus Höflichkeit die Reihenfolge der Namen von Schreiber und Adressat umzukehren, so dass jener die Ehre hatte, an erster Stelle zu stehen, also *Aemilio Paulus salutem*.[2] Den Schluss bildete in den allermeisten Fällen ein abruptes *vale* – so immer bei Plinius; es wurde nur selten affektiv erweitert: So schrieb Cicero einmal an seinen Freund und Verleger Pomponius Atticus: „lebe vielmals wohl!", *etiam atque etiam vale!* (ad Atticum 5, 19, 2). Dies musste geradezu schon als Gefühlsausbruch verstanden werden. Es seien nun diesem „klassischen"

---

[1] Allgemein zu antiken und mittelalterlichen epistolographischen Topoi und Formelsammlungen vgl. Peter, Hermann: Der Brief in der römischen Litteratur. Litteraturgeschichtliche Untersuchungen und Zusammenfassungen (Abhandlungen der phil.-hist. Klasse der Königlich-Sächsischen Gesellschaft der Wissenschaften 20,3). Leipzig 1901; Thraede, Klaus: Grundzüge griechisch-römischer Brieftopik (Zetemata 48). München 1970; Löfsted, Bengt/ Lanham, Carol D.: Zu den neugefundenen Salzburger Formelbüchern und Briefen, in: Eranos 73 (1975), S. 69-100; Schmidt, Peter Lebrecht: Art. Brief, in: Der Neue Pauly. Bd. 2 (1997), Sp. 771-775; Fatouros, Georgios: Die Priamel als Exordium des antiken literarischen Briefes, in: Symbolae Osloenses 74 (1999), S. 184-194; Delle Donne, Fulvio: Le formule di saluto nella pratica epistolare medievale. La Summa salutationum di Milano e Parigi, in: Filologia Mediolatina 9 (2002), S. 251-279.

[2] Dazu s. Fürst, Alfons: Pseudepigraphie und Apostolizität im apokrpyhen Briefwechsel zwischen Seneca und Paulus, in: Jahrbuch für Antike und Christentum 41 (1998), S. 77-117, hier S. 84f.

Formular zwei Grußtexte aus dem Corpus des Bonifatius-Briefes in der Übersetzung der Freiherr-von-Stein-Ausgabe[3] gegenüber gestellt:

> Dem teuersten Gefährten und geliebtesten Freund Nithard, den mir nicht die vergängliche Gabe irdischen Goldes noch die Feinheit des Witzes durch die honigsüßen Lockungen einschmeichelnder Worte gewonnen hat, sondern die rühmliche Verwandtschaft geistiger Verbundenheit durch die Kette unverwelklicher Liebe angeschlossen hat, entbietet Wynfreht (das ist der eigentliche angelsächsische Name des Bonifatius) flehend den Gruß ewigen Heils in Christus Jesus (epist. 9).[4]

Im lateinischen Original umfasst der Gruß exakt 40 Wörter statt der zwei der plinianischen Trajansbriefe, und das, obwohl sich der 716/717 noch in England geschriebene Brief an einen jungen Klosterschüler des Autors richtet, der zum Studium der Wissenschaften aufgemuntert und vor sinnlichen Genüssen gewarnt werden sollte. Aber das war noch überbietbar: Nr. 98 des Corpus ist ein Brief des ebenfalls aus England stammenden Nachfolgers von Bonifatius, des späteren Erzbischofs von Mainz, Lullus.[5] Darin wendet er sich um das Jahr 738 – so die Datierung in der in Anm. 2 zitierten Ausgabe von Michael Tangl aus dem Jahr 1916 – an eine Äbtissin und eine

---

[3] Briefe des Bonifatius. Willibalds Leben des Bonifatius nebst einigen zeitgenössischen Dokumenten. Unter Benützung der Übersetzungen von M. Tangl und Ph. H. Külb neu bearbeitet von Reinhold Rau. Darmstadt 1968. Der Ausgabe dieser Bonifatiusbriefe liegt folgende kritische Edition zu Grunde: Tangl, Michael (Hrsg.): Die Briefe des heiligen Bonifatius und Lullus (‚Epistolae selectae in usum scholarum ex Monumentis Germaniae Historicis separatim editae'). Berlin 1916. Aus ihr wird im Folgenden zitiert. – Hier eine Auswahl aus der Sekundärliteratur zu den Bonifazbriefen: McGuire, B. P.: Friendship and Community: The Monastic Experience, 350-1250 (Cistercian Studies 95). Kalamazoo 1988; Classen, Albrecht: Frauenbriefe an Bonifatius. Frühmittelalterliche Literaturdenkmäler aus literarhistorischer Sicht, in: Archiv für Kulturgeschichte 72 (1992), S. 251-273; Vitrone, Francesca: L'epistolario di S. Bonifacio, in: Aspetti e problemi del suo utilizzo come fonte storica. Romanobarbarica 12 (1992/93), S. 123-152; McKitterick, Rosamond: Anglo-Saxon Missionaries in Germany: Personal Connections and Local Influences (Vaughan Papers 36). Leicester 1991 (Neudruck in: The Frankish Kings and Culture in the Early Middle Ages [Collected Studies Series 477]. Aldeshot 1995, S. 1-40); Urbahn, Hanna: Ich umfasse dich mit höchster Liebe. Der heilige Bonifatius und seine spirituellen Schwestern, in: Gabriela Signori (Hrsg.): „Meine in Gott geliebte Freundin". Freundschaftsdokumente aus klösterlichen und humanistischen Schreibstuben (Religion in der Geschichte. Kirche, Kultur und Gesellschaft 4). Bielefeld ²1998, S. 41-49; Cünnen, Janina: Fiktionale Nonnenwelten. Angelsächsische Frauenbriefe des 8. und 9. Jahrhunderts (Anglistische Forschungen 287). Heidelberg 2000; Pabst, Bernhard: Die Rolle von Frauen in literarischen Freundeskreisen des Mittelalters, in: Boris Körkel/ Tino Licht/ Jolante Wiendlocha (Hrsg.): *Mentis amore ligati*. Lateinische Freundschaftsdichtung und Dichterfreundschaft in Mittelalter und Neuzeit (Festschrift Reinhard Düchting). Heidelberg 2001, S. 327-362.

[4] Hier der lateinische Text: *Carissimo sodali et amico dilectissimo, quem mihi non temporalis caducum auri munus nec mellitate per blandimenta adulantium verborum facetiae urbanitas adscivit, sed spiritalis necessitudinis famosa adfinitas inmarcescibilis catena caritatis nuper copulavit, Nithardo Uuynfredus supplex in Christo Iesu perpetuae sospitatis salutem.*

[5] Über Lul s. Lohr, Charles H.: Lul: in: Lexikon des Mittelalters. Bd. 6 (1993), Sp. 1f.

Nonne in England und berichtet über seinen Romaufenthalt, seine Erkrankung in der Stadt und seine Unterweisung durch Bonifaz. Allerdings kann der Name des Schreibers nur aus dem Inhalt erschlossen werden, denn in dem gigantischen Gruß ist in der handschriftlichen Überlieferung anstelle eines konkreten Namens nur .N. angegeben. Der Name kann also eingesetzt werden, womit der Gruß den Wert eines Musters erhält. Doch darüber später, hier zunächst der Text:

> An die Jungfrau N., ausgezeichnet durch die strahlende Reinheit blühender Jungfräulichkeit und vom Himmel her benetzt von honigsüßem Strom des Flusses aus der Höhe, adelig nicht allein durch ihre hohe Abkunft dem Fleische nach, sondern auch, was noch vortrefflicher ist, durch die Zier geistiger Würde hervorragend geschmückt, Leiterin derer, die als Christinnen das leichte Joch Gottes tragen,[6] und die unermüdlich einen Maßstab klösterlicher Lebensform abgibt für jene Herde, die ihr auf Grund unverfälschter Satzungen der Vorväter anvertraut ist, aber auch an die in prächtiger Jugend stehende Dame .N., im weißen Kleid ihrer Unversehrtheit makellos und gleichermaßen geschmückt, von der weithin strömenden Woge lebendigen, stets reichlich fließenden Himmelswassers getränkt, nicht bloß durch äußeren Eifer für die Wissenschaften erleuchtet, sondern auch durch das innere Licht theologischer Kenntnis, entbietet .N., der ohne die Stütze vorangehender Verdienste die Fülle eines geistlichen Amtes ausübt, in dem Eckstein, nämlich Christus,[7] das ersehnte Heil.[8]

Die Grußformel für zwei Adressatinnen erstreckt sich im Lateinischen über 99 Wörter. Zum Vergleich: Der Gruß Gabriels an Maria bei Lk 1, 28 besteht in der Vulgataübersetzung gerade aus zehn Wörtern. Ähnlich, aber bei weitem weniger aufwändig, verhält es sich bei den Abschiedsformeln bzw. den Briefschlüssen. Am bemerkenswertesten scheint hier die Tatsache, dass nicht selten das formelhafte *vale* einem kürzeren oder längeren Gedicht vorangeht oder in ein solches integriert ist. Als Beispiel diene wieder der 9. Brief des Bonifatius an Nithard: Auf die abschließende Versicherung des Briefschreibers, dem fernen Jüngling stets ein treuer Freund und, im Fall einer Rückkehr, ein hilfreicher Lehrer bei der Lektüre der Bibel zu sein, folgen 30 rhythmische Achtsilbler, die Nachfolger der ambrosianischen Jamben, eine moderne Form, denkt man an den im gleichen Rhythmus und ebenfalls ohne Rücksicht auf die Wortakzente verfassten so genannten *Altus prosator*, der dem irischen Klostergründer Columcille aus der 2. Hälfte

---

[6] Cf. Matth. 11, 30.
[7] Cf. Eph. 2, 20.
[8] Übersetzung von Kurt Smolak. – Hier der lateinische Text: *Splendida virginitatis castimonia florentis prediatae lymphaque superni laticis melliflua caelitus inrigate nobili non solum carnali generositatis prosapia virgini, verum etiam, quod prestantius est, spiritali dignitatis honore insigniter comptae christicolarum leve iugum Dei gestantium gubernatrici et monastice conversationis normam regulariter authenticis priscorum patrum formulis commisso sibi gregi indefesse prebenti .N. nec non inclitae pubertatis indoli candido integritatis vestimento incorrupte adeque decorate caelestique gurgitis unda late manantis vivi et semper habundantis potate non solum exteriore litterarum studio, verum etiam interiore divinae scientiae luce inlustrate .N. absque precedente meritorum amminiculo spiritalis officii munificentia fungens in angulari lapide Christo videlicet optabilem salutem.*

des 6. Jahrhunderts zugeschrieben wird.⁹ Die Verse des Bonifaz beginnen mit *vale, frater*, und nehmen die Metapher der Jugendblüte des Adressaten als Ausgangsbasis, diesen auf die ewige Blüte dereinst im Paradies hinzuweisen, die aber nur zu erreichen sei, wenn man die Ansteckung durch die Materie des untersten Teiles des Kosmos meidet, das heißt mönchische Askese übt; das Gedicht geht also in moralische Paränese über: Das gesungene Lob Christi, traditionellerweise nach monastischem Selbstverständnis ohnehin das Zentrum dieser Existenzform, wird als anzustrebendes Lebensziel, *finis vitae*, im zweifachen Sinn dieses Wortes: Ziel und Ende, am Schluss des Gedichtes, *finis carminis*, erwähnt; der Lobgesang soll vom Adressaten im Jenseits im Chor aller Heiligen außerhalb der Zeitlichkeit fortgesetzt werden:

> Lebe wohl, Bruder, in den Kräften der Jugendblüte! Dass du beim Herrn blühen mögest, auf ewigem Thron, wo die Märtyrer in ätherischer Schar den König besingen und die Propheten in das Loblied der Apostel einstimmen, wo der König der Könige in alle Ewigkeit seine Bürger reich beschenkt! Dort sollst du als Abbild der Cherubim und Seraphin erscheinen, du, Nithard, geboren als Sohn der Apostel und Propheten, verachte nun zu deinem Heil pechschwarze Berührung mit dem untersten Teil des Alls, die nur Höllenstrafen bringt, und strebe danach, die erhabenen Heerscharen über dem Äther zu erforschen, die stets den wahren Gott mit Engelsgesängen verherrlichen, damit du an höchstem Ort in Freuden zusammen mit ihnen erstrahlst, lichtvoll den goldenen Lohn des hohen Königtums erlangst und in harmonischem Lobpreis Christi Ruhmestaten kündest.¹⁰

Diese Sitte wurde auch von den Korrespondenten des Bonifaz nachgeahmt. Seine Verwandte Leobgyth, genannt Lioba, die spätere Äbtissin von Tauberbischofsheim, beschließt ihr an ihn gerichtetes Schreiben um Gebetshilfe für ihre Eltern (epist. 29¹¹), das sie mit einer ziemlich individuell gestalteten Grußformel begonnen hat, mit hochstilisierten Lobesformeln für Bonifazens geistige Größe bei affektiert bescheidener Betonung der eigenen Inferiorität mit einem kurzen Gedicht von vier metrischen, also antikisierenden Hexametern. Diese Art zu dichten habe sie bei ihrer Lehrerin Eadburg¹²

---

9   Columcille (Columba Hiiensis?): Altus prosator, hrsg. v. Clemens Blume (Analecta Hymnica Medii Aevi 51). Leipzig 1908, S. 275-283.

10 Übersetzung von Kurt Smolak. Hier der lateinische Text (die Anfangsbuchstaben in Fettdruck markieren das Akrostichon des Adressatennamens): *Vale, frater, florentibus / Iuventutis cum viribus, / Ut floreas cum Domino / In sempiteno solio, / Qua martyres in cuneo / Regem canunt aethereo, / Prophetae apostolicis / Consonabunt et laudibus, / Qua rex regum perpetuo / Cives ditat in saeculo, / Iconisma sic Cherubin, / Ut et gestes cum Seraphim / Apostolorum editus / Et prophetarum filius / **N**itharde, nunc nigerrima / **I**mi cosmi contagia / **T**emne fauste, Tartarea / **H**aec contrahunt supplicia, / **A**ltaque super aethera / **R**imari petens agmina, / **D**eum quae semper canticis / Verum comunt angelicis, / Summa sede ut gaudeas, / Unaque simul fulgeas, / Excelsi regni praemia / Lucidus captes aurea / Inque throno aethereo / Christum laudes preconio.*

11 Über diesen Brief s. Classen [Anm. 3] S. 266-268; Urbahn [Anm. 3] S. 48f; Pabst [Anm. 3] S. 348; Cünnen [Anm. 3] S. 115. Allgemeine Literatur zur Rolle der Frauen im Bonifatiuskreis: ebd., S. 105-130; Hen, Yitzhak: *Milites Christi utriusque sexus*. Gender and the Politics of Conversion in the Circle of Boniface, in: Revue Bénédictine 109 (1999), S. 17-31.

12 Zu ihr s. Classen [Anm. 3] S. 264.

gelernt. In Parenthese gesagt, ist meines Erachtens die Überlieferung des Gedichtes korrupt.[13] Inhalt der Verse ist wie in epist. 10 der Wunsch, dass der Empfänger die ewige Seligkeit erlange, also ein spiritualisiertes *vale*, das nicht mehr allein die Gesundheit des Leibes meint. Diese Funktion der Verse ist durch einen unmittelbar vorangehenden Satz in durch Alliteration geschmückter Prosa verdeutlicht, der mit *vale* beginnt und mit den Wünschen *vivens aevo longiore, vita feliciore, interpellans pro me*[14] fortgesetzt wird.

Fragt man nach den literarhistorischen Voraussetzungen für diese Aufblähung des epistolographischen Gruß- und Abschiedsformulars, in dem Menschen- und Gottesliebe, Freundschaft, Panegyrik und gesellschaftliche Ränge in häufig geschraubter, nach Originalität strebender, aber dennoch auch formelhafter Sprache dominieren, so bietet das neutestamentliche Briefcorpus, im Besonderen die paulinischen Briefe, das sprachliche und konzeptionelle Fundament.[15] Gleich im ersten Brief, jenem an die Gemeinde in Rom, umfasst die Grußadresse des Paulus in der Hieronymusvulgata 90 Wörter. Sie enthält Angaben zur Person des Schreibers in seiner apostolischen Funktion, eine knappe Christologie und Soteriologie sowie die Charakteristik der Empfänger als von Christus Berufene und von Gott Geliebte, *dilecti* – also ein Gefühlselement; ihnen wird Gnade und Frieden im umfassenden Sinn von *schalom* von Gott und Christus her gewünscht. Hier also ist der Wunsch nach Gesundheit, *salus*, gemäß paulinischer Theologie spiritualisiert. In diesem Zusammenhang ist anzumerken, dass eine

---

[13] Hier zunächst die überlieferte Form: *Arbiter omnipotens, solus qui cuncta creavit, / In regno patris semper qui lumine fulget, / Qua iugiter flagrans sic regnet gloria Christi, / Inlesum servet semper te iure perenni.* Syntax und Kontext von Vers 3 sind unklar: Mit dem „allmächtigen Herrscher (dies ist hier die Bedeutung von *arbiter*, vgl. Ps.-Hilarius: De martyrio Maccabaeorum 248 beziehungsweise, nach anderer Zählung, 245; die Formulierung Liobas könnte von Stellen wie Verg. Aen. 6, 592 beeinflusst sein: *at pater omnipotens*), der allein alles geschaffen hat" kann nur Gott(vater) gemeint sein (wie in der Credo-Formel *deus omnipotens*). Dieser möge „dort, wo die andauernd glühende Herrlichkeit Christi wahrhaftig (bekräftigendes *sic* wie in Beteuerungsformeln) herrschen möge (das trifft nach mittelalterlicher Auffassung von der Stellvertreterfunktion weltlicher Herrscher auch für das Diesseits zu), der im Reich des Vaters immer im Licht erstrahlt (wohl in Anlehnung an Hebr. 1, 3) den Adressaten nach ewigem Recht stets unversehrt bewahren". *Inlesum* lässt sich eher im Zusammenhang mit dem Diesseits vestehen, *iure perenni* deutet auf die Fortsetzung des Lebens im Jenseits. Die Nennung von Gott(vater) und Christus in der Gruß- oder Abschiedsformel wurzelt in paulinischer Tradition (s. u.). Für eine Umreihung der Verse 2 und 3 spricht die Tatsache, dass epist. 140 im ersten der zwei abschließenden Gedichte aus den Versen der Lioba in einer Art zitiert wird, die die hier vorgeschlagene Abfolge der Verse nahe legt.

[14] Die Interpunktion der Editionen (Komma nach *feliciore*) dürfte irreführend sein; das so entstehende Trikolon wäre nicht schulmäßig ausgewogen. Vielmehr sollte nur nach *longiore* (Wunsch für ein recht langes Leben im Diesseits) interpungiert werden; das ergäbe einen eleganten Chiasmus mit rahmenden Partizipien, denen jeweils zwei Silben vorgeschaltet sind: *vale* beziehungsweise *pro me*.

[15] Zu der Anteilhabe der paulinischen Briefe an der antiken Tradition s. Thraede [Anm. 3] S.105-130.

Hebung der *Valenz* des Grußes gegenüber dem gewohnten Bedeutungsfeld für Personen lateinischer Sprache um einiges auffälliger gewesen sein muss als für griechisch Sprechende; denn im Griechischen, der Muttersprache des Paulus, wird am Briefbeginn mit dem alltäglichen Grußwort χαίρειν ja nicht Gesundheit, sondern Freude, also ein positiver Seelenzustand, gewünscht. Ob dem Apostel allerdings bewusst war, dass das von ihm in seinen Grußformeln konsequent verwendete griechische Wort für Gnade, χάρις, etymologisch mit χαίρειν verwandt ist, muss in Schwebe bleiben. Jedenfalls ist es das paulinische Corpus, das auch innerhalb des Formulars sprachlich variiert: So erscheint z. B. die Normalform „Paulus, Apostel Jesu Christi durch den Willen Gottes", wie sie der zweite Korintherbrief (2 Kor 1, 1) aufweist, im Galaterbrief ausgeweitet zu: „Paulus, der Apostel nicht von Menschen noch durch einen Menschen, sondern durch Jesus Christus und Gottvater, der ihn von den Toten erweckt hat" (Gal 1, 1). In die Ausweitung ist überdies eine christologische Aussage eingebaut. Die Grußformeln in den paulinischen Privatbriefen enthalten zusätzlich zu den theologischen Aussagen eine Angabe der Gefühlsbeziehung zwischen dem Absender und dem Empfänger, etwa im Titusbrief:

> Paulus, Knecht Gottes und Apostel Jesu Christi, berufen, um die Auserwählten Gottes zum Glauben und zur Erkenntnis der wahren Gottesverehrung zu führen, in der Hoffnung auf das ewige Leben, das der wahrhaftige Gott schon vor ewigen Zeiten verheißen hat, der jetzt aber zur vorherbestimmten Zeit sein Wort offenbart in der Verkündigung, die dem Schreiber durch den Auftrag Gottes, unseres Retters, anvertraut ist, entbietet Gnade und Friede von Gott, dem Vater, und Christus Jesus, unserem Retter (Tit 1, 1-4).[16]

Ähnliche Grußformeln finden sich auch in den so genannten katholischen Briefen des neutestamentlichen Kanons.[17] Es ist verwunderlich, dass dieser apostolische Grußstil kein entsprechendes Pendant in den Abschiedsformeln entwickelt hat; diese sind nämlich, falls überhaupt vorhanden, viel knapper, bestehen meist nur aus einem kurzen Segenswunsch vom Typ „Gottes Gnade sei mit euch allen". Nichtsdestoweniger ist der Briefschluss auch der Platz für Gefühlsäußerungen, wie in dem eben zitierten Titusbrief, in dem es heißt: „Alle, die bei mir sind, grüßen dich; grüße du die, die mich lieben im Glauben" (Tit 3, 15).

In der reichen epistolographischen Tradition der Kirchenväter hat dieses im neutestamentlichen Briefcorpus vorgegebene Formelgut beziehungsweise die diesem zu Grunde liegende Haltung gegenüber den oder dem Adressaten – Adressatinnen gibt es nicht – weniger deutliche Spuren hinterlassen, als anzunehmen wäre. Es ist schon eine Ausnahme, wenn Augustinus in einem Brief an Hieronymus folgende gespreizte Grußformel verwendet: „An den hochgeschätzten Herrn und in der Pflege reinster Zuneigung zu hegenden und zu umarmenden Bruder und Priesterkollegen Hieronymus von

---

[16] Vom Verfasser leicht modifizierte Einheitsübersetzung.
[17] Z. B. Iac. 1, 1; Iud. 1, 1.

Augustinus."[18] Bedenkt man das eher gespannte Verhältnis zwischen den beiden Kirchenvätern und den leicht reizbaren Charakter des Hieronymus, so kann man diesen Gruß nur als einen Versuch verstehen, die Gemütsverfassung des Adressaten positiv zu beeinflussen, keinesfalls aber als Ausdruck freundschaftlicher Verbundenheit. Für diese Deutung spricht auch die schon eingangs erwähnte ausgesuchte Höflichkeit, den eigenen Namen an das Ende des Grußes zu stellen. Bei den Abschiedsworten pflegt sich Augustinus nach einer etwaigen kurzen Gebetsbitte wie Plinius auf ein bloßes *vale* zu beschränken, anders als sein geistiger Lehrer Ambrosius, der Abschiedsformeln wie „lebe wohl (*vale*), mein Sohn, und behalte mich lieb, weil auch ich dich liebe" (epist. 8, 59) gebraucht. Hier ist eine gewisse Nähe zum Ende des Titusbriefes unverkennbar. Inhaltliche Bezüge zu paulinischer Epistolographie weist auch ein poetisches Brieffragment des spanischen Bischofs Agrestius auf, der im fünften Jahrhundert sein Glaubensbekenntnis in Form einer Lehrepistel als Nachweis seiner Orthodoxie an Avitus von Braga richtete und in die Grußpartie, in der er zum Zweck eines Kompliments sein Verhältnis zum Adressaten als das eines Schülers zu seinem Lehrer definiert, wie Paulus einen soteriologischen Heilswunsch einbaut, indem er das alte Grußwort *salus* mit dem Attribut „ewig", *aeterna*, versieht und die Formel *in Christo*, erweitert um die Apposition *mundi creatore* hinzufügt, den Begriff also spiritualisiert.[19] Den allenthalben bemerkbaren, im Vergleich zu ihren biblischen Bezugstexten aber dezenten Grußformeln paulinischen Stils steht die pagane Epistolographie der Spätantike gegenüber, die erstaunlicherweise ohne jegliche Höflichkeit auskommt.[20]

Die nächste, entscheidende Stufe auf dem Weg zum Formelgut der Briefe des Bonifatiuscorpus stellen aber nicht die Episteln der Kirchenväter dar, sondern der mächtige stilistische Einfluss der zeitlich, räumlich und kulturell näher stehenden Persönlichkeit Aldhelms von Malmesbury (beziehungsweise, als Bischof, von Sherborne), des 709 verstorbenen Begründers der lateinischen Literatur der Angelsachsen. Bekanntlich zeichnet sich Aldhelms Latein durch sprachlichen Bombast aus, wie er mitunter in spätantiker Kunstprosa, etwa bei Ennodius von Pavia, zu Tage tritt; in der Hauptsache aber ist er das Ergebnis der hibernolateinischen Tradition, der Aldhelm als Schüler des Iren Maildub ja entstammt, in Verbindung mit minutiösen Studien spätantiker lateinischer Grammatiker und dem Streben nach Prunk, wie es in den Teppichseiten insu-

---

[18] Epist. 40: *Domino dilectissimo et culto sincerissimo caritatis observando atque amplectendo fratri et conpresbytero Hieronymo Augustinus.*

[19] Agrestius: De fide 1-3, in: Kurt Smolak (Hrsg.): Das Gedicht des Bischofs Agrestius. Eine theologische Lehrepistel aus der Spätantike (Sb Wien, phil.-hist. Kl. 284, 2). Wien 1973.

[20] So begnügt sich in der zweiten Hälfte des 4. Jh. der konservativ-pagane Stadtpräfekt Roms, Symmachus, der in seinen mitunter sehr kurzen Billets für gewöhnlich die knappste Grußformel wählt (z B. epist. 1, 13: *Symmachus Ausonio*), in einigen Briefen an seinen Vater mit der Spitzenstellung des Adressatennamens – epist. 1, 1; 1, 10-12: *Patri Symmachus* – , dagegen 1, 6-9: *Symmachus patri*. Bemerkenswert im Zusammenhang mit dem Briefcorpus des Bonifatius ist der Einbau eines Gedichtes in epist. 1, 8. Ähnlich affektlos sind auch die Grußformeln bei dem Galloromanen Sidonius Apollinaris etwa hundert Jahre später.

larer Handschriften des Frühmittelalters in vergleichbarer Weise kenntlich wird.[21] Das nicht sehr umfangreiche Corpus der Briefe Aldhelms bietet eine Reihe manieristischer Grußformeln, die sich durch Überbetonung der eigenen Niedrigkeit im Sinne eines monastischen Demutsideals und mitunter durch gewähltes Vokabular, ein hibernolateinisches Erbe, auszeichnen. Schon der erste Brief hebt folgendermaßen an (Übersetzung von Kurt Smolak):

> Dem ehrwürdigsten Herrn, dem mit aller Kraftanstrengung zu verehrenden, und dem gleich nach Gott besonderen Schützer Leutherius,[22] entbietet Aldhelm, der unterwürfige Hausdiener Eurer Milde, im Herrn den Heilswunsch.[23]

Wie in dem aus Augustinus zitierten Beispiel wendet Aldhelm die höflichste Wortstellung an, indem er den Adressaten an die erste Stelle setzt, er geht aber weit über Augustinus hinaus, wenn er einerseits Leutherius gleich hinter Gott reiht, sich selbst aber an die unterste Sprosse der sozialen Hierarchie setzt. Auch dieses Vorgehen ist nicht Ausdruck von Freundschaft. Dass diese Geste aber etwas von einem ein wenig koketten Spiel an sich hat, geht meines Erachtens aus der Art hervor, wie die vom Stil Aldhelms beeinflussten Briefpartner reagieren. Der spätere König von Mercien etwa, Aethilwold, ein Mann der höchsten Schicht also, schreibt in epist. II (7):

> Dem hochheiligen Abt Aldhelm, der mir mit unentwirrbaren Knoten glühender Zuneigung, wie es seine Verdienste erfordern, verbunden ist, entbietet Aethilwold, der unterwürfige Zögling deiner väterlichen Liebe, ewigen Heilswunsch im Herrn der Errettung.[24]

Einmal mehr wird das Attribut „unterwürfig, bittflehend", *supplex*, gebraucht und die ewige Seligkeit als Gruß entboten. Die Metapher der unentwirrbaren Knoten scheint eine sprachliche Kreation Aethilwolds[25] zu sein, der im Rahmen des Lehrer-Schüler-Verhältnisses, dessen Präsenz in der Grußformel bereits in dem Agrestiusfragment auffiel, seine sprachliche Gewandtheit und Originalität vorführen wollte. Diesem Bestreben ist wohl auch die Erweiterung der traditionellen Formel *in Domino* zu *in*

---

[21] Zur Sprache Aldhelms s. den instruktiven Artikel von Michael Winterbottom: Aldhelm's Prose Style and its Origins, in: Anglo-Saxon England 6 (1977), S. 39-76; zum Einfluss Aldhelms auf die Sprache des Bonifatiuskreises vgl. die kurze diesbezügliche Bemerkung von McKitterick [Anm. 3], S. 16.

[22] Hier der lateinische Text: *Domino reverendissimo omnique virtutum conamine venerando et post deum peculiari patrono <Leutherio Aldhelmus> supplex almitatis vestrae bernaculus in Domino salutem.* Die Eigennamen wurden vom Herausgeber an dieser Stelle ergänzt.

[23] Ewald, Rudolf (Hrsg.): Aldhelmi Opera (MGH auct. ant. 15). Berlin 1919 (Neudruck München 1984); die Briefe finden sich S. 473-503.

[24] Übersetzung von Kurt Smolak. Hier der lateinische Text: *Sacrosancto abbati Aldhelmo mihi inextricabilibus caritatis nodis, ut merita poscunt, adstricto Aedilwaldus tuae piae paternitatis supplex alumnus perpetuam in Domino sospitatis salutem.*

[25] Vielleicht eine Kontrastimitation zu jener Klassikerstelle, an der im Frühmittelalter der Lateinlernende das Adjektiv *inextricabilis* kennenlernte, nämlich Vergil, Aeneis 6, 27, wo es als Attribut zu *error*, ‚Irrweg', zur Charakterisierung des kretischen Labyrinths erscheint.

Domino sospitatis zuzurechnen, die Egburg in ihrem Brief an Bonifaz aufgriff (epist. 13). Schließlich war es auch Aldhelm, der es unternahm, eine Epistel mit einem kürzeren Gedicht zu schließen. Dies tut er in urban-witziger Weise in seinem 5. Brief, worin er das Gedicht mit dem letzten Prosasatz zu einem konditionalen Gefüge syntaktisch vereinigt.[26]

An diese von dem Archegeten angelsächsischer Latinität geschaffenen literarischen Gegebenheiten konnte, ja musste der Lehrer Wynfreth/ Bonifatius in seinen Briefen anschließen. Was etliche von diesen aber von der bisher vorgeführten epistolographischen Tradition offenkundig unterscheidet – von der deutlichen Reduktion des Aldhelmischen Bombasts abgesehen – ist die Betonung freundschaftlicher Verbundenheit, die sich auch in den Gruß- und den Schlussformeln an der quantitativen Zunahme entsprechender Begriffe ablesen lässt. Dazu kommt die bekanntermaßen wichtige Rolle, die literarisch tätige Frauen als Briefpartnerinnen des Bonifatius spielten. Mehrfach wurde über diesen Zirkel geistiger Freundschaft unter Personen auf der Höhe der Bildung der Zeit gehandelt,[27] aber es war erst die im Jahr 2000 publizierte anglistische, unter Mithilfe der mittellateinischen Philologie in Freiburg i. Breisgau entstandene, bereits in Anm. 3 zitierte Dissertation von Janina CÜNNEN, die erkannte, dass es sich bei den Briefen des gesamten Corpus um Kunstbriefe und daher um mehr oder weniger gelungene Kleinkunstwerke handelt, im Sinne einer letztlich antiken Tradition, für die die Demonstration der Beherrschung literarischer Formen ein wesentliches Anliegen darstellt, wie allein eingestreute griechische Wörter und Wortgruppen, etwa ἀπὸ τῶν γραμμάτων in Brief 9, sowie Zitate aus römischen Klassikern, aber auch insular-lateinischer Literatur hinlänglich zeigen. In Epistel 29, dem bereits erwähnten Schreiben der Leobgyth an Bonifatius, gebraucht die Autorin, was bisher noch nicht beobachtet wurde, eine Formulierung, die sich auffallend ähnlich in einem so genannten Panzerlied findet, das Gottes Schutz gewähren soll, dem *Sancte*

---

[26] Hier der lateinische Text: *Si vero quippiam ... frontose convincitur pagina prompsisse, ut versidicus* (sc. Virgilius Maro Grammaticus, epist. 2, S. 24, 1 Löfstedt = S. 206, 11 Polara) *ait, Digna fiat fante Glingio: gurgo fugax fambulo. Neu timeat scriptor terrentis ludicra linguae! / Sic semper cupiunt scriptorum carpere cartas, / Ut caper hirsutus rodet cum dente racemos; / Nec tamen emendant titubantis gramma poetae.* – „Wenn aber der Text nachweislich etwas in dreister Weise vorgebracht hat, dann soll er, wie ein Versmacher sagt, als flüchtiger Vielredner nach dem Ausspruch des Glingius so viel wert sein wie ein Stotterer, und nicht soll der Autor das Spötteln einer Schrecken einflößenden Zunge fürchten! Die Leute wünschen immer, die Werke der Schriftsteller zu zerpflücken, so wie ein zottiger Bock mit seinem Zahn an den Weinbeeren knabbern wird; aber dennoch verbessern sie nicht die Schrift eines unsicher schwankenden Dichters." (Übersetzung von Kurt Smolak).

[27] S. Anm. 34; s. Deug-Su, I (†): *Ut merear te in fratris locum accipere:* un appello di fratellanza di Lioba a Bonifacio Vinfrido, in: Bihrer, Andreas/ Stein, Elisabeth (Hrsg.): *Nova de veteribus*. Mittel- und neulateinische Studien für Paul Gerhard Schmidt. München/ Leipzig 2004, S. 112-131.

*sator*²⁸. Vielleicht beziehen sich beide Texte auf eine gemeinsame Quelle oder das Gebet geht nicht, wie üblicherweise angenommen, auf Bischof Athilwald von Winchester aus dem 9. Jh. zurück, sondern auf den gleichnamigen, bereis erwähnten König von Mercien und Aldhelmschüler. In einer an zwei Stellen vorgetragenen Freundschaftsdefinition werden hinwiederum ein Element aus dem Buch Jesus Sirach (25, 12) und eine fast wörtliche Übernahme aus Ciceros De amicitia 22, 13 zusammengearbeitet.²⁹ Das zweimalige Auftauchen dieses Satzes lehrt des Weiteren, dass bestimmte Wendungen formelhaft geworden waren, außerhalb oder innerhalb des Corpus. So hat es den Anschein, dass Bonifaz, wenn er in seinem auf 747 zu datierenden Brief 78 die eben erwähnte Zitatenkombination gebrauchte, auf den zwischen 719 und 722 geschriebenen Brief der Eadbyth Bezug nimmt. Während diese die Freundesdefinition nur mit „wie man sagt" einführt, zitiert der etwas pedantische ehemalige Schullehrer genau das biblische Buch, dem der erste Teil der Sentenz entnommen ist, nämlich den für ein Werk Salomons gehaltenen Ecclesiasticus: *Scriptum enim est in libro Salomonis etc.*

Die Erkenntnis der Bezogenheit späterer Briefe auf frühere kann den rein literarischen Charakter so mancher Stücke, die anscheinend die Funktion von Musterbriefen mit entsprechendem Formular hatten, deutlich machen und für Historiker eine Warnung vor litteralem Verständnis im Sinne einer Faktengeschichte abgeben. Dies sei am Beispiel von epist. 140 illustriert: Lange Zeit schwankten Editoren und Interpreten, ob dieser Freundschaftsbrief, der als Schreiber beziehungsweise Adressatin – die Geschlechter ergeben sich aus dem Text – nur jeweils .N. angibt, wie der erste Brief Aldhelms, von Bonifatius – so zuletzt wieder Albrecht CLASSEN³⁰ – oder von dessen Schüler und Nachfolger, dem bereits erwähnten Angelsachsen und Erzbischof von Mainz, Lullus, genannt Lytel, stammt. Nun ziehe man aber zwei Fakten in Betracht: 1. Der Text ist so gut wie inhaltslos – er thematisiert in gelehrter Weise, aber mitunter fehlerhafter Sprache das Weltende mit einer sehr versteckten Aufforderung zu einer Gebetshilfe, ein häufiges Anliegen in dem Briefcorpus, das hier aber in keinem Verhältnis zum sprachlichen Aufwand der Umgebung steht; 2. trotz chronologischer

---

²⁸ Blume, Clemens (Hrsg.): Analecta Hymnica Medii Aevi 51. Leipzig 1908, S. 299f.; hier die beiden Texte zum Vergleich: *ut t u a r u m orationum p e l t a muniar contra h o s t i s occulti v e n e n a t a i a c u l a* (Leobgyth) – *Et piacla, d i r a i a c l a, / Trude taetra tua cetra ... Pater, p a r m a procul arma / Arce h o s t i s* (Hymnus *Sancte sator* 12f.; 19f.).

²⁹ Der Satz lautet epist.78 (Bonifatius an Erzbischof Cudberht von Canterbury): *Beatus homo qui invenit amicum* (= Sir. 25, 12), *cum quo possit loqui quasi cum semet ipso* (vgl. Cic.: De amicitia *22, 13: quicum audeas sic loqui ut tecum*). Dazu s. McGuire [Anm. 3], S. 115 (Fehlzitat: 79 statt 78), der mit Recht eine direkte Abhängigkeit von dem römischen Autor in Frage stellt. Zu dem Satz vgl. epist. 14 (S. 24, 16f, Tangl; Brief der Äbtissin Eangyth an Bonifatius): *Quid dulcius est, quam habeas illum, cum quo omnia possis loqui ut tecum?* Rau ([Anm. 3], S. 56) bemerkt dazu: „Quelle unbekannt". Doch handelt es sich offenkundig um eine bereits sprichwörtlich gewordene Phrase; darauf deutet der Zusatz *ut dicitur* im Brief der Eangyth.

³⁰ Classen [Anm. 3], S. 279, mit weiterer Literatur in Anm. 1.

Probleme im Fall einer faktenhistorischen Deutung geriert sich der Brief als Erwiderungsschreiben auf den schon mehrfach angesprochenen Brief Liobas, Nr. 29, in dem diese ausführlich und mit Angabe von Gründen um die Gebetshilfe ihres Verwandten, Bonifaz, bittet. An die Stelle von Liobas schwieriger Situation wegen ihrer kränkelnden Mutter und des schon acht Jahre zurückliegenden Todes ihres Vaters ist hier in gewaltiger inhaltlicher Ausweitung das Weltende gesetzt, sprachliche Ähnlichkeiten mit jenem Brief sind vorhanden, so die wörtliche Übernahme der Verabschiedungsformel (*vale, vivens vita longiore etc.*[31]), die von der Briefschreiberin erwünschte Verbrüderung ist hier als jüngst geschehenes Ereignis freudig zur Kenntnis genommen und das Schlussgedicht von epist. 29, das wörtliche Anklänge enthält,[32] ist von vier auf zwölf Hexameter ausgeweitet; überdies ist ein weiteres, rhythmisches Gedicht in der Form von Bonifazens schon erwähntem Schlussgedicht von epist. 9 hinzugefügt. Was aber besonders auffällig ist: Der Brief enthält drei Abschiedsformeln: einmal die erwähnte wörtliche Übernahme aus epist. 29, dann nach einem Postskriptum mit der *brevitas*-Formel ein bloßes *vale* wie in klassischen Briefen, und schließlich beginnt das rhythmische Gedicht mit den Worten *vale Christo*[33] *virguncula*. Das kann sinnvoller Weise nur als Musterbrief mit verschiedenen Vorschlägen für die Abschiedswendung verstanden werden, zwei prosaische und eine poetische. Der Autor, der sich sprachliche Schnitzer leistet, bediente sich reichlich des Materials aus den Episteln zweier Frauen, Egburg und Lioba, an Bonifaz, nämlich epist. 13[34] und epist. 29. Man sollte sich also hüten, ihn unter Zuhilfenahme faktenhistorischer Deutungsmuster als Ausdruck der freundschaftlichen Gefühle des Bonifatius für Leobgyth oder Lulls für eine nicht genannte junge Nonne zu interpretieren. Unter der Voraussetzung der weitgehend literarischen Funktion der Briefe des Corpus wird auch der in der Sekundärliteratur wiederholt zitierte Brief der Egburg, der Lehrerin der Leobgyth, an Bonifatius, die bereits als einer der Bezugstexte von epist. 140 erwähnte epist. 13, verständlich. In der Tat enthält besonders der Anfangsteil des Briefes auffällig viele Begriffe aus der erotographischen Literatur. Ihnen wird in der Regel ein klärendes Attribut hinzugefügt, z. B.:

---

[31] Vgl. die Überlegungen zur Struktur dieser Formel in Anm. 14.

[32] Hier der Text drei ersten Verse: *In caelo f l a g r a n s iam iustis vita perennis, / Q u a sancti semper f u l g e b u n t lumine pulchro / In regno p a t r i s, ceu clarus Titan in orbe*. S. dazu o. Anm. 13.

[33] Der bloße Ablativ *Christo* steht für das formelhafte *in Christo* und könnte einmal mehr als Reflex des Grammatikunterrichts verstanden werden, der ja die Dichterlektüre, hauptsächlich Vergils, zu Grunde legte. In der klassischen Dichtersprache konnte in bestimmten Fällen (besonders bei Ortsangaben) der bloße Ablativ anstelle der Präposition *in* mit Ablativ gesetzt werden.

[34] Der durch den Einschub der Beteuerungsformel unterbrochene Hexameter von epist. 13 (S. 19 Tangl, geschrieben zwischen 716 und 718): *crede mihi Deo teste, quia te summo conplector amore* („glaube mir, Gott ist mein Zeuge, dass ich Dich in höchster Liebe umarme") wird ohne den Einschub als Schlussvers (12) des ersten Gedichtes von epist. 140 übernommen. – Zu Brief 13 und Egburg s. Classen [Anm. 3], S. 272f.; McGuire [Anm. 3], S. 107f.; Urbahn [Anm. 3], S. 45f.; Pabst [Anm. 3], S. 350; Cünnen [Anm. 3], S. 114.

„Ich habe die Verbindung gekostet", *copulam gustavi*, allerdings eine *copula karitatis* und *per interiorem hominem*, nicht *amoris*, aber immerhin blieb „dieser Geschmack wie der von Honigsüße tief in meinem Inneren (wörtlich: ‚in meinen Eingeweiden') haften" (*quasi quidam mellitae dulcedinis meis visceribus hic sapor insidet*) – beide Begriffsfelder, „Honig" und „Eingeweide", finden sich in der römischen Literatur in erotographischem Kontext;[35] oder: „ich werde immer deinen Hals umfangen" (*semper amplexibus collum tuum constrinxero*), aber, wie gewissermaßen als Schutzbemerkung vorgeschaltet wird: „schwesterlich" (*sororis*). Die Briefschreiberin gibt an, bei Tag und bei Nacht an den fernen Freund zu denken, den sie in der Überschrift mit dem der allegorischen Bibelexegese entnommenen Attribut *verus*, „wahr", als ihren allegorisch zu verstehenden, das bedeutet: geistigen, Freund charakterisiert, den sie aber auch (grammatisch peinlich korrekt mit dem substantivierten Gerundiv) als ihren „Geliebten", *mi amande*, anredet[36] und den sie, wie es in dem schon in Anm. 34 zitierten Satz des Briefes heißt, „mit höchster Liebe umarmt" (*te summo complector amore*), obgleich sie ihn nicht mehr von Angesicht zu Angesicht sehen könne, den sie doch unter allen Männern am meisten (in christlichem Sinn) immer geliebt habe (*te poene ceteris omnibus masculini sexus caritatis amore preferebam*) und an den sie Tag und Nacht als ihren Lehrer denken müsse (*non volvitur dies neque nox elabitur ulla sine memoria magisterii tui*). All diese Gefühlsäußerungen lassen sich vor dem Hintergrund literarischer Interpretation erklären: Egburg will, vielleicht mit ein wenig Koketterie, dem angesehenen Lehrer Bonifaz beweisen, dass sie – auch – die Gattung des Liebesbriefes beherrscht, der in Antike, Mittelalter und Renaissance-Humanismus, etwa in einem Musterbrief des Erasmus von Rotterdam, viel weniger weit vom Freundschaftsbrief entfernt ist, als es heutigem Geschmack entspricht.[37] Überdies scheint gerade im

---

[35] S. dazu Pichon, René: Index verborum amatoriorum. Paris 1902 (Neudruck Hildesheim 1966), S. 190 (s. v. *mellitus*), S. 298 (s. v. *viscera*).

[36] Die Trennlinie zwischen Freundschaft und Liebe, über die Thraede [Anm. 3], S. 125-146 handelt, scheint bei dem Briefwechsel zwischen Frauen und Männern im Bonifatiuscorpus mit Absicht durch konsequente Spiritualisierung beider Begriffe aufgehoben.

[37] Das erwähnte Beispiel eines „Forderungsbriefes" (*expostulatoria epistola*) von Mann zu Mann findet sich in Claude Margolin (Hrsg.): De conscribendis epistolis (Opera Omnia Desiderii Erasmi Roterodami I 2). Amsterdam 1971, S. 521; hier der lateinische Text: *Potuitne illa tam vehemens flamma languescere? Potuit extingui tantum amoris incendium? Et quo nostri tibi cura recessit? Ego, mirum est dictu, quanto tui desiderio macerer, et tu fortassis nostri securus, novis amoribus te oblectas.* („Konnte denn jene so innige Zuneigung abkühlen? Konnte solch eine brennende Liebe erlöschen? Dein Gefühl hat sich von mir abgewendet – und wem wandte es sich zu? Ich für meine Person kann dir gar nicht sagen, wie sehr ich mich vor Sehnsucht nach dir härme. Und du genießt vielleicht, ohne dich um mich zu kümmern, neue Liebesbande". – Übersetzung von Kurt Smolak: Erasmus von Rotterdam. Bd. 8: ‚De conscribendis epistolis'/ Anleitung zum Briefschreiben. Darmstadt 1980, S. 263, S. 265: hier abgeschwächt „Freundschaftsbande"). Es verdient hervorgehoben zu werden, dass Erasmus sich in dem Brief an einen Freund einer Wendung bedient, die er fast wörtlich aus einem (Liebes-) Brief des Jüngeren Plinius an seine Frau entlehnt hat (epist. 5, 1: *Incredibile est, quanto desiderio tui tenear*).

Zusammenhang mit Nonnen auf der Basis der allegorischen Interpretation des Hohen Liedes eine Tradition von spiritualisierten Liebesbriefen, allerdings an Christus, den „wahren" Geliebten, bestanden zu haben: Bereits Venantius Fortunatus baute in sein Gedicht 8, 3 einen glühenden Liebesbrief ein, den eine junge Nonne im Stil der Heroides Ovids an Christus schrieb, wie vor Jahrzehnten Wolfgang SCHMID feststellte.[38] Die Erkenntnis des hohen Anteils literarischer Konvention in den vom Lehrer-Schüler-Verhältnis dominierten Briefen des Bonifatius-Corpus muss als Korrektiv der Vermutung vom Ausdruck unmittelbaren Empfindens fungieren. Dies soll zwar nicht besagen, dass es sich bei all den in Frage kommenden Briefen um Fiktionen wie im Fall der Musterbriefe handelt, muss aber doch grundsätzlich zu Vorsicht mahnen, etwa gegenüber einer im modernen Sinn persönlichen Interpretation des bekannten, mit Elementen der Rhythmen des Corpus der Bonifatiusbriefe wie den affektiven Diminutiven[39] operierenden Gedichtes, das Gottschalk der Sachse im 9. Jh. an einen jungen Freund aus dem Kloster Reichenau verfasste.[40]

---

[38] Schmid, Wolfgang: Ein christlicher Heroidenbrief des 6. Jahrhunderts, in: Reinhold Merkelbach/ Helfried Dahlmann (Hrsg.): Studien zur Textgeschichte und Textkritik. Köln/ Opladen 1959, S. 253-263.

[39] Vgl. z. B. in Gottschalks Gedicht die Deminutiva *pusiolus, filiolus, miserulus, puerulus, pusillulus, fraterculus, tyrunculus, clientulus* und den Beginn des zweiten Schlussgedichtes von epist. 140: *Vale Christo virguncula, Christi nempe tiruncula.* S. auch die Bemerkungen bei Bernhard Bischoff: Gottschalks Lied für den Reichenauer Freund, in: Hans Robert Jauss/ Dieter Schaller: Medium Aevum Vivum (Festschrift für Walter Bulst). Heidelberg 1960, S. 61-68 (hier 68) = Mittelalterliche Studien. Bd. 2. Stuttgart 1967, S. 26-34 (hier 34). Bischoff verweist nur allgemein auf Freundschaftsdichtung, ohne die Bonifatiusbriefe zu erwähnen.

[40] Der vollständige Text ist jener von Bischoff [Anm. 39].

Régine Le Jan

„Kompetitiver Tausch" zwischen Eliten des frühen Mittelalters

Das Konzept des „kompetitiven Tauschs" stammt aus der Ethnologie[1]: es wird dort auf traditionale Gesellschaften angewendet, in denen Gruppen oder auch Individuen den Austausch von Gaben dazu nutzen, um sich mit anderen zu messen, um bestimmte Auszeichnungen zu erhalten und um ihre Stellung innerhalb der gesellschaftlichen Hierarchie zum Ausdruck zu bringen. Dieses System des „kompetitiven Tauschs" treibt die Akteure dazu, mehr zu geben als die anderen; auf diese Weise können sie die eigene Überlegenheit demonstrieren, auf der gesellschaftlichen Rangleiter aufsteigen oder ihr Gegenüber herausfordern. Unter bestimmten Bedingungen verstärkt sich der agonale Charakter dieses „kompetitiven Tauschs" noch weiter: Wenn sich die Konkurrenz zuspitzt, wenn die politische Rangordnung instabil wird und wenn die Stellung der einzelnen Akteure unzulänglich abgesichert ist,[2] dann kann der „kompetitive Tausch" sogar soweit gehen, dass die Akteure willentlich ihre eigenen materiellen Ressourcen vernichten. Umgekehrt schwächt sich der agonale Charakter des Tauschs in dem Maße ab, in dem die politische Stabilität anwächst. Im übrigen müssen – der ethnologischen Forschung zufolge – bestimmte Bedingungen erfüllt sein, damit sich Formen des „kompetitiven Tauschs" ausbilden können: Das betrifft zum einen die Verwandtschaft; hier muss sich der Austausch von Frauen in Gestalt eines allgemeinen Austauschs vollziehen; und er muss einhergehen mit der Übertragung von Besitztümern (das heißt mit einem Preis für die Braut und einer Morgengabe). Zum zweiten betrifft es Politik und Religion; hier müssen materielle Ressourcen und Machtpositionen zur Verfügung stehen, und sie müssen einem Wettbewerb unterliegen; außerdem muss es möglich sein, dass die Akteure Reichtum und Macht individuell anhäufen. Und zum dritten schließlich ist es notwendig, dass die Konkurrenz in einer bestimmten Form ausgetragen wird: nämlich durch offen zur Schau gestelltes Schenken, und zwar im Rahmen öffentlicher

---

[1] Mauss, Marcel: Essai sur le don. Forme et raison de l'échange dans les sociétés archaïques, in: ders.: Sociologie et anthropologie. Paris 1950, 2001, S. 145-279; Godelier, Maurice: L'énigme du don. Paris 1996, S. 79-140; ders.: Aux fondements des sociétés humaines. Ce que nous apprend l'anthropologie. Paris 2007, S. 77-82.
[2] Godelier [Anm. 1], S. 219.

Zeremonien – vor allem solcher, die veranstaltet werden, wenn sich der Status einer Person ändert, wie etwa Ehen, Begräbnisse oder Amtseinsetzungen.[3]

Wieweit lässt sich nun diese ethnologische Theorie auf Gesellschafen des frühen Mittelalters anwenden?

Die Quellenlage zwingt uns dazu, bei dieser Frage die politischen Eliten in den Blick zu nehmen, also diejenigen, die soziale Macht ausüben, die an ihre Exzellenz gebunden ist – sei es nun die Exzellenz ihrer Geburt und ihres Blutes, oder sei es ihre herausragende Fähigkeit, sich von anderen abzugrenzen und Prestige, Reichtum oder Ehre zu gewinnen. Die Überlegenheit der barbarischen Eliten erweist sich zunächst einmal im Krieg: Erkennbar ist sie an der Größe und Bedeutung des Gefolges von Getreuen, aber auch am Besitz von Wertgegenständen; und hinzu kommen noch Grundbesitz, Ämter und Einkünfte aus dem Fiskus, die der König gewährt hat. Auch sonst sind grundsätzlich diejenigen Rahmenbedingungen erfüllt, die notwendig sind, damit sich eine Konkurrenzsituation innerhalb der Führungselite ausbilden kann: Der Austausch von Frauen geschieht in der Form eines allgemeinen Austauschs, und ein Preis für die Braut und eine Dotierung der Ehefrau sind üblich, so dass Konkurrenz und Wettbewerb entstehen.[4] Das System von Erbteilungen, das in den *Leges* vorgeschrieben wird, und die Dotierung der Gemahlinnen und der Töchter bringen es mit sich, dass Grundbesitz in rascher Folge zwischen den Familien zirkuliert.[5] Bei alledem eröffnen besonders Kriege der Elite die Möglichkeit, ihre materiellen Ressourcen zu vergrößern – sei es durch neues Land oder durch neue Einkünfte anderer Art.

Die Konkurrenz zwischen den Angehörigen der Elite wird in der ostentativen Demonstration von Großzügigkeit greifbar, wie es die erzählenden Quellen vielfach bezeugen. Man versucht sich gegenseitig auszustechen bei der Ausrichtung von Gastmählern, bei Festen, Jagden oder mit wertvollen Geschenken; und man verdeutlicht die eigene Überlegenheit dadurch, dass man in der Lage ist, mit kostbaren Geschenken Getreue an sich zu binden.[6]

Allerdings wandelten sich die Gesellschaften des Frühmittelalters zwischen dem 5. und dem 9. Jahrhundert tiefgreifend. Es lohnt sich daher, den Einfluss und die Reichweite dieser Veränderungen auf das System des „kompetitiven Tauschs" genauer zu untersuchen. Ich beschränke mich dabei auf die fränkische Welt – und werde hier zwei

---

[3] Bataille, George: La notion de dépense. Paris 1967; Godelier [Anm. 1], S. 210.

[4] Dazu: Bougard, François/ Feller, Laurent/ Le Jan, Régine (Hrsg.): Dots et douaires dans le haut Moyen Âge (Collection de l'École française de Rome 295). Rom 2002.

[5] Le Jan, Régine: Introduction, in: Les transferts patrimoniaux en Europe occidentale VIIIe-Xe siècle I (Mélanges de l'École française de Rome 111). Rom 1999, S. 489-497.

[6] Althoff, Gerd: Spielregel der Politik im Mittelalter. Kommunikation in Frieden und Fehde. Darmstadt 1996, S. 229-257; ders.: Die Macht der Rituale. Symbolik und Herrschaft im Mittelalter. Darmstadt 2003. Le Jan, Régine: La société du haut Moyen Âge. Paris 2003, S. 258-267; Gautier, Alban: Le festin dans l'Angleterre anglo-saxonne (Ve-XIe siècle). Rennes 2006, S. 33-38, 91-98, 209-219.

verschiedenartige Momente näher betrachten: nämlich einen Moment von großer sozialer Instabilität und einen Moment sozialer Verfestigung.

I. 5. und 6. Jahrhundert: Konkurrenz und soziale Instabilität

Nach der Psycho-Soziologie geraten Gruppen und Individuen, die mit besonders destabilisierenden Situationen konfrontiert sind, in Stress.[7] Sie schätzen dann die drohenden Gefahren ab: Was können sie gewinnen? Was haben sie zu verlieren? Und sie vollziehen daraufhin sowohl materielle als auch symbolische Handlungen mit dem Ziel, die Situation zu ihren Gunsten zu verändern.[8] Ist das, was auf dem Spiel stand, erst einmal wieder gesichert, dann verschwindet auch der Stress. Nun kann politische und soziale Instabilität ebenfalls das Phänomen sozialen Stresses hervorbringen. Die Ur- und Frühgeschichtler haben solchen sozialen Stress in denjenigen Gesellschaften vermutet, in denen sich sehr schnell neue Eliten ausbildeten und diese dann versuchten, ihren Rang gegen ihre Rivalen durchzusetzen, indem sie ostentativ materielle Ressourcen verschwendeten. Ganz besondere Stressmomente sind Bestattungen, jedenfalls dann, wenn die Stellung der einzelnen Akteure in der Gesellschaft unsicher ist. Der Tod des Herrschenden bedeutet nämlich einen Bruch; der Status der einzelnen Gruppenmitglieder, besonders derjenige der Erben des Gestorbenen, ändert sich. Es wird für sie in dieser Situation notwendig, ihrer Legitimität Anerkennung zu verschaffen und die sozialen Bindungen, die durch den Todesfall gleichsam gelockert sind, wieder fester zu ziehen.[9]

Nun war das 6. Jahrhundert in Nordgallien eine Zeit großer sozialer Instabilität, die eine scharfe Konkurrenz hervorbrachte. Vor diesem Hintergrund erscheint das Aufkommen der Fürstengräber und die Zunahme von Grabbeigaben vom Ende des 5. Jahrhunderts an in neuem Licht. Die ältere Forschung ging davon aus, dass die Grabbeigaben eine religiöse und soziale Bedeutung hatten, also von heidnischer und zugleich hierarchischer Natur waren. Sie hätten dem Verstorbenen dazu dienen sollen, seinen Lebensstil im Jenseits fortzuführen und dabei seinen Rang und seinen sozialen Status zu wahren. Die Wertgegenstände, die den Gräbern beigegeben wurden, veranschaulichten aus dieser Sicht die herausragende Stellung des Anführers an der Spitze einer ranggeordneten Gruppe von Kriegern; die Welt der Toten sollte gleichsam ein Abbild der

---

[7] Lassarre, Dominique (Hrsg): Stress et société. Reims 2002.
[8] Ebd., S. 7-8.
[9] Binford, Lewis R.: Mortuary Practices: Their Study and heir Potential, in: Brown, James A. (Hrsg.): Approaches to the Social Dimensions of Mortuary Practices (Memoirs of the Society for American Archeology 25). Washington D.C. 1971, S.6-25.

Welt der Lebenden sein.[10] Zu einer anderen Deutung sind dagegen diejenigen Archäologen gelangt, die sich von sozialanthropologischen Studien haben inspirieren lassen: Die meisten von ihnen haben das ältere Erklärungsmodell aufgegeben, weil es das breite Spektrum verschiedener Bestattungspraktiken nicht angemessen zu erklären vermag.[11] Diese neuere Forschungsrichtung geht nun davon aus, dass die Bestattungen in erster Linie den Angehörigen des Verstorbenen dazu dienten, mit Hilfe der Grabbeigaben und der Begräbnisfeierlichkeiten ein Image des Verstorbenen zu schaffen, das die Stellung der Hinterbliebenen im Rahmen des „kompetitiven Tauschs" mit ihren Rivalen legitimierte. Es ist daher an der Zeit, die Nekropolen der Merowingerzeit aus dieser Perspektive noch einmal genauer in den Blick zu nehmen.

Die Forschung zu merowingischen Gräberfeldern hat in der Tat gezeigt, dass hier in wenigen Jahrzehnten tiefgreifende Veränderungen stattfanden. In Nordgallien wird dieser Wandel am Ende des 5. und zu Beginn des 6. Jahrhunderts am plötzlichen Aufkommen der Fürstengräber mit ihrer besonders prunkvollen Ausstattung erkennbar, aber auch an der neuen Anordnung der Gräber und an Beigaben in Gräbern der männlichen und weiblichen Angehörigen der militärischen Elite, die erheblich reicher als zuvor sind. Die Zeit der Fürstengräber endet noch vor der Mitte des 6. Jahrhunderts wieder, und von 600 an werden auch die Grabbeigaben weniger, um schließlich ganz zu verschwinden.[12]

Als Archetyp des Fürstengrabs in Nordgallien gilt das Grab des Königs Childerich, der um 481 in Tournai starb.[13] Bald darauf folgen andere Beispiele, so das Fürstengrab von Neuville-sur-Escaut (Départ. Nord) vom Ende des 5. Jahrhunderts,[14] dasjenige von Lavoye (Départ. Meuse) aus den Jahren um 500[15] oder das Grab von Krefeld-Gellep (im Rheinland) aus den Jahren um 530.[16] Nach der älteren Forschung weist das Auf-

---

[10] Dazu eine breite Literatur. Historiographie der Frage: Ament, Hermann: Frühe Funde und archäologische Erforschung der Franken in Rheinland, in: Alfried Wieczorek (Hrsg.): Die Franken – Wegbereiter Europas. Mainz 1996, S. 23-34. Siehe auch: Müller-Wille, Michael: Königtum und Adel im Spiegel der Grabfunde, in: ebd., S. 206-221; Périn, Patrick: L'expansion franque (vers 486-vers 540), in: Les Francs – précurseurs de l'Europe. Paris 1997, S. 70-83.

[11] Halsall, Guy: Social Identities and Social Relationships in Early Merovingian Gaul, in: Ian Wood (Hrsg.): Franks and Alamanni in the Merovingian Period: An Ethnographic Perspective. The Boydell Press 1998, S. 141-164; ders.: Barbarian Migrations and the Roman West, 376-568. Cambridge 2007.

[12] Périn, Patrick: Les tombes de „chefs" du début de l'époque mérovingienne. Datation et interprétation historique, in: Vallet, Françoise/ Kazanski, Michel (Hrsg.): La noblesse romaine et les chefs barbares du IIIe au VIIe siècle (Mémoires AFAM, IX). Paris 1995, S. 247-302.

[13] Brulet, Raymond: La tombe du roi Childéric et son environnement, in: Vallet/ Kazanski [Anm. 12], S. 309-326; Périn, Patrick/ Kazanski, Michel: Das Grab Childerichs I, in: Die Franken [Anm. 10], S. 173-182.

[14] Hantute, Gaston: Le cimetière mérovingien de Neuville-sur-Escaut (Nord), in: Septentrion/Calais (1989), S. 12-13.

[15] Joffroy, René: Le cimetière de Lavoye (Meuse). Nécropole mérovingienne. Paris 1974.

[16] Pirling, Renate: Krefeld-Gellep im Frühmittelalter, in: Die Franken [Anm. 10], S. 261-265.

kommen dieser prunkvoll ausgestatteten Fürstengräber darauf hin, dass die Macht der militärischen Elite der Franken anwuchs und sich in kurzer Zeit eine Rangordnung herausbildete, die unter der festen Kontrolle der Merowinger stand. Guy HALSALL hat die Gräberfelder in der Region von Metz im 6. Jahrhundert untersucht; er schlägt eine andere, nämlich eine anthropologische Lesart vor:[17] Die Begräbnisse, so HALSALL, seien eine Gelegenheit gewesen, um die verschärfte Konkurrenz zwischen den Anführern, später dann auch zwischen den jungen Kriegern, zum Ausdruck zu bringen – all das im Kontext eines sozialen Stresses, der aus der großen politischen und sozialen Instabilität resultierte. In der Tat ist in den neuen Nekropolen das Grab des Gründers, das besonders reich ist, vielfach das Grab eines älteren Mannes und seiner Angehörigen. Die beachtliche Prachtentfaltung bei diesen Bestattungen gibt zu erkennen, wie notwendig es für die Erben war, ihre Stellung gegenüber ihren Mitkonkurrenten zu legitimieren. In der Folgezeit finden sich dann reich ausgestattete Gräber für junge Erwachsene, sowohl für Krieger als auch für Frauen im heiratsfähigen Alter – während die Gräber von Kindern, Jugendlichen und älteren Personen sehr viel weniger reich ausgestattet sind. Der Tod der jungen Erwachsenen destabilisierte die noch ungefestigte Rangordnung, er ließ Positionen brüchig werden und verschärfte die Konkurrenz. Im 6. Jahrhundert waren die fränkischen Eliten, die aus dem Krieg hervorgegangen waren und ihre neuen Machtpositionen sowie ihren Reichtum den merowingischen Königen verdankten, noch wenig stabil. Die einzelnen Großen rivalisierten miteinander und waren dazu gezwungen, ostentativ ihre Ressourcen zu verschwenden, wenn sie ihre Ansprüche gegenüber ihren Konkurrenten durchsetzen wollten.[18] Zugleich erlaubten es Gemeinschaftsrituale (besonders Gastmähler), die Rangordnung neu hervorzubringen und die sozialen Bindungen zwischen den Mitgliedern einer Gruppe zu festigen.

So vollzogen sich das Aufkommen der Fürstengräber und die Zunahme reicher Grabbeigaben zeitlich parallel zur Auflösung der römischen Ordnung und vor allem zur Neuverteilung der materiellen Ressourcen (des Grundbesitzes, der Wertgegenstände und der Ämter) zugunsten des Königtums. All das ordnet sich ein in einen Kontext großer politischer Instabilität, die in den Geschichten Gregors von Tours deutlich wird. Gregor berichtet zunächst von den Schwierigkeiten Childerichs, der nach Thüringen ins Exil gezwungen wurde, dann von den Kämpfen Chlodwigs gegen seine merowingischen Rivalen bis hin zu deren vollständiger Ausrottung in den letzten Jahren seiner Herrschaft.

Es scheint mir daher notwendig, die Bestattung Childerichs in Tournai um 481 neu zu interpretieren. Selbstverständlich ist sie ein Ausdruck der Macht, die Childerich im

---

[17] Halsall, Guy: Settlement and Social Organisation in the Merovingian region of Metz. Cambridge 1995.
[18] Ebd., S. 245-6 und 252-4. Über die Frage des Alters und des Genders: Turton, David: History, Age and the Anthropologists, in: Ian Wood (Hrsg.): Franks and Alamanni. Woodbridge 1998, S. 95-115.

Prozess der Auflösung römischer Herrschaft in Nordgallien erworben hatte,[19] aber diese Bestattung ist zugleich auch ein bewusstes Werk Chlodwigs und seiner Verwandten – und der hier entfaltete, unerhörte Prunk verweist offenbar auch auf die Unsicherheit der Nachfolge. Wir wissen nicht, in welchem Alter Childerich starb, aber sein Sohn war noch jung, und seine Stellung im Streit mit seinen Konkurrenten war labil. Bei der Bestattung Childerichs wurden vielleicht mehrere Dutzend junger Pferde aus dem königlichen Gestüt geopfert. Es wurden überaus wertvolle Goldschmiedearbeiten, noch dazu von fremder Herkunft, und außerdem byzantinische Münzen ins Grab gegeben. Mit dieser Prachtentfaltung und dieser Verschwendung materieller Ressourcen erinnert das Begräbnis geradezu an die *Potlatchs*, die bei den Ureinwohnern Amerikas am Ende des 19. Jahrhunderts von einzelnen Gruppen praktiziert wurden und in deren Rahmen sie rituell ihre Reichtümer vernichteten.[20] Diese ritualisierte Vernichtung von Ressourcen war ein „kompetitiver Tausch", der aus den Fugen geraten war; sie erklärt sich durch das Ungleichgewicht in den Kriegergruppen, das durch deren Kontakte mit den Europäern entstanden war. Die Ureinwohner hatten damit begonnen, Produkte an Europäer zu verkaufen, dadurch hatte sich plötzlich ihr Reichtum gewaltig vergrößert, und neue Eliten waren entstanden, die nun danach strebten, die Rangordnung zu erneuern, und danach trachteten, ihre Stärke mittels ihrer Anführer vorzuführen, indem sie ihre Reichtümer opferten. So wie sich die Herrschaft Chlodwigs in der Bestattung Childerichs darbietet, scheint sie mir charakteristisch für eine instabile Kriegerherrschaft – eine Herrschaft, die wahrscheinlich umstritten war und im Kontext der Zerstörung des römischen westlichen Kaisertums noch durch keinerlei transzendentale und akzeptierte Autorität legitimiert wurde. Den Brief des Remigius von Reims an Chlodwig könnte man dann sogar als eine Art Beistand für den Sohn Childerichs interpretieren, eine Hilfestellung, um die tiefe Krise zu überwinden, die der Tod des Vaters verursacht hatte. Im Übrigen wissen wir nichts über die ersten fünf Jahre von Chlodwigs Herrschaft. Kurzum: Chlodwig inszenierte die prunkvolle Bestattung Childerichs, um auf eine destabilisierende Situation zu reagieren – nämlich den Tod seines Vaters. Auf diese Weise versuchte er (wahrscheinlich mit Erfolg), sich gegen seine Konkurrenten durchzusetzen, sich Anerkennung zu verschaffen und die Treuebindungen mit den *Leudes* seines Vaters zu erneuern und zu bekräftigen. Indem er ostentativ einen erklecklichen Teil seines Reichtums opferte, forderte er für sich eine Legitimität, die ihm tatsächlich erst Jahre später zuerkannt wurde – nämlich nach seinen militärischen Siegen und der brutalen Ermordung aller seiner königlichen Rivalen.[21]

Die Zeit der Fürstengräber liegt parallel zu der Gründung des Frankenreichs; sie verweist auf den Aufstieg einer neuen politischen Elite, die sich der materiellen

---

[19] Müller-Wille [Anm. 10], S. 206-211.
[20] Siehe oben [Anm. 1 und 3].
[21] Wickham, Chris: Framing the Early Middle Ages. Europe and the Mediterranean, 400-800. Oxford 2005, S. 178-181.

Ressourcen bemächtigte, davon aber einen Teil ostentativ wieder opfern musste, um sich zu reproduzieren und sich Legitimität zu verschaffen. Das Aufkommen der Fürstengräber und die Zunahme der Grabbeigaben in den Gräbern der jungen Erwachsenen, die dieser Elite angehörten – dies beides erklärt sich durch den Zugang zu neuem Reichtum sowie durch die soziale und politische Instabilität, die die Rivalitäten verschärfte. In einer Situation, in der keine andere Legitimation möglich war, wurde die ostentative und hochritualisierte Verschleuderung zu einem Mittel, um Ansprüche durchzusetzen und Positionen zu legitimieren. Das Verschwinden der Fürstengräber in der Zeit nach 530 entspricht einer stärkeren Abhängigkeit der Elite vom König.[22] Dass dann seit dem 7. Jahrhundert auch die Grabbeigaben immer seltener werden, verweist auf neue Formen der Legitimation durch die Geburt; die ostentative Verschleuderung von Reichtum bei Bestattungen verlor deshalb an Bedeutung.[23]

II. 7. bis 9. Jahrhundert: Konkurrenz in geordneten Bahnen

Der zweite Zeitraum, den ich betrachten möchte, ist eine Phase der Stabilisierung und Territorialisierung der Elite. In dieser Phase wird die Konkurrenz zwar nicht vollkommen unterdrückt, aber die Praxis der Konkurrenz ändert sich – sie wird nun zu einem Zusammenspiel von Handlungen, das auf Treue und *amicitia* beruht. Diese spezifischen, positiv konnotierten Bindungen gaben allen sozialen Beziehungen Form und Sinn – seien diese Beziehungen nun egalitär oder hierarchisch. Allerdings stellt sich die Frage, ob diese positiven Bindungen dazu geeignet waren, die Gesamtheit der

---

[22] Halsall: Social Identities [Anm. 11], S. 149; Wickham [Anm. 21], S. 180.

[23] Langobardische Beispiele bei Irene Barbiera: Changing Lands in changing Memories: Migrations and Identities during the Lombard Invasion (Biblioteca di Archeologia medievale 19). Florenz 2005. Nach Barbiera ändern sich die langobardischen Begräbnissitten in weniger als einer Generation, nämlich zwischen dem Aufbruch der Langobarden in Pannonien und ihrer Ansiedelung in Italien. Die Gräber werden nicht mehr nach Geschlecht getrennt, sondern nun nach Familien geordnet und mit deutlich reicheren Grabbeigaben ausgestattet. Auch hier dürfte die Entwicklung ein soziales Ungleichgewicht anzeigen, das sich sowohl durch die Migration und die Umstände der Landnahme bedingte wie auch durch die Aneignung neuer Reichtümer durch rivalisierende Eliten, die auf diesem Wege ihren Status verdeutlichen wollten.
Für England siehe: Carver, Martin: Sutton Hoo: A Seventh-Century Princely Burial Ground and its Context. London 2005. Sutton Hoo, das in die 620er Jahre datiert wird, und weitere Schiffsbegräbnisse in diesem Kontext sind wohl ein Anzeichen für das Erscheinen einer Kriegerelite mit Zugang zu neuen Reichtümern. Alle Gegenstände aus dem (königlichen?) Grab verraten die Kontakte nach außen: das Schiff, die Ruderer (vielleicht zuvor getötet), die 40 gallischen Münzen jeweils anderer Provenienz, der Helm und die orientalischen Fundstücke. Die Tatsache, dass diese Reichtümer geopfert wurden, zeigt eine gewisse Instabilität und zugleich den Wettbewerb an, die durch diese Öffnung innerhalb der Gesellschaft entstanden.

Gesellschaft in umfassenden und integrativen Strukturen zusammenzuführen und die agonalen Beziehungen einzudämmen. Beginnen wir mit dem Staat: Die Eliten des 7. bis 9. Jahrhunderts wussten durchaus, was ein Staat ist – jedenfalls, wenn man eine Definition zugrunde legt, die derjenigen von Hans-Werner GOETZ ähnelt, und einen Staat dann für gegeben hält, wenn es einen *rex* gibt und dieser *rex* ein *regnum* hat.[24] Als weiteres Kriterium kommt dann noch hinzu, dass die königliche Überlegenheit auf einer übernatürlichen, religiösen Kraft beruht, die nicht nur ihn selbst legitimiert, sondern tendenziell auch den Status derjenigen Personen, die dem König verbunden sind.[25] Die Entwicklung der Autorität des Königtums in nachrömischer Zeit und die Legitimation durch das Christentum führten dazu, dass sich die Rangordnung verfestigte – schon seit dem 7. Jahrhundert, vor allem aber in der Karolingerzeit.[26]

Der König stachelte die Konkurrenz zwischen den Großen durchaus an, denn sie brachte ihm deren Treue ein; aber er strebte zugleich danach, die Konkurrenz auf seine eigene Person zu fokussieren und zudem ihren agonalen Charakter einzudämmen. Dazu musste der König dem Kreislauf derjenigen Ressourcen Schranken setzen, die das symbolische Kapital der Eliten ausmachten – das heißt die Gesamtheit der Ressourcen, die seine eigene Überlegenheit sicherten.[27] Hierfür war die Königsnähe zentral:[28] Im Austausch gegen Treue gab der König mehr als andere. Er gab Fiskalgut aus, schenkte Wertgegenstände und Ehre; er griff auch in den Austausch ein, wenn es um den Abschluss von Ehen ging, indem er bestimmte Ehen erzwang oder Gesetze zum Inzest erließ. Auch er selbst hatte also Anteil am System des „kompetitiven Tauschs"; er verschaffte seiner herausragenden Stellung dadurch Anerkennung, dass er schenkte. Im Gegenzug erhob er Abgaben – in Form von Steuern, vor allem aber in Gestalt von Jahresgaben (*dona annualia*)[29] und er konfiszierte die Güter von Rebellen.

---

[24] Goetz, Hans Werner: *Regnum*. Zum politischen Denken der Karolingerzeit, in: Ders.: Vorstellungsgeschichte. Gesammelte Schriften zu Wahrnehmungen, Deutungen und Vorstellungen im Mittelater, hg. Von Anna Aurast, Simon Elling, Bele Freudenberg, Ana Lutz, Steffen Patzold, Bochum, 2007, S. 219-272. Contra Johannes Fried: Warum es das Reich der Franken nicht gegeben hat, in: Bernhard Jussen (Hrsg.): Die Macht des Königs. Herrschaft in Europa vom Frühmittelalter bis in die Neuzeit. München, 2005, S. 83-89.

[25] Hocart, Arthur Maurice: Kings and Councillors. An Essay in the Comparative Anatomy of Human Society, hrsg. und mit einer Einleitung vers. v. Rodney Needham. The University of Chicago 1970.

[26] Le Jan, Régine : La sacralité de la royauté mérovingienne, in: Annales, Histoire, Sciences Sociales 58 (2003), S. 1217-1241.

[27] Über das symbolische Kapital: Bourdieu, Pierre: Praktische Vernunft. Frankfurt a. M. 2007.

[28] Airlie, Stuart: The Aristocracy, in: Rosamond McKitterick (Hrsg.): The New Cambridge Medieval History II. Cambridge 1995, c 700-c 900; Innes, Matthew: State and Society in the early Middle Ages. The Middle Rhine Valley 400-1000. Cambridge 2000.

[29] Die ‚Ordinatio imperii' von 817 illustriert das Prinzip des hierarchischen Gabentauschs: Nach dem Tod des Vaters wird Lothar jährliche Gaben seiner jüngeren Brüder erhalten und jedem von ihnen eine umfangreichere Gegengabe zukommen lassen, „weil ihm größere Gewalt gegeben wurde". MGH Capit. I, no. 136, S. 271: /4. *Item volumus ut semel in anno tempore oportuno vel*

In der karolingischen Ideologie wurde der König zum Dreh- und Angelpunkt des gesamten Tauschsystems, zum höchsten Verteiler materieller Ressourcen. Nichtsdestotrotz zeigen zahlreiche Beispiele, dass der Handlungsspielraum des Königs eher beschränkt blieb: Seine eigene Fähigkeit, die Konkurrenz unter Kontrolle zu halten, also seine eigene Herrschaftsposition aufrechtzuerhalten, diese Fähigkeit war davon abhängig, dass es ihm gelang, die Ämter und Ehren vor Entfremdung zu bewahren und den Fiskus (das heißt sein eigenes symbolisches Kapital) immer wieder zu erneuern, um so dem Gabenkreislauf Nahrung zu geben. Am Ende des 9. Jahrhunderts waren diese Bedingungen nicht mehr erfüllt – und die Spannungen nahmen wieder zu.

Parallel dazu gelang es der Kirche, stärkeren Einfluss auf das System des Austauschs zu nehmen: Sie orientierte den Kreislauf materieller Ressourcen zu ihren eigenen Gunsten um. Im Zuge der Christianisierung gewann jeder einzelne Mensch die Möglichkeit, einen Teil seiner Güter Gott zu schenken, um sein Seelenheil zu sichern; so vervielfachten sich vom 7. und 8. Jahrhundert an derartige Schenkungen. Von da an ordnete sich der Gabenkreislauf unter christlichem Vorzeichen zunehmend in einen umfassenden und alles überwölbenden Rahmen ein – in die *ecclesia*. Die anthropologische Theorie hilft uns nun auch, diejenigen Mechanismen besser zu verstehen, die für diesen Austausch mit Gott maßgeblich waren. Mittels besonderer Rituale, die an den Altar gebunden waren, führte eine Schenkung an Gott dazu, dass sich die dargebrachten Güter transformierten: Sie erhielten einen spirituellen, heiligen Mehrwert; sie wurden zu heiligen Gütern, die nicht mehr entfremdet werden durften, sondern erhalten und bewahrt werden mussten. Auch die Freundschaftsbindung, die durch einen solchen Tausch begründet wurde, erhielt einen spirituellen Mehrwert, ähnlich dem der Taufe. Die Freundschaft verwandelte sich in eine Kombination von Freundschaft und Nächstenliebe, eben *caritas*. So gibt sich der Tausch mit Gott als eine einzige und doch vielgestaltige Beziehung zu erkennen, die materiell, sozial und spirituell zugleich war: Die Schenkung *pro anima* wird zur materiellen Basis der *caritas*, sie bindet die beiden Partner aneinander und sie verleiht der christlichen Gesellschaft insgesamt Einigkeit.

Analysiert man nun noch die soziale Praxis, dann zeigt sich, dass auch die christliche Gabe in das System des „kompetitiven Tauschs" einbezogen wurde: Die Eliten benutzten sie, um ihre Überlegenheit zu legitimieren und diejenige ihrer Konkurrenten zu unterminieren. Die Klostergründungen des 7. und 8. Jahrhunderts oder der Austausch

---

simul vel singillatim, iuxta quod rerum conditio permiserit, visitandi et videndi et de his quae necessaria sunt et quae ad communem utilitatem vel ad perpetuam pacem pertinent mutuo fraterno amore tractandi ad seniorem fratrem cum donis suis veniant. Et si forte aliquis illorum qualibet inevitabili necessitate impeditus venire tempore solito et oportuno nequiverit, hoc seniori fratri legatos et dona mittendo significet; ita dumtaxat, ut, cum primum possibilitas congruo tempore adfuerit, venire qualibet cabillatione non dissimulet. 5. Volumus atque monemus, ut senior frater, quando ad eum aut unus aut ambo fratres sui cum donis, sicut praedictum est, venerint, sicut ei maior potestas Deo annuente fuerit attributa, ita et ipse illos pio fraternoque amore largiori dono remuneret.

von Reliquien im 8. und 9. Jahrhundert beruhten auf Gaben der Freundschaft.[30] Zugleich beruhten sie aber auch auf ostentativen Gaben und einer Konkurrenz, die bisweilen sogar gewaltsame Formen annehmen konnte;[31] es entstand eine Rivalität um Kirchengut, das mit einem Mehrwert ausgestattet war. Schließlich aber erinnert die Großzügigkeit der Mächtigen auch wieder an das aggressive System des *Potlatch*, nun jedoch verborgen unter dem Deckmantel der Freundschaft. Ein gutes Beispiel dafür ist eine Geschichte Ekkehards von Sankt Gallen, der erzählt, wie der Bischof Salomon von Konstanz zwei Grafen provoziert habe: Unter dem Deckmantel von Freundschaftsritualen habe der Bischof danach getrachtet, die beiden Grafen zu erniedrigen; dazu habe er mit seinen eigenen Reichtümern geprahlt, nur um ihnen dann ein unwürdiges Geschenk zu überreichen. Auf diese Provokation reagierten die Grafen mit Gewalt: Laut Ekkehard zerstörten sie nämlich die Geschenke. Daraufhin habe der Bischof ihnen vorgeworfen, dass sie seine Geschenke nicht dafür genutzt hätten, um Almosen für die Armen zu geben und so ihr Seelenheil zu sichern.[32]

So darf man formulieren: Die Entwicklung einer religiösen, allumfassenden Ideologie einerseits und die Ausformung kirchlicher Strukturen, die diese Ideologie stützten, andererseits gaben dem Kreislauf des Tauschens eine bestimmte Richtung; aber sie setzten der Konkurrenz kein Ende. Diese Konkurrenz blieb vielmehr auch weiterhin an den Kreislauf der materiellen Ressourcen und besonders des symbolischen Kapitals gebunden. In der Karolingerzeit hatten jedoch der König und mehr noch die Kirche genügend Einfluss auf das Tauschsystem (einschließlich des Austauschs von Frauen), um die Rangordnung zu stabilisieren. So konnten die Eliten ihre Herrschaft stärken und ihre Stellung legitimieren, während die kompetitive Praxis unter diesen Bedingungen ihren agonalen und zerstörenden Charakter verlor.

---

[30] Michalowski, Roman: Le don d'amitié dans la société carolingienne et les *Translationes sanctorum*, in: Sot Michel (Hrsg.): Haut Moyen Age, culture, éducation et société. Études offertes à Pierre Riché. Paris 1990, S. 399–416; Röckelein, Hedwig: Reliquientranslationen nach Sachsen im 9. Jahrhundert. Über Kommunikation, Mobilität und Öffentlichkeit im Frühenmittelalter (Beihefte der Francia, 48.). Sigmaringen 2002; Le Jan, Régine: Hraban Maur et les *munera*: idéologie du don, hiérarchie et politique, in: Depreux, Philippe/ Perrin, Michel (Hrsg.): Hraban Maur (im Druck).

[31] Geary, Patrick: *Furta sacra*. Thefts of Relics in the Central Middle Ages. Princeton 1978.

[32] Ekkehard IV.: *Casus Sancti Galli* (Ausgewählte Quellen zur deutschen Geschichte des Mittelalters), hrsg. u. übers. v. Hans F. Haefele. Darmstadt 1980.

Hermann Kleber

Die Tafur im *Premier cycle de la croisade*: asoziales Gesindel, militärische Schocktruppe, religiöse Bruderschaft oder feudaler Lehnsverband?

Es ist schon erstaunlich, in welcher Weise der neue Ost-Westkonflikt zwischen dem abendländischen und dem arabisch-muslimischen Kulturkreis[1] von den Muslimen insgesamt, aber besonders von politischen und religiösen Führungskräften mit Begriffen und Vorstellungen aus der Zeit der Kreuzzüge beschrieben und gedeutet wird. Diese Epoche, die für den Westen als ein längst abgeschlossenes Kapitel der Geschichte gilt, ist im Bewusstsein vieler Araber und Muslime wenn nicht der dominierende, so doch ein sehr lebendiger Bezugsrahmen, um die eigene Gegenwart und die westliche Nahostpolitik zu verstehen. So wird z. B. Israel als neuer Kreuzfahrerstaat gesehen, und jede westliche Intervention im Nahen Osten, namentlich die beiden Golfkriege, werden als neue Kreuzzüge und die an diesem Konflikt beteiligten Truppen der westlichen „Koalition der Willigen" als Kreuzfahrer bezeichnet.

Die muslimische Welt betrachtet den Westen mit einer Mischung aus Furcht und Verachtung:[2] Verachtung wegen der eigenen, vehement reklamierten moralischen und kulturellen Überlegenheit, Furcht wegen der offensichtlichen militärischen und ökonomischen Überlegenheit des Westens. „Und zweifellos rührt der Bruch zwischen den beiden Welten – so schreibt Amin Maalouf am Ende seines Buches ,Der Heilige Krieg der Barbaren. Die Kreuzzüge aus der Sicht der Araber' – von den Kreuzzügen her, die heute noch wie eine Schändung, wie eine Schmach empfunden werden."[3]

Der Bruch zwischen den beiden Welten erfolgte nach Maalouf im Wesentlichen schon während des ersten Kreuzzuges (1096-1099) und ist für ihn untrennbar mit den

---

[1] Vgl. Huntington, Samuel P.: Der Kampf der Kulturen. Die Neugestaltung der Weltpolitik im 21. Jahrhundert. Aus dem Amerikanischen von Hilger Fliessbach. München ³2002, insbesondere S. 331-433.

[2] Maalouf, Amin: Der Heilige Krieg der Barbaren. Die Kreuzzüge aus der Sicht der Araber. Aus dem Französischen von Sigrid Kester. München ³2004, S. 54.

[3] Ebd., S. 284.

Ereignissen bei Maara verbunden: „Das Geschehen um Maara – so MAALOUF – sollte zwischen den Arabern und den Franken eine Kluft aufreißen, die über Jahrhunderte nicht geschlossen werden konnte."[4]

Vor Maara kam es nämlich nach dem übereinstimmenden Zeugnis von christlichen und arabischen Quellen zu Akten von Kannibalismus. Kreuzfahrer aßen Fleisch getöteter Gegner:

„In Maara kochten unsere Leute die erwachsenen Heiden in Kesseln, zogen die Kinder auf Spieße und aßen sie geröstet."[5] Mit ähnlichen Worten wie Raoul de Caen räumen auch andere christliche Quellen, unter ihnen auch Augenzeugenberichte, diesen Akt von Kannibalismus ein. Sie versuchen ihn aber mit dem Hinweis auf die Hungersnot im Kreuzfahrerheer vor Maara im Winter 1098/1099 zu entschuldigen. Während die abendländischen historiographischen Quellen einen Kannibalismus aus Not einräumen, propagieren die arabischen Quellen und die türkischen Heldenlieder einen Kannibalismus aus Fanatismus, dessen sich die Kreuzfahrer schuldig gemacht hätten.[6]

Zumindest eine der abendländischen Hauptquellen zum ersten Kreuzzug, Guibert de Nogents ,Gesta Dei per Francos', räumt auch einen Kannibalismus aus Fanatismus auf Seiten der Kreuzfahrer ein. Guibert macht aber dafür ausschließlich eine spezielle Gruppe, die Tafur, verantwortlich:

> Erat praeterea et aliud quoddam in exercitu illo hominum genus, quod nudipes quidem incederet, arma nulla portaret, nullam ipsis prorsus pecuniae quantitatem habere liceret; sed nuditate et indigentia omnino squalidum, universos praecederet, radicibus herbarum, et vilibus quibusque nascentiis victitaret. Hos, quum quidam ex Northmannia oriundus, haud obscuro, ut ferunt, loco natus, ex equite tamen pedes factus, sine domino oberrare videret, depositis armis et quibus utebatur induviis, eorum se regem profiteri voluit. Inde rex Tafur barbarica lingua coepit vocari. Tafur autem apud Gentiles dicuntur, quos nos, ut minus litteraliter loquar, Trudennes vocamus: qui ex eo sic appellantur quia tradunt, id est leviter transigunt, quaquaversum peragrantes, annos. Erat autem isti consuetudo, ut si quando populus sub se agens ad pontis alicujus deveniret trasitum aut aliquas angustias loci cujuspiam attigisset, iste eumdem praeoccupare festinaret ingressum ; et praescrutato ad unguem singillatim quoque suorum, si cui duorum pretium solidorum habere contingeret, hunc confestim de sua ditione secluderet, et eum emere arma jubendo, ad armati contubernium exercitus segregaret; si quos, consuetae tenuitatis amantes, nihil prorsus pecuniae aut reservasse aut affectasse conspiceret, hos suo collegio peculiares asciceret. Putaret hos forsitan quilibet generali utilitati prorsus incommodos, et unde aliis poterat suppetere sumptus absque proficuo tales consumere cibos. At vero hi in convehendis victualibus, in stipendiis contrahendis, in obsessione urbium lapidibus intorquendis, dici non potest quam necessarii forent: quum in portandis oneribus asinos ac jumenta praecederent, quum balistas et machinas crebris jactibus exaequarent. Praeterea,

---

[4] Ebd., S. 55.
[5] Die Übersetzung ist A. Maalouf [Anm. 2], S. 54, entnommen. Der lateinische Text von Raoul de Caen lautet: *Audivi namque qui dicerent cibi se coactos inopia, ad humanae carnis edulium transisse, adultos gentilium cacabo immersisse, pueros invexisse verubus, et vorasse adustos* (Raoul de Caen, Gesta Tancredi in expeditione Jerosolymitana, in: Patrologia Latina. Bd. 155. Paris 1854, col. 553).
[6] Maalouf [Anm. 2], S. 54-55.

quum de Paganorum corporibus frusta carnium apud Marram, et sicubi alias, quum nimia fames urgeret, repperirentur adempta, quod ab his et furtim, et quam rarissime factum constat, atrox apud Gentiles fama percrebuit, quod quidam in Francorum exercitu haberentur qui Sarracenorum carnibus avidissime vescerentur. Unde idem homines, ut potissimum apud illos haec intonuisset opinio, Turci cujusdam vecti corpus intusum, ad eorum terrorem, palam omnibus, ut dicitur, ac si carnem mandibilem, igni apposito torruerunt. Quo illi agnito, et verum penitus quod fingitur autumantes, jam magis insolentiam Tafurum quam nostrorum, quodam modo, principum vehementiam formidabant.[7]

Guibert de Nogent ist der einzige der neun hauptsächlichen Chronisten des ersten Kreuzzuges, der die Tafur namentlich nennt und ziemlich ausführlich beschreibt:[8] als eine Gruppe barfüßiger Pilger, ohne Waffen und ohne Geld, elend und hässlich wegen ihrer Nacktheit und Bedürftigkeit, die sich von Wurzeln und Wildkräutern ernähren. Ihr Anführer ist ein ehemaliger normannischer Ritter, der sein Lehen, seine Waffen und seine Kleider abgelegt hat und der König der Tafur genannt wird. Die Bezeichnung „Tafur" erklärt Guibert als Entlehnung aus der Landessprache und fügt eine lateinische Paraphrase hinzu, die ihrerseits aus dem Altfranzösischen stammt und aus deren etymologischer Ableitung die Bedeutung des – wahrscheinlich arabischen[9] – Lehnwortes „Tafur" deutlich wird: umherziehendes, armes und elendes Volk. Darüber hinaus sind die Tafur nach Guibert aber auch einem Armutsideal verpflichtet, dessen Einhaltung von ihrem Anführer bei passenden Gelegenheiten kontrolliert wird. Guibert erwähnt ferner einerseits die Meinung, welche die Tafur nur als unnütze Esser im Kreuzfahrerheer ansieht, stellt aber andererseits ihre Nützlichkeit bei der *Fourrage*, bei der Belagerung der Städte, beim Lastentransport und beim Schleudern von Wurfgeschossen heraus. Danach widmet sich Guibert der von den Landesbewohnern verbreiteten Fama, dass Franken, wie leider unleugbar, bei Maara und anderswo zwar selten und im Verborgenen das Fleisch toter Gegner gegessen hätten. Diese Fama hätten die Tafur bewusst in ihrer Terrorwirkung verstärkt, indem sie vor aller Augen tote Türken in Stücke zerlegt und wie essbares Fleisch gegrillt hätten. Die intendierte Wirkung blieb nach Guibert nicht aus: die Tafur wurden von den Türken mehr gefürchtet als das Ritterheer der Fürsten.

Guibert verfasste seine Chronik zwischen 1104-1108 sowie 1111, zwar nicht selbst als Augenzeuge, aber auf der Grundlage eines schriftlichen anonymen Augenzeugen-

---

[7] Guibert de Nogent: Historia quae dicitur Gesta Dei per Francos, in: Recueil des Historiens des Croisades. Historiens Occidentaux. Bd. 4. Paris 1879 (Nachdruck Westmeed/ Farnboroughs/ Hants 1967, zweiter Nachdruck 1969), S. 113-263, S. 241f.

[8] Duparc-Quioc, Suzanne (Hrsg.): La Chanson d'Antioche (Documents relatifs à l'Histoire des Croisades 11). Bd. 2: Etude critique, par Suzanne Duparc-Quioc. Paris 1978, S. 210; vgl. Sumberg, Lewis A. M.: The ‚Tafurs' and the First Crusade, in: Mediaeval Studies 21 (1959), S. 242.

[9] Vgl. Cahen, Claude: La Syrie du Nord à l'époque des croisades et la principauté franque d'Antioche (Institut francais de Damas, Bibliothèque orientale 1). Paris 1940, S. 15, n.1: arab. *tâfoûr* = miserabel, elend, arm. Weitere Hypothesen zur Herkunft des Wortes und der Tafur bei Sumberg [Anm. 8], S. 226f.

berichtes, den er mit weiteren, mündlichen Augenzeugenberichten abglich, überprüfte und ergänzte.[10] Seine Ausführungen zu den Tafur entstammen wahrscheinlich solchen mündlichen Berichten, wie die wiederholten distanzierenden Erzählerinterventionen in seiner eigenen Darstellung nahe legen. Bereits im ersten Jahrzehnt nach den Ereignissen war also die Fama von dem vereinzelten Kannibalismus aus Not im Kreuzfahrerheer zu einem Kannibalismus aus Fanatismus mutiert und wurde als ein kalkulierter Terror den Tafur zugeschrieben.

Diese Sicht der Dinge erfährt durch die altfranzösischen Kreuzzugsepen, die im ‚Premier cycle de la croisade'[11] überliefert sind, zunächst eine breite Bestätigung[12] und dann, darüber hinausgehend, eine breite literarische Ausgestaltung. In diesen Epen[13] machen die Tafur eine Entwicklung durch vom elenden Gesindel über eine militärische Schocktruppe, eine religiöse Bruderschaft bis hin zu einem Lehensverband, behalten aber immer das Odium okkasioneller Menschenfresser aus Fanatismus, das als pittoreskes Element und zu Propagandazwecken genutzt wird.

In der ‚Chanson d'Antioche' werden die Tafur nach einer sporadischen Erwähnung bei Civetot,[14] die nur in einigen der erhaltenen Handschriften vorhanden ist, bei der Belagerung Antiochias eingeführt, und zwar zunächst aus der auktorialen Erzählerperspektive und dann aus der fremdkulturellen Sicht Principles, des Verteidigers jenes Stadttores, dem gegenüber die Tafur Stellung bezogen haben:

> Dort befand sich der König der Tafur und sein Gesindel
> Und sie schwören bei Gott, der die ganze Welt erschuf,
> dass, wenn sie auf Heiden träfen, sie diese mit bloßen Zähnen essen werden.
> Die Tafur schreien und heulen und machen großen Lärm.
> Principles betrachtet sie und bebt im Innersten vor Zorn.
> Er verflucht sie bei Mahomed und alle, die dort unten sind.
> ‚Apollo, sage mir doch, wohin wird dieses Volk gehen?
> Sie sind keine Bohne wert und verkonsumieren nur Fleisch.
> Sie sind ja alle nackt und haben keine Waffen.

---

[10] Bulst, Neithard: Art. Guibert v. Nogent, in: Lexikon des Mittelalters. Bd. 4 (1989), Sp. 1769.
[11] Vgl. Lejeune, Rita/ Wathelet-Willem, Jeanne/ Krauß, Henning (Hrsg.): De Godefroy à Saladin. Le premier cycle de la croisade: entre la chronique et le conte de fées (1100-1300), Partie historique par Karl-Heinz Bender, Partie documentaire par Hermann Kleber (Grundriß der romanischen Literaturen des Mittelalters 3: Les épopées romanes). Bd. I/2, Fascicule 5. Heidelberg 1986.
[12] So schon: Mulder, Willem: Les Taffurs, in: Neophilologus 4 (1919), S. 289-299; Sumberg [Anm. 8]; ders.: La Chanson d'Antioche. Etude historique et littéraire. Une chronique en vers français de la Première Croisade par le pèlerin Richard. Paris 1968; Duparc-Quioc [Anm. 8].
[13] Siehe Anhang!
[14] Nelson, Jan A. (Hrsg.): La Chanson d'Antioche (The Old French Crusade Cycle 4). Tuscaloosa/ London 2003, vv. 2107 f. Im Folgenden zitiert als Ant.

Sie haben großen Mut, wenn sie in die Nähe der Brücke kommen.
Ich glaube, das sind Teufel, die uns unsere Stadt wegnehmen werden.'[15]

Während der Erzähler im epischen Vorgriff bereits auf die zentrale Kannibalismusszene voraus weist, diabolisiert Principles zwar die Tafur, schätzt aber ihren militärischen Wert als gering ein. Als unnütze Esser verminderten sie nur die Lebensmittelvorräte des Kreuzfahrerheeres, eine fatale Fehleinschätzung, wie sich bald herausstellen wird.

Während der Hungersnot im Kreuzfahrerheer vor Antiochia kommt der König der Tafur mit etlichen seiner Bande mit vor Hunger aufgeblähten Bäuchen zu Pierre l' Hermite, der nicht nur hier als der geistliche Berater der Tafur erscheint. Er verweist sie zur Stillung ihres Hungers auf die toten Türken. Damit wird ein Kannibalismus aus Not mit geistlicher Dispens insinuiert.[16] In der dann folgenden Laisse 191 wird jedoch daraus – nach dem Verfahren der *amplificatio* – ein Kannibalismus aus Fanatismus und Sadismus.

Die Tafur zerstückeln, kochen oder rösten und verzehren die toten Antiochener vor den Augen ihrer entsetzten Angehörigen. Zudem loben sie die Qualität des Türkenfleisches, das weit besser sei als Schwein, gespicktes Wildbret oder Frischling. Wer jetzt noch Hunger leide bei diesen Fleischvorräten, sei selber schuld.[17] Als Steigerung ihres Fanatismus und der terroristischen Wirkung ihres Kannibalismus schänden die Tafur einen muslimischen Friedhof, graben die Leichen aus, werfen sie auf einen Haufen und verbrennen sie. Zuvor jedoch haben sie die noch genießbaren in Stücke geschnitten und als Dörrfleisch zum Trocknen auf Pfähle gespießt.[18] Selbst der Hochadel im Kreuzfahrerheer genießt – auf das Treiben des Tafur aufmerksam geworden – das makabre Schauspiel.[19] Godefroy de Bouillon lässt dem König der Tafur zwei Korbflaschen seines besten Weines bringen,[20] als dieser auf die Frage nach seinem werten Befinden antwortet:

---

[15] *La fu li rois Tafurs, li Ribaut o lui sont
Et jurent Dameldeu, ki forma tout le mont,
Que s'il truevent paiens as dens les mangeront.
Tafur crient et huent et mout grant noise font.
Principles les esgarde, d'ire fremist et font;
De Mahon les maudist et tous ceus ki la sunt:
Apolin, car me di, ceste gent u iront?
Il ne valent .I. pois, viande gasteront.
Ja sont il trestout nu ne nule arme n'ont!
Mout ont grant hardement quant vienent prés del pont.
Je cuic ce sont maufé qui no cit nos torront.* (Ant., vv. 3637-3647). Die deutschen Übersetzungen der altfranzösischen Texte sind vom Vf. angefertigt.
[16] Ebd., vv. 4941-4974.
[17] Ebd., vv. 4975-4987.
[18] Ebd., vv. 5006-5014.
[19] Ebd., vv. 5015-5026.
[20] Ebd., vv. 5029-5032.

„Wenn ich jetzt noch zu Trinken hätte, zum Essen habe ich genug".[21]

Die Antiochener reagieren mit blankem Entsetzen und können zunächst gar nicht glauben, dass Franken zu diesen Exzessen fähig sind:

„Das sind keine Franken, das sind vielmehr lebendige Teufel."[22]

Als ihr König Garsion von den fränkischen Baronen Auskunft und Einschreiten fordert, distanzieren diese sich zwar von den Tafur, unternehmen aber nichts, denn – so argumentieren sie:

> Der Tafurkönig führt sie, denn er ist ihr Schutzherr,
> Sie sind ein widerspenstiges Volk, mit einer fremdartigen Veranlagung.
> Sie essen lieber das Fleisch der Türken als das gepfefferter Pfauen.
> Durch uns alle kann der Tafurkönig nicht gebändigt werden.
> Denn er ist sehr andersartig und ohne jedes Maß.
> Viele Heiden und Sarazenen hat er schon zu Tode gebracht.
> Ihr sollt wissen und es für sicher glauben,
> dass sie (die Tafur) nicht einmal von uns allen davon abgehalten werden können,
> alles zu tun, was immer er will.[23]

Die Tafur stehen nach diesen Ausführungen außerhalb von militärischer Ordnung und Disziplin. Sie sind ein Haufen von Habenichtsen, die – weil sie nichts zu verlieren und zu riskieren haben – sich ihr unbotmäßiges Verhalten leisten können. Dies müssen selbst die christlichen Fürsten zur Kenntnis nehmen. Sie entdecken aber den militärischen Wert der Tafur, der in erster Linie in ihrer Terrorwirkung auf den Gegner beruht.[24] Als Schocktruppe setzen sie die Tafur künftig ein; so bei der Erstürmung Antiochias, wo die Tafur die Aufgabe haben, die Gebäude von Feinden zu säubern. Am Ende der Eroberung erkennt der Erzähler die militärische Leistung der Tafur ausdrücklich an: neun Haupttore haben sie erobert und die Paläste gesäubert. Allerdings haben sie auch vergewaltigt, was der Erzähler ihnen als Sünde und Beleidigung Jesu anrechnet.[25]

In gleicher Weise werden die Tafur mit ihrer den Gegner demoralisierenden Terrorwirkung in der Entscheidungsschlacht gegen Corbaran eingesetzt. Dabei steht ihre

---

[21] *Se jou euisse a boire, a mangier ai asés* (Ant., v. 5028).
[22] *Cou ne sont pas Francois, ancois sont vif maufé* (Ant., v. 4967).
[23] *Li rois Tafurs les guie, si est lor avoés.*
Une jent sont averse d'un estranje renés;
Plus aiment cars de Turs que paon(s) enpevrés.
Par nous ne puet estre li rois Tafurs dontés
Quar il est mout estranges et mout desmesurés;
Paiens et Sarrasins a mout mors et tués.
Et si saciés mout bien et de fi le creés
Que il ne poront iestre par nous tous destornés
Que il ne facent tous ses voloirs (Ant., vv. 5043-5051).
[24] Vgl. Porges, Walter: The Clergy, the Poor and the Non-Combatants on the First Crusade, in: Speculum 21 (1946), S. 13.
[25] Ant., vv. 8048-8072.

Wirkung im Kontrast zu ihrem pittoresken Erscheinungsbild, so dass Corbaran sie – wie zuvor Principes – zunächst unterschätzt. Als er jedoch erfährt, dass es sich um die Menschfressertruppe handelt, fürchtet er sie mehr als die gepanzerten Ritter.[26] In der Entscheidungsschlacht selbst machen die Tafur ihrem Ruf alle Ehre:

> Die Leute des Tafurkönigs waren mit Macht herangestürmt.
> Niemals gab es eine Schlachtreihe, die so sehr gefürchtet worden wäre.
> In das dichteste Getümmel der Heiden haben sie sich hineingeworfen,
> und wer nicht hineingelangte, warf mit großen Steinen,
> und mit gefletschten Zähnen sind sie auf sie losgegangen.
> Wer sie sah, dem kam es so vor, als wollten sie ihn aufessen.[27]

Der gestiegene militärische Wert der Tafur hat auch den Wert ihrer Doppelspitze, ihres Anführers und ihres geistlichen Beraters erhöht. Beide werden zunehmend zuerst über die Beschlüsse der Ratsversammlung der Fürsten, des *conseil des barons*, informiert und dann in diesen einbezogen.[28]

Wie weit die Anerkennung der Eigenständigkeit der Tafur und der Aufstieg ihres Anführers geht, wird aus folgender Szene deutlich: Während eines Waffenstillstandes kidnappt der Tafurkönig einen türkischen Anführer. Auf den Protest Garsions hin verspricht Bohémond die Herausgabe des Gefangenen. Bohémond lässt reichlich Essen und Trinken verteilen und bewirtet den Tafurkönig bis tief in die Nacht in seinem Zelt. Dieser überstellt dafür Bohémond seinen Gefangenen.[29]

Auch die Tafur selbst und ihr König haben ihren gestiegenen Wert verinnerlicht. Vor der Entscheidungsschlacht gegen Corbaran hält der Tafurkönig eine Rede vor seinen Leuten. Er spricht sie mit *Signor* (Ihr Herren)[30] an; und der Erzähler nennt ihn *ber* (Held oder Baron)[31] und seine Leute *vasaus redoutés* (gefürchtete Gefolgsleute).[32] Diese adelige Diktion steht aber im krassen Gegensatz zu dem stereotypen Erscheinungsbild der Truppe, das der Erzähler zum wiederholten Male genüsslich ausmalt: zerlumpt, einige mit langen Bärten, mit zu Berge stehenden Haaren, ausgemergelt, vertrocknet, bleich, mit krummem Rücken, aufgeblähten Bäuchen, krummen Beinen und verkrüppelten Füßen, geröteten Fußknöcheln und zerschlissenen Beinkleidern, bewaffnet mit dänischen Doppeläxten, scharfen Messern, langen Stoßwaffen, Keulen

---

[26] Ebd., vv. 10073-10090.

[27] *La gent au roi Tafur estoit forment erue,*
Huimais n'i ot esciele ki tant i fust cremue;
En la plus grande prese des paiens s'est ferue,
Qui n'i puet avenir de grans caillous i rue
Et as dens eskigniés soure li est courue.
A celui ki le voit vis est k'il le manjue (Ant., vv. 10802-10807).

[28] Ebd., vv. 5425-5429; 5479, 7286 ff.

[29] Ebd., vv. 5267-5292.

[30] Ebd., v. 10060.

[31] Ebd., v. 10059.

[32] Ebd., v. 10047.

und Schaufeln,[33] aber ohne jegliche Defensivwaffe wie Schild, Helm oder Rüstung[34] und ohne typisch ritterliche Waffen wie Lanze oder Schwert.[35]

Auch die Rede ihres Anführers verrät, dass die Tafur trotz ihres Aufstiegs zu einer militärischen Schocktruppe immer noch Habenichtse sind, die nichts zu verlieren, aber alles zu gewinnen haben. Während die anderen Anführer ihre Ritter mit religiösen Überlegungen zum Kampf motivieren, weckt der Tafurkönig die Beutelust seiner Leute[36] und wirbt mit den beiden Motti „lieber tot als gefangen"[37] und „nie mehr arm"[38]. In die gleiche Richtung weist die letzte Erwähnung der Tafur nach der Schlacht um Antiochia. Mit Bettel- oder Beutesäcken um den Hals ziehen sie mordend und plündernd durch die Gegend und verbreiten Angst und Schrecken.[39]

In der ‚Conquête' oder ‚Chanson de Jérusalem' werden die Tafur, ihr König und ihr geistlicher Berater Pierre l' Hermite erst erwähnt, als das Kreuzfahrerheer Jerusalem erreicht. Sie sind immer noch die Bande von elenden Halunken, aber alle beachten sie wegen ihres Rufes.[40] Beim Anblick der heiligen Stadt profiliert sich der Tafurkönig als ideologischer Scharfmacher und Hitzkopf. Er plädiert für sofortigen Sturmangriff, nötigenfalls er allein und diese Armen bzw. diese Brüder.[41]

Robert de Flandre bremst seinen Elan, gesteht ihm aber dafür die Ehre zu, den ersten Angriff auf Jerusalem führen zu dürfen. Er redet ihn dabei mit *bel cousin*[42] an, also mit jener Floskel, mit der sich Hochadelige untereinander anreden.[43] Wenig später erhält der Tafurkönig auf Vorschlag Roberts von allen anderen Baronen auch die Ehre zugesprochen, bei der Eroberung als erster mit seinen Leuten in die Stadt einzudringen[44] gleichsam als ideologische und militärische Speerspitze des ganzen Kreuzzuges.

Bei den wiederholten Angriffen auf die Mauren Jerusalems zeichnen sich die Tafur als Pioniertruppe und ihr Anführer durch persönliche Tapferkeit aus. Die Tafur erleiden hohe Verluste, ihr König wird mehrmals verwundet, aber jedes Mal – zuerst ohne, dann mit ärztlicher Hilfe – wird er wieder kampffähig und zum Antreiber seiner Leute und des ganzen Heeres.

Bei dem letzten Sturmangriff, der zu Eroberung Jerusalems führt, bittet der adelige Ritter Thomas de Marle den Tafurkönig um die Gunst, als erster seinen Fuß auf die

---

[33] Ebd., vv. 10049-10056.
[34] Ebd., v. 10795.
[35] Ebd., Appendix VIII, v. 89.
[36] Ebd., vv. 10060-10069.
[37] Ebd., vv. 10063f.
[38] Ebd., v. 10068.
[39] Ebd., Appendix VIII, vv. 88-100.
[40] Thorp, Nigel R. (Hrsg.): La Chanson de Jérusalem (The Old French Crusade Cycle 6). Tuscaloosa/ London 1992, v. 1818. Im folgenden zitiert als Jér.
[41] *S'il n'i avoit que moi et cels qui sont frarin* (Jér., v. 1856).
[42] Ebd., v. 1858.
[43] Vgl. Jér., v. 3349.
[44] Ebd., vv. 2188-2191.

Mauern der eroberten Stadt setzen zu dürfen. Dafür leistet er ihm den Lehnseid.[45] Damit avanciert der König der Tafur zum Lehnsherrn und seine Leute zum Lehnsverband, eine Entwicklung, die in der ‚Chanson de Jérusalem' konsequent weiter verfolgt wird und die in den ‚Continuations' ihren Abschluss findet.

Als nach der Eroberung Jerusalems Godefroy de Bouillon zum ersten epischen König gekrönt werden soll, fällt dem König der Tafur als dem *plus hals hom*[46], als dem ranghöchsten Anführer, die Ehre zu, Godefroy zu krönen. Dann leisten alle Barone Godefroy den Lehnseid, auch der Tafurkönig, der damit zum Kronvasallen des neu gegründeten Königreiches von Jerusalem wird.[47] Als nach dem achttägigen Hoffest die meisten christlichen Barone zur Heimreise aufbrechen, ist der Tafurkönig der erste, der Godefroy sein Bleiben und damit seine dauerhafte Hilfe zusagt:

> Mein Herr, ich werde bei Euch bleiben in diesem Reich
> zusammen mit allen zehntausend Halunken, die Ihr hier seht,
> und von mir und von ihnen allen werdet Ihr sehr gute Hilfe erhalten.
> Ich bin euer Lehnsmann, und Ihr seid mein Schutzherr.[48]

Godefroy bedankt sich in höfischer Manier: *Sire, merci et grés*.[49] Dem Beispiel des Tafurkönigs folgen nur die beiden Brüder Godefroys, Baudouin und Eustache sowie der Graf von Toulouse. Insgesamt verfügt der neue König von Jerusalem über 11.000 Ritter und die Tafur, welche – so der Erzähler – „dort viel mehr Wert sind als viele andere"[50].

Spätestens hier haben die Tafur die Ritter an Kampfkraft und Treue wenn nicht überflügelt, so doch eingeholt. Beide Tugenden stellen die Tafur und ihr Anführer bei der Verteidigung Jerusalems und bei der Schlacht von Ramleh mehrfach unter Beweis.

In der Fortsetzung der ‚Chanson de Jérusalem', den so genannten ‚Continuations', die eine epische Geschichte des ersten Königreiches von Jerusalem sind,[51] wird die

---

45 Ebd., vv. 4649-4655, 4804-4811.
46 Ebd., v. 5323.
47 Ebd., v. 5336.
48 *Sire, jo remanrai, o vos en ces regnés*
   A tot X.M. ribaus que vos ici veés,
   Et de moi et d'els tos molt bone aie arés.
   Jo sui li vostre hom liges et vos mes avoués (Jér., vv. 5419-5422).
49 Ebd., v. 5423.
50 *Qui molt mius i valurent que des autres assés* (Jér., v. 5428).
51 Vgl. Bender, Karl-Heinz: Die Continuations de la Conquête de Jérusalem: eine poetische Chronik des ersten Königreiches von Jerusalem, in: Wolfgang Bergerfurth/ Erwin Diekmann/ Otto Winkelmann (Hrsg.): Festschrift für Rupprecht Rohr zum 60. Geburtstag. Heidelberg 1979, S. 53-59. Die *Chanson de Jérusalem* hat zwei Fortsetzungen erfahren, einmal zwischen 1250 und 1300 durch eine Reihe von selbständigen Epen (*La Prise d'Acre, La Mort de Godefroy, La Chanson des Rois Baudouin* oder *La Fin de Baudouin et les Débuts de Saladin*), *Continuations 1* genannt, und etwas später um 1300 durch ein umfangreiches Epos, das den gleichen Stoff in einem durchgehenden erzählerischen Zusammenhang darstellt, *Continuations 2* genannt. Vgl. Anhang!

Integration der Tafur und ihrer Doppelspitze in den Lehnsverband dieses Königreiches fortgesetzt. Bei der Belagerung und Eroberung Askalons und Siglaies eilt der Tafurkönig seinem Lehnsherrn[52] Baudouin, dem Bruder und Nachfolger Godefroys auf dem Königsthron von Jerusalem, zu Hilfe, sichert mit seinen Tafur die Lebensmittelversorgung des christlichen Heeres und nimmt am Sturm auf die Stadt teil. Er hat von Baudouin Rochebrune als Lehen erhalten,[53] so wie Pierre l'Hermite nach der Eroberung Askalons dieses als Lehen erhält.[54] Der Tafurkönig ist jetzt bewaffnet wie ein richtiger Ritter mit Pferd, Brustpanzer und allem, was dazugehört.[55] Auch seine Leute sind jetzt anständig bewaffnet wie ritterliche Vasallen.[56] Der Tafurkönig ist befreundet mit Abilant, dem zum Christentum konvertierten Herrn von Damaskus, *ses loiaus drus* (seinem treuen Vertrauten),[57] dem er das Leben gerettet hat und der ihm seinerseits das Leben rettet, als er sein Lehen an Saladin verliert. Unter Baudouin de Sebourc (der historische Balduin II. von Bourg), dem Nachfolger Baudouin de Boulognes auf dem Königsthron von Jerusalem, erobert der Tafurkönig zusammen mit Renaud de Châtillon die Festung Le Krac (des chevaliers).[58] Per Vertrag überlässt er Renaud seinen Anteil an der eroberten Festung gegen dessen Zusicherung, ihm bei der Rückeroberung seines Lehens Rochebrune gegen Saladin beizustehen.[59]

Der König der Tafur ist also als Kronvasall mit seinen Leuten ebenso wie Pierre l'Hermite voll im Lehnsverband des ersten Königreiches von Jerusalem etabliert; und so wie sie einst bei der Gründung und Erweiterung dieses Königreiches geholfen haben, stehen sie gegen Ende der ‚Continuations' gemeinsam im Abwehrkampf gegen Saladin. Während Pierre jedoch mit allen seinen Leuten im Kampf um Askalon fällt,[60] das er an Saladin verliert, und so durch Tod aus dem Geschehen in Outremer abtritt, erfreut sich der Tafurkönig einer hartnäckigen epischen Langlebigkeit.

Er ist mit seinen Leuten noch bei so manchen Angriffen an vorderster Front, stürzt noch mehrmals von der Sturmleiter, überlebt aber immer wieder und kommt trotz seines hohen Alters, das der Erzähler ihm jetzt zuschreibt,[61] immer wieder auf die Beine. In Ehren ergraut im Kampf um sein Lehen und den Bestand des Königreiches Jerusalem hat er drei Königen gedient. Ihm bleibt ein Heldentod versagt, aber auch ein

---

In den Cont.1 finden die Tafur nur sporadische Erwähnungen ebenso wie in allen hier nicht aufgeführten Epen des Zyklus'; in den Cont. 2 hingegen sind sie voll präsent.

[52] Grillo, Peter R. (Hrsg.): The Jérusalem Continuations. The London-Turin Version (The Old French Crusade Cycle 8). Tuscaloosa/ London 1994, v. 18482. Im folgenden zitiert als Cont. 2
[53] Ebd., vv. 19703 f., 21114.
[54] Ebd., vv. 19705 f.
[55] Ebd., vv. 21117-21144.
[56] Ebd., v. 21243.
[57] Ebd., v. 21115.
[58] Ebd., vv. 22357-22554.
[59] Ebd., vv. 22528-22541.
[60] Ebd., vv. 22576, 22587.
[61] *Au bon roi des Tafurs, qui fu viex et antiz* (Cont. 2, v. 24054).

Strohtod erspart. Seine Spur verliert sich mit seiner letzten Erwähnung während der Belagerung von Damaskus, das an Saladin verloren ging, und bei der er wiederum schwer verletzt wird, aber wiederum überlebt.[62] Auch wenn er und seine Tafur den Untergang des ersten Königreiches von Jerusalem nicht verhindern konnten, weder in der Literatur noch in der historisch-politischen Realität, so hatten sie doch einen nachhaltigen Erfolg.

Je mehr sich die Tafur von Antiochia, dem Ort ihres Eintretens in die Geschichte und die Literatur, entfernen, umso mehr werden sie in den Kreuzzugsepen idealisiert. Dieser Prozess setzt schon in der ‚Chanson d'Antioche' ein mit der Überhöhung des militärischen Wertes der Tafur. Er wird in der ‚Chanson de Jérusalem' konsequent ausgebaut und erreicht in den ‚Continuations' seinen Höhepunkt und Abschluss. Das Erscheinungsbild der Tafur in der ‚Chanson d'Antioche' als einer Bande von unbotmäßigen Habenichtsen, die dank ihres Rufes als Menschenfresser zu einer militärischen Schocktruppe avancieren, ist – scholastisch ausgedrückt – ein *ens rationis cum fundamento in re*, während das in der ‚Chanson de Jérusalem' aufscheinende Bild einer religiösen Bruderschaft und vollends das Bild der Tafur als eines Lehnsverbandes in den ‚Continuations' reine *entia rationis*, reine literarische Fiktionen sind. Es sind Wunschbilder einer ideologisch und gesellschaftlich geeinten Christenheit im Kampf gegen die Welt des Islam.

Auch in der arabischen Historiographie und den türkischen Heldenliedern sowie allgemein in der Vorstellungswelt des Islam hatten die Tafur einen schnellen und nachhaltigen Erfolg. Während in der abendländischen Historiographie der okkasionelle Kannibalismus im Kreuzfahrerheer immer mehr abgeschwächt oder verschwiegen wurde,[63] wurde das Odium, lebendige Teufel und Menschenfresser zu sein, in der arabisch-muslimischen Welt auf alle Christen ausgeweitet und belastet bis heute die Beziehungen der beiden Kulturkreise.

---

[62] Cont. 2, vv. 24141-24154.
[63] Vgl. Mulder [Anm. 12], S. 299; Sumberg: The ‚Tafurs' [Anm. 8], S. 224.

Die Tafur im Premier cycle de la croisade

Anhang: Les épopées du premier cycle de la croisade

ordre chronologique (approximatif)

- La Chanson d'Antioche ⎫
- La Chanson (Conquête) ⎬ cycle rudi-   vers 1100   remaniement attribué à Graindor de
  de Jérusalem   ⎪ mentaire   Douai et constitution du cycle rudi-
- Les Chétifs   ⎭   vers 1135   mentaire, vers 1180-1190
                                        vers 1149

- Le Chevalier au Cygne   ⎫
- Les Enfances Godefroi   ⎪
- Le Retour de Cornumaran ⎪
- la Naissance (Les Enfances) ⎬ épopées   vers
  du Chevalier au Cygne   ⎪ intermédiaires 1190-1220
      version Elioxe   ⎪
      version Beatrix   ⎪
- La Fin d'Elias   ⎭

- Les Continuations de la   ⎫
  Chanson (Conquête) de   ⎪
  Jérusalem   ⎪
  Cont. 1: première branche: ⎪
  La Chrétienté (de) Corbaran ⎪
  deuxième branche: ⎬ deuxième   deuxième moitié
  La Prise d'Acre, La Mort (de)⎪ état du   du XIIIe
  Godefroi, La Chanson   ⎪ cycle   siècle
  des Rois Baudouin (La Fin   ⎪
  (de) Baudouin et les Débuts ⎪
  (de) Saladin)   ⎭

  Cont. 2   troisième   vers 1300
                                 état du cycle

ordre cyclique

- La Naissance (Les Enfances) du Chevalier au Cygne
  (Elioxe/Beatrix)
- Le Chevalier au Cygne
- La Fin d'Elias
- Les Enfances Godefroi
- Le Retour de Cornumaran
- La Chanson d'Antioche
- Les Chétifs
- La Chanson (Conquête) de Jérusalem
- Les Continuations de la Chanson (Conquête) de Jérusalem
  Cont.1: première branche: La Chrétienté (de) Corbaran
          deuxième branche: La Prise d'Acre
                               La Mort (de) Godefroi
                               La Chanson des Rois Baudouin
                               (La Fin (de) Baudouin et les Débuts (de) Saladin)

  Cont. 2

Entnommen aus: *Les épopées de la croisade. Premier colloque international (Trèves, 6-11 août 1984)*, publié par Karl-Heinz Bender avec la collaboration de Hermann Kleber, *(Beihefte zur Zeitschrift für französische Sprache und Literatur, Neue Folge, Heft 11)*, Stuttgart: Franz Steiner Verlag, 1987, p. 178 (Appendice par Hermann Kleber).

WENDELIN KNOCH

Gebets- und Lebensgemeinschaft in Freundschaft – Bernhardinische Reformimpulse

I.   Zur Einführung

Denken und Werk Bernhards von Clairvaux, einer der einflussreichsten Persönlichkeiten des 12. Jahrhunderts, bleiben Gegenstand nicht nur mediävistischer Forschungen.[1] Wird nämlich in den Blick genommen, was von der Gründung an bis heute das Selbstverständnis des Reformordens der Zisterzienser prägt, erfahren in diesem aktuellen Kontext die bernhardinischen Reformimpulse besondere Aufmerksamkeit.[2] Gerade diesem Ordensvater verdanken die Zisterzienser- und Zisterzienserinnen-Gemeinschaften ihr prägendes Profil.[3] Askese und Disziplin im engen Anschluss an die ‚Regula

---

[1] Siehe: Leclercq, Jean: Bernhard v. Clairvaux, in: Lexikon für Theologie und Kirche. Bd. 2 (³1994), S. 268-270 (Lit.); Kahl, Hans-Dietrich: Die Kreuzzugseschatologie Bernhards von Clairvaux und ihre missionsgeschichtliche Auswirkung, in: Dieter R. Bauer/ Gotthard Fuchs (Hrsg.): Bernhard von Clairvaux und der Beginn der Moderne. Innsbruck/ Wien 1996, S. 262-315; ferner: Bell, Theo: *Divus Bernhardus*. Bernhard von Clairvaux in Martin Luthers Schriften (Veröffentlichungen des Instituts für Europäische Geschichte Mainz 148). Mainz 1993.

[2] Kassian Lauterer, Abtpräses OCist, hält dazu fest: „Das Generalkapitel des Zisterzienserordens von 1968/69 umschrieb in seiner Erklärung über die wesentlichen Elemente des heutigen Zisterzienserlebens (Nr. 8) die Bedeutung der Tradition für eine zukunftsorientierte Gestaltung des Mönchslebens: ‚Tradition ist nicht eine Sache der Vergangenheit, sondern etwas Lebendiges und Gegenwärtiges, das dynamisch in die Zukunft drängt und eine neue Verwirklichung fordert, die den neuen Gegebenheiten entspricht. Es muß also die innere Kraft der Tradition erweckt werden, die nur aus dem Studium und aus der lebendigen Beziehung zu ihr gewonnen werden kann. Daher darf die zisterziensische Tradition nicht auf ihre Anfänge eingeschränkt werden, wenn auch die ursprüngliche Inspiration sicherlich eine maßgebende Bedeutung hat.'" (Vorwort zu: von Linden, Franz-Karl: Die Zisterzienser in Europa. Reise zu den schönsten Stätten mittelalterlicher Klosterkultur. Stuttgart/ Zürich 2004.)

[3] Vgl. dazu: Schindele, Sr. M. Pia: Das monastische Leben nach der Lehre des heiligen Bernhard von Clairvaux. Baden-Baden 2003.

Benedicti'⁴ allein können nicht hinreichend erklären, warum dieser Orden so rasch aufblühte und für große Teile Europas – namentlich im Norden und Osten – durch eine Vielzahl von Klostergründungen zugleich auch ökonomisch und gesellschaftspolitisch bereits im 12. Jahrhundert eine führende Kraft dargestellt hat.⁵ Es muss der spirituelle Hintergrund bedacht werden, der für Bernhard von Clairveaux auch persönlich kennzeichnend gewesen ist und den er gleichsam als „Stempel" den Zisterziensern aufgeprägt hat.⁶

II. Bernhard von Clairvaux

Den Reformimpulsen Bernhards im Hinblick auf klösterliche Lebensgemeinschaft und private Lebensformung im Klosterkonvent liegt als Hintergrund die persönliche Befindlichkeit Bernhards, sein „Psychogramm" zu Grunde, das eine starke Emotionalität einschließt.⁷ Diese erklärt in der Ausgestaltung der Frömmigkeit die Öffnung zur Mystik, die heftige theologische Auseinandersetzung mit rationalen Argumentationen, die ihm als Glaubensgefährdung erscheinen,⁸ und nicht zuletzt sein kirchenpolitisches bzw. rechtsrelevantes Engagement.

---

4   Vosicky, Bernhard J. M.: Bernhards Aussagen über Benedikt – Benedikt von Nursia, eine Herausforderung an unsere Zeit, in: Augustinus K. Fenz/ Ferdinand Staudinger/ Gustav Jelinek (Hrsg.): Höre, mein Sohn. Sammelband von Gastvorlesungen und Festakademien (Heiligenkreuzer Studienreihe 2). Heiligenkreuz 1982, S. 43-54, bes. S. 47-50, wo der Verfasser zusammenfasst: „Der vollkommene Meister Abt Stefan Harding und der vollkommenste Schüler Abt Bernhard von Clairvaux waren beide wahre Verehrer (*amatores*), wahre Nachfolger und wahre Förderer (*imitatores, propagatores*) des hl. Benedikt und seiner Regel, wie aus dem Hymnendekret des Abtes Stefan Harding über den Cistercienserchoral hervorgeht." (ebd., S. 50.)
5   Vgl. Frank, Karl S.: Geschichte des christlichen Mönchtums. Darmstadt ⁵1993, S. 75.
6   Vgl. ebd., S. 74f; vgl. auch Knoch, Wendelin: Bernhards Wirken und Werk im Spiegel der Regula Benedicti, in: Karl J. Wallner (Hrsg.): *Auditorium Spiritus Sancti*. FS zum 200-Jahr-Jubiläum der Philosophisch-Theologischen Hochschule Heiligenkreuz 1802-2002. Langwaden 2004, S. 108-122.
7   Vgl. Möhler, Johann A.: Nachgelassene Schriften. Nach den stenographischen Kopien von Stephan Lösch (1881-1966), hrsg. v. Rudolf Reinhardt. Bd. I: Vorlesungen, Entwürfe, Fragmente, bearb. v. Reinhold Rieger (Konfessionskundliche und kontroverstheologische Studien 52). Paderborn 1989, S. 252-254.
8   Vgl. dazu Terstriep, Dominik: Weisheit und Denken. Stilformen sapientialer Theologie (Analecta Gregoriana 283; Series Facultatis Theologiae 99). Rom 2001, S. 112: „Das Gebet stellt sich als eine stetige Bewegung von Einkehr (ins eigene Ich), Auskehr (zum Du Gottes und der Brüder), Rückkehr (zum Ich) und neuerlicher Auskehr etc. dar. Dabei ist das Ich immer schon im Raum Gottes zu denken, der das Gespräch durch seine Anrede eröffnet hat und trägt. Aus dem Blickwinkel dieser Überlegungen kann das Gebet als Unterscheidung der Wahrheit über sich selbst, die Welt und Gott betrachtet werden. Die in ihm erfahrene und erlittene Wahrheit zeugt sich in der Reflexion zur Theologie aus." Siehe ferner: Köpf, Ulrich: Monastische und scholastische Theo-

Ein Blick auf den biographischen Hintergrund macht deutlich, dass Bernhards Eintritt in das Reformkloster von Morimond wie auch die Neugründung von Clairvaux als ein „Sippen-Vorgang" gelten kann.[9] Bernhard bringt die ihm so wichtige familiäre Rückbindung in das klösterliche Lebensumfeld mit ein,[10] auch wenn er familiäre Verbundenheit selbst sehr selten thematisiert. Umso erhellender ist hier die Trauerrede für seinen Bruder Gerhard.[11] In seiner Predigt zitiert Bernhard sogar ein Gebet seines Bruders, das die innige Verbundenheit beider eindrücklich unterstreicht. „Gott, du weißt, daß ich immer, soweit es in meiner Macht stand, gewünscht habe, für mich die Ruhe anzustreben, um für dich frei zu sein. Aber die Furcht vor dir hielt mich umfangen, auch der Wunsch der Mitbrüder, der Eifer des Gehorsams und mehr als alles die innige Liebe zum Abt und Bruder."[12] Bernhard hat in seinem Bruder Gerhard die Stütze gefunden, die er für seinen Dienst nötig hatte. „Warum hätte ich denn im Inneren nicht ruhig sein sollen, da ich doch wußte, daß du draußen wirkst, meine rechte Hand, Licht meiner Augen, mein Herz und meine Zunge."[13] Umso härter hat ihn des Bruders Tod getroffen. „Durch dich – ich sage es noch einmal, mein Bruder, – war mein Geist besonnen und meine Ruhe angenehm, meine Rede nachhaltiger, mein Gebet wirksamer, meine Lesung häufiger und meine Liebe glühender."[14]

Darüber hinaus kommt es nicht von ungefähr, dass Bernhard auch persönliche Freundschaften mit führenden Theologen seiner Zeit gepflegt hat. Bekannt ist in Sonderheit die Verbindung mit Aelred von Rievaulx, der sich auch selbst ausführlich literarisch zum Thema „Freundschaft" geäußert hat.[15] Nicht zu übergehen ist darüber hinaus Hugo von St. Viktor, der in seinem Hauptwerk *De sacramentis christianae fidei* ein Stück aus dem Tauftraktat Bernhards aufgenommen hat, um dessen Abfassung er

---

logie, in: Bauer/ Fuchs [Anm. 1], S. 96-135; sowie Courth, Franz: Die Logik der Gottesliebe. Zum Theologieverständnis des heiligen Bernhards von Clairvaux, in: Forum Katholische Theologie 9 (1993), S. 11-22. Eine kenntnisreiche Zusammenfassung bietet dazu auch: Chojnacki, Marek: Il battesimo e l'eucaristia. Fonti rituali della vita cristiana secondo san Bernardo di Chiaravalle. Roma 2002, Kap. 1: „San Bernardo e la teologia monastica", S. 11-41, hier bes. S. 33-39.

[9] Siehe: Winkler, Gerhard B.: Bernhard von Clairvaux. Die eine und umfassende Kirche – Einheit in der Vielfalt. Innsbruck/ Wien 2001, S. 22-24.

[10] Siehe ebd., S. 23: „Wir dürfen auch Bernhards Auffassung vom Abtamt im Zusammenhang mit seiner Sippenfrömmigkeit verstehen."

[11] Bernhard von Clairvaux: 26. Predigt, in: Sämtliche Werke, lateinisch/deutsch, hrsg. v. G. B. Winkler. Innsbruck 1990-1999, hier Bd. V, S. 386-411. Die Schriften Bernhards sind im Folgenden nach dieser Gesamtausgabe zitiert.

[12] 26. Predigt IV, 6, ebd. S. 397.

[13] 26. Predigt IV, 6, ebd. S. 397/99.

[14] 26. Predigt V, 7, ebd. S. 401.

[15] Vgl. dazu Buchmüller, Wolfgang G.: Die Askese der Liebe. Aelred von Rievaulx und die Grundlinien seiner Spiritualität. Langwaden 2001, hier v. a. V.: Aelred als Seelenführer; 1. Erfahrung der Freundschaft, S. 118-125. – „Ohne den Prior Hugo und ohne den heiligen Bernhard wäre seinerzeit nicht der ‚Spiegel der Liebe' entstanden." (S. 119)

diesen ausdrücklich gebeten hatte.[16] Enge Freundschaft hat Bernhard zudem mit Wilhelm von St. Thierry gepflegt[17] und nicht zuletzt mit Johannes von Salisbury, wie Bernhard selbst in einem Brief ausdrücklich bezeugt.[18] Beachtung verdient überdies, dass Bernhard mit hoher persönlicher Emotionalität auch seine Beziehung zur Nonne Ermengard beschreibt, die einmal Gräfin der Bretagne war.

> Wir haben keine Möglichkeit, einander zu besuchen, weder ich noch Du. Es liegt aber bei Dir, irgendwie von mir zu ahnen, wenn auch noch nicht zu erkennen, was ich sage. Wende Dich also an Dein Herz und betrachte das meine. Schreibe mir wenigstens so viel Liebe zu Dir zu, wieviel Liebe Du zu mir in Dir fühlst. […] Bedenke also, auf welche Weise Du mich bei Dir zurückhalten kannst. Um die Wahrheit zu sagen, ich gehe nie von Dir, ohne Dich mitzunehmen. Das wollte ich Dir in Kürze im Vorübergehen auf der Reise schreiben.[19]

Und in einem weiteren Brief an die Herzensfreundin bemerkt Bernhard:

> Ich habe Freude für mein Herz empfangen, da ich vom Frieden Deines Herzens vernommen habe. Ich bin froh, weil mir gemeldet wird, daß Du froh bist. Wenn ich von Deiner Fröhlichkeit höre, verleiht mir das in hohem Maße seelisches Wohlbefinden. […] Wie würde ich davon mit Dir lieber persönlich sprechen, als Dir aus der Ferne schreiben! Glaube mir, ich liebe die Geschäfte nicht, durch die ich mich oft gehindert sehe, Dich zu sehen. Ich freue mich über die Gelegenheiten, durch die ich mich wenigstens manchmal in der Lage sehe, Dich zu sehen. Freilich wird eine solche Gelegenheit nur selten gegeben. Aber ich gestehe es, teuer ist mir sogar die Seltenheit. Es ist aber sicher besser, Dich wenigstens manchmal als gar nicht zu sehen. Ich hoffe, bald zu Dir kommen zu können, und verkoste schon jetzt eine Freude, die bald vollkommen sein wird.[20]

Diese Emotionalität in freundschaftlicher Bindung wirkt prägend auch in Bernhards Frömmigkeit hinein.[21] In mystischer Tiefe findet er zu einer innigen Verbindung zu

---

[16] Bereits Martin Grabmann hatte darauf aufmerksam gemacht: „So hat Hugo von St. Viktor in sein Hauptwerk einen längeren Passus aus Bernhards Schrift ‚De baptismo aliisque quaestionibus', und zwar *tecto nomine*, aufgenommen" (mit entsprechender Textangabe), in: Die Geschichte der scholastischen Methode. Bd. 2: Die scholastische Methode im 12. und beginnenden 13. Jahrhundert. Freiburg i. Br. 1911, S. 105.

[17] Vgl. ebd., S. 108f.

[18] Brief 361, Sämtliche Werke III, S. 640-643. In diesem Schreiben an den Erzbischof von Canterbury, in dem er den Bischof von Chartres, Johannes von Salisbury, für eine Pfründe empfiehlt, nennt Bernhard wörtlich „Johannes, den Überbringer dieses Schreibens, meinen Freund und den Freund meiner Freunde", ebd., S. 641.

[19] Brief 116, Sämtliche Werke II, S. 833.

[20] Brief 117, Sämtliche Werke II, S. 835.

[21] Vgl. Kilga, Klemens: Der Kirchenbegriff des hl. Bernhard von Clairvaux. Bregenz 1948 (aus: Cistercienser Chronik 1947/1948), S. 135: „Die weltliche Literatur des 12. Jahrhunderts bedeutete ein Aufblühen der höfischen Poesie, des Minnegesanges. Die mystische Literatur desselben Jahrhunderts ergänzt diese in harmonischer Weise, ja krönt sie, indem es ihr um das gleiche Problem der Liebe, aber der Gottesliebe geht. Gilson unterscheidet drei Schulen: die Kartäuserschule mit ihrem vermutlichen Stifter Guido I., die Benediktiner- und Cistercienserschule mit ihren Gründern Wilhelm von Saint-Thierry und Sankt Bernhard, die Viktorinerschule mit Hugo und Richard von Sankt Viktor. Sie alle nahmen Stellung zum Problem der Liebe."

Maria. Die Gottesmutter unterweist ihn nicht nur beim Schreiben; in der „*lactatio*" Bernhards bringt sie diese Verbundenheit selbst am intimsten zum Ausdruck.[22] Aber auch Dante thematisiert diese enge Verbindung zu Maria in seiner „Göttlichen Komödie".

> Statt Beatrice sah ich einen Alten, / der angetan war mit dem Glorienkleide! / Um Mund und Augen las in milden Falten / so fröhlich sein Willkomm ich mir geschrieben, / als käm' er, mein in Vaterhuld zu walten. [...] Dann sprach der Greis: ‚Auf daß dich bald erfreue / mit allem Lohn das letzte Ziel der Reise, / dahin auf ihr Gebet ich dich betreue: / Betrachte nun des Gottesgartens Kreise, / denn sicher richtet dann dein Blick das Steuer / zum Gotteslicht hinan die steilen Gleise. / Die Himmelskönigin – in heiligem Feuer / glüht ihr mein Herz – wird huldreich uns beraten, / weil ich ihr Bernhard bin, ihr vielgetreuer.[23]

Und nachdem Bernhard ein Bittgebet an die Gottesmutter gesprochen hat,[24] hält der Dichter fest:

> Wie gern vernimmt sie solch ein fromm Beschwören! Die Augen, die gespannt am Beter hingen, / die gottgeliebten, winkten schon Erhören. / ... Mit mildem Lächeln wollte Bernhard winken, / mein Auge nun der Höhe zu erschließen, / und sah's schon aufgetan, die Schau zu trinken. / Und klar und klarer sah ich sich's ergießen, / und voll und voller durft ich sonder Wanken / des hehren, in sich wahren Lichts genießen.[25]

III. Prägung des Klosterlebens

Ein Ernstnehmen der Facetten, in denen sich für Bernhard von Clairveaux persönlich „Freundschaft" realisiert und die zugleich seine Persönlichkeit profilieren, gibt auch jenen Impulsen ihren „Sitz im Leben", mit denen der Ordensvater „seinen" Orden formt und ihm seine Prägung gibt. In strenger Rückbindung an die ‚Regula Benedicti' ist für ihn im Ernstnehmen mönchischer Berufung, damit ein stark wucherndes Einsiedler-leben zurückweisend, einzig ein solches Leben in einer koinobitischen Klostergemein-

---

[22] Frank [Anm. 5], S. 75: „Die strenge Herbheit der Zisterzienser, fast als Puritanismus zu bezeichnen, die vor allem die frühen Zisterzienserbauten kennzeichnet, brachte er (sc. Bernhard) in die Ordensgesetzgebung. Freilich wußte er diese Haltung wieder auszugleichen durch seine mystische Frömmigkeit, die sich in glutvoller Jesus- und Marienverehrung zeigte." Neben die Vision der *doctrina* tritt die – in der Kunst ebenfalls häufig dargestellte – *sacra conversatio*; dazu: Paffrath, Arno: Bernhard von Clairvaux. Bd. II: Die Darstellung des Heiligen in der bildenden Kunst. Bergisch Gladbach 1990; zur *lactatio* in Bild und Deutung, ebd. S. 54, 65-68.

[23] Dante Alighieri: Die göttliche Komödie. Übertragung, Einführung und Erläuterung von August Vezin. Freiburg i. Br. 1956, Das himmlische Paradies 31. Gesang, S. 59-63, 94-102, 1105/1107.

[24] Es handelt sich bei diesem Gebet um „eine Paraphrase seines uns überlieferten und heute noch viel gebeteten Memorare", so Vezin, August: Einleitungstext zum Dreiunddreißigsten Gesang, Die göttliche Komödie [Anm. 23], S. 1122.

[25] Dante Alighieri [Anm. 23], 33. Gesang, S. 40-42, 49-54, 1127.

schaft angemessen zu führen (siehe RB 1).²⁶ Deshalb ist für den einzelnen Mönch sein positives Engagement für die Gemeinschaft (siehe RB 72) ebenso notwendig wie die *stabilitas*, gelebt in steter Umkehrbereitschaft. Zudem bildet sich im Kloster das himmlische Jerusalem ab,²⁷ bleibt der einzelne Mönch somit eingebunden in die Gemeinschaft der „Himmelsbewohner".²⁸

Bernhard von Clairveaux war ein Realist, der sich der menschlichen Schwächen ebenso bewusst war²⁹ wie der daraus erwachsenden Gefahr für den von seinen Weisungen zutiefst geprägten Reformorden. „Die Zisterzienser mußten (davor) bewahrt werden, keine Katharer zu werden"; denn „gerade für eine sehr lebendige und strenge religiöse Bewegung bestand das Leben nicht selten in einer Gratwanderung zwischen Ortho- und Heterodoxie".³⁰ Deshalb ist „Strenge für Bernhard kein Selbstzweck, sondern jene Einstellung, die dem *Ordo* angemessen ist, um seine Erhaltung zu sichern. *Ordo*, ein Grundbegriff der Apologie [an den Abt Wilhelm], bezeichnet zunächst allgemein die ‚Ordnung', sodann die besondere ‚Lebensform', den dadurch geprägten ‚Stand' und als eine Organisationsform des Mönchsstandes den ‚Orden', der erstmals

---

[26] Quelle: Regula Benedicti. Die Benediktsregel (lat./dt.), hrsg. im Auftrag der Salzburger Äbtekonferenz. Beuron 1992; vgl. auch Puzicha, Michaela: Kommentar zur Benediktusregel. Mit einer Einführung von Christian Schütz, hrsg. im Auftrag der Salzburger Äbtekonferenz. St. Ottilien 2002. Zum aktuellen Hintergrund: Bernhard von Clairvaux: Sentenzen III, 31: „In jedem Kloster gibt es nachweislich jene vier Arten von Mönchen, die der hl. Benedikt (RB 1) beschreibt." (Sämtliche Werke IV, S. 425) Dazu bemerkt Winkler: „In dieser anschaulichen Paraphrase zu RB 1 (Sent. III, 31) fällt auf, daß Bernhard die ‚Eremiten' im Kloster freundlicher interpretiert als der hl. Benedikt. Das mag auf eine Neuentdeckung des persönlichen Gebets zurückzuführen sein, für das die Vereinfachungen der Chorliturgie bei den Zisterziensern Raum schaffen sollten. Das Motiv mag aber auch eine Reminiszenz auf eremitische Tendenzen der Väter von Cîteaux gewesen sein. Der Passus gehört in das Thema vom buchstabengetreuen Regelverständnis der Zisterzienser. Dieses mag ‚literal', aber nicht ‚literalistisch' gewesen sein. L. J. Lekai, The Cistercians. Ideals and Reality. Kent 1977, S. 11-20 (‚From Molesme to Cîteaux')", Sämtliche Werke IV, 770, Anm. 18.

[27] Der Prediger Bernhard führt wörtlich aus: „Wirklich, das Kloster ist ein Paradies, ein Bereich, der von der Mauer der Zucht geschützt wird und in dem es einen hohen Ertrag an kostbaren Gütern gibt." (42. Predigt, 4, Sämtliche Werke IX, S. 537)

[28] Zur Engellehre Bernhards vgl. Knoch, Wendelin: Die Engellehre Bernhards von Clairvaux. Vergessene Einsichten aus der Blüte hochmittelalterlicher Mönchstheologie, in: ders. (Hrsg.): Engel und Boten (Das Mittelalter. Perspektiven mediävistischer Forschung 11, 1). Berlin 2006, S. 10-28.

[29] In den Sentenzen I, 26, stellt Bernhard dazu fest: „Zwei Mauern muß es in der Gemeinschaft geben: eine innere und eine äußere. Die innere sind die Mönche, die äußere die Konversen. Die ersten sollen nicht neugierig und nicht genußsüchtig sein; die zweiten nicht aufrührerisch und nicht betrügerisch. Und da selten Frieden unter ihnen herrscht, gibt es eine dritte Mauer, die aus der Gegenrichtung kommt und die verschiedenen Mauern verbindet: nämlich den Abt, den Prior und andere geistlich gesinnten Brüder. Das Fundament ist der heilige Entschluß." (Sämtliche Werke IV, S. 283)

[30] Winkler, Gerhard B., in: Sämtliche Werke II, S. 203, Anm. 10.

im Zisterzienserorden verwirklicht ist".³¹ Im Rückgriff auf die ‚Regula Benedicti' steht für Bernhard deshalb die *discretio* als „Mutter der Tugenden" im Mittelpunkt, die nicht nur für den Abt, sondern auch für jeden einfachen Mönch Gültigkeit hat. Das Geistige hat Vorrang gegenüber den Körperlichen, äußere Observanz, vor allem Askese und Abstinenz sind der Demut und Liebe nachgeordnet. „*Discretio* hält die rechte Mitte zwischen starrer, buchstäblicher Befolgung und Vernachlässigung der Regel. Sie schafft ein ausgewogenes Verhältnis zwischen geistlichen und körperlichen Übungen und vermeidet Übertreibungen in beiden Richtungen."³² Bernhard hat also die Liebe entdeckt, und zwar in einer Weise, die die radikale Gottesliebe so füllt, dass jeder Mensch in ihr eingeschlossen ist. „Nicht nur die Nächstenliebe im üblichen Verständnis hat darin ihren selbstverständlichen Platz, auch die Freundesliebe, die [...] in diesen Klöstern sehr gepflegt wurde, auch die Verwandtenliebe [...]; sie ist bei Bernhard eingebettet in die Liebe zu Gott. Wie sehr hing er an seiner Mutter, an seinen Geschwistern!"³³ Die Verwirklichung eines radikalen theozentrischen und kontemplativen Christentums schließt Egoismus aus, zunächst und vor allem dadurch, „daß man alles, was Gott liebt, genauso liebt, wie Gott selbst, mit einer Liebe, in der man sich völlig hingibt".³⁴ Deshalb gibt es für Bernhard keine Entgegensetzung zwischen Individuum und Kommunität. Bernhard betont daher das notwendige „Bei-sich-Sein in der Betrachtung", aber nicht minder, dass das soziale Leben ein unverzichtbarer Wert für die klösterliche Gemeinschaft ist. „Wenn nun jedem einzelnen das zuteil geworden ist, müssen wir uns auch alle miteinander verbinden und zu einer Einheit zusammenfügen, nämlich durch die wechselseitige Liebe, die das Band der Vollkommenheit ist (Kol 3, 14)."³⁵

Bernhard weiß, dass sich der Reformorden der Zisterzienser im spirituellen Umfeld einer starken Eremitenbewegung zu bewähren hat. Und gerade deshalb misst er im Einklang mit der Benediktregel einer Gemeinschaft zentrale Bedeutung bei, die der Frömmigkeit, der geistlichen und charakterlichen Formung des einzelnen Mönches Raum bewahrt. Er nämlich soll Bernhards Mahnung beherzigen, die nicht nur der Andacht im gemeinsamen Gebet gilt, sondern auch der persönlichen Gottesbegegnung³⁶

---

31 Köpf, Ulrich: Einleitung zur Apologie an den Abt Wilhelm, in: Sämtliche Werke II, S. 141.
32 Ebd.
33 Schenkl, M. Assumpta: Bernhard und die Entdeckung der Liebe, in: Bauer/ Fuchs [Anm. 1], S. 151-179, hier: S. 175.
34 Bouyer, Louis: La spiritualité de Cîteaux. Paris 1955, S. 248, zitiert: Schenkl, ebd.
35 2. Predigt zum Kirchweihfest, 4, Sämtliche Werke VIII, S. 827; vgl. dazu Schindele [Anm. 3], S. 124.
36 Im Sermo 40 über das Hohelied, III, 4 führt Bernhard dazu u. a. aus: „Du heilige Seele, bleibe allein, um dich unter allen einzig für den freizuhalten, den du aus allen für dich erwählt hast. Flieh die Öffentlichkeit, ja flieh sogar die Hausgenossen; zieh dich von Freunden und Vertrauten zurück, ja, sogar von dem, der dir dient. Oder weißt du nicht, daß du einen scheuen Bräutigam hast, einen, der dir niemals seine Anwesenheit gewähren will, wenn auch die anderen da sind? Zieh dich also zurück, doch der Seele, nicht dem Leibe nach; in der Gesinnung, in der Hingabe,

wie dem trauten Miteinander[37]. So wundert es auch nicht, dass Zisterzienserklöster im Mittelalter durchaus nicht so uniform waren, wie es die einschlägigen Ordenssatzungen nahe legen.[38]

Vor diesem Hintergrund bekommt die Feier der Liturgie ein eigenes Gewicht. Bernhard mahnt zur Vorsicht gegenüber jenen, „denen die normalen Formen des religiösen Lebens nicht genügen"[39], denn dass das Kloster ein „Paradies" ist, ein „Bereich des Lebens und der Wahrheit", findet seine Bestätigung in den heiligen Zusammenkünften, in denen das Gotteswort gehört wird, in Lob, Gebet und Anbetung. Aber dies muss stets, geleitet von wechselseitiger Liebe, dem Leben in der Gemeinschaft des Klosters integriert sein. Bernhard fasst das in der ersten Predigt zum Fest der Apostel Petrus und Paulus prägnant zusammen:

> Ich bin jedoch der Meinung, daß du, der du in einer Gemeinschaft bist, gut lebst, wenn du ein geordnetes, gemeinschaftliches und demütiges Leben führst: ein geordnetes Leben für dich, ein gemeinschaftliches Leben für den Nächsten und ein demütiges Leben für Gott. Ein geordnetes Leben, indem du in deinem ganzen Verhalten aufmerksam auf deine Wege achtest und den Blick auf den Herrn und den Nächsten richtest, um dich vor Sünde und ihn vor Verführung zu bewahren. Ein geselliges Leben, indem du danach strebst, geliebt zu werden und zu lieben, dich freundlich und gefällig zu zeigen, und nicht nur geduldig, sondern auch gern die Schwächen deiner Brüder zu ertragen, sowohl die charakterlichen als auch die leiblichen. Ein demütiges Leben, indem du dich bei all diesem Tun bemühst, den Geist der Eitelkeit auszulöschen, der sich gewöhnlich bei solchem Verhalten regt, und in keiner Weise zuzustimmen, sosehr du ihn auch vielleicht fühlst.[40]

Daraus ergeben sich freilich für die Gemeinschaft klare Maßstäbe, die Bernhard in seiner Predigt „Zum Tod des Herrn Humbert", der unter anderem auch als Zisterzienserabt gewirkt hatte, ausdrücklich festhält.

---

 im Geist. Geist ist nämlich vor deinem Angesicht Christus, der Herr (Klg 4, 20), und der Geist verlangt nicht nach der Einsamkeit des Leibes, wenn es auch manchmal nicht nutzlos ist, dich auch dem Leibe nach zurückzuziehen, falls es möglich ist, besonders zur Zeit des Gebetes." (Sämtliche Werke VI, S. 69)

[37] Ebd., III, 5: „Im übrigen wird dir nur die Einsamkeit des Herzens und des Geistes ans Herz gelegt. […] Einsam bist du, wie groß auch die Zahl der Menschen ist, unter denen du dich aufhältst: nur hüte dich, fremde Gespräche leichtfertig zu richten oder neugierig anzuhören. Selbst wenn du eine unrechte Tat beobachtest, richte auch dann den Nächsten nicht, sondern entschuldige ihn vielmehr." (Sämtliche Werke VI, S. 69)

[38] Casey, Michael: *In communi vita fratrum*. St. Bernard's Teaching on Cenobitic Solitude, in: Analecta Cisterciensia 46 (1990), S. 243-261, hier S. 245: „They were more like villages than an army; not a single streamlined organisation but a collection of characters, functions and occupations, attending to different aspects of the monastery's life each animated by a distinctive spirituality. Not for nothing does Bernard note that were [sic!] is rarely peace between the *claustrales* and the obedientiaries. It is the task of ‚the abbot, the prior and the other spiritual brothers' to hold together what otherwise might tend to be antipathetic."

[39] Rauch, Johannes: Die anderen im Menschenbild Bernhards: Juden, Heiden, Ketzer, in: Bauer/Fuchs [Anm. 1], S. 235-261, hier: S. 256.

[40] 1. Predigt zum Fest der Apostel Petrus und Paulus, 4, Sämtliche Werke VIII, S. 451.

Im übrigen sage ich euch, meine Brüder: Würdet ihr seinen Spuren folgen, dann würdet ihr euch nicht so leicht durch törichte Gedanken, durch müßiges Gerede, durch Scherze und Possen versündigen; damit vergeudet ihr ja viel von eurem Leben und eurer Zeit... Achtet auf jenes Vorbild, das ihr in ihm gesehen und gehört habt, damit ihr zu dem gelangt, zu dem auch er gekommen ist, zu ‚Gott, der gepriesen ist in Ewigkeit'. (Röm 9,5)[41]

IV. Summarium

Gegenüber einem ausufernden Lebensstil, den Bernhard in seiner Zeit vor allem im Blick auf das große Kloster Cluny wahrnahm, war es ihm darum zu tun, den Reformorden der Zisterzienser dadurch ein prägendes Gesicht zu geben, dass hier in der strikten Auslegung der ‚Regula Benedicti' das Mönchsleben so geformt wurde, dass persönliche Frömmigkeit stets gehalten war von Gemeinschaft, die sich über den liturgischen Raum hinaus gerade im Alltag zu bewähren hatte. Diesen Grundimpuls setzte Bernhard durch die Einbeziehung dessen um, was ihn selbst als Persönlichkeit geprägt hat, indem er asketische Strenge als radikalen Ausdruck unverbrüchlicher Gottesliebe formulierte, aber auch die Intimität persönlicher Herzensfrömmigkeit mit Gemeinschaft verzahnte. Nur so kann das Kloster Abbild des himmlischen Jerusalem sein, dessen Bewohner durchaus nicht uniform sind, sondern in deutlicher Differenzierung ihre Eigenarten und Grenzen gerade in der Bewältigung klösterlichen Alltags zeigen. So erwächst dem Einzelnen aus der Gemeinschaft das notwendige Korrektiv, während umgekehrt die Gemeinschaft immer wieder durch ihren Umgang mit jedem Einzelnen sich selbst daraufhin zu überprüfen hat, ob sie tatsächlich den an sie gestellten Anspruch auch einlöst. Nur wenn die Liebe hier das tragende Fundament ist, kann das Kloster eine *Schola Redemptionis* sein, ein Wohnort der Engel. Damit erneuert sich von der klösterlichen Gemeinschaft her auch die Kirche, für deren Einheit Bernhard so nachdrücklich gestritten hat. Die Spiritualität des Zisterzienserordens ist darin nicht nur für die Kirche seiner Zeit durch Bernhard fruchtbar gemacht worden; in dieser Zuordnung von individueller Prägung und Gemeinschaft auf dem einenden Fundament strikter Gottesliebe sind Impulse freigesetzt worden, die – wesentlich verstärkt durch das schnelle Aufblühen des Zisterzienserordens ab dem 12. Jahrhundert – zu einer prägenden Facette im Gesamtprofil des „mittelalterlichen Geisteslebens" (Martin GRABMANN) geworden sind. Dann nämlich ist tatsächlich Benedikts Intention, dem Anliegen des „Vaters des abendländischen Mönchtums", Rechnung getragen, wenn – und von dieser Einsicht ist Bernhard von Clairvaux durchglüht – das Kloster tatsächlich eine „Gebets- und Lebensgemeinschaft in Freundschaft" ist.

---

[41] Zum Tod des Herrn Humbert, 8, Sämtliche Werke VIII, S. 965.

Rüdiger Schnell

Kommunikation unter Freunden vs. Kommunikation mit Fremden. Eine Studie zum Privaten und Öffentlichen im Mittelalter

Mit dem Gegenstand dieser Studie möchte ich drei Forschungsparadigmen der aktuellen Mediävistik relativieren bzw. ergänzen:

Erstens das Paradigma der Repräsentation, der Öffentlichkeit und des repräsentativen Körpers.[1] In einer Studie über höfische Interaktion war vor ca. 20 Jahren zu lesen: Die höfische Person werde nie zur Privatperson.[2] Da wir heute die Relation von Öffentlichem und Privatem im Mittelalter etwas differenzierter sehen,[3] drängt sich die Frage auf: Kannten die höfische Kultur und Literatur tatsächlich nur öffentliche Personen?

---

[1] Höfische Kultur wird als eine Kultur der öffentlichen Sichtbarkeit und der Präsenz verstanden (Horst Wenzel, Gerd Althoff u. a.). Gegenüber diesem Forschungsparadigma der umfassenden Semiotisierung der sichtbaren Welt ist an die zahlreichen Thematisierungen der Diskrepanz von „Außen" und „Innen" und an die entsprechenden Verhaltensregeln in der mittelalterlichen Literatur zu erinnern; vgl. Schnell, Rüdiger: Die „Offenbarmachung" der Geheimnisse Gottes und die „Verheimlichung" der Geheimnisse des Menschen. Zum prozesshaften Charakter des Öffentlichen und Privaten, in: Gert Melville/ Peter von Moos (Hrsg.): Das Öffentliche und das Private in der Vormoderne. Köln u. a. 1998, S. 359-410; ders.: Mittelalterliche Tischzuchten als Zeugnisse für Elias' Zivilisationstheorie?, in: ders (Hrsg.): Zivilisationsprozesse. Zu Erziehungsschriften in der Vormoderne. Köln u.a. 2004, S. 85-152, hier S. 105 u. 120-123; ders.: Wer sieht das Unsichtbare? *Homo exterior* und *homo interior* in monastischen und laikalen Erziehungsschriften, in: Katharina Philipowski/ Anne Prior (Hrsg.): *anima* und *sêle*. Darstellungen und Systematisierungen von Seele im Mittelalter. Berlin 2006, S. 83-112.

[2] Haferland, Harald: Höfische Interaktion. Interpretationen zur höfischen Epik und Didaktik um 1200. München 1988, S. 207.

[3] Melville, Gert/ von Moos, Peter (Hrsg.): Das Öffentliche und Private in der Vormoderne. Köln u.a. 1998; Schlie, Heike: Bildraum – Referenzraum – Räumlicher Kontext. Graduierungen des Öffentlichen und des Privaten im Bild des Spätmittelalters, in: Caroline Emmelius u. a. (Hrsg.): Offen und verborgen. Vorstellungen und Praktiken des Öffentlichen und Privaten in Mittelalter und Früher Neuzeit. Göttingen 2004, S. 83-108; Kern-Stähler, Annette: Die Suche nach dem privaten Raum im englischen Spätmittelalter: Literatur und Lebenswirklichkeit, in: Elisabeth Vavra (Hrsg.): Virtuelle Räume. Raumwahrnehmung und Raumvorstellung im Mittelalter. Berlin 2005, S. 87-107.

Zweitens soll das Paradigma des Fremden, des Anderen, des Umgangs mit dem Fremden durch das Paradigma des Vertrauten, des Bekannten, des Familiaren ergänzt werden. In den zahlreichen Studien der letzten Jahre über mittelalterliche und frühneuzeitliche Reiseberichte interessierte nur die Begegnung mit dem Anderen. Die Kommunikation mit den Reisegefährten blieb unterbelichtet.

Drittens ist das Forschungsparadigma der zunehmenden Affektkontrolle, der wachsenden Selbstdisziplinierung, wie es von Norbert ELIAS entwickelt wurde und bei seinen Anhängern noch heute uneingeschränkte Gültigkeit besitzt, auf den Prüfstand zu stellen.[4]

ELIAS hat den Zivilisationsprozess allein von Verhaltensanforderungen aus beschrieben, die für den öffentlich-offiziellen Umgang der Menschen formuliert worden sind. Den Gegensatz zum öffentlich-sichtbaren Bereich bildet für ELIAS lediglich der Raum, in dem jemand unbeobachtet von anderen mit sich allein ist.[5] Den Übergang von Fremdzwang zum Selbstzwang möchte ELIAS ja gerade daran festmachen, dass in Manierenschriften die Menschen aufgefordert werden, auch in Abwesenheit anderer bestimmte Handlungen zu unterlassen. ELIAS kennt also lediglich die Unterscheidung zwischen einem Raum des Alleinseins und einem Raum des Miteinanders. Was ELIAS entgangen ist, ist der privat-informelle Umgang zwischen Menschen.[6] Dies ist vermutlich darauf zurückzuführen, dass ELIAS wie viele vor und nach ihm dem Mittelalter eine Abgrenzung von öffentlichem und privatem Lebensbereich abgesprochen haben.[7] Nur so konnte die These von der im Mittelalter fehlenden Scham in sexuellen und fäkalischen Dingen entstehen.[8]

Neben dem von ELIAS herausgearbeiteten Unterschied von „Verhalten in Anwesenheit dritter" und „Verhalten in Abwesenheit anderer"[9] wird im Mittelalter immer wieder

---

[4] Vgl. Schnell: Zivilisationsprozesse [Anm. 1].
[5] Zum Beispiel Elias, Norbert: Über den Prozeß der Zivilisation. Soziogenetische und psychogenetische Untersuchungen. Bd. 1 (stw 158). Frankfurt a. M. [7]1980, S. 175 (vgl. auch Bd. 2 [stw 159], ebd. [6]1979).
[6] Lediglich Elias, Bd. 1 [Anm. 5], S. 184, gebraucht die Differenzierung „Gegenwart nicht ganz nahestehender Personen", die auf besondere Voraussetzungen in unterschiedlichen sozialen Kontexten verweist. Doch führt Elias dies nicht näher aus.
[7] Zum Beispiel Schmitt, Jean-Claude: Die Logik der Gesten. Stuttgart 1992, S. 341: erst die bürgerliche Gesellschaft des 18./19. Jhs. habe diese Unterscheidung vorgenommen.
[8] Dass es im Mittelalter freilich mannigfache Übergänge zwischen Privatheit und Öffentlichkeit gegeben hat, muss hier nicht extra erwähnt werden. Auch braucht hier nicht betont zu werden, dass die Abgrenzung zwischen privater und öffentlicher Sphäre beim Hochadel anders verlaufen ist als etwa beim niederen Adel oder im städtischen Patriziat; vgl. z. B. die rigiden Anweisungen zum Tischverhalten für adlige Kinder, die Peter Többicke (Höfische Erziehung – Grundsätze und Struktur einer pädagogischen Doktrin des Umgangsverhaltens, nach den fürstlichen Erziehungsinstruktionen des 16. bis 18. Jahrhunderts. Diss. TH Darmstadt 1983, S. 99-106) anführt (ausdrücklich werden allzu familiare Umgangsformen untersagt, selbst innerhalb der Familie).
[9] Zu Elias' [Anm. 5] spärlichen Belegen (I 175) seien hinzugefügt: Daniel Becclesiensis: Urbanus magnus (ca. 1200), hrsg. v. Gilbart Smyly. Dublin 1939, V. 1104ff (u.a.). Immer wieder heißt es

der Unterschied zwischen öffentlichem und privatem Lebensbereich ins Bewusstsein gerückt.[10]

Es erstaunt schon, dass ELIAS einerseits die Veränderung des Verhaltens und des Trieblebens, die er Zivilisation nennt, auf die „stärkere Verflechtung der Menschen und ihrer wachsenden Abhängigkeit" zurückführt,[11] andererseits die soziale Figuration, die die dichteste Verflechtung zeigt, die Familie im städtischen und dörflich-bäuerlichen Bereich, nicht berücksichtigt hat. Dass ausgerechnet dort der sog. Zivilisationsprozess –

---

in Manierenschriften, dass bestimmte Handlungen nicht in Anwesenheit anderer, nicht in der Öffentlichkeit getan werden dürfen, sondern an einem Ort, wo die anderen nicht belästigt werden. Z. B. sollte man den Hosengürtel vor dem Essen, in Abwesenheit anderer Leute lockern, nicht während des Essens; z. B. Facetus cum nihil utilius, hrsg. v. Leopold Zatočil (Cato a Facetus. Brünn 1952, S. 287-293, Str. 131). Auch in den Zähnen stochern sollte man tunlichst in Anwesenheit anderer unterlassen; z. B. mittelniederdeutsche Tischzucht (*Dit is hovescheit*), hrsg. v. August Lübben (Germania 21 [1876], S. 424-430, S. S. 425,3-9 [vgl. auch ebd. 427,9f.]). Sich am Kopf zu kratzen ist nur gestattet, wenn man alleine ist; z. B. Urbanus magnus [s.o.], V. 1312-1314. Auf den Esstisch sei nur zu spucken, wenn andere Leute noch anwesend seien, heißt es in grobianischer Verkehrung in der Siegburger Tischzucht: Thornton, Thomas Perry (Hrsg.): Grobianische Tischzuchten. Berlin 1957, Nr. 2, V. 119f.; vgl. auch Johannes Sulpicius Verulanus: De moribus puerorum carmen iuvenile (ca. 1460/70), o. O. o. J., V. 11 (man solle sich schämen, wen man sich öffentlich am Kopf gekratzt habe). Man solle sich nicht in Anwesenheit von anderen die Hände waschen, heißt es in der Karlsruher Hofzucht (*Von der hoff zucht eyn gut ler*: Schmid, Ursula [Hrsg.]: Codex Karlsruhe 408. Bern/ München 1974, S. 453-459, V. 37f.). Dass sich Kaiser Friedrich III. in Anwesenheit von Gästen anders bei Tisch benahm als wenn er alleine war, berichtet Joseph Grünpeck: Historia Friderici III et Maximilianis I, hrsg. v. Joseph Chmel, in: Der Österreichische Geschichtsforscher I (1838), S. 64-97, hier S. 74f. (cap. 12) (vgl. die Übersetzung von Theodor Ilgen: Die Geschichte Friedrichs III. und Maximilians I. [Die Geschichtsschreiber der deutschen Vorzeit, 15. Jahrhundert, Bd. 3]. Leipzig 1891, S. 24f.). Freilich wird in verschiedenen Texten auch angemahnt, man solle sich, wenn man alleine sei, genauso korrekt und diszipliniert verhalten wie in Anwesenheit anderer Personen; vgl. Schnell, Rüdiger: Wer sieht das Unsichtbare? [Anm. 1].

[10] Vgl. z. B. Urbanus magnus [Anm. 9], V. 1219f, 1268f. (Schlafräume und private Räume sind von den Räumen, die Dritten zugänglich sind, getrennt). Dies gegen Michael Schröter: "Wo zwei zusammenkommen in rechter Ehe ...". Sozio- und psychogenetische Studien über Eheschließungsvorgänge vom 12. bis 15. Jahrhundert. Mit einem Vorwort von Norbert Elias. Frankfurt a. M. 1985; ders.: Scham im Zivilisationsprozeß, in: Hermann Korte (Hrsg.): Gesellschaftliche Prozesse und individuelle Praxis (stw 894). Frankfurt a. M. 1990, S. 42-85. Alain Chartier: De vita curiali [ca. 1427], hrsg. v. Pascale Bourgain-Hemeryck. Paris 1977, S. 346-374, hier S. 374: der Verfasser wünscht dem Adressaten, dass er, falls er nicht zugrundegehen wolle, den *mentem curialem* aufgebe, sich vom Hof zurückziehe und sich innerhalb der Grenzen der *privata domus* erhole. Dies gehört in die klerikal-humanistische Tradition der Gegenüberstellung von hektischem Hofleben und beschaulichem Gelehrtendasein; vgl. dazu Uhlig, Claus: Hofkritik im England des Mittelalters und der Renaissance. Berlin/ New York 1973; Schnell, Rüdiger: Hofliteratur und Hofkritik in Deutschland. Zur funktionalen Differenz von Latein und Volkssprache, in: Peter Moraw (Hrsg.): Deutscher Königshof, Hoftag, Reichstag im späten Mittelalter (Vorträge und Forschungen 48). Stuttgart 2002, S. 323-355.

[11] Elias [Anm. 5], Bd. 1, S. 187, Bd. 2, S. 68, 321f., 404.

verstanden als wachsende Aversion gegenüber körperlicher Nähe von Anderen – zuallerletzt Eingang gefunden hat, sollte Anlass zur Frage geben, ob ELIAS für den von ihm beschriebenen Prozess die wirklich relevanten Faktoren benannt hat.

Erhebt man wie ELIAS den Anspruch, eine ganzheitliche Perspektive auf die psychosozialen Prozesse der letzten 800 Jahre zu entwickeln, so darf meines Erachtens die Differenz zwischen Öffentlichkeit und Privatheit nicht übergangen werden.[12]

Gegen ELIAS ist auf soziale und temporale Freiräume aufmerksam zu machen, die den sog. Zivilisationsprozess einerseits unterlaufen, andererseits obrigkeitliche und individuelle Bemühungen um Disziplinierung überhaupt erst ermöglichen. Da im Theorem von ELIAS soziale Prozesse mit psychischen Veränderungen verkettet werden, müssen Umschreibungen der sozialen Prozesse oder Neuentdeckungen sozialer Konfigurationen auf unsere Sicht der Psychogenese durchschlagen.

Das Textkorpus, von dem her ich meine Überlegungen stütze, besteht aus historiographischen, literarischen und traktathaften Quellen. Zunächst also verfolge ich einen bestimmten Diskurs, wie er uns in Texten des 12. bis 17. Jahrhunderts entgegentritt. Gegen diese Einengung des Analyseobjekts auf Diskurse könnte man einwenden, dass wir dadurch nichts über die soziale Wirklichkeit erfahren. Das Besondere an dem von mir vorgestellten Diskurs ist jedoch, dass er kein ideales, nicht zu verwirklichendes Verhalten einfordert, sondern im Gegenteil eher eine gewisse Nachlässigkeit gestattet und zu einem Absehen von rigiden Verhaltensnormen ermutigt.[13] Wir haben es also mit einem Diskurs zu tun, dessen Ratschläge den Rezipienten psychosoziale Erleichterung verschaffen. Das mag in einem Zeitalter, in dem es von normativen Texten mit hohen moralischen Ansprüchen nur so wimmelt, immerhin erstaunen.

Mein Argumentationsziel bzw. meine These lässt sich so formulieren: In die mittelalterliche und frühneuzeitliche Welt, die angeblich durchgängig vom Ehredenken beherrscht ist,[14] sind kommunikative Räume eingelassen,
– die vom Ehredenken weitgehend abgekoppelt sind,
– in denen der Andere nicht als der Andere erscheint und
– in denen der Zwang zur Selbstdarstellung, zur Repräsentation aufgehoben ist.

Für den Umgang mit Fremden oder mit Freunden gelten ganz unterschiedliche Verhaltensregeln, die recht unterschiedliche Scham- und Ekelschwellen erkennen lassen.

---

[12] In der Forschung zur Esskultur wird immer wieder der Unterschied zwischen Arm und Reich beschworen (z. B. Hirschfelder, Gunther: Europäische Eßkultur. Frankfurt a. M./ New York 2001, S.9). Dieser Unterschied mag für die Speisen und das Essbesteck wichtig sein. Für das Benehmen bei Tisch ist der Unterschied zwischen öffentlich und privat möglicherweise relevanter.

[13] In pastoraltheologischen Schriften des Mittelalters ist dieselbe Perspektive anzutreffen. Auch das Mittelalter kennt nicht nur normative, sondern auch pragmatisch-deskriptive Diskurse; vgl. Schnell, Rüdiger: Frauendiskurs, Männerdiskurs, Ehediskurs. Textsorten und Geschlechterkonzepte in Mittelalter und Früher Neuzeit (Geschichte und Geschlechter 23). Frankfurt a. M./ New York 1998.

[14] Vgl. z. B. Krieg, Heinz: Herrscherdarstellung in der Stauferzeit (Vorträge und Forschungen 50). Sigmaringen 2003.

Zugleich wird deutlich, dass das dem Mittelalter unterstellte generelle Ehre-Denken zuweilen eine „Auszeit" nehmen konnte. An die Stelle der These von einem breitflächigen Zivilisationsprozess hat folglich die Einsicht in die situativ und temporal begrenzte Gültigkeit von Kommunikationsnormen zu treten.

ELIAS' Zivilisationsmodell übersieht eine wichtige Differenz: Die in den mittelalterlichen Tischzuchten eingeforderten „kultivierten" Verhaltensweisen bei Tisch sind stets auf die Begegnungen mit Fremden bzw. Gästen beschränkt. Außerhalb dieses Bereichs aber werden andere Umgangsformen praktiziert. Ich will dies verdeutlichen gerade an ELIAS' eigenem Textmaterial, dem Themenbereich „Essen und Trinken".

Welche Konsequenzen für die Theorie vom Zivilisationsprozess mit seiner angeblichen Verflechtung sozialer und psychischer Veränderungen hat es aber nun, wenn wir für die Vormoderne zwei Lebensbereiche ansetzen: den Umgang mit dem Fremden und den Umgang mit dem Vertrauten?[15]

Meine Leitfrage lautet also: Kommunizieren die Menschen bei Tisch mit den ihnen vertrauten Menschen anders als mit Fremden?[16]

Es wird sich zeigen, dass sich die Dichotomie vertraut/fremd nicht konsequent mit der Dichotomie öffentlich/privat deckt. Wo vom Umgang mit Freunden, Verwandten, Vertrauten die Rede ist, wird zwar meist vorausgesetzt, dass sich dieser Umgang in nichtöffentlichen Räumen abspielt. Doch umgekehrt kann eine Begegnung mit Fremden auch in privaten Räumen stattfinden. Dabei müssen die für das Auftreten in der Öffentlichkeit geltenden Verhaltensregeln beachtet werden. Wir haben es also mit einer asymmetrischen Relation zu tun.[17]

---

[15] Bei diesem Vertrauten wird in den mir vorliegenden Textstellen nicht zwischen Verwandten und Freunden unterschieden, wie es in anderen Diskursen sehr wohl der Fall ist. – Um Missverständnisse zu vermeiden, sei betont, dass der mittellateinische Terminus *familiaris* selbstverständlich nicht dem heutigen „familiär" entspricht, sondern die Personen bezeichnet, die zum Haushalt eines Herrschers (Herzogs, Erzbischofs u.a.) gehören. Es handelt sich um Haus- und Tischgenossen des Herrschers. Doch als Gegenbegriff zum „Fremden" eingesetzt, kommt dem Wort *familiaris* zuweilen die Semantik von „vertraut" zu.

[16] Für die Gegenwart ist dies bereits erforscht worden: Delphy, Christine: Sharing the same Table. Consumption and the Family. Übers. von D. Leonard, in: Chris Harris (Hrsg.): The Sociology of the Family. New Directions for Britain. Keele 1979, S. 214-239; Miller, William Ian: The Anatomy of Disgust. Cambridge (Mass.)/ London 1997, S. 132-144. Dass Schamgrenzen innerhalb der Familie anders festgelegt sind als gegenüber Außenstehenden, ist hinreichend bekannt; Schuhrke, Bettina: Scham, körperliche Intimität und Familie, in: Zeitschrift für Familienforschung 11/2 (1999), S. 59-83.

[17] Dass die unterschiedliche personale Zusammensetzung einer Gesellschaft auch auf diskursiver Ebene durchschlägt, lässt sich an den ‚Colloquia familiaria' des Erasmus von Rotterdam zeigen: Alle *colloquia* stellen Gespräche unter einander vertrauten Personen dar und werden entsprechend eingeleitet. Lediglich das ‚Colloquium fabulosum' findet zwischen sehr verschiedenartigen Gästen statt. Folgerichtig provoziert der besondere Anlass ein besonderes Thema: die Lehre vom richtigen *convivium*; vgl. Erasmus von Rotterdam: Colloquia familiaria. Übersetzt von Werner Welzig. Darmstadt ³2006, S. 276-313.

I. Umgang mit Fremden – Umgang mit Vertrauten

Zunächst ist festzuhalten, dass in zahlreichen mittelalterlichen Tischzuchten explizit erklärt wird, die vorgestellten Regeln gälten für den Umgang mit Fremden. In dem um 1200 entstandenen ‚Urbanus magnus' heißt es: „Wo du Gast bist, verhalte dich höflich" (*more faceto*).[18] Dass Sebastian Brant Ende 15. Jh. in seiner Bearbeitung des ‚Phagifacetus' des Reinerus Alemanicus immer wieder den Begriff "Hofzucht" verwendet,[19] lässt darauf schließen, dass die dort formulierten Tischmanieren nicht in jedem Haushalt praktiziert wurden.[20]

Folgerichtig wird in Tischzuchten immer wieder darauf hingewiesen, dass bestimmte Verhaltensweisen nur am eigenen Tisch zuhause erlaubt seien, nicht am Tisch fremder Leute.[21] In einer deutschen Übersetzung der ‚Disticha Catonis' lesen wir (15. Jh.),[22] das kommunikative Verhalten habe am Tisch eines Fremden anders zu sein als zuhause.[23]

---

[18] Urbanus magnus [Anm. 9], V. 1464. Weitere Beispiele: Facetus cum nihil utilius [Anm. 9], Str. 89; Reinerus Alemanicus: Phagifacetus. Jena 1839, V. 38-42, deutsche Bearbeitung durch Sebastian Brant, in: Umbach, Silke (Hrsg.): Sebastian Brants Tischzucht (Thesmophagia 1490). Lat.-dt. Wiesbaden 1995, V. 63-70; Bartholomaeus Anglicus: De rerum proprietatibus rerum, hrsg. v. Georg B. Pontanus. Frankfurt 1601, S. 265f. (dazu Bumke, Joachim: Höfische Kultur. Bd. 1. München 1986, S. 247f.); Urbain le courtois, hrsg. v. Rosamond Parsons: Anglo-norman Books of Courtesy and Nurture, in: Publications of the Modern Language Association 44 (1929), S. 383-455 (V. 175); sog. ‚Ulmer Hofzucht' (mgq 1107), in: Adelbert von Keller (Hrsg.): Erzählungen aus altdeutschen Handschriften (Bibliothek des litterarischen Vereins zu Stuttgart 35). Stuttgart 1855, S. 531-546, hier S. 534, 27; 536, 23ff; 539, 34; 540, 1 (vgl. auch die Ausgabe bei Andreas Winkler: Selbständige deutsche Tischzuchten des Mittelalters. Texte und Studien. Diss. Marburg 1982, S. 206f.); Innsbrucker Tischzucht (Fassung f), in: Emil Weller (Hrsg): Dichtungen des sechzehnten Jahrhunderts. Tübingen 1874, S. 48-58 (V. 5f., 97f., 116; entspricht der Edition bei Winkler [Anm. 18], S. 280-285, ebd. V. 13f., 105f., 124); Hätzlerin, Clara: Liederbuch (15. Jh.), hrsg. v. Carl Haltaus. Quedlinburg/ Leipzig 1840 (Nachdruck mit einem Nachwort von Hanns Fischer, Berlin 1966), S. 276-278 (II 71), V. 26f. u. 41; Hofzucht im Codex Karlsruhe 408 [Anm. 9], V. 26-29; mittelniederdeutsche Tischzucht [Anm. 9], S. 424,5-13 (die Tischzucht gibt Ratschläge, wie sich ein Religiöser am Tisch fremder Herrschaften zu benehmen hat).

[19] Brant [Anm. 18], V. 48, 109, 301, 329, 562, 665, 705, 748.

[20] Einen Beleg dafür, dass die Verhaltensregeln der mittelalterlichen und frühneuzeitlichen Manierenschriften für den Umgang mit Fremden gelten, führt an Bryson, Anna: From Courtesy to Civility. Changing Codes of Conduct in early modern England. Oxford 1998, S. 86 aus dem Jahr 1582. Bryson zieht dort auch den Schluss, dass Scham und Ekel je nach Ort und Zeit unterschiedlich erfahren werden.

[21] Disticha Catonis deutsch; vgl. die Bamberger Cato-Bearbeitungen, Exzerpte abgedruckt bei Harmening, Dieter: Neue Beiträge zum deutschen Cato, in: Zeitschrift für deutsche Philologie 89 (1970), S. 346-368, hier S. 352-358.

[22] Hs. Bamberg, Staatsbibliothek, Ed. VII 55 (jetzt Msc. Lit. 176) (15.Jh.), Bl. 201v-211v (V. 128-131).

[23] Weitere Belege: Hs. Bamberg, Staatsbibliothek, Ed. VIII 18 (jetzt Msc. Lit. 177) (15./16.Jh.), Bl. 110v-120v (V. 85-89: identisch mit dem Text der erstgenannten Bamberger Hs.); ähnliche Aus-

Im bereits zitierten ‚Urbanus magnus' um 1200 wird gelehrt (V. 1015), an fremden Tischen solle man keine Speise kritisieren. Auch das Verbot, die Eier zu schlürfen, gelte nicht für den Fall, dass der Herr bei sich zu Hause speise.[24] Auch sei es erlaubt, am eigenen Tisch zu Hause lässig dazusitzen oder sich gar hinzulegen; an fremden Tischen wird es strikt untersagt.[25]

Gefordert wird von den Adressaten der Tischzuchten also lediglich eine momentane Selbstdisziplinierung, nicht ein umfassender Umbau ihres Affekthaushalts, wie ELIAS meinte.

Das Wissen darum, dass sich die Menschen zuhause anders verhalten als in der Öffentlichkeit, führte dann zu dem Ratschlag, einen Menschen in seinem eigenen Hause aufzusuchen, wenn man wissen wolle, ob er wahrhaftig, gerecht und ehrenhaft sei.[26] Man geht davon aus, dass sich die Menschen nur in der privaten Sphäre so verhalten, wie sie wirklich sind. Es wird zu fragen sein, warum sie sich außerhalb ihres Hauses anders verhalten.

Außerhalb des Hauses sollen sich die Menschen – so fordern es die mittelalterlichen Tischzuchten – eines höfisch-höflichen Umgangs befleißigen; zuhause aber komme ihr wahrer Charakter zum Vorschein.[27]

In seinem lateinischen ‚Phagifacetus' (1. Hälfte 13. Jh.) macht Reinerus Alemanicus die unterschiedlichen sozialen Kontexte sogar zum Strukturprinzip. Er teilt seine Tischzucht in drei Teile: in Anweisungen zum Verhalten beim Tisch eines vornehmen Herren (V. 95-287), zum Verhalten beim Essen mit Freunden bzw. Gleichgestellten (V. 288-367) und zum Verhalten in der Gesellschaft einer Dame (V. 368-411). Dabei erklärt Reinerus, dass über das Verhalten gegenüber Freunden nicht viel Worte zu verlieren seien, weil jeder wisse, wie man sich gegenüber Freunden verhalte.[28] Es wird offensichtlich angenommen, dass jeder aus der Praxis wisse, wie Freunde miteinander

---

sage in ‚Innsbrucker Tischzucht' [Anm. 18], S. 50 (V. 5f.; entspricht der Edition von Winkler [Anm. 18], S. 280, V. 13f.); Facetus cum nihil utilius [Anm. 9], Str. 42.

[24] Urbanus magnus [Anm. 9], V. 2613f.

[25] Ebd., V. 990f. (*tua mensa* vs. *aliena mensa*; vgl. auch Zusatz in Hs. C in V. 1020).

[26] Facetus cum nihil utilius [Anm. 9], Str. 118. Angelo Poliziano (Praefatio in Suetonium) hält deshalb die historiographischen Berichte über das häusliche und intime Leben einzelner Personen für viel nützlicher als die Erzählungen von dem, was in Ratsversammlungen, in Kriegen, in der Öffentlichkeit und vor aller Augen getan wurde. Denn diese Dinge seien nur vorgetäuscht, jene jedoch seien von bleibendem Wert. Denn: Niemand könne längere Zeit eine Maske tragen; deutsche Übersetzung der Passage bei Albert Wesselski (Hrsg.): Angelo Polizianos Tagebuch (1477-1479) mit vierhundert Schwänken und Schnurren aus den Tagen Lorenzos des Großmächtigen und seiner Vorfahren. Jena 1929, S. XXXII.

[27] Auch dieser Quellenbeleg spricht gegen Elias' These und für die Auffassung, dass den Menschen auch im Mittelalter ein reichhaltiges Verhaltensrepertoire zur Verfügung stand.

[28] Reinerus Alemanicus [Anm. 18], V. 299-301; deutsche Bearbeitung durch Brant [Anm. 18], V. 488-495.

umzugehen hätten. Eine Unterweisung für diesen Bereich erübrige sich.[29] Unbekannt hingegen scheint um 1200 für viele zu sein, wie man mit Fremden umgeht.[30] Die informellen Kontakte wie die zwischen Freunden unterlagen keinen offiziellen Normen und sie bedurften keiner offiziellen Normierung.[31] Sie wurden als bekannt vorausgesetzt.

Im Abschnitt über das Essen mit Freunden charakterisiert Reinerus Alemanicus (ca. 1200) das dabei praktizierte Verhalten, indem er die Abweichungen von einem öffentlich-offiziellen Essen mitteilt: Beim Essen mit Freunden herrsche eine größere Freiheit (*libertas*, 291) des Benehmens; die Atmosphäre werde nicht durch Erhabenheit und Würde (*maiestas*, 292) gedrückt; die Ehrbezeugungen würden nicht mit der Waage gewogen (d. h. nicht jede Geste wird sofort auf ihren Ehregehalt befragt); deshalb entspinne sich auch eher ein Gespräch als beim offiziell-öffentlichen Bankett, wo die Rede eines einzigen dominiere.[32] Auch wenn bei Reinerus Alemanicus die ungezwungene Atmosphäre eher eine Folge sozialer Gleichstellung als eine Folge emotionaler Vertrautheit zu sein scheint (obwohl er deutlich genug von *amicus*, *dilectio* und *amor* spricht, V. 69, 289, 300f.), so weisen seine Ausführungen doch in die Richtung, in der wir uns die Differenz zwischen familiar-intimem und öffentlich-offiziellem Verhalten vorzustellen haben. Wichtig für die späteren Ausführungen ist, dass Reinerus die Tatsache einer gelockerten, ungezwungenen Atmosphäre mit einer geminderten Bedeutung des Ehreaspekts verknüpft.

Dass zwischen miteinander vertrauten Personen andere Verhaltensregeln gelten als zwischen Fremden, erwähnt auch Giovanni della Casa in seinem ‚Galateo' (1558).[33] Man solle das Glas Wein, aus dem man selbst getrunken habe, nicht einem anderen zum Trinken geben, es sei denn, dass man mit dieser Person sehr vertraut sei.

---

[29] Eine ähnliche Begründung gibt Reinerus für seinen Verzicht auf eine ausführliche Belehrung darüber, wie man sich mit einer Dame unterhalten solle (Phagifacetus, V. 368-376), deutsche Bearbeitung durch Brant [Anm. 18], V. 616-633. Für die Gespräche mit Frauen wird das Thema Liebe unterstellt und erklärt, dass im Bereich der Liebe jeder sein eigener Meister sei und keines Lehrers bedürfe. Wieder wird der intim-persönliche Bereich aus dem offiziellen Diskurs über rechtes Tischverhalten ausgespart. Es scheint mir typisch zu sein, dass in der Überlieferung des lateinischen Manierenbuches ‚Facetus moribus et vita' der Mittelteil über den (verführerischen) Umgang mit Mädchen vom übrigen Text oft abgetrennt wurde.

[30] Das lässt vermuten, dass für das 12. Jh. die soziale Mobilität bei Hof ein aktuelles Phänomen war und dass deshalb auch im 12. Jh. erst die Notwendigkeit entstand, auf dieses soziale Phänomen mit sog. Hofzuchten bzw. Tischzuchten zu antworten.

[31] Die zahlreichen *amicitia*-Traktate des 12. Jh. thematisieren ja nicht die äußerlichen Umgangsformen, sondern die innerlich-affektive Beziehung.

[32] Reinerus Alemanicus [Anm. 18], V. 288-308; deutsche Bearbeitung durch Brant [Anm. 18], V. 474-495.

[33] Giovanni della Casa: Galateo, hrsg. v. Giorgio Manganelli u. Claudio Milanini. Milano 1950 (^{2}1977), S. 63; deutsche Übersetzung von Nathan Chytraeus (1597), hrsg. v. Klaus Ley. Tübingen 1984 (Nachdruck der Ausgabe Frankfurt 1607), S. 11.

Dass ein Hausherr in Anwesenheit von Gästen seine Dienerschaft nicht tadeln oder gar schlagen, auch nicht erzürnen solle, wie es verschiedentlich in Manierenschriften heißt,[34] belegt überdies die Tendenz, für das Zusammensein mit Fremden ein anderes Verhalten zu fordern als für eine familiare Gemeinschaft.

Und weil an das Auftreten unter Fremden rigidere Maßstäbe angelegt wurden als an den Umgang im vertraut-intimen Kreis, wurde schon im Mittelalter der Umkehrschluss gezogen, dass sich Jugendliche, die nur eine häuslich-private Erziehung genossen hätten, am Hofe wie die sprichwörtlichen Ochsen vor der Apotheke benähmen:[35] *Man hât ein heime gezogen kint/ ze hove dicke für ein rint* („Ein Kind, das zu Hause erzogen wurde, erweist sich zu Hofe oft als ein Ochse").[36] Nur die Erziehung am Hofe, d. h. unter Fremden und in der Öffentlichkeit, bietet die Voraussetzungen für das Erlernen des perfekten Auftretens.[37] Zwar wird die Möglichkeit nicht ganz ausgeschlossen, dass man sich zu Hause auf das Dasein am Hofe vorbereite,[38] doch setze dies voraus, dass man bereits zuhause *zuht und hüfscheit* praktiziert habe, was offensichtlich nicht oft geschieht.

Die zeitweilige Übereinstimmung der Dichotomie vertraut/fremd mit der Dichotomie privat/öffentlich zeigt sich dort, wo Verhaltensregeln den Lebensbereich der Fremden schützen. Es wird als unhöflich angesehen, ins Haus von Fremden hineinzuschauen.

---

[34] Urbanus magnus [Anm. 9], V. 2378f. (*Hospite presente lis non moueatur in ede/ Cum famulo, subitas licet ille tibi pluat iras.*); Giovanni della Casa [Anm. 33], S. 73, deutsche Übersetzung von Chytraeus [Anm. 33], S. 27f.; ‚Consuetudines' von Eynsham (13. Jh.), in: Antonia Gransden (Hrsg.): The Customary of the Benedictine Abbey of Eynsham in Oxfordshire. Siegburg 1963, S. 40 (die *magistri* sollen ihre Zöglinge beim Essen nicht in Anwesenheit von Laien züchtigen); Aretino, Pietro: Kurtisanengespräche. Aus dem Italienischen von Ernst Otto Kayser, mit Anmerkungen des Übersetzers und einem Nachwort von Helmuth Faust (insel taschenbuch 948). Frankfurt a. M. 1986, S. 300 (die Mutter rät der Tochter, sie solle nicht in Gegenwart von Gästen das Dienstpersonal herumkommandieren).

[35] Freidank: Bescheidenheit, hrsg. v. Heinrich E. Bezzenberger. Halle 1872, V. 139,14 a und b.

[36] Weitere Beispiele: Kaufringer, Heinrich: Werke, hrsg. v. Paul Sappler. Tübingen 1972, S. 41-52 ‚Bürgermeister und Königssohn' (V.1-5 u. 14-16: *wann das sprichwort ist gewär:/ das dahaim erzogen kind/ haist und ist ze hof ain rind.*); Köbel, Jacobus: Tischzucht (Worms 1492), hrsg. v. Winkler [Anm. 18], S. 346-355, hier S. 347,38f. (entspricht Fassung h¹, hrsg. v. Winkler [Anm. 18], S. 366).

[37] Dass diese Auffassung natürlich von denjenigen befördert wurde, die den Hof in Kontrast zum bäuerlich-ländlichen Leben als Inbegriff von Bildung und Selbstdisziplin betrachteten, liegt auf der Hand; vgl. Aegidius Romanus: De regimine principum. Rom 1607, II 3,18-20: Wer zum Hof (*curia*) gehöre, habe die Möglichkeit, sich *curialitas* anzueignen, in der sich *nobilitas morum* und *nobilitas generis* gegenseitig bedingten. Die *curialitas* beinhaltet: Freigebigkeit, Maß und Form beim Essen, Freundlichkeit und Heiterkeit im Umgang mit anderen, Disziplin im Verhältnis zu den Frauen und Töchtern der Bürger.

[38] Thomasin von Zirklære: Wälscher Gast, hrsg v. Heinrich Rückert. Quedlinburg/ Leipzig 1852 (Neudruck mit einer Einleitung und einem Register von Friedrich Neumann. Berlin 1965), V. 653-658; Francesco da Barberino: I documenti d'amore, hrsg. v. Francesco Egidi. Bd. 1. Rom 1905, S. 135 (I 8: *in domo propria* gegenüber *coram rege*). Vgl. auch unten bei Anm. 100.

Wolle man eintreten, müsse man zuvor anklopfen oder sich räuspern. Man solle kein roher Eindringling in fremde Häuser sein.[39] Es gilt also die Privatsphäre des Anderen zu respektieren.[40]

Diese Respektierung des bzw. eines Privatraumes war deshalb notwendig, weil sich die Menschen auch im Mittelalter in ihren privaten Räumen und im Kreis familiar-vertrauter Personen anders verhielten als in Anwesenheit von Fremden.[41] So erfahren wir etwa in einem okzitanischen Lehrgedicht des 13. Jahrhunderts,[42] viele Frauen würden mit ihren Familienangehörigen spielen, sich unterhalten und lachen; aber sobald fremde Ritter hinzuträten, würden sie diesen nicht einmal einen Blick zuwerfen. Der männliche Autor beklagt aus männlicher Sicht diesen Unterschied. – Hierher gehört auch eine solche Bemerkung wie die von Robert de Blois in einem französischen Lehrgedicht des 13. Jahrhunderts,[43] eine Frau dürfe ihr weißes Fleisch nur die ihr vertrauten Personen sehen lassen. Die Frau, die sich vor ihr nicht vertrauten Leuten entblöße, begehe eine Schändlichkeit.[44]

Es ist hinreichend deutlich geworden, dass dem Fremden, dem Gast, ein anderer Status zugeschrieben wird als den vertrauten Personen und ihm infolgedessen auch größere Ehre erboten wird.

---

[39] Robert von Blois: Chastoiement des dames, in: John Howard Fox (Hrsg.): Robert de Blois, son oeuvre didactique et narrative. Paris 1950, V. 477-496; Urbanus magnus [Anm. 9], V. 1354ff.

[40] Wieder begegnen wir einem Seh-Tabu. Auch wenn die Häuser offenstehen sollten, heißt dies noch lange nicht, dass öffentlicher und privater Raum ineinander aufgehen. Sondern die Kontrolle des eigenen Blicks soll die Abgrenzung sicherstellen. Das Sehtabu gilt auch gegenüber Leuten, die (in der Öffentlichkeit) urinieren; Guibert de Nogent: De vita sua. Übers. v. John F. Benton, in: Self and Society in medieval France: The Memoirs of Abbot Guibert of Nogent. New York 1970, S. 104f.; Urbanus magnus [Anm. 9], V. 1088f.; Erasmus von Rotterdam [Anm. 17], S. 2 ('In primo congressu'); vgl. auch Schnell, Rüdiger: Kritische Überlegungen zur Zivilisationstheorie von Norbert Elias, in: ders.: Zivilisationsprozesse [Anm. 1], S. 21-83, S. 52. Auch beim Essen sollte man den Tischgefährten das Gefühl vermitteln, dass man sie nicht beobachte; vgl. ebd., S. 48-50.

[41] Auf die Lockerung von Sprachtabus im Kreise von Freunden und Familie kann hier nur anmerkungsweise verwiesen werden; vgl. Schnell, Rüdiger: Sexualität und Emotionalität in der vormodernen Ehe. Köln u.a. 2002, S. 265-280.

[42] Sordello: Ensenhamen (vor 1257), hrsg. v. Marco Boni. Bologna 1954, V. 1200-1208 (übersetzt bei Städtler, Katharina: Schule der Frauen. Altprovenzalische Liebeslehren, Lehrgedichte und Konversationsregeln für Mädchen und Frauen, in: Zeitschrift für Literaturwissenschaft und Linguistik 19 [1989] Heft 74, S. 75-92, S. 79).

[43] Robert de Blois [Anm. 39], V. 184-212.

[44] Clemens von Alexandrien (Der Erzieher, Buch II-III. Aus dem Griechischen übersetzt von Otto Stähelin [Bibliothek der Kirchenväter, 2. Reihe, Bd. 8]. München 1934, S. 164f. [III 32,1-33,3]) könnte es notfalls akzeptieren, wenn sich Frauen vor ihren eigenen Männern auszögen; dass sie dies aber vor Fremden in Badehäusern tun, tadelt er heftig.

II. Umgang mit Fremden: Ehre-Bezeugung

Damit sind wir bei der Frage angelangt, weshalb eigentlich ein anderes Tischverhalten bei Fremden als bei vertrauten Personen gelehrt wurde. Warum musste bzw. konnte man sich in unterschiedlichen Personengruppen unterschiedlich verhalten? Meines Erachtens spielt der Ehre-Aspekt eine zentrale Rolle. Das Ausmaß der Ehre-Bezeugung bemisst sich aber nach dem Grad der Vertrautheit zwischen den Teilnehmern eines Mahles. Und deren Vertrautheit korrespondiert mit ihrer jeweiligen körperlichen und emotionalen Nähe bzw. Ferne.

In der lateinischen Manierenschrift ‚Urbanus magnus' (ca. 1200) steht der Satz: *Gula cedat honori* (V. 1014): die Essgier hat der Ehre zu weichen. Dies heißt: die eigene Essgier hat hinter der Pflicht, den anderen zu ehren, zurückzustehen. Selbstdisziplin und das Gebot der Ehrbezeugung bedingen sich gegenseitig. Geehrt wird aber stets der Fremde.

Bei Francesco da Barberino (ca. 1300) stehen alle Verhaltensregeln unter dem Gebot, den Tischgefährten Ehre zukommen zu lassen. Barberino spricht von *honorem facere*, meint aber selbstverständlich den Umgang mit einem Fremden, auch wenn er sozial von gleichem Rang ist.[45] Die wechselseitige Ehrbezeugung soll sicherstellen, dass sich zwischen den einander nicht vertrauten Personen so etwas wie eine Tischgemeinschaft bildet. Und diese wird durch simulierte Gleichheit der Anwesenden hergestellt.[46]

Einen zentralen Aspekt der mittelalterlichen Tischzuchten meine ich also in dem Begriff Ehre fassen zu können. Wo jemandem Ehre, Anerkennung, Respekt zu erweisen war, erforderte dies Rücksicht auf dessen Wünsche und Selbstverständnis und zugleich Hintanstellung eigener Vorlieben. Dabei wurden für die Zeit des Gastmahls Hierarchie und Gleichstellung sorgfältig austariert und Integrierung durch Rücksicht nach „oben" und nach „unten" ermöglicht. Doch werden in zahlreichen Tischzuchten soziale Hierarchie und Affekt- und Körperkontrolle in ein gegenseitiges Bedingungsverhältnis

---

[45] Francesco da Barberino [Anm. 38], S. 112 (I 7): *et dicit quod decet te in similibus honorem facere pari tuo quasi videaris te illum pro maiori habere non tamen est hoc debitum* („und er sagt, dass es sich geziemt, dass du einem Gleichgestellten Ehre erweist, als ob du ihn für einen Höhergestellten ansiehst; dennoch handelt es sich nicht um eine Pflicht").

[46] Schon in Plutarchs Tischgesprächen behauptet ein Teilnehmer: „Gleichheit [...] ist nirgends so gefordert wie bei der Herstellung von Tischgemeinschaft"; Plutarch: Quaestiones convivales, II 10 (643F). Ausgew., übers. und hrsg. v. Hans-Josef Klauck. Stuttgart 1997, S. 145-189, S. 169 (II 10). Zwar meint er nur die Gleichheit der Essportionen, doch rührt er an einen wichtigen Aspekt jedes Gastmahls: Keiner darf sich zurückgesetzt fühlen, soll sich die beim Essen versammelten Personen tatsächlich als eine Gemeinschaft fühlen. Doch stellt sich die Frage, wie eine solche Gleichheit – über die Portionen hinaus – auch im Umgang der Tischteilnehmer erreicht werden kann.

gesetzt: Gegenüber Höhergestellten sei besondere Rücksicht und Selbstdisziplin gefordert.[47] Selbstdisziplin und Ehrbezeugung bedingen einander![48]

Damit ergibt sich für unseren Fragezusammenhang die Notwendigkeit einer weiteren Differenzierung. Wenn wir wissen wollen, ob im Mittelalter unterschiedliche Verhaltensweisen gegenüber Fremden und Vertrauten gelehrt (und möglicherweise praktiziert) wurden, müssen neben einer räumlichen Unterscheidung (öffentlich/privat) auch soziale Unterschiede (höhergestellt/gleichgestellt/niedriger gestellt) berücksichtigt werden. Freilich gehen in der Mehrzahl der einschlägigen Belege die Klassifikationskriterien vertraut/privat/gleichgestellt einerseits und fremd/öffentlich/höhergestellt andererseits zusammen. In meiner Beweisführung lege ich den Hauptakzent jedoch auf die Differenz vertraut/fremd. Diese Differenz wird in mittelalterlichen Quellen durch den Ehre-Aspekt verstärkt.

In den mittelalterlichen Tischzuchten dreht sich alles um die Ehre: Sämtliche Personen am Hof, bei Tisch, bei Empfängen wünschen bzw. fordern, dass ihnen Respekt und Anerkennung entgegengebracht wird. Giovanni della Casa formuliert es in seinem ‚Galateo' (1558) so: In all unserem Verhalten, Gebärden, Tun und Lassen, Reden und Schweigen soll ein Zeichen der Ehrerbietung gegen andere sein, aus der hervorgehe, dass wir diejenigen, mit denen wir umgehen, achten und schätzen.[49]

Diesem Ziel, Ehre zu erhalten und zu erteilen, sind letztlich alle Verhaltensanweisungen der Tischzuchten untergeordnet: Denn Ehre wird jemandem dadurch zuteil, dass man auf seine Gefühle, z. B. sein Ekelempfinden, sein Reinlichkeitsempfinden, auf seinen Wunsch nach ungestörter Fröhlichkeit Rücksicht nimmt. Dies geschieht z. B. dadurch, dass man ihm nicht den Rücken zukehrt oder dass die anderen schweigen, solange er redet, oder dass man den Becherrand säubert, bevor man ihn dem Tischnachbarn reicht.[50] Rücksicht auf mögliche Ekelgefühle der Gäste spricht auch aus der

---

[47] Urbanus magnus [Anm. 9], passim; Facetus cum nihil utilius [Anm. 9], Str. 38ff., 71, 87ff.; Bonvesin de la Riva: De quinquaginta curialitatibus ad mensam, in: Gianfranco Contini (Hrsg.): Poeti del duecento. Bd. 1. Milano/ Napoli 1941, Str. 28, 29, 34; Frowin von Krakau: Antigameratus, ed. Edwin Habel, in: Studien zur lateinischen Dichtung des Mittelalters. Ehrengabe für Karl Strecker. Dresden 1931, S. 60-77, V. 250f. (vgl. deutsche Übersetzung in Stuttgart, Württembergische Landesbibliothek, cod. HB XII 4, Bl. 370r); Antoine de Courtin: Nouveau traité de la civilité, qui se pratique en France. Bruxelles ²1675, S. 14f. u. 201-203: gegenüber Gleichgestellten sei eine familiare unkomplizierte Verhaltensweise gestattet. Plutarch [Anm. 46], S. 161f., unterscheidet zwischen Gastmählern unter jungen Leuten, einfachen Bürgern und Verwandten einerseits (bei denen eine gewisse Ungezwungenheit als Mittel zur Anbahnung von Freundschaften erlaubt sei) und Gastmählern bei Fremden, Amtsinhabern und älteren Menschen andererseits (bei denen eher auf Respekt und Ehre zu achten sei).

[48] Umsomehr muss der Versuch im höfischen Milieu beeindrucken, eine Balance zwischen Hierarchie und Integrierung herzustellen.

[49] Giovanni della Casa [Anm. 33], S. 73; deutsche Übersetzung von Chytraeus [Anm. 33], S. 27.

[50] Facetus cum nihil utilius [Anm. 9], Str. 48,1; 92; 137,2; 142; Urbanus magnus [Anm. 9], V. 996; Konrad von Haslau: Der Jüngling, hrsg. v. Walter Tauber (Altdeutsche Textbibliothek 97).

Bestimmung, Diener sollten nach Beendigung eines Mahls das auf dem Tisch verstreute Salz, das in Berührung mit Speisen gekommen ist, nicht in die Salzgefäße zurücklegen, solange Gäste noch anwesend (*coram convivis*) seien.[51] Mit der Rücksichtnahme wird dem Anderen signalisiert, dass er wichtig genommen wird. Rücksicht auf den anderen impliziert aber Disziplinierung des eigenen Selbst.

Der Zusammenhang von Höflichkeit, Rücksichtnahme und Ehrbezeugung ist in zahlreichen mittelalterlichen Manierenschriften explizit formuliert.[52]

III. Umgang mit Vertrauten: Nähe mindert Ehre

Wie aber steht's nun mit dem Ehre-Aspekt im Umgang mit vertrauten, bekannten Personen, mit denen man alltäglich zusammen ist? Spontan würden wir heute sagen, Ehrbezeugungen sind dort nicht notwendig oder sogar lästig. Tatsächlich wird auch im Mittelalter eine Beziehung hergestellt zwischen Ehrbezeugung und Nicht-Vertrautheit. Also Ehrbezeugung nur zwischen Menschen, die in einer Distanz zueinander stehen. Diese Distanz kann emotional oder sozial begründet sein. Jedenfalls wird im Mittelalter wiederholt die Einsicht formuliert, dass ein vertrauter Umgang Ehrbezeugungen überflüssig erscheinen lasse.

Dies zeigt sich schön an einem spätmittelalterlichen Fürstenspiegel, den Philippe de Mézières (1327-1405) für den jungen König Karl VI. verfasst hat. Dort fordert Philippe vom Herrscher, sich bei Tisch nicht allzu zwanglos in Gespräche mit anderen einzulassen, da Vertrautheit Verachtung hervorrufen könnte: *ta digne personne ne doit pas estre si commune en conversation a ta table, ne ailleurs, que l'amour et reverence de ta grant et singuliere dignite soit defaillant ou aucunement perdue* (II 246).[53] Ein König darf sich also bei Tischgesprächen nicht gemein machen mit anderen, damit er nicht der Verehrung – *Ver-Ehrung!* – seiner Untertanen verlustig gehe.[54]

Vertrautheit hebt sozialen Anstand auf und führt zum Verzicht auf Ehrbezeugungen.

Tübingen 1984, V. 114f.; Frowin von Krakau [Anm. 47], V. 245; Giovanni della Casa [Anm. 33], S. 68, deutsche Übersetzung von Chytraeus [Anm. 33], S. 20.

[51] Urbanus magnus [Anm. 9], V. 2580f.

[52] Thomasin von Zirklaere [Anm. 38], V. 363-390; Innsbrucker Tischzucht, Fassungen a und b, hrsg. v. Winkler [Anm. 18], S. 262ff.; Fassung f, hrsg. v. Winkler [Anm. 18], S. 280-285 u. hrsg. v. Weller [Anm. 18], S. 48-54 (V. 55f., 98f., 121, 130, 134); Karlsruher Hofzucht [Anm. 9], V. 17f.

[53] Philippe de Mézières: Le songe du vieil pelerin, hrsg. v. George W. Coopland. 2 Bde. Cambridge 1969, Bd. 2, S. 246.

[54] Vgl. zu Philipps Text zuletzt Brown-Grant, Rosalind: Mirroring the Court. Clerkly Advice to noble Men and Women in the Works of Philippe de Mézières and Christine de Pizan, in: Christoph Huber/ Henrike Lähnemann (Hrsg.): Courtly Literature and clerical Culture. Höfische Literatur und Klerikerkultur. Tübingen 2002, S. 39-53, bes. S. 51.

Nur dort herrscht Respekt, wo Distanz vorhanden ist. Schon Aegidius Romanus warnte Ende des 13. Jhs. in seinem Fürstenspiegel die Herrscher davor,[55] sich gegenüber ihren Dienern zu *familiaris* zu geben: es bestehe die Gefahr, dass sie verachtet würden.[56] Und Verachtung bedeutet, Verlust an Ehre. Angelo Poliziano bringt es Ende des 15. Jhs. auf den Punkt: *Familiaritas contemptum parit* (Vertrautheit erzeugt Verachtung).[57]

Neben der sozialen Distanz gibt es aber auch die körperliche Distanz, die gegenüber Fremden größer ist als die gegenüber vertrauten Personen.

Francesco da Barberino weist in seinen ‚Documenti d'amore' (ca. 1300) darauf hin, dass die gegenüber Niedrigergestellten geforderten Ehrbezeugungen natürlich nicht für den Umgang mit einem bekannten Haus- und Tischgenossen (*familiaris*) oder einem Diener (*famulus*) Gültigkeit haben. Es sei lächerlich, diese Personen der Ehre wegen (*honoris causa*) vorausgehen zu lassen. Deshalb sollte man auch die Diener nicht bei sich am Tisch sitzen lassen.[58]

Distanz bedeutet oder signalisiert mangelnde Vertrautheit. Wenn man sich nicht gut kennt, ist Vorsicht geboten, weil die Reaktion des anderen auf das eigene Verhalten nicht vorhersehbar ist. Umgekehrt erlaubt Vertrautheit ein ungezwungenes Miteinander, das auch Dinge zulässt, die sonst Empörung auslösten.[59] Deshalb warnt David von Augsburg in seinem Novizentraktat die Mönche davor, mit jemandem so vertrauten

---

[55] Aegidius Romanus [Anm. 37], III 2, 19 (S. 197).
[56] Vgl. auch unten Anm. 58 die Anweisung, die Diener nicht neben sich sitzen zu lassen. Dagegen gestattet Christine de Pizan in ihrem Werk ‚Stadt der Frauen', den hochadligen Frauen eine gewisse Familiarität mit ihren Hofdamen; vgl. Martinelli-Huber, Franziska: Robert von Blois – Konversation der höfischen Dame in einem Erziehungstext des 13. Jahrhunderts, in: Rüdiger Schnell (Hrsg.): Geschlechter im Gespräch. Köln u.a. 2008, S. 219-257, S. 248f.
[57] Angelo Poliziano [Anm. 26], S. 87 (Nr. 179).
[58] Francesco da Barberino [Anm. 38], S. 106.
[59] Antoine de Courtin [Anm. 47], S. 14f. Im Frankreich des 17. Jhs. ist innerhalb der Diskussion über die bei der *conversation* zu beachtenden Verhaltensregeln auch die Gesprächsform *entretien familier* erörtert worden. Dabei ist wiederholt festgestellt worden, dass gegenüber besonders vertrauten Konversationspartnern bestimmte Regeln vernachlässigt werden könnten. Man dürfe sich weniger Zwang antun als gegenüber anderen Menschen. Allerdings wird auch hier darauf aufmerksam gemacht, dass man bei allzugroßer *familiarité* Gefahr laufe, an Achtung und Würde zu verlieren. Vgl. Strosetzki, Christoph: Konversation. Ein Kapitel gesellschaftlicher und literarischer Pragmatik im Frankreich des 17. Jahrhunderts. Frankfurt a. M. 1978, S. 18f. Guazzo, Stefano: La civil conversazione, hrsg. v. Amedo Quondam. 2 Bde. Ferrara 1993, führt entsprechend im 2. Buch die Modi des Verhaltens in der Öffentlichkeit vor, im dritten Buch die Modi des häuslich-privaten Umgangs unter Vertrauten. In der ‚Zimmerischen Chronik' (ca. 1550/60, nach der von Karl Bartsch besorgten zweiten Auflage neu hrsg. v. Paul Herrmann. 4 Bde. Meersburg/ Leipzig 1932, Bd. 3, S. 192, 20-23) wird anlässlich der Schilderung einer sich mit schwankhaften Erzählungen unterhaltenden Gesellschaft vermerkt, dass die Unart einiger Teilnehmer, willkürlich durcheinander zu reden, von keinem übel genommen wurde, weil sich die Anwesenden gut kannten.

Umgang (*familiaris esse*) zu pflegen, dass sie ihre Scham ihm gegenüber vergäßen.[60] Darin gibt sich die Einsicht zu erkennen, dass bei großer Vertrautheit die körperliche Distanz verloren geht. Der Umgang zwischen einander vertrauten Menschen wird ungezwungener, lockerer bzw. „undisziplinierter" sein als zwischen Fremden. Die familiarintime Beziehung zu einem Menschen führt zu einem Absinken der Schamschwelle.[61]

Damit ist aber ein in ELIAS' These nicht vorgesehener Befund zu konstatieren: die Schamschwelle sinkt, statt sich zu erhöhen.[62]

Wir haben gesehen, dass Ehrebezeugungen stets gegenüber Fremden bzw. Gästen gefordert wurde.[63] Ehre war nicht nur eine Kategorie der Öffentlichkeit, sondern auch eine der Distanz. Im familiar-privaten Bereich hingegen konnte keine Ehre erworben werden – und es musste anscheinend auch keine Ehre erworben werden. Natürlich war das biblische Gebot, Vater und Mutter zu ehren, bekannt und akzeptiert. Doch zielten unsere Tischzuchten offensichtlich auf andere Personenkonstellationen.[64] Einerseits war die soziale Hierarchie innerhalb des Hauses eindeutig[65] und seit der ‚Nikomachischen Ethik' ausführlich begründet. Andererseits waren die personalen Relationen im Haus überlagert von emotionalen Bindungen, die offensichtlich keine Selbstdisziplin erforderten; deshalb auch kein Anreiz zur Selbstbeherrschung bzw. Körperkontrolle.[66]

Wir können festhalten: Soziale, körperliche und emotionale Distanz ermöglicht und erfordert Ehrbezeugung. Umgekehrt verhindern Familiarität bzw. Intimität Ehrbezeugungen oder machen sie überflüssig.

---

[60] David von Augsburg: De exterioris et interioris hominis compositione. Quaracchi 1899, I 1, 15: *Nemo sit ita familiaris tibi, coram quo penitus obliviscaris verecundiae.*

[61] Nebenbei sei angemerkt, dass damit David von Augsburg (13. Jh.) ein Schamempfinden voraussetzt!

[62] Überdies dürfen wir folgern, dass in der familiar-privaten Sphäre im Mittelalter körperliche Distanz selten war und sich somit zahlreiche Verhaltensvorschriften der Tischzuchten als irrelevant für diesen Bereich erwiesen.

[63] Vgl. auch Brüggen, Elke: Von der Kunst miteinander zu speisen. Kultur und Konflikt im Spiegel mittelalterlicher Vorstellungen vom Verhalten bei Tisch, in: Kurt Gärtner u.a. (Hrsg.): Spannungen und Konflikte menschlichen Zusammenlebens in der deutschen Literatur des Mittelalters. Tübingen 1996, S. 235-249, S. 235f. zu Robert Grosseteste (1235).

[64] Deshalb heißt es bei Thomasin von Zirklaere [Anm. 38], V. 377-380: *Bêde vrouwen unde herren/ sulen vrömede liute êren./ Ist sîn ein vrömeder man niht wert,/ si haben sich selben geêrt.*

[65] Francesco da Barberino [Anm. 38], S. 113, bezeichnet den Vater als "Höhergestellten" gegenüber dem Sohn. Diese Hierarchie hatte schon Aristoteles in seiner ‚Nikomachischen Ethik' und ‚Politik' begründet.

[66] Das Gefühl, wichtig genommen zu werden, wird im Kreise der Familie oder vertrauten Freunden offensichtlich anders vermittelt als über Formen der Selbstdisziplin. Das Selbstverständnis der Familienmitglieder wird weniger über Ehrebezeugungen gesteuert. In der Tradition der antiken *amicitia*-Vorstellung wird gleichwohl auch gegenüber Freunden höfliches Verhalten als Form der Ehrbezeugung gefordert; vgl. Bonvesin de la Riva [Anm. 47], Str. 26f. u. 47; vgl. auch unten nach Anm. 95.

IV. Bestätigung der These durch Sonderfälle

Dass gegenüber Fremden das Rang- und Prestigedenken eine größere Rolle spielte als im vertraut-vertraulichen Kreis, führte im politischen Leben des Mittelalters dazu, zahlreiche Konflikte in vertraulichen Beratungen zu verhandeln. „Verwandten und Freunden konnte man sich sozusagen offenbaren, ohne Angst um Gesichtsverlust haben zu müssen."[67]

Dort wo jeder genau über die Eigenheiten und Schwächen des anderen Bescheid weiß wie in der Familie, dort also, wo es wenig Sinn machte, nach außen hin einen bestimmten Eindruck bzw. Schein zu erwecken, dort waren besondere Rücksichtnahme, Respekt und Ehrbezeugung fehl am Platze.[68] Dieses vertraute Miteinander schließt meistens körperliche Nähe mit ein.

In seinem ‚Galateo' (1558) gestattet Giovanni della Casa gegenüber Vertrauten (Freunden, Dienerschaft) eine Entblößung des Körpers, was gegenüber Fremden verboten sei: Denn vor diesen müsse man sich einer solchen Handlungsweise wegen schämen. Scham zeigt Ehrverlust an. Unter Vertrauten (und gegenüber Niedrigergestellten) ist ein solcher Ehrverlust nicht zu befürchten, also auch keine Scham.

> Vber diß/ sol einer nicht so sitzen/ dass er einem andern den Rücken oder Hindern zukehre/ noch einen Schenckel so hoch erheben/ dass etwa die Glieder des Menschlichen Leibes/ so billich allezeit mit den Kleydern bedeckt bleiben sollen/ möchten entblöset vnd gesehen werden. Denn diß vnd dergleichen pflegt man nit zuthun/ ohne allein vnter den Personen/ dafür man sich nicht schämet. War ist es/ so etwa ein großer Herr solches thete für jemandt auß seinem Haußgesinde (famigliari)/ oder auch in gegenwertigkeit seines freundes/ der geringeres Standes were/ denn er (d'un amico di minor condizione di lui)/ würde er jm damit/ nit einer Hoffart/ sondern viel mehr einer besondern Lieb/ vnnd freundtligkeit anzeigung von sich geben.[69]

Vertrautsein und körperliche Nähe bedingen einander. Diese Verbindung hatte sich im Mittelalter so fest eingeprägt, dass, wie wir sehen werden, der Eindruck von Vertrautsein dadurch „propagiert" werden konnte, dass man – aus politischen Überlegungen heraus – körperliche Nähe zu einer fremden Person inszenierte und diese körperliche Nähe dann als Zeichen von Freundschaft ausgab. Überwindung von Distanz wurde in diesen Fällen als Geste besonderen Vertrautseins inszeniert. Einem bestimmten Menschen freiwillig zuzugestehen, die Grenzen der Intimität, die ein „Selbst" um sich gezogen hat, zu überschreiten, bedeutet Auszeichnung dieser Person.[70] Dazu gehört

---

[67] Gerd Althoff: *Colloquium familiare – colloquium secretum – colloquium publicum*. Beratung im politischen Leben des frühen Mittelalters, in: Frühmittelalterliche Studien 24 (1990), S. 145-167, S. 156.

[68] Dass vom 16./17. Jh. an verstärkt Ehrbezeugungen gegenüber den Eltern gefordert wurden, gehört in eine andere Kategorie. Vgl. dazu die Geschichte von Ihrzen/Duzen.

[69] Giovanni della Casa [Anm. 33], S. 69, übers. v. Chytraeus (1597) [Anm. 33], S. 20.

[70] Miller [Anm. 16], S. 137.

eben auch die Geste, mit diesem anderen das Essgeschirr und das Bett zu teilen.

Denn eigentlich gilt ja die Feststellung, dass bei Hofe unter zahlreichen einander fremden Menschen körperliche Distanz herrschte. Historiographische Berichte über exceptionelle Ereignisse bestätigen dies. In diesen Berichten vollzieht sich der Wechsel von Respekt, Fremdheit und Distanz hin zu Vertrautheit und Nähe. Einander ganz fremde Personen geben Distanz auf und verkehren wie vertraute Menschen miteinander. Paradoxerweise zieht dies aber keinen Ehrverlust nach sich, weil der Verlust an Distanz (und möglicherweise von Ehre) durch die Zuerkennung von Freundschaft „vergütet" wird. Der Wert der Freundschaft (Nähe) kompensiert den Wert der respektvollen Ehrbezeugung (Distanz). Voraussetzung dafür ist freilich, dass derjenige, der Nähe und Freundschaft anbietet, von hohem Rang ist. Nur so kann (zugelassene) Nähe als Auszeichnung verstanden werden. Deshalb sind es ausschließlich historiographische Berichte über das intime Zusammensein von Herrschern, die den skizzierten Vorgang vorführen.[71] Zugleich belegen diese Zeugnisse den Ausnahmecharakter der jeweiligen Verhaltensweisen und bestätigen die Norm: Fremdheit, Distanz und Ehrbezeugung gehören zusammen.

Kaiser Otto III. war seinem Kleriker Tanno so sehr zugetan, dass sie dieselben Kleider trugen und bei Tisch aus derselben Schüssel aßen, „und ihre Hände vereinigten sich, wenn sie (die Hände) sich in der Schüssel trafen".[72] Dazu muss man wissen, dass die mittelalterlichen Tischzuchten das gemeinsame Hineingreifen von Tischnachbarn in eine Schüssel ausdrücklich untersagten.[73] Ein englischer Chronist wundert sich darüber, dass der Sohn des englischen Königs, Richard Löwenherz, von seinem Gegner, dem französischen König, so geliebt und geehrt wird, dass er mit ihm das Bett teilte und zu Tisch aus derselben Schüssel wie dieser aß.[74]

Diesen zwei Berichten können wir entnehmen, dass das gemeinsame Essen aus einer Schüssel die üblichen Verhaltensnormen – zumindest auf königlicher Ebene – überschreitet und dass dieses Überschreiten der sonst praktizierten Norm dort erfolgt, wo

---

[71] Vgl. Gerd Althoff: Verwandte, Freunde und Getreue. Darmstadt 1990, S. 93f., zu einem Fall aus der Merowingerzeit (Gregor von Tours: Historia Francorum, IX 19: zusammen das Mahl einzunehmen und zusammen auf einem Lager zu schlafen, galt als Zeichen von [politisch motivierter] Freundschaft zwischen zwei Herrschern); Jaeger, Stephen C.: Ennobling Love. In Search of a lost Sensibility. Philadelphia 1999, S. 128-133; Oschema, Klaus: Freundschaft und Nähe im spätmittelalterlichen Burgund. Studien zum Spannungsfeld von Emotion und Institution. Köln u. a. 2006, S. 15-23.

[72] Petrus Damiani: Vita Romualdi, cap. 25 (PL 145,975C); dazu Jaeger [Anm. 71], S. 51.

[73] Tannhäusers Hofzucht, in: Heinz Kischkel (Hrsg.): Tannhäusers heimliche Trauer. Tübingen 1998, Str. 33; Hofzucht im Codex Karlsruhe 408 [Anm. 9], V. 93-95; niederdeutsche Tischzucht, hrsg. v. Lübben [Anm. 9], S. 426,19f.; ‚Ulmer Hofzucht', hrsg. v. Keller [Anm. 18], S. 542,16-18. Vgl. auch Urbanus magnus [Anm. 9], V. 1117f. (nicht mit den Fingern in den Teller eines anderen fassen).

[74] Roger of Hoveden (Benedict of Peterborough): Gesta regis Heinrici II., ed. William Stubbs (Rerum Britannicarum medii aevi scriptores, Rolls series 49, 2). London 1920, S. 7; dazu Jaeger [Anm. 71], S. 1 u. 11; zuletzt Oschema [Anm. 71], S. 15-26.

eine besonders enge emotionale Bindung angestrebt wird bzw. vorliegt bzw. demonstriert werden soll.[75] Körperliche Nähe soll emotionale wie politische Distanz außer Kraft setzen und beansprucht andere Verhaltensweisen als zwischen Fremden. Denn in dem Moment, in dem ein König einen Fremden mit sich aus einer Schüssel essen lässt, wird Distanz überwunden, Nähe hergestellt und somit möglichem Ekel vor der körperlichen Nähe des Anderen die Grundlage entzogen. Oder anders argumentiert: Indem körperliche Nähe hergestellt und somit emotionale Nähe geschaffen wird, soll demonstriert werden, dass man dem Anderen gegenüber keinen Ekel mehr empfindet. Dies impliziert Auszeichnung. Hier wird also Ehre durch Nähe zuteil.

Wenn Könige aus besonderem Anlass andere Personen aus ihrer eigenen Schüssel essen lassen[76] und wenn Tischzuchten den Fall erwähnen, dass jemand mit dem Hausherrn (Herrscher) aus derselben Schüssel essen darf,[77] dann lässt dies zumindest zwei Schlüsse zu:

(a) Herrscher bzw. hochrangige Gastgeber teilten normalerweise ihre Schüssel mit niemandem; sie aßen allein aus einer Schüssel; dies lassen ikonographische Darstellungen von Festbanketten klar erkennen.[78]

(b) Wenn ein Herrscher einen Fremden dadurch auszeichnete, dass er ihn mit sich aus einer Schüssel essen ließ, bestand diese Auszeichnung darin, dass der Herrscher die körperliche Distanz, die ihn sonst von dieser Person trennte, aufhob und ihn gleichsam zu seinem Genossen machte; aus einer Schüssel zu essen symbolisierte also Gemeinschaft, Vertrautheit, Nähe.

(c) Paradoxerweise generierte das, was sonst Ehre zu mindern drohte – allzuviel Nähe –, in diesen besonderen Fällen den Anschein einer außergewöhnlichen Auszeichnung. Allerdings konnte dies nur zwischen hochrangigen Personen gelingen, nicht

---

[75] Visser, Margaret: The Rituals of Dinner. The Origins, Evolution, Eccentricities, and Meaning of Table Manners. London/ New York 1992, S. 318, meint ebenfalls, das gemeinsame Essen aus *einer* Schüssel sei als Zeichen besonderer Intimität zu verstehen.

[76] Johann von Salisbury (The Metalogicon. Übers. v. Daniel D. McGarry. Berkeley/ Los Angeles 1962, IV 42 [S. 274]) berichtet mit Stolz, dass er bei seinem Rom-Aufenthalt im Jahre 1156 von Papst Hadrian IV. an dessen Tafel essen durfte und mit dem Papst aus einem Becher trank. Vgl. Henisch, Bridget Ann: Fast and Feast. Food in medieval Society. University Park/ London 1976, S. 195.

[77] Urbanus magnus [Anm. 9], V. 1064f.

[78] Vgl. die Abbildung eines Festbanketts mit dem Erzbischof von Reims, dem Kaiser Karl IV, dem frz. König Karl VII, und dem römischen König, bei Elisabeth Vavra: Kopf und Klinge, in: Lothar Kolmer/ Christian Rohr (Hrsg.): Mahl und Repräsentation. Paderborn u.a. 2000, Abb. 7 nach S. 144; vgl. überdies Morel, Andreas: Der gedeckte Tisch. Zur Geschichte der Tafelkultur. Zürich 2001, Abb. 12 u. 19; König Salomons Freudenmahl (Holzschnitt aus der Werkstatt Michael Wolgemuts. Nürnberg 1491; Abb. in Spätmittelalter am Oberrhein. Alltag, Handwerk und Handel 1350-1525. Aufsatzband, hrsg. v. Sönke Lorenz u. Thomas Zotz. Stuttgart 2001, S. 387, Nr. 2 [König ißt allein]).

etwa zwischen zwei Personen ganz unterschiedlichen Standes. In diesem Falle würde gelten: Vertrautheit produziert Verachtung.[79]

Im ‚Ruodlieb', einem lateinischen Epos des 11. Jahrhunderts, wird an einigen Stellen hervorgehoben, dass zwei Personen aus *einer* Schüssel oder Schale essen bzw. trinken: Dabei handelt es sich stets um ein Zeichen besonderer Verbundenheit zwischen zwei ursprünglich einander fremden Personen: so wenn Ruodliebs Neffe und dessen zukünftiger Frau *eine* Schale (*una putera*) bzw. *eine* Schüssel (*una lanx*) gereicht werden,[80] während an anderer Stelle die Mutter Ruodliebs jedem Tischgenossen einen separaten Teller zukommen lässt.[81] Ruodlieb selbst und sein Neffe, die sich in *einem* Bottich gewaschen hatten, essen aus *einer* Schüssel, von *einem* Brot, trinken aus *einem* Becher.[82] Durch diese Hervorhebung (*ex uno pane; una lance; ex uno cyato*) wird einerseits die besondere Verbundenheit betont, andererseits das normale Essen mit separatem Essgeschirr deutlich gemacht.

In Chrétiens Perceval-Roman (12. Jh.) wird hervorgehoben, dass der junge Perceval und sein fürstlicher Erzieher Gurnemanz aus *einer* Schüssel aßen.[83] Dies dürfen wir als Zeichen besonderer Vertrautheit der beiden werten und als Gegensatz zum üblichen Tischverhalten unter Fremden verstehen.[84]

Die auch heute noch weitverbreitete Auffassung, im Mittelalter habe man Teller und Besteck mit anderen Tischteilnehmern geteilt,[85] ist zumindest abzuschwächen. Zumal wenn Tischzuchten schon des 12. Jahrhunderts. fordern, dass zwei Tischteilnehmer nicht e*inen* Löffel gemeinsam benutzen.[86] Wenn diese Auffassung von der gemeinsamen Nutzung des Löffels aber damit begründet wird, dass die Menschen damals eine

---

[79] S. oben Anm. 57.
[80] Ruodlieb, hrsg. v. Fritz Peter Knapp. Stuttgart 1977, S. 106 (X [XIII] 64f.).
[81] Ruodlieb, hrsg. v. Knapp [Anm. 79], S. 122 (XIII [XI] 10-28.
[82] Ebd., S. 122.
[83] Chrétien de Troyes: Le roman de Perceval ou Le conte du Graal, hrsg. v. Keith Busby. Tübingen 1993, V. 1564f.
[84] Dass die Herrscher im 11./12. Jh. aus einer separaten Schüssel aßen, zeigt nicht deren besonders hohe Peinlichkeitsschwelle an, sondern deren herausragenden sozialen Status. Wenn nun mehr und mehr Adlige separates Essgeschirr beanspruchten, so ist dies nicht eine Folge ihres veränderten Affekthaushalts, sondern ihrer sozialen Ambitionen.
[85] Visser [Anm. 75], S. 318f. (zunächst hätten die Leute die Intimität beim Essen akzeptiert, dann aber habe ein mentaler Wandel stattgefunden); Mohrmann, Ruth-E.: Tischgerät und Tischsitten nach Inventaren und zeitgenössischen Bildern, in: Günter Wiegelmann/ Ruth-E. Mohrmann (Hrsg.): Nahrung und Tischkultur im Hanseraum. Münster/ New York 1996, S. 167-178 (behauptet, dass im Mittelalter Adel und Bauern, Reich und Arm gewohnt gewesen seien, aus *einer* gemeinsamen Schüssel zu essen).
[86] Urbanus magnus [Anm. 9], V. 1002. Möglicherweise hängt dies auch hier an dieser Stelle bei Urbanus magnus nicht mit Ekelempfinden zusammen, sondern (auch) mit sozialen Erwägungen: Man sollte dem Gast das Gefühl geben, er werde wichtig genommen (wie Hochgestellte). Es gab auch schon den Gebrauch von *einer* Schüssel und *inem* Teller (*parassides*) für jeden; Francesco da Barberino [Anm. 38], S. 127.

große Intimität mit dem Tischnachbarn akzeptiert hätten, so ist auch dies dahingehend zu modifizieren, dass im Mittelalter sehr wohl ein Unterschied gemacht wurde zwischen einem Essen unter vertraut-familiären Personen oder aber unter Fremden.

In der familiar-intimen Sphäre gab es keine Abneigung (Ekel) vor körperlicher Nähe, weil diese Nähe internalisiert war: eine Distanz zum Anderen, die zu beachten war, bestand kaum.[87] In der Tischzucht ‚Der kindere hovescheit' (Von der Höfischheit der Kinder, 14./15. Jh.) beklagt sich der Verfasser darüber, dass viele Leute den Ochsen gleichen, weil sie mit ihren schmutzigen Kindern spielen und sie mit sich *aus einer Schüssel sabbern und mit sich aus einem Becher supfen lassen*. Dies sollten sie nicht tun.[88] Dieser Passus belegt einerseits den Unterschied zwischen dem Umgang mit Fremden und den mit vertrauten Personen und andererseits das Bestreben, die für den öffentlich-offiziellen Umgang gültigen Normen auch im elterlich-häuslichen Milieu durchzusetzen.[89] Mit der körperlichen Nähe war meist emotionale Nähe verbunden.[90]

---

[87] Miller [Anm. 16], S. 132-144.

[88] Der kindere hovescheit, hrsg. v. Winkler [Anm. 18], S. 131-143 (Gandersheim, Stiftsbibl., cod. 264; Wolfenbüttel, HAB, cod. Guelf. 417 Helmst.), V. 111-116 (Wolfenbüttel), V. 108-113 (Gandersheim).

[89] In seiner zeitkritisch motivierten Darstellung verlegt Reinerus Alemanicus ein idealistisches Gegenbild in die Vergangenheit: früher habe ein Kind nicht am Tisch der Eltern mitessen dürfen, solange es nicht die Tischzucht erlernt hätte; Reinerus [Anm. 18], V. 26-34; deutsche Bearbeitung durch Brant [Anm. 18], V. 41-56 (vgl. auch Kohlhage, Andreas: Reinerus Alemanicus: Thesmophagia. Mit deutscher Übersetzung von Sebastian Brant, in: Theodor Brüggemann [Hrsg.]: Handbuch zur Kinder- und Jugendliteratur. Bd. 1. Stuttgart 1987, S. 559-573, hier S. 560f.). Doch steht auch hinter dieser Bemerkung die Erwartung, dass die rechten Manieren auch zu Hause praktiziert werden sollten. Für eine strikte Ritualisierung auch beim familiaren Essen scheint ebenfalls Erasmus von Rotterdam zu plädieren, wenn er fordert, dass ein Junge, der mit seinen Eltern speise, nur dann etwas sage, wenn die Situation es erfordere oder wenn ihn jemand dazu auffordere; Erasmus von Rotterdam: De civilitate morum puerilium, in: Desiderii Erasmi Roterodami Opera omnia. Bd. 1. Leiden 1703, Sp. 1033-1044, hier Sp. 1040 D. Erasmus (ebd., Sp. 1038 D/E) erwähnt die bei einigen Völkern praktizierte Sitte, dass die Kinder nur auf Befehl an die Tafel der Eltern herantreten, dort aber nicht bis zum Ende des Banketts bleiben, sondern sie sollen sich dann nach Stillen des Hungers von den Gästen verabschieden und sich zurückziehen. Vielleicht ist dies aber eben nur der Fall, wenn Gäste eingeladen sind. Erasmus' an Kinder gerichtete Forderung, am häuslichen Tisch zu schweigen, entspricht genau der Norm, die Thomasin von Zirklaere für die Jugendlichen bei Hofe formuliert; Thomasin von Zirklaere [Anm. 38], V. 465ff. u. 711ff.

[90] Dadurch wird auch die Bemerkung von Einhard (*Vita Karoli*. Das Leben Karls des Großen, hrsg. u. übers. von Reinhold Rau [Quellen zur Karolingischen Reichsgeschichte, 1. Teil]. Darmstadt 1974, cap. 24 [S. 196f.]) verständlich, der hervorhebt, dass Karl d. Gr. beim Anlegen von Schuhen und Kleidern nicht nur Freunde vorließ, sondern auch Fremde, wenn es sich um einen wichtigen Rechtsstreit handelte. Dieser Passus lehrt, dass Respekt und Fremdheit eine gewisse räumliche Distanz forderte und auch ermöglichte, dass aber emotionale Nähe bzw. langjährige Vertrautheit solche Grenzen überschreiten halfen.

Auf die Interdependenz von emotionaler und körperlicher Nähe im Mutter-Kind-Verhältnis braucht hier nur hingewiesen zu werden.[91]

Dass zwischen miteinander vertrauten Personen tatsächlich eine andere Ekelschwelle anzusetzen ist als zwischen Fremden, unterstellt eine Aussage bei Giovanni della Casa, Galateo (1558).[92] Dort wird erklärt, dass man das Glas Wein, aus dem man selbst getrunken habe, nicht einem anderen zum Trinken geben solle, es sei denn, dass man mit dieser Person sehr vertraut sei. Es wird vermutet, dass sich in diesem Fall die vertraute Person vor dem bereits benutzten Glas nicht ekelt. Die Spielregeln für höfisches Verhalten können also im familiar-privaten Kreis außer Kraft gesetzt werden. Die Manierenschriften, Tischzuchten und Hofzuchten thematisieren bis ins 17./18. Jh. hinein ausschließlich das Verhalten gegenüber Fremden. Und unter Fremden ist eine größere körperliche und emotionale Distanz einzuhalten bzw. erwünscht.

V. Ausblick: Gestern und heute

Nach der Abgrenzung zweier Verhaltensmodelle aufgrund zweier unterschiedlicher Personenrelationen in Mittelalter und Früher Neuzeit stellt sich abschließend die Frage nach einer möglichen Annäherung bzw. Interferenz der beiden Bereiche im historischen Prozess: Wie hat sich seit dem Mittelalter und der Frühen Neuzeit das Nebeneinander von eher distanziert-höflichem Verhalten gegenüber Fremden (und in der Öffentlichkeit) einerseits und eher entspannt-vertrautem Verhalten unter Freunden bzw. Vertrauten andererseits zum 19./20. Jh. hin entwickelt? Wann, wo und warum nähern sich öffentliches und privates Benehmen einander an? Beeinflussen sich die beiden Bereiche?[93] Besteht eine Steigerung bzw. Ansteigen des Zivilisationsprozesses gerade darin, dass das in der Öffentlichkeit bzw. öffentlich geordnete Benehmen gegenüber Fremden auch in die familiale Gemeinschaft eindringt? Es ist die Frage nach dem historischen Verlauf der Relation von Distanz und Vertrautheit.

---

[91] Pollock, Linda A.: Forgotten Children. Parent-Child Relations from 1500 to 1900. Cambridge 1996 (Eltern erwähnen in Tagebüchern in positiven Worten den Körperkontakt mit ihren Kindern); Miller [Anm. 16], S. 132-144.
[92] Deutsche Übersetzung von 1597 [Anm. 33], S. 11; s.o. bei Anm. 33.
[93] Miller [Anm. 16], S. 177f., versteht den Zivilisationsprozess nach Elias als eine Ausdehnung der Privatsphäre auf Kosten des öffentlichen Bereichs. Die wachsende Zivilisierung mache private Räume erforderlich, in denen man all das erledigen könne, was, in der Öffentlichkeit ausgeführt, den Ekel der Anderen hervorrufen würde. Die Ausweitung des Privaten ermögliche also allererst den öffentlichen zivilisierten Raum. Diese Interdependenz soll keinesfalls bestritten werden. Doch würde ich sie schon für das Mittelalter ansetzen. Überdies war meines Erachtens in den 1970/80er Jahren (und bei politischen „Gipfeln" bis heute) eine Tendenz zu beobachten, private und öffentliche Verhaltensweisen einander anzunähern.

Hier können nur einige Hinweise gegeben werden.[94]

Es scheinen beide Möglichkeiten einer Annäherung von öffentlich-offiziellen Tischsitten und familiar-intimem Tischverhalten eingetreten zu sein: Das Eindringen des Offiziellen in das Private und umgekehrt die „Unterwanderung" des Öffentlichen durch Elemente des Privaten.[95]

Zunächst ist daran zu erinnern, dass auch für das gesellige Zusammensein unter Freunden bestimmte Schicklichkeitsregeln galten.[96] Verantwortlich dafür war eine *amicitia*-Vorstellung, derzufolge auch dem Freund ein gewisser Respekt zu zollen war. Und Respekt implizierte stets Ehrbezeugung.

Reinerus Alemanicus (1. Hälfte 13. Jh.) unterscheidet zwar das Tischverhalten bei vornehmen Herren, bei Freunden und bei Damen,[97] doch wünscht er, dass trotz aller gelösten, heiteren Atmosphäre (*risus, iocus*, V. 294f.) beim Gastmahl unter Freunden den Tischgenossen eine gewisse Ehre nicht vorenthalten werde. Das heißt, in einem freilich eingeschränkten Maße sind die Regeln für feines, beherrschtes Tischverhalten auch für das Essen im Freundeskreis zu beachten.[98] Schon im Mittelalter stellte sich also eine Annäherung der beiden Geltungsbereiche (strenge Disziplin am Tisch der Vornehmen; lockere Haltung unter Freunden) ein.

Bei Antoine de Courtin (17. Jh.)[99] ist dieselbe Annäherung von öffentlich-offiziellem Umgang und Verhalten unter Freunden zu konstatieren. Zwar dürfe man auf gewisse Formalitäten, wie sie gegenüber Vorgesetzten erforderlich seien, beim Umgang mit Freunden verzichten und ein vertrautes Miteinander pflegen (*familiarité*), doch seien folgende Regeln auch in diesem Falle zu beachten: die andern keinesfalls ärgern; den andern zu gefallen suchen; den anderen Ehre erweisen. Immerhin bewirke die *familiarité*, dass man bestimmte Dinge gut aufnehme, die sonst schockierend wären (de Courtin, S. 14).

Wenn Thomasin von Zirklaere (ca. 1215) und Francesco da Barberino (ca. 1300) die Möglichkeit einer guten Erziehung in der eigenen Familie ins Auge fassen und sie als

---

[94] In der Frühen Neuzeit entstehen neue soziale Konfigurationen, die sich der Kontrastierung von öffentlich und privat entziehen. Zu denken ist z. B. an eine halböffentliche Institution wie den Salon. Das gehobene Bürgertum des 19. Jhs. hingegen holt sich mit seinen Visiten, Antritts- und Anstandsbesuchen das Öffentliche in das Private herein; vgl. Linke, Angelika: Sprachkultur und Bürgertum. Zur Mentalitätsgeschichte des 19. Jahrhunderts. Stuttgart/ Weimar 1996.

[95] Die Begriffe „öffentlich" und „privat" dienen hier lediglich als Hilfsbegriffe. Keineswegs wird damit impliziert, dass in dem hier zur Debatte stehenden Prozess sämtliche Merkmale des Öffentlichen und Privaten eine Rolle spielen.

[96] Vgl. oben Anm. 66 u. nach Anm. 95.

[97] Siehe oben bei Anm. 28 bis 32.

[98] Reinerus [Anm. 18], V. 296-307. Deutsche Übersetzung von Brant [Anm. 18], S. 61 (V. 486-507).

[99] Nouveau traité de la civilité [Anm. 47], S. 201-203.

Vorbereitung auf ein Dasein am Hof einstufen,[100] so ist auch hier eine Annäherung von häuslichen und öffentlichen Verhaltensmaximen angedeutet. Doch sind das nicht mehr als verstreute Bemerkungen. Auf diskursiver Ebene dominiert die Abgrenzung der beiden Handlungsräume.[101]

Bei den Überlegungen über mögliche gegenseitige Beeinflussung öffentlicher und privater Verhaltensweisen wären auch architektonisch-bauliche Voraussetzungen zu berücksichtigen.[102] Wenn es so ist, dass eine hochadlige Familie stets im Beisein von Gästen in der großen Halle gespeist hat, entfällt die Voraussetzung für eine Differenz von privatem und öffentlichem Tischverhalten. Für das England des 14. Jhs. ist aber eine interessante Veränderung nachzuweisen. Von der Mitte des 14. Jhs. an wird es unter den Landadligen zunehmend üblich, das Mahl nicht mehr in der zentral gelegenen *hall* einzunehmen, sondern mit der Familie sich in andere Räume zurückzuziehen. Allerdings scheint die Ortsveränderung von der Halle in andere Zimmer – zunächst? – keine Informalisierung bedeutet zu haben. Das traditionelle Ritual wurde beibehalten.[103] Doch ist ja denkbar, dass die familiare Separierung eine soziale Dynamik auch für das Tischverhalten gebracht hat.

Für die familiar-häusliche Tischgemeinschaft gilt im Mittelalter wie in der Moderne (sieht man einmal von bestimmten bürgerlichen Kreisen des 18. und 19. Jhs. ab),[104] dass innerhalb der engsten Familie kaum Ekelgefühle erregt worden sind, weil aufgrund jahrelang praktizierter körperlicher Nähe die Ekelschwelle gegenüber Familienangehörigen viel niedriger lag bzw. liegt als gegenüber den körperlichen Ausscheidungen von Fremden. Heute noch macht es Eltern nichts aus, den Brei, der ihren Kleinkindern noch am Munde klebt, selbst zu essen, oder ihren Babys die Windeln zu wechseln. Wenn ein kleines Kind beim Füttern die Speise ausspuckt, ekeln sich die Eltern nicht.

---

[100] Wälscher Gast [Anm. 38], V. 653-658; Francesco da Barberino [Anm. 38], S. 135; s. auch oben Anm. 38.

[101] Konrad von Haslau [Anm. 50], V. 241-246, tadelt den Edelknaben, der „draußen" den Mut eines Hasen hat, „daheim" aber sich bissig wie ein Hofhund, der das Tor versperrt, aufführe. In V. 724f. mahnt Konrad von Haslau ein identisches Verhalten *bi gesten und bi kunden* an (es geht um das Tragen von Handschuhen, Schwert, Mantel und Hut). Giovanni Pontano (De conviventia, 16.Jh.), unterscheidet zwischen einem kleinen bescheidenen Essen mit Freunden und einem üppigen Festessen in der Öffentlichkeit. Vgl. Jeanneret, Michel: Des mets et des mots. Banquet et propos de table a la Renaissance. Paris 1987, S. 48f. (engl. Übersetzung 1991).

[102] Guillaume, Jean: Architecture et vie sociale. L'organisation intérieure des grandes demeures à la fin du moyen âge et à la Rénaissance. Paris 1994; Kern-Stähler [Anm. 3], S. 90-99.

[103] Girouard, Mark: Life in the English Country House. A Social and Architectural History. New Haven 1978, S. 29-80; Wood, Margaret: The English mediaeval House. London 1965, S. XXVII-XXIX und S. 16-66.

[104] Inwiefern, von wann ab und für welche sozialen Schichten eine solche vertraute häusliche Tischgemeinschaft angenommen werden darf – abseits aller Diskurse über Vertrautsein und Freundschaft –, ist allerdings eine umstrittene Frage.

Wenn aber bei einem Festessen der Tischnachbar einen Teil der Speise ausspuckt, ekeln sich die Umsitzenden.[105]

Wenn es aber so ist, dass im vertraut-familiären Kreis die meisten Verhaltensanforderungen, die „den" Zivilisationsprozess anzeigen sollen, außer Kraft gesetzt sind, stellt sich die Frage, wie es um die angebliche Internalisierung der Affektkontrolle bestellt ist. Wenn Selbstbeherrschung nicht ständig zu leisten ist, sondern nur in bestimmten Situationen, dann wird man von einer generellen Erhöhung der Scham- und Peinlichkeitsschwelle nicht sprechen wollen. Gemäß ELIAS verläuft die historische Entwicklung vom Fremdzwang zum Selbstzwang, demzufolge seit dem 15./16. Jh. das rechte Benehmen der Menschen in der Gemeinschaft von einem sog. Über-Ich gesteuert worden sei. Wenn sich aber die Menschen in zwei unterschiedlichen Situationen ganz unterschiedlich verhalten, kann man kaum von einer durchgreifenden, totalen Ummodulierung des Affekthaushalts sprechen.

Wir dürfen nicht von einem in sich homogenen Affekthaushalt ausgehen, sondern müssen situationsspezifisch erforderliche Fähigkeiten voraussetzen: Die Menschen werden durch „den" Zivilisationsprozess nicht insgesamt umgepolt, sondern erlernen die Kompetenz, in unterschiedlichen Situationen unterschiedliche Verhaltensmuster abzurufen. In der neueren Sozialpsychologie wird ohnehin ein Konzept diskutiert, wonach Handeln nicht nur ein Ausagieren von Persönlichkeit und von Charakter ist, sondern eine Funktion der jeweiligen Situation. Dieses „situative Konzept" berücksichtigt neben der Person auch die Situation.[106]

Statt wie ELIAS von einer kollektiven Sozialstruktur auszugehen, die sich dann in der individuellen Psyche niederschlägt, wäre diese Sozialstruktur situativ zu differenzieren.

---

[105] Dazu Miller [Anm. 16], S. 132-144.
[106] Argyle, Michael: Personality and Social Behaviour, in: Rom Harré (Hrsg.): Personality. Oxford 1976, S. 145-188; Argyle, Michael: Körpersprache und Kommunikation. Das Handbuch zur nonverbalen Kommunikation. Paderborn ^{9}2005; dazu auch Kuzmics, Helmut: Fragen an das Werk von Norbert Elias, in: Annette Treibel u.a. (Hrsg.): Zivilisationstheorie in der Bilanz. Beiträge zum 100. Geburtstag von Norbert Elias. Opladen 2000, S. 261-284, S. 271.

Gabriele Köster

Künstler als Mitglieder venezianischer Bruderschaften im 14. und frühen 15. Jahrhundert am Beispiel der ‚Scuola di Santa Maria della Misericordia'

> *sopra saldi marmi fondata*
> *ma sopra più solide basi di civile concordia ferma ed immobile*
> (Francesco Petrarca)

Seit geraumer Zeit werden Bruderschaften von Historikern als soziale Gruppen intensiv untersucht, wobei der Blick entweder stärker auf die rechtliche Konstruktion dieser Gruppen, auf ihre religiösen Intentionen oder auf ihre sozialen Funktionen gerichtet wurde.[1] In der Kunstgeschichte hingegen lag das Hauptaugenmerk von jeher auf den Bauten und Kunstwerken, die im Auftrag von Bruderschaften entstanden. Ziel meiner Forschungen ist es, die Ansätze der unterschiedlichen Disziplinen miteinander zu verknüpfen und die Bedeutung von Bruderschaften als soziale Lebens- und Kommunikationsform von Künstlern am Beispiel der venezianischen sogenannten ‚Scuole Grandi' zu untersuchen, um hiermit einen Beitrag zur Sozialgeschichte des Künstlers in der städtischen Gesellschaft des späten Mittelalters und der frühen Neuzeit zu leisten.[2] Es versteht sich von selbst, dass der erst in der Neuzeit entstandene Begriff des Künstlers in diesem Zusammenhang als Fachterminus der Kunstgeschichte verwendet wird. Die Archivalien der Bruderschaften kennen den Begriff nicht. In ihnen werden die Berufsbezeichnungen des Malers (depentor, pentor), des Bildhauers oder Steinmetzen (tagliapietra) sowie des Bildschnitzers (intagliatore) verwendet. Im Folgenden möchte ich von

---

[1] Vgl. die Forschungsüberblicke bei Thomas Frank: Bruderschaften im spätmittelalterlichen Kirchenstaat. Viterbo, Orvieto, Assisi (Bibliothek des Deutschen Historischen Instituts in Rom, 100). Tübingen 2002, S. 4-13; Haverkamp, Alfred: Bruderschaften und Gemeinden im 12. und 13. Jahrhundert, in: Bernd Schneidmüller/ Stefan Weinfurter (Hrsg.): Ordnungskonfigurationen im hohen Mittelalter (Vorträge und Forschungen hrsg. v. Konstanzer Arbeitskreis für mittelalterliche Geschichte, 54). Ostfildern 2006, S. 153-155.

[2] Vgl. auch Köster, Gabriele: Künstler und ihre Brüder. Maler, Bildhauer und Architekten in den venezianischen *Scuole Grandi* (bis ca. 1600). Berlin 2008.

Malern und Steinmetzen handeln und am Beispiel ihrer Mitgliedschaft in der Geißlerbruderschaft Santa Maria della Misericordia ihre soziale Integration in die Stadtgesellschaft sowie Formen von Traditions- und Identitätsbildung in diesen Berufsgruppen in der zweiten Hälfte des 14. Jahrhunderts und im frühen 15. Jahrhundert beleuchten. Hierbei werden auch die Bauprojekte und Kunstaufträge der Bruderschaft in dieser Zeit sowie die Verknüpfung von Mitgliedschaft und Auftragsvergabe in den Blick genommen.

Die ‚Scuola di Santa Maria della Misericordia' wurde 1308 gegründet, beinahe ein halbes Jahrhundert, nachdem die 1260 durch Predigten und öffentlichen Selbstgeißelungen des Einsiedlers Ranerio Fasani in Perugia ausgelöste Geißlerbewegung in ganz Mittel- und Oberitalien die Gründung von Geißlerbruderschaften nach sich gezogen hatte.[3] Venedig stand zu dieser Zeit nach dem Versuch, sich Ferrara anzueignen, unter päpstlichem Interdikt. Bisher blieb unbemerkt, dass wenige Jahrzehnte später eine höchst interessante Personengruppe zu den Mitgliedern dieser Geißlerbruderschaft zählte: der Doge und Historiograph Andrea Dandolo (1343 bis 1354), sein Großkanzler Benintendi Ravagnani (1317-1365), sowie dessen Nachfolger Raffaino Caresini (ca. 1314-1390).[4] Alle drei waren nicht allein politische Entscheidungsträger ersten Ranges,

---

[3] Das Gründungsdatum wird im Statutenbuch der Bruderschaft genannt. Ausdrücklich wird die Gründung auf Initiative des Priors mit Erlaubnis des Dogen Pietro Gradenigo (1289 bis 1311) und seines Rates in den Statuten erwähnt: *a honor et a reverentia de miser lo papa e de la santa madre giexia et a honor de miser lo doxe e de tuto el suo conseio. Et a honor del honorevole homo miser piero ciuran prior del dito luogo de madona a santa maria de valverde madre de misericordia. per lo tempo so e deso consentimento e de soa voluntade e dei suo frari del dito luogo e de licencia delo illustro segnor miser Piero Gradenigo doxe de venexia e deli nobeli homeni signori miser Marin zorzi. miser Marin Foscarini. miser Tomao Barbarigo. miser Nicolo zane. miser Rainier Corner. miser Anzolo Bembo conseieri de quelo.* (Venedig, Archivio di Stato di Venezia, Scuola Grande di Santa Maria della Misericordia, busta A, registro 2, fol. 1v). Die spätere Scuola Grande di Santa Maria della Misericordia wird häufig mit der gleichnamigen Bruderschaft der Kaufleute Scuola di Santa Maria della Misericordia e di San Francesco in einen Zusammenhang gebracht, die 1261 gegründet worden war (vgl. zu dieser Bruderschaft De Sandre Gasparini, Giuseppina: La pietà laicale, in: Giorgio Cracco/ Gherardo Ortalli (Hrsg.): Storia di Venezia dalle origini alla caduta della Serenissima. Bd. 2. Rom 1995, S. 947-948). Zu der Verwechslung trägt bei, dass die Mitgliederverzeichnisse der Kaufmannsbruderschaft heute im Staatsarchiv von Venedig im Bestand der Scuola Grande di Santa Maria della Misericordia aufbewahrt werden (Archivio di Stato di Venezia, Scuola Grande di Santa Maria della Misericordia, registro 7 u. registro 9). Zu dem Einfluss Rainiero Fasanis auf die venezianischen Geißlerbruderschaften vgl. Sandre Gasparini: ebd., S. 947- 949 (mit älterer Lit.).

[4] *Andrea Dandolo doxe* und *Benintendi chanzelier de Santa Maria formoxa* sind in einem Mitgliederverzeichnis der Bruderschaft des 14. Jahrhunderts auf einer Seite unter den adeligen Mitbrüdern aufgeführt (Venedig, Archivio di Stato di Venezia, Scuola Grande di Santa Maria della Misericordia, busta A, registro 3, fol. 98v). *Rafain de charexin cancellier de venexia san basso* ist in einem etwas jüngeren Mitgliederverzeichnis der zweiten Hälfte des 14. Jahrhunderts verzeichnet (Venedig, Archivio di Stato di Venezia, Scuola Grande di Santa Maria della Misericordia, busta A, registro 2, fol. 110r).

sondern auch Protagonisten des venezianischen Frühhumanismus. Andrea Dandolo und Benintendi Ravagnani unterhielten freundschaftliche Beziehungen zu Francesco Petrarca und konnten ihn zeitweise nach Venedig ziehen.[5] Ihre Mitgliedschaft in der ‚Scuola di Santa Maria della Misericordia' lässt sich mit Sicherheit im Kontext des gemeinschaftlichen Bußwerkes für die städtische Sakralgemeinschaft verstehen, aber auch vor dem Hintergrund der Bestrebungen Andrea Dandolos, seine Herrschaft nicht auf den venezianischen Adel, sondern auf den gesamten *popolo* zu stützen. Ausdrücklich wurde in den Statuten der ‚Scuola di Santa Maria della Misericordia', wie in so vielen Bruderschaften, auch der Vorteil für das Gemeinwesen als Ziel der Vereinigung genannt. Die Bruderschaft sei gegründet worden, damit ihre Patronin bei Jesus Christus als Fürsprecherin für den Erhalt der „gesegneten Stadt Venedig" in gutem Zustand, in Frieden und in Wohltätigkeit eintrete.[6]

Venedig hatte die gemeinschaftliche Erflehung göttlichen Beistandes bitter nötig. Die große europäische Pestepidemie, die 1347 von Venedig ihren Ausgang genommen hatte, hatte die Einwohnerzahl von hundert- bis hundertzwanzigtausend auf ca. sechzigtausend zurückgehen lassen.[7] Während des dritten Krieges gegen die große Konkurrentin im Überseehandel, Genua, von 1349 bis 1355 konnte Venedig wegen der durch die Pest verursachten Menschenverluste nicht einmal mehr eine vollständige Flotte bemannen.[8] Die Kriege gegen Genua waren einer Politik geschuldet, die sehr stark von den Interessen der großen Überseekaufleute bestimmt wurde, deren Familien seit der *Serrata* des Großen Rates von 1297 die politische Herrschaft inne hatten. Die große Mehrzahl der venezianischen Bevölkerung hatte allein die negativen Auswirkungen dieser Politik auf die Stadt zu tragen. Andrea Dandolo wollte diesem Auseinanderfallen

---

[5] Vgl. Arnaldi, Girolamo: La cancelleria ducale fra culto della *legalitas* e nuova cultura umanistica, in: ders./ Giorgio Cracco/ Alberto Tenenti (Hrsg.): Storia di Venezia dalle origini alla caduta della Serenissima. Bd. 3. Rom 1997, S. 865-887; ders.: Andrea Dandolo doge-cronista, in: Agostino Pertusi (Hrsg.): La storiografia veneziana fino al secolo XVI. Aspetti e problemi (Civiltà veneziana. Saggi 18). Florenz 1970, S. 127-268; Mann, Nicholas: Petrarca e la cancelleria veneziana, in: Storia della cultura veneta. Bd. 2: Il Trecento. Vicenza 1976, S. 517-535; ders.: Benintendi Ravagnani, il Petrarca, l'umanesimo veneziano, in: Giorgio Padoan (Hrsg.): Petrarca, Venezia e il Veneto (Civiltà Veneziana. Saggi 21). Florenz 1965, S. 109-122; Lazzarini, Lino: *Dux ille Danduleus*. Andrea Dandolo e la cultura veneziana a metà del Trecento, in: ebd., S. 123-156.

[6] *questa congregacion comanda che fose comenzada azio che la sopra dita verzene madona santa maria de valverde madre nostra de misericordia priega el nostro signor misier iesu christo che mantegna la nostra benedeta citade de venexia in bon stado et in paxe et in caritate con tute le tere di crestiani. Amen.* (Venedig, Archivio di Stato di Venezia, Scuola Grande di Santa Maria della Misericordia, busta A, registro 2, fol. 1r).

[7] Rösch, Gerhard: Venedig. Geschichte einer Seerepublik. Stuttgart/ Berlin/ Köln 2000, S. 127-129.

[8] Rösch [Anm. 7], S. 77.

von Staat und Bevölkerung entgegenwirken.[9] Ein geeignetes Mittel hierfür war mit Sicherheit auch die Mitgliedschaft in einer der größten Geißlerbruderschaften der Stadt, durch die Einwohner Venedigs aus allen sozialen Schichten seine Mitbrüder wurden, mag er sie nun tatsächlich persönlich gekannt haben oder nicht.[10]

Zu Andrea Dandolos Mitbrüdern in der ‚Scuola di Santa Maria della Misericordia' zählte auch der Maler Pietro Fisica. Dieser Maler, von dem kein Werk bekannt ist, und dessen Beruf allein durch seine Berufsbezeichnung in den Mitgliederverzeichnissen der Bruderschaft dokumentiert ist, bekleidete in ihr 1354/55 das Amt eines *Degano di mezz`anno*. Das Datum von Pietro Fisicas Eintritt in die Bruderschaft ist nicht dokumentiert. Zum *Degano di mezz`anno* wurde er vermutlich im August 1354 gewählt.[11] Am 7. September 1354 starb Andrea Dandolo. Es ist somit ungewiss, ob sich der Maler lange als Mitbruder seines Dogen betrachten durfte. Umso länger konnte er mit Benintendi Ravagnani und Raffaino Caresini die höchsten bürgerlichen Beamten des Staates zu seinen Mitbrüdern zählen. Für ihn selbst begann mit seiner Amtszeit als *Degano di mezz`anno* eine steile Karriere in der Leitung der Bruderschaft, von der, wie bei allen venezianischen Bruderschaften, Patrizier ausgeschlossen waren.[12] 1357 übernahm er als *Guardian da Matin* ihr dritthöchstes Amt und war für die Durchführung der Prozessionen verantwortlich. 1361, 1366 und 1373 stand er als *Guardian Grande* der gesamten Bruderschaft vor.[13] Dieser der Kunstgeschichte bisher unbekannte Maler war der einzige, der je *Guardian Grande* einer der Bruderschaften wurde, für die sich ein Jahrhundert später die Bezeichnung ‚Scuole Grandi' durchsetzen sollte.[14]

---

[9] Vgl. Cracco, Giorgio: Società e stato nel medioevo veneziano (secoli XII-XIV) (Civiltà veneziano. Studi 22). Florenz 1967, S. 395-440 u. ders.: *E per tetto il cielo*. Dinamiche religiose di uno Stato nascente, in: Arnaldi/ Cracco/ Tenenti [Anm. 5], S. 964-979.

[10] Eine Untersuchung der Mitgliedschaft der Dogen in den Bruderschaften der Stadt steht leider noch aus.

[11] Er ist als *Piero inpentor de san zuane nuovo dito fixica* und als *Piero inpentor da san zanne nuovo* in den beiden Mitgliederverzeichnissen des 14. Jahrhunderts aufgeführt (Venedig, Archivio di Stato di Venezia, Scuola Grande di Santa Maria della Misericordia, busta A, registro 2, fol. 81r; Ebd. registro 3, fol. 75r). Als *Degano di mezz`anno* ist er in Venedig, Archivio di Stato di Venezia, Scuola Grande di Santa Maria della Misericordia, registro 11, fol. 3r genannt. Er war somit einer von zwölf Dekanen, die jeweils zu zweit die Mitbrüder in einem der sechs Bezirke von Venedig betreuten. Im Unterschied zu den zehn *Degani di tutt`anno* wurden die beiden *Degani di mezz`anno* nicht zu Beginn des venezianischen Kalenderjahres Anfang März gewählt, sondern zum halben Jahr im August. Ziel der unterschiedlichen Wahltermine war es, nicht den gesamten Vorstand gleichzeitig auszutauschen, sondern eine gewisse Kontinuität in der Amtsführung zu gewährleisten. Zu der Ämterstruktur der ‚Scuole Grandi' vgl. Pullan, Brian: Rich and Poor in Renaissance Venice. The Social Institutions of a Catholic State, to 1620. Oxford 1971, S. 63–72.

[12] Zur Stellung der adeligen Mitglieder vgl. Pullan [Anm. 11], S. 73.

[13] Venedig, Archivio di Stato di Venezia, Scuola Grande di Santa Maria della Misericordia, registro 11, fol. 3v, fol. 4v, fol. 6r, fol. 7v.

[14] In Venedig lassen sich im 14. Jahrhundert allein 16 namentlich bekannten Malern überlieferte Werke zuschreiben (vgl. Castelnuovo, Enrico [Hrsg.]: La pittura in Italia. Il Duecento e il Tre-

Die aktiven Jahre Pietro Fisicas in der Leitung der ‚Scuola di Santa Maria della Misericordia' fielen in eine Zeit, die nicht ruhiger waren als die Jahrzehnte zuvor. Innenpolitisch machte Venedig eine Erfahrung der Bedrohung, die sich in die historische Erinnerung der Republik fest einschrieb: 1355 wurde der Doge Marino Falier, dem vorgeworfen wurde, einen Staatsstreich geplant zu haben, um eine Stadttyrannis zu errichten, wegen Verschwörung zum Tode verurteilt und hingerichtet.[15] Während des sogenannten Chioggia-Krieges von 1376 bis 1381 gelang es den Genuesen zeitweilig, die Stadt auch von der See her einzuschließen.[16] Niemals zuvor war die Seerepublik dem Untergang so nahe gewesen. Entscheidenden Anteil an der Abwendung einer Eroberung Venedigs durch die Genuesen hatte der vom Volk sehr verehrte Kriegsherr Vettor Pisano, bei dem es sich möglicherweise um denselben Vettor Pisano handelt, der im Mitgliederverzeichnis der ‚Scuola di Santa Maria della Misericordia' in dieser Zeit unter den adeligen Mitbrüdern aufgeführt wird.[17] Der Krieg verschlang Unsummen. Pietro Fisicas Haushalt gehörte zu den 2.128 wohlhabendsten Haushalten der Stadt, die zu seiner Finanzierung herangezogen wurden. Sein Vermögen wurde auf 500 Lire a grosso geschätzt.[18] Nicht zuletzt diese wirtschaftlich gute Situation wird dem Maler die Übernahme der Leitung einer der größten Vereinigungen der Stadt ermöglicht haben.

In die aktive Zeit des Pietro Fisica fiel auch die zunehmende Integration der ‚Scuole Grandi' in die religiösen Rituale der Stadt. 1368 nahmen zum ersten Mal alle vier großen Geißlerbruderschaften, unter ihnen die ‚Scuola di Santa Maria della Miseri-

---

cento. Bd. 2, S. 549-670). Die Scuola di San Marco wurde zweimal, einmal vor 1406 und im Jahr 1409, von dem Steinmetzen und Bauunternehmer Girolamo Barosso geleitet, der unter anderem den Bau von San Petronio in Bologna mit Haussteinen belieferte und seine Tochter mit einer Mitgift von 500 Dukaten ausstatten konnte. Er wird im einem Rechtsstreit am 20. Juli 1406 als ehemaliger *Guardian Grande* und wieder 1409-1410 als amtierender Guardian Grande erwähnt (Venedig, Archivio di Stato di Venezia, Notarile, Cancelleria Inferiore, busta 96, Atti P. Griffon, registro II., fol. 16r, fol. 54r, fol. 64r-v). Zu Barosso vgl. Connell, Susan Mary: The Employment of Sculptors and Stonemasons in Venice in the Fifteenth Century (PhD thesis, University of London 1976). New York 1988, S. 29. Der Begriff ‚Scuola Grande' lässt sich zuerst 1467 nachweisen. Vgl. Sbriziolo, Lia: Per la storia delle confraternite veneziane: dalle deliberazioni miste (1310-1476) del Consiglio dei Dieci. Le *scuole dei battuti*, in: Miscellanea Gilles Gerard Meersseman (Italia sacra, 15). Bd. 2. Padua 1970, S. 737.

[15] Rösch [Anm. 7], S. 123f. Zu den jährlichen Prozessionen, die an den Vorfall erinnerten, vgl. Muir, Edward: Civic Ritual in Renaissance Venice. Princeton 1981, 218f.

[16] Rösch [Anm. 7], S. 78f.

[17] *Vetor Pisani san fantin* (Archivio di Stato di Venezia, Scuola Grande di Santa Maria della Misericordia, busta A, registro 2, fol. 112v).

[18] Luzzatto, Gino: I prestiti della Repubblica di Venezia (sec. XIII-XV). Padua 1929, S. 144. Sein Name ist in der Haupthandschrift korrumpiert. Das größte Vermögen eines Nicht-Adeligen wurde auf 35.000 Lire a grosso geschätzt. Pietro Fisica gehörte zu der niedrigsten Vermögensgruppe von 300-1000 Dukaten, zu der mehr als die Hälfte der veranschlagten Nicht-Adeligen zählte (vgl. Rösch [Anm. 7], S. 135).

cordia', mit Erlaubnis des Rats der Zehn an der nächtlichen Karfreitagsprozession teil.[19] Zu derselben Zeit setzte durch die Beaufsichtigung durch den Rat der Zehn ein Vereinheitlichungsprozess ein, der diese Bruderschaften zu einer homogenen Gruppe mit einheitlichen Regeln und Strukturen werden ließ. Seit 1368 beschränkte er ihre Mitgliederzahl auf den status quo.[20] Es durften nur soviele Mitglieder jährlich aufgenommen werden, wie in dem vorangegangenen Jahr verstorben waren. Die neuen Mitglieder mussten dem Rat der Zehn namentlich angezeigt werden.[21] Am Ende des 14. Jahrhunderts hatte die ‚Scuola di Santa Maria della Misericordia' 500 Mitglieder, 180 von ihnen waren *nobiles honorabiles* – Adelige, die der Bruderschaft ehrenhalber angehörten.[22] Spätestens seit der Mitte des 14. Jahrhunderts war es üblich geworden, vor allem Patrizier zu erhöhten Eintrittsgeldern aufzunehmen und sie von der ursprünglich gemeinsamen religiösen Übung der öffentlichen Selbstgeißelung auszunehmen. 1366 hatte der Rat der Zehn pauschal alle Adeligen der Geißlerbruderschaften von dieser Pflicht entbunden.[23] Gleichzeitig etablierte sich der Brauch, Mitglieder zur Probe aufzunehmen, die die Bruderschaften bei den Prozessionen als Flagellanten vertraten.[24] Es ist somit fraglich, ob Pietro Fisica sich je selbst dieser religiösen Bußübung unterzog.

In die Zeit des Pietro Fisica fiel auch eine erste Erweiterungsphase der Räumlichkeiten, die der ‚Scuola di Santa Maria della Misericordia' im Priorat der gleichnamigen Kirche zur Verfügung standen (Abb. 1). Am Ende seiner ersten Amtszeit als *Guardian Grande* 1362 kam der Vertrag zustande, der es der Bruderschaft erlaubte, weitere Räumlichkeiten über dem Kreuzgang des Priorats zu nutzen.[25] Über das Aussehen

---

[19] Sbriziolo [Anm. 14], S. 718. Seit 1407 wurden Fronleichnamsprozession durchgeführt, an denen die Geißlerbruderschaften auch teilnahmen. Sie waren seither die wichtigsten und aufwändigsten unter den jährlich wiederkehrenden staatlichen Prozessionen (Muir [Anm. 15], S. 223-230).

[20] Sbriziolo [Anm. 14], S. 715-763, hier S. 717; Wurthmann, William: The Council of Ten and the *Scuole Grandi* in early Renaissance Venice, in: Studi Veneziani 18 (1989), S. 15-66.

[21] 1399 wird die Mitgliederzahl für die Scuola di San Marco auf 600, für die drei anderen auf 550 festgelegt (Sbriziolo [Anm. 14], S. 720). Ab 1401 mussten die Geißlerbruderschaften dem Rat der Zehn ihre Statuten zur Kontrolle vorlegen (ebd., S. 724).

[22] Sbriziolo [Anm. 14], S. 720.

[23] Wurthmann [wie Anm. 20], S. 28-29. Bereits 1272 hatte die Scuola di Santa Maria e di San Francesco ihren Mitgliedern die Teilnahme freigestellt (Pullan [Anm. 11], S. 38).

[24] 1399 suchte die Scuola di Santa Maria della Misericordia den Rat der Zehn zu einer Erhöhung ihrer Mitgliederzahl zu bewegen, da ihre Einkünfte nicht ausreichten, die Armen der Bruderschaft zu versorgen. Sie berichtete, außer ihren 500 regulären Mitgliedern gäbe es zahlreiche *populares* – einfache Leute, die der Bruderschaft bereits dienten und die darauf warteten, regulär aufgenommen zu werden, um an den Benefizien der Bruderschaft teilhaben zu können (Sbriziolo [Anm. 14], S. 720). Der Dienst, den diese Anwärter leisteten, dürfte vor allem in der Teilnahme an den obligatorischen Prozessionen der Bruderschaft bestanden haben. 1405 gestand der Rat der Zehn jeder der vier großen Geißlerbruderschaften je 60 nichtadelige Mitglieder zu, die diesen Dienst übernahmen (ebd., S. 725).

[25] Vertrag vom 28. Feb. 1362 (1361 *more veneto*) (Pietro Paoletti, L'architettura e la sculura del Rinascimento in Venezia. Venedig 1893, S. 90, Nr. 9).

dieser Räume und ihre Ausstattung ist nichts bekannt. Es stellt sich die Frage, ob Pietro Fisica und die übrigen Maler, Bildhauer, Steinmetze und Maurer, die in der zweiten Hälfte des 14. Jahrhunderts und zu Beginn des 15. Jahrhunderts Mitglieder der Bruderschaft waren und unter ihnen vor allem diejenigen, die oft mehrfach Vorstandsämter übernahmen, nicht nur organisatorisch, sondern auch durch eigene Werke an der Erweiterung und Verschönerung dieser Räumlichkeiten Anteil hatten.[26]

In seinem letzten Amtsjahr als *Guardian Grande* stand Pietro Fisica 1373 mit dem Maler Lorenzo aus der Pfarre Santa Maria Formosa ein Berufskollege als *Guardian da Matin* zur Seite.[27] In derselben Pfarre wie dieser Maler Lorenzo wohnte auch einer der bedeutendsten Maler des venezianischen Trecento, Lorenzo Veneziano. Ihm wurde vor wenigen Jahren zwei Einzelblätter aus einer *Mariegola* zugesprochen, die aller Wahrscheinlichkeit im Auftrag der ‚Scuola di Santa Maria della Misericordia' entstanden ist (Abb. 2a-b).[28] Die Miniaturen zeigen mit der Geißelung Christi die Szene, die die Bußpraxis der Geißlerbruderschaften mit der Passion des Erlösers verbindet, und die Patronin der Bruderschaft eingebunden in den Stamm Jesse als Schutzmantelmadonna, unter deren Mantel sich die Bruderschaft versammelt hat. Wenn es sich bei dem Maler Lorenzo, der 1368 *Degano di mezz'anno* und 1373 *Guardian da Matin* der Bruderschaft war, um Lorenzo Veneziano handeln sollte, und dieser der Maler der nur fragmentarisch erhaltenen *Mariegola* war, lässt sich hier sehr früh eine Verknüpfung von Engagement in der Leitung einer Bruderschaft und beruflicher Tätigkeit für diese nachweisen. Unter den übrigen Malern lässt sich möglicherweise der Maler Pietro Daisenti (dai santi) mit dem Maler Pietro di Niccolò identifizieren, einem Bruder des Lorenzo Veneziano und Vater des Niccolò di Pietro.[29] Dieser wurde 1389 für ein Prozessionsbanner von der Bruderschaft bezahlt.[30]

---

[26] Außer den im Text Genannten sind der Maler Martin aus der Pfarre Sant`Aponal bzw. San Silvestro (Venedig, Archivio di Stato di Venezia, Scuola Grande di Santa Maria della Misericordia, registro 11, fol. 3v, fol. 4v, fol. 6v) und der der Bildschnitzer, Intarsienschnitzer oder Steinschneider Giovanni gen. *di cavo* (Ebd., fol. 4r), sowie die beiden Maurer Alberto (Ebd., fol. 2r) und Vido (Ebd., fol. 3v, fol. 5r, fol. 7r) zu nennen. Bei den als *tagliapietra* bezeichneten Vorstandsmitgliedern Nicoletto (Ebd., fol. 2v), Pietro (Ebd., fol. 2v), Marco (Ebd., fol. 4v), Bartolomeo (Ebd., fol. 7v, fol. 8v), Moro (Ebd., fol. 9r), Bartolomeo (Ebd., fol. 12r) und Antonio (Ebd., fol. 13v, fol. 15r, fol. 16v) lässt sich nicht mit Sicherheit sagen, ob es sich um die Berufsbezeichnung oder den in Venedig weit verbreiteten Gentilnamen *Tagliapietra* handelt.

[27] Venedig, Archivio di Stato di Venezia, Scuola Grande di Santa Maria della Misericordia, registro 11, fol. 7v. Er war 1368/69 Degano di mezz`anno gewesen (Ebd., fol. 6v).

[28] Todini, Filippo: La „Mariegola" della Scuola Grande della Misericordia di Venezia e il problema di Lorenzo Veneziano miniatore, in: Una Collezione di miniature italiane. Dal Duecento al Cinquecento. Teil 3. Mailand 1999, S. 5–9. Er spricht sich für eine Datierung um 1370 aus.

[29] Pietro Daisenti war 1369 *Degano di tutt`anno* für den Bezirk San Polo und in den Jahren 1380/81, 1385/86, 1991/92, 1996/97 und 1405/06 *Degano di mezz`anno* (Venedig, Archivio di Stato di Venezia, Scuola Grande di Santa Maria della Misericordia, registro 11, fol. 6v, fol. 9v, fol. 10v, fol. 12r, fol. 13r-v, fol. 15v). Für eine Identifizierung mit Pietro di Niccolò spricht der Umstand, dass dessen Vater bereits als *pittore di santi* bezeichnet wurde und er wie Pietro

Im letzten Viertel des 14. Jahrhunderts entstand auch der früheste erhaltene Bauschmuck des Bruderschaftshauses. Auch auf diesem Relief ist die Madonna della Misericordia als Schutzmantelmadonna dargestellt, die unter ihrem Mantel die Bruderschaftsmitglieder birgt (Abb. 3).[31] Möglicherweise gibt es einen Zusammenhang zwischen diesem Relief und einem Rechtsstreit, den die Bruderschaft 1385 zu führen hatte. Die Brüder Lodovico und Antonio Moro, die für sich das vom Vater ererbte *ius patronatus* für das Priorat in Anspruch nahmen, bestätigten in diesem Jahr, dass bestimmte Arbeiten, die die Bruderschaft vorgenommen hatte, ihre Zustimmung fänden, da der Schmuck den gesamten Ort und nicht allein die Bruderschaft ehre. Sie unterstützten mit ihrer Erklärung die Bruderschaft in einem Konflikt, in den sie durch ihre Bautätigkeit mit dem Prior, Luca Moro, geraten war, der anscheinend gegen die Bruderschaft geklagt hatte.[32] Aus der Urkunde geht hervor, dass die Bruderschaft über

---

Daisenti zeitweise bei Santa Marina wohnte. Zu Pietro di Niccolò und seinem mutmaßlichen Vater vgl. Fulin, Rinaldo: Cinque testamenti di pittori ignoti del XIV secolo, in: Archivio Veneto (1876), S. 143-145; Testi, Laudedeo: La storia della pittura veneziana. Bd. 1. Bergamo 1909, S. 133-134, 330.

[30] Paoletti [Anm. 25], S. 91, Nr. 12.
[31] Wolters, Wolfgang: La scultura veneziana gotica. Venedig 1976, Kat. Nr. 99.
[32] *In nomine Dei eterni amen. Anno ab incarnatione domini nostri ihsu christi Millesimo trecentesimo octuagesimoquinto mensis Novembris die quartodecimo intrante indicatione nona. [...] Cum vos providi viri ser Leonardus de Renerio vardianus maior scole verberatorum beate virginis Marie misericordie et officiales eiusdem scole fieri feceritis quondam voltum supra portam domus quam predicta scola habet et possidet in loco eiusdem beate virginis Marie misericordie. Et pro ornatu volti predicti fieri similiter feceritis aliqua laboreria sive canes marmoreos aut mudiones qui veniunt plus extra quam voltum predictum popter quod venerabilis vir dominus Lucas mauro prior dicti loci sancte Marie de misericordia clamaverit super laboreriis predictis. Nos igitur Lodovicus et Anthonius mauro fratres filii quondam nobilis viri domini Jacobi mauro olim procuratoris sancti Marci tanquam patroni et habentes ius patronatus loci predicti ut notario infrascripto constitit per privilegia autentica super inde confecta dicto nomine patronatus et tanquam procuratores substituti et virtute procuratoris sive substitutionis carte facte manu Nicolai de papo de Iustinopoli habitatoris veneciis in confinio sanctorum Apostolorum imperialis auctoritate notarij in Millesimo trecentesimo octuagesimoquarto die quarto mensis Novembris inditione septima et recommendate secundum usum quam substitutionis et procuratoris cartam habemus a Domina Catherina relicta domini Johannis mauro tanquam procuratrice et procuratoris nomine dicti venerabilis viri domini Luce mauro prioris iam dicti habente ab ipso domino priore ad substituendum et ad infrascripta omnia facienda plenariam libertatem ut constat publico Instrumento facto manu dicti Nicolai de papo imperialis auctoritate notarij in Millesimotrecentesimo octuagesimo quarto inditione septima die quinto intrante mensis decembris a notario infrascripto viso et lecto. Attendentes laboreria predicti loci redundare in honorem et ornatum non solum scole predicte sed etiam totius dicti loci. Considerata etiam bona dispositione vestrum vardiani e sociorum dicte scole quam ad ipsum Monasterium habetis, habitoque respectu quod rogastis nos multotiens quod si in dicto laborerio esset aliquid contra ius laboratum illud cognoscere vultis de gratia speciali plenam et integram securitatem facimus dictis nomibus cum nostris successoribus vobis prefatis ser Leonardo de Renerio vardiano maiori ac officialibus scole verberatorum dicte sancte Marie de misericordia et vestris successoribus de dicto clamore facto per*

dem Portal, das sie als Eingang nutzte, einen Bogen errichtet hatte. Ausdrücklich werden vorkragende Konsolen erwähnt, die offenbar besonderen Unmut erregt hatten.[33] Beschreibung, Zeit der Ausführung und ursprünglicher Anbringungsort legen den Gedanken nahe, dass es in der Auseinandersetzung um eben die Portalrahmung ging, die in Zweitverwendung als Eingang zu dem Häuserkomplex der Bruderschaft diente. Im Jahr der Auseinandersetzung mit dem Prior war der Steinmetz Nicoletto Gruato *Degano di tutt`anno.*[34] Er und sein Bruder Domenico waren auch in den darauffolgenden Jahren an den Bauprojekten der Bruderschaft sowohl in ihrer Funktion als Vorstandsmitglieder als auch beruflich beteiligt.[35] Als die ,Scuola Grande di Santa Maria della Misericordia' zwischen 1386 und 1389 ein Hospital errichtete, lieferte Nicoletto Gruato Steine für den Bau.[36] Im gleichen Jahr trat Domenico Gruato als Zeuge für die Besitzverhältnisse des Nachbarhauses des Hospitals in Erscheinung.[37] Nicoletto Gruato war 1392 als *Degano di tutt`anno* an dem Kauf von sieben Häusern durch die Bruderschaft beteiligt.[38] Die enge Verbindung der Brüder Gruato mit der

> *dictum dominum Lucam mauro priorem dicti loci sancte Marie de misericordia super laboreriis factis in dicto volto et circa dictum voltum quem clamorem tam completum quam non completum cum omnibus suis exemplis evacuamus ita quod decetero nullis sit valentiem vel vigoris. cum si in dictis laboreriis esset aliquid contra ius factum vel laboratum illud ob reverentiam dicte beatissime virginis Marie matris misericordie sub cuius vocabulo dicta scola existit fundata concedimus et permanenter sic permittimus de gratia speciali. Si [...] contra hanc securitatis cartam ire tentaverimus tunc emendare debeamus cum nostris successoribus vobis et vestris successoribus aurem libras quinque et hoc securitatis carta in sua permaneat firmitatis signum suprascriptorum dominorum Lodovici et Anthonii mauro qui hac rogare fieri ac voluerunt etiam in futurorum memoriam fieri dicto premisso unam securitatis tam ipsis dominis Lodovico et Anthonio pro dicto monasterio quam unam pro dicta scola. Ego gratianus belli testis scripsi. Ego Leo notarius quondam ser Jacobi testis scripsi. Ego Marcus de Raphanellis notarius veneciis complevi et roboris.* (Urkunde auf Pergament vom 14. Nov. 1385; Venedig, Archivio di Stato di Venezia, Scuola Grande di Santa Maria della Misericordia, busta 234; unvollständig ediert bei Paoletti [Anm. 25], S. 90, Nr. 10). Für Hilfe bei der Transkription danke ich Sven Tjarks.

[33] *Canes marmoreos aut mudiones.* Der Begriff *cana* wird in der Regel in der Bedeutung Röhre, Leitung gebraucht, *mudion* (modiglione) für Konsole (Concina, Ennio: Pietre Parole Storia. Glossario della costruzione nelle fonti veneziane (secoli XV-XVIII). Venedig 1988, S. 53, 99).

[34] Venedig, Archivio di Stato di Venezia, Scuola Grande di Santa Maria della Misericordia, registro 11, fol. 10v. Er war wieder 1392 und 1399 *Degano di tutt`anno,* immer für den Bezirk Santa Croce (Ebd., fol. 12r, fol. 14r).

[35] Der Steinmetz Domenico (Menego) Gruato, der zuerst 1351 dokumentiert ist (Paoletti [Anm. 25], S. 96), war 1359 und wieder 1369 *Degano di tutt`anno* für Cannaregio gewesen (Venedig, Archivio di Stato di Venezia, Scuola Grande di Santa Maria della Misericordia, registro 11, fol. 4r, fol. 6v).

[36] Er wurde am 23. Oktober 1389 von der Scuola Grande di Santa Maria della Misericordia für eine Steinlieferung bezahlt (Paoletti [Anm. 25], S. 91, Nr. 12).

[37] Urkunde vom 21. Mai 1389 (Venedig, Archivio di Stato di Venezia, Scuola Grande di Santa Maria della Misericordia, busta 234).

[38] Als der Häuserkauf am 21. Juni 1392 vollzogen wurde (Paoletti [Anm. 25], S. 91, Nr. 13), war Nicoletto Gruato Degano di tutt`anno (vgl. Anm. 34).

‚Scuola Grande di Santa Maria della Misericordia' in diesen Jahren legt die Vermutung nahe, dass mit dieser Portalumrahmung ein Werk aus dem Umkreis dieser Steinmetzfamilie erhalten sein könnte.

Nur wenige Jahre nach seiner Entstehung wurde im Zuge einer Fassadenneugestaltung des Bruderschaftshauses das Relief durch ein anderes gleicher Thematik von Giovanni oder Bartolomeo Bon ersetzt, die beide ebenfalls Mitglieder der Bruderschaft waren (Abb. 4-5).[39] Die Darstellung des Reliefs, das sich ursprünglich über dem Eingangsportal des Bruderschaftshauses befand, entspricht der Miniatur der *Mariegola*. Wie bei dieser und dem früheren Relief sind einige Bruderschaftsmitglieder unter dem Schutzmantel der Madonna versammelt, doch im Unterschied zu diesen und im Kontrast zu der hieratischen Strenge des Antlitzes der Muttergottes, entfaltet sich in der verschiedenartigen Darstellung der Vertreter der Bruderschaft ein ganzes Panorama von Affekten und Frömmigkeitsbezeugungen.

Sowohl die Miniatur in der *Mariegola* wie auch die beiden Reliefs zeigen keine bestimmten Bruderschaftsmitglieder, sondern Stellvertreter für die gesamte Gemeinschaft, die lebende und verstorbene Mitbrüder umfasste. Der in der Praxis bereits aufgegebene bruderschaftliche Grundsatz der Egalität sämtlicher Brüder bestimmte nach wie vor die Selbstdarstellung und das Selbstbild der Gruppe. Von den durch ihre Kutten sämtlicher Attribute ihres sozialen Status beraubten Bruderschaftsmitgliedern wurden der Doge Andrea Dandolo, die Großkanzler Benintendi Ravagnani und Raffaino Caresini, die Maler Pietro Fisica, Lorenzo (Veneziano?) und Pietro Daisenti (Pietro di Niccolò?), sowie die Bildhauer und Steinmetze Domenico und Nicoletto Gruato sowie Giovanni und Bartolomeo Bon ebenso wie ihre mehrere hundert Mitbrüder gleichermaßen repräsentiert. In ihren Kutten werden die Bruderschaftsmitglieder als Büßer gezeigt, und tatsächlich hatten alle Mitbrüder weiterhin Anteil an den Effekten des Sühnewerkes der Flagellanten der Bruderschaft, unabhängig davon, ob sie sich tatsächlich selbst geißelten oder nicht. Die Buße blieb ein wichtiger identitätsstiftender Aspekt der Gemein-

---

[39] *Zane bon taiapiera san felixe* ist in einem Mitgliederverzeichnis der zweiten Hälfte des 14. Jahrhunderts aufgeführt (Venedig, Archivio di Stato di Venezia, Scuola Grande di Santa Maria della Misericordia, busta A, registro 2, fol. 97v; vgl. Paoletti [Anm. 25], S. 39, Anm. 2). Bartolomeo Bon bezahlte 1457 seinen Jahresbeitrag und versprach der Bruderschaft ein Jahr später drei Dukaten für eine geschnitzte Prunkdecke (Venedig, Archivio di Stato di Venezia, Scuola Grande di Santa Maria della Misericordia, busta 209; vgl. Paoletti [Anm. 25], S. 55). Im Jahre 1460 war er degano di tutt'anno der Bruderschaft und als solcher für das Viertel Cannaregio zuständig (Venedig, Archivio di Stato di Venezia, Scuola Grande di Santa Maria della Misericordia, registro 11, fol. 29r). Das Relief befindet sich seit 1811 im Victoria & Albert Museum in London (Wolters [Anm. 31], Nr. 250). Anne Markham Schulz sprach sich kürzlich für eine Frühdatierung des meist in der Mitte des Jahrhunderts angesetzten Reliefs um 1424/25 aus und ordnete das Relief Giovanni Bon zu, während sie die beiden Begleitfiguren der *Caritas* und der *Spes* Bartolomeo Bon gab (L'altar maggiore della chiesa veneziana della Misericordia e le sculture di Giovanni e Bartolomeo Bon per la Scuola Vecchia della Misericordia, in: Arte Veneta 62 [2005], S. 27-39, bes. S. 36).

schaft und viele Mitglieder ließen sich in ihren Bruderschaftskutten bestatten, um in diesem Büßergewand am Tag des Jüngsten Gerichtes vor das Angesicht Gottes zu treten.[40] Weniger deutlich wird in diesen Gruppenporträts der Aspekt der *imitatio Christi*, der in der Frömmigkeitsübung der Selbstgeißelung lag, und der in einer der Miniatur der Geißelung aus der *Mariegola* der ‚Scuola di Santa Maria della Misericordia' eng verwandten Miniatur einer *Mariegola* der ‚Scuola di San Giovanni Evangelista', die zwei Bruderschaftsmitglieder kniend zu seiten des Gegeißelten zeigt, deutlich zutage tritt (Abb. 6).[41] Diese Passionsfrömmigkeit war keineswegs auf den bruderschaftlichen Kontext beschränkt, sondern bezog das gesamte Gemeinwesen in seinen hochrangigsten Vertretern mit ein. Ebenso, wie die beiden Bruderschaftsmitglieder verehrend zu seiten Christi knien, kniet ihr Mitbruder, der Doge Andrea Dandolo, in vollem Amtsornat unter dem Gekreuzigten des von ihm gestifteten Kreuzigungsmosaik im Baptisterium von San Marco, an dem Ort, an dem er, möglicherweise in der Kutte seiner Bruderschaft, bestattet wurde (Abb. 7). Am linken Bildrand kniet ein Großkanzler, bei dem es sich vermutlich um Benintendi Ravagnani handelt, am rechten Bildrand ein weiterer Würdenträger der Republik Venedig.[42]

Im Unterschied zu den späteren Gruppenporträts der venezianischen Bruderschaften, die die leitenden Mitglieder im Porträt als angesehene Bürger der Republik Venedig zeigen, transportieren die frühen Gruppenporträts noch nicht die Aspekte des sozialen Status, den das Engagement in den Vorständen dieser prestigeträchtigen Laienbruderschaften mit sich brachten.[43] Ihr Engagement zeigt Pietro Fisica, Lorenzo (Veneziano?), Pietro Daisenti (Pietro di Niccolò?), die Brüder Gruato sowie Giovanni und Bartolomeo Bon als Akteure in einer sozialen Gruppe, die im Kern aus Beamten, Notaren, Ärzten,

---

[40] In dem Verzeichnis verstorbener Mitbrüder im *Ordinario delle Successioni delli Guardiani e compagni e fratelli morti* der Scuola Grande di Santa Maria della Carità ist dieser Brauch dicht belegt (Venedig, Archivio di Stato di Venezia, Scuola Grande di Santa Maria della Carità, ohne Nr.).

[41] Musée Marmottan (Wildenstein Collection) in Paris. Die Miniatur wird in die zweite Hälfte der vierziger Jahre oder Anfang der fünfziger Jahre des 14. Jahrhunderts datiert (Canova, Giordana Mariani: La miniatura veneta del Trecento tra Padova e Venezia, in: Mauro Lucco (Hrsg.): La pittura nel Veneto. Il Trecento. Mailand 1992, S. 406).

[42] Vgl. die Beobachtung von Belting, Hans: Dandolo's Dream: Venetian State Art and Byzantium, in: Sarah T. Brooks: Byzantium: Faith and Power (1261-1557). Perspectives on Late Byzantine Art and Culture. New York 2006, S. 148-149, dass in dem Stifterporträt Dandolos Staatsporträt und privates Devotionsbildnis miteinander verschmolzen sind. Zu dem Mosaik und seinem Bezug zum Staatswesen vgl. auch Fortini Brown, Patricia: Committenza e arte di Stato, in: Arnaldi/ Cracco/ Tenenti [Anm. 5], S. 800 (mit älterer Lit.). Arnaldi (Andrea Dandolo [Anm. 5], S. 235) vermutete mit Verweis auf das Kreuzigungsmosaik, dass die Bezugnahme Petrarcas auf die fünf Wunden Christi in seinem Brief an Andrea Dandolo vom 28. Mai 1354 mit der persönlichen Frömmigkeit des Dogen zusammenhing.

[43] Zu den Gruppenporträts in den späteren Bildzyklen vgl. Fortini Brown, Patricia: Venetian Narrative Painting in the Age of Carpaccio. New Haven/ London 1988.

Kaufleuten und gehobenen Handwerkern bestand.[44] Unter den Malern und Bildhauern, bzw. Steinmetzen, die Vorstandsämter in der ‚Scuola di Santa Maria della Misericordia' übernahmen, waren nicht nur Pietro Fisica sondern auch ein zweiter Maler namens Lorenzo aus der Pfarre Stanta Marina und Domenico Gruato so wohlhabend, dass sie zu der Finanzierung des Chioggia-Krieges beisteuern mussten.[45] Während der Kontakt zu den übrigen Vorstands- und Kapitelmitgliedern unter den Mitbrüdern zu einer horizontalen gesellschaftlichen Vernetzung beitrug, war mit den Verpflichtungen, die diese Ämter mit sich brachten, auch eine starke vertikale Verflechtung verbunden, die von dem armen Mitbruder, der auf karitative Unterstützung durch seine Bruderschaft angewiesen war, bis zu der Familie des reichen Patriziers reichten, die die Dienste der Bruderschaft zu dessen Bestattung in Anspruch nahm. Zudem boten die Prozessionen und Patrozinien den Vorständen der Bruderschaften die Möglichkeit, auch mit denjenigen politischen Entscheidungsträgern der Republik in Kontakt zu treten, die nicht der Bruderschaft angehörten. Die gemeinsame Mitgliedschaft in der Bruderschaft eröffnete soziale Beziehungen über die Familie, die Nachbarschaft und den Beruf hinaus und diente der Integration in die venezianische Stadtgesellschaft. Die vier großen Geißlerbruderschaften waren nicht an Pfarren oder Bezirke gebunden, sondern nahmen Mitglieder aus dem gesamten Stadtgebiet auf.[46] Pietro Fisica wohnte in der Pfarre San Giovanni Nuovo in Castello. In diesem Bezirk liegt auch die Pfarre Santa Maria Formosa, in der der Maler Lorenzo (Veneziano?) wohnte. Die Brüder Gruato wohnten zunächst beide in der Pfarre San Giovanni Decollato in dem durch die Pest beinahe entvölkerten Bezirk Santa Croce. Die ‚Scuola di Santa Maria della Misericordia' lag hingegen auf der der Lagune zugewandten Seite von Cannaregio, das durch die Pest ebenfalls zu einem städtischen Randgebiet geworden war. Domenico Gruato zog jedoch in die Pfarre San Felice in Cannaregio um, in der auch Giovanni und Bartolomeo Bon wohnten. Er war bereits 1359 als *Degano di tutt`anno* für die Mitbrüder in Cannaregio zuständig gewesen.[47] Nach seinem Umzug rückten für ihn Nachbarschaft und bruderschaftliches Umfeld zusammen. Noch ein zweites Mal war er nach seinem Umzug für seine Mitbrüder in Cannaregio zuständig. Sein Bruder hingegen blieb in der Pfarre San Giovanni Decollato, wurde dreimal zum *Degano* des Bezirkes Santa Croce gewählt, in dem seine Pfarre lag.[48]

---

[44] Vgl. die Übersicht bei Denis Romano: Patricians and Popolani. The social Foundations of the Venetian State. London 1987, S. 108, die allerdings nicht allein die Vorstandsmitglieder, sondern alle Mitglieder der Bruderschaft umfasst.

[45] Luzzatto [Anm. 18], S. 147, 168. Der Maler Lorenzo aus der Pfarre Santa Marina war 1378 *Degano di tutt`anno* für Castello (Venedig, Archivio di Stato di Venezia, Scuola Grande di Santa Maria della Misericordia, registro 11, fol. 9r).

[46] Vgl. die Übersicht bei Romano [Anm. 44], S. 109.

[47] 1369 wohnte er noch in San Giovanni Decollato, in der Urkunde vom 21. Mai 1389 ist San Felice als seine Pfarre angegeben (vgl. Anm. 35 u. Anm. 37).

[48] Vgl. Anm. 34.

Die Zugehörigkeit zu einer Bruderschaft trug nicht allein zur Identität des einzelnen Mitbruders, sondern auch zur Familienidentität bei. Wie bereits erwähnt, gehörten möglicherweise sowohl Lorenzo Veneziano wie auch sein Bruder Pietro di Niccolò der ‚Scuola di Santa Maria della Misericordia' an. In jedem Fall war der Sohn des Pietro di Niccolò, der Maler Niccolò di Pietro, Mitglied der Bruderschaft.[49] Möglicherweise war auch der Vater der Brüder Domenico und Nicoletto Gruatos, Leonardo Gruato, Mitglied der Bruderschaft seiner Söhne, in die auch mehrere Söhne, Enkel, Urenkel und Ur-Urenkel Domenico Gruatos eintraten, so dass sich eine familiäre Kontinuität der Mitgliedschaft von fünf, möglicherweise sogar sechs Generationen und über einen Zeitraum von mehr als anderthalb Jahrhunderten ausbildete.[50] Bartolomeo Gruato, ein kinderlos gebliebener dreifacher Urenkel des Domenico Gruato, war das letzte Mitglied

---

[49] *Nicolo pentor de ser piero de santa marina* ist in dem Mitgliederverzeichnis der zweiten Hälfte des 14. Jahrhunderts aufgeführt (Venedig, Archivio di Stato di Venezia, Scuola Grande di Santa Maria della Misericordia, busta A, registro 2, fol. 78v). Er arbeitete 1414 und 1416 für die Bruderschaft (Paoletti [Anm. 25], S. 91, Nr. 46).

[50] Eine Stammtafel der Familie gibt Connell [Anm. 14], S. 56. Ein Steinmetz Lunardo aus Pfarre San Giovanni Decollato ist in dem Mitgliederverzeichnis der Mitte des 14. Jahrhunderts aufgeführt (Venedig, Archivio di Stato di Venezia, Scuola Grande di Santa Maria della Misericordia, busta A, registro 3, fol. 63r). Bei ihm handelt es sich möglicherweise um den 1351 gemeinsam mit seinem Sohn Domenico dokumentierten und vor 1353 verstorbenen Lunardo Gruato, der in dieser Pfarre wohnte (Paoletti [Anm. 25], S. 96, Nr. 44). Der Sohn des Domenico Gruato *Franceschin Gruato* aus der Pfarre San Felice, den dieser in seinem Testament erwähnt (ebd.), ist in dem Mitgliederverzeichnis der zweiten Hälfte des 14. Jahrhunderts verzeichnet (Venedig, Archivio di Stato di Venezia, Scuola Grande di Santa Maria della Misericordia, busta A, registro 2, fol. 60r). Er war 1398 *Degano di tutt`anno* für Cannaregio und 1405/06 *Degano di mezz`anno* (Venedig, Archivio di Stato di Venezia, Scuola Grande di Santa Maria della Misericordia, registro 11, fol. 13v, fol. 15v). Francesco Gruatos Söhne Leonardo (II.), Antonio und Bartolomeo, die alle in seinem Testament genannt sind (Paoletti [Anm. 25], S. 96, Nr. 44), gehörten ebenfalls der Bruderschaft an. Leonardo (II.) Gruato war 1407 und 1412 Degano di tutt`anno für Cannaregio, 1418 für Dorsoduro und 1431/32 *Degano di mezz`anno* (Venedig, Archivio di Stato di Venezia, Scuola Grande di Santa Maria della Misericordia, registro 11, fol. 16r, fol. 17r, fol. 18v, fol. 22r). Antonio Gruato war 1413 *Degano di tutt`anno* für Dorsoduro und 1421 für Cannaregio (ebd., fol. 17v, fol. 19v). Noch 1457 entrichtete er seinen Jahresbeitrag (ebd., busta 209). Bartolomeo Gruato war 1424 *Degano di tutt`anno* für San Polo (Ebd., registro 11, fol. 20r). Der Sohn des Bartolomeo, Niccolò Gruato, ist in einem Mitgliederverzeichnis aufgeführt, das in der zweiten Hälfte des 15. und den ersten drei Jahrzehnten des 16. Jh. geführt wurde (ebd., registro 4, fol. 168r). Er bezahlte 1457 seinen Jahresbeitrag (ebd., busta 209). 1465 war er Degano di tutt`anno für Cannaregio (ebd., registro 11, fol. 30v). Seine Söhne Marco und Bartolomeo (II.) waren die beiden letzten Mitglieder der Familie in der Bruderschaft. *Marcho de Nicolo Gruato taiapiera* ist in einem Mitgliederverzeichnis aufgeführt, das in der zweiten Hälfte des 15. Jh. und den ersten drei Jahrzehnten des 16. Jahrhunderts geführt wurde (ebd., registro 4, fol. 165v). Am 5. März 1502 ist er unter den Mitgliedern aufgeführt, die im vorangegangenen Jahr außerhalb der Stadt verstorben waren (ebd., registro 166, fol. 60r). Nach seinem Tod wurde das mietfreie Haus der Bruderschaft, das er bewohnt hatte, neu vergeben (ebd., fol. 59v, fol. 63v; vgl. Paoletti [Anm. 25], S. 97, Nr. 53).

der Familie in der Bruderschaft. Er übte nicht mehr den traditionellen Familienberuf des Steinmetzen aus, sondern den des Goldschmiedes. Er hatte die bei weitem erfolgreichste Ämterkarriere in der ‚Scuola Grande di Santa Maria della Misericordia' gemacht. Nachdem er 1505 *Degano di tutt`anno* und 1526 Mitglied der *Zonta* gewesen war, eines 1521 eingerichteten Beirats des Vorstandes, wurde er 1527 zum *Guardian Grande* gewählt. Er nahm die Wahl in das kostspielige und zeitraubende Amt nicht an und wurde zur Strafe aus der Bruderschaft ausgeschlossen. Der Ausschluss währte jedoch nur kurze Zeit. Bereits einen Monat später wurde er wieder aufgenommen und war 1528 wieder Mitglied der Zonta.[51] Kurze Zeit später verfasste er sein Testament. Aus diesem geht hervor, dass die Familie eine Grablege in der Kirche Santa Maria della Misericordia besaß, an der die gleichnamige Bruderschaft sich angesiedelt hatte. Die Bezeichnung dieser Grablege als *Archa nostra de ca Gruato*, als „unser Grab des Hauses Gruato", dokumentiert den Familienstolz dieser Handwerkerfamilie, der sich in der Terminologie von der des venezianischen Patriziats nicht unterschied.[52] Zu dem historischen Bewusstsein dieser Familie dürften ebenso wie das Grab selbst, von dem wir nicht wissen, ob es sich um ein einfaches Bodengrab oder um ein Monument handelte, auch die Mitglieder- und Ämterverzeichnisse der Bruderschaft beigetragen haben, in denen schriftlich dokumentiert war, wie lange schon die Gruato fromme Bürger der Stadt Venedig waren.

Der Charakter der großen Geißlerbruderschaften, aus denen inzwischen ‚Scuole Grandi' geworden waren, hatte sich in den eineinhalb Jahrhunderten verändert, die vergangen waren, seit Domenico und Nicoletto Gruato zu ihren Mitgliedern zählten. Nicht mehr die Bußfertigkeit, sondern die Guten Werke und der Anteil an der Wohlfahrt der Stadt bestimmten nun ihr Selbstbild.[53] Auch Bartolomeo Gruato trug hierzu bei, indem er aus seinem Nachlass eine Stiftung einrichtete, die von der ‚Scuola Grande di Santa Maria della Misericordia' verwaltet wurde. Fünfzig Dukaten aus seinem Vermögen sollten direkt nach seinem Tod den Armen der Bruderschaft zugute kommen. Nach der Auszahlung der im Testament benannten Erben sollte der Rest des Vermögens von dem Vorstand der ‚Scuola Grande di Santa Maria della Misericordia' angelegt werden. Aus dem jährlichen Ertrag sollten ehrbare Töchter armer Mitbrüder Mitgiftzuschüsse in Höhe von zwanzig Dukaten erhalten.[54] Ebenso wie für ihre

---

[51] Sein Bruder Marco war bereits 1502 verstorben (vgl. Anm. 50). Zu seinen Vorstandsämtern vgl. Venedig, Archivio di Stato di Venezia, Scuola Grande di Santa Maria della Misericordia, registro 11, fol. 40v, fol. 47v, fol. 48v. Am 4. April 1527 wurde er aus der Bruderschaft ausgeschlossen, weil er die Wahl zum *Guardian Grande* nicht angenommen hatte, wurde jedoch schon am 6. Mai wieder aufgenommen (ebd., registro 166, fol. 190v). Bartolomeo Gruato (II.) war außerdem 1518 *Gastaldo* der Zunft der Goldschmiede (vgl. Paoletti [Anm. 25], S. 131).

[52] *Sepeliri volo ad Misericordiam in Archa nostra de ca Gruato ubi sepulti sunt nostri* (Testament vom 25. Juli 1528; Paoletti [Anm. 25], 131, Nr. 191).

[53] Zu den ‚Scuole Grandi' als Fürsorgeinstitutionen ist Pullan [Anm. 11] nach wie vor maßgeblich.

[54] Testament vom 25. Juli 1528; Paoletti [Anm. 25], 131, Nr. 191. Dieselbe Summe, die er für die Armen der ‚Scuola Grande di Santa Maria della Misericordia' vorsah, gab er auch den Armen der

karitativen Werke verwendeten die ‚Scuole Grandi' nach wie vor und möglicherweise in noch größerem Umfang als in ihren Anfängen einen großen Teil ihrer Einkünfte für ihre Repräsentation bei den Prozessionen und religiösen Festen ebenso wie für ihre Bauten und deren Ausstattung.[55] Das alte Bruderschaftshaus, an dem möglicherweise die Vorfahren Bartolomeo Gruatos mitgewirkt hatten, entsprach seit langem nicht mehr den Bedürfnissen einer ‚Scuola Grande'. Bereits in der aktiven Zeit des Bartolomeo Gruato war die Errichtung eines ambitionierten Neubaus beschlossen worden, der die Bruderschaftshäuser der übrigen ‚Scuole Grandi' noch übertreffen sollte. Bartolomeo Gruato war 1525 selbst in das Gremium gewählt worden, das den Neubau betreuen sollte.[56] Jedoch sollte erst einige Jahre nach seinem Tod mit diesem nie vollendeten Bau unter der Leitung des Architekten Jacopo Sansovino begonnen werden (Abb. 8).[57] Ungewollt und ungefragt trug auch Bartolomeo Gruato posthum zu seiner Errichtung bei. Mehrfach musste die Bruderschaft die Auszahlung von Mitgiftzuschüssen aus den von ihr verwalteten Stiftungen aussetzen, um die Baukosten tragen zu können.[58]

Goldschmiedezunft. Zu der Stiftung Bartolomeo Gruatos und ihrer Bedeutung für die Bruderschaft vgl. Bellavitis, Anna: Identité, mariage, mobilité sociale. Citoyennes et Citoyens à Venise au XVIe siècle (Collection de l'École Française de Rome, 282). Rom 2001, S. 116, 124-125.

[55] Vgl. Pullan [Anm. 11], S. 157-193.
[56] Am 6. Aug. 1525 wurde er zum *deputato sopra la fabricha* gewählt (Venedig, Archivio di Stato di Venezia, Scuola Grande di Santa Maria della Misericordia, registro 166, fol. 176v).
[57] Vgl. zu dem Bau Manuela Morresi: Jacopo Sansovino. Mailand 2000, Nr. 18 (mit älterer Lit.).
[58] Bellavitis [Anm. 54], S. 118.

Abb. 1: Jacopo de`Barbari, Vogelschauplan von Venedig, Holzschnitt, um 1500

Abb. 2a: Lorenzo Venecziano, Einzelblatt mit Schutzmantelmadonna aus einer *Mariegola* der ‚Scuola di Santa Maria della Misericordia', Mailand, Sammlung Longari

Abb. 2b: Lorenzo Veneziano, Einzelblatt mit der Geißelung Christi aus einer *Mariegola* der ‚Scuola di Santa Maria della Misericordia', Cleveland, Cleveland Museum of Art (J.H. Wade Fund, n. 50.374)

Abb. 3: Relief über dem Eingang zu den Häusern der Corte Nova, ehemals über dem Eingang des Bruderschaftshauses der ‚Scuola Grande di Santa Maria della Misericordia'

Abb. 4: Giovanni oder Bartolomeo Bon, Tympanonrelief der ‚Scuola Grande di Santa Maria della Misericordia', London, Victoria & Albert Museum

Abb. 5: ‚Scuola Vechia di Santa Maria della Misericordia', Venedig

Abb. 6: Einzelblatt mit der Geißelung Christi aus einer *Mariegola* der ‚Scuola San Giovanni Evangelista', Paris, Musée Marmottan (Sammlung Wildenstein)

Künstler als Mitglieder venezianischer Bruderschaften 173

Abb. 7: Kreuzigungsmosaik im Baptisterium von San Marco, Venedig

Abb. 8: ‚Scuola Grande di Santa Maria della Misericordia', Venedig

Bildnachweis:

nach Deborah Howard, Jacopo Sansovino. Architecture and Patronage in Renaissance Venice. New Haven, London 1975: Abb. 1 (Vogelschauplan); nach Todini [Anm. 25]: Abb. 2a-b; Oswaldo Böhm (Venedig): Abb. 3; nach Markham Schulz [Anm. 39]: Abb. 4; nach Morresi [wie Anm. 57]: Abb. 5, Abb.8; nach Lucco [Anm. 41]: Abb. 6; nach San Marco. I Mosaici, la storia, l`illuminazione. Mailand 1990: Abb. 7

Robert Gramsch

„Seilschaften" von universitätsgebildeten Klerikern im deutschen Spätmittelalter – Beziehungsformen, Netzwerkstrukturen, Wirkungsweisen

Der Begriff der *universitas* hat im Laufe der Jahrhunderte eine starke Verengung und einen Bedeutungswandel erfahren – von der Personengemeinschaft, die auch etwa die Stadtgemeinde sein konnte (*universitas civium*), hin zur Institution Universität, die doch nur eine ganz spezielle Form menschlicher Vergemeinschaftung ist. In Humboldtscher Tradition leiten wir heute zudem den Begriff von der Funktion der Hochschule, Ort von Wissenschaft und Lehre zu sein (*universitas litterarum*), ab und übersehen – was doch akademische Alltagserfahrung ist –, dass die heutige Universität vor allem auch ein Ort sozialer Kontakte ist. Nicht nur der moderne Wissenschaftsbetrieb lässt sich besser verstehen, wenn wir uns diesen Umstand bewusst machen,[1] sondern erst recht das Funktionieren der mittelalterlichen *universitas magistrorum et scolarium*.

Die Hinwendung der lange Zeit geistes- und institutionsgeschichtlich ausgerichteten Universitätsgeschichtsschreibung zur Sozialgeschichte liegt mittlerweile schon wieder einige Jahrzehnte zurück, letztere beherrscht heute weithin das Feld.[2] Die Sozialgeschichte der Gelehrten hat sich insbesondere dem Wechselverhältnis von Universität und sie umgebender Gesellschaft zugewandt, mithin der „Akademisierung" der spätmittelalterlichen Gesellschaft einer-, der „Traditionalisierung" der Universität anderer-

---

[1] Vgl. hierzu das provokante und anregende Werk von Weber, Wolfgang: Priester der Klio. Historisch-sozialwissenschaftliche Studien zur Herkunft und Karriere deutscher Historiker und zur Geschichte der Geschichtswissenschaft 1800-1970. Frankfurt ²1987.
[2] Einen Forschungsüberblick gibt Rexroth, Frank: Deutsche Universitätsstiftungen von Prag bis Köln. Die Intentionen des Stifters und die Wege und Chancen ihrer Verwirklichung im spätmittelalterlichen deutschen Territorialstaat. Köln/ Weimar/ Wien 1992, S. 11-44. Siehe auch: Schwinges, Rainer C.: Resultate und Stand der Universitätsgeschichte des Mittelalters vornehmlich im deutschen Sprachraum – einige gänzlich subjektive Bemerkungen, in: Mensch-Wissenschaft-Magie. Mitteilungen der Österreichischen Gesellschaft für Wissenschaftsgeschichte 20 (2000), S. 97-119. Einen guten Überblick über den Forschungsgegenstand gibt das Handbuch von Rüegg, Walther (Hrsg.): Geschichte der Universität in Europa. Bd. 1: Mittelalter. München 1993.

seits.³ Dieser Verschiebung des Forschungsinteresses entsprechend, hat sich die Mediävistik auch gegenüber soziologischen Forschungsmethoden, insbesondere statistischen Verfahren geöffnet, und darüber hinaus das traditionelle Genre der biographischen Fallstudie gepflegt. Neben der Großgruppe und dem Individuum gibt es aber in der Soziologie noch eine Kategorie, die sich eines zunehmenden Forscherinteresses erfreut – das Netzwerk. Die Netzwerkanalyse wendet den Blick weg vom Individuum und betrachtet dessen „Eingebettetsein" in einen konkreten sozialen Zusammenhang, sie untersucht die sozialen Kontakte zwischen den Individuen sowie die Netzwerkstruktur, die dadurch zwischen den Akteuren entsteht. Diese entwickelt gewissermaßen eine eigene Wesenheit unterhalb der Ebene der Institution und bringt eigene Wirkungen hervor.⁴

Die schwach institutionalisierte Personengemeinschaft der mittelalterlichen Universität bietet für einen derartigen Ansatz einen Forschungsgegenstand par excellence. Ich möchte exemplarisch und in größtmöglicher Knappheit zeigen, wie aus einem konkreten Klerikernetzwerk eine Institution – die Universität Erfurt – hervorging.⁵

---

3   Akademisierung meint das Vordringen universitär gebildeter Eliten in verschiedene gesellschaftliche Funktionsbereiche wie dem Schul- und Gesundheitswesen, der Rechtspflege und der Politik. Der von Schwinges geprägte Begriff der „Traditionalisierung" zielt auf die Durchsetzung der traditionellen sozialen Hierarchien, Wertesysteme und Verhaltensmuster (Klientelismus usw.) innerhalb der Universität, er steht gewissermaßen für den Paradigmenwechsel zu einer sozialgeschichtlich gewendeten Universitätsgeschichte. Vgl. etwa Schwinges, Rainer C. (Hrsg.): Gelehrte im Reich. Zur Sozial- und Wirkungsgeschichte akademischer Eliten des 14. bis 16. Jahrhunderts (Zs. für Historische Forschung, Beiheft 18). Berlin 1996; sowie ders.: Rektorwahlen. Ein Beitrag zur Verfassungs-, Sozial- und Universitätsgeschichte des alten Reichs im 15. Jahrhundert, mit Rektoren- und Wahlmännerverzeichnissen der Universitäten Köln und Erfurt aus der zweiten Hälfte des 15. Jahrhunderts (Vorträge und Forschungen, Sonderbd. 38). Sigmaringen 1992.

4   Die Literatur zu (meist personalen) Netzwerken und ihrer oft hoch mathematisierten Analyse ist in den letzten zwei Jahrzehnten stark angeschwollen; verwiesen sei hier nur auf das Handbuch von Dorothea Jansen: Einführung in die Netzwerkanalyse: Grundlagen, Methoden, Forschungsbeispiele (utb 2241). Opladen ²2003; sowie: Schweizer, Thomas: Muster sozialer Ordnung: Netzwerkanalyse als Fundament der Sozialethnologie. Berlin 1996. Einen „historikerfreundlicheren" Ansatz hat Wolfgang Reinhard schon 1979, lange vor Einsetzen des sozialwissenschaftlichen „Netzwerke-Boom", propagiert, ohne dass man ihm darin allzu bereitwillig gefolgt wäre, vgl. ders.: Freunde und Kreaturen. „Verflechtung" als Konzept zur Erforschung historischer Führungsgruppen. Römische Oligarchie um 1600 (Schriften des philosophischen Fachbereichs der Universität Augsburg 14). Augsburg 1979.

5   Zur Geschichte der mittelalterlichen Erfurter Universität vgl. insbes. die Monographie von Kleineidam, Erich: *Universitas Studii Erffordensis*. Überblick über die Geschichte der Universität Erfurt im Mittelalter. Bde. 1 u. 2 (Erfurter theologische Studien 14 u. 22). Leipzig ²1985/92. Die Juristenfakultät Erfurt sowie die Gruppe der Juristen, von der im Folgenden überwiegend die Rede ist, behandelt nunmehr Gramsch, Robert: Erfurter Juristen im Spätmittelalter. Die Karrieremuster und Tätigkeitsfelder einer gelehrten Elite des 14. und 15. Jahrhunderts (Education and Society in the Middle Ages and Renaissance 17). Leiden/ Boston 2003 (mit Personenkatalog auf CD-ROM, im folgenden kurz: PK).

Daran anschließen werde ich einige allgemeine Überlegungen, was die spezifischen Erkenntnischancen dieses konsequent auf die Gruppe, also nicht allein auf das Individuum oder die Institution gerichteten Frageansatzes sind.

Man weiß über die Gründungsgeschichte der 1392 eröffneten Universität Erfurt ausgesprochen wenig. Die Forschung hat sich bisher allein an den zwei relativ allgemein gehaltenen päpstlichen Gründungsprivilegien von 1379 und 1389 abgearbeitet und ansonsten das Fehlen von Quellen beklagt.[6] Es kann somit schon als ein außergewöhnlicher Fund gelten, was nunmehr eine Durchsicht der Papstregister avignonesischer Oboedienz erbrachte: den Nachweis eines durch den Erfurter Rat impetrierten Supplikenrotulus, das heißt einer Sammelbittschrift für eine Anzahl vor allem hessischer Kleriker, welche im Kontext der ersten Universitätsprivilegierung im Winter 1379/80 steht.[7] Was sich auch etwa im Falle der Universitäten Wien und Köln beobachten lässt, ist somit nun auch im Erfurter Fall nachweisbar: Die Ausstellung eines päpstlichen Privilegs zur Gründung eines *studium generale* wurde flankiert von Vergünstigungen für die künftigen Angehörigen der neu zu schaffenden Institution.[8] Dies wirft ein helles

---

[6] Den Forschungsstand repräsentieren Kleineidam [Anm. 5], Bd. 1, S. 7-20; Lorenz, Sönke: Erfurt – die älteste Hochschule Mitteleuropas?, in: Michael Gockel (Hrsg.): Aspekte thüringisch-hessischer Geschichte. Marburg a. d. Lahn 1992, S. 139-146; Schmidt, Roderich: Erfurt, eine städtische Universitätsgründung und die päpstlichen Urkunden von 1379 und 1389, in: ders.: *Fundatio et confirmatio universitatis*. Von den Anfängen deutscher Universitäten (Bibliotheca eruditorum 13). Goldbach 1998, S. 47*-59*. Die im vorliegenden Aufsatz in sehr gedrängter Form vorgestellten neuen Befunde beabsichtige ich, an anderer Stelle ausführlich zu erörtern.

[7] *Rotulus proconsulum, consulum et opidanorum Erfordensis* vom 10.2.1380 in: Archivio Secreto Vaticano (kurz: ASV), Reg. Suppl. 57, fol. 96r/v. Er war der Forschung bisher aufgrund der unglücklichen Anlage der Edition dieses Rotulus im Band 1 des *Repertorium Germanicum* völlig entgangen. Das *Repertorium Germanicum*, ein Regestenwerk, ist die wichtigste Quelle zur Geschichte des spätmittelalterlichen deutschen Klerus (dem die Universitätsbesucher überwiegend angehörten); es erfasst alle deutschen Betreffe in den kurialen Aktenbeständen des Spätmittelalters, wobei „Personalangelegenheiten" den Hauptteil der Überlieferung ausmachen. Vgl. *Repertorium Germanicum*. Verzeichnis der in den päpstlichen Registern und Kameralakten vorkommenden Personen, Kirchen und Orte des deutschen Reiches, seiner Diözesen und Territorien vom Beginn des Schismas bis zur Reformation, hrsg. vom Deutschen Historischen Institut in Rom. 9 Bde. Berlin bzw. Tübingen 1916-2004 (im Folgenden abgekürzt: RG und Bandnummer). Vgl. dazu zuletzt Schwarz, Brigide: Das *Repertorium Germanicum*. Eine Einführung, in: Vierteljahrschrift für Sozial- und Wirtschaftsgeschichte 90 (2003), S. 429-440. Band 1 dieser Edition weist größere Schwächen auf, vgl. Gramsch, Robert: Der Bestand *Repertorium Germanicum* im Archiv des Deutschen Historischen Instituts in Rom. Archivalien zu einem über hundertjährigen Editionswerk, in: Quellen und Forschungen aus italienischen Archiven und Bibliotheken 81 (2001), S. 562-569, hier S. 565f.

[8] Zu den Privilegierungen Wiens, Heidelbergs und Kölns vgl. Rexroth [Anm. 2], S. 109f., 174-177 und 229ff. Die weiteren Quellen zum ersten Erfurter Gründungsversuch sind: Gründungsprivileg für die Universität (16.9.1379), ediert in: Johannes C.H. Weißenborn: Acten der Erfurter Universität (1392-1636). Bd. 1 (Geschichtsquellen der Provinz Sachsen 8/1). Halle 1881, S. 1-3; verbessertes Gründungsprivileg vom 1.10.1379, vgl. Motschmann, Just C.: *Erfordia literata*. Bd. 1. Erfurt 1729, S. 13-15 (siehe dazu die Inhaltsangabe bei Weißenborn, ebd., S. XIf.); sowie die Be-

Licht nicht nur auf die Ernsthaftigkeit des ersten Gründungsversuches, sondern vor allem auch auf die Hintergründe dieses Projektes und auf den Personenkreis, der es maßgeblich vorangetrieben hat. Schauen wir uns den Fall als ein Paradebeispiel dafür an, wie solche „Seilschaften" von universitätsgebildeten Klerikern aussehen, wie sie politisch agierten und wie man sie heute rekonstruieren kann.

Zusammen mit dem Rotulus verzeichnet das Supplikenregister eine aufschlussreiche Einzelbittschrift. Ihr Impetrant, der Scholar des Kirchenrechts Johannes Ryman, erhielt die erbetene Anwartschaft auf eine Erfurter Pfründe unter Gewährung eines Vorzugsdatums, weil, wie der Signaturvermerk lobt, er „sich um die Kirche verdient gemacht" habe.[9] Hintergrund dafür ist die Situation am Anfang des Großen Schismas. Damals optierte die Stadt Erfurt für Clemens VII., der angesichts des Festhaltens König Wenzels am römischen Papst Urban VI. Verbündete suchte. Die Stellungnahme Erfurts hing dabei mit einem schon länger andauernden Schisma im Erzbistum Mainz zusammen, in welchem der von Erfurt bevorzugte Kandidat, Adolf von Nassau, ebenfalls zu Clemens hielt, während sein Gegner, Ludwig von Wettin, Urbanist war.[10]

Johannes Ryman ist in der Erfurter Universitätsgeschichte kein Unbekannter: 1392 immatrikulierte er sich als elfter an der neugegründeten Hochschule, promovierte hier zum *decretorum doctor*, amtierte als Rektor. Als Vizepropst von St. Marien Erfurt war er von 1396 bis zu seinem Tode 1407 praktisch der wichtigste Geistliche in Erfurt. Seinen Anteil an der Universitätsgründung erwähnt auch die Gratisimmatrikulation eines Klerikers im Jahre 1404, *quia fuit in curia cum domino Johanne Ryman pro confirmacione studii*.[11]

Ryman ist aber nicht mehr als die „Spitze eines Eisberges" – das Personennetzwerk, das ihn trug, zeigt uns der erwähnte Rotulus des Erfurter Rates. Dieser listet elf

---

freiung der Studenten von der Residenzpflicht in ihren Pfründen (*licentia fructus percipiendi in absentia*) auf fünf Jahre, vgl. Denifle, Heinrich: Die Entstehung der Universitäten im Mittelalter. Berlin 1885 (Neudruck Graz 1956), S. 410. Letzteres Privileg datiert auf dem 1.2.1380, also nur neun Tage vor den Rotulus, was den inneren Zusammenhang unterstreicht.

[9] ASV, Reg. Suppl., fol. 96v.

[10] Vgl. hierzu insbes. die eingehenden Darstellungen von Vigener, Fritz: Kaiser Karl IV. und der Mainzer Bistumsstreit 1373-1378. Trier 1908, und Gerlich, Alois: Die Anfänge des Großen abendländischen Schismas und der Mainzer Bistumsstreit, in: Hessisches Jahrbuch für Landesgeschichte 6 (1956), S. 25-76; bzgl. der Stellung Erfurts auch Beyer, Carl/ Biereye, Johannes: Geschichte der Stadt Erfurt von der ältesten bis auf die neueste Zeit. Bd. 1: bis 1664. Erfurt 1935, S. 118 u. ff. sowie Patze, Hans/ Schlesinger, Walther (Hrsg.): Geschichte Thüringens. Bd. 2: Hohes und spätes Mittelalter, Teil 1 (Mitteldeutsche Forschungen 48/II.1). Köln/ Wien 1974, S. 107 u. ff.

[11] Weissenborn [Anm. 8], S. 71/1ff. Diese Nachricht ist bisher fälschlich auf den zweiten Gründungsanlauf 1389 bezogen worden. Der Rektor, der im Sommersemester 1404 an diese Vorgänge erinnert, ist Hermann Ryman, ein Verwandter des Johannes und 1379 selbst mit involviert (siehe unten). Ausführliche biographische Regesten zu Johannes bei Gramsch: Erfurter Juristen [Anm. 5], PK, Nr. 521.

Kleriker auf. Unter ihnen ist nicht nur ein Namensvetter Rymans,[12] sondern mit Heinrich von Breitenbach ein weiterer Erfurter Universitätslehrer, den die Erfurter Matrikel ehrend an fünfter Stelle verzeichnet.[13] Breitenbach und die beiden Ryman hatten etwas gemeinsam – sie stammten aus dem hessischen Rotenburg an der Fulda. Mit dieser Koinzidenz ist ein erstes charakteristisches Merkmal dieses Netzwerks genannt – die gemeinsame Landsmannschaft. Sichern lässt sie sich noch für einen anderen Inrotulierten, für drei weitere Petenten ist sie immerhin wahrscheinlich zu machen.[14] Deren Nähe zur „Kerngruppe" des Netzes erweist sich aber mehr noch in Pfründen- und anderen Geschäftsbeziehungen, die sie in den 1380/90er Jahren mit den Rotenburgern pflegten.[15]

Unter den verbleibenden fünf Inrotulierten findet sich der erste Notar der späteren Universität.[16] Völlig „aus der Reihe tanzt" hingegen die Nennung eines Franzosen, Johannes Terria de Brovilla (Vroville). Doch ist auch diese keineswegs zufällig, denn derselbe Touler Kleriker, den wir wohl als einen Kurialen und damit als eine professionelle Kontaktperson der Erfurter ansprechen dürfen, begegnet uns schon in einem Rotulus, der einige Monate früher in großer zeitlicher Nähe zum Universitätsprivileg datiert.[17] In diesem Schreiben wird wiederum Johannes Ryman genannt sowie Hartung Gernodi, der Protonotar der Stadt Erfurt. Dieser Hartung Gernodi ist die eigentliche Schlüsselfigur innerhalb jenes merkwürdigen, mit Erfurt symbiotischen „hessisch-

---

[12] Ein Umstand, der den Zusammenhang beider Suppliken schlagend erhellt. Genannter Johannes Ryman der Jüngere trat ebenfalls 1392 der neugegründeten Universität bei; vgl. Weissenborn [Anm. 8], S. 37/24.

[13] Weissenborn [Anm. 8], S. 36/13. Vgl. zu ihm Gramsch: Erfurter Juristen [Anm. 5], PK, Nr. 88.

[14] Gerwig Meckbach von Spangenberg, *scolaris in iure canonico*, der nach Heinrich von Breitenbach als zweiter im Erfurter Rotulus genannt wird, stammte aus einer Stadt nahe Rotenburg. Wahrscheinlich aus Rotenburg gebürtig waren Heinrich Bernghos sowie Johannes und Heinrich Lupi, alle mit zahlreichen Nennungen im RG II [Anm. 7].

[15] Besonders deutlich wird dies im Falle des Konrad Bernghos, eines Verwandten Heinrichs, der selber nicht im genannten Rotulus auftaucht, dafür aber 1392 der Universität Erfurt beitrat (Weissenborn [Anm. 8], S. 38/22). 1398 übernahm er von Heinrich Bernghos eine Pfarrstelle nahe Erfurt (RG II [Anm. 7], Sp. 165 i.V.m. Sp. 405). Als er 1395 um die Kantorei und ein Kanonikat in St. Severi in Erfurt prozessierte, sprangen ihm gleich drei Landsleute als Bürgen bei: Hartung Gernodi (auf den wir noch zu sprechen kommen), Heinrich von Breitenbach und der Propst von Abterode Herbord von Spangenberg. Vgl. Overmann, Alfred (Bearb.): Urkundenbuch der Erfurter Stifter und Klöster, Teil 2 (Geschichtsquellen der Provinz Sachsen 7). Magdeburg 1929, Nr. 945. Auch für die Familie Lupi (Wolf) lassen sich Verbindungen zu Gerwig Meckbach sowie den Ryman nachweisen, auf die hier nicht weiter eingegangen werden kann.

[16] Nämlich Johannes Nuwenburg, von dem es 1426 in der Erfurter Matrikel heißt: *...qui retulit se plura utilia fecisse pro universitate in principio studii atque tempore primi rectoris, cuius dixit se fuisse notarium*, vgl. Weissenborn [Anm. 8], S. 135/21.

[17] ASV, Reg. Suppl. 53, fol. 64v: Rotulus des Erfurter Stadtrates vom 8.10.1379 (damit nur eine Woche nach dem zweiten Gründungsprivileg datierend).

Rotenburger Kreises", dessen Bedeutung bei der Universitätsgründung bisher völlig übersehen worden ist.[18]

Auch Gernodi stammte aus Rotenburg. 20 Jahre lang, von 1376 bis 1396, führte der Rechtsgelehrte (*iurisperitus*) in Erfurt die Geschäfte, gründete hier eine Familie, die sehr reich wurde und sich mit führenden Patriziergeschlechtern verband. 1379 strebte er noch eine geistliche Karriere an und griff dabei sehr hoch, denn im Rotulus erbat der Rat für ihn das Dekanat von St. Marien, die zweithöchste geistliche Würde der Stadt. Die politische Bedeutung des Falls tritt in der Supplik sehr deutlich hervor, da es heißt, es wäre durch den „Gegenpapst Bartholomäus", also Urban, bereits ein anderer zum Dekan ernannt worden, welcher die Unterstützung der Markgrafen von Meißen habe. Es zeichnet sich hier gewissermaßen ein dreifaches Schisma ab: in Rom, Mainz und Erfurt.

Es ging den Erfurtern, das wird in dieser Supplik schlaglichtartig deutlich, 1379 um sehr viel mehr als die Privilegierung einer neu einzurichtenden Hochschule. Im Bistumsstreit hatte sich Erfurt mit dem wettinischen Prätendenten überworfen, der einheimische Stifts- und Bettelordensklerus war exiliert, die Stadt interdiziert. Im Gegenzug baute der Rat auf loyale Geistliche von außerhalb, die in dieser Situation auch ihre persönliche Chance sahen, und auf die Einschaltung der Kurie: Schon 1377 hatte es Erfurt verstanden, das Interdikt suspendieren und für die Zeit des Mainzer Stuhlstreits den Bischof von Würzburg als päpstlichen Vikar einsetzen zu lassen.[19] Den Ausschlag für diesen diplomatischen Erfolg hatten neben der Verhandlungsführung Hartung Gernodis die guten Beziehungen von Klerikern aus dem genannten „Rotenburger Kreis" zum damaligen päpstlichen Nuntius gegeben – Klientelverhältnisse, die neben Verwandtschaft und Landsmannschaft eine dritte wichtige Bindungsform im Netzwerk der gelehrten Kleriker bildeten.[20]

Die Errichtung einer Universität nimmt sich da nur als ein weiterer politischer Schachzug aus – ganz im Sinne der an anderen Beispielen von Frank REXROTH entwickelten These, dass Universitätsgründungen oft als Mittel zur Überwindung politi-

---

[18] Vgl. zu ihm nunmehr die biographischen Regesten bei Gramsch: Erfurter Juristen [Anm. 5], PK, Nr. 202.

[19] Vgl. Beyer, Carl (Bearb.): Urkundenbuch der Stadt Erfurt, Teil 2 (Geschichtsquellen der Provinz Sachsen 24). Halle 1897, Nr. 766f. und 781f.; Beyer/ Biereye [Anm. 10], S. 124 sowie (zu Bischof Gerhard) Lundgreen, Friedrich: Kirchenfürsten aus dem Hause Schwarzburg (Historische Studien 154). Berlin 1923, hier: S. 297-304.

[20] Der genannte Nuntius war Thomas de Ammanatis, Doktor der Rechte und Auditor am päpstlichen Gerichtshof. Er war 1368 bis 1377 päpstlicher Kollektor für Deutschland, wobei ihn der Erfurter Patriziersohn Dietrich von Margarethen sowie Herbord Bischofferode von Spangenberg (also ein Landsmann Gernodis) als Subkollektoren, welche Gelder im mitteldeutschen Raum einzutreiben hatten, unterstützten. Vgl. Schuchard, Christine: Die päpstlichen Kollektoren im späten Mittelalter (Bibliothek des DHI in Rom 91). Tübingen 2000. – Dietrich von Margarethen war der Vorbesitzer des Dekanats von St. Marien in Erfurt, um dessen Besitz sich Gernodi 1379 bewarb (siehe oben).

scher Krisen angesehen werden können.[21] Ein Schachzug mit eigengesetzlichen Konsequenzen, nämlich der Hebung des Bildungsniveaus – doch war es den Stadtvätern anfangs gerade darum wohl nicht gegangen: Die Söhne der städtischen Elite sowie die Angehörigen der städtischen Verwaltung begegnen erst Jahrzehnte später in den Führungsrängen der Universität.[22]

Alles andere als Zufall war auch die Auswahl der Person des päpstlichen Vikars für Erfurt: Bischof Gerhard von Würzburg stammte aus dem Hause Schwarzburg, dessen zahlreiche Vertreter bei Erfurter Patrizierfamilien und Juden hoch verschuldet waren. Und so schließt sich der Kreis der mannigfaltigen politisch-personellen Verflechtungen, wenn wir auf zwei weitere zwischen Ende 1378 und 1379 an der Kurie eingereichte Supplikenrotuli stoßen. Sie stammen von zwei auf Pilgerfahrt ins Heilige Land befindlichen Schwarzburger Grafen und ihrer zahlreichen Entourage. In den Rotuli begegnen neben Erfurter Patriziern wiederum Rotenburger, darunter zwei weitere Mitglieder des Ryman-Clans, von denen Hermann Ryman später als Rechtslehrer und dreimaliger Rektor an der Universität Erfurt sehr prominent wurde.[23]

Diese kurze Darstellung mag die Bedeutung der Gruppe der „Rotenburger" für die Frühgeschichte der Universität schon hinreichend deutlich gemacht haben. Ihr Gesamtnetz umfasst, wie nur angedeutet werden konnte, immerhin etwa zwei dutzend Personen. Das Schema im Anhang stellt alle rekonstruierbaren Verflechtungsverhältnisse dar. Natürlich bildeten die Rotenburger später an der Hochschule gewissermaßen nur einen „Traditionskern", an den sich vielfältige andere Elemente anlagerten, welche ihre

---

[21] Rexroth [Anm. 2], S. 273.

[22] Vgl. hierzu nunmehr Gramsch, Robert: Universität, städtische Politik und städtische Führungsgruppen in Erfurt 1379/92-1509, in: Patrick Gilli/ Jacques Verger/ Daniel Le Blévec (Hrsg.): Les universités et la ville au Moyen Age. Cohabitation et tension (Education and Society in the Middle Ages and Renaissance 30). Leiden/ Boston 2007, S. 145-162.

[23] Rotulus des Grafen Günther von Schwarzburg, in: ASV, Reg. Suppl. 53, fol. 16r/v und der *rotulus sociorum comitis de Schwarczborg* in: ebda., fol. 30r/v. Beide Rotuli datieren auf den 24. November 1378, doch handelt es sich hierbei um fiktive Daten. In Wirklichkeit können die Rotuli sehr wohl auch erst 1379 eingereicht worden sein. Vgl. hierzu Hotz, Brigitte: Krönungsnahe Vorzugsdaten unter Clemens VII. (1378-1394). Hinweise zur Erkennung und chronologischen Einordnung rückdatierter Expektanzen, in: Quellen und Forschungen aus italienischen Archiven und Bibliotheken 82 (2002), S. 122-192. Zu Hermann Ryman siehe die biographischen Regesten in Gramsch: Erfurter Juristen [Anm. 5], PK, Nr. 520. Dessen älterer Verwandter ist Ludwig Ryman, der sich im Rotulus *notarius curie camere apostolice* nennt. Als Kurienbediensteter stellte er eine „nützliche Adresse" für deutsche Supplikanten dar und könnte auch Johannes Ryman den Weg an die Kurie geebnet haben. Er war damals schon Rektor der Pfarrkirche St. Johannes zu Erfurt, als welcher er vor 1385 verstarb. Zum Zeitpunkt seines Todes war er auch Vikar an St. Severi, diese Vikarie und seinen Rechtsanspruch auf ein Kanonikat in derselben Stiftskirche „erbte" der Kuriale Bernhard Monachi aus der Diözese Münster, welcher letzteren Anspruch dann an einen anderen Kleriker aus dem Gernodi-Umkreis weiterreichte (vgl. Overmann [Anm. 15], Nr. 847 i. V. m. RG II [Anm. 7], Sp. 452).

eigenen Netzwerkstrukturen ausbildeten. Ein einzelner verwandtschaftlich-klientelarer Personenverband hätte kein ganzes *studium generale* tragen können.[24]

Wir sind aber damit noch nicht am Ende angekommen. Auch das bisher skizzierte Netzwerk, das chronologisch mit der Berufung Hartung Gernodis zum Erfurter Protonotar 1376 seinen Anfang nimmt und ungefähr bis in die 30er Jahre des 15. Jahrhunderts weiterwirkt, entsteht nicht von ungefähr. Seine Existenz lässt sich vielmehr bis tief in die erste Hälfte des 14. Jahrhunderts zurückverfolgen. Nur der prominente „Spitzenahn" dieses Netzwerkes sei kurz erwähnt: Rudolf Losse von Eisenach, einer der wichtigsten gelehrten Räte seiner Zeit, der etwa im Kurverein von Rhens 1339 und bei der Durchsetzung Karls IV. als Römischem König 1346 die Fäden zog und der 1364 als Domdekan zu Mainz starb. Sein Beziehungsnetz ist in der von ihm angelegten Briefsammlung glänzend dokumentiert.[25] Mit Unterstützung des Erzbischofs Gerlach von Nassau und der Kurie konnte er zweien seiner Klienten, die aus Spangenberg, einem Städtchen nahe Rotenburg stammten, die Propsteien in St. Marien und St. Severi in Erfurt verschaffen.[26] Damit legte er den Grund für die geschilderte, so folgenreiche Erfurt-Rotenburger Liaison. Und man wird somit auch nicht an Zufall glauben, wenn in

---

[24] Einen Überblick über mehrere solcher „Einflussgruppen" innerhalb der Erfurter Universität im 15. Jahrhundert gibt Gramsch: Erfurter Juristen [Anm. 5], S. 138-173.

[25] Vgl. Stengel, Edmund E. (Hrsg.): Nova Alamanniae. Urkunden, Briefe und andere Quellen besonders zur deutschen Geschichte des 14. Jahrhunderts, 1. Teil, 1./2. Hälfte. Berlin 1921/30; 2. Teil, 2. Hälfte (unter Mitwirkung von Klaus Schäfer). Hannover 1976. An Literatur zu Losse ist hier nur zu nennen: Burgard, Friedhelm: Rudolf Losse (um 1310-1364), in: Rheinische Lebensbilder 14 (1994), S. 47-70; sowie ders.: Der thüringische Bildungskreis am Hofe des Trierer Erzbischofs Balduin von Luxemburg (1307-1354), in: Zs. des Vereins für Thüringische Geschichte 49 (1995), S. 151-174. Zu seinem in den Briefen deutlich sichtbar werdenden *„networking"* siehe auch Gramsch, Robert: Kommunikation als Lebensform. Kuriale in Thüringen vom 13. bis zum 16. Jahrhundert, in: Brigitte Flug u.a. (Hrsg.): Kurie und Region: Festschrift für Brigide Schwarz (Geschichtliche Landeskunde 59). Stuttgart 2005, S. 417-434, hier S. 424-432.

[26] Als Gerlach von Nassau mit diplomatischer Schützenhilfe Losses Erzbischof wurde, wurden dessen Pfründen, darunter das Domdekanat Mainz und die Propstei St. Marien, vakant. Domdekan wurde Losse selbst, um die Erfurter Propstei bewarb sich Dietmar Maul von Meckbach, der mit Losse verwandt war. In Losses Handakten findet sich die Abschrift eines vielleicht von Losse selbst verfassten Schreibens mit Ratschlägen an Dietmar Maul, wie er im Prozess um diese Propstei seinen Konkurrenten ausstechen könne (Stengel [Anm. 25], Nr. 828). Dieselben juristischen Argumente wandte wenig später Herbord Bischofferode von Spangenberg an, um sich gegen den bekannten Kanonisten Lupold von Bebenburg im Besitz der Prostei von St. Severi in Erfurt durchzusetzen – es ist sehr wahrscheinlich, dass auch hier Losse die Hand im Spiele hatte (so auch die Vermutung bei Miethke, Jürgen/ Flüeler, Christoph [Hrsg.]: Politische Schriften des Lupold von Bebenburg [MGH SS, Staatsschriften des späteren Mittelalters 4]. Hannover 2004, S. 54). Herbord hatte zuvor für Rudolf Losse Prokuratorendienste an der Kurie geleistet. Später wurde er auch Protonotar der Stadt Erfurt und war somit ein Vorgänger Hartung Gernodis, unter den späteren „Erben" seiner Erfurter Pfründen finden wir zudem Johannes Ryman sowie Johannes Gernodi, einen Verwandten Hartungs.

seinem Briefkorpus ein Kaufmann Gernod aus Rotenburg begegnet, der offenbar der Vater oder Großvater des späteren Erfurter Protonotars war.[27]

Welche allgemeinen Schlüsse lassen sich nun aus dieser Fallstudie ziehen, die zunächst ja nur als Beitrag zur Erfurter Stadt- und Universitätsgeschichte daherkommt? Der erste ist sicherlich der, dass sich durch die Rekonstruktion von personalen Netzwerken bestimmte historische Sachverhalte aufklären lassen – im konkreten Fall also die politisch hochbrisanten Umstände einer Universitätsgründung. Der Blick auf die Handelnden in der „zweiten und dritten Reihe" vermag Tiefendimensionen freizulegen, die in einer traditionellen „heroischen" Geschichtsschreibung (und das ist Universitäts- und Gelehrtengeschichte relativ oft) untergehen oder über die man zum Beispiel mangels historiographischer Quellen nichts hat aussagen können. Auch für eine Erforschung etwa der politischen und Kirchengeschichte des Spätmittelalters ist dies ein sehr breit anwendbarer Ansatz.

Der Schwerpunkt wird darauf liegen, die Netzwerke zunächst möglichst umfassend zu rekonstruieren – aber nicht zum Selbstzweck, sondern zum Erweis ihrer politischen Wirksamkeit. Reizvoll ist dies zum Beispiel in der Stiftsgeschichte, wie schon 1987 Gerhard FOUQUET am Speyerer Beispiel gezeigt hat.[28] Dort erschloss sich mittels des Nachweises bestimmter adliger Verwandten- oder fürstlicher Klientengruppen die Parteienbildung in einem Hochstift und damit die politische Geschichte eines Bistums beziehungsweise einer Region. Es geht also um mehr als nur um die – bisher überwiegend im Zentrum des Interesses stehende – Frage, wie man mit Hilfe von „Seilschaften" kirchliche Pfründen erwerben konnte. Der spätmittelalterliche „Pfründenschacher" ist weit mehr als bloßer Ausdruck individuellen Karrierestrebens, er ist – jedenfalls auf den mittleren und gehobenen Rängen der kirchlichen Hierarchie – Mikro- oder sogar Teil der Makropolitik. Männer wie Rudolf Losse verstanden es glänzend, ihre politische Wirksamkeit mit „Pfründenschacher" zu verbinden – und umgekehrt verstanden es Fürsten, mittels der Platzierung ihrer Klienten (oder von deren Unterklienten) an „strategisch wichtigen" Stellen Einfluss zu gewinnen. Das gut bekannte Beispiel der virtuosen Bistumspolitik Karls IV. im Zusammenspiel mit der Kurie ließe sich sehr gut auf weniger prominente Schauplätze herunterbrechen. Quellenseitig ein aussichtsreiches Unterfangen – dank der im ‚Repertorium Germanicum' erschlossenen päpstlichen Registerüberlieferung.

Dieses Material wird zum Nachweis personaler Netzwerke bisher noch viel zu wenig genutzt, dabei ist es schon von seiner spezifischen Anlage geradezu eine netzwerkanalytische serielle Quelle par excellence. Es werden hier nämlich nicht nur Personen und Orte verlinkt (nämlich Bewerber und kirchliche Stellen), sondern auch Personen und Personen (also Bewerber und Vorbesitzer der Pfründe, beziehungsweise Tauschpartner

---

[27] Stengel [Anm. 25], Nr. 835.
[28] Fouquet, Gerhard: Das Speyerer Domkapitel im späten Mittelalter (ca. 1350-1540). Adlige Freundschaft, fürstliche Patronage und päpstliche Klientel. 2 Bde. (Quellen und Abhandlungen zur mittelrheinischen Kirchengeschichte 57). Mainz 1987.

von oder Konkurrenten um Pfründen). Was bei oberflächlicher Betrachtung Zufall zu sein scheint, enthüllt bei genauerem Hinsehen oft ein faszinierendes System: Pfründen, die einmal in den Besitz eines Clans gerieten, wurden – gerade auch unter Zuhilfenahme päpstlicher Rechtstitel – möglichst lange im Besitz desselben gehalten, quasi im „Erbgang" über mehrere Generationen hinweg. Der Aufstieg zum Beispiel eines Clanmitglieds zum Bischof kann hierbei netzwerkanalytisch als Bündelung von im Netzwerk vorhandenen Ressourcen zugunsten eines Einzelnen gedeutet werden. Der so Erhobene kam dadurch in eine Machtposition, von wo aus er neue Ressourcen erschließen und anderen Clanmitgliedern zuwenden konnte. Pfründen- und andere Geschäftsbeziehungen, soviel ist festzuhalten, sind somit neben Verwandtschaft, Landsmannschaft und „beruflich" begründeter Zusammenarbeit eine weitere wichtige Verflechtungskategorie, die einen Netzwerkzusammenhang begründet und dabei wesentlich den Zweck der „Seilschaftenbildung" ausmacht – zudem eine, die gut dokumentiert ist.

Ich schließe mit einem Ausblick: Die soziologische Netzwerkanalyse hat in der Mediävistik – abgesehen von einem mittlerweile schon inflationären Gebrauch der Netzwerkmetapher – noch keine feste Heimstatt gefunden – aus verschiedenen und durchaus bedenkenswerten Gründen. Einer davon ist die natürliche Aversion des Geisteswissenschaftlers gegen mathematische Modellbildungen, ein anderer, der aber so doch nicht zu halten ist, der Verweis auf eine lückenhafte Quellenlage.[29] Dennoch hat sie gerade in der Prosopographie (aber nicht nur dort) eine große Zukunft. Es gilt, was Lawrence STONE schon 1976 schrieb:

> Sie, die Prosopographie, könnte die menschliche Fähigkeit zur historischen Rekonstruktion mittels sorgfältiger Konzentration auf das wichtige Detail und den Einzelfall mit der Vorliebe des Sozialwissenschaftlers für Statistik und Theorie verbinden.[30]

30 Jahre nach STONE ist es an der Zeit, den Sprung von der Metapher zur Methode zu wagen!

---

[29] Ein weiteres Problem, das vielleicht auch an diesem Beispiel deutlich geworden ist, ist freilich die *Darstellbarkeit* der Ergebnisse, die man sich ja nicht allein in Form von Netzwerkdiagrammen oder gar statistischen Kennzahlen denken kann, sondern nur in der für die Geschichtswissenschaft zwingenden Form der *narratio*: Ein komplexes Netzwerk lässt sich schwer *erzählen*. (Hervorhebungen v. R. Gramsch)

[30] Stone, Lawrence: Prosopographie – englische Erfahrungen, in: Konrad H. Jarausch (Hrsg.): Quantifizierung in der Geschichtswissenschaft. Probleme und Möglichkeiten. Düsseldorf 1976, S. 64-97, hier S. 92f.

Anhang: Der „Gründerkreis" der Universität Erfurt (1379)

Die beiden folgenden Soziogramme stellen die Mitglieder des im Aufsatz beschriebenen Klerikernetzwerkes sowie die zwischen ihnen nachweisbaren Beziehungen dar.[31] Aufgenommen sind auch Personen, die im obigen Text nicht genannt sind, auf Einzelnachweise zu ihnen wird verzichtet.

Legende zu Abkürzungen und Hervorhebungen:

Orte und weitere Abkürzungen:
Ei.	Eisenach
Erf.	Erfurt
Ro.	Rotenburg an der Fulda
Sp.	Spangenberg
Ca.	Waldkappel
B.	Bischof
can.	canonicus
Jur.	Jurist
Koll. / Subkoll.	(Sub-)Kollektor = Geldeintreiber für die apostolische Kammer
Lgrf.	Landgraf
NW	Netzwerk

Relationen (Beziehungen zwischen den Akteuren):
[B]	Bekanntschaft, „Freundschaft"
[K]	Klient
[P]	(versuchte) Pfründennachfolge
[V]	verwandt

Hervorhebung von Personen (in Bild 1):
Graufüllung	- im „Universitäts"-Rotulus von 1380 enthalten
Name unterstrichen	- Mitglied der Erfurter Universität (nach 1392)
Kennzeichnung mit *	- für die Universitätsgeschichte von Bedeutung

---

[31] Zu Soziogrammen als gängiger Darstellungsform von Netzwerken vgl. Jansen [Anm. 4], S. 91-94.

Seilschaften von universitätsgebildeten Klerikern im deutschen Spätmittelalter 187

Das hessisch-Erfurter Netzwerk, Bild 1: nach 1378

(Entwurf: Gramsch 2007)

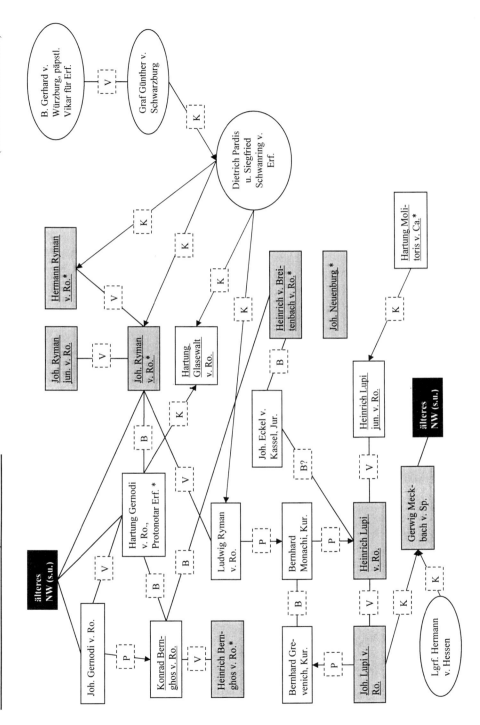

Das hessisch-Erfurter Netzwerk, Bild 2: vor 1378

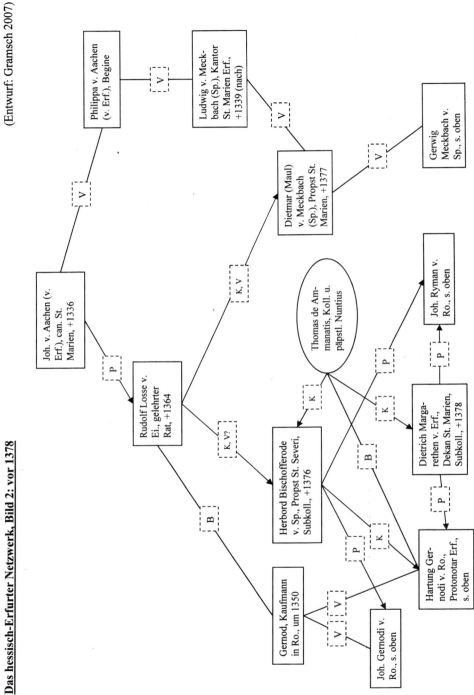

(Entwurf: Gramsch 2007)

CLAUDIA RESCH

Verwandtschaft oder Freundschaft im Angesicht des Todes:
Vmbstender am Kranken- und Sterbebett

Das Pluraletantum *Vmbstender* war laut Grimm'schem Wörterbuch „nur in älterer zeit bis ins 17. Jh. hinein" gebräuchlich: „als ausdruck für die leute, die irgendwo um etwas herum stehn".[1] In Zusammenhang mit dem Thema dieses Beitrags interessieren vor allem jene *Vmbstender*, die sich im Mittelalter um das Bett eines schwerkranken Menschen versammelten.

Der Moribunde, d. h. derjenige, der in absehbarer Zeit sterben wird, sah sich bis zuletzt von mehr oder weniger zahlreich erschienenen *Vmbstendern* umringt. Wenn sein Tod unmittelbar bevorstand, eilten sie herbei, weil sie sich ihm durch Verwandtschaft, durch Freundschaft oder durch die Gemeinschaft einer Bruderschaft verbunden, ja sogar verpflichtet fühlten. Sie fanden sich am Sterbebett ein, um die letzten Vorbereitungen für sein seliges Ende zu treffen. Betend und wachend erwartete man das Eintreten des Todes, dem man auf diese Weise gemeinsam begegnen wollte. Bis zum Schluss kommunizierten der Sterbende und die *Vmbstender* – auf einer verbalen Ebene, und wenn das nicht mehr möglich war, auch mit Hilfe von Zeichen und Gesten. Innerhalb des sozialen Gefüges schien jeder bestimmte Aufgaben zu haben: Heike DÜSELDER geht daher davon aus, „dass das Sterben ein Ereignis war, das von der Mitwirkung aller im Sterbezimmer Anwesenden geprägt wurde"[2].

Auf diese Interaktions- und Kommunikationsmuster lassen auch typisierte Darstellungen der damaligen Zeit schließen. Zu sehen sind meist mehrere *Vmbstender*, die sich beidseitig um das Siechenbett gruppiert haben. Um auf den ernsten Gesundheitszustand hinzuweisen, ist der Kranke oft stark abgemagert dargestellt. Wenn er entkräftet und erschöpft am Polster lehnt, so war er den Gebräuchen seiner Zeit gemäß unbekleidet und nur von Bettwäsche bedeckt. An einer Kante des geräumigen Bettes

---

[1] Grimm, Jacob und Wilhelm: Deutsches Wörterbuch. Bd. 23 (1984), Sp. 1176.
[2] Düselder, Heike: „Wer so stirbt, der stirbt wohl!" Der Umgang mit der Sterbestunde im Spiegel von Leichenpredigten, in: Andrea von Hülsen-Esch/ Hiltrud Westermann-Angerhausen (Hrsg.): Zum Sterben schön. Alter, Totentanz und Sterbekunst von 1500 bis heute. Regensburg 2006, S. 238-249, hier S. 245.

hält ein kleiner Beistelltisch meist alle benötigten Utensilien, Arzneien und Lebensmittel bereit. Unter die anwesenden Familienangehörigen und Freunde mischen sich Personen, die sich aus beruflichen Gründen am Sterbelager einfinden und an ihrem Gewand (Ordensangehörige) beziehungsweise an ihren Gesten (z. B. der Arzt, der besorgt das Uringlas betrachtet) deutlich zu erkennen sind. Solche Szenen scheinen zu dokumentieren, dass ein Sterbender im Angesicht des Todes nicht sich selbst überlassen bleibt: Sein Zimmer ist mit Besuchern überfüllt, sein Bett wird von Heilkundigen, von Geistlichen und von besorgt aussehenden Angehörigen und Anteil nehmenden Freunden umlagert. Die beschriebenen Darstellungen, die einen in der Gemeinschaft aufgehobenen Sterbenden zeigen, waren jedoch wenig repräsentativ und entsprachen wohl kaum der Norm. Den Unzähligen, die bei Unfällen, auf dem Schlachtfeld, dem Richtplatz und in der Fremde zu Tode kamen, an Hunger, Kälte oder Erschöpfung starben oder unerwartet von der Pest dahingerafft wurden, war ein vergleichsweise wenig organisierter Abschied vergönnt. In Armenhospitälern fanden Sterbenskranke zwar Betreuung, aber kaum mehr als ein notdürftig ausgestattetes Lager, das sie mit anderen teilen mussten.

Im vorgesehenen Idealfall aber blieb der Sterbende Glied der Gemeinschaft, der er zeitlebens angehört hatte, und erfuhr als solches „ein Höchstmaß an menschlicher Zuwendung"[3]. Darauf hatte er gewissermaßen auch „Anspruch", wenn seine letzte Stunde nahte. Diese war nach damaliger Auffassung eine Bewährungsprobe mit ungewissem Ausgang: „Denn nun fällt ja die letzte, unwiderrufliche Entscheidung. Von der sittlichen Verfassung des Menschen in der Todesstunde hängt ja sein ewiges Schicksal ab."[4] Der Tod wurde auch deshalb ängstlich erwartet, weil er selten ohne Begleiterscheinungen, ohne die sogenannten Anfechtungen eintrat – „mit ihm zusammen vergegenwärtigen sich die Sünde und Gottes Gesetz, Gottes Zorn und die Macht des Teufels"[5]. Die Sterbestunde wurde einem extremen Anfechtungserlebnis gleichgesetzt, ihr Entscheidungscharakter verstärkte die Heilssorge, die sich zur Heilsangst steigern konnte. Daher ist es nur allzu verständlich, dass man gerade in der letzten Phase der Krankheit und speziell in der Todesstunde, von deren Verlauf das Seelenheil des Sterbenden abhängig gemacht wurde, größten Wert auf geistlichen Beistand legte. *Vmbstender* fühlten sich mitverantwortlich und trugen das Nötige dazu bei, dem Sterbenden einen seligen Abschied zu ermöglichen. Seligkeit zu erlangen, war das erklärte oberste Ziel, das man sich von dieser gewissenhaften „Vorsorge, die von jedem

---

[3] Albert-Zerlik, Annette: Liturgie als Sterbebegleitung und Trauerhilfe. Spätmittelalterliches Erbe und pastorale Gegenwart unter besonderer Berücksichtigung der Ordines von Castellani (1523) und Sanctorius (1602) (Pietas Liturgica. Studia 13). Tübingen/ Basel 2003, S. 117.

[4] Rudolf, Rainer: *Ars moriendi*. Von der Kunst des heilsamen Lebens und Sterbens (Forschungen zur Volkskunde 39). Köln/ Graz 1957, S. 56.

[5] Barth, Hans-Martin: Leben und sterben können. Brechungen der spätmittelalterlichen *Ars moriendi* in der Theologie Martin Luthers, in: Harald Wagner/ Torsten Kruse (Hrsg.): *Ars moriendi*. Erwägungen zur Kunst des Sterbens (Quaestiones disputatae 118). Freiburg/ Basel/ Wien 1989, S. 45-66, hier S. 46.

einzelnen Menschen für das Heil seiner eigenen Person getroffen und als Forderung von der gesamten Gesellschaft vertreten wurde"[6], versprach.

I. *Ars moriendi*-Schriften im Spätmittelalter

Was führende Theologen des ausgehenden Mittelalters unter dieser „Vorsorge" für einen gelungenen, gottgefälligen Abschied verstanden, hielten sie in den so genannten *Ars moriendi*-Schriften fest. Die weit verbreiteten Texte, die auch als „Sterbebüchlein" bezeichnet werden, sollten die Menschen auf den Tod disponieren und ihnen „zu einer glückseligen Sterbestunde im christlichen Sinn verhelfen".[7] Sie enthalten Anweisungen, Ratschläge und Regeln zur Vorbereitung auf das gute, heilsame Sterben[8] und lehrten ein praktisches Wissen zur Bewältigung von Sterben und Tod, das zeitlebens erfasst und eingeübt werden sollte.[9]

Innerhalb der Gattung gab es eine spezielle Gruppe von Schriften, die Sterbebegleitern den seelsorgerlichen Umgang mit Sterbenden beschrieb. Ursprünglich waren diese Handreichungen für Priester vorgesehen – da jedoch nicht immer mit der Anwesenheit eines Priesters gerechnet werden konnte,[10] ging man dazu über, die

---

[6] Kühnel, Harry (Hrsg.): Alltag im Spätmittelalter. Graz/ Wien/ Köln 1984, S. 135.

[7] Falk, Franz: Die deutschen Sterbebüchlein von der ältesten Zeit des Buchdruckes bis zum Jahre 1520 (Vereinsschriften der Görres-Gesellschaft 2). Köln 1890, S. 1.

[8] Vgl. Baumgartner, Konrad: Ars moriendi / I. Begriff u. Wirkungsgeschichte, in: Lexikon für Theologie und Kirche. Bd. 1 (1993), Sp. 1035-1038, hier Sp. 1036.

[9] Eine Auswahl von Schriftzeugnissen spätmittelalterlicher Sterbeliteratur hat Hiram Kümper zusammengestellt und mit weiterführenden bibliographischen Hinweisen versehen: Tod und Sterben. Lateinische und deutsche Sterbeliteratur des Spätmittelalters (Texte zur mittelalterlichen Literatur in Stoffgruppen 1). Duisburg/ Köln 2007, zur *Ars moriendi* vgl. S. 99-214.

[10] Die Anzahl vorhandener Geistlicher reichte zur Betreuung der Gläubigen oftmals nicht aus. Für den Seelsorgedienst mussten daher auch (Aus-)Hilfsgeistliche aus dem niederen Klerus bestellt werden. Ihnen blieb die eigentliche Seelsorgearbeit überlassen, meist „für einen Hungerlohn": „Kein Wunder, dass die Vikare und Kaplane nur die Allernotwendigsten Amtshandlungen verrichteten". Rosenfeld, Hans-Friedrich u. Hellmut: Deutsche Kultur im Spätmittelalter 1250-1500 (Handbuch der Kulturgeschichte, 1. Abt.). Wiesbaden 1978, S. 265.
Wiederholte Ermahnungen zur *Visitatio infirmorum* und der von Laien intensiv geäußerte Wunsch nach aktiver Beteiligung daran, wertet Peter Neher als ein Zeichen dafür, dass die institutionelle Seelsorge der Kirche immer wieder Anlass zu Sorge gab: „Das apellative [!] Insistieren der Synoden, Rechtsvorschriften und Hospitalstatuten auf die priesterlichen Pflichten in der Betreuung Kranker und Sterbender muß als Symptom eines lange anhaltenden seelsorgerlichen Mißstandes aufgefaßt werden." Neher, Peter: *Ars moriendi* – Sterbebeistand durch Laien. Eine historisch-pastoraltheologische Analyse (Dissertationen: Theologische Reihe 34). St. Ottilien 1989, S. 170.
Das Wüten der Pest und die damit verbundene Gefahr der Ansteckung, von der Städter ungleich härter betroffen waren als die Bevölkerung auf dem Land, verschärften die Situation zusätzlich. Während der „sterbenden Läuft" konnten viele Kranke nicht mehr versehen werden: „Gerade

lateinischen Texte in Volkssprache zu übersetzen. Für den Dienst des Sterbebegleiters wurden somit auch Laien in die Pflicht genommen, die des Lesens kundig waren: Bezugnehmend auf die Werke christlicher Barmherzigkeit war das ganze Umfeld eines schwerkranken Menschen dazu berufen, diesem in letzter Not beizustehen. Als „Sterbebegleiter" kamen alle *Vmbstender* in Frage, die einem Sterbenden „nahe standen": Indem sie Sorge für dessen Seelenheil trugen, sollten sie in gewisser Weise alle als „Seel"-sorger tätig werden.

Die dafür verfassten, pastoral ausgerichteten *Ars moriendi*-Schriften waren kleinformatig, schmal und leicht zu transportieren. Sie konnten als „Vademecum" zum Haus- oder Hospitalsbesuch mitgenommen werden und waren für den unmittelbaren und oftmaligen Gebrauch an Sterbebetten vorgesehen. Sie wollten den Benützer bei der Ausübung der Seelsorge unterstützen, indem sie nicht nur bestimmte Umgangs- und Verhaltensregeln festlegten, sondern auch Passagen in direkter Rede enthielten, die man Sterbenden vorlesen konnte. Die Textgestaltung lässt darauf schließen, dass die Autoren ihre auf die konkrete pastorale Zuwendung ausgerichteten Büchlein unbedingt in der Praxis angewandt sehen wollten. Wie diese Praxis dann tatsächlich ausgesehen hat, geht aus den ausgewählten Texten freilich nicht hervor. Was sie jedoch dokumentieren, ist die Beschreibung einer idealtypischen Form der Sterbebegleitung, wie sie von Theologen intendiert war. Ihr pastorales Bemühen, das in Anleitungen seinen Niederschlag findet, ermöglicht Einblicke in die erwünschte Praxis der (spät-)mittelalterlichen Kranken- und Sterbeseelsorge. Anhand ausgewählter Textzitate lässt sich zeigen, was sich ein Mensch im Angesicht des Todes von seinen verwandtschaftlichen, freundschaftlichen und sozialen Beziehungen versprechen durfte und welchen Nutzen er noch am Kranken- und Sterbebett daraus ziehen konnte. Dort spielten *Vmbstender* eine wichtige Rolle – wie sie sich dem Sterbenden gegenüber verhalten sollten und wann sie sich besser von ihm fernhalten sollten, fand sich in spätmittelalterlichen *Ars moriendi*-Schriften (wie der folgenden) beschrieben.

II. *Wie man sich halten sol by eym sterbenden menschen*

Ein Autor des ausgehenden Mittelalters, der darüber predigte, *[w]ie man sich halten sol by eym sterbenden menschen*, war der bekannte Straßburger Theologe Johannes Geiler von Kaysersberg (1445-1510). Seine gleichnamige Schrift wurde 1482 anonym publiziert und von ihm selbst an anderer Stelle als ‚dottebiechlin' (Totenbüchlein) be-

---

dort, wo eine Sensibilität für die seelsorgerlichen Aufgaben im Volk vorhanden war, stellten die Pestepidemien die Kirche vor fast unlösbare neue Anforderungen in der Sterbepastoral." Rolfes: *Ars moriendi* – Eine Sterbekunst aus der Sorge um das ewige Heil, in: Wagner/ Kruse (Hrsg.) [Anm. 5], S. 15-44, hier S. 24f.

ziehungsweise als ‚libellus artis moriendi' bezeichnet.[11] Die allgemeine, neutrale Formulierung im Titel lässt erahnen, für welch breiten Leserkreis Geiler seine *Ars moriendi*-Schrift vorgesehen hatte. Die Gruppe von Adressaten war nicht eindeutig festgelegt. Zum engeren Leserkreis zählte vor allem die städtische, lesekundige Bevölkerung: Für jemanden, der lesen konnte und den Dienst eines Sterbebegleiters zu übernehmen bereit war, sollte sich Geilers Schrift als überaus nützlich erweisen.

Die Idee zu dieser Handreichung stammte allerdings nicht von Geiler selbst. Es handelte sich vielmehr um eine Übertragung und Bearbeitung von Johannes Gersons ‚La Médecine de l'Âme' (1403),[12] die dieser als ‚Opus(culum) tripartitum de praeceptis decalogi, de confessione et de arte moriendi' ins Lateinische übersetzte. Für die Tradition der spätmittelalterlichen Sterbebücher war dessen dritter und letzter Teil ‚de arte moriendi' inhaltlich und als Namensgeber einer ganzen Gattung von wesentlicher Bedeutung. Geiler jedenfalls hat die Sterbekunst seines verehrten Vorbildes Gerson *in tutsch* gesetzt und sie in eine dem Verständnishorizont der einfachen Leute angepasste Form gebracht: Vieles konnte er von dem *trostlichen lerer* Gerson übernehmen – er weist aber darauf hin, *doch nit gantz die ordenung oder wort gehalten* zu haben, so dass seine freie Bearbeitung auch *einem einvaltigen menschen* dienlich sein möge.[13]

Durch den entstandenen Text sollten all jene, die sich zum Sterbebeistand berufen fühlten, mit den nötigsten Informationen versorgt werden. Die darin beschriebene Form der Sterbeseelsorge verschmilzt aufgrund der beschriebenen Abhängigkeiten in der Sekundärliteratur zur „Gerson-Geiler'schen Praxis"[14]. Beide Autoren, sowohl Gerson als auch Geiler, betonen, wie wichtig es ist, sich um das leibliche Wohlergehen eines todkranken Mitmenschen zu kümmern. Von größerem Nutzen jedoch wäre es, *besunder sorg zehaben zu dem heil siner sele*[15] – die physische Pflege konnte hinter die seelischen Bedürfnisse des Sterbenden zurücktreten; dem Erlangen von Seelenheil sollte demnach die größte Sorgfalt und nahezu ungeteilte Aufmerksamkeit eines Begleiters gelten. Die schriftlichen Hinweise, die ihm von den Theologen diesbezüglich gegeben werden, sind in übersichtliche vier Abschnitte gegliedert: Die *exhortationes*, *interrogationes*, *orationes* und *observationes* Johannes Gersons werden von Geiler mit *Vermanen*, *Frogen*, *Beten* und *Bewaren* übersetzt.[16]

Im vierten Abschnitt, *Bewaren*, ist Bemerkenswertes zu Rolle und Bedeutung der als *Vmbstender* fungierenden Verwandtschaft festgehalten: Man fordert den Sterbenden an dieser Stelle dazu auf, sich ganz von der Welt abzukehren und sich keine Sorgen mehr

---

[11] Johannes Geiler von Kaysersberg: Totenbüchlein, in: Sämtliche Werke, hrsg. v. Gerhard Bauer. Teil 1: Die deutschen Schriften. Bd. 1. Berlin/ New York 1989, S. 1-13.
[12] Gerson, Jean: La médecine de l'âme, hrsg. v. Mgr. Glorieux (Oeuvres Complètes Bd. 7). Paris u.a. 1966, S. 404-407. Zur lateinischen Fassung: Opera omnia, hrsg. v. L. Ellies du Pin. Bd. 1. Antwerpen 1706, Sp. 447-450.
[13] Vgl. Geiler von Kaysersberg [Anm. 11], S. 5.
[14] Falk [Anm. 7], S. 80.
[15] Geiler von Kaysersberg [Anm. 11], S. 5.
[16] Ebd., S. 6.

um irdische Dinge zu machen. Dazu gehört auch die *bewarung* vor *frunden*, die bei Geiler folgendermaßen formuliert ist: *Nienerumb oder fast wenig mag es echter gesyn, sol man dem sterbenden in gedechtnißß bringenn sine liplichen* [= leiblichen] *frund, wyb, kynd oder richtum.*[17] Der Sterbende möge sich also von Verwandten und dem Familienverband nicht (mehr als unbedingt nötig) ablenken lassen, ja er muss sogar vor seinen Vertrauten geschützt werden. Das Erlangen seines seelischen Heils könnte durch allzu große Nähe gefährdet sein. Gerson und in Abhängigkeit von ihm Geiler raten Begleitenden dringend davon ab, dem Sterbenden seine engsten Angehörigen, etwa seine Frau und seine Kinder, (zu häufig) in Erinnerung zu rufen. Diese sollten das Krankenzimmer verlassen, damit sich der Schwerkranke ausschließlich auf sein Seelenheil konzentrieren konnte. Anwesenheit und Anblick der Familie wurden vom Abschiednehmenden auch deshalb als schmerzlich empfunden, weil sie für ihn möglicherweise mit der Sorge verbunden waren, wie es denn nun ohne ihn weitergehen könne. Ungeklärte wirtschaftliche und existenzielle Verhältnisse konnten den Sterbenden ablenken, beunruhigen und ihm sogar zur Anfechtung werden.

III. Die Familie als Anfechtung?

Die ‚Ars moriendi der fünf Anfechtungen'[18], die aufgrund ihrer Illustrationen auch als ‚Bilder-Ars' oder ‚Holzschnitt-Ars' bezeichnet wird, sieht im Festhalten an weltlichen Gütern und Personen ebenfalls eine Gefahr für das Seelenheil des Sterbenden. Besonders die letzte der in Form von Bilderpaaren dargestellten fünf Anfechtungen, die

---

[17] Eine Parallelstelle dazu findet sich in Johannes Geiler von Kaysersbergs ‚Sterbe-ABC' aus dem Jahr 1497. Darin wird in alphabetischer Abfolge beschrieben, was (nicht der Sterbebegleiter, sondern) der Sterbende selbst für das Gelingen des seligen Abschieds an Vorbereitung leisten kann (vgl. ‚Ein ABC; wie man sich schicken sol / zu einem kostlichen seligen tod'). Parallel zu der oben zitierten Anweisung fordert Geiler den Sterbenden dort im Imperativ dazu auf, Frau und Kind – wenn es sich einrichten lässt – wegzuschicken: *Nit laß für fuoren wyb vnd kind. Sunder so ferr das gesin mag, heiß sy ab weg gon, das sy dich an den gescheften dyner selen nit irren. Wenn an der stund hast du groessere ding uß zuo richten.* Vgl. Johannes Geiler von Kaysersberg: Sterbe-ABC, in: Sämtliche Werke [Anm. 11], S. 97-110, hier S. 106 unter R wie <R>*edlich und tapfere entschlahung weltlicher sorgen.*

[18] Autor, Künstler der Holzschnitte und die genaue Datierung der ‚Ars moriendi der fünf Anfechtungen' sind nicht belegt. Sie hat in ihrer Texierung und bildlichen Ausgestaltung mehrere handschriftliche und gedruckte Entwicklungsstufen durchlaufen, die bei Falk als „einzelne Phasen der Ausbildung" am ausführlichsten dokumentiert sind. Vgl. Falk [Anm. 7], S. 3-15, insbesondere S. 4-7. Zu ihrer chronologischen Einordnung gibt es unterschiedliche Einschätzungen; meist werden als grober Entstehungszeitraum die Jahre zwischen 1408 und 1419 angegeben. Vgl. Falk [Anm. 7], S. 7 und Rudolf [Anm. 4], S. 69-74, besonders S. 70. Palmer hält eine spätere Datierung „um die Jahrhundertmitte" für wahrscheinlicher. Vgl. Palmer, Nigel F.: *Ars moriendi* und Totentanz. Zur Verbildlichung des Todes im Spätmittelalter, in: Arno Borst u.a. (Hrsg.): Tod im Mittelalter (Konstanzer Bibliothek 20). Konstanz 1993. S. 313-334, hier S. 321.

Verwandtschaft oder Freundschaft im Angesicht des Todes 195

„Anfechtung durch alles Irdische", verdient in diesem Zusammenhang genauere Beachtung (Abb. 1):

Anfechtung durch die Liebe zum Irdischen.
Aus Helmut Appel: Anfechtung und Trost im Spätmittelalter und bei Luther (Schriften des Vereins für Reformationsgeschichte 165, Jg. 56, Heft 1). Leipzig, 1938, S. 150.

Auf dem Bild der Anfechtung kann man den Sterbenden in seinem Bett liegend sehen. Dieses wird von drei Dämonen umzingelt, die es darauf abgesehen haben, ihn in seiner letzten Stunde vom Heilsweg abzubringen. Jeder der drei Dämonen führt dem Todkranken plakativ vor Augen, was er im Laufe seines Lebens lieb gewonnen hat, aber schon bald verlassen muss: Der Erste zeigt auf das Haus mit dem vollen Weinkeller, der Zweite auf einen Gutshof mit Pferd – beide wollen den Menschen dazu bewegen, sich mit diesen wertvollen Schätze, die er zeitlebens mit größter Mühe angehäuft hat, zu beschäftigen. Der dritte Dämon hält ein Spruchband mit der Aufschrift *Provideas amicis* und deutet auf die neben dem Bett gruppierte Versammlung von Familie, Verwandten und Bekannten des Sterbenden – dieser möge sich doch seine Vertrauten in Erinnerung rufen, deren Anwesenheit ihm nun Trost spenden könnte. Er sollte sie nicht im Stich lassen beziehungsweise im Sinne eines Testaments alle nötigen Vorkehrungen für sie treffen.

Verwandtschaft oder Freundschaft im Angesicht des Todes 197

Entlastet wird diese bedrückende Szene durch eine tröstliche Gegenszene, auf dem die Bild gewordenen Befürchtungen des Sterbenden entkräftet werden (Abb. 2):

Trost durch die Hinwendung zu Christus am Kreuz.
Aus Helmut Appel: Anfechtung und Trost im Spätmittelalter und bei Luther (Schriften des Vereins für Reformationsgeschichte 165, Jg. 56, Heft 1). Leipzig 1938, S. 151.

Wieder sieht man den Sterbenden in seinem Bett liegend, allerdings sind anstatt der Dämonen zwei Engel erschienen, um dem Sterbenden in seiner Not zu Hilfe zu kommen. Mit ihren guten Eingebungen vermitteln sie ihm Zuversicht: Sie halten ein Spruchband, durch das sich leicht ein Bezug zwischen Bild und Text herstellen lässt. Es trägt die Aufschrift: *Ne intendas amicis* – Richte Deine Aufmerksamkeit nicht auf die Vertrauten! Die bildliche Übersetzung, die für leseunkundige Betrachter gedacht war, leisten zwei Gestalten auf der unteren linken Bildhälfte: Zu sehen sind ein Mann und eine Frau, die die Vertrauten des Sterbenden darstellen, nun aber vor ihm verborgen werden sollen – und das geschieht mit Hilfe eines großen Tuches, das einer der Engel über sie ausgebreitet hat. Er schirmt die Angehörigen ab, damit der sterbende Mensch sich ausschließlich auf sein Seelenheil konzentrieren kann. Die vorhin gezeigte Gruppe von besorgten Vertrauten ist auf diesem tröstlichen Gegenbild durch die Gemeinschaft der Heiligen und Christus am Kreuz ersetzt. Angesichts dieser Heil versprechenden Perspektive hat sich der Dämon unter das Bett verzogen und muss am Boden kauern. Offenbar sieht er die Stärke seiner Argumente schwinden, wenn er die getröstete Seele des eben noch Angefochtenen mit einem widerwilligen *Quid faciam?* (Was soll ich jetzt?) den Engeln überlassen muss.

Die lebendige Gegenüberstellung von Anfechtungs- und Trostszene schildert das Gefühlsleben des Sterbenden, das ihm letztlich erlaubt, von allem Vergänglichen abzulassen. Himmlische Mächte haben ihn erkennen lassen, dass die Liebe zu den irdischen Personen und Dingen ihn von der Liebe zu Gott trennt. All das sollte er jetzt um Jesu Willen zurückstellen (vgl. Lk 14, 33; Mt 10, 37; Mt 19, 29), denn auch der war arm für die Menschheit und hat auf seine Mutter und die geliebten Jünger verzichtet. Erst ohne Ablenkung von Freunden und Verwandten gelingt es dem in der Bilderfolge dargestellten Menschen, Frieden zu finden und einen seligen Tod zu sterben. Das Ablassen von der Welt, zu dem die Engel den Moribunden ermahnen und ermutigen, sollte das Sterben-Können erleichtern und gehörte zur eigentlichen Kunst des Sterbens.

Sowohl bei Gerson und Geiler als auch in der ‚Bilder-Ars' hatte das Erlangen von Seelenheil absolute Priorität. Wenn es darum ging, ewigen Lohn zu verdienen, hatte es sich bewährt, zeitliche Sorgen radikal *abzestellen*,[19] wie Geiler betont. Damit der Sterbende seinen Blick auf das Wesentliche richten konnte, wollte man ihn vor den ihm nahe stehenden Personen schützen. Weil man um seine Konzentration fürchtete, sollten ihm Frau, Kinder und Verwandte nicht mehr unbedingt in Erinnerung gerufen werden. Weinende und wehklagende *Vmbstender* waren vom Sterbezimmer fernzuhalten, denn sie konnten sogar der Grund von Anfechtung werden.

Nicht alle, die dem Kranken als *Vmbstender* zur Seite standen, waren daher aus Sicht der spätmittelalterlichen Theologen als „Seelsorger" gerne gesehen beziehungsweise gleichermaßen brauchbar.[20] Gerade was die Kernfamilie und die Verwandtschaft betraf,

---

[19] Vgl. Geiler von Kaysersberg [Anm. 11], S. 7.
[20] Der Hinweis, dass Verwandte dem Sterbenden wenig hilfreich seien, ist in mehreren *Ars moriendi*-Texten mit der Unterstellung verbunden, dass Angehörige ohnedies nur am Erbe

hatte man offenbar auch festgestellt, dass die soziale Bindekraft und das damit verbundene Verantwortungsgefühl nicht immer den Erwartungen entsprach. Vor allem in Pestzeiten kam es immer wieder vor, dass Erkrankte sich vom engsten Familienverband im Stich gelassen sahen. Der familiäre Zusammenhalt wurde unter normalen Bedingungen zwar vorausgesetzt, aber garantiert werden konnte er selten. Im Angesicht des Todes war es daher nicht ratsam, sich (nur) auf die Unterstützung von Verwandten zu verlassen.

Möglicherweise war das der Grund, weshalb die Familien- und Hausgemeinschaft im Angesicht des Todes als „sehr gering gewertet"[21] wurde – zumindest im Vergleich zu den seit der Antike überaus hoch geschätzten Qualitäten einer Freundschaft, mit der seit jeher auch der seelsorgerliche Austausch bezweckt wurde: Die Bevorzugung eines guten Freundes gegenüber der Familie begründet Arnold ANGENENDT folgendermaßen: „Die Erfahrung, daß gerade im Sterben die Blutsverwandten und Nachbarn oft nicht wirklich Beistand leisteten, […] veranlasste dazu, beizeiten nach einem Freund Ausschau zu halten."[22]

IV. Der Freund als Sterbebegleiter und Seelsorger

Ohne die Bedeutung der Familie aus heutiger Sicht schmälern zu wollen, bleibt festzuhalten, dass die Theologen des ausgehenden Mittelalters empfahlen, sich seinen Sterbebegleiter eher aus dem Freundeskreis zu wählen. Weil ein *getruwer warer frund*, wie ihn sich Geiler idealerweise vorstellte, aber schwer zu finden war, sollte man sich schon in gesunden Tagen nach einer geeigneten Person umsehen. Ob man von wahrer und bis zum Ende währender Freundschaft sprechen konnte, stellte sich allerdings erst heraus, wenn es soweit war: Denn *in der letsten not des todes spurt man ein getruwen frundt. In den todes noten mag er im die grosten fruntschafft bewisen und werck der barm-*

---

interessiert wären. Dass manche dem Kranken sogar den Tod wünschten, um an seine materiellen Güter zu gelangen, lehrte jedoch weniger die Sterbekunst als die Erfahrung.

[21] Vgl. Hardeland, August: Geschichte der speciellen Seelsorge in der vorreformatorischen Kirche und der Kirche der Reformation. Bd. 1. Berlin 1897/1898, S. 230.

[22] Vgl. Angenendt, Arnold: Geschichte der Religiosität im Mittelalter. Darmstadt 1997, S. 664.
Im ‚Sterbe-ABC', das aus der Perspektive des Sterbenden auf den Tod vorbereiten möchte, empfiehlt Geiler von Kaysersberg unter dem Buchstaben P *<P>estellen einen getrüwen moenschen* folgende Vorgehensweise: *Ußerwel einen getrüwen gotzfoerchtigen moenschen / der dir in diner sterbenden not behilfflich syg. mit ermanungen. mit vorlesen. mit vorbetten. und dich reitze zuo den dingen die einem sterbenden moenschen not sind.* Der Sterbende war offenbar besser beraten, wenn er seinen Begleiter nicht unter der Verwandtschaft suchte – davon, dass die *lyplichen fründ me des guots* als die *selen pflegen werden*, gingen spätmittelalterliche Theologen aus. Vgl. Geiler von Kaysersberg [Anm. 17], S. 106.

hertzikeit an im erfullen[23], weiß Geiler. Der Freundschaftsdienst in der äußersten, in der letzten Not wurde somit zum Prüfstein jeder amikalen Beziehung.

Der Freund, den die Theologen im Sinn hatten – dieser idealisierte *Amicus* – leistete offenbar freiwillig das, was man eigentlich von Verwandten erwartet hätte. Er war verlässlich und vertrauenswürdig, vor allem aber nicht so sehr mit dem zu erwartenden Erbe, als mit dem geistlichen Heil des sterbenden Freundes beschäftigt. Wenn er bei äußeren Sterbevorbereitungen, wie zum Beispiel der Regelung der Hinterlassenschaft seine Unterstützung anbot, dann nur deshalb, damit man sich anschließend gemeinsam auf das Erlangen des seelischen Heils konzentrieren konnte.

Als Sterbebegleiter sollte ein Freund mitfühlend sein, aber auch konsequent. Eine gewisse Strenge war durchaus im Interesse des Sterbenden und vielleicht dessen letzte Rettung – für diese trug der Gefährte höchste Verantwortung! Mit seiner Aufrichtigkeit bewahrte er den Sterbenskranken vor falschem Trost, indem er ihm nur nicht *zevil hoffenung* darauf gab, *das er wider uff kumme zu liplicher gesuntheit.*[24] Der Begleiter brachte selbst in schwierigen Momenten den Mut auf, der traurigen Gewissheit nicht auszuweichen: „Damit ist auch jene personale Haltung umschrieben, die sich nicht scheut, dem Sterbenden seine eigene Situation vor Augen zu halten, ihn auf der Grundlage christlichen Glaubens zur Auseinandersetzung mit ihr anzuleiten und so einen Horizont der Hoffnung zu eröffnen."[25]

V. Freundschaftlich-seelsorgerliches Verhalten am Sterbebett

Welche konkreten Aufgaben hatten der Sterbende und sein Begleiter zu bewältigen? Die Gerson-Geiler'sche Form der Seelsorge sah folgenden Ablauf vor: Zunächst wurde der Moribunde ermahnt, *gern zesterben*. Er soll *den schmertzen dieser kranckheyt und todes* dankbar und geduldig annehmen, denn mit dieser Form der Buße bestünde Hoffnung, dass Gott ihm seine Sünden nachlassen werde. Anschließend legte der Begleiter einen in sechs Schritten abzuarbeitenden Fragenkatalog[26] vor. Mit kurzen Ant-

---

[23] Geiler von Kaysersberg [Anm. 11], S. 5.
[24] Ebd., S. 12.
[25] Neher [Anm. 10], S. 319.
Auch heute rät man dringend davon ab, Patienten den Ernst ihrer Erkrankung auszureden oder zu verschweigen: „Alle Formen billigen Tröstens und Vertröstens, des guten Zuredens, der Bagatellisierung von Krankheit und Tod […] sind ein Narkotikum, das nicht lange hilft. Diesen bequemen Weg darf die Seelsorge um keinen Preis gehen." Vgl. Schütz, Werner: Seelsorge. Ein Grundriß. Gütersloh 1977, S. 231.
[26] Eine Ähnlichkeit dieses Katalogs mit den Fragen Anselms von Canterbury ist unverkennbar. Allerdings spricht sich Helmut Appel aus mehreren Gründen „gegen eine direkte Abhängigkeit" aus. Zum genauen Verhältnis der Fragestücke und ihrer intentionalen Ausrichtung vgl. Appel,

worten wie *ich will* oder *ich begers* beziehungsweise mit einem anderen *usserlichenn zeichenn oder allein mit verwilligen sindes hertzen* bekundete der Todkranke seine Bereitschaft, im christlichen Glauben sterben zu wollen. Er versicherte, seine Sünden zu bereuen, sich bessern und anderen vergeben zu wollen.[27] Weiters wurde er gefragt, ob er das Abendmahlssakrament oder die letzte Ölung empfangen wolle – besonders dann, wenn die vorhergehenden Fragen nicht oder nur unzureichend beantwortet werden konnten. Die anschließenden Gebete zu Gottvater, zu Jesus, zu Maria, anderen Engeln und Schutzpatronen durften auch vom Begleiter gesprochen werden: Er konnte dem Sterbenden insofern eine wertvolle Hilfe sein, als dass er „mit ihm und stellvertretend für ihn"[28] das Heil zu erlangen hoffte. Zudem war es üblich, dem Kranken das Kruzifix oder das Bild jenes Heiligen vorzuhalten, den er in gesunden Tagen besonders verehrt hatte.

Sowohl Gerson als auch Geiler halten ihre Leser dazu an, auf die Bedürfnisse des zu betreuenden Sterbenden einzugehen. In ihrem seelsorgerlichen Handeln sehen sich diese verpflichtet, Verständnis für dessen Ängste und Nöte zu entwickeln und Anreden und Gebete gegebenenfalls darauf abzustimmen: War seine Verfassung entsprechend gut, sollten manche der bereitgestellten Teile ergänzt oder *gestreckt werden*; blieb ausreichend Zeit, konnte der Begleiter seinen Vortrag noch *witer uß ziehen*, die Zehn Gebote durchgehen oder Heiligenlegenden und andere erbauliche Texte lesen.[29] Wenn jedoch das Gegenteil der Fall und die Aufnahme- und Partizipationsfähigkeit des Sterbenden begrenzt war, musste man sich auf das Allernötigste, das Gebet, beschränken. Geiler hielt nichts von verdrießlichen, strapaziösen Predigten am Kranken- und Sterbebett. Mit dem Hinweis, *das man den siechen nit unbescheidenlichen uberfal mit zevil getons und uffhufens vil wort on andacht*[30], warnt er allzu eifrige Seelsorger vor jedem quantitativen „Zuviel" an seelsorgerlicher Zuwendung.

Die individuelle Betreuung des Mitmenschen, das Achten auf seine jeweilige Befindlichkeit und Vorfindlichkeit (bei Geiler als *geschicklichkeit des krancken*[31] be-

---

Helmut: Anfechtung und Trost im Spätmittelalter und bei Luther (Schriften des Vereins für Reformationsgeschichte 165, Jg. 56, Heft 1). Leipzig 1938, S. 74, Anm. 1.

27 Vgl. Geiler von Kaysersberg [Anm. 11], S. 7ff. und S. 12.
28 Vgl. Appel [Anm. 26], S. 84f.
   Trotz allem verharrt der Sterbende in der spätmittelalterlichen Tradition bis zuletzt im Status des Sünders, dem das ewige Leben lediglich in Aussicht gestellt wird. Sein Begleiter kann sich daher nicht „als Seelenretter" erweisen, wie Beatrix Türmer das in einer Anmerkung formuliert. Vgl. Türmer, Beatrix: Johann Leisentritt. *Catholisch Pfarbuch*, in: Hansjakob Becker u.a. (Hrsg.): Liturgie im Angesicht des Todes. Teil 2 (Pietas Liturgica 14). Tübingen 2004, S. 594, Anm. 19.
29 Vgl. Geiler von Kaysersberg [Anm. 11], S. 13.
30 Ebd., S. 13.
31 Ebd., S. 13.
   Das situationsgemäße Eingehen auf den Sterbenden findet sich in der seelsorgerlichen Fachliteratur schon viel früher belegt: Vereinzelte Empfehlungen zum „Prinzip der *accomodatio* (in einem psychologisch-seelsorgerlichen Sinn)" lassen sich, wie Peter von Moos bestätigt, seit der Väterzeit nachweisen. Vgl. von Moos, Peter: *Consolatio*. Studien zur mittellateinischen Trost-

zeichnet), war ein integraler Teil der Seelsorge und sollte für einen verantwortungsvollen Freund, den man lange kannte, selbstverständlich sein. Idealerweise verbanden sich in der amikalen Begleitung glaubensorientierte Interessen mit dem beratenden und heilsam wirkenden Gespräch unter Freunden. Der Sterbende wollte „nicht einfach nur seelsorgerlich versorgt werden, sondern in einem Prozess gläubiger Kommunikation mit dem Freund zu jenen Entscheidungen finden, die zum ewigen Heil führen"[32]. Von der Anwesenheit dieses vertrauten Freundes versprach sich ein Mensch im Spätmittelalter in erster Linie Sicherheit: Der Amicus konnte dem Sterbeprozess mit seiner Anwesenheit eine, wie ROLFES bestätigt, „menschliche, kommunikative Dimension"[33] verleihen. Er rückte das vorrangige Heilsbedürfnis seines schwerkranken Freundes in den Mittelpunkt und war daher im Idealfall ständig für ihn verfügbar. Dieser durfte seinerseits alle belastenden und überfordernden Aufgaben vernachlässigen und an andere abtreten.

Vermutlich hat die von Gerson beziehungsweise Geiler erwünschte neue Form der Sterbeseelsorge in der Praxis[34] auch zur Vereinfachung beigetragen. An die Stelle der Amtskirche und ihrer Angebote trat in dieser Zeit eine laikale Begleitung, die sich unter Gleichgestellten vollzog. Die Laien übten ihr „Amt" im Sinne der Kirche und erhielten dazu von Theologen wie Gerson oder Geiler praktische Anleitung. Beim gemeinsamen Absolvieren der von den Theologen formulierten Abschnitte wurde dem Sterbenden und seinem Begleiter die Sicherheit vermittelt, diese schwierige Situation auch ohne den offiziellen kirchlichen Beistand einigermaßen gottgefällig bewältigen zu können. Ein Priester konnte zwar nicht ersetzt werden, doch ist hier von einer individuellen Betreuung die Rede, die über kirchliche Belehrungen und Sakramente hinausgreift. Intendiert war eine neue Form des Beistandes, den die Theologen als „Freundschafts-

---

literatur über den Tod und zum Problem der christlichen Trauer (Münstersche Mittelalter-Schriften 3/1-4). Bd. 3. München 1971/72, S. 72.

[32] Rolfes [Anm. 10], S. 29.
[33] Vgl. ebd. [Anm. 10], S. 35.
[34] Gersons praxisnahes Reformprogramm zur Seelsorge fand als ein neuer *Modus habendi* Aufnahme in zahlreichen Agenden und Ritualien. Mit der Weisung, seinen Traktat ganz oder teilweise *in locis communibus, ut pote in parochialibus ecclesiis, in scolis, in hospitalibus, in locis religiosis* zu veröffentlichen (zitiert nach Falk [Anm. 7], S. 16.), war er zum einen als Unterricht für Priester und Laien, zum anderen für die Verwendung in Hospitälern und die Krankenbetreuung generell bestimmt. Auf eine ähnlich öffentlichkeitswirksame Form der Verbreitung hoffte auch Geiler, der in einem Appell an den Straßburger Rat auf die Bekanntmachung seiner Überlegungen zur Sterbevorbereitung drängte: Weil es oft vorkam, dass Menschen starben, aber *niemans by ynen stot*, sie ermahnt oder ihnen den Glauben vorspricht, *solt ein tafel do hangen / daran geschriben stand der christen gloub / und stuck wie man sich halten solt by eynem sterbenden monschen / gebet / und ermanung*. Vgl. Geilers ‚21 Artikel', in: Sämtliche Werke [Anm. 11], S. 185. „Falls Geiler solche Tafeln nicht aus eigener Anschauung kannte, kann er eine Anregung aus den Schriften Gersons bekommen haben", vermutet Uwe Israel in seinen Studien zu: Johannes Geiler von Kaysersberg (1445-1510). Der Straßburger Münsterprediger als Rechtsreformer (Berliner historische Studien 27). Berlin 1997, S. 227.

dienst" verstanden wissen wollten, weil er „die elementare Berufung jedes Christen freisetzt, dem Mitchristen Gefährte im Glauben zu sein"[35]. Dass man dem sterbenden Freund eine sozial und seelsorgerlich kompetente Unterstützung zukommen ließ, sollte selbstverständlich werden – diese Verantwortung wurde den Laien nicht nur zugestanden, sondern mit Nachdruck aufgetragen.

VI. Spätmittelalterliche und reformatorische Sterbeseelsorge

Im Hinblick auf die spätere, reformatorische Entwicklung der Seelsorge hält August HARDELAND fest, dass die beschriebene laikale Form der Begleitung während des Spätmittelalters schon „in erheblich größerem Umfange bestanden habe als man dies annimmt"[36]. Sie geht mit dem Zurücktreten der amtlichen Kirche und ihrer sakramentalen Praxis einher und wird damit auch zu einem Anliegen der Reformation, mit der sich die Methoden der Heilssicherung grundlegend ändern: Das Seelenheil des Einzelnen sollte weder von der Anwesenheit eines Priesters, noch vom Empfang der Sakramente oder vom Ablegen der Beichte abhängig gemacht werden.

Die pastoral ausgerichteten *Ars moriendi*-Schriften der Reformation[37] waren mit Berufung auf das allgemeine Priestertum für einen zwar lesekundigen, aber laikalen Adressatenkreis gedacht und wandten sich an die unmittelbare Umgebung des Kranken. Im Notfall sollte jeder Bescheid wissen, wie *negste verwandte oder nachbarn*[38] seelsorgerlich zu betreuen wären: „Daß jetzt der vertrauteste Angehörige zum Sterbehelfer wird", bezeichnet Rudolf MOHR als den neuen protestantischen Zug der *Ars moriendi*: „In ihrer mittelalterlichen Form war das nicht vorgesehen, wurde vielmehr als schädlich erachtet"[39].

Auch die Aufgaben und Kompetenzen der *Vmbstender* am Kranken- und Sterbebett haben sich in dieser Zeit offenbar gewandelt. Reformatorische Anleitungen zur Seelsorge verzichten darauf, die engsten Familienmitglieder im Angesicht des Todes „hinauszuschicken": „Im Gegensatz zu den mittelalterlichen Sterbebüchern, die vorgaben die

---

[35] Neher [Anm. 10], S. 328.
[36] Hardeland [Anm. 21], Bd. 1, S. 233.
[37] Zu den reformatorischen *Ars moriendi*-Schriften vgl. Reinis, Austra: Reforming the Art of Dying. The *Ars moriendi* in the German Reformation (1519-1528) (St. Andrews Studies in Reformation History). Ashgate 2007, und Resch, Claudia: Trost im Angesicht des Todes. Frühe reformatorische Anleitungen zur Seelsorge an Kranken und Sterbenden (Pietas Liturgica. Studia 15). Tübingen 2006.
[38] Vgl. Sehling, Emil (Hrsg.): Die evangelischen Kirchenordnungen des 16. Jahrhunderts. Bd. 3. Leipzig 1909, S. 77.
[39] Mohr, Rudolf: Protestantische Theologie und Frömmigkeit im Angesicht des Todes während des Barockzeitalters hauptsächlich auf Grund hessischer Leichenpredigten. Marburg 1964, S. 282.

nahen Angehörigen aus dem Sterbezimmer fernzuhalten, um dem Sterbenden den Abschied nicht zusätzlich zu erschweren, war nach den frühneuzeitlichen Schriften die Anwesenheit nahe stehender Personen im Sterbezimmer üblich und erwünscht."[40] Das hatte zur Folge, dass der Sorge um die Familie gerade in den späteren, umfangreicheren Sterbeschriften der reformatorischen Theologen entsprechend mehr Raum zugestanden werden musste. Der Seelsorger hatte zu berücksichtigen, dass das *außschayden von dieser welt, von allen denen, so uns verwant* für den Sterbenden mehr war als *ain bitterer gedanken*.[41] Anders als in den spätmittelalterlichen Schriften, in denen Freunde und Verwandte unter allen anderen irdischen Gütern subsumiert wurden, erscheint die Sorge um die teuren Hinterbliebenen bei Andreas Osiander (1498-1552) erstmals als eigener Anfechtungsgrund. In dessen 1538 erschienener Schrift bedauert der Sterbende, alles *so eylends und unversehens verlassen* zu müssen; er würde liebend gerne noch länger leben, um mit *seinem gemahel* beziehungsweise mit *seinen kleinen und unerzognen kindern* mehr Zeit verbringen zu können.[42]

Der beschriebene Anfechtungsgrund – der mit dem Abschied verbundene sorgenvolle Gedanke um die Zukunft der Familie – konnte auf keine Tradition verweisen, weil er in klösterlichen Gemeinschaften überhaupt nicht vorkam. Eine Seelsorge von Laien für Laien hingegen musste den bevorstehenden Verlust des familiären Umfelds berücksichtigen und thematisieren – welche Antworten hielt die reformatorische Theologie für diesen Fall bereit?

Zunächst wurde der Gedanke an das familiäre Umfeld, das vom Abschied eines Menschen unmittelbar betroffen war, weiterhin als schädlich erachtet. Weil man den

---

[40] Düselder [Anm. 2], S. 244. Beispielsweise zeigt das Titelblatt der in der Reformation neu aufgelegten spätmittelalterlichen ‚Versehung Leibs und Seel' einen schwerkranken Hausvater, dem seine Ehefrau und zwei Kinder nicht von der Seite weichen.

[41] Rhegius, Urbanus: Seelenärtzney für die gesunden und kranken, in: Gunther Franz: Huberinus – Rhegius – Holbein. Bibliographische und druckgeschichtliche Untersuchung der verbreitetsten Trost- und Erbauungsschriften des 16. Jahrhunderts (Bibliotheca humanistica & reformatorica, Bd. 7). Nieuwkoop 1973, S. 241-260, hier S. 243.

[42] Osiander, Andreas: Unterricht an ein sterbenden menschen, in: Gerhard Müller/ Gottfried Seebaß (Hrsg.): Osiander, Andreas d. Ä. Schriften und Briefe 1535 bis 1538 (Andreas Osiander d. Ä. Gesamtausgabe. Bd. 6). Gütersloh 1985, S. 491.
Weshalb Osiander auf diese Problematik besonders hinweist, erklärt sich für die Herausgeber seiner Werke aus seinem eigenen Schicksal: Man vermutet, dass der Tod von Osianders erster Ehefrau Katharina im Juli 1537 „nicht ohne Einfluß auf eine Beschäftigung mit diesen Fragen" geblieben ist. Vgl. ebd. S. 488.
An dieser Stelle sei auch an den „Ackermann" erinnert, der deutlich den Anspruch auf die gemeinsam erlebte, glückliche, aber nun jäh beendete Zeit erhebt, und den Tod, den er als *aller leute eebrecher* bezeichnet, verbittert beschuldigt, ihm seine Frau viel zu früh geraubt zu haben. Vgl. die Rede des Ackermannes im XIII. Kapitel: *Hin ist alle meine freude! Ee der zeit ist sie vns verswunden; zu fru ist sie vns entwischet; allzu schiere habt ir sie vns enzucket, die teuren, die geheuren, wann ir mich zu witwer vnd meine kinder zu weisen so vngenediglich habet gemachet.* Vgl. von Tepl, Johannes: Der Ackermann und der Tod. Stuttgart 1991, S. 20 u. 22.

Sterbenden in erster Linie mit sich und seinem Seelenheil beschäftigt, und nicht mit familiären Angelegenheiten belastet wissen wollte, sollte er daran keinen unnötigen Gedanken verschwenden. Die aus Selbstschutz empfohlene und gewählte weltabgewandte Haltung ließ wenig Raum für Abschiedsschmerz beziehungsweise wurde der verbleibende Raum (in der ‚Bilder-Ars' plakativ durch das von den Engeln gehaltene Tuch) absichtlich minimiert. An dieser Verdrängung und Relativierung des bevorstehenden Verlustes von irdischen Beziehungen orientieren sich auch noch die ersten reformatorischen Anweisungen zur Seelsorge. Mit dem Hinweis *eelich gemahel / kinder thund hie keyn hilff*[43] will beispielsweise Thomas Venatorius (1527) den Sterbenden davon überzeugen, sich doch von Angehörigen, die *jm nichts helffen kuenden*[44], abzuwenden. Andere Reformatoren, wie der Schweizer Heinrich Bullinger, lassen dem Sterbenden zumindest scheinbar Gelegenheit zur Klage: Sie rechnen damit, dass er seinen Abschiedsschmerz ausdrücken will und sich folgendermaßen äußern könnte: *Ach miner kleinen vnerzognen kinden / miner liben vnd guoten fründen*, klagt der fiktive Sterbende bei Bullinger, *daß ich doch die durch den tod verlassen muoß.*[45] Für heutige Verhältnisse werden Szenen dieser Art von den Autoren verhältnismäßig nüchtern kommentiert. Man geht davon aus, dass Gott sich um die zurückgelassenen Familienmitglieder kümmern und *inen widerumb ainen trewen pfleger und haußhalter*

---

[43] Venatorius, Thomas: Eyn kurtz vnderricht den sterbenden menschen gantz troestlich. / geschriben an Hartungum Goerell diener der armen zuo Nuermberg im Newen Spital. [Wien NB Signatur 77.M.67] Nürnberg 1527, Bl. Aiiij^v.
Diakritische Zeichen, wie sie in den frühneuhochdeutschen Schriften des 16. Jahrhunderts vorkommen, werden aus drucktechnischen Gründen nachgestellt. Durch Geminationsstriche gekennzeichnete verkürzte Endungen hat die Autorin ausgeschrieben.

[44] Ebd., Bl. Aiiij^r.

[45] Bullinger, Heinrich: Bericht der krancken. Wie man by den krancken vnd staerbenden menschen handlen / ouch wie sich ein yeder in siner krancheit schicken vnd zum staerben rüsten soelle. [Wien NB Signatur 77.Ee.318] Zürich 1544, Bl. Bv^v. Eine neuhochdeutsche Wiedergabe der Schrift findet sich in: Campi, Emidio/ Roth, Detlef/ Stotz, Peter (Hrsg.): Heinrich Bullinger – Schriften. Bd. 1. Zürich 2004, S. 103-169.
Ähnlich besorgt wird die bevorstehende Trennung von Familienmitgliedern in Leonhard Culmanns Trostbüchlein thematisiert: *Mich bekuemmert aber mein gemahel vnd kinder / das jch die sol verlassen.* Vgl. Culmann, Leonhard: Wie man die krancken troesten / vnd den sterbenden vorbeten sol / auch wie man alle anfechtung des teuffels vberwinden sol / vnterrichtung auß Gottes wort. [Wien NB Signatur 19.M.41] Nürnberg 1551, Bl. Kiij^r.

*verordnen*⁴⁶ werde: „Nach heutigen Maßstäben wird auf die persönlichen Verhältnisse oder gar Liebe der Ehegatten wenig Rücksicht genommen."⁴⁷

Wenn Verwandte die Kranken- und Sterbebetten umlagerten, sollte das für die reformatorischen Theologen dennoch Vorteile haben: Man zählte sogar auf deren Anwesenheit und Anteilnahme am Geschehen, damit ein Seelsorger anhand der Verfasstheit des Sterbenden „Grundgedanken der Reformation"⁴⁸ erklären konnte. Für *Vmbstender vnnd klager*⁴⁹ hielt man eigene, ausformulierte Ansprachen bereit, von denen man zu Recht annahm, dass sie ihre Wirksamkeit vor dem Hintergrund einer solchen Sterbeszene nicht verfehlen konnten. Am Beispiel des konkreten Krankheits- bzw. Sterbefalls sollte die tröstliche Botschaft für alle Anwesenden glaubhaft nachzuvollziehen sein. Diese unbestritten „günstige Stimmung für die Thätigkeit des Seelsorgers"⁵⁰ war den didaktischen Absichten der Reformatoren förderlich: Ihre evangelische Lehre sollte konsequent kommuniziert und verbreitet werden: auch und vor allem vor dieser Personenkonstellation an Kranken- und Sterbebetten. Das dankbare Grüppchen von Zuhörern wurde daher in gemeinsame Gebete und Gesänge miteinbezogen.

Dennoch musste dem Sterbenden gemäß der reformatorischen Lehre bewusst sein, dass *die [Vmbstender] jm nichts helffen kuenden*⁵¹, denn im Angesicht des Todes war dem Menschen nicht mehr zu helfen: „Der Einzelne ist für sein Sterben und sein Seelenheil selbst verantwortlich, nur er kann durch seinen wahren Glauben die Angst vor dem Tod überwinden und durch einen christlichen Lebenswandel zu einem seligen Ende gelangen."⁵² Die Gemeinschaft der *Vmbstender* – Seelsorger, Angehörige und Freunde – kann dem Sterbenden nur scheinbar Sicherheit bieten. Dass ihre Sterbe-Assistenz nicht mehr erforderlich ist, geht aus mehreren Äußerungen Martin Luthers hervor: Mit der Ankündigung *ietzund mus ein jeder auff sich selbst trauen und faren*,⁵³

---

⁴⁶ Huberinus, Caspar: Troestung auß Gotlicher Geschrifft. An Die so in leibliche kranckeyt gefallen. Vnd wie man für den krancken bitten sol. Die so in Todts noetten ligen. Vnnd wie man ihnen den Glauben vorsprechen soll [...]. [Wien NB Signatur 77.Ee.275] Frankfurt am Main 1531. Gunther Franz hat diesen Text neu ediert in: Huberinus – Rhegius – Holbein [Anm. 41], Fassung B, S. 227-240, hier S. 131.

In den meisten Fällen wird diese Prognose auch der Realität entsprochen haben; eine Wiederverheiratung diente verwitweten Frauen zur wirtschaftlichen Absicherung.

⁴⁷ Franz [Anm. 46], S. 9.

⁴⁸ Klein, Luise: Die Bereitung zum Sterben. Studien zu den frühen reformatorischen Trost- und Sterbebüchern. Göttingen 1958, S. 59f.

⁴⁹ Vgl. Kantz, Caspar: Wie man den krancken vnd sterbenden menschen / ermanen / troesten / vnd Gott befelhen soll / das er von diser welt seligklich abscheyde. [Wien ÖNB Signatur 78.J.110] Straßburg 1546, Bl. Dij^r.

⁵⁰ Hardeland [Anm. 21], S. 189.

⁵¹ Vgl. Venatorius [Anm. 43], Bl. Aiiij^r.

⁵² Düselder [Anm. 2], S. 240.

⁵³ Vgl. D. Martin Luthers Werke. Kritische Gesamtausgabe. Tischreden. Bd. 4. Weimar 1916. Nr. 4179, S. 183.

schließt der Reformator jede Form der Fremdbeteiligung kategorisch aus: Nach seiner Überzeugung kann *keyner für den andern sterben*, sondern *nur ein yglicher in eygner person für sich*.[54]

Im Gegensatz zur spätmittelalterlichen Theologie lässt Luthers Rechtfertigungslehre alle im Angesicht des Todes und darüber hinaus geübten Formen kollektiver Frömmigkeit obsolet erscheinen: Die gesellschaftliche Solidarität, mit der man dem Tod im Mittelalter zu begegnen versuchte, verlor mit den reformatorischen Erkenntnissen radikal an Wert. Wer nicht zeitlebens das Notwendige für sein Seelenheil getan hatte, der durfte sich auch nicht auf verwandtschaftliche und freundschaftliche Beziehungen oder die Angebote einer (Gut-Tod) Bruderschaft[55] verlassen. Bestehende Sündenlasten konnten nicht länger durch Ablässe, Stiftungen und der Erwerb von Seelgeräten verringert oder getilgt werden. Auch äußerliche Zeichen wie das Kruzifix, Sterbekerzen und Heiligenbilder hatten durch die Reformation ihre heilsunterstützende Funktion verloren.

VII. Unerwünschte und unentbehrliche *Vmbstender*

Fragt man nach der Bedeutung von Verwandten und Freunden am Ende des Lebens, so wird man aus heutiger Sicht sagen dürfen, dass führende Theologen der damaligen Zeit mit deren „Präsenz" am Kranken- und Sterbebett nicht immer einverstanden waren: Zweifellos gab es *Vmbstender*, die dem sterbenden Angehörigen oder Freund nützlich und hilfreich sein konnten, indem sie um ihn waren und gemeinsam mit ihm alle noch zu erledigenden Aufgaben im Sinne der christlichen Lehre bewältigten. Daneben gab es aber auch andere Verwandte und Freunde, die sich dem Sterbenden im Angesicht des Todes (zu) stark ins Bewusstsein drängten: Diese wollten ihm weder aus den Augen noch aus dem Sinn und blieben bis zuletzt präsent, indem sie ihn an Unerledigtes und Unausgesprochenes im weitesten Sinne erinnerten. Selbst wenn diese Verwandten und Freunde nicht tatsächlich um das Sterbebett standen, so waren sie dennoch fehl am Platz, weil sie dem Moribunden den Abschied erschwerten, weil sie seine geistige

---

[54] D. Martin Luthers Werke. Kritische Gesamtausgabe. Predigten des Jahres 1522 (Predigt vom ersten Sonntag Invocavit). Bd. 10, Abt. 3. Graz 1966, S. 1.

[55] Im Mittelalter gab es Bruderschaften, die es sich zur Aufgabe gemacht hatten, ihren Mitgliedern eine gute Sterbestunde zu ermöglichen: Gemeinsam kümmerte man sich um die ärztliche Versorgung und sorgte dafür, dass der Sterbende die Sterbesakramente und den Sterbeablass erhielt. Die Pflichten einer solchen Bruderschaft erloschen nicht mit dem Tod. Die einzelnen Mitglieder fühlten sich dazu verpflichtet, am Totenbett zu wachen und zu beten, am Begräbnis teilzunehmen und den Verstorbenen zu Grabe zu tragen – im eigenen Todesfall erwarteten sie das gleiche Bemühen von der Gemeinschaft. Die (nicht selten quantitativ festgelegte) Fürbitte der Bruderschaft und ihr fortdauerndes, fürsorgliches Totengedächtnis begleiteten das verstorbene Mitglied bis über den Tod hinaus.

Kapazität, die er für sein seelisches Heil hätte aufwenden sollen, an sich banden und weil sie ihn damit bewusst oder unbewusst davon abhielten, in Gelassenheit zu sterben. Sowohl im Mittelalter als auch in der Reformation sollten Seelsorger darauf bedacht sein, dass diese „unerwünschten Begleiter" in den Gedanken des Sterbenden keinen Platz einnehmen und für ihn keine Belastung (d. h. „Anfechtung") mehr darstellen konnten.

Die unaufdringliche, unterstützende reale Präsenz von *Vmbstendern*, die auf die Bedürfnisse ihres Angehörigen und Freundes einzugehen wussten, hingegen begünstigte im Mittelalter das Erlangen von Heil. Sie waren dann nicht nur Teil des Geschehens, sondern hatten eine – wie Rudolf MOHR vermutet – konkrete Vorstellung von dem, was angebracht war. Aus jahrlanger (beobachtender) Erfahrung kannte jeder seine Rolle und seinen Platz: Was die *Vmbstender* zu tun haben, „das tun sie mit überlegener und unangefochtener Sicherheit"[56]. Ob man MOHR, dem sich dieses Bild hauptsächlich in Leichenpredigten geboten hat, in diesem Punkt zustimmen wird können, bleibt fraglich. Ohne Zweifel aber hatte die Versammlung mehrerer betender *Vmbstender* im Angesicht des Todes eine Angst bannende, vor allem Gemeinschaft stiftende Funktion – für sie selbst und den Sterbenden. Die tradierten Verhaltensweisen und -normen boten allen Beteiligten „ein gewisses Maß an Sicherheit im Umgang mit dem Tod"[57].

Bei der Begleitung des Sterbenden und dem vorzubereitenden Abschied konnten sich Freundschaft und Verwandtschaft (oder auch der Zusammenhalt einer Bruderschaft) gegenseitig nicht im Weg sein. Die Anstrengungen von angehörigen, befreundeten oder benachbarten *Vmbstendern* sind daher weniger in Konkurrenz zu sehen; sie dürfen auch nicht auf ein ausschließendes „Entweder-Oder" reduziert werden, sondern hatten das mehrfache, seelsorgerliche Bemühen um den Sterbenden zum Zweck. Nichts, was seinem Seelenheil dienlich war, sollte laut Ansicht der Theologen unversucht bleiben – man wollte sichergehen, dass Sterbende in ihrer letzten Not nicht allein gelassen wurden und empfahl dringend, die unterschiedlichen sozialen Beziehungen und Freundschaften beizeiten zu pflegen – auch und vor allem im Hinblick auf das Ende, an dem sich diese als besonders wichtig erwiesen.

---

[56] Mohr [Anm. 39], S. 303.
[57] Düselder [Anm. 2], S. 246.

Herrschaft und soziale Lebens- und Kommunikationsformen

TINA BODE

Klöster und Bischofssitze als Kommunikationsknotenpunkte? – Nachrichtennetze in der ottonischen Reichskirche (936-1024)

Die Behauptung, dass Klöster und Bischofssitze im ottonischen Reich von zentraler Bedeutung waren, dass sie regelrechte Knotenpunkte bildeten, an denen sich weltliche und geistliche sowie adelige und königliche Interessen gleichermaßen bündelten, dürfte wohl auf allgemeine Zustimmung stoßen. Auch dürfte es kaum strittig sein, dass Klöster und Bischofssitze innerhalb des herrscherlichen Itinerars eine herausragende Rolle spielten. Dass sie darüber hinaus jedoch im Rahmen der praktischen Kommunikation für die ottonische Herrschaft von entscheidender Bedeutung waren und einen ganz wesentlichen Teil der Nachrichtennetze in jener Zeit ausmachten, wurde seitens der Forschung bislang kaum thematisiert.[1] Was prädestinierte sie dafür und welche

---

[1] Zwar liegen zur Frage des Nachrichtenaustauschs in der Forschung bereits einzelne Spezialstudien vor, diese richten sich jedoch im Wesentlichen auf spätere oder frühere Zeiten. Vgl. zum Spätmittelalter z. B.: Günthart, Romy/ Jucker, Michael (Hrsg.): Kommunikation im Spätmittelalter: Spielarten – Wahrnehmungen – Deutungen. Zürich 2005; Oberste, Jörg: Visitation und Ordensorganisation. Formen sozialer Normierung, Kontrolle und Kommunikation bei Cisterziensern, Prämonstratensern und Cluniazensern (12. - frühes 14. Jahrhundert) (Vita regularis 2). Münster 1996; Thum, Bernd: Öffentlichkeit und Kommunikation im Mittelalter. Zur Herstellung von Öffentlichkeit im Bezugsfeld elementarer Kommunikationsformen im 13. Jahrhundert, in: Hedda Ragotzky/ Horst Wenzel (Hrsg.): Höfische Repräsentation. Das Zeremoniell und die Zeichen. Tübingen 1990, S. 65-88; zum Hoch- und Frühmittelalter: Freund, Stephan: Offene Briefe, fehlende Boten, mühsame Reisen – Nachrichtenübermittlung und Kommunikation am Beispiel des Petrus Damiani, in: Andres Laubinger/ Brunhilde Gedderth/ Claudia Dobrinski (Hrsg.): Text – Bild – Schrift. Vermittlung von Information im Mittelalter (Mittelalter-Studien des Instituts zur Interdisziplinären Erforschung des Mittelalters und seines Nachwirkens 14). München 2007, S. 5-64; Oberste, Jörg: Institutionalisierte Kommunikation. Normen, Überlieferungsbefunde und Grenzbereiche im Verwaltungsalltag religiöser Orden des hohen Mittelalters, in: Gert Melville (Hrsg.): *De ordine vitae*. Zu Normvorstellungen, Organisationsformen und Schriftgebrauch im mittelalterlichen Ordenswesen. Münster 1996, S. 59-99; Röckelein, Hedwig: Nonverbale Kommunikationsformen und -medien beim Transfer von Heiligen im Frühmittelalter,

Funktion kam ihnen innerhalb der Kommunikation jener Zeit zu? Erste vorläufige Antworten auf diese Fragen sollen hier in knapper Form skizziert werden.

Zum besseren Verständnis betrachte man zunächst kurz den historischen Kontext: Die politisch-herrschaftlichen Verhältnisse des ostfränkischen Reichs waren zu Beginn des 10. Jahrhunderts bekanntlich äußerst instabil. Mit Ludwig dem Kind (900-911) war der ostfränkische Zweig der Karolinger ausgestorben, die Herrschaft Konrads I. (911-918) war an inneren Auseinandersetzungen mit konkurrierenden Adelsgewalten gescheitert und nicht zuletzt bedrohten Normannen, Slawen und Ungarn im Norden, Osten und Südosten das Reich. Dessen einzelne Teile suchten ihr Heil zunehmend in der regionalen Konzentration der Kräfte, ein Vorgang, den die ältere Forschung als die Entstehung des so genannten jüngeren Stammesherzogtums bezeichnet hat.[2] Als die Ottonen mit Heinrich I. (919-936) zum Königtum gelangten, musste die zunächst nur von Franken und Sachsen getragene Herrschaft erst reichsweit zur Geltung gebracht werden. Eine Ordnung der Beziehungen zu den konkurrierenden Herrschaftsträgern, eine dauerhafte Integration und eine möglichst weitgehende herrschaftliche Durchdringung des Reiches waren daher für Heinrich I. (919-936) und seinen Sohn und Nachfolger, Otto den Großen (936-973), entscheidende Notwendigkeiten, um ihre Herrschaft abzusichern. Dazu war es vonnöten, über zuverlässige Informationen aus

---

in: Karl-Heinz Spieß (Hrsg.): Medien der Kommunikation im Mittelalter (Beiträge zur Kommunikationsgeschichte 15). Wiesbaden 2003, S. 83-104; dies.: Reliquientranslationen nach Sachsen im 9. Jahrhundert. Über Kommunikation, Mobilität und Öffentlichkeit im Frühmittelalter. Stuttgart 2002; Bodarwé, Katrinette: Ein Spinnennetz von Frauenklöstern. Kommunikation und Filiation zwischen sächsischen Frauenklöstern im Frühmittelalter, in: Gabriela Signori (Hrsg.): Lesen, Schreiben, Sticken, Erinnern. Beiträge zur Kultur- und Sozialgeschichte mittelalterlicher Frauenklöster (Religion in der Geschichte 7). Bielefeld 2000, S. 27-52; Zettler, Alfons: *Fraternitas* und Verwandtschaft. Verbindungslinien und Wirkkräfte des Austauschs zwischen frühmittelalterlichen Klöstern, in: Hagen Keller/ Franz Neiske (Hrsg.): Vom Kloster zum Klosterverband. Das Werkzeug der Schriftlichkeit (Akten des Internationalen Kolloquiums des Projekts L 2 im SFB 231). München 1997, S. 100-117; speziell die ottonische Zeit betreffend nur: Freund, Stephan: Kommunikation in der Herrschaft Heinrichs II, in: Zeitschrift für bayerische Landesgeschichte 66 (2003), S. 1-32; ders.: Briefe und Boten – Formen und Wege der bayerisch-italienischen Kommunikation vom frühen bis ins hohe Mittelalter, in: Heinz Dopsch/ ders. (Hrsg.): Bayern und Italien. Politik, Kultur, Kommunikation (8. bis 15. Jahrhundert). Beiträge der Tagung in Salzburg, 22.-24. Juni 2000. FS für Kurt Reindel zum 75. Geburtstag (Zeitschrift für bayerische Landesgeschichte, Beiheft 18, Reihe B). München 2001, S. 55-103.

[2] Vgl. dazu grundlegend Goetz, Hans-Werner: *Dux* und *Ducatus*. Begriffs- und verfassungsgeschichtliche Untersuchungen zur Entstehung des sogenannten „jüngeren" Stammesherzogtums an der Wende vom neunten zum zehnten Jahrhundert. Bochum 1977; desweiteren: Kasten, Brigitte: Laikale Mittelgewalten. Beobachtungen zur Herrschaftspraxis der Karolinger, in: Franz-Reiner Erkens (Hrsg.): Karl der Große und das Erbe der Kulturen. Akten des 8. Symposiums des Mediävistenverbandes, Leipzig 15.-18. März 1999. Berlin 2001, S. 54-66; vgl. zur Reichsstruktur auch grundsätzlich Deutinger, Roman: Königsherrschaft im Ostfränkischen Reich: eine pragmatische Verfassungsgeschichte der späten Karolingerzeit (Beiträge zur Geschichte und Quellenkunde des Mittelalters 20). Ostfildern 2006.

den einzelnen Teilen des Reiches zu verfügen. Doch Institutionen, ja eine regelrechte auf das Königtum bezogene Infrastruktur, die dies hätte gewährleisten können, fehlte beziehungsweise war in spätkarolingischer Zeit zu Grunde gegangen.³ Vor diesem Hintergrund boten sich Klöster und Bischofssitze, an denen Nachrichten zusammenliefen und von denen aus sie weiter verbreitet werden konnten, schon allein aufgrund logistisch-infrastruktureller Gründe geradezu idealtypisch für die Nachrichtenübermittlung und -weiterleitung an: In Form von Bischofskirchen, Pfarrkirchen, Klöstern und Stiften und deren Streubesitz existierte eine das Reich als Ganzes erfassende, institutionalisierte und zugleich ausgesprochen engmaschige Struktur. Gerade die sächsische Königslandschaft verfügte zum Ausgang der Ottonenzeit über eine Dichte von Klöstern, Bischofssitzen und Stiften, wie sie in keiner anderen Landschaft des Reiches bis dahin zu finden war.⁴ Insbesondere die Verknüpfung von Pfalz, Stift und Burg sollte in dieser Form für die ottonische und salische Zeit charakteristisch sein.⁵

Mit der weiten und engmaschigen Streuung der kirchlichen Einrichtungen war eine nahezu flächendeckende Raumerfassung möglich, die pragmatisch genutzt und fallweise ausgebaut werden konnte und gerade in praktischer Hinsicht für die Verbreitung von Informationen und Nachrichten unschätzbare Vorteile besaß: Klöster und Bischofssitze verfügten über die dafür erforderliche Infrastruktur wie Unterkunftsmöglichkeiten, Verpflegung und Pferde. Darüber hinaus waren sie untereinander gut vernetzt und besaßen präzise Ortskenntnisse im kleinen Raum. All dies gewährleistete eine sichere Orientierung, zugleich aber den raschen Nachrichtenaustausch. Zudem bildeten sie in einer Zeit, da die meisten Menschen auf dem Lande lebten, die einzigen Zentralorte neben den Pfalzen beziehungsweise Königshöfen. Und schließlich besaßen Bischofssitze und Klöster gewissermaßen ein natürliches Interesse an guten Beziehungen zum

---

[3] Den Zentralisierungsbemühungen in hochkarolingischer Zeit folgte in der zweiten Hälfte des 9. Jahrhunderts ein Prozess der Desintegration des Reiches mit weitreichenden Auswirkungen: Das System der Königsboten kam zum Erliegen und stand als Kontroll- und Verbreitungsinstanz nicht mehr zur Verfügung, die Grafschaften waren nicht mehr automatisch dem Königtum unterstellt und mit den Herzögen etablierten sich neue, in Konkurrenz zum Königtum stehende Mittelgewalten. Vgl. dazu, einen Überblick über die Wandlungsprozesse gebend: Freund, Stephan: Flüsse und Wege. Theoretische und praktische Probleme der Kommunikation in vormoderner Zeit, in: ders./ Matthias Hardt/ Petra Weigelt (Hrsg.): Flüsse und Flusstäler als Wirtschafts- und Kommunikationswege (Siedlungsforschung. Archäologie – Geschichte – Geographie 53). Bonn 2008 (im Druck); Deutinger [Anm. 2], S. 146-164 (Grafen), S. 165-186 (Königsboten), S. 187-218 (Herzöge); Goetz [Anm. 2].

[4] Vgl. Streich, Gerhard: Bistümer, Klöster und Stifte im ottonischen Sachsen, in: Matthias Puhle (Hrsg.): Otto der Große, Magdeburg und Europa. Ausstellungskatalog Bd. 1: Essays. Mainz 2001, S. 75-88, hier S. 87.

[5] Vgl. ders.: Burg und Kirche während des deutschen Mittelalters. Untersuchungen zur Sakraltopographie von Pfalzen, Burgen und Herrensitzen, Teil 1: Pfalz- und Burgkapellen bis zur staufischen Zeit (Vorträge und Forschungen, Sonderbd. 29,1). Sigmaringen 1984, zu den Ottonen S. 138-404, hier S. 152; desweiteren: Zotz, Thomas: Königspfalzen und Herrschaftspraxis im 10. und frühen 11. Jahrhundert, in: Blätter für deutsche Landesgeschichte 120 (1984) S. 19-46.

Königtum, war dieses doch der wichtigste Garant des Friedens und damit ihrer Sicherheit. Und auch von Seiten des Königs bestand Interesse an einem guten Verhältnis zu den Klöstern und Bischofssitzen, das nicht nur aus seinem Selbstverständnis als sakraler Herrscher resultierte. Ihnen kamen nämlich im Rahmen der Königsherrschaft und der adligen Selbstdarstellung verschiedene Aufgaben zu, von denen allen voran das *Servitium regis* zu nennen ist. In Grenzgebieten konnten sie nahezu für ein politisches Programm stehen, das „Eroberungspläne und Missionsbestrebungen miteinander verband"[6]. Da gerade die Bischofssitze und Klöster mit ihren Vorstehern die geistliche Elite des Reiches bildeten, suchten die Herrscher den engen Kontakt zu den Amtsträgern. Beziehungen wurden schon oftmals lange vor deren Einsetzung geknüpft, gepflegt und ausgebaut, zum Beispiel durch die Tätigkeit vieler zukünftiger Bischöfe in der Hofkapelle. Von Bedeutung waren zudem verwandtschaftliche Bindungen, wie das Beispiel Ottos I. zeigt: Sein Bruder Brun wurde Erzbischof von Köln, sein Sohn Wilhelm Erzbischof von Mainz und seine Tochter Mathilde Äbtissin von Quedlinburg.[7] Zahlreiche Beispiele solcher „Familienpolitik" ließen sich nennen. Da verwandtschaftliche Bindungen nicht nur ein Garant für die Herrschaftssicherung sein konnten, sondern auch durch persönliche Nähe besondere Vertrautheit – ein wesentlicher Aspekt bei der Nachrichtenübermittlung – boten, ist ihre Bedeutung im Rahmen von Kommunikationsprozessen sehr hoch anzusetzen.

Soweit zunächst die ersten ganz allgemeinen Beobachtungen, die auch im Rahmen einer Vorstudie zu dem hier vorzustellenden Promotionsprojekt von Bedeutung waren. Diese Untersuchung der personellen und institutionellen Verflechtungen der Erzbischöfe und Bischöfe der Mainzer Kirchenprovinz während der Herrschaftszeit Ottos des Großen[8] erbrachte zahlreiche Einzelergebnisse, die in ihrer Zusammenführung auf

---

[6] Gleba, Gudrun: Klöster und Orden im Mittelalter. Darmstadt ²2006, S. 36 in Bezug auf Klöster.

[7] Vgl. zu Brun, der 953 Erzbischof von Köln wurde, nachdem er bereits Kanzler und Erzkanzler am Hof Ottos des Großen gewesen war, zuletzt mit weiterführenden Hinweisen: Schwenk, Peter: Brun von Köln (925–965). Sein Leben, sein Werk und seine Bedeutung. Espelkamp 1995; zu Wilhelm von Mainz (954-968) u. a.: Glocker, Winfrid: Die Verwandten der Ottonen und ihre Bedeutung in der Politik. Studien zur Familienpolitik und zur Genealogie des sächsischen Kaiserhauses (Dissertationen zur mittelalterlichen Geschichte 5). Köln/ Wien 1989, S. 135-153; Büttner, Heinrich: Der Weg Ottos des Großen zum Kaisertum. Zugleich ein Beitrag zur Geschichte des Mainzer Erzbischofs Wilhelm, in: Archiv für mittelrheinische Kirchengeschichte 14 (1962), S. 44-62; zu Mathilde von Quedlinburg (966-999): Müller-Wiegand, Daniela: Vermitteln – Beraten – Erinnern: Funktionen und Aufgabenfelder von Frauen in der ottonischen Herrscherfamilie (919-1024). Kassel 2005, S. 203-215; Glocker, S. 201-210. Vgl. daneben zum Quedlinburger Servatius-Stift nur Fuhrmann, Horst: Vom einstigen Glanz Quedlinburgs: Ein Kapitel Frauenleben im Mittelalter, in: ders.: Überall ist Mittelalter. Von der Gegenwart einer vergangenen Zeit. München 1996, S. 99-119 und 284-286; Althoff, Gerd: Gandersheim und Quedlinburg. Ottonische Frauenklöster als Herrschafts- und Überlieferungszentren, in: Frühmittelalterliche Studien 25 (1991), S. 123-144.

[8] Das folgende beruht auf Bode, Tina: Personelle und institutionelle Verflechtungen in der ottonischen Reichskirche während der Herrschaft Ottos des Großen am Beispiel der Erzbischöfe und

eine Knotenfunktion von Klöstern und Bischofssitzen hindeuten. So gab zunächst die Betrachtung der bischöflichen Amtsträger anhand prosopographischer und diplomatischer Studien Aufschluss über vielfältige Verbindungen zwischen den Episcopi und dem König. Nicht selten ließen sich schon vor ihrer Amtseinsetzung Kontakte zum Königshof nachweisen, viele waren mit dem Herrscherhaus verwandt und einige wie Bischof Hartbert von Chur begegneten überdurchschnittlich häufig in der Nähe Ottos oder in dessen Auftrag, was sie insgesamt als potenzielle Träger des Nachrichtenaustauschs ausweist. Doch daneben gab es, wie eine nähere Betrachtung der Ausbildungs- und Wirkstätten der Prälaten zeigte, auch institutionelle Verflechtungen zwischen bestimmten Klöstern und Bischofssitzen und dem Hof. So zeigten sich weniger die Hofkapelle als bestimmte Domschulen und Klöster für den Untersuchungsraum als „Rekrutierungsstätten" neuer Bischöfe. Genannt seien hier nur die Abtei St. Gallen und die Domschule in Hildesheim, Stätten, aus denen der König über Jahrzehnte hinweg Bischöfe berief, teilweise in weit davon entfernte Gebiete. Die überregionale Einsetzung der Geistlichen im Vergleich zu ihren Ausbildungs- und früheren Wirkstätten brachte eine reichsweite Vernetzung mit sich. Anhand einiger historiographischer Zeugnisse, aber auch anhand der bischöflichen Fürsprachen in den Herrscherurkunden war zu beobachten, dass sich Bischöfe zum Teil noch Jahre später für ihre ehemaligen Ausbildungs- und Wirkstätten einsetzten. Die Wirkkraft dieser Bindungen, die uns auch aus Gebetsverbrüderungen und anderen Memorialzeugnissen bekannt ist,[9] ist kaum hoch genug anzusetzen.

Für personelle, institutionelle und damit auch kommunikative Verflechtungen gleichermaßen wichtig ist die räumliche Entfernung der Klöster und Bischofssitze von den in der Forschung als Zentrallandschaften deklarierten Gebieten des Reiches.[10] Die bisherigen Untersuchungen ergaben, dass Bischöfe an peripher gelegenen Bischofssitzen interessanterweise über engere Kontakte zum Königshof verfügten. Dies deutet

---

Bischöfe der Mainzer Kirchenprovinz, Ms. Jena 2006 (Magisterarbeit). Auf Einzelnachweise muss hier verzichtet werden. Genannt seien an grundlegenden Studien zum Episkopat nur: von Finckenstein, Albrecht Graf Finck: Bischof und Reich. Untersuchungen zum Integrationsprozeß des ottonisch-frühsalischen Reiches (919-1056) (Studien zur Mediävistik 1). Sigmaringen 1989; sowie: Zielinski, Herbert: Der Reichsepiskopat in spätottonisch-salischer Zeit (1002-1125). Stuttgart 1984.

[9] Vgl. dazu Wollasch, Joachim: Das Projekt *Societas et Fraternitas*, in: Otto Erhard Oexle (Hrsg.): Memoria in der Gesellschaft des Mittelalters (Veröffentlichungen des Max-Planck-Instituts für Geschichte 111). Göttingen 1994, S. 11-31; Althoff, Gerd: Adels- und Königsfamilien im Spiegel ihrer Memorialüberlieferung. Studien zum Totengedenken der Billunger und Ottonen (Münstersche Mittelalter-Schriften 47). München 1984; ders.: Beobachtungen zum liudolfingisch-ottonischen Gedenkwesen, in: Karl Schmid/ Joachim Wollasch (Hrsg.): Memoria. Der geschichtliche Zeugniswert des liturgischen Gedenkens im Mittelalter (Münstersche Mittelalter-Schriften 48). München 1984, S. 649-665; Wollasch, Joachim: Die mittelalterliche Lebensform der Verbrüderung, in: ebd., S. 215-232.

[10] Vgl. dazu: Müller-Mertens Eckhard: Die Reichsstruktur im Spiegel der Herrschaftspraxis Ottos des Großen. Berlin 1980, bes. S. 133-164.

auf das Bestreben des Herrschers nach engerer Anbindung der Fernzonen hin und dürfte insbesondere auch für einen reibungslosen Nachrichtenverkehr von Bedeutung gewesen sein. Vor allem an Orten entlang einer Reiseroute in den südalpinen Raum und nach den 950er Jahren ist die Einsetzung nichteinheimischer Bischöfe mit stärkeren Bindungen zum Königshof vermehrt festzustellen. Betrachtet man die regionalen Bindungen der Amtsträger unter dem zeitlichen Aspekt, so wird daneben aber deutlich, dass die Verbindungen zur Region bei Einsetzungen nach den 950er Jahren zunehmend Berücksichtigung fanden, was auf eine verstärkte Konsenssuche des Königs nach den Erfahrungen der Aufstands- und Krisenjahre hindeutet. Nur an für den Herrscher strategisch wichtigen Orten legte dieser offenbar trotz zunehmender Konsenssuche primär auf Bindungen an ihn statt zur Region Wert. Die intensiven Bindungen zu den Amtsträgern in den Fernzonen dürften vor allem aufgrund der weiten Distanzen und in Konfliktsituationen von grundlegender Bedeutung für die Machtausübung der frühmittelalterlichen Herrscher gewesen sein.

Die Konzentration der Betrachtung auf die Mainzer Kirchenprovinz hat sich als in vielerlei Hinsicht fruchtbarer Ansatz erwiesen:[11] Da sie sich über die weltlichen Herrschaftsbereiche Sachsen, Franken, Schwaben und Bayern erstreckt, schließt sie Kern- und Fernzonen der Herrschaft gleichermaßen ein. Daher ist sie überaus geeignet, um nach Unterschieden zwischen Zentrum und Peripherie im Zusammenhang mit Beziehungsgeflechten wie Nachrichtennetzen zu fragen. Zudem nahm der Mainzer Erzbischofssitz in der Reichskirche eine herausragende Stellung ein und war während des Untersuchungszeitraumes lange mit einem Mitglied der ottonischen Familie, dem Erzbischof und Sohn Ottos des Großen, Wilhelm von Mainz (954-968), besetzt. Letzteres ist besonders im Hinblick auf die Beschaffenheit familiärer Beziehungsgeflechte interessant. Die Mainzer Kirchenprovinz wird daher auch den Untersuchungsraum eines Promotionsprojektes bilden, in dessen Rahmen die bisherigen Befunde vertiefend analysiert werden.[12]

Das Erkenntnisinteresse des Dissertationsprojektes richtet sich auf die Verflechtungen der Klöster und Bischofssitze untereinander und der kirchlichen Einrichtungen beziehungsweise Amtsträger mit dem Königshof, speziell dem Herrscher selbst. Ziel ist es, den Charakter und die Ausprägung mittelalterlicher Beziehungsgeflechte näher zu bestimmen, beziehungsweise mit Blick auf die Ergebnisse der Forschung zur ottonisch-

---

[11] Vgl. grundlegend zur Geschichte der Mainzer Kirchenprovinz: Jürgensmeier, Friedhelm (Hrsg.): Handbuch der Mainzer Kirchengeschichte. Bd. 1: Christliche Antike und Mittelalter, Teil 1 (Beiträge zur Mainzer Kirchengeschichte 6, 1/1). Würzburg 2000; ders.: Das Bistum Mainz. Von der Römerzeit bis zum II. Vatikanischen Konzil (Beiträge zur Mainzer Kirchengeschichte 2). Frankfurt a. M. 1988.

[12] Bode, Tina: Könige, Klöster und Bischofssitze in ottonischer Zeit. Personelle, institutionelle und kommunikative Verflechtungen am Beispiel der Mainzer Kirchenprovinz (936-1024). Die folgende Darstellung von Inhalt und Zielen des Dissertationsvorhabens weicht in Teilen durch die zwischenzeitliche Ausdifferenzierung vom in Trier gehaltenen Vortrag ab.

salischen Reichskirche während der Herrschaft der Ottonen (von Otto I. bis zu Heinrich II.) zu hinterfragen. Zugleich sollen die kommunikativen Beziehungen der Personen und Institutionen, die im vorliegenden Beitrag im Zentrum des Interesses stehen, untereinander beleuchtet werden. Die Langzeitbetrachtung ermöglicht es, nicht nur Aussagen zur Spezifik der Verflechtungen und Kommunikationsstrukturen zur Zeit eines Herrschers, sondern auch zu Kontinuität und Wandel während einer Epoche zu treffen. Da Klöster und Bischofssitze nie ohne konkrete Bindungen an ihr soziales Umfeld existierten, sondern mit anderen kirchlichen Einrichtungen und dem Herrscherhof, aber ebenso auch mit regionalen Adelsgeschlechtern, zum Beispiel in Gestalt von Stiftern und Schenkern, in Beziehung standen und weil Kommunikationsvorgänge ebenso wie personale und institutionelle Verflechtungen nicht an einer Bistumsgrenze Halt machen, steht die Mainzer Kirchenprovinz dabei zwar im Mittelpunkt der Betrachtungen, wird aber nicht als absolute Grenze betrachtet.

Methodisch fußt die Untersuchung auf prosopographischen Studien. Sie gelten Herkunft, Verwandtschaft und Bildung der Amtsträger, fragen nach deren sozialer Integration, ihrer Tätigkeit in der Hofkapelle, nach besonderen Verdiensten oder Fähigkeiten, nach ihrem personellen Umfeld und dem Verhalten in Konfliktsituationen, berücksichtigen aber auch Gruppeninteressen sowie ihre Mitwirkung an der Urkundenausstellung. Die Königsdiplome interessieren hierbei besonders im Hinblick auf Empfänger und Fürsprecher aus geistlichen Kreisen. Trotz des strengen Urkundenformulars geben die Diplome interessante Hinweise auf Stellung und Bedeutung einzelner Prälaten. Und nicht zuletzt soll im Anschluss an die Studien Wolfgang HUSCHNERS der Frage nach dem bischöflichen Anteil an der Urkundenverfertigung und damit an der königlichen Herrschaftsausübung nachgegangen werden.[13]

Eine Befragung der Quellen nach dem praktischen Ablauf des Nachrichtenaustauschs (Botenaussendung, Kontaktpersonen, Briefverkehr) sowie eine Ausdehnung der im Rahmen der institutionellen Untersuchungen vorgenommenen strukturellen Analysen gibt Aufschluss über die technisch-operationale Seite der Kommunikationsvorgänge: Neben einer Verortung der kirchlichen Einrichtungen im mittelalterlichen Wegenetz soll dabei auch der bisher als Erkenntnisquelle weitgehend vernachlässigte Aspekt der geographischen Lage dieser Institutionen – ihre relative Lage zu Gebirgszügen, Flüssen und sonstigen natürlichen Zwangspunkten – mit einbezogen werden.[14]

---

[13] Wolfgang Huschner konnte anhand paläographischer Untersuchungen einige Schreiber der Königsurkunden mit späteren Bischöfen gleichsetzen. Vgl. Huschner, Wolfgang: Transalpine Kommunikation im Mittelalter. Diplomatische, kulturelle und politische Wechselwirkungen zwischen Italien und dem nordalpinen Reich (9.-11. Jahrhundert). 3 Bde. (MGH Schriften 52). Hannover 2003, bes. S. 94-215. Kritisch dazu: Hoffmann, Hartmut: Notare, Kanzler und Bischöfe am ottonischen Hof, in: Deutsches Archiv zur Erforschung für Erforschung des Mittelalters 61/2 (2005), S. 435-480.

[14] Hier profitiert die Studie von einer interdisziplinären Zusammenarbeit mit einem überwiegend archäologisch ausgerichteten Dissertationsprojekt, das sich die Erschließung der ottonischen Wegenetze im Raum Memleben und im Umfeld anderer Pfalzen, darunter Zentralorte ottonischer

In Anlehnung an die Erkenntnisse der Altwegeforschung ermöglicht dies zu erklären, warum welche Kommunikationspartner und -wege gewählt wurden und inwiefern gar ein reglementiertes System des Nachrichtenaustauschs existierte, das zur Erfassung und Integration des Reiches beigetragen oder dies erst ermöglicht hat. Durch eine Analyse der Königsurkunden in Phasen der dichten Ausstellungsfolge und Überlieferung können ebenfalls Wege der Nachrichtenübermittlung aufgezeigt werden.

Die Verbindung der aus den personellen und institutionellen sowie weiterführenden Untersuchungen gewonnenen Erkenntnisse verspricht, die Kanäle und Netze deutlich werden zu lassen, über die sich bestimmte Kommunikationsvorgänge vollzogen haben. Daran soll sich die Untersuchung der Funktion von Klöstern und Bischofssitzen anhand ausgewählter Kommunikationsanlässe und in Konfliktfällen sowie die exemplarische Untersuchung des Nachrichtenaustauschs der Herrscher über diese Einrichtungen mit anderen Empfängern anschließen. Ausgehend von den spezifischen Funktionen von Bischofssitzen und Klöstern aus der Sicht des Herrschers sollen im Zentrum der Untersuchungen Kommunikationssituationen im Zusammenhang mit dem *Servitium regis* stehen, ebenso wie Streitschlichtungen bei oder zwischen kirchlichen Institutionen und besonders der Nachrichtenaustausch in Konfliktsituationen des Herrschers. Denn bei diesen Anlässen stellt sich die Frage der Nutzung von kirchlichen Kommunikationsstrukturen außerhalb ihrer eigentlichen Zweckbestimmung im Besonderen.

Methodisch wird mit der Dissertation ein innovativer Weg beschritten, indem die Ergebnisse der Quellenarbeit unter personellem, institutionellem, räumlichem und inhaltlichem Aspekt in Datenbanken erfasst werden. Dies gestattet es, die verzeichneten Einzelinformationen in unterschiedlichen Kombinationen zu verknüpfen und zu befragen. Die Arbeit mit den Datenbanken versteht sich dabei als ein reines Hilfsmittel zur Auswertung der gewonnenen Einzelinformationen und ist kein Selbstzweck. Sie unterstützt die traditionelle Quellenarbeit insofern, als sich dem Betrachter häufig erst der Blick für Beobachtungen öffnet, die sich aufgrund der Zahlen- und Datenvielfalt nicht ohne weiteres erschließen. Damit wird es zugleich möglich, die Dynamik historischer Prozesse zu visualisieren beziehungsweise kartographisch darzustellen. So können im Großraum wie auch in kleinen Gebieten die verwandtschaftlichen Verflechtungen der Amtsträger oder die Abhängigkeiten der einzelnen Klöster und Bischofssitze voneinander bildlich aufgezeigt werden.

Zusammenfassend soll die Studie es letztlich ermöglichen, die personalen und institutionellen Verflechtungen zwischen Episkopat und Königshof und die Interdependenzen zwischen der Politik der Könige und der Beschaffenheit der kirchlichen Institutionen besser zu beurteilen und die Sicht auf die ottonische Kirchen- und Klosterpolitik aus der bislang noch nicht eingenommenen Perspektive der Nachrichten-

---

Herrschaft, zum Ziel gesetzt hat: Pierre Fütterer (FSU Jena): Memleben und die Beziehungen der Piasten zum ottonischen Reich im 10. und frühen 11. Jahrhundert. Untersuchungen zu Funktionsträgern und Wegen von Nachrichtenaustausch und Kommunikation.

strukturen jener Zeit zugleich einer kritischen Revision zu unterziehen. Die Studie versteht sich damit auch als Beitrag zur Debatte um die „ottonisch-salische Reichskirche", deren Systemcharakter von der neueren Forschung kritisch erörtert und in weiten Teilen bestritten wurde.[15] Die wissenschaftliche Auseinandersetzung mit diesem Phänomen beziehungsweise mit der Ottonenzeit insgesamt, die in den letzten Jahrzehnten enorm zugenommen hat, hat unser Verständnis jener Epoche verfeinert und zu einem gewandelten Bild geführt. Als charakteristisch für die Herrschaftsstrukturen in ottonischer Zeit gelten demnach personale Elemente in Form von geistlich-weltlich-familiären Beziehungsgeflechten[16] und die Interdependenz zwischen Königtum, Adel und „Reichs"-kirche. Die mit der Studie geplante intensive Erforschung der personalen und institutionellen Verflechtungen vermag weiteren Aufschluss über Art und Beschaffenheit von Beziehungsgeflechten zu geben und lässt besonders mit Blick auf die Kommunikationsstrukturen eine Prüfung der in der Forschung vertretenen These eines weitgehenden Fehlens einer institutionellen Absicherung frühmittelalterlicher Herrschaft zu.[17] Vor diesem Hintergrund lässt sich die Bedeutung von Klöstern und Bischofssitzen für Fragen der königlichen Machtkonsolidierung und für Fragen der adligen Selbstdarstellung, aber auch der Expansion des Reiches nach Osten und der damit verbundenen Missionsbestrebungen besser beurteilen. Auch trägt die Beachtung der Beziehungsgeflechte und Kommunikationsstrukturen dazu bei, die erforderliche Neuausrichtung bestimmter Bereiche der Politik beim Herrschaftsantritt Ottos II. (973-983) neu zu fassen, wenn man berücksichtigt, dass gegen Ende der Regierung Ottos des Großen eine Reihe wichtiger Helfer verstorben und damit zugleich Teile seines Kommunikationsnetzes verloren gegangen waren. Ähnliches gilt für die bedrohliche Krise, in die das Reich nach dem frühen Tod Ottos II. geraten war, als Heinrich der Zänker den Versuch unternahm, das Königtum an sich zu bringen. Dass er dabei gescheitert ist, lässt sich unter kommunikationsgeschichtlichen Gesichtspunkten wohl

---

[15] Vgl. zuletzt die Forschungsentwicklung darlegend und daher mit Verweis auf die dortigen Literaturangaben: Schieffer, Rudolf: Der geschichtliche Ort der ottonisch-salischen Reichskirchenpolitik (Nordrhein-Westfälische Akademie der Wissenschaften, Geisteswissenschaften 352). Opladen 1998.

[16] Vgl. dazu nur: Georgi, Wolfgang: Die Bischöfe der Kirchenprovinz Magdeburg zwischen Königtum und Adel im 10. und 11. Jahrhundert, in: Franz-Reiner Erkens (Hrsg.): Die Früh- und Hochmittelalterlichen Bischofserhebungen im europäischen Vergleich (Beihefte zum Archiv für Kulturgeschichte 48). Köln/ Weimar/ Wien 1998, S. 83-138; Seibert, Hubertus: Herrscher und Mönchtum im spätottonischen Reich. Vorstellung – Funktion – Interaktion, in: Bernd Schneidmüller/ Stefan Weinfurter (Hrsg.): Otto III. – Heinrich II. Eine Wende? (Mittelalter-Forschungen 1). Sigmaringen 1997, S. 205-266; Althoff, Gerd: Verwandte, Freunde und Getreue. Zum politischen Stellenwert der Gruppenbindungen im früheren Mittelalter. Darmstadt 1990; Schieffer, Rudolf: Gruppenbindung, Herrschaftsorganisation und Schriftkultur unter den Ottonen. Der ottonische Reichsepiskopat zwischen Königtum und Adel, in: Frühmittelalterliche Studien 23 (1989), S. 291-301; Glocker [Anm. 6].

[17] So Körntgen, Ludger: Ottonen und Salier (Geschichte kompakt Mittelalter). Darmstadt 2002, S. 27.

auch damit erklären, dass Adelheid und Theophanu dank des Zugriffs auf die bisherigen Nachrichtennetze und nicht zuletzt dank der Unterstützung durch Erzbischof Willigis von Mainz den Widerstand gegen den Bayernherzog erfolgreich organisieren konnten.[18] Und schließlich wird zu fragen sein, inwiefern die mit dem Herrschaftsantritt Heinrichs II. (1002-1024) einhergehenden personellen Veränderungen auch einen Wandel der den Nachrichtenfluss verbürgenden Strukturen mit Blick auf die konstatierte Intensivierung und Zentralisierung der Herrschaft bewirkten.[19]

Die Erforschung von Beziehungsgeflechten und Kommunikationsstrukturen verspricht über all dies mehr Auskunft zu geben und damit weiter zu unserem Verständnis der frühmittelalterlichen Lebenswelt und Herrschaft, in der Klöster und Bischofssitze allem Anschein nach nicht nur in der religiösen Wahrnehmung der Menschen von besonderer Bedeutung waren, beizutragen.

---

[18] Vgl. dazu: Erkens, Franz-Reiner: Sakral legitimierte Herrschaft im Wechsel der Zeiten und Räume. Versuch eines Überblicks, in: ders. (Hrsg.): Die Sakralität von Herrschaft: Herrschaftslegitimierung im Wechsel der Zeiten und Räume. Fünfzehn interdisziplinäre Beiträge zu einem weltweiten und epochenübergreifenden Phänomen. Berlin 2002, S. 7-32; ders.: Fürstliche Opposition in ottonisch-salischer Zeit. Überlegungen zum Problem der Krise des frühmittelalterlichen deutschen Reiches, in: Archiv für Kulturgeschichte 64 (1982), S. 307-370; Balschun, Patrick: Heinrich der Zänker: Ein ottonischer Rebell?, in: Roswitha Jendryschik/ Gerlinde Schlenker/ Robert Werner (Hrsg.): Auf den Spuren der Ottonen III. Protokoll des Kolloquiums am 22. Juni 2001 in Walbeck/Hettstedt (Beiträge zur Regional- und Landeskultur Sachsen-Anhalts 23). Halle a. d. Saale 2002, S. 106-112; Nowak, Josef: Willigis, Domherr zu Hildesheim, Erzbischof von Mainz. Einer der großen deutschen Staatsmänner. Hildesheim 1985; Metz, Wolfgang: Willigis im Rahmen der Beziehungen des Erzstiftes Mainz zum deutschen Königtum in ottonischer und salischer Zeit, in: Anton Philipp Brück (Hrsg.): Willigis und sein Dom. FS zur Jahrtausendfeier des Mainzer Domes 975-1975 (Quellen und Abhandlungen zur mittelrheinischen Kirchengeschichte 24). Trier 1975, S. 1-30.

[19] Vgl. dazu: Weinfurter, Stefan: Die Zentralisierung der Herrschaftsgewalt im Reich durch Kaiser Heinrich II., in: Historisches Jahrbuch 106 (1986), S. 241-297; ders.: Der Anspruch Heinrichs II. auf die Königsherrschaft, in: Joachim Dahlhaus/ Armin Kohnle (Hrsg.): Papstgeschichte und Landesgeschichte. FS für Hermann Jakobs zum 65. Geburtstag. Köln/ Weimar/ Wien 1995, S. 121-134; desweiteren Hlawitschka, Eduard: Konradiner-Genealogie, unstatthafte Verwandtenehen und spätottonisch-frühsalische Thronbesetzungspraxis. Ein Rückblick auf 25 Jahre Forschungsdisput (MGH Studien und Texte 32). Hannover 2003; Freund, Stephan: Kommunikation in der Herrschaft Heinrichs II, in: Zeitschrift für bayerische Landesgeschichte 66 (2003), S. 1-32; Schneidmüller, Bernd: Otto III. und Heinrich II. Wende der Königsherrschaft oder Wende der Mediävistik?, in: ders./ Stefan Weinfurter (Hrsg.): Otto III. – Heinrich II. Eine Wende? (Mittelalter-Forschungen 1). Sigmaringen 1997, S. 9-46.

GENEVIÈVE BÜHRER-THIERRY

Unter dem Blick des Herrschers: Blick, Augen und Sicht im Frühmittelalter

Es wird hier nach dem Blick in Kommunikationsformen und sozialer Praxis des Früh- und Hochmittelalters gefragt, besonders in der Karolingerzeit. Als Grundlage werden die ‚Gesta Karoli' Notkers von St. Gallen gewählt, in denen die karolingischen Könige – besonders Karl der Große und Ludwig der Deutsche – durch einen „mächtigen Blick" gekennzeichnet werden. Wir werden besonders bewerten, wie wichtig der Blick des Herrschers gegenüber seinen Untertanen oder *fideles* war – sei dieser Blick einschüchternd, wohlwollend oder gar unerträglich –, aber auch Fragen über die Rolle des Auges und der Sicht im symbolischen und anthropologischen System dieser Epochen aufwerfen.

In seinem ‚Gesta Karoli', die Notker von St Gallen in den achtziger Jahren des neunten Jahrhunderts geschrieben hat,[1] will der Autor sicher ein christlich-fränkisches Königsideal propagieren und verwendet dazu mehrere Elemente: manche sind direkt mit der Haltung und dem Körper des Herrschers verbunden. Es ist auffällig, wie oft Notker den Blick der karolingischen Herrscher erwähnt, besonders im Falle von Karl dem Großen und Ludwig dem Deutschen.

Diese Erwähnungen entwickeln nämlich zwei verschiedene Eigenschaften, obwohl immer wieder von einem „mächtigen Blick" des Herrschers die Rede ist: einerseits ist der Blick des Königs *terribilis*, es ist also ein schrecklicher, glänzender und strahlender Blick, der die Bösen vernichten kann, andererseits kann der Blick des Herrschers auch alle Leute trösten und beruhigen.

In Bezug darauf werden nur einige Beispiele genannt werden, obwohl es mehrere in den ‚Gesta Karoli' gibt: in einer lustigen Geschichte, in der Notker einen Bischof lächerlich machen will, ist die Rede von einem jungen Kleriker, einem Verwandten von Karl dem Großen, der besonders schön singt. Der Bischof spottet über den Kleriker und sagt, er singe wie der Bauer, der seine Ochsen hinreißen wolle. Vor einer so dummen Bemerkung „wirft der Kaiser dem Bischof vernichtende Blicke zu, so dass er auf den

---

[1] Notker Balbulus: *Gesta Karoli*, hrsg. von Hans Haefele (MGH Scrip. rer. Germ. nov. ser. 12). Berlin 1959.

Boden hinfällt, als ob er vom Blitz erschlagen worden wäre."[2] Für Notker war auch der berühmte Alkuin besonders mutig, da er es wagte, *in conspectu terribilis Karoli* zu antworten, was alle anderen vermieden.[3]

Wie sein Großvater besaß Ludwig der Deutsche einen glänzenden Blick: „seine Augen strahlten wie die Sterne"[4], und jeder, der weder gut lesen noch singen konnte, brauchte Mut, um vor den Augen des Herrschers zu erscheinen, weil er durch die Unzufriedenheit seines Blickes jeden Menschen bestrafen konnte. Dennoch hat der Blick Ludwigs eine besondere Eigenschaft: Wer traurig in die Umgebung des Königs kam, war wieder lustig, auch wenn er den Herrscher nur einmal sah und hörte, so als ob dieses Sehen eine Quelle des Seelenfriedens wäre.[5]

Diese Tatsache erklärte Notker mit einem biblischen Zitat aus den ‚Sprüchen XX, 8': *Rex, qui sedet in solio regni sui, intuitu vultus sui dissipat omne malum*: „Ein König, der auf dem Thronsessel seines Reiches sitzt, zerstört mit seinen Augen jeden Bösen", was natürlich nicht nur den König, sondern auch Gott kennzeichnen kann. Diese Kennzeichnung ist ziemlich typisch für diese karolingische Sakralmonarchie, um so mehr als das richtige Zitat aus der ‚Vulgata' lautet: *Rex qui sedet in solio judicii* und nicht *in solio regni sui*, also auf dem Richterstuhl und nicht auf dem Thronsessel.

Für dieses Zitat besitzen wir nicht viele exegetische Kommentare, was nicht überraschend ist, da es nicht viele Kommentare über die Sprüche gibt. Alkuin benutzt dennoch ein vergleichbares Zitat in einem Brief an Karl den Großen um 800, als er schreibt:

Felix populus qui tali principe gaudet [...] cujus solium dissipat iniquitatem; cujus vultus reverentia conservat usque ad aequitatem [6].

So ist der König wie Gott auf seinem Thronsessel, und dass man sein Gesicht einfach sieht, genügt, um die Guten zu trösten und die Bösen zu bestrafen. Deswegen spielt auch das Thema des *conspectu regis* eine wichtige Rolle in Notkers Werk.

Sicher möchte Notker hier die große Dynastie der Karolinger mit prachtvollen Elementen noch einmal loben, in einer Zeit, in der sie nicht mehr viel Ansehen genießt. Trotzdem muss man unterstreichen, dass dieses Thema nicht von Notker selbst erfunden worden ist, und auch dass es kein isoliertes Thema zu sein scheint. Solche Reden über den glänzenden und schrecklichen Blick des karolingischen Herrschers findet man schon in den Werken von Thegan und Ermoldus Niger, im Umkreis Ludwigs des Frommen, also schon in der ersten Hälfte des neunten Jahrhunderts.

---

[2] Ebd., I, 19, S. 25: *Ad quod improbissimum responsum fulmineas in eum acies imperator intorquens attonitum terrae prostravit.*

[3] Ebd., I, 9, S. 12: *... in quantum nullus mortalium in conspectu terribilis Karoli audere praesumeret /.../ respondit ...*

[4] Ebd., II, 11, S. 67: *... oculis astrorum more radiantibus ...*

[5] Ebd., II, 11, S. 68: *Ita omni iocunditate ac dulcedine plenus semper exstitit, ut, si quis ad eum trisitis adveniret, ex sola visione vel quantulacunque eius allocutione laetificatus abscederet.*

[6] Alkuin: Epistolae, MGH Epistola II, n°171, S. 281.

Bei Thegan liest man, dass Kaiser Ludwig *oculos magnos et claros* besaß,[7] ganz sicher nach dem Muster von Einhard in der ‚Vita Karoli', obwohl die Formulierung ziemlich anders klingt: Einhard spricht von *oculis praegrandibus ac vegetis*, zwei direkt aus dem Text von Suetone entnommenen Eigenschaftswörtern, das erste aus der ‚Vita Tiberi', das andere aus der ‚Vita Caesari'.[8] Aber Thegan benutzt auch das Thema *conspectus regis*, um die Majestät Ludwigs des Frommen zu betonen, obwohl der Kaiser von seinen eigenen Söhnen verhaftet worden ist. Als die Gesandten von Ludwig dem Deutschen den Kaiser in Aachen besuchen, beschreibt Thegan also die Szene so: „Als die Gesandten vor das Angesicht des Herrschers kamen, warfen sie sich demütig zu seinen Füßen nieder und grüßten ihn danach von seinem gleichnamigen Sohn"[9]. Dann folgt eine ziemlich lustige Episode, wo die Gesandten Ludwigs dem Kaiser durch verschiedene, wegen der anwesenden Beobachter verborgene Zeichen zu verstehen gaben, dass Ludwig der Deutsche mit der Bestrafung seines Vaters keineswegs einverstanden war. Im übrigen ist die Haltung der Gesandtschaft von vorn herein typisch für die nötige Demütigung, die man sowohl vor Gott als auch vor dem Herrscher äußern muss.

Ermoldus ist auch ein gutes Beispiel für das Thema des leuchtenden Königs. Ich nenne auch hier nur ein einziges Beispiel: Der Dichter erklärt seiner Muse, wie sie den König mitten im Hofstaat erkennen kann: er wird sich selbst durch seine eigene Ausstrahlung erkennen lassen, wie die Sonne, welche die Erde mit ihren Strahlen beleuchtet, die Wolken zerstreut, und die ganze Natur erfreut, so ist die Erscheinung des Königs ein Glück für sein Volk.[10]

Diese Symbolik des Lichtes im Rahmen der königlichen Herrschaft habe ich schon in einem Aufsatz dargelegt.[11] Was mich jetzt interessiert, ist diese Vorstellung einer strahlenden Macht und die Rolle des Auges als Quelle und natürlich auch Ziel dieser Strahlung. Das Auge des Königs ist ein „wirksames" Auge, wie Notker berichtet. So

---

[7] Thegan: Die Taten Kaiser Ludwigs, hrsg. von Ernst Tremp (MGH Script. rer germ. in us. schol. 64). Hannover 1995, cap. 19, S. 200: *Erat enim statura mediocri, oculis magnis et claris, vultu lucido...*

[8] Einhard: *Vita Karoli*, hrsg. von Louis Halphen. Paris 1967, cap. 22, S. 66.

[9] Thegan [Anm. 7], 47, S. 240: *Venientes legati ad conspectum principis, humiliter se prosternentes pedibus suis, post haec salutaverunt eum ad equivoco filio suo.*

[10] Iere Epître au roi Pépin, hrsg. von Edmont Faral. Paris 1932, v. 27-32, S.204-205: *Forte, Thalia, cupis signis cognoscere regem/ Noscere quo possis, rex tibi signa dabit./ Ut Phoebus radiis totum dilucidat orbem,/Utque calore suo nubila cuncta fugat,/Arboribusque, satis, nautis sua gaudia signans :/ Haud aliter populo rex veniendo placet.*

[11] Bührer-Thierry, Geneviève: Lumière et pouvoir dans le haut Moyen Age occidental. Célébrations du pouvoir et métaphores lumineuses, in: Mélanges de l'Ecole française de Rome-Moyen Age 116/2 (2004), S. 521-556.

eine Vorstellung beruht auch auf reinen Optiktheorien, die tief in der griechischen Antike – besonders in der platonischen Theorie – wurzeln.[12]

Nach dieser platonischen Theorie enthält das Auge ein Licht, das beim Sehen aus dem Auge austritt und sich mit dem gleich gearteten Tageslicht zu einer Lichtsäule verbindet. Wo diese auf einen Gegenstand stößt, überträgt sie diesen auf das Auge und von dort auf die Seele. Dieses vom Auge ausstrahlende Licht unterscheidet sich qualitativ von dem äußeren Licht. Und deswegen ist Sehen ohne äußeres Tageslicht wirkungslos. Dieses Phänomen nennt man „Extramission" des Auges, als ob die Sicht aus dem Auge herauskäme, um die Dinge zu fangen.

Danach wurde diese Theorie direkt von Augustinus[13] verbreitet und später von Alkuin[14] und Hrabanus Maurus[15] noch einmal übertragen. In seinem ‚De universo' erklärt Hrabanus, die Augen seien eine richtige Quelle des Lichtes: *Oculi autem idem et lumina: et dicta lumina, quod ex eis lumen manat ...*

Man muss darüber hinaus betonen, dass solche Konzeptionen auch in den Werken von Johannes Scottus Eriguena auftauchen, vor allem in seiner ‚De divisione nature' oder ‚Periphyseon', und jeder weiß, wie wichtig das Licht in seinem Gedankensystem ist. Die Tatsache, dass von den Augen ein Licht ausstrahlt, betonen im übrigen viele lateinische Ausdrücke wie *micare, gemmare, stellare, radiare, coruscare, radii oculorum*, usw...

Alle diese Beschreibungen des Sehvorgangs enthalten folgenden wichtigen Aspekt: Der Sehgeist ist selber aktiv und lichthaft. Zudem sprechen Autoren von einer Kraft im Auge, die man sehen kann, wie zum Beispiel Ambrosius: *oculi vigorem videndi haberent*.[16] Und deswegen wirken sowohl die heilbringenden als auch die zerstörerischen Kräfte, die sich in den Augen der Menschen befinden.[17]

---

[12] Schleusener-Eichholz, Gudrun: Das Auge im Mittelalter. 2 Bde. (Münstersche Mittelalter-Schriften 35, 1-2). München 1985, Bd. 1, Kap. II.4 : „der Sehvorgang", S. 51-78.

[13] Augustinus: *De genesi ad litteram I*, PL 34, S. 258: *Jactus enim radiorum ex oculis nostris, cujusdam lucis quidem est jactus; et contrahi potest, cum aerem, qui est oculis nostris proximus, intuemur; et emitti, cum ad eamdem rectitudinem, quae sunt longe posita attendimus: nec sane cum contrahitur, omnino cernere quae longe sunt desinit; sed certe obscurius, quam cum in ea obtutus emittitur.*
Ebd., S. 228: *Alia enim lux quae sentitur oculis, alia qua per oculos agitur ut sentiatur. Illa enim corpore, haec autem, quamvis per corpus ea quae sentit percipiat, in anima est tamen. /.../ Sed tamen ea lux quae in sensu videntis est, tam exigua docetur, ut nisi adjuvemur extranea luce, nihil videre possimus.*

[14] Alkuin: Disp. Puerorum, PL 101, 1105A.

[15] Hrabanus Maurus: De universo VI, PL 111, 143b-150B (148D über das Auge selbst als Quelle des Lichtes): *Oculi autem idem et lumina: et dicta lumina, quod ex eis lumen manat, vel quod ex initio sui clausam teneant lucem, aut extrinsecus acceptam visui praeponendo refundant.*

[16] Ambrosius: Exameron VI, 65, CSEL 32,1, S. 253.

[17] Ambrosius: In Ps. 118, 10, 24, CSEL 62, S. 218: *ergo si tanta virtus vel in oculis serpentis vel in oculis est hominis, ut, si alterum alter prior viderit, possit occidere, non est virtus in oculis iusti qui repletus virtutis est gratia, cum praesertim tantum operetur fides, ut et illa quae fimbriam*

Hier finden wir eine erste Erklärung für den „schrecklichen Blick" des Königs. Es ist aber nicht die einzige. Eine andere beruht auf dem Motiv eines strahlenden Königtums, weil der König so glänzend ist wie die Sonne, wie das Beispiel Ermolds es schon gezeigt hat. Es ist aber nicht nur Ermold, sondern auch eine sehr lange und reiche Tradition, die dieses Thema unterstützt: die Wurzeln sind sicher in dem römischen Kult der *sol invictus* zu suchen, obwohl dieser Kult natürlich später durch eine christliche Tradition wieder interpretiert wurde. Man geht also von der Behauptung aus, „der Kaiser sei wie die Sonne". Dann wird der Kaiser zunächst durch *Christum* ersetzt, dann durch die Apostel und die Bischöfe, schließlich aber durch den christlichen König selbst, wobei diese verschiedenen Figuren mit der Sonne verglichen wurden.[18]

Nun ist diese Eigenschaft typisch nicht nur für die Sonne, sondern auch für Gott selbst: So erklärt Isidor von Sevilla die Unmöglichkeit, Gott zu erkennen: „Wie der Sonnenstrahl das Auge des Betrachters blendet, so verdunkelt der Anblick des Wahren demjenigen den Blick, der unmäßig das Höhere erforscht"[19] – *qui immoderate altiora scrutatur*.

Nennen wir nur ein Beispiel aus dem Alten Testament: Yahwe hüllt sich in einer dunklen Wolke ein, damit Moses auf dem Berg Sinaï nicht vernichtet wird, und erklärt, dass niemand sein Angesicht sehen könne, außer unter Lebensgefahr.

So zum Beispiel im Ex 33, 18-23:[20]

> ‚So lass mich deine Herrlichkeit sehen!' sagte Moses [...]. ‚Mein Angesicht' – sprach er – ‚kannst du nicht sehen, denn kein Mensch wird leben, der mich sieht!' Doch sprach der Herr: ‚Siehe, es ist ein Ort bei mir, da sollst du auf dem Felsen stehen. Wenn dann meine Herrlichkeit vorübergeht, so stelle ich dich in die Felsenkluft und will dich mit meiner Hand solange decken, bis ich vorübergegangen bin. Wenn ich dann meine Hand zurückziehe, so magst du mir hinten nachsehen; aber mein Angesicht soll man nicht sehen!'

Diese Herrlichkeit ist natürlich die Bezeigung der göttlichen Präsenz und wird normalerweise in der jüdischen Tradition wie ein leuchtendes Feuer dargestellt. Es gibt aber auch mehrere Erwähnungen dieser Herrlichkeit Gottes als übernatürliches Licht in den karolingischen Quellen, zum Beispiel in den ‚Annales regni Francorum' während der

---

domini tetigit sanaretur et ille cui intendit dominus Jesus statim ex eius oculis gratiam sanitatis hauriret?

[18] Darauf habe ich in dem schon erwähnten Aufsatz [Anm. 11] hingewiesen, im jetzigen Zusammenhang interessiert die Konsequenz einer so strahlenden Macht: Niemand soll sie direkt anschauen.

[19] Isidor: Sententiae, PL 83, 698CD: *Sicut solis radius dum conspicitur, acies oculorum sic et qui immoderate altiora scrutatur, ab intentione veri obtunditur*

[20] „*Ostende mihi gloriam tuam*". /../ *Respondit*: „*Non poteris videre faciem meam; non enim videbit me homo et vivet*". *Et iterum*: „*Ecce, inquit, est locus apud me, stabis super petram; cumque transibit gloria mea, ponam te in foramine petrae et protegam dextera mea, donec transeam; tollamque manum meam, et videbis posteriora mea; faciem autem meam non poteris*".

sächsischen Kriege Karls des Großen:[21] Vor dem Kampf sehen alle Leute, ebenso die Christen wie die Heiden, zwei rote und feuerähnliche Schilder über der Kirche, und diese sind als Zeichen der *gloriae Dei* beschrieben.

Nun ist die göttliche Offenbarung auch ein Zeichen der Freundschaft zwischen Gott und Moses,[22] Moses nimmt also an der Herrlichkeit Gottes teil, was durch das strahlende Gesicht Moses', als er vom Berg herabsteigt, bezeugt wird.[23] Als er mitten im Volk der Israeliten war, hüllt er sich den Kopf in einem Schleier ein, den er nur abnimmt, wenn er mit Gott reden will. In der Exegese ist diese Textstelle, zum Beispiel bei Hrabanus Maurus, so kommentiert: Moses verhüllt sein Gesicht, weil das Licht Gottes nur für die Bekehrten leuchten soll, also für Leute, die das Gesetz Gottes beachten.[24] Die anderen bleiben blind, was sowohl im praktischen als auch im symbolischen Sinne zu verstehen ist. Es gibt auch ein riesiges Forschungsfeld über die „innere Blindheit" und die berühmten biblischen Worte: *oculos habent et non videbunt*,[25] die diese geistige Blindheit kennzeichnen.

Hier kann man also zwei Elemente erkennen: zum einen das Verbot, Gott – oder den Herrscher – ins Gesicht zu schauen, zum anderen die mögliche Teilnahme der Freunde und Diener Gottes – oder des Herrschers – an seinem Ruhm. Fragen wir uns nun, inwieweit solche Themen auch für die karolingische Monarchie galten.

In den abendländischen Monarchien ist die Idee von einem „sakralen Terror" vor dem Herrscher nicht soweit verbreitet, wie in den orientalischen Monarchien, wo eine richtige Symbolik des Sichtbaren/ Unsichtbaren existiert; jedoch kann man sich fragen, inwieweit die byzantinischen Modelle einen Teil der politischen Praxen eingeprägt haben, überhaupt im Hof Ludwigs des Frommen und Karls des Kahlen. Man spürt sogar in Notkers ‚Gesta Karoli' eine richtige Konkurrenz zwischen dem Hof Karls des Großen und der byzantinischen Gesandtschaft:[26] Als die griechischen Gesandten durch alle Stufen der Aachener Pfalz geführt werden, vom Glanz verblendet, glauben sie in jedem Beamten den Kaiser zu erkennen und werfen sich zu Boden. Am Ende aber „stand der glorreiche König Karl an einem überaus hell leuchtenden Fenster, strahlend

---

[21] Annales regni Francorum, anno 776. MGH SS I, S. 156: *Sed Dei virtus, sicut iustum est, superavit illorum virtutem, et quadam die cum bellum praeparassent adversus christianos qui in ipso castro residebant, apparuit manifeste gloria Dei supra domum ecclesiae quae est infra ipsum castrum /.../ et dicunt vidisse instar duorum scutorum colore rubeo flammantes et agitantes supra ipsam ecclesiam.*

[22] Exodus 33, 11: *Loquebatur autem Dominus ad Moysen facie ad faciem, sicut solet loqui homo ad amicum suum.*

[23] Exodus 34, 29: *Cumque descenderet Moyses de monte Sinai/../ ignorabat quod resplenderet cutis faciei suae ex consortio sermonis Domini.*

[24] Hrabanus Maurus: *Commentaria in Exodum*, PL 108, col. 239D: *Sed si conversi fuerint ad Deum auferetur velamen.*

[25] Ps. 134, 16 über die heidnischen Idole.

[26] Notker: *Gesta Karoli* [Anm. 1], II, 6, S. 56.

wie der Sonnenaufgang, glänzend von Gold und Edelsteinen"[27], in mitten seiner Familie und der Reichswürdenträger. Dann fallen ohnmächtig die byzantinischen Gesandten auf den Boden. Obwohl eine solche Geschichte ganz unglaubwürdig ist, da jeder byzantinische Beamte natürlich eine karolingische Pfalz missachtet hätte, vermittelt hier Notker eine Botschaft, die die Herrschaft und die Größe des Kaisers mit den Worten des Glanzes ausdrückt. Und dieses Beispiel zeigt auch, dass Verwandte, Würdenträger aber auch ganz einfache Beamte an diesem Glanz teilnehmen.

Jetzt kommen wir auf einen wichtigen Punkt, nämlich das Licht als Medium der Herrschaft. Die strahlende Macht Gottes wie die strahlende Macht des Königs ermöglichen eine Beziehung und sogar eine Kommunikationsform zwischen der Quelle der Herrschaft und denjenigen, die die Macht im Namen der Herrschaft ausüben.

Die Tatsache, dass diese Beziehung mit dem Wortfeld „Licht" ausgedrückt wird, zeigt, wie wichtig die Sicht und die Augen in diesem symbolischen System waren. Um am Ruhm des Herrschers teilzunehmen, muss man zuerst seinen Glanz sehen, das heißt, nach der platonischen Theorie, mit dem Licht seiner eigenen Augen das Licht des Herrschers treffen können. Nur dann kann man vielleicht von diesem Glanz angestrahlt werden, wie Moses auf dem Berg Sinaï, und den Ruhm des Herrschers auf die anderen wieder ausstrahlen, als wäre jedes Fragment des Lichtes eine Aufteilung der Herrschaft. Und dafür braucht man unbedingt seine Augen, als Quelle und auch als Sammelbecken des Lichtes. Wer keine Augen mehr hat, wird auch von diesem Glanz der Herrschaft ausgeschlossen, und in diesem Punkt liegt vielleicht der Grund für die Blendung als politische Maßnahme.

Es scheint, als ob die Blendung in der Karolingerzeit mit dem Wiedererscheinen des *crimen maiestatis* verbunden wäre.[28] Als der Herrscher die Blendung eines Verbrechers befiehlt, zeigt er damit, dass er als Quelle und Spender des Lichtes handelt, was ganz deutlich zur Zeit Karls des Großen, Ludwigs des Frommen und Karls des Kahlen erscheint. Es scheint aber auch, dass die Betrachtung des kaiserlichen *ministerium* als Quelle des Lichtes zur Zeit Ludwigs des Frommen besonders verbreitet war. In der Tat war die Legitimität dieser Strafe der Blendung sicher mit der kaiserlichen Macht verbunden.

Es sind trotzdem nicht nur Kaiser, sondern auch ganz einfache Könige, die Verbrecher zur Blendung verurteilen, aber es scheint in den schriftlichen Quellen, dass eine solche Strafe nur im Rahmen der kaiserlichen Macht akzeptiert wurde. Nennen wir nur

---

[27] Ebd.: *Stabat autem gloriosissimus regum Karolus iuxta fenestram lucidissimam, radians sicut sol in ortu suo, gemmis et auro conspicuus...*

[28] Hageneder, Oskar: Das *crimen maiestatis*, der Prozeß gegen die Attentäter Papst Leos III. und die Kaiserkrönung Karls des Großen, in: Hubert Mordek (Hrsg.): Aus Kirche und Reich. Studien zu Theologie, Politik und Recht im Mittelalter, Festschrift für Friedrich Kempf. Sigmaringen 1983, S. 55-79; Bührer-Thierry, Geneviève: Just Anger or Vengefull Anger? The Punishment of Blinding in the Early Medieval West, in: Barbara H. Rosenwein (Hrsg.): Anger's Past. The Social Uses of an Emotion in the Middle Ages. Ithaca/ London 1998, S. 75-91.

ein Beispiel: Als Karl der Kahle im Jahre 873 seinen eigenen Sohn Karloman zur Blendung verurteilt, wird das Ereignis in den Quellen verschieden vorgestellt. Für Hinkmar von Reims zum Beispiel,[29] aber auch für Regino von Prüm,[30] war Karloman ein richtiger Tyrann, der die Macht über das Königtum usurpieren wollte, deswegen hat ihn sein Vater *regulariter* gerichtet. Als Thronprätendent wird Karloman durch die Abschaffung eines symbolischen Sitzes der Herrschaft definitiv disqualifiziert, was auch für andere erfolglose Prätendenten gilt, zum Beispiel für Bernard von Italien, Hugo, den Sohn Lothars des Zweiten, Ludwig von Provence usw.

Zwar ist Karl 873 noch nicht Kaiser, er ist aber seit 869 König eines Doppelkönigreichs, d.h. Francia und Lothringen, und deswegen nennt er sich *imperator* und *augustus*, wie die ‚Annales Fuldenses' darüber berichten.[31] Stellen wir also die Hypothese auf, dass die Blendung seines Sohnes wegen Majestätsverbrechens als Zeichen der kaiserlichen Herrschaft verstanden werden muss. im Gegensatz dazu, der Redaktor des dritten Teils der ‚Annales Fuldenses', der Karl überhaupt nicht schätzt, erklärt in dem selben Satz, Karl sei sicher kein Kaiser, sondern nur ein *tyrannus Galliae* und habe seinen eigenen Sohn ohne *miseratio* verurteilt.[32] Sowohl diese Einschränkung der territorialen Macht (*Gallia*) als auch die Kritik an der Legitimität von Karls Herrschaft (*tyrannus*) sind zweifellos als Kampf gegen Karls kaiserliche Ansprüche im Jahre 873 zu interpretieren.

Nun stellt sich die Frage, ob diese Auffassung, die Blick, Augen und Sicht in einem regelrechten theoretischen Zusammenhang miteinander verbunden hat, nur für die Karolingerzeit typisch war. Im zehnten Jahrhundert ist die Blendung ziemlich selten, nur die Bischöfe scheinen die Hauptopfer zu sein, was natürlich auch als Zeichen einer Disqualifizierung betrachtet werden muss. Eine solche Strafe findet man kaum im ottonischen Reich und im kapetingischen Frankreich des elften Jahrhunderts. Im Gegenteil, Herzog Heinrich der Erste Plantagenêt, auch König von England am Anfang des zwölften Jahrhunderts, ist für mehrere Verurteilungen zur Blendung gut bekannt, aber hier auch nur im Falle des Hochverrats und des Majestätsverbrechens.[33] Ob diese Strafe auch durch einen theoretischen Zusammenhang, in dem Augen und Licht Sitz und Medium der Herrschaft darstellen, gerechtfergigt wird, bleibt noch zu erforschen.

---

[29] *Annales Bertiniani*, hrsg. von Félix. Grat, Jeanne Vielliard, und Suzanne Clémencet. Paris 1964, anno 873, S. 189-190.

[30] Reginonis Chronicon, hrsg. von Friedrich Kurze (MG Script. rer. germ. in us. schol 50). Hannover 1890, anno 871, S. 101-102.

[31] Annales Fuldenses, anno 869, S. 69: *Karolus vero rex /.../ in urbe Mettensi diadema capiti suo ab illius civitatis episcopo imponi et se imperatorem et augustum quasi due regna possessurus appellare praecepit.*

[32] Annales Fuldenses, anno 873, S. 78: *Karolus Galliae tyrannus paterna miseratione deposita Karlmannum filium suum in diaconatus officio positum excaecare praecepit.*

[33] Hollister, Charles W.: Royal Acts of Mutilation: The Case against Henry I, in: Albion 10/4 (1978), S. 330-340.

Katrin Köhler

Die Königin innerhalb der früh- und hochmittelalterlichen Kommunikation

Richten wir zu Beginn einen Blick auf die Vorgänge in Regensburg im Jahr 1025: Konrad II. hielt knapp ein Jahr nach seiner Wahl zum König in der bayerischen Metropole Anfang Mai 1025 einen Hoftag ab. Dabei waren alle bayerischen Grafen mit Rang und Namen versammelt, um dem Salier zu huldigen.[1] Am Rande dieses Hoftages erließ die Kaiserin Kunigunde, die Witwe des 1024 verstorbenen Kaisers Heinrich II., testamentarische Verfügungen: Kunigunde vereinbarte so genannte Prekarieverträge mit der Salzburger und Freisinger Kirche.[2] Die Vorgänge zeigen einerseits, dass Kunigunde umfangreiche Besitzungen in Bayern besaß, geben aber andererseits Personenbeziehungen zu erkennen, die für unseren Kontext weitaus wichtiger sind: Die Regensburger Ereignisse fördern ein dichtes Netz von Verwandten und Freunden Kunigundes zutage, mit denen Kunigunde seit den 990er Jahren, als ihr Gemahl bayerischer Herzog war, in Verbindung stand. In der Zeit des Königtums von 1002 bis 1024 zählten diese Großen – wie eine Analyse der Quellen zeigt – zu den Stützen des Herrscherpaares. Nicht zuletzt dienten ihre Kontakte dazu, den Informationsfluss zu gewährleisten. Mit Kunigundes Regensburger Urkunden ist demnach ein Teil ihrer und Heinrichs Kommunikationsstrukturen nachzuvollziehen, die sie über den Tod Heinrichs II. hinaus nutzen konnte, um Einfluss in Bayern auszuüben.

Dieses hier näher betrachtete Beispiel verweist auf ähnlich gelagerte Fälle, in denen deutlich wird, dass Kunigunde mehrfach wichtige Aufgaben übernommen hat, deren Ausführung zuverlässigen Nachrichtenfluss voraussetzte.

Durch Thietmar von Merseburg wissen wir von Aktivitäten Kunigundes bei militärischen Aktionen des polnischen Herzogs, in deren Zusammenhang Informationen bei

---

[1] Böhmer, Johann F.: Regesta Imperii III. Salisches Haus 1024-1125. Bd. 1: Regesten des Kaiserreiches unter Konrad II. 1024-1039, neubearbeitet unter Mitwirkung von Norbert von Bischoff von Heinrich Appelt. Graz 1951, 25a. Vgl. auch Weinfurter, Stefan: Heinrich II. (102-1024). Herrscher am Ende der Zeiten. Regensburg ²2000, S. 103.

[2] Bresslau, Harry/ Bloch, Hermann/ Holtzmann, Robert: Die Urkunden Heinrichs II. und Arduins (MGH. Diplomata regum et imperatorum Germaniae 3). Hannover 1900-1903 (ND München 2001), S. 693-697 (MGH. DD Kunigundis 2 und 3).

ihr zusammenliefen und durch sie weitergeleitet wurden[3] und wir erfahren aus den Hildesheimer Annalen von Kunigundes Vermittlung zugunsten Hermanns II. von Schwaben.[4]

Soweit einige Ergebnisse, die im Rahmen meiner im August 2006 vorgelegten Magisterarbeit mit dem Titel „Kunigunde – Die Frau an der Seite Heinrichs II. und die Männer im Hintergrund" erzielt wurden.[5] In der Arbeit wurde danach gefragt, was die uns erhaltenen Quellen über die Beteiligung Kunigundes an der Königsherrschaft Heinrichs II. berichten und welche Erkenntnisse daraus über die weiterführende Frage nach den Voraussetzungen und Strukturen dieser Herrschaftsausübung der Königin zu gewinnen sind. Im Mittelpunkt standen daher die persönlich-personellen Aspekte von Kunigundes Agieren, die bislang von der Forschung nur am Rande untersucht wurden.[6]

Die Quellengrundlage für diese Analysen bildeten einerseits die Urkunden Heinrichs II.,[7] in denen sich Kunigundes Mitwirkung an der Herrschaft in den Interventions- und Petitionsformeln[8] niedergeschlagen hat. Diese durch Kunigunde getätigten beziehungsweise vorgetragenen Fürsprachen und Bitten zugunsten späterer Urkundenempfänger, die in den Diplomen in geraffter und formalisierter Weise verzeichnet sind, fassen breitere und zeitlich langfristigere Vorgänge zusammen, die durch das feierliche Verlesen der Urkunden publik gemacht wurden. Den Großen des früh- und hochmittelalterlichen Reichs war demnach das entsprechende Wirken der Königin bekannt. Anderer-

---

[3] Thietmar von Merseburg: Chronik, in: Robert Holtzmann (Hrsg.): Die Chronik des Bischofs Thietmar von Merseburg und ihre Korveier Übersetzung (MGH. SS rer. Germ. N. S. 9). München 1996, VI, 74, S. 364: *Quod regina ut primo comperit, per Geconem pincernam suum regi iam iuxta Metensem urbem cum exercitu sedenti indixit. Hic vehementer illud ammirans et, qualiter se res nobiscum haberent, interrogans, eundem, regnum prout curaretur ab ea, celeriter remisit.*

[4] Annales Hildesheimenses a. 1003, hrsg. v. Georg Waitz (MGH. SS rer. Germ. [8]). Hannover 1878, S. 29: [...] *Herimannus Alemanorum dux regis eleccioni aliquamdiu resistens, regie se potestati subdidit et interventu reginae et principum in suo honore permansit.*

[5] Vgl. Köhler, Katrin: Kunigunde – Die Frau an der Seite Heinrichs II. und die Männer im Hintergrund. Magisterarbeit Jena 2006 (Gutachter: PD Dr. Stephan Freund und Prof. Dr. Helmut G. Walther).

[6] Vgl. z. B. Pflefka, Sven: Kunigunde und Heinrich II. Politische Wirkungsmöglichkeiten einer Kaiserin an der Schwelle eines neuen Jahrtausends, in: Berichte des Historischen Vereins Bamberg 135 (1999), S. 199-290, hier S. 230.

[7] Vgl. Anm. 2.

[8] Die ältere Forschung sah in den Interventionen in erster Linie ehrenvolle Erwähnungen, so Schetter, Rudolf: Die Intervenienz der weltlichen und geistlichen Fürsten in den deutschen Königsurkunden von 911-1056. Bottrop i. W. 1935. Dagegen sieht die neuere Forschung hinter den Interventionen konkrete politische und zu entschlüsselnde Vorgänge, zuletzt Görich Knut: Mathilde – Edgith – Adelheid: Ottonische Königinnen als Fürsprecherinnen, in: Bernd Schneidmüller/ Stefan Weinfurter (Hrsg.): Ottonische Neuanfänge: Symposium zur Ausstellung „Otto der Große, Magdeburg und Europa". Mainz 2001, S. 251-291, der einen weit verstandenen Interventionsbegriff vertritt.

seits wurden auch zeitgenössische erzählende Quellen[9] auf Hinweise zum Wirken Kunigundes und zu ihrem personellen Umkreis untersucht.

Dadurch konnte ein Kreis von etwa 60 Personen herausgearbeitet werden, die gemeinsam mit Kunigunde zugunsten bestimmter Empfänger bei Heinrich II. als Fürsprecher für das Zustandekommen von Rechtsgeschäften eintraten, also intervenierten. Vornehmlich Geistliche wie Erzbischöfe und Bischöfe, weniger Äbte und Äbtissinnen und lediglich 6 weltliche Personen ließen sich als Mitintervenienten Kunigundes aufzeigen. Vor allem die Bischöfe Heinrich von Würzburg, Eberhard von Bamberg, Meinwerk von Paderborn, die Kölner Erzbischöfe Heribert und Pilgrim, die Bischöfe Burchard von Worms und Adalbold von Utrecht sowie die Mainzer Erzbischöfe Willigis, Erkanbald und Aribo traten als Mitwirkende der Königin/ Kaiserin hervor. Kontrastiert man dieses Bild mit denjenigen Intervenienten in den Urkunden Heinrichs, die ohne Kunigunde auftraten sowie den Empfängern, Ausstellungsorten und anderweitigen Nennungen Kunigundes in den Königsurkunden etwa in Seelenheilformeln, so tritt folgendes Bild zutage: Kunigundes Wirkungskreis war eindeutig kleiner als der ihres Ehemannes. Vor allem im Herzogtum Bayern und in Teilen Sachsens hinterließ ihr Wirken Spuren. Unterstützt wurde Kunigunde dabei von ausgewählten fränkisch-bayerischen Bischöfen[10] und Bischof Meinwerk von Paderborn. Interessant ist in diesem Zusammenhang, dass Kunigundes Verbundenheit zum Bistum und der Stadt Paderborn entgegen bisheriger Annahmen[11] wohl nicht darauf beruhte, dass sie dort gekrönt worden war, sondern dass sie ein enges persönliches Verhältnis zu Bischof Meinwerk von Paderborn verband. Wie die Quellenanalyse ergab, hat sich Kunigunde für Paderborn nicht unmittelbar nach ihrer dortigen Krönung im Jahre 1002[12] für den damaligen Bischof Rethar oder die Diözese eingesetzt.[13] Es finden sich erst nach der

---

[9] Thietmar von Merseburg: Chronik [Anm. 3]; von Oefele, Edmund (Hrsg.): Annales Altahenses maiores (MGH. SS rer. Germ. [4]). Hannover 1891; Annales Hildesheimenses [Anm. 4]; Giese, Martina (Hrsg.): Annales Quedlinburgenses (MGH. SS rer. Germ. 72). Hannover 2004; Adalbold von Utrecht: Vita Heinrici II imperatoris, übers. und eingeleitet v. Markus Schütz, in: Berichte des Historischen Vereins Bamberg 135 (1999), S. 135-198; Tenckhoff, Franz (Hrsg.): Vita Meinwerci, episcopi Patherbrunnensis (MGH. SS rer. Germ. 59). Hannover 1921.

[10] Es handelt sich um die Bischöfe Heinrich von Würzburg (995-1018), Eberhard von Bamberg (1007-1040) und Burchard von Worms (1000-1025).

[11] Vgl. z. B. die Beiträge im Sammelband Wemhoff, Matthias (Hrsg.): Kunigunde, empfange die Krone. Paderborn 2002.

[12] Kunigunde wurde am 10. August, dem Laurentiustag, in Paderborn von Erzbischof Willigis von Mainz zur Königin gekrönt. Vgl. Thietmar von Merseburg: Chronik [Anm. 3] V, 19, S. 243 *[...] ad Patherbrunnon leti proficiscuntur. Postera luce, que mundo festiva illuxit beati Laurencii martirio, domna Cunegundis benedictionem et coronam et Sophia soror imperatoris a rege iam constituta abbatissa consecracionem a Willigiso archiepiscopo humaliter susceperunt.*

[13] Vgl. Göttmann, Frank/ Hüser, Karl/ Jarnut, Jörg (Hrsg.): Paderborn. Geschichte der Stadt in ihrer Region. Bd. 1: Das Mittelalter. Bischofsherrschaft und Stadtgemeinde. Paderborn u. a. ²2000, S. 68-74.

Erhebung Meinwerks zum Paderborner Bischof im Jahre 1009[14] in regelmäßigen Abständen Fürsprachen der Königin und späteren Kaiserin für das Bistum.[15] Überdies lassen sich in vielen Fällen gemeinsame Interventionen Kunigundes und Meinwerks aufzeigen,[16] der sich in besonderem Maße im Reichsdienst verdient gemacht hatte.[17]

Dieses eine Beispiel zeigt, dass sich zur Rolle der Königin neue, teils überraschende Erkenntnisse gewinnen lassen, obwohl das Thema als Ganzes, insbesondere aber die Person Kunigunde in den letzten Jahren intensiv bearbeitet worden ist.[18] Voraussetzung für diese neuen Einsichten ist eine veränderte Herangehensweise, die die Frage nach den persönlich-personellen Voraussetzungen des Wirkens der Königin in den Mittelpunkt rückt und zugleich den Blick auf die mit ihrer Person, aber auch mit ihrem Amt in Beziehung stehenden Kommunikationsvorgänge richtet.

Vor diesem Hintergrund erscheint es sinnvoll, die für Kunigunde erzielten Resultate im Rahmen einer größeren Untersuchung zunächst in komparatistischer Perspektive zu überprüfen. Als Vergleichsmaßstab drängt sich eine Untersuchung Giselas, der Gemahlin Konrads II., geradezu auf. Die Lebens- und Regierungszeiten Kunigundes und Giselas lagen nah beisammen und ihre Lebenswege weisen auffallende Gemeinsamkeiten auf. So wurden beide nicht als Gemahlinnen eines Königs ausgesucht, sondern waren schon zu einem Zeitpunkt an der Seite ihrer Ehemänner, als deren Königtum noch keineswegs absehbar war.[19] Beide wurden zu Königinnen und Kaiserinnen ge-

---

[14] Ebd., S. 77-78.

[15] Erstmals in MGH. D H II 225 (1011 April 10). Weitere Interventionen Kunigundes finden sich in MGH. DD H II 265a (1013 April 24), 328 (1015 Januar 15), 342 (1016 Januar 10), 343 (1016 Januar 14), 344 (1016 Januar 14), 368 (1017), 371 (1017 Juli 11), 385 (1018 April 12), 403 (1019 März 20), 422 (1020 April 23), 439 (1021 Februar 16), 440 (1021 März 1), 484 (1023 Januar 14), 485 (1023 Januar 14).

[16] So in MGH. DD H II 225 (1011 April 10), 266 (1013), 344 (1016 Januar 14), 402 (1019 März 16), 421 (1020 Februar 18), 439 (1021 Februar 16), 444 (1021 Juli 28), 486 (1023 Januar 14).

[17] So wird Meinwerk in MGH. D H II 484 (1023 Januar 14) für seine unermüdlichen Dienste ausgezeichnet: [...] *quod Meinuuercus Paderbrunnensis aecclesiae venerabilis episcopus plus caeteris fidelibus nostris in sevitute nostra iugi devocione sudavit* [...].

[18] Vgl. Fößel, Amalie: Die Königin im mittelalterlichen Reich: Herrschaftsausübung, Herrschaftsrechte, Handlungsspielräume (Mittelalter-Forschungen 4). Stuttgart 2000, die den bisherigen Stand der Forschung widerspiegelt. Zu Kunigunde z. B. Baumgärtner, Ingrid (Hrsg.): Kunigunde – eine Kaiserin an der Jahrtausendwende. Kassel 1997; Pflefka [Anm. 6]; ders.: Heilige und Herrscherin – Heilige oder Herrscherin? Rekonstruktionsversuche zu Kaiserin Kunigunde, in: Berichte des Historischen Vereins Bamberg 137 (2001), S. 35-52. Verwiesen sei an dieser Stelle auf eine Bamberger Datenbank, die Zeugnisse des 11. bis ins 16. Jahrhundert zu Kunigunde sammelt. Vgl. dazu Meyer, Carla: „Kunigunde – weibliche Frömmigkeit in Franken". Landesgeschichtliches Forschungsprojekt, in: Marianne Heimbach-Steins u. a. (Hrsg.): Genderforschung in Bamberg (Forschungsforum Heft 11, Berichte aus der Otto-Friedrich-Universität Bamberg). Bamberg 2003, S. 122-124.

[19] Die Ehe von Heinrich und Kunigunde wurde 995/997 oder im Jahr 1000 geschlossen. Vgl. Weinfurter [Anm. 1], S. 94. Die Heirat von Konrad und Gisela fand spätestens im Januar 1017 statt. Vgl. Wolfram, Herwig: Konrad II. 990-1039. Kaiser dreier Reiche. München 2000, S. 53.

krönt.[20] Beide waren in vielerlei Weise in die königliche Herrschaft eingebunden, wie aus der Vielzahl ihrer Interventionen in den Diplomen abzulesen ist. Beide Herrscherinnen waren politisch aktiv; sie sollen beispielsweise Einfluss auf die Besetzung von Kirchenämtern genommen haben. Beide übernahmen mehrfach in Konfliktsituationen Vermittlungsaufgaben.[21] Überdies überlebten beide ihre königlichen Ehemänner und spielten danach für eine bestimmte Zeit weiterhin eine wichtige Rolle innerhalb des Herrschaftsgefüges. Was diesen letzten Punkt betrifft, unterscheidet sich ihr weiterer Lebensweg freilich.

Kunigunde hatte entscheidenden Anteil an der Bewahrung einer friedlichen Situation im Reich nach dem Tode Heinrichs II. 1024, war an den Vorbereitungen einer damit erforderlich gewordenen Königsneuwahl in führender Rolle beteiligt und übergab dem neu gewählten König Konrad II. schließlich die Reichsinsignien, die ihr Heinrich vor seinem Ableben anvertraut hatte. Nach 1025 trat die Kaiserinwitwe allerdings in das von ihr gegründete Benediktinerinnenkloster Kaufungen ein.[22] Anders Gisela: Die Nachfolge Konrads II. war bereits seit geraumer Zeit geregelt, dennoch agierte Gisela nach dem Tode ihres Gemahls im Jahre 1039 für einige Zeit an der Seite ihres damals verwitweten Sohnes, Heinrichs III., doch zog sie sich ab 1041 wohl in Folge von Spannungen zunehmend zurück. Am 15. Februar 1043 starb Gisela in Goslar.[23]

Doch neben diesen genannten Übereinstimmungen gibt es deutliche Unterschiede im Leben der beiden Frauen: So blieb Kunigundes Ehe mit Heinrich II. kinderlos,[24] während Gisela nicht nur insgesamt drei Mal verheiratet war, sondern auch mehrere

---

[20] Kunigunde wurde 1002 zur Königin und 1014 zur Kaiserin gekrönt. Vgl. Weinfurter [Anm. 1], S. 61, 97, 238-239. Giselas Königinnen-Krönung wurde am 21. September 1024 vom Kölner Erzbischof Pilgrim durchgeführt, nachdem Erzbischof Aribo von Mainz ihr diese verweigert hatte. Vgl. dazu Wolfram [Anm. 19], S. 64ff. In der Forschung gab es viele Diskussionen über die abgelehnte Krönung durch Aribo. Vgl. z. B. Bischoff, Norbert: Über die Chronologie der Kaiserin Gisela und über die Verweigerung ihrer Krönung durch Aribo von Mainz, in: Mitteilungen des Instituts für Österreichische Geschichtsforschung 58 (1950), S. 285-309. Die kaiserliche Weihe erhielt Gisela gemeinsam mit Konrad II. 1027. Vgl. Wolfram [Anm. 19], S. 121.

[21] Vermittelnd tätig wurde Kunigunde beispielsweise in der sogenannten Moselfehde, auch zugunsten Herzog Hermanns II. von Schwaben sowie für Mieszko von Polen. Vgl. Wendehorst, Alfred: Art. Kunigunde, in: Lexikon des Mittelalters. Bd. 5 (1991), Sp. 1570-1571. Gisela vermittelte beim Zustandekommen des Vertrages von Basel, durch den Burgund an das deutsche Reich fiel und vor allem in der Auseinandersetzung Konrads II. mit seinem Stiefsohn, Herzog Ernst. Vgl. Struve, Tilmann: Art. Gisela, in: Lexikon des Mittelalters. Bd. 4 (1989), Sp. 1465.

[22] Zu den Vorgängen im Reich nach dem Tod Heinrichs II. vgl. die Schilderungen Wipos: Gesta Chuonradi II. imperatoris, in: Harry Bresslau (Hrsg.): Die Werke Wipos (MGH. SS rer. Germ. [61]). Hannover/ Leipzig ³1915, cap. 1, S. 9.

[23] Vgl. Wolfram [Anm. 19], S. 362.

[24] Die Kinderlosigkeit des Kaiserpaares wurde in den nachfolgenden Jahrhunderten als „Ausdruck heiligmäßiger Enthaltsamkeit" gedeutet. Vgl. Weinfurter [Anm. 1], S. 93.

Söhne gebar.[25] Am markantesten ist jedoch die unterschiedliche Beurteilung der beiden Königinnen: Kunigunde wurde im Jahr 1200 heilig gesprochen, was nicht zuletzt das Entstehen zahlreicher Legenden begünstigte und Niederschlag in bildlichen Darstellungen ihrer Person fand.[26] Gisela hingegen war in der hochmittelalterlichen Historiographie aufgrund ihrer drei Ehen keineswegs unumstritten und wird auch in der modernen Forschung kritischer als ihre Vorgängerin Kunigunde gesehen und weniger beachtet. So hat Königin Gisela bislang keine würdigende monographische Betrachtung erfahren,[27] was aber im Zusammenhang der geplanten Untersuchung ansatzweise geleistet werden soll. Die Untersuchung der geschilderten Thematik bietet sich in einem größeren Rahmen an und soll daher als Dissertation erfolgen.[28]

Ein wichtiger Aspekt des Projekts zur Königin ist der Frage gewidmet, ob es einen spezifisch weiblichen Anteil an Kommunikation von und zum Königshof gab. Das heißt, es gilt zu untersuchen, ob sich Personengruppen und Institutionen gezielt an die Königin wandten und um wen es sich dabei handelte. Damit hängt die Frage zusammen, ob die Königin im Prozess des Nachrichtenaustausches eine institutionelle und damit gleichsam transpersonale Stellung besaß oder ob ihr Einfluss vor allem auf ihrer jeweiligen Persönlichkeit und ihrer Herkunft beruhte. Zu fragen ist auch danach, welche Konsequenzen das Fehlen einer Königin hatte: Wurden Ersatzlösungen gesucht? Hatten königliche Ehelosigkeit und schwierige Ehen negative Auswirkungen für die Herrschaft?

---

[25] Gisela war vor ihrer Heirat mit Konrad II. in zwei Ehen mit Bruno von Braunschweig und dem Babenberger Ernst I. verbunden. Lange Zeit wurde in der Forschung über die Reihenfolge dieser Ehen diskutiert. Vgl. zusammenfassend Wolfram [Anm. 19], S. 49-55.

[26] Vgl. Weinfurter [Anm. 1], S. 12.

[27] Eine kritische Sichtung der Aktivitäten Giselas steht bislang noch aus. In den grundlegenden Monographien zu Konrad II. wird die Rolle Giselas mehrfach mitbehandelt: Erkens, Franz-Reiner: Konrad II. (um 990-1039). Herrschaft und Reich des ersten Salierkaisers. Regensburg 1998, v.a. S. 31-37 und S. 50-55; Wolfram [Anm. 19], v.a. S. 49-59. Den aktuellen Forschungsstand repräsentieren darüber hinaus vor allem Fößel [Anm. 18], v.a. S. 21-23, 269-273, 285-293; Jäschke, Kurt-Ulrich: *Tamen virilis probitas in femina vecit*. Ein hochmittelalterlicher Hofkapellan und die Herrscherinnen – Wipos Äußerungen über Kaiserinnen und Königinnen seiner Zeit, in: Klaus Herbers/ Hans Henning Kortüm/ Carlo Servatius (Hrsg.): Ex ipsis rerum documentis. Beiträge zur Mediävistik. Festschrift für Harald Zimmermann zum 65. Geburtstag. Sigmaringen 1991, S. 429-448; ders.: Notwendige Gefährtinnen. Königinnen der Salierzeit als Herrscherinnen und Ehefrauen im römisch-deutschen Reich des 11. und beginnenden 12. Jahrhunderts (Historie und Politik 1). Saarbrücken 1991, S. 47-83; Thoma, Gertrud: Kaiserin Gisela, in: Karl Schnith (Hrsg.): Frauen des Mittelalters in Lebensbildern. München 1997, S. 91-120.

[28] Die Verfasserin arbeitet zurzeit an einer entsprechenden Dissertation mit dem Arbeitstitel „Kaiserin Gisela – Ehefrau, Mutter und Königin" im DFG-geförderten Graduiertenkolleg „Generationenbewusstsein und Generationenkonflikte in Antike und Mittelalter" an der Otto-Friedrich-Universität Bamberg.

Ferner gilt es die durch die Kommunikationsbeziehungen der Königinnen erfassten Räume und Regionen zu analysieren, um auf diese Weise mögliche Schwerpunktverlagerungen von Königin zu Königin auszumachen.

Von den bereits genannten Königinnen Kunigunde und Gisela ausgehend, sollen die Ergebnisse von der Karolinger- und Ottonenzeit bis in die frühstaufische Epoche vergleichend eingeordnet werden. Davon sind über die Rolle der Königin hinaus grundsätzliche Erkenntnisse zum Prozess der Kommunikation im Früh- und Hochmittelalter zu erwarten.

Die auf diese Weise gewonnenen Resultate sollen unser Verständnis von den Aufgaben der Königin ebenso bereichern wie dazu beitragen, die Funktionsweise der mittelalterlichen Königsherrschaft um zusätzliche Einsichten zu erweitern.

Um das geschilderte Vorhaben in einen größeren Kontext einzubetten, scheint es hilfreich, an dieser Stelle die bisherigen Befunde zur Rolle der Königin kurz zu skizzieren und zugleich erste Erkenntnisse zur Königin innerhalb der früh- und hochmittelalterlichen Kommunikation zu präsentieren:[29] In den letzten Jahrzehnten standen die mittelalterlichen Frauen im Allgemeinen und die Herrscherinnen im Speziellen in zahlreichen Untersuchungen im Blickfeld der Betrachtungen.[30] Interesse wurde vor allem herausragenden Königinnen entgegen gebracht wie etwa Theophanu, der aus Byzanz stammenden Gemahlin Ottos II. Daneben wurden vielfältige Aufgabenbereiche der Herrscherinnen herausgearbeitet: Hierzu zählen Regentschaften für minderjährige Söhne oder Enkel,[31] Statthalter- und Reichsverweserschaften,[32] memoriale Tätigkeiten, Kloster- und Stiftsgründungen[33] sowie Vermittlungsaufgaben,[34] die besonders in den

---

[29] Die nachfolgenden Ausführungen sind das Ergebnis des im Sommersemester 2004 stattgefundenen Hauptseminares „Cherchez la femme – Die Rolle der Königin vom 8. bis ins 12. Jahrhundert" am Historischen Institut der Friedrich-Schiller-Universität Jena, Lehrstuhl für Mittelalterliche Geschichte unter der Leitung von PD Dr. Stephan Freund.

[30] Vgl. hierzu Anm. 18. Zu neuen Studien stellvertretend: van Eickels, Klaus: Politische Inszenierung von Geschlecht: Herrscher und Herrscherinnen. Warum mittelalterliche Königinnen herrschten, aber nicht regierten ... , in: Heimbach-Steins [Anm. 18], S. 117-120 sowie Gesellschaft für staufische Geschichte e. V. (Hrsg.): Frauen der Staufer (Schriften zur staufischen Geschichte und Kunst 25). Göppingen 2006.

[31] Vgl. Kölzer, Theo: Das Königtum Minderjähriger im fränkisch-deutschen Mittelalter. Eine Skizze, in: Historische Zeitschrift 251 (1990), S. 291-323; Offergeld, Thilo: Reges pueri. Das Königtum Minderjähriger im frühen Mittelalter (MGH. Schriften 50). Hannover 2001.

[32] Zu Reichsverweserschaft und Statthalterschaft der Königin zuletzt Fößel [Anm. 18], S. 317-372.

[33] Vgl. Corbet, Patrick: Les saint ottoniens. Sainteté dynastique, sainteté royale et sainteté féminine autour de l'an Mil (Beiheft der Francia 15). Sigmaringen 1986; Müller-Wiegand, Daniela: Vermitteln – Beraten – Erinnern. Funktionen und Aufgabenfelder von Frauen in der ottonischen Herrscherfamilie (919-1024). Kassel 2005, S. 231-289.

[34] Görich [Anm. 8], S. 251-291; Baumgärtner, Ingrid: Fürsprache, Rat und Tat, Erinnerung: Kunigundes Aufgaben als Herrscherin, in: Stefanie Dick/ Jörg Jarnut/ Matthias Wemhoff (Hrsg.): Kunigunde – consors regni. Vortragsreihe zum tausendjährigen Jubiläum der Krönung Kunigundes in Paderborn (1002-2002) (MittelalterStudien des Instituts zur Interdisziplinären Er-

Königsurkunden in den bereits angesprochenen Interventionsformeln sichtbar werden. Alle diese von den Königinnen ausgeübten Tätigkeiten bedurften einer funktionierenden Kommunikation mit Vertrauten, Mitwirkenden, Amtsträgern usw. sowie eines zuverlässig funktionierenden Nachrichtenaustausches. Hinweise dafür, dass die Königin dabei innerhalb des Nachrichtenaustausches im mittelalterlichen Reich eine besondere Rolle gespielt hat, gibt es bereits in karolingischer Zeit: Der dritten Gemahlin Karls des Großen, Fastrada, sowie den Ehefrauen Ludwigs des Frommen Irmingard und Judith werden – nicht immer positive – Einflussnahmen auf die Entscheidungen der königlichen Ehemänner nachgesagt. Alle drei genannten Königinnen können in den Zusammenhang zur Beförderung von Nachrichten von und zum Königshof gebracht werden; Fastrada beispielsweise nahm dabei eine Schlüsselstellung ein. Judith verfügte daneben über ein ausgesprochen dichtes Kommunikationsnetz, von dem sie in Krisenzeiten abgeschnitten wurde, indem sie von ihrem Gemahl getrennt und sich möglichst weit vom Ort des Geschehens aufhalten musste. Von Judith sind erstmals sieben Interventionen in den Urkunden Ludwigs erhalten, wobei beachtet werden muss, dass die Nennung von Intervenienten in der Karolingerzeit noch nicht die Regel war. Während der Regierungszeit Ottos des Großen treten dann in den Diplomen vermehrt Fürsprecher auf, so dass diese nun zu einer methodischen Untersuchung herangezogen werden können. Bei Adelheid, der zweiten Ehefrau Ottos I., ist die Interventionstätigkeit der Herrschergattin besonders auffällig: Adelheid vermittelte in nahezu der Hälfte der Urkunden Ottos, hauptsächlich für Schenkungen und Besitzbestätigungen. Da Adelheid bekanntermaßen Witwe König Lothars von Italien war, lassen sich zudem überregionale Kommunikationsstrukturen aufzeigen. Diese waren für Otto von besonderer Bedeutung, erleichterte ihm Adelheid damit doch den Weg nach Italien und zur Kaiserkrone.

Auf die umfangreichen Interventionstätigkeiten Kunigundes und Giselas, die ihren Niederschlag in den Königsurkunden gefunden haben, wurde bereits hingewiesen. Weitere Beispiele, wie die Betrachtung Agnes' von Poitou, der zweiten Ehefrau Heinrichs III., Berthas von Turin, der Ehefrau Heinrichs IV., sowie Richenzas, der Gemahlin Lothars von Süpplingenburg können die zunächst als Arbeitsthese formulierte Behauptung, die Königin habe einen strukturell bedeutsamen Anteil innerhalb der Kommunikationsnetze des früh- und hochmittelalterlichen Königtums besessen und wurde in dieser Funktion auch ganz bewusst gesucht, unterstreichen. Das aber heißt, dass die Königin nicht nur eine wichtige Position im Herrschaftsgefüge einnahm, sondern dass sie regelrecht herrschaftsstabilisierende Wirkung hatte. Die Nennung von Einzelheiten kann allerdings an dieser Stelle nicht erfolgen.

Wagt man am Ende einen Ausblick, so ist festzustellen, dass sich die Kommunikationsstrukturen in der zweiten Hälfte des 11. bis zur Mitte des 12. Jahrhunderts ändern:

---

forschung des Mittelalters und seines Nachwirkens, Paderborn, 5). München 2004, S. 47-69. Vgl. auch Müller-Wiegand [Anm. 33], S. 104-147.

Die Königin innerhalb der früh- und hochmittelalterlichen Kommunikation

Parallel zu den abnehmenden Aufgaben der Königin ging ihr Anteil an der Kommunikation zurück. Im Spätmittelalter schließlich übte die Königin kaum noch Herrschaftsrechte aus, was sich auch daran zeigt, dass sie fernab vom König auf einem eigenen Sitz „residierte".[35]

---

[35] Vgl. zur veränderten Rolle der Königin im Spätmittelalter Fößel [Anm. 18], S. 386-387.

Norbert Brieskorn SJ

Drei päpstliche Akte und ihre Wirkung auf drei Gemeinschaften

I. Einleitung

Wir haben es mit drei juristischen Instituten[1] und mit drei Verfahren zu tun: Mit der Exkommunikation, der *Depositio* und der *Solutio*, der Lösung der Untertanen vom Eid. Diese Institute entfalteten je bestimmte Wirkungen in drei sozialen Räumen, bzw. innerhalb der Beziehungen zwischen Papst und Kaiser, zwischen Kaiser und Untertanen sowie zwischen Papst und Untertanen.

Im Folgenden wird es darum gehen, bewusst zu machen, dass das Papsttum mit diesen drei Möglichkeiten, mit jeder für sich genommen und mit allen drei zusammen, Politik für und gegen Gemeinschaften betrieb, letztlich um seiner Ansicht nach die Einheit der Christenheit zu wahren. In Weiterführung bisheriger Forschungen gehe ich stärker auf die einschlägigen Stellungnahmen des Bernaldus von Konstanz sowie die Wirkungsgeschichte der drei Institute ein; auch ordne ich die drei Akte genauer ein.

---

[1] Ich darf verweisen auf: Warrant, Robert/ Carlyle, A. J.: A History of Medieval Political Theory in the West. Bd. 2. Edinborough/ London 1928; Hinschius, Paul: System des katholischen Kirchenrechts. Bd. 5. Berlin 1893; Hageneder, Othmar: Das päpstliche Recht der Fürstenabsetzung, in: Archivum Historiae Pontificiae 1 (1963), S. 53-95; Schnith, Karl: Gedanken zu den Königsabsetzungen im Spätmittelalter, in: Historisches Jahrbuch der Görresgesellschaft 91 (1971), S. 309-320; ders.: Herrscherabsetzungen, in: Lexikon des Mittelalters. Bd. 4 (1989), Sp. 2181-2182; Struve, Tilman: Das Problem der Eideslösung in den Streitschriften des Investiturstreits, in: Zeitschrift für Rechtsgeschichte. Kanonistische Abteilung 75 (1989), S. 107-132.

II. Rechtliche Bewertung der drei Maßnahmen

1. Die Exkommunikation

Die Exkommunikation als die bekanntere Strafe bedarf nur weniger Hinweise. Bernald von Konstanz[2] wies darauf hin, dass der Papst ebenso wie Bischöfe[3] auch König und Kaiser zu exkommunizieren vermag.[4] Trotz oder gerade wegen der von dieser Person verlangten Integrations- und Kommunikationskraft war sie von solcher Strafe nicht ausgenommen.

2.1 Die Deposition

Als Paradebeispiel diente in der Diskussion um die Absetzung der Fall:

> Mit derselben Autorität hat der heilige Papst Stephanus II. Childerich, den König der Franken, wegen seiner Unfähigkeit abgesetzt, den Kahlgeschorenen ins Kloster verbannt und an seiner Stelle Pippin als König eingesetzt. Es darf nicht verwundern, dass den römischen Päpsten die Macht zusteht, den weltlichen Herrschern ihre weltliche Macht wegnehmen zu können. Zweck ist es, dass jene nicht weiter über Christen herrschen, welche die Päpste völlig vom Körper

---

[2] Anlässlich der Arbeiten über Bernhold von Konstanz, der auch als Bernald bezeichnet wird, stieß der Verfasser auf diese Problematik. Siehe Brieskorn, Norbert: Bernold von Konstanz – Eine Allgemeine Rechtslehre in den Streitschriften, in: Festschrift Johannes Mühlsteiger zum 80. Geburtstag. Berlin 2006, S. 415-435.

[3] Bernaldi libellus: Apologeticae Rationes contra schismaticorum objectiones, hrsg. v. Friedrich Thaner (MGH, Libelli de lite, Tomus II). Hannover 1892, S. 99, 20-27. 30-31: *Nos ad periurium, ut notatis, dominus noster Gregorius papa non impulit, sed a iuramento subiectionis eadem auctoritate absolvit, qua et prelatos eorum deponere et excommunicare potuit [...]. Sic semper sancta mater ecclesia filios suos de manibus depositorum et excommunicatorum absque omni nota periurii emancipare consuevit, etiamsi eis subiectionem iuramento promiserint [...] Aurelium Carthaginensem episcopum a beato Bonefacio et Celestino pontificibus excommunicatum legimus.*

[4] Dictatus Papae, c. XII: *quod illi liceat imperatores deponere*, in: Registrum Gregorii, hrsg. v. Erich Caspar (MGH. Epist. Sel. II). II. 55 a, S. 204; zur Rechtsgrundlage siehe auch Hinschius [Anm. 1], S. 45. Außer der Bannung von König Heinrich IV. am 22. Februar 1076 sowie 1080 sprachen Päpste Exkommunikationen gegen Könige und Kaiser aus: gegen Heinrich V. (1106-1125), im Bann von 1111-1122; Friedrich I. Barbarossa (1152-1190) im Bann von 1160-1177; Otto IV. (1198-1218) im Bann von 1210-1218; Friedrich II. (1212-1250), im Bann von 1227-1230 und von 1239-1250; Ludwig IV. der Bayer (1314-1347) im Bann von 1324-1347; Schneidmüller, Bernd: Canossa – Das Ereignis, in: Christoph Stiegemann in Vbdg. mit Matthias Wemhoff (Hrsg.): Canossa 1077. Erschütterung der Welt. Geschichte, Kunst und Kultur am Aufgang der Romanik. Bd. 1: Essays. München 2006, S. 36-48, hier 44 b.

[der Kirche] abtrennen können, damit sie nicht weiterhin die höchste Stelle unter den Christen einnehmen können.⁵

Und in einer anderen Schrift betonte Bernaldus:

> Papst Gregor hatte festgesetzt, dass Könige von ihren Thronen zu stürzen und von der Teilnahme am eucharistischen Mahl auszuschließen seien, wenn sie unter dem Verdacht stünden, die Beschlüsse des Heiligen Stuhles zu missachten.⁶

2.2 Ein Zeugnis aus der Mitte des 13. Jahrhunderts

Da der Papst nicht nur auf zahlreiche Verbrechen derselben Art, sondern auch auf zahlreiche Arten von Verbrechen mit der Absetzung des Kaisers antwortet, muss der Anlass eines solchen Absetzungsurteils ein erheblicher schwerer Grund sein. Die Absetzung eines Kaisers ist ja nicht mit der Absetzung von Klerikern zu vergleichen, wo eine jede Sünde die Absetzung zu rechtfertigen vermag: 25. Dist. primum (c. 6); 50. Dist. So dass festzulegen ist (c. 25): Kaiser und andere Herrscher sind also nur abzusetzen, wenn man nur so große und vielfältige Gefahren vermeiden kann. Zu ‚Gefahr' und ‚Grund' sei angemerkt: Dass man nicht mit aller Strenge vorzugehen braucht: s. unten: de cleri. exco. mi. latores (Liber Extra. V. 27. 4). Ein Grund ist, dass Kaiser und Herrscher nicht in der Sakramentenverwaltung tätig sind, die Kleriker aber sehr wohl; und das erfordert es, dass letztere ohne Sünde seien: 31. Dist. tenere (c. 3).⁷

---

⁵ *Bernaldi libellus de solutione iuramentorum*, hrsg. v. Friedrich Thaner (MGH, Libelli de lite, Tomus II). Hannover 1892, S. 146-149, hier S. 148, 15-20: *Eadem autem auctoritate beatus Stephanus papa huius nominis secundus Hildericum regem Franchorum pro ignavia sua deposuit et depositum atque detonsum in monasterium misit et Pipinum ei in regem substituit. Nec mirandum, si Romani pontifices saecularibus saeculares dignitates possunt auferre, ne christianis principentur, quos penitus a corpore detruncare possunt, ne vel ultimum locum inter christianos habere videantur.* ‚Das Decretum Magistri Gratiani' gab das Recht zur Absetzung als gar nicht diskutierbare Befugnis des Papstes aus: C.15 q.6 c.3; hier sei schon auf die von Gratian hergestellte enge Verbindung von Absetzung und Eideslösung hingewiesen; es heißt in c. 3: *A fidelitatis etiam iuramento Romanus pontifex nonnullos absolvit, cum aliquos a suis dignitatibus deponit.* (Decretum Magistri Gratiani, hrsg. v. Emil Friedberg [Corpus Iuris Canonci I]. Leipzig 1879, Sp. 756).

⁶ Bernaldi libellus [Anm. 3], S. 97, 28-30: *[...] Gregorius Papa decrevit, ut reges a suis dignitatibus caderent et participatione corporis et sanguinis Domini carerent, si sedis apostolicae decreta contempnere presumerent.*

⁷ Sinibaldus Fliscus (Innocenz IV.): Apparatus in V Libros Decretalium. Frankfurt 1570 (Neudruck Frankfurt 1968), f. 317 rb. Zu II. 27 (‚De sententia et re iudicata'). Im Anschluss an cap. 26 kommentiert Innozenz seine eigene Dekretale ‚Ad Apostolice Sedis': *Papa quod non solum multa crimina, sed etiam multa genera peccatorum subiecit sententiae depositorie imperatoris, magna enim causa subesse debet depositioni imperatoris. Non est simile eius ad depositionem clericorum, quod pro quolibet peccato deponi possunt. 25. Dist. primum; 50. Dist. ut constitueretur; quia imperatores et alii principes deponi non possunt absque magnis & multis periculis, & periculum et causa, quare aliquid detrahitur rigori, inf. de cleri. exco. mi.latores. Item imperatores et principes non ministrant in sacramentis ecclesiae, sed clerici sic, & ideo*

2.3 Die *Solutio iuramenti*

2.3.1. Bezüglich der Kompetenz zu einem solchen Akt hob Bernald im ‚Tractatus de solutione iuramenti' ab auf das

> Recht der kirchlichen und apostolischen Autorität [...], welche durch lange Tradition die ihr Unterstehenden von ihrem Eid zu lösen und ihre kirchlichen Amtsträger abzusetzen vermag [...] Christus hat allein Petrus diese Macht verliehen, sie ging aber auf seine Nachfolger gewohnheitsrechtlich über,[8]

und in Fortführung des oben zitierten Textes aus ‚Apologeticae rationes' fügte Bernaldus an: „Gleichfalls hat [...] der heilige Papst Stephanus ... alle Franken völlig aus der Herrschaft und der Eidesbindung gegenüber König Childerich herausgenommen."[9] Auf die Absetzung folgte somit die Entbindung der Untertanen vom Eid.

2.3.2. Zur Diskussion des 11. Jahrhunderts über den Zusammenhang von Exkommunikation, *Depositio* und *Solutio*

a) Um die Rechtsnatur dieses päpstlichen Aktes entstanden nun allerdings immer auch Unsicherheit und Streit.[10] So richtete sich Stephan von Tournai an die Bestreiter dieses päpstlichen Rechtes:

> Es gibt welche, die behaupten, dass der Papst niemandem von seinem Eid lösen könne. Der Papst zeige nämlich nur auf, dass der Betreffende [z. B. Kaiser] gelöst sei, so wie ja auch der Priester nicht die Sünden nachlässt, sondern nur zeigt, dass sie nachgelassen seien.[11]

Damit läge also kein performativer, sondern ein deklarativer Akt vor! Diese Ansicht setzte sich jedoch nicht durch, fand sie ja nicht einmal in der Auffassung von der Binde- und Lösegewalt einen Halt. Die Lossprechung durch den Beichtvater zeigte

---

    oportet eos sine peccato esse. 31. Dist. tenere. Fundort der Dekretale: Liber Sextus II. 14. 2, hrsg. v. E. Friedberg (Corpus Iuris Canonici II). Leipzig 1881, Sp. 1008-1011.

[8]   Bernaldi libellus [Anm. 5], S. 147, 13-15. 19-22. 28-31: *[...] aecclesiasticam et apostolicam auctoritatem [...] quae tam efficaciter subiectos absolvere, quam prelatos eorum deponere hactenus consuevit [...]. Dominus noster Iesus Christus in euangelio hanc [...] Petro dedit potestatem [...] [Mt 16, 19]. Haec potestas in solo Petro remansit, sed et [...] in alios apostolos immo in omnes aecclesiarum principes, commeavit [...]. presules apostolici [...] quoslibet in aecclesia prelatos pro certis criminibus deponere consueverunt, et adhuc deponere possunt.*; siehe Dictatus Papae [Anm. 4]: *Quod a fidelitate iniquorum subiectos potest absolvere.*

[9]   Bernaldi libellus [Anm. 5], S. 148, 41-43: *Item beatus Stephanus papa [...] omnes Francigenas a dominio et iuramento subiectionis Hilderici regis penitus absolvisse legitur.*

[10] Ders., S. 147, 10-18 handelt von der Verwirrung, welche die Gegner der Kirche unter den Gläubigen anrichten, indem ihnen gesagt wird, sie würden mit der Gehorsamsverweigerung gegenüber den exkommunizierten Herrschern einen Meineid begehen.

[11] Summa des Stephanus Tornacensis über das *Decretum Gratiani*, hrsg. v. J. Friedrich von Schulte. Giessen 1891, S. 221. Zu C. 15 q. 6 c. 2. ‚verbum: Auctorit.': *Sunt qui dicunt, quod apostolicus neminem potest absolvere a juramento, sed ostendit eum absolutum, sicut sacerdos non dimittit peccatum, sed dimissum ostendit.*: zitiert in Carlyle [Anm. 1], S. 202.

nach Ansicht der Theologen nicht bloß die Vergebung der Sünden durch Gott an, sondern bewirkte die Lösung von ihnen.

b) Es war weiterhin klarzustellen, wem der Eid galt, dem Amtsträger oder der Person, die entsetzt wurde. Rufinus schrieb in seiner Dekretsumme:

> Hier ist nun zu wissen, dass die Treueide einmal der konkreten Person, das andere Mal dem Menschen als Amtsinhaber geleistet werden [...] Wenn nun einer dem konkreten Menschen Gehorsam versprach, so wird er ihm immer durch Eid verbunden bleiben, außer dieser sein Herr wird von der Kirche exkommuniziert werden. Während der Zeit der Exkommunikation darf der an die Person Gebundene auch nicht dem Herrn dienen [...]. Hat er aber dem anderen unter Rücksicht dessen Amtes Gehorsam versprochen, so wird er, sobald der Herr sein Amt nach kanonischem Verfahren oder sonst in rechtmäßiger Weise (*iuratorum*) verloren haben wird, in keiner Weise dem Herrn noch verpflichtet sein [...]. Diese haben nämlich als Franken dem König der Franken in Hinsicht seines königlichen Amtes geschworen; sobald aber der König rechtmäßig sein Königreich verloren hat, ist auch das Gehorsamsband erloschen.[12]

Ist somit der Eid der Person geleistet, löst ihn die Exkommunikation auf, gilt hingegen der Eid dem Amtsträger, endet der Eid mit der Absetzung. Noch einmal Bernold:

> Wenn wir uns diesen Sachverhalt genau anschauen wollen, so wird der Eid dieser Unterwerfung den kirchlichen Oberen nur in Hinsicht auf ihr Amt geleistet, auch wenn der Eid dies nicht eigens ausdrückt. Doch ist es bei der Eidesleistung zweifellos so zu verstehen, dass die eidliche Verpflichtung nur solange Bestand hat, als der Vorsteher diesem seinem Amt auch wirklich vorsteht.[13]

c) Wir sehen also, dass Beziehungen, die in Eidesform eingegangen oder durch Eide verstärkt worden sind, nur Sinn haben und ihren Zweck nur innerhalb eines innerhalb der Kirche begründeten und gelebten Personenverhältnisses erfüllen. Sobald einer der Partner außerhalb der kirchlichen Gemeinschaft steht, gilt das Verhältnis als gelöst. Daraus entstand im 11. Jh. die Überlegung, ob der Eid nicht bereits mit der Exkommunikation aufgehoben wäre, da sich nur so die durch die Exkommunikation angestrebte Isolierung des Herrschers vollziehen ließe. Wenn Thomas von Aquin fragte, ob ein

---

[12] Rufinus von Bologna (Magister Rufinus): *Summa Decretorum*, hrsg. v. Heinrich Singer. Paderborn 1902 (Nachdruck Aalen 1963), S. 350. Zu C. 15 q. 6 c. 3 („Alius item Romanus'): *Hic sciendum est, quod juramenta fidelitatis fiunt aliquando intuitu personarum, aliquando dumtaxat intuitu dignitatum [...]. Si quis itaque intuitu persone iuraverit alicui fidelitatem, semper iuramento obligatus ei tenebitur, nisi suus dominus ab ecclesia fuerit anathemizatus: interea enim, scil. dum in excommunicatione dominus fuerit, fidelis etiam non debet servire ei, ut infra I.II. capp. (c.4 und 5). Si autem intuitu dignitatis quis alteri fidelitatem iuraverit, postquam dominus dignitatem illam canonice perdiderit vel legitime, juratorum ei deinceps obligatus nequaquam erit, ut notatur ex presenti capitulo. Isti enim regi Francorum juraverant Franci intuitu regie potestatis; postquam ergo rex legitime regnum perdidit, juramenti vinculum absolutum fuit.*

[13] Bernaldi libellus [Anm. 5], S. 149, 13-16: *[...] si diligenter considerare volumus, iuramentum subiectionis non solet exhiberi prelatis, nisi pro respectu prelationis, quod etsi iuramento in verbis specialiter non exprimatur, in iuratione tamen subintellegendum esse non dubitatur, videlicet, ut iste illi fideliter subiaceat, quandiu ille isti officio prelationis presideat.*

Drei päpstliche Akte und ihre Wirkung auf drei Gemeinschaften 243

Herrscher wegen seines Glaubensabfalls seine Herrschaft über die Untertanen verlieren würde, so dass sie ihm nicht mehr gehorchen müssten, antwortete er: Unmittelbar dadurch, dass jemand wegen Glaubensabfalls durch Urteilsspruch als exkommuniziert bezeichnet wird, seien ipso facto die Untertanen von seiner Herrschaft und ihrem Gehorsamseid ihm gegenüber befreit.[14] Andererseits gab es auch Fälle, wo man die Solution erst nach „hartnäckigem Verharren des Fürsten in der Exkommunikation" verhängte.[15]

Für Bernaldus ist die Aufhebung der Eide der Untertanen die rechtslogische Folge der *Depositio*, wie die unter b) angegebene Stelle zeigt. Ist hier die Eideslösung Folge der Absetzung, so lässt sich hingegen aus einer anderen Bernaldusstelle herauslesen, dass die Eideslösung Vorbedingung der Absetzung ist. Von solcher Vorgängigkeit der *Solutio* vor der *Depositio* spricht:

> Es ist nun wohl ausreichend klar offengelegt, dass die Nachfolger im Petrusamt sowohl kirchliche wie weltliche Würdenträger ihrer Ämter entsetzen können. Aus diesem Recht ergibt sich aber zwangsläufig, dass die Päpste auch deren Unterworfene aus deren Händen zu befreien vermögen; die Absetzung dieser Würdenträger kann erst dann wirksam vollzogen sein, sobald die ihnen Unterworfenen ihnen entzogen sind.[16]

Juristisches Denken verband also die Akte der *Depositio* und der *Solutio* im Sinne eines Ursache-Wirkungszusammenhangs. Die Absetzung wurde zur Bedingung der Möglichkeit, die Untertanen vom Eid zu lösen; und die Lösung der Untertanen von ihrem dem Herrscher geleisteten Eid vollendete wiederum erst die Absetzung und machte die für sich gesehen gültige Absetzung erst voll wirksam.[17] Kürzer ausgedrückt: Nur wenn die *Depositio* ausgesprochen war, war die Vorbedingung der *Solutio* gesetzt, und diese als Folge möglich; und erst wenn die *Solutio* erfolgt war, erlangte die *Depositio* ihre volle Gültigkeit. Zu unterscheiden sind damit die vollendete Form und die vollendet-voll wirksame Form; denn auch was vollendet ist, muss deshalb noch nicht in Raum und

---

[14] Thomas von Aquin: Summa theologiae II-II, qu. 12, art. 2: *Utrum princeps propter apostasiam a fide amittat dominium in subditos, ita quod eo obedire non teneantur [...] Et ideo quam cito aliquis per sententiam denuntiatur excommunicatus propter apostasiam a fide, ipso facto ejus subditi sunt absoluti a dominio ejus et juramento fidelitatis, quo ei tenebantur.*

[15] So Hinschius [Anm. 1], S. 48 unter Verweis auf ‚Liber Extra'. V. 37 [De poenis]. c. 13 (*c. ult*) und V, 7 [‚De haereticis'], c. 13 § 3 (Hrsg. v. E. Friedberg [Corpus Iuris Canonici II]. Leipzig 1881, Sp. 884 und 788).

[16] Bernaldi libellus [Anm. 5], S. 148, 25-28: *Patet ergo satis aperte, quod presules apostolici tam aecclesiasticos quam saeculares prelatos valeant deponere. Unde et necessario consequitur, ut et subiectos de manibus prelatorum possint emancipare; non enim rata posset esse prelatorum depositio, si subiectorum nulla posset fieri subtractio.*

[17] Ebd., 26-28: *Unde et necessario consequitur, ut [Papae: N. B.] subiectos de manibus praelatorum possint emancipare; non enim rata posset esse prelatorum depositio, si subiectorum nulla posset fieri subtractio.*

Zeit voll wirksam sein. Das Wesen bedarf noch der ihm zukommenden Raum-Zeit-Aktualisierung.[18]

d) Eine weitere Überlegung speist sich gleichsam aus einem ökonomischen und logischen Anliegen. Wenn denn die *Depositio* erst durch die *Solutio* vollendet und somit das letzte Element der Absetzungsmaßnahme die Eideslösung ist, dann könnte, ja müsste man doch auf die *Solutio* als eigene Maßnahme zur Gänze verzichten. Und so erwog man, zwar nicht die *Depositio* im Akt der *Solutio*, wohl aber umgekehrt, die *Solutio* als eigenen Akt in der *Depositio* „verschwinden" zu lassen. Philosophische „Grund-Sätze" wie „Wer die Macht über das Ziel hat, hat auch die Macht über die Mittel", im Klartext für unseren Fall: Wer exkommunizieren und absetzen darf, darf auch vom Eid lösen; oder: Wer ein Ziel anstreben darf, darf auch die dazu unerlässlichen Mittel benutzen, standen diesem Denken Pate. Ein eigener Hinweis auf diesen nun nicht mehr selbständigen performativen Akt wäre unnötig:

> Denn in der kirchenrechtlich gültig vollzogenen Absetzung ist völlig und vollständig die Lösung des Gehorsamseides mit enthalten, die immer mit ersterem als mit vollzogen zu denken ist, auch wenn diese Lösung nicht eigens im Absetzungsurteil genannt ist.[19]

So gab es jene, die für einen eigenständigen Akt der *Solutio* eintraten, und jene, welche ihn als überflüssig verwarfen. Eine Zwischenposition sah mit der Exkommunikation und Absetzung des Königs unmittelbar die Verpflichtungen der Untertanen, der Vasallen, gegenüber dem König erloschen und die Untertanen von ihren Verpflichtungen befreit, hielt es aber für vorteilhaft, dass der Papst der Deutlichkeit halber die *Solutio* in einem eigenen Akt ausspreche.

> Eigentlich wäre es ja nun gar nicht nötig, dass die Kirche die Unterworfenen von dem Gehorsamseid in ausdrücklicher Weise löst, wenn sie deren Vorgesetzte im kanonischen Verfahren bereits abgesetzt hat. Doch spricht für eine eigene Maßnahme jene Unsicherheit solcher Gläubiger, die sich mit der Rechtslage weniger auskennen, und die sich erst durch die Setzung ausdrücklicher Rechtsakte sicher fühlen.[20]

e) Beweggrund der päpstlichen *Solutio* könnte ein ererbtes Wissen sein: Die römische Politik der Republik und der Kaiserzeit verurteilte jene Praxis, dass Heeresführer die

---

[18] Dieser Zusammenhang von vollendeter Form und noch nicht voll wirksamer Form liegt der Promulgationsfrage zugrunde: Das Gesetz ist mit der Promulgation vollendet, und hat doch noch allein deswegen nicht seine raum-zeitliche Wirksamkeit im Rechtsterritorium erlangt. Erreichen wird sie diese erst nach einem Zeitablauf, der sich daran bemisst, wie lange die vollständige Kenntnisnahme durch alle betroffenen zukünftigen Adressaten dauern wird. Fristen gehören zum Wesen dazu. Ausführlich bei Francisco Suárez: *De legibus*. III. Buch, 17 und 18. Kapitel.

[19] Bernaldi libellus [Anm. 5], S. 149, 26-28: *Nam in ipsa canonica depositione prelatorum itidem et subiectorum absolutio continetur, que semper ibi subintelligitur, etiamsi in sentencia depositionis signanter non annumeretur.*

[20] Ebd., 21-26: *Nec utique multum esset necessarium, ut aecclesia subiectos ab huiusmodi iuramento specialiter solveret, quorum prelatos canonice iam deposuisset, nisi propter quorundam infirmorum dubitationem, qui in talibus causis nihil putant actum, nisi quod specialiter fuerit prenominatum.*

ihnen anvertrauten Truppen durch persönliche Gehorsamseide an sich banden. Denn die notwendige und erwünschte Hinordnung gerade der militärischen Macht auf die Republik oder den Kaiser vertrug sich überhaupt nicht mit solcher Bindung: Sie schien zwar eine öffentliche zu sein, war rechtlich aber doch als private Bindung von Legionen oder Heeresteilen an einen unter dem Kaiser stehenden General zu bezeichnen, selbst wenn dieser wie im Fall des Germanicus ein adoptierter Kaisersohn gewesen war. Diese Ablehnung dürfte einer Institution Kirche nicht fremd gewesen sein, welche sich reichlich römischpolitischer und römischrechtlicher Erfahrung bediente. Kirche durfte nach ihrem Machtverständnis nicht dulden, dass ein Gehorsamsversprechen zum Hindernis werden konnte, kirchlichen Gehorsam durchzusetzen. Dass es sich um ein ernstes Problem handelte, ergibt sich auch daraus, dass mit „Untertanen" auch Bischöfe gemeint sind, welche in einem Vasallenverhältnis zum König standen.[21]

III. Die drei Akte und die drei Gemeinschaften

1. Zwischen Papst und Kaiser

Die Klosterchronik des Klosters Afflighem, Diözese Cambrai, schrieb im 12. Jahrhundert:

> Zu jener Zeit aber, als Zwietracht zwischen dem Papst Gregor, der mit anderem Namen Hildebrand heißt, und Kaiser Heinrich, dem vierten dieses Namens, ausbrach, geschah es, dass die heilige Kirche durch verschiedene Notlagen und Widrigkeiten bedrängt und ermüdet wurde, weil ihr Haupt, das aus regnum und sacerdotium besteht, durch die Krankheit der Zwietracht geschwächt war und der übrige Körper bei solchem Siechtum daher nicht gesund bleiben konnte.[22]

Das Haupt der Kirche sind demnach Papst- und Kaisertum zusammen, sind Papst und Kaiser im Verbund. Zur Zeit dieses angesprochenen Kampfes war Heinrich allerdings noch nicht Kaiser. Wie sind solche Aussagen zu bewerten? Geben sie die Ansicht einer

---

[21] Hergenröther, Joseph Cardinal: Handbuch der Kirchengeschichte. Bd. 2. Freiburg ³1885, S. 235, und Schwaiger, Georg: Art. Urbain II, in: Dictionnaire historique de la Papauté. Sous la direction de Philippe Levillain. Paris 1994, S. 167-177.

[22] *Chronicon Affligemense*, hrsg. von Georg Heinrich Pertz, in: MGH SS. 9. Hannover 1851 (Neudruck Leipzig 1925), S. 407-417, hier S. 407: *Eo itaque tempore quo dissidium ortum est inter papam Gregorium qui alio nomine Hildebrandus dictus est, et Henricum quartum huius nominis imperatorem contigit sanctam ecclesiam diversis necessitatibus et adversitatibus opprimi et fatigari, quia capite ipso quod ex regno et sacerdotio constat per morbum discordiae infirmato, reliquum corpus a languore integrum permanere non potuit*, zitiert in Goetz, Hans-Werner: Der Investiturstreit in der deutschen Geschichtsschreibung von Lampert von Hersfeld bis Otto von Freising, in: Stiegemann [Anm. 4], S. 47-59, hier S. 55 b.

starken Denkrichtung wieder? Auch Otto von Freising sprach in seiner „Chronik" davon, dass der Investiturstreit „die seit Theodosius währende Einheit von weltlicher und geistlicher Gewalt in einer *civitas permixta*" auflöse.[23] Um die Einheit von König und Bischöfen auszudrücken, bemühte Heinrich IV. die Körpermetaphorik: *qui nobis velut dulcissima membra uniti sunt*.[24]

2. Zwischen Kaiser und Untertanen

Auch sie bildeten eine Gemeinschaft der Sorge und der Verantwortung. Das Reich als Untertanengemeinschaft trat dort deutlicher hervor, wo Kaiser und Reich sich auseinander gelebt hatten. Bernd SCHNEIDMÜLLER charakterisiert diesen Rettungsversuch so, dass sich das Reich in der Regierungszeit Heinrichs IV. und Heinrichs V. ohne und gegen den König organisierte; wobei die Fürsten als Häupter des Staats das Allgemeinwohl gegen den Herrscher vertraten.[25]

3. Zwischen Papst und den Untertanen weltlicher Macht

Dass die Gemeinschaft der Christgläubigen des Reiches mit und unter dem Papst politische Kraft erhalten könnte, löste wohl immer Ängste aus und gipfelte in der Furcht, der Papst selbst könnte die Leitung des Kaiser- oder Königreiches übernehmen. Immerhin hatte Gregor VII., der die Kirchenpolitik des französischen Königs Philipps I. energisch bekämpft hatte, damit gedroht, ihm seine Untertanen abspenstig zu machen und ihm sein Reich zu entreißen.[26]

Denn die Quellen geben Ansichten zur Frage wieder, ob durch die Entfernung des weltlichen Herrschers aus dem Amt und die Lösung der Untertanen vom Eid ein herrschaftsfreier Raum entstanden und wie weiter zu verfahren sei. Ich kann die Quellen zu dieser Frage nicht detailliert auswerten. Die Position des Sinibaldus Fliscus, des späteren Papstes Innozenz IV, lautete, dass dem Papst nicht zu unterstellen sei, sich an die Stelle des Königs setzen zu wollen.[27] Anderes galt jedoch für das Kaisertum:

> (Privamus): dort ist vermerkt, dass der Papst den Kaiser absetzen darf, so in 15. q. 6. alius (c. 3). Und dazu hat er das Recht, denn Christus, der Sohn Gottes ist während seiner Erdenzeit auch von Ewigkeit her der Herr der Welt aus Naturrecht gewesen. Somit hätte er aus Natur-

---

[23] Otto von Freising: *Chronicon, Prologus Libri Quinti* und *Liber Septimus*, hrsg. v. Adolf Hofmeister (MGH SS rer. Germ 45). Hannover/ Leipzig 1912 (Nachdruck Hannover 1984), S. 228 und 309; zitiert in Goetz [Anm. 22], S. 56 ab.

[24] Weinfurter, Stefan: Bischof und Reich. Wandel der Autoritäten und Strukturen in der späteren Salierzeit, in: Stiegemann [Anm. 4], S. 150-157, hier S. 150 b.

[25] Schneidmüller [Anm. 4], S. 39 b.

[26] Rudolf Schieffer: Das Reformpapsttum seit 1046, in: Stiegemann [Anm. 4], S. 99-109, hier S. 107 b.

[27] Hageneder [Anm. 1], S. 85.

recht gegen Kaiser und jegliche andere Herrscher Absetzungsurteile und Verurteilungen und auch noch andere Maßnahmen erlassen können, so wie er andererseits auch Menschen, die er ja geschaffen hatte, mit natürlichen Gaben und umsonst beschenkt und sie auch in solchem Zustand erhalten hat. Aus demselben Grunde nun vermag eben dies auch sein Stellvertreter auf Erden. Es würde ja nicht offensichtlich sein, dass er zu einem herausragenden Herrn bestimmt gewesen wäre, wenn ich das einmal mit gebotener Ehrfurcht ihm gegenüber sagen darf, wenn nicht Christus genau diesen einzigen als seinen Stellvertreter für die Zeit nach ihm eingesetzt hätte, der zu den angesprochenen Maßnahmen so wie Christus berechtigt sein sollte. Dieser Stellvertreter war nun aber Petrus, so etwa Mitte des 16. Kapitels bei Matthäus. Dasselbe ist nun aber auch von den Nachfolgern des Petrus zu sagen. Wenn nicht, so ergäbe sich die Absurdität, dass nach Petri Tod die von Christus geschaffene menschliche Natur ohne Lenkung durch eine einzige Person zurückgelassen worden wäre; und siehe das weitere Argument in – weiter oben – *qui filii sint legitimi. Per venerabilem* (Liber Extra. IV. 17. 13) und darüber hinaus siehe auch – oben – *de foro competenti. Licet* (Liber Extra. II. 2. 10).[28]

IV. Weitere Kombinationsmöglichkeiten der drei Akte

1. Wenn wir von der Reihenfolge von Exkommunikation, Absetzung und Eideslösung als einem sachlogischen Ablauf ausgehen und darin den Idealtyp sehen,[29] werden Abweichungen leichter erkennbar.

Zwei Fälle sind meiner Kenntnis nach nicht vorgekommen: Dass der Papst zwar bannt und absetzt, nicht jedoch die Lösung der Untertanen vom Eid ausspricht, und dass es zweitens nur zur Eideslösung, also ohne Bann und Absetzung kommt. Ein solches Vorgehen wäre auch kaum sinnvoll zu nennen.

Eine dritte Fallkombination wäre, dass auf die Exkommunikation keine weitere Maßnahme folgen würde. So geschah es im Fall des französischen Königs Philipps II. August (1165-1223), König von 1180 bis 1223. Die zeitweilige Verstoßung seiner

---

[28] Sinibaldus Fliscus (Innocenz IV.): *Apparatus in V Libros Decretalium*. Frankfurt 1570 (Neudruck Frankfurt 1968), f. 317 rb. Zu II. 27 ('De sentencia et re iudicata'). Im Anschluss an cap. 26 kommentiert Innozenz seine eigene Dekretale 'Ad Apostolice Sedis': § *Privamus: not. quod Papa deponit imperatorem, sic 15. q.6 alius. et est /317 va/ hoc de iure, nam cum Christus filius Dei, dum fit in hoc seculo, & etiam ab eterno dominus naturalis fuit, & de iure naturali in imperatores & quoscumque alios sententias depositionis ferre potuisset & dampnationis, & quascumque alias, utpote in personas, quas creaverat, & donis naturalibus & gratuitis donaverat, & in esse conservaverat, & eadem ratione & vicarius eius potest hoc, nam non videretur discretus dominus fuisse, ut cum reverentia eius loquar, nisi unicum post se tam vicarium reliquisset, qui haec omnia posset, fuit autem iste vicarius eius Petrus. Matth. 16. ultra medium; & idem dicendum est de successoribus Petri, cum eadem absurditas sequeretur, si post mortem Petri humanam naturam a se creatam, sine regimine unius personae reliquisset, & argu. ad hoc. supra. qui filii sint legitimi. per venerabilem. ultra me. de hoc nota. supra. de foro competenti. licet.* (Siehe auch Anm. 7).

[29] Hageneder [Anm. 1], S. 71 sichtete eher das Schema *Exommunicatio, Solutio* und – möglicherweise – *Depositio*.

zweiten Frau Ingeborg und die dritte Eheschließung mit Agnes von Meran führten zwar zur Verhängung des Banns über ihn und des Interdikts über sein Land. Doch schloss sich weder *Depositio* noch *Solutio* an.

Eine vierte Fallkomposition zeigt, dass *Depositio* und *Solutio* zwar stattfanden, die Exkommunikation hingegen unterblieb: So im Fall der Absetzung aus Unfähigkeit, wie bei König Childerich im Jahre 751; für einen Ausschluss aus der kirchlichen Gemeinschaft lag kein Grund vor.

Ein fünfter Fall enthielte nur eine angedrohte Deposition, ohne vorherige Exkommunikation und ohne Solution. So hat Bonifaz VIII. König Philipp IV. dem Schönen 1302 die Absetzung angedroht, jedoch nicht die Eideslösung, auch folgte die Exkommunikation erst danach.[30]

V.   Rechtstitel, Gründe und Zwecke des Eingreifens

1.   Rechtstitel

Gegen die päpstlichen Rechtstitel verwehrten sich jene Zeitgenossen, welche fest davon ausgingen, dass der Herrscher direkt unter Gott stehe, nur Gott allein ihn richten könne und der König den menschlichen kirchlichen Gesetzen gar nicht unterworfen sei.[31] Indem der Papst den König den Gesetzen unterordnete, erklärte er, dass jegliche königliche Macht unter dem Gesetz stehe und die königliche Macht nicht unangreifbar sei. Man kann hier auch einen, sicherlich nicht den einzigen, Versuch erkennen, weltliche Macht unter Verfassung und Gesetz zu stellen, und somit die politische Gemeinschaft faktisch, wenn auch nicht bewusst, in Richtung konstitutioneller Monarchie zu entwickeln. Als Rechtstitel für die Verhängung der Exkommunikation, des Bannes und der Lösung vom Eid kamen zum einen das Recht des Papstes in Betracht, überall, wo Sünde im Spiel war, regelnd eingreifen zu dürfen, und zweitens auch die später so genannte *Potestas indirecta*.[32]

2.   Gründe für ein Eingreifen

Als Gründe zum Eingreifen findet man die Sünden aufgezählt: *periurium* (Meineid), *pactorum fractio* (Vertragsbruch), *sacrilegium* (Verstoß gegen Canones); *suspicio haereticae pravitatis* (Verdacht, einer Häresie zu folgen und sich damit vom wahren

---

[30] Hinschius [Anm. 1], S. 47, Anm. 8 mit weiterer Lit.
[31] Schnith [Anm. 1], S. 309f.
[32] Hageneder [Anm. 1], S. 62, 73, 78 und 81.

Glauben abgekehrt zu haben); *ne christianus esse*, wie es bei Bernold heißt.[33] Auch durfte der Papst bei Nachlässigkeit des weltlichen Richters in dessen Jurisdiktion eingreifen, so gemäß des Titels ‚Über den Gerichtsstand' des ‚Liber Extra' von 1234.[34] Schließlich rechtfertigte selbst Amtsunfähigkeit (*ignavia*), wie im Fall des letzten Merowingerkönigs Childerich, die Absetzung.[35]

Der Papst nahm also eine geistliche Verantwortung für die politische Führung der Gemeinwesen wahr; dass diese Verantwortung zum ersten Mal 751, gegenüber dem Königtum ausgeübt wurde, verdeckte in der folgenden Zeit etwas, dass sich der Papst besonders, wenn auch nie ausschließlich, für den Kaiser verantwortlich wusste.[36]

3. Zwecke der Absetzung

Zwecke, die mit der Absetzung verfolgt werden dürfen, sind damit schon zur Sprache gekommen: Zum einen das Wohl der Untertanen, der *subditi*; zum anderen die Einheit der Christenheit unter dem Papst und damit auch der Reinheit des Glaubens, schließlich ist aber auch zu vermeiden, dass Christen Nichtchristen gehorchen müssen. Der Verlust des eidlich abgesicherten Gehorsams sollte den außerdem Exkommunizierten, bzw. Abgesetzten antreiben, unverzüglich die Gemeinschaft der Kirche zu suchen.

> Daraus folgt mit Notwendigkeit, dass die Päpste die Untertanen aus ihrer jeweiligen Herrschaft herauslösen und befreien können. Denn die Absetzung der Oberen hätte ja gar keine Auswirkung, wenn die Untertanen ihrer Herrschaft nicht entzogen würden.[37]

Die *Solutio* stellte somit ein gewaltiges Druckmittel auf die Kirchen- und Papstkonformität des Herrschers dar.

---

[33] Bernaldi libellus de solutione iuramenti [Anm. 5], S. 148, 14-20.

[34] Liber Extra. II. 2. 20 ('Licet ex suscepto') [hrsg. v. E. Friedberg] II, Sp. 247; Hageneder [Anm. 1], S. 61.

[35] Ivo von Chartres: *Decreti Pars V*, cap. 378 (PL 161, col. 438), B). *Alius item Romanus pontifex regem Francorum, non tam pro suis iniquitatibus quam pro eo, quod tantae potestati erat inutilis, regno deposuit, et Pippinum Caroli imperatoris patrem in ejus loco substituit, omnesque Francigenas a iuramento fidelitatis absolvit*; siehe Decretum Magistri Gratiani C. 15 q. 6 c. 3; Dictatus Papae, c. XXVIII: *quod a fidelitate iniquorum subiectos potest absolvere*, in: Registrum Gregorii, hrsg. v. Erich Caspar (MGH. Epist. Sel. II). II. 55 a, S. 208; siehe R. W. Carlyle [Amm. 1], S. 200.

[36] Robert Bellarmin und Francisco Suárez werden noch in der Auseinandersetzung mit Queen Elizabeth I. und König James betonen, dass es ein Recht des Papstes auf Absetzung von Königen gebe: Brieskorn, Norbert: Ein Treueid in der Kritik. Das *Juramentum fidelitatis* des Königs Jakobs I. und die Stellungnahme des Francisco Suárez, in: Manfred Schneider (Hrsg.): Fatale Sprachen. München/ Paderborn 2008 (in Druck).

[37] Noch einmal [siehe Anm. 17] Bernaldi libellus de solutione iuramenti [Anm. 5], S. 148, 26-28: *Unde et necessario consequitur, ut subiectos de manibus praelatorum possint emancipare; non enim rata posset esse prelatorum depositio, si subiectorum nulla posset fieri subtractio.*

VI. Weitere Entwicklungen

1. Die Lehre vom Absetzungsrecht des häretischen Papstes und der Konziliarismus

Ich stelle die Hypothese auf, dass der weltlichen Macht jede Lehre gefallen musste, welche den Papst schwächte. Jene Aussagen der Kanonisten fanden dementsprechend wohl Gehör, dass selbst der Papst nicht davor verschont wäre, Häretiker zu werden. Man nahm sowohl zur Kenntnis, dass die Kanonisten um ein Absetzungsrecht des Papstes stritten, als auch, dass die Kirche ein solches Problem wie das des häretischen Papstes mit eigenen Kräften zu regeln suchte. Mit dem mehrheitlich akzeptierten Modell, dass die Kardinäle oder ein allgemeines Konzil für die Absetzung des Papstes zuständig sein sollten, konnte die weltliche Macht jedoch nicht ganz zufrieden sein. Denn es war zu erwarten, dass nun auch entweder die Großen des weltlichen Reiches oder gar das „Volk" bzw. seine Repräsentanten für einen solchen Fall der Absetzung ihres Kaisers oder Königs zumindest Mitsprache einforderten.

Der Konziliarismus des 14. und 15. Jh. verstand sich als Bewegung, die päpstliche Macht einzuschränken, sie demokratisch, von unten her zu legitimieren (oder eben nicht). Welche Haltung bezogen konziliaristische Kreise gegenüber dem vom Papst beanspruchten Recht, Kaiser und Könige abzusetzen?[38] Ich vermute, dass diese Kreise vor allem Alleingänge des Papstes, sein Handeln aus persönlicher Verbitterung etc., verhindern und für eine „objektivere" Politik wirken wollten. Doch wäre dies zu klären.

2. Versuche der weltlichen Macht, päpstlichen Eingriffen zuvorzukommen

Jean DUNBABIN schrieb: „In Frankreich debattierte man über die Absetzung des Königs durch das Volk vor allem deswegen, um ein päpstliches Absetzungsrecht für überflüssig zu erklären, und der Ausübung jeweils zuvorzukommen."[39] Wir sehen, wie päpstliche Rechtsansprüche der weltlichen Macht Anlass gaben, für ein eigenes Verfassungsrecht mit Regelungen über Absetzung und Neuwahl zu sorgen. Verfälschende Rückblendungen blieben nicht aus. So legte Johannes von Paris die Absetzung Childerichs und die Einsetzung Pippins im 14. Kapitel seines Taktates ‚De potestate regia et papali' so aus, dass die „Großen des Reiches Childerich abgesetzt hätten, und

---

[38] Black, Antony: The Conciliar Movement, in: J. H. Burns (Hrsg.): The Cambridge History of Medieval Political Thought c. 350-1450. Cambridge/ New York/ New Rochelle 1988, S. 573-587.

[39] Dunbabin, Jean: Government, in: ebd., S. 477-519, hier S. 517.

der Papst diesen Beschluss anerkannte."[40] Jean Gerson ließ wiederum die französische Monarchie auf Erbrecht und Gewohnheitsrecht gegründet sein: Mit ersterem schloss er Eingriffe des Papstes aus, mit letzterem bezog er das Volk als Schöpfer des Gewohnheitsrechts mit ein. Lieber sprach man auch von verletzten Volksrechten als von königlichen Verbrechen, welche einen Tyrannicid oder eben einen päpstlichen Eingriff zur Folge haben müssten.[41]

Bestätigt findet sich diese Abwehr und zugleich dieser Antrieb zur Verfassungsgesetzgebung bei Johannes Azor S.J. Er schrieb 1602 in seinen ,Institutiones morales':

> Unter 17. ist zu fragen, ob das Reich eines haeretischen Königs eingezogen werden kann. Es entsteht die Frage daraus, da ja der König keinen Oberen in weltlichen Dingen und Streitfällen hat. Alphonsus Castro schreibt im 2. Buch von 'Die gerechte Bestrafung der Haeretiker', Kap. 7, dass unmittelbar mit dem Glaubensabfall das Königreich an den katholischen, also rechtgläubigen Sohn des Königs falle, in der Weise, als wenn der König verstorben wäre. Sollten jedoch der Sohn und die übrigen nächsten An- und Blutsverwandten gleichfalls Häretiker sein, dann fiele das Recht der Verwaltung an die oberste Führungsschicht des Reiches, darunter auch das Recht, einen katholischen Regenten zu wählen und ins Amt einzusetzen. Wären jedoch auch jene Häretiker, dann stünde das Wahlrecht dem römischen Pontifex zu. Diese Position teilt auch Simancas in 'Über die katholische Institution', Cit. 48, Nr. 75. Er fügt noch an, dass in diesem Fall das Reich auch von Katholiken in Besitz genommen werden kann, was er aus dem Kapitel ,Vergentis' des Dekretalentitel ,Über die Haeretiker' beweist, wie ich an anderem Ort ausführe. Mir selbst scheint es unbestreitbar, dass dann auch durch Urteilsspruch der Papst einem solchen König sein Reich wegnehmen darf, damit der König die ihm unterstehenden Menschen und Gruppen nicht verderbe und die katholische Religion schwäche [...].[42]

Nicht zuletzt versuchte man der Eideslösung dadurch zuvorzukommen, indem man vom Untertaneneid auf andere Formen wie den Gesetzesgehorsam umstellte.[43]

---

[40] Zitiert in: Dunbabin [Anm. 39], S. 517.

[41] Dunbabin [Anm. 39], S. 518.

[42] Ioannes Azor: Institutiones morales. Volumen Primum, Köln 1602, Liber VIII, 12. Kap., S. 663.2-664.1: *Decimoseptimo quaeritur. An regnum regis haeretici confiscari queat, quaestionem movet, quia Rex superiorem in civilibus rebus, & causis non habet. Alphons. Castr. Lib. 2. De iusta haeret. Punit. cap. 7 docet, eo ipso regnum illud ad filium Regis Catholicum pervenire, perinde ac si Rex vita functus esset. Quod si filius, & ceteri propinquiores consanguinei, haeretici quoque essent, tunc penes Regnis proceres, si Catholici essent, fuisset ius, & potestas eligendi, & creandi Regem catholicum. Si autem et illi haeretici etiam essent, ius eligendi ad Romanum Pontificem pertineret. Hanc sententiam approbat Simancas. De Cathol. Institut. Cit. 48. Nu. 75. & addit, posse tunc Regnum a Catholicis occupari: idque probat ex cap. Vergentis. De haeret. ut alio in loco dicam. Mihi certum videtur, posse tunc Romanum Pontificem, eum Regem per sententiam regno privare, ne populos sibi subiectos corrumpat, & religionem Catholicam labefactet [...].*

[43] Hergenröther [Anm. 21], S. 235. Schwaiger, Georg: Art. „Urbain II", in: Dictionnaire historique de la Papauté. Sous la direction de Philippe Levillain. Paris 1994, S. 167-177. Siehe dazu den Vortrag von Petra Schulte „Gehorsam als Tugend des Volkes im spätmittelalterlichen Frankreich" auf dem 12. Symposium des Mediävistenverbandes in Trier (19. März - 22. März 2007).

VII. Schlussbemerkungen

Der Ausschluss des Herrschers aus der kirchlichen Gemeinschaft, seine Absetzung und die Lösung seiner Untertanen aus dem Treueverhältnis beeinflussten erheblich das Gemeinschaftsleben. Je mehr das Selbstbewusstsein und auch das Wissen um die Selbständigkeit der irdischen Sphäre wuchsen, stießen Absetzung und Lösung vom Eide als päpstliche Anmaßung auf Ablehnung. Für die Exkommunikation bestand wohl Verständnis, ging es bei ihr doch um ein genuin kirchliches Recht.[44] So wenig man der Kirche das Recht zum Ausschluss aus ihren Reihen absprechen konnte, so sehr bestritt man das beanspruchte Recht, in Positionen und Abläufe der weltlichen Hierarchie einzugreifen.

Ein starkes Motiv für das Papsttum war die Verantwortung. Dort, wo es einen Akt gesetzt hatte, fühlte es sich für die Auswirkungen des Handelns verantwortlich. Daher die besondere Sorge um den Kaiser: Ihn hatten die Päpste zur Krönung zugelassen, für ihn hafteten sie gewissermaßen.

Recht und Moral reduzierte der Papst nicht aufeinander. Nicht jedes moralische Vergehen erfuhr rechtliche Sanktionierung. Weder vertraten die Päpste das Konzept einer sakralisierten weltlichen Diktatur noch verzichteten sie auf die moralische Fundierung des Rechts oder auf die rechtlich-institutionelle Verkörperung der Moral.

In Shakespeares ‚König Johann' (III. 1.) bannt der päpstliche Legat Pandulphio den englischen König. Auf den Bann folgt die Mitteilung, dass jeder selig sei, wer einem solchen Ketzer wie König Johann den Gehorsam verweigere; und außerdem sei, so der Legat, der König für vogelfrei erklärt, jeder dürfe ihn töten. So weit gingen die Texte, die uns überliefert sind, nicht. Mit Bann und Absetzung sowie der Lösung vom Eid war keine Aufforderung zum Töten des Gebannten verbunden, ja, die Kirche verurteilte diese.

---

[44] Hinschius [Anm. 1], S. 47, Anm. 2, betont, dass der ‚Liber Extra' von 1234 im Gegensatz zu Gratian nicht direkt vom Absetzungsrecht des Papstes spricht; wohl nahm Bonifaz VIII das Absetzungsurteil Innozenz' IV. über Friedrich II in sein Rechtsbuch auf: ‚Liber Sextus', II. 14 [‚De sententiis et re iudicata']. c. 2. Hrsg. v. E. Friedberg (‚Corpus Iuris Canonici II'). Leipzig 1881, Sp. 1008-1011. Doch fehlt es im ‚Liber Sextus' an weiteren Ausführungen zur *Depositio*.

LEAH OTIS-COUR

Universitas:
The emergence of the juristic personality of towns in the South of France at the turn of the twelfth to the thirteenth century

While historians of law have long emphasized the crucial importance in the development of Western civilization of the notion of juristic personality that took shape in the late medieval period, social historians have often remained indifferent, or even hostile, to the idea that such an arid concept could have a real importance in the evolution of social ties at the time.[1] They have perhaps been impatient with the niceties of details of fourteenth-century Roman and canon law analyses of the nature of juristic persons, and frankly annoyed by the rather arcane nineteenth-century controversy over the „reality" or „fiction" of juristic personality.[2] Yet jurists themselves nowadays consider the nineteenth-century debates unfruitful and dated,[3] and historians of law have shown that the concept was not a mere idle subject of scholastic debate, but a vital notion shaping institutions that were to play a key role in the development of the notion of the State in Western civilization.[4] It can be argued, moreover, that the emergence of juristic personality had a significant impact on social relations, which in the early Middle Ages had been essentially kin relations or assimilated to kin relations,[5] often hierarchical, and many, imbued with religious significance; thanks to economic and social changes dynamized by a conceptual blossoming, social ties could henceforth be conceived differ-

---

[1] See in particular Reynolds, Susan: Kingdoms and Communities in Western Europe 900-1300. Oxford 1984, S. 1, 59-64.
[2] For an overview from Roman law to the nineteenth century, see Saleilles, Raymond: De la personnalité juridique: Histoire et théories. Paris 1910.
[3] See for example Gridel, Jean-Pierre: La personne morale en droit français, in: Revue internationale de droit comparé 2 (1990), S. 495-512.
[4] Mochi-Onory, Sergio: Fonti canonistiche dell'idea moderna dello stato. Milan 1951.
[5] Althoff, Gerd: Verwandte, Freunde und Getreue: Zum politischen Stellenwert der Gruppenbindungen im frühen Mittelalter. Darmstadt 1990. This marks, I believe, the qualitative difference between traditional villages, where it was often difficult to distinguish between neighbors and kin, and towns, where the distinction was of course much clearer.

ently. Persons grouped together in bodies constituting juristic persons stood in a relationship that was not a kin relationship, nor one assimilated to kin relations (as in a monastery or confraternity). Their relationship, though not egalitarian, was a mutual and reciprocal one rather than hierarchical (as in vassality). The unifying principle was not essentially religious, and could apply to secular as well as religious bodies. Would it be an exaggeration to call such a transformation of the conception of human relations revolutionary?

This paper will concentrate on one particular aspect of the development of the notion of juristic personality and transformation of social relations in medieval Western Europe: the emergence of a clear notion of juristic personality in the towns of the South of France, more particularly in Provence and eastern Languedoc,[6] in the late twelfth and early thirteenth centuries. A brief overview of the contribution of jurists will be followed by a close analysis of the chronology of the penetration of the vocabulary and conceptual substance of juristic personality to be found in the documents produced in the southern French towns at that time; some general reflexions on the significance of the phenomenon and its relation to other contemporary developments in social relations in Western Europe in the light of comparative history will be added in conclusion.

In the history of learned law, since the publication of Otto VON GIERKE'S ‚Das deutsche Genossenschaftsrecht', emphasis has long been placed on the use of two crucial words by medieval jurists: *fictio* (or the verb *fingere*) and *persona*. But a fixation on these terms is teleological, medieval jurists having been more than mere forerunners of Savigny! Well before Innocent IV and Bartholus used this vocabulary,[7] civilists and canonists showed an interest in the problem of the juristic person, and if they did not use the word *persona*, they suffered no lack of appropriate terms for denoting collectivities without having to resort to it.[8] *Persona* may well have been purposely avoided by the jurists, as it may have been associated in their minds too closely with the primitive concept of the property of the monastery belonging to the saint to whom the convent was dedicated; it may have been considered too anthropomorphic a term!

Early on in the „Renaissance" of learned law, jurists, principally Romanists, were already sensitive to the notion of juristic personality and interested in the terms used to indicate it. In his gloss on the Digest, Irnerius (d. 1125) already used the most common

---

[6] For the geographical limits, see Gouron, André: Diffusion des consulats méridionaux et expansion du droit romain aux XIIe et XIIIe siècles, in: Bibliothèque de l'Ecole des Chartes 121 (1963), S. 26-76.

[7] The canonist Sinibaldo Fieschi became pope Innocent IV (d. 1254): ...*collegium in causa universitatis fingatur una persona*... (c. 57 X 2.20). The civilist Bartolus (d. 1357) used the terms *persona ficta* and *fictio iuris*. The pertinent volume of Otto von Gierke's work, volume 3, was published in Berlin in 1881.

[8] For a thorough discussion of these matters, see Gillet, Pierre: La personnalité juridique en droit ecclésiastique. Malines 1927.

term of Roman law for the juristic person, *universitas*,⁹ destined to be the one most commonly used in the South of France, and a second term, *populus*, whose use in this sense was to be more short-lived.¹⁰ It appears to have been Martinus (d. c. 1166) who first established the equivalence between the two terms, an equivalence also accepted in the law treatises influenced by these Italian jurists and probably written in the south of France, such as the ‚Tractatus De aequitate' and the ‚Summa trecensis', where we find the passage: *universitas, id est populus*.¹¹ A second generation of jurists was interested not only in evoking the Roman law vocabulary of juristic personality, but also in defining the juristic entity. Pillius defined *universitas* or *collegium* as a „collection of several persons in one body", mentioning also the terms *consortium* and *scola*.¹² John Bassianus (active from 1170 to 1187) defined the *universitas* as a *collectio ... plurium corporum*, and added to the list of synonyms *societas*, *collegium* and that other term favored by earlier jurists, *populus*.¹³

What groups were the jurists thinking of when they defined *universitas*? An obvious candidate would be ecclesiastical bodies, such as monasteries and cathedral chapters, which were veritable institutions with property, a collective identity and a permanence beyond the life span of its members. Yet such ecclesiastical bodies had flourished for centuries without such abstract notions of juristic personality. Acts of donation and sale to monasteries and cathedral chapters show how easily the problem of collective ownership could be solved; donations or sales were made to the monks or canons, present and future, to the patron saint of the abbey or chapter, and to God. Instead of a unifying principle, one finds a variety of individual beings, human and divine.¹⁴

Despite the fact that personification of the ecclesiastical body in the patron saint meant that the body was not in need of a theory of juristic personality, the terms and concepts of that notion began to be used by contemporary ecclesiastics. The mid-twelfth-century municipal law of Pisa, recently edited, includes documents showing

---

9   The most important passage concerning *universitates* in the Justinianic corpus is D. 3.4; see Eliachevitch, Basile: La personnalité juridique en droit privé romain. Paris 1942.
10 Cortese, Ennio: La norma giuridica. Bd. 2. Milan 1964. See also more recently Gouron, André: *Populus*: legal entity and political autonomy, in: Fundamina: a Journal of Legal History (1996), S. 249-260.
11 André Gouron [Anm. 10] believes the sentence may have been borrowed from Cicero. See also his references to Rogerius and Stephen of Tournai.
12 *Collegium est personarum plurium in corpus unum quasi coniunctio vel collectio : quod generali sermone universitas appellatur, corpus quoque, vulgariter apud nos consortium vel schola.* Gillet [Anm. 8], S. 68.
13 *Universitas est plurium corporum inter se distantium, uno nomine specialiter eisdem deputato, collectio.* Cited by Pierre Michaud-Quantin in his *Universitas*: Expression du mouvement communautaire dans le moyen-âge latin. Paris 1970, S. 28. See also a similar definition by Hugolinus.
14 Cortese, Ennio: Per la storia de una teoria dell'arcivescovo Mosé di Ravenna sulla proprietà ecclesiastica, in: Proceedings of the 5th International Congress of Medieval Canon Law. Vatican 1980, S. 117-155, and Feenstra, Robert: Histoire des fondations: à propos de quelques études récentes, in: Tijdschrift voor Rechtsgeschiedenis 24 (1956), S. 381-433.

relations between representatives of the urban population and bodies of clergy which have taken precisely the name of *universitas*.[15] This is perhaps one reason why the Italian cities opted generally for the term *commune* as a collective noun in the mid twelfth century, rather than the more juridical *universitas*, which was, we could say, already taken by then.[16]

In Languedoc, too, we see the influence of the concept of juristic personality on ecclesiastical bodies. The cartulary of the cathedral chapter of Agde shows this evolution clearly, particularly in the concept of the ownership of property. A typical donation or sale recorded for the 1150's and 1160's reads as follows: *vendo* [such a property] *domino Deo, sancto Stephano, et canonicis tam presentibus quam futuribus*. By 1176, however, we find a *procuratores* representing the canons in such a transaction. In addition, a collective noun, *communia*, is found to signify the group of canons; the representatives thus become *procuratores totius communie* in 1190.[17] A similar evolution can be seen in the cartulary of Béziers; there the collective noun used is *communitas*,[18] a term that can also be found in Agde.[19] It is significant to note, moreover, that once a *procurator* is designated and the collective noun (*communia* or *communitas*) is introduced, it becomes unnecessary to invoke a single being to symbolize the whole; manifestly considered superfluous, God and Saint Stephen quietly disappear from the acts! The introduction of the Roman law of juridical personality would seem to have resulted in a certain secularization, even in matters concerning ecclesiastical bodies.

But it was in the lay sphere that the teachings of the jurists were to have a most galvanizing effect. The concept provided a unifying, secular, non-kin or kin-assimilated principle, that had lacked in secular society, and which was at the heart of social structure at the end of the Middle Ages, when society was conceived of as an ensemble of bodies, when we can truly speak of a corporatist conception of society. But we must be careful not to project onto twelfth-century society a model appropriate for a later period. It was long a commonplace of medieval historiography, for instance, to see city

---

[15] Vignoli, Paola (Hrsg.): I costituti della legge e dell'uso di Pisa (secolo XII): Edizione critica intergrale del testo tràdito dal ‚Codice Yale' (ms. Beinecke Library 415). Rome 2003, S. 53 (...*universitatum prelatis*...) und S. 167 (a marginal note concerning oaths, reading *Constituimus ut sacramentum calumpnie non exigatur a quoquam alicuius universitatis vel collegii que habuerit sindicum vel yconomum sive advocatum...ut legitima persona in iudicio pro universitate vel collegio agere et conveniri possit...*).

[16] For instance, ...*per comune civitatis*..., Legge di Pisa [Anm. 15], S. 319.

[17] Terrin, Odile (Hrsg.): Cartulaire du chapitre d'Agde. Nimes 1969, especially n° 268.

[18] Rouquette, Julien (Hrsg.): Livre noir de Béziers. Montpellier 1918-1923.

[19] For instance, in litigation with a neighboring village, in 1219 (Cartulaire d'Agde [Anm. 17], n° 426). At a later date in the South of France, as earlier in Italy, the term *universitas* could be applied to an ecclesiastical body as well; a sentence delivered by a judge delegated by the *baile* of Aix in 1230 settled a dispute between Pierre Raimond of Rians and ...*Petrum priorem ecclesie Vallis Veronice, sindicum constitutum ab universitate canonicorum Aquensium, nomine ejusdem universitatis*... Benoit, Fernand: Recueil des actes des comtes de Provence (1196-1245). Bd. 2. Monaco/ Paris 1925, S. 247.

government and municipal institutions as bodies proceding from pre-existing lower level organisations within urban society, in particular, guilds or artisanal corporations, and lay confraternities. Such a hypothesis, although it has long been disproved for Languedoc – André GOURON proved long ago that the *métiers* of Languedoc were not structured bodies before the end of the thirteenth century[20] – continues to surface in textbooks and some historical literature.[21]

Particularly common is the persistent belief in the antiquity of lay fraternities, a conviction that municipal institutions were built around pre-existing lay organizations within the city. While religious confraternities were in fact quite venerable, as were other religious groups implicating laymen, these remained under church control, and have often left scarce documentary trace.[22] Secular or „political" confraternities did indeed exist, but in a later period, once municipal institutions and their juridical identity had been established, so we cannot consider them as models of juristic personality for the municipalities; we know of them mainly through later measures declaring them illicit, such as a canon of the council of Montpellier of 1215, and article 35 of the Statutes of Pamiers issued in 1212 by the anti-Albigensian crusader Simon de Montfort.[23]

It was long believed that a confraternity, that of the Holy Spirit, was the embryo of municipal government in Marseille. But Victor BOURRILLY and Mireille ZARB have definitively laid to rest this hypothesis, proving that a municipal government, consisting of *consules*, existed already in 1178, well before any mention of the confraternity, and that the town was calling itself a *universitas* by 1210. The municipality seems temporarily, from 1212 to 1221, to have clothed itself in the sanctimonious garb of a confraternity, quite simply in order to insure its survival in a period of suspicion and anti-Albigensian zeal on the part of ecclesiastical authorities and their henchmen. There is no further mention of the so-called confraternity after 1221.[24] Marseille should surely

---

[20] Gouron, André: La Reglementation des métiers en Languedoc. Thèse Droit. Montpellier 1957.
[21] See for example Carpentier, Jean/ Lebrun, François: Histoire de France. Paris 1987, S. 139.
[22] For a thorough overview of these groups, and a complete bibliography, see Le Blevec, Daniel: La part du pauvre: l'assistance dans les pays du Bas-Rhône du XIIe siècle au milieu du XVe siècle. 2 Bde. Rome 2000.
[23] Mansi, Gian (Hrsg.): Sacrorum conciliorum nova et amplissima collectio. Bd. 22. Paris/ Leipzig 1901-1927, c. 9. The article of the Statutes of Pamiers reads *Item nulli barones, milites, burgenses ni rurales audeant aliquo modo se colligare, mediante fide aut sacramento, aut conjurationem aliquam facere etiam sub pretextu confratrie aut alterius boni, nisi de assensu et voluntate domini*. Devic et Vaissette: Histoire générale de Languedoc. Toulouse/ Paris 1892, t VIII, n°165, col. 632. The antiquity of ,associations of peace' is also a legend; see Bonnaud-Delamare, M.: La légende des associations de la paix en Rouergue et en Languedoc au début du XIIIe siècle (1170-1229), in: Bulletin philiologique et historique du Comité des travaux historiques et scientifiques. 1936-1937, S. 47-78.
[24] Bourrilly, Victor-Louis: Essai sur l'histoire politique de la commune de Marseille, des origines à la victoire de Charles d'Anjou, in: Annales de la Faculté des Lettres d'Aix 12 (1919-1920), S. 1-240, 13 (1921-1922), S. 23-308, here S. 46; Zarb, Mireille: Les privilèges de la ville de Marseille.

not be cited, as it has been, as a „typical case" of a confraternity, a „structured body" constituting the „spinal cord" of municipal government.[25] Certain myths, like that of the „antiquity" of „political" confraternities and professional corporations, preceding municipal structures, die hard.

It would then appear to be the municipal bodies themselves, rather than groups within them, that represented, for jurists, the most obvious example of secular juristic persons. We can see this in the contemporary Provençal treatise on the Justinianic Code, ‚lo Codi', probably written around 1149 in the town of Saint-Gilles. André GOURON has shown how the author introduces the municipality into numerous passages based on the Code, where they were not present in the original text. The language used cannot of course be that of the jurists, as the text is written in Occitanian; the term *lo comun de la vila* seems clearly to stem from the contemporary usage of the word in the Italian towns of Genoa and Pisa, which were in close contact with Saint-Gilles and other Languedocian and Provençal towns. The author was especially interested in questions of property (*l'aver del comun*), but also invested this urban entity with an aura of political legitimacy; his definition of *lo crim de maiestat* includes that crime committed *contra l'emperador o contra lo comun de la terra!*[26]

A second indication of the close identification made by the jurists between the generic term for juristic personality and the contemporary municipality is their insistence on the equivalence between *universitas* and *populus*. *Populus*, like many other medieval Latin terms, can have a variety of definitions, but a constant element in the twelfth century was that the term was a broad one which normally was not limited to a smaller body within a municipality; it might actually be used to indicate a people in the sense of a nation or a *gens*, or it could be used to designate an urban community.

It is in this sense that the term *populus* appears in the twelfth century, first in documents originating in Genoa and Pisa, or within the influence of these *communes*, then later in Languedoc, to designate that region's communities of inhabitants; Narbonne in particular has conserved a series of these documents in which the term *populus narbonensis* figures, for instance, in a treaty made between Genoa and Narbonne in 1166.[27] The expression stands in contrast to the language seen most often in contemporary grants of privileges, where a term designating the town in its geographic sense (*villa*,

---

Paris 1961, S. 53. There is no connection either with the contemporary hospital of the Holy Spirit, despite assertions to the contrary.

[25] „…on ne peut négliger la part que la confrérie a prise en plusieurs endroits au mouvement municipal ou urbain. Le cas typique est celui de la confrérie du Saint-Esprit de Marseille, qui apparaît comme un véritable corps constitué formant l'épine dorsale du gouvernement de la ville…" Michaud-Quantin [Anm. 13], S. 190.

[26] Gouron, André: *Lo comun de la vila*, in: Initium 6 (2001), S. 213-224.

[27] For these documents and others (including one from 1131), see Gouron: *Populus* [Anm. 10] and Caille, Jacqueline: Le consulat de Narbonne, problème des origines, in: Les origines des libertés urbaines, Actes du XVIe Congrès des Historiens médiévistes de l'enseignement surpérieur. Rouen 1990, S. 243-264.

civitas) might be used, or, more often, a plural noun indicating the individual inhabitants (*habitores*), citizens (*cives*) *burgenses* or, quite simply, men (*homines*) of the town. The contrast between this language indicating individuals and one emphasizing the town as a juristic entity (*populus*) is seen clearly in documents concerning Nîmes in the twelfth century. In an earlier charter, dating from 1145, the viscount Bernard-Aton granted privileges, in a typical formula, to the citizens of the town (*omnibus civibus*).[28] The privileges were renewed in the same terms in 1194, but by 1198, a more sophisticated collective noun was used; the privileges were granted to the *universus populus* of Nîmes, recalling the language of the Bolognese civilists.[29] The same term was used to designate the population of the town of Béziers, witness to an agreement reached between the bishop and the viscount of the town concerning their reciprocal rights, or the customs of the town, in 1194: *presente ... universus populus civitatis*.[30] When the count of Forcalquier in 1206 confirmed privileges having been granted by his ancestor to the town of Avignon, he addressed the *consules Avinionenses in toto populo Avinionensi*, recalling the great affection his ancestor had had for the *civitatem et populum Avinionis*.[31] The Occitanian version of the expression – *lo pobol* – used as an equivalent of *universitat*, (*universitas*) is found in a statute issued in 1212 in Narbonne, a town which had long been familiar with the Latin term *populus*, thanks to its frequent dealings with the town of Genoa.[32] As late as 1219, we find the term *universus populus* used to designate a small community in litigation with the canons of the cathedral of Agde.[33]

We find, then, at the end of the twelfth and beginning of the thirteenth century a variety of terms used to signify the municipal community. Some are traditional terms for indicating the city, or part of the city: *civitas*, *burgus*, *urbs*, *villa*, *castrum* etc; these tend more and more to be limited to a geographical rather than juridical or institutional sense. The newer terms, *consules* and *consulatus*, had spread throughout Provence and

---

[28] Ménard, Léon: Histoire civile, ecclésiastique (…) de la ville de Nîmes. Bd. 1. Paris 1750, n° 19. André Gouron has noted an earlier document from Nîmes with the word *populus* [Anm. 11], S. 257.

[29] For the 1194 text, see Ménard [Anm. 28], n° 31, 32 ; for the 1198 text, see Devic [Anm. 23], n° 98, col 449-450.

[30] Vidal, Henri: La coutume de Béziers, 1185-1194, in: Recueil de mémoires et travaux de la Sociéte d'histoire du droit des anciens pays de droit écrit 11 (1980), S. 23-40, here S. 38. See also in the agreement reached between the *civitas* and the *burgus* of Arles concerning the salt *gabelle* (*salnaria*) in 1207: *Consules per se…et per universum populum civitatis iuraverunt...* in: Engelmann, Erika: Zur städtischen Volksbewegung in Südfrankreich: Kommunefreiheit und Gesellschaft, Arles 1200-1250. Berlin 1959, S. 170.

[31] Labande, Léon-Honoré: Avignon au XIIIe siècle. Paris 1908, S. 292-295.

[32] Mouynès, Germain: Ville de Narbonne: Inventaire des archives communales antérieures à 1790: Annexes de la série AA. Narbonne 1871, S. 8-9.

[33] The charter is a judgement pronounced by a judge delegated by a papal legate concerning the upkeep of the fortifications of the small community of Pomerols; *Lis erat et controversia inter universum populum castri de Pomairolis..et canonicos agathensis ecclesiae…*, Cartulaire d'Agde [Anm. 17], n° 426, S. 416.

eastern Languedoc starting in the 1130's, as André GOURON has shown, following contact with Italian towns and with Roman law. But this vocabulary designated the persons (*consules*) chosen, and a regime of administration (*regimen consulatus*) rather than an abstract notion of the juristic personality of the urban community. The *regimen consulatus* was, moreover, considered a privilege to be granted by the lord of the town, for a limited number of years – as in Arles in the 1160's, for fifty years – not a permanent legal entity.[34] In a later period, the word *consulatus* might be used to evoke juristic personality, as for instance in Tarascon in 1221, in a convention concerning rights and privileges made between the count of Provence and the the town, approved by *miles et probi homines, pro se et pro totu consulatu*.[35] This use of the word *consulatus* to convey jurisitic personality remained exceptional, however; a more appropriate vocabulary had been found for conveying the notion of juristic personality.

We have already seen that, under the influence of the jurists, the word *populus* could be used to convey the notion of juristic personality, as in Avignon in 1206, when the count of Forcalquier confirmed the powers of *consules Avinionenses in toto populo*.[36] But the word *populus* was quickly losing its connotation of juristic personality; it was being used more and more to signify the non-noble part of the population, the simple *homines* or *probi homines*, as opposed to the *milites*. As early as 1208, in a convention regulating rights to the *salnaria* of Arles, a distinction is made between the inhabitants of the *burgus* (*illos de burgo*), identified as *domini*, and those of the *civitas* (*illos de civitate*), called *homines* or *universo populo*.[37] Again, in 1212 when Frederick II confirmed the consulate of Arles, he addressed the *consulibus, militibus et universo populo*.[38] And in Tarascon in 1226, the *populus* or *probi homines* stand distinct from the *milites* of the town.[39]

To convey with force the notion of the juristic personality of the town, a more modern vocabulary – particularly the terms *universitas*, *communitas* and *commune* – was introduced in the early thirteenth century. It is not surprising to observe that the first use of the word *universitas* – the emblematic term for the juristic person in the Roman law texts – to indicate a municipal legal entity in 1201, was in a document concerning Montpellier, a confirmation by the lord of the town Guilhem VIII of previous charters to the town.[40] Montpellier, with its growing reputation as a center of the teaching of the learned law, seems a logical place for such a term to have emerged. *Universitas* recurs regularly in other documents in the following years: in the customs of the

---

[34] Giraud, Charles: Essai sur l'histoire du droit français au Moyen Âge. Bd. 2. Paris 1846, S. 185; Gouron: Diffusion des consulats [Anm. 6].
[35] Benoit [Anm. 19], S. 139.
[36] Labande [Anm. 31], S. 292-295.
[37] Engelmann [Anm. 30].
[38] Bouche, Charles-François: Histoire de Provence. Bd. 2. Paris 1785, S. 208-209.
[39] See below.
[40] Germain, Alexandre (Hrsg.): Liber instrumentorum memorialium. Montpellier 1884-1886, S. 404-405.

town (in article 98 dealing with the use of seals), granted by Peter of Aragon and Marie de Montpellier in 1204;[41] in a treaty concluded between the town and Peter of Aragon in 1206, where the *universitas* of Montpellier was represented by a *procurator*;[42] in an agreement with the bishop of Maguelone concerning elections in 1211;[43] and finally in a charter granted by Philip Augustus in 1214,[44] and many subsequent documents. Another term conveying juristic personality – the word *communitas* – is sometimes used in the documents from Montpellier, for instance, in the article of the customs dealing with municipal elections. That the two words were considered equivalent is evident when one compares the customs of Carcassonne, based on those of Montpellier and issued in 1209, with the original model.[45] The article concerning elections has the word *universitas*, where the corresponding article in Montpellier had used *communitas*.

On the other side of the Rhône, the same vocabulary was also being introduced. Alphonse II, count of Provence, granted a safeguard to the *consules* representing the *universitas* of Avignon in 1203;[46] a confirmation of the liberties of Tarascon, by the same count the same year, was made *presente universitate*.[47] Privileges received by the town of Manosque from the count of Forcalquier in 1207 also use the term.[48] Marseille adopted the designation *universitas* in a treaty concluded between the town, the bishop, the viscount, and, on the other hand, significantly, the *podestat* of Pisa in 1210. The word remained a constant term of reference in Marseille's diplomatics thereafter, along with the word *commune*, even in the period when the municipal government disguised itself as a confraternity.[49]

Other Languedocian towns followed suit, Nimes in 1209, in a remission granted by the count of Toulouse,[50] and both Nimes and Arles in a treaty signed by the two in 1213.[51] The word *universitas* is found in a document in Narbonne in 1205, and its Occitanian equivalent, *universitat*, in 1210,[52] and Agde is called a *universitas* in 1219.[53]

---

[41] Teulet, Alexandre: Layettes du Trésor des Chartes. Bd. 1. Paris 1863-1909, S. 255-266.
[42] Rouquette, Julien (Hrsg.): Cartulaire de Maguelone. Bd. 2. Montpellier 1912-1913, S. 34-42.
[43] Ebd., S. 73-76.
[44] Devic [Anm. 23], col. 642-643.
[45] Layettes [Anm. 41], S. 272-281.
[46] Labande [Anm. 31], S. 291-292.
[47] Benoit [Anm. 19], S. 28.
[48] Isnard, Marie-Zéphirin: Livre des privilèges de Manosque. Digne 1894, S. 1-12.
[49] Bourrilly [Anm. 24], n° 9, n° 16, n° 18, n° 19.
[50] Devic [Anm. 23], col. 567.
[51] Ménard [Anm. 28], n° 40.
[52] The 1205 document relates the arbitration settling a dispute beween the *consules* of the *burgus* and of the *civitas* on the one hand, and the archbishop and the prior of Saint Mary's on the other, concerning a tax on salted pork; the *consules* acted *pro tota universitate generaliter ejusdem ville*, (Caille [Anm. 27], S. 245, n. 31). The word *universitat* appears in 1210 in a text in which the *consules* consent to a statute concerning the bearing of arms, issued by the archbishop, the viscount and the abbot of Saint Paul's (Mouynès [Anm. 32], S. 8-9).

The term, clearly one of great prestige, is even used by small rural communities with big pretensions; the village of Gigean, not far from Montpellier, claimed to be a *universitas* in an arbitration decision of 1215.[54]

But we must bear in mind that *universitas* was sometimes used to mean less than a municipality, more than a municipality and something other than a municipality in the thirteenth century. *Universitas* could be used by theologians to signify the whole community of all Christians, or even so vast a concept as the cosmos.[55] In England, the term *universitas regni* was sometimes used to signify the whole kingdom – although *communitas regni* was the more common formula – hence its importance in the development of the notion of the nation-state.[56] Closer to home, in the Pyrenees and the Alps in the late thirteenth century, *universitas* was the title attributed to the federation of several localities in the same valley, or to an even larger structure, like the first Swiss federation of 1291.[57] *Universitas* was also often used to indicate the Jewish communities living aside Christian communities of Languedoc and Provence; practicing their own religion and obeying their own laws, such a community was called a *universitas judeorum*.[58]

Universitas could also be used to indicate something materially smaller than a municipality. Notaries sometimes found it a convenient term for insisting on the collective aspect of a society of partners having pooled their capital in an investment venture; the societies possessing mills in Toulouse in the fourteenth and fifteenth centuries were sometimes called *universitates*.[59] Persons with a strong group identity and especially, with a demand to make, might choose to constitute a *universitas*; Pierre Michaud-Quantin cites the case of a group of Pisans held captive in a Genoese prison who claimed to be a *universitas*, even fashioning their own seal.[60] The best-known use of the word within a municipality of course is the *universitas magistrorum*, which constituted

---

[53] Agde had already been called a *communitas civitatis et burgi* in 1207; Castaldo, André: Seigneurs, villes et pouvoir royal en Languedoc: le consulat médiéval d'Agde (XIIIe-XIVe siècles). La Roche-sur-Yon 1974, S. 23.
[54] Cartulaire de Maguelone [Anm. 42], S. 142-144.
[55] See Michaud-Quantin [Anm. 13], S. 11-58, for all the different meanings.
[56] Powicke, Maurice: The Thirteenth Century. Oxford 1962, S. 131-134.
[57] Poumarède, Jacques: Les syndicats de vallée dans les Pyrénnées françaises, in: Les communautés rurales, Société Jean Bodin. Bd. 4. Paris 1984, S. 385-409; Vaillant, Pierre: Les origines d'une libre confédération de vallées: les habitants des communautés briançonnaises au XIIIe siècle, in: Bibliothèque de l'Ecole des Chartes 125 (1967), S. 301-348 ; Mor, C.: *Universitats vallis*, in: Revue de droit français et étranger 36 (1958), S. 449. The original Swiss federation of 1291 was called a *universitas*.
[58] Iancu, Danièle u. Carol: Les juifs du Midi: une histoire millénaire. Avignon 1995, S. 41. See also Wernham, Monique: La communauté juive de Salon-de-Provence. Toronto 1987, S. 42.
[59] Sicard, Germain: Aux origines de sociétés anonymes: les moulins de Toulouse au Moyen Âge. Thèse Droit. Toulouse 1952, S. 321, for instance, in notarial acts dating from 1366, 1368 and 1418, the term *universitas dictorum molendinorum*.
[60] Michaud-Quantin [Anm. 13], S. 53.

the very core of higher learning at the time; it is of course through this use that the word has survived into the contemporary era, becoming the universal term for institutions of higher education.

Within the towns of Languedoc and Provence, shortly after the term *universitas* was introduced to convey the sense of the juristic personality of the whole urban community, it was appropriated by groups within that community to affirm their specific identity. Narbonne, like many towns of Roman origin, was divided into the older *civitas* and the medieval *burgus*. The first time the word *universitas* was used in this town, in 1205, it referred to the whole town, yet the Occitanian text of 1210 mentioned only the *universitat del Borc de Narbona*, thus excluding the *cité* of the same locality. By 1223, however, the viscount granted the right to have its own weights and measures to the *universitas civitatis et burgi Narbone*, thus englobing in the one term both parts of the town.[61]

The tension between the two different meanings of *universitas* – as the whole urban community, or as only a part of that community – is seen clearly in Avignon and in Tarascon. When count Alphonse II of Provence granted his safeguard to the *universitas* of Avignon in 1203, he felt it necessary to make clear that all of the town's social groups were englobed in this term: *milites, burgenses, mercatori*, and simply *homines*.[62] Likewise in Tarascon, the liberties of 1203 were confirmed *presente universitate tam militum quam proborum hominum*.[63] Subsequent events prove tensions were so great, that social groups identifying themselves as separate *universitates* formed. A reconciliation was necessary between the *universitas militum* and the *universitas confratrum Avionis et proborum hominum* in Avignon in 1215; for lack of a better term, they were said to form one *commune civitatis avinionensi*.[64] By 1219, tensions had apparently calmed sufficiently to be able to return to the use of the term which was to become standard in the South of France in the mid thirteenth century; the whole urban community of Avignon once again constituted a *universitas*. Similar tensions existed at a later date in Tarascon; the cession of the town's consulate to Raimond Berenger in 1226 shows a town divided into a *universitas ex parte militum*, and a *universitas populi*. Finally in 1233, in an arbitral sentence settling differences between the count and the town, we see a united *universitas et commune Tharasconis*.[65] By the 1230's, in a municipal context, *universitas* once again signified an entire urban community – in

---

[61] *...pro tota universitate generaliter ejusdem ville et omnibus habitantibus in eadem suburbiis ejus ..* (1205), Caille [Anm 31], S. 255; Mouynès [Anm. 31], S. 8-9 (1212), S. 12-13 (1223).
[62] Labande [Anm. 31], S. 291-292.
[63] Benoit [Anm. 19], S. 2
[64] Labande [Anm. 31], S. 296-304.
[65] Benoit [Anm. 19], S. 282-291.

Avignon, Tarascon, Narbonne, Manosque – and not an interest group or social group within that community.[66]

Was there a real significance to the word *universitas*, or was it just a fashionable label, a prestige symbol for great and small alike? We might be tempted to think this on reading an arbitration decision rendered by the bishop of Maguelone involving an individual versus a small village.[67] Gigean, small in dimension but long on ambition, styled itself a *universitas*. Living not far from Montpellier, the village notables may well have been mouthing a chic word they had heard on market day in the neighboring cosmopolitan and up-to-date center. As far as substance is concerned, however, we may have our doubts: when 28 men represent the town – probably the entire male adult householding population! – we may wonder what juridical personality, represented by a *procurator*, might mean to them! Gigean, demoted to a simple *castrum* in a later decision (in 1226),[68] was probably no more than the sum of its parts. But some villages were more attuned to attributes of a *universitas*, like the village of Pomerols which, in litigation with the canons of Agde, constituted *syndici* to represent them in their action before the judges that had been delegated by the papal legate.[69]

By the second third of the thirteenth century, the larger towns, and even some smaller communities, had clearly understood the significance of juridical personality inherent in the word *universitas*.[70] The attributes and outward signs of these *universitates* could be recited like a mantra in charters recognizing the urban community as such a structured body; in the new town of Aiguesmortes in 1246, for instance, the king of France recognized these attributes of the *communitas*: *Liceat consulibus domum habere communem, et arcam, et clavarios, et nuntios, et ibi se congregare et habere colloquium, quoteiscumque voluerint.*[71] Common property (represented here by the *arca*) had, of course, preceded the charters recognizing the towns as *universitates* at the

---

[66] For the larger context of these tensions and the later settlements - the Albigensian crusade, the rivalry between the count of Provence and the count of Toulouse, the intervention of the king of France and the Emperor - see Baratier, Edouard: Histoire de Provence. Toulouse 1969, S. 149-158.

[67] Cartulaire de Maguelone [Anm. 42], n° 344.

[68] Ebd., n° 426.

[69] "*Lis erat...inter universum populum castri de Pomairolis ex una parte, litigantem per Raimundum de Pomairolis et Aimericum de Pomairolis constitutos sindicis ad agendum et deferendum ab universitate ejusdem castri, et canonicos agathensis...*" Cartulaire d'Agde [Anm. 17], n° 426. See also the growing consciousness of villages, and its limits, in Bourin, Monique: Les communautés villageoises en Bas-Languedoc du Xe au XIVe siècle, in: Poumarède [Anm. 57], S. 349-384.

[70] For comparison, see Chénon, Emile: De la personnalité juridique des villes de commune d'après le droit français du XIIIe siècle, in: Tijdschrift voor Rechtsgeschiedenis 4 (1922-23), S. 351-366, and Rigaudière, Albert: *Universitas, corpus, communitas* et *consulatus* dans les chartes des villes et bourgs d'Auvergne de XIIe au XVe siècle, in: Revue historique de droit français et étranger 66 (1988), S. 337-362.

[71] Layettes [Anm. 41], n° 3522, S. 620.

beginning of the thirteenth century, witness the passages in ‚Lo Codi' concerning *l'aver del comun de la vila*.[72] Representatives (*nuntios*) too can be seen early on. The *consules* in the documents concerning Narbonne et Genoa seem to be, in fact, delegates or ambassadors for the city; the 1148 charter from Tortosa refers to a *legatus* of the city of Narbonne.[73] The 1203 charter granted Avignon makes precise that the *consules* of the town speak for themselves and for the *universitas*; the term *nomine universitatis* is found in the charter granted Nîmes in 1209. The Roman law term *procurator* and the process for designating one are found in the peace treaty between Peter of Aragon and Montpellier in 1206.[74] The term *syndicus* becomes standard by the mid-thirteenth century; even the small village of Pomerols had caught on to the idea of agency, contenting themselves with being represented by two villagers *constitutos sindicos ad agendum et deferendum ab universitate ejusdem castri*, instead of sending the entire male adult population of the village, as Gigean had done four years previously.

Particularly pertinent here are two outward signs that are strong symbols of juristic personality: seals and town halls. The importance of seals as signs of personality and authority in the Middles Ages does not have to be explained to medievalists. Towns used seals by the 1180's, that is to say, well before the term *universitas* entered their vocabulary. Twelfth-century seals, however, were not described as seals of the community, but rather, as seals of the *consules* themselves; we find mention of such a seal, *sigillum consulum*, at the bottom of sentences rendered by the archbishop of Arles in the Trinquetaille cartulary, as early as 1186.[75] A similar *sigillum consulum* is mentioned for Avignon in 1186; a mutilated specimen of such a seal from 1192 still exists; the image is that of the busts of the four *consules* of the town.[76] By 1225, however, the inscription and the image had changed; the seal was no longer a *sigillum consulum*, but rather a *sigillum comunis avionensis*, and the image that replaces the four busts of the

---

[72] See above. See also Bourin [Anm. 69] for the villages. The property and financial arrangements of the towns is a subject too complex to deal with in this context.

[73] It is important to note here that in these early documents, these persons represent the seigniorial power as well as the town. See above.

[74] Cartulaire de Maguelone [Anm. 42], n° 292.

[75] Amargier, Paul (Hrsg.): Cartulaire de Trinquetaille. Aix-en-Provence 1972, n° 170, 1186; n° 158, 1192; n° 93, 1200.

[76] Labande [Anm. 31], S. 280-290. Most towns in the area have a *sigillum universitatis* in the thirteenth and fourteenth centuries, although some towns had seals described as *sigillum consulum* (perhaps more clearly associated with the juristic personality of the town once the idea of agency had been well established), but the image generally was a schema of the town (one exception: Nîmes with pictures of the consuls). See Bedos, Brigitte: Corps des sceaux français du Moyen Âge. Paris 1980, T 1 Les villes, passim. Albert Rigaudière [Anm. 70] has cited a passage mentioning a *sigillum universitatis* in a document dated 1202 as proof of the early juristic personality of the town of Aurillac. Given the early date (compared to Languedoc and Provence), I am sceptical about the authenticity of the use of the term, all the more so because the document is a later copy; Roger Grand's edition was based on a copy in a seventeenth-century cartulary, which was copied from an earlier cartulary, now lost (Grand, Roger: Les "Paix" d'Aurillac. Paris 1945, S. 3).

consules is a schema of the fortifications of the town of Avignon. The authority represented by the seal was that of the juristic personality of the urban community, not that of the physical persons representing the town.[77]

It is significant to note that the term *universitas* and the mention of a *sigillum* often went hand in hand. One of the earliest uses of the word *universitas* in Montpellier, we have seen, was in the article of the customs dealing with the use of seals.[78] In Marseille, it is the very day when the word *universitas* was used for the first time that we find mention of the town seal: *sigillo comunis Massilie*.[79] A description of the seal of the town is given in the second peace treaty signed with Charles d'Anjou on 6 June 1257: *sigillo [...] civitatis Massilie [...] ab una parta scuptura facta ad modum civitatis super mare constructa*. It is clearly the town which is represented, and not a person or persons wielding authority. It is in this perspective that one might analyze the choice of a name for the confraternity behind which the municipality hides from 1212 to 1221; what more appropriate symbol than the Holy Spirit, a veritable incorporal being, like the urban community itself, so different from an actual human saint? As Ernst KANTOROWICZ has said about juristic persons at the time, they were not anthropomorphic; it would be more appropriate to call them „angelomorphic"[80]!

The fact of having a *domus communis* also seems closely linked chronologically to the emergence of a consciousness of juristic personality. The first mention of such a town hall in the region, to my knowledge, was in Montpellier, in the agreement concerning municpal elections concluded with the bishop of Maguelone in 1211, in *domo communitatis Montispessulani*.[81] In Marseille, the treaty of alliance between the Phocean town and Nice was signed in 1218 in *capitulo rectorum Massilie*;[82] a new structure was indicated in 1225, when delegates to be sent to Avignon were elected in *palatio novo communis Massilie*.[83]

The significance of such a structure cannot be overemphasized. It symbolizes and makes concrete one of the basic demands of urban communities at the time, the right to assemble (*se congregare*), something not obvious in an era when *congregatio* and *conjuratio* were fighting words, possibly implying treason and/ or heresy. The *domus com-*

---

[77] It is relevant here to note the contrast between the seals mentioned in the convention reached between the *burgus* and the *civitas* in Arles in 1208 (Engelmann [Anm. 30]). The seal of the *burgus*, which was populated by nobles (*domini*) is called *sigillum consulum burgi*, whereas that of the *civitas*, where simple *homines*, the *populus*, resided, although they had their own *consules*, is designated simply *sigillum civitatis*. Could commoners at the time have been more receptive than nobles to the advantages that juristic personality could bring?

[78] See above, Anm. 41.

[79] Bourrilly [Anm. 24], n° 9. - 12. August 1210.

[80] Kantorowicz, Ernst H.: The King's two Bodies: A Study in mediaeval political Theology. Princton 1957, S. 304.

[81] Cartulaire de Maguelone [Anm. 42], II, n° 307.

[82] Bourrilly [Anm. 24], n° 20.

[83] Ebd., n° 25.

munis also symbolized the permanence and continuity of the municipal body, with regular meetings and elections, rather than fleeting ad hoc reunions and decisions. This is why such a structure is a more important a demand than that of *consules* or *consulatus*, which could, as we have seen, be considered a privilege granted for a limited period of time, as in Arles in the 1160's. What townspeople prized most in the thirteenth century was not the privilege to create a *consulatus*, but the right to be recognized as a permanent body. *Consulates* were granted, but *universitates* constituted themselves, and demanded to be recognized. It is not incidental that in one of the earliest mentions of *universitas*, in the safeguard granted by the count of Provence to the community of Avignon, the grant was made *in perpetuum*.[84] In Nimes in 1216, the formula was *in infinitum*, and in 1226, to the consuls *et omnibus successoribus suis et successorum successoribus*.[85] It was in Marseille in 1225 that the scribe expressed most strikingly the perpetuity of the *universitas* in contrast to the ephemeral nature of political or administrative regimes: *pro universitate ... in perpetuum et quod in qualibet mutatione regimini civitatis Massilie*.[86] Regimes could change, the town could be led by *consules*, or *rectores*, or a *podestat*, but, situated at a level well above these changes, the quality of *universitas* – the juristic personality of the urban community – remained constant and immutable.

The texts give the distinct impression that the status of *universitas* for a town was a question of what we would call today human dignity. The *universitas*, englobing both notables and more modest town-dwellers, constituted a body which counted as a respected player in contemporary public relations, even if it was not totally autonomous (but who at the time was, when even a king could be excommunicated, and if bad enough, deposed?). The hunger for the recognition of this dignity can be compared to the desire for emancipation on the part of contemporary serfs, who were often willing to pay exorbitant lump sums to liberate themselves from what was considered degrading arbitrary taxation and general mistreatment.[87] Susan REYNOLDS has maintained that, before 1300, there was a „continuing absence of any legal distinction between those that were in our terms corporate and those that were not."[88] Perhaps we should be a bit more concerned, however, about seeing things in their terms, rather than ours!

---

[84] *...universitati...hominibus et eorum successoribus in perpetuum.* Benoit [Anm. 24], S. 28.
[85] Ménard [Anm. 28], I, n° 43 ; n° 50.
[86] Bourrilly [Anm. 24], n° 26. It was probably a similar concern with perenity that motivated a clause of non-renunciation in the liberties granted the *universitates* of Manosque in 1207; the *universitates* were not to renounce the liberties *decem, viginti, triginta, quatraginta, et centum aut mille annorum vel plus...* Isnard [Anm. 47], S. 5. It is this consciousness of permanence, I believe, which encouraged greater sensitivity to the necessity of keeping archives at the time, explaining the impressive documentary expansion in this period.
[87] See in particular the study of William Jordan: From Servitude to Freedom: Manumission in the Sénonais in the Thirteenth Century. Philadelphia 1986.
[88] Reynolds [Anm. 1], S. 1.

A concrete example of a municipal juristic person in action is found in the arbitral sentence fixing the relations between the *universitas* of Tarascon and the count of Provence in 1233.[89] The quarrel was settled as if it were between two individuals; concerning the material obligations involved, both the count and the *sindici* representing the *universitas* engaged their goods: *dicti sindici obligantibus pro eisdem omnia bona communis et universitatis Tharasconensis*. Following the instructions of the arbiter, the *sindici* swore fidelity to the count: *per voluntatem et mandatum universitatis Tharasconis, juraverunt sancta evangelia fidelitatem domino comiti ... homagium ei fecerunt, dato osculo fidelitatis*. In case the implications of the mecanism of representation were not perfectly clear, the scribe added *[...] et idem sacramentum fidelitatis dedit dicto domino comiti et hominium eodem modo fecit eidem universitas Tharasconis*. The *universitas* was treated like a veritable person, having a will (*volontas*), exercising its prerogatives and discharging its duties by proxy.[90]

The dignity and prestige conferred on the urban community through juristic personality had an obvious attraction for town-dwellers, but lords too could see the advantages for themselves that such a conception could bring. Certain lords – mainly bishops – were adamantly opposed, it is true, to any recognition of incorporation; the bishop of Mende in 1262, for instance, refused to receive the *sindici* representing a hypothetical *universitas* of the town, scoffing that he had not convoked a *universitas*, but just some citizens (*cives*) of the town.[91] This kind of scornful attitude was in fact more exceptional than typical, however; there were more lords willing to recognize at least some municipal bodies as *universitates* – as was the king of France – than not, and one can easily see why. A strong sense of juristic personality was not only a matter of pride and prestige for the urban community, it was also a guarantee of responsibility of the municipality in case of prejudice caused to another person, physical or juristic; the statutes of Aix make this clear: *quod totus locus et universitas ubi dampnum esset datum teneatur restituere et emendare*.[92] Beyond penal responsibility, or liability in case of torts, the juristic personality of the urban community was a guarantee of its commitments and engagements, as in the case cited of the loyalty sworn by the *universitas* of Tarascon through its *sindici*. Most lords were quick to understand that in financial dealings (taxation or loans), as in military alliances, it was desirable to have a partner who was well defined, well constituted and permanent, one that could make commit-

---

[89] Benoit [Anm. 19], S. 282-292.
[90] For the „will" of juristic persons, see Turull Rubinat, Max/ Ribalta Haro, Jaume: *De voluntate universitati*: La formacio i l'expresso de la voluntat del municipi (Tarrega, 1214-1520), in: Miscellanea Domenico Maffei. Bd. 1. Goldbach 1995, S. 321-409.
[91] Porée, Charles: Le consulat et l'administration municipale de Mende. Mende 1901, S. 18.
[92] Benoit [Anm. 19], S. 472. On one aspect of responsability, see Carbasse, Jean-Marie: La responsabilité des communautés en cas de „méfaits clandestins" dans les coutumes du Midi de la France, in: Diritto comune et diritti locali nella storia dell'Europa: Atti del covegno de Varenna giugno 1979. Milan 1980, S. 139-152 ; see also Ullmann, Walter: The delictual Responsibility of medieval Corporations, in: The Law quarterly Review 64 (1948), S. 77-96.

ments – and keep them. Theory and practice walked hand in hand, transforming juridical mentalities and social relations. The consciousness of juristic personality which emerged in the late Middle Ages provided the foundations for the juridical life of the urban community, as well as that of associations, countries, states and the State.[93]

More of a coda than a conclusion, this last section is a reflexion in comparative history and comparative law, and is meant as a sort of last appeal to those who still maintain, despite all the above, that juristic personality is without importance in the history of medieval – and western – civilization. It seems to me that the concept of the juristic *persona* – an entity formed by members who are bound by a purpose and not kin relations (nor figurative kin relations), who are on a level and not a hierarchical relationship, and whose relationship can be expressed in secular terms – invites a comparison with another significant juridical development of the thirteenth century. I am thinking of the husband/ wife relationship, meaning marriage, as well as what the French call *régime matrimonial*, that is, the property relations between spouses, especially *la communauté*. The comparison may not at first seem obvious, but I believe there are significant points of similarity between the two.[94] First, marriage in western Europe is not a kin relationship; ecclesiastical initiative against consanguinity assured that people would marry „outsiders", not close members of their own kin. Second, the relation between spouses was supposed to be one of reciprocity, if not equality; by the thirteenth century, sermons show that the Pauline schema of man as head of the wife was replaced with the image of Adam's rib: Eve was taken from Adam's side, not his foot (nor his head), so was not to be his slave but rather his companion (*socia*). This relationship of reciprocity was echoed in much secular literature of the time, including romances like ‚Floire et Blanchflor', and Chaucer's ‚Franklin's Tale'.[95] Last, despite the emphasis on marriage as a sacrament, it was obvious that marriage was a universal and not specifically Christian phenomenon, and essentially a contract, its contractual nature in fact enhanced by contemporary insistence on its consensual nature (which is why it was eventually excluded from the list of sacraments by sixteenth-century Reformers).

The point of this analogy becomes clearer when the comparison is made with other civilizations. These two significant social changes in thirteenth-century Europe – the transformation of the marital relationship and the development of the juristic personality – are in fact veritable hallmarks of Western civilization. Marriage in Islamic lands, for instance, was conceived quite differently:[96] the marital relationship was preferen-

---

[93] See in particular the role played by the municipalities in the *Etats de Languedoc*; Gilles, Henri: Les Etats de Languedoc au XVe siècle. Toulouse 1965.

[94] It may be pointed out that jurists debated the question of how many physical persons were necessary to constitute a juristic person – and some considered two sufficient. See Michaud-Quantin [Anm. 13], S. 215.

[95] For the abundant bibliography on these developments, see my book Lust und Liebe: Geschichte der Paarbeziehungen im Mittelalter. Frankfurt am Main 2000.

[96] See, for instance, Durand, Bernard: Droit musulman, droit successoral. Paris 1991.

tially a kin relationship (between cousins). The husband was clearly the head, and the wife (or wives) sometimes assimilated to servants or even slaves; and although the marriage was indeed a contract, even the law of obligations, like all law in Islamic lands, was by definition religious law. There was no question, of course, of community of property.

The comparison takes on more significance when we realize that this Islamic culture found no room for the concept of juristic personality. There was the *umma* – the whole community of Moslems, similar to the Christian concept of the Church – there were families, there was the law, and somewhere combining the three, the State; but there was no room in this schema for other defined bodies, other voluntarily constituted groups, with a notion of institutional stability and longevity. Just to give one example, it is interesting to compare – or rather, contrast – the *waqf* (family instituted pious foundation) and *tariqa* (confraternity, usually centered on one charismatic individual) in Islamic lands, ephemeral in nature, to their more stable, institutionalized Western counterparts;[97] similarly, municipalities in Islamic lands had not the institutional permanence of those in Europe.[98]

This is an observation concerning social institutions, not a moral comparison. The point is not to be judgemental, but quite simply to ask the question: how can one underestimate the importance of concepts which constitute some of the intellectual building blocks of a civilization, to such a point that it distinguishes it from other civilizations? The idea of happy, consensual marriage with a partner freely chosen and property shared may seem trivial, we are so used to it; yet when compared with other civilizations, its originality appears truly distinctive. Juristic personality may seem to be simply a juridical gymnastic, yet how striking it is to see other civilizations lacking that concept. Both phenomena – changes in the conception of marriage, and the emergence of juristic personality – must be given their true value if we are to understand our own civilization, which is a necessary first step toward understanding others.

---

[97] Lev, Yaacov: Charity, Endowments and charitable Foundations in medieval Islam. Gainsville 2005; Popovic, A./ Veinstein, G. (Hrsg.): Les Voies d'Allah: Les ordres mystiques dans le monde musulman des origines à aujourd'hui. Paris 1996.

[98] Edde, Anne-Marie/Bresc, Henri/Guichard, Pierre: Les autonomismes urbains des cités islamiques, in: Origines des libertés urbaines [Anm. 27], S. 97-120.

SIMONE SCHULTZ-BALLUFF

triuwe – Verwendungsweisen und semantischer Gehalt im Mittelhochdeutschen[1]

I.

Als alter Rechtsbegriff mit Wurzeln in germanischer Zeit[2] zeigt *triuwe* ein Bedeutungsspektrum, das in den volkssprachlichen Texten der mittelhochdeutschen Zeit teilweise noch zu fassen, teilweise nur noch zu erahnen ist. Veränderung, Erweiterung und Modifikation des semantischen Gehalts des germanischen Rechtswortes sind die Ursache. Es entsteht ein kompliziertes Geflecht von Verwendungsweisen: Formen und Funktionen von *triuwe* erscheinen in vielfältiger Weise.[3] Kulturwissenschaftlich gesehen ist *triuwe* ein „zentraler Begriff sozialer (gesellschaftlicher) Organisation menschlichen Zusammenlebens"[4] und stellt damit einen wesentlichen Aspekt mittelalterlicher Kommunikations- und Lebensformen dar.

In der literaturwissenschaftlichen Forschung wird das Wortfeld *triuwe* bislang ausschließlich in einzelnen oder mehreren Werken der höfischen Literatur bearbeitet[5] oder

---

[1] Dies ist die überarbeitete und um ein Kapitel ergänzte Fassung eines Vortrags, gehalten auf dem 12. Symposium des Mediävistenverbandes in Trier (19.-22. März 2007).

[2] Mhd. *triuwe* (< ahd. *triuwa*, „Treue", „Zuverlässigkeit", „Vertrag", „Bündnis") geht auf die germ. Wortsippe **trewwô*, **truwo* („Bund", „Bündnis") zurück und ist möglicherweise mit der idg. Wurzel **deru-*, **dreu-*, **drû-* in Verbindung zu bringen; vgl. Wolf, Beat: Glossar zur höfischen Literatur des deutschsprachigen Mittelalters. Bern 2002, hier S. 96-100; Kluge, Friedrich: Etymologisches Wörterbuch der deutschen Sprache. Unveränderter Nachdr. der 23. Aufl., bearb. v. Elmar Seebold. Berlin/ New York 1999, S. 835; von See, Klaus: Altnordische Rechtswörter. Philologische Studien zur Rechtsauffassung und Rechtsgesinnung der Germanen. Tübingen 1964, S. 206.

[3] Verschiedene Bedeutungskreise, die einander berühren und sich ergänzen können, setzt Beat Wolf an: religiös-ethisch, juristisch-sozial und ethisch-moralisch; Wolf [Anm. 2], S. 99.

[4] Kaufmann, Ekkehard: Art. Treue, in: Handwörterbuch zur deutschen Rechtsgeschichte. Bd. V (1998), Sp. 320-338, hier Sp. 320.

[5] Vgl. Haupt-Kopp, Gisela: Der Begriff der *Triuwe* in Konrads von Würzburg Engelhard und Partonopier und Meliur. Diss. Washington University 1973; Kraft, Karl-Friedrich O.: Iweins Triuwe. Zu Ethos und Form der Aventiurenfolge in Hartmanns ‚Iwein'. Eine Interpretation (Amsterdamer Publikationen zur Sprache und Literatur 42). Amsterdam 1979; Widmaier, Sigrid:

im Rahmen von Abhandlungen über Tugenden/den Tugendbegriff[6] sowie von (höfischen) Wortgeschichten[7]. Nur in Ansätzen gibt es vergleichende oder übergreifende Untersuchungen.[8]

Der semantische Gehalt von *triuwe* lässt sich nicht eindeutig dem Bereich „Recht", „Religion" oder „Gesellschaft" zuordnen; wenn auch der explizite Gebrauch beispielsweise in einem religiösen Text erfolgt, so ist dennoch ein juristischer Gehalt nicht auszuschließen. Einen Begriff bzw. ein Wortfeld nur von einer Textsorte ausgehend verstehen zu wollen, greift daher zu kurz. Ich möchte mich im Folgenden auf zwei Wegen dem *triuwe*-Begriff nähern: Zunächst soll mittels der Analyse des Begriffs in seinem sprachlichen Umfeld ein Katalog von Merkmalen, die die Semantik von *triuwe* mitbestimmen, entstehen. Damit soll die Struktur der diesem Begriff zugrunde liegenden Konzepte sichtbar gemacht und konturiert werden. Anschließend wird die Analyse ausgewählter Textpassagen diese Konzepte im Kontext ihrer textlichen Darstellung betrachten und dabei mögliche Vernetzungen aber auch Differenzen fokussieren. Hier werde ich dem Ansatz von Klaus-Peter WEGERA folgen, „das den verschiedenen Bedeutungsvarianten Gemeinsame, den semantischen Kern, stärker in den Vordergrund zu stellen und damit zu versuchen, ein gemeinsames Konzept herauszuarbeiten".[9]

Es ist schwierig, genau genommen unmöglich, *triuwe* mit nur einer Bedeutung wiedergeben zu wollen, die den gesamten Komplex, in dem die Verwendung erfolgt, umfasst. Der Blick in Wörterbücher und Lexika zeigt ein Spektrum, das suggeriert, dass *triuwe* bspw. ausschließlich „Ehrlichkeit", „Liebe zwischen Mann und Frau" oder

---

Das Recht im ‚Reinhart Fuchs' (Quellen und Forschungen zu Sprach- und Kulturgeschichte der germanischen Völker NF 102). Berlin/ New York 1993; Müller, Jan-Dirk: Spielregeln für den Untergang. Die Welt des Nibelungenliedes. Tübingen 1998, S. 153-200. Mehrere Werke der höfischen Zeit sind Gegenstand der Untersuchung von Gisela Spiess: Die Bedeutung des Wortes „Treue" in den mittelhochdeutschen Epen ‚Parzival', ‚Nibelungenlied' und ‚Tristan'. Diss. Heidelberg 1957.

[6] Bumke, Joachim: Höfische Kultur. Literatur und Gesellschaft im hohen Mittelalter. München [8]1997, S. 418.

[7] Ehrismann, Otfrid: Ehre und Mut, Aventiure und Minne. Höfische Wortgeschichten aus dem Mittelalter. München 1995, S. 211ff; Wolf [Anm. 2], S. 96-100.

[8] Hervorzuheben ist hier die recht frühe Abhandlung Helga Albrands (Untersuchungen über Sinnbereich und Bedeutungsgeschichte von ahd. *Triuwa* und mhd. *Triuwe* bis einschließlich Hartmann von Aue. Diss. Masch. Göttingen 1964). Das Bedeutungsspektrum und mögliche dahinter liegende Systeme beschreibt Wolf [Anm.2], S. 98-100.

[9] Wegera, Klaus-Peter: *mich enhabe diu âventiure betrogen*. Ein Beitrag zur Wort- und Begriffsgeschichte von *âventiure* im Mittelhochdeutschen, in: Vilmos Àgel u. a. (Hrsg.): Das Wort. Seine strukturelle und kulturelle Dimension. Festschrift für Oskar Reichmann. Tübingen 2002, S. 229-244. Jürgen Lenertz geht davon aus, dass „je nach Kontext und konkreter Verwendung bestimmte konzeptuelle Verschiebungen" erfolgen; Lenertz, Jürgen: Zum Beispiel *maere*. Bedeutung und Bedeutungsvielfalt aus sprachwissenschaftlicher Sicht, in: Gerd Dicke/ Manfred Eikelmann/ Burkhard Hasebrink (Hrsg.): Im Wortfeld des Textes. Worthistorische Beiträge zu den Beziehungen von Rede und Schrift im Mittelalter. Berlin/ New York 2006, S. 25-48, hier S. 26.

„Liebe von Gott"[10] bedeuten könne; der Begriff *triuwe* wird daher oft – und damit fälschlicherweise – mit dem gleichgesetzt, was das bestimmte Verhalten im Zusammenhang mit einem *triuwe*-Verhältnis näher beschreibt, z. B. *minne/liebe*. Der semantische Grundgehalt des Wortes wird so hinsichtlich einer bestimmten Intention verändert.

Dass *triuwe* als „wichtigster ethischer Faktor im alten germanischen Recht" gilt,[11] lässt sich grundsätzlich damit begründen, dass „jeder Vertrag, jedes Bündnis darauf beruht, dass die Kontrahenten auf die Einhaltung von Versprechen vertrauen"[12]. Die konkrete Vereinbarung (Bündnis, Vertrag) zwischen zwei Parteien wird mittels verbaler (z. B. Eid) und non-verbaler (z. B. Schwurgeste, Kommendationsgebärde) Äußerungen besiegelt. Die Erfüllung dieser Vereinbarung beruht immer auf gegenseitiger Einhaltung des Versprochenen und erfordert eine bestimmte innere und auch äußere Haltung: jede Partei muss zuverlässig sein und bestimmten Pflichten nachkommen. Damit trägt jede Partei einen Teil der Verantwortung, die zur Durchführung und Einhaltung der Vereinbarung notwendig ist. Anders als die vorvertragliche Phase, in der es zur Vereinbarung und schließlich zum Vertragsabschluss (mittels eines Rechtsaktes) kommt, stellt sich die Phase der Einhaltung des Versprochenen abstrakter dar: durch die Bündnisschließung entsteht die persönliche Verpflichtung, in bestimmten Situationen ein bestimmtes Verhalten zu zeigen; Fehlverhalten führt zum Bruch des Bündnisses. Als moralisch-ethische Komponente mit rechtsverbindlichem Gehalt findet sich oftmals *triuwe* im Rahmen oben beschriebener Bündnisse. Eine *triuwe*-Leistung kann Teil eines Rechtsaktes sein, zunächst jedoch meint *triuwe* eine auf Vertrauen und Zuverlässigkeit beruhende gesellschaftliche Grundnorm, die schließlich über die Sittenordnung in die Rechtsordnung übernommen wird;[13] *triuwe* gilt als Rechtsbegriff, d. h. jedes *triuwe*-Verhältnis impliziert Rechtsverbindlichkeit, möglicherweise – dies bleibt zu prüfen – zeigt jede Verwendung von *triuwe* Rechtsverbindlichkeit.

Die Verwendung des Begriffs *triuwe* weist auf eine Bindung bzw. ein Versprechen zweier Parteien hin. Diese Bindung kann zwischen nicht-gleichrangigen (z. B. Herrscher und Untertan, Lehensgeber und Lehensnehmer, Gott und Mensch) und zwischen gleichrangigen (z. B. zwei Herrschern, Freunden) Personen erfolgen[14] und einen

---

[10] Wolf [Anm. 2], S. 96.
[11] Von See [Anm. 2], S. 205.
[12] Kaufmann [Anm. 4], Sp. 320-338, hier Sp. 320.
[13] Diese Übernahme setzt voraus, dass es Grundsätze – sittliche oder moralische – gibt, die von allen akzeptiert und als verbindlich angesehen werden; vgl. Kaufmann [Anm. 4], Sp. 320-338, hier Sp. 321.
[14] Die Vielfalt von „Treue" fasst Karl Kroeschell zusammen: „Danach ist die Treue ein allgemeines Prinzip des deutschen Rechtes; neben der Gefolgschaftstreue ist hier die Verwandtentreue und die ihr nachgebildete Treue zum Schwurfreunde, aber auch die Vertragstreue zu nennen."; Kroeschell, Karl: Die Treue in der deutschen Rechtsgeschichte, in: ders.: Studien zum frühen und mittelalterlichen deutschen Recht. Berlin 1995, S. 157-182, hier S. 162. [Erstabdruck in: Studi Medievali X 1, 1969, A Giuseppe Ermini, S. 465-489].

politisch-gesellschaftlichen, moralisch-ethischen oder spirituellen Schwerpunkt haben bzw. in einem solchen Rahmen platziert sein.[15]

Mit dem Ziel, das semantische Spektrum von *triuwe* zu umschreiben, soll zunächst die Vielfalt der Verwendungsweisen texttypenübergreifend und in diachroner Perspektive dokumentiert und kommentiert werden. Ohne die Vielfalt des Begriffes schmälern zu wollen, werden dabei grundlegende Gemeinsamkeiten und generelle Merkmale der Verwendungsweisen herausgearbeitet. Anhand ausgewählter Textstellen werden die inhaltliche Verwendungsweise des *triuwe*-Begriffes und die Verknüpfung über Texttypen und Zeiträume hinweg verdeutlicht.

Die Basis der Untersuchung bildet das Bochumer Mittelhochdeutsch-Korpus mit 474 *triuwe*-Belegen;[16] die ausgewogene Textsorten-Präsenz[17] ermöglicht, Verknüpfungen zwischen semantischem Gehalt und Textsorte herzustellen.

II.

Das mhd. Substantiv *triuwe* geht – vermutlich direkt – zurück auf germ. *trewwô, *truwo. Für die vorliterarische Zeit werden Grundbedeutungen mit rechtlichem Gehalt wie „Vertrag", „feste Abmachung", „Versprechen", „Bündnis", aber auch „Waffenstillstand" angenommen[18] und kennzeichnen damit ein gegenseitiges Verhältnis zweier Parteien. Ahd. *triuwa* und mhd. *triuwe* sind etymologisch verwandt mit as. *treuwa*

---

[15] I. d. R. wird *triuwe* im Kontext von Gefolgschafts- oder Lehnsverhältnissen mitbetrachtet; diesen Aspekt nicht ausblendend, aber auch nicht fokussierend stelle ich die *triuwe*-Bindung als solche in den Mittelpunkt der Betrachtung und ändere die Perspektive auf ein bekanntes Feld.

[16] Eine eingehende Beschreibung des Korpus und die zugrunde liegenden Prinzipien liefert Klaus-Peter Wegera: Grundlagenprobleme einer mittelhochdeutschen Grammatik, in: Werner Besch u.a. (Hrsg.): Sprachgeschichte. Ein Handbuch zur Geschichte der deutschen Sprache und ihrer Erforschung. 2. vollständig neu bearbeitete und erweiterte Auflage, Berlin/ New York 2000, S. 1304-1320. Eine künftige Erweiterung der Materialbasis u. a. durch die Texte der Mittelhochdeutschen Begriffsdatenbank (2930 *triuwe*-Belege; http://mhdbdb.sbg.ac.at:8000/index.de.html) und der mitteldeutschen Textsammlung Thomas Kleins ist unerlässlich. Um eine verlässliche semantische Entwicklung nachzeichnen zu können, wird eine Hinzunahme ahd. *triuwe*-Belege erfolgen müssen.

[17] 1. Rechtstexte, 2. Dichtung mit primär unterhaltender, auch erbaulicher Intention bzw. Funktion und 3. geistliche Literatur. Grundsätzliche Unterteilung ist zunächst die in Vers- und Prosatexte, zusätzlich befinden sich Urkunden im Korpus.

[18] Wolf [Anm. 2], S. 96.; Pretzel, Ulrich: Art. Treue, in: Deutsches Wörterbuch von Jacob und Wilhelm Grimm. 16 Bde. in 32 Bdn. und Quellenverzeichnis. München 1854-1960 (Nachdruck Gütersloh 1991). Bd. XXII (11. Bd., I. Abt., II. Teil, 1952), Sp. 282-342, hier Sp. 286; Kaufmann [Anm. 4], Sp. 320-338; Kroeschell, Karl: Art. Treue, in: Lexikon des Mittelalters. Bd. VIII (1999), Sp. 977-978, hier Sp. 977; vgl. auch Art. treu, in: Etymologisches Wörterbuch des Deutschen. Erarbeitet von einem Autorenkollektiv des Zentralinstituts für Sprachwissenschaft unter der Leitung von Wolfgang Pfeiffer. 3 Bde. Berlin 1989, hier Bd. 3, S. 1839-1840.

(„Treue", „Frieden", „Bund"), mnd. *trûwe* („Treue", „Wahrhaftigkeit", „Redlichkeit", „Eheversprechen", „Verlobung"), aengl. *trēow* („Treue", „Wahrheit", „Glaube", „Versprechen"), anord. *trû* und got. *triggwa* („Bund", „Bündnis")[19]. Nach VON SEE trägt die germ. Wortsippe **treuu-/truu-* im Kern die Bedeutungen „Vertrag", „Waffenstillstand", die sich auch im got. *triggwa* „Vertrag", im anord. *tryggð* „Vertrag", „Waffenstillstands-" und „Urfehdevertrag" und auch in den aus den aus dem Westgerm. entlehnten mlat. *treuga* und afrz. *trieve* „Waffenstillstand" widerspiegeln.[20] Die Zurückführung auf die ie. Wurzel **deru-*, **dreu-*, **drû-* „Baum" gilt als wahrscheinlich;[21] VON SEE vermutet, dass die „Vorstellung von der Härte und Festigkeit des Holzes [...] am Anfang der Bedeutungsgeschichte"[22] steht.

Für die ahd. Zeit setzt Beat WOLF eine weltlich-juristische Bedeutung an und geht von einer Bedeutungserweiterung und -vertiefung bis hin zu einem religiös-ethischen Sinn in mhd. Zeit aus; beide Systeme ergänzen einander und werden im Verlauf des Mittelalters um den ethisch-moralischen Sinn zusätzlich ergänzt.[23] Ulrich PRETZEL nimmt im eine Entwicklung von einer konkreten Handlung über die Bezeichnung eines abstrakten Verhaltens bis hin zu einer Eigenschaft an: schon in ahd. Zeit sei eine Verschiebung in den geistlichen Bereich zu beobachten, in mhd. Zeit werde *triuwe* zu einem „kernbegriff im ritterlichen tugendsystem".[24] Während hier die Idee klarer Verwendungsweisen und ihrer Abgrenzung voneinander vorherrscht, geht WOLF davon aus, dass verschiedene Geltungsbereiche nebeneinander bestehen, zwischen denen Austausch und Ergänzung erfolgt. VON SEE verweist deutlich auf die im Westgerm. und Anord. vorherrschenden Bedeutungen „Waffenstillstand" und „Sicherheitsleistung", die mit „persönlicher Zuneigung nichts zu tun" haben und betont das dem Begriff innewohnende „Vertragselement".[25] Dieses findet sich bei WOLF (weltlich-juristisch) und PRETZEL (konkrete Handlung) nur in ahd. Zeit und scheint im Mhd. einem ethisch-moralischen Bedeutungsgehalt zu weichen. Franz SARAN und Bert

---

[19] Zum Eingang von got. *triggwa* als Lehnwort ins Lat. (*treuga*) s. Wolf [Anm. 2], S. 97.
[20] Von See [Anm. 2], S. 206.
[21] Wolf [Anm. 2], S. 96. Hierzu ausführlicher Pretzel [Anm. 18]. Bd. XXII (1952), Sp. 244. Zu Parallelen im Außergermanischen s. Etymologisches Wörterbuch [Anm. 2], S. 835. Von See betont die Belegung der idg. Wurzel in den germ. Sprachen: got. *triu*, anord. *tré*, asächs. *treo*, aengl. *trēow*, neuengl. *tree*; von See [Anm. 2], S. 206.
[22] Von See [Anm. 2], S. 206.
[23] Das Konzept Wolfs zeigt sich zunächst vielfältig und flexibel, die feste Verknüpfung der einzelnen Kategorien mit bestimmten Bedeutungen schränkt die Flexibilität jedoch wieder ein; vgl. Wolf [Anm. 2], S. 98-99.
[24] Pretzel [Anm. 18], Bd. XXII (1952), Sp. 286. Ähnlich wird im Etymologischen Wörterbuch des Deutschen die Entwicklung dargestellt: „Aus der ursprünglichen Bedeutung „gegenseitige feste Abmachung, Bündnis" entwickelt sich „das Einhalten eines Vertrages"; in mhd. Zeit wird Treue zu einem Kernbegriff der ritterlich-höfischen Ethik."; Etymologisches Wörterbuch des Deutschen [Anm. 18], S. 835.
[25] Von See [Anm. 2], S. 206.

NAGEL[26] geben zunächst eine Grundbedeutung an („das Festhalten am Abgemachten", „die Festigkeit") und differenzieren dann für das Mhd.: 1. „Zuverlässigkeit", „Aufrichtigkeit"; „Wohlmeinenheit", „Vertraulichkeit"; „Treue", 2. das Abgemachte selbst beschreibend: „Waffenstillstand", „Versprechen", „Ritterwort"; „Treuverhältnis".

> Die ahd. Wörterbücher[27] geben als Bedeutungen „Treue", „Glaube", „Beständigkeit", „Obhut", „Beistand" und „Wahrhaftigkeit" an, lediglich an hinterer Stelle werden „Bündnis" und „Vertrag" aufgeführt. Das Lexikon des Mittelalters führt neben „Glaube" die in den Wörterbüchern nicht genannte Bedeutung „Vertrauen" auf,[28] WOLF hebt neben „Treue" und „Zuverlässigkeit" auch „Vertrag" und „Bündnis" hervor sowie „das durch einen Vertrag oder einen Eid gegründete gegenseitige Verhältnis".[29]

> Die mhd. Wörterbücher geben „Aufrichtigkeit", „Zuverlässigkeit", „Treue", „gegebenes Wort", „Gelübde", „Versprechen"[30] sowie „Treue", „Glaube", „Zuverlässigkeit", „Aufrichtigkeit", „Wohlmeinenheit"[31] an. Eine außerordentliche Vielfalt an Bedeutungen bietet das Deutsche Wörterbuch:[32] „Vertrag", „Treue", „Gutes", „Obhut", „Schutz", „Vertrauen", „Verschwiegenheit", „Aufrichtigkeit", „Wahrhaftigkeit", „Zuverlässigkeit", „Tugend", „Charakter", u. a. m. Auch in WOLFS Glossar nimmt die Bedeutungsvielfalt im Mhd. zu: „Geneigtsein", „Gewogensein", „Festigkeit", „Liebe von Gott"; „Nächstenliebe", „Liebe zwischen Mann und Frau"; „Selbstentsagung/ Selbstlosigkeit"; „Zuverlässigkeit", „Wohlgesinntheit", „Aufrichtigkeit", „Ehrlichkeit"; „Pflichten, die ein tugendhaftes Leben bringen"; „Versprechen", „gegebenes Wort", „Gelübde", „Ehegelübde". Das Wörterbuch der mittelhochdeutschen Urkundensprache führt „Treue", „Verpflichtung", „Versprechen" auf.[33]

Die Zunahme der Bedeutungsangaben vom Ahd. zum Mhd. – dies zeigt der Blick in Wörterbücher und Lexika – stützt die Annahme, dass *triuwe* eine Bedeutungserweiterung, genau genommen eine extreme -ausweitung erfährt. Bedeutung und Gebrauch scheinen in ahd. Zeit noch klar erkennbar und abgrenzbar zu sein; für Texte aus mhd. Zeit steht dem Rezipienten anscheinend eine Vielfalt an Bedeutungen zur Verfügung. Zusammenhänge einzelner Bedeutungsbündel werden nicht deutlich, einzig SARAN und NAGEL arbeiten mit einer Grundbedeutung (s. o.), die sich dann in mhd. Zeit verzweigt.

---

[26] Saran, Franz/ Nagel, Bert: Das Übersetzen aus dem Mittelhochdeutschen. 6. erg. Aufl., Tübingen 1975, S. 199.
[27] Splett, Jochen: Althochdeutsches Wörterbuch. Bd. I,2 (1993), s. v. *triuwa*; Schützeichel, Rudolf: Althochdeutsches Wörterbuch (1995), s. v. *triuwa*; Köbler, Gerhard: Wörterbuch des althochdeutschen Sprachschatzes (1993), s. v. *triuwa*.
[28] Kroeschell, Karl: Art. Treue [Anm. 18], Sp. 977-978, hier Sp. 978.
[29] Wolf [Anm. 2], S. 96.
[30] Lexer, Matthias: Mittelhochdeutsches Handwörterbuch. Bd. II (1876), s. v. *triuwe*.
[31] Benecke, Georg F./ Müller, Wilhelm/ Zarncke, Friedrich: Mittelhochdeutsches Wörterbuch. Bd. III (1861), s. v. *triuwe*.
[32] Pretzel [Anm. 18], Bd. XXII, Sp. 282-342.
[33] Wörterbuch der mittelhochdeutschen Urkundensprache. Bd. III (2003), s. v. *triuwe*.

III.

1. Zeiträume und Textsorten

Verteilung der *triuwe*-Belege in %

1070-1150	1150-1200	1200-1250	1250-1300	1300-1350
1,5%	3,5%	22%	30,5%	42,5%

Ca. 1,5% und damit nur ein sehr geringer Teil der Belege findet sich zwischen 1070 und 1150; es überwiegt überlieferungsbedingt ein Vorkommen in geistlichen Texten.[34]

Zwischen 1150 und 1200 (3,5%) wird *triuwe* außer in geistlichen Texten[35] in der Kaiserchronik verwendet.

22% der untersuchten Belege stammen aus dem Zeitraum 1200-1250. Die Verwendung des Wortes *triuwe* überwiegt in der unterhaltenden Literatur nur knapp,[36] der Gebrauch in Predigten und Gebeten ist deutlich.[37] Eine besondere Rolle spielt *triuwe* im Prolog des ‚Tristan', *triuwe* als agierende Instanz begegnet im ‚Parzival' (*min triwe gein ir vloch*, 528, 20; fol. 151a, 20). Bildliche Verwendung findet sich im ‚Parzival' (*vf miner triwe iamer blvt*, 28, 8; fol. 12b, 9), in den ‚St. Pauler Predigten' (*ir triwe schein als daz golt*, fol. 306, 8) und in den Tristan-Fragmenten (*triuwe div von herzen gat*, 12340; fol. 3v, 12). Eine bekräftigende Gabe bzw. Handlung besiegelt das Treue-

---

[34] In dieser frühen Phase wird *triuwe* mehrfach in Willirams von Ebersberg ‚Hoheliedparaphrase' (Breslau, Bibl. uniw., cod. R 347) verwendet, selten in ‚Wiener Notker' (Notker Labeo: Psalmenauslegung; Wien, ÖNB, Cod. 2681), ‚Ezzos Gesang' (Straßburg, Bibl. Nat. et Univ., Ms. 1) und ‚Rheinauer Paulus' (Zürich, ZB, Cod. Rh. 77).

[35] ‚Gebete und Benediktionen aus Muri' (Sarnen, Bibliothek des Benediktinerkollegiums, Cod. membr. 69), ‚Linzer Entechrist' (Linz, LB, Hs. 33), ‚Wien-Münchner Evangelienübersetzung' (München, BSB, Cgm 5250/1), ‚Trierer Aegidius' (Trier, StB, Fragm.-Mappe X, Nr. 14), ‚Heinrichs Litanei' (Graz, UB, Hs. 1501).

[36] Im höfischen Roman in Wolframs von Eschenbach ‚Parzival' (Hs. D; St. Gallen, StiB, Cod. 857), Gottfrieds von Straßburg ‚Tristan und Isolde' (Hs. M; München, BSB, Cgm 51), Hartmanns von Aue ‚Iwein' (Hs. B; Gießen, UB, Hs. 97), Konrad Flecks ‚Flore und Blancheflur' (Fragm. F; Frauenfeld, Archiv der kath. Kirchgemeinde, cod. III Bg.), im ‚Graf Rudolf' (Braunschweig, StB, Fragm. 36), in den Fragmenten m, fl und f von Gottfrieds von Straßburg ‚Tristan und Isolde' (Berlin, SBPK, mgf 923 Nr. 4 [Fragm. m]; Augsburg, StUB, Fragm. germ. 31 [Fragm. fl]; Köln, Hist. Archiv, Fragmentkapsel I, Nr. XLIV [Fragm. f]) und im ‚Nibelungenlied' (Hs. C; Karlsruhe, LB, Cod. Donaueschingen 63); in der erbaulichen Literatur in Priester Wernhers ‚Marienleben' (Hs. D; Krakau, Bibl. Jagiellonska, Berol. mgo 109) und im ‚Rheinischen Marienlob' (Hannover, NLB, Ms I 81).

[37] So in den ‚St. Pauler Predigten' (St. Paul im Lavanttal, StiB, Cod. 109/3), ‚Mitteldeutschen Predigten' (Fragm. K; Berlin, SBPK, Fragm. 55), im ‚St. Trudperter Hohelied' (Hs. A; Wien, ÖNB, Cod. 2719) und in den ‚Vatikanischen Gebeten' (Rom, BAV, cod. lat. 4763).

verhältnis: in Gottfrieds von Straßburg ‚Tristan und Isolde' die Gabe eines Ringes Isoldes an Tristan (*nim hin diz vingerlin*, 18311; fol. 95va, 28), im ‚Nibelungenlied' die Handreichung (*Ich gibs iv mine triwe. vnd gihtes iv min hant*, 2399, 1; fol. 87r, 25f.). Im ‚Marienleben' gilt Maria als aller *trĭwen liehtvaz* (2326; fol. 41v, 8f.).

Ein Anstieg der Verwendung ist zwischen 1250 und 1300 zu verzeichnen; 30,5% der Belege entstammen diesem Zeitraum. Neben der Verwendung in den neu hinzu kommenden Rechts- und Stadtbüchern[38] steigt der Gebrauch des *triuwe*-Begriffes in der unterhaltenden bzw. erbaulichen Literatur.[39] In geistlichen Texten wird *triuwe* seltener verwendet.[40] In festen Wendungen erscheint *triuwe* in den Stadt- und Rechtsbüchern (*als in sîn triwe leret*, Stadtbuch der Stadt Augsburg, foll. 73vb, 18f.; 74rb, 14f.; 74va, 3; *truwi undi eri bihaldin*, so und ähnlich 13x im Mühlhäuser Reichsrechtsbuch[41]); vielfältig ist die Verwendung in Kölner Urkunden:[42]

in/mit guoten triuwen sunder/ane arge list (7x),
mit guoden truowen uop ieren eith (3x),
mit gegeuene truowen gesichgirt inde gesworin (3x),
mit guden truwen beschirmen bevrieden inde behuoden (3x),
ze haldene mit guoden truowen (3x),
mit gegeuenre truwen (2x).

Im ‚Passional A' wird Maria als *muter aller truwe* (9, 41; fol. 83va, 7) bezeichnet, als agierende Instanz erscheint *triuwe* im Stadtbuch der Stadt Augsburg (in der festen Wendung *als in sîn triwe leret*) und im ‚Wilhelm von Orlens' Rudolfs von Ems (*iwer trivwe an im niht sol zwiveln*, 14519f.; 109vb, 3f.); bildliche Verwendung findet sich in ‚Dietrichs Flucht' (*er was der rehten triwe ein ast*, 2338; 63ra, 20; *der triwen reht ein rose*, 9983; 101vb, 31).

---

[38] Stadtbuch der Stadt Augsburg (München, BayHStA, Reichsstadt Augsburg, Lit. Nr. 32), ‚Schwabenspiegel' (Karlsruhe, LB, Cod. Donaueschingen 738) und ‚Mühlhäuser Reichsrechtsbuch' (Hs. N; Nordhausen, StadtA, Ms. II., Na. 6).

[39] Hierzu gehören das ‚Buch der Könige' (Karlsruhe, LB, Cod. Donaueschingen 739), ‚Dietrichs Flucht' (Berlin, SBPK, mgf 1062), Ulrichs von Liechtenstein ‚Frauendienst' (München, BSB, Cgm 44), ‚Winsbecke und Winsbeckin' (Hs. J; Berlin, SBPK, mgf 474), Rudolfs v. Ems ‚Weltchronik' (Hs. Z; München, BSB, Cgm 8345) und ‚Wilhelm von Orlens' (Hs. M; München, BSB, Cgm 63), ‚Karl und Galie' (Darmstadt, ULB, Hs. 3234, Nr. 13), die ‚Rheinfränkische Marienhimmelfahrt' (Gießen, UB, Cod. 876), ‚Athis und Prophilias' (Krakau, Bibl. Jagiellonska, Berol. mgq 846) und das ‚Passional A' (‚Marienlegenden'; Berlin, SBPK, mgf 778).

[40] So in Davids von Augsburg ‚Traktaten' (München, BSB, Cgm 183) und den ‚Mitteldeutschen Predigten' (Codex discissus Fr, G, H_1; Fr: Frankfurt, SUB, Fragm. germ. II 2; G: Freiburg, UB, cod. 519; H_1: Nürnberg, GNM, cod. 42526).

[41] Nordhausen, StadtA, Ms. II., Na. 6, foll. 1r, 22f., 3v, 1f., 3v, 15, 4r, 8, 4r, 25, 4v, 16, 5r, 1, 5v, 20f., 5v, 24f., 7v, 10f., 16v, 9, 19r, 3, 19r, 11f.

[42] Die gesamte Urkundenstrecke umfasst 18 Urkunden von Mai 1261 bis Juli 1274; die aufgeführten Wendungen finden sich in allen zur Strecke gehörenden Urkunden. Zu Zusammensetzung, Auswahl und Kriterien von Urkundenstrecken s. Wegera [Anm. 16], S. 1311.

42,5% der *triuwe*-Belege stammen aus Texten des Zeitraums 1300-1350. In den Rechts- und Verwaltungstexten ist hier noch einmal ein gestiegener Gebrauch des *triuwe*-Begriffes abzulesen,[43] ebenso in der unterhaltenden bzw. erbaulichen Literatur.[44] In den geistlichen Texten[45] erfolgt eine eher zurückhaltende Verwendung. *triuwe* in festen Wendungen wird in den Rechts- und Stadtbüchern, häufiger jedoch in Urkunden verwendet. Formelhafte Verwendungen finden sich aber auch in der unterhaltenden Literatur:

> daz er den die sich im gevangen gebent ein sicherheit git an siner gũt vn̄ triwen („Baumgarten geistlicher Herzen', 176r, 8),
> mit triwen ane allen var (Ulrich von Türheim ‚Rennewart', 16333; fol. 103vb, 15),
> Ir werde verzigen vnd versait auch åliv trew der vaterhait (Hartwig von dem Hage ‚Margaretenlegende', 192; fol. 18r, 19),
> ze dienen aygenlich als mir in vorhten vnd mit trewen (Hartwig von dem Hage ‚Margaretenlegende', 461; fol. 20v, 15),
> vnd wart diz zvischen in beiden/ mit truwen vnd mit eiden/ Bestetet als iz solde sin/ er gap ir sin vingerlin (Heinrich von Freiberg ‚Tristan und Isolde' (Fortsetzung), 652f.; fol. 106rb, 20-23),
> als im sin triwe gebot (Heinrich von Freiberg ‚Tristan und Isolde' (Fortsetzung), 3617; fol. 122ra, 35).

Personifiziert erscheint *triuwe* im ‚Baumgarten geistlicher Herzen' (*der minne swester div triwe*, fol. 23r, 5), als agierende Instanz in ‚Maria Magdalena' (*o trewe meinev benim mir mein warten nicht*, 591; fol. 17r, 17f.) und in Heinrichs von Freiberg ‚Tristan und Isolde' (*als im sin triwe gebot*, 3617; 122ra, 35). Bildliche Darstellungen finden

---

[43] In den Rechts- bzw. Stadtbüchern in Ruprechts von Freising ‚Rechtsbuch' (München, StadtA, Zimelie 1), im Satzungsbuch der Stadt Nürnberg (I/A; Nürnberg, StA, Reichsstadt Nürnberg, Amts- und Standbücher Nr. 228) und den Würzburger Polizeisätzen (München, UB, 2 Cod. ms. 731); ferner in den Urkundenstrecken der Städte Landshut (24 Urkk., 2. November 1333 - 22. Juni 1345), Augsburg (21 Urkk., 15. Februar 1336 - 17. August 1341), Freiburg (29 Urkk., 24. Juli 1316 - 11. August 1320), Köln (15 Urkk., 24. Oktober 1302 - 26. Januar 1320), Nürnberg (37 Urkk., 4. April 1335 - 5. August 1340).

[44] Ulrich von Türheim ‚Rennewart' (Hs. B; Berlin, SBPK, mgf 1063), Heinrich von Freiberg ‚Tristan und Isolde' (Fortsetzung; Florenz, Nationalbibliothek, Ms. B. R. 226), Rappoltsteiner ‚Parzival' (Karlsruhe, LB, Cod. Donaueschingen 97), Hugo von Trimberg ‚Renner' (Hs. E1; Erlangen, UB, Ms B 4), Hartwigs von dem Hage ‚Margaretenlegende' und ‚Tagzeitengedicht' (beide München, BSB, Cgm 717), Hugo von Langenstein ‚Martina' (Basel, UB, Cod. B VIII 27), Christina Ebners ‚Von der Gnaden Überlast' (Hs. N2; Nürnberg, GNM, Hs. 1338), ‚Leben der hl. Elisabeth' (Hs. A; Darmstadt, ULB, Hs. 2269), ‚Maria Magdalena' (Wien, ÖNB, Cod. 15225, suppl. 3146), Bruder Hermann von Veldenz' ‚Yolande von Vianden' (Burg Ansemburg, privat), ‚Baumgarten geistlicher Herzen' (Hs. L; München, BSB, Cgm 6247), Johanns von Würzburg ‚Wilhelm von Österreich (Hs. G; Gotha, Landes- und Forschungsbibliothek, Membr. II 39).

[45] ‚Hessische Reimpredigten' (Hamburg, SUB, Cod. 99 in scrin.), Johannes Tauler ‚Predigten' (Wien, ÖNB, Cod. 2744), ‚Erlösung' (Hs. B1: Krakau, Bibl. Jagiellonska, Berol. mgq 1412; Hs. L: Laubach, Gräfl. Solms-Laubachsche Bibliothek, ohne Sign.), Lupold von Hornburg ‚Reden' (‚Würzburger Liederhandschrift'; München, UB, 2 Cod. ms. 731).

sich in Ulrichs von Türheim ‚Rennewart' (*Din hertze von triwen ist erieten*, 291; fol. 62va, 35) und in Heinrichs von Freiberg ‚Tristan und Isolde' (*der truwen stic der zuchte pfat*, 58; fol. 103rb, 6). Einordnungen bzw. Positionierungen von *triuwe* werden bei Lupold von Hornburg und Ulrich von Türheim vorgenommen: *Der herre wurde zu knechte/ Vnd gienge vnrecht fur rehte/ Vnd vntruwe fur die trůwe* (Lupold von Hornburg ‚Reden', 213ff.; fol. 228rb, 18-20), *Ich wil nit lůge durch smeichen iehen/ Wan so waer ich triwen bar* (Ulrich von Türheim ‚Rennewart', 16612; fol. 104rc, 34f.).

2. Verwendungsweisen

Für die Belege des gesamten Untersuchungszeitraumes gilt:

> *triuwe* wird in präpositionalen Verbindungen verwendet;
> *triuwe* wird – wenn auch selten – ein Epitheton beigestellt;
> bei *triuwe* steht ein Verb mit einem bestimmten Bedeutungsrahmen;
> *triuwe* steht zusammen mit bestimmten Substantiven bzw. Substantivgruppen.

Die genannten Verwendungsweisen finden sich in den Textzeugen nebeneinander.

Präpositionale Verbindungen

1070-1150	1150-1200 kommen hinzu:	1200-1250 kommen hinzu:	1250-1300 kommen hinzu:	1300-1350 kommen hinzu:
in	mit	ûf	von	an
durch	an	ze	bî	
			umbe	

Unterschiedliche präpositionale Verbindungen werden oft in einem Text nebeneinander verwendet:

> so bite ich dic herre. daz du bicherest ir allir herze. und ir mŏt und ir willin zŏ mir mit truwon. (fol. 2v, 7-9)
> crist din heilic gibeine. zŏ der martire gabe. dur die minne und dur die truwe. (fol. 18r, 15-17)
> nu inpha mich an dine trivwe (fol. 32r, 1f.)
> do er an dem cruce solte irsterbin. in die selbun gnade. und in die. trůwe (fol. 42r, 6-8)
> (Gebete und Benediktionen aus Muri; Hs. und Text: um 1200; Sarnen, Bibliothek des Benediktinerkollegiums, Cod. membr. 69)

> Ich will dirs vf min triwe iehen (128, 3; fol. 8vb, 7)
> Ich bin iv dienstes vndertan/ Mit triwen als ich peste kann (147, 5; fol. 9vb, 21f.)
> Er warnte des durch trĭwe mich (881, 5; fol. 60va, 25)
> (Ulrich von Liechtenstein, ‚Frauendienst'; Text: Mitte 13. Jh.; Hs.: um 1300; München, BSB, Cgm 44)

> wan si den herren mainten/ Mit triwen alle gelich (514f.; fol. 80ra, 38f.)
> er gedaht vf min triwe (790; fol. 81vb, 34)
> guetlich er in dicke an Blickt durch sin triwe groz (18818f.; 194ra, 34f.)

(Johann von Würzburg, ‚Wilhelm von Österreich'; Text: 1314; Hs.: 1320er Jahre; Gotha, Landes- und Forschungsbibliothek, Membr. II 39)

geheizzen bei vnsern trewen (1, 22)
ze trewen tragen vnd ze behalten (31, 11f.)
vnd gehizze auch mit guoten trewen (10, 37)
(Urkundenstrecke Nürnberg, 37 Urkk., 4. April 1335 - 5. August 1340)

Der differenzierte Gebrauch legt nahe, dass es sich nicht, wie im Deutschen Wörterbuch vermutet, um eine Verwendung „als blosze flickformel"[46] handelt. Die Phrase *mit triuwe*n hat in der Bedeutung „getreu, aufrichtig" adverbialen Status angenommen; hierbei ist die ursprüngliche Bedeutung des zu Grunde liegenden Substantivs nicht mehr sichtbar. Damit liegt möglicherweise eine Grammatikalisierung vor. In den anderen präpositionalen Verbindungen ist die Bedeutung von *triuwe* in verschiedenen Nuancen deutlich zu erkennen: Im direkten Vergleich mit *minne* wird bspw. eine ethische Komponente betont, in den Wendungen *ûf triuwe iehen* und *geheizen bî triuwen* tritt ein rechtlicher Aspekt in den Vordergrund (*triuwe* als Garant).

Eine zusätzliche Verbindung mit bestimmten Verben zeigt sich vor allem bei der Wendung *mit triuwe*n. Dabei handelt es sich überwiegend um Verben, die entweder einen rechtlichen Gehalt beinhalten (*mit triuwe*n *(ver)binden/ dienen/ meinen/ geheizen/ phlegen/ bî gestân/ iehen/ klagen*) oder im Zusammenhang mit rechtsverbindlichen Akten stehen können (*mit triuwe*n *riuwen/ gunnen/ küssen/ underwinden/ mânen*).

Adjektivergänzungen in präpositionalen Verbindungen bestimmen die Qualität des Bezugswortes näher: fast ausschließlich wird dabei der positive Aspekt hervorgehoben, den einzigen Kontrapunkt setzt *valsch*. Eine explizite Wertung erfolgt durch *guot*, *grôz*, *reht*, *wâr*, *staete*; *ganz* und *alle* heben die Quantität hervor, *gotlîch* und *riterlich* zeigen den positiven Gehalt des Substantivs, aus dem sie abgeleitet wurden:

in guten/ grôzen/ rehten triuwen,
mit gotlîchen/ grôzen/ ganzen/ rehten/ valschen/ steten/ unverkerten/ guoten/ allen triuwen,
durch wâre triuwe,
ûf rehte/ riterliche triuwe,
von den ganzen triuwen.

Anders als in der Phrase *mit triuwe*n, die – wie oben gesagt – möglicherweise Grammatikalisierung zeigt, wird in der ergänzten Phrase besonders das Substantiv betont. Dies legt die Vermutung nahe, dass die Grammatikalisierung (evtl. auch Idiomatisierung) bei der geschlossenen Phrase möglich ist, diese aber, sobald eine Ergänzung hinzutritt, aufgehoben ist und die Phrase wieder „transparent" wird.

Die Verteilung auf Texttypen zeigt eine sehr häufige Verwendung in Rechtstexten mit festem, formelhaftem Gebrauch.

---

[46] Pretzel [Anm. 18], Bd. XXII, Sp. 325.

triuwe mit Adjektivergänzung

1070-1150	1150-1200	1200-1250	1250-1300	1300-1350
–	sunlîch	kintlîch	alt	muoterlich
		stæte	grôz	angeborn
		rëht		riterlich

triuwe kommt überwiegend ohne nähere Beschreibung oder Wertung aus; dies spricht für eine klare begriffsimmanente Werthaltigkeit. Ein Adjektiv wird selten, jedoch gezielt ergänzt; vorgenommen wird i. d. R. eine Wertung mit ethischer Komponente (*stæte, rëht, angeborn*) oder eine quantitative Wertung mit nicht genau bestimmbarer Größe (*alt, grôz*). Häufig erfolgt der Gebrauch eines desubstantivischen Adjektivs (*sunlîch, kintlîch, muoterlich*), hier aus dem Bereich der Verwandtschaftsbezeichnungen (gemeint ist dann „*triuwe*, wie sie ein Sohn/ein Kind/eine Mutter üblicherweise aufwendet") sowie einmal abgeleitet von einer Standesbezeichnung (*riterliche triuwe* „*triuwe*, wie sie ein Ritter aufwendet/aufwenden sollte").

Verben

1070-1150	1150-1200 kommen hinzu:	1200-1250 kommen hinzu:	1250-1300 kommen hinzu:	1300-1350 kommen hinzu:
leisten	entbieten	iehen	gëben	swërn
	geheizen	geloben	aufwenden	tuon
		geprîsen	finden	nëmen
		(be)gunnen		
		bescheinen	schîn tuon	erzeigen
			minnen	phlëgen
			haben	walten
			(be)halten	soln
erliegen		überwinden	brëchen	verzigen/ versagen
		entwîchen		

Die bei *triuwe* stehenden Verben lassen sich ihrem semantischen Gehalt nach klassifizieren. Dabei handelt es sich um

1. Verben, die den Akt des Treue-Leistens (Treueid, Rechtsakt) verdeutlichen. Hier zeigt sich eine gleichmäßige Verteilung auf die Texttypen; in der unterhaltenden Literatur erfolgt eine häufigere Verwendung in der Heldenepik als im höfischen Roman.

2. Verben, die die Einhaltung der gegenseitigen Verpflichtung kennzeichnen. Hierbei reicht das Spektrum vom einfachen, wertneutralen Einhalten und Ausüben (*haben, (be)halten, walten*) über das deutliche Zur-Schau-Stellen (*bescheinen, schîn*

tuon, *erzeigen*) bis hin zum wertenden Darstellen (*minnen*, *pflëgen*, *soln*). Die Verteilung auf Texttypen ist auch hier gleichmäßig.

3. Verben, die das Ende einer *triuwe*-Beziehung markieren (*überwinden*, *brëchen*, *verzigen/versagen*) bzw. einen negativen Aspekt (*erliegen*, *entwîchen*) betonen. Die Verteilung auf Texttypen ist gleichmäßig.

Für alle „Stationen" einer *triuwe*-Bindung (Beginn mit dem Rechtsakt der Treueidleistung – Zeit der Bindung – Ende) lässt sich also der feste Gebrauch einiger (weniger) Verben ablesen. Hierbei überwiegen wertneutrale Bedeutungen; nur selten erfolgt eine explizite Wertung, diese dann im Zusammenhang mit Treuebruch.

Substantive

1070-1150	1150-1200 kommen hinzu:	1200-1250 kommen hinzu:	1250-1300 kommen hinzu:	1300-1350 kommen hinzu:
gnâde	minne	hëlfe	sin	(rëhter) glaube
	wârheit	wërke	liebe	manheit
	êre	gedanchen	hulde	milte
	zuht	stæte	diemuot	
	frumicheit	tugende	vernuonft	
	site	muot	trôst	
		otmudigkeit		
		sælde		
	rëht	lêhen	dienst (+stæte)	rëht, unrëht, untriuwe
		dienst	maht	gerëhtigkeit
		geselleschaft	phant	eid, brief
		guot	lantrëht (+êre)	argelist
		man, hêr		sicherheit
		vriunt		
		man (+êre)		
		rîcheit		
	riuwe			

Neben der singulären Verwendung fällt vor allem der Gebrauch von *triuwe* im Zusammenhang mit ebenfalls hoch frequent verwendeten Begriffen auf. Dabei handelt es sich zum einen um Begriffe mit ethisch-moralischem Gehalt, so genannte „Tugendbegriffe" – auch Herrschertugenden (z. B. *milte*) –, sowie um Begriffe mit sinnlich-gefühlsbetontem Gehalt. Allen diesen Begriffen ist gemein, dass sie das gesellschaftliche Leben mittels eines ethisch und moralisch ausgerichteten Wertmaßstabes strukturieren und stabilisieren. Diese Begriffe kennzeichnet eine positive Wertigkeit – hier fügt sich *triuwe* mit oben beschriebener semantischer Ausrichtung ein. Zum anderen stehen bei *triuwe* gesellschaftsstrukturierende und -stabilisierende Begriffe, die im Unterschied zu den o. g. einen deutlich rechtlichen bzw. rechtsverbindlichen Gehalt zeigen. Hier lässt sich unterscheiden in Begriffe mit abstraktem und Begriffe mit konkrete(re)m Gehalt. Eine abstrakte Komponente zeigen *rëht*, *maht*, *gerëchtigkeit* und *sicherheit*, da eine messbare Größe bzw. konkrete Bezugsgröße fehlt – konkreten Gehalt erhalten diese Begriffe erst durch den Kontext, in dem sie stehen. Die explizite Negierung (*un-rëht*, *un-triuwe*, *arge-list*) abstrakter Begriffe bewirkt eine Kennzeichnung bzw. Markierung durch Umkehrung des positiven Gehalts und bewirkt durch die Abgrenzung Konkretisierung dadurch, dass mittels der Dichotomie eine Bezugsgröße geschaffen wird, die Messbarkeit und letztlich Beurteilung ermöglicht. Einen konkreten Kontext bzw. eine näher bestimmbare Größe liefern *lêhen*, *dienst*, *guot*, *rîcheit*, *phant*, *lantrëht*, *eid* und *brief*. Eine fest bestimmbare Größe manifestiert sich in der Materialität (*guot*, *rîcheit*, *phant*), zeigt sich aber auch als etabliertes Element innerhalb einer Rechtshandlung (*eid*, *phant*) oder Gegenstand bzw. Teil einer Rechtshandlung oder eines -verhältnisses (*lêhen*, *dienst*). Konkret rechtliche Implikationen zeigen auch Personenbezeichnungen (*man*, *hêr*, *vriunt*).

riuwe wird im gesamten Untersuchungszeitraum als Reimwort zu *triuwe* verwendet; anders als die positiv konnotierten bzw. wertneutralen Begriffe (mit Ausnahme der negierten Begriffe) setzt *riuwe* einen Kontrapunkt durch die wortimmanente Negativität.

Bei einigen Kombinationen handelt es sich um Paarformeln[47]. *triuwe* als Erstglied zeigen

   triuwe unde wârheit
   triuwe unde minne
   triuwe unde êre
   triuwe unde gesellschaft
   triuwe unde guot
   triuwe unde rëht
   triuwe unde gerëhtigkeit

sowie die erweiterten Paarformeln

   vrî triuwe unde vrî êre
   mit triuwen und mit eiden.

---

[47] Paarformeln sind zweigliedrige Sprachformeln, in denen gleiche Wortarten miteinander verbunden sind. Sie dienen in rechtlichen Kontexten der Erfassung abstrakter Begrifflichkeiten, vermutlich waren sie ein mnemotechnisches Hilfsmittel, das im mündlichen Gebrauch zum Einsatz kam; sie gelten als „ganz wesentliches Element der Fachsprache des Rechts" (Ruth Schmidt-Wiegand). Weitere Merkmale und einen Überblick über die Forschungsdiskussion bietet Ruth Schmidt-Wiegand: Art. Paarformeln, in: Handwörterbuch zur deutschen Rechtsgeschichte. Bd. IV (1990), Sp. 1387-1393, hier Sp. 1388-1392. Ausführlicher zur älteren Forschung s. Dilcher, Gerhard: Paarformeln in der Rechtssprache des frühen Mittelalters. Darmstadt 1961, S. 11-16.

Als Zweitglied erscheint *triuwe* in den Paarformeln

> minne unde triuwe
> liebe unde triuwe.

Die in Paarformeln bei *triuwe* stehenden Substantive zeigen das gesamte o. g. Spektrum. Dabei handelt es sich weder um synonyme noch um polarisierende, sondern um zwei unterschiedlichen Bereichen entstammende Begriffe, die zusammengenommen einen Sachverhalt näher beschreiben. Gerhard DILCHER beschreibt dies als „sprachliche(s) Zufassen", welches „zugleich juristisches Herrwerden" bedeutet.[48]

Paarformeln finden sich überwiegend in der Epik (dabei häufig im ‚Tristan', auch im ‚Nibelungenlied') und in Rechtstexten (insbes. Rechtsbüchern), seltener in Predigten, erbaulicher Literatur und Traktatliteratur.

Sehr häufig erfolgt eine Verwendung mehrerer o. g. Begriffe, so dass sich „Begriffsgruppen" ergeben:

1070-1150	1150-1200 kommen hinzu:	1200-1250 kommen hinzu:	1250-1300 kommen hinzu:	1300-1350 kommen hinzu:
	○ wârheit, gnâde, minne	○ wârheit, guote werke, guote gedanchen, dienst	○ stæte, tugende	○ klagen, weinen, rëhter glaube
	○ site, êre, wârheit, zuht, vrumecheit	○ stæte, tugende, muot	○ muot, sin	○ manheit, milte
		○ otmudigkeit, sælde, rîcheit	○ muot, liebe	
			○ hulde, wârheit	
			○ sin, tugend	
			○ gedanke, vernuonft	
	○ man, hêr	○ dienst, stæte	○ rëht, unrëht, untriuwe	
	○ man, êre	○ lantrëht, êre	○ eid, brief	
		○ riuwe, vriunt	○ riuwe, vorht	

Es überwiegt die Kombination mit mehreren Begriffen mit ethisch-moralischem Gehalt. Die „Begriffsgruppen" können bestimmte Tendenzen zeigen bzw. Aspekte betonen:

---

[48] Dilcher [Anm. 47], S. 73, 76. Inwieweit dies auf die vorliegenden Paarformeln zutrifft, wird im Einzelnen noch zu prüfen sein. Neben den formal-funktionalen Einordnungskriterien Schmidt-Wiegands (synonym, polarisierend) bieten vor allem die funktional-inhaltlichen Kategorien Dilchers ein zuverlässiges Instrumentarium; Schmidt-Wiegand [Anm. 47], Sp. 1387-1393, bes. Sp. 1387.

emotional (neben *triuwe* und *glaube* treten *klagen* und *weinen*), sinnlich (neben *triuwe* und *gedanke* tritt *vernuonft*), gesellschaftsstrukturierend (neben *triuwe*, *wârheit*, *wërke* und *gedanken* tritt *dienst*). Die Verbindung mit mehreren Begriffen mit gesellschaftsstrukturierendem bzw. rechtsverbindlichem Gehalt erfolgt erst später und auch nur vereinzelt. Vor allem ein personaler Bezug wird durch die Verbindung mit *mân* und *hêr* hergestellt, konkrete Anwendungsbereiche werden mit *dienst, lantrëht, eid, brief* genannt. Die „Begriffsgruppen" sind singulär, einige Begriffe werden zwar häufiger mit *triuwe* kombiniert, nicht jedoch ganze Gruppen. Beide „Großgruppen" (ethisch-moralisch – gesellschaftsstrukturierend) zeigen sich zwar durchaus homogen, erlauben aber auch Nuancierungen. Insgesamt überwiegt die Kombination mit positiv konnotierten Begriffen, selten sind negative Tendenzen abzulesen (*klagen, weinen*) oder werden explizite Negationen verwendet (*un-rëht, un-triuwe*).

riuwe als Kontrapunkt wird entweder um einen weiteren, negative Konnotation hervorrufenden Begriff (*vorht*) oder um einen positiven Begriff (*vriunt*) ergänzt.

triuwe in Verbindung mit ethisch-moralischen Begriffen wird in der geistlichen und der unterhaltenden Literatur verwendet, der Gebrauch in Texten mit geistlichem Gehalt (auch erbaul. Texte) überwiegt; nur selten werden die genannten Kombinationen in den Urkundenstrecken verwendet, etwas häufiger in den Stadt- bzw. Rechtsbüchern.

triuwe in Verbindung mit Begriffen mit gesellschaftsstrukturierendem oder rechtsverbindlichem Gehalt erscheint überwiegend in den unterhaltenden Texten – mit einem deutlichen Schwerpunkt in der Epik – und in Rechtstexten (sowohl in Urkunden als auch Stadt- und Rechtsbüchern).

Die Untersuchung der Verwendungsweisen von *triuwe* hat gezeigt, dass die Präpositionalphrasen nur ansatzweise Idiomatisierung oder Adverbialisierung zeigen; vielmehr bleibt der semantische Grundgehalt erhalten bzw. wird – z. B. durch die Adjektivergänzung – geschärft. Die seltene Ergänzung mit einem Adjektiv zeigt eine stabile begriffsimmanente Werthaltigkeit und weist damit auf einen ebenfalls stabilen semantischen Gehalt hin. Dieser lässt sich durch die bei *triuwe* stehenden Verben näher bestimmen, die eindeutig die gegenseitige Verpflichtung thematisieren. In der Verknüpfung mit *triuwe* tritt ein starker verbindlicher, auch rechtsverbindlicher Gehalt zutage. Die bei *triuwe* stehenden Substantive zeigen deutlich zwei Ausrichtungen: ethisch-moralisch und gesellschaftsstrukturierend-rechtsverbindlich. Damit liegt die Vermutung nahe, dass *triuwe* weder ausschließlich dem einen, noch dem anderen Bereich zugeordnet werden kann. *triuwe* scheint Komponenten beider Bereiche zu implizieren, sich aber auch jeweils deutlich abgrenzen; damit nimmt *triuwe* eine Mittelposition, möglicherweise auch eine vermittelnde Position zwischen beiden Bereichen ein.

Eine inhaltliche Analyse soll weitere Hinweise liefern: Zunächst wird das verbalisierte Prinzip von Leistung und Gegenleistung und darin die Rolle und Funktion von *triuwe* fokussiert. Die Betrachtung fester Wendungen sowohl innerhalb eines Textes als auch textübergreifend rückt den Aspekt der Vernetzung in den Mittelpunkt. Abschließend wird der Stellenwert von *triuwe* im Rahmen komplexer Rechtsakte herausgearbeitet.

IV.

1. Leistung – Gegenleistung

Das Prinzip des gegenseitigen Bündnisses begegnet im gesamten Zeitraum textsortenübergreifend und erstreckt sich auf unterschiedliche Personenkonstellationen: Gott und Mensch, Gefolgsherr und Gefolgsmann, Freunde, Mann und Frau. Zentral ist der verbalisierte Zusammenhang zwischen der *triuwe*-Leistung einer Person und der Gegenleistung einer zweiten.[49]

David von Augsburg („Traktate") vergleicht das Verhältnis von Gott und Mensch mit dem von Herrn und Knecht und bedient sich des gleichen Vokabulars:

> Sit ein chneht ſinem h'ren dient vf gnaden [...] michelſ mer. ſvl wir dir herre. [...] dienen mit trivwen. Daz dv vns hie wol beratest der noettvrft. vnd wol gelœnest dienstes (fol. 79r, 16ff.)
> (David von Augsburg, Traktate; Text: zw. 1240 u. 1272; Hs.: um 1300; München, BSB, Cgm 183)

Ausgangspunkt ist die Dienst-Leistung des Menschen, eine nähere Wertbestimmung erfolgt durch den Zusatz *mit trivwen*. Die von Gott erwartete Gegenleistung wird als *gelœnen* bezeichnet. Sowohl der Dienst des Menschen mit dem Verweis auf *triuwe* als auch der Lohn Gottes werden nicht konkretisiert. *mit triuwen* stärkt die Leistung des Menschen und verweist auf eine innere, aufrichtige Haltung; *mit triuwen* kann aber auch als Verweis auf eine Erwartungshaltung interpretiert werden: der Dienende erwartet den Lohn Gottes.

Deutlicher arbeitet Williram von Ebersberg das Verhältnis von Leistung und Gegenleistung heraus:

> Lêist des du mir dîe trûiwa: sih uuelehe gnâda ich dir skêinon (fol. 21r, 28-30)
> Mînemo trûte leist ich trûiuua. unte mîn uuine lêistet mir gnâda (fol. 35v, 1-3)
> (Williram von Ebersberg, Hoheliedparaphrase; Text: um 1060; Hs.: Ende 11. Jh; Breslau, Bibl. uniw., cod. R 347)

---

[49] Das vor allem im Gefolgschaftswesen und später im Lehenswesen verankerte Prinzip der *triuwe*-Leistung geht zurück auf die frühesten Stufen gesellschaftlicher Entwicklung, in denen gerade „persönliche Bindungen in aller Regel als Elemente der sozialen Beziehungen eine wichtige Rolle" spielen; s. Schulze, Hans K.: Grundstrukturen der Verfassung im Mittelalter. Bd. I: Stammesverband, Gefolgschaft, Lehnswesen, Grundherrschaft. Stuttgart/ Berlin/ Köln ²1990, S. 39.

Der Wechsel von Leistung (*triuwe*) und Gegenleistung (*gnâde*) wird klar benannt; das abstrakt wirkende Paar *triuwe – gnâde* bekommt durch das Verb „leisten"[50] einen verbindlichen Charakter.

Das Verhältnis zwischen Gefolgsherr und Gefolgsmannen wird in ‚Dietrichs Flucht' aus der Sicht des Gefolgsherren geschildert:

> vnd gedenchet alle dar an./ Daz ir mir triwe habt gegewen./ Swer dvrch mich ere vnde leben/ Hivte wagt in dirre nôt./ vm den dien ichz vnz an minen tot (6004ff.; fol. 82ra, 38-42)
> ich wil iv mine triwe geben/ Sprach der vogt von Berne/ swer mir hilfet gerne (6070ff.; fol. 82va, 8-10)
> (‚Dietrichs Flucht'; Text: 1275 oder 1295/96; Hs.: Ende 13. Jh.; Berlin, SBPK, mgf 1062)

Dietrich erinnert seine Mannen an ihr *triuwe*-Versprechen (*daz ir mir triwe habt gegewen*) und sichert bei Einhaltung seine Dienstleistung zu (*vm den dien ichz vnz an minen tot*). Diese besiegelt er mit einem *triuwe*-Versprechen seinerseits (*ich wil iv mine triwe geben*) und bittet schließlich noch einmal explizit um Unterstützung (*swer mir hilfet gerne*). Deutlich tritt der Aspekt der Gegenseitigkeit zu Tage: *triuwe* steht in Wechselwirkung mit einer Hilfeleistung[51]. Das *triuwe*-Versprechen Dietrichs erfolgt nach der Dienst-Zusage und scheint diese zu festigen bzw. zu besiegeln – der verbindliche Charakter von *triuwe* wirkt auf das Dienst-Versprechen zurück. In der Figurenrede ist die Zusage *ich wil iv mine triwe geben* abschließend gesetzt, der Höhepunkt der Argumentation in Dietrichs Redeteil ist erreicht.

In den o. g. Beispielen ist das Gefälle offensichtlich: zunächst erfolgt die *triuwe*-Leistung einer untergebenen Person, dann als Lohn eine Gegenleistung der übergeordneten Instanz. Die Gegenleistung kann dabei ebenfalls eine *triuwe*-Bezeugung sein, eine abstraktere Gegenleistung (*gnâda*) ist aber auch möglich. Ein rechtsverbindlicher Raum fehlt beim Verhältnis von Mensch und Gott zwangsläufig, und auch in ‚Dietrichs Flucht' erfolgt kein Verweis auf geltendes Recht. Dies ist anders im Rechtsbuch Ruprechts von Freising – dort heißt es im Rahmen eines Absatzes zum Treuebruch:

> vnd laistent si im da nicht so hat er si wol. gewalt ze bedwingen sweder er wil mit gaistleichem recht oder mit werltleichem ob. si im ir trewe habent geben ze Laisten als vor geschriben stet. (fol. 96, 40-44)
> (Ruprecht von Freising, Rechtsbuch; Text: 1328; Hs.: nach 1328; München, StadtA, Zimelie 1)

---

[50] „ein versprechen erfüllen", „eine pflicht tun", vgl. Lexer [Anm. 30], Bd. I (1872), s. v. leisten; „leisten", „erfüllen", „einhalten", vgl. Wörterbuch zur mittelhochdeutschen Urkundensprache, Bd. II (2003), s. v. leisten.

[51] Das geschilderte Verhältnis trägt deutliche Züge des germanischen Gefolgschaftswesens: die Mannen Dietrichs befinden sich nicht in einem lebenslangen *triuwe*-Verhältnis, sondern in einem „zeitlich befristeten Zweckverband auf freiwilliger Basis", auch zu verstehen als „Treueverhältnis auf Zeit"; s. Schulze [Anm. 49], S. 41-42.

triuwe – Verwendungsweisen und semantischer Gehalt im Mittelhochdeutschen 289

Wenn jemand die zuvor versicherte *triuwe* nicht einhält, kann die übergeordnete Instanz mit *gaistleichem* recht oder mit *werltleichem* diese Leistung erzwingen. Der Verweis auf die geltenden Rechtsordnungen und auf schriftlich fixiertes Recht (*als vor geschriben stet*) umreißen klar einen Rechtsraum, in dem das *triuwe*-Verhältnis zu verorten ist. Konkretisiert wird nicht, worin *triuwe* besteht, offenbar ist jedoch die Rechtsverbindlichkeit, die sich mit diesem Begriff verbindet.

Dass ein *triuwe*-Verhältnis auch über den Tod hinaus bestehen kann, zeigt eine Passage aus dem ‚Nibelungenlied': Hildebrand fordert den Leichnam Rüdigers von den Burgunden, König Gunther kommentiert die Forderung mit den Worten:

> nie dienest wart so guot. den ein frivnt frivnde. so nach tode tuot. daz heiz ich staexte triwe. (2323, 1-3; fol. 84r, 23f.)
> (‚Nibelungenlied'; Text: um 1200; Hs.: 2. V. 13. Jh.; Hs. C; Karlsruhe, LB, Cod. Donaueschingen 63)

Das hier beschriebene *triuwe*-Verhältnis besteht zwischen Freunden, d. h. gleichgestellten Personen. In der Bewertung Gunthers wird zunächst die außerordentliche Qualität des Dienstes, der hier noch nach dem Tod des einen Freundes geleistet wird,[52] mit dem Hinweis darauf, dass diese Leistung nicht zu übertreffen sei (*nie [...] wart so guot*), hervorgehoben. Schließlich folgt die Konklusion mit den Worten *daz heiz ich staete triwe*: Zum einen findet die nicht mehr zu steigernde Form einer außerordentlichen Dienst-Leistung auf verbaler Ebene Ausdruck in *staete triwe*[53], zum anderen bleibt zu vermuten, dass – ähnlich wie in ‚Dietrichs Flucht' – der verbindliche Charakter betont werden soll.

Gegenseitige Leistungen und Grundbedingungen eines *triuwe*-Verhältnisses formuliert Isolde nach der Entdeckung durch Marke im Baumgarten. Tristan möchte von Isolde das Versprechen immerwährender Liebe bekommen, Isolde entgegnet:

> Herre ich han dir lange/ ergeben beidiv leben und lip./ nv sich daz mich dehein ander wip/ immer von dir gescheide./
> wirn sin immer beide./ der liebe vnde der triwe./ staete vnde niwe./ nim hin daz vingerlin./ daz laz ein vrchunde sin/ der triwen vnd der minne (18302-18313; fol. 95va, 21-30)
> (Gottfried von Straßburg, ‚Tristan und Isolde'; Text: 1200/1210; Hs.: 2. Viertel 13. Jh.; Hs. M; München, BSB, Cgm 51)

Auf Isoldes Hinweis, dass sie *leben und lip* gegeben habe, folgt die Einforderung der Gegenleistung: Tristan soll nun dafür sorgen, dass keine andere Frau jemals die beiden trennen werde, dann seien sie *der liebe vnde der triwe./ staete vnde niwe*. Um dies zu besiegeln fordert Isolde Tristan zur Annahme ihres Ringes auf. Der rechtliche Aspekt der Ringgabe wird verstärkt durch die Betonung Isoldes, dass es sich um eine *vrchunde*

---

[52] Ein personenrechtliches Verhältnis – als das hier das Verhältnis zwischen Hildebrand und Rüdiger angesehen werden kann – endete normalerweise mit dem Tod eine der beiden Personen; vgl. Schulze [Anm. 49], S. 75.

[53] Hier liegt, wie oben bereits beschrieben, der seltene Fall einer Adjektivergänzung vor, zu erklären aus dem Kontext der Erzählung.

[...] der triwen vnd der minne handelt. Isolde skizziert das Geben und Nehmen eines *triuwe*-Verhältnisses deutlich: Sie erwartet für ihre Leistung (*leben unde lip*) eine Gegenleistung (*nv sich daz mich dehein ander wip/ immer von dir gescheide*), wird aktiv (*nim hin daz vingerlin*), bestimmt den Wert der Handlung (*daz laz ein vrchunde sin*) und benennt den Geltungsbereich (*triwe[n] unde minne*). Die wenigen Verse Isoldes zeigen einen dichten Gebrauch von Rechtsformeln und -termini; abgebildet wird ein Verhältnis zwischen Mann und Frau, das alle Aspekte eines rechtlichen *triuwe*-Verhältnisses beinhaltet:[54] Neben der Verwendung von Paarformeln (*leben unde lip, liebe unde triwe, triwe unde minne*), erfolgen die deutliche Betonung der Gegenseitigkeit (*ich han, nu sich, nim hin, daz laz*), die Gabe (Ringgabe als non-verbaler Akt) zur Besiegelung des Aktes und die Betonung des Rechtsaspektes (*vrchunde*) – der aktive Part liegt dabei bei Isolde[55]. Wie schon in ‚Dietrichs Flucht' und im ‚Nibelungenlied' erfolgt abschließend mit der – hier wiederholten – Betonung von *triuwe* eine (rechts) verbindliche Verankerung.

Zusammenfassend kann gesagt werden, dass *triuwe* gezielt am Ende einer Passage bzw. eines Redeteils platziert ist, jedoch in dieser Endposition nicht ausschließlich zusammenfassend wirkt. Markant ist, dass der Gehalt von *triuwe* qualifizierend zurückwirkt auf das Gesagte; die Verweiskraft ist eine zentrale Funktion von *triuwe*.

2. Feste Wendungen

Feste Wendungen zeichnen sich durch häufigen Gebrauch, aber auch durch einen wiederkehrenden Einsatz an einem bestimmten „Ort" innerhalb eines Textes, wie z. B. Urkunden oder Rechtsbüchern, aus. In diesen stark strukturierten Textsorten lassen sich feste bzw. formelhafte Wendungen[56] schnell bestimmen, deren Gebrauch in epischen Texten ist aufgrund der Singularität oft nur durch Vergleich zu verifizieren.

Im Stadtbuch der Stadt Augsburg wird im Rahmen der Erbrechtsregelung bei dem Tod der Ehefrau dreimal betont, der Witwer habe mit dem Nachlass zu verfahren,

---

[54] Die Auswirkungen, die diese nüchterne Sehweise Isoldes im Gegensatz zu Tristans vorhergehendem gefühlsbetonten Redeteil möglicherweise auf die Textinterpretation haben kann, werden an anderer Stelle zu thematisieren sein.

[55] Dies mag vor allem die Ringgabe betreffend die Absicht Isoldes konturieren, denn „wer den Ring gibt, bindet den, der ihn annimmt"; vgl. Becker, Hans-Jürgen: Art. Ring, in: Handwörterbuch zur deutschen Rechtsgeschichte. Bd. IV (1990), Sp. 1069-1070, hier Sp. 1069. Dies lässt die annahme zu, dass Isolde nicht an einem gegenseitigen bzw. gleichberechtigten Verhältnis interessiert ist.

[56] Rechtsformeln sind definiert als „festgelegte Wortfolge für eine Rechtshandlung" und fungieren als Muster für bestimmte rechtliche Vorgänge, vgl. Becker, Hans-Jürgen: Art. Formel, Formular, Formelsammlung, in: Handwörterbuch zur deutschen Rechtsgeschichte. Bd. I (1971), Sp. 1157-1163, hier Sp. 1157.

als in sîn triwe leret (73vb, 18f.; 74rb, 14f.; 74va, 3)
(Stadtbuch der Stadt Augsburg; Text und Hs.: ca. 1276; München, BayHStA, Reichsstadt Augsburg, Lit. Nr. 32)

Diese Wendung ist nicht so zu verstehen, dass der Witwer mit dem Erbe nach eigenem Ermessen verfahren könne; vielmehr ist sie zu lesen als Hinweis auf eine Verfahrensweise, die wesentlich durch *triuwe* bestimmt wird. Dabei wird nicht expliziert, wie diese Verfahrensweise im Detail aussieht, was sich also hinter *triuwe* verbirgt. Die feste Wendung und damit der Kernbegriff *triuwe* verweist auf einen hier nicht näher beschriebenen Bereich, der den Aktionsbereich in oben beschriebenem Rechtskontext zum Gegenstand hat. Der zentrale Begriff (hier *triuwe*) fungiert als Scharnier zweier (oder mehrerer) Bereiche.

Eine Variation dieser Wendung findet sich in Heinrichs von Freiberg Fortsetzung des Tristan-Romans Gottfrieds von Straßburg: Tristan und Isolde führen ein einsames Leben im Wald, welches dadurch ein Ende findet, dass Marke Isolde findet und sie mitnimmt; Tristan kehrt nach einem Ausritt heim und stellt fest, dass Isolde nicht mehr da ist. Dies kommentiert der Erzähler mit den Worten:

alsvfczende er iach/ als im sin triwe gebot/ wo ist die kvnegin ysot (3616ff.; fol. 122ra, 34-36)

(Heinrich von Freiberg, ,Tristan und Isolde' (Fortsetzung); Text: 1285/90; Hs.: 1. H. 14. Jh.; Florenz, Nationalbibliothek, Ms. B. R. 226)

Da Tristan und Isolde ein Leben außerhalb der höfischen Welt in der Wildnis führen, ist Tristan für die bei ihm lebenden Personen in besonderem Maß verantwortlich. Die Reaktion Tristans auf das Fehlen Isoldes zeigt, dass es eine Störung des Regelwerks der bis zu diesem Zeitpunkt funktionierenden Wildnis-Gesellschaft gibt. Sei es, dass an Tristans Reaktion das Leid eines Liebenden bei dem Verlust des Liebespartners abzulesen ist oder die Besorgnis des Verantwortlichen eines Personenverbandes bei Raub einer Person: Ob also ein sinnlicher oder gesellschaftlicher Aspekt in den Vordergrund tritt, kann auch für dieses Beispiel festgehalten werden, dass die formelhafte Wendung und darin der zentrale Begriff *triuwe* auf eine nicht näher beschriebene Ebene verweist.

In beiden o. g. Wendungen ist *triuwe* eine agierende Instanz – sie *lêrt* bzw. *gebietet* –, die die Handlung näher bestimmt. Sowohl im Stadtbuch der Stadt Augsburg als auch in ,Tristan und Isolde' verweist die feste Wendung auf einen hinter der Handlung liegenden Komplex von (Rechts-)Normen – dies ist erklärbar daraus, dass in einer Rechtsformel die „rechtserhebliche Tatsache ohne Bezug auf einen konkreten Vorgang enthalten" ist.[57] Die Handlungen – der Umgang des Witwers mit dem Nachlass und Tristans Entsetzen – sind daher vor einem im Hintergrund liegenden Geflecht aus gesellschaftlich und rechtlich verbindlichen Normen zu sehen. *triuwe* ist das Bindeglied zwischen den Ebenen, ein Begriff mit Signalwirkung und Verweischarakter.

---

[57] Becker: Art. Formel [Anm. 56], Sp. 1157-1158, hier Sp. 1157.

Während im Stadtbuch der Stadt Augsburg die Formelhaftigkeit der Wendung offensichtlich ist, gelingt eine Klassifizierung der Wendung in ‚Tristan und Isolde' als feste, rechtsverbindliche Wendung nur über den textsortenübergreifenden Vergleich.

3.   *triuwe* im Rechtsritual

Der Beginn eines *triuwe*-Verhältnisses wird begleitet von non-verbalen Akten, die das angestrebte Verhältnis vor Zeugen sichtbar machen und bestärken; grundsätzlich ist die Kombination verbaler und non-verbaler Elemente gängige Rechtspraxis.[58] Auf unterschiedliche Weise wird der abstrakte Begriff der *triuwe* dabei konkretisiert. Im ‚Tristan' Gottfrieds von Straßburg ist die Ringgabe ein zentrales Element und besiegelt schließlich das *triuwe*-Verhältnis:

> […] nim hin daz vingerlin./ daz laz ein vrchunde sin/ der triwen vnd der minne (18311ff.; fol. 95va, 28-30)
> (Gottfried von Straßburg ‚Tristan und Isolde'; Text: 1200/1210; Hs.: 2. Viertel 13. Jh.; Hs. M; München, BSB, Cgm 51)

Besonders betont wird die Funktion des Ringes als *vrchunde*.[59] Dass es sich um ein *triuwe*-Verhältnis handelt, wird erst nach der Gabe expliziert und beschließt diese Passage; die Reihenfolge ist: Ringgabe – Bezeugung der Rechtsgültigkeit des Aktes (*vrchunde*) – Nennung des Geltungsbereichs (*der triwen vnd der minne*). Die Ringgabe impliziert *triuwe* und ist zugleich Zeichen für einen bindenden Vertragsschluss;[60] der explizite Verweis Isoldes ist damit eigentlich obsolet.

Eine andere Abfolge zeigt eine Passage im ‚Nibelungenlied': Dietrich sichert Gunther und Hagen, den noch einzigen lebenden Burgunden, sicheres Geleit in ihre Heimat und damit Schutz vor Kriemhild zu, wenn sie sich in Dietrichs Gewalt begeben. Er beschließt sein Angebot mit den Worten:

---

[58]   Gerd Althoff verweist auf die „Kommunikationsbedingungen einer oralen Gesellschaft, die vielfältige Zeichen benötigt, um den Stand der Dinge allen klarzumachen"; Althoff, Gerd: Verwandte, Freunde und Getreue. Zum politischen Stellenwert der Gruppenbindungen im früheren Mittelalter. Darmstadt 1990, S. 182. Vgl. auch Schulze 1990 [Anm. 49], S. 75.

[59]   *urkunde* ist zu verstehen als „Zeugnis", „Beweis"; vgl. Wörterbuch der mittelhochdeutschen Urkundensprache, Bd. III (2005), s. v. urkünde/urkunde. Damit wird betont, dass es sich hier nicht um die Gabe eines möglicherweise wertvollen Gegenstandes handelt, sondern primär um den symbolischen Charakter. Diese Übertragungsfunktion gab es schon zu germanischer Zeit und ergänzte bzw. komplettierte einen Rechtsakt; vgl. hierzu Kroeschell, Karl: Deutsche Rechtsgeschichte I (bis 1250). Hamburg 1972, S. 58.

[60]   Während im altrömischen Recht der Ring ausschließlich den bindenden Vertragsschluss kennzeichnet, kommt in christlicher Zeit der Treueaspekt hinzu; vgl. Becker: Art. Ring [Anm. 55], Sp. 1069-1070, hier Sp. 1069.

> Ich gibs iv mine triwe. vnd gihtes iv min hant (2399, 1; fol. 87r, 25f.)
> („Nibelungenlied'; Text: um 1200; Hs.: 2. V. 13. Jh.; Hs. C; Karlsruhe, LB, Cod. Donaueschingen 63)

Nach einer vagen Formulierung (*so wil ich ivch behvten/ so ich beste chan*, 2396, 2; fol. 87r, 18f.) folgen die verbale Zusicherung von *triwe* und die rechtsverbindliche Besiegelung durch die Handreichung (*manum dare*).[61] Abschließend zählt Dietrich die Einzelleistungen auf, die sich hinter dem *triuwe*-Angebot verbergen: *daz ich mit iv rite/ heim in iwer lant* (2399, 2; fol. 87r, 26), *ich beleite iv nach den eren/ oder ich gelige tot* (2399, 3; fol. 87r, 26f.). Das mögliche *triuwe*-Verhältnis zwischen Dietrich auf der einen und Gunther und Hagen auf der anderen Seite befindet sich erst in der Anbahnung: Dietrich will die Ernsthaftigkeit seines Angebots mittels der Handreichung unterstreichen, jedoch muss er seine Leistungen und die damit verbundenen Vorteile für die Partner noch verifizieren (persönliches Geleit, Einsatz des eigenen Lebens als Pfand). So wichtig die *triuwe*-Zusage und der besiegelnde non-verbale Akt sind, so wichtig ist hier auch die genaue Zusage von Leistungen. Das Angebot von *triuwe* als abstrakte Leistung genügt also nicht, erforderlich ist die konkrete Benennung von Einzelleistungen.

Eine wiederum andere Form der Besiegelung zeigt ‚Tristan und Isolde' Heinrichs von Freiberg bei der Vermählung Tristans mit Isolde Weißhand:

> vnd wart diz zvischen in beiden/ mit truwen vnd mit eiden/ Bestetet als iz solde sin/ er gap ir sin vingerlin/ vnd sie im daz ire wider (651ff.; fol. 106rb, 20-24)
> (Heinrich von Freiberg: ‚Tristan und Isolde' (Fortsetzung); Text: 1285/90; Hs.: 1. H. 14. Jh.; Florenz, Nationalbibliothek, Ms. B. R. 226)

Neben *truiwe* tritt die Eidesleistung, zusätzlich erfolgt eine Ringgabe. Zu beobachten ist ein Zusammenspiel von innerer Haltung (*mit truwen*), verbaler Äußerung (*mit eiden* – i. d. R. begleitet von einer Schwurgeste) und einer non-verbalen Geste (Gabe eines *vingerlin*). Ein konkreter Bezug auf geltendes Recht wird möglicherweise nur angedeutet (*als iz solde sin*), da Inhalte von Rechtsbereichen Wandlungen unterliegen. Diese Passage erfordert vom Rezipienten ein Auffüllen des Freiraumes je nach bekanntem oder geltendem Recht. Deutlich beschrieben wird hingegen die gegenseitige Ringgabe als Zeichen der Eheschließung.[62]

---

[61] Die Rechtsverbindlichkeit der Handreichung (bzw. des Handschlags) besteht in der Darbietung der Hand einer und der Annahme durch die Handreichung einer zweiten Person. Unklar ist, ob es sich bei der Handreichung um eine Verpfändung bzw. ein Haftungsangebot handelt – durch das Zugreifen der zweiten Person entsteht ein Abhängigkeitsverhältnis – oder ob diese Gebärde als Gemeinschaftssymbol zu werten ist; vgl. Erler, Adalbert: Art. Handschlag, in: Handwörterbuch zur deutschen Rechtsgeschichte. Bd. I (1971), Sp. 1974-1975, hier Sp. 1974. Hans K. Schulze weist darauf hin, dass es sich beim sog. ‚Handgang' um einen uralten Verknechtungsritus handelt: „Der Unterworfene bietet seine Hände zur Fesselung dar."; Schulze [Anm. 49], S. 57.

[62] Der Ring ist Zeichen der Eheschließung im Allgemeinen und kann dabei entweder ein Zeichen der Kaufehe (und damit lediglich Hinweis auf einen bindenden Vertrag) oder der Treue sein; zunächst erfolgte bei der Eheschließung nur die Ringgabe des Mannes, mit der er die Frau bindet,

In Kölner Urkunden findet sich eine fast identische Form der Bestätigung:

[...] sicherheit duon mit sinen truwen/ mit eyden vnd mit brieven (3, 29)
(Urkundenstrecke Köln; 15 Urkk., 24. Oktober 1302 - 26. Januar 1320)

Wie in ‚Tristan und Isolde' bilden innere Haltung (*mit sinen truwen*), Eidesleistung und materielle Manifestation (hier: Urkunde als rechtsgültiges Dokument[63]) eine Einheit. Inhaltlich geht es um die Abgabe einer rechtsverbindlichen Erklärung, die ihren formalen Abschluss und damit ihre Rechtskräftigkeit erhält. *triuwe* ist das erste Glied dieser dreiteiligen Bestätigungsformel, die in Ergänzung mit den zwei anderen Gliedern volle Geltungskraft erlangt.[64]

V.

Die sprachliche Ausgestaltung und die inhaltliche Beschreibung von *triuwe*-Verhältnissen erscheint weitgehend homogen und zeigt nur geringe textsorten- oder themenspezifische Besonderheiten. So werden für das ein *triuwe*-Verhältnis bestimmendes Prinzip von Leistung und Gegenleistung in geistlichen, unterhaltenden und rechtlichen Texten das gleiche auf (Rechts-)Verbindlichkeit zielende Vokabular und gleiche Darstellungsmuster verwendet. Auch sind Einsatzbereiche und Funktionen von *triuwe* konkret fassbar: in festen Wendungen zeigt sich der Verweischarakter auf eine rechtliche bzw. rechtsverbindliche Metaebene; im Rahmen von Rechtsritualen ist *triuwe* eine feste Größe, die im Zusammenspiel mit verbalen und non-verbalen Elementen dem Rechtsakt Gültigkeit verleiht. Hinter den festen Darstellungsformen liegen konzeptionelle Muster; Vernetzung und Differenz sind die Größen, über die *triuwe* und damit die dahinter stehenden Konzeptionen fassbar gemacht werden können.

Abschließend kann gesagt werden, dass der semantische Gehalt von *triuwe* – und damit verbundene Verwendungsweisen, Formen und Funktionen – neu zu bestimmen sein wird; die vorangegangenen Überlegungen sollen hierfür grundlegend sein.[65]

---

später setzt sich dann die gegenseitige Ringgabe durch; vgl. Becker: Art. Ring [Anm. 55], Sp. 1069-1070.

[63] Vgl. Wörterbuch der mittelhochdeutschen Urkundensprache. Bd. I (1994), s. v. *brief*.

[64] Die Begründung eines Lehensverhältnisses zeigt ebenfalls Dreiheit: Handgang (Kommendationsgebärde), Eidesleistung (Huldigung, Inbegriff der Treue), symbolische Übergabe (Benefizium); vgl. Kroeschell: Deutsche Rechtsgeschichte [Anm. 58], S. 269-270. Während im Lehensverhältnis die Treueidleistung zwischen Kommendation und Benefizium steht, wird die Bezeugung der *triuwe* in den oben angeführten Beispielen als nicht dinglich fassbare oder optisch wahrnehmbare Größe eigens betont und steht neben Eidesleistung und Gabe; zur Wandelbarkeit von Zeichen und Symbolen grundsätzlich Althoff, Gerd: Die Kultur der Zeichen und Symbole, in: ders.: Inszenierte Herrschaft. Geschichtsschreibung und politisches Handeln im Mittelalter. Darmstadt 2003, S. 274-297.

[65] Dies ist Gegenstand einer umfangreicheren von mir geplanten Untersuchung.

Deutung und Kritik sozialer Lebens- und Kommunikationsformen

PHILIPPE DEPREUX

Die Schenkung an die Kirche als bleibende Erinnerung an das Verhältnis zwischen Herrscher und *fideles* im Frühmittelalter

Im Mittelalter fällt den Geistlichen und vor allem den Mönchen die Rolle zu, für König und Reich zu beten. Dies geht z. B. aus der sogenannten ‚Notitia de servitio monasteriorum' aus dem Jahr 817 hervor:[1] Es handelt sich um eine Auswahl der Klöster, die entweder zu *dona* mit oder ohne bewaffnetem Dienst (*militia*) verpflichtet waren bzw. die davon befreit waren und nur den Gebetsdienst für den Kaiser, seine Söhne und die Stabilität des Reiches zu leisten hatten (*nec dona nec militiam dare debent, solas orationes pro salute imperatoris vel filiorum eius et stabilitate imperii*). Dieser Gebetsdienst, der auf spätrömische Traditionen zurückgreift,[2] wurde im 9. Jahrhundert in vielen Königsurkunden festgelegt. Meistens ging es in den Gebetsklauseln um das Heil des Herrschers und seiner engsten Verwandten.[3] Von dieser auf dem Muster der Urkunden Ludwigs des Frommen beruhenden Formulierung weichen einige Urkunden Karls des Kahlen insofern ab, als der Herrscher seine Stiftung einer *refectio* mit bestimmten Anniversarien verbindet.[4] In äußerst seltenen Fällen ist die Aufnahme bestimmter *fideles* in solche Gebetsklauseln zu beobachten – man denke z. B. an einen gewissen Veit, der anscheinend Graf war und dessen Prekarie auch von seiner Königs-

---

[1] Notitia de servitio monasteriorum, hrsg. v. Petrus Becker, in: Kassius Hallinger (Hrsg.): Corpus consuetudinum monasticarum. Bd. 1. Siegburg 1963, S. 483-499.

[2] Ewig, Eugen: La prière pour le roi et le royaume dans les privilèges épiscopaux de l'époque mérovingienne, in: Mélanges offerts à Jean Dauvillier. Toulouse 1979, S. 255-267; ders.: Die Gebetsklausel für König und Reich in den merowingischen Königsurkunden, in: Norbert Kamp/ Joachim Wollasch (Hrsg.): Tradition als historische Kraft. Interdisziplinäre Forschungen zur Geschichte des früheren Mittelalters. Berlin 1982, S. 87-99.

[3] Ewig, Eugen: Der Gebetsdienst der Kirchen in den Urkunden der späteren Karolinger, in: Helmut Maurer/ Hans Patze (Hrsg.): Festschrift für Berent Schwineköper zu seinem siebzigsten Geburtstag. Sigmaringen 1982, S. 45-86.

[4] Ders.: Remarques sur la stipulation de la prière dans les chartes de Charles le Chauve, in: Rita Lejeune/ Joseph Deckers (Hrsg.): Clio et son regard. Mélanges d'histoire, d'histoire de l'art et d'archéologie offerts à Jacques Stiennon. Liège 1982, S. 221-233.

nähe zeugt:[5] Veit wurde mit dem berühmteren Boso urkundlich in die Gedenkliturgie mehrerer Kirchen aufgenommen.[6] Diese Leute genaßen insofern einen Sonderstatus, als sie den Verwandten des Herrschers gleichgesetzt wurden. Dies war allerdings nicht die einzige Art einer Verbindung zum Herrscher, die Eingang in die Liturgie finden konnte; so stellte Eugen EWIG fest: „Von solchen vertrauten *fideles* sind Personen zu unterscheiden, die mit königlicher Genehmigung ein ihnen übertragenes Gut einer Kirche vermachen und so manchmal als Wohltäter Eingang in die Klausel einer Genehmigungsurkunde fanden"[7]. Ausgehend von der allgemeinen Feststellung, dass die urkundliche Erwähnung von Wohltätern und deren Verbündeten eine Rolle in der Liturgie der *memoria* haben konnte, möchte ich nach der Bedeutung des Hinweises auf eine ursprünglich königliche Schenkung fragen. Dafür soll nicht nur der Zusammenhang zwischen der Erwähnung einer solchen Schenkung und der Bestätigung ihrer Weiterschenkung an eine Kirche, sondern auch das Gedenken an die Geschichte eines Ortes durch die urkundliche Festlegung und die mögliche soziale Bedeutung solcher Erwähnungen untersucht werden. Wie schon von Barbara ROSENWEIN bewiesen wurde, hatte die Schenkung an eine hervorragende Kirchengemeinschaft wie Cluny eine soziale Bedeutung,[8] obwohl die spirituelle, liturgische „Gegenleistung" der Mönche nicht immer entscheidend war (vor allem bis zur Mitte des 11. Jahrhunderts[9]). Eine Analyse früherer und zeitgenössischer Urkunden aus verschiedenen Gebieten erlaubt m. E. die Auffassung, dass die namentliche Erwähnung der verschiedenen Besitzer eines geschenkten Grundstückes und der Vermittler bzw. Befürworter einer solchen Schenkung in der Urkunde die dauerhafte Erinnerung an das soziale Netzwerk sichert, indem sie die Geschichte des Ortes festlegt und möglicherweise einen liturgischen Dienst für das gemeinsame Wohl der Genannten stiftet. Nicht nur die Erinnerungsorte sondern auch die „*mémoire des lieux*", deren Erforschung für das Verständnis von Politik und Gesellschaft wichtig ist,[10] scheinen keine unbedeutenden Bestandteile des

---

[5] Zur *villa* von Vandeuvre-sur-Barse, die von Ludwig dem Frommen dem Heiligen Stuhl geschenkt worden war und zeitweise an Veit verliehen wurde, vgl. Gross, Frédéric: Une tentative avortée de fondation monastique sur une terre du patrimoine de saint Pierre, in: Giles Constable/ Michel Rouche (Hrsg.): Auctoritas. Mélanges offerts à Olivier Guillot (Cultures et civilisations médiévales 33). Paris 2006, S. 257-265.

[6] Depreux, Philippe: La dimension ‚publique' de certaines dispositions ‚privées'. Fondations pieuses et *memoria* en Francie occidentale aux IXe et Xe siècles, in: François Bougard/ Cristina La Rocca/ Régine Le Jan (Hrsg.): Sauver son âme et se perpétuer. Transmission du patrimoine et mémoire au haut Moyen Âge (Collection de l'École française de Rome 351). Rom 2005, S. 331-378, bes. S. 339 u. S. 351. Zu Boso vgl. Nelson, Janet L.: Charles the Bald. London 1992.

[7] Ewig: Gebetsdienst der Kirchen [Anm. 3], S. 83.

[8] Rosenwein, Barbara H.: To be the Neighbor of Saint Peter. The Social Meaning of Cluny's Property, 909-1049. Ithaca 1989, S. 49-77.

[9] Ebd., S. 38-43.

[10] Siehe z. B. Depreux, Philippe: Die Wahl des Ortes. Zu Streitschlichtungen im Loiretal (Anjou, Touraine, Berry) im 11. und 12. Jahrhundert, in: Stefan Esders (Hrsg.): Rechtsverständnis und

Die Schenkung an die Kirche 299

symbolischen Wertes von Realien zu sein. Ich möchte hier einen Beitrag zu ihrer Erforschung leisten.

Von der möglichen Funktion einer Urkunde als Zeugnis einer spirituellen Gemeinschaft zwischen Lebenden und Toten und als Werkzeug ihres Heiles zeugen unter anderem Dokumente aus Cluny.[11] Genannt seien zwei Schenkungsurkunden an St. Peter durch Bischof Berno von Mâcon und seinen Nachfolger Maymbold: Im Jahr 929 hatte Bischof Berno mehrere Pfarrkirchen der Gemeinschaft von Cluny geschenkt, deren finanzielle Verpflichtungen wegen der ungarischen Einfälle neun Jahre später gemindert wurde. In beiden Urkunden ist Folgendes zu lesen: „Möge diese Niederschrift als Zeichen des Verbands (hier wird der terminus technicus der Aufnahme in die cluniazensische Gemeinschaft verwendet: *socialitas*) gelten, damit die Lebenden und die Toten – sowohl die Ihrigen (d. h. die von Cluny) als auch die Unsrigen (gemeint sind die Mitglieder der Diözesankirche [*congregatio*] von Mâcon) – gemeinsam an den von uns durch Gottes Gnade durchgeführten guten Taten teilhaben."[12] Greift man auf eine frühere Zeit, z. B. die karolingische Epoche, zurück, kann der Ausdruck der Aufnahme in eine spirituelle Gemeinschaft durch den Eintrag in ein Verbrüderungsbuch[13] oder durch die Niederschrift der Urkunde in ein Traditionsbuch wie das von Cozroh in Freising unter Bischof Hitto (811-835) erfolgen. Der Freisinger Diakon hatte sein Tun damit gerechtfertigt, dass dadurch „die Erinnerung an die, die ihre Güter diesem Haus vererbt haben, und das alles, was sie für ihr Seelenheil verschenkt haben, ewig bleiben"[14]. Obwohl die Abschrift der Urkunden in das Kartular zur Stabilität der Be-

---

Konfliktbewältigung im Mittelalter. Gerichtliche und außergerichtliche Strategien im Mittelalter. Köln 2007, S. 79-92.

[11] Zur urkundlichen Überlieferung aus Cluny, vgl. Barret, Sébastien: La mémoire et l'écrit: l'abbaye de Cluny et ses archives (Xe-XVIIIe siècle) (Vita regularis. Ordnungen und Deutungen religiösen Lebens im Mittelalter 19). Münster 2004.

[12] Recueil des chartes de l'abbaye de Cluny, hrsg. v. Auguste Bernard u. Alexandre Bruel. Bd. 1. Paris 1876, S. 351 (Nr. 373, Januar 929) u. S. 469 (Nr. 484, Februar 938): *Sit autem hec scriptura pro signo socialitatis, ut tam vivi quam defuncti vel illorum vel nostri communiter participentur bonis actibus, quos per Dei gratiam gesserimus.*

[13] Vgl. Oexle, Otto Gerhard: Memoria und Memorialüberlieferung im früheren Mittelalter, in: Frühmittelalterliche Studien 10 (1976), S. 70-95; Borgolte, Michael: *Memoria*. Bilan intermédiaire d'un projet de recherche sur le Moyen Âge, in: Jean-Claude Schmitt/ Otto Gerhard Oexle (Hrsg.): Les tendances actuelles de l'histoire du Moyen Âge en France et en Allemagne (Histoire ancienne et médiévale 66). Paris 2002, S. 53-69; Lauwers, Michel: *Memoria*. À propos d'un objet d'histoire en Allemagne, in: ebd., S. 105-126.

[14] Die Traditionen des Hochstifts Freising, hrsg. v. Theodor Bitterauf (Quellen und Erörterungen zur bayerischen und deutschen Geschichte. NF 4). Bd. 1. München 1905, S. 1: *Tandem enim divina inspiratione tam almivolo animo inhesit, ut in perpetuum permaneret eorum memoria qui hanc domum suis rebus ditaverunt et hereditaverunt, seu quicquid pro remedio animarum suarum ad ipsam domum tradiderunt et condonaverunt.*

sitzungen beiträgt, dient sie hier nicht in erster Linie der Verwaltung der Güter oder der juristischen Verteidigung der Besitzrechte, sondern der liturgischen *memoria*.[15]

Zunächst sei die Weiterschenkung von Gütern königlicher Herkunft an eine Kirche und deren Bestätigung untersucht. Ein Einblick in das Kartular der Domkirche von Lausanne, das aus der ersten Hälfte des 13. Jahrhunderts stammt und mehrere Urkunden aus der späten Karolingerzeit beinhaltet, wirft ein interessantes Licht auf die Schenkungskette vom Herrscher bis zur Kirche. Am 14. Mai 899 bestätigt König Rudolf I. von Hochburgund der Bitte des Bischofs Boso entsprechend das Besitzrecht einiger Güter, die von seinen namentlich genannten *fideles* der Kirche von Lausanne urkundlich (*per instrumenta cartarum*) für deren Seelenheil (*pro animarum suarum remedio*) geschenkt worden sind. Es handelt sich um die Schenkung des Rainolf in St.-Prex, die des Vodelgisus in Champagne und Gravaz, die des Manasses in Montigny und die von Graf Galindus in Renens. Diese Güter sollen im Besitz der Kirche von Lausanne unter denselben Bedingungen bleiben, die von den *fideles* des Königs festgelegt wurden.[16] Interessanterweise werden diese Schenkungen in ihrer zeitlichen Reihenfolge aufgelistet! (Möglicherweise darf dies als Nachweis dafür gelten, dass die verschiedenen Urkunden anlässlich ihrer Bestätigung tatsächlich der Reihe nach vorgelegt wurden.) Im August 885 hatte Reginold nämlich der Kirche von Lausanne Besitztümer übergeben, die er von Kaiser Karl dem Dicken empfangen hatte.[17] Eigentlich handelte es sich um eine Restitution, denn ein Teil der Güter unterstand früher der Kirche von Lausanne[18] (die Herkunft der Güter wird nur in der Urkunde erwähnt und nicht in der Notiz über die eine Woche später erfolgte Investitur[19]). Bei dieser Schenkung für sein

---

[15] Geary, Patrick J.: Entre gestion et *gesta*, in: Olivier Guyotjeannin/ Laurent Morelle/ Michel Parisse (Hrsg.): Les cartulaires (Mémoires et documents de l'École des chartes 39). Paris 1993, S. 13-24; ders.: Phantoms of Remembrance. Memory and Oblivion at the End of the first Millenium. Princeton 1994, S. 84-98. Zu den diplomatischen Aspekten, vgl. auch Johanek, Peter: Zur rechtlichen Funktion von Traditionsnotiz, Traditionsbuch und früher Siegelurkunde, in: Peter Classen (Hrsg.): Recht und Schrift im Mittelalter (Vorträge und Forschungen 23). Sigmaringen 1977, S. 131-162; zur Memorialfunktion des Buches, vgl. Palazzo, Éric: Le livre dans les trésors du Moyen Âge. Contribution à l'histoire de la *memoria* médiévale, in: Annales Histoire, Sciences sociales (1997), S. 93-118.

[16] Die Urkunden der burgundischen Rudolfinger, hrsg. v. Theodor Schieffer (MGH. Regum Burgundiae e stirpe Rudolfina diplomata et acta). München 1977, S. 103-104 (Nr. 7); Cartulaire du chapitre de Notre-Dame de Lausanne, hrsg. v. Charles Roth (Mémoires et documents publiés par la Société d'histoire de la Suisse romande. Troisième série 3). Bd. 1. Lausanne 1948, S. 308-309 (Nr. 343): *Hec omnia, sicut memoratum habemus, et eo modo quod ipsi memorati nostri fideles ipsas res ad ipsam ecclesiam Lausannensem videlicet contulerunt permaneant ...*

[17] Cartulaire de Lausanne [Anm. 16], S. 295-297 (Nr. 334, 6. August 885).

[18] Ebd., S. 296 (Nr. 334): *... cum supra memorata villa Draciaco, sicut iam fuit priscis temporibus subdita ....* Louis Dupraz [Le Capitulaire de Lothaire I, empereur, *De expeditione contra Sarracenos facienda*, et la Suisse romande (847), in: Zeitschrift für schweizerische Geschichte 16 (1936), S. 241-293 (hier S. 263 mit Anm. 63)] hält die Kirche von Saint-Prex und die *villa* von Dracy für ursprüngliche Fiskalgüter.

[19] Ebd., S. 298 (Nr. 335).

eigenes Seelenheil und das seiner Eltern hatte Reginold, der auf die Tilgung seiner Sünde hinweist,[20] auch einen liturgischen Dienst zum zukünftigen Jahrestag seines Todes gestiftet. Dies wurde von Rudolf – damals noch Herzog – genehmigt.[21] Drei Jahre später und unabhängig vom vorigen Fall erfolgte die Investitur der Güter, die von einem gewissen Vodelgisus Bischof Hieronymus geschenkt wurden. Vodelgisus hatte sie von Kaiser Karl dem Dicken als dessen *fidelis* bekommen und die Schenkung wurde für das Seelenheil des verstorbenen Kaisers, des damaligen Königs (d. h. Rudolfs), aber auch seiner eigenen Frau und ihrer Kinder gemacht.[22] Die Schenkungsurkunde Kaiser Karls an Vodelgisus wurde im Kartular vor der Privaturkunde abgeschrieben (höchstwahrscheinlich wurde sie anlässlich der Weiterschenkung an die Kirche übergeben und in deren Archiv aufbewahrt[23]): Dadurch erfahren wir, dass Vodelgisus ein Vasall Rudolfs war.[24] Die nächsten hier zu berücksichtigenden Schenkungen bestehen aus Gütern, die Graf Manasses von König Rudolf selbst empfangen hatte. Eine erste Schenkung, die im September 890 stattfand, erfolgte, um den König und den Schenkenden von ihren Sünden zu erlösen.[25] Eine weitere Schenkung wurde im April 892 gemacht: Sie erfolgte für das eigene Seelenheil des Manasses, das seiner Mutter und das seines Herrn (*senior*) Königs[26] (hier haben wir es also mit einem Vasall Rudolfs zu tun). Schließlich wurden im Januar 896 von Graf Gerlandus und seiner Frau der Lausanner Kirche Güter geschenkt, die Gerlandus auch von König Rudolf empfangen hatte. Diese Schenkung erfolgte für das eigene Seelenheil des Gerlandus, das seines Herrn Graf Konrad, der ihn in jeder Hinsicht gefördert hatte (*in omnibus mihi benefactor*) und für das Seelenheil des Königs:[27] Die Erwähnung eines Grafen vor dem König ist merkwürdig und lässt sich m. E. nur dadurch erklären, dass dieser Graf Konrad wohl mit dem Dux in Transjuranien, dem Vater König Rudolfs also, zu identifizieren ist. Alle Güter, die der Kirche von Lausanne geschenkt wurden und als deren Eigentum von König Rudolf I. in Mai 899 bestätigt wurden, stammten also aus Königsgut; entweder hatte Rudolf zu Lebzeit Karls des Dicken ihre Schenkung an Personen, die ihm verbunden waren, befürwortet, ihre Schenkung an die Lausanner Kirche

---

20 Ebd., S. 296 (Nr. 334): … *pro redimenda meorum labe peccaminum* ….
21 Ebd., S. 297 (Nr. 334).
22 Ebd., S. 132-133 (Nr. 100, 21. Dezember 888).
23 Desgleichen wurde die Schenkungsurkunde Rudolfs I. an den Priester Aymo (am 18. August 901) vor der Weiterschenkung an die Lausanner Kirche durch diesen Priester (am 22. September 921) im Kartular abgeschrieben. Die Königsurkunde ist über ein Jahr nach der Begünstigung (am 19. August 902) anlässlich der Investitur dem Priester übertragen worden. Vgl. ebd., S. 78-82 (Nr. 30-33).
24 Die Urkunden Karls III, hrsg. v. Paul Kehr (MGH. Diplomata regum Germaniae ex stirpe Karolinorum 2). Berlin 1937, S. 178-179 (Nr. 112); Cartulaire de Lausanne [Anm. 16], S. 131-132 (Nr. 99, 15. Februar 885).
25 Cartulaire de Lausanne [Anm. 16], S. 304-306 (Nr. 341, 2. September 890).
26 Ebd., S. 306-307 (Nr. 342, 27. April 892).
27 Ebd., S. 87-88 (Nr. 41, 13. Januar 896).

bewilligt oder selbst als König den ersten Schritt solcher Schenkungsketten getan. Die Bestätigung der Besitzübertragungen an die Lausanner Kirche im Jahr 899 darf also nicht als automatische Maßnahme betrachtet werden, sondern neben ihrer Beweiskraft auch als zusammenfassende Erinnerung an die Beziehung zwischen dem König und ausgewählten Mitgliedern seines Umkreises. Die Urkunde von 899 beschließt allerdings nicht die Reihe der Schenkungen an die Lausanner Kirche aus Königsgut: Im Jahr 904 verschenkte ein gewisser Fredarius für sein Seelenheil die Güter, die er vom König urkundlich empfangen hatte;[28] neun Jahre nach dem Tod König Rudolfs schenkte auch Priester Aymo für sein Seelenheil die Güter, die sein *in omnibus benefactor* ihm etwa zwanzig Jahre früher gegeben hatte.[29] Diese Urkunde ist um so interessanter, als sie zur Erinnerung an die Beziehung zwischen dem Priester und dem verstorbenen König beiträgt.

Die Tatsache, dass eine symbolische Verbindung durch eine Schenkung entstehen konnte, wird anhand einer Urkunde Konrads I. deutlich. Am 24. April 914 machte der König eine bedeutende Schenkung an das Stift Weilburg.[30] Unter anderen verschenkte er Güter in Steinfurt, die sein Vasall Piricho einst von König Ludwig dem Kind empfangen und nachher mit ihm, Konrad, gegen ein Erbgut ausgetauscht hatte.[31] Diese Entscheidung konnte sowohl die Erinnerung an die Beziehung Konrads zu seinem Vasall aufrechterhalten als auch eine Kontinuität zwischen seinem karolingischen Vorgänger und ihm sichtbar machen. Das Konrad Letzteres anstrebte, steht, wie Hans-Werner GOETZ nachweisen konnte, außer Zweifel:

> Konrad hielt in seinen Urkunden das Andenken (*memoria*) an die Karolinger aufrecht. Neben ihnen – und zeitlich erst später – schloss er auch seine Eltern in das Gedächtnis ein, bis er in einer Urkunde für sein Hausstift Weilburg (D 19) schließlich seinen Vater (Konrad d. Ä.) und die königlichen Vorgänger in das Gebetsgedächtnis aufnehmen ließ (*pro antecessorum nostrorum, patris nostri ceterorumque videlicet memoria*): Der neue König fühlte sich seinen Ahnen [...] ebenso verpflichtet wie den Vorgängern im Königsamt, mit denen er freilich auch entfernt verwandt war und deren Andenken er nicht nur im Reich, sondern auch in seinem eigenen Familienstift bewahren ließ.[32]

Walther KIENAST war der Ansicht, dass Piricho, der als Konrads Vasall genannt wird, „früher wohl auch Ludwigs (Vasall) war"[33]. Man muss aber eher annehmen, dass Piricho schon Konrads Vasall war, als er von König Ludwig dem Kind beschenkt

---

[28] Ebd., S. 85-86 (Nr. 40, 26. Februar 904).
[29] Ebd., S. 78-82 (Nr. 30-33).
[30] Struck, Wolf-Heino: Die Stifte St. Walpurgis in Weilburg und St. Martin in Idstein (Germania Sacra, NF 27: Das Erzbistum Trier 6). Berlin 1990, S. 58-59.
[31] Die Urkunden Konrad I., Heinrich I. und Otto I, hrsg. v. Theodor Sickel (MGH. Diplomata regum et imperatorum Germaniae 1). Hannover 1884, S. 18 (Urkunde Konrads I. Nr. 19).
[32] Goetz, Hans-Werner: Der letzte ‚Karolinger'? Die Regierung Konrads I. im Spiegel seiner Urkunden, in: Archiv für Diplomatik 26 (1980), S. 56-125 (hier S. 71).
[33] Kienast, Walther: Die fränkische Vasallität. Von den Hausmeiern bis zu Ludwig dem Kind und Karl dem Einfältigen, hrsg. von Peter Herde. Frankfurt a.M. 1990, S. 302.

wurde: Konrad übergibt nämlich dem Weilburger Stift *tale proprium quale pius antecessor noster Ludouuicus rex cuidam vassallo nostro Pirichoni in Steinfurte in proprietatem donavit*. Besonders interessant für uns ist die Tatsache, dass Konrad für eine Schenkung an das von ihm gegründete Stift auf Güter königlicher Herkunft zurückgreift und dafür auf Erbgüter (*paterna hereditas*) verzichtet. In anderen Fällen spielt die Persönlichkeit der Beteiligten eine größere Rolle. Ein Dossier bestehend aus vier Urkunden bezüglich der Abtei Faurndau[34] erlaubt eine genaue Beobachtung dieses Phänomens. Am 11. August 875 in Tribur schenkte Ludwig der Deutsche das *monasteriolum* Faurndau seinem Diakon Liutbrand. Dieser durfte es sein ganzes Leben lang behalten; nach seinem Tode sollte das Kloster an den König zurückfallen.[35] Am selben Tag schenkte Ludwig der Deutsche auf Liutbrands Bitte dem Kloster Faurndau die *capella* von Brenz:[36] So sicherte der alte König endgültig den Lebensunterhalt eines Mitglieds seiner Kanzlei. Dreizehn Jahre später schenkte weiterhin König Arnulf seinem Kaplan Liutbrand diese Einrichtungen als Eigenbesitz und erlaubte ihm, sie nachher der Abtei St. Gallen oder der Reichenau für das Seelenheil seines ursprünglichen Wohltäters, Ludwigs des Deutschen, seiner Frau Emma und ihrer Kinder, für das Seelenheil des Königs (d. h. Arnulfs) und für sein eigenes Seelenheil zu verschenken:[37] Dadurch entstand also nicht nur eine ewig dauernde spirituelle Gemeinschaft zwischen beiden Königen und ihren Hofgeistlichen, sondern der König erlaubte seinem Kaplan auch, in die Memorialgemeinschaft von Sankt-Gallen einzutreten, denn die Abtei gedachte Liutbrands als deren Wohltäter (d. h. als Schenkender von Faurndau[38]). Die Schenkungsurkunde Liutbrands, Faurndau und Brenz an St. Gallen betreffend, ist allerdings nicht erhalten. Später aber bat Bischof Salomo III. den König um eine Bestätigung dieser mit dessen Erlaubnis erfolgten Schenkung. Arnulf entsprach nicht nur dieser Bitte, sondern legte auch die dauerhafte Durchführung der liturgischen *commemoratio* fest.[39] Diese Urkunde wurde am 8. Mai 895 anlässlich der wichtigen Synode von Tribur ausgestellt.[40] Auch dies ein Symbol: Denn genau in dieser Pfalz hatte etwa zwanzig Jahre zuvor König Ludwig der Deutsche den Kleriker auf Lebenszeit mit den betroffenen Gütern beschenkt.

---

[34] Westlich von Göppingen gelegen. Vgl. Quarthal, Franz: Faurndau, in: ders. (Hrsg.): Die Benediktinerklöster in Baden-Württemberg (Germania Benedictina 5). Augsburg 1975, S. 224-228.

[35] Die Urkunden Ludwigs des Deutschen, Karlmanns und Ludwigs des Jüngeren, hrsg. v. Paul Kehr (MGH. Diplomata regum Germaniae ex stirpe Karolinorum 1). Berlin 1934, S. 227-228 (Urkunde Ludwigs des Deutschen Nr. 163).

[36] Ebd., S. 228-229 (Nr. 164).

[37] Die Urkunden Arnolfs, hrsg. v. Paul Kehr (MGH. Diplomata regum Germaniae ex stirpe Karolinorum 3). Berlin 1940, S. 24-25 (Nr. 15 vom 11. Februar 888, Regensburg).

[38] Fleckenstein, Josef: Die Hofkapelle der deutschen Könige, 1. Teil: Grundlegung. Die karolingische Hofkapelle (Schriften der MGH 16/1). Stuttgart 1959, S. 181, Anm. 116.

[39] Die Urkunden Arnolfs [Anm. 37], S. 199-200 (Nr. 133).

[40] Dazu vgl. Hartmann, Wilfried: Die Synoden der Karolingerzeit im Frankenreich und in Italien. Paderborn 1989, S. 367-371.

Zuletzt sei nach der Planung einer Schenkung von Gütern königlicher Herkunft an die Kirche gefragt. Angesichts der Tatsache, dass die Erlaubnis des Königs sogar im Fall eines Austausches, der zum Teil Kirchengut betrifft, notwendig ist,[41] scheint es nicht besonders erstaunlich, dass nach der Zustimmung des Herrschers bezüglich der Weiterschenkung von Königsgut gefragt wird. Über diesen juristischen Rahmen hinaus ist es manchmal auch möglich, eine Strategie der Weiterschenkung von Königsgut zu erblicken. Eine Urkunde aus Niederaltaich ist m. E. in dieser Hinsicht sehr aufschlussreich. Im Jahr 841/842 tradiert Abt Gozbald von Niederaltaich den Königshof Ingolstadt der Kirche von Isarhofen mit allem, was dazu gehört,[42] so wie er ihn von Ludwig dem Deutschen am 18. August 841 zu Eigen erhalten hatte.[43] Beide Urkunden sind im Original erhalten. Mit Zustimmung der Mönche und vorbehaltlich der Einwilligung des Königs behält Gozbald den lebenslangen Nießbrauch aus diesen und anderen Gütern,[44] die er als Prekarie empfängt. In Bezug auf die erwünschte Zustimmung des Königs heißt es in der Urkunde: „Es kommt nämlich nicht in Frage, dass ich – soweit ich davon Kenntnis habe – von dem Willen dessen, der mich mit diesen Gütern beschenkt hat, abweiche, da es mein Wunsch ist, dass ich mein ganzes Leben nach seinem Rat und Entscheid mit der Erlaubnis Christi ausrichte."[45] Diesem Zeugnis nach ist es kaum zweifelhaft, dass Gozbald die Schenkung des von Ludwig dem Deutschen empfangenen Königshofs nicht ohne dessen Zustimmung bzw. Befehl und für dessen Seelenheil einer von Niederaltaich abhängigen Kirche gemacht hat. Es liegt auch nahe, dass der König diese Schenkung an Gozbald in Hinsicht auf eine Weiterschenkung bzw. Stiftung bestimmt hat (dafür spricht auch der anscheinend knappe zeitliche Abstand zwischen beiden Maßnahmen). Dadurch war der König nicht alleiniger Empfänger einer spirituellen Gegenleistung, sondern der Abt konnte ebenso davon profitieren, denn Gozbald machte diese Schenkung an die Kirche, die er selbst mit Reliquien aus Rom ausgestattet hatte,[46] auch für sein eigenes Seelenheil, soweit er „in geringer Weise" davon teilhaben konnte.[47]

---

[41] Vgl. Depreux, Philippe: The Development of Charters Confirming Exchange by the Royal Administration (Eighth - Tenth Centuries), in: Karl Heidecker (Hrsg.): Charters and the Use of the Written Word in Medieval Society (Utrecht Studies in Medieval Literacy 5). Turnhout 2000, S. 43-62.

[42] Houben, Hubert: Eine wiederentdeckte Urkunde des Abtes Gozbald von Niederaltaich, in: Archivalische Zeitschrift 72 (1976), S. 11-20.

[43] Die Urkunden Ludwigs des Deutschen [Anm. 35], S. 37-38 (Nr. 30).

[44] In der Urkunde wird eine von Graf Gundbald gemachte Schenkung erwähnt.

[45] Houben [Anm. 42], S. 19: *Absit ergo, ut aliter uelim, quam illum, qui mihi res condonauerat, uelle cognouero, quando et totius uitae meae curricula cum consilio et deliberatione sua disponere Christo permittente desidero.*

[46] Vgl. Hotzelt, Wilhelm: Felizissimus und Agapitus. Zeitschrift für bayerische Kirchengeschichte 10 (1935), S. 84-90.

[47] Houben [Anm. 42], S. 19: *… regalem munificentiam, quam mihi minimo fidelium suorum rex … largiri dignatus est in proprium de suo iure in ius meum transfundere, tradere uolo sanctis martyribus Felicissimo et Agapito … primo in elemosinam domini mei Hludouuici regis*

Dieses Beispiel zeigt, welcher Zugewinn durch das Mitwirken eines Dritten entstehen konnte. In dieser Hinsicht sei wieder auf die schon genannte Restitution Reginolds an die Domkirche von Lausanne im Jahr 885 hingewiesen. Sie stellt keine Seltenheit dar. Die Institution der *precaria verbo regis* kann als fester Bestandteil der königlichen Begünstigungspolitik in der Karolingerzeit betrachtet werden, auch wenn deren Ursprung noch umstritten ist[48] und sogar der Wert der Vasallität als System zu jener Zeit in Frage gestellt wurde.[49] Explizite Restitutionen wurden umso notwendiger, als seit der späten Regierungszeit Ludwigs des Frommen die Umwandlung von Prekarien in Besitzungen häufiger praktiziert wurde.[50] Es ist m. E. kaum vorstellbar, dass der Herrscher die Herkunft der Güter, mit denen er seine *fideles* verschenkte, nicht kannte.[51] Deswegen nehme ich an, dass die Schenkung von Kirchengütern oder von Gütern, deren Geschichte schwer belastet war (z. B. durch eine Konfiskation[52]), einer bestimmten Absicht diente bzw. dienen konnte: Ohne die Zwischenschaltung von Getreuen hätte die direkte Restitution durch den König allein dessen Seelenheil befördert. Eine Restitution in zwei Phasen ermöglichte die Einbeziehung ausgewählter *fideles* in die Memorialliturgie. Ich kann nicht beweisen, dass den Schenkungen durch den König diese Absicht immer zugrunde lag und dass die Weiterschenkung in jedem Fall eine liturgische Wirkung hatte. Aber auch wenn ein liturgischer Dienst nicht urkundlich festgehalten wurde, kann er bestanden haben. Davon zeugt der Vergleich mehrerer Urkunden für Saint-Maur-des-Fossés und der Vita Burchards des Ehrwürdigen, die im Jahr 1058 von Odo von Saint-Maur verfasst wurde: Obwohl in den Urkunden keine Bestimmung liturgischen Inhalts vorkommt, schreibt Odo, dass die verschenkten Güter zu Stiftungen zugunsten aller Beteiligten (die Schenkenden und der dem Vorgang assoziierte König) benutzt wurden.[53] Von diesem Sonderfall kann man keine Regel ausmachen – aber umgekehrt muss auch zugegeben werden, dass es selten möglich ist, mehrere Quellen zu einer Schenkung und deren Verwendung zu finden. Wir wissen, wie wichtig Vermittler und Fürsprecher manchmal waren und sind – sei es in recht-

---

suorumque progenitorum atque prolis suae secuturae omniumque debitorum suorum, deinde etiam pro remedio animae meae, si tamen aliqua portiuncula in huiusmodi largifluo munere domini mei humillimo mihi contingit.

[48] Wolfram, Herwig: Karl Martell und das fränkische Lehenswesen. Aufnahme eines Nichtbestandes, in: Jörg Jarnut/ Ulrich Nonn/ Michael Richter (Hrsg.): Karl Martell in seiner Zeit (Beihefte der Francia 37). Sigmaringen 1994, S. 61-78; Kasten, Brigitte: *Beneficium* zwischen Landleihe und Lehen – eine alte Frage, neu gestellt, in: Dieter R. Bauer u. a. (Hrsg.): Mönchtum – Kirche – Herrschaft, 750-1000. Sigmaringen 1998, S. 243-260.

[49] Reynolds, Susan: Fiefs and Vassals. The Medieval Evidence reinterpreted. Oxford 1994.

[50] Ganshof, François-Louis: Note sur la concession d'alleux à des vassaux sous le règne de Louis le Pieux. In: Storiografia e storia. Studi in onore di Eugenio Duprè Theseider. Rom 1974, S. 589-599.

[51] Darüberhinaus bleibt die Erinnerung an die fiskalische Herkunft eines Grundstückes lebendig, vgl. Depreux [Anm. 6], S. 346-360.

[52] Vgl. ebd. S. 361 Anm. 156.

[53] Vgl. ebd. S. 331-334.

licher sei es in symbolischer Hinsicht.[54] Dies gilt wahrscheinlich nicht nur für die Gültigkeit und Dauerhaftigkeit der Übertragung eines Grundstückes oder eines Vermögens, sondern auch für deren Nachwirkung. Meistens bleibt uns die Vorgeschichte einer Schenkung an die Kirche verschlossen. In einigen Fällen scheint es jedoch wahrscheinlich, dass eine solche Schenkung als bleibende Erinnerung an das Verhältnis zwischen einem Herrscher und einigen seiner *fideles* bzw. als Stiftung zu deren gemeinsamen Gedenken diente.

---

[54] Althoff, Gerd: Spielregeln der Politik im Mittelalter. Kommunikation in Frieden und Fehde. Darmstadt 1997; Depreux, Philippe: Prosopographie de l'entourage de Louis le Pieux (781-840) (Instrumenta 1). Sigmaringen 1997, S. 52-60.

Daniel Föller

„Rate, der es kann!"
Schriftkultur und Totengedenken in der Wikingerzeit

Es hat sich zu einem geflügelten Wort der Mediävistik entwickelt, das mittelalterliche Memorialwesen als ein „totales soziales Phänomen" zu bezeichnen. Im Sinne des französischen Soziologen Marcel Mauss verwendet, bedeutet dies nicht weniger, als dass juristische, wirtschaftliche, religiöse, ästhetische und auch morphologische Faktoren ineinander greifen und die Ausprägung der fraglichen Gesellschaft wesentlich bestimmen. Es ist das Verdienst von Otto-Gerhard Oexle, diesen Ansatz für das liturgische Totengedenken des Mittelalters fruchtbar gemacht und damit ein *phénomen social total* der lateineuropäischen *christianitas* erkannt zu haben.[1] Angesichts dieser umfassenden Bedeutung der Memoria ist es nicht verwunderlich, dass bei der Christianisierung heidnischer Völkerschaften auch der Ablösung paganer Memorialpraktiken durch christliches Totengedenken eine bedeutende Rolle zukam.

In besonderem Maße lässt sich dieser Prozess im wikingerzeitlichen Skandinavien fassen: mit den rund 2.500 Runensteinen aus dem 9. bis 11. Jahrhundert hat sich eine bemerkenswerte Anzahl von Memorialzeugnissen erhalten;[2] mit Sicherheit handelt es sich bei ihnen um die bedeutendste skandinavische Quellengruppe der Wikingerzeit, sowohl ihrer schieren Masse als auch ihrer verhältnismäßig sicheren chronologischen

---

[1] Siehe hierzu Borgolte, Michael: „Totale Geschichte" des Mittelalters? Das Beispiel der Stiftungen. Berlin 1993, S. 5-7; zusammenfassend zur Memoria-Forschung vgl. ders.: Zur Lage der deutschen Memoria-Forschung, in: ders./ Cosimo Damiano Fonseca/ Hubert Houben (Hrsg.): Memoria. Erinnern und Vergessen in der Kultur des Mittelalters. Bologna/ Berlin 2005, S. 21-28. Zur Problematik der Familienmemoria als Überlieferungsträger vgl. Fried, Johannes: Der Schleier der Erinnerung. Grundzüge einer historischen Memorik. München 2004, S. 186-200.

[2] In ihrem Überblickswerk zu den Runensteinen der Wikingerzeit gibt Birgit Sawyer eine Zahl von 2307 untersuchten Steinen an; hinzu kommen allerdings noch die Steine außerhalb Skandinaviens (auf den britischen Inseln, im Baltikum und in der Ukraine) sowie Neufunde, die jährlich in der Zeitschrift ‚Nytt om Runer' publiziert werden. Vgl. Sawyer, Birgit: The Viking-Age Rune-Stones. Custom and Commemoration in Early Medieval Scandinavia. Oxford 2000, S. 11.

Einordnung wegen.³ Bis in die 1990er Jahre hinein wurde das Totengedenken als „Zweck" oder „Funktion" der Runensteine getrennt von anderen Faktoren gedacht;⁴ erst in jüngster Zeit setzte sich eine Sichtweise durch, die das Zusammenspiel all jener Variablen formulierte und so zu einer integrierenden Deutung der Runensteine kam.⁵ Dies geschah allerdings ohne Bezugnahme auf die mediävistische Memoria-Forschung, so dass die Einordnung jener Quellengruppe in die Reihe der unzähligen mittelalterlichen Memorialzeugnisse bisher noch nicht vorgenommen wurde.

Das Corpus der wikingerzeitlichen Runensteine wurde bereits auf die verschiedensten Fragestellungen hin untersucht.⁶ Viele davon berühren den Bereich der Memoria unmittelbar, sei es der Zusammenhang von Runensteinstiftung und Erbgang,⁷ das Verhältnis von Runensteinen und Christianisierung,⁸ oder die auf den Runensteinen zu fas-

---

3   Die präzise Datierung von Runensteinen ist ausgesprochen schwierig, ihre ungefähre chronologische Einordnung in die Wikingerzeit (ca. 750-1100) aber für gewöhnlich unstrittig. Zu diesen Schwierigkeiten siehe den Sammelband von Audun Dybdahl u. Jan Ragnar Hagland (Hrsg.): Innskrifter og datering. Dating inscriptions (Senter for middelalderstudier. Skrifter 8). Trondheim 1998. Einen guten Überblick über die Datierungsprobleme gibt zudem Kristel Zilmer: *He drowned in Holmr's Sea – his cargo-ship drifted to the sea-bottom, only three came out alive.* Records and Representations of Baltic Traffic in the Viking Age and the Early Middle Ages in early Nordic Sources (Dissertationes Philologiae Scandinavicae Universitatis Tartuensis 1 = Nordistica Tartuensia 12). Tartu 2005, S. 46-51.

4   Wie etwa der Einführung und Durchsetzung des Christentums, politischer Repräsentation, der Dokumentation eines Erbganges oder dem sozialen Prestige der Oberschichten. Vgl. zusammenfassend Zilmer [Anm. 3], S. 40-46.

5   Zuerst wohl durch Jesch, Judith: Still standing in Ågersta. Textuality and Literacy in Late Viking-Age Rune Stone Inscriptions, in: Klaus Düwel/ Sean Nowak (Hrsg.): Runeninschriften als Quellen interdisziplinärer Forschung. Abhandlungen des Vierten Internationalen Symposiums über Runen und Runeninschriften in Göttingen vom 4.-9. August 1995 (Ergänzungsbände zum RGA 15). Berlin/ New York 1998, S. 462-475, besonders S. 466; in ihrem Schlußwort auch Sawyer [Anm. 2], S. 146-147.

6   Neben Sawyer [Anm. 2] ist für deutschsprachige Leser als allgemeinere Darstellung vor allem hervorzuheben: Düwel, Klaus: Runenkunde. (Sammlung Metzler 72). Stuttgart/ Weimar ³2001 (S. 95-152 über die Inschriften der WZ). Einen Überblick der Runendenkmäler Dänemarks bietet Erik Moltke: Runes and their Origin. Denmark and Elsewhere. Kopenhagen 1985 (S. 148-397 Runen der WZ); für Schweden leistet ähnliches Sven B. F. Jansson: Runes in Sweden. Stockholm 1987 (S. 31-161 Runen der WZ); für Norwegen Terje Spurkland: Norwegian Runes and Runic Inscriptions. Woodbridge 2005 (S. 86-149 Runen der WZ).

7   Vgl. hierzu vor allem die Arbeiten von Birgit Sawyer: Property and Inheritance in Viking Scandinavia. The Runic Evidence (Occasional Papers on Medieval Topics 2). Alingsås 1988; dies.: Viking-Age Rune-Stones as a Source for legal History, in: Düwel/ Nowak (Hrsg.) [Anm. 5], S. 766-777; dies. [Anm. 2], S. 47-123.

8   Die wichtigste Arbeit der letzten Jahre hierzu ist sicherlich Anne-Sofie Gräslund: Ideologi och mentalitet. Om religionsskiftet i Skandinavien från en arkeologisk horisont (Occasional Papers in Archaeology 29). Uppsala 2001, das allerdings nicht nur Runensteine, sondern die verschiedensten archäologischen Zeugnisse heranzieht. Siehe auch die zusammenfassende Diskussion derartiger Ansätze bei Zilmer [Anm. 3], S. 41-43.

senden Repräsentationen von Frömmigkeit wie etwa Fürbittgebete, Nebenstiftungen oder Kreuze;[9] sei es die regionale Ausdifferenzierung der Runensteintradition,[10] die Verknüpfung der Runendenkmäler mit archäologisch nachweisbaren Siedlungsspuren (und den sich daraus ergebenden sozialgeschichtlichen Implikationen),[11] die Untersuchung der an der Herstellung beteiligten Handwerker und Künstler[12] oder die sprachliche Ausformung der Inschriftentexte.[13]

Trotz der Vielfalt der genannten wissenschaftlichen Ansätze wurde jedoch ein entscheidender Faktor dabei bisher vernachlässigt: die Frage, wie genau die kulturelle Praxis jener wikingerzeitlichen Memoria aussah, wie sich derartiges Totengedenken abspielte. Für das christliche Lateineuropa mit seinem Geflecht episkopaler, monastischer und parrochialer Strukturen vermögen uns liturgische Vorschriften und Memorialbücher eine Vorstellung von Memorialakten zu vermitteln: wir wissen beispielsweise, dass die Namen der zu memorierenden Toten im letzten Teil des Hochgebetes während der Messfeier, dem *memento*, genannt wurden oder, wenn es sich um zu viele Namen handelte, man ein Buch mit den Namen der Verstorbenen aufgeschlagen auf den Altar

---

[9] Für die Fürbitten siehe besonders folgenden Aufsatz: Gschwantler, Otto: Runensteine als Quellen der Frömmigkeitsgeschichte, in: Düwel/ Nowak (Hrsg.) [Anm. 5], S. 738-765; für die Errichtung von Brücken: Zilmer, Kristel: Kristne runeinnskrifter i dynamisk sammenheng. Tekstuelle utviklingslinjer og kulturhistorisk kontekst. En studie med utgangspunkt i bro-innskrifter (Nordistica Tartuensia 6). Tartu 2000; für andere auf Runensteinen erwähnten Stiftungen: vgl. Sawyer [Anm. 2], S. 134-139; für die Kategorisierung der Kreuze auf schwedischen Runensteinen grundlegend: Lager, Linn: Den synliga tron. Runstenskors som en spegling av kristnandet i Sverige (Occasional Papiers in Archaeology 31). Uppsala 2002.

[10] Die wichtigste Arbeit hierzu ist Rune Palm: Runor och regionalitet. Studier av variation i de nordiska minnesinskrifterna (Runrön 7). Uppsala 1992.

[11] Beispielhaft untersucht diesen Zusammenhang für die sogenannten „Auslandsfahrersteine" Mats G. Larsson: Runstenar och utlandsfärder. Aspekter på det senvikingatida samhället med utgångspunkt i de fasta fornlämningarna (Acta Archaeologica Lundensia 18). Lund 1990.

[12] Als maßgebliche Arbeit zu den Runenmeistern trotz zahlreicher berechtigter Einwände bis heute nicht ersetzt: Brate, Erik: Svenska runristare (Kungl. Vitterhets Historie och Antikvitets Akademiens Handlingar 13:5). Stockholm 1926; für diesen Aufsatz noch nicht eingesehen wurde allerdings Källström, Magnus: Mästare och minnesmärken. Studier kring vikingatida runristare och skriftmiljöer i Norden (Acta Universitatis Stockholmiensis. Stockholm Studies in Scandinavian Philology, n.s. 43). Stockholm 2007; zum wichtigsten schwedischen Runenmeister der Wikingerzeit: Åhlén, Marit: Runristaren Öpir. En monografi. With a Summary in English (Runrön 12). Uppsala 1997.

[13] Für die Ausprägung der Formeln vgl. Palm [Anm. 10]; neben Peterson, Lena: Svenskt Runordsregister. Tredje, reviderade upplagan (Runrön 2). Uppsala 2006 – einem runen-schwedischen Wörterbuch – vgl. noch Jesch, Judith: Ships and Men in the Late Viking Age. The Vocabulary of Runic Inscriptions and Skaldic Verse. Woodbridge 2001; zur Runendichtung trotz der Arbeit von Hübler, Frank: Schwedische Runendichtung der Wikingerzeit (Runrön 10). Uppsala 1996 (hierzu wichtig die kritische und sehr gründliche Rezension von Fred Wulf in Alvíssmál 8 [1998], S. 93-98) weiterhin die wichtigste Studie: Bugge, Sophus/ Brate, Erik: Runverser. Undersökning af Sveriges metriska runinskrifter. Stockholm 1891.

legte.¹⁴ Wie aber haben wir uns das Totengedenken vorzustellen, das sich vor einem Findling abspielte, in den Runen gehauen waren?

Zur Beantwortung dieser Frage ist zweierlei notwendig. Zum einen die möglichst umfassende Skizzierung dessen, was eigentlich „runische Memoria" ist; hierunter fallen die historische Einordnung und die Entwicklung der Runensteintradition, ihre Verortung in der Bekehrungsgeschichte Skandinaviens, die Analyse der beteiligten Personen einschließlich des Publikums, und schließlich das Verhältnis runischer Memoria zu anderen Frömmigkeitsformen der Wikingerzeit. Dies steckt den Rahmen ab, in dem sich die kulturelle Praxis des Totengedenkens bewegte. Zum anderen bedarf es einer allgemeineren Annäherung an die Runenschriftlichkeit, genauer gesagt an die Rezeption von Runendenkmälern, also das „Lesen" oder „Deuten". Denn nur aus dem Verständnis für die der wikingerzeitlichen Runenschriftlichkeit eigenen Deutungsmechanismen vermag man sich der tatsächlichen runischen Memorialpraxis zu nähern und damit auch einen Blick auf jene Akkulturationsprozesse zu erhaschen, die man als „die Integration Skandinaviens in das christliche Europa" bezeichnen kann.¹⁵

I. Runische Memoria

Die Sitte, Gedenksteine für Verstorbene zu errichten, wurde in Skandinavien bereits seit der Völkerwanderungszeit gepflegt: die ältesten uns bekannten Denkmäler sind vermutlich im 4. Jahrhundert errichtet worden.¹⁶ Sie sollten „den Grabfrieden bewahren, das Grab gegen Störungen von außen und Wiedergänger schützen"¹⁷, trugen teilweise aber auch den Namen des Verstorbenen. In der frühen Wikingerzeit, also vor der Christianisierung, wurde dieser Brauch fortgesetzt, wobei sowohl die Steine der Völkerwanderungszeit wie auch der frühen Wikingerzeit bis etwa 950 eine verhältnismäßig kleine Gruppe bilden.¹⁸ Im Vergleich zu anderen heidnischen Bestattungssitten

---

14 Dies führt Otto-Gerhard Oexle bereits ausführlich in seinem für die Memoria-Forschung so wichtigen Aufsatz von 1976 aus. Vgl. Oexle, Otto-Gerhard: Memoria und Memorialüberlieferung im frühen Mittelalter, in: Frühmittelalterliche Studien 10 (1976), S. 70-95.
15 So lautet der Untertitel von Martin Kaufholds in Buchform veröffentlichter Heidelberger Vorlesung aus dem Sommersemester 2000. Vgl. Kaufhold, Martin: Europas Norden im Mittelalter. Die Integration Skandinaviens in das christliche Europa (9.-13. Jh.). Darmstadt 2001.
16 In Schweden und Norwegen; aus Dänemark sind keine völkerwanderungszeitlichen Steine bekannt. Vgl. Düwel [Anm. 6], S. 35.
17 Vgl. ebd., S. 35.
18 In die Zeit zwischen 750 und 950 datieren nicht einmal 50 von insgesamt etwa 2.500 wikingerzeitlichen Runensteinen; aus der Völkerwanderungszeit sind insgesamt 33 Memorialsteine erhalten (nach Palm [Anm. 10], S. 68-69).

wie Grabbeigaben, rituellen Totenklagen oder Schiffsbeisetzungen hatten sie vermutlich geringe Bedeutung.[19]

Die Christianisierung ab der Mitte des 10. Jahrhunderts brachte eine Veränderung des Totengedenkens mit sich und gab der Sitte, Runensteine zu errichten, neuen Auftrieb. Für die frisch bekehrten Christen war die Situation schwierig: außer reisenden Missionsbischöfen und sporadisch besetzten Bistümern gab es so gut wie keine Kirchenstrukturen.[20] Da diese aber für eine *memoria* nach christlichem Ritus notwendig waren, die alten Bräuche jedoch als dezidiert heidnisch vom neuen Glauben abgelehnt wurden, musste ein dritter Weg gefunden werden. Die Memoria dieser Übergangszeit fand ihren für uns noch fassbaren Ausdruck in den christlichen Runensteinen Skandinaviens; sie stellen das Aufgreifen einer einheimischen, ursprünglich heidnischen Tradition und ihre Anpassung an die neuen, christlichen Belange dar. Zahlenmäßig machen die christlichen Runensteine den weitaus größten Teil der erhaltenen Denkmäler aus: nicht einmal dreißig zeigen eindeutig heidnische Merkmale; dem stehen knapp 800 Denkmäler gegenüber, die nicht eindeutig einem Glauben zuzuordnen sind,[21] während der Rest, beinahe zwei Drittel des gesamten Materials, eindeutig christlich ist.[22]

Sobald sich kirchliche Strukturen dauerhaft etablieren konnten, ging die Zahl der aufgestellten Runensteine in der entsprechenden Region deutlich zurück.[23] Dementsprechend finden sich die meisten Runensteine, über 2.000 an der Zahl, in jenen

---

[19] Zu den heidnischen Grabsitten der Wikingerzeit siehe eine knappe Übersicht in: Steinsland, Gro: Norrøn religion. Myter, riter, samfunn. Oslo 2005, S. 337-344.

[20] Für die Etablierung von Kirchenstrukturen in Skandinavien vgl. die Arbeiten von Stefan Brink, von denen hier stellvertretend zwei englische Aufsätze genannt seien: Brink, Stefan: The Formation of the Scandinavian Parish, with some Remarks Regarding the English Impact on the Process, in: Joyce Hill/ Mary Swan (Hrsg.): The Community, the Family, and the Saint. Patterns of Power in Early Medieval Europe. Selected Proceedings of the International Medieval Congress, University of Leeds, 4-7 July 1994, 10-13 July 1995. Turnhout 1998, S. 19-44; sowie ders.: New Perspectives on the Christianization of Scandinavia and the Organization of the Early Church, in: Jonathan Adams/ Katherine Holman (Hrsg.): Scandinavia and Europe 800-1350. Contact, Conflict and Coexistence (Medieval Texts and Cultures of Northern Europe 4). Turnhout 2004, S. 163-175; beide sind Fortsetzungen der Gedanken in seiner Dissertation: ders.: Sockenbildning och sockennamn. Studier i äldre territoriell indelning i Norden (Acta academiae regiae Gustavi Adolphi 57). Uppsala 1990. Zum Aufbau monastischer Strukturen: Nyberg, Tore: Early Monasticism in Scandinavia, in: Jonathan Adams/ Katherine Holman (Hrsg.): Scandinavia and Europe 800-1350. Contact, Conflict and Coexistence (Medieval Texts and Cultures of Northern Europe 4). Turnhout 2004, S. 197-208.

[21] Etwa die Hälfte dieser Runensteine ohne einen klaren Hinweis auf die Religionszugehörigkeit lassen sich einem recht späten Zeitraum zuordnen; es ist zu vermuten, dass sie trotz Fehlens von Kreuz oder Fürbitte in einen christlichen Kontext gehören.

[22] Die Zahlen sind zusammengestellt aus den Angaben bei Sawyer [Anm. 2], S. 124-133.

[23] Zu diesem Zusammenhang vgl. Lager, Linn: Runestones and the Conversion of Sweden, in: Martin Carver (Hrsg.): The Cross goes North. Processes of Conversion in Northern Europe, AD 300-1000. York 2003, S. 497-508.

Regionen, deren Christianisierung sich am längsten hinzog: im heutigen Süd- und Mittelschweden, wo etwa ab der Jahrtausendwende bis ins frühe 12. Jahrhundert christliche Runendenkmäler errichtet wurden. Man verstand die Runensteine aber auch nach dem Aufbau von Kirchenstrukturen weiterhin als wichtigen Bestandteil der Totenmemoria, was sich in dem Umstand zeigt, dass ein großer Teil der uns erhaltenen Steine auf den neu errichteten Friedhöfen aufgestellt oder in die Wände von Steinkirchen eingemauert wurde.[24]

Die Texte der Gedenkinschriften sind von erstaunlicher Einheitlichkeit. Beinahe alle wikingerzeitlichen Runensteine tragen eine von der Forschung als „obligatorisch" bezeichnete Stifterformel, die übersetzt etwa „X errichtete diesen Stein nach Y" lautet.[25] Freilich variieren die konkreten Vokabeln für die Stiftung und das Denkmal, aber der konkrete Inhalt bleibt im Wesentlichen gleich.[26] Von enormer Variationsbreite hingegen sind die Zusätze zu dieser Stifterformel, die als „fakultativ" bezeichnet werden. Den meisten Denkmälern ist gemein, soweit sie nicht nur fragmentarisch erhalten sind, dass sie die Beziehung zwischen Stiftern und Verstorbenen näher bestimmen.[27] Meist handelt es sich um familiäre Bindungen, nur gelegentlich stifteten Kameraden, Gildebrüder oder Handelspartner füreinander solche Monumente, oder Herren für ihre Untergebenen oder umgekehrt;[28] ein Ausnahmefall sind Eigenstiftungen, wo also eine Person einen Runenstein für das eigene Andenken errichtete.[29]

Nicht wenige Inschriften bieten weitere Informationen über den Verstorbenen: besondere Leistungen oder Taten werden verzeichnet,[30] die Umstände seines Todes festgehalten, seine Besitztümer aufgezählt, seine Tugenden gerühmt und seine Abstammung dargelegt. Diese Passagen dienten wohl meistens der Memoria, konnten daneben aber auch die Vergegenwärtigung und Präsentation von Erb- und Besitzansprüchen zum Ziel haben. Wesentlich sollten die Inschriften aber einem christlichen Verstorbenen einen Platz im Himmel sichern: gut dreihundert Inschriften enthalten Fürbittgebete

---

[24] Für Dänemark bietet erste Ansätze: Nielsen, Gunhild Øeby: Runestones as Communication – the Danish Material, in: Offa 58 (2001), S. 165-172. Für Mittelschweden vgl. Wilson, Lars: Runstenar och kyrkor: en studie med utgångspunkt från runstenar som påträffats i kyrkomiljö i Uppland och Södermanland (Occasional Papers in Archaeology 8). Uppsala 1994.

[25] Der Terminus „obligatorische" und „fakultative" Formel entstammt der Dissertation von Palm [Anm. 10] und wird auf S. 134-136 von ihr definiert. Weniger als ein Prozent der wikingerzeitlichen Runensteine haben diese Stifterformel nicht (vgl. ebd., S. 143).

[26] Die verschiedenen Variationen der Formel analysiert Palm [Anm. 10], S. 177-233.

[27] Sawyer [Anm. 2], S. 35 definiert eine „Relationship Subgroup", die 1.776 von 2.307 untersuchten Inschriften umfaßt. Nur etwa 11% dieser Gruppe machen über die Beziehung von Stiftern und Verstorbenen keine näheren Angaben (vgl. ebd., S. 66-68).

[28] Einen Überblick über „sponsorship patterns" bietet Sawyer [Anm. 2], S. 37 und verwendet diesen Schlüssel für ihren ausführlichen tabellarischen Katalog (ebd., S. 189-262).

[29] Nur 33 Steine mit Eigenstiftungen sind bekannt; vgl. Sawyer [Anm. 2], S. 136-139.

[30] So etwa Handelsfahrten oder Beutezüge; zu solchen Auslandsfahrersteinen siehe neben der Arbeit von Larsson [Anm. 11] vor allen Dingen die ausführliche Studie: Cucina, Carla: Il tema del viaggio nelle iscrizioni runiche (Studi e Ricerche di Linguistica e Filologia 2). Pavia 1989.

für das Seelenheil des Verstorbenen, manchmal durch eine Demutsformel verstärkt („Gott helfe seiner Seele besser, als er es verdient.");[31] nicht wenige erwähnen zusätzliche Stiftungen, einige andere die Aufforderung zum Deuten des Denkmals[32] oder dem Sprechen des Gebets;[33] zuweilen finden sich auch Trauerbekundungen der Hinterbliebenen.[34] Auch auf die frommen Taten der Verstorbenen wird hingewiesen: zwei Inschriften erwähnen Pilgerfahrten nach Jerusalem,[35] zwei weitere Bekehrungsleistungen,[36] sieben konstatieren, der Verstorbene sei ī hvītavāðum, „in weißen Kleidern" gestorben, also direkt nach der Taufe und somit sündenfrei.[37] Etwas über 250 Inschriften weisen zudem eine Ritzersignatur auf, also die Erwähnung des oder der am Denkmal beteiligten Künstler. Die Inschriftentexte erfüllen also zum größten Teil eine Memorialfunktion, und zwar sowohl für die Verstorbenen wie auch die Stifter.

Das Errichten von Runensteinen war in erster Linie ein Oberschichten-Phänomen. Bei nahezu allen Stifterfamilien dürfte es sich um Landbesitzer gehandelt haben, wie sowohl aus der Unmenge an Besitzvermerken über Höfe und Ländereien in den Inschriften[38] als auch Titeln wie etwa dem bōndi, ungefähr zu übersetzen als „Hausherr" (was die Nebenbedeutungen „freier Bauer", „echter Kerl", „Familienoberhaupt" oder „Ehemann" mit einschließen kann), also einem freien Landbesitzer.[39] Ein weiterer Hin-

---

31 Sawyer [Anm. 2], S. 141 mit Anm. 45 listet fünfzehn Runensteine mit dieser Demutsformel auf.
32 Siehe unten S. 335.
33 Siehe unten S. 341 mit Anm. 110.
34 Hierauf verweist beispielsweise Williams, Henrik: Runtexternas teologi, in: Bertil Nilsson (Hrsg.): Kristnadet i Sverige. Gamla källor och nya perspektiv. Uppsala 1996, S. 291-312; auf S. 297-298 analysiert er vier Steine mit Trauerbezeugungen. Skeptisch hierzu: Sawyer [Anm. 2], S. 143-144 mit Anm. 48.
35 Die Steine von Broby (U 136; vielleicht zusammengehörig mit U 140) und Stäket (U 605). Runeninschriften werden mit ihren Siglen aus der ‚Samnordisk runtextdatabas' (im Internet zu finden unter der Adresse http://www.nordiska.uu.se/forskn/samnord.htm) angegeben, die alle publizierten Inschriften nach der neuesten Lesart verzeichnet und auch bisher noch nicht anderweitig publizierte Runeninschriften enthält. Die Angabe dieser Siglen hat sich in der runologischen Fachliteratur mittlerweile zur Identifikation von Runeninschriften durchgesetzt. Aus Platzgründen werden die zahlreichen Editionen und Aufsätze, die die Datenbank vereinigt, nicht bei jeder zitierten Inschrift aufgeführt. Runeninschriften werden immer mit Runenbefund, Normalisierung und Übersetzung gegeben.
36 Neben dem großen Jellingstein (DR 42) des Dänenkönigs Haraldr „Blauzahn" von etwa 970 noch der jämtländische Stein von Frösön (J RS1928;66) aus der zweiten Hälfte des 11. Jahrhunderts.
37 Dies sind die Steine von Molnby (U 243), Gådersta (U 364), Torsätra (U 613), Amnö (U 699), Håga (U 896), Tensta (U 1036) und ein Neufund der 1970er Jahre aus dem Dom von Uppsala (U Fv1973;194).
38 Hinweise hierzu liefert: Larsson, Mats G.: Runic Inscriptions as a Source for the History of Settlement, in: Düwel/ Nowak [Anm. 5], S. 639-646.
39 Sawyer [Anm. 2], S. 108-110 nennt eine Zahl von 213 Steinen, auf denen das Wort auftaucht. Weitere 209 Personen auf 193 Inschriften tragen Titel, die samt und sonders auf Herrscher, Angehörige von Gefolgschaften oder einen anderweitig herausgehobenen Status schließen lassen; ebenfalls interessant sind hier Epitheta, die auf knapp 200 weiteren Steinen vermerkt sind und ebenfalls auf eine besondere Stellung schließen lassen (vgl. ebd., S. 99-107, 174-175).

weis ist die Erwähnung von Auslandsfahrten, die sowohl gesellschaftliches Prestige wie auch materiellen Gewinn implizieren. Allerdings sind hinsichtlich des Sozialstatus regionale Unterschiede festzustellen: in Dänemark und Norwegen sowie in Västergötland (heutiges Südwestschweden), wo insgesamt weniger Steine errichtet wurden, weisen Titel und Epitheta auf einen höheren Status von Stiftern und Verstorbenen hin, als dies im restlichen Schweden, in Östergötland und den Regionen Svealands, festzustellen ist; ob es sich hierbei tatsächlich um die Abbildung sozialer Realitäten handelt, wie etwa Birgit SAWYER vermutet,[40] oder um regionale Unterschiede in der Formulierung der Texte, bedürfte genauerer Untersuchung.

Neben der Memoria dürfte es den Stiftern auch um die Präsentation und Dokumentation von Besitzverhältnissen und Erbansprüchen gegangen sein. Die teilweise minutiöse Aufschlüsselung der Verwandtschaftsverhältnisse, die Reihenfolge in der Verzeichnung der Stifter auf dem Stein, die Erwähnung des Landbesitzes oder besonderer anderer Reichtümer, die etwa auf Handels- oder Kriegsfahrt gewonnen wurden, deuten klar in diese Richtung. Besonders augenfällig wird diese Funktion der Runenmonumente, wenn ungewöhnliche und komplizierte Erbgänge peinlich genau und in nahezu ermüdender Detailfreude aufgeschlüsselt werden, etwa auf den Runensteinen von Hillersjö (U 29)[41] oder dem Steinpaar von Hansta (U 72 und 73).[42]

---

[40] Vgl. Sawyer [Anm. 2], S. 122.

[41] Runenbefund: raþ þu kaiRmuntr -ik · kaiR[l]a[uk ·] maytumi i þa · finku · þau sun · aþ han · truknaþi · in sun to : siþan : þa + fik hu- --þrik · ha- ... þinsa · þa · finku þau [bar] n ... in maR ain lifþi · [hu]n hit · ...g[a] · ha... fik raknfastr · i · snutastaþum · þa uarþ han tauþr · auk · sun · siþan · in · moþir kuam + at sunar · arfi · þa · fik hun · airik · þar · uarþ hun tauþ · þar kuam · gaiRlauk at arfi · inku tutur sinar þurbiurn · skalt · risti runar; runenschwedische Normalisierung: *Rāð þū! GæiRmundr [f]ikk GæiRlaug møydōmi ī. Þā fingu þau sun, āðan hann drunknaði. En sunn dō sīðan. Þā fikk hō[n] [Gu]ðrīk. Ha[nn] ... þennsa. Þā fingu þau barn. En māR æin lifði; hōn hēt [In]ga. Ha[na] fikk Ragnfastr i Snutastaðum. Þā varð hann dauðr ok sunn sīðan. En mōðiR kvam at sunaR arfi. Þā fikk hōn Æirīk. Þar varð hōn dauð. Þar kvam GæiRlaug at arfi Ingu, dōttur sinnaR. Þōrbiorn Skald risti rūnaR.* Übersetzung: „Rate du! GæiRmundr bekam GæiRlaug (zur Frau) im Mädchenalter. Dann bekamen sie einen Sohn, ehe er (=GæiRmundr) ertrank. Und dann starb der Sohn. Dann bekam sie Guðrīkr. Er ... dies .... Dann bekamen sie Kinder. Und ein Mädchen lebte; sie hieß Inga. Ragnfastr von Snutastaðir bekam sie (zur Frau). Dann starb er, und danach der Sohn. Und die Mutter kam zum Erbe des Sohnes. Dann bekam sie Æirīkr. Dann starb sie. Dann kam GæiRlaug zum Erbe von Inga, ihrer Tochter. Þōrbiǫrn der Skalde ritzte die Runen." Mit dem Stein von Hillersjö sind noch vier weitere Runendenkmäler bei Snottsta (=Snutastaðir) verbunden, die Inga stiftete (U 329–332).

[42] Runenbefund: (U 72:) · kiarþar + auk · ioruntr · lata · reisa · þisa · steina · eftir · systur · suni · sina · irnmunt : auk · ikiunt · (U 73:) · þisun · merki · iru · gar · eftR · suni · ikur · hon kam · þeira × at arfi · in þeir × brþr · kamu hnaa · at · arfi × kiaþar b·reþr · þir to i kirikium; runenschwedische Normalisierung: (U 72:) *Gærðarr ok Iǫrundr lāta ræisa þessa stæina æftiR systursyni sina Ærnmund ok Ingimund.* (U 73:) *Þessun mærki æru gar æftiR syni InguR. Hōn kvam þæiRa at arfi, en þæiR brøðr kvamu hænnaR at arfi, Gærðarr brøðr. ÞæiR dōu ī Grikkium.* Übersetzung: (U 72:) „Gærðarr und Iǫrundr ließen diese Steine errichten nach ihren Schwestersöhnen Ærnmundr und Ingimund. (U 73:) Diese Denkmäler sind gemacht nach den

Das Errichten eines Memorialsteines und anderer Stiftungen für einen Verstorbenen war eine durchaus kostspielige, aber gerade dadurch prestigeträchtige Angelegenheit. Großzügigkeit galt als Ausweis von Reichtum und hoher Gesinnung, und so verwundert es wenig, wenn die Stifter einiger Runensteine auf dem Denkmal nicht nur der Verstorbenen gedenken, sondern auch ihre eigene Leistung rühmen, wie etwa die drei Stifter der beiden Bällsta-Steine (U 225 und 226), die neben den beiden Steinen noch einen Thingplatz und ein weiteres Denkmal, einen großen Stab, stifteten: „Es wird kein Denkmal größer werden als das, welches UlfRS Söhne nach ihm errichteten, fähige Burschen nach ihrem Vater."[43] Dies einzig als den Anspruch auf Sozialprestige zu sehen, griffe zu kurz; da die Errichtung von Memorialdenkmälern für das Seelenheil von Verwandten auch ein frommer Akt war, dürfte die Betonung der eigenen Stiftertätigkeit auch zur Förderung des eigenen Seelenheils dienen.

Es ist ein nicht selten zu beobachtendes Phänomen, dass neben der Errichtung eines Runensteines noch andere Stiftungen für das Seelenheil des Verstorbenen in den Inschriften genannt werden. Die weitaus am häufigsten erwähnte dieser „Nebenstiftungen" ist die Brücke;[44] unter einer solchen Brücke hat man sich zumeist nicht eine Brücke im heutigen Sinne zur Überquerung eines Wasserlaufs vorzustellen, sondern eher einen Dammweg durch sumpfiges Gelände, meist einen Knüppeldamm, manchmal auch eine mit Steinen ausgelegte Furt. Diese Brücke wurde in den meisten Fällen in direkte Verbindung zum Seelenheil des Verstorbenen gesetzt, wie auf einem Runenstein im mittelschwedischen Husby (U 327), wo es nach der obligatorischen Stifterformel explizit heißt: „[...] und machte die Brücke für seine [des Verstorbenen] Seele."[45] Mit derartigen Brückenstiftungen für das Seelenheil der Verstorbenen (oder auch der Stifter bei Eigenstiftungen) standen sie in bester lateineuropäischer Tradition, wie Otto GSCHWANTLER mit Beispielen aus Kontinentaleuropa und dem Hinweis auf den zeitlich später anzusiedelnden Brückenablass belegt.[46] Dass auch und gerade unter dem in Skandinavien missionarisch wirkenden angelsächsischen Klerus die Vorstellung von dem für die Seele förderlichen Brückenbau verbreitet war, lässt eine altenglische

---

Söhnen Ingas. Sie kam zu deren Erbe, und diese Brüder kamen zu ihrem Erbe, Gærðarr, [sein] Bruder. Die (=Ærnmundr und Ingimundr) starben in Griechenland."

[43] Der entsprechende Teil der Inschrift (U 225) als Runenbefund: ...unu · iki mirki · maiRi · uirþa · þan · ulfs · suniR · iftiR · kir... ...iR · suinaR · at · sin · faþur; runenschwedische Normalisierung: [M]unu æigi mærki mæiRi verða, þan Ulfs syniR æftiR gær[ðu], [sniall]iR svæinaR, at sinn faður.

[44] Sawyer [Anm. 2], S. 186-187 führt 145 Steine auf, die einen Brückenbau erwähnen, und schlüsselt sie mit Sigle nach den Regionen auf, in denen die Steine stehen.

[45] Runenbefund: ... ris... ... [i]ftiR --in × sun × sin × uk × kirþi × bru × furiR ans × salu × baþ stanta × hia... ...þi u--... ...alt × --...; runenschwedische Normalisierung: ... ræis[a] ... æftiR [Svæ]in/[Stæ]in, sun sinn, ok gærði brō fyriR hans sālu. Bað standa hia[r] ... Übersetzung: „... errichten ... nach [Svæ]inn, seinem Sohn, und machte die Brücke für seine Seele. Er befahl, [daß sie] hier steht ..."

[46] Vgl. Gschwantler [Anm. 9], S. 757-761.

Predigt zu eben jenem Thema vermuten, die Erzbischof Wulfstan von York († 1023) zugeschrieben wird.[47]

Auch andere Stiftungen zum Gedenken an die Verstorbenen sind auf den Runensteinen verzeichnet: Thingplätze wurden eingerichtet, Pfade durch die Wildnis geschlagen, Grabhügel aufgeworfen, Gedenksteine ohne Inschriften aufgestellt; all dies war nicht genuin christlich konnotiert, konnte also auch in religiös gemischten Gruppen und Regionen Wirkung entfalten. Im Gegensatz hierzu gibt es aber auch eindeutig christliche Nebenstiftungen: zwei Inschriften erwähnen den Bau von Kirchen,[48] drei die Errichtung eines Hospizes.[49] Generell ist zu beobachten, dass die Runensteine offenbar meist in unmittelbarer Nähe der in den Inschriften erwähnten Nebenstiftungen aufgestellt wurden;[50] befinden sich die Monumente noch *in situ*, so lassen sich auch die dazugehörigen archäologischen Funde machen, die manchmal sogar zu einer recht präzisen Datierung des Runendenkmals führen können.[51]

Schon die Frage nach den Örtlichkeiten, an denen Runensteine aufgestellt wurden, bringt uns der Frage nach der wikingerzeitlichen Memorialpraxis ein ganzes Stück näher.[52] Wie oben bereits angedeutet wurde, steht ein guter Teil der Denkmäler nicht mehr an seinem ursprünglichen Platz, viele wurden in die Umgebung der neu errichteten Kirchen geschafft oder in späteren Jahrhunderten achtlos zerbrochen und als Baumaterial benutzt. Dennoch ist die Anzahl der Runensteine, die entweder noch am Ort ihrer Errichtung stehen oder bei denen wir die ursprüngliche Platzierung mit Hilfe alter Aufzeichnungen rekonstruieren können, groß genug, um Aussagen von einer gewissen Plausibilität zu machen. Eine Möglichkeit für die Platzierung eines solchen Memorialsteines war ein bereits vorhandenes Gräberfeld, teilweise sogar mit Steinsetzungen in Schiffsform oder mit Grabhügeln; ein Runenstein konnte einen solchen heidnischen Begräbnisplatz quasi „christianisieren", die bisherige Tradition also fortführen und sie

---

[47] Vgl. Sawyer [Anm. 2], S. 134-135 mit Anm. 24; zum Einfluß der Angelsachsen bei der Missionierung des Nordens vgl. Abrams, Lesley: The Anglo-Saxons and the Christianization of Scandinavia, in: Anglo-Saxon England 24 (1995), S. 213-249.

[48] Der norwegische Stein von Oddernes (N 210) und ein schonischer Stein aus Lund (DR 315).

[49] Der Stein aus der Kirche von Aspö (Sö 174), ein Stein aus Gryta (U 818) und einer aus Karberga (U 996).

[50] Siehe etwa die ca. 150 Meter lange Brücke des Iarlabanki in Täby, die mit vier Runensteinen (zwei am Nord- und zwei am Südende) und einer Anzahl Steine ohne Runen versehen wurde. Vgl. hierzu die Ausführungen und die Abbildung in Jansson [Anm. 6], S. 107-108; zur Iarlabanki-Familie, deren aus Runensteinen rekonstruierter Stammbaum sich über sechs Generationen erstreckt, vgl. Sawyer [Anm. 2], S. 137-139.

[51] So geschehen beim berühmten norwegischen Kuli-Stein (N 449), der sich aufgrund der dendrochronologischen Datierung des direkt benachbarten Knüppeldamms den Jahren um 1034 zuordnen läßt. Den neusten Forschungsstand zu diesem Monument referiert Spurkland [Anm. 6], S. 108-112.

[52] Für das dänische Material: Nielsen, Gunhild Øeby: De danske runestens oprindelige plads, in: Kuml (2005), S. 121-144.

den neuen soziokulturellen Gegebenheiten anpassen.[53] Eine zweite Möglichkeit war die Errichtung auf dem Land der Stifterfamilie, entweder in der Nähe des Hauses selbst oder an der Grenze zu den Besitzungen anderer; hier dürfte Memoria in einem eher familiären Kontext (Verwandte und Bedienstete) stattgefunden haben.

Wesentlich häufiger aber finden sich Orte, die über die Familie hinausweisen und nicht als klassische Umgebung des Totengedenkens gelten. Runensteine finden sich nicht selten an wichtigen Straßen aufgestellt, also dort, wo mit einem hohen Menschenaufkommen zu rechnen ist, gerne auch an Brücken oder Furten, Engpässen, die von vielen Menschen benutzt werden mussten. Ebenfalls dieser Kategorie zuzurechnen wären Runensteine, die an klassischen Versammlungsplätzen aufgestellt waren, etwa auf dem Marktplatz oder dem Ort der Thingversammlung.

Hieraus lässt sich schließen, dass die Stifter jener Monumente sich an möglichst viele Menschen wenden wollten, ein möglichst breites „Publikum" suchten, mithin auf eine große Öffentlichkeitswirksamkeit der Gedenksteine hofften. Die schiere Größe der Runensteine, die über zwei Meter hoch sein konnten (oder noch größer, wenn nicht eigens ein Findling herbeigeschafft werden musste, sondern man Inschrift und Ausschmückung in eine bestehende Felsformation ritzte), erheischte schon die Aufmerksamkeit, ebenso ihre aufwendige Gestaltung, die durch eine spektakulär bunte Bemalung noch unterstrichen wurde.[54] Wenn man davon ausgeht, dass einzelne Reisende in der Wikingerzeit die Ausnahme waren,[55] so dürften es meist ganze Gruppen gewesen sein, die vor einem Runenstein haltmachten und sich seiner Entzifferung widmeten. An dieser Stelle gilt es nun zu untersuchen, wie die Deutung eines solchen Zeugnisses runischer Memoria vor sich ging.

II. Wie man Runen rät

Es ist ein Paradoxon, dass in Skandinavien zwar seit der römischen Kaiserzeit ein Alphabet bekannt war und benutzt wurde,[56] die meisten Wissenschaftler aber dennoch bis zur Etablierung der lateinisch-christlichen Buchkultur im 12. Jahrhundert von den

---

[53] So Williams [Anm 34], S. 297 oder Sawyer, Birgit: The Erection of Rune-stones in Viking-Age Scandinavia. The Political Background, in: The Audience of the Sagas. The Eighth International Saga Conference. Preprints II. August 11-17, 1991. Göteborg 1991, 233-242, hier S. 235.

[54] Auf die Bemalung verweist Anders Andrén: Re-reading Embodied Texts. An Interpretation of Rune-stones, in: Current Swedish Archaeology 8 (2000), S. 7-32.

[55] Siehe zu diesem Punkt für das Reisen im Mittelalter allgemein: Ohler, Norbert: Reisen im Mittelalter. Düsseldorf/ Zürich [4]2004, S. 16-17. Die Wikingerzeit wird sich hierin kaum vom übrigen Mittelalter unterschieden haben.

[56] Düwel [Anm. 6], S. 23-24 führt drei unsicher zu datierende Artefakte auf, von denen aber eines das älteste bekannte Runendenkmal sein dürfte: die Fibel von Meldorf (1. Hälfte 1. Jhd. n. Chr.), der Kamm aus Vimose (um 160) und die Lanzenspitze von Øvre Stabu (um 180).

mündlichen Kulturen Skandinaviens sprechen. Dieses Paradoxon der Runenschrift, ein Alphabet ohne eine Schriftkultur im herkömmlichen Sinne, blieb meistenteils unangetastet;[57] einzig der norwegische Runologe Aslak LIESTØL formulierte in einem 1969 gehaltenen Vortrag als Gegensatz hierzu die Theorie eines *literate viking* und betonte die Bedeutsamkeit runischer Schriftlichkeit in der Wikingerzeit, ja konstatierte sogar, die recht umfangreiche runische Gebrauchsschriftlichkeit des hoch- und spätmittelalterlichen Nordens gehe in dieser Form bis ins 9. Jahrhundert zurück.[58] Diese radikale Position LIESTØLS fand wenig Resonanz in der Forschung, bis sein Landsmann Terje SPURKLAND sie vor kurzem aufnahm und modifizierte.[59] SPURKLAND geht ebenfalls von einer durch breite Schichten getragenen wikingerzeitlichen Runenschriftlichkeit aus, lehnt aber den von LIESTØL klar formulierten pragmatischen Gebrauch strikt ab, da die herangezogenen Zeugnisse zu wenig zahlreich und zudem in ihrer Deutung umstritten seien.[60] Um die Unterschiede zwischen lateinischer Literalität und der Benutzung von Runen auch terminologisch zu verdeutlichen, schlägt er für letztere statt *runic literacy* den (leider kaum ins Deutsche zu übertragenden) Begriff *runacy* vor.[61]

Dass es fundamentale Unterschiede zwischen der lateineuropäischen Schriftkultur und der wikingerzeitlichen Runenschriftlichkeit gibt, zeigt sich rasch. Von den insgesamt etwa 3.500 Runeninschriften der Wikingerzeit sind etwa zwei Drittel Gedenksteine, hinzu treten noch um die 130 Runenmünzen;[62] der Rest der Inschriften findet sich auf losen Gegenständen und ist entweder dem Bereich der Gelegenheitsritzung oder magischem Gebrauch zuzuordnen; keiner einzigen Inschrift auf den vielen hundert losen Gegenständen lässt sich klar eine administrative Funktion zuordnen, kein in Runen geschnittener Brief ist erhalten.[63] Hinzu tritt als weiterer augenfälliger Unter-

---

[57] Besonders deutlich in Nedkvitne, Arnved: The Social Consequences of Literacy in Medieval Scandinavia (Utrecht Studies in Medieval Literacy 11). Turnhout 2004, S. 15.

[58] Vgl. Liestøl, Aslak: The Literate Vikings, in: Peter Foote/ Dag Strömbäck (Hrsg.): Proceedings of the Sixth Viking Congress. Uppsala 3-10 August. Bonäs 10-12 August 1969. Uppsala 1971, S. 69-78 passim, besonders aber S. 77-79.

[59] Vgl. Spurkland, Terje: Viking Age Literacy in Runes – A Contradiction in Terms?, in: Pernille Hermann (Hrsg.): Literacy in Medieval and Early Modern Scandinavian Culture (The Viking Collection 16). Odense 2005, S. 136-150.

[60] Vgl. bsonders Liestøl [Anm. 58], S. 77 und Spurkland [Anm. 59], S. 147-149.

[61] Erstmals in Spurkland, Terje: Literacy and ‚Runacy' in Medieval Scandinavia, in: Jonathan Adams/ Katherine Holman (Hrsg.): Scandinavia and Europe 800-1350. Contact, Conflict and Coexistence (Medieval Texts and Cultures of Northern Europe 4). Turnhout 2004, S. 333-343, hier S. 342 gebraucht, auf die Wikingerzeit in Spurkland [Anm. 59], S. 149 angewendet.

[62] Die Zahlen nach Düwel [Anm. 6], S. 3-4, 95 und Sawyer [Anm. 2], S. 7, 167.

[63] Dementsprechend zweifelhaft ist die Deutung einer Passage in Rimberts ‚Vita Anskarii' c. 12, in der berichtet wird, Ansgar sei auf der Rückreise von Birka um 831 *cum litteris manu regia* ausgestattet gewesen, als Beleg für einen in Runen geritzten Brief (so etwa Spurkland [2005 Anm. 59], S. 143-144); an anderer Stelle (c. 26) wird nur von einem *signum* des Königs gesprochen, das Adam von Bremen I, 26 dann fälschlicherweise als *sigillum* deutet. Vgl. Rimbert: *Vita Anskarii*, hrsg. v. Georg Waitz (MGH. SS rer. Germ. [55]). Hannover 1884, S. 33, 55 sowie Adam von

schied die Kürze der Runeninschriften: die längste wikingerzeitliche Runeninschrift trägt der um 800 entstandene Runenstein im südschwedischen Rök (Ög 136) mit etwa 700 Zeichen, die meisten Inschriften sind um ein Vielfaches kürzer.[64]

Es ist anzunehmen, dass diese Unterschiede nicht nur auf der Ebene dessen lagen, was aufgeschrieben wurde und welche Funktion die so niedergelegten Texte erfüllten. Vielmehr muss man davon ausgehen, dass auch der Rezeptionsprozess sich stark vom lateineuropäischen Lesen unterschied, trotz der Gemeinsamkeit bei der Verwendung einer Alphabetschrift. Ihm auf die Spur zu kommen, erweist sich schon aufgrund der Quellenlage als schwierig: aus der Karolingerzeit sind uns zwar gelehrte Auseinandersetzungen mit der Runenschrift bekannt, diese aber eher im Zusammenhang mit generellen Sammlungen von Alphabeten oder gezielt als Geheimschrift;[65] auf den tatsächlichen Gebrauch der Runen im wikingerzeitlichen Skandinavien bieten diese Abhandlungen keine Hinweise.

Andere schriftliche Hinweise kommen erst aus dem hochmittelalterlichen Norden, stammen also aus einer Zeit nach der Christianisierung, mithin einem vollkommen anderen historischen und kulturellen Kontext. Seien es nun die ‚Gesta Danorum' des Saxo Grammaticus[66], Eddalieder[67] oder isländische Sagas[68], ihre Informationen über die wikingerzeitliche Runenschriftlichkeit sind in höchstem Maße zweifelhaft. Das nordische Mittelalter hatte eine starke und lebendige *runacy*, mit der auch die Autoren jener Texte vertraut gewesen sein dürften, wie Runen-Episoden aus der ihnen näheren Vergangenheit nahe legen. Jene hoch- und spätmittelalterliche Runenschriftlichkeit aber war in einer Zeit entstanden, in der es in Skandinavien auch eine am lateineuropäischen Vorbild orientierte Schrift- und Buchkultur gab, die ihrerseits wiederum auf den Runengebrauch einwirkte, ihn vermutlich sogar wesentlich prägte.[69] Zahlreiche lateinische Runen- oder Mischinschriften[70] legen dies ebenso nahe wie das massenhafte

---

Bremen: Hamburgische Kirchengeschichte, hrsg. v. Bernhard Schmeidler (MGH. SS rer. Germ. [2]). Hannover/ Leipzig 1917, S. 31.

[64] Für diesen Zusammenhang vgl. Spurkland [Anm. 59], S. 147; eine knappe Zusammenfassung der Forschung und Probleme zum Rökstein bringt Düwel [Anm. 6], S. 114-118.

[65] Der Hrabanus Maurus zugeschriebene Traktat ‚De inventione litterarum' sowie der sogenannte ‚Isruna-Traktat'. Vgl. Düwel [Anm. 6], S. 184, 190, 203.

[66] In der berühmten Hamlet-Episode: Saxo Grammaticus: Gesta Danorum, hrsg. v. Karsten Friis-Jensen. 2 Bde. Kopenhagen 2005, Liber 3, c. 6, 17 u. 18 (Bd. 1, S. 229).

[67] Runen kommen vor in den ‚Hávamál', den ‚Skírnismál', den ‚Sigrdrífumál', den ‚Atlamál' und der ‚Rígsþula'. Vgl. Düwel [Anm. 6], S. 203-205.

[68] Einen Überblick bieten: Dillmann, François-Xavier: Les runes dans la littérature norroise. À propos d'une découverte archéologique en Islande, in: Proxima Thulé 2 (1996), S. 51-90 sowie Düwel [Anm. 6], S. 205-207.

[69] Einen knappen Überblick über hoch- und spätmittelalterliche Runenschriftlichkeit bietet Spurkland [Anm. 61] sowie die entsprechenden Kapitel der in Anm. 6 genannten Überblickswerke.

[70] Einen Überblick gibt: Fjellhammer Seim, Karin: Runic Inscriptions in Latin. A Summary of Aslak Liestøl's Fascicle (Vol. VI, 1) of Norges innskrifter med de yngre Runer. The Bryggen Papers, in: Supplementary Series 2 (1988), S. 24-65.

Auftauchen von Geschäftsmitteilungen oder Besitzvermerken, also Zeugnissen pragmatischer Schriftlichkeit.[71] Die Angaben der hochmittelalterlichen Autoren über den Runengebrauch ihrer Vorfahren dürften also, wie die meisten ihrer Aussagen über die wikingerzeitliche Vergangenheit, eher die Vorstellungen und Praktiken ihrer eigenen Zeit spiegeln als tatsächliche Kulturtechniken der Wikingerzeit. Um diese fassen zu können, bleiben als einzige Quelle die Runeninschriften selbst.

Insgesamt 25 wikingerzeitliche Runendenkmäler, neunzehn Steine und Steinfragmente sowie sechs lose Gegenstände, liefern Hinweise auf den Prozess des Deutens.[72] Es zeigt sich hierbei eine erstaunliche Uniformität: alle genannten Zeugnisse bezeichnen jene Tätigkeit mit dem Verbum *rāða*.[73] Eine andere Bezeichnung für das Entziffern von Runen gab es offenbar nicht. Nicht weniger erstaunlich als die Einheitlichkeit ist die breite zeitliche Streuung; die ältesten Belege finden sich auf dem südschwedischen Sparlösa-Stein sowie einem Holzstab aus Haithabu, die man beide ins 9. Jahrhundert datiert, und noch im späten Mittelalter wird die Tätigkeit des Runendeutens *rāða* genannt.[74] Das Wort, etymologisch verwandt mit dem englischen *to read* und dem deutschen „raten", hat im Altnordischen ein weites Bedeutungsspektrum, neben „(Runen) deuten" auch „herrschen", „Sorge tragen für etwas", „beraten" oder „erraten".[75] Die ursprüngliche Bedeutung dürfte vermutlich „entscheiden" gewesen sein.[76] Die Wendung *rāða rūnaR* meint offenbar nicht einen schlichten linearen Lesevorgang, ein „Auf-

---

[71] Zusammengefasst sind die reichhaltigen Funde für kaufmännischen Schriftverkehr aus Bergen in diesem Band: Liestøl, Aslak/ Sanness Johnsen, Ingrid (Hrsg.): Norges Innskrifter med de yngre Runer. Bd. VI, 2. Oslo 1990.

[72] Runensteine: Friedhof von Gårdby (Öl 28), Nybble (Sö 213), Sparlösa (Vg 119), Hovgården (U 11), Hillersjö (U 29), Lundby (U 328), Ågersta (U 729), Kirche von Västeråker (U 847), Skillsta (U 887), Ekeby (U 1167), Kirche von Hammarby (U Fv1959;196), Lund (Gs 12), Kirche von Hälsingtuna (Hs 10), Ekängen (G 227), Kirche von Hangvar (G 310), Fyresdal (N 160), Sele (N 237), das Runenkreuz von Onchan (Br Olsen;194), Stora Ängesön (X FiNOR1998;14). Lose Gegenstände: drei Knochenfunde aus Sigtuna (U Fv1992;164C, U NOR1997;29A und U NOR2000;34A), eine bronzene Ringfibel aus der Nähe von Vamlingbo (G 10), zwei Runenhölzchen aus Haithabu (DR EM85;371B) und Schleswig (DR SCHL3).

[73] Da nur fünf Zeugnisse aus Norwegen, Dänemark und von der Isle of Man stammen, wurde die runenschwedische Schreibweise des Verbums gewählt, wie sie etwa Peterson [Anm. 13] angibt.

[74] So etwa auf dem aus dem späten 14. oder 15. Jahrhundert stammenden, verlorenen gotländischen Grabstein von Vamlingbo (G 5); vgl. Snædal, Thorgunn: Medan världen vakar. Studier i de gotländska runinskrifternas språk och kronologi (Runrön 16). Uppsala 2002, S. 133.

[75] Auch in neun wikingerzeitlichen Inschriften finden sich derartige Varianzen; auf dem Karlevi-Stein (Öl 1) und dem Rökstein (Ög 136) meint *rāða* „herrschen", auf einem Stein aus dem Dom von Uppsala (U 923) und dem Stein von Hassmyra (Vs 24) „verwalten", auf den Steinen von Ryda kungsgård (U 838), Håga (U 896), Brunnby (U 913), Uppsala (U 940) und der Kirche von Vaksala (U 961) „für etwas Sorge tragen", etwa für die Errichtung des Runendenkmals.

[76] Zur Etymologie von *rāða* vgl. Ebel, Else: Die Terminologie der Runentechnik. Göttingen 1963, S. 73 und de Vries, Jan: Altnordisches etymologisches Wörterbuch. Leiden/ Boston/ Köln ²1962 (Neudruck 2000), S. 431.

„sammeln" von Buchstaben,[77] das Entziffern von Runen war vielmehr ein Deutungs-, ein Interpretationsprozess, der einer Entscheidung bedurfte.

Daran teilnehmen konnte nur derjenige, der runenkundig war; zwei Runensteine überliefern hierfür das Adjektiv *rȳnn*, einmal sogar im Superlativ.[78] Die Deutungsaufforderungen verschiedener Inschriften machen die Exklusivität derartiger Kenntnisse deutlich: sie richtete sich oft explizit an denjenigen, der „(Runen) raten kann",[79] der *rȳnn*, runenkundig ist,[80] oder sie fordert schlicht: „Rate richtig!"[81] Mit dieser Fähigkeit war offenbar ein gewisses gesellschaftliches Prestige verbunden; auf einem Runenstein im mittelschwedischen Ågersta (U 729) wird der zum Raten aufgeforderte Runenkundige ausdrücklich als *drængR*, also junger Angehöriger der Oberschicht bezeichnet,[82] und die Stifter des Steins von Fyrby (Sö 56) werden als die „runenkundigsten Männer der Welt" gerühmt.[83]

Eine einzige Inschrift, ein Graffito auf einem mit einer runischen Gedenkinschrift versehenen Steinkreuz von der Isle of Man, bezeugt einen tatsächlich geschehenen Vorgang des Runenratens. Auf dem Kreuz von Onchan (Br Olsen;194) aus dem 10. Jahrhundert vermerkt ein Rezipient: „Ich denke darüber nach und ich deute richtig."[84] Und darunter signalisiert ein weiterer Ritzer seine Zustimmung mit dem Wort *alleins*.[85]

---

[77] Wie es etwa das deutsche Lesen in seiner Doppelbedeutung von „Buchstaben entziffern" und „sammeln" ausdrückt; entweder aus dem Deutschen oder vom lateinischen *legere* stammt denn auch die hochmittelalterliche altnordische Vokabel für das Lesen, *lesa*. Für das Entziffern von Runen wird sie in der gesamten Überlieferung nur ein einziges Mal in einer Inschrift aus der Mitte des 16. Jahrhunderts benutzt. Vgl. de Vries [Anm. 76], S. 353 und Ebel [Anm. 76], S. 78.

[78] Der Superlativ auf dem Stein Fyrby (Sö 56), der Positiv auf dem Stein von Ågersta (U 729). Eine mögliche deutsche Analogiebildung wäre „runig".

[79] Zu finden auf den Steinen von Gårdby (Öl 28), Nybble (Sö 213), der Kirche von Västeråker (U 887), Ekeby (U 1167) und Ekängen (G 227).

[80] So auf dem Stein von Ågersta (U 729).

[81] Auf dem Stein von Sele (N 237). Runenbefund: **raþ rt**; altwestnordische Normalisierung: *Ráð rétt!*

[82] Der Runenbefund **tekr** läßt neben der Deutung als *drængR* noch eine Interpretation als *tøkr*, „Kenner" zu.

[83] Runenbefund: **iak · uait : hastain : þa : hulmstain : bryþr · menr : rynasta : a : miþkarþi : setu : stain : auk : stafa : marga eftiR · fraystain · faþur · sin ·**; runenschwedische Normalisierung: *Iak væit Hāstæin þā Holmstæin brøðr mænnr rynasta ā Miðgarði, sattu stæin ok stafa marga æftiR Frøystæin, faður sinn.* Übersetzung: „Ich weiß, daß Hāstæinn und Holmstæinn, die Brüder, die runenkundigsten Männer der Welt, den Stein und viele Stäbe setzten nach Frøystæinn, ihrem Vater." Eine ähnliche Aussage findet sich in einer Inschrift aus der Mitte des 12. Jahrhunderts auf den Orkney-Inseln (Br Barnes20).

[84] Runenbefund: × **uk ik at** × **auk raþ ik r...t** ×. Altwestnordische Normalisierung: *Hygg ek at ok ræð ek rétt.* Die neueste, die bisherige Forschung zuverlässig resümierende Arbeit ist: Holman, Katherine: Scandinavian Runic Inscriptions in the British Isles. Their Historical Context (Senter for middelalderstudier. Skrifter 4). Trondheim 1996; das Kreuz von Onchan ist auf S. 161-165 besprochen.

[85] Runenbefund: **a/læns**. Übersetzung: „Ebenso." Mit Vorbehalten zu dieser Deutung: Holman [Anm. 84], S. 164-165.

Sowohl die Art der erhaltenen runischen Schriftzeugnisse wie auch die Terminologie des Runendeutens lassen also darauf schließen, dass sich die kulturelle Technik des Runenratens wesentlich vom Lesen der lateinischen Schrift unterschied. Um zu verstehen, was *rāða rūnaʀ* meinen konnte, müssen wir die Runensteine nicht nur als bloße Textträger, sondern als vielschichtige Denkmäler sehen. Bereits 1998 schrieb Judith JESCH in ihrem bedeutenden Aufsatz über den Stein von Ågersta: „[...] the meaning of the inscriptions resides not only in the words of their texts, but also in the materiality of the monuments that preserve those words."[86] Ihr folgte nur kurze Zeit später der schwedische Archäologe Anders ANDRÉN, der im Jahr 2000 nicht weniger als eine Abkehr der Runologie von rein philologischer Forschung forderte: „[...] I would argue for a new kind of re-reading, based primarily on combining inscriptions, ornaments and images in joint interpretations."[87] Die dänische Archäologin Gunhild Øeby NIELSEN nahm ANDRÉNS Gedanken auf und sprach von „runestones as communication" und urteilte über die bisherige Vorgehensweise: „To focus on only the inscription is an anachronistic way to decode the message of runestones [...]."[88]

Von den genannten drei Arbeiten hat vor allem ANDRÉNS Studie an einer Fülle von Beispielen zu zeigen vermocht, welch konkrete Aussagen die Runenmeister in den von ihnen angefertigten Monumenten zu treffen wussten, ohne dass sich diese bei einer linearen Lesung des Inschriftentextes, wie sie bisher geschah, herausfinden ließen. ANDRÉN spricht dementsprechend auch von einem „associative close reading".[89] Um die Komplexität und Vielfalt an Ausdrucksmöglichkeiten zu umreißen, die auf Runensteinen zu finden sind, sollen nun einige Beispiele folgen.

Schon durch die Gestaltung der Inschrift konnten Inhalte ausgedrückt werden, die eine lineare Lesung, die eine Inschrift als reinen Text begreift, übersieht. Drei Möglichkeiten seien hier angesprochen: erstens das von ANDRÉN *word crossing* genannte Phänomen, wenn nämlich das Runenband so verschlungen war, dass sich zwei Worte kreuzten; so konnten Verwandtschaftsverhältnisse visualisiert[90] oder Zusatzinformationen gegeben werden.[91] Zweitens konnten Familienzusammenhänge ausgedrückt werden, je nachdem, ob ein Teil der Inschrift innerhalb oder außerhalb des Runenbandes stand; so finden sich etwa die Namen der Ritzer oder ganze Ritzersignaturen auffällig häufig außerhalb des Runenbandes, was offensichtlich darauf anspielt, dass die Runen-

---

[86] Vgl. Jesch [Anm. 5], S. 462.
[87] Vgl. Andrén [Anm. 54], S. 9-10.
[88] So der Titel ihres 2003 erschienenen Aufsatzes; vgl. Nielsen [Anm. 24].
[89] Vgl. Andrén [Anm. 54], S. 23.
[90] So etwa auf dem Stein von Hillersjö (U 29) [Anm. 41], wo die Namen der Mutter Gæiʀlaug und ihrer Tochter Inga sowie das Wort *barn* („Kind") einander überkreuzen; das Verwandtschaftsverhältnis wurde in der Inschrift ausführlicher expliziert. Vgl. Andrén [Anm. 54], S. 12, 15-18.
[91] So etwa auf dem Stein von Ågersta (U 729), wo das Wort *rȳnn* („runenkundig") sich mit der Bezeichnung für den Verstorbenen (als Vater des Stifters) kreuzt, womit offensichtlich ausgedrückt werden sollte, dass der verstorbene Særæifr runenkundig war. Vgl. Andrén [Anm. 54], S. 18.

ritzer selten zur Familie des Verstorbenen gehörten.[92] Auch die Gruppierung bestimmter Worte um einen Namen findet sich: auf dem Stein von Angarn (U 201) ist beispielsweise das Fürbittgebet außerhalb des Runenbandes um den Namen des Verstorbenen gruppiert, so dass beim Entziffern der Fürbitte der Blick immer wieder auf den Namen desjenigen fiel, für dessen Seelenheil das Gebet bestimmt war.[93]

Die Gestaltung des Runenbandes selbst konnte ebenfalls Informationen transportieren. So stellte ANDRÉN fest, dass dort, wo zwei Familien an der Errichtung eines Runensteines beteiligt waren, oftmals zwei Runenbänder auftauchten, das Runenband also offenbar als Symbol der Familie angesehen wurde. Interessant ist auch das Auftauchen kleinerer, unbeschriebener Schlangen, die sich um das Runenband legen, oder eines unvollständigen zweiten Runenbandes, wenn in der Inschrift von Dienstverhältnissen die Rede ist, wenn also beispielsweise ein Verstorbener Gefolgsmann eines anderen war.[94] Freilich sind die wenigen Beispiele, die ANDRÉN anführt, zum Beleg einer solchen These bei weitem nicht zureichend, sondern eher als Anregungen zu verstehen.

Auch der figurative Bildschmuck, mit dem knapp zweihundert Runensteine versehen sind, kann direkten Bezug zur Inschrift haben. Ältestes und prominentestes Beispiel hierfür ist der große Stein von Jelling (DR 42), den der Dänenkönig Haraldr „Blauzahn" um 970 zum Andenken an seinen Vater Gorm und seine Mutter Þorwi errichtet hatte und auf dem er seine militärischen Erfolge und die von ihm initiierte Christianisierung der Dänen verherrlichte. Zu der Inschrift tritt ein eng auf den Text bezogenes

---

[92] Vgl. Andrén [Anm. 54], S. 17, 24-25 mit einigen Beispielen.

[93] Siehe Abb. 1 in der rechten unteren Ecke. Runenbefund: **þiagn · uk · kutirfR · uk · sunatr · uk · þurulf · þiR · litu · risa · stin · þina · iftiR · tuka · faþur · sin · on · furs · ut i · krikum · kuþ · ialbi ot ans · ot · uk · salu**; runenschwedische Normalisierung: *Þiagn ok GautdiarfR(?) ok Sunnhvatr(?) ok ÞorulfR, þæiR lētu ræisa stæin þenna æftiR Tōka, faður sinn. Hann fors ūt ī Grikkium. Guð hialpi and hans, and ok sālu.* Übersetzung: „Þiagn und GautdiarfR und Sunnhvatr und ÞorulfR, die ließen diesen Stein errichten nach Tōki, ihrem Vater. Er kam auswärts in Griechenland um. Gott helfe seinem Geist, dem Geist und der Seele."

[94] Andrén [Anm. 54], S. 15-17 analysiert insgesamt acht Beispiele. Stellvertretend seien hier der Stein von Skåäng (Sö 33, Abb. 2) und der Felsblock von Ed (U 112, Abb. 3) aufgeführt, beide für Männer errichtet, die im Ausland vermutlich Kriegsdienste leisteten. Skåäng (Sö 33), Runenbefund: **+ gnubha ÷ liþ : raisa : stain : þinsa : hibtiR : kulaif : bruþur sin han : antaþis : austr : at þikum**; runenschwedische Normalisierung: *Gnūpa lēt ræisa stæin þennsa æftiR Guðlæif, brōður sinn. Hann ændaðis austr at þingum.* Übersetzung: „Gnūpa ließ diesen Stein errichten nach GuðlæifR, seinem Bruder. Der endete ostwärts beim Treffen (= in der Schlacht)." Ed (U 112), Runenbefund: **· rahnualtr · lit · rista · runar · efR · fastui · moþur · sina · onems · totR · to i · aiþi · kuþ hialbi · ant · hena · runa · rista · lit · rahnualtr · huar a × griklanti · uas · lis · forunki·**; runenschwedische Normalisierung: *Ragnvaldr lēt rista rūnaR æftiR Fastvī, mōður sina, Ōnæms dōttiR, dō ī Æiði. Guð hialpi and hænnaR. RūnaR rista lēt Ragnvaldr. VaR ā Grikklandi, vas liðs forungi.* Übersetzung: „Ragnvaldr ließ die Runen ritzen nach Fastvī, seiner Mutter, ŌnæmRs Tochter, [die] starb in Æið. Gott helfe ihrem Geist. Runen ritzen ließ Ragnvaldr. War in Griechenland, war der Heerschar Führer."

Bildprogramm hinzu, das starke ottonische Einflüsse verrät.⁹⁵ Die Parallelen zur kontinentalen Handschriftengestaltung sind derart offensichtlich, dass man den großen Jellingstein auch schon als „Buch aus Stein" bezeichnete.⁹⁶ Der Bildschmuck kann jedoch über eine reine Begleitung und Verstärkung des Textes hinausgehen und auch Informationen enthalten, die der Inschriftentext nicht eigens explizit. So wies ANDRÉN auf den Stein von Tumbo hin (Sö 82), der für einen im Byzantinischen Reich verstorbenen Mann errichtet wurde. Die Umstände seines Todes werden nicht näher ausgeführt, die Inschrift gibt nur die recht allgemeine Wendung *dauðr*, „verstorben".⁹⁷ Im Inneren des Runenbandes jedoch ist ein Tier abgebildet, das ANDRÉN als Wolf identifiziert,⁹⁸ und das mit seinem aufgerissenen Maul direkt auf jenes Wort weist. Da der Wolf in der nordischen Mythologie als ein Tier gilt, das im Kampf Gefallene frisst, und die Wendung „im Kampf sterben" in zeitgenössischen Gedichten poetisch als „den Wolf füttern" umschrieben wird, liegt die Vermutung nahe, der Verstorbene sei im Kampf gefallen.⁹⁹

Reiche Variations- und Aussagemöglichkeiten bietet auch das Kreuz, das sich auf vielen hundert Runensteinen finden lässt. Fürbittgebete können um das Kreuz gruppiert sein, ein Kreuz kann den Namen des Verstorbenen berühren (War er der einzige Christ der Familie? Oder deutet dies nur auf ein christliches Begräbnis?), es kann direkt bei der Errichtungsformel stehen, um den Stiftungsakt selbst als christlich zu kennzeichnen, es kann auf einem Epitaph den Platz des (vermutlich christlichen) Begräbnisses nennen oder gar als Basis dienen, aus dem eine ganze Runenschlange erwächst, um womöglich die christliche Zugehörigkeit der ganzen Familie zu verdeutlichen oder auf eine christliche Ehe hinzuweisen.¹⁰⁰

---

⁹⁵ Vgl. zu diesen Verbindungen Horn Fuglesang, Signe: Ikonographie der skandinavischen Runensteine der jüngeren Wikingerzeit, in: Helmut Roth (Hrsg.): Zum Problem der Deutung frühmittelalterlicher Bildinhalte. Akten des 1. Internationalen Kolloquiums in Marburg an der Lahn, 15. bis 19. Februar 1983 (Veröffentlichungen des Vorgeschichtlichen Seminars der Philipps-Universität Marburg a. d. Lahn. Sonderbd. 4). Sigmaringen 1986, S. 183-210, bes. S. 184-185 sowie Wamers, Egon: ‚... ok Dani gerði kristna ...' Der große Jellingstein im Spiegel ottonischer Kunst, in: Frühmittelalterliche Studien 34 (2000), S. 132-158.

⁹⁶ Vgl. Roesdahl, Else: Jellingstenen – en bog af sten, in: Ole Høiris u. a. (Hrsg.): Menneskelivets mangfoldighet. Arkæologisk og antropologisk forskning på Moesgård. Aarhus 1999, S. 235-244.

⁹⁷ Runenbefund: + uiiian × baiiR × iþrn + RftRh × fraitRn × bruþur × isRn × þuþR × kRkum × þulR × iuk × uln ×; runenschwedische Normalisierung: *Vī[st]æinn <ba-iR> <iþrn> æftiR Frøystæin, broður sinn, dauðr [ī] Grikkium. Þuli(?)/ÞulR(?) hiogg <uln>*. Übersetzung: „Vīstæinn... nach Frøystæinn, seinem Bruder; [der] starb in Griechenland. Þuli/ÞulR hieb [die Runen]." Siehe auch Abb. 4.

⁹⁸ Zur Schwierigkeit der Deutung vgl. Oehrl, Sigmund: Zur Deutung anthropomorpher und theriomorpher Bilddarstellungen auf den spätwikingerzeitlichen Runensteinen Schwedens (Wiener Studien zur Skandinavistik 16). Wien 2006, S. 56-61.

⁹⁹ Zu dieser Deutung und generell dem Thema figürlicher Darstellungen als Bedeutungsträger vgl. Andrén [Anm. 54], S. 18-21.

¹⁰⁰ Zu all diesen Beispiel vgl. Andrén [Anm. 54], S. 20-22.

Derartige Effekte ergaben sich nicht zufällig. Sie sind vielmehr Zeugnis einer konkreten, bewussten Planung, wie das folgende Beispiel zeigen wird. Auf einem Stein im mittelschwedischen Berga (Sö 217) aus der ersten Hälfte des 11. Jahrhunderts gedenken fünf Söhne ihres gefallenen Vaters: „SværtingR und Kāri und Guðmundr und Skāri und Knūtr errichteten diesen Stein nach ŌtryggR, ihrem Vater; der fiel im Gefolge GuðvērRs."[101] Mehrere der oben beschriebenen Gestaltungstechniken lassen sich an diesem Denkmal feststellen: die Inschrift beginnt am Ende (also am Schwanz) des Runenbandes mit der Nennung der fünf Söhne, die auch gleichzeitig die rangniedersten der in der Inschrift erwähnten Personen darstellen; der verstorbene Vater ŌtryggR folgt weiter in Richtung des Kopfes, der Name seines Gefolgschaftsherren GuðvēR steht als letztes Wort, dem Kopf am nächsten. Die Reihenfolge der Namen in der Schlange drückt also gleichzeitig ihre Rangfolge aus. Zudem zeigt der Kopf der Runenschlange auf den Namen des Vaters und macht ihn damit als Familienoberhaupt kenntlich. Festzustellen ist weiterhin noch zweierlei: erstens weist der Kopf des Kreuzes direkt auf die Worte *ræistu stæin*, „errichteten [diesen] Stein", womit auf die christliche Konnotation jener Handlung hingewiesen wird; zweitens kreuzt die Passage *ī liði Guðvis*, „im Gefolge GuðvēRs" die Namen der ersten beiden (vermutlich ältesten) Söhne, SværtingR und Kāri, die sich womöglich mit ihrem Vater gemeinsam GuðvēR angeschlossen hatten. Die Besonderheit jenes Steins liegt darin, dass in jenen Bereichen der Runenschlange, wo die Kombination von Runen und Gestaltung einen Aussagewert erhielt (an der Kreuzung der Schlange mit den Namen der Söhne und des Gefolgschaftsherren, die Errichtungsformel oben am Stein nahe des Kreuzes, der Name des Vaters vor dem Kopf der Runenschlange), die Inschrift großzügig geschrieben ist, die Teile dazwischen eher gedrängt. Dies deutet darauf hin, dass zuerst das Runenband geritzt wurde, dann die bedeutungsträchtigen Passagen der Inschrift, um die Gestaltung zu sichern, und der Rest der Inschrift schließlich in die dann entstandenen Lücken „eingefüllt" wurde.[102]

Die Theorien JESCHS, ANDRÉNS und NIELSENS machen deutlich: die Ausdeutung eines Runensteins, also jener Vorgang des „Runenratens", den die Inschriften nennen, war ein komplexer Prozess, der einiges an Vorwissen und einen gewissen zeitlichen Aufwand erforderte. Deshalb liegt der Gedanke nahe, dass ein langer, herausfordernder Interpretationsprozess in der Absicht der Schöpfer jener Monumente lag, ja dass seine

---

[101] Runenbefund: + **suertikr : nuk + kari : auk : kuþmutr : auk : skari : auk : knutr : raistu : stain : þena : aftiR : utruk · faþur : sin : is fel · i liþi : kuþuis +**; runenschwedische Normalisierung: *SværtingR ok Kāri ok Guðmundr ok Skāri ok Knūtr ræistu stæin þenna æftiR Ōtrygg, faður sinn, es fell ī liði Guðvis.* Für die Gestaltung vgl. Abb. 5. Der Gefolgschaftsherr, GuðvēR, könnte identisch mit einem Mann gleichen Namens sein, für den der Stein von Grinda (Sö 166) errichtet wurde und auf dem er als erfolgreicher Wikinger gerühmt wird.

[102] Diese Beobachtung verdanke ich der Anregung meines Frankfurter Studenten Christoph Bramann.

Qualität von der Komplexität der für eine Deutung notwendigen Kenntnisse und Fertigkeiten abhing.[103]

Dementsprechend verwundert es wenig, wenn nicht nur zusätzliche Informationen in der Ausschmückung und Gestaltung von Stein und Inschrift versteckt wurden, sondern es auch Hinweise auf die gezielte Erschwerung des Entschlüsselungsprozesses durch die Runenmeister gibt; einige seien hier in Kürze genannt. In vielen Inschriften wird das Entziffern der Runen selbst erschwert: teilweise benutzt der Runenmeister Zeichen aus allen drei verschiedenen Versionen des wikingerzeitlichen Futhark-Alphabetes,[104] teilweise werden Runen mit der ornamentalen Ausgestaltung des Runenbandes oder miteinander zu Ligaturen verschmolzen, nicht selten auf den Kopf gestellt oder spiegelbildlich verkehrt; auf einigen Inschriften finden sich „gebundene" Runen, bei denen die Stäbe mehrerer untereinander geschriebener Zeichen zu einem langen Stab vereinigt werden, und sogar regelrechte Geheimrunen, die zum Teil bis heute nicht entschlüsselt werden konnten, und vielleicht auch gar nicht zur Entschlüsselung durch den Menschen bestimmt waren.[105] Manche Worte werden abgekürzt, obwohl es genug Platz zum Ausschreiben gäbe; manchmal werden aber auch die Texte so formuliert und zusammengezogen, dass der letzte Buchstabe eines Wortes mit dem ersten des folgenden Wortes übereinstimmt, die Rune aber nur einmal geritzt wird.[106] Auf Runensteinen, die einzelne Zeilen haben, kann die Reihenfolge der Zeilen so angeordnet sein, dass sie nicht dem Lesefluss folgen;[107] generell beginnen manche Runeninschriften nicht an einem Ende des Runenbandes, sondern mitten darin, so dass ein potentieller Leser den Anfang erst einmal suchen muss.[108] Nicht selten enthält der Text auch poetische Bilder, manchmal sogar ganze Langzeilen, für deren Verständnis es intimer Kenntnisse von Dichtung und Mythologie bedarf.[109] Die Liste ließe sich bei einer genauen Durchsicht des gesamten Corpus sicherlich noch weiter fortsetzen.

---

[103] In diese Richtung weist bereits Jesch [Anm. 5], S. 466-467.
[104] Das jüngere Futhark der Wikingerzeit kannte drei miteinander verwandte Runenreihen: Langzweigrunen, Kurzzweigrunen, stablose Runen. Vgl. die kurze Zusammenfassung bei Düwel [Anm. 6], S. 88-94.
[105] Zu den Geheimrunen vgl. Düwel [Anm. 6], S. 182-188.
[106] So etwa das Fürbittgebet auf dem Stein von Åshusby (U 431), am Ende der in das Kreuz auslaufenden Runenschlange; vgl. Abb. 6. Runenbefund: **tufa auk hominkr litu rita stin þino · abtiʀ kunor sun sin · in -- hon uaʀ tau-r miʀ krikium ut · kuþ hialbi honsalukuþs m--iʀ +**; runenschwedische Normalisierung: *Tōfa ok HæmingʀR lētu retta stæin þenna æftiʀ Gunnar, sun sinn. En ... hann vaʀ dau[ð]r meðr Grikkium ūt. Guð hialpi hans sālu ok Guðs m[ōð]iʀ.* Übersetzung: „Tōfa und HæmingʀR ließen diesen Stein errichten nach Gunnarr, ihrem Sohn; und ... er starb auswärts mit den Griechen. Gott helfe seiner Seele und Gottes Mutter." Die Runen **honsalukuþs** sind aufzulösen als **hons salu uk kuþs**.
[107] So etwa auf dem Erik-Stein aus Haithabu (DR 1), auf dem zudem noch gebundene Runen zu finden sind.
[108] So etwa auf dem Kjula-Stein (Sö 106), wo der Anfang aber wenigstens noch durch das außerhalb des Runenbandes geritzte letzte Wort markiert ist.
[109] Siehe oben Anm. 13.

Um die beschriebenen Phänomene unter einem Begriff zusammenfassen zu können, liegt eine Verwendung von Termini aus der Semiotik, der Zeichentheorie nahe. All jene unterschiedlichen Ebenen, mit denen die Informationen auf Runensteinen kodiert werden, Ornamentierung, Bildschmuck, Inschriftengestaltung und Poesie, können als Zeichensysteme begriffen werden. Um auch dem Umstand Rechnung zu tragen, dass all jene Ebenen aufeinander bezogen waren, erscheint mir der Begriff „Zeichengeflecht" geeignet. Der Grund für das aufwendige Anlegen derartiger Zeichengeflechte auf Runensteinen zeigt deutlich den wesentlichen Unterschied zwischen der Runenschriftlichkeit der Wikingerzeit und der lateineuropäischen Schriftkultur, schon in ihrer grundlegenden Absicht und ihrer ganzen Anlage: nicht einzig der Inhalt, sondern vor allem der Prozess des Deutens stand im Vordergrund. Ästhetische, intellektuelle, soziale und religiöse Bedürfnisse verschmolzen zu dieser Kulturtechnik wikingerzeitlichen Runenratens.

III. Zeichengeflecht und Memorialpraxis

„Jeder, der die Runen rät, spreche Gebete für Allis [des Verstorbenen] Seele!"[110] So wendet sich die Inschrift auf dem in einer mittelschwedischen Kirche gefundenen Runenstein von Hammarby (U Fv1959;196) aus der Zeit um 1100 an sein Publikum. Die Praxis des Runenratens, wie sie oben skizziert wurde, macht im Falle der Runensteine einen wesentlichen Teil wikingerzeitlicher Memorialpraxis aus. Betrachtet man die verschiedenen Kodierungsebenen der Runensteine systematisch in Hinsicht auf die verschlüsselten Inhalte, so ergibt sich eine Konzentration auf die wesentlichen Elemente des Totengedenkens: die Verstorbenen, ihren sozialen Status und die Rühmung ihrer Taten, die Errichtung des Steins als sakrale Handlung sowie letztlich die Fürbittgebete für die Toten. Durch die Gestaltung des Zeichengeflechtes, wie etwa die spezielle Verrätselung der Gebete, die Hervorhebung der Namen oder die Gruppierung von Kreuzen und Gebeten um die Namen der Verstorbenen, erreichte man eine Intensivierung des Deutungsvorganges. Der komplexe Prozess des Runenratens war der wesentliche Memorialakt, und je langwieriger und intensiver er durch die kunstvolle Gestaltung des Runendenkmals wurde, desto intensiver und wirkungsvoller wurde auch das Totengedenken.

---

[110] Stein aus der Kirche von Hammarby (U Fv1959;196); Runenbefund: × **krestin** × **let** × **giara** × **merki** × **eftiʀ** × **sun sen** × **huir sum runum riþr** × **hafi byniʀ** × **firiʀ** × **alah sial** × **suni** ÷ **uaʀ faþiʀ ala** ×; runenschwedische Normalisierung: *Kristīn lēt giæra mærki æftiʀ sun senn. Hværr sum rūnum rāðr hafi bøniʀ fyriʀ Ala/Alla siāl. Suni vaʀ faðiʀ Ala/Alla.* Übersetzung: „Kristīn ließ das Denkmal errichten nach ihrem Sohn. Jeder, der die Runen rät, spreche Gebete für Allis Seele. Suni war der Vater Allis."

Durch die Aufstellung der Runensteine an belebten Örtlichkeiten, wo immer neue Rezipienten das Denkmal betrachten und ausdeuten konnten, versuchten die Stifter eine relativ regelmäßige Memoria zu gewährleisten, wie sie auch von den lateineuropäischen Stiftern durch ihre Schenkungen an Klöster oder die Einrichtung von Pfründen angestrebt wurde. Die „Runenkundigen", die sich mit einem Runendenkmal beschäftigten, bildeten also in dieser Hinsicht den Ersatz für die Gemeinde, die beim Gebetsgedenken der Träger der *memoria* war, in der Übergangsphase zum Christentum in Skandinavien aber nur selten zur Verfügung stand. Für diesen Gedanken einer wie auch immer gearteten „Gemeinschaft" der Ratenden als Gedenkender spricht auch der Umstand, dass jenes Runenraten innerhalb einer oralen Gesellschaft kaum als eine kontemplative Tätigkeit angesehen werden dürfte, der jeder Einzelne für sich nachging, sondern eher als ein kommunikativer Akt.[111] Die Ausdeutung eines Runendenkmals dürfte im Diskurs erfolgt sein, womit letztlich auch die Memoria zur Kommunikation wurde, und zwar nicht nur zur Kommunikation zwischen den Lebenden und den Toten, nicht nur zum Kontakt der Gedenkenden mit Gott, sondern auch zum Gespräch der Gedenkenden untereinander. Kurz gefasst haben wir es bei der runischen Memoria der Wikingerzeit mit Totengedenken als Diskurs zu tun.

Trotz vieler Parallelen zum zeitgenössischen lateineuropäischen Totengedenken und den vielen Bedeutungsebenen, die im runischen Memorialwesen zu finden sind, wäre es gefährlich, von einem „totalen sozialen Phänomen" der Wikingerzeit zu sprechen. Denn es besteht die Gefahr eines Zirkelschlusses: unsere Informationen über die skandinavische Gesellschaft der Wikingerzeit stammen zu einem nicht geringen Teil aus dem runischen Quellenmaterial; hier also eine Verbindung jedes Aspektes mit dem Memorialwesen zu entdecken, liegt auf der Hand, da als Quelle ja fast ausschließlich Memorialzeugnisse vorliegen.

Das Phänomen des Zeichengeflechtes, also der Verschlüsselung von (meist recht banalen) Aussagen mit einer Vielzahl verschiedenartigster Zeichensysteme, beschränkt sich im wikingerzeitlichen Skandinavien nicht allein auf die Runensteine. Sowohl die Skaldendichtung mit ihren komplexen, oft mehrstufig verklausulierten poetischen Bildern, ihrer Zersplitterung syntaktischer Einheiten und ihren rigiden metrischen Vorgaben, als auch die immer vielschichtiger werdenden Tierstile der wikingerzeitlichen Kunst weisen strukturelle Parallelen zum Runensteinwesen auf. Sollten künftige Forschungen diese Parallelen trotz unterschiedlicher Provenienz und Eigenart der Zeugnisse bestätigen können, so käme man dem Denken wikingerzeitlicher Menschen einen großen Schritt näher. Zu verknüpfen wäre dies letztlich mit der Frage nach den beson

---

[111] So mit guten Argumenten und unter Hinweis auf andere mittelalterliche Inschriftenkulturen Andrén [Anm. 54], S. 26-27.

deren Akkulturations- und Adaptionsfähigkeiten, die jene Skandinavier außerhalb ihrer Heimat nicht selten an den Tag legten, und die ihre französischen und italienischen Nachfahren als Teil ihrer stolz *normannitas* genannten Identität betrachten sollten.[112]

---

[112] Definition nach Brown, Richard (Reginald) Allen: Die Normannen. Düsseldorf/ Zürich 2000, S. 24. Zur Ausprägung normannischer Identität siehe auch Webber, Nick: The Evolution of Norman Identity, 911-1154. Woodbridge 2005.

Francesca Tasca

La famiglia dell'eretico: dalla normalità all'esclusione.
Una fonte emblematica.

Tra XII e XIV secolo l'Italia, soprattutto l'Italia settentrionale, fu terreno di straordinaria fioritura ereticale. Tale vivace fermento eterodosso ebbe espressioni tanto differenziate quanto attigue, talora sovrapposte e, non di rado, fuse e confuse: arnaldisti, chiese catare, gruppi valdesi, correnti profetiche-escatologiche di influenza gioachimita, speronisti, guglielmiti, fraticelli, dolciniani, ...[1]

---

[1] Per un agevole sguardo d'insieme sui gruppi ereticali medievali di area italiana: Merlo, Grado G.: Eretici ed eresie medievali (Universale Paperbacks 230). Bologna 1989. Sulle tendenze storiografiche dell'eresiologia italiana si vedano: Cracco, Giorgio: Eresiologi d'Italia tra Otto e Novecento, in: Grado G. Merlo (Hrsg.): Eretici ed eresie medievali nella storiografia contemporanea. Atti del XXXII Convegno di studi sulla Riforma e i movimenti religiosi in Italia. Torre Pellice 1994, S. 16-38; Capitani, Ovidio: Medievistica e medievisti nel secondo Novecento. Ricordi, rassegne, interpretazioni (Collectanea 11). Spoleto 2003. All'interno dell'ampio alveo della medievistica italiana, volendo tracciare le linee di tendenza che la più settoriale ricerca eresiologica lascia emergere negli ultimi vent'anni, si incontrano alcuni indiscutibili maggiori filoni di indagine. Speronisti ed arnaldisti sono passati di moda. Come, pure, di molto si sono smorzati i dibattiti dolciniani. Tra le pubblicazioni di ambito arnaldista negli ultimi vent'anni vi è poco da segnalare: la ristampa (dell'edizione del 1954) di Arsenio Frugoni: Arnaldo da Brescia nelle fonti del XII secolo (Einaudi Paperback 192). Torino 1989; la raccolta collettanea Pegrari, Maurizio (Hrsg.): Arnaldo da Brescia e il suo tempo. Brescia 1991; il saggio di Grado G. Merlo: La storia e la memoria di Arnaldo da Brescia, in: Studi storici 32 (1991), S. 943-952. Per la bibliografia su fra Dolcino ed i suoi seguaci („dolciniani" o „fratelli apostolici") si vedano Orioli, Raniero: ‚Venit perfidus heresiarcha'. Il movimento apostolico-dolciniano dal 1260 al 1307 (Studi storici). Roma 1988 e Tornese, Corrado/ Buratti, Gustavo (Hrsg.): Fra Dolcino e gli Apostolici tra eresia, rivolta e roghi (Vita activa 3). Roma 2000. Piuttosto discutibile l'impostazione di Gustavo Buratti: L'anarchia cristiana di Fra Dolcino e Margherita (Fatti e personaggi biellesi 1). Pollone 2002. L'attuale *trend* delle pubblicazioni e delle ricerche scientifiche coinvolge soprattutto quattro esperienze di non conformismo religioso: catari; valdesi; fraticelli; gioachimiti. Tali quattro soggetti di ricerca vantano una storiografia plurisecolare ed eminentissima. Ci si limiterà in questa sede ad alcune indicazioni essenziali sulla contemporanea situazione italiana. Le indagini sul catarismo si catalizzano oggi in Bologna. Tra gli studiosi della scuola di Bologna si distinguono il già citato Raniero Orioli e, soprattutto, Lorenzo Paolini. Di tali studiosi si segnalano almeno Pao-

La famiglia dell' eretico

Questi movimenti religiosi e gruppi ereticali hanno suscitato (e continuano a suscitare) un interesse storico appassionato, spesso radicato in appartenenze ideologiche o motivato da (più o meno dichiarate) adesioni confessionali. A tale speciale sensibilità eresiologica della medievistica italiana non corrisponde, però, un proporzionale interesse per la famiglia dell'eretico.[2] Possono essere fatti salvi solo alcuni limitati ambiti: per

---

lini, Lorenzo/ Orioli, Raniero: L'eresia a Bologna fra XII e XIV secolo (Studi storici 93-96). Roma 1975; Acta S. Officii Bonomie ab anno 1291 usque ad annum 1310, hrsg. v. Lorenzo Paolini u. Raniero Orioli (Fonti per la storia d'Italia 106). Roma 1982-1984; Paolini, Lorenzo: Geografia ereticale: il radicamento cataro nella pianura padana a metà del XII secolo, in: Tiziana Lazzari/ Leardo Mascalzoni/ Rossella Rinaldi (Hrsg.): La norma e la memoria. Studi per Augusto Vasina (Nuovi studi storici 67). Roma 2004, S. 369-398. Alcuni allievi di Lorenzo Paolini sono, a diverso titolo, coinvolti nelle più recenti indagini catare: Bertuzzi, Roberta: Ecclesiarum Forma. Tematiche di ecclesiologia catara e valdese (Documenti e studi). Roma 1998; Greco, Alessandra: Mitologia catara. Il favoloso mondo delle origini (Uomini e mondi medievali 3). Spoleto 2000; Salvo Burci, Liber Suprastella, hrsg. v. Caterina Bruschi (Fonti per la Storia dell'Italia medievale. Antiquitates 15). Roma 2002. In Italia gli studi valdesi si nutrono, in primo luogo, dell'instancabile azione della *Società di Studi Valdesi*, con sede a Torre Pellice (Torino), nelle Alpi piemontesi. Fondata nel 1881, la Società cura l'Archivio storico e la Biblioteca del *Centro di Studi Valdese*, organizza annualmente un Convegno Internazionale, pubblica il bisemestrale *Bollettino* e si esprime, sul fronte sia scientifico sia divulgativo, attraverso la casa editrice Claudiana, con sede a Torino. In ambiente accademico protagonista degli studi sui valdesi medievali è Grado G. Merlo. Parallelamente ad importanti lavori su Francesco d'Assisi (e sui vari rigagnoli propagati dal Francescanesimo), Merlo procede da oltre trent'anni nello studio dell'azione inquisitoriale nelle valli valdesi. Si segnalano qui Grado G. Merlo: Eretici e inquisitori nella società piemontese del Trecento. Torino 1977; ders.: Valdesi e valdismi medievali. Itinerari e proposte di ricerca (Studi storici 11). Torino 1984; ders.: Valdesi e valdismi medievali. Identità valdesi nella storia e nella storiografia (Studi storici 16). Torino 1991. Le ricerche su Gioacchino da Fiore e la sua influenza (tanto intellettuale quanto spirituale) sono vivificate dall'azione del Centro Internazionale di Studi Gioachimiti, con sede a San Giovanni in Fiore. Il Centro organizza, dal 1979, notevoli Congressi a periodicità quinquennale e coordina l'annuale rivista specialistica *Florensia*. Tra gli studiosi del gioachimismo è bene segnalare almeno Gian Luca Potestà, il quale è impegnato, oltre che sulle dissidenze emerse tra gli spirituali francescani (in particolare: Angelo Clareno e Ubertino da Casale), anche sui differenziati rivoli scaturiti dal profetismo escatologico di matrice gioachimita. Potestà ha curato l'edizione critica di diverse opere gioachimite e coordina i Congressi Internazionali di studi gioachimiti. Di lui si ricorda qui almeno Gian Luca Potestà: Il tempo dell'Apocalisse: vita di Gioacchino da Fiore (Collezione storica). Roma/ Bari 2004. Negli studi sull'escatologismo profetico gioachimita si segnalano anche Roberto Rusconi e Marco Rainini. Quest'ultimo ha recentemente edito la propria bella tesi dottorale: Rainini, Marco: Disegni dei tempi: il Liber Figurarum e la teologia figurativa di Gioacchino da Fiore (Opere di Gioacchino da Fiore 18). Roma 2006. Per la bibliografia su Gioacchino da Fiore, oggetto di un interesse storico e divulgativo in continua crescita, si rimanda a Valeria De Fraja: Gioacchino da Fiore: bibliografia 1969-1988, in: Florensia 6 (1992), S. 7-32; Caputano, Claudio: Gioacchino da Fiore: bibliografia 1988-1993, in: Florensia 8/9 (1994/1995), S. 117-123; Rainini, Marco: Gioacchino da Fiore: bibliografia 1994-2001, in: Florensia 16/17 (2002-/2003), S. 105-165.

2   Per studi sulla storia della famiglia in Italia si vedano Duby, Georges/ Le Goff, Jacques (Hrsg.): Famiglia e parentela nell'Italia medievale (Problemi e prospettive. Serie di storia). Bologna 1981;

quanto riguarda le comunità valdesi, ad esempio, sono stati messi in rilievo i vincoli solidaristici nei confronti dei predicatori itineranti ed i matrimoni endogamici.[3] Nel caso degli adepti catari l'attenzione si è invece concentrata soprattutto sui comportamenti sessuali;[4] o talora, e più latamente, sui reciproci e gerarchici legami spirituali, che venivano a stabilirsi tra gli aderenti alla dissidenza, partecipi dei differenziati rituali di accesso (e di avanzamento) nelle pratiche di perfezione. Tenuti certo ben presenti tali e simili ambiti di ricerca, in termini generali si deve però complessivamente constatare che le reti e le dinamiche familiari non sono oggetto privilegiato degli studi eresiologici.[5]

A fronte di tale carenza investigativa sui rapporti parentali nei gruppi ereticali, si registrano, per contro, numerosi studi sulle componenti femminili del dissenso.[6] Soprat-

---

Ketzer, David I./ Saller, Richard P. (Hrsg.): La famiglia in Italia dall'antichità al XX secolo (Le vie della storia 18). Firenze 1995, in particolare S. 163-272.

[3] Sull'ospitalità verso i predicatori itineranti (i cosiddetti „barba") che, operanti in condizioni di clandestinità, potevano contare, lungo il cammino, su una rete di case e famiglie amiche, si rimanda a Giorgio Tourn: Il barba: una figura valdese del Quattrocento (Collana 17 febbraio). Torino 2001. Di recente più recente pubblicazione è il molto discutibile Gabriel Audisio: Preachers by Night. The Waldenses Barbes, 15th-16th Centuries (Studies in Medieval and Reformation Traditions 118). Leiden/ Boston 2007.

[4] Sulla concezione del matrimonio e della sessualità coniugale dei catari italiani si veda, ad esempio: Contini, Serena: Il matrimonio e l'eresia, in: Marina Benedetti/ Grado G. Merlo/ Andrea Piazza (Hrsg.): Vite di eretici e storie di frati. A Giovanni Miccoli (Tau 7). Milano 1998, S. 157-170.

[5] In ambito medievistico le relazioni familiari ed i rapporti solidali sono oggetto più degli studi agiografici che di quelli eresiologici. Si ricorda qui, ad esempio, il bel libro Barbero, Alessandro: Un santo in famiglia. Vocazione religiosa e resistenze sociali nell'agiografia latina medievale (Sacro/Santo). Torino 1991. Attraverso la disamina di testi agiografici celebri e meno celebri, che spaziano dai martirologi tardoantichi al francescanesimo quattrocentesco, in questo volume Barbero indaga i conflitti e le controversie che la vocazione religiosa innesca rispetto ai legami familiari.

[6] Le presenze femminili valdesi sono tema sufficientemente sondato. Basti qui citare lo storico e pastore valdese Giovanni Gonnet e la studiosa Marina Benedetti. Gonnet, scomparso nel 1997, dedicò diversi contributi alla componente femminile tra i valdesi medievali, di cui una sintesi emblematica è Giovanni Gonnet: La femme dans les mouvement paupero-évangeliques du Bas Moyen Age (notamment chez les vaudois), in: Heresis 22 (1994), S. 27-41. Marina Benedetti, allieva di Grado G. Merlo, ha prodotto più interventi sulle donne valdesi: Benedetti, Marina: Le donne valdesi nella scrittura del passato e nella costruzione del futuro, in: Révue de l'histoire des religions 217 (2000), S. 167-178; dies.: Donne valdesi: immagini da trasmettere, in: Remo Cacitti/ Grado G. Merlo/ Paola Vismara (Hrsg.): Il cristianesimo e le diversità. Studi per Attilio Agnolotto (Studi di storia del cristianesimo e delle chiese cristiane 1). Milano 1999, S. 146-156; dies.: La predicazione delle donne valdesi, in: Dinora Corsi (Hrsg.): Donne cristiane e sacerdozio: dalle origini all'età contemporanea (I libri di Viella 41). Roma 2004, S. 135-158 ; dies.: ‚Digne d'estre veuʻ: il processo contro Peironeta di Beauregard, in: Archivio italiano per la storia della pietà 18 (2005), S. 121-158; dies.: Donne valdesi nelle fonti della repressione tra XV e XVI secolo, in: Maria Clara Rossi/ Gian Maria Varanini (Hrsg.): Chiesa, vita religiosa, società nel Medioevo italiano. Studi offerti a Giuseppina De Sandre Gasparini (Italia Sacra 80). Roma 2005; dies.: Donne

tutto la „storia delle donne" e, più recentemente, i Gender Studies hanno esercitato un'innegabile incidenza nel sensibilizzare l'attenzione per „la quota rosa" all'interno delle minoranze religiose.[7] Tali approcci storiografici hanno ulteriormente rimarcato la posizione subalterna delle donne: vera e propria minoranza tra le minoranze, marginalità tra gli stessi emarginati, periferia degli esclusi. Le indagini sulla religiosità femminile non conformista sono approdate talora alla marginalità femminile strictu senso, spesso confinante con la successiva accusa di stregoneria.[8]

Con la significativa eccezione degli studi „al femminile", la pressoché unanime disattenzione della più recente eresiologia italiana per il mondo interno ereticale si spiega nella conformità ad un diffuso trend storiografico. Negli ultimi vent'anni l'angolo d'osservazione è, infatti, mutato: più che degli inquisiti/perseguitati, gli studi eresiologici si occupano degli inquisitori/ persecutori. Invece che di storia ereticale sarebbe, quindi, più opportuno e più esatto parlare oggi di storia anti-ereticale.

Gli attuali studi sulle dissidenze religiose condividono, infatti, l'intento preminente di chiarire le prospettive del repressore. Essi vogliono, innanzi tutto, illuminare le strategie di esclusione attuate dalle maggioranze, detentrici della normalità comportamentale e dell'ortodossia di pensiero. Molteplici sono, poi, i possibili punti d'osservazione: il funzionamento della macchina inquisitoriale (di cui si indagano le persone, i codici, i

---

valdesi nel medioevo (Collana 17 Febbraio). Torino 2007. In parallelo agli studi sulle componenti femminili valdesi, Benedetti si è dedicata alla vicenda della cosiddetta Guglielma la Boema e dei suoi devoti (i Guglielmiti), adepti di una singolare eresia milanese „al femminile", talora con l'alto rischio di riletture e deformazioni femministiche. Vgl. Benedetti, Marina: La recente „fortuna" di Guglielma, in: Bollettino della Società di Studi Valdesi 179 (1996), S. 206-225; dies.: ‚Io non sono Dio'. Guglielma di Milano e i Figli dello Spirito Santo (Tau 8). Milano 1998; dies.: Milano 1300. I processi inquisitoriali contro le devote e i devoti di santa Gugliema (Milano medievale 2). Milano 1999. Non mancano studi sulla componente femminile dolciniana: Mornese, Corrado: Le donne nella rivoluzione apostolica, in: Rivista dolciniana 0 (1993), S. 17-23. Alcuni, più rari e frammentari, studi sulla mistica femminile medievale, sempre in bilico tra eresia ed ortodossia, mettono in rilievo alcune spiritualizzazioni dei rapporti familiari (ad esempio: i fenomeni di „maternità spirituale" e „matrimonio spirituale"): Muraro, Luisa: Le amiche di Dio: scritti di mistica femminile (La dracma 7). Napoli 2001; Guarnieri, Romana: Donne e Chiesa tra mistica e istituzioni, secoli XIII-XV (Storia e Letteratura. Raccolta di studi e testi 218). Roma 2004.

[7] Corsi, Dinora: ‚Interrogata Dixit'. Le eretiche nei processi italiani dell'inquisizione (secolo XIII), in: Marina Benedetti/ Susanna Peyronel (Hrsg.): Essere minoranza. Comportamenti culturali e sociali delle minoranze religiose tra medioevo ed età moderna (Collana della Società di Studi Valdesi 21). Torino 2004, S. 73-98. La Frauenfrage ereticale si radica nelle pionieristiche formulazioni del tedesco Gottfried Koch, elaborate originariamente negli anni Sessanta (ma giunte in Italia con un certo ritardo): Koch, Gottfried: Waldensertum und Frauenfrage im Mittelalter, in: Forschungen und Forschritte 36 (1962), S. 22-26; ders.: Frauenfrage und Ketzertum im Mittelalter (Forschungen zur mittelalterliche Geschichte 9). Berlin 1962.

[8] Zucca, Michela: Donne delle foreste e delle montagne: l'eresia delle femmine ribelli, in: Corrado Mornese/ Gustavo Buratti (Hrsg.): Eretici dimenticati. Dal medioevo alla modernità (DeriveApprodi 39). Roma 2004. Per una lettura decostruttiva delle accuse di stregoneria si veda il recente Merlo, Streghe (Saggi 656). Bologna 2006

riti, i meccanismi); le progressive elaborazioni giuridiche, messe a punto per il riconoscimento e la repressione delle devianze religiose; la costruzione, la trasmissione ed il graduale affinamento di stereotipi per diffondere lo spauracchio del non-conformismo; i fenomeni di etichettatura (e la consecutiva reazione a catena di sospetti, pregiudizi e criminalizzazioni).

La „famiglia" dell'eretico e la „costruzione" dell'eretico sembrerebbero, dunque, delinearsi come due universi paralleli, autonomi, del tutto indifferenti. Con il presente contributo si vuole, al contrario, riconoscere un proficuo punto di intersezione tra i due approcci euristici. Sovrapporre i due fasci visivi, infatti, non solo è possibile, ma è anche estremamente utile: in tal modo il processo di ereticizzazione è ripercorso e spiegato proprio attraverso le reti familiari/parentali/solidaristiche attribuite all'eretico stesso. A tale proposito, una fonte emblematica è contenuta nel ‚Chronicon Universale' di Laon.

Il ‚Chronicon Universale' di Laon è una cronaca redatta probabilmente da un anonimo monaco premostratense del monastero di Santa Maria di Laon, in Piccardia.[9] Abbraccia un arco temporale che prende inizio con la fondazione del mondo e s'interrompe, bruscamente, all'anno 1219. A discapito della secca intitolazione, il ‚Chronicon Universale' appartiene sì al genere cronachistico, ma ibridato con la forma annalistica.[10] L'anonimo cronista percorre solo in modo rapido e sintetico le vicende più lontane. La rievocazione dei fatti remoti è veloce (quanto immaginifica). Pur sempre con ampie concessioni alle atmosfere sfocate del fantasioso, è invece innegabile un maggiore dettaglio nella narrazione dei fatti collocati dalla seconda metà del XII secolo e situati entro l'orizzonte geografico che l'anonimo cronista meglio domina con il proprio sguardo. La finalità prioritaria del ‚Chronicon Universale' non è, in ogni caso, di asettica documentazione. Intenzione fondante del ‚Chronicon Universale' è, bensì, la

---

[9] Del ‚Chronicon Universale' esistono attualmente due edizioni, entrambe parziali: Chronicon universale anonymi Laudunensis, hrsg. v. Georg Waitz (MGH SS 26). Hannover 1882, S. 442-457; Chronicon universale anonymi Laudunensis. Von 1154 bis zum Schluss (1219), für akademische Übungen, hrsg. v. Alexander Cartellieri u. Wolf Stechele. Leipzig/ Paris 1909. Un'équipe medievistica dell'Università di Zurigo, coordinata da Reinhold Kaiser, sta lavorando ad una nuova e completa edizione del ‚Chronicon Universale', cui si spera di poter accedere al più presto (benché, a quanto pare, i lavori procedano a rilento). Per una buona descrizione codicologica si veda Kaiser, Reinhold: Franken und Merowinger im Spiegel der Hochmittelalterlichen Universalchronistik in Frankreich. Das ‚Chronicon Universale Anonymi Laudunensis' (Anfang 13. Jahrhundert), in: Hans-Peter Baum/ Rainer Leng/ Joachim Schneider (Hrsg.): Wirtschaft – Gesellschaft - Mentalitäten im Mittelalter. Festschrift zum 75. Geburtstag von Rolf Sprandel (Beiträge zur Wirtschafts- und Sozialgeschichte 107). Stuttgart 2006, S. 541-562, bes. S. 543-544. Nelle note successive si cita il testo compreso in Enchiridion Fontium Valdensium. Recueil critique des sources concernant les Vaudois au Moyen Age. Bd. 2., hrsg. v. Giovanni Gonnet (Collana della Facoltà Valdese di Teologia 22). Torino 1998, S. 21-24.

[10] Chazan, Mireille: L'Empire et l'histoire universelle de Sigebert de Gembloux à Jean de Saint-Victor (XIIe-XIVe siècle) (Etudes d'histoire médiévale 3). Paris 1999. Tra i nove autori di „Cronache Universali" studiati, è compreso anche l'Anonimo di Laon.

narrazione dei singoli eventi, inquadrati entro la prospettiva totale della storia della Salvezza.

Nell'ultima (e più accurata) parte del ‚Chronicon Universale' si incontrano tre sezioni che narrano della primissima generazione valdese. Lì l'anonimo autore si diffonde a raccontare con dovizia di particolari la vicenda di Valdesio, cittadino di Lione, e dei suoi primi compagni (consortes). Tale narrazione si distende in tre puntate, collocate nelle cronache degli anni 1173, 1177 e 1179.[11]

Nella sezione del 1173 Valdesio, cittadino lionese arricchitosi per mezzo dell'usura (civis quidam Valdesius nomine, qui per iniquitatem fenoris multas sibi pecunias coacervaverat), in un giorno domenicale (quadem die dominica) ascolta, narrata da un giullare (ioculator), la celeberrima leggenda di sant'Alessio: il nobile romano che abbandonò la moglie la prima notte di nozze per darsi ad una vita di ascesi e mendicità. Valdesio, commosso, invita a casa propria il giullare per poterne riascoltare il racconto. Quindi, la mattina seguente si affretta a recarsi alla locale scuola di teologia: vuole interrogare un magister, per sapere quale sia la più perfetta e la più certa tra le strade della Salvezza.[12] La risposta è il celebre logion evangelico: „Va, vendi quello che hai e il ricavato dallo ai poveri" (Mt. 19, 21). Tornato a casa, Valdesio dà alla moglie l'opzione di scegliere tra i beni mobili e i beni immobili (*mobilia vel immobilia*). Benché molto rattristata (*licet multum contristata*), la moglie opta per gli immobilia, comprendenti terre e acque, boschi e prati, case e vigne, mulini e forni (*in terris et aquis, nemoribus et pratis, in dominibus, redditibus, vineis, necton in molendinis et furnis*). Del denaro contante (mobilia) Valdesio usa in modo differenziato. Innanzi tutto restituisce il maltolto ai vessati. Quindi, con una cospicua dote, Valdesio invia le due figliolette (*duae parvae filiae*), all'insaputa della madre (*matre earum ignorante*), in un monastero dell'Ordine di Fontevraud. Essendo tempo di grande carestia (*fames enim permaxima tunc grassabatur per omnem Galliam et Germaniam*), Valdesio utilizza poi il restante denaro per organizzare, per oltre due mesi (*per tres dies in ebdomada a Pentecosten usque ad Vincula sancti Petri*), mense pubbliche trisettimanali per i poveri a base di pane, pulmentum e carne.[13]

---

[11] Soprattutto sul momento della conversione religiosa di Valdesio, narrata all'anno 1173, la fonte sembra offrire una grande quantità di informazioni: informazioni precise, ordinate e circostanziate, che convergerebbero a formare un quadro compiuto ed esauriente. Per tali e tante ragioni il ‚Chronicon Universale' di Laon ha un carattere di eccezionalità all'interno del *corpus* documentaristico valdese.

[12] Nella presenza giullaresca è possibile intravedere un indizio sintomatico d'irregolarità, rispetto ai condivisi *topoi* della conversione religiosa. Frammiste all'istituzionalità, vi sono tracce di non convenzionalità. L'anonimo autore conduce, infatti, Valdesio alla marginalità attraverso un marginale: un giullare. Valdesio chiede sì lumi ad un rispettabilissimo *magister theologiae*, ma perché commosso e scosso dal racconto di un giullare.

[13] Gonnet: Enchiridion [Anm. 9], S. 21-22: *Corrente adhuc anno eodem Incarnationis MCLXXIII, fuit apud Lugdunum Galliae civis quidam Valdesius nomine, qui per iniquitatem foenoris multas sibi pecunias coacervaverat. Is quadem die Domenica cum declinassset ad turbam quam ante io-*

Nel giorno dell'Assunzione della Vergine (15 agosto) Valdesio sparge tra i poveri, per i vicoli di Lione, una certa somma di denari (*quamdam summam pecuniae per vicos inter pauperes spargens*). Ai concittadini che lo prendono per pazzo (*cives arbitrati sunt eum sensum perdidisse*), Valdesio tiene una piccola concione sulla necessità di liberarsi dalle ricchezze terrene e riporre la propria fiducia solo ed esclusivamente in Dio.[14]

Il giorno successivo, di ritorno dalla chiesa, si riduce a mendicare qualcosa da mangiare ad un ex-socio d'affari (*a quodam cive, quondam socio suo*) il quale, impietositosi, lo prende a casa propria e gli garantisce che, finché sarà in vita, gli provvederà del necessario (*ille ad hospitium eum deducens, ait: 'Ego quoad videro, concedo vobis necessaria'*). La moglie di Valdesio, venutane a conoscenza, grandemente addolorata, quasi impazzita (*non mediocriter contristata, sed velut amens affecta*), accorre all'arcivescovo di Lione per reclamare i propri diritti. Lì, messi al corrente l'alto prelato e tutti i presenti della propria vicenda coniugale, commuove gli astanti fino alle lacrime (*omnes qui aderant Praesuli commovit ad lacrymas*). L'arcivescovo, fatto chiamare Valdesio (e l'ex-socio d'affari che gli aveva dato ospitalità), gli impone di mendicare cibo solo e soltanto dalle mani della moglie (la quale, nella veemenza del momento, implora il marito afferrandolo per le vesti: *mulier arripiens virum suum per pannos*).[15]

---

culatorem viderat congregatam, ex verbis ipsius compunctus fuit, et eum ad domum suam deducens, intense eum audire curavit. Fuit enim locus narrationis eius qualiter beatus Alexis in domo patris sui beato fine quievit. Facto mane, civis memoratus ad scholas Theologiae consilium animae suae quaesiturus properavit; et de multis modis eundi ad Deum edoctus, quaesivit a magistro, quae via aliis omnibus certior esser aque perfectior. Cui Magister dominicam sententiam proposuit: ‚Si vis esse perfectus, vade et vende omnia quae habes, ...' Et ad uxorem veniens dedit ei optionem ut sibi mobilia vel immobilia omnium quae habebat in terris et aquis, nemoribus et pratis, in dominibus, redditibus, vineis, necton in molendinis et furnish, eligeret retinendum: quae licet multum contristata, quia id facere oportuit, immobilibus haesit. Is vero de mobilibus, iis a quibus iniuste habuerat, reddidit. Magnam vero partem pecuniae suis duabus pavulis filiabus contulit, quas, matre earum ignorante, Ordinis Fontis-Evraldi mancipavit; maximam vero partem in usus pauperum expendit. Fames enim permaxima tunc grassabatur per omnem Galliam et Germaniam. Valdesius vero civis memoratus per tres dies in hebdomada a Pentecoste usque ad Vincula S. Petri cunctis ad eum venientibus panem et pulmentum cum carnis largiebatur.

[14] Ebd., S. 22: *In Assumptione B. Mariae Virginis quamdam summam pecuniae per vicos inter pauperes spargens clamabat, dicens: ‚Nemo potest duobus dominis servire, Deo et Mammonae'. Tunc accurrentes cives arbitrati sunt eum sensum perdidisse; et ascendens in loco eminentiori, ait: ‚O cives et amici mei! Non enim insanio, sicut vos putatis, sed ultus sum de his hostibus meis qui me fecerunt sibi servum, ut semper plus essem sollicitus de nummo quam de Deo, et plus serviebam creaturae quam Creatori. Scio quod me reprehendent plurimi quod hoc in manifesto feci; sed propter meipsum et propter vos hoc egi: propter me, ut dicant qui me viderint possidere deinceps pecuniam, me amentem esse; sed et propter vos hoc feci in parte, ut discatis in Deo spem ponere, et non in divitiis sperare'.*

[15] Ebd.: *Sequenti vero die rediens de Ecclesia, a quodam cive quondam socio suo petiit dari ad manducandum pro Deo. Ille ad hospitium eum deducens, ait: ‚Ego quoad videro, concedo vobis necessaria'. Quae res cum pervenisset ad notitiam uxoris eius, non mediocriter contristata, sed*

La famiglia dell'eretico 337

Nella sezione del 1177 si narra che il cittadino lionese Valdesio, (*Valdesius civis Lugdunensis*), fatto promessa al Dio del cielo (*facto voto Deo celi*) di non possedere mai più né oro né argento e di non preoccuparsi più per il domani, comincia ad avere dei compagni del proprio proposito di vita (*coepit habere sui propositi consortes*), che ne seguono l'esempio: distribuiscono tutto ai poveri e professano la povertà volontaria. Poi a poco a poco (*paulatim*), essi iniziano ad ammonire e riprendere privatamente e pubblicamente i peccati propri e altrui.[16]

Nella sezione del 1179 l'autore relaziona brevemente le decisioni deliberate a Roma, nel corso del Concilio Lateranense III, presieduto da papa Alessandro III.[17] In coda all'elenco delle condanne ereticali emanate, l'anonimo premostratense inserisce la puntata conclusiva della vicenda di Valdesio. Vi si narra che il papa abbracciò Valdesio (*Valdesium amplexatus est papa*), approvandone sì il voto di povertà, ma proibendo, a lui e ai suoi soci, la predicazione, se non richiesta dai sacerdoti (*inhibens eidem ne vel ipse aut socii sui praedicationis officium praesumerent, nisi rogantibus sacerdotibus*). L'anonimo cronista ragguaglia sul fatto che solo per poco tempo essi tennero fede al comando papale (*quod preceptum modico tempore observaverunt*), riprendendo presto la libera predicazione. Disobbedienti, furono dunque di scandalo a molti e di rovina a se stessi (*unde ex tunc facti inobedientes, multis fuerunt in scandalum et sibi in ruinam*).[18]

---

velut mens affecta, ad Archiepiscopum urbis cucurrit; et conquesta quod scilicet vir eius panem ab alio quam ab ea mendicasset, ea res omnes qui aderant Presuli commovit ad lacrymas. Tum ex praecepto Praesulis Burgensis hospitem suum secum ad Presulis praesentiam duxit. At mulier arripiens virum suum per pannos, ait: ‚Numquid non melius est, o homo, ut ego in te peccata mea eleemosynis redimam, quam extranei?' Et extunc non licuit ei ex praecepto Archiepiscopi in ipsa urbe cum aliis cibum sumere quam cum uxore. Un'annotazione si impone: l'ospitalità cercata (e trovata) da Valdesio presso l'ex-socio d'affari (*a quodam cive, quondam socio suo*) potrebbe lasciar intravedere che, nel tessuto urbano del XII secolo, le relazioni di tipo economico costituissero un vincolo solidale (e affettivo) profondo e resistente, quasi in competizione con quello coniugale.

16 Ebd.: *Valdesius civis Lugdunensis, de quo superius dictum est, facto voto Deo coeli de caetero in vita sua nec aurum nec argentum possessurum, nec de crastina cogitaturum, coepit habere sui propositi consortes, qui eius exemplum secuti, cuncta pauperibus largendo, paupertatis spontaneae facti sunt professores. Coeperunt paulatim tam publicis quam privatis admonitionibus sua et aliena culpare peccata.*

17 Ebd., S. 23: *Concilium Lateranense a Papa Alexandro huius nominis tertio celebratur. Huic concilio interfuerunt archiepiscopi et episcopi 312. Hoc concilium dampnavit omnes ordinaciones Victoris antipapae et eius successoris Paschalis necnon et Calixti. Dampnavit etiam ordinaciones ab eis ordinatorum, Hereberti Vesuntinensis archipepiscopi et aliorum archiepiscoporum et episcoporum per Burgundiam, Alemaniam et Italiam constitutorum. In hoc etiam concilio statuta sunt multa ecclesiae utilia, capitulis 44 comprehensa, que a patribus qui adherant presentes fuerunt approbata et recepta, capitulis vero 12 reprobatis. Damnavit hoc concilium haereses et omnes haereticorum fautores necnon et defensores.*

18 Ebd., S. 22: *Valdesium amplexatus est Papa, approbans votum quod fecerat voluntariae paupertatis, inhibens eidem ne vel ipse aut socii sui praedicationis officium praesumerent, nisi rogantibus*

Quarant'anni fa lo storico tedesco Kurt-Victor SELGE mise in evidenza, all'interno della sezione del 1173 del ‚Chronicon Universale', la presenza di molteplici meccanismi agiografici. Considerata nell'ottica di un racconto di conversione (*Konversionsgeschichte*), coniato su modelli prevedibili e consueti, SELGE riduceva la fonte a poco più di un intarsio di topoi: un condensato di ben rodati schemi tratti da „vite di santi".[19] Poiché, secondo Kurt-Victor SELGE, preoccupazione dell'anonimo autore premostratense era, più che narrare i fatti, presentare una figura esemplare (ossia: Valdesio come „santo mancato")[20], i numerosi dettagli contenuti nella sezione all'anno 1173 risulterebbero, dunque, vanificati.[21]

L'analisi di SELGE, pur condivisibile, presenta però un limite intrinseco: si ferma alla sola sezione del 1173. Ciò costituisce una grave menomazione testuale e concettuale. Al di là della particolare costruzione della „prima puntata" valdese, è, infatti, utile considerare nel complesso e in sequenza tutte e tre le sezioni valdesi, così come pianificate dall'anonimo autore premostratense. Innanzi tutto, assumendo questa prospettiva globale, si oltrepassa la dimensione del racconto di conversione (*Konversionsgeschichte*) ed emerge un lento, quanto nitido, racconto di ereticizzazione (*Häretisierungsgeschichte*). Assumendo questa prospettiva globale, si può inoltre ripercorrere la complessiva strategia di individuazione ed esclusione dell'eretico: strategia organizzata dall'autore del ‚Chronicon Universale' in tre puntate e distesa lungo un arco temporale di almeno cinque anni. Da un interno domestico lionese alla Roma papale, centro propulsivo della

---

      sacerdotibus. Quod praeceptum modico tempore observaverunt; unde ex tunc facti inobedientes, multis fuerunt in scandalum et sibi in ruinam.

[19] Tale sovrapposizione agiografica è solo parzialmente valida. Ad esempio, molti dati contenuti nelle *Vitae* di sant'Omobono di Cremona, emblematico modello di santità laicale del XII secolo, si distaccano parecchio dal ritratto agiografico standardizzato. Vgl. Piazzi, Daniele: Omobono di Cremona. Biografie dal XIII al XVI secolo. Edizione, traduzione e commento. Cremona 1991; Vauchez, André: Omobono di Cremona (1197): laico e santo. Profilo storico. Cremona 2001.

[20] Pochi anni fa lo storico francese Michel Rubellin ha sostenuto la dipendenza genetica/contenutistica della prima sezione valdese del ‚Chronicon Universale' da un breve *exemplum* contenuto nella miscellanea raccolta clarevallense ‚Liber Visionum et Miraculorum'. Tale dipendenza lascia tuttavia intatte molte perplessità. Mi permetto di rimandare a Francesca Tasca: Sulla conversione religiosa di Valdesio. Per una rilettura dell'*exemplum* ‚De quodam divite sponte sua facto paupere', in: Bollettino della Società di Studi Valdesi 197 (2005), S. 113-132.

[21] Sottoponendo la medesima fonte alla critica biblica per individuarvi calchi scritturali, emerge come l'Anonimo di Laon intarsi e misceli nella propria trama narrativa precisi e letterali frammenti tratti dal testo sacro. L'anonimo taglia e ricuce insieme, in modo continuo (ma né rettilineo, né sistematico), molteplici calchi scritturali. Molto densi sono gli echi ai racconti neotestamentari di conversione. La sezione valdese del 1173 è esempio davvero emblematico di monastica *ruminatio* delle Scritture. La *Konversionsgeschichte* laoniana è efficace drammatizzazione didattica che attinge ad un ventaglio scritturistico piuttosto ampio, fondato su vari racconti di conversione neotestamentari, intrinsecamente concatenati alla più universale *Historia Salutis*. Per una dettagliata analisi delle presenze scritturali nella fonte laoniana rimando a Francesca Tasca: La Bibbia e i primi valdesi (Università di Padova. Tesi di dottorato in Storia-Storia della Chiesa medievale e dei movimenti ereticali). Dattiloscritto, S. 290-312.

Christianitas latina, l'Anonimo scandisce le tappe dalla normalità all'esclusione di Valdesio (e dei suoi consortes), attraverso una fase di marginalità tanto lunga quanto modulata. Assumendo questa prospettiva globale, si nota infine che ogni tappa di tale percorso – dalla normalità all'ereticizzazione, attraverso la marginalità – corrisponde ad un mutamento di „forma familiare" attribuita a Valdesio.

Cominciando dalla sezione del 1173, è significativo che il giullare della fonte laoniana narri la celebre storia di sant'Alessio: il nobile romano che abbandonò la moglie la prima notte di nozze per darsi ad una vita di ascesi e mendicità. E' noto: Alessio tornerà, sotto mentite spoglie, alla casa paterna, dove sarà ospitato come mendicante. Solo dopo la morte ne avverrà l'agnitio. L'inserzione di questo rimando letterario risponde a due funzioni. In primo luogo l'Anonimo prepara il lettore ad una vicenda pressoché speculare: anche Valdesio, come Alessio, lascia la moglie, straziandola di dolore e di umiliazione. E anche Valdesio, come Alessio, tornerà a vivere da mendicante a casa propria.

Tuttavia l'accostamento delle due vicende aiuta anche ad evidenziare alcune differenze consistenti. Nella sezione del 1173, la (parziale) ricomposizione del nucleo familiare di Valdesio avviene non spontaneamente, bensì per imposizione episcopale, su richiesta della legittima e straziata moglie. L'autorità ecclesiastica è, dunque, garante della normalità familiare. Da un lato, una moglie reclama i propri diritti coniugali. Dall'altro lato, uno stravagante penitente pretende l'assoluta e volontaria povertà. L'arcivescovo di Lione è tramite di convergenza, seppur provvisoria, delle due esigenze: la vita di mendicità è ammessa, ma alle dipendenze della moglie. Lungo l'incerta linea di confine tra normalità e devianza, l'intervento vescovile ritaglia uno spazio di marginalità normalizzata, accettabile (e accettata), interna alla stessa vita familiare.[22]

Inoltre la sezione del 1173 avvolge Valdesio in una fitta e differenziata rete di legami. Legami familiari, sociali ed urbani: la moglie; le figlie; il maestro di teologia; i concittadini; il socio d'affari; i poveri della città; l'arcivescovo (e la curia). Nella „prima puntata" tali rapporti, interrotti solo parzialmente e solo temporaneamente, resistono e prevalgono rispetto all'individualità di Valdesio. Ci sono incrinature, ma non ancora fratture. Soluzioni convenzionali e preesistenti si propongono di sanare tali incrinature: la mancipatio delle due figlie al monastero; l'elemosina e la mensa per i poveri (in usus pauperum); la vita domestica da penitente; la restituzione del maltolto ai vessati;

---

[22] Con tale soluzione episcopale l'anonimo autore premostratense mostra di riconoscere le esigenze di perfezione del laico cittadino, da attuarsi, però, all'interno della propria specifica condizione di coniugato. Ciò è in linea con quanto a più riprese ribadito dagli ambienti monastici del XII secolo: la distinzione delle diverse condizioni di vita non solo è necessaria ma davvero santa, ed il vincolo matrimoniale è riconosciuto come valido e utile nella vita cristiana. Il pensiero monastico e teologico del tempo affermava il positivo valore del matrimonio, anche in risposta alle tesi di segno contrario sostenute dai contemporanei movimenti dualisti emergenti. Del resto, lo stesso successo della leggenda di sant'Alessio si spiega soprattutto con l'accento posto sul dolore dei familiari (in particolare: la moglie abbandonata) più che sulla bizzarra ascesi del nobile Alessio.

l'intervento mediatore curiale.[23] Garantita dalla figura episcopale, nella sezione del 1173 la prima rete di relazioni di Valdesio scricchiola, ma non cede, rappezzata e normalizzata dal suo stesso interno. Con il forzoso ritorno di Valdesio, in veste di mendicante, nella casa coniugale il ‚Chronicon Universale' di Laon rimanda l'immagine di una chiesa urbana che ammette, prevede e concede spazi formalizzati di marginalità.

La sezione del 1177 segna, in tal senso, una prima svolta. A poco a poco si costituisce intorno a Valdesio una nuova rete di relazioni, una nuova „famiglia". Appaiono i consortes: i compagni di destino. Tali consortes, che si aggregano a Valdesio, mancano di ogni vincolo di sangue o d'istituzione o d'interesse o di gerarchia. E' la libera volontà individuale che detta il loro aggregarsi, al di fuori di ogni formalizzazione. I consortes sono legati – fra loro e a Valdesio –, da una sequela di esempio e da un voto fatto al Dio del Cielo.

Di tale micro-rete, formatasi ai margini interni del mondo urbano lionese, l'anonimo cronista comincia a far emergere l'extra-istituzionalità ed il potentissimo potenziale conflittuale. Valdesio e i consortes sono estranei alle pur plurime forme previste dalla Chiesa del XII secolo per i penitenti laici. La sezione del 1177 sviluppa, inoltre, un'azione in crescendo. Dall'ambito della privata coscienza, dalla scelta esistenziale individuale attuata all'interno di un gruppo di pari e marginali, il gruppo dei consortes si spinge sempre più nell'azione pubblica, denunciando pubblicamente i peccati (coeperunt paulatim tam publicis quam privatis admonitionibus sua et aliena culpare peccata). La riprensione dei peccati minaccia di intaccare equilibri di ruoli e di funzioni secolarmente cristallizzati. Valdesio e i consortes si dirigono ai gangli della compagine originaria verso i cui margini inclusivi erano stati schiacciati (ma accolti).

La totale esclusione si colloca, infine, negli eventi del 1179. Con un tocco registico da maestro, l'Anonimo prepara tale esclusione con un plateale gesto d'assenso: l'abbraccio a Valdesio di papa Alessandro III, che ne suggella così il proposito di povertà volontaria. La scelta di riferire di tale abbraccio pontificio è solo in apparenza paradossale. Proprio attraverso tale segno incontrovertibilmente benevolo, pubblico e importante, l'Anonimo rende ancora più vistosa la forza dirompente della disobbedienza. E', infatti, la disobbedienza verso il divieto papale alla predicazione che spiega la finale estromissione di Valdesio e dei suoi soci dall'ultima orbita gravitazionale della normalità.

Questo finale episodio romano permette all'anonimo premostratense di veicolare una fondamentale verità teologica: la disobbedienza è la pietra miliare che segna il perime-

---

[23] Gli atti che accompagnano la conversione di Valdesio sono in molti punti sovrapponibili al racconto della vicenda del *miles* Pons de Leras come narrata, agli inizi degli anni Sessanta del XII secolo, nel ‚Tractatus de conversione Pontii de Laracio'. Tale testo è consultabile in Kienzle, Beverly M.: The Works of Hugo Francigena: ‚Tractatus de Conversione Pontii de Leracio et exordi Salvaniensis Monasterii vera narratio'; ‚Epistolae' (Dijon, Bibliothèque Municipale MS 611), in: Sacris Erudiri 34 (1994), S. 287-317; dies.: Pons of Léras. Introduction and Translation, in: Thomas Head (Hrsg.): Medieval Hagiography. An Anthology. New York/ London 2001, S. 495-513.

tro escludente dell'ortodossia. Se l'obbedienza è inclusione, e l'inclusione (pur nella marginalità) è ortodossia, la disobbedienza trasforma in esclusione la marginalità – fase intermedia e variamente modulabile. Del resto, nella prospettiva della Storia della Salvezza, che improntа l'impianto complessivo del ‚Chronicon Universale', la disobbedienza di Valdesio ricalca la primitiva disobbedienza adamitica. Come la disobbedienza determinò l'uscita di Adamo ed Eva dall'Eden, giardino di vita amorevolmente disposto per l'Uomo dal Creatore, così la disobbedienza di Valdesio e dei suoi compagni ne determina l'estromissione dalla comunione ecclesiastica, ossia l'uscita dalla famiglia della Chiesa universale, simboleggiata nell'abbraccio accogliente e ben disposto della suprema autorità pontificia.

Facti inobedientes, multis fuerunt in scandalum et sibi in ruinam: con tale breve appunto all'anno 1179 l'Anonimo conclude la storia di Valdesio. L'area grigia della marginalità – quella condizione di bilico, protrattasi per oltre cinque anni – è così definitivamente dilaniata. L'anonimo autore premostratense fa convergere in tale conclusione due messaggi fondanti. Da un lato, l'esclusione dell'eretico è autoesclusione: le legittime autorità prendono semplicemente atto di tale scelta, dopo aver attuato plurali strategie di inclusione, accoglienza e recupero. Dall'altro lato, l'autorità pontificia (con sottofondo conciliare) è il discrimine supremo dell'ortodossia.

E' bene, infine, sottolineare che tutte e tre le sezioni valdesi del ‚Chronicon Universale' vedono compenetrarsi esponenti clericali di innegabile ortodossia. Eminenti autorità ecclesiastiche accompagnano, passo passo, la vicenda di Valdesio: il magister theologiae; l'arcivescovo lionese e la sua curia; il Concilio e il papa. Valdesio è da loro aiutato e consigliato. Il papa, addirittura, abbraccia Valdesio (*Valdesium amplexatus est papa*). Poiché le vicende di Valdesio coinvolgono reti sociali diverse e progressivamente amplificate, ciò comporta che il ‚Chronicon Universale' preveda, di volta in volta, il confronto con l'autorità regolativa corrispondente. Ciascuna scala territoriale ha la propria autorità competente e la gerarchizzazione della Christianitas occidentale è molto chiara nella rappresentazione e nelle parole dell'Anonimo. L'entrata in scena delle diverse autorità ecclesiastiche è in relazione ai diversi gradi di rottura di Valdesio: il magister, per la rete familiare; l'arcivescovo (con la curia), per la rete urbana; il papa (con il concilio), per la rete ecclesiastica universale.

La suprema autorità pontificia è preposta per dirimere la marginalità dall'eresia. Il ‚Chronicon Universale' trova, infatti, nell'intervento pontificio la soluzione conclusiva alla vicenda di Valdesio: il taglio che ne recide la prolungata ambiguità. E' sullo sfondo della Roma papale e conciliare che si suggella la chiara, sicura distinzione tra ortodossia ed eterodossia. È il centro che definisce sia ciò che è margine sia ciò che è esterno al proprio perimetro. Come l'abbraccio papale include la scelta pauperistica di Valdesio nella famiglia ecclesiastica ed attribuisce a Valdesio uno status di marginalità accolta, riconosciuta, ammessa ed accettata, così il successivo atto pontificio di condanna (*agito in contesto conciliare*) definisce il decisivo confine dell'esclusione rispetto all'anteriore marginalità: l'area grigia e intermedia, che separava la normalità, perfettamente integrata, dall'espulsione totale.

La serie di presenze ecclesiastiche lungo le protratte vicende valdesi permette inoltre all'anonimo autore premostratense di ricordare che il discrimine tra marginalità ed esclusione è labilissimo: esso attraversa e compenetra la realtà in modo insolubile. O meglio: quasi insolubile. Nella prospettiva dell'Historia Salutis, che improntail ‚Chronicon Universale', tale compenetrazione è segno della confusione di cui partecipa il Mondo intero per azione del Nemico. Sono il grano e le zizzanie, destinati a crescere l'uno accanto all'altro, pressoché indistinguibili, sino alla fine dei tempi. Tale commistione impone cautela, prudenza, pazienza.[24] In questo senso la controversa vicenda religiosa di Valdesio, a partire dai fatti minimi di Lione, entra a pieno diritto nell'impianto del ‚Chronicon Universale': è espressione di una Storia della Salvezza incarnata, anno per anno, giorno per giorno, nelle miserie e negli splendori della quotidianità umana, in cui il tempo storico è fattore essenziale di discernimento.

---

[24] Tale certo discernimento è tanto più necessario laddove l'eresia si potrebbe confondere con la santità. Sul controverso discrimine tra santità ed eresia si rimanda a Daniele Solvi: Santi degli eretici e santi degli Inquisitori intorno all'anno 1300, in: Paolo Golinelli (Hrsg.): Il pubblico dei Santi. Forme e modelli di ricezione dei modelli agiografici (Atti del Convegno Aissca 3). Roma 2000, S. 141-156; Golinelli, Paolo: Da santi ad eretici. Culto dei santi e propaganda politica tra Due e Trecento, in: La propaganda politica nel Basso Medioevo. Atti del XXXVIII Convegno Storico Internazionale, Todi 14-17 ottobre 2001 (Atti, n.s. 38). Todi 2002, S. 471-510.

SABINE OBERMAIER

„Der fremde Freund".
Tier-Mensch-Beziehungen
in der mittelhochdeutschen Epik[1]

Das Tier gehört ohne Zweifel zur alltäglichen Lebenswelt des mittelalterlichen Menschen. In der feudal organisierten Agrarkultur des Mittelalters bestimmt sich das Verhältnis zwischen Mensch und Tier vorrangig durch den Nutzen oder Schaden des Tiers für den Menschen[2] – allerdings noch weit entfernt von der heute üblichen Massentierhaltung, in der das utilitaristisch-instrumentalistische Verhältnis zum Tier verabsolutiert wird, aber auch weit entfernt von unserer Form der „Liebhaberei"-Haustierhaltung aus jener sentimental-emotionalen Bindung heraus, welche das Tier zum ‚Ersatzmenschen' personifiziert.[3] Ist unter diesen Voraussetzungen eine Freundschaft zwischen Tier und Mensch überhaupt denkbar?

Aus philosophischer Perspektive ist für das Mittelalter eine Freundschaft zwischen Mensch und Tier problematisch: In der durch Caesarius von Arles vermittelten Denktradition des Augustinus sind Tiere nur zu einer unteren Stufe der Freundschaft, zur *amicitia consuetudinis* oder *amicitia carnalis* fähig, nicht aber zu der höheren Stufe der *amicitia rationis* oder *caritas*, die allein dem Menschen eigen ist.[4] Freundschaft –

---

[1] Dieser Beitrag ist die leicht modifizierte Fassung meines gleichnamigen Vortrags. Ich danke den Teilnehmerinnen und Teilnehmern des Symposions für die konstruktive Diskussion, namentlich Wolfgang Dinkelacker für zentrale Hinweise zum Erkennen Gringuljetes an seiner Springart und Ulrich Ernst für anregende Überlegungen zum Grabepitaph für Bukephalos.

[2] Salisbury, Joyce E.: The Beast within. Animals in the Middle Ages. New York/ London 1994, bes. Kap. 1 („Animals as Property").

[3] Nowasadtko, Jutta: Zwischen Ausbeutung und Tabu. Nutztiere in der Frühen Neuzeit, in: Paul Münch/ Rainer Walz (Hrsg.): Tiere und Menschen. Geschichte und Aktualität eines prekären Verhältnisses. Paderborn u.a. 1998, S. 247-274, bringt die beiden Extrempositionen auf die Begriffe „Ausbeutung" und „Tabu".

[4] Caesarius von Arles: Sermones, hrsg. v. D. Germanus Morin (Corpus Christianorum, Series Latina 103). Turnhoult ²1953, Nr. 21, § 91: *Est ergo ista amicitia consuetudinis, non rationis: habent illam et pecora* [es folgt das Beispiel von den beiden Pferden, die daran gewöhnt sind, gemeinsam zu fressen]. Vgl. Epp, Verena: Amicitia. Zur Geschichte personaler, sozialer, politischer und geistlicher Beziehungen im frühen Mittelalter (Monographien zur Geschichte des Mittelalters 44). Stuttgart 1999, S. 56.

verstanden als personale Beziehung[5] – ist demnach, insofern sie auf Übereinstimmung im Denken, Fühlen und Wollen gründet, eigentlich eine dem Menschen vorbehaltene Beziehungsform.[6]

In der mittelhochdeutschen Epik begegnen allerdings immer wieder enge Tier-Mensch-Beziehungen (insbesondere zwischen Ritter und Pferd, Mensch und Hund),[7] für die sich aus neuzeitlicher Sicht die Bezeichnung „Freundschaft" anbieten würde. Doch kann – vor dem eben skizzierten kulturellen und geistigen Hintergrund – die literarisch gestaltete „Freundschaft" zwischen Tier und Mensch überhaupt mehr sein als nur eine Metapher? Dies soll nun in diesem Beitrag an einigen einschlägigen Beispielen diskutiert werden.

I. Der Ritter und sein Pferd

„Pferdemann", genauer: „Hengstmann": so nennt Dietmar PESCHEL-RENTSCH – Karl BERTAUS „Pferdemensch" präzisierend – den Ritter, dem die Bindung an das Pferd schon im Wort liegt.[8] Dem Pferd werden nach Udo FRIEDRICH innerhalb der mittelalterlichen Kleriker- und Adelskultur unterschiedliche Bedeutungen beigelegt. Für die adlige Sichtweise (die uns hier besonders interessiert) ist das Pferd „nicht nur lebens-

---

[5] Von den vier Arten von Freundschaft, die Epp [Anm. 4] für das frühe Mittelalter unterscheidet (nämlich: Freundschaft als personale Beziehung, als Klientel- und Gefolgschaftsbeziehung, als außenpolitisches Beziehungsverhältnis und als geistliche Beziehung) ist in Hinblick auf die Frage nach der Tier-Mensch-Freundschaft in der mhd. Epik lediglich die Freundschaft als personale Beziehung relevant.

[6] Vansteenberghe, G.: Art. Amitié, in: Dictionaire de spiritualité ascétique et mystique. Bd. 1 (1937), Sp. 500-529, hier Sp. 505. „L'amitié est une union d'ordre spirituel [...], c'est à dire une union de pensée, de sentiment et de volonté; elle est donc proprement humaine. Comme l'a bien vu Aristote, elle ne saurait exister qu'entre personnes. / Ceci nous permet d'exclure de l'amitié proprement dite, les rapports de l'homme et de l'animal: le chien n'est l'ami de l'homme qu'au sens large du mot; ainsi que toutes les liaisons humaines qui relèveraient essentiellement de l'instinct, et non de la volonté libre." Eine solche auf Gefühl und Geist gegründete und christlich geprägte Vorstellung von Freundschaft vermittelt auch Isidor an das frühe Mittelalter (siehe dazu Epp [Anm. 4], S. 32f.).

[7] Zum Motiv der Freundschaft zwischen Tier und Mensch im Erzählgut allgemein siehe: Horn, Katalin: Art. Freundschaft und Feindschaft, in: Enzyklopädie des Märchens. Bd. 5 (1987), Sp. 293-315, hier Sp. 299-301.

[8] Peschel-Rentsch, Dietmar: Pferdemänner. Kleine Studie zum Selbstbewußtsein eines Ritters, in: ders. (Hrsg.): Pferdemänner. Sieben Essays über Sozialisation und ihre Wirkungen in mittelalterlicher Literatur (Erlanger Studien 117). Erlangen/ Jena 1998, S. 12-47, hier S. 12, 14 und 17. Abwägender Herbert Kolb: Namen und Bezeichnungen der Pferde in der mittelalterlichen Literatur, in: Beiträge zur Namenforschung 9 (1974), S. 151-166, hier S. 151. Zur soziokulturellen Entstehung der Verbindung Reiter/Pferd und des Reiterkriegertums siehe: Meyer, Heinz: Mensch und Pferd. Zur Kultursoziologie einer Mensch-Tier-Assoziation. Hildesheim 1975, Kap. I. 6.

weltliche Realität und konkretes Instrument politischer Macht", es wird auch – so FRIEDRICH – „zur komplexen Einschreibefläche für das ‚kulturelle' Selbstverständnis des Adels."[9] Doch sind Ritter und Pferd auch Freunde? An drei Ritter-Pferd-Paaren wollen wir dies im Folgenden diskutieren.

1. Gawan und Gringuljete (Wolfram von Eschenbach, ‚Parzival'[10], 1200-1210)

Kurz nachdem der Kastilianerhengst mit den *rôten ôren* Gringuljete (Pz. 339,29) nach drei Vorbesitzern an Gawan kommt,[11] wird ihm das Pferd wieder gestohlen,[12] und Gawan muss sich mit Malcreatiures nicht reitbarem Klepper begnügen. Um so glücklicher ist Gawan, als er im Kampf gegen Lischoys Gwelljus Gringuljete unvermutet zurückgewinnt: *er saz drûf: dô fuor ez sô, / sîner wîten sprunge er was al vrô. / dô sprach er ‚bistuz Gringuljete? […]'*. (Pz. 540,15-17)[13] Gertrud Jaron LEWIS kommentiert die Szene bezeichnenderweise so: „In seiner unverhohlenen Wiedersehensfreude

---

[9] Friedrich, Udo: Der Ritter und sein Pferd. Semantisierungsstrategien einer Mensch-Tier-Verbindung im Mittelalter, in: Ursula Peters (Hrsg.): Text und Kultur. Mittelalterliche Literatur 1150-1450. Stuttgart/ Weimar 2001, S. 245-267, hier S. 266f.; denn: „Ganz unterschiedliche Ebenen adeliger Existenz sind davon betroffen: Reiten als kulturelle Basistechnik in Sozialisationsentwürfen, Affektsymbiose zwischen adeligem Reiter und Pferd; das Pferd als ethischer Spiegel, als demonstratives Herrschaftszeichen im politischen Zeremoniell, bisweilen sogar im Rechtskontext, schließlich als Garant genealogischer Auszeichnung" (ebd., S. 267). Darüber hinaus ist das Pferd in der mittelalterlichen Gesellschaft ein bedeutender Faktor für die Wirtschafts- und Sozialgeschichte (D. Hägermann: Art. Pferd II, in: Lexikon des Mittelalters. Bd. 6 [2000], Sp. 2029f.); auf die militärische Funktion gehen Peter Dinzelbacher: Mittelalter, in: ders. (Hrsg.): Mensch und Tier in der Geschichte Europas. Stuttgart 2000, S. 181-292, hier S. 198-202, und Erhard Oeser: Pferd und Mensch. Die Geschichte einer Beziehung. Darmstadt 2007, Kap. 7 „Die Pferde im Mittelalter", ein.

[10] Wolfram von Eschenbach: Parzival. Studienausg., mhd. Text nach der sechsten Ausg. v. Karl Lachmann, übers. v. Peter Knecht. Einf. zum Text v. Bernd Schirok. Berlin ²2003.

[11] Lähelin hat das Pferd dem Gralsritter Lybbeals abgestritten, dann seinem Bruder Orilus gegeben (Pz. 261,27-30; 473,22-30), der es schließlich Gawan schenkte (Pz. 339,26-30; 545,28f.). Zur Frage der Herkunft des Pferdes im weiteren Umkreis von frz. Gauvain-Erzählungen siehe: Trachsler, Richard: Qui a donné le Gringalet à Gauvain? A propos d'un épisode d'*Escanor* de Girard d'Amien, in: Centre universitaire d'études et de recherches médiévales d'Aix (CUERMA) (Hrsg.): Le cheval dans le monde médiéval. Aix-en-Provece 1992, S. 529-542.

[12] Der Dieb ist Urjans, der auch später über den Pferdediebstahl identifiziert wird (Pz. 620,3-5). Zu dieser Episode siehe: Gleis, Paul G.: Urjân (*Parzival, Book X*). From Wolfram von Eschenbach to Hans Sachs, Hebel and Schinderhannes, in: Gottfried F. Merkel (Hrsg.): On Romanticism and the Art of Translation. Studies in Honor of Edwin Hermann Zeydel. London/ Oxford 1956, S. 47-66.

[13] Kolb [Anm. 8], S. 151: „Das enge Verhältnis [zwischen Pferd und Ritter] verwandelt sich in der Literatur des Rittertums zu einem innigen dort, wo das Pferd mit einem Eigennamen benannt, bei diesem von seinem Reiter angeredet wird und auf die Anrede selbst in einer Weise reagiert, daß es den Anschein hat, als verstände es die Worte seines Herrn."

spricht er Gringuljete wie einen Freund [!], den man lange vermisst hat, direkt an."[14]

Gawan, der übrigens auch in menschlichen Beziehungen besondere Sensibilität beweist, erkennt Gringuljete sofort an seiner Springart (es ist dies genau die Eigenschaft, die für Gawan an späterer Stelle des Textes von besonderer Bedeutung sein wird). Letzte Gewissheit über seine Identität gibt ihm das Gralswappen. Offen bleibt, ob Gringuljetes Sprünge als Zeichen dafür zu lesen sind, dass auch der Hengst Gawan erkennt und sich über das Wiedersehen freut.[15] Für Gawan aber bedeutet der Wiedergewinn des Pferdes auch eine erste Restitution seines gedemütigten Adels; er kommt damit wieder in *hôchgemüete* (Pz. 541,4). Gringuljete ist für Gawan also Besitz, Reitgerät und Statussymbol, aber von individueller Identität und großem Wert – lieber gibt Gawan später beim Fährmann den Herzog Lischoys Gwelljus in Zahlung als sein Pferd Gringuljete (Pz. 546,5-9). Friedrich OHLY weist zu Recht darauf hin, dass diese Wertschätzung des Pferdes subjektiv ist; denn für den Fährmann ist der Herzog mehr als fünfhundert gute Pferde wert (Pz. 546,17f.).[16]

Nach dem missglückten Sprung über die Wilde Schlucht (es ist dies Teil der letzten Liebesprobe für Orgeluse), bei dem Ross und Reiter abstürzen, da Gringuljete nur mit den Vorderbeinen das andere Ufer erreicht, gelingt es Gawan mit Glück und Geschick, seinen Hengst aus den Fluten zu bergen: *Gringuljet swam ob und unde, dem er [gemeint: Gawan] helfen dô begunde* (602,29f.). Dies ist in voller Rüstung nicht einfach, aber ein *werve* (ein Wirbel) treibt das Pferd näher an das Ufer, wo eine Spalte Gringuljete das Leben rettet. Mit seiner Lanze lenkt Gawan das Pferd zu sich, bis er es am Zügel greifen und ans Ufer ziehen kann.[17]

Spiegelt sich in dieser Sorge um und für das Pferd mehr als die egoistische Sorge um ein nützliches, ja unerlässliches Reit- und Kampfgerät? Oder zeigen sich darin erste Ansätze zu einer tieferen Bindung? Wolframs Text sagt dazu nichts. Aber: Der Sprung

---

[14] Lewis, Gertrud Jaron: Das Tier und seine dichterische Funktion in Erec, Iwein, Parzival und Tristan. Bern u.a. 1974, S. 123.

[15] Anders das Streitross des Ogier in der *Chanson de geste* vom *Moniage Ogier*. Zur Rezeption dieser Episode in den Enzyklopädien siehe Kolb [Anm. 8], S. 157-159.

[16] Ohly, Friedrich: Die Pferde im ‚Parzival' Wolframs von Eschenbach [1985], in: ders. (Hrsg.): Ausgewählte und neue Schriften zur Literaturgeschichte und Bedeutungsforschung. Stuttgart/ Leipzig 1995, S. 323-364, hier S. 345. In Chrétiens ‚Perceval' ist dagegen Gauvains Beziehung zum Pferd – so die These von Cristina Álvares: Gauvain, les femmes et le cheval, in: Le cheval dans le monde médiéval [Anm. 11], S.31-41 – mit seiner Beziehung zu den Frauen korreliert; für Wolframs Gawan ist dies nicht auszumachen.

[17] Bei Chrétien de Troyes rettet das Pferd sich und seinen Reiter aus den Fluten der Gefährlichen Furt (Pc. 8511-8526); im Anschluss daran nimmt Gauvain dem Pferd den Sattel ab und sorgt dafür, dass es trocknen kann (Pc. 8527-8533). Benutzte Textausgabe: Chrétien de Troyes: Le Roman de Perceval ou Le Conte du Graal. Der Percevalroman oder Die Erzählung vom Gral. Altfrz./ dt., übers. und hrsg. v. Felicitas Olef-Krafft (RUB 8649). Stuttgart 1991.

zurück über die Schlucht gelingt, weil Gawan sein Pferd diesmal nicht zügelt, sondern sich ihm ganz anvertraut:

> er wolt daz ors niht ûf enthabn,
> mit sporn treib erz an den grabn.
> Gringuljet nam bezîte
> sînen sprunc sô wîte
> daz Gâwân vallen gar vermeit
> (Pz. 611,11-15).

Insofern hat Friedrich OHLY vielleicht doch Recht, wenn er sagt: „Gawan und Gringuljete leben wie eine Einheit, eine sich wechselseitig stützende Vollkommenheit."[18] Aber sind sie auch Freunde? Wenn ja, dann doch wohl nur in einer sehr rudimentären Form.

2. Willehalm und Puzzat (Wolfram von Eschenbach, ‚Willehalm'[19], nach 1209)

Bei Willehalm und Puzzat finden wir eindeutigere Freundschaftsgesten als bei Gawan, sowohl auf Seiten Willehalms wie auf Seiten Puzzats. Im Kontext der ersten, für die Christen verheerenden Schlacht trägt das Pferd den verwundeten, aber tapfer weiter kämpfenden Willehalm durch die Schlachtreihen (Wh. 56,8-15). Willehalm sorgt liebevoll für das verwundete Pferd: Mit seinem Mantel aus edlem Seidenstoff wischt er ihm den Schweiß vom Fell, so dass es sich erholt und durch den *kunreiz* (die Fütterung) seine *unkrefte* überwindet (Wh. 59,9-19). Auch ist Willehalm bemüht, Puzzats Last zu vermindern, natürlich auch, um selbst beweglicher zu sein (Wh. 71,17-19). Auch nimmt er ihm sein Zaumzeug ab, so dass es seinen Hunger stillen kann (Wh. 82,9-11). Neben diesen Sorgegesten legt der Text Willehalm eine lange Klagerede an sein Pferd in den Mund: ‚*ouwe*', sprach er, ‚*Puzzat, / kundestu nu geben rat / war ich keren möhte!* [...]' (Wh. 58,21-23). Er beklagt, dass sie beide verwundet sind und damit an Schnelligkeit und Wehrhaftigkeit eingebüßt haben. *wicken, habern, kicher, / gersten* und *lindez heu* verspricht er ihm zu geben, sobald sie zurück in Orange seien (Wh. 59,1-6); denn das Pferd sei seine einzige Hoffnung: *ich enhan hie trostes mer wan dich: / din snelheit müeze trœsten mich* (Wh. 59,7f.). Willehalm ist sich hier aber bewusst, dass ihm das Tier nur innerhalb seiner tier-gemäßen Möglichkeiten (Stärke und Schnelligkeit) eine Hilfe sein kann – so bemerkt Werner SCHRÖDER ganz richtig: „Puzzat ist jetzt sein

---

[18] Ohly [Anm. 16], S. 343.
[19] Wolfram von Eschenbach: Willehalm. Text der Ausg. v. Werner Schröder, Übers., Vorw. und Reg. v. Dieter Kartschoke. Berlin ³2003.

letzter Kamerad, das einzige Lebewesen, mit dem er leider nicht, zu dem er aber wenigstens reden kann."[20]

Zusammen mit dem Schwert Schoyuse bilden Ross und Reiter im Kampf eine Einheit der Tapferkeit (Wh. 77,14-18). Nach der Tötung des Heidenkönigs Arofel legt sich Willehalm dessen Rüstung an und steigt auf dessen Pferd Volatin, da Puzzat sehr verwundet ist.[21] Aber Puzzat folgt Willehalm: *swa sin herre vor in reit / die selben sla ez niht vermeit* (Wh. 82,13f.). Diese *triuwe* (auch wenn sie explizit nicht so genannt wird) sowie ein Zipfel seines weißen Hermelin werden Willehalm verraten: *und do Puzzat vür unbetrogen / so eben zogt uf siner sla, / des bekanden in die heiden da* (Wh. 84,28-30). Das Pferd ist Erkennungszeichen – dies wird auch dort deutlich, wo es fehlt: Gyburg kann Willehalm nicht erkennen, da er auf Volatin, nicht auf Puzzat reitet: *Arofels ors Volatin / was niht so Puzzat getan* (Wh. 89,14f.). Im letzten Gefecht nämlich hat Puzzat den Tod gefunden, während Willehalm entfliehen konnte: *er vloch dan, Puzzat lac tot, / sin ors: daz begund er klagen* (Wh. 88,22f.). Die Klage um das Pferd wird nur erwähnt, während die Klage um den sterbenden menschlichen Freund und Verwandten Vivianz, dem Willehalm überdies noch die Beichte abnimmt und eine letzte (Ersatz)kommunion erweist, viele Verse umfasst (Totenklage: Wh. 60,21-61,17 und – in Pietà-Gebärde – Wh. 62,1-64,30).[22] Dennoch: In (wenn auch deutlich) abgestufter Darstellung erhält das Pferd Puzzat von Willehalm eine Totenklage. Insofern kommt doch Zweifel auf an Werner SCHRÖDERS Fazit: „Die Pferde im ‚Willehalm' sind Pferde und weiter nichts."[23] Diese gegen Friedrich OHLYS Analyse zu den Pferden im ‚Parzival' gewendete These ist allerdings auch nicht ganz falsch: Das Pferd bleibt in der Tat Pferd, und es bleibt mehr Pferd als sein afrz. Vorbild Baucent, das seinem Herrn verständige Antwort gibt *cum s'il fust hom seneç* (Bat. d'Al. 601).[24] Dennoch ist Puzzat immerhin ein „Kamerad"[25] Willehalms und rückt damit in die Nähe von Figuren wie Vivianz – dabei aber bleibt es Tier, bleibt es „fremd"[26].

---

[20] Schröder, Werner: Willehalms Pferde, in: Ingrid Kühn/ Gotthard Lerchner (Hrsg.): *Von wyßheit würt der mensch geert...* Festschrift für Manfred Lemmer zum 65. Geburtstag. Frankfurt a. M. 1993, S. 105-115, hier S. 108.

[21] Zur Notwendigkeit eines Ersatzpferdes: Schröder: Pferde [Anm. 20], S. 111.

[22] In der altfranzösischen Vorlage nimmt das Pferd an Viviens Tod starken Anteil: Während der Nachtwache frisst und säuft auch das Pferd nicht (zum naturkundlichen Hintergrund dazu: Kolb [Anm. 8], S. 156).

[23] Schröder: Pferde [Anm. 20], S. 114.

[24] So auch Harris, Nigel: Willehalm und Puzzât, Guilleme and Baucent: The Hero and his Horse in Wolframs *Willehalm* and in the *Bataille d'Aliscans*, in: Michael Butler (Hrsg.): The Challenge of German Culture. Essays represented to Wilfried von der Will. New York u.a. 2000, S. 13-24, hier S. 16f. und S. 21: „Baucent is, quite simply, more human than Puzzât. [...] Puzzât, by contrast, is presented in much less anthropomorphic terms."

[25] Dies ist sogar eine Formulierung von Schröder (Pferde [Anm. 20], S. 108) selbst.

[26] Das Bedürfnis „to preserve a clear distinction between humanity and animality" (Harris [Anm. 24], S. 22), welches Wolfram von Chrétien unterscheidet, erklärt Harris mit unterschiedlichen Publikumserwartungen.

3. Alexander und Bukephalos (Ulrich von Etzenbach, ‚Alexander'[27], um 1284)

Der historische Alexander der Große hat für seinen legendären Hengst Bukephalos sogar ein Grabmal errichten lassen und eine Stadt nach ihm benannt.[28] Diese Tradition ist im Alexanderroman Ulrichs von Etzenbach greifbar, welcher der ‚Alexandreis' Walthers von Chatillon folgt. Hier erschöpft sich Pucivals Funktion nicht in einer Herrscherprobe für Alexander,[29] auch wenn Pucival in Alexander zunächst seinen Meister findet: Das Pferd, das sonst die Angewohnheit hat, Menschen zu Tode zu beißen, wird nicht müde, vor dem oft vorbeikommenden Knabe auf die Knie zu fallen; aber auch der Knabe kann es nicht lassen, seine Hand durch das Gatter zu stecken und das Pferd bei den Ohren und am Maul zu fassen (UvE, Al. 1660-1683). Er bittet seinen Vater um das Pferd (um mit ihm *Tjosten* und *Kämfe* zu bestehen), und es gelingt dem Knaben tatsächlich mühelos, das Ross zu zäumen, zu satteln und zu reiten und an Heu und übliches Futter zu gewöhnen (UvE, Al. 1684-1720). Bis hierher ist das Verhältnis zwischen Alexander und dem ihm „untertänigen" Pucival (UvE, Al. 1716) eher ein Herrschafts- denn ein Freundschaftsverhältnis.

In den nachfolgenden Schlachten bilden Alexander und sein *snellez* [tapferes, kräftiges und gewandtes] *ors* Pucival eine siegreiche Kampfeinheit,[30] so wie es Alexander sich wünschte. Es kommt (ähnlich wie im ‚Willehalm') zu liebevollen Gesten:

> daz ors von dem testiere [dem Helm, dem Kopfschutz des Pferdes]
> hete er enblœzet schiere.
> dô nam der junge wîgant
> ob dem harnasche sîn gewant,
> den sweiz er im von den ougen streich.
> Pûcival müede entweich
> (UvE, Al. 13341-13346).

In der verlustreichen Schlacht gegen die Skythen wird Pucival erstmals stark verwundet (UvE, Al. 18868-18870), in der Schlacht gegen Porus verfolgt Alexander den Ritter, der Pucival eine solch schwere Wunde zugefügt hat, dass das Pferd beginnt zu *zagen*

---

[27] Ulrich von Eschenbach [recte: Etzenbach]: Alexander, hrsg. v. Wendelin Toischer (Bibliothek des Literarischen Vereins in Stuttgart 183). Stuttgart/ Tübingen 1888 (Neudruck Hildesheim u.a. 1974).

[28] Man vermutet, dass dieses Bukephala dem heutigen Jalepur entspricht. Zu den historischen Belegen zu Pferd und Stadt siehe: Wiemer, Hans-Ulrich: Alexander der Große (C. H. Beck Studium). München 2005, S. 146 (Städtegründung zu Ehren des Lieblingspferdes). Diese Stadt gehört zu den Städten, die nachweislich von Alexander gegründet wurden (ebd., S. 174).

[29] So in den drei Versionen des Alexanderliedes des Pfaffen Lamprecht und bei Johannes Hartlieb. Der *Alexander* Rudolfs von Ems ist Fragment geblieben; insofern wissen wir nicht, ob hier dem Pferd noch mehr Aufmerksamkeit geschenkt worden wäre.

[30] Belege: UvE, Al. 1749f.; 8297-8301; 10623-10625 [aus der Perspektive des Darius]; 13308-13311; 13952-13954; 14181-14188; 14274-14278.

[seinen Mut verlieren] (UvE, Al. 19995-20000). Kurz darauf, bei der Verfolgung des Königs Porus, bricht der schwer verwundete Pucival unter Alexander tot zusammen (UvE, Al. 20029-20036). Alexander beklagt den Tod des Pferdes, er würde – so sagt er zu dem toten Ross – alles Beutegut dafür geben, um einen lebenden Pucival zu haben, mit dem er noch so viele Feinde hätte bezwingen wollen:

> Alexander sprach, ‚ei Pûcival,
> daz du soldest noch genesen
> und mit mir in strîtes herte wesen,
> daz wolt ich nemen vür al die habe,
> die ich ûf dir den vînden abe
> bî mînen zîten habe erstriten,
> sô wurde noch von mir geriten
> crefteclich ûf vînde schaden,
> sô daz sie strîtes überladen
> von uns wurden mit craft.
> wâ man rehter ritterschaft
> solde phlegen und der gert,
> dâ wærst du drîzic lande wert.'
> (UvE, Al. 20044-20056)

Betont wird hier auch der materielle Wert des Pferdes, der mit dreißig Ländern sehr hoch angesetzt ist (dies ist ein Punkt, der die Klage deutlich von der ungleich heftigeren Klage um den menschlichen Freund, z. B. um Permenions Sohn und Philotas' Bruder Nicanor, unterscheidet; UvE, Al. 13791-13829; vgl. 13841). Alexander erhält sofort ein neues Pferd, um die Schlacht weiter führen zu können. Erst auf seiner Orientfahrt (UvE, Al. 21884-218886) klagt er um das tote Pferd. Später lässt er an der Stelle, wo er Pucival verloren hat, ein Grab mit Grabstein für das Pferd sowie eine Stadt mit Namen Pucival errichten:[31]

> von danne er quam an die stat,
> dâ er mit Pôrô gestriten hat
> und dâ er verlôs Pûcival.
> die gezelt man rihte ûf daz wal,
> er samente der zagheit eine
> gar des orses gebeine
> und hiez daz bewinden
> mit sîdînen tuochen linden
> und bat daz füegen in ein grap.
> rîche koste er dar zuo gap.
> Einen stein hierz er houwen
> ûf daz grap, dar an man schouwen
> wol mohte und lesen sîne tât,
> die er ûf dem orse begangen hât.

---

[31] Zu den historischen Grundlagen siehe Anm. 28.

> Ein burc er bûwete ûf daz wal,
> der namen berief er Pûcival,
> dar zuo schuof er rîchen gelt.
> (UvE, Al. 23539-23555)

Eine solche Ehrung wird dem von Alexander *geselle* genannten Nicanor nicht zuteil. Aber es lohnt sich, genauer hinzuschauen: Der Grabstein erinnert letzten Endes nur an die Taten, die Alexander (!) auf diesem Pferd vollbracht hat. Das Grab des Pferdes wird so zum Memorialbild für Alexanders ritterlichen Ruhm.[32]

Was an diesen Mensch-Pferd-Paaren bereits auffällt: Im Rahmen eines Besitz- und Herrschaftsverhältnisses verhalten sich die überlegenen Menschen dem Tier gegenüber so, wie sie sich auch einem menschlichen Freund gegenüber verhalten würden: Gawan rettet sein Pferd vor dem Ertrinken, Willehalm und Alexander sorgen rührend für Erholung und Stärkung des kampfmüden Pferdes, sie trauern um den Verlust des Pferdes. Ihre Übereinstimmung drückt sich im gemeinsamen Kampf aus. In die Gefühlswelt der Pferde dagegen erhalten wir kaum Einblick: Gringuljetes Loyalität Gawans gegenüber erschließt sich lediglich aus den selbstverständlichen Sprüngen über die gefährliche Schlucht, Puzzat folgt treu seinem Herrn; nur Pucival zeigt mit seinen Kniefällen Ergebenheitsgesten. Insofern die Tiere kaum bis gar nicht anthropomorphisiert werden, bleiben sie „fremd". Eine echte „Übereinstimmung" (wie es die in der lateinischen Theologie bis ins hohe Mittelalter tradierte Definition Ciceros vorsieht)[33], wirkliche Gleichheit und Gegenseitigkeit ist damit kaum gegeben. So bleiben die Reden der Protagonisten an das Tier auch stets verbal wie gestisch unbeantwortet.

Die Tier-Mensch-Freundschaft wird hier mit großer Sensibilität als eine gegenüber der Mensch-Mensch-Freundschaft abgestufte Variante der Freundschaft kenntlich gemacht (was den zeitgenössischen philosophischen Auffassungen gut entspricht). Indem die Pferd-Reiter-Beziehungen als eine Form von Freundschaft gestaltet werden, welche stets in ein Verhältnis von Herrschaft und Besitz eingebettet bleibt, wird am Protagonisten das von Gerd ALTHOFF beschriebene Prinzip erfolgreicher Herrschaft (das da lautet: Herrscher und Freund zu sein) sinnbildlich sichtbar.[34]

---

[32] Damit erfüllt dieses literarische Pferdegrab eine ganz andere Funktion, als man für die historisch gegebenen merowingerzeitlichen Pferdegräber annimmt; siehe dazu Michael Müller-Wille: Pferdegrab und Pferdeopfer im frühen Mittelalter, in: Berichten van de Rijksdienst voor het Oudheidkundig Bodemonderzoek 20-21 (1970/71), S. 119-248, und Judith Oexle: Merowinger-zeitliche Pferdebestattungen – Opfer oder Beigaben?, in: Frühmittelalterliche Studien 18 (1984), S. 122-172.

[33] *Est enim amicitia nihil aliud nisi omnium divinarum humanarumque rerum cum benevolentia et caritate consensio* (Marcus Tullius Cicero: Laelius. Über die Freundschaft, in: ders.: Cato der Ältere. Über das Alter. Laelius. Über die Freundschaft, hrsg. v. Max Faltner (Sammlung Tusculum). Düsseldorf/ Zürich ³1999, § 20; „Freundschaft ist nämlich nichts anderes als die Übereinstimmung bei allen göttlichen und menschlichen Dingen in Wohlgefallen und Güte").

[34] Althoff, Gerd: Verwandte, Freunde und Getreue. Zum politischen Stellenwert der Gruppenbindungen im früheren Mittelalter. Darmstadt 1990, S. 88. Die hier betrachteten Pferd-Reiter-Beziehungen können allerdings nicht als eine Form genossenschaftlicher Vereinigung gesehen

II. Mensch und Hund

Im ‚Tristan' Gottfrieds von Straßburg begegnen uns zwei Tier-Mensch-Beziehungen, an die seit jeher maßgeblich die Erwartung einer Tier-Mensch-Freundschaft geknüpft ist: das Verhältnis des Jägers zum Jagdhund (d.h. Tristans zu seinem Bracken Hiudan)[35] sowie das Verhältnis von Dame zu ihrem Schoßhündchen (d.h. Isolde und Petitcriu)[36]. Damit erscheint bei Gottfried auf zwei Hunde verteilt, was sich etwa im ‚Tristrant' Eilharts von Oberg (in Gestalt des Jagd- und Minnehundes Utant) in einem Hund vereint findet. Wir schauen uns daher beide Texte an.

1. Tristan und Hiudan (Gottfried von Straßburg, ‚Tristan'[37], um 1210)

Der Bracke Hiudan findet Erwähnung nur im Zusammenhang mit der Exilierung der Liebenden in die Minnegrotte. Neben Harfe und Schwert, Jagd-Armbrust und Horn wählt Tristan *ûz sînen bracken einen / beidiu schœnen unde kleinen, / und was der Hiudan genant / den nam er selbe an sîne hant* (Tr. 16651-16654). Das Gesinde wird verabschiedet, einzig Kurvenal, Tristans Erzieher und langjähriger (menschlicher) Freund, darf die Liebenden zur Grotte begleiten. Ihm gibt Tristan die Harfe. Armbrust, Horn und Hund nimmt er selbst; und hier wird betont: *Hiudanen, niht Petitcriu* (Tr.

---

werden; so aber präzisiert Althoff den politischen Freundschaftsbegriff, um den es ihm in seiner Studie geht: „Freundschaft war im Mittelalter nicht Ausdruck eines subjektiven Gefühls, sondern hatte Vertragscharakter und verpflichtete zu gegenseitiger Hilfe und Unterstützung in allen Lebenslagen. Sie war auf Dauer angelegt und wurde sogar vererbt." (ebd., S. 86f.) Vertragspartner sind Pferd und Reiter nicht.

[35] Zur realhistorischen Bedeutung des Hundes, insbesondere des Jagdhundes siehe Christine Edith: Janotta, Der Hund im Mittelalter, in: Innsbrucker Historische Studien 14/15 (1994), S. 13-32.

[36] Archäozoologische Studien bestätigen, dass es zu höfischen und urbanen Neuzüchtungen von Schoßhündchen kam (Dinzelbacher [Anm. 9], S. 204; gestützt auf Norbert Benecke: Der Mensch und seine Haustiere. Die Geschichte einer jahrtausendealten Beziehung. Stuttgart 1994, S. 227f.). Das Schoßhündchen als Attribut der höfischen Dame findet sich auch auf zahlreichen Abbildungen im Codex Manesse (siehe die Zusammenstellungen bei Monika Unzeitig: Der Schoßhund der Dame. Notizen zu einer Spurensuche in der mittelhochdeutschen Literatur und ihren handschriftlichen Illustrationen, in: Hans Wolf Jäger/ Holger Böning/ Gert Sautermeister (Hrsg.): Genußmittel und Literatur. Bremen 2002, S. 65-73, hier S. 70, und Andrea Rapp: *Ir bîzzen was so zartlich, wîblich, fîn.* Text und Bild in der Manessischen Liederhandschrift am Beispiel der Illustration des Johannes Hadlaub [Vortragsmanuskript]; Unzeitig deutet pauschal das Hündchen als „ikonographische Chiffre" (S. 69) für die Liebessehnsucht des Sängers (S. 71); dagegen warnt Rapp mit ihrer differenzierten Deutung des Hadlaub-Bildes gerade vor pauschalierenden Deutungen des Schoßhündchens.

[37] Gottfried von Straßburg: Tristan, hrsg. v. Karl Marold. 3. Abdr. mit einem durch F. Rankes Kollationen erw. und verb. Apparat besorgt und mit einem Nachw. vers. v. Werner Schröder. Berlin 1969.

16663). Die Erwähnung des zur Jagd ungeeigneten Feenhündchens Petitcriu überrascht, ist aber vielleicht ein Hinweis auf den semantischen Mehrwert des Jagdhundes.

Als Begleiter zählt Hiudan jedoch nicht: Die *driu*, die vom Hof reiten, sind Tristan, Isolde und Kurvenal; und Kurvenal hat den Part, die entsprechenden Freundschaftsdienste zu erfüllen. Der Bracke Hiudan ist – wie Armbrust und Horn – ein Jagd-Utensil[38], kein Freund. So erfahren wir auch nur noch, dass Tristan und Isolde mit *Hiudane ir hunde* (Tr. 17255) auf die Jagd gehen (allerdings nicht zum Lebensunterhalt, sondern allein zum Zeitvertreib) und dass Tristan den (offenbar jungen) Hund, der *dannoch niht enkunde / unlûtes loufen sus noch sô* (Tr. 17256f.) erst noch darauf abrichten muss, lautlos zu jagen (um die Liebenden nicht zu verraten):

> in hete Tristan aber dô
> gelêret harte schiere
> nâch dem hirze und nâch dem tiere,
> nâch aller slahte wilde
> durch walt und durch gevilde
> ze wunsche loufen ûf der vart,
> sô daz er niemer lût wart
> (17258-17264).[39]

Von einer engeren Beziehung zwischen Hiudan und Tristan ist nicht die Rede: Hiudan ist ein Zeichen, kein Freund: Hiudan verkörpert die vom Paar in der Minnegrotte gelebte zweckfreie Lustbarkeit sowie gleichzeitig ihre ständige Bedrohung und Notwendigkeit zur Tarnung.[40]

2. Tristrant / Isalde und Utant (Eilhart von Oberge, ‚Tristrant'[41], um 1175 oder 1185)

Ein engeres Verhältnis zwischen Mensch und (Jagd-)Hund dagegen gestaltet Eilhart. Tristrants Lieblingsbracke Utant macht am Markehof auf sich aufmerksam durch seinen

---

[38] Louise Gnaedinger (Hiudan und Petitcreiu. Gestalt und Figur eines Hundes in der mittelalterlichen Tristandichtung. Zürich u.a. 1971) spricht vom „einmaligen Lustort-Requisit" (S. 20).

[39] Margaret Schleissner (Animal Images in Gottfried von Strassburg's Tristan, in: Joyce E. Salisbury [Hrsg.]: The Medieval World of Nature. A Book of Essays. New York/ London 1993, S. 75-90, hier S. 86) interpretiert dies als Deprivation (in Analogie zur Zerstörung von Petitcrius Zauberkraft) und sieht darin eine Parallele zum Verlust der gesellschaftlichen Position der beiden Protagonisten. Vgl. Pastré, Jean-Marc: Les deux chiens de la matière de Tristan, in: Hommes et animaux au Moyen Âge (Wodan 72). Greifswald 1997, S. 67-79, bes. S. 68, der ebenfalls die Korrespondenzen zwischen den beiden Hunden und den beiden Protagonisten betont.

[40] Vgl. Gnaedinger [Anm. 38], S. 25. Zu dieser Begründung der lautlosen Jagd siehe auch Johannes Rathofer: Der ‚wunderbare Hirsch' der Minnegrotte [1966], in: Alois Wolf (Hrsg.): Gottfried von Straßburg (Wege der Forschung 320). Darmstadt 1973, S. 371-391, hier S. 379, Anm. 32.

[41] Benutzte Textausgabe: Eilhart von Oberg: Tristrant und Isalde. Mittelhochdeutsch – neuhochdeutsch v. Danielle Buschinger (Wodan 27). Greifswald 1993.

verzweifelten Einsatz für seinen Herrn.[42] Marke will daraufhin den Hund anstelle des mit Isalde entkommenen Tristrant hängen lassen: *do hieß er den knab / daß er bald gieng / und den bracken hieng* (EvO, Tr. 4380-4382). Der Knappe aber lässt den Hund laufen, und Utant verfolgt – freudig bellend – die Spur seines Herrn (EvO, Tr. 4404f.). Die Liebenden fürchten jedoch Verrat: *schier müß mir nuo tod sin* – sagt Tristrant zu Isolde –, *wannn ich hör den bracken min. / da mit spúrt man unß navch* (EvO, Tr. 4409-4411). Doch Kurvenal, der den Liebenden zur Flucht rät und sich allein den Verfolgern stellen will, wird zu seiner großen Überraschung feststellen, dass *daß guot húndelin / allain dort her gejagt kommt* (EvO, Tr. 4466f.). Und nun ist es Kurvenal, der mit Hilfe des Bracken das entflohene Paar findet. Die Freude ist groß (EvO, Tr. 4502f.): „Doch ist das weniger Wiedersehensfreude. Den Grund dieser unsagbaren Freude bildet die Gewißheit, den Knappen Markes entkommen zu sein [...]."[43] Das heißt aber auch: Utant ist – wie Hiudan – ein Zeichen für die extreme Bedrohung, der die Liebe von Tristrant und Isalde ausgesetzt ist – eine Liebe, für die der Freund leicht zum Feind werden kann.

Als sich Tristrant später von Isalde trennen muss, wird Tristrant seinen Lieblingsbracken Utant in Isaldes Obhut geben – zur Erinnerung an ihre tiefe Liebe.[44] Doch erst in der Isalde Weißhand-Episode wird der Hund noch einmal eine zentrale Rolle spielen: Angesprochen auf seine Weigerung, Isalde (II) zu berühren, versichert Tristrant gegenüber seinem Schwager Kehenis, dass eine Frau seinetwillen einen Hund besser behandle als seine Schwester ihn,[45] genauer: *wann ain andre frow ir trut* (EvO, Tr. 6322). Diese Behauptung erfordert einen Beweis, der nur durch List erbracht wird: Vor Tristrants und Kehenis' Versteck im Dornbusch wird das Hündchen ehrenvoll auf einer kostbaren Sänfte vorbei getragen, und verabredungsgemäß liebkost Isalde (I) den Hund:

> sú gieng zuo dem baurhuß guldin
> und nam her uß daß húndelin.
> [...]
> da mit [mit ihrem kostbaren Mantel] ward daß húndelin
> gestrichet gar lieplich
> von der kúngin rich.
> (EvO, Tr. 6579-6594)

---

[42] Zum Motiv des treuen Hundes in der Tristan-Literatur siehe Wolfgang Haubrichs: Chiens fidèles et autres „bêtes" littéraires, in: Dora Faraci (Hrsg.): Simbolismo animale e letteratura. Manziana (Roma) 2003, S. 119-132, hier S. 124.

[43] Gnaedinger [Anm. 38], S. 55. Der Hund freut sich schon beim Anblick Kurvenals (EvO, Tr. 4474), Tristant ist vor allem erleichtert, weil der Hund allein hergekommen ist (EvO, Tr. 4496f.).

[44] Für Gnaedinger [Anm. 38], S. 56, wird der Hund damit „zum Signum der Tristrant-Isalde-Minne, zum Bild der fortdauernden Liebe auch bei währender Trennung".

[45] *noch halt ain frow baß / ain hund durch minen willen / uber lut und stille / dann mich úwer swester havt getan* (EvO, Tr. 6244-6247).

Isaldes (gespielte!) Beziehung zu dem Bracken (!) Utant[46] geht damit weit über die übliche Dame-Schoßhündchen-Beziehung hinaus: Utant fungiert – hier übrigens zum zweiten Mal – als Stellvertreter für Tristrant, den Geliebten; der kleine Hund wird zum Ausdrucksmedium für die Tiefe und Stärke der Tristrant-Isalde-Minne. Den Status eines Freunds besitzt Utant für Isalde nicht, er ist vielmehr aktiver und passiver Verbündeter der Liebenden.

3. Gilan / Tristan / Isolde und Petitcriu (Gottfried von Straßburg, ‚Tristan', um 1210)

Petitcriu hat bei Gottfried dagegen eher Objektstatus,[47] für Herzog Gilan (bei dem Tristan vorübergehend weilt) sogar Kultstatus: Dieser präsentiert das Hündchen, *sînes herzen spil und sîner ougen gemach* (Tr. 15802f.),[48] das er als Liebesgabe von einer Göttin aus dem Feenland Avalon erhalten hat, auf einem edlen Purpurtuch, um den *trûrenden* Tristan aufzumuntern. Zum magischen Heilobjekt wird der in seiner Fellfarbe unbestimmbare Petitcriu endgültig durch das Glöckchen um seinen Hals, dessen Klang allen Kummer zu vertreiben vermag.[49] Tristan will nun das bedürfnislose Tier (Tr. 15893: *ouch enaz ez noch entranc niht*) mit dem seidig-weichen Fell um jeden Preis erringen, nicht für sich, sondern für Isolde, *durch daz ir senede swære / al deste*

---

[46] In der Gottfried-Fortsetzung Heinrichs von Freiberg (um/nach 1290) erfüllt diese Rolle Petitcriu: *dem hundel locte sie und schrê: / ‚zâ, Petitcriu, za, za, zâ!' / daz hundel quam geloufen sâ / ûz dem hunthiusel guldîn / her gein der blunden künigîn* (HvF, Tr., 4564-4568); *daz hundelîn Petitcriu / daz het Îsôt in ir schôz / und streichete ez mit ir henden blôz* (HvF, Tr., 4810-4812). Benutzte Textausgabe: Heinrich von Freiberg: Tristan, hrsg. v. Reinhold Bechstein (Deutsche Dichtungen des Mittelalters 5). Leipzig 1877 (Neudruck Amsterdam 1966).

[47] Auch Aaron E. Wright (Petitcreiu. A Text-Critical Note on the *Tristan* of Gottfried von Strassburg, in: Colloquia Germanica 25 [1992], S. 112-121, hier S. 114) betont, dass Petitcriu von seinen Besitzern „less as a beloved pet than as a precious inanimate object" behandelt wird. Auch für Dirk R. Glogau (Untersuchungen zu einer konstruktivistischen Mediävistik. Tiere und Pflanzen im „Tristan" Gottfrieds von Straßburg und im „Nibelungenlied". Essen 1993, S. 134) hat Petitcriu den „Charakter eines Kunstwerks".

[48] Damit ist – mit dem Kultursoziologen Heinz Meyer gesprochen – die „Nutzfunktion des Tieres für das seelische Geschehen" angesprochen. Meyer, Heinz: Der Mensch und das Tier. Anthropologie und kultursoziologische Aspekte. München 1975, S. 30.

[49] Heilende Wirkung wird sonst der Hundezunge zugesprochen: Hünemörder, Christian: Art. Hunde. I. Zoologiegeschichte, in: Lexikon des Mittelalters. Bd. 5 (2000), Sp. 213f., hier Sp. 214; Güntert, Hermann: Art. Hund, in: Handwörterbuch des deutschen Aberglaubens. Bd. 4 (1932, ³2000), Sp. 470-490, hier Sp. 401; Schmidtke, Dietrich: Geistliche Tierinterpretation in der deutsch-sprachigen Literatur des Mittelalters (1100-1500). Berlin 1968, S. 315. Lewis [Anm. 14], S. 163, gibt ebenfalls an, dass John Block Friedmann (The Dreamer, the Whelp, and Consolation in The Book of the *Duchess*, in: Chaucer Review 3 [1969], S. 145-162) auf die Tradition des heilenden Hundes verweist. Sie gibt aber zu Recht zu bedenken, dass die Heilkraft Petitcrius nicht aktiv vom Hund, sondern „einzig in der Rezeption seitens des Betrachters liegt" (Lewis [Anm. 14], S. 164).

minner wære (Tr. 15907f.). Es gelingt ihm mit einer List; denn Gilan würde Tristan lieber seine Schwester und die Hälfte seines Besitzes geben als Petitcriu: *ir habet mir zwâre an ime benomen / daz beste mîner ougen spil / und mînes herzen wunne vil* (16264f.). Tristan will dagegen das Hündchen nicht behalten und gibt es direkt an Isolde weiter.

Bei Isolde kommt Petitcriu in ein *wunneclîches hûselîn* aus kostbaren Materialien, auf eine Seidendecke. So transportiert kann ihn Isolde – wie eine Reliquie – stets vor Augen haben, doch sie

> entete daz durch dekein gemach,
> si tetz, als uns diz mære seit,
> ze niuwenne ir senede leit
> und ze liebe Tristande,
> der ez ir durch liebe sande
> (Tr. 16356-16360).

Im Wunsch, im Leid mit Tristan vereint zu sein, reißt Isolde Petitcriu das Glöckchen ab, das damit für immer seine heilsame Kraft verliert. Isolde verwandelt damit Petitcriu vom „Instrument leidaufhebender Freude" in ein „Symbol leidbejahender Liebe".[50] Eine übliche Dame-Schoßhündchen-Freundschaft gestaltet Gottfried damit nicht. Aaron

---

[50] So Schröder, Werner: Das Hündchen Petitcreiu im *Tristan* Gotfrids von Straßburg, in: Rainer Schönhaar (Hrsg.): Dialog. Literatur und Literaturwissenschaft im Zeichen deutsch-französischer Begegnung. Festgabe für Josef Kunz. Berlin 1973, S. 32-42, hier S. 39, und ihm folgend Dirk R. Glogau [Anm. 47], S. 131. Vgl. Schleissner [Anm. 39], S. 84: „The transformation of Petitcriu from an instrument of one-sided joy into a symbol of mutual sorrow is, therefore, Gottfried's innovation." Weitere Belege für die in der Forschung oft vertretene These von Petitcriu als Sinnbild der Liebe zwischen Tristan und Isolde bei Lewis [Anm. 14], S. 164, die dagegen selbst die Semantik des Hündchens in einem negativen Licht sieht: „Ähnlich wie der vermeintliche Hund Petitcriu nur ein groteskes Tierspielzeug darstellt, das mit dem Tierischen wenig gemein hat, so ist es möglich, die Liebe zwischen Tristan und Isolde in ihrem exklusiven Selbstzweck als eine verantwortungslose Spielerei zu beurteilen" (ebd., S. 165). Anders Philipowski, [Katharina-] Silke: Mittelbare und unmittelbare Gegenwärtigkeit oder: Erinnern und Vergessen in der Petitcriu-Episode des 'Tristan' Gottfrieds von Straßburg, in: Beiträge zur Geschichte der deutschen Sprache und Literatur 120 (1998), S. 29-35, die die Petitcriu-Episode als „Anfang vom Ende" der Liebe zwischen Tristan und Isolde deutet. Entscheidend ist dabei für Philipowski die „Diskrepanz in der Wahrnehmung" des Hundes (ebd., S. 29): „Während er Tristan vergessen läßt, feiert Isolde an ihm gerade den Sieg über das Vergessen" (ebd., S. 30); und darin kündige sich „bereits das Scheitern ihrer *minne* an" (ebd., S. 34; auch Wright [Anm. 47], S. 118, plädiert für eine Überlegenheit Isoldes als Liebhaberin und sogar als Leserin). M.E. ignoriert die Deutung zweierlei: Tristans Liebesschmerz wird größer, nachdem Petitcriu fortgetragen ist, und Isolde würde das Glöckchen nicht zerstören, wenn es nicht auch auf sie wirken würde. Die Episode zeigt vielmehr, dass der Wille zum Leid den Liebenden gemeinsam ist: „Tristan will den Liebesschmerz erdulden und Isolde Freude schenken [deshalb sendet er ihr das Hündchen]; sie zerstört das Glöckchen, um mit Tristan im Liebesleid vereint zu sein" (Glogau [Anm. 47], S. 130). Damit wird Petitcriu „zum Inbegriff der beidseitigen Selbstlosigkeit und zu einem Bild der steten Vermischung von Minne und Leid" (Gnaedinger [Anm. 38], S. 27).

E. WRIGHT spricht Petitcriu sogar das Hund-Sein ab: Petitciu „looks like a dog, is called a dog, but is not a dog", er ist allenfalls „an artificial dog".[51] Doch m. E. ist Petitcrius Hund-Sein eine wichtige Voraussetzung für seine Funktion als „Zeichen in der Liebessprache"[52]. Als weit verbreitetes Symbol der Treue und der Wachsamkeit, aber auch als ein Symbol, das zwischen Gut und Böse changieren kann,[53] eignet sich gerade ein Hündchen gut als Symbol für die exzeptionelle Tristan-Minne. Ein Freund ist es nicht.

III. Mensch und Wildtier: Iwein und der Löwe (Hartmann von Aue, ‚Iwein', um 1203)[54]

Als prominentestes Beispiel für eine enge und außergewöhnliche Beziehung zwischen Mensch und Wildtier gelten Iwein und sein Löwe. Dieser Löwe wurde zu Iweins lebenslangen Begleiter (Iw. 3877-3882), seinem Hüter und Beschützer (Iw. 3910-3916), seinem Jagd- und Kampfgefährten (Iw. 3883-3910; 3917-3922 u.ö.) aus Dankbarkeit dafür, dass Iwein dem *edelen tiere* (Iw. 3849) aus seiner Bedrängnis durch einen Drachen geholfen hat (Iw. 3828-3865).[55] Abgesehen vom letzten, dem Gawan-Kampf, der auch als einziger Kampf nicht durch Sieg und Niederlage entschieden wird, bestehen Iwein und sein Löwe die Kämpfe stets gemeinsam: *sî vâhtens bêdenthalben*

---

[51] Wright [Anm. 47], S. 115. Auch für Lewis [Anm. 14], S. 163, ist Petitcriu „kaum mehr als Tier zu bezeichnen".

[52] Unzeitig [Anm. 36], S. 66.

[53] Miquel, Dom Pierre: Dictionnaire symbolique des animaux. Zoologie mystique. Paris 1991, S. 92 u. 93; Gerlach, Peter: Art. Hund, in: Lexikon der christlichen Ikonographie. Bd. 2 (1970), Sp. 334f.; Jászai, Géza: Art. Hunde. II. Ikonographie, in: Lexikon des Mittelalters. Bd. 5 (2000), Sp. 214; Schmidtke [Anm. 49], S. 315-320. Siehe auch Glogau [Anm. 47], S. 124-128, zu den „Konnotationen" des Hundes u. S. 133 (Ambivalenz). Weit weg ist hier der Hund vom Rechtssymbol, als das Vital Huhn (Löwe und Hund als Symbole des Rechts, in: Mainfränkisches Jahrbuch für Geschichte und Kunst 7 [1955], S. 1-63) die Hundeskulpturen auf Grabdenkmälern interpretiert.

[54] Hartmann von Aue: Iwein. Text der siebenten Ausg. hrsg. v. Reinhold Bechstein (Deutsche Dichtungen des Mittelalters 5). Leipzig 1877 (Neudruck Amsterdam 1966). – Ich baue in diesem Abschnitt auf meine Interpretation zu Iweins Löwe in: Obermaier, Sabine: Löwe, Adler, Bock. Das Tierrittermotiv und seine Verwandlungen im späthöfischen Artusroman, in: Otto Neudeck/ Bernhard Jahn (Hrsg.): Tierepik und Tierallegorese. Studien zur Poetologie und historischer Anthropologie vormoderner Literatur (Mikrokosmos 71). München 2004, S. 121-139, hier S. 122-127 auf (dort auch weitere Literatur).

[55] Zum Grundmotiv des geretteten und daher hilfreichen Löwen siehe Gerndt, Helge: Art. Löwentreue, in: Enzyklopädie des Märchens. Bd. 8 (1995), Sp. 1234-1239 (als Legendenmotiv bei Hieronymus, Sabas und Gerasimus; in der antiken Fabel des Androklos). Dirk Jäckel (Der Herrscher als Löwe. Ursprung und Gebrauch eines politischen Symbols im Früh- und Hochmittelalter. Köln u.a. 2006, S. 215, Anm. 65) erwähnt noch Symeon den Griechen.

an, / hie der lewe, dort der man (Iw. 5405f.) oder *dô vâhten sî in dô an, / beide der lewe untter man* (Iw. 6785f.). Nichts und niemanden kann dabei den Löwen daran hindern, mit unbarmherziger Tapferkeit immer dann in den Kampf einzugreifen, wenn Iwein in Not ist und dadurch Iwein stets zum letzten, entscheidenden Schlag zu motivieren.[56]

Auch geben Iwein und sein Löwe einander wachsende Beweise ihrer gegenseitigen *triuwe* und bestätigen damit ihre Untrennbarkeit: Iwein, der die Begleitung durch den Löwen anfangs nur duldet, beginnt sie zu schätzen (so dass er sich auch gegen die Aussperrung des Löwen vom Kampf regelmäßig wehrt)[57] und bezeichnet den Löwen schließlich gegenüber dem sich vor dem heranstürmenden Löwen fürchtenden Artushof explizit als seinen Freund: ‚*ern tuot iu dehein ungemach: / er ist mîn vriunt und suochet mich*' (Iw. 7739f.).

Von großer Fürsorge gegenüber dem Löwen zeugt auch die Szene, in der Iwein dem verwundeten Löwen ein Bett aus Moos in seinem Schild bereitet und ihn darin vor sich auf das Pferd hebt:

nû was der lewe sô starke wunt
daz er michel arbeit
ûf dem wege mit im leit.
dô er niht mêre mohte gân,
dô muoser von dem orse stân,
und las zesamne mit der hant
mies und swaz er lindes vant:
daz leiter allez under in
in sînen schilt und huop in hin
ûf daz ors vür sich.
(Iw., 5564-5573)

Doch auch der Löwe gibt zahllose Freundschaftsbeweise: Dazu gehören zunächst die (tiergemäßen) Gesten der Dankbarkeit nach seiner Errettung, die regelmäßige Überwindung immer größerer Hindernisse, um Iwein zu helfen,[58] insbesondere aber sein Selbstmordversuch zu Beginn ihres gemeinsamen Weges, als er Iwein tot glaubt:

---

[56] So beim Harpin-Kampf: *do ersach der lewe sîne nôt / und lief den ungevüegen man / vil unsitelîchen an* [...] (Iw. 5050-5052); beim Kampf gegen den Truchsessen und seine Gefährten: *Dô dûhte den lewen er hete zît / sich ze hebenne an den strît* [....] (Iw. 5375f.); beim Kampf gegen die Riesen: *Dô dise slege herte / der lewe sîn geverte / beide gehôrte unde gesach, / dô muot in sîn ungemach* (Iw. 6738-6740).

[57] So gegenüber dem Truchsess: ‚*der lewe vert mit mir alle zît: / ichn vüere in durch deheinen strît, / ich entrîb in ouch von mir niht: / werent iuch, tuot er iu iht*' (Iw. 5293-5296); gegenüber den Riesen: ‚*mîn lewe vert mit mir durch daz jâr: / ich enheize in vür wâr / niemer von mir gân / und sihe in gerne bî mir stân. / ichn vüer in durch deheinen strît: / sît abe ir mir erbolgen sît, / von swem iu leide mac geschehen, / daz wil ich harte gerne sehen, / von manne ode von tiere*' (Iw. 6701-6709).

[58] Im Kampf gegen Harpin sowie gegen den Truchsessen und seine Gefährten ist dies noch ganz einfach: *do ersach der lewe sîne nôt / und lief den ungevüegen man / vil unsitelîchen an* [...] (Iw. 5050-5052) bzw. *Dô dûhte den lewen, er hete zît / sich ze hebenne an den strît, und lief ouch sâ*

> des wart in unmuote
> der lewe, wânde er wære tôt,
> und was im nâch dem tôde nôt.
> er rihte daz swert an einen strûch
> und wolt sich stechen durch den bûch [...]
> (Iw. 3950-3954).

Wir können hier gut sehen, wie der Einblick in die Gefühlswelt des Tieres mit seiner Anthropomorphisierung einhergeht, aber auch, dass hier die Kriterien für eine Freundschaft (wenn auch nicht für eine auf Nächsten- und Gottesliebe gegründete Geistesfreundschaft)[59] auf beiden Seiten erfüllt sind.

Xenia von ERTZDORFF will allerdings in dieser Freundschaft lediglich eine „*amicitia* als Rechtsbeziehung" (im Sinne ALTHOFFS) sehen; von ERTZDORFF vermisst eine „Gefühlsbeziehung" Iweins zu seinem Löwen,[60] wie sie in Hartmanns französischer Vorlage, dem ‚Yvain' Chrétiens de Troyes geschildert wird: Chrétien lässt den Protagonisten sogar ausdrücklich Liebe für seinen Löwen empfinden: *Qu'autretant l'aim come mon cors*" (Yv. 3798; „denn ich liebe ihn wie mich selbst).[61] Es ist sicher richtig beobachtet, dass Hartmann von Aue solche Formulierungen nicht übernimmt, wie er

---

den gânden man / vil unbarmeclîchen an [...] (Iw. 5375-5378); beim Harpin-Kampf muss sich der Löwe erst aus seinem Verschlag befreien, um Iwein zu Hilfe zu kommen (*Iw.* 6737-6751); am weitesten von Iwein entfernt ist der Löwe beim Gawan-Kampf, bei dem ihn Iwein aber auch nicht braucht: *Nû was der lewe ûz komen, / als ir ê habt vernomen, / dâ er in versperret wart, / und jaget ûf sînes herren vart* [...] (Iw. 7727-7730).

[59] Die in der lateinischen Theologie bis ins hohe Mittelalter zitierte Definition Ciceros [Anm. 33] ebenso wie die im hohen Mittelalter noch immer weit verbreitete Forderung Augustins nach einer Übereinstimmung im Glauben (Geerlings, Wilhelm: Das Freundschaftsideal Augustins, in: Theologische Quartalsschrift 161 [1981], S. 265-274, hier S. 271; vgl. Hyatte, Reginald: The Arts of Friendship. The Idealization of Friendship in Medieval and Early Renaissance Literature [Brill's Studies in Intellectual History 50]. Leiden u.a. 1994, S. 61f., zur *amicitia spiritualis*) wird natürlich von der Beziehung zwischen Iwein und seinem Löwen nicht eingelöst. Auch in der Freundschaftsauffassung eines Isidor von Sevilla geht diese Tier-Mensch-Beziehung nicht auf: „*Amicitia* war für Isidor eine Gefühlssache, idealiter eine ewige, von beiden Partnern gleichermaßen getragene Bindung, in selbstloser *benevolentia* und *caritas*, sie beruhte also auf einem christlich-ethischen Fundament" (Epp [Anm. 4], S. 33).

[60] Von Ertzdorff, Xenja: Hartmann von Aue: Iwein und sein Löwe, in: dies. (Hrsg.): Die Romane von dem Ritter mit dem Löwen (Chloe 20). Amsterdam u.a. 1994, S. 287-311, hier S. 310; dagegen spricht Lewis [Anm. 14], S. 84, von „enger Freundschaft"; vgl. ebd., S. 78: „Ihre [= Iweins und des Löwen] intime Gemeinschaft bewährt sich nicht nur in gegenseitiger Hilfe in Gefahr, sondern auch in ihrer selbstlosen Sorge füreinander." Humphrey Milnes (*The Play of Opposites in ‚Iwein'*, in: GLL 14 [1960/61], S. 241-256, hier: S. 254) dagegen ist noch vorsichtiger: für ihn ist der Löwe lediglich „an example of courtly exuberance and comradeship [!]".

[61] Vgl. auch Yv. 6467f.: *Qu'il est a moi et je a lui [!], / Si somes conpaignon andui* („er gehört mir und ich ihm [!], und wir beide sind Weggefährten"). Benutzte Textausgabe: Chrétien de Troyes: Yvain, übers. und eingel. v. Ilse Nolting-Hauff (Klassische Texte des romanischen Mittelalters in zweisprachigen Ausgaben 2). München 1983. Allerdings ist dies die Stelle, an der Hartmann Iwein sagen lässt: *er ist mîn vriunt* [...] (Iw. 7739).

allerdings überhaupt davon Abstand nimmt, den Löwen in dem Maße zu vermenschlichen, wie dies Chrétien tut.[62] Dies dient m. E. aber gerade nicht dazu, die Gefühlsbindung zwischen Iwein und seinem Löwen abzuschwächen (diese wird schließlich in den eben besprochenen Episoden narrativ gestaltet). Die Bestialität, die *ferocitas* des Löwen ist vielmehr integraler Bestandteil des komplexen Herrscherideals, welches mit dem Paar Iwein/Löwe entworfen wird: Die Gemeinschaft zwischen Iwein und seinem Löwen wird von Hartmann aufgebaut zu einem Symbol für den unermüdlichen Einsatz zugunsten des Rechts in gegenseitiger *triuwe* und aufgrund freier Entscheidung, barmherzig gegenüber den Leidenden und unbarmherzig gegen die Gegner.[63] Das von Chrétien verschiedene Bild des Löwen und der Beziehung Iweins zu diesem Tier korrespondiert mit einer gegenüber Chrétien veränderten Programmatik des Romans im Ganzen: Chrétiens Yvain muss sich als Liebender bewähren, Hartmanns Iwein dagegen als Landesherr und Ehemann; insofern findet auch die Beziehung zum Löwen eine unterschiedliche Ausgestaltung in den beiden Texten.[64]

Die Beziehung zwischen Iwein und seinem Löwen ist also bei Hartmann gekennzeichnet durch gegenseitige Loyalität (mhd. „*triuwe*") und beiderseitige Anhänglichkeit und Zuneigung (und dies sind mit Brian Patrik MCGUIRE, Wilhelm GEERLINGS, Klaus OSCHEMA u. a. zentrale Aspekte im mittelalterlichen Freundschaftsdiskurs).[65] Die Bin-

---

[62] So in der detaillierten Schilderung der Dankbarkeitsgesten des Löwen (Yv. 3392-3401 vs. Iw. 3869-3876) und in der „Selbstmord"-Szene (Yv. 3506-3525 vs. Iw. 3951-3959).

[63] Diese These habe ich bereits in Obermaier [Anm. 54], S. 126f., entwickelt. Die Bedeutung der *ferocitas* hat mich Tony Hunt (The Lion and Yvain, in: Patricia B. Grout u.a. [Hrsg.]: The Legend of Arthur in the Middle Ages. Studies presented to A. H. Diverres by Colleagues, Pupils and Friends. Cambridge u.a. 1983, S. 86-98 u. S. 237-240, hier S. 98) sehen gelehrt: „The lion was thereby supremely fitted to incarnate the theme of ferocity towards the proud and humility towards the oppressed, which occupies such a major portion of the second part of the *Yvain*." Auch für Robert E. Lewis (Symbolism in Hartmann's ‚Iwein' [GAG 154]. Göppingen 1975, Kap. IV.C.2.d und IV.C.4.b) ist die „Animality" des Löwen wesentlicher Bestandteil seiner Symbolik.

[64] Von daher halte ich Jäckels [Anm. 55] Identifizierung des Chrétienschen Löwenritters mit dem Löwen (ebd., S. 223; entsprechend dem Leitthema seiner Studie „Der Herrscher als Löwe") für verfehlt. Dagegen spricht Dietmar Rieger („Il est a moi et je lui". Ivains Löwe. Ein Zeichen und seine Deutung, in: Die Romane von dem Ritter mit dem Löwen [Anm. 60], S. 245-285, hier S. 256 und 284) vorsichtiger von einer „Quasi-Identität" bzw. „Quasi-Egalität".

[65] Wilhelm Geerlings [Anm. 59], S. 270f., nennt Liebe, Vertrauen, Freimut und Gebet als die „Grundvollzüge der Freundschaft" beim jungen Augustin; für den späteren Augustin formuliert er: „Freundschaft heißt nun abgekürzt Nächstenliebe", ebd., S. 273). Oschema, Karl: Freundschaft und Nähe im spätmittelalterlichen Burgund. Studien zum Spannungsfeld von Emotion und Institution. Köln u.a. 2006, S. 142: „Einzelbelege aus dem beginnenden Mittelalter zeigen ein Bild, das von der Suche nach dauerhaften Bindungen zeugt, deren Treuverpflichtung und affektiver Gehalt regelmäßig hervorgehoben wurden" [mit Verweis auf McGuire, Brian Patrick: Friendship and Community. The Monastic Experience 350-1250 (Cistercian Studies 95). Kalamazoo 1988, S. 107-111]. Für Hyatte [Anm. 59], S. 109, gehören „mutual admiration, confidence, affection, proper mental attitudes such as humility and generosity, living together, and the pursuit of wisdom and honor" zu den „characteristics of excellent male friendship in the Aristote-

dung zwischen Iwein und dem Löwen kann damit im Sinne Verena EPPS als eine „wechselseitige, wertbezogene und moralisch bindende Verpflichtung"[66] bezeichnet werden, für die die folgenden Prinzipien gelten: die persönliche Freiheit der *amici* (auch Iwein und der Löwe haben sich jeweils in Freiheit füreinander entschieden), die Friedens- und Sicherheitsgarantie (Iwein und der Löwe töten einander nicht), eine wert- und zielbezogene Verpflichtung (Iwein und sein Löwe kämpfen stets auf der Seite des Rechts) und das Prinzip der Gegenseitigkeit.[67] Darüber hinaus findet die Untrennbarkeit von Ritter und Löwe ihren Niederschlag in Iweins neuem Namen: der *rîter mittem lewen* (Erstbeleg: Iw. 5510) bzw. der *rîter* der des *lewen pflac* (Erstbeleg: Iw. 4741). Die Verbindung mit dem Löwen wird identitätsstiftend. In diesem Sinne ist die Einheit Löwe-Iwein sogar mehr als eine Freundschaft.

Wir sind überrascht: Während dem ältesten Haustier des Menschen,[68] dem Hund, lediglich zeichenhafter Objektstatus zukommt, ja und auch dem Pferd[69] nur eine (gegenüber der Mensch-Mensch-Freundschaft) abgestufte und stets im Rahmen von Herrschaft und Besitz verortete Form der Freundschaft mit seinem Reiter zugebilligt wird, erhält hier nun das nicht einheimische Wildtier den Status eines expliziten Freundes – allerdings auch nur soweit es seine (dem Erzähler wie dem Protagonisten stets gegenwärtige) Tiernatur zulässt: Insofern bleibt auch der Löwe der „fremde Freund".

Die ungewöhnliche Gemeinschaft mit dem Löwen zeichnet Iwein aus, sie wird prägend für seine Identität. Diese Gemeinschaft als *amicitia* zu gestalten, macht Sinn, ist sie doch ein Symbol für *triuwe* und *reht*, für *erbärmde* gegenüber dem Leidenden bei gleichzeitiger *ferocitas* gegenüber dem Gegner, wie sie dem Adligen und Herrscher zusteht. Die Freundschaft mit dem Löwen wird nicht über Iweins Freundschaft mit Gawan gestellt, obwohl Gawans Rat Iweins Krise mitbedingt, der Löwe dagegen Iweins eigentliche Identität (wieder) zum Vorschein bringt. Doch nach dem (unentschieden bleibenden) Gawan-Kampf hat der Löwe seine Funktion erfüllt und wird nicht

---

lian-Ciceronian tradition". Jost Hermand (Freundschaft. Zur Geschichte einer sozialen Bindung. Köln u.a. 2006) geht in seiner Geschichte der Freundschaft leider nicht auf das Mittelalter ein. Zur Nähe von Freundschafts- und Liebesdiskurs siehe Oschema, Karl: Sacred or profane? Reflections on Love and Friendship in the Middle Ages, in: Laura Gowing/ Michael Hunter/ Miri Rubin (Hrsg.): Love, Friendship and Faith in Europe, 1300-1800. New York 2005, S. 43-65. Allerdings tilgt Hartmann alles, was an eine Liebesbeziehung zwischen Iwein und dem Löwen erinnern könnte (aus den bereits angeführten Gründen).

[66] Epp [Anm. 4], S. 299 [im Original kursiv].
[67] Prinzipien nach Epp [Anm. 4], S. 299f.
[68] Benecke [Anm. 36], S. 68; die ältesten Belege für den Haushund in Europa stammen aus dem Übergang vom Spätpleistozän zum Frühholozän (ca. 13000 bis 7000 v. Chr.); die Anfänge der Wolfsdomestikation lässt sich sogar bis in das mittlere Jungpaläolithikum (ca. 25000 bis 18000 v. Chr.) nachweisen. Siehe auch ebd., S. 208: „Zu keinem anderen Haustier hat der Mensch so enge, vor allem auch emotional geprägte Beziehungen entwickelt wie zum Haushund."
[69] Benecke [Anm. 36], S. 288. Zur Geschichte der Domestikation des Pferdes siehe auch Meyer: Mensch und Pferd [Anm. 8], Kap. I.3.

weiter erwähnt. Mit der Löwe-Iwein-Freundschaft wird keine Alternative zu zwischenmenschlichen Sozialformen geschaffen,[70] sondern lediglich ein literarisches Symbol eigener Art,[71] so dass ich zu folgender abschließenden These komme: Die literarische Gestaltung der Tier-Mensch-Beziehung als Freundschaft bewegt sich in den hier untersuchten Texten ganz im Rahmen des mittelalterlichen Freundschaftsdiskurses und steht – wie zu erwarten – stets im Dienste der Symbolstruktur des Werkes: Die Tier-Mensch-Freundschaft ist eine Metapher.

---

[70] Auch Lewis [Anm. 14], S. 83, hält gegen Maria Bindschedler (Tierdarstellungen in der deutschen Literatur des Mittelalters, in: Schweizer Monatshefte 47 [1967], S. 694-713, hier S. 699) fest, „dass Iwein den Löwen nicht etwa nur als Ersatz für die zeitweilig verlorenen Freunde adoptiert hatte, sondern dass ihre Vereinigung echt und permanent ist."

[71] Radikaler Rieger [Anm. 64], S. 285, der für Chrétiens Löwen einen Status als „handelnde, literarische Person mit individuellen Besonderheiten" proklamiert.

BEATRICE MICHAELIS

„Die Sorge um sich" und die Sorge um den Freund –
Zur Inszenierung von Freundschaft im ‚Prosalancelot'

I.   Einleitung

Der französische Philosoph und Diskurstheoretiker Michel FOUCAULT formulierte in seiner späten Schaffensphase noch einmal folgendes Vorhaben: „Nachdem ich die Geschichte der Sexualität studiert habe, glaube ich, dass man nun die der Freundschaft oder der Freundschaften zu verstehen versuchen sollte."[1] Warum erscheint Foucault gerade die Geschichte der Freundschaften betrachtenswert? Und aus welchem Grunde erhebt er sie in jenem kurzen Interview-Text ‚Von der Freundschaft als Lebensweise' zu eben dieser – einer Lebensweise? Um mögliche Antworten auf diese Fragen nahe zu kommen, lohnt ein Blick auf die komplexe und spannungsreiche Freundschaft zwischen Lancelot und Galahot im deutschen ‚Prosalancelot' (1250/1430). Ich werde mich im Folgenden auf jene Abschnitte des umfangreichen Textes beschränken, die dem Freundschaftsgebaren der beiden Ritter gelten.

Die Freundschaft zwischen Galahot und Lancelot ist eine der zentralen Konfigurationen im ‚Prosalancelot'. Gleichwohl entzieht sie sich einer eindeutigen Charakterisierung. So lässt sie sich nicht nur auf jene rein funktionale Ebene als „Stifterin" der Liebe zwischen Lancelot und Ginover begrenzen. Vor allem Galahots emotionale Investition in diese Beziehung transgrediert die im Text formulierten Charakteristika der Freundschaft, die der zeitgenössisch zirkulierenden Diskussion über diese Bindung entsprechen.

Auffällig ist im Text die sehr nahe Figuration der Galahot-Lancelot-Freundschaft an der Liebe zwischen Lancelot und Ginover. Es gleichen in der Inszenierung der Freundschaft Begriffe, rhetorische Figuren, Tropen und narrative Strukturen jenen, die der/die

---

[1]   Foucault, zitiert in Ortega, Francisco: Michel Foucault – Rekonstruktion der Freundschaft. München 1997, S. 221.

Verfasser der Repräsentation der Liebe von Lancelot und Ginover zuteil werden lässt/ lassen. So träumen Galahot und Lancelot voneinander, denken unentwegt aneinander, sorgen füreinander und verstehen einen möglichen Freundesverlust als Lebensverlust. Gerade Galahot setzt dabei die Freundschaft zu Lancelot absolut. Die Rhetorik der Galahot-Lancelot-Freundschaft unter historisierender Perspektive zu decodieren, bedeutet dabei ebenso, auf die Konkurrenz und das chiastische Verhältnis von (männlich) gleichgeschlechtlicher Freundschaft und gegengeschlechtlicher Liebe einzugehen. Allein der Umstand, dass Galahots und Lancelots Freundschaft auf gleicher Ebene und als ernsthafte Konkurrenz zur Liebe zwischen Lancelot und Ginover angesiedelt ist, stimmt neugierig. Freundschaft ist gekennzeichnet durch ihre Konkurrenz zur Liebe als Code der Intimität und ihr prekäres Verhältnis zur Sexualität, wie beispielsweise KRAß ausführt.[2]

Schließlich soll versucht werden, der Beziehung von Galahot und Lancelot einen Eigenwert zuzuweisen, der sich vor allem in der Sorelois-Episode sowie der gemeinsamen Grabstätte etabliert. Meine Vorgehensweise wird den Versuch eines *Queerings*[3] der Freundschaft zwischen Galahot und Lancelot einschließen. Dies bedeutet, dass mein Augenmerk ebenso auf den Diskontinuitäten, den ambigen Artikulationen von Begehren sowie den Orten des Schweigens im ‚Prosalancelot' und seinen Interpretationen liegen wird.[4] Aus ihnen heraus werde ich die Konstruktion eines Freundschaftsbildes unternehmen, das eng mit dem von Michel FOUCAULT entwickelten verbunden sein wird und welches sich über eine mögliche Restitution des Verhältnisses von *eros* und *philia* definiert, d. h. „auf das Entkommen der Spannung zwischen *eros* und *philia* bezüglich der Rolle der sexuellen Beziehungen und der Frage der Reziprozität abzielt"[5].

II. Galahot und Lancelot – „Werbung um den Schwarzen Ritter"

Die Freundschaft zwischen Galahot und Lancelot beginnt auf dem Schlachtfeld und bereits die Art ihres Entstehens verweist auf ihren zukünftigen Verlauf. Es ist der

---

[2] Kraß, Andreas: Freundschaft als Passion. Zur Codierung von Intimität in mittelalterlichen Erzählungen, in: Sibylle Appuhn-Radtke/ Esther P. Wipfler (Hrsg.): Freundschaft: Motive und Bedeutungen. München 2006, S. 97-116, hier S. 97.

[3] *Queer* bezeichnet hier nicht nur die Methode, sondern auch eine textuelle Potentialität.

[4] Die Bedeutungsvielfalt der mhd. Termini fordert dabei geradezu eine genauere Betrachtung und fördert gleichzeitig eine Lesart, die die Ambiguität der Begehrenskonstellationen extrapoliert. Vgl. Oschema, Klaus: Freundschaft und Nähe im spätmittelalterlichen Burgund. Studien zum Spannungsfeld von Emotion und Institution. Köln/ Weimar/ Wien 2006, S. 113.

[5] Ortega [Anm. 1], S. 222.

höfische Galahot, der, entzückt von Lancelots (des Schwarzen Ritters) Kampfeskraft, sowohl seine Welteroberungspläne auf- als auch sich selbst gänzlich in Lancelots Hände gibt.[6] Der höfischste aller Herrscher begehrt den besten Ritter der Welt für sich.[7] Lancelot ist den Lesenden zu diesem Zeitpunkt bereits hinlänglich bekannt; wer aber ist dieser Galahot? Als Sohn einer Riesin kommt er gleichsam von Außen/ von den Rändern des Artusreiches. DOVER betont seine „mütterlichen Anlagen"[8], die ihn mit einer „höchst verführerischen Identität"[9] ausstatten. Galahots Mutter bildet zudem eine Ausnahme unter dem ansonsten männlichen Ensemble der Riesen in der volkssprachigen Dichtung. Diese sind – ob männlich oder weiblich – unabwendbar das „Andere". Gezeugt durch nicht-normative sexuelle Praktiken, "they represent in romance all that is unspoken, undesirable, and hidden in civilized society"[10], a sexually other race"[11]. Schon diese Bestimmung Galahots würde nahe legen, dass sein Begehren qua Riesenhaftigkeit ein potentiell Illegitimes ist.

Galahot, jener eigentliche Aggressor, der neben Artus' Reich auch Ginover zu erobern beabsichtigt, befiehlt zunächst seinen Rittern, Lancelot, der inkognito im Dienste Artus' kämpft, solange er ohne Pferd ist, keinen Hieb zu versetzen. Er geht gar so weit, dem Schwarzen Ritter sein eigenes Pferd zu übergeben. Am Ende des zweiten Schlachttages reitet Galahot Lancelot nach und bittet ihn zu sich ins Zelt. Lancelot folgt ihm, unter der Voraussetzung, dass Galahot ihm eine zu diesem Zeitpunkt noch nicht artikulierte Bitte erfüllen wird. Galahot willigt umgehend ein.

Galahot lässt Lancelot in sein Lager bringen, wo dieser auf das Prunkvollste behandelt wird.[12] Dazu gehört es, ihn in dem besten aller Betten schlafen zu lassen. Doch während Galahot zunächst versichert, in einem anderen Raum schlafen zu wollen, kann er, nachdem Lancelot eingeschlafen ist, nicht widerstehen und schleicht sich in das Bett, welches Lancelots Schlafstatt am nächsten steht. Noch bevor dieser am Morgen erwacht, ist Galahot jedoch auf und stiehlt sich aus dem Raum. Diese so genannte

---

[6] Dover fasst diesen Wandel als eine Substitution des „chivalric conquest" durch „amatory conquest". Dover, Carol R.: Galehot and Lancelot: Matters of the Heart, in: Kathryn Karczewska/ Tom Conley (Hrsg.): The World and its Rival. Essays on Literary Imagination in Honor of Per Nykrog. Amsterdam/ Atlanta 1999, S. 119-135, hier S. 128.

[7] Meyer, Matthias: *Causa Amoris?* Noch einmal zu Lancelot und Galahot, in: Kurt Gärtner u. a. (Hrsg.): Spannungen und Konflikte menschlichen Zusammenlebens in der deutschen Literatur des Mittelalters. Bristoler Colloquium 1993. Tübingen 1996, S. 204-214, hier S. 205.

[8] Dover [Anm. 6], S. 123; meine Übersetzung.

[9] Ebd., S. 124.

[10] Ebd. [Anm. 6], S. 125.

[11] Ebd. [Anm. 6], S. 128

[12] *und wann der ritter in myn pavilun kum, das er alle die freud dinne finde die man erdencken mag!* Lancelot und Ginover I – Prosalancelot I. Nach der Heidelberger Handschrift Cod. Pal. Germ. 147, hrsg. v. Reinhold Kluge, ergänzt durch die Handschrift Ms. Allem. 8017-8020 der Bibliothèque de l'arsenal Paris, übers., kommentiert u. hrsg. v. Hans-Hugo Steinhoff (Bibliothek des Mittelalters, Bibliothek deutscher Klassiker). Frankfurt am Main 1995, S. 746. In der Folge zitiert als ‚Prosalancelot I'.

„Bettszene" ist in der Mediävistik sehr kontrovers diskutiert worden.[13] Während MIESZKOWSKI dies für eine sehr intime Szene hält, die durch die Heimlichkeit von Galahots Handeln noch intensiviert wird, verweist HYATTE auf den von Beginn an vollständig asexuellen Charakter der Beziehung:

> The passage is equivocal, as are many others that might be cited, in respect to Galehout and Lancelot's amitié/amor, for although there is more than a hint of homosexual attraction, it is always clear that the relationship is chaste.[14]

Der Text selbst schweigt – ja, muss schweigen – von einem potentiellen homoerotischen Begehren Galahots,[15] ist aber auch bei eventuellen heterosexuellen Akten dezent.[16] Und im Grunde verhehlt Galahot zu keiner Zeit sein Begehren.[17] Die Frage bleibt, wie seine Aussagen zu decodieren sind. Bereits die nächste Szene offenbart erneut ein höchst leidenschaftliches Empfinden Galahots:

---

[13] Es ist wichtig, darauf zu verweisen, dass das Teilen eines Bettes ebenso zum Register der ritualisierten Gesten in der mittelalterlichen Gesellschaft gehörte wie etwa das Ineinanderlegen der Hände oder das Weinen. Diese Formen physischen Kontakts waren zudem weniger sexuell konnotiert als heute. Vgl. Oschema [Anm. 4], S. 21.
„Den Friedenswillen demonstrierte man mit dem gemeinsamen Mahl und Gelage (*convivium*), das mehrere Tage oder mehrere Wochen dauern konnte und durch wechselseitige Einladungen Gastgeber- und Gastrolle vertauschte [...]. Speise und Trank im Überfluß unterstrichen ebenso die Bereitschaft, den Freund zu ehren, wie vertrauensstärkende Akte die lautere Gesinnung demonstrativ unter Beweis stellten. So stellte man etwa die Zelte der Freunde so nah beieinander auf, dass jedes Wort vom Partner gehört werden konnte, oder man schlief in einem Haus oder sogar in einem Bett." Althoff, Gerd: Art. Freund und Freundschaft, in: Reallexikon der Germanischen Altertumskunde. Bd. 9 (1995).
Parallelen zu diesen historischen Handlungsmustern lassen sich sowohl im Verhältnis von Artus und Galahot als auch in der Freundschaft von Lancelot und Galahot nach der Friedensschließung bzw. Unterwerfung finden. Eine weitere, interessante Perspektive führt Speckenbach an, der im Teilen des Bettes bzw. im gemeinsamen Schlafen eine Anspielung auf den Eros sieht, der jedoch mit Gewinn an Sozialprestige als beherrschbar demonstriert wird. Vgl. Speckenbach, Klaus: Freundesliebe und Frauenliebe im Prosa-Lancelot, in: Wolfgang Haubrichs/ Wolfgang Kleiber/ Rudolf Voß (Hrsg.): *Vox Sermo Res*. Beiträge zur Sprachreflexion, Literatur- und Sprachgeschichte vom Mittelalter bis zur Neuzeit. Stuttgart/ Leipzig 2001, S. 131-142, hier S. 140.
[14] Hyatte, Reginald: Recoding Ideal Male Friendship as Fine Amor in the Prose Lancelot, in: Neophilologus 75 (1991), S. 505-518, hier S. 506. Galahot und Lancelot werden im weiteren Verlauf des Textes noch häufiger das Bett miteinander teilen, jedoch nur, um miteinander sprechen zu können. Oder, wie es im Text heißt, „Sie gingen beidsamen schlaffen uff ein bette und retten alle die nacht von den dingen da yn allersanfftest mit was". ‚Prosalancelot I', S. 804.
[15] Vgl. dazu Kraß [Anm. 2].
[16] Matthias Meyer in dem noch unveröffentlichten Vortrag „Randnotizen. Beobachtungen bei queeren Lektüren" auf der Tagung *Queer Reading in den Philologien*, Universität Wien, 2. bis 4.11.2006. Erscheint in: Hochreiter, Susanne/ Babka, Anna (Hrsg.): Queer Reading in den Philologien – Modelle und Anwendungen. Göttingen 2008.
[17] „Galehot's concept of love knows no secrecy, making it doubly dangerous for Lancelot". (Dover [Anm. 6], S. 132)

> Ir sollent auch furwar wol wissen das ir wol richer gesellschafft mögent gwinnen dann mit mir, ir engewinnent aber gesellen nummer dheinen der uch also lieb hab als ich uch han, ir enfindent auch dheinen man der so viel thete uwer gesellschafft zu gewinnen als ich es thet, und der me durch uch thet dann dhein man in der welt.[18]

Auf diese Liebes-/Freundschaftserklärung folgend lässt Lancelot Galahot die Bedingung wissen, unter der er nur bei ihm bleiben wird. Galahot, eigentlich kurz vor dem Triumph über Artus, soll, sobald Artus besiegt ist und sich nicht mehr wehren kann, um Gnade bitten und sich ganz in dessen Hand geben. Während die beiden Könige, die Galahot als Bürgen zu dieser Unterredung berufen hat, entsetzt sind über das Ausmaß des Versprechens, ist Galahot ergriffen von dem „hohe wort"[19], das Lancelot gesprochen hat. Es steht für Galahot gar nicht zur Diskussion, das Blankoversprechen, welches er Lancelot vor ihrer gemeinsamen Nacht im Zelt gegeben hatte, nun anzufechten. Bereitwillig erklärt er sich einverstanden mit Lancelots Forderung.

> [...] So helff mir gott', sprach Galahot zu dem ritter, ‚ich will uwer bethe sere gern thun, wann was ich durch uch thun das thun ich one laster. Darnach bitt ich uch das ir mir uwer gesellschafft baß gunnent dann eim andern, wann ich me durch uwern willen thun dann ymand off der erden durch uwern willen dethe, und me dann ich durch yemands willen thet'.[20]

Matthias MEYER bezeichnet diese Episode, der zunächst das Blankoversprechen Galahots vorausgeht, als *rash-boon-Motiv*, ergo als eine „übereilte Wohltat" Galahots: „Das *rash-boon-Motiv*, sonst Artus vorbehalten, wird hier zur Charakterisierung der herausragenden Höfischheit Galahots verwendet."[21]

Zugleich lässt sich Galahots Reaktion als ein weiteres Indiz für seine große Faszination an dem besten Ritter der Welt verstehen. Als Galahot sich König Artus unterwirft, verbindet er dies mit einer zweiten Unterwerfung, wenn er Lancelot wissen lässt: *[...] Was ir gebietent das muß geschehen, ich han uch lieber dann alle die ere die mir off ertrich geschehen mag.*[22]

In den der Unterwerfung folgenden Tagen verbringen Galahot und Lancelot ihre Zeit zumeist gemeinsam. Diese intime Nähe kulminiert in jenen Nächten, in welchen Galahot, wach liegend, Lancelots Wehklagen vernimmt. Noch am Morgen verraten seine geröteten Augen und das feuchte Kissen Lancelots Schmerz. Während Galahot dies zunächst auf ihre Freundschaft bezieht,[23] wird bei einem Gespräch zwischen Galahot und Ginover schnell klar, dass die Königin respektive die Trennung von ihr Lancelots Schmerz verursacht. Zugleich gesteht Lancelot, dass es ihm unmöglich sei,

---

18 ‚Prosalancelot I', S. 750.
19 Ebd., S. 752.
20 Ebd.
21 Meyer [Anm. 7], S. 205.
22 ‚Prosalancelot I', S. 762.
23 *Lieber geselle, warumb sint ir dann so unfro, ist uch leit das ir myn herre sint und myn geselle?* ‚Prosalancelot I', S. 766.

Galahot seine Güte jemals zu vergelten. Auch dies trägt zu Lancelots melancholischer Stimmung bei:

> ‚Das vergelt uch gott, herre!' sprach der ritter der so vil mit den wapen gethan hett, ‚mir ist sere leit das ir uch so sere muwent durch mynen willen umb das das ich nymmer voldienen [...] mag umb uch, das weiß ich wol'.[24]

Hier werden bereits die fehlende Reziprozität und die Asymmetrie der Galahot-Lancelot-Freundschaft deutlich. Während Galahot seine Existenz vollkommen auf Lancelot ausgerichtet hat, kann dieser ihm nur einen Teil seiner Zuneigung schenken, denn Lancelots Selbst konstituiert sich primär durch die Liebe Ginovers.[25] Besonders deutlich wird diese Disparität, wenn Galahot Lancelot offenbart, ihn mehr zu lieben als jeden Menschen auf der Welt, ja mehr als sich selbst. Lancelot kann nur entgegnen, dass Galahot ihm der liebste Freund sei, der Königin Ginover jedoch all seine Liebe gehöre.

> Lancelot loves Galehot and owes Galehot his love, but when that love conflicts with his love for the queen, he does not hesitate to choose her. [...] Galehot suffers from a lover's need for an absolute and totally committed relationship, but Lancelot cannot give it to him.[26]

Nichtsdestotrotz verbindet Galahot und Lancelot eine höchst intensive Freundschaft, die, so schreibt HYATTE, sich kaum, aber doch in einem entscheidenden Punkt, von einer *fine amor* unterscheiden ließe. „As an extreme variation on literary fine amor, Galehout and Lancelot's nonsexual relationship lacks the essence of its erotic model."[27] Er geht in seiner Analyse noch einen Schritt weiter und postuliert:

> As Lancelot's ami, Galehout acts towards him as the fin amant Tristan does towards Iseut – that is, passively, in abandoning honor, ambition, security and in dying of lovesickness. The transfer of the fin amant's mental attitudes and actions to Galehout makes chivalric friendship perfectly ambiguous.[28]

Gerade diese Ambiguität wird mich im Laufe der Analyse noch weiter beschäftigen. Doch HYATTE verweist noch auf einen anderen für die Freundschaft der beiden Ritter konstitutiven Zusammenhang. Galahot entsagt der weltlichen Ehre und verwirft die Absicht einer Weltherrschaft, um sein Selbst vollständig in die Freundschaft zu Lancelot zu investieren.[29] MIESZKOWSKI interpretiert gerade diese „Aufopferungen"

---

[24] ‚Prosalancelot I', S. 766.
[25] „By contrast, Galehot's love, like Tristan's, is severed from prowess and has only itself to feed on, signifying nothing but the absence of the love he seeks and needs to sustain himself". Dover [Anm. 6], S. 133. Vgl. auch: Klinger, Judith: Der mißratene Ritter. Konzeptionen von Identität im Prosa-Lancelot. München 2001, S. 145.
[26] Mieszkowski, Gretchen: The Prose Lancelot's Galehot, Malory's Lavain, and the Queering of Late Medieval Literature, in: Arthuriana 5/1 (1995), S. 21-51, hier S. 36-37.
[27] Hyatte [Anm. 14], S. 505.
[28] Ebd., S. 506.
[29] Hartmut Freytag zitiert aus Ciceros ‚Laelius sive De amicitia', in welchem dieser die Aufgabe von *honores, magistratus, imperia, potestates* und *opes* zugunsten der perfekten Freundschaft ein-

Galahots als narrative Strategie, die seine Liebe zu Lancelot artikulieren sollen. „Narratively, the Prose Lancelot expresses Galehot's love by chronicling the sacrifices he makes for Lancelot."[30]

Zu diesen „Aufopferungen" zählt auch die zentrale Rolle, welche Galahot in der Beziehung zwischen Lancelot und Ginover spielt. Galahot weiß um Lancelots Schmerz, weiß, dass dieser ohne Ginovers Liebe sterben wird. Zugleich käme ein Verlust Lancelots auch für Galahot dem Tode gleich. Es sind also beinahe pragmatische Gründe, die Galahot dazu bewegen, in die Liebe von Lancelot und Ginover zu intervenieren.[31]

III. Form und Funktion der Freundschaft – „Galahot führt Lancelot zu Ginover"

Nach Galahots Unterwerfung gegenüber Artus treffen sich die einstigen Kriegsparteien im Lager des Königs. Hier erfährt Galahot von Ginovers heimlicher Verehrung für den Schwarzen Ritter. Doch auch er selbst kann seine eigene Faszination für Lancelot kaum verbergen. Während König Artus auf Galahots Frage, wie viel er gäbe für des Schwarzen Ritters Freundschaft, nur die Hälfte aller seiner Besitztümer – die Königin ausgenommen – „bietet", antwortet Gawan auf dieselbe Frage in einer Art *gender-bending*:

> ‚So mich gott ummer gesunt laß werden', sprach er, ‚ich wolt das ich ein die schönst jungfrau were die ie geborn wart, off das das er mich must minnen als lang als wir beide lebten, ob allen frauwen und ob allen jungfrauwen'.[32]

Gawan artikuliert hier die einzige gesellschaftlich sanktionierte Form, Lancelot im Sinne einer *amour courtois* zu lieben. Er könnte dies nur, wäre er eine Frau. Galahot jedoch vollzieht dieses *gender-bending* nicht, als er nunmehr selbst nach seiner Zuneigung für Lancelot befragt wird. Möglicherweise zöge ein solcher imaginierter Tausch der Geschlechterrollen einen Verdacht auf die bis zu diesem Punkt im narrativen Geschehen bereits sehr intensiv entwickelte Freundschaft von Galahot und Lancelot. Dennoch verrät Galahots Replik die herausgehobene Stellung seiner Gefühle:

---

fordert. Vgl. Freytag, Hartmut: Höfische Freundschaft und Geistliche Amicitia im Prosa-Lancelot, in: Werner Schröter (Hrsg.): Wolfram-Studien IX. Schweinfurter ‚Lancelot'-Kolloquium 1984. Berlin 1986, S. 195-212, hier S. 203.

[30] Mieszkowski [Anm. 26], S. 32.
[31] Gleichwohl ließe sich dies auch als eine Verschiebung homoerotischen Begehrens lesen: „[...] Galehout's feelings and actions towards Lancelot indicate a strong homosexual attraction which is displaced, at least partially, in Galehout's role as mediator in the love affair of Lancelot and Guinevere". Hyatte [Anm. 14], S. 506.
[32] ‚Prosalancelot I', S. 770.

‚Herre', sprach er, ‚by derselben truw da by ir mich besworn hant, ich wolt myn groß ere darumb zuschanden lassen werden, off das ich syner geselschafft allweg sicher were als er der myner wol wesen mocht ob er wolt'.[33]

Und auch Gawan stellt fest, dass Galahot viel mehr für Lancelots Freundschaft gäbe als sie alle, die Königin eingeschlossen. Diese Unterhaltung offenbart die rivalisierenden Begehren des Artushofes und Galahots nach dem besten aller Ritter. Stehen sie sich auch nicht mehr auf dem Schlachtfeld gegenüber, so fahren Artus und Galahot dennoch fort, Kontrahenten zu sein, Gegner im Kampf um Lancelot.

In der Folge dieser Konversation fungiert Galahot als ein Mittler zwischen Ginover und Lancelot. Im Ergebnis vermag er es, eine Art Ehegelöbnis der beiden herbeizuführen. Dabei gehört es „zum tragischen Paradox in der Beziehung Lancelot - Galahot, dass die absolute Ergebenheit, ja Liebe Galahots ihn zum idealen Mittler zwischen Lancelot und der Königin macht"[34].

Nur Galahots Präsenz am Hofe ermöglicht es auch Lancelot, in der Nähe Ginovers zu sein. Insofern ließe er sich als Kuppler und Gelegenheitsmacher, als Katalysator dieser Bindung bezeichnen.[35] Doch Galahot transzendiert von Beginn an diese rein funktionale Ebene seiner Figur. Prima vista sorgt er für die Legitimation der ehebrecherischen Beziehung Lancelot - Ginover. In der Tiefenstruktur betrachtet, leiten sich all seine Handlungsmotive jedoch aus seinem intensiven Begehren nach Lancelot her. Gerade darum scheint er am Ende für den Text unhaltbar zu werden.

> Da Galahot [...] uns nicht als reine Handlungsfunktion entgegentritt, und da er Ansprüche auf Lancelot geltend machen könnte, die dieser nicht erfüllen kann, wird er vom Erzähler ‚beseitigt'.[36]

Freundschaft steht hier also als ein weiteres Paradoxon (aus Konstruktivität und Destruktivität) in einem Text, der die Paradoxie zum Erzählmodus erhoben zu haben scheint.

Die Destruktivität lässt sich schließlich aber nicht nur auf das Artusreich beziehen. Gerade im Hinblick auf Galahot ist der selbstzerstörerische Aspekt dieser Freundschaft kaum zu übersehen. Galahots Ergebenheit gegenüber Lancelot geht soweit, dass er in eine arrangierte Ehe mit der Frau von Malouat einwilligt, die wesentlich eine Memorialfunktion erfüllt.

> [...] ‚So mögent ir mynen ritter trösten und er uch, wann das ir in fremdem land sint, und mögent uch banichen mit uwern worten. Dasselb mögen wir zwo thun, wann wir samment sint; also mag unser ieglichs des andern burden tragen'.[37]

---

[33] ‚Prosalancelot I', S. 772.
[34] Meyer [Anm. 7], S. 209.
[35] Ebd. 208.
[36] Ebd. 213.
[37] ‚Prosalancelot I', S. 812.

Der nächste Teil dieses Beitrags wird sich eingehender mit den Beziehungsgefügen des ‚Prosalancelot' beschäftigen. Zuvor möchte ich jedoch noch einmal einen genaueren Blick auf die besondere Form der Galahot-Lancelot-Freundschaft richten. Hier entspricht die äquivoke Funktionalisierung der Galahot-Figur einer mehrdeutigen Situierung der Freundschaft innerhalb eines spezifischen Freundschaftsdiskurses.

HYATTE konstatiert die Ähnlichkeiten der Galahot-Lancelot-Freundschaft mit der *amicitia perfecta*, einem antiken Freundschaftsideal, dessen Formulierung zunächst bei Aristoteles und später bei Cicero zu finden ist.[38] In Aristoteles' ‚Nikomachischer Ethik' heißt es unter anderem:

> A flourishing [...] human life, a life that is complete and self-sufficient (lacking in nothing), includes friendship – reciprocal affection and goodwill – because human flourishing is relational. People can be loved for their pleasure- or utility-value, or for their good character; accordingly, there are pleasure-friendships, utility-friendships and character-friendships.[39]

Die Charakter-Freundschaften implizieren ihrerseits Freude/ Lust und Nutzen/ Nützlichkeit; ein guter Charakter ist sowohl erfreulich als auch nützlich. Die Menschen in einer Charakter-Freundschaft lieben (*philein*) einander aufgrund ihrer Person, ihres Charakters, nicht aufgrund irgendeines Zufalls. Daher wünschen sie einander „zu sein" und „zu erblühen" um ihrer selbst willen.

Charakter-Freundschaften erfordern tugendhaftes Handeln und die Wahl eines „anderen Selbst". Solch eine Wahl setzt genuine Selbstliebe voraus, die nur tugendhafte Menschen besitzen können. Deshalb vermögen auch sie es ausschließlich, ein „anderes Selbst" zu erwählen. Darüber hinaus kann Tugendhaftigkeit am ehesten durch angenehmes und nützliches Handeln mit sowie gegenüber dem Freund ausgeführt werden. Aus diesem Grunde sind es wesentlich tugendhafte Menschen, die wirklich Freunde wünschen. Aristoteles erhebt die nicht-berechnende Absicht, das Wohlwollen, zum distinkten Merkmal der Charakter-Freundschaft.

Ciceros ‚Laelius sive De amicitia' (‚Laelius oder Über die Freundschaft') zeichnet sich vor allem durch eine Synthese zwischen griechischem Denken und römischer Tradition aus.

In der mittelalterlichen Philosophie folgen etwa Bernhard von Clairvaux und Aelred von Rievaulx Cicero (und damit indirekt Aristoteles), indem auch sie den Nutzen der Freundschaft nachordnen oder die auf Leidenschaft gegründete, die „fleischliche" und die durch Nutzen motivierte Freundschaft von jener auf Liebe beruhenden Freundschaft der Seelen unterscheiden.

---

[38] Diese Freundschaftsentwürfe sind zu verstehen als Individualbeziehungen mit deutlich emotionaler Bindung. Darin unterscheiden sie sich von der (antiken) Freundschaft als Institution mit Vertragscharakter und festem Kanon von Rechten und Pflichten. Diese letztere Form ist jedoch auch in den politischen Sphären des Mittelalters noch bezeugt. Vgl. Oschema [Anm. 4], S. 19, der dafür plädiert, eine „quasi-erotische Komponente der ritterlichen Kultur zuzulassen".

[39] Badhwar, Neera K.: Art. Friendship, in: Routledge Encyclopedia of Philosophy, Version 1.0.

Thomas von Aquin unterscheidet eine Liebe des Begehrens und eine Liebe der Freundschaft. Letztere sucht das Wohl des Freundes, ist also personale, auf Tiefe und Dauer angelegte Beziehung. Mit Aristoteles grenzt er diese Freundschaft ab von der nützlichen und lustvollen Beziehung. Die wohlwollende Freundschaftsliebe ist für Thomas auch eine Freundschaft der Menschen zu Gott.[40]

Denker wie Augustinus oder, wie oben gezeigt, Thomas von Aquin erweiterten also das aristotelische respektive ciceronische Freundschaftsbild um die Dimensionen der Nächstenliebe und der Gottesfreundschaft – Figurationen von Freundschaft, wie sie auch im weiteren Verlauf des ‚Prosalancelot' noch zu finden sind (siehe etwa BOHORT und GALAAD). FREYTAG formuliert die These, dass vor allem die mangelnde Ausrichtung auf Gott, die Absolutsetzung und Maßlosigkeit der Galahot-Lancelot-Freundschaft, Ursachen für ihr (narrativ-fiktionales) Scheitern sind. Der ‚Prosalancelot', so suggeriert FREYTAG, protegiere letztlich ein Freundschaftsideal, das, im Unterschied zur dem antiken Ideal verpflichteten Freundschaft zwischen Galahot und Lancelot, Diesseits und Jenseits verbindet, rein ist und auf Weltentsagung und Askese gerichtet ist.[41]

Die Freundschaft von Lancelot und Galahot lässt sich mit HYATTE am ehesten als eine Variation der *amicitia perfecta* lesen. Ihre Inszenierung folgt diesem Modell in weiten Teilen des Textes. Zentral für das Bestehen einer solchen Bindung sind gegenseitige Bewunderung, Vertrauen, Zuneigung (*caritas*), „Gleichklang der Seelen", Beieinandersein, Weisheit und Ehre.

Die Lancelot-Galahot-Freundschaft erfüllt wesentliche dieser Charakteristika, gleichwohl scheint sie den eng gesteckten Rahmen einer Männerfreundschaft im Sinne der *amicitia perfecta* zu sprengen, oder, wie HYATTE es formuliert: Der Verfasser recodiert die Rhetorik der Freundschaft partiell in eine Rhetorik der Liebe (*romance*):

> Galehout's benevolence, beneficence, disinterestedness, sacrifices, and affection for Lancelot are extreme and, therefore, they transgress the ethical limits of the classical code of amicitia.[42]

Dennoch beharrt HYATTE in einem späteren Text darauf, dass es sich beim ‚Prosalancelot' vorrangig um eine textuelle, nicht um eine sexuelle Innovation handelt:

> We suggest that the atypical configuration of conventions there alerts readers to a radical narratorial reinvention, a good part of which includes the heroes' mutual fine amor deriving specifically from medieval textual, rather than (homo)sexual, models.[43]

Zu diesen textuellen Innovationen zählt ebenfalls die für volkssprachige höfische – mithin romantische – Texte charakteristische hyperbolische Sprache. Dieser Lektüre-

---

[40] Geerlings, Wilhelm: Art. Freundschaft, in: Lexikon des Mittelalters. Bd. 4: Erzkanzler bis Hiddensee. München/ Zürich 1989, S. 912
[41] Freytag [Anm. 29], S. 195-212.
[42] Hyatte [Anm. 14], S. 506-507.
[43] Hyatte, Reginald: Reading Affective Companionship in the Prose Lancelot, in: Neophilologus 83 (1999), S. 19-32, hier S. 20.

vorschlag beantwortet letztlich jedoch nicht die Frage nach der Interpretation dieser textuellen Formationen und nach ihrer Übersetzung in konkrete Praktiken.[44] Die folgenden Ausführungen werden daher die augenfälligen „Divergenzen" oder Transgressionen und Recodierungen in ihrem Verweischarakter analysieren.

IV. Triangulationen und Rivalitäten – „Die Frau von Maloaut"/ „Abschied von Ginover"/ „Galahot und Lancelot in Sorelois"

Wie bereits dargestellt, geht Galahot Lancelot und damit auch Ginover zuliebe eine Beziehung mit der Frau von Maloaut ein. Diese Verbindung ergänzt respektive vervollständigt die komplexen Begehrenskonstellationen des ‚Prosalancelot'.

Es lassen sich mindestens drei verschiedene Triangulationsfiguren innerhalb des Textgeschehens extrapolieren. Diese „*love triangles*"[45] geben Aufschluss über die Strukturierung des Begehrens zwischen den jeweiligen Teilnehmenden einer solchen Relation:

> The ordinary love-triangle in a Lancelot story is King Arthur, Guinevere, and Lancelot, but in the Prose Lancelot, the homoerotic/heterosexual love triangle of Galehout, Lancelot, and Guinevere is far more complexly realized and profoundly dramatized.[46]

MIESZKOWSKI vernachlässigt in der letzteren Schematisierung allerdings sowohl König Artus als auch die Frau von Maloaut. Beide sind Teil spezifischer triangulärer Beziehungen, die neben einem liebenden Verlangen ebenso durch ein rivalisierendes Begehren strukturiert sind. SEDGWICK postuliert daher:

> [I]n any erotic rivalry, the bond that links the two rivals is as intense and potent as the bond that links either of the rivals to the beloved: that the bonds of 'rivalry' and 'love,' differently as they are experienced, are equally powerful and in many senses equivalent.[47]

---

[44] Ein Anspruch, den Hyatte gleichwohl nicht teilt: „A unique textualized fantasy on romance conventions and types, their surpassing, ambiguous love – *what is it that they desire?* – resists reduction to specifically homoerotic desires as well as to experiential sexuality in the thirteenth century or today" ([Anm. 43], S. 31; meine Hervorhebung). So sehr ich Hyattes Widerstand gegen Reduktion und Vereindeutigung teile, so wenig kann ich einerseits übersehen, dass sich die Frage nach dem Signifikat auch bei ihm einschleicht (vgl. die Hervorhebung). Andererseits erklärt sich mir nicht, warum wir bei heterosexuellem Begehren grundsätzlich die erotische Komponente als gegeben annehmen, bei homoerotischem Begehren diese aber immer von neuem sehr subtil abgewehrt finden. Matthias Meyer schlägt zu Recht vor, eine (psychologische) Interpretation der Interpretationen zu schreiben. Vgl. dazu auch Oschema [Anm. 4], S. 111. Des Weiteren stellt sich die Frage, aus welchem Grund wir sehr wenig über Frauen (und ihre „Freundschaftsfähigkeit") sowie über gegengeschlechtliche Freundschaften im Diskurs finden?

[45] Mieszkowski [Anm. 26], S. 34.
[46] Ebd.

König Artus und Galahot etwa sind Rivalen bei ihrem Versuch, Lancelot an sich zu binden. Ginover und Artus bemühen sich ihrerseits um Galahot, wenn auch diese Anstrengungen unterschiedlich motiviert sind. Artus weiß, dass Galahot ihm gewogen bleiben muss, um Lancelot in Logres zu halten. Ginover will Lancelot in ihrer Nähe wissen. Dies gelingt nur, wenn auch Galahot bleibt. Besonders deutlich werden diese Mechanismen, die definiert sind durch Geschlechterasymmetrien und Machthierarchien,[48] in folgender Szene: König Artus will Lancelot zum Ritter der Tafelrunde machen und wird von Gawan dazu ermahnt, schnell zu handeln: *Galahot sol yn mit im hinweg furn*, sprach er, *so er allererst mag; er ist im vil lieber dann uch myn frau die konigin sy*.[49] Galahot durchschaut des Königs Pläne, als er Lancelot mitteilt: *Herzelieber geselle [...], nu siehe ich wol das ich uch verliesen muß. [...] Ich weiß wol das uch der konig sol bitten sin geselle zu werden*.[50]

Lancelot wiegelt ab, jedoch mit einer entscheidenden Einschränkung: Sollte die Königin ihn bitten zu bleiben, wird er ihr dies nicht abschlagen können. Artus scheint zu ahnen, dass seine Überzeugungskraft allein nicht ausreichen wird, Lancelot zu halten. Darum soll Ginover gegebenenfalls Lancelot zu Füßen fallen. Doch Ginover selbst hat ihren eigentlichen Rivalen längst erkannt, als sie zu bedenken gibt: ,*Ihr solt es Galahůt bitten [...], er sit mit im hie*'. Als Artus ihn dann tatsächlich um sein Einverständnis bittet, ist Galahot der Verzweiflung nahe. ,*[W]olt ir mir myn leben nehmen?*'[51], fragt er und leistet schwachen Widerstand. Am Ende muss Artus auch ihn in die Tafelrunde aufnehmen, denn ohne Lancelot, dies betont Galahot nochmals, stürbe er.

Ein weiteres trianguläres Verhältnis ist gleichsam das ostentativste: Ginover steht zwischen Lancelot und Artus. Beide begehren sie, rivalisieren um sie. Zugleich begehrt Artus Lancelot als seinen Ritter.

Das für die Galahot-Lancelot-Freundschaft bestimmende Dreiecksverhältnis ist wohl jenes zwischen den beiden Rittern und der Königin Ginover. Sowohl Galahot als auch Ginover begehren Lancelot: „Galehot [...] thinks of Guinevere as his rival, as if Lancelot's love for her diminishes his love for him."[52] Und in der Tat ist Galahot derjenige, dessen Liebe nicht erwidert wird, nicht erwidert werden kann.

---

[47] Kosofsky Sedgwick, Eve: Between Men – English Literature and Male Homosocial Desire. New York 1985, S. 21.

[48] Gemeint ist primär die, weiter unten geschilderte, Funktionalisierung Ginovers für Artus' Zwecke, ergo Lancelots Verbleiben in der Tafelrunde. Der Umstand, dass Artus Ginover instrumentalisiert, um Lancelot an sich zu binden, ist eine Illustration des heteropatriarchalen „traffic in women". Siehe Rubin, Gayle: The Traffic in Women. Notes Toward a Political Economy of Sex, in: Rayna Reiter (Hrsg.): Toward an Anthropology of Women. New York 1975, S. 157-210.

[49] ,Prosalancelot I', S. 1282.

[50] Ebd. 1282.

[51] Ebd. 1286.

[52] Mieszkowski [Anm. 26], S. 35.

> Galehot loves Lancelot so intensely and uncompromisingly that he literally cannot live without him. But Lancelot loves Guinevere equally intensely and uncompromisingly. Galehot will die of love without Lancelot, but Lancelot will die of love without Guinevere. If Galehot helps Lancelot win Guinevere, then he will lose him to her; if he does not help him win Guinevere, he will lose him to death. The triangle yields the tragic contradiction of Galehot's life; he must give up Lancelot because he loves Lancelot.[53]

HYATTE sieht in dieser Konfiguration neben der Rivalität auch eine Komponente der Kooperation:

> The narration of the chivalric amitié/amor of Lancelot and Galehout illustrates both competition and cooperation between refined love of woman and male friendship: the ladylove Guinevere and the best friend Galehout compete for Lancelot's attention, and they strike a deal by which each gets a share of him. Lancelot and Galehout subordinate their chivalric friendship to Lancelot and Guinevere's fine amor.[54]

Gerade die absolute Devotion Galahots an Lancelot lässt die ohnehin sehr konstruiert wirkende Beziehung zwischen Galahot und der Frau von Malouat gänzlich unüberzeugend scheinen. SPECKENBACH schlägt daher vor, die Funktion dieses dritten Liebesbundes als vorbeugende Maßnahme gegen eine „homosexuelle Fehldeutung" der Galahot-Lancelot-Freundschaft zu verstehen.[55] Diese Bindung als Teil eines gedachten Vierecks (Galahot-Frau von Malouat-Lancelot-Ginover) hat so auch lediglich funktionellen Wert.

Die fast paradiesische Situation in Sorelois ist nicht unabhängig von den oben geschilderten Triangulationen und Rivalitäten zu denken. Während es für Galahot die Erfüllung all seiner Wünsche ist, leidet Lancelot in der Zweisamkeit mit Galahot an seiner Sehnsucht nach Ginover. Obwohl sie also einander „*gesellschafft*"[56] bieten, die sie beide bei sich und beieinander sein lässt, ist Lancelot doch „außer sich". Diese Disparität der Gefühlszustände indiziert ein weiteres Mal die Asymmetrie der Galahot-Lancelot-Freundschaft.

> [E]r [Galahot] was alda so er heimlichst mocht, umb das das er wolt das nyman synen gesellen bekante.[...]Alles diß spiel halff Lanceloten nit, alldiewil das er der nit ensah die sin hercz mit ir hett, und kam auch ußer den gedencken nit weder tag noch nacht.[57]

Die Idylle von Sorelois ist ein letzter Versuch des Textes, eine ideale, funktionierende Männerfreundschaft zu inszenieren. Er muss scheitern an den differenten Erwartungen der beiden Ritter. Galahot unternimmt den Entwurf einer Freundschaft „als freie Form

---

[53] Ebd. 34.
[54] Hyatte [Anm. 14], S. 505.
[55] Speckenbach [Anm. 13], S. 134.
[56] Zu den mhd. Termini siehe weiter unten.
[57] ‚Prosalancelot I', S. 822. Das „spiel", wie es im Text heißt, besteht vor allem in ausgiebigen Jagdausflügen mit *hebichen* und *hunden*. Diese Aktivitäten figurieren in der Logik meiner Argumentation ein „displacement" erotischen Begehrens. Erotisches Begehren ist beinahe topisch in Jagdszenen chiffriert (siehe beispielsweise die Jagd nach dem weißen Hirsch).

der Sozietät"[58]. Fern von anderen Menschen zunächst in einer „*schönen wonung*"[59], dann auf einer fernen Insel, hält Galahot Lancelot versteckt und versucht eine Intensivierung der Freundschaft.

Die Sorelois-Episode des ‚Prosalancelot' lässt sich auf produktive Weise mit FOUCAULTS (Fragment gebliebenen) Gedanken zur Freundschaft lesen. FOUCAULT begreift Freundschaft (und hier meint er zumeist homosexuelle Freundschaft) als eine freie, nicht institutionalisierbare[60] Gemeinschaftsform, die eine Möglichkeit biete, die Spannung zwischen Individuum und Gesellschaft durch das Schaffen eines Zwischen-Raumes (eine kollektive Subjektivierung) zu überwinden, welcher sowohl individuelle Bedürfnisse als auch kollektive Zielstrebungen berücksichtigt und deren Interaktion betont.[61]

Dabei kreiert gerade die Freundschaft einen Raum, in dem zu der notwendigen Sorge um sich selbst[62] auch die Sorge um den Anderen tritt. „Die Selbstausarbeitung und -auskonturierung kann jedoch nur durch die Anwesenheit eines Anderen stattfinden."[63] Dies konstituiert den ethischen Wert einer Freundschaft.

Gerade Galahot absolviert ein umfangreiches Programm der Selbstausarbeitung und -auskonturierung. Unter dem Eindruck der Freundschaft zu Lancelot entsagt Galahot seinen Welteroberungsabsichten, verzichtet auf seine weltliche Ehre und richtet sein ganzes Selbst auf Lancelot aus.

Für FOUCAULT trägt Freundschaft das Potential zur „Erfindung von neuen Beziehungsformen, die nicht den institutionalisierten von Ehe und Familie entsprechen"[64], in sich. In der Freundschaft eröffnet sich die Chance, „eine Vielfalt möglicher Lebens-Formen zu testen, zu experimentieren"[65]. FOUCAULT konstatiert: „Sie müssen von A bis Z eine Beziehung erfinden, die noch formlos ist: die Freundschaft, d. h. die Summe all dessen, womit sie einander Freude bereiten können."[66]

Doch Galahot und Lancelot ist es unmöglich, diese kreative Arbeit zu einem existenzfähigen Ende zu führen. Zu stark ist ihre Einbindung in die Gesellschaft des Artushofes. Galahot vermag weder, etwas gegen das Begehren seines Rivalen Artus, Lancelot an seinen Hof zu holen, zu unternehmen, noch kann er seine Liebe zu Lancelot wirksam gegen Lancelots Verlangen nach Ginover artikulieren. Wie nahe jedoch

---

[58] Ortega [Anm. 1], S. 241.
[59] ‚Prosalancelot I', S. 1198.
[60] Zur Frage der Institutionalisierung von Freundschaft vgl. Oschema [Anm. 4].
[61] Vgl. Ortega [Anm. 1], S. 221.
[62] Dies ist denn auch der Nexus zum Titel der Arbeit. Die Quelle ist natürlich Foucaults dritter Band von: Sexualität und Wahrheit, Die Sorge um sich. Frankfurt am Main 1989.
[63] Ortega [Anm. 1], S. 17.
[64] Ebd. 222.
[65] Ebd. 226. An diese Idee schließt auch mein *Queering* der Galahot-Lancelot-Freundschaft an.
[66] Foucault, Michel: Von der Freundschaft als Lebensweise – Michel Foucault im Gespräch. Berlin 1984, S. 87.

diese Artikulation des Begehrens der Liebesrhetorik der Lancelot-Ginover-Beziehung kommt, werde ich nun kurz darstellen.

V. Sprachen der Liebe/ Sprache der Lieben? – „Galahot versteckt Lancelot"/ „Lancelot wird Ritter der Tafelrunde"

Bereits auf der Ebene der einzelnen Wortbedeutungen entfaltet sich eine höchst äquivoke Sprache der Liebe. Denn die Bezeichnungen, die Lancelot und Galahot sowohl für ihre Beziehung als auch jeweils füreinander benutzen, sind keineswegs eindeutig decodierbar.

Die Begriffe *gese(l)lschafft*, *fruntschafft*, *geselle*, *frunde* und *frunt* finden am häufigsten Verwendung. Dabei erstreckt sich das semantische Feld des mhd. *vriunt* laut ‚Grimm'schem Wörterbuch' von Freund und Verwandter über Geliebter und Liebhaber. Entsprechend kann ebenso mhd. *vriuntschaft* sowohl für *amicitia* als auch für Liebschaft oder Liebe stehen.

Matthias LEXER verzeichnet unter den Lemmata *geselle* und *geselleschaft* die Konnotationen Gefährte, Freund und Geliebter resp. freundschaftliches Beisammen- oder Verbundensein, Freundschaft sowie Liebe. Und auch bei der Konsultation des ‚Mittelhochdeutschen Wörterbuches' von BENECKE und des ‚Mittelhochdeutschen Wörterbuches' von MÜLLER lässt sich dieses Bedeutungsspektrum konstatieren. Da die oben genannten Termini alternierend sowohl in Gesprächen zwischen Lancelot und Galahot als auch zwischen Lancelot und Ginover eingesetzt werden, bleibt ihr konkreter Bedeutungsrahmen für die Galahot-Lancelot-Freundschaft vieldeutig. MIESZKOWSKI stellt fest, dass Lancelot Galahot in genau dem Maße liebt, welches ihm in einer gesellschaftlich sanktionierten, emotionalen Beziehung zu einem Mann gestattet ist. Gerade in seiner Trauer über Galahots Tod testet jedoch auch Lancelot die Grenzen einer mittelalterlichen Männerfreundschaft. Für KRAß wird im Tod die homosoziale, wohl gemerkt nicht-erotische Freundschaft darstellbar.[67] Nichtsdestotrotz ist es zumeist Galahot, der wiederholt die Konventionen eines *comrades-in-arms*-Bündnisses[68] überschreitet. Diese „Überlagerung" von Codes macht eine Interpretation diffizil, denn "the language of comradeship and the language of love are the same".[69] DOVER erinnert denn auch daran, dass Kritiker/innen diese Ambiguität bisweilen als eine "textual

---

[67] Vgl. Kraß [Anm. 2], S. 97, 107.
[68] Mieszkowski [Anm. 26], S. 41.
[69] Ebd.

dissimulation that is sexual dissimulation – namely reciprocal homoeroticism disguised as ideal friendship" interpretiert haben.[70]

Zu dieser Konklusion kommt ebenso HYATTE. Nach seinem Verständnis inszeniert der ‚Prosalancelot' eine partielle Assimilation der ritterlichen Freundschaft in die Rhetorik der *fine amor*, wobei der Text auf der narrativen Ebene immer auch einen Vergleich zwischen ritterlicher Freundschaft und *fine amor* zu vollziehen scheint.

> [T]he greatest knights Lancelot and Prince Galehout serve fine amor [also der Liebe zwischen Ginover und Lancelot, B. M], but their friendship equals and even surpasses at times on Galehout's side the literary measure of Lancelot and Guinevere's fine amor in regard to adoration, self-sacrifice, humility, the confusion of extreme joy and sorrow, and, finally fatal lovesickness.[71]

Nicht nur im formal-sprachlichen, sondern eben auch im inhaltlich-narrativen Bereich fällt eine klare Charakterisierung der Freundschaft und damit eine Distinktion gegenüber der Lancelot-Ginover-Liebe äußerst schwer.

Im Text finden sich zahlreiche Formulierungen, die neben der Liebe Lancelots für Ginover und vice versa auch Galahots leidenschaftliche Freundschaft für Lancelot denotieren sollen. DOVER führt dies auf den Umstand zurück, dass "romance's traditional lexicon of love – amor, ami(e), aimer – belongs simultaneously to love and friendship, to erotic love and affection, to family bonds and feudal ties".[72]

Als Lancelot im Sachsenfels in Gefangenschaft liegt, gewaltsam von Ginover getrennt, spricht er aus, was auch Galahot später, ob der Separation von Lancelot artikulieren wird: *Ich han den dot lieber dann das leben.*[73]

> ‚Eya herre got', sprach Galahût, ‚warumb lebe ich so lang, sit ich verlorn han das mir lieber was dann mynselbs lip? Das was ein blum von aller ritterschafft die ie geborn wart. Sitt ich syn auch nit haben mag, mir ist, so helff mir gott, der dot lieber dann das leben'.[74]

Die Sprachen der Liebe sollten also eher als Sprache der Lieben reformuliert werden. Dies würde unterstützt durch MIESZKOWSKIS Lesart des Textes, in der sie eine Anwendung der Thesen Eve Kosofsky SEDGWICKS unternimmt. SEDGWICK (re-)konstruiert in ihrem Buch ‚Between Men – English Literature and Male Homosocial Desire' ein potentiell homoerotisches Begehren in männlicher Homosozialität,[75] etwa beim so genannten *male bonding*:

---

[70] Dover [Anm. 6], S. 119.
[71] Hyatte, Reginald: The Arts of Friendship – The Idealization of Friendship in Medieval and Early Renaissance Literature. Leiden/ New York/ Köln 1994, S. 89-90.
[72] Dover [Anm. 6], S. 119.
[73] ‚Prosalancelot I', S. 1244.
[74] Ebd. S. 1276.
[75] „‚Homosocial' is a word occasionally used in history and the social sciences, where it describes social bonds between persons of the same sex; it is a neologism, obviously formed by analogy with ‚homosexual,' and just as obviously meant to be distinguished from ‚homosexual.'" Sedgwick [Anm. 47], S. 1

> To draw the 'homosocial' back into the orbit of 'desire,' of the potentially erotic, then, is to hypothesize the potential unbrokenness of a continuum between homosocial and homosexual – a continuum whose visibility, for men, in our society, is radically disrupted.[76]

MIESZKOWSKI argumentiert historisch, indem sie eben jene „Ungebrochenheit" des Kontinuums für das 13. Jahrhundert behauptet. Folgt man ihr, so wäre die zu erwartende Reaktion eines „modernen" Lesenden auf die Repräsentation der Galahot-Lancelot-Freundschaft, dass „passionate expressions of love between men must not have homoerotic meaning"[77]. Schließlich handele es sich ja bei Lancelot um einen der „greatest lovers of medieval literature"[78]. Seine Liebe gehört Ginover allein, ergo kann seine leidenschaftliche Liebe für Galahot unmöglich homoerotisch sein. Sowohl Lancelot als auch Galahot benutzen lediglich „the language of male love of this time". Doch gerade in dieses Verständnis interveniert MIESZKOWSKI:

> Behind this argument lies the modern assumption that homoeroticism and male bonding are opposites, and this idea in turn is based on the widely accepted notion that homosexuals and heterosexuals are also opposites – fundamentally different kinds of people. However, neither of these conceptions was current in the late Middle Ages.[79]

MIESZKOWSKI versteht daher die Galahot-Lancelot-Freundschaft als einen Teil dieses Kontinuums von Homosozialität und Homoerotik. Beide Ritter lieben, einander, und eine Frau. Wobei Letzteres nur auf Lancelot zuzutreffen scheint. Genau hierin liegt die Tragödie dieser Freundschaft: „Lancelot loves his comrade in arms; Galahot is in love with his and that is the tragedy."[80] HYATTE zeigt sich da optimistischer:

> Although Galehout and Lancelot's amistié/amor shares many essential characteristics with a great number of medieval representations of refined love, its male-to-male nature is an original variation which contradicts the assumption, often repeated in theoretical works, that fine amor can exist only between partners of different sex.[81]

Der Abschluss meines Beitrags wird nochmals auf Parallelen in den Inszenierungen der Freundschaft und der Liebesbeziehung eingehen. Zuvor sei ein präliminäres Resümee gewagt.

Der ‚Prosalancelot' inszeniert eine sehr leidenschaftliche Männerfreundschaft zwischen Galahot und Lancelot, die in Teilen, und vor allem auf Galahots Seite, weit über das hinausgeht, was die Philosophie und Literatur unter einer idealen Männerfreundschaft verstanden. Oftmals gleichen die rhetorischen Figuren und narrativen Elemente stark jenen in der Darstellung der Liebesbeziehung von Lancelot und Ginover.

---

[76] Ebd., S. 1-2.
[77] Mieszkowski [Anm. 26], S. 42. Meyer bezeichnet diesen Interpretationsprozess als „Heraushistorisierung von erotischem Begehren" (vgl. Vortrag Wien [Anm. 16]).
[78] Ebd. S. 42.
[79] Ebd. S. 42-43.
[80] Ebd. S. 44.
[81] Hyatte [Anm. 14], S. 505.

Galahot begehrt mit allen Mitteln und unter allen Entbehrungen ein Leben mit Lancelot. Doch dies ist unmöglich. Nicht nur ist dieses Begehren nicht gegenseitig – so sehr Lancelot Galahot liebt, seine Liebe gehört in letzter Konsequenz immer Ginover – es kämpft ebenso mit und verliert gegen die Nichtintegrierbarkeit einer erotischen Komponente in die Freundschaft. Dass diese im Text angelegte und subkutan auch verhandelte Unmöglichkeit nicht zwingend eine Aporie darstellt, wird in FOUCAULTS Überlegungen zur Freundschaft erkennbar. Eine (noch) hypothetische, homosexuelle Freundschaft überschreitet für ihn die traditionelle Teilung *eros/ philia* und versucht, die *eros*-Komponente für das Freundschaftsverhältnis wiederzugewinnen. Weiter bedeutet sie die Möglichkeit, aus einer sexuellen Entscheidung eine Lebensweise zu entwerfen.[82]

Ansätze eines solchen Entwurfs finden sich, wie oben gezeigt, in den Episoden in Sorelois, wo Galahot und Lancelot ganz beieinander sind. Doch dieser utopische Prozess wird gestört von rivalisierenden Begehren. Artus und Ginover beanspruchen Lancelot ebenso wie Galahot dies tut. Nur kurz also eröffnet sich im Text eine Art *queeres*[83] Potential zur Konstruktion einer erotischen, idealen Männerfreundschaft. Im ‚Prosalancelot' muss dieses Potential letztlich jedoch versiegen. Der Text ist insofern kaum visionär, da er etwas noch nicht Seiendes nur sehr begrenzt als fiktional-potentiell Seiendes imaginiert.[84] Denn, um es etwas banal auszudrücken, bevor es dazu kommen kann, stirbt Galahot.

---

[82] Vgl. Ortega [Anm. 1], S. 244.

[83] Siehe zu diesem Begriff weiter unten.

[84] Angesichts der soziokulturellen Gegebenheiten des 13. Jahrhunderts scheint meine Forderung nach einer derartigen Vision nicht nur höchst anachronistisch sondern auch schier unmöglich: „During the 200 years from 1150 to 1350, homosexual behavior appears to have changed, in the eyes of the public, from the personal preference of a prosperous minority, satirized and celebrated in popular verse, to a dangerous, antisocial, and severely sinful aberration". Boswell, John: *Christianity*, Social Tolerance, and Homosexuality. Gay People in Western Europe from the Beginning of the Christian Era to the Fourteenth Century. Chicago 1980. Gretchen Mieszkowski beschreibt die Konsequenzen dieses Wandels der Attitüde: „The authors of these texts lacked the luxury of speaking openly that had made possible the outpouring of explicitly gay literature that John Boswell discovered from 12th-century Europe. Instead, these later writers eluded official condemnation of sodomy by partially concealing their representations of homoerotic desire. The Prose *Lancelot*'s Galehot and Malory's Lavain are characterizations of this sort". Mieszkowski [Anm. 26], S. 27.

VI. Ohnmachten – „Die Reise nach Sorelois" bis „Galahots Ende"

Nachdem Lancelot und Galahot Ritter der Tafelrunde geworden sind, kehren sie noch einmal in Galahots Reich Sorelois zurück. Noch vor der Abreise wird Galahot durch Träume erschreckt, deren Inhalte seine Angst vor einem Verlust Lancelots symbolisieren. Es ist der zweite Traum, der wohl am intensivsten von seinen Befürchtungen spricht:

> Des andern nachtes traumpt im das sin buch offgerißen were und das er all sin gederm in synem buch sehe ligen; yn ducht wie er zwey hercz in sim buch sehe, die beide glich groß weren und glich lang. Das ein sprang ußer sim buch und wart wol als groß als ein lebart, es lieff zuhant zu walde zu andern tiern, und er verlose es also. Da ducht yn wie das ander hercz dorret in sim libe und darnach sin lip aller, so das er zuhant dot lag ee dann er's selb icht wust.[85]

Galahot verschweigt diese Träume vor Lancelot, gibt sich fröhlich und unbekümmert. Für HYATTE markieren diese Verheimlichungen, gar Lügen, ein weiteres Mal den „romantischen" Charakter der Galahot-Lancelot-Freundschaft:

> Nonconfidence, hiding the truth, and silence are characteristic of Galehout and Lancelot's refined amistié/amor, in which consideration for one another's feelings makes them behave not as mutually trusting friends but as the fearful romance lover who holds his tongue in constant check.[86]

Doch als Galahots Pferd bei der Heimreise über einen Stein stolpert und er selbst, nach einem wütenden Ritt, auf einen spitzen Stein stürzt und ohnmächtig wird, bricht die scheinbare Unbekümmertheit in sich zusammen. Lancelot fällt beim Anblick seines ohnmächtigen Freundes unter Schreien und Weinen selbst in Ohnmacht. Der erwachende Galahot wiederum bricht erneut zusammen, als er Lancelot am Boden liegend erblickt. Diese Szene ist sehr intensiv und tendiert beinahe zur Komik. Nicht zuletzt aber erinnert sie in ihrer Heftigkeit an eine ähnliche Szene zwischen Lancelot und Ginover. Nicht nur lese ich die Ohnmachten Galahots als einen Ausdruck seiner Ohnmacht gegenüber der schwierigen Situation, in der sich seine Freundschaft zu Lancelot befindet. Ich verstehe sie auch als einen Indikator seiner Ohnmacht vor der „Heteronormativität" (d. h. der Privilegierung der „heterosexuellen" Liebe vor der homoerotischen Freundschaft) des Textes. Zudem steht das buchstäbliche Kollabieren seiner Schlösser und Burgen in der Folge in direkter Korrelation zu Galahots eigenem körperlichen Zusammenbruch. Die Folge von Ohnmachtsanfällen unterstreicht andererseits die These, dass es sich bei der Freundschaft dieser beiden Ritter um mehr handeln muss als *comradeship*:

---

[85] Lancelot und Ginover II – Prosalancelot II. Nach der Heidelberger Handschrift Cod. Pal. Germ. 147 [Anm. 12]. In der Folge ‚Prosalancelot II', hier S. 10.
[86] Hyatte [Anm. 14], S. 510.

> Among the many signs of affection characteristic of romance love that carry over to Lancelot and Galehout's amitié/amor the most frequent is swooning as a sign of solicitude.[87]

Als Galahot Lancelot schließlich von seinen Träumen und deren Deutungen erzählt, allerdings die ganze Wahrheit noch immer zurück haltend, verfällt Lancelot in tiefe Trauer. ‚Solt ich nit weynen, herre', sprach er, ‚das man uwern dot vor mir saget? Were ich dann fro, so hett unser gesellschafft keyn truwe'.[88] Hier betont einmal Lancelot seine eigene emotionale Investition in die Freundschaft, auch wenn, oder gerade weil ihm zu diesem Zeitpunkt bereits prophezeit worden ist, er werde Galahot den Tod bringen. Der Tod nimmt in der Endphase der Freundschaft einen erheblichen narrativen Raum ein. Wo zunächst beide Ritter immer dann von Suizid sprechen, wenn dem jeweils Anderen Gefahr droht respektive zu befürchten steht, dass sie einander nicht wieder sehen werden, ist es am Ende Galahot, der dem Schmerz der Trennung von Lancelot erliegt. Sein Tod ist vielfach als herbeigeführt durch die *mal d'amors* beschrieben worden: „Galehot dies of love as he lived for love."[89] Auch im Text findet sich dies als Ursache formuliert: *Hie liegt Gallehault ain sohne der ryßin, der umb Lanntzelots willenn gestorbenn ist.*[90]

Wenn Lancelot später Galahots Grab findet, wird es schwer sein, ihn von einem Selbstmord abzuhalten. Die Tragik in der Freundschaft der beiden Ritter liegt in der Tatsache, dass sie erst im Tod in einer gemeinsamen Grabkammer tatsächlich beisammen sein werden. Ein Beieinandersein, so sehr erwünscht von Galahot, das ihnen im Leben versagt blieb. So finden sie erst im Tod zueinander und ihre gemeinsame Präsenz im Grab ließe sich im Sinne EDELMANS als Einbruch eines *queer death drive* in die (keusch-asketische) Teleologie des Textes interpretieren, die im Grunde die negative Tendenz des Textes konsequent umsetzt. Insofern käme eine Umformulierung des Foucault'schen Diktums in „Von der Freundschaft als *Todesweise*" der Dynamik im ‚Prosalancelot' näher.

Der Text scheitert an der Imagination einer reziproken erotischen Freundschaft zweier Männer. Galahot ist ein nicht erklärbares Paradox innerhalb der narrativen Logik. Er selbst wird nicht nur Opfer seiner selbstzerstörerischen, unerwiderten Liebe. Galahot als ein einen anderen Ritter begehrender Mann wird für den „heteronormativen" Text unhaltbar. So bleibt er der leidende, aufopfernde Freund, der textimmanent nicht als Zweck an sich, sondern nur als Mittel zu diesem toleriert wird:

> His final meaning is as a sacrificial figure. His love is sacrificed to the love of Lancelot and Guinevere and becomes one means of establishing the extraordinarily high value of that love.[91]

---

[87] Hyatte [Anm. 14], S. 510.
[88] ‚Prosalancelot II', S. 78.
[89] Mieszkowski [Anm. 26], S. 37.
[90] ‚Prosalancelot II', S. 658.
[91] Mieszkowski [Anm. 26], S. 39.

Die Inszenierung der Galahot-Lancelot-Freundschaft verharrt in der brutal konstruierten Unvereinbarkeit von *eros* und *philia*. Selbst wenn, wie von MIESZKOWSKI und anderen behauptet, im Mittelalter das männlich-homosoziale Kontinuum als ungebrochen verstanden wurde, so half dies nur dem wohlwollenden Verständnis der Galahot-Figur.

> Lancelot and Galahot are points on that continuum, which was understood as unbroken in the Middle Ages, and which includes men who care deeply about each other as well as men who love each other. Medieval readers, then, would have been able to accept much more easily than 20th-century readers that while Lancelot and Galahot love differently, they both love.[92]

Nicht nur der Umstand, dass mit der wachsenden Intoleranz gegenüber „Homosexualität" im beginnenden Spätmittelalter auch eine Zunahme der Skepsis gegenüber Männerfreundschaften zu beobachten ist, lässt mich diese Lesart als nicht weit reichend genug in Frage stellen.[93]

Queer als ein transitives Verb, das die Frage nach seinem Objekt und Subjekt aufwirft, bildet in Form eines *queer reading*

> eine Lektüreweise, die nicht nach dem Begehren des Autors, sondern des Textes fragt. Dieses Begehren entscheidet sich nicht an der sexuellen Präferenz des Verfassers, sondern es bildet sich ab in der Poetik und Ästhetik des Textes, in bestimmten Figurenkonstellationen, in metaphorischen und metonymischen Konfigurationen, für die es mit Hilfe bestimmter methodischer Instrumente den Blick zu schärfen gilt.[94]

KRAß schlägt außerdem vor, die trianguläre Geometrie des Begehrens zu erkunden und die historisch getrennten Diskurse über „Freundschaft" und „Sexualität" im Konzept des homosozialen Begehrens analytisch zu reintegrieren.[95]

So ist denn das eigentliche Verdienst eines *queer reading*, die homoerotischen Begehrensstrukturen im ‚Prosalancelot' zu artikulieren und die Form ihrer Inszenierung zu analysieren:

> The objective of queer studies is to bring homoeroticism to light in the half-hidden forms it often takes, and to understand it both historically and literally as a construct of the society in which it occurs.[96]

---

[92] Ebd., S. 43. Auch Hyatte argumentiert mit Sedgwicks Postulat eines vormodernen Kontinuums homosozialer und homoerotischer Verbindungen: „In its total development, the characterization of Galehout and Lancelot seems to cover the whole male homosocial-homosexual continuum that Sedgwick hypothesizes for premodern literature and society [...] as well as the continuum of hetero sexuality and homosexuality for males [...]" ([Anm. 43], S. 29).

[93] Dieser Umstand ist es auch, der Foucault veranlasste, sich dem Phänomen der „verdächtig" gewordenen Freundschaft näher zu widmen. Siehe Ortega [Anm. 1], S. 231, 234.

[94] Kraß, Andreas: Queer lesen. Literaturgeschichte und Queer Theory, in: Caroline Rosenthal/ Anke Väth/ Therese Frey Steffen (Hrsg.): Gender Studies. Wissenschaftstheorien und Gesellschaftskritik. Würzburg 2004, S. 233-248, hier S. 238.

[95] Vgl. Kraß [Anm. 94], S. 246.

[96] Mieszkowski [Anm. 26], S. 22.

Generell ist der Impetus einer queeren Lektüre jener der Öffnung und des Offenhaltens.

VII. Zusammenfassung und Schlussbemerkung

FOUCAULT hat die ambige Konstitution der Freundschaft zwischen erotischem und nichterotischem Begehren problematisiert und zugleich eine Versöhnung dieser beiden Pole versucht. Der ‚Prosalancelot' inszeniert auf einer literarischen Ebene den Widerstreit zwischen einer asexuellen idealen männlichen Freundschaft und ihrem permanent „drohenden" Umbruch in eine von erotischem Begehren strukturierte Gemeinschaft. HYATTE hat dies als Hybridität der Galahot-Lancelot-Freundschaft konzeptualisiert und ihre Grenzsituation zwischen romantischer Liebe und *amicitia perfecta* beschrieben. Der Text entfaltet aufgrund seiner rhetorischen und narrativen Manöver ein *queeres* Potential, insofern ein homoerotisches Begehren Galahots für Lancelot durchaus lesbar wird. Er entwickelt dieses Potential jedoch nicht zum Entwurf einer (homosexuellen) Freundschaft im Foucault'schen Sinne, sondern deutet allenfalls eine „Todesgemeinschaft" an. Galahot begehrt Lancelot. Er begehrt ein Leben mit ihm und fern der höfischen Gesellschaft, enthoben von ihren rigiden Wertorientierungen. Dies ist weder in der fiktionalen Logik des Textes noch in der Logik der sozialen Realität des 13. Jahrhunderts möglich.

Dennoch offeriert der Prosaroman einen zaghaften Blick auf etwas noch nicht Seiendes, dessen Entwurf aber, wenn auch nur sehr zurückhaltend, im Text vorbereitet wird und sich für Interpretationen anbietet.

„Es ist möglich, neue Arten und Weisen menschlichen Miteinanderseins zu erschließen, die besondere Intensität und Freude erzeugen. Dieses ist die Herausforderung eines Nachdenkens über Freundschaft."[97]

---

[97] Ortega [Anm. 1], S. 244.

Asadeh Ansari

Selbstzweck und Nutzen in der Freundschaftsdiskussion der Antike und des Mittelalters

Nach Gerd ALTHOFF[1] lassen sich aus historischer Sicht zwei verschiedene Typen von Freundschaft unterscheiden: 1. die „institutionalisierte [...] Freundschaft mit Vertragscharakter". Eigentlicher Zweck dieser Freundschaft ist die gegenseitige „Hilfeleistung" der Freunde. 2. die „Individualbeziehung mit deutlich emotionaler Bindung" zwischen zwei Personen.

Sowohl in der Antike als auch im frühen Mittelalter wird mit dem Begriff der Freundschaft eine Beziehung bezeichnet, die eine Mischung aus den beiden genannten Typen bildet. Es handelt sich also stets um Verhältnisse, in denen gegenseitiger Nutzen und gegenseitiges Wohlwollen gemeinsam die Grundlage der Beziehung bilden.[2] Zwar überwiegt zuweilen das eine oder das andere Motiv – so wird die *philia* am hellenistischen Königshof, die römische *amicitia* oder auch das als *amicitia* bezeichnete mittelalterliche Klientelverhältnis vor allem vom Aspekt des gegenseitigen Nutzens bestimmt – trotzdem wird selbst in diesen, aus heutiger Sicht reinen Zweckbündnissen, zumindest unterstellt, dass die Beteiligten neben dem gegenseitigen Vorteil auch ein Mindestmaß an ehrlicher Zuneigung füreinander empfinden.[3] Damit besteht zunächst ein Konsens

---

[1] Althoff, Gerd: Art. Freund und Freundschaft, in: Reallexikon der germanistischen Altertumskunde. Bd. 9 (1995), S. 576f.

[2] Vgl. Epp, Verena: *Amicitia*. Zur Geschichte personaler, sozialer, politischer und geistlicher Beziehungen im frühen Mittelalter. Stuttgart 1999, S. 98; Konstan, David: Friendship in the Classical World. Cambridge 1997, S. 58; Verboven, Koenraad: The Economy of Friends. Economic Aspects of *Amicitia* and Patronage in the Late Republic. Brüssel 2002, S. 35.

[3] Zur *philia* am hellenistischen Königshof vgl. Troncoso, Victor A.: *Paideia* und *philia* in der Hofgesellschaft der hellenistischen Zeit, in: Michael Peachin (Hrsg.): Aspects of Friendship in the Graeco-Roman World. Rhode Island 2001, S. 81; ferner: Herman, Gabriel: The Court Society of the Hellenistic Age, in: Paul Cartledge/ Peter Garnsey/ Erich Gruen (Hrsg.): Hellenistic Constructs. Berkeley/ Los Angeles 1997, S. 213; zur römischen amicitia: Verboven [Anm. 2], ebd.; zur amicitia als Klientelbeziehung im Mittelalter: Althoff, Gerd: Verwandte, Freunde und Getreue. Zum politischen Stellenwert der Gruppenbindungen im frühen Mittelalter. Darmstadt 1990, S. 87.

darüber, dass der Nutzen Bestandteil und Voraussetzung jeder Beziehung ist – Liebe allein begründet noch keine Freundschaft.

Allerdings weist der im Zuge der Entstehung des Christentums bedeutsam werdende Begriff der *caritas* auf eine Akzentverschiebung zwischen Antike und Mittelalter hin, die sich insbesondere im philosophisch-theologischen Diskurs entwickelt und die gerade auch für das Verständnis zwischenmenschlicher Beziehungen nicht ohne Konsequenzen bleibt.[4] Im Mittelpunkt der *caritas* steht die Liebe zu Gott und zu seiner Schöpfung. Ziel dieser Liebe ist „die Hinführung des eigenen Selbst und anderer Menschen zu Gott".[5] Dementsprechend bildet ein Leben im Geist der *caritas* den eigentlichen Sinn des irdischen Daseins, wobei das Ziel der *caritas* erst im ewigen Leben seine Vollendung erfährt. Es liegt nahe, dass vor diesem Hintergrund sowohl zwischenmenschliche Beziehungen als auch das individuelle Leben im Ganzen eine neue Orientierung erfahren.

Die folgenden Überlegungen zu der hier skizzierten Entwicklung konzentrieren sich exemplarisch auf zwei Quellen: zum einen auf den Freundschaftsbegriff des Aristoteles in der ‚Nikomachischen Ethik'[6], zum anderen auf die Behandlung der Freundschaft in der ‚Summa Theologica'[7] des Thomas von Aquin. Die zwei Bücher des Aristoteles zur Freundschaft gelten als das vielleicht bedeutendste philosophische Dokument zum Thema und belegen in besonderer Weise das antike Verständnis der Freundschaft als Harmonie zwischen zwei nach Glück strebenden Menschen. Thomas von Aquin kann sich zum Zeitpunkt seiner Auseinandersetzung mit Aristoteles auf eine breite Rezeption der aristotelischen Ethik stützen, die nun weitgehend in lateinischer Übersetzung vorliegt.[8] Gleichzeitig greift er den nun theologisch ausgeprägten Begriff der *caritas* in seinen Überlegungen auf. Im Folgenden wird die Gegenüberstellung der antiken Vorstellung der Liebe, die den letzten Grund jedes freundschaftlichen Handelns immer auch im eigenen Wohl sieht und dem christlichen Ideal selbstloser Liebe zum Freund, der es ohne Bezug auf die eigene Person um das Wohl des Anderen geht, im Mittelpunkt stehen.

---

[4] Zum Begriff der *caritas* aus historischer Sicht vgl. Epp [Anm. 2], S. 248.
[5] Ebd., S. 290.
[6] Aristoteles: Philosophische Schriften in sechs Bänden. Bd. 3: Nikomachische Ethik, bearb. von Günther Bien. Darmstadt 1995.
[7] Thomas von Aquin: Summa Theologica, hrsg. von P. Heinrich M. Christmann OP. Heidelberg 1955/1959.
[8] Vgl. zur Aristoteles-Rezeption im Mittelalter: Otfried Höffe: Aristoteles. München 2006³, S. 282-288.

I. Aristoteles

Den systematischen Hintergrund der Überlegungen des Aristoteles zur Freundschaft bildet die anthropologische Grundannahme des Menschen als eines nach Glück strebenden Wesens.[9] Das letzte Ziel jedes menschlichen Handelns besteht in der Glückseligkeit, die man zwar nicht ausschließlich, aber doch in erster Linie für sich selbst zu erreichen versucht. Es geht dem Menschen bei allem, was er tut, immer auch um seine eigene Person. Konkret liegt der Weg zu dieser Glückseligkeit in einer Fülle zu erreichender Güter, und das Streben hin zu diesen Gütern ist die Liebe. Aristoteles nimmt an, dass die Freundschaft ein Gut ist, und dass sie zudem eines jener Güter ist, dessen jeder Mensch bedarf, um ein glückliches Leben zu führen, da es in seiner Natur liegt, in Gemeinschaft zu leben.[10] Erst im Umgang mit anderen wird der Einzelne wahrhaft Mensch.

Nun beruht jede Freundschaft auf der Liebe zu einem anderen Menschen, und der unwillkürliche Effekt dieser Liebe zum Anderen ist das Wohlwollen, also der Wunsch, es möge dem geliebten Menschen gut gehen. Ob dieser Wunsch uneingeschränkt gilt, ist eine zweite Frage. Zunächst ist festzuhalten, dass die Liebe der Grund der Freundschaft ist und das Wohlwollen ihr unmittelbarer Effekt.[11]

Das entscheidende Moment für die Entstehung der Freundschaft ist, dass ein Mensch einem anderen als liebenswert erscheint: „Denn nicht alles wird geliebt und ist demnach Gegenstand der Freundschaft, sondern nur das Liebenswerte, dieses aber ist entweder gut oder Lust bringend oder nützlich."[12] Dementsprechend bezeichnet Aristoteles die Tugend, die Lust und den Nutzen als die drei möglichen Ursachen der Freundschaft und benennt die Tugend-, die Lust- und die Nutzenfreundschaft als die drei Grundtypen von Freundschaft. Noch bevor Aristoteles diese drei Freundschaftstypen differenzierter betrachtet, erklärt er das Wohlwollen zum wesentlichen Merkmal des Freundes: „Dem Freunde aber, sagt man, muss man um seiner selbst willen das Gute wünschen. Denjenigen aber, der jemandem in dieser Weise das Gute wünscht, nennt man wohlwollend."[13] Das gegenseitige Wohlwollen ist damit das Prinzip aller Beziehungen, die als Freundschaft bezeichnet werden können.

Der angesprochene Effekt des Wohlwollens ist eine alltägliche Erfahrung, aber er ist nicht zwingend. Im Gegenteil kann es durchaus sein, dass die Wirkung des Wohlwollens ausbleibt und eine Person den Nutzen, die Lust oder die Tugend einer

---

[9] Vgl. Nikomachische Ethik 1095a.
[10] Nikomachische Ethik 1155a.
[11] Vgl. Utz, Konrad: Freundschaft und Wohlwollen bei Aristoteles, in: Zeitschrift für philosophische Forschung 4 (2003), S. 547.
[12] Nikomachische Ethik 1155b.
[13] Ebd.

anderen Person erkennt und schätzt, ohne ihr wohlzuwollen.[14] Hier handelt es sich dann aber eben nicht um Freundschaft.

Zudem ist das Wohlwollen zwar die Bedingung der Freundschaft, doch entsteht diese eigentlich erst im Vollzug: einer Person Gutes zu wünschen, ohne an der Realisierung dieses Wunsches mitzuwirken, bleibt bloßes Wohlwollen und wird von Aristoteles dementsprechend als „eine untätige Freundschaft"[15] bezeichnet. Auch wenn der Nutzen im Idealfall die Freundschaft nicht begründet, gehört doch das „einander-nützlich-sein" notwendig dazu. Wohlwollen allein reicht also nicht aus, die Freundschaft verlangt, für das Wohl des Anderen aktiv zu werden.

Der aristotelische Freundschaftsbegriff ist trotz dieser recht allgemein bleibenden Bestimmungen nicht beliebig. Aristoteles kennt durchaus qualitative Unterschiede zwischen den verschiedenen Beziehungen, die in der Ursache des Wohlwollens liegen: allein in der Tugendfreundschaft liegt diese Ursache in der Güte des Freundes, er wird an sich geliebt „weil er ist, der er ist"[16], dagegen sind es in den Lust- und Nutzenfreundschaften die Eigenschaften „angenehm sein" oder „nützlich sein", deren Besitzer oder Träger zwar der Freund ist, die ihn aber nicht zu eben dieser Person machen, die er ist. In diesen Freundschaften erscheint die Wirkung auf den Liebenden als entscheidend für das Entstehen des Wohlwollens: „Wo demnach die Liebe auf dem Nutzen beruht, da wird sie durch den Nutzen des Liebenden, und wo sie auf der Lust beruht, durch die Lust des Liebenden bestimmt, und sie gilt dem Geliebten nicht, insofern er der Geliebte ist, sondern insofern er Nutzen oder Lust gewährt."[17] Allerdings muss hier eingeräumt werden, dass auch in der Tugendfreundschaft die Wirkung auf den Liebenden das Wohlwollen bewirkt – die Güte des Freundes wird eben vom Liebenden erkannt, und diese Erkenntnis löst das Wohlwollen bei ihm aus. Damit bleibt auch in der Tugendfreundschaft die eigene Perspektive bestimmend. Die Lust- und Nutzenfreundschaften unterscheiden sich von der Tugendfreundschaft damit zwar nicht der Qualität des Wohlwollens nach, durchaus aber hinsichtlich der Qualität der Ursache dieses Wohlwollens: die Tugendfreundschaft ist insofern ein Ideal, als bei ihr der Bezugspunkt der Liebe nicht eine Eigenschaft des Freundes unter vielen, sondern die geliebte Person des Freundes selbst und unmittelbar ist.[18]

---

[14] Vgl. Utz [Anm. 11], S. 548f. sowie S. 553.
[15] Nikomachische Ethik 1167a.
[16] Ebd. 1156a; dazu ausführlich: Utz [Anm. 11], S. 557.
[17] Ebd. 1156a; sowie: Utz [Anm. 11], S. 562.
[18] Vgl. Arendt, Hannah: *Vita activa* oder Vom tätigen Leben. München 62007, S. 21 sowie S. 222f. Arendt hat die hier entscheidende Differenz (in ganz anderen Zusammenhängen) verdeutlicht; sie liegt im Unterschied des ‚Was' zum ‚Wer': Wenn von Eigenschaften eines Menschen die Rede ist, geht es stets um das, was ein Mensch ist (schön, klug, gütig), nie aber, wer er ist. Dieses ‚Wer' ist in keiner Weise begrifflich fassbar, denn es besteht im einzigartigen, unumschreibbaren Wesen dieser Person. Arendt ist indes überzeugt, dass dieses Wesen des Menschen noch nicht einmal (vom Menschen) erkannt werden kann.

Aristoteles macht gerade im Kapitel zur Freundschaft deutlich, dass es nicht nur eine angeborene Neigung, sondern geradezu die Pflicht jedes Menschen ist, nicht nur für den Anderen, sondern auch für sich selbst das Gute zu wollen und zu tun. Denn die Liebe zu einem anderen Menschen und die Sorge um sein Wohl gelangen gerade da an ihre Grenzen, wo sie nicht mehr mit dem eigenen Wohl vereinbar sind.[19] Er betont jedoch den Unterschied zwischen falscher und richtiger Selbstliebe. Falsche Selbstliebe zielt auf die Befriedigung sinnlicher Neigungen ab. Mit der richtigen Selbstliebe ersehnt der Mensch aber „das Schönste und Beste"[20] für jenen Teil seiner Selbst, der sein Wesen ausmacht, und das ist die Vernunft, mit der er „nach sittlichen Zielen"[21] strebt. Diese sittlichen Ziele beinhalten dann auch das Wohl der Gemeinschaft, in der der Mensch lebt. Dem Tugendhaften liegt am Wohl anderer Menschen, weil er es als an und für sich erstrebenswert anerkennt.

In der Freundschaft, wie Aristoteles sie versteht, geht es demnach weder um eine Liebe zum Anderen bis an die Grenzen der Selbstaufgabe noch um die selbstsüchtige Verwirklichung eigener Interessen unter Ausnutzung des Anderen. Sobald zwei Menschen einander lieben, entschärft sich der Gegensatz zwischen Eigeninteresse und dem Interesse des Anderen. Das Wohl des Freundes wird zum eigenen Wohl, wobei keineswegs folgt, dass es keinen Unterschied mehr zwischen dem Selbst und dem Anderen gibt. Ziel der Freundschaft ist es gerade nicht, dass zwei Individuen ineinander aufgehen. Vielmehr gelingt es ihnen, ihr jeweils individuelles Wohl in Harmonie miteinander zu bringen, es gemeinsam zu verfolgen und somit miteinander glücklich zu werden. Die bestimmende Perspektive des aristotelischen Freundschaftsbegriffs bleibt damit die eigene Glückseligkeit. Die Herausforderung der Freundschaft besteht darin, sich das Wohl des Freundes zum eigenen Ziel zu machen, d.h. die Selbstliebe um die Liebe zum Freund zu ergänzen.

II. Thomas von Aquin

Thomas von Aquin stimmt in einigen Annahmen zur Freundschaft mit Aristoteles überein. Die Besonderheit seiner Auseinandersetzung mit dem Thema liegt in der Tatsache, dass er Freundschaft einmal als zwischenmenschliche Beziehung versteht, und hierin folgt er Aristoteles. Er geht aber über diesen hinaus, insofern er den Beziehungstyp Freundschaft auf das Verhältnis zwischen Mensch und Gott anwendet und in diesem als *caritas* bestimmten Verhältnis den Ursprung zwischenmenschlicher

---

[19] Vgl. Cooper, John M.: Aristotle on Friendship, in: Amélie Rorty (Hrsg.): Essays on Aristotle's Ethics. Berkeley/ Los Angeles 1980, S. 313f.
[20] Nikomachische Ethik 1168b.
[21] Ebd. 1169a.

amicitia ansiedelt. Dennoch misst er den zwischenmenschlichen Beziehungen einen Eigenwert bei – er reduziert sie nicht auf ihre Bedeutung als *caritas*.

Die Liebe als das Streben nach einem Ziel ist wie für Aristoteles auch für Thomas das Prinzip allen menschlichen Handelns.[22] Dieses Ziel, die Ursache der Liebe, ist für den Liebenden ein Gut.[23] Liebe ist zum einen Ausdruck eines instinktiven, in der menschlichen Natur angelegten und notwendigen Strebens nach dem, was die Befriedigung grundlegender Bedürfnisse verspricht – darüber hinaus ist sie auch ein reflektiertes, bewusstes und deshalb freies Streben nach etwas, das von der Vernunft als erstrebenswert erkannt wird.[24]

Ebenso wie diese Vorstellung der Liebe als Streben nach einem Gut übernimmt Thomas die aristotelische Bestimmung der Freundschaft, nach der das gegenseitige Wohlwollen um des Freundes willen das wesentliche Prinzip bildet. Indem er nun aber eine Unterscheidung zwischen *amor amicitiae* und *amor concupsiscentiae* vornimmt, trennt Thomas zwei Momente des Strebens, die in der Konzeption des Aristoteles eine Einheit bilden. Thomas problematisiert die Möglichkeit der Gleichzeitigkeit des Begehrens für sich selbst und des Wohlwollens.

Die Liebe ist je nach dem Objekt, auf welches sie sich richtet, eine andere:

> ‚Lieben heißt, einem Gutes wollen' (Aristoteles). So geht also die Bewegung der Liebe auf zweierlei, nämlich auf das Gut, das jemand will, sei es für sich oder für einen anderen; und auf das, für den er das Gut will. Zu jenem Gut also, das man für einen anderen will, hat man Liebe des Begehrens [amor concupiscentiae], zu dem hingegen, für den man das Gut will, hat man Liebe der Freundschaft [amor amicitiae]. Diese Einteilung geschieht aber nach einem Früher und Später; denn was man mit der Liebe der Freundschaft liebt, liebt man schlechthin und an sich. Was man dagegen mit der Liebe des Begehrens liebt, liebt man nicht schlechthin und an sich, sondern für den anderen.[25]

Mit der Liebe des Begehrens wird etwas geliebt, insofern es Mittel zum Zweck ist – es steht vermittelnd zwischen Liebendem und ‚eigentlich' Geliebtem. Es ist grundsätzlich durch ein anderes, ebenso als Mittel geeignetes Objekt ersetzbar, denn nur durch seine Funktion erhält dieses Objekt seine Bedeutung für den Liebenden.[26] Die aristotelische Nutzen- und Lustfreundschaft ist nach Thomas deshalb eine Begehrensliebe: der Liebende will seinem Freund zwar Gutes, aber er verfolgt, indem er auch für sich etwas begehrt, doch auch ein Interesse, das nicht mehr unmittelbar im Freund selbst liegt:

> Denn der wird im eigentlichen Sinne Freund genannt, dem wir ein Gut wollen. Das hingegen begehren wir, was wir uns wollen […] In der Freundschaft des Nützlichen und Lustvollen will zwar jemand dem Freund ein Gut, und soweit ist dort die Bewandtnis der Freundschaft gewahrt. Weil er es jedoch darüber hinaus mit diesem Gut auf die eigene Lust und den eigenen

---

22 Summa Theologica I, II: 28, 6.
23 Ebd.
24 McEvoy, James: Amitié, attirance et amour chez S. Thomas d'Aquin, in: Revue Philosophique de Louvain 91 (1993), S. 385f.
25 Summa Theologica I, II, 26, 4
26 Ilien, Albert: Wesen und Funktion der Liebe bei Thomas von Aquin. Wien 1975, S. 116-118.

> Nutzen abgesehen hat, daher kommt es, daß eine auf Lust oder Nutzen abzielende Freundschaft, sofern sie in die Liebe des Begehrens einmündet, die Bewandtnis echter Freundschaft vermissen läßt.[27]

Mit dem gleichzeitigen Begehren „für sich selbst" büßt die Freundschaft den Status des *amor amicitiae* ein, denn hier tritt jedes Eigeninteresse zurück, es wird nichts weiter erstrebt, als dass es dem Freund gut gehe. Thomas verlangt eine selbstlose Freude am Freund.

Der *amor concupiscentiae* ist allerdings nicht per se negativ zu beurteilen.[28] Bezieht sich die Liebe des Begehrens auf ein Objekt, das der Erfüllung grundlegender Bedürfnisse und somit der Lebenserhaltung dient, so ist sie natürlich und legitim. Problematisch wird sie erst, wenn sie als Mittel gebraucht, was würdig ist, um seiner selbst willen geliebt zu werden. So verbietet sich der Gebrauch des Menschen, da dieser eben keine Sache, sondern ein zur Seligkeit fähiges Wesen ist.

Der Effekt der Liebe im Sinne des *amor amicitiae* ist eine psychisch-emotionale Bindung zwischen den Liebenden. Thomas spricht von einem „innerlich verwurzelte[m] Wohlgefallen [...] am Geliebten"[29]. Die Liebe bewirkt bei den Liebenden „Hinschmelzen, Genuß, Schwermut und Glut."[30] Sie führt zum Gefühl der Einheit, da der Liebende seinen Freund als *alter ipse* erfasst.[31] Dieser von Aristoteles übernommene Ausdruck deutet den von ihm angenommenen Zusammenhang zwischen Selbstliebe und Liebe zum anderen an, den Thomas allerdings gerade problematisiert. Thomas folgt Aristoteles zwar in dessen Annahme, nach der die Selbstliebe „Wurzel der Freundschaft [ist]; darin nämlich haben wir Freundschaft mit anderen, daß wir uns zu ihnen verhalten wie zu uns selbst"[32]. Allerdings ist nach christlichem Verständnis die Selbstliebe nicht der Endpunkt menschlichen Strebens, sondern eine Folge der Liebe zu Gott.[33]

III. Gemeinsamkeiten und Unterschiede

Thomas sieht in der *fruitio dei* den Inbegriff der Glückseligkeit, den letzten Sinn und das Endziel des menschlichen Lebens, das erst im ewigen Leben seine eigentliche Voll-

---

[27] Summa Theologica I, II, 26, 4
[28] Vgl. dazu Hedwig, Klaus: Alter Ipse. Über die Rezeption eines aristotelischen Begriffes bei Thomas von Aquin, in: Archiv für Geschichte der Philosophie 72 (1990), S. 268; sowie McEvoy [Anm. 23], S. 391.
[29] Summa Theologica I, II, 28, 2
[30] Ebd., I, II, 28, 5
[31] Ebd., I, II, 28, 1 - 28, 3 sowie Klaus Hedwig [Anm. 27], S. 253
[32] Ebd., II, II, 25, 4
[33] Vgl. Albert Ilien [Anm. 25], S. 123

endung erfährt.³⁴ Alle anderen Ziele verfolgt er in Hinblick auf dieses letzte Ziel, d.h. alle anderen Ziele sind Mittel zum letzten Ziel. Die Liebe Gottes zum Menschen bezeichnet Thomas nun als *caritas*, und auch der Mensch liebt seinerseits Gott mit dieser *caritas*-Liebe, weil Gott der Inbegriff des Guten ist.³⁵ Er liebt Gott aber auch, weil dieser sein Ursprung ist, weil er sich dessen bewusst wird, dass er (wie überhaupt alles) aufgrund der Liebe Gottes entstanden ist.³⁶ Aus dieser christlichen Perspektive heraus liebt der Mensch in seiner Gottesliebe (*caritas*) gleichzeitig sich selbst – die Selbstliebe ist also eine Folge der Liebe zu Gott, da die eigene Person Teil der Schöpfung ist.³⁷ Die *caritas* umfasst dann auch den Nächsten, insofern dieser ebenso wie das Selbst als Schöpfung „um Gottes willen"³⁸ geliebt wird. Damit richtet sich auch die Liebe zum Freund auf Gott. Andererseits drückt Thomas in der Bestimmung des *amor amicitiae* aus, dass der Freund um seiner selbst willen geliebt wird.

Somit gründet die zwischenmenschliche Liebe in zwei Momenten: einmal im Bewusstsein, dass der Freund Teil der göttlichen Schöpfung ist. Auf andere Weise gründet sie im Freund selbst:

> Den Nächsten kann man in doppelter Weise fürchten wie auch lieben: Einmal um dessentwillen, was ihm eigen ist ... In anderer Weise fürchten und lieben wir den Menschen wegen dessen, was Gottes in ihm ist.³⁹

Obwohl im *amor amicitiae* das Wohl des Freundes zum Ziel wird, betont Thomas, dass Gott das letzte, eigentliche Ziel der Liebe sein soll: es „wäre [...] zu tadeln, wenn einer den Nächsten lieben würde als das Hauptziel; nicht aber, wenn einer den Nächsten um Gottes willen liebt ...".⁴⁰

Er spricht es schließlich deutlich aus:

> Die Freundesliebe ist zuweilen insoweit weniger verdienstlich, als der Freund um seiner selbst willen geliebt wird, und sie so hinter dem eigentlichen Grunde der Freundschaftsliebe zurückbleibt, der [allein] Gott ist.⁴¹

Thomas möchte die Freundschaft zwischen zwei Menschen als ein auf den *amor amicitiae* gründendes Verhältnis verstehen. Gleichzeitig begründet er die zwischenmenschliche Liebe in der göttlichen Liebe der *caritas*. Dennoch wird dem Freund ein Wert an sich zuerkannt, da der Liebende in der Freundschaft über die allgemeine, allen

---

34   Summa Theologica II, II, 23, 5 / 23, 7
35   Summa Theologica II, II, 23, 1; sowie: Hoenen, Maarten J. F. M.: Transzendenz und Einheit. Thomas von Aquin über Liebe und Freundschaft, in: C. Dietl/ D. Helschinger (Hrsg.): *Ars* und *Scientia* im Mittelalter und in der Frühen Neuzeit. Ergebnisse interdisziplinärer Forschung. Tübingen 2002, S. 133f.
36   Vgl. Ilien [Anm. 25], S. 209.
37   Vgl. ebd., S. 123.
38   Summa Theologica II, II, 23, 2.
39   Ebd., 25, 1.
40   Ebd.
41   Summa Theologica II, II, 27, 8.

Menschen geschuldete Nächstenliebe hinausgeht. Die Beschreibung der Wirkung auf den Liebenden macht dies deutlich.

Die Gemeinsamkeiten zwischen Aristoteles und Thomas von Aquin sind deutlich erkennbar: Thomas übernimmt in der Auseinandersetzung mit dem Thema Freundschaft grundlegende Thesen des Aristoteles. Die christliche Perspektive erfordert aber ein neues Verständnis von zwischenmenschlichen Beziehungen. Der entscheidende Unterschied zwischen den Autoren liegt in der Bestimmung des Gegenstandes des Glücksstrebens und damit in der Verortung des Ziels des menschlichen Lebens. Für Aristoteles besteht dieses Ziel in irdischer Glückseligkeit und der Sinn der Freundschaft in einer Harmonie von Selbstliebe und Freundesliebe. Der letzte Grund der Freundschaft liegt in der persönlichen Freude an der Güte und dem Wohlergehen des Freundes.

Dagegen sieht Thomas in einem Leben mit Gott das eigentliche Ziel menschlichen Glücksstrebens, das dieser in der *caritas* realisiert. Vor diesem Hintergrund und mit der Perspektive des ewigen Lebens wird der Sinn alles Irdischen und somit der Sinn von Selbstliebe und Freundschaft relativiert, weil jedes geliebte Gut letztlich auf Gott als dessen Ursprung verweist. Nach christlichem Verständnis ist auch die Freundschaft zwischen Menschen auf Gott ausgerichtet und findet in ihm ihren letzten Grund. Bei Thomas ist einerseits der Freund mit dem *amor amicitiae* um seiner selbst willen im Gegensatz zu einem „um meinetwillen" zu lieben, er verlangt das Zurücktreten des begehrenden *ego* in der Freundschaft. Andererseits weist er auf die tief gehende psychische Wirkung im Liebenden hin. Gleichzeitig soll diese Wirkung die Liebe zum Freund nicht eigentlich begründen – sie soll sich letztlich auf Gott beziehen, soll also *caritas* werden. Die christliche Konzeption der Nächstenliebe problematisiert damit das in der Antike selbstverständliche Ineinandergreifen von Wohlwollen und Eigeninteresse und ersetzt es durch den Gedanken einer grundsätzlichen Ausrichtung des Menschen auf ein Ziel jenseits des Irdischen und außerhalb der eigenen Person.

Rolf Darge

Die philosophische Lebensweise in mittelalterlicher Wertung

Das Ideal des philosophischen Lebens findet gegenwärtig in einer Forschungsrichtung, die sich für ein neues Bild der mittelalterlichen Philosophie einsetzt, großes Interesse. Das Interesse ist stark von Alain DE LIBERA angeregt.[1] Der neuen Forschungsrichtung zufolge ist der Ort der mittelalterlichen Philosophie nicht vornehmlich an der theologischen Fakultät zu suchen – etwa bei Albertus Magnus, Thomas von Aquin, Johannes Duns Scotus – sondern an der Artes-Fakultät. Pariser Artisten betonten im 13. Jahrhundert die Eigenständigkeit der Philosophie und erklärten das philosophische Leben zur höchsten Verwirklichung menschlichen Seinkönnens. So resümiert etwa Boethius von Dacien in seiner vor etwa 80 Jahren von Martin GRABMANN entdeckten Schrift ‚De summo bono seu de vita philosophi' (‚Über das höchste Gut oder über das Leben des Philosophen', um 1270)[2]: „Wer das Leben des Philosophen nicht hat, hat nicht das richtige Leben. ‚Philosoph' aber nenne ich jeden Menschen, der nach der rechten Ordnung der Natur lebt und der das beste und letzte Ziel des menschlichen Lebens erreicht hat."[3] Der Traktat galt bisher allgemein als Manifest einer kleinen Gruppe von Vertre-

---

[1] Vgl. de Libera, Alain: Penser au Moyen Age. Paris 1991 [dt.: Denken im Mittelalter. München 2003]; ders.: La philosophie médiévale. Paris ²1995 [dt.: Die mittelalterliche Philosophie. Paderborn 2005]; ders.: „Faculté des arts ou Faculté de philosophie?" Sur l'idée de philosophie et l'idéal philosophique au XIII siècle, in: Olga Weijers/ Louis Holtz (Hrsg.): L' enseignement des disciplines à la Faculté des arts (Paris et Oxford, XIIIe-XVe siècles). Turnhout 1993, S. 429-444. Siehe dazu auch Aertsen, Jan: Gibt es eine mittelalterliche Philosophie?, in: Philosophisches Jahrbuch 102 (1995), S. 161-176, bes. S. 170-173.

[2] Grabmann, Martin: Neu aufgefundene Werke des Siger von Brabant und Boethius von Dacien, Sitzungsberichte der Bayr. Akad. der Wiss., Philos.- philolog. und historische Klasse, Jg. 1924, 2. Abh. München 1924, bes. S. 32-34, S. 47-48; ders.: Die *Opuscula De summo bono sive de vita philosophi* und *De sompniis* des Boethius von Dacien, in: ders.: Mittelalterliches Geistesleben (Abhandlungen zur Geschichte der Scholastik und Mystik 2). München 1936, bes. S. 200-201.

[3] Boethius von Dacien: De summo bono seu de vita philosophi. Opera VI, 2, Topica-Opuscula, hrsg. von N. Georgius Green-Pedersen. Hauniae 1976, S. 377: *Haec est vita philosophi, quam quicumque non habuerit non habet rectam vitam. Philosophum autem voco omnem hominem viventem secundum rectum ordinem naturae, et qui acquisivit optimum et ultimum finem vitae humanae.* Siehe dazu Bianchi, Luca: Felicità intellettuale, 'ascetismo' e 'arabismo': nota sul 'De summo bono' di Boezio di Dacia, in: Maria Bettetini/ Franceso D. Paparella (Hrsg.): Le felicità

tern eines radikalen heterodoxen Aristotelismus und Intellektuellen-Aristokratismus um Boethius von Dacien und Siger von Brabant, die das höchste Gut oder das Glück des Menschen im Anschluss an Aristoteles' Lehre über die Eudaimonia des theoretischen Lebens einfach hin in die Philosophie setzen.[4]

Alain DE LIBERA vollzieht in seiner Deutung eine Umwertung, in deren Folge diese Auffassung zum Maßstab dessen erhoben wird, was heute als „Philosophie des Mittelalters" gelten kann: „Der ‚Philosoph' ist sicherlich ein Intellektueller in dem genauen Sinn, dass er ein Mensch des Intellekts ist und die Intellektualität das Schicksal des Menschen ist, das in seinem Wesen begründet liegt."[5] „Dies ist es" – mit diesem Satz beschließt DE LIBERA seine Darstellung in ‚La philosophie médiévale' – „was wir den Geist der mittelalterlichen Philosophie nennen."[6] Der Satz ist, wie die Formulierung zeigt, direkt gegen Etienne GILSON gerichtet, der in seiner wegweisenden Studie ‚Der Geist der mittelalterlichen Philosophie' die mittelalterliche Philosophie als „Christliche Philosophie" gedeutet hatte; gemäß dem Eröffnungssatz der Studie kommt dem Historiker der mittelalterlichen Philosophie bei dem Versuch, den Gegenstand seiner

---

nel medioevo. Louvain-la-Neuve 2005, S. 13-34; Darge, Rolf: Wie kann die Philosophie uns glücklich machen? Boethius von Dacien und das antike Philosophieideal, in: Freiburger Zeitschrift für Philosophie und Theologie 51 (2004), S. 5-26.

[4] Zwar betonen Fernand Van Steenberghen (ders.: Die Philosophie im 13. Jahrhundert. München 1977, S. 379-380, S. 385-387) und Roland Hissete (ders.: Enquête sur les 219 articles condamnés à Paris le 7 mars 1277. Louvain 1977, hier S. 16-18) die Vereinbarkeit des boethianischen Philosophieideals mit dem christlichen Glauben; Anthony J. Celano vertritt sogar die Auffassung, dass das boethianische Glücksverständnis direkt dem beatitudo-Traktat der Summa theologiae des Thomas von Aquin entnommen ist (ders.: Boethius of Dacia: On the highest Good, in: Traditio 43, S. 199-214, bes. S. 211-214). Dennoch bleibt die Einschätzung von ‚De summo bono' als Manifest eines radikalen ethischen Aristotelismus oder Intellektuellen-Aristokratismus in der mediaevistischen Forschung vorherrschend; vgl. Flasch, Kurt: Das philosophische Denken im Mittelalter. Stuttgart 1995, S. 360-362; Schulthess, Peter/ Imbach, Rüdi: Die Philosophie im lateinischen Mittelalter. Zürich/ Düsseldorf 1996, S. 201; Steel, Carlos: Medieval Philosophy: an Impossible Project? Thomas Aquinas and the 'Averroistic' Ideal of Happiness, in: Jan Aertsen/ Andreas Speer (Hrsg.): Was ist Philosophie im Mittelalter? Akten des X. Internationalen Kongresses für mittelalterliche Philosophie der S.I.E.P.M. 25. bis 30. August 1997 in Erfurt, (Miscellanea Mediaevalia 26). Berlin 1998, S. 154-174, bes. S. 154- 157, S. 170-174; Piché, David: La condamnation Parisienne de 1277. Paris 1999, bes. S. 243-261; Aertsen, Jan: Mittelalterliche Philosophie: ein unmögliches Projekt? Zur Wende des Philosophieverständnisses im 13. Jahrhundert, in: Jan Aertsen/ Andreas Speer (Hrsg.): Geistesleben im 13. Jahrhundert (Miscellanea Mediaevalia 27). Berlin 2000, S. 12-27, bes. S. 13-14 u. S. 26-27; Speer, Andreas: Philosophie als Lebensform? Zum Verhältnis von Philosophie und Weisheit im Mittelalter, in: Tijdschrift voor Filosofie 62 (2000), S. 3-25. Celanos theologisch harmonisierende Deutung der boethianischen Glückskonzeption wird neuerdings von Luca Bianchi als unhaltbar zurückgewiesen; vgl. Bianchi, Luca: Felicità terrena e beatitudine ultraterrena. Boezio di Dacia e l'articulo 157 censurato da Tempier, in: Paul Bakker (Hrsg.): Chemins de la pensée médiévale. Etudes offertes à Zénon Kaluza, Textes et études du Moyen Age 20. Turnhout 2002, S. 193-214, bes. S. 206-214.

[5] De Libera [Anm. 1], S. 132.
[6] Ebd., S. 133.

Forschung näher zu charakterisieren, „kein Ausdruck natürlicher in den Sinn als ‚Christliche Philosophie'."[7] GILSONS Bild des christlichen Philosophen wird also ersetzt durch dasjenige des Intellektuellen, der das oberste Gut oder das Glück des Menschen in das philosophische Leben setzt.

Diese neue Auffassung erscheint auch in Überlegungen zum Status der Philosophie im Mittelalter, die Pierre HADOT in seinem viel beachteten Buch ‚Qu'est-ce que la philosophie antique?' entwickelt hat.[8] HADOT zufolge bildet die Philosophie in der Antike weniger ein Denksystem als vor allem eine Lebensform. Sie konstituiert sich in erster Linie durch die existentielle Entscheidung für eine bestimmte Lebensweise in einer philosophischen Schule mit gemeinsamen geistigen Übungen, die das ganze Leben prägen; zu diesen tritt der philosophische Diskurs als ein ergänzendes Moment hinzu. Er entfaltet und rechtfertigt ihre weltanschaulichen Implikationen.[9] Dieses Ideal geht auf dem Weg zur Neuzeit durch einen Theoretisierungsprozesses der Philosophie verloren, der im Wesentlichen bereits im Mittelalter zum Abschluss kommt. HADOT führt ihn vor allem auf zwei Faktoren zurück: (1.) das Auftreten des Christentums, das sich in seiner Frühzeit selbst als die „wahre Philosophie" versteht und die in den Philosophenschulen entwickelte Praxis der geistigen Übungen übernimmt[10] – und (2.) die Gründung von Universitäten. An der mittelalterlichen Universität tritt die Philosophie in die Funktion eines bloßen Begriffsrahmens theologischer Erörterungen. Insoweit sie an der Artes-Fakultät institutionalisiert ist, findet sie sich auf die Auslegung autoritativer Texte – seit der Mitte des 13. Jahrhunderts auf die Kommentierung des inzwischen fast vollständig bekannten ‚Corpus aristotelicum' – reduziert; unter diesen Bedingungen verschließt sich der Zugang zum antiken Philosophieverständnis.[11]

Doch es gibt Ausnahmen: Aus den neu erschlossenen Schriften des Aristoteles und ihrer arabischen Kommentatoren „entdecken [...]" Pariser Artisten das antike Ideal der Philosophie als Lebensform „[...] wieder" und eignen es sich an. HADOT betrachtet diese „Wiederentdeckung" nicht nur in einem historischen Interesse; er möchte dieses Ideal in der Gegenwart neu beleben. Daher erscheint ihm Boethius von Dacien als Vorbild – als paradigmatischer Repräsentant einer Reihe von Denkern im universitären Milieu, die „der existentiellen und lebendigen Dimension der antiken Philosophie treu [...] blieben"[12].

Diese Deutung erscheint jedoch zu einfach; sie lässt unbeachtet, dass die mittelalterlichen Denker das Ideal des philosophischen Lebens in einem im Vergleich zur Antike

---

[7] Gilson, Etienne: L'esprit de la philosophie médiévale. Paris ²1978, S. 1: *Il n'est pas d'expression qui vienne plus naturellement à la pensée d'un historien de la philosophie médiévale que celle de philosophie chrétienne.*

[8] Hadot, Pierre: Qu'est-ce que la philosophie antique? Paris 1995, S. 355-407 [dt.: Wege zur Weisheit oder Was lehrt uns die antike Philosophie? Frankfurt a. M. 1999, S. 273-310].

[9] Hadot [Anm. 8], bes. S. 17-20.

[10] Ebd. S. 355-378.

[11] Ebd. S. 379-391.

[12] Vgl. ebd. 300.

grundlegend veränderten Horizont formulieren und bewerten. Im Folgenden wird versucht, ihre Sicht genauer zu bestimmen, und zwar in zwei Schritten: Zunächst ist zu zeigen, dass von einer „Wiederentdeckung" dieses Ideals im 13. Jahrhundert nicht die Rede sein kann; die Erinnerung an den „Lehrmeister des Mittelalters"[13], Boethius (den Römer), lässt die These HADOTS, wonach das Christentum die Theoretisierung der Philosophie eingeleitet habe, als zu einfach erscheinen. Danach ist festzustellen, worin die neue Pointe dieses Ideals bei den Pariser Artisten besteht. Aus ihr ist zu verstehen, warum der Bischof von Paris das Ideal 1277 unter Androhung der höchsten Kirchenstrafe offiziell verurteilte.

I. Die mittelalterliche Tradition der Philosophie als Lebensform

Nach der vorherrschenden Meinung, die auch DE LIBERA und HADOT teilen, bringt die These des Boethius von Dacien, nur der Philosoph führe das richtige Leben, die Gesinnung eines radikalen Neoaristotelismus zum Ausdruck, der an die Ausführungen zur *Eudaimonia* des theoretischen Lebens im 10. Buch der Nikomachischen Ethik anknüpft.[14] In dieser Interpretation – die sich auf keinen eindeutigen Beleg im Text stützen kann – bleibt unbeachtet, dass jene These über den Neoaristotelismus des 13. Jahrhunderts hinaus auf eine viel ältere mittelalterliche Denktradition verweist.

1. Gleich zu Beginn seiner Untersuchung bestimmt Boethius das höchste menschliche Gute als die Einheit des vollendeten praktischen und theoretischen Lebens.[15] Der Gedanke der Einheit von theoretischer und praktischer Vollendung findet sich nicht bei Aristoteles. Er gehört, wie HADOT selbst in anderem Zusammenhang nachweist, zum Kern des platonisch-neuplatonischen Philosophieideals.[16]

2. Den Gegenstand der theoretischen Vollendung bestimmt Boethius schließlich als das an und für sich Eine und Gute, durch dessen Teilhabe (*participatio*) alles übrige Einheit und Gutheit besitzt.[17] Offenbar ist das Denkmodell, auf das Boethius hier zurückgreift, nicht aristotelisch; es entstammt – wie der von Aristoteles radikal verwor-

---

[13] Sassen, Ferdinand: Boethius – Lehrmeister des Mittelalters, in: Manfred Fuhrmann/ Joachim Gruber (Hrsg.): Boethius. Darmstadt 1984, S. 82-124.
[14] Siehe etwa die in Anm. 4 genannten Studien.
[15] Boethius von Dacien: De summo bono, hrsg. von N. Georgius Green-Pedersen [Anm. 3], S. 369-371, S. 371: *summum bonum quod est homini possibile est cognitio veri et operatio boni et delectatio in utroque.*
[16] Hadot [Anm. 8], S. 75-9, S. 184-200.
[17] Boethius von Dacien: De summo bono [Anm. 3], S. 377: *Ex unitate huius primi principii est unitas huius mundi, et bonum huius mundi per se est in hoc primo principio, in aliis autem entibus mundi secundum participationem.*

fene Teilhabegedanke und die Identifizierung des letzten Grundes mit dem wesenhaft Einen und Guten zeigen – ebenfalls der neuplatonischen Denktradition.[18]

Das in dieser Tradition lebendige Verständnis der Philosophie als Lebensform wird dem Mittelalter vor allem durch Boethius (den Römer) vermittelt, den Abaelard noch im 12. Jh. als den *maximus philosophus Latinorum* rühmt. Boethius prägte das mittelalterliche Philosophieverständnis vor allem durch seine im Kerker vor der Hinrichtung (um 524) verfasste Schrift ‚Über den Trost der Philosophie' (‚De consolatione philosophiae'). Die Schrift bildet zugleich ein persönliches Vermächtnis und eine Zusammenschau der antiken Philosophie.[19] Ihr Ziel ist eine Therapie zur Heilung der Seele. Boethius lässt die Philosophie allegorisch als Ärztin auftreten, die dem Patienten – ihm, der im Kerker gefangen ist (vgl. das platonische Höhlengleichnis) – eine Diagnose stellt und das letzte Ziel aller Dinge und seine wahre Natur in Erinnerung bringt (*anamnesis*). Am Anfang des dritten Buchs erklärt sie ihre Absicht, ihn „zum wahren Glück" zu führen. Damit ist das Hauptthema der klassischen Philosophie angesprochen: „Vor der Kantischen Philosophie ist", wie Hegel in seinen Vorlesungen zur Philosophiegeschichte treffend bemerkt, „das allgemeine Prinzip die Glückseligkeitslehre gewesen"[20]. Und Augustinus überlegt in ‚De civitate Dei': „Für den Menschen gibt es keine andere Ursache zum Philosophieren, außer der, dass er glücklich wird; was aber glücklich macht, ist das Endgut."[21] In dieser Tradition stellt Boethius fest, dass alles Streben des Menschen letztlich auf ein Ziel gerichtet ist, nämlich auf das Glück; „es ist das höchste Gut, in dem alle andern Güter enthalten sind"[22].

Auf dem Weg über stark platonisch geprägte Überlegungen identifiziert die Ärztin „Philosophie" dieses höchste Gut mit Gott. Das höchste Gut und das wahre Glück müssen in Gott gelegen sein; sie sind eigentlich Gott selbst.[23] Daraus zieht Boethius den Schluss: Da die Menschen durch Erlangen der Glücks glücklich werden, das Glück aber die Gottheit selber ist, so ist klar, dass sie durch Erlangen der Gottheit glücklich werden: *omnis igitur beatus Deus*: Jeder Glückselige ist daher Gott. Freilich gebe es von Natur nur einen einzigen Gott; jedoch hindere nichts, dass es durch Teilhabe so

---

[18] Siehe dazu Steel, Carlos: The One and the Good: Some Reflections on a Neoplatonic Identification, in: Arjo Vanderjagt/ Detlev Pätzold (Hrsg.): The Neoplatonic Tradition: Jewish, Christian and Islamic Themes. Köln 1991, S. 9-25.

[19] Siehe dazu neuerdings Marenbon, John: Boethius. Oxford 2003, bes. S. 96-163; Gruber, Joachim: Kommentar zu Boethius, De consolatione philosophiae. Berlin ²2006.

[20] Hegel, Georg Wilhelm Friedrich: Vorlesungen über die Geschichte der Philosophie. Bd. 2. Sämtliche Werke, hrsg. von Hermann Glockner XVIII. Stuttgart 1965, S. 147; Bd. 3, hrsg. von Hermann Glockner XIX, S. 556 u. 590.

[21] Augustinus: De civitate Dei XIX, 1, hrsg. von Bernardus Dombart/ Alfonsus Kalb. Ed. 5. Stutgardiae 1981, S. 349: *Quando quidem nulla est homini causa philosophandi, nisi ut beatus sit; quod autem beatum facit, ipse est finis boni*.

[22] Boethius: Trost der Philosophie, III, 2. p., lat.-dt. Ausgabe, hrsg. und übers. von Ernst Gegenschatz und Olof Gigon. München 1981, S. 93.

[23] Ebd., III, 10. p., S. 135-141.

viele wie möglich gebe.[24] Die Überlegungen bringen das neuplatonische Philosophieideal zum Ausdruck, das die Vergöttlichung des Menschen durch Philosophie vorsieht.[25]

Bei Boethius kommt jedoch etwas hinzu. Die dem Wort und Wesen nach griechische Philosophie trat durch ihre Überführung in den lateinischen Westen in eine christlich geprägte Kultur hinein. Das Werk des Boethius entspricht dieser Situation, insofern es auch christlich-theologische Abhandlungen umfasst.[26] Die wichtigste von ihnen ist der durch Augustinus' gleichnamige Schrift inspirierte Traktat ‚Über die Dreifaltigkeit' (‚De trinitate'). Er zielt auf eine Begründung der Trinitätslehre, die Boethius an anderer Stelle den „Gipfel unserer Religion"[27] nennt. Dabei sollen die Argumente jedoch „aus den innersten Disziplinen der Philosophie genommen sein"[28].

Aufschlussreich für das Philosophiekonzept, das Boethius dabei zugrunde legt, ist eine wissenschaftstheoretische Überlegung im Prolog der Schrift: Sie geht von der aristotelischen Einteilung der theoretischen Philosophie in Naturphilosophie, Mathematik und Theologie aus.[29] Eigentümlicher Gegenstand der Theologie ist die unstoffliche göttliche Substanz.[30] Weil Theologie diejenige Form betrachtet, die reine Form ist und allein im eigentlichen Sinne das ist, was sie ist[31], ist sie in der Ordnung der Wissenschaften die höchste Disziplin – nämlich die „Erste Philosophie".[32]

Bei Boethius erhält somit die Erste Philosophie oder philosophische Theologie eine neue – für Aristoteles undenkbare – Aufgabe: die Auslegung der göttlichen Dreifaltigkeit. Dabei setzt Boethius voraus, dass die philosophische Betrachtung der Dreifaltigkeit angemessen ist; er unterscheidet nicht zwischen einer auf Offenbarung und einer auf natürlicher Vernunft gegründeten Erkenntnis.

Auf das Philosophieverständnis der folgenden Zeit übt Boethius einen nachhaltigen Einfluss aus; seine Trostschrift wie auch seine Trinitätsschrift werden bis in das 12.

---

[24] Ebd., S. 137.
[25] Siehe dazu Roloff, Dietrich: Gottähnlichkeit, Vergöttlichung und Erhöhung zu seligem Leben. Berlin 1970; Beierwaltes, Walter: Proklos. Frankfurt a.M. ²1979, bes. S. 294-305, 385-390.
[26] Siehe dazu und zum Folgenden auch Aertsen [Anm. 4], S. 16-17.
[27] Boethius: De fide catholica/ Über den katholischen Glauben, in: ders.: Die theologischen Traktate: lat.-dt, übers., eingeleit. u. mit Anm. vers. von Michael Elsässer. Hamburg 1988, S. 49.
[28] Boethius: De Trintate/ Über die Trinität, in: ders. [Anm. 27], S. 2-3: *[...] ex intimis sumpta philosophiae disciplinis.*
[29] Aristoteles: Metaphysik VI, cap. 1, 1026a 19. Griech.-dt. in der Übers. von Hermann Bonitz hrsg. von Horst Seidl. Hamburg ²1982, S. 253.
[30] Boethius: Die theologischen Traktate [Anm. 27], S. 6-8: *cum tres sint speculativae partes, naturalis [...], mathematica [...], theologica, sine motu abstracta atque separabilis (nam dei substantia et materia et motu caret) [...].*
[31] Ebd.: *Sed divina substantia sine materia forma est atque ideo unum et est id quod est. Reliqua enim non sunt id quod sunt.*
[32] Vgl. Aristoteles [s. Anm. 29], cap. 1, 1026a10-25, S. 253-255.

Jahrhundert, das CHENU die *aetas Boetiana* nennt, intensiv rezipiert und kommentiert.[33] Thierry von Chartres etwa bestimmt in seinem Kommentar zur Trinitätsschrift die Theologie als eine Disziplin der theoretischen Philosophie, welche die Gesamtheit der Dinge in der Einfachheit, die Gott ist, betrachtet und auch „durch theologische Gründe" die Einheit in der göttlichen Dreifaltigkeit erweist.[34] Wie die anderen Kommentatoren des 12. Jahrhunderts setzt er voraus, dass die göttliche Dreifaltigkeit Gegenstand einer philosophisch-theologischen Erörterung sein kann. Das gemeinsame Interesse gilt der Einheit und nicht der Unterscheidung einer auf Offenbarung und einer allein auf Vernunft gegründeten Erkenntnis.[35]

Das Boethianische Philosophiekonzept betont die existentielle Dimension der Philosophie und die Einheit von philosophischem und christlich-theologischem Diskurs. Angesichts seines dauerhaften Einflusses bis ins 12. Jahrhundert erscheint HADOTS These vom Theoretisierungsprozess der Philosophie im Mittelalter als zu pauschal. Offenbar ist dieser Prozess auch nicht, wie HADOT annimmt, auf den Aufstieg des Christentums zurückzuführen. Im Hinblick auf das 13. Jahrhundert erscheint es sinnvoll, statt von einer „Wiederentdeckung" von einer „Wende" im Verständnis des Ideals der Philosophie als Lebensform zu sprechen.

II. Der Wandel des Philosophieverständnisses im 13. Jahrhundert

Seit Mitte des 12. Jahrhunderts erwächst dem lateinischen Westen aus der Begegnung mit dem philosophischen Denken in Gestalt des ganzen Aristotelischen Werks und seiner arabischen Interpretationen eine gewaltige Herausforderung.[36] Die überkommene christliche Weisheit augustinischer Prägung und das profanwissenschaftliche Weltbild,

---

[33] Chenu, Marie-Dominique: La théologie au douzième siècle. Paris 1957, S. 274-278; siehe dazu auch Courcelle, Pierre: La consolation de philosophie dans la tradition littéraire. Paris 1967; Sassen [Anm. 13]; Hoenen, Maarten: Boethius in the Middle Ages. Leiden/ New York/ Köln 1997; Marenbon [Anm. 19], bes. S. 164-182.

[34] Thierry von Chartres: *Lectiones in Boethii librum De Trinitate* II, 7 (ed. Nikolaus M. Häring, *Commentaries on Boethius by Thierry of Chartres and his School*. Toronto 1971, S. 156): *Est igitur rerum uniuersitas eadem subiecta theologie, mathematice et phisice sed modis diuersis [...] Theologia uero considerat simplicitatem unitatem omnium in quadam simplicitate que deus est. In qua simplicitate nulla est multiplicitas sed tantum unitas;* – Ebd., 8: *Iuxta theologiam que simplicitatem considerat nulla in rerum uniuersitate potest esse pluralitas nulla diuersitas nulla multiplicitas [...].Secundum quod Boethius dixit iuxta theologicas rationes quod quamuis tres persone sint in deo non potest tamen in eis uel in eo pluralitas esse.*

[35] Vgl. Aertsen [Anm. 4], S. 18.

[36] De Libera [Anm. 1], bes. S. 21-25, S. 77-106; Heinzmann, Richard: Philosophie des Mittelalters. Stuttgart/ Berlin/ Köln ²1998, bes. S. 137-164; Schulthess/ Imbach [Anm. 4], bes. S. 38-76; Van Steenberghen [Anm. 4], bes. S. 39-116.

Die philosophische Lebensweise in mittelalterlicher Wertung 401

das die jungen wissbegierigen Geister in seinen Bann zieht, sind zu einer Gesamtsicht der Wirklichkeit zu vermitteln, die einerseits dem Ziel christlicher Offenbarung und andererseits dem Anspruch universaler Rationalität entspricht. Im ersten Buch der Metaphysik bestimmt Aristoteles die Erste Philosophie als „Weisheit" und „göttliche Wissenschaft"[37], weil sie die erste Ursache – das Göttliche – zum Gegenstand hat; dementsprechend erscheint sie in der Einteilung der theoretischen Wissenschaften im ‚6. Buch der Metaphysik' unter dem Namen „Theologie"[38]. In ihrer Ausübung erreicht gemäß dem ‚10. Buch der Nikomachischen Ethik' der Mensch das höchste ihm überhaupt mögliche Glück.[39] Gegenüber dieser Auffassung ist die Möglichkeit und das Erfordernis christlicher Offenbarung und einer darauf gegründeten Theologie zu rechtfertigen. Andererseits ist auch im Interesse der Sicherung einer von spezifisch offenbarungstheologischen Prämissen unabhängigen wissenschaftlichen Rationalität die nicht ohne weiteres eindeutige aristotelische Lehre zu erklären.

In diesem neuen Fragehorizont verliert das neuplatonisch-christlich inspirierte Philosophiekonzept des Boethius, insoweit es von einer selbstverständlichen Einheit von philosophischem und offenbarungstheologischem Diskurs ausgeht, allgemein an Interesse. Aufschlussreich für den Wandel ist eine Überlegung des Thomas von Aquin im Prolog seines Kommentars zu Boethius' Trinitätsschrift (um 1258). *Philosophi* und *theologi* werden darin anhand ihrer Vorgehensweisen unterschieden und einander gegenübergestellt: „Die Philosophen, die der Reihenfolge der natürlichen Erkenntnis folgen, ordnen die Wissenschaft von den Geschöpfen der Wissenschaft vom Göttlichen vor, das heißt die Naturphilosophie der Metaphysik. Bei den Theologen verfährt man jedoch umgekehrt, so dass die Betrachtung des Schöpfers der Betrachtung der Geschöpfe vorangeht."[40] Dieser theologischen Ordnung sei Boethius in seinen Schriften zu den Glaubensgegenständen gefolgt, indem er mit der Untersuchung des höchsten Ursprungs aller Dinge, der göttlichen Trinität, beginnt. Thomas betrachtet Boethius also als Theologen – obwohl dieser in jenen Schriften die aristotelische Einteilung der theoretischen Philosophie zugrunde legt. In der neuen Sichtweise, die Philosophie und Offenbarungstheologie trennt, kann der Urheber jener Schriften nicht länger als Philosoph gelten.

Ein Artikel in der zweiten einführenden Quästion des Kommentars ist der Frage gewidmet, „ob es vom Göttlichen Wissenschaft (*scientia*) geben kann."[41] In seiner

---

[37] Aristoteles: Metaphysik I, cap. 2, 982a 19-21, 983a 6-11 [Anm. 29], S. 9 und 15.
[38] Ebd. VI, cap. 1, 1026a19, [Anm. 29], S. 253.
[39] Aristoteles: Nikomachische Ethik X, cap. 7, 1177a 12-1178a 8, hrsg. von Günter Bien. Hamburg ⁴1985, S. 248-251.
[40] Thomas von Aquin: Expositio super librum Boethii De trinitate, Prolog, lat.-dt., übers. und eingeleitet von Peter Hoffmann in Verb. mit Hermann Schrödter. Freiburg i. B. 2006, S. 26-27: *Philosophi enim, qui naturalis cognitionis ordinem sequuntur, praeordinant scientiam de creaturis scientiae divinae, scilicet naturalem metaphysicae. Sed apud theologos proceditur e converso, ut creatoris consideratio considerationem praeveniat creaturae.*
[41] Ebd., q. 2, a. 2, S. 96: *Utrum de divinis possit esse scientia.*

Antwort unterscheidet Thomas zwei Arten von „göttlicher Wissenschaft" (*scientia divina*). Die eine ist die traditionell so genannte „Erste" Philosophie oder Metaphysik, die andere ist die Wissenschaft derjenigen, die „durch den uns eingegossenen Glauben mit der ersten Wahrheit um ihrer selbst willen verbunden sind."[42] Hier zeigt sich eine bedeutende Neuerung des 13. Jahrhunderts: Die christliche Theologie wird an den neu gegründeten Universitäten als eine von der Philosophie verschiedene wissenschaftliche Disziplin eingeführt. Im frühen 13. Jahrhundert erfolgt, wie Georg WIELAND feststellt, eine „Wendung zur Theorie"[43]. Dies scheint HADOTS These vom Theoretisierungsprozess im Mittelalter zu bestätigen. Der Prozess hat jedoch seinen Grund nicht im Christentum. Denn die für die Scholastik charakteristische Wendung zur Theorie vollzog sich zuerst im Bereich der Naturwissenschaften und der Medizin.[44] Die Begründung der christlichen Theologie als *scientia* im Kanon der universitären Fächer ist selbst ein Ergebnis dieser Tendenz zur Verwissenschaftlichung, die durch die Rezeption der aristotelischen Wissenschaftslehre noch verstärkt wurde.[45]

Dieser Prozess bringt eine Veränderung innerhalb des Ideals der Philosophie als Lebensform mit sich, in deren Folge es im Kontext mittelalterlicher Lebensentwürfe eine neue Stellung erhält. Ein äußeres Indiz dafür ist die Pariser Lehrverurteilung von 1277. Am 7. März 1277 verurteilt der Bischof von Paris, Stephan Tempier, 219 Thesen, in denen eine Theologenkommission unter anderem auch Lehrstücke Pariser Artisten zusammenfasst. Eine der verurteilten Thesen besagt, es gebe für den Menschen keine ausgezeichnetere Verfassung, als sich der Philosophie zu widmen: *quod non est excellentior status quam vacare philosophiae*; die These ist sehr wahrscheinlich mit Bezug auf die Schrift ‚De summo bono seu de vita philosophi' des Boethius von Dacien formuliert.[46] Zu erklären ist, warum das über Jahrhunderte von christlichen Autoren vertretene Ideal des philosophischen Lebens nun plötzlich untragbar geworden ist.

Wie die Offenbarungstheologie so erhebt die Philosophie – speziell als Erste Philosophie oder Metaphysik – traditionell den Anspruch darauf, Wissenschaft von den

---

[42] Ebd., S. 100-103: *De divinis duplex scientia habetur: una secundum modum nostrum, qui sensibilium principia accipit ad notificandum divina, et sic de divinis philosophi scientiam tradiderunt, philosophiam primam scientiam divinam dicentes. Alia secundum modum ipsorum divinorum [...] in quantum per fidem nobis infusam inhaeremus ipsi primae veritati propter se ipsam.*

[43] Wieland, Georg: *Ethica – Scientia practica*. Die Anfänge der philosophischen Ethik im 13. Jahrhundert. Münster 1981, S. 61.

[44] Vgl. ebd. S. 60-73.

[45] Siehe dazu Köpf, Ulrich: Die Anfänge der theologischen Wissenschaftstheorie. Tübingen 1974; Wieland, Georg: Theologie zwischen Weisheit und Wissenschaft, in: Ingrid Craemer-Ruegenberg/ Andreas Speer (Hrsg.): *Scientia* und *ars* im Hoch- und Spätmittelalter (Miscellanea Mediaevalia 22,2). Berlin/ New York 1994, S. 517-527; Heinzmann, Richard: Die Entwicklung der Theologie zur Wissenschaft, in: Georg Wieland (Hrsg.): Aufbruch – Wandel – Erneuerung. Beiträge zur „Renaissance" des 12. Jahrhunderts. Stuttgart/ Bad Cannstatt 1995, S. 123-138.

[46] Hissette, [Anm. 4], S. 15-18; Bianchi [Anm. 3], S. 13-34.

Die philosophische Lebensweise in mittelalterlicher Wertung 403

göttlichen Dingen – *scientia divina* – und somit höchste Wissenschaft oder Weisheit zu sein. „Es gibt" – wie Thomas in seinem Kommentar zur Trinitätsschrift des (Römers) Boethius ausführt – „zweierlei Theologie oder göttliche Wissenschaft: Die eine ist diejenige […] welche die Philosophen betreiben und die mit einem anderen Namen ‚Metaphysik' genannt wird. Die andere aber ist […] die Theologie, welche in der heiligen Schrift überliefert wird."[47] Durch ihre Aufnahme in den Kanon der universitären Fächer treten die beiden göttlichen Wissenschaften in ein Verhältnis, das sie erstmals dazu zwingt, ihre jeweilige Identität – ihre Eigenart, methodische Autonomie und Grenze – mit Rücksicht auf die jeweilige andere *scientia divina* neu zu bestimmen und zu rechtfertigen – und zwar so, dass deren Eigenrecht nicht negiert wird.

Dazu unternimmt von philosophischer Seite aus Boethius von Dacien einen kühnen Vorstoß. Er erscheint in Überlegungen zum Verhältnis von Glauben und Wissen, die er in der etwa gleichzeitig zu ‚De summo bono' verfassten Schrift ‚Über die Ewigkeit der Welt' (‚De aeternitate mundi', um 1270)[48] entwickelt. Die traditionelle Auffassung, wonach es keinen Widerspruch zwischen philosophischer Einsicht und Glaubenswahrheit geben kann, erhält in ihnen einen neuen Sinn und eine neue Begründung: Sie erhält einen neuen Sinn, insofern sie nicht mehr – wie bisher – auf eine theologische Synthese zielt, sondern darauf, die wissenschaftliche Eigenständigkeit der Philosophie gegenüber der Offenbarungstheologie zu sichern. – Das Neue der Begründung liegt darin, dass sie den Glauben nicht voraussetzt. Ihr zufolge kann philosophische Erkenntnis dem Glauben nicht widersprechen, da sie sich formal auf einen anderen Gegenstandsbereich bezieht und andere Erkenntnisprinzipien zugrunde legt. Den Gegenstandsbereich der philosophischen Untersuchung bildet das Seiende, insoweit es wissbar ist. „Wissbar" bedeutet, insoweit es auf für uns evidente Grundsätze zurückführbar ist. Was nicht aus derartigen Prinzipien ableitbar ist, fällt deshalb – insoweit – nicht unter die philosophische Erörterung. Dem Zu Glaubenden aber ist es eigentümlich, nicht für uns aus evidenten Prinzipien einsehbar zu sein. Es liegt deshalb formal außerhalb der Objektsphäre des philosophischen Denkens.[49]

---

[47] Thomas von Aquin: Super Boetium De Trinitate q. 5, a. 4c, ed. Leonina 50. Paris 1992, S. 154: *Sic ergo theologia siue scientia diuina est duplex: una […] quam philosophi prosequantur, que alio nomine metaphisica dicitur; alia uero […] est theologia que in sacra Scriptura traditur.*

[48] Boethius von Dacien: De aeternitate mundi, Boetii Daci Opera VI, ii, Opuscula, ed. N. G. Green Pedersen. Hauniae 1976, S. 335-366. Pinborg, Jan: Zur Philosophie des Boethius de Dacia. Ein Überblick, in: Studia Mediewistyczne 15 (1974), S. 165-185, bes. S. 175-181; Wels, Henrik: Zu einer Theorie der doppelten Wahrheit in dem Tractatus de aeternitate mundi des Boethius von Dacien, in: Friedrich Niewöhner/ Loris Sturlese (Hrsg.): Averroismus im Mittelalter und in der Renaissance. Zürich 1994, S. 85-97; De Mowbray, Malcolm: The De Aeternitate Mundi of Boethius of Dacia and the Paris Condemnation of 1277, in: Recherches de Théologie et Philosophie 73 (2006), S. 201-256.

[49] Boethius von Dacien [Anm. 48], S. 335f.: *sententia philosophorum […] in nullo contradicit christianae fidei nisi apud non intelligentes; sententia enim philosophorum innititur demonstrationibus et ceteris rationibus possibilibus in rebus de quibus loquuntur; fides autem im*

Eine gelegentliche Spannung ist allerdings möglich, da einiges des Zu Glaubenden der Erfahrungswirklichkeit angehört, um deren Erklärung sich die Philosophie bemüht. So verhält sich etwa der Bericht über die Auferweckung des toten Lazarus inkongruent zu der naturphilosophisch begründeten Auffassung, dass ein Toter nicht unmittelbar ins Leben zurückkehren kann. Eine solche Spannung schließt jedoch keinen direkten Gegensatz ein; denn der philosophische Satz ist aus natürlichen Ursachen und Gründen abgeleitet und reicht daher in seinem Geltungsanspruch nicht weiter, als deren Wirkkraft. Er schließt nicht aus, dass sich der Sachverhalt im Einzelfall durch Einwirkung einer höheren Ursache, welche die Natur im Ganzen schöpferisch begründet, anders verhalten kann.[50] Von diesem Standpunkt aus weist Boethius mit polemischer Schärfe die Auffassung zurück, ein Christ könne als solcher kein Philosoph sein, da er durch seinen Glauben gezwungen sei, die Prinzipien der Philosophie zu zerstören.[51]

Bereits Albert und Thomas treten für eine unabhängige Philosophie ein. Das Neue bei Boethius besteht darin, dass dieser das, was jene von einem weltoffenen theologischen Standpunkt aus einräumen, allein vom Standpunkt der natürlichen Vernunft aus zum Programm erhebt und radikal einfordert.[52] Dieser Anspruch bedeutet jedoch keinen totalen Erklärungsanspruch; denn mit ihm tritt die Philosophie zugleich unter die Bedingung einer von ihr selbst zu leistenden Vernunftkritik, die zu einer prinzipiellen Beschränkung des Geltungsanspruchs ihrer Aussagen führt. Von Glaubenswahrheiten wird im philosophischen Diskurs nur in der Weise einer methodischen Abstraktion abgesehen, die jene nicht ausschließt. Jenseits dieses Diskurses versteht Boethius den Offenbarungsinhalt und insbesondere die im Glauben anzunehmende übernatürliche Bestimmung des Menschen als für die Praxis verbindlich. Dies zeigt der Schlusssatz der Erörterung, in dem er ihren philosophischen Rahmen demonstrativ verlässt: „Diesem Gesetz Christi mache jeden Christen gläubig anhangen, wie es sich gebührt, der Urheber ebendieses Gesetzes, der glorreiche Christus, der Gott ist, geprie-

---

multis innititur miraculis et non rationibus; quod enim tenetur propter hoc quod per rationes conclusum est, non est fides, sed scientia; Ebd. S. 347: *sicut [...] philosophia docet ens, sic partes philosophiae docent partis entis [...] Ergo philosophus omnem quaestionem per rationem disputabilem habet determinare; omnis enim quaestio disputabilis per rationes cadit in aliqua parte entis,* u. vgl. S. 364-366.

[50] Ebd. S. 365: *christianus concedit conclusionem per rationes philosophicas conclusam non posse aliter se habere per illa per quae concluditur. Et si concludatur per causas naturales, quod mortuum non redibit vivum immediate idem numero, hoc concedit non posse aliter se habere per causas naturales per quas concluditur; concedit tamen hoc posse se aliter habere per causam superiorem quae est causa totius naturae et totius entis causati.*

[51] Ebd.: *nec valet quod dicunt quidam maligni [...] dicunt enim quod christianus secundum quod huiusmodi non potest esse philosophus, quia ex lege sua cogitur destruere principia philosophiae.*

[52] Siehe dazu auch Wilpert, Paul: Boethius von Dacien – Die Autonomie des Philosophen, in: ders. (Hrsg.): Beiträge zum Berufsbewußtsein des mittelalterlichen Menschen (Miscellanea Mediaevalia 3). Berlin 1963, S. 135-152; Schrödter, Hermann: Boethius von Dacien und die Autonomie des Wissens, in: Theologie und Philosophie 47 (1972), S. 16-35.

Die philosophische Lebensweise in mittelalterlicher Wertung

sen in alle Ewigkeit. Amen."⁵³ Ähnlich beschließt Boethius seine Abhandlung ‚De summo bono'.⁵⁴

Die betrachteten Überlegungen in der Schrift ‚Über die Ewigkeit der Welt' entwickeln das wissenschaftstheoretische Fundament, das den Ansatz in der Schrift ‚Über das höchste Gute' bestimmt; es bedingt, dass hier nicht einfach nach dem höchsten Guten für den Menschen gefragt wird, sondern präzise nach dem höchsten Guten, das „dem Menschen möglich" ist. Der Zusammenhang wird anhand einer Stelle in der Schrift ‚Über die Ewigkeit der Welt', an der Boethius den Gebrauch des Ausdrucks „möglich" erläutert, direkt fassbar: „Wenn ein Philosoph sagt, etwas sei möglich [...] heißt das soviel wie ‚es ist möglich [...] aus Gründen, die vom Menschen erforschbar sind'. Denn sobald jemand auf Vernunftgründe verzichtet, hört er auf, Philosoph zu sein, und auch die Philosophie stützt sich nicht auf Offenbarungen und Wunder."⁵⁵ – Entsprechend bestimmt Boethius das Untersuchungsziel in ‚De summo bono': „Was dieses höchste Gut ist, das dem Menschen möglich ist, dies lasst uns mittels der Vernunft erforschen."⁵⁶

Die Beschränkung der Untersuchung auf das dem Menschen aus natürlicher Kraft erreichbare Gute bedeutet demnach nur eine methodische Abstraktion, die ein höchstes übernatürliches Gutes, das dem Menschen durch Gnade zuteil wird, nicht ausschließt; die Verbindlichkeit des übernatürlichen Ziels für das Handeln wird in ihr nicht bestritten, sondern – wie auch ein Hinweis auf das Glück des jenseitigen Lebens anzeigt⁵⁷ – vorausgesetzt.

---

⁵³ Boethius von Dacien [s. Anm. 48], S. 366: *Huic legi Christi quemlibet christianum adhaerere et credere secundum quod oportet faciat auctor eiusdem legis Christus gloriosus qui est deus benedictus in saecula saeculorum. Amen.* – Dt. Übers. von Peter Nickl in: ders. (Hrsg.): Bonaventura, Thomas von Aquin, Boethius von Dacien ‚Über die Ewigkeit der Welt', Einleit. von Rolf Schönberger, Übers. und Anm. von Peter Nickl. Frankfurt a. M. 2000, S. 171.

⁵⁴ Ders. [Anm. 3], S. 369: *Primum autem principium, de quo sermo factus est, est deus gloriosus et sublimis, qui est benedictus in saecula saeculorum. Amen.*

⁵⁵ Ders. [Anm. 34], S. 364: *Philosophum dicere aliquid esse possibile vel impossibile, hoc est illud dicere esse possibile vel impossibile per rationes investigabiles ab homine. Statim enim quando aliquis dimittit rationes, cessat esse philosophus, nec innitur philosophia revelationibus et miraculis.* – Dt. Übers. von P. Nickl [Anm. 53], S. 167

⁵⁶ Boethius von Dacien [Anm. 3], S. 369: *Quid autem sit hoc summum bonum, quod est homini possibile, per rationem investigemus.*

⁵⁷ Ebd. S. 372: *Qui enim perfectio est in beatitudine, quam in hac vita homini possibilis esse per rationem scimus, ipse propinquior est beatitudini quam in vita futura per fidem expectamus.* – Luca Bianchi betont zurecht die streng philosophische, auf natürliche Lebenserfüllung ausgerichtete Sicht des Boethius, die das im Glauben angenommene Glück des zukünftigen Lebens nur in einem 'Grenz-Begriffs' (idea-limite) repräsentiert und als ein 'unbedingtes Kriterium' (*criterio assoluto*) verwendet, wonach die Adäquatheit des Begriffs der natürlichen Glücks zu bemessen ist; Bianchi [Anm. 4], S. 212. Für eine angemessene Einschätzung der philosophischen Sicht des Boethius erscheint jedoch gerade dieser Umstand bedeutungsvoll, dass die Glückseligkeit des jenseitigen Lebens in ihr nicht ausgeschlossen, sondern ausdrücklich als Kriterium verwendet wird.

III. Praktische Konsequenzen

Beruht die offizielle Verurteilung des Ideals der philosophischen Lebensform also auf einem Missverständnis der theologischen Untersuchungskommission? War diese nicht imstande, den subtilen wissenschaftstheoretisch und methodologisch reflektierten Standpunkt des Philosophen, der zugleich Christ ist, nachzuvollziehen? Ich denke, dass dies nicht der Fall ist. Die Verurteilung beruht auf einer praktischen Einschätzung, welche der Veränderung in der erkenntnistheoretischen Grundlage des philosophischen Lebensideals Rechnung trägt.

Wird nämlich das Prinzip der methodischen Abstraktion von Offenbarungsinhalten, mit dessen Hilfe Boethius die Eigenständigkeit der Philosophie als Wissenschaft gegenüber der Theologie sichert, von der Ebene des wissenschaftlichen Diskurses in die praktische Ebene übertragen – und dies geschieht, indem Boethius das Ideal der Philosophie als Lebensform aufnimmt – so entsteht ein Problem: „Lebensform" meint ja eine Gestalt von Praxis. In der Praxis bedeutet das Absehen von einem Guten, das Handeln nicht nach diesem zu bemessen. Jenes Gute kommt insoweit praktisch nicht zur Wirkung, es sei denn, es wäre in einem anderen, ausdrücklich gewollten Ziel eingeschlossen. Im natürlichen menschlichen Guten ist aber das übernatürliche Ziel nicht enthalten. Darum bedeutet eine Lebensform, in der von diesem Ziel abgesehen wird, dessen praktische Negation. Das Philosophieideal tritt auf diese Weise in Konkurrenz zum christlichen Lebensideal.

Stephan Tempier bezichtigt die Artisten im Prolog seiner Verurteilungsschrift vom 7. März 1277 der Lehre von der doppelten Wahrheit: „Sie [die Artisten, RD] sagen [von bestimmten heterodoxen Lehren, RD] sie seien gemäß der Philosophie wahr, jedoch gemäß dem allgemeinen Glauben nicht wahr, so als ob es zwei [kontradiktorisch, RD] entgegen gesetzte Wahrheiten gäbe"[58]. In der neueren philosophischen Mediävistik herrscht spätestens seit den Forschungen VAN STEENBERGHENs Übereinstimmung in der Annahme der völligen Haltlosigkeit dieses Vorwurfs: „Die Lehre von der doppelten Wahrheit wurde diesen Philosophen von ihren Gegnern untergeschoben [...] selbst Averroes hat diese absurde Lehre nicht vertreten; im Gegenteil, er hat sie ausdrücklich abgelehnt."[59] Alain DE LIBERA geht noch einen Schritt weiter: „Eine gewisse Perversität war nötig, um die Lehre von der doppelten Wahrheit zu ersinnen, ein durchtriebener Scharfsinn, wie er der Arglosigkeit des Philosophen fremd ist. Man darf sich also nicht wundern, wenn man in den Texten der *artistae* nichts von dem findet, was der Zensor und sein Gefolge in sie hineingelegt haben. Für Boethius von Dacien stand der

---

[58] Ed. Mandonnet: Siger de Brabant et l'averroïsme latin au XIIIe siècle, t. 2. Louvain 1908, S. 175-176: *Dicunt enim ea esse vera secundum philosophiam, sed non secundum fidem catholicam, quasi sunt duae contrariae veritates.*

[59] Van Steenberghen [Anm. 4], S. 365.

Relativität der Gesichtspunkte eine einzige Wahrheit gegenüber, was der Bischof zu bloßem Relativismus verkürzte."[60]

Die vorstehenden Analysen führen zu einem vorsichtigeren Urteil. Man wird in der Tat nicht sagen können, Boethius habe die Lehre von der doppelten Wahrheit ausdrücklich vertreten. Andererseits wird deutlich, dass sein philosophischer Denkweg da, wo er die Ebene der erkenntnistheoretischen Reflexion verlässt und in die Formulierung eines philosophischen Lebensideals einmündet, zu praktischen Konsequenzen führt, die mit dem Lebensideal, das der Christ Boethius explizit anerkennt, nicht vereinbar sind. Der Selbst-Widerspruch, der den Verdacht der Annahme einer doppelten Wahrheit erregt, liegt also nicht dort, wo ihn die Forschung bisher gesucht – und nicht gefunden – hat: in der Ebene der erkenntnistheoretischen Reflexion. Er liegt in der Ebene der praktischen Folgerungen. In der Praxis kann der Philosoph Boethius nicht wollen, was der Christ Boethius ausdrücklich als ein zu Tuendes bestimmt. Zu der theologischen Untersuchungskommission, welche die Verurteilung vorbereitete, gehörten hervorragende Denker wie Heinrich von Gent. Es darf angenommen werden, dass ihnen diese Pointe, die vom arglosen Philosophen vielleicht nicht ausdrücklich intendiert war, nicht entgangen ist.

---

[60] De Libera: Denken [Anm. 1], S. 96.

Dorothea Kullmann

Der entartete Sohn – Problematisierungen von Familienbeziehungen und sozialem Status in französischen Epen des 14. Jahrhunderts

Die Gruppe von Texten, die hier vorgestellt werden soll, nimmt eine besondere Position in der französischen Literaturgeschichte ein. Sie steht am Ende der Geschichte einer der produktivsten Gattungen der mittelalterlichen volkssprachlichen Erzählliteratur, der ‚Chanson de geste'. Von Epenspezialisten lange Zeit als degeneriert und epigonal betrachtet, haben die späten ‚Chansons de geste' des 14. Jahrhunderts erst in jüngster Zeit ein etwas stärkeres Interesse gefunden. Wir hoffen zeigen zu können, dass diese Texte von einer im Grunde erstaunlichen Modernität sind.

Die altfranzösischen Heldenepen oder ‚Chansons de geste', von denen etwa hundert ganz oder fragmentarisch erhalten sind, verteilen sich über einen Zeitraum von dreihundert Jahren, vom ‚Rolandslied', entstanden gegen Ende des 11. Jahrhunderts, bis zum Ende des 14. Jahrhunderts. Sie schildern Kämpfe gegen heidnische Sarazenen oder Auseinandersetzungen zwischen zwei Sippen oder zwischen dem König von Frankreich und einem seiner großen Vasallen. Die Mehrzahl dieser Epen spielt in karolingischer (später auch in merowingischer) Zeit; hinzu kommt der erste Kreuzzug als zeitgeschichtliches Thema. Auch in den Texten, deren Handlung unter Karl dem Großen oder Ludwig dem Frommen angesetzt ist, lässt sich vielfach ein reales historisches Ereignis als Kern ausmachen, das mehr oder weniger verzerrt und idealisiert dargestellt wird.

Im Laufe ihrer dreihundertjährigen Geschichte verändert sich die Gattung der ‚Chansons de geste' nicht unerheblich. Aus den ursprünglich gesungen vorgetragenen Liedern werden rein narrative Lese- oder Vorlesetexte, deren Umfang wesentlich zunimmt. Die ‚Laissen', die unregelmäßigen Strophen, aus denen sich die ‚Chansons de geste' zusammensetzen, werden immer länger; sie können im 13. Jahrhundert mehrere hundert Verse umfassen, so dass der strophische Charakter der Texte praktisch verloren geht. Zwar wird die eindeutige formale und thematische Differenz zu dem um die Mitte des 12. Jahrhunderts aufkommenden Versroman nie aufgegeben, doch bleiben die ‚Chansons de geste' von den allgemeinen kulturellen und literarischen Entwicklungen nicht unberührt; seit der zweiten Hälfte des 12. Jahrhunderts werden Liebesverhältnisse in den Epenhandlungen wichtig, und im Laufe des 13. Jahrhunderts spielen wunderbare Elemente, wie sie im arthurischen Roman auftreten, eine immer größere Rolle.

Im 15. Jahrhundert werden einige ‚Chansons de geste' dann in Prosa umgeschrieben. Sie werden in dieser Form bis weit ins 19. Jahrhundert hinein weitertradiert werden, während die eigentliche epische Produktion abbricht und die nicht prosifizierten Epen in Vergessenheit geraten. Doch zuvor entstehen im 14. Jahrhundert noch einmal um die zwanzig Versepen. Claude ROUSSEL spricht von dem *ultime sursaut* der Gattung *avant le grand nivellement opéré par les mises en prose.*[1] Diese späten ‚Chansons de geste' kehren nun zumindest teilweise zu alten Formen des 12. Jahrhunderts zurück. Zwar haben wir es nach wie vor mit zumeist sehr langen Texten von über zwanzigtausend Versen zu tun, das wunderbare Element verschwindet nicht ganz, die Liebeshandlungen überhaupt nicht, doch werden zum Beispiel die ‚Laissen' wieder kürzer, und sie werden wieder für inhaltliche Einteilungen ausgenutzt; die traditionellen Appelle ans Publikum, die einen gesungenen Vortrag implizieren, werden wieder häufiger und werden zumindest teilweise in sinnvoller Weise eingesetzt, in Abständen, die sich mit realen Performanzen in Verbindung bringen lassen.[2]

Thematisch stellen sich diese Epen des 14. Jahrhunderts ganz unterschiedlich dar. Das Spektrum reicht von einer Wiedergabe zeitgenössischer Ereignisse im Stil einer Chronik in der ‚Chanson de Bertrand du Guesclin' über die idealisierende Darstellung historischer Ereignisse bis zu komplexen, vier Generationen umfassenden Trennungs- und Abenteuerhandlungen, in denen die Helden von Feen und von diversen monstruösen Lebewesen unterstützt oder bekämpft werden, König Artus im Reich Féerie einen Besuch abstatten und andere wunderbare Dinge erleben, einschließlich einer Geschlechtsumwandlung im ‚Tristan de Nanteuil'. Sowohl die alten karolingischen Epenzyklen als auch der Zyklus über den ersten Kreuzzug werden durch neue Epen ergänzt, einige der alten ‚Chansons' selbst (z. B. ‚Renaut de Montauban') werden vollständig neu redigiert, einige neue Stoffe (z. B. ‚La belle Hélène de Constantinople') kommen hinzu, und der Beginn der kapetingischen Dynastie findet in ‚Hugues Capet' nun ebenfalls eine epische Darstellung.

Doch trotz ihrer thematischen Vielfalt bilden diese Texte eine erstaunlich eng zusammenhängende Gruppe. Sowohl auf stilistischer Ebene als auch im Motiv- und Formelrepertoire bestehen zum Teil bemerkenswerte Übereinstimmungen. Genaue Datierungen sind in den meisten Fällen zwar nicht möglich, aber sprachliche Indizien und einige inhaltliche Anspielungen zeigen deutlich, dass alle diese ‚Chansons' ein und

---

[1] Roussel, Claude: Conter de geste au XIVe siècle. Inspiration folklorique et écriture épique dans La belle Hélène de Constantinople. Genève 1998, S. 354.

[2] Vgl. hierzu van den Boogaard, Nico: Le caractère oral de la *Chanson de geste* tardive, in: ders.: Autour de 1300. Etudes de philologie et de littérature médiévales (Faux Titre 21). Amsterdam 1985, S. 41-58; sowie Keith V. Sinclair in seiner Ausgabe: Tristan de Nanteuil, *Chanson de geste* inédite. Assen 1971, S. 41-43.

derselben, relativ eng umgrenzten Region angehören, nämlich dem Norden Frankreichs, Artois, Flandern oder Hainaut. Ungefähr zwischen der Mitte und dem Ende des 14. Jahrhundert bemühen sich hier mehrere Dichter in bemerkenswert kohärenter Weise um eine Erneuerung, ein offenbar bewusstes Revival der alten ‚Chanson de geste'. Die Region ist von den Wechselfällen des Hundertjährigen Krieges erheblich betroffen, was den Rückgriff auf das identitätsstiftende Heldenepos begünstigt haben dürfte. Es liegt nahe zu vermuten, dass ein bestimmter politischer Wille hinter dieser Epenproduktion oder zumindest einem großen Teil derselben steht; dieser ist jedoch bisher nicht identifiziert.[3]

Im folgenden soll ein Komplex von Motiven, der für diese ‚Chansons de geste' des 14. Jahrhunderts charakteristisch ist, näher vorgestellt und analysiert werden. Wir konzentrieren uns dabei weitgehend auf drei thematisch sehr verschiedene Texte: ‚Le Bâtard de Bouillon', wohl eine der ältesten Chansons dieser Gruppe, die um die Mitte des 14. Jahrhunderts entstanden sein dürfte[4] und die sich an den Epenzyklus über den ersten Kreuzzug (aus dem 12. und 13. Jahrhundert) anschließt, aber auch auf historiographische Quellen (Wilhelm von Tyrus) zurückgreift, die ‚Chanson de Bertrand du Guesclin' mit zeitgeschichtlicher Thematik, die von einem gewissen Cuvelier kurz nach dem Tod des *Connétable* im Jahre 1380 begonnen und wohl vor 1384 abgeschlossen wurde, sowie ‚Tristan de Nanteuil', eine nicht genau datierbare, vermutlich aber eher

---

[3] Im Gegensatz zu Dominique Boutet (wir beziehen uns auf seinen Vortrag: Merveilleux et interférences génériques dans la *Chanson de geste* de Tristan de Nanteuil und die sich anschließende Diskussion auf dem Kolloquium über: Motifs merveilleux et poétique des genres au Moyen Age, Montréal, 31. Mai 2007), Philippe Verelst (in seiner Ausgabe: Renaut de Montauban. Edition critique du ms. de Paris, B.N., fr. 764 [R], Gent 1988, S. 45-47) oder Kathy M. Krause (die in einem Vortrag über The Poetics of Genealogy and Power in Picardy. Princeton, 4. November 2006, eine Verbindung zwischen einzelnen Epen und dynastischen Problemen der gräflichen Familien von Ponthien und Boulogne angenommen hat) sind wir der Überzeugung, dass diese Erneuerungsbewegung insgesamt und ein großer Teil der einzelnen Texte einen bürgerlich-städtischen Hintergrund haben. Hierfür sprechen z. B. Motive, die nicht auf der älteren epischen Tradition beruhen, aber jeweils mehreren der Epen des 14. Jahrhunderts gemeinsam sind, etwa eine wesentliche Beteiligung von Stadtbürgern an Kämpfen an der Seite der Helden, die Rolle der Städte als solcher (ganze Königreiche werden mit Städten identifiziert) oder auch die Auferlegung überhöhter Steuern durch Stadtherren, die in mehreren Texten geradezu mit moralischer Schlechtigkeit gleichgesetzt wird und zur Identifikation der Schurken dient. Dass die genealogisch-dynastische Idee der heroischen Sippe, des *lignage*, nach wie vor eine Rolle spielt, ergibt sich von selbst aus der Anknüpfung an die alten Epenzyklen, und wir werden im folgenden sehen, dass sich die Vorstellung vom *lignage* in diesen Texten grundlegend verändert. Die luxuriöse Handschrift des 15. Jahrhunderts, in der die neu redigierte Fassung des Renaut de Montauban überliefert ist, sagt nichts über den Kontext der Entstehung dieser Redaktion aus, die ins 14. Jahrhundert gehören muss (vgl. Verelst, S. 44-45). Wir vermuten den Ursprung (oder zumindest ein Zentrum) der Epenproduktion des 14. Jahrhunderts in Arras, ohne dies jedoch bisher beweisen zu können.

[4] Vgl. Le Bâtard de Bouillon, Chanson de geste, hrsg. v. Robert Francis Cook (Textes Littéraires Français 187). Genève 1972, S. LVII.

ans Ende des 14. Jahrhunderts gehörende, völlig fiktionale Fortsetzung des kleinen, um 1200 entstandenen Nanteuil-Zyklus um die Gestalten Aye d'Avignon und Gui de Nanteuil.

Betrachten wir zunächst die Präsentation der jeweiligen Helden und ihr Verhältnis zu ihrer Familie.

Im ‚Bâtard de Bouillon' unterwirft König Baudouin I. von Jerusalem die Könige von Rochebrune (einer fiktiven Stadt irgendwo im Nahen Osten am Meer) und von Mekka, eine Gruppe von fünf Brüdern, die zum Christentum konvertieren. Die Schwester dieser Brüder verliebt sich in den König, der zu Verhandlungen in Mekka im Palast empfangen wird, muss erfahren, dass er bereits verheiratet ist, tröstet sich aber damit, dass man sich auch außerhalb der Ehe befriedigen kann, und schleicht sich in zwei aufeinander folgenden Nächten in das Zimmer des Königs, und so kommt es zur Zeugung des Bastards von Bouillon. Dieser wird in Mekka erzogen und wächst zu einem schönen, kräftigen jungen Mann heran, der sich in allen ritterlichen Aktivitäten auszeichnet und von allen seinen Onkeln geliebt wird. Doch eines Tages wirft ihm einer seiner Vettern, der Sohn des Königs Ector, beim Schachspiel seine uneheliche Herkunft vor, und der Bastard erschlägt ihn kurzerhand mit dem Schachbrett. Ector will seinen Sohn rächen, der Bastard verbarrikadiert sich im Gemach seiner Mutter und will seinerseits den Onkel töten, und nur mit Mühe gelingt es der Mutter und den anderen Brüdern, den Zweikampf von Onkel und Neffe abzuwenden. Ector wird schließlich überredet, den Bastard nach Jerusalem zu bringen und der Justiz des Königs, seines Vaters, zu überantworten und ihm letztendlich zu verzeihen. Etwas später, bei einem Jagdausflug mit seinem Halbbruder, Baudouins legitimem Sohn und Erben Orri, verrät dieser seine Pläne für einen Mordanschlag gegen den gemeinsamen Vater. Der Bastard zückt kurzerhand das Messer und tötet den Bruder, was ihm einen zweiten Prozess vor seinem eigenen Vater und die Verbannung einträgt.

Bertrand du Guesclin, der künftige *Connétable* von Frankreich, stammt aus angesehener adliger Familie, ist jedoch ein schwer erziehbares Kind. Er ist hässlich, erscheint dumm und bösartig. Zum Essen normalerweise in eine Ecke verbannt, setzt der Sechsjährige seine Geschwister unter Druck, ihn an ihren Tisch zu lassen, indem er droht, den Tisch mitsamt Gedeck und Speisen umzuwerfen, wenn sie ihn dort nicht akzeptieren, und als seine Mutter ihn wegen seiner schlechten Tischmanieren wegschicken will, tut er das tatsächlich. Sein Verhalten ist so gewalttätig, dass selbst die Mutter gelegentlich wünscht, er sei tot:

'Ay, Dieux', ce dist la dame, 'com rude charreton!
Pleust a Dieu qu' il feust mort, car de certain savon
Ja n'aura en luy sens, maniere ne raison,
Ja honneur ne fera a son estracion!' (V. 118-121)[5]

---
[5] Wir zitieren nach folgender Ausgabe: La Chanson de Bertrand du Guesclin de Cuvelier, hrsg. v. Jean-Claude Faucon. Bd. 1. Toulouse 1990. Übersetzungen stammen von uns, D.K.

[‚Oh Gott', sagte die Herrin, ‚was für ein ungezogener Karrenjunge! Möge es Gott gefallen, dass er tot wäre, denn es ist ganz klar, dass er niemals Sinn und Verstand und Manieren haben und seiner Herkunft Ehre machen wird!']

Größer geworden, versammelt er andere Kinder, teilt sie in Gruppen ein und veranstaltet Schlägereien, und wenn die anderen einmal keine Lust mehr haben weiterzukämpfen, schlägt er selber auf sie ein, so dass ihnen nichts anderes übrig bleibt als den Kampf fortzuführen. Anschließend geht er mit allen trinken – wenn der Wirt ihm nichts geben wolle, werde er eben Silberbecher oder ein Pferd seines Vaters verkaufen, um ihn zu bezahlen (V. 322-323). Ermahnungen helfen nichts. Noch etwas später geht er zum Kampf zu Pferde und zu Wettkämpfen an der Quintaine über und verteilt Preise an die Sieger, natürlich weiterhin auf Kosten der Eltern. Schließlich macht er sich auf einem Pferd seines Vaters auf und davon und begibt sich in die Stadt zu einem Onkel und der angeheirateten reichen Tante, die entsetzt ist:

Et lui a dit: 'Bertran, vous avez renonmee
Telle que vostre mere est au cuer tourmentee
Et voz peres aussi, qui ait bonne duree!
C'est grant folie a vous, par la Vierge honnoree!
Une vie menez siques toute dervee.
Mal ressemblez la gent dont vostre char est nee.' (V. 404-409)

[Und sie sagte zu ihm: ‚Bertrand, euer Ruf ist von der Art, dass eure Mutter in ihrem Herzen gequält ist und euer Vater auch, der lange leben möge! Das ist eine große Torheit von euch, bei der ehrbaren Jungfrau! Ihr führt ein völlig verrücktes Leben. Ihr gleicht der Familie, von der ihr abstammt, nicht gerade sehr.']

Auch sie sieht das Verhalten Bertrands also als unstandesgemäß an, sie lässt sich aber schließlich von ihrem Gatten überreden, den jungen Mann aufzunehmen, bis eine Versöhnung mit den Eltern erreicht wird.

Tristan de Nanteuil, der Sohn des alten Epenhelden Gui de Nanteuil, der von seinen Eltern gleich nach der Geburt getrennt wurde, wird von einer wilden Hirschkuh in der Gegend von Ermenie (Armenien, das hier aber als Stadt erscheint) aufgezogen. Er weiß weder etwas vom christlichen Glauben noch vom Rittertum, er ist feige wie ein Hase (V. 6606-6607, 6678-6679)[6] und läuft vor jedem Kampf davon. Er gewinnt trotzdem die Liebe der Tochter des Königs von Ermenie, Blanchandine (die Hirschkuh hilft ihm, sie zu entführen), und später auch ihre Hand, sogar mit Zustimmung ihres Vaters, weil an seiner Stelle und in seiner Rüstung ein tapferer Freund in alle Kämpfe zieht. Erst im weiteren Verlauf der Handlung wird er erfahren, dass dieser aufopferungsbereite Freund sein Halbbruder Doon ist, den Gui de Nanteuil nach der Trennung von seiner Familie mit Honoree, der Tochter des Königs von Rochebrune (der Name der Stadt ist aus dem vermutlich älteren ‚Bâtard de Bouillon' übernommen), gezeugt hat. Nachdem

---

[6] Wir zitieren nach folgender Ausgabe: Tristan de Nanteuil: Chanson de geste inédite, hrsg. v. Keith V. Sinclair. Assen 1971. Übersetzungen stammen von uns, D.K.

Tristan schließlich von einer Fee Unterricht in Tapferkeit erhalten hat, begegnet er als erstem seinem ihm unbekannten Vater Gui im Kampf und besiegt ihn. Gui gerät daraufhin in sarazenische Gefangenschaft. Als Tristan nachträglich erfährt, mit wem er gekämpft hat, ist er verzweifelt, begibt sich nach Rom zum Papst und lässt sich taufen. Der Papst ist ein Vetter Guis, der Tristan sofort verspricht, Kreuzzugstruppen zur Verfügung zu stellen, und ihm ein Empfehlungsschreiben an König Gondebuef von Friesland gibt, der ihm weitere Truppen stellen werde, um Gui zu befreien. Doch dazu kommt es nicht, da Tristan, in Friesland angekommen, dem ehemaligen väterlichen Lehen, Nanteuil (hier mit Utrecht identifiziert), einen Besuch abstattet und dort die Braut eines der von Karl dem Großen eingesetzten Lehensverwalter schwängert, die sich dann nachträglich als seine, Tristans, Kusine herausstellt. Tristan begleitet sie zu ihrem Vater zurück, der ihn gefangen setzt und an einen Sarazenenherrscher ausliefert. Die Kusine heiratet einen anderen Sarazenenfürsten, der Tristans Sohn als den seinen aufzieht; dieser Sohn wird am Ende der ‚Chanson' seinen Vater Tristan in einer Schlacht töten, nach einer *Anagnorisis in extremis* aber zum Christentum konvertieren und den Christen zum Sieg verhelfen.

Söhne, die den Erwartungen der eigenen Eltern nicht entsprechen, schwerwiegende Zerwürfnisse in der Familie, zweite und dritte Beziehungen, oft nach der Heirat und zu Lebzeiten der legitimen Partner, Bastarde, die sich oft als die besseren und treueren Söhne und Ritter erweisen als die legitimen Erben – all dies überrascht im Kontext der ‚Chanson de geste', die traditionellerweise die Wahrung von Standes- und Familienehre und die Sippensolidarität preist. Die traditionellen Familienstrukturen scheinen in Auflösung begriffen; die Verwandtschaftsverhältnisse sind zum Teil äußerst komplex und diffus. Außereheliche Verbindungen sind gang und gäbe, Bastardsöhne allgegenwärtig, ohne dass dies irgendwie kritisiert würde. Hugues Capet hat in der gleichnamigen ‚Chanson'[7] deren zehn, und diese zehn Bastardsöhne bilden eines seiner wichtigsten Hilfskontingente bei der Verteidigung von Paris. Tristan de Nanteuil zeugt drei Söhne mit drei verschiedenen Frauen, den ersten mit der Geliebten, die er erst später heiraten wird, den zweiten mit seiner Kusine und den dritten mit der Frau, die er nach dem Geschlechtswandel seiner ersten Gattin heiratet, aber bald wieder verlässt, um sich auf die Suche nach der zum Mann gewordenen ursprünglichen Gattin zu machen. Tristans ältester Sohn Raimon hat einen Halbbruder, Gilles (der heilige Aegidius), dessen Vater aufgrund dieses Geschlechtswandels mit seiner, Raimons, Mutter identisch ist.

Die Handlungen der ‚Chansons de geste' des 14. Jahrhunderts spielen in einem geographisch weit gespannten Rahmen; entfernte, heidnische Lande sind nicht mehr nur Objekte militärischer Kampagnen oder außergewöhnlicher *quêtes*, sondern werden ohne weiteres zum dauerhaften Wohnsitz.[8] Die Epen mit fiktiver Handlung (oft ‚Chan-

---

[7] Hugues Capet: Chanson de geste du XIVe siècle, hrsg. v. Noëlle Laborderie (Classiques français du Moyen Age 122). Paris 1997.

[8] Die Helden treten dabei häufig in Kontakt mit Heiden, verhandeln mit ihnen oder treten sogar in ihre Dienste. Dennoch ist die Idee der religiösen Toleranz weit weniger entwickelt als in einigen

sons d'aventure' genannt) spielen in einem Raum, der nicht nur einen Großteil Europas, sondern auch Nordafrika, den Nahen Osten und Persien umfasst. Selbst in der ‚Chanson de Bertrand du Guesclin' unternimmt man nicht nur eine Kampagne in Spanien, sondern bewegt sich mit großer Selbstverständlichkeit mehrmals zwischen Frankreich, Spanien, Portugal und England hin und her; entsprechend selbstverständlich ist der Kontakt zwischen dem Königreich Jerusalem und Nordfrankreich im ‚Bâtard de Bouillon'. Diese „Globalisierung" der Handlungen (wie man in anachronistischer Weise zu sagen versucht ist) hat Auswirkungen auf die Funktionsweise der Verwandtschaftsbeziehungen.

‚Tristan de Nanteuil' stellt ein Paradebeispiel hierfür dar. Die Handlung berührt Flandern, Paris, die Provence und Italien ebenso wie Griechenland, Armenien, Mekka, Babylon und andere, nicht identifizierbare, fiktive Orte im Orient. An allen diesen Orten etablieren sich Familienangehörige mehr oder weniger dauerhaft oder zeugen zumindest Nachkommen, die an diesen Orten zu Hause sind und das familiäre Lehen Nanteuil nur mehr vom Hörensagen kennen. Die Mitglieder der Familie, die zu Beginn der Handlung getrennt werden, versuchen dabei durchaus, sich wiederzufinden, können die Trennung aber letztlich nicht überwinden; die Familie findet stets nur in Teilen wieder zusammen. Die Vereinigung eines Großteils der Familie, die Tristan gegen Ende der Handlung bewerkstelligt, ist von kurzer Dauer; die Mehrzahl der Angehörigen der älteren Generationen kommt kurz darauf bei diversen Versuchen, ihre jeweiligen alten Lehen zurückzuerobern, ums Leben.[9]

Vielfach scheint das Wissen um den Aufenthaltsort der Verwandten wichtiger zu sein als die effektive Familienzusammenführung. Aye, die sich zeitweise als sarazenischer Ritter ausgibt und sich Gaudion nennt, trifft im Kriegslager des Sultans auf ihre Schwiegertochter Aiglentine, die Gaudion zur Ehe versprochen wird. Bevor es zu dieser (Schein-)Hochzeit kommt, bricht Aye jedoch von dort mit sarazenischen Truppen auf, um der Tochter des mit dem Sultan verbündeten Sarazenen Galafre zu Hilfe zu kommen. Auf dem Weg trifft sie im Wald auf ihren Enkel Tristan, wird aber von der Hirschkuh, die ihn aufzieht, daran gehindert, ihn mitzunehmen. Im Kerker Galafres findet sie ihren Gatten Ganor und ihre gemeinsamen Söhne Antoine und Richer wieder. Diesen kann sie nun zwar erzählen, wo sich der Enkel Tristan und die Schwiegertochter Aiglentine befinden, muss aber auch sagen, dass sie Tristan nicht hat mitnehmen können und dass sie noch nicht weiß, wo sich ihr älterer Sohn Gui aufhält. Nach der Rückkehr von dieser Expedition erzählt Aye der Schwiegertochter von ihren Begegnungen:

Epen vom Ende des 12. oder Anfang des 13. Jahrhundert. Vgl. hierzu Picherit, Jean-Louis: Les Sarrasins dans 'Tristan de Nanteuil', in: Au carrefour des routes d'Europe: la *Chanson de geste*. Actes du Xe Congrès international de la Société Rencesvals pour l'étude des épopées romanes. Bd. 2. Aix-en-Provence 1987, S. 941-957.

[9] Ähnlich stellen sich z. B. auch Lion de Bourges oder La Belle Hélène de Constantinople dar.

> 'Or vous en apaisiés', dist Aye d' Avignon,
> 'Car avecques la cerve ay veü l'enffançon
> Et le tins et baisay assés et a foison
> [...]
> S'ay parlé a Ganor par dedens la prison
> Et a mes deux enffans. Ne me fault que Guion,
> Que n'aye rassemblé la moye estracïon.' (V. 3297-3299, 3406-3408)

[‚Nun beruhigt euch', sagte Aye von Avignon, ‚denn ich habe das kleine Kind zusammen mit der Hirschkuh gesehen und habe es gehalten und oft und vielfach geküsst [...] und ich habe mit Ganor im Kerker gesprochen und mit meinen beiden Kindern. Mir fehlt nur noch Gui, um meine Familie zusammen zu haben.']

Galafre, der sich in Aiglentine verliebt hat, sorgt anschließend dafür, dass der vermeintliche Gaudion in die Hände des feindlichen Königs Murgafier von Rochebrune fällt, der Gui als Verführer seiner Tochter gefangen genommen hat. Somit spürt Aye schließlich auch ihren älteren Sohn auf, ohne deshalb einer wirklichen Vereinigung der gesamten Familie näher zu kommen.

Trotz der Distanzen ist die gegenseitige Hilfe von Verwandten nach wie vor selbstverständlich. Aye und Aiglentine, Schwiegermutter und Schwiegertochter, die im Dienst bzw. in der Gefangenschaft der Sarazenen aufeinander treffen, helfen sich gegenseitig (z. B. V. 2023-2044). Tristan wird vom Papst und dessen Bruder, dem König von Friesland, als Verwandter besonders freundlich empfangen (V. 9444-9498). Als Gui und Aiglentine nach Paris kommen, um Guis Wiedereinsetzung in das Lehen von Nanteuil zu erwirken, können sie sich dort an ihre Verwandten, Naime und Ogier, wenden (V. 19485-19502). Tristans Sohn Raimon kann sich ebenso auf die Hilfe seines Halbbruders Gilles verlassen, als er, nach einem ersten, gescheiterten Versuch, sich als Herr von Avignon anerkennen zu lassen, zufällig auf dessen Einsiedelei stößt (V. 21549-21550). Doch in allen Fällen handelt es sich um die Hilfe einzelner Personen, die in ihrem Ausmaß beschränkt bleibt, hauptsächlich vor Ort erfolgt und die in der Regel nicht ausreicht, einen wesentlichen Umschwung in der Situation der Figuren herbeizuführen. Aye verspricht zwar, Ganor und die Söhne zu befreien, es bleibt jedoch bei dem Versprechen, da sie dem Sultan verpflichtet ist und außerdem um die Sicherheit Aiglentines fürchten müsste, wenn sie den Christen hülfe und sich so zu erkennen gäbe; Ganor und seine Söhne werden erst sechzehn Jahre später von Tristan befreit werden. Der Bastard Doon wird in Valvenise zwar von seiner Mutter freundlich aufgenommen, über seine Abstammung in Kenntnis gesetzt und gegen den Zorn seines Stiefvaters verteidigt; er muss aber nach einem Totschlag doch wieder allein fliehen (V. 5722-5970). Zur Einberufung der vom Papst und von Gondebuef versprochenen Truppen kommt es nicht. Naime und Ogier vermitteln Guis Anliegen einfach an König Karl (V. 19501-19502), und auch der heilige Gilles stimmt nicht einfach die Bürger von Avignon um, sondern nutzt die besondere Situation (Karls Dankbarkeit und Unterwürfigkeit nach der Absolution von seiner schweren Sünde) aus, um von ihm Raimons

Einsetzung in sein Erbe zu erwirken (V. 21713-21737). Die weit verstreuten Verwandten bieten Anlaufstellen in der Fremde und punktuelle Unterstützung, aber sie konstituieren keine Hausmacht, keine große Partei, keinen politischen Machtfaktor, wie dies in der Epik des 12. und teilweise noch des 13. Jahrhunderts der Fall war. Wenn ein Familienmitglied angegriffen wird, Krieg führen muss oder persönlich in Gefahr gerät, kann es nicht unbedingt damit rechnen, dass der gesamte *lignage* mit seinen Truppen anrücken wird. Als sich Guis Stiefvater Ganor nach der Befreiung der verschiedenen Familienmitglieder und der Krönung Tristans zum König von Ermenie anschicken will, sein eigenes ehemaliges Reich, Aufalerne, das in der Hand von Sarazenen ist, zurückzuerobern, rät ihm sein Stiefsohn, Gui, davon ab, diese Kampagne unmittelbar in Angriff zu nehmen: er habe ja keine Truppen, und Tristan, der neue König, könne ihm nicht helfen, da er sich um die Erhaltung und Verteidigung seiner eigenen Reiche (außer Armenien besitzt er Babylon, wozu demnächst noch Rochebrune kommen wird) gegen die benachbarten Sarazenen kümmern müsse:

> Dist Guyon de Nanteul: 'Vous allés bien parlant;
> Mais ne peut estre ainsy que vous allés contant,
> Se vous n' avés aïde de peuple combatant,
> Et mon filz le bon roy n' a mye de gent tant
> Qu'i vous en puist prester ce qui vous va fallant,
> Car il tient se royaume encontre maint soudant.' (V. 18723-18728)

> [Gui de Nanteuil sagte: ‚Ihr sprecht gut, aber es kann nicht so geschehen, wie ihr das darlegt, wenn ihr keine Unterstützung durch kampfbereite Truppen bekommt, und mein Sohn, der edle König, hat nicht so viel Kriegsvolk, dass er euch die Truppen, die euch fehlen, zur Verfügung stellen könnte, denn er hält dieses Königreich gegen den Willen manchen Sultans.']

Es sei daher besser, erst einmal von Karl seine, Guis, Wiedereinsetzung in das Lehen von Nanteuil zu erwirken, damit er ihm dann Truppen zur Verfügung stellen könne; außerdem könne Ganor sich auf dem Weg auch in Avignon, dem alten Lehen seiner Gattin Aye, wieder blicken lassen und von dort Ritter bekommen (V. 18729-18745). Jeder hat seine eigenen Probleme, seine eigene Karriere, um die er sich kümmern muss – eine letztlich sehr moderne Auffassung.

In ‚Tristan de Nanteuil' erfolgt die Wiedereinsetzung in alte Rechte (die Lehen in der französischen Heimat) regelmäßig nicht durch Kämpfe, sondern stets durch den König. Karl kann zwar zwischenzeitlich andere Personen als Lehensverwalter einsetzen, die als Schurken gekennzeichnet werden (Persant und Maquaire in Nanteuil, V. 9598-9621, Antheaulme in Avignon, V. 21010-21013). Doch wenn der rechtmäßige Erbe auftaucht, Gui im Falle Nanteuils, Raimon im Falle Avignons, lässt sich Karl stets ohne größere Probleme überzeugen, diesem sein Lehen zurückzugeben (V. 19503-19522, 21718-21737). Zumindest Gui rechnet damit durchaus auch im voraus:

> Bien sçay, quant il sara le certain convenant,
> Qu' i la me rendera, car il n' y a neant;

> Et dedans doulce France sont my appertenant
> Qui luy conseilleront qu'i la me voit rendant. (V. 18735-18738)

[Ich weiß wohl, dass er, sobald er die sichere Rechtsgrundlage zur Kenntnis genommen haben wird, es mir zurückgeben wird, denn er hat dort keine Rechte; und ich habe Angehörige im süßen Frankreich, die ihm raten werden, dass er es mir zurückgibt.]

Nicht die militärische Macht der Sippe, sondern der König garantiert Besitzrechte; Verwandte greifen allenfalls beratend (Ogier und Naime in Paris, in Sachen Nanteuil) oder durch Bitten (Gilles in Avignon) in diesen Entscheidungsprozess ein.[10]

Besonders aufschlussreich ist der Fall des Bâtard de Bouillon. Sie erinnern sich: der ungestüme Bastard hatte den Sohn seines mütterlichen Onkels Ector beim Schachspiel erschlagen. Dies wird als unüberlegte, emotional bestimmte Reaktion dargestellt; der Dichter weist ausdrücklich darauf hin, dass man solche Handlungen oft später bereut:

> I. jour fu li Bastars ens ou palais hautain;
> La jouoit as eschiés, qui furent d' or chertain,
> Au fil Ector son oncle, le sien cousin germain.
> Quatre fois le mata, dont chius prist en desdain
> Le Bastart gratieus, le sien cousin prochain,
> Et par grant mautalent, espris d' aïr villain,
> L'apella .iiij. fois 'bastars, fiex de putain'.
> Quant li Bastars oï dire si lait reclain,
> L'esquiekier a drechiét en air a une main,
> Sus le chief li assist; le coer ot d'aïr plain,
> Car li hons coureciés fait souvent tel mehain
> De coi il se repent durement l'endemain. (V. 3848-3859)[11]

[Eines Tages war der Bastard in dem großen Palast; dort spielte er Schach (die Figuren waren aus echtem Gold) mit dem Sohn seines Onkels Ector, seinem Vetter. Viermal besiegte er ihn, worüber jener auf den edlen Bastard, seinen engen Verwandten, in Hass geriet und ihn aus Ärger, von niedriger Wut ergriffen, viermal ‚Bastard, Hurensohn' nannte. Als der Bastard diese hässliche Bezeichnung hörte, hob er das Schachbrett mit einer Hand hoch und schlug ihm damit auf den Kopf; sein Herz war voller Wut, denn ein wütender Mensch richtet oft derartigen Schaden an, dass er ihn am nächsten Tag heftig bereut.]

---

[10] In anderen ‚Chansons' stellt sich dies etwas anders dar; in ‚Lion de Bourges' kommt zum Beispiel eine göttliche Instanz hinzu. In dieser ‚Chanson', die stärker in der Tradition der *épopée de la révolte* verankert ist und deren Handlung von der ungerechten Exilierung von Lions Vater durch Karl ihren Ausgang nimmt, weigert sich der König zunächst, Lion das väterliche Lehen, Bourges, zuzugestehen und er belagert die Stadt, deren Bewohner Lion bereits als Herrn anerkannt haben. Es bedarf einer göttlichen Stimme, um auch Karl auf die Rechtmäßigkeit von Lions Anspruch hinzuweisen, doch dann bietet er ihm den Frieden und die Lehensvergabe von sich aus an; vgl. Lion de Bourges: Poème épique du XIVe siècle, kritische Edition hrsg. v. William W. Kibler, Jean-Louis Picherit u. Thelma S. Fenster (Textes Littéraires Français 285), Bd. I-II. Genève 1980, V. 22012-22049.

[11] Wir zitieren nach folgender Ausgabe: Le Bâtard de Bouillon, Chanson de geste [Anm. 4]. Übersetzungen stammen von uns, D.K.

Der Zuhörer oder Leser weiß, dass Ectors Sohn im Prinzip Recht hat, was die Unüberlegtheit des Bastards noch deutlicher hervortreten lässt, auch wenn dieser selbst zu diesem Zeitpunkt die Identität seines Vaters noch nicht kennt (V. 3838).

Als Ector den Bastard vor König Baudouin anklagt, weist er darauf hin, dass er auch selbst hätte Rache nehmen können und dass nur der Respekt vor ihm, dem König, ihn davor zurückgehalten habe. Dies bezieht sich offenbar darauf, dass es der eigene Sohn ist, der erschlagen wurde:

> Ector de Salorie commencha sa raison,
> Et dist: ,Roys de Surie, oiés m'entention:
> A vous me plaing et doeil du Bastart de Buillon,
> De coi vous estes peres, et oncle m'en claimm'on,
> Mais il a fait vers moy trop grande traïson:
> Mon enfant m' a ochis, a grant destruction,
> Dont je me plains a Dieu, et a vous en fachon,
> Comme a mon droit seigneur, par suplication
> Que justice soit faite en cas de vengison,
> Car se ne fust pour vous, riches roys de renon,
> J' en eüsse l'amende a ma devision,
> Car je l'eüsse ochis, d' espee ou de baston.' (V. 3976 - 3987)

[,Ector von Salorie begann seine Anklage, indem er sagte: ,König von Syrien, hört, was ich sagen will. Ich beklage und beschwere mich bei euch über den Bastard von Bouillon, dessen Vater ihr seid und dessen Onkel man mich nennt: er hat einen allzu großen Verrat an mir begangen: er hat meinen Sohn getötet, mit Gewalt; darüber führe ich Klage vor Gott und vor euch, in eigener Person, als meinem rechtmäßigen Herrn, und ich ersuche euch, dass in einem Rachefall Recht gesprochen werde. Denn wenn ihr nicht wärt, mächtiger und berühmter König, hätte ich längst Vergeltung nach meinem eigenen Ermessen, denn ich hätte ihn getötet, mit dem Schwert oder mit einem Stock.']

Der Bastard, der auch hier noch in erster Linie als von Emotionen beherrscht erscheint, ignoriert die juristischen Implikationen und stellt die Bemerkung seines Onkels als bloße Prahlerei hin:

> ,Vous contés sans rabatre, si ait m' ame pardon!
> Car s'on me fust venus en ma chambre a bandon,
> Vous eüssiés eü a moi telle tenchon
> Que jamais par nul mire n'eüssiés garison.
> Se vos fielx ne m' eüst point apellé croistron,
> Ne li eüsse pas donné che horion.' (V. 3989-3994)

[,Ihr rechnet ohne euren Wirt, beim Heil meiner Seele! Denn wenn man mit Gewalt in mein Gemach eingedrungen wäre, hättet ihr eine solche Auseinandersetzung mit mir gehabt, dass euch niemals ein Arzt geheilt hätte. Wenn euer Sohn mich nicht unehelich genannt hätte, hätte ich ihm diesen Stoß nicht versetzt.']

Der entartete Sohn 419

Er geht dann jedoch zu einer formalen Verteidigungsrede über, in der er die Beleidigung durch Ectors Sohn erwähnt und darauf hinweist, dass der König als sein Vater ihm helfen müsse:

>'Oncles', dist li Bastars, ,que volés de mi faire?
>Volés vous car on face le mien corps a mort traire?
>Si li vous fielx morut, trop estoit deputaire,
>Il m'apella croistron, et de mauvais afaire;
>Pour ce li en donnai .j. moult crueus solaire.
>Veschi le roy mon pere, qui tant a fier viaire,
>Roy de Jerusalem et du Mont de Calvaire,
>Et Acre et Escalonne tient il en son dowaire;
>N' a prinche decha mer qui riens li puist meffaire.
>Ma mere Synamonde fu vers lui debonnaire,
>Tant qu'en li m' engenra de sa char secretaire,
>Et si me tint a fil; je ne doi mort fourfaire,
>Car bien me doit aidier, sans pensee contraire'. (V. 3995-4007)

>[,Mein Onkel', sagte der Bastard, ,was wollt ihr mit mir machen? Wollt ihr, dass man mich hinrichten lässt? Wenn euer Sohn gestorben ist, so deshalb, weil er wirklich zu gemein war. Er hat mich unehelich genannt und von niedriger Herkunft; deshalb habe ich ihm dafür eine harte Bezahlung gegeben. Seht hier den König, meinen Vater, der ein so stolzes Antlitz hat, König von Jerusalem und vom Kalvarienberg; Akkon und Askalon hält er in seinem Besitz; es gibt keinen Fürsten diesseits des Meeres, der ihm etwas anhaben könnte. Meine Mutter Synamonde war freundlich zu ihm, so dass er mich in ihrem edlen Körper gezeugt hat, und er hat mich als Sohn anerkannt; ich kann nicht den Tod verdient haben, da er mir ohne zu zögern helfen muss.']

Er setzt also ein Handeln auf der Basis von Verwandtschaftssolidarität, insbesondere zwischen Vater und Sohn, als Norm voraus. Dies wird vom König umgehend (noch in derselben ,Laisse', die der Rede des Bastards gewidmet war!) zurückgewiesen, das Urteil ist eindeutig: der Bastard verdient die Todesstrafe:

>'Biaus fiex', che dist li roys, 'foy que doi Saint Islaire,
>Se je sui roys clamés, c'est pour justice faire'. (V. 4408-4409)

>[,Lieber Sohn', sagte der König, ,bei der Treue, die ich dem heiligen Islarius schulde, wenn ich König genannt werde, dann um Recht zu sprechen.']

CXLI

>,Biaus fiex', ce dist li roys, ,oiés que je dirai:
>Je tieng vo mere a vraie, si croi que [g' en]genrai
>En li le vostre corps; c'est ce que je bien sai,
>Mais vesci une plainte dont je sui en esmai:
>Vos oncles roys Ectors, qui tant a le corps gai,
>Vous condampne a grief mort, et a ce que j'en sai,
>Homicide avés fait, dont le coer dolant ai.
>Se je tue homme a tort, je di que je morrai:

Tu l' as tué a tort, si t' en condempnerai,
Car ja de ce fait chi je ne t' escuserai.' (V. 4410-4419)

[,Lieber Sohn', sagte der König, ,hört, was ich sage: Ich halte eure Mutter für aufrichtig und glaube, dass ich euch mit ihr gezeugt habe; das weiß ich wohl, aber hier habe ich nun eine Anklage, die mich ratlos macht: Euer Onkel Ector, der sonst so fröhlich ist, verurteilt euch zum Tode, und soweit ich weiß, habt ihr einen Mord begangen, worüber ich im Herzen betrübt bin. Wenn ich einen Menschen zu unrecht töte, sage ich, dass ich sterben werde: Du hast ihn zu unrecht getötet, und ich werde dich dafür verurteilen, ich werde dich von dieser Tat bestimmt nicht freisprechen.']

Die Lösung beruht trotzdem auf der Vater-Sohn-Beziehung; Baudouin ist bereit, sozusagen privat für den Bastard Fürsprache bei dem Geschädigten einzulegen, wenn dieser seinerseits auf die Anklage verzichtet, wenn also der König das Richteramt gar nicht ausüben muss (ein solcher Verzicht auf den Richterspruch, und damit auf den Prozess, ist hier offenbar deshalb möglich, weil es sich um einen *cas de vengison* handelt, einen Fall, in dem auch Privatrache akzeptabel gewesen wäre, wie Ector dargelegt hatte):

Mais quant je sui tes peres, tel grace te ferai:
Se tes oncles te cuite, je le te pardonrai,
Et comme le mien fil honneur te porterai;
Mais quant tu as meffait, dont tant je t'en dirai
C'ou cas que je sui juges, bon jugement tenrai,
Ne ja home vivant je ne fourjugerai.
Je n'ai c'un poi a vivre; ja ne fausnoierai
Le povre vers le riche, car rayson garderai.
Tu as ochis ton proisme, dont le coer dolant ai.

[Aber da ich dein Vater bin, werde ich dir folgende Gnade erweisen: Wenn dein Onkel dir verzeiht, werde ich es dir verzeihen und dich so ehrenvoll behandeln, wie es meinem Sohn gebührt; aber da du ein Verbrechen begangen hast, will ich dir dazu soviel sagen, dass ich, wenn ich als Richter tätig werde, ein gerechtes Urteil fällen werde, und für keinen Menschen auf Erden werde ich falsches Recht sprechen. Ich werde nicht mehr lange leben; ich werde bestimmt nicht den Armen zugunsten des Mächtigen verleugnen, sondern Vernunft walten lassen. Du hast deinen Nächsten getötet, worüber ich im Herzen betrübt bin.]

Der Bastard begreift nun, dass es keinen Zweck hat, auf seinen vermeintlichen Anspruch zu bestehen, und lässt sich darauf ein, den Vater sozusagen persönlich und privat um Hilfe zu bitten. Baudouin seinerseits macht ganz klar, dass der Ausgang dieser Angelegenheit völlig offen ist:

,Voire', dist li Bastars, ,peres, tant en dirai
Qu'il me dist si grant blasme que le cop l'en donnai;
Si vous prie pour Dieu, qui fist le roze en may,
Que me voeilliés aidier de che fait que fait ai'.
'Fiex', dist roys Bauduins, 'vostre oncle en prierai,
Se pour moi vous deporte, bon gré li en sarai;
Se pour moi nel voelt faire, ja pour ce nel lairai

Der entartete Sohn 421

Ne face jugement selonc ce que je sai:
Juges doit jugier droit, ou point n'a le coer vrai.' (V.4020-4037)

[‚Wahrhaftig', sagte der Bastard, ‚mein Vater, soviel will ich doch sagen, dass er mich so sehr beschimpft hat, dass ich ihm den Schlag versetzt habe; und ich bitte euch im Namen Gottes, der die Rose im Mai gemacht hat, dass ihr mir in dieser Sache, die ich begangen habe, helft.' ‚Mein Sohn', sagte König Baudouin, ‚ich werde euren Onkel darum bitten. Wenn er euch um meinetwillen freispricht, werde ich ihm dafür dankbar sein; wenn er es nicht für mich tun will, werde ich nicht davon ablassen, nach bestem Wissen und Gewissen ein Urteil zu fällen: Ein Richter muss Recht sprechen, oder er ist nicht aufrichtig'.]

Zunächst reden Ectors vier Brüder auf ihn ein, die ihn schon in Mekka, auf Bitten der Mutter, ihrer Schwester, davon abgehalten hatten, den Bastard zu töten:

La furent li .v. frere de tres bonne creance,
Mais a Ector ne fisent adont nulle aliance
Pour le Bastart grever, qui tant ot de poissanche,
Ains ont dit a Ector qu'il est plains d'ignorance
Quant a secution voelt metre d'abondance
Chellui par cui encore aront plus de vaillance.
‚Freres', dist Esclamars, qui du parler s' avance,
‚Aiés en vostre coer piteuse ramembranche,
Et le fait du Bastart tenés a droite enfance.
Fielx [est] de nostre soer, que Diex gart de grevance,
Et s' a a pere .j. roy qui tant a de poissanche
Qui est li plus hardis qui onkes portast lanche,
Et li plus gentis hons du royamme de Franche.
Se par vous mort ses fielx, a doel et a vieutance,
Maugré vous en sau[r]ont tout chil de s'atenance,
Et comment que li roys vous en face vengance,
Ne devés vous avoir jamais en lui fiance,
Car jamais bonne amour, prise en vraie substance,
N' ara entre vous .ij., ne vraie humeliance;
Et se vous li meffaites le monte d' une branche,
Si vers vous prendera que vous arés meschanche,
Que je par nul de nous n'i arés recouvrance,
Et s' em porra a nous bien venir griés penance.' (V. 4043-4065)

[Da waren die fünf treuen Brüder, aber sie schlossen da kein Bündnis mit Ector, um dem Bastard zu schaden, der solche Macht hatte, sondern sie haben Ector gesagt, dass er dumm ist, wenn er denjenigen mit allen Mitteln verfolgen will, der ihnen noch Einfluss verschaffen wird. ‚Bruder', sagte Esclamart, der sich zum Wortführer machte, ‚bewahrt in eurem Herzen eine mitleidige Erinnerung und betrachtet die Tat des Bastards als Streich eines Jugendlichen. Er ist der Sohn unserer Schwester, die Gott vor Leid bewahren möge, und er hat einen König zum Vater, der große Macht hat und der Tapferste ist, der je eine Lanze geführt hat, und der edelste Mann aus dem Königreich Frankreich. Wenn sein Sohn durch euch einen schmerzvollen und erniedrigenden Tod stirbt, werden es seine Angehörigen erfahren, ob ihr es wollt oder nicht, und auch wenn der König euch eine gerechte Vergeltung gewährt, werdet ihr niemals mehr auf ihn vertrauen können, da es keine echte Liebe, die auf wahren Tatsachen beruhte, mehr zwischen euch beiden geben wird, und auch keine wahre Ergebung; und wenn ihr ihm gegenüber auch nur das kleinste Vergehen begeht, wird er euch so sehr attackieren, dass es euch schlecht ergehen wird und ihr von keinem von uns Schutz bekommen werdet, und auch so können wir noch sehr darunter leiden.']

Natürlich sind diese vier Brüder ebenfalls Onkel des Bastards; auch hier erfolgt also Hilfe aufgrund einer Verwandtschaftsbeziehung, aber sie richtet sich gegen einen weiteren Bruder. Die Angelegenheit hat einen Keil in eine Verwandtschaftsgruppe getrieben, und es ist auffällig, dass der Dichter explizit darauf hinweist, dass Ectors Brüder gerade keine *aliance* (V. 4044) mit ihm schließen. Zwar führen die vier Brüder, bzw. König Esclamart von Mekka als ihr Wortführer, zunächst an, dass der Bastard ihr Schwestersohn ist; ihr Hauptargument jedoch, dasjenige, das länger ausgeführt wird, ist die Tatsache, dass er der Sohn eines mächtigen Königs ist und dass es unklug ist, die Gunst dieses Königs aufs Spiel zu setzen. Diese Argumentation setzt natürlich voraus, dass die Vater-Sohn-Beziehung, ungeachtet der eindeutigen Rechtslage, im Denken des Königs eine Rolle spielen wird, aber sie relegiert diese Rolle in einen inoffiziellen, persönlichen Bereich.

Letztlich sind es nicht die Brüder, die Ector umstimmen, sondern Hugues de Tabarie, einer der Großen des Reichs, die König Baudouin gebeten hatte, ein gutes Wort für den Bastard einzulegen. Hugues weist zunächst auf den religiösen Aspekt, das Vergebungsgebot hin:

> Grans fu li parlemens de chelle baronnie:
> Aprés roy Esclamart, qui tant [ot] seignourie,
> Commencha a parler Hues de Tabarie;
> Douchement appella le roy de Salorie,
> Et a dit: 'Sire roys, pour Dieu le fil Marie,
> Car portés tant d'onnour au bon roy de Surie!
> Que se ses fielx vous a par aucune sotie
> Meffait tant qu'a vo fil il a tolut la vie,
> Ne le poés ravoir en nes une partie:
> Si prendés boin conseil, sans nulle fellonnie.
> Se du Bastart avés vo volenté sanchie,
> Li roys qui en est peres ne vous amera mie;
> D' autre part, s'est il bien prouvé par clergie
> Que chius que le sien coer envers lui n'amolie
> Et qui de pardonner aussi ne s'umelie,
> Que ja n' ara pardon de Dieu le fil Marie,
> Diex qui fu mis en crois pour humaine lignie.
> Quant Longis le feri de sa lance aguisie,
> Leus qu' il requist pardon, Diex ne li vea mie,
> Enchois li pardonna; chius poins achertefie
> Que pardonner devons toute no felonnie,
> Ne devons retenir mautalent ni envie.
> Tels est ore joians, et mainne chiere lie,
> Qui ne verra demain en santé la complie.' (V. 4066-4089)

[Die Verhandlungen der Barone dauerten lange: nach König Esclamart, der ein so großer Herr war, begann Hugues de Tabarie zu sprechen; er sprach den König von Salorie freundlich an, indem er sagte: ‚Herr König, bei Gott, dem Sohn der Maria, erweist dem König von Syrien diese Ehre! Auch wenn sein Sohn aufgrund einer Dummheit ein so großes Verbrechen euch gegenüber begangen hat, dass er eurem Sohn das Leben genommen hat, so könnt ihr doch kein Stück von diesem zurückerhalten; nehmt daher guten Rat an, ohne Niederträchtigkeit. Wenn Ihr euren Willen in bezug auf den Bastard befriedigt habt, wird euch der König, der sein Vater ist, nicht mehr lieben; auf der anderen Seite ist es durch die Gelehrten bewiesen, dass wer sein eigenes Herz nicht erweicht und wer sich nicht ebenfalls in der Vergebung erniedrigt, von Gott, dem Sohn Mariens, keine Vergebung erfahren wird, Gott, der für das Menschengeschlecht ans Kreuz geschlagen wurde. Als Longinus ihn mit der spitzen Lanze verwundet hatte, hat Gott ihm, sobald er Verzeihung erbat, diese nicht verweigert, sondern ihm verziehen; dieser Punkt beweist, dass wir uns alle unsere Vergehen verzeihen müssen und keinen Hass oder Neid bewahren dürfen. Manch einer ist heute froh und zeigt ein fröhliches Gesicht, der morgen abend schon nicht mehr gesund sein wird.']

Dann aber stellt er die allgemeinen Qualitäten des jungen Mannes heraus. Es sind in erster Linie physische Eigenschaften, die ihn auszeichnen und die ihn sogar der Königsherrschaft würdig erscheinen lassen:

‚Creés vos .iiij. freres, et cheus de vo lignie,
Car qui cope son nes, sa face est despechie.
Pour le Bastart le di: se sa mort est jugie,
Chertes, vous en vaurrés trestout pis le moitie.
Regardés quel dansel, quel jouvente adrechie!
Quel corps, quelle fachon, douche Vierge prisie!
Dignes est de tenir royame en sa bailie.
Chertes, se il en moert, je vous achertefie,
Tous jours en vaurra pis le terre de Surie.
Enchois i meteroie l'onneur de Tabarie,
S'avoirs i poet valoir, qu'il i laissast la vie.' (V. 4090-4100)

[‚Glaubt euren vier Brüdern und denen eurer Sippe, denn wer sich seine eigene Nase abschneidet, dessen Gesicht ist zerstückelt. Ich meine den Bastard: wenn sein Tod beschlossen ist, werdet ihr ganz bestimmt um die Hälfte weniger wert sein. Seht nur, was für ein junger Herr, was für eine aufrechte jugendliche Kraft! Was für ein Körper, was für ein Antlitz, bei der verehrten lieben Jungfrau! Er ist würdig, ein Königreich in seiner Gewalt zu haben. Wenn er durch diese Sache stirbt, versichere ich euch, dass das Land Syrien für immer weniger wert sein wird. Ich würde eher das Lehen von Tabarie darangeben, wenn Besitztümer etwas ausmachen können, als dass er das Leben verliert.']

Der Tod des Bastards wäre ein Verlust sowohl für Ector und seine Familie als auch für das ganze Land. Dieses Argument ist es dann schließlich, das Ector zum Nachgeben bewegt.

Die Solidarität aufgrund von Verwandtschaft ist also auch hier nicht unbekannt – und sie wird von einem jungen Idealisten wie dem Bastard zunächst noch als selbstverständlich vorausgesetzt –, aber sie ist brüchig; andere Überlegungen machen sie ohne weiteres hinfällig: zum einen die Idee der Justiz – ein König muss ohne Ansehen der

Person Gerechtigkeit üben –, zum anderen die politische Opportunität – man geht nicht gegen den mächtigsten Herrscher in der Region an. (Ganz entsprechende Überlegungen hatten die Brüder schon zuvor dazu gebracht, den Fehltritt der Schwester zu verzeihen.) Der Vater hilft seinem Sohn nach wie vor, aber es handelt sich um eine Hilfe auf einer privateren Ebene, die sehr individuell ist und deren Ausgang nicht von vornherein feststeht.

Die ganze Bedeutung der Episode wird jedoch erst dann deutlich, wenn man sich vergegenwärtigt, dass wir es mit traditionellen Motiven zu tun haben. Die ‚Chanson de geste' ist schon immer eine sehr repetitive Gattung gewesen, und die gesamte Technik dieser ‚Chansons de geste' des 14. Jahrhunderts ist durch das deutliche Bemühen geprägt, die alte Form der ‚Chanson de geste' wieder aufleben zu lassen. Dies betrifft keineswegs nur die Versifikation und die Formelsprache, sondern auch das Motivrepertoire. Den Totschlag beim Schachspiel kennen wir nun aus zwei ‚Chansons de geste' vom Ende des 12. Jahrhunderts, ‚Renaut de Montauban' und der ‚Chevalerie Ogier de Danemarche'. Nehmen wir ‚Renaut de Montauban', einen Text, der im Norden Frankreichs, wo der ‚Bâtard de Bouillon' entstanden ist, mit Sicherheit gut bekannt war (vermutlich nach dem ‚Bâtard de Bouillon' entsteht in derselben Region auch eine Neufassung von ‚Renaut de Montauban').

In ‚Renaut de Montauban' wird der junge Held, Renaut, beim Schachspiel mit dem Neffen Kaiser Karls des Großen von diesem geohrfeigt. Er beschwert sich beim Kaiser, aber als dieser ihm keine Genugtuung verschaffen will, erschlägt er den Neffen kurzerhand mit dem Schachbrett. Er flieht, begleitet von seinen Brüdern, und Karl wird sie fast die gesamte ‚Chanson' hindurch bekämpfen und jedes Versöhnungsangebot zurückweisen.

Was der Dichter des ‚Renaut de Montauban' herausarbeitet, ist das Versagen der königlichen Justiz und die Rechtmäßigkeit der Sippensolidarität. Insbesondere die Brüder halten zusammen. Die Haltung des Vaters der Brüder, des Herzogs Aymon, der dem Kaiser geschworen hat, seinen Söhnen nicht zu helfen, wird vom Dichter deutlich kritisiert, und in einer großen Auseinandersetzung zwischen ihm und Renaut später im Text ist selbstverständlich Renaut im Recht. Renaut formuliert explizit, dass der Vater seinen Söhnen helfen müsse, wenn er nicht sein Seelenheil verlieren wolle, selbst wenn er darüber dem Kaiser gegenüber eidbrüchig werde:

‚Mon chastel me tolistes, donc j' ai le cuer dolant,
Entre vos et Karlon qui a le poil ferrant;
Aprés me revenistes laidement enchauçant,
Toz nos desconfissistes delez .i. desrubant:
De .vii.c. chevaliers n'en furent eschapant

Ne mes ces .iii. barons qui ici sunt seant.
Por nos perdrez vos Deu, le Pere omnipotent.' (V. 3686-3692)[12]

[,Ihr habt mir meine Burg genommen, was mich schmerzt, ihr und Karl, der graue Haare hat, und dann habt ihr mich noch in bösartiger Weise verfolgt und habt uns alle an einem Abgrund besiegt. Von siebenhundert Rittern haben nur diese drei Barone überlebt, die hier sitzen. Unseretwegen werdet ihr noch Gott, den allmächtigen Vater, verlieren.']

Der Vater gibt dies schließlich auch zu:

,Hé! Las', ce dist dux Aymes, ,com or puis forsener
Quant plus jeune de moi me puet conseil doner!
Quer ja por serrement nes deüsse grever.
Se je l' avoir deüsse comme larron enbler,
Si les deüsse je garantir et tenser'. (V. 3750-3754)

[,Oh', sagt Herzog Aymon, ,ich könnte wahnsinnig werden, da ein jüngerer Mann mir einen Rat geben kann! Denn nur aufgrund eines Schwurs dürfte ich ihnen keinen Schaden zufügen. Selbst wenn ich die Habe wie ein Dieb stehlen müsste, müsste ich sie (scil. meine Söhne) doch verteidigen und schützen.']

Auf ebendiese Vorstellung aus der alten ,Chanson' des 12. Jahrhunderts rekurriert der Bastard von Bouillon in seiner Verteidigungsrede.

Doch im Epos des 14. Jahrhunderts bewährt sich die Justiz des Königs, die Sippensolidarität ist brüchig. Der Bastard, der auf Provokationen mit unmittelbaren, unüberlegten Handgreiflichkeiten reagiert und auf die Solidarität unter Verwandten hofft, ist schuldig. Der Kontrast zu der bekannten Szene in ,Renaut de Montauban' macht die Aufhebung der alten Vorstellungen noch deutlicher.

Interessant ist nun, dass der Bastard, obwohl er überholte Werte verkörpert und obwohl der Dichter nicht den geringsten Zweifel daran lässt, dass sein Verhalten falsch ist, doch eine sympathische Gestalt bleibt (ein bemerkenswerter Fall einer doppelten Sympathielenkung). Und damit kommen wir zu dem eingangs erwähnten Thema des persönlichen Charakters und des Status zurück. Die Epenhelden des 14. Jahrhunderts vertreten vielfach gerade solche Werte, die generell, und zwar innerhalb derselben Texte, eigentlich als obsolet angesehen werden und mit denen sie in ihrer Umgebung Anstoß erregen oder auf Unverständnis stoßen. Bertrand du Guesclin neigt als Kind und junger Mann wie der Bastard von Bouillon zu Handgreiflichkeiten. Hugues Capet legt wie Bertrand übergroße Freigebigkeit, *largesse*, an den Tag und verschuldet sich; Lion de Bourges ruiniert seinen Ziehvater vollkommen. Das Verhalten dieser Helden gleicht dem einiger Epenhelden des 12. Jahrhunderts, wie zum Beispiel Vivien in den ,Enfances Vivien', die bei bürgerlichen Zieheltern aufwuchsen und durch ihr ganz entsprechendes, unangepasstes Verhalten eben ihre vornehme Abkunft manifestierten, getreu

---

[12] Wir zitieren nach folgender Ausgabe: Renaut de Montauban, éd. critique du manuscrit Douce, - hrsg. v. Jacques Thomas (Textes Littéraires Français 371). Genève 1989. Übersetzungen stammen von uns, D.K.

der Regel, dass *nature* über *nourriture* geht. Im 14. Jahrhundert beobachten wir nun genau dasselbe, von den Erwartungen der Umgebung abweichende Verhalten, doch sind es jetzt die eigenen Angehörigen oder andere Adlige, die diese Umgebung ausmachen und die über das Verhalten ihrer Zöglinge entsetzt sind. Trotzdem sind diese die Helden, die zu Ruhm und Ehren gelangen (wie Hugues Capet, der die Königswürde erlangt), das Erbe ihrer Eltern zurückerobern (wie Lion de Bourges) oder sogar das ganze Land retten (wie Bertrand du Guesclin). Auch die Eigenschaften des Bastards stellen in erster Linie einen Wert für das Land, in diesem Fall für Surie, den lateinischen Nahen Osten, dar. Das Bestreben, in der Thematik, in der Form und vielleicht auch im Vortrag das alte Epos wieder aufleben zu lassen, ein Bestreben, das offensichtlich hinter der Epenproduktion des 14. Jahrhunderts steht, spiegelt sich in einer Art ideologischer *Mise en abyme* innerhalb dieser Texte wieder, wo gleichsam der Versuch gemacht wird, die Wertvorstellungen der alten epischen Helden in ihrer Verkörperung durch einzelne Individuen in eine modernere Gesellschaft zu integrieren – ohne die geänderten Wertvorstellungen dieser Gesellschaft letztlich zu negieren. Anders ausgedrückt: wenn wir nur einen dieser robusten, ungezügelten, draufgängerischen alten Epenhelden hätten, ginge es Frankreich besser und wir hätten nicht die Engländer im Land – aber die Errungenschaften modernen Lebens wie höfliche Umgangsformen, die Akzeptanz des Geldes als allgemeines, ständeübergreifendes Tauschmedium, eindeutig geregelte und vom König garantierte Herrschaftsverhältnisse, eine ebenfalls vom König garantierte Justiz sowie die Beschränkung der Sippensolidarität auf gegenseitige Unterstützung im Privatbereich stehen nicht zur Disposition.

SILKE WINST

Freundespaar und Bruderpaar: Verflechtungen von Freundschaft und Verwandtschaft in spätmittelalterlichen Bearbeitungen von ‚Valentin und Namelos' und ‚Amicus und Amelius'

Als *tue knepelyn [...] van groter craft*[1] werden die Protagonisten in ‚Valentin und Namelos' beschrieben, die Titelhelden in ‚Amicus und Amelius' dagegen als *zwey kinde einander wunderlich glych an aller gestalt*[2]. Während es sich beim ersten Paar um Zwillingsbrüder handelt, sind die beiden anderen Knaben keine Brüder: Ihre Gestaltengleichheit, die nicht nur in der Stuttgarter Hs. bereits ganz zu Beginn thematisiert wird, ist gerade deshalb so wundersam, weil die beiden nicht miteinander verwandt sind. Die Gleichheit prädestiniert Amicus und Amelius stattdessen zu einer exklusiven Freundschaft, die immer wieder zur Ununterscheidbarkeit der Gefährten in Bezug gesetzt wird. Von einer äußerlichen Ähnlichkeit der Zwillingsbrüder Valentin und Namelos ist dagegen keine Rede. Gleichwohl verweist die zitierte Textstelle auf eine Gemeinsamkeit der Brüder: Beide verfügen über große Körperkraft, die sie während ihrer gemeinsamen *âventiure* ununterbrochen unter Beweis stellen. Damit entwerfen die Texte signifikante Formen von Gleichheit, durch die die Männerpaare gekennzeichnet sind.

Die literarischen Erzähltraditionen von ‚Valentin und Namelos' und ‚Amicus und Amelius' diskutieren zwei zentrale mittelalterliche Bündnisformen und deren Bedeutung für die Identität ihrer Protagonisten. Die Texte bestimmen zunächst Verwandt-

---

[1] Valentin und Namelos. Mittelniederdeutsch und Neuhochdeutsch, hrsg., übersetzt und kommentiert v. Erika Langbroek u. Annelies Roeleveld unter Mitarbeit von Arend Quak (Amsterdamer Publikationen zur Sprache und Literatur 127). Amsterdam/ Atlanta 1997, S v. 59, 61. Die Versangaben der folgenden Zitate beziehen sich auf diese Ausgabe.

[2] Stuttgart, Württembergische Landesbibliothek: Cod. theol. et phil. 4° 81, 15. Jh., Bl. Bl. 281v-286r (‚Von Amelius und Amicus'), hier Bl. 281v. Ich danke der Württembergischen Landesbibliothek Stuttgart dafür, dass sie mir eine Kopie der Hs. zur Verfügung gestellt hat. Die Zitate mit Blattangaben beziehen sich auf diese Hs.

schaft bzw. Freundschaft als spezifische Vergesellschaftungstypen,[3] die klar von anderen abzugrenzen sind: Das Zwillingspaar besitzt mit Crisosmus, dem König von Ungarn, und Phila, der Schwester des Königs von Frankreichs, gemeinsame, königliche Eltern und zudem eine gemeinsame Geburtsstunde.[4] Amicus und Amelius stammen dagegen von unterschiedlichen Vätern ab.[5] Die beiden verbindet schon im Kindesalter eine enge *geselschafft*, die sich durch gemeinsames Essen und Schlafen äußert, das die beiden auf der Reise nach Rom praktizieren. Diese anfänglich deutlich differenzierten Formen der Konsoziation werden dann aber von den Texten auf unterschiedliche Weise miteinander verflochten: Die Texte imaginieren Bündnisse, in denen Verwandtschaft und Freundschaft ineinander übergehen. Der literarischen Verknüpfung und Neumodellierung dieser Beziehungstypen soll im Folgenden nachgegangen werden. Dabei wird auf die Rolle der Gleichheit, die zwischen den Brüdern bzw. Freunden herrscht, sowie auf die Unterschiede zwischen ihnen zurückzukommen sein.

Ich beziehe mich im Folgenden auf die mittelniederdeutsche Versfassung von ‚Valentin und Namelos', die in zwei Hss. (S und H) aus dem 15. Jahrhundert vorliegt (Cod. Holm. Vu 73 der Königlichen Bibliothek Stockholm, Bl. 1r-33r, und das sogenannte Hartebok der Hamburger Staats- und Universitätsbibliothek, 102 c inscrinio, Bl. 33r-75v).[6] Für die ‚Amicus-Amelius'-Texte habe ich die Versfassung von Andreas

---

[3] Vgl. grundsätzlich zum Verwandtschaftsdiskurs im Mittelalter Kellner, Beate: Ursprung und Kontinuität. Studien zum genealogischen Wissen im Mittelalter. München 2004, und zu literarischen Verwandtschaftsentwürfen Peters, Ursula: Dynastengeschichte und Verwandtschaftsbilder. Die Adelsfamilie in der volkssprachigen Literatur des Mittelalters (Hermea, Germanistische Forschungen N.F. 85). Tübingen 1999. Vgl. zur Freundschaft im Spätmittelalter Oschema, Klaus: Freundschaft und Nähe im spätmittelalterlichen Burgund. Studien zum Spannungsfeld zwischen Emotion und Institution (Norm und Struktur 26). Köln/ Weimar/ Wien 2006, und zur Freundschaft im Prosaroman Braun, Manuel: Ehe, Liebe, Freundschaft. Semantik der Vergesellschaftung im frühneuhochdeutschen Prosaroman (Frühe Neuzeit 60). Tübingen 2001, bes. S. 285-344.

[4] Ein gemeinsamer Geburtstag wird in einigen ‚Amicus-Amelius'-Texten auch für das Freundespaar geltend gemacht, so z. B. in der französischen ‚chanson de geste Ami et Amile', wo die Freunde zudem in der gleichen Nacht gezeugt und am gleichen Tag getauft werden. Vgl. *Ami et Amile. Chanson de geste.* Publiée par Peter F. Dembowski (Les Classiques Français du Moyen Age 97). Paris 1987, vv. 13-25.

[5] Als Söhne eines Graf *zu Aluernensi* und eines Ritter *zu berich* (Bl. 281v) sind Amicus und Amelius durch unterschiedlichen sozialen Status gekennzeichnet.

[6] Die Stockholmer Hs. liegt der Ausgabe von Langbroek/ Roeleveld [Anm. 1] zugrunde, wobei die fehlenden Verse aus der Hamburger Hs. H ergänzt werden. Eine gesonderte Edition der gesamten Hs. H, also nicht nur von ‚Valentin und Namelos', sondern aller im ‚Hartebok' versammelten Texte, liegt vor: ‚Het Hartebok'. Hs. Hamburg, Staats- und Universitätsbibliothek, 102 c in scrinio. Diplomatische editie bezorgd door Erika Langbroek en Annelies Roeleveld met medewerking van Ingrid Biesheuvel en met een codicologische beschrijving door Hans Kienhorst (Middeleeuwse Verzamelhandschriften uit de Nederlanden 8). Hilversum 2001. Zur Textüberlieferung siehe die Einleitungen der Editionen. Zusätzlich zum mittelniederdeutschen Text sind in der Ausgabe von Seelmann die mittelniederländischen Fragmente sowie die mitteldeutsche

Kurzmann (Universitätsbibliothek Salzburg, M I 138, Bl. 225r-248v)[7] und eine schwäbische Prosafassung (Stuttgart, Württembergische Landesbibliothek, Cod. theol. et phil. 4° 81, Bl. 281v-286r) zu Grunde gelegt, die beide ebenfalls ins 15. Jahrhundert datieren.[8]

1. ‚Valentin und Namelos': Überlegene Gewalt und geteilte Tierhaftigkeit

Die Existenz der Zwillingsbrüder ist bedroht, noch bevor sie begonnen hat. Phila hat ihre Söhne noch nicht zur Welt gebracht, als von ihrer Schwiegermutter und dem ungarischen Bischof Vrankart bereits ein Komplott geschmiedet wird: Die Kinder sollen heimlich getötet und damit *Philas ere vnde lyf tobroken* (S v. 78) werden.[9] Die Dienerin setzt die Neugeborenen aber nur aus, statt sie zu eliminieren. Valentin wird in einem Kästchen zu Wasser gelassen, von der Königstochter Clarina gefunden und – unerkannt – am mütterlichen Hof aufgezogen. Namelos dagegen wird von einer Wölfin gesäugt und wächst zu einem Wesen heran, das von der Hofgesellschaft auf der Jagd als *der* (S v. 781), also als Tier, wahrgenommen wird. Nur Valentin ist imstande, es zu bezwingen und schließlich sogar zu zähmen: Nachdem das *wunderlyk* (S v. 817) und *greselyk* (S v. 818) *der* einen Ritter mit seinen scharfen *clawen* (S v. 794) erwürgt, einen anderen schwer verletzt und sogar den König selbst in Mitleidenschaft gezogen

---

Prosafassung einer Breslauer Hs. von 1465 abgedruckt: Seelmann, Wilhelm (Hrsg.): ‚Valentin und Namelos'. Die niederdeutsche Dichtung. Die hochdeutsche Prosa. Die Bruchstücke der mittelniederländischen Dichtung. Nebst Einleitung, Bibliographie und Analyse der Romans Valentin und Orson (Niederdeutsche Denkmäler 4). Norden/ Leipzig 1884.

[7] Die ‚Amicus-Amelius'-Geschichte von Andreas Kurzmann ist abgedruckt in Oettli, Peter H.: Tradition and Creativity: The ‚Engelhard' of Konrad von Würzburg, its Structure and its Sources (Australian and New Zealand Studies in German Language and Literature 14). New York/ Bern/ Frankfurt a. M. 1986, S. 149-176. Die Zitate mit Versangaben beziehen sich auf diese Ausgabe. Eine Edition bleibt Desiderat.

[8] Die beiden ‚Amicus-Amelius'-Texte gehören zur hagiographischen Textgruppe, und zwar zu den mittellangen Bearbeitungen. Vgl. zur Klassifikation der ‚Amicus-Amelius'-Texte: Leach, MacEdward (Hrsg.): Amis and Amiloun (Early English Text Society 203). London 1937 (Nachdruck Millwood 1990), S. ix-xxxii, und Winst, Silke: ‚Amicus und Amelius'. Kriegerfreundschaft und die Alterität der mittelalterlichen Beziehungskultur. Diss. masch. 2007.

[9] Siehe Erik Kooper (Multiple Births and Multiple Disaster: Twins in Medieval Literature, in: Keith Busby/ Norris J. Lacy [Hrsg.]: Conjunctures: Medieval Studies in Honor of Douglas Kelly. Amsterdam/ Atlanta 1994, S. 253-269) zu einer Klassifikation und Interpretation von Texten, in denen das Motiv der Zwillingsgeburt zusammen mit dem Vorwurf des Ehebruchs auftritt. Zu Zwillingsgeschichten in hochmittelalterlicher Literatur, die als ambivalent und ordnungsgefährdend inszeniert werden, siehe von Bloh, Ute: Unheilvolle Erzählungen: Zwillinge in Geschichten des 12. und 13. Jahrhunderts, in: Jan-Dirk Müller (Hrsg.): Text und Kontext. Fallstudien und theoretische Begründungen einer kulturwissenschaftlich angeleiteten Mediävistik (Schriften des Historischen Kollegs 64). München 2007, S. 3-20.

hat, kann Valentin es schließlich überwinden. Dies geschieht aber nur, weil Valentin von einer Brünne geschützt ist, in die *vnses heren blot* (S v. 577) eingearbeitet ist. Christliche Magie fungiert als Differenzmerkmal und gewährt die Überlegenheit über das Tier.[10] Valentin schlägt seinem Gegner eine Wunde und bearbeitet ihn anschließend so lange mit einer Rute, bis dieser sich ihm unterwirft: *Vp sene kne gaf yt syk sodder / Vnde wolde syne clawen beyde / Durch vruchten vnde dorch leyden* (S v. 854-856). Es folgen gewaltsame Ausfälle des wilden Besiegten gegen Clarina und den Barbier, bis Valentin den *wylden man* (S v. 918) endlich durch das bloße Zeigen seiner Rute kontrollieren kann. Valentin hat seinem neuen Begleiter zu diesem Zeitpunkt bereits den (Nicht-)Namen *namelos* (S v. 899) gegeben und zudem erkannt, dass *He hat enes mynschen bylde clar* (S v. 904).

Im Anschluss an die Trennung der Zwillinge werden also zunächst massive Unterschiede zwischen ihnen eingeführt. An ihrem Aussehen lässt sich ihre jeweilige Erziehung ablesen. Während Valentin als *menlick* (H v. 667), *schone vnde bolt* (H v. 670) beschrieben wird, ist auf Namelos' Äußeres als Tier vor allem im Rückschluss aus den späteren Veränderungen zu schließen. Er verfügt offenbar über ein Fell, nicht aber über Kleidung; er läuft auf allen Vieren und ist stumm. Zum Zeitpunkt ihres ersten Zusammentreffens verkörpert Valentin höfische Männlichkeit, Namelos als „Wilder Mann"[11] aber (ver)wilde(rte) Tierhaftigkeit. Dass Valentin das wilde Tier nicht tötet, sondern es an seinem Gürtel zum Hofe führt, zeigt bereits die Anziehungskraft, die Namelos und seine Art zu kämpfen auf Valentin ausüben. Nachdem Namelos geschoren und eingekleidet worden ist, lernt er aufrecht zu gehen. Auch *tuch vnde ere* (S v. 938) und weitere *dogheden* (S v. 939) nimmt er sich an und wird schließlich *eyn schone iungher man* (S v. 936). Die menschliche Sprache versteht er nun, bleibt selbst aber stumm. Diese Veränderungen allein als zivilisatorischen Prozess oder „Vorgang der Enkulturation"[12] zu beschreiben, griffe zu kurz: Sicher wird Namelos auf einer ganz grundsätzlichen Ebene in die Gesellschaft eingegliedert, da er nun kein Fell mehr hat, wie ein

---

[10] Der Text erzählt nichts von einer etwaigen späteren Taufe des „Wilden Mannes", sodass dieses differenzierende Element bestehen bleibt, allerdings nicht mehr erwähnt wird.

[11] Vgl. zum „Wilden Mann" grundsätzlich: Bernheimer, Richard: The Wild Man in the Middle Ages: Studies in Art, Sentiment, and Demonology. Cambridge 1952; Ott, Norbert H.: Travestien höfischer Minne. Wildleute in der Kunst des späten Mittelalters und der frühen Neuzeit, in: Ingo Schneider (Hrsg.): Europäische Ethnologie und Folklore im internationalen Kontext. Festschrift für Leander Petzolt zum 65. Geburtstag. Frankfurt a. M. u. a. 1999, S. 489-511; in Zusammenhang mit *Valentin und Namelos*: Zellmann, Ulrike: Doppelte Gewalt. Die niederdeutsche Lesart des Zwillingsromans ‚Valentin und Namelos', in: Angelika Lehmann-Benz/ Ulrike Zellmann/ Urban Küsters (Hrsg.): Schnittpunkte. Deutsch-Niederländische Literaturbeziehungen im späten Mittelalter (Studien zur Geschichte und Kultur Nordwesteuropas 5). Münster 2003, S. 145-166, bes. S. 153-155; Langbroek, Erika: Die Jungfrau und das Wilde Tier in der Erzählung ‚Valentin und Namelos', in: Johan H. Winkelmann/ Gerhard Wolf (Hrsg.): Erotik, aus dem Dreck gezogen, in: ABäG 59 (2004), S. 139-153.

[12] Zellmann [Anm. 11], S. 164.

Mensch geht und einen Namen hat. Aber gerade der Name „Namelos" offenbart zugleich die Nicht-Zugehörigkeit seines Trägers zur Hofgesellschaft und fixiert ihn auf einer Schwelle zwischen Kultur und Natur.[13] Spätestens als Valentin seinem noch unerkannten Bruder eine neue Waffe – eine Keule (*ene kolue grot*, S v. 945) – überreicht, wird deutlich, dass es nicht so sehr um Namelos' Zähmung oder „Zivilisierung" geht, sondern vielmehr darum, seine Kampfesweise noch effizienter zu machen.[14] Dies geschieht in Zusammenhang mit Valentins Entschluss, nach seinen Eltern zu suchen. In seinem kampfesmächtigen neuen Gefährten sieht er einen Verbündeten (*hulper*, S v. 964) und Freund (*gheselle*, S v. 977), der seinem Vorhaben zum Erfolg verhelfen soll.

Den Text durchzieht ein Defizit der Figuren an genealogisch-verwandtschaftlichem Wissen, dessen Aufhebung die Handlungsmotivation bildet. Obwohl weder Valentin weiß, dass Namelos *synes sulues broder* (S v. 820) ist, noch Namelos seinerseits etwas von der Blutsverwandtschaft ahnt, ruft der Text mehrfach eine Instanz auf, die eine Verbundenheit nicht nur zwischen den Brüdern, sondern auch zwischen ihnen und ihrer Mutter Phila stiftet. [D]*er naturen craft / Vnde der elementen meysterscaft* (S v. 1148f.) wird als Ursache für die nicht gewusste, trotzdem aber vorhandene und gefühlte Bindung zwischen den engsten Verwandten benannt.[15] Die „natürliche" Zusammengehörigkeit von Valentin und Namelos, die auch ohne ihr Wissen um gemeinsame Herkunft und Abstammung existiert, manifestiert sich konkret in ihrer jeweils überlegenen Gewaltsamkeit.[16] Dies wird sinnfällig gemacht, indem die beiden in je bestimmter Form mit Tieren assoziiert werden: Namelos ist durch seine unüberwindbare Tierhaftigkeit

---

[13] Eine andere Erzählstrategie wählt die Stofftradition, in der die Helden Valentin und Orson heißen und so deutlich auf das raubtierhafte Wesen eines der Brüder verweisen. Vgl. zu diesen Texten Seelmann [Anm. 6], S. xxv-xl, und Dickson, Arthur: Valentine and Orson. A Study in Late Medieval Romance. New York 1929, S. 156-298. – Vgl. zu Kultur und Natur im mittelalterlicher Literatur Waldmann, Bernhard: Natur und Kultur im höfischen Roman um 1200. Überlegungen zu politischen, ethischen und ästhetischen Fragen epischer Literatur des Hochmittelalters (Erlanger Studien 38). Erlangen 1983, und Friedrich, Udo: Die Ordnung der Natur. Funktionsrahmen der Natur in der volkssprachlichen Literatur des Mittelalters, in: Peter Dilg (Hrsg.): Natur im Mittelalter. Konzeptionen – Erfahrungen – Wirkungen. Akten des 9. Symposiums des Mediävistenverbandes, Marburg, 14.-17. März 2001. Berlin 2003, S. 70-83.

[14] Zum Kolben als unzivilisierter Waffe, die oft mit Riesen in Verbindung gebracht wird, vgl. etwa Ahrendt, Ernst Herwig: Der Riese in der mittelhochdeutschen Epik. Güstrow 1923, z. B. S. 108-110.

[15] Meist ist dies auf das Verhältnis zwischen Valentin und seiner Mutter Phila bezogen; vgl. S v. 1148f., H v. 1579f., S v. 1430f. alle zusammen mit *der elementen meysterscaft*, und S v. 1195: *der naturen vuch*. Die Bindung beider Brüder an ihre Mutter wird als *der leuen dwank* (S v. 2005) beschrieben. Auf Valentin und Namelos bezogen erscheint einmal *der naturen craft* (S v. 858), hier in Zusammenhang mit Namelos' Unterwerfung, und *der naturen meysterscaft* (S v. 1714).

[16] Vgl. zur Gewalt grundsätzlich den Sammelband von Manuel Braun u. Cornelia Herberichs (Braun/ Herberichs [Hrsg.]: Gewalt im Mittelalter. Realitäten – Imaginationen. München 2005) und zur Unterscheidung von *violentia* und *potestas* Braun, Manuel: *violentia* und *potestas*. Mediävistische Gewaltforschung im interdisziplinären Feld, in: PBB 127 (2005), S. 436-458.

gekennzeichnet, die aus seiner Wolfsnähe resultiert. Körperstärke und Wildheit sind ihm über Wolfsmilch und „Wolfserziehung" zugeordnet. Er tötet seine Widersacher mit bloßen Händen. Valentin hat dagegen gerade dem spanischen König im Krieg gegen die Heiden beigestanden und so seine Qualitäten als Heerführer unter Beweis gestellt. Vor dieser Gewaltausübung, die ihm viel Ansehen einbringt, hatte Valentin jedoch *also eyn euerswin* (H v. 699) den Kämmerer verfolgt und mit bloßer Hand erschlagen. Auch er wird also über die Tierhaftigkeit seiner Gewaltausübung markiert. Hinzu kommt, dass er als Säugling mit Ziegenmilch[17] aufgepäppelt wurde; auch er hat also über die Nahrung eine „Tiernatur" aufgenommen bzw. ausgebildet. So wird ein quasi natürlicher Bildbereich aufgerufen, in den Adel und Verwandtschaft überführt und somit auch ohne genealogisches Wissen greifbar werden.[18] Die Tierhaftigkeit der Brüder ist an Gewalt gekoppelt, die wiederum Adel signifiziert:[19] Indem beide Brüder mit ähnlicher Gewaltsamkeit in Verbindung gebracht werden, wird ihr gemeinsamer Adel vom Text verbildlicht.

An die jeweilige „Natur" der Brüder sind jeweils verschiedene Formen der Gewaltausübung gekoppelt. Obgleich die Zwillinge, ihr Aussehen und ihre Verhaltensweisen zunächst deutlich voneinander differenziert werden, verweigert der Text grundsätzlich eine eindeutige Zuordnung der unterschiedlichen Existenzformen von Gewalt zu Natur oder Kultur. Wie bereits Ulrike ZELLMANN gezeigt hat, ist es mitnichten so, dass Valentin ausschließlich „ordnende[...] Gewalt" ausübt und Namelos „undomestizierte[...] Wildheit"[20] zugeschrieben wird. Stattdessen verschwimmen die Bereiche: So erschlägt Valentin nicht nur den bereits erwähnten Kämmerer mit der Hand, sondern auch einige der Schurken, die die Gefährten später auf ihrer gemeinsamen Reise treffen.[21] Seine überlegene, ordnungsstiftende Gewalt, wie er sie etwa gegen die Sara-

---

[17] Vgl. S v. 195-200, wo beschrieben wird, dass der Kammerdiener *mellek [...] Van eyner seghen* (S v. 196f.) für Valentin besorgt. – Zwar wird die Ziege gemeinhin nicht unbedingt mit Kampfmächtigkeit in Zusammenhang gebracht, aber die tierische Milch erscheint im Text gleichwohl als Träger von Tierhaftigkeit, die an Gewalt gekoppelt ist.

[18] Ulrike Zellmann [Anm. 11], S. 151f., hat darauf hingewiesen, das auch ihre Mutter Phila mit einem tierischen Bildbereich und spezifischer Gewaltausübung in Verbindung gebracht wird, so dass die Brüder ihre „Tierhaftigkeit" auch schon über das Mutterblut aufgenommen haben. Vgl. S v. 131, wo Phila nach der Geburt ihrer Söhne *alzo eyn der* darniederliegt, und S v. 152, wo sie von ihrer Schwiegermutter mit einer *louwynnen stark* verglichen wird. Hinzu kommt, dass Phila Bischof Vrankart auf seine Anschuldigung des Kindsmordes hin die Nase abbeißt (S v. 240-247).

[19] Vgl. grundsätzlich zu dieser Thematik in hochmittelalterlicher Literatur Friedrich, Udo: Menschentier und Tiermensch. Diskurse der Grenzziehung und Grenzüberschreitung im Mittelalter (Historische Semantik 5). Göttingen 2008.

[20] Zellmann [Anm. 11], S. 150.

[21] Vgl. S v. 1063-1065, wo Valentin und Namelos die *vorrader* (S v. 1047), die ihre Opfer mit einem Schlaftrunk betäubt haben, niedermachen. Zugegebenermaßen wird kurz zuvor erzählt, dass Valentin während der Kampfhandlungen ein Schwert führt (S v. 1049), so dass seine *hant* (S v. 1063) auch metonymisch für ‚Hand mit Schwert' stehen könnte. Selbst wenn dem so sein sollte, ruft der Text mit der *hant* aber eine körperbetonte Form gewalttätigen Handelns auf: Die

zenen ausübt, ist damit eng an eine zerstörerische, wilde Komponente von Gewalt geknüpft: Diese bewegt sich nicht innerhalb eines höfischen Verhaltenskodex, sondern wird vom Text als eine ausbrechende „Naturgewalt" inszeniert. Damit wird Valentin in die Nähe seines Bruders gerückt, der Gewalt zunächst ebenfalls außerhalb der Ordnung und ohne spezifische Regulationen ausübt.[22]

Für Namelos gilt ein ähnliches Changieren zwischen „naturhafter" und kulturell regulierter Gewalt: So greift er auch während der *âventiure* noch auf die bewährte Kampfweise zurück, seine Gegner mit den *clawen* zu töten, der er sich bereits als Tier bedient hatte; und wie bereits gesagt, ist auch seine Keule nicht gerade der Inbegriff „zivilisierten" Kämpfens. Gleichwohl erscheinen diese Aktionen stets im Kontext ordnungsbringender Gewalt, da Schurken und Riesen entmachtet und Damen befreit werden. Zudem ergibt Namelos sich schon als Tier seinem Bruder mit den kulturell lesbaren Gesten des Kniefalls und dem Falten der Hände (*clawen*)[23] und wird so „von seinem natürlichen Umraum zeichenhaft ab[ge]trenn[t]"[24]. Beide Männer werden durch ihre Gewaltsamkeit sowohl als „tierhaft" und wild gekennzeichnet als auch in Kultur situiert. Grundsätzlich kann Gewalt – auch ein und dieselbe Art der Gewaltausübung – in einem nicht-höfischen Raum oder außer-kulturellen Zustand verankert werden und gleichzeitig kulturell markiert sowie mit spezifischer Bedeutung aufgeladen sein. Über Gewaltausübung aber konstituiert sich Adel: Dieser wird zum einen über animalische Körperlichkeit und Verhaltensweisen kommuniziert, zum anderen wird er als soziale Qualität und Herrschaftsfähigkeit herausgestellt. Damit schöpft eine an Gewaltausübung gekoppelte Vorstellung von Adel geradezu aus der Ambivalenz zwischen Natur und Kultur. Ulrike ZELLMANN hat darauf hingewiesen, dass die enge „Verwandtschaft" dieser Modelle über das Zwillingsthema sinnfällig gemacht wird.[25]

Aus den ursprünglichen Kontrahenten werden Kampfgefährten, die gemeinsam alle Widersacher bezwingen. Valentin erscheint als Ritter mit Schwert und Pferd, während Namelos mit seiner Keule neben ihm her läuft.[26] Sie ergänzen sich in ihren Kampfweisen und Waffen so perfekt, dass sie unbezwingbar sind. Valentin spricht von Namelos stets als vom *gheselle myn* (S v. 1422, 1578), womit eine Gleichwertigkeit evoziert

---

Waffe wird durch die Wortwahl vernachlässigt; so wird die Sequenz zu der Szene, in der der Kämmerer stirbt, parallel gesetzt.

[22] Markus Kohlmeier (Analyse und Vergleich der Normendarstellung in ausgewählten frühneuhochdeutschen Prosaromanen: unter besonderer Berücksichtigung der Zivilisationstheorie von Norbert Elias [Europäische Hochschulschriften: Reihe 1, Deutsche Sprache und Literatur 1812]. Frankfurt a. M. u. a. 2001) sieht „Valentins Unbeherrschtheit in den Handlungen des ‚Wilden Mannes' noch einmal gesteigert" (S. 226).

[23] Vgl. S v. 854-856.

[24] Zellmann [Anm. 11], S. 162.

[25] Ebd., S. 155.

[26] Vgl. S v. 1003-1006.

wird, die sich auch im gemeinsamen Kampf manifestiert.[27] Es entsteht eine Kampfgemeinschaft zwischen *ghesellen*, die von ihrer blutsverwandtschaftlichen Zusammengehörigkeit erst noch erfahren müssen. Die Freundesgemeinschaft ist durch *truwe* (S v. 1423) charakterisiert und produziert einen Zuwachs an Ehre und Macht: Die beiden besiegen diverse Gegner und erlangen jeweils eine Prinzessin. Herrschaftsfähigkeit wird primär nicht durch genealogische Einordnung geburtsmäßig hergestellt, sondern durch Taten unter Beweis gestellt. Das Bruderpaar konstituiert sich also zunächst als Freundespaar. Wie stark diese Bindung ist, erweist sich etwa in dem Moment, als Namelos sich entschließt, mit seinem Gefährten zu ziehen, statt bei seiner frischgebackenen Ehefrau Rosemunt zu bleiben. An dieser Stelle bezeichnet Namelos Valentin zudem in Gedanken als seinen Herrn: *Du schalt myt dyme heren ten* (S v. 1707). Kurz zuvor hatte Valentin an Namelos als an seinen *sellen* (v. 1700) gedacht und gleich danach ruft der Text den Brüderstatus der beiden auf: *Namelos nam sines bruders hant / Myt druckende dede he em bekant / Dat he wolde myt em varen* (S v. 1710-1712). Indem der Text verschiedenste Sozialbindungen aufruft, die das Verhältnis der Brüder kennzeichnen können, wird der Mangel an verwandtschaftlichem Wissen ausgeglichen: Nicht ein Defizit, sondern eine gesteigerte Identität der Zwillinge wird augenfällig, da ihre Bindung als hoch determiniert und zudem als eng und unauflösbar dargestellt wird. Auffällig ist an dieser Stelle die Formulierung, dass der *naturen meisterscaft* (S v. 1714) Namelos' Entschluss bewirke und *darto de bruderlyke craft* (S v. 1715). Wenn also „die brüderliche Kraft" etwas zusätzliches ist, dann muss sich der *naturen meisterscaft* auf etwas anderes beziehen als auf die „natürliche", verwandtschaftliche Verbundenheit. In diesem Zusammenhang könnte das heißen, dass im Text neben der Verwandtschaft auch andere Vergesellschaftungsformen als „Herrschaft der Natur" gedeutet werden.

Die Erkenntnis der beiden, dass sie Zwillinge sind und jeweils ein Königreich erben, wird für sie erst spät nachgeliefert. Eine kleine Schlange offenbart Rosilia die verwandtschaftlichen Konstellationen und einen Trick, Namelos die Sprache zu verleihen; Rosilia gibt die Informationen an die Brüder weiter. Da Verwandtschaft immer schon zwischen den Zwillingen existiert hat, verändert sich an ihrem Verhältnis zunächst nicht allzu viel. Valentin bringt seine Freude zum Ausdruck, indem er seinen Bruder küsst, und auch Namelos *wart des vro* (S v. 1954), aber letztlich kämpfen sie ähnlich weiter wie zuvor und befreien ihre Mutter aus der Gewalt eines Riesen. Am Ende der Geschichte trennen sich die Zwillingsbrüder und begeben sich in ihre jeweiligen Herrschaftsbereiche Frankreich und Ungarn. Insgesamt werden sowohl der Herrschaftsanspruch als auch die Zusammengehörigkeit der Gefährten und Brüder durch die

---

[27] Trotzdem erscheint Valentin zuweilen als der Überlegenere, nicht nur, weil er den Zweikampf gegen Namelos gewonnen hat. So spricht etwa Blandemer von Namelos als von Valentins Knappen (vgl. S v. 1154), und auch dass jedwede Kommunikation – zwangsläufig – immer nur über Valentin getätigt wird, produziert den Eindruck einer gewissen Unterordnung des namenlosen Bruders.

Verdoppelung der Allianzen gesteigert. Blutsverwandtschaft erscheint im Handlungsverlauf für die Gefährten als Kulminationspunkt von Freundschaft. Umgekehrt ist das Kampfbündnis der *ghesellen* immer schon durch eine „natürliche", verwandtschaftliche Verbundenheit begründet. Die Suche nach Verwandtschaft wird als Freundschaftsdienst gedeutet. Die Verknüpfung von Freundschaft und Verwandtschaft bei Valentin und Namelos erweist sich als besonders wirksam, um erfolgreich Gewalt auszuüben und so Herrschaft zu etablieren.

2. ‚Amicus und Amelius': Exklusive Freundschaft und künstliche Konsanguinität

Ganz anders stellt sich die Situation bei Amicus und Amelius[28] dar. Die Statusdifferenz zwischen Grafen- und Rittersohn wird durch die körperliche Ununterscheidbarkeit der Freunde unsichtbar gemacht: *leichnam* (v. 16) und *gestalt* (v. 18) mit *haubt vnd har, auch mund vnd nas, / vnd alles das an in do was, / das was geleich* (v. 19-21). Dass niemand die beiden unterscheiden kann, markiert die Zusammengehörigkeit der Freunde eindringlich.[29] Dass die Freundschaft zunächst von verwandtschaftlichen Relationen abgegrenzt wird, resultiert nicht nur aus den unterschiedlichen Blutlinien, denen die Gefährten entstammen. Verwandtschaft erscheint in Hinsicht auf Amicus auch als defizitäres Modell der Vergesellschaftung, da sie keinen zuverlässigen Zugang zu Herrschaft und Besitz zu gewährleisten vermag: Amicus wird nach dem Tode seines Vaters vom heimatlichen Hof vertrieben.[30] Die Freunde suchen und finden einander daraufhin gegenseitig. Freundschaft erscheint zunächst als Substitutbindung[31] in einer Situation sozialer Isolierung.[32]

Die Geschichte erzählt dann aber von der unverbrüchlichen Freundestreue, die alle anderen Bindungen in den Schatten stellt. In der ersten Freundschaftsprüfung wird die Gestaltengleichheit der Gefährten ausgenutzt: Amicus kämpft im Zweikampf an der

---

[28] Vgl. grundsätzlich zu ‚Amicus und Amelius' Winst [Anm. 8].
[29] Vgl. zu Doppelgängergeschichten in mittelalterlicher Literatur von Bloh, Ute: Doppelgänger in der Literatur des Mittelalters? Doppelungsphantasien im „Engelhart" Konrads von Würzburgs und im „Olwier und Artus", in: ZfdPh 124 (2005), S. 341-359.
[30] Vgl. für Andreas Kurzmann v. 131-140, für die Stuttgarter Hs. Bl. 282r.
[31] Vgl. Braun, Manuel: Versuch über ein verworrenes Verhältnis: Freundschaft und Verwandtschaft in mittelalterlichen und frühneuzeitlichen Erzähltexten, in: Sibylle Appuhn-Radtke/ Esther P. Wipfler (Hrsg.): Freundschaft. Motive und Bedeutungen (Veröffentlichungen des Zentralinstituts für Kunstgeschichte München 19). München 2006, S. 67-96, zum Verhältnis von Verwandtschaft und Freundschaft in verschiedenen literarischen Texten des Mittelalters und der Frühen Neuzeit.
[32] Bevor Amicus aber Amelius findet, heiratet er eine Rittertochter, hat also bereits eine neue verwandtschaftliche Einbindung gefunden. Vgl. v. 179-200; Bl. 282v. Dass Amicus trotzdem weiter nach Amelius sucht, statt bei seiner neuen Familie zu bleiben, macht bereits deutlich, dass die Freundschaft weit mehr ist als ein Substitut, nämlich – wie sich zeigen wird – die mächtigste Bindung in der Welt dieses Textes.

Stelle seines Freundes, da dieser sich des ihm zur Last gelegten Delikts tatsächlich schuldig gemacht hat und demzufolge nicht selbst kämpfen kann. Die heimliche Manipulation des Gottesurteils endet mit Amicus' Sieg: Der Betrug der Freunde gelingt aufgrund ihrer Gleichheit und ihrer *triuwe*. Amicus rettet seinem Freund nicht nur Leben und Ehre, sondern erwirbt mit dem Sieg für ihn zudem die Prinzessin als Ehefrau. Wenig später hat Amelius nun seinerseits Gelegenheit, seine *triuwe* zu beweisen: In der zweiten Freundschaftsprobe wird er zum Kindsmörder, um seinen Kameraden vom Aussatz zu befreien. Ein Engel hatte das Heilmittel offenbart, und so tötet Amelius seine beiden Kinder, um Amicus mit deren Blut zu *beneczn* (v. 931). Amicus gesundet mit Gottes Hilfe: Das Freundschaftsbündnis ist gerettet. Damit aber nicht genug: Gott lässt zudem die getöteten Kinder wiederauferstehen. Auch diese Sequenz ist eng mit dem Thema der Gleichheit verknüpft: Manifestierte sich der Freundesbund zuvor in den sich ähnelnden Leibern der Gefährten, so ist die sichtbare Körpergleichheit durch den Aussatz zerstört worden. Um sie wiederherzustellen, ist Amelius bereit, zu extremen Mitteln zu greifen: *durch des [= disen mynen gesellen] liebe ich mich nit han gevorcht das blut myner süne zu vergiessen* (Bl. 285r). Dass es sich bei diesem Mittel um das Blut der eigenen Kinder handelt, setzt nochmals das von den Texten konstruierte Verhältnis von Verwandtschaft und Freundschaft in Szene: Die Freundesallianz beansprucht absolute Priorität, während die eigenen Leibeserben – wenn auch schweren Herzens[33] – für den Gefährten getötet werden. Amelius zerstört mit den Söhnen die eigene Blutlinie.

Die ‚Amicus-Amelius'-Texte kennzeichnen die Freundschaft der Protagonisten als zentrale Vergesellschaftungsform. Dies geschieht zum einen über die Abwertung herkömmlicher genealogischer Zusammenhänge. Zum anderen aber werden bestimmte Funktionen und auch eine spezifische Symbolik verwandtschaftlicher Bindungen an das Freundesbündnis angelagert: Ganz zu Beginn der Geschichte wird über die gemeinsame Taufe der Freunde durch den Papst berichtet, so dass bereits zu diesem frühen Zeitpunkt sowohl eine spirituelle Verwandtschaftsbindung zum Papst als auch zwischen den Freunden produziert wird. Weiter garantiert in Amelius' Fall Freundschaft, nicht Verwandtschaft, Herrschaftserwerb. Schließlich heilt Amelius im Gegenzug seinen Gefährten Amicus vom Aussatz: Mit dem Blut seiner Kinder, das er auf den Leib seines Freundes streicht, aber wird eine „Blutsgemeinschaft" der Kameraden geschaffen, die neben der Institution der Blutsbrüderschaft[34] verwandtschaftliche Parameter aufruft. Gemeinsames Blut, imaginiertes Substrat und wirkmächtiges Symbol verwandtschaftlicher Zusammengehörigkeit, wird umgedeutet zum Träger und ultimativen Garanten freundschaftlicher Verbundenheit. Durch die Einverleibung des Blutes, das ursprünglich verwandtschaftliche Kontinuität stiftet, in die Freundschaftsallianz wird die Vorstellung einer gemeinsamen Identität der Freunde verstärkt. Dabei spielt Gewalt eine

---

[33] Vgl. für Andreas Kurzmann v. 879-896, für die Stuttgarter Hs. Bl. 285r.
[34] Vgl. zur Blutsbrüderschaft etwa Brown, Elizabeth A. R.: Ritual Brotherhood in Western Medieval Europe, in: Traditio 52 (1997), S. 357-381.

entscheidende Rolle: Nur gewaltsam vergossenes Blut kann als Konstituens von Freundschaft wirksam werden.

Neben dem gemeinsamen Blut, an dem die Freunde partizipieren, wird das Thema dynastischer Dauer aufgerufen, das – konventionell mit Konsanguinität verknüpft – nun in das Freundschaftsmodell integriert wird: Durch die Tötung und anschließende Auferstehung der Söhne umreißen die Texte zusätzlich einen utopischen Entwurf rein männlicher Filiation. Peggy MACCRACKEN beschreibt dies folgendermaßen: „The children's blood symbolically engenders a father, and when they are restored to life, the blood of the sacrifice unites Ami and Amile in a procreative relationship: the reborn sons have two fathers, but no mother."[35] Das Freundespaar generiert ein Sohnespaar und perpetuiert damit sich selbst. Opferung und Wiederauferstehung der Kinder stehen ganz im Zeichen der Freundschaft und ihrer göttlichen Legitimation, so dass weibliche Mediatisierung von Dynastie ausgeschlossen wird. Eine rein männlich kontinuierte Freundschaftslineage von Männerpaaren wird imaginiert, die auf verwandtschaftlichen Ordnungsmustern beruht, diese aber völlig reorganisiert.

3. Konklusion: Gleichheit und Gewalt als Konstituenten von Freundschaft und Verwandtschaft

Sowohl ‚Valentin und Namelos' als auch ‚Amicus und Amelius' greifen mit Verwandtschaft und Freundschaft zwei zentrale Vergesellschaftungsformen auf, die für die Identitätsbildung der Protagonisten bedeutsam werden. Beide Erzähltraditionen verflechten die beiden Bündnistypen auf unterschiedliche Weise: In ‚Valentin und Namelos' erscheint die Freundschaft als quasi „natürliche" Kampfgemeinschaft, die aus der parallel angelegten Gewaltsamkeit der Brüder entsteht. Diese Gleichheit aber ist in der engen verwandtschaftlichen Bindung begründet: Der Freundesbund beruht hier demnach auf Konsanguinität; Blutsverwandtschaft bildet den Rahmen der Freundschaftsallianz. Verwandtschaft und Freundschaft gehen ineinander über. Freundschaft ist dabei an konkreten Zusammenhalt geknüpft, der räumliche Nähe und gegenseitige Unterstützung zusammenschließt und so einen Herrschaftsanspruch der Brüder deutlich macht. Verwandtschaft fungiert als genealogischer Hintergrund, der die Zwillinge mit tatsächlichen Ländereien und Positionen versieht. In ‚Amicus und Amelius' wird nach der anfänglichen Abgrenzung der Freundschaft von verwandtschaftlichen Beziehungen das Verhältnis der beiden Formen von Konsoziation umgedeutet und reformuliert. Der Freundesbund ist und bleibt das zentrale identitäre Modell dieser Textgruppe, er wird noch gestärkt, indem er durch Ausübung von Gewalt an Elemente von ursprünglich verwandtschaftlicher Signifikanz angeschlossen wird.

---

[35] McCracken, Peggy: The Curse of Eve, The Wound of the Hero: Blood, Gender, and Medieval Literature (The Middle Ages Series). Philadelphia 2003, S. 50. Sie analysiert die französische *chanson de geste Ami et Amile*, in der die gleichen Zusammenhänge gelten.

Das Ergebnis der Kombination freundschaftlicher und verwandtschaftlicher Konstituenten und Funktionen ist eine erhöhte Dauerhaftigkeit und Effektivität der Allianzen. Im jeweiligen Männerpaar artikuliert sich eine spezifische Verknüpfung der Beziehungsmodelle Freundschaft und Verwandtschaft. Trotz markanter Unterschiede in den Texten manifestiert sich in der – durch unterschiedliche Konstituenten produzierte – Gleichheit die Zusammengehörigkeit der Freunde bzw. Brüder. In ‚Amicus und Amelius' wird die Gleichheit im ununterscheidbaren Äußeren der Freunde und in der Reziprozität der Freundschaftsbeweise sinnfällig; die ‚Valentin-und-Namelos'-Texte gestalten Gleichheit dagegen auf einer anderen Ebene: Während zunächst den Körpern der Zwillinge eine Differenz eingeschrieben wird, die sie den Bereichen Natur und Kultur bzw. ordnungsstiftender Gewalt und ungebremster Wildheit zuordnet, wird diese sichtbare Differenz unterlaufen, da beide Brüder jeweils auch an dem Modell partizipieren, das sie nicht im buchstäblichen Sinne verkörpern. Insofern konstruiert der Text eine Gleichheit der Zwillinge. Körperliche Gleichheit existiert dagegen nur in reduzierter, zeichenhafter Form: Sowohl Valentin als auch Namelos tragen ein Muttermal in Form eines Kreuzes zwischen den Schultern.[36] Die Kreuze zeigen königliche Herkunft und Zusammengehörigkeit der Träger an, treten aber nie als Wiedererkennungszeichen in Erscheinung. Stattdessen funktionieren sie – um mit Ulrike ZELLMANN zu sprechen – „als Beglaubigungszeichen, das die sich ineinander spiegelnde Kongruenz der ausgezeichneten Körper beurkundet"[37]. Gleich, wie die Gleichheit in den Texten jeweils in Szene gesetzt wird, sie ist stets an Körperlichkeit geknüpft: Gleiche Leiber und gleiche Körpergewalt markieren Gleichheit als Code gesteigerter Identität. In diesem Zusammenhang sind Freundschaft und Verwandtschaft sowie ihre spezifischen Verflechtungen an den Körpern der Verbündeten ablesbar.

Die spätmittelalterlichen Bearbeitungen beider Erzähltraditionen bedienen sich verschiedener narrativer Muster, um die beschriebenen Konstellationen literarisch zu entfalten. Während ‚Amicus und Amelius' auf ein spezifisches Erzählprogramm von Leibesgleichheit und auf Gewaltausübung basierenden Treuebeweisen zugreift, das bereits mehrere hundert Jahre existiert – die älteste schriftliche Überlieferung des Amicus-Amelius-Stoffes stammt aus dem späten 11. Jahrhundert –, werden in ‚Valentin und Namelos' narrative Elemente unterschiedlicher Provenienz kombiniert und zu einer Geschichte zusammengefasst, die so erst seit dem späten Mittelalter erzählt wird.[38] Anspielungen auf die biblische Moses-Geschichte sowie auf Esau und Jacob finden hier ebenso Eingang wie das Erzählmodell des vom Wolf gesäugten Kindes.[39] Zudem spielt

---

[36] Vgl. für Valentins Kreuz S v. 202-205 und für Namelos' Kreuz S v. 930-932. Als Valentin das Kreuz seines noch unerkannten Zwillingsbruders erblickt, wird er *vro* (S v. 932), identifiziert Namelos aber nicht als seinen Verwandten.

[37] Zellmann [Anm. 11], S. 157.

[38] Die älteste Fassung – die mittelniederländischen Fragmente – stammt aus dem 14. Jahrhundert. Vgl. Langbroek/ Roeleveld [Anm. 1], S. i.

[39] Vgl. zu Motiven und narrativen Strukturen in *Valentin und Namelos* Dickson [Anm. 13].

der Text mit mittelalterlichen Gattungskonstituenten der ‚chansons de geste' sowie des Artusromans. Im Spätmittelalter existieren jedoch nicht nur die beiden voneinander getrennten Geschichten von Amicus und Amelius und Valentin und Namelos. Betrachtet man einen späten Strang der ‚Amicus-Amelius'-Texte, der ab dem 15. Jahrhundert in französischen Vers- und Prosafassungen vorliegt[40], wird eine thematische Verknüpfung beider Erzähltraditionen sichtbar. In diesen Texten wird nach der Geschichte des Freundespaares die Geschichte der Zwillingssöhne von Amelius (hier Amille) ausführlich erzählt. Diese weist große Übereinstimmungen mit der ‚Valentin- und Namelos'-Geschichte auf: Auch dort geht es um Zwillinge, die kurz nach der Geburt getrennt werden und ein Kreuzesmal auf ihren Körpern tragen. Florisset wird von einem Löwen aufgezogen und erscheint zunächst als „Wilder Mann", der unerkannt gegen seinen Bruder kämpfen muss. In diesen Texten wird die Verwandtschaft der beiden Gegner sofort nach ihrem Kampf aufgedeckt. Diese Textgruppe präsentiert die Erzählprogramme von ‚Amicus und Amelius' und von ‚Valentin und Namelos' als Variationen der literarischen Thematik, wie Gleichheit und Bündnis zusammengedacht werden und wie sie gleichwohl über Differenzen und Antagonismen strukturiert sein können. In der Kombination der narrativen Muster offenbart sich ein besonderes Interesse der Texte an Allianzen zwischen gleichen Männern und an verschiedenen Entwürfen von Gleichheit und Gewalt.

---

[40] Vgl. zu den Hss. und Drucken: Neufang, Alfred: Mitteilungen aus der Alexandriner-Version der Chanson d'Ami et d'Amille. Greifswald 1914; Matsumura, Takeshi (Hrsg.): Jourdain de Blaye en Alexandrins. Edition critique (Textes littéraires français). 2 Bde. Genéve 1999, S. xviif.; zu den Drucken: Woledge, Brian: *Ami et Amile*. Les versions en prose française, in: Romania 65 (1939), S. 433-456, hier S. 442-444; ferner: Moland, L./ D'Héricault, C. (Hrsg.): Nouvelles Françoises en prose du XIIIe siècle publiées d'après les manuscrits avec une introduction et des notes. Paris 1856, S. xxviii; zur besonderen Gestaltung der Hs. *a*, Arras 696: Winst, Silke: Transmediales Wuchern: Körper – Bilder – Texte am Übergang vom Spätmittelalter zur Frühen Neuzeit (Die 'Ami-et-Amille'-Hs. Arras 696), in: Das Mittelalter 9 (2004), S. 64-76.

Kristina Domanski

Buchillustration, die „rechte Ehe" und die Kirche als Heilvermittlerin – Die ‚Melusine' des Thüring von Ringoltingen

I. Die ‚Melusine' des Thüring von Ringoltingen: Eine Erfolgsgeschichte im frühen Buchdruck

Die ‚Melusine' des Thüring von Ringoltingen gehört zu den erfolgreichsten Prosaromanen des späten Mittelalters und der frühen Neuzeit. Die 1456 abgeschlossene Übersetzung des französischen Versromans von Coudrette durch den Berner Patrizier war in zahlreichen Handschriften und Druckausgaben verbreitet.[1] Zu den 16 erhaltenen Handschriften des 15. Jahrhunderts kommen 10 Inkunabeldrucke hinzu.[2]

---

[1] Zu Thüring von Ringoltingen vgl.: Bartolome, Vinzenz: Thüring von Ringoltingen – ein Lebensbild, in: Thüring von Ringoltingen: Melusine (1456). Nach dem Erstdruck Basel: Richel 1473/74, hrsg. von André Schnyder in Verbindung mit Ursula Rautenberg. 2 Bde. Wiesbaden 2006, hier: Bd. 2, S. 49-60, sowie die Bibliographie, ebd., S. 149-152; Müller, Jan-Dirk: Art. Thüring von Ringoltingen, in: Die deutsche Literatur des Mittelalters. Verfasserlexikon. Begr. von Wolfgang Stammler, hrsg. von Kurt Ruh (ab Bd. 9 hrsg. von Burghart Wachinger). Bd. 9. Berlin u. a., ²1995, Sp. 908-914; ders.: Melusine in Bern. Zum Problem der „Verbürgerlichung" höfischer Epik im 15. Jahrhundert, in: Joachim Bumke u. a. (Hrsg.): Beiträge zur Älteren Deutschen Literaturgeschichte. Bd. 1: Literatur – Publikum – historischer Kontext. Bern u. a. 1977, S. 29-77; von Ertzdorff, Xenia: Romane und Novellen des 15. und 16. Jahrhunderts in Deutschland. Darmstadt 1989, S. 63-70.

[2] Karin Schneider verzeichnet 15 Handschriften, vgl.: Thüring von Ringoltingen: Melusine. Nach den Handschriften kritisch hrsg. von Karin Schneider (Texte des späten Mittelalters, Heft 9). Berlin 1958, S. 7-17. Ein weiteres Handschriftenfragment nennt: Roloff, Hans-Gert: Stilstudien zur Prosa des 15. Jahrhunderts. Die Melusine des Thüring von Ringoltingen. Köln u. a. 1970, S. 19, Anm. 6. Zusätzlich auf drei weitere, heute verschollene Handschriften verweist: Backes, Martina: Fremde Historien. Untersuchungen zur Überlieferungs- und Rezeptionsgeschichte französischer Erzählstoffe im deutschen Spätmittelalter (Hermaea, Bd. 103). Tübingen 2004, S. 109-112. Für die Inkunabeldrucke vgl.: Gesamtkatalog der Wiegendrucke [im folgenden GW], hrsg. von der Staatsbibliothek zu Berlin. Bd. 11, Lieferung 2. Stuttgart 2003, Nr. 12655–12664. Für das 16. Jh. sind 20 weitere Druckausgaben nachgewiesen, vgl.: Gotzkowsky, Bodo: „Volksbücher". Prosaromane, Renaissancenovellen, Versdichtung und Schwankbücher. Bibliographie

Doch worauf beruhte dieser Erfolg? Weshalb konnte ein genealogischer Roman, der im Zusammenhang „adliger *memoria*" entstand,[3] dem der unmittelbare familiengeschichtliche Bezug im Deutschen fehlte, so große Verbreitung finden?

Der außerordentliche Erfolg der deutschen Version im frühen Buchdruck dürfte nicht zuletzt auf seine umfangreiche Bebilderung zurückzuführen sein. Sämtliche Druckausgaben sind überaus reichhaltig mit 67 oder mehr Holzschnitten ausgestattet.[4]

Auch unter den überlieferten Handschriften finden sich zwei Manuskripte, die mit einer Vielzahl von Illustrationen ausgestattet wurden: Die 1468 datierte Handschrift in Nürnberg, Germanisches Nationalmuseum, Hs. 4028, enthält 65 qualitätvolle kolorierte Federzeichnungen, in dem 1471 datierten, von Niklaus Meyer zum Pfeil geschriebenen Basler Manuskript, Universitätsbibliothek, O. I. 18, sind 38 kolorierte Federzeichnungen erhalten.[5] Darüber hinaus war für mindestens drei weitere Abschriften eine umfangreiche Illustration vorgesehen, wie entsprechende Leeräume zeigen.[6]

Die große Anzahl von Holzschnitten bedeutet für die Druckausgaben, dass bei einem Buchumfang, der 100 Blatt nicht übersteigt, im Durchschnitt auf fast jeder aufgeschlagenen Seite, mindestens aber auf jeder zweiten, eine Illustration zu finden ist, der Text also in hoher Frequenz von Bildern durchbrochen wird. Die Bilder nehmen daher schon aufgrund ihrer Häufigkeit im Verhältnis zum Text einen bedeutenden Raum ein. Besonders markant tritt dies an der vermutlich 1473/1474 in Basel erschienenen Erstausgabe Bernhard Richels hervor, deren Holzschnitte nicht nur für die späteren deutschen Drucke als Vorbild dienten.[7] Sogar für die französischen Drucke der Prosa-

---

der deutschen Drucke. Teil 1: Drucke des 15. und 16. Jahrhunderts. Baden-Baden 1991, S. 106-123.

[3] Müller [Anm. 1], Sp. 911.

[4] Vgl. GW 12655-12663 [Anm. 2]. Die Ausgabe von Lukas Brandis, Lübeck, um 1477/78, enthielt mindestens 45 Holzschnitte, ist aber in keinem vollständigen Exemplar überliefert, vgl. GW 12664.

[5] Zur Nürnberger Handschrift vgl.: Kurras, Lotte: Die deutschen mittelalterlichen Handschriften, Teil 1: Die literarischen und religiösen Handschriften (Kataloge des Germanischen Nationalmuseums Nürnberg. Die Handschriften des Germanischen Nationalmuseums Nürnberg; Bd. 1, Teil 1). Wiesbaden 1974, S. 42-44. Eine vollständige Digitalisierung des ‚Melusine'-Teils steht im Internet unter: http://forschung.gnm.de/ressourcen/bibliothek/01_htm/hs4028.htm zur Verfügung.
Zur Basler Handschrift vgl.: Die Miniaturen in den Basler Bibliotheken, Museen und Archiven, hrsg. von Konrad Escher. Basel 1917, Nr. 250, S. 190-191; Butz, Monika: Studien zur Melusine-Illustration in Basel im 15. Jahrhundert. Basler Miniaturenzyklus, Basler Holzschnittzyklus und ihre Vorgänger im Vergleich. Lizentiatsarbeit (Typoskript). Basel 1987; Backes [Anm. 2], S. 104, S. 144-154.

[6] Backes [Anm. 2], S. 105-109; Schneider: Melusine [Anm. 1], S. 10-12.

[7] Freiburg i. Br., UB, Ink. 4° E 4816; München, BSB, 2° Inc. s. a. 668; Rautenberg, Ursula: Die ‚Melusine' des Thüring von Ringoltingen und der Basler Erstdruck des Bernhard Richel, in: Schnyder: Richel [Anm. 1], Bd. 2, S. 61-99, hier S. 72-77. Zu den genannten Exemplaren vgl. auch: Die Inkunabeln der Universitätsbibliothek und anderer öffentlicher Sammlungen in Freiburg im Breisgau und Umgebung, beschrieben von Vera Sack, Teil 2, Wiesbaden 1985,

version des Jean d'Arras wurden die Illustrationen nachgeschnitten bzw. die Druckstöcke Richels wiederverwendet.[8]

Im Basler Erstdruck nehmen die hochformatigen, von Tituli begleiteten Holzschnitte jeweils eine ganze Seite ein. Zwischen den Bildern finden sich immer wieder Seiten mit wenig Text, zuweilen nicht einmal 10 Zeilen.[9] Gegenüber der 1474 in Augsburg erschienenen Ausgabe Johann Bämlers[10] mit ihren kleineren, querformatigen, in den Textspiegel integrierten Illustrationen fällt neben dem qualitativen Unterschied in der Ausführung auch ein äußerst großzügiger und damit kostspieliger Umgang mit dem Papier auf (Abb. 3 und Abb. 4).

Für die üppige Bebilderung des Textes in den frühen Drucken wurden jene von Thüring eingefügten Kapitelüberschriften als Tituli der Holzschnitte weitgehend übernommen.[11] Dieses Verfahren scheint in der handschriftlichen Tradierung bereits angelegt. Schon in der Nürnberger Handschrift dienten die Kapitelüberschriften Thürings als Tituli der Illustrationen, auch in 3 weiteren Handschriften wurde an diesen Stellen Platz für Bilder ausgespart.[12] Bei dem illustrierten Basler Manuskript allerdings wurde dieses Prinzip nicht verfolgt, wie sich trotz einiger Blattverluste erkennen lässt.[13]

S. 817, Nr. 2433, und: Bayerische Staatsbibliothek München (Hrsg.): Inkunabelkatalog. Redaktion von Elmar Hertrich u. a. Bd. 2. Wiesbaden 1991, S. 234, C-688; GW 12656 [Anm. 2]; Abb. auch bei: Schramm, Albert: Der Bilderschmuck der Frühdrucke. Bd. 21: Die Drucker in Basel, Teil 1. Leipzig 1938, Nr. 330-397.

[8] Vgl. den Druck von Adam Steinschaber, Genf 1478, GW 12649 [Anm. 2], sowie das Faksimile: L'histoire de la ‚Belle Mélusine' de Jean d'Arras. Reproduction en fac-simile de l'édition de Genève, imprimé par A. Steinschaber, hrsg. von Wilhem-Joseph Meyer (Publications de la Société des Bibliophiles, Bd. 2-3). Bern 1923-24. Vgl. auch: Harf-Lancner, Laurence: L'illustration du roman de Mélusine de Jean d'Arras dans les éditions du XVème et du XVIème siècle, in: Cahiers V. L. Saulmier, Nr. 6: Le livre et l'image en France au XVIème siècle. Paris 1989, S. 29-55.

[9] Bis zu 32 Zeilen Text konnten auf einer Seite untergebracht werden. Seiten mit 10 oder weniger Zeilen Text finden sich in Richels Ausgabe auf: Bl. 6r (8 Zeilen), Bl. 15r (9 Zeilen), Bl. 17r (10 Zeilen), Bl. 23v (8 Zeilen), Bl. 37r (8 Zeilen), Bl.57r (8 Zeilen), Bl. 78r (10 Zeilen), Bl. 82r (7 Zeilen), Bl. 94r (7 Zeilen), Bl. 97r (8 Zeilen). Auch auf weiteren Seiten ist ein Drittel oder sogar die Hälfte des Blattes leer, vgl.: Schnyder: Richel [Anm. 1].

[10] München, BSB, 2° Inc. c. a. 295; BSB [Anm. 7], S. 234, C-687; GW 12655 [Anm. 2], Ausgabe: Melusine, in: Jan-Dirk Müller (Hrsg.): Romane des 15. und 16. Jahrhunderts. Nach den Erstdrucken mit sämtlichen Holzschnitten (Bibliothek der Frühen Neuzeit, Literatur im Zeitalter des Humanismus und der Reformation, Bd. 1). Frankfurt a. M. 1990, S. 9-176, 989-1087, Abb. auch bei: Schramm, Albert: Der Bilderschmuck der Frühdrucke. Bd. 3: Die Drucke von Johann Bämler in Augsburg. Leipzig 1921, Nr. 152-210.

[11] Schneider: Melusine [Anm. 1], S. 33.

[12] Nürnberg, GNM, Hs. 4028 [Anm. 5]; Backes [Anm. 2], S. 105-109; Schneider: Melusine [Anm. 1], S. 10-12.

[13] Basel, UB, O. I. 18, fol.7v und fol. 67v enthalten die Kapitelüberschriften ohne folgende Illustration.

Die deutsche Fassung war somit in erster Linie als gedruckter, umfangreich illustrierter Text verbreitet, so dass sich die Rezeption im deutschsprachigen Raum durch ihre enge Verknüpfung zwischen Text und Bild deutlich von der Überlieferung der französischen Vorlage Coudrettes unterscheidet, da diese seltener und weit weniger umfangreich illustriert wurde.[14]

Der Erfolg der ‚Melusine' als illustriertes Buch hat in der Forschung bisher keine angemessene Würdigung erfahren. Die geringe Aufmerksamkeit, die den Illustrationszyklen bislang zuteil wurde, kontrastiert mit der reichen literaturwissenschaftlichen Forschung und dem Stellenwert, den die Übertragung Thürings für die Entstehung des frühen Romans genießt. Die Thematik der „Liebes-Ehe", die Verschiebung des Interesses auf die Innenansicht einer scheiternden Liebe und den privaten Konflikt, der durch mangelnde Affektkontrolle Reymonds hervorgerufen wird, sowie die damit einhergehende Betonung individueller Verantwortung dokumentieren nach Jan-Dirk MÜLLER den Unterschied zum hochmittelalterlichen Roman.[15] Wie Xenia von ERTZDORFF formulierte, mache der Ton „persönlicher Innigkeit und Ergriffenheit" die Liebesklagen zu einem Höhepunkt der Romankunst des 15. Jahrhunderts.[16] Dieser Einschätzung schließt sich Bea LUNDT an, wenn sie „die erstaunliche Sensibilität bei der Darstellung von Gefühl und Sexualität" unterstreicht.[17] Besondere Aufmerksamkeit haben in der bisherigen wissenschaftlichen Diskussion auch die sozialhistorischen Umstände der Übertragung und die Person des Übersetzers erfahren, indem das Werk als Spiegelung seiner Lebensumstände und der Publikumserwartungen gelesen wurde.[18] In diesem Sinn hat sich zuletzt Hildegard KELLER dafür ausgesprochen, im Roman „die familiale Selbstkonstruktion auch seines Autors" zu erkennen.[19]

Ausgehend vom Erfolg der ‚Melusine' als illustriertem Buch soll die Feststellung Jan-Dirk MÜLLERS, Text und Bild gingen im Druck eine unauflösliche Einheit ein, ernst genommen und der Frage nachgegangen werden, inwieweit die Bilder die Narration des Textes nicht nur optisch strukturieren, sondern sie auch präzisieren und

---

[14] Von den 20 Textzeugen des Versromans Coudrettes sind nur zwei mit einem Miniaturzyklus von 14 bzw. 16 Miniaturen ausgestattet, zwei weitere Handschriften enthalten eine Eingangsminiatur, resp. eine historisierte Initiale, zwei sind mit zahlreichen Lücken für Miniaturen ausgestattet, vgl. dazu: Roach, Eleanor: La tradition manuscrites du *Roman de Mélusine* par Coudrette, in: Revue de l'histoire des textes 7 (1977), S. 185-233; Harf-Lancner, Laurence: La serpente et le sanglier. Les manuscrits enluminés des deux romans français de Melusine, in: Le Moyen Age 101 (1995), S. 65-87; Backes [Anm. 2], S. 99-103.

[15] Müller: Bämler [Anm. 10], S. 1002.

[16] Ertzdorff [Anm. 1], S. 68.

[17] Lundt, Bea: Melusine und Merlin im Mittelalter. Entwürfe und Modelle weiblicher Existenz im Beziehungs-Diskurs der Geschlechter. Ein Beitrag zur historischen Erzählforschung. München 1991, S. 152.

[18] Müller: Art. [Anm. 1], S. 29-77.

[19] Keller, Hildegard Elisabeth: Berner Samstagsgeheimnisse. Die Vertikale als Erzählform in der Melusine, in: Beiträge zu Geschichte der deutschen Sprache und Literatur 127 (2005), S. 208-239, hier: S. 233.

ihr eine spezifische Lesart unterlegen.[20] Eine derartige, vom Verhältnis zwischen Text und Bild ausgehende Betrachtungsweise steht jedoch noch aus. In den Arbeiten, die sich wie Françoise CLIER-COLOMBANIS Untersuchung mit den Illustrationen befassen, stand die Frage nach der Gestaltung der Protagonistin und den ikonographischen Vorbildern im Mittelpunkt.[21] Parallel zu der am Text beobachteten „Entdämonisierung" Melusines bei Thüring[22] konstatierte Martina BACKES dies auch in der bildlichen Umsetzung, während Laurence HARF-LANCNER hervorhebt, dass die Darstellung des Monströsen bei Melusines Söhnen auf ein „visuell erträgliches Maß" reduziert werde.[23] Thürings ‚Melusine' ist demnach von kunsthistorischer Seite nicht gänzlich unbeachtet geblieben, kennzeichnend für die Forschungslage scheint aber, dass erst in jüngster Zeit mit der Herausgabe eines Faksimiles der Basler Ausgabe durch André SCHNYDER Klarheit darüber geschaffen werden konnte, dass Bernhard Richel die ‚editio princeps' herausbrachte und nicht Johann Bämler mit seinem Augsburger Druck von 1474.[24]

Als erster Ansatz einer konsequenten Untersuchung des Verhältnisses von Text und Bild in der ‚Melusine' sei im Folgenden zwei Beobachtungen nachgegangen:

1. An den Bildzyklen, für die im Folgenden vom Basler Erstdruck ausgegangen wird, fällt auf, dass den Eheschließungen der Protagonisten großes Interesse entgegengebracht wird. So werden etwa für Melusine und Reymond sämtliche Stationen ihrer Vermählung – vom ersten Treueversprechen und seiner Wiederholung über die Begrüßung der Gäste, die eigentliche Vermählung, Festmahl, Turnier und Segnung des Ehebettes, bis zur Verabschiedung der Hochzeitsgäste – im Bild vorgeführt.[25] Aber auch alle weiteren im Text genannten Hochzeiten, jene von vier Söhnen Melusines, haben eine, in einem Fall auch zwei Illustrationen erhalten. Dabei gehen sämtliche

---

[20] Müller: Bämler [Anm. 10], S. 1007.
[21] Clier-Colombani, Françoise: La fée Mélusine au moyen âge. Images, mythes et symboles. Paris 1991.
[22] Müller: Art. [Anm. 1], Sp. 912.
[23] Backes, Martina: *[...] von dem nabel hinauff ein menschlich vnd hübsch weyblichs bilde / vnd von dem nabel hin ab ein grosser langer wurm.* Zur Illustrierung deutscher Melusinen-Handschriften des 15. Jahrhunderts, in: Literaturwissenschaftliches Jahrbuch, N. F. 37 (1996), S. 67-88; dies. [Anm. 2], S. 148-154; Harf-Lancner, Laurence: L'image et le mostrueux: Geoffroy la grand dent, le sanglier de Lusignan, in: Melusine. Greifswalder Beiträge zum Mittelalter, hrsg. von Danielle Buschinger und Wolfgang Spiewok. Bd. 65. Greifswald 1996, S. 77-92.
[24] Rautenberg [Anm. 7], S. 72-77. Diese Ansicht äußern bereits Vera Sack [Anm. 7], S. 817, Nr. 2433; Butz [Anm. 5]; van der Haegen, Pierre L.: Basler Wiegendrucke. Verzeichnis der in Basel gedruckten Inkunabeln mit ausführlicher Beschreibung der in der Universitätsbibliothek Basel vorhandenen Exemplare (Schriften der der Universitätsbibliothek Basel, Bd. 1). Basel 1998, Nr. IX, 1, S. 273; Schnyder, André: Weltliteratur in Bern: Die ‚Melusine' des Thüring von Ringoltingen, in: Ellen J. Beer u. a. (Hrsg.): Berns große Zeit. Das 15. Jahrhundert neu entdeckt. Bern 1999, S. 534-541; Backes [Anm. 2], S. 178-181. Als Erstausgabe wird Johann Bämlers 1474 datierte Augsburger Ausgabe geführt bei: GW 12655 [Anm. 2]; Müller: Bämler [Anm. 10]; Gotzkowsky [Anm. 2], S. 106.
[25] In Richels Druck: Bl. 10r, 13v, 15v, 16v, 17v, 18v, 19v, 20v; vgl. Schnyder: Richel [Anm. 1].

Holzschnitte zu den eigentlichen Eheschließungen in ihrer Darstellung systematisch über den Text hinaus und konkretisieren ihn, indem sie die Figur eines Bischofs, der im Text nicht genannt wird, hinzufügen. Die konsequente Abweichung der Illustrationen vom Text lässt sich mit den zeitgenössischen Bemühungen in Verbindung bringen, die divergierenden sozialen Praktiken zu normieren. Im Zentrum steht dabei die Differenz zwischen weltlichem und kanonischem Recht im Hinblick auf den formalen Ablauf einer Eheschließung sowie, davon abhängig, die Frage, ab welchem Zeitpunkt eine Ehe als geschlossen gelten kann, und schließlich die Bestimmung des angemessenen Umfangs der Feierlichkeiten.

2. Die Bildzyklen zeugen davon, dass neben der von der literaturwissenschaftlichen Forschung gepflegten Konzentration auf die Liebe und Ehe zwischen Melusine und Reymond auch der zweite Teil des Romans, der die Geschichte Geffroys, Melusines sechstem Sohn, und die verschiedenen Erlösungsversuche erzählt, gleichwertige Beachtung fand. Von den 67 Holzschnitten der Basler Ausgabe zeigen 21 Bilder Ereignisse nach dem Abschied Melusines von ihrem Ehemann. Geffroy, der in allen Holzschnitten Richels an seinem hervorstehenden Eberzahn zu erkennen ist, tritt im Zyklus in 16 Illustrationen auf. Neben seiner Mutter und Reymond, die in 17, bzw. 25 Bildern zu sehen sind, ist er als einer der wichtigsten Protagonisten anzusehen. Die Auswahl und Inszenierung der Illustrationen zum Schicksal Geffroys im zweiten Teil deuten daraufhin, dass der Roman durchaus in einem heilsgeschichtlichen Interpretationsrahmen zu lesen war.

II. Melusines Vermählung oder die Frage nach der gültigen Eheschließung

Schon bei der ersten Begegnung am ‚Turstbrunnen' verspricht Reymond, Melusine zur Frau zu nehmen und beide schwören sich unverbrüchliche Treue.[26] In der zugehörigen Illustration (Abb. 1) wird – wie auch bei anderen Holzschnitten Richels – eine narrative Brücke zwischen dem vorhergehenden und dem folgenden Kapitel geschlagen, denn die Besiegelung des Versprechens durch das Ineinanderlegen der Hände wird mit dem Aufbruch Reymonds verknüpft. Während sich Reymond auf dem davonsprengenden Pferd bereits halb abwendet, reicht er Melusine die Hand. Im Anschluss an den gegenseitigen Treueschwur wird sie – bei Richel bereits im Titulus zum Holzschnitt – erstmalig als *gemahel* Reymonds bezeichnet.[27] Die Unsicherheit, die dem ‚Mittelhoch-

---

[26] Schneider: Melusine [Anm. 1], S. 44, Z. 5-27. Zum ‚Turstbrunnen' als Übersetzungs-fehler vgl. auch: ebd., S. 34; Müller: Bämler [Anm. 10], S. 1046.

[27] *Wye reymond vrlob nam vō sinem gemahel vnd reyt gen poitiers*, Schnyder: Richel [Anm. 1], Bl. 10r. Sowohl in Bämlers Druck als auch in der Nürnberger Handschrift findet die Bezeichnung *gemahel* für Melusine nur im folgenden Text Verwendung, vgl. Müller: Bämler [Anm. 10], S. 28,

deutschen Wörterbuch' Matthias LEXERS folgend darüber besteht, ob die Bezeichnung *gemahel* Melusine als „Braut", „Verlobte" oder eben „Gemahlin", also „Ehefrau", ausweist, führt zu der zentralen, von den Romanfiguren wie auch den damaligen Zeitgenossen uneinheitlich beantworteten Frage, inwieweit mit dem Gelöbnis und der im Bild gezeigten Geste bereits zu diesem Zeitpunkt eine gültige Ehe geschlossen wurde.[28] Diese Unsicherheit in Bezug auf Melusines Status beruht auf der Diskrepanz zwischen weltlicher Praxis und kirchlicher Vorstellung im Hinblick auf die formalen Anforderungen an eine Eheschließung.

Nach kanonischem Recht besaß die Ehe sakramentalen, heilsbringenden Charakter, weshalb die Frage, ob sie in rechtlich und damit in sakramental wirksamer Weise vorlag, von entscheidender Bedeutung war.[29] Als ausschlaggebender Aspekt für die Schließung einer Ehe wurde seit dem 12. Jahrhundert der Konsens der Ehegatten, der beiderseitig erklärte Ehewille der Partner gesehen. Der *nudus consensus* galt als Grundvoraussetzung und hinreichende Bedingung für die Gültigkeit einer Eheschließung, weshalb auch ein formloser Konsens, d. h. auch eine ohne Dritte geschlossene, nicht öffentliche Einigung der Ehegatten eine gültige Ehe begründete. Dieser Form der Eheschließung – auch „heimliche" oder „klandestine" Eheschließung genannt – versuchte das Laterankonzil von 1215 zu begegnen, indem es eine Erklärung vor einem Pfarrer *in facie ecclesiae* anordnete. Doch auch eine nur auf dem Konsens der Partner beruhende Ehe blieb nach kanonischem Recht wirksam. Eine einheitliche Regelung der Eheschließung nach kirchlichem Recht und die Abschaffung der „heimlichen Ehe" gelangen erst 1563 auf dem Tridentinum mit dem Beschluss, dass eine Ehe künftig vor dem zuständigen Pfarrer und mindestens zwei Zeugen zu schließen sei.[30]

Das kirchliche Recht kollidierte vor allem in Bezug auf die nicht notwendige Öffentlichkeit des Eheversprechens und das Beisein eines Priesters mit der weltlichen Handhabung dieses Rechtsaktes. Etwa bis um 1150 galten für eine rechtmäßige Eheschließung eine förmliche öffentliche Erklärung, das gemeinsame Mahl, die öffentliche Heimführung der Braut und das Beschreiten des Ehebettes als notwendige Akte. Ob bei

---

Z. 3; Nürnberg, GNM, Hs. 4028, [Anm. 5], fol. 9v, 10r; Schneider: Melusine [Anm. 1], S. 45, Z. 23.

[28] Vgl.: Lexer, Matthias: Mittelhochdeutsches Taschenwörterbuch in der Ausgabe letzter Hand. Stuttgart ³1885 (Nachdruck Stuttgart 1989); Schnyder übersetzt an dieser Stelle „Verlobte", vgl. Schnyder: Richel [Anm. 1], S. 26, Z. 349, Bd. II, S. 12.

[29] Zum Folgenden vgl.: Michaelis, Karl: Das abendländische Eherecht im Übergang vom späten Mittelalter zur Neuzeit, in: Nachrichten der Akademie der Wissenschaften in Göttingen. I. Philologisch-Historische Klasse 3 (1989), S. 99-141, hier: S. 102-107; Joyce, George H.: Christian Marriage. An Historical and Doctrinal Study. London/ New York 1933, S. 102-115; Friedberg, Emil: Das Recht der Eheschließung in seiner geschichtlichen Entwicklung. Leipzig 1865, S. 78-93.

[30] Zu den Bestrebungen der Kirche vgl. auch: Schröter, Michael: „Wo zwei zusammenkommen in rechter Ehe...". Sozio- und psychogenetische Studien über Eheschließungsvorgänge von 12. bis 15. Jahrhundert. Frankfurt 1990, S. 321-347; Michaelis [Anm. 29] S. 130.

Buchillustration, die „rechte Ehe" und die Kirche als Heilvermittlerin 447

der Erklärung der Eheschließung ein Priester anwesend war oder nicht, spielte für deren Gültigkeit keine Rolle, ausschlaggebend war die Öffentlichkeit der Erklärung, d. h. die Gegenwart von Zeugen, Familie oder Freunden. Das Fortleben dieser Praxis, der Eheschluss vor Familie und Freunden bestand allerdings weiter fort, wie zahlreiche Verbote zu Laien- oder Haustrauungen bis ins 16. Jahrhundert hinein bezeugen.[31] Prominente Fälle aus dem 15. Jahrhundert wie die Verbindung Albrechts III. von Bayern-München mit Agnes Bernauer und der Disput um die Eheschließung der Barbara Löffelholz, der Mutter Willibald Pirckheimers, 1465 in Nürnberg unterstreichen die Virulenz der „heimlichen Ehen" und die Problematik der unterschiedlichen Normen.[32]

Der kirchlichen Auffassung folgend kann der Konsens zwischen Reymond und Melusine sowie seine Besiegelung durch die Handreichung als Abschluss einer gültigen Ehe verstanden und Melusine, wie Reymund selbst dies tut, als seine Gattin betrachtet werden (Abb. 1). Dass Melusine und Reymond im Bild im Begriff sind, sich die linken Hände zu reichen, um ihren Ehebund zu besiegeln – eigentlich müssten die beiden mit der Geste der ‚*dextrarum iunctio*' ihre rechten Hände ineinander legen – dürfte auf einem Versehen beruhen.[33] Unter der Annahme, dass – wie auch bei den späteren Eheschließungen der Basler Ausgabe zu beobachten (Abb. 6) – dem Illustrator die Seitenverkehrung der Vorzeichnung beim Druck nicht bewusst war, ist der Gestus korrekt.[34] Allerdings bleibt die Handreichung im Holzschnitt Richels unklar, da sie nicht vollständig ausgeführt wird.[35] Die Ambivalenz der Stellung Melusines, die im Bild aus der unvollendeten Geste resultiert, findet ihre Entsprechung im Text, als Melusine sie im Verlauf der weiteren Handlung thematisiert.

---

[31] Belege für: Trier 1227, Salzburg 1291 und 1420, Hildesheim 1539, bei: Michaelis [Anm. 29], S. 114. Weitere Beispiele, auch aus anderen Ländern, bei: Joyce [Anm. 29], S. 112. Beispiele zum Verbot heimlicher Ehen für Celle, Hamburg, Bamberg, Freiburg im Br. bei: Friedberg [Anm. 29], S. 105.

[32] Hall, Edwin: The Arnolfini Betrothal. Medieval Marriage and the Enigma of van Eyck's Double Portrait. Berkeley u. a. 1994, S. 28; Schröter [Anm. 30], S. 234-241.

[33] Zum Gestus vgl.: Panofsky, Erwin: Jan van Eyck's Arnolfini Portrait, in: The Burlington Magazine 64 (1934), S. 117-127, hier: S. 123-125.

[34] Vgl. auch: Schnyder: Richel [Anm. 1], Bl. 28v, 29v, 36v.

[35] Vollständig erscheint die Geste, mit der eine „heimliche Ehe" geschlossen wird, zum Beispiel in der Abschiedsszene zwischen Hugdietrich (als Hildegunt verkleidet) und Hildeburc im ersten Druck des sogenannten ‚Heldenbuches', das 1479 bei Johann Prüss in Straßburg erschien, Darmstadt, Hessische Landes- und Hochschulbibliothek, Inc. III 27, Bl. 53r, Faksimile: Heldenbuch. Nach dem ältesten Druck in Abbildung, hrsg. von Joachim Heinzle. Bd. 1: Abbildungsband, Bd. 2: Kommentarband (Litterae, Göppinger Beiträge zur Textgeschichte, Nr. 75/ I und II). Göppingen 1987. Dort reichen sich die beiden heimlichen Ehegatten die rechten Hände, während Hildeburc einen Ring präsentiert, den ihr Hugdietrich als Unterpfand seiner Treue beim Abschied überreichte, vgl. auch: Domanski, Kristina: Verwirrung der Geschlechter - zum Rollentausch als Bildthema im 15. Jahrhundert, in: Frauen in der Frühen Neuzeit. Lebensentwürfe in Kunst und Literatur, hrsg. von Anne-Marie Bonnet und Barbara Schellewald (ATLAS. Bonner Beiträge zur Kunstgeschichte, Bd. 1). Köln u. a. 2004, S. 37-83.

Nachdem Reymond sein Lehen erhalten und abgesteckt hat, trifft er am ‚Turstbrunnen' wieder auf Melusine und stößt anschließend in einer Kapelle zu ihrer Gefolgschaft, die ihm als ihrem neuen Herrn huldigt.[36] Auf diese Textpassage folgt nur in den Drucken ein Bild (Abb. 2), das jedoch nicht, wie der Titulus ankündigt, die Huldigung der Gefolgschaft Melusines vor Reymond, sondern die Wiederholung des Treue- und Ehegelöbnisses zeigt.[37] Diesmal schickt sich Melusine an, mit beiden Händen Reymonds Linke zu umfassen, in Abwandlung der ursprünglich für den Lehenseid verwendeten Geste, der in Minnedarstellungen als Treuegelöbniss des gewöhnlich knienden Liebenden übernommen wurde.[38]

Für Melusine reicht dies allerdings nicht aus, gleichsam als Kommentar zur Illustration fordert sie in der unmittelbar folgenden Textpassage, Reymond müsse sein Eheversprechen einlösen und sie zu seinem „ehelichen Weib" machen.[39] Reymond verspricht zwar daraufhin, ihr immer zu Willen zu sein, und wiederholt sein Treuegelöbnis, doch Melusine lehnt ab und entgegnet ihm:

„*neyn, es muſs ein ander geſtalt haben / Vnd muſs erlichen zů gon*", woraufhin sie ihre Vorstellungen formuliert.[40] Er müsse Leute zu ihrer und seiner Hochzeit bringen, die wissen, wie ein Fest abzuhalten und auszurichten sei.[41] Melusine fordert also Öffentlichkeit und angemessene Festlichkeiten, die Treueschwüre Reymonds begründen aus ihrer Sicht noch keine gültige Eheschließung.[42] Reymond setzt daraufhin zunächst seinen Lehnsherrn, den Grafen vom Forst, von seiner – wie er bekennt – „heimlich geschlossenen Ehe" in Kenntnis und holt dessen Erlaubnis ein, worauf hin er und Graf Bertram mit seinem Gefolge zur Hochzeit aufbrechen.[43] Nach dem Empfang der Hochzeitsgesellschaft im Wald[44] werden die Feierlichkeiten geschildert, wobei es in diesem Zusammenhang zu einer deutlichen Abweichung der Bilder vom Text kommt.

---

[36] Schneider: Melusine [Anm. 1], S. 48, Z. 9-24.

[37] *Wye reymond der iungfrowen meluſinē hoffgeſinde beſchouwete in der Cappelen das ym wol geuiel vnd wie ym groſſe ere von ynen erbotten wart*, Schnyder: Richel [Anm. 1], Bl. 13v.

[38] Müller, Markus: Minnebilder. Französische Minnedarstellungen des 13. und 14. Jahrhunderts. Köln u. a. 1996.

[39] Schnyder: Richel [Anm. 1], Bl. 14a, Z. 470-473; Schneider: Melusine [Anm. 1], S. 48, Z. 30-35.

[40] Schnyder: Richel [Anm. 1], Bl. 14a, Z. 475; Schneider: Melusine [Anm. 1], S. 48, Z. 37, - S. 49, Z. 1.

[41] Schnyder: Richel [Anm. 1], Bl. 14a, Z. 475-483; Schneider: Melusine [Anm. 1], S. 49, Z. 1-8.

[42] Vgl. auch: Röcke, Werner: Öffentlichkeit und Heimlichkeit. Zur Logik des Wunderbaren in Thürings von Ringoltingen ‚Melusinen'-Roman, in: Melusine. Greifswalder Beiträge zum Mittelalter, hrsg. von Danielle Buschinger und Wolfgang Spiewok. Bd. 65. Greifswald 1996, S. 149-148, hier: S. 154.

[43] *... genediger herre ich bin ůwer diner vnd ůwern genoden gewant in moſſen das mich nit bedunckt billich ſin das ich vch kein heimlichkeit verhalten noch verſwigen ſölle. Vnd fůg vch zů wiſſen Das ich mir ein frouwē zů der / E / genomen hab ...*, Schnyder: Richel [Anm. 1], Bl. 14a, Z. 484-488; Schneider: Melusine [Anm. 1], S. 10-13.

[44] Schnyder: Richel [Anm. 1], Bl. 15v.

Der Roman malt zunächst die Ausschmückung der Kapelle mit Kleinodien, Melusines prächtige Gewänder und die Musikbegleitung auf dem Weg zur Messe aus, bevor die eigentliche Vermählung im Anschluss an die Illustration (Abb. 3 und 4) mit nur einem Satz erwähnt wird: *Sy wurdent ouch by der capellen vnd noch der meſſe lóbelich zů samē vermahelt [...].*[45] Gegenüber dieser nüchternen Erwähnung wird der Vorgang im Bild signifikant ausgestaltet. Die Eheschließung erfolgt in allen frühen Darstellungen durch einen Bischof, der bei Thüring allerdings keine Erwähnung findet.[46] In Richels Ausgabe, und ihr folgend auch in Bämlers Druck, hingegen wird der Bischof im Titulus genannt.[47] Die bildlichen Wiedergaben der Eheschließung in den frühen Illustrationen unterscheiden sich nur durch den Ort des Geschehens voneinander: die Nürnberger Handschrift zeigt sie textgemäß vor der Kapelle,[48] der Druck Richels (Abb. 3) und die Basler Handschrift in der Kapelle vor einem Altar, während Bämler (Abb. 4) auf eine detaillierte Kennzeichnung des Ortes verzichtet.

Die Darstellung erfüllt sowohl Melusines Forderung nach Öffentlichkeit durch das Beisein mehrerer, wie an den vornehmen Gewändern erkennbar, hochrangiger Zeugen, zugleich löst sie die kirchliche Forderung nach der Anwesenheit eines Priesters ein.

Mit dem Bischof, der die Hände von Braut und Bräutigam zusammenfügt, tritt in den Holzschnitten eine Person auf, die im Roman überhaupt nur an einer einzigen Stelle genannt wird. Nachdem das Brautpaar am Abend im Anschluss an Festmahl und Turnier, die jeweils auch bebildert werden, zu Bett geleitet wurde, erhält es vom Bischof den Segen.[49] Im Holzschnitt Richels wird bei dieser Gelegenheit gezeigt, wie der Bischof die Vermählten mit Weihwasser besprengt (Abb. 5).[50] Während der erste Auftritt des Bischofs im Bildzyklus ohne Textgrundlage ist, wird er an dieser Stelle explizit erwähnt. Thüring hat dabei Coudrettes Angaben ausgearbeitet, denn der Bischof belässt es in seiner Fassung nicht bei einem schlichten Segen, sondern schmückt diesen durch die Lesung von Antiphon, Versickel und Kollekte zu einer umfangreichen Kulthandlung aus.[51]

---

[45] Ebd., Bl. 17a, Z. 565-566. Die suggestive Macht der Bilder führt in der Übersetzung Schnyders zu der Formulierung „in schöner Zeremonie getraut", vgl. auch: Müller: Bämler [Anm. 10], S. 39, Z. 3-4.

[46] Vgl.: Schneider: Melusine [Anm. 1], 1958, S. 51, Z. 15-18.

[47] Bei Richel heißt es: *Wye meluſina vnd reymont cʒu ſamen by der capellen vermehelt wurdent das dett ein byſchoff,* Schnyder: Richel [Anm. 1], Bl. 16v. Bei Bämler lautet der Titulus: *Wie fraw Melusina und Reÿmund zů samen beÿ der Cappell von dem bischoff vermählet wurden,* Müller: Bämler [Anm. 10], S. 39, Z. 1-2. Auch in der Nürnberger Handschrift wird der Bischof im Titulus genannt: Nürnberg, GNM, Hs. 4028 [Anm. 5], fol. 14v.

[48] Nürnberg, GNM, Hs. 4028 [Anm. 5], fol. 15r.

[49] Schnyder: Richel [Anm. 1], Bl. 17v (Hochzeitsmahl), Bl. 18v (Turnier).

[50] Vgl. auch: Nürnberg, GNM, Hs. 4028 [Anm. 5], fol. 17r (Segen); Müller: Bämler [Anm. 10], S. 42 (Weihwasser).

[51] Müller: Bämler [Anm. 10], S. 41, S. 1052; Schneider: Melusine [Anm. 1], S. 52, Z. 13-14.

Die Holzschnittsequenz zur Hochzeit zwischen Melusine und Reymond versöhnt die weltliche Vorstellung einer Eheschließung mit der kirchlichen Forderung, da sie sowohl die nach adeligem Habitus angemessenen Feierlichkeiten wie Festmahl, Turnier und Beschreitung des Brautbettes vor Augen führt als auch durch das Hinzufügen des Bischofs die Kirche als Spenderin des ehelichen Sakramentes beteiligt. Als einmalige Abweichung der Bilder vom Text ließe sich die Einfügung des Bischofs als Ausschmückung des Zeichners bewerten. Da sich Richels Druck aber durch eine große Präzision der erzählerischen Details auszeichnet und zudem diese Erweiterung bei allen weiteren Eheschließungen wiederholt wird, ist sie als systematischer und daher signifikanter Eingriff zu bewerten. Bei den Illustrationen zu den vier weiteren Heiraten, jenen der Söhne Melusines, wird die Eheschließung ebenfalls durch einen Bischof vorgenommen, obwohl davon im Text nicht die Rede ist. Uriens, Gyot und Anthoni sowie schließlich auch Reinhart, Melusines fünfter Sohn, der Eglantine, die Tochter des verstorbenen Königs von Böhmen, heiratet, werden durch einen Bischof vermählt (Abb. 6).[52] Auch hierbei werden die angemessenen Feierlichkeiten nicht außer Acht gelassen. Bei der Hochzeit von Reinhart und Eglantine wird dem anschließenden Stechen ein Holzschnitt gewidmet, bei dem sich Reinhart hervortut.[53] Der Titulus zum Stechen erwähnt in Richels Ausgabe zudem, dass aus Trauer um den kurz zuvor verstorbenen König, den Vater Eglantines, auf Tanzen verzichtet wird, und fügt damit dem Text einen weiteren Hinweis auf adäquates Verhalten hinzu.[54] Eine Anspielung auf die begleitenden Feierlichkeiten bietet gleichfalls Richels Holzschnitt zur Vermählung von Anthoni, Melusines viertem Sohn, mit Christine von Lützelburg (Luxemburg). Dort deuten ein Fanfarenbläser und ein weiterer Musikant sowie die Tänzer im Hintergrund die weiteren Festlichkeiten an, die der Titulus mit *tanczē, ſingen ſpringē vn maniches hofierē* ausführt.[55]

Die unterschiedliche Gestaltung der Details in der Ausgabe Richels sowie ihre Einpassung in den jeweiligen erzählerischen Kontext veranschaulichen die narrativen Qualitäten seiner Holzschnitte und unterstreichen die Sorgsamkeit bei der Bebilderung. Dagegen verwendet Johann Bämler für die fünf Eheschließungen nur zwei verschiedene Druckstöcke, einen bei Melusine, Anthoni und Reinhart, einen zweiten bei Uriens und Gyots Heirat.[56] Bei der zweiten Hochzeitsdarstellung wird zudem ein Stock aus

---

[52] Vgl. a. die vorherigen Eheschließungen bei Schnyder: Richel [Anm. 1], Bl. 28v, 29v, 36v. In der Nürnberger Handschrift werden Eglantine und Reinhart durch den „König von Sachsen" vermählt, Nürnberg, GNM, Hs. 4028 [Anm. 5], fol. 44v.

[53] Schnyder: Richel [Anm. 1], Bl. 47r.

[54] *Wye die hochzyt volbrocht wart doch on tantzē vmb des küniges todes willē doch wart geſtochē vn hielt ſich reynhart gar ritterlichē*, Schnyder: Richel [Anm. 1], Bl. 47r.

[55] Schnyder: Richel [Anm. 1], Bl. 36v.

[56] Vgl. in der Ausgabe Bämlers, hrsg. von Müller [Anm. 10]: S. 39 (Melusine), S. 73 (Anthoni), S. 88 (Reinhart), sowie S. 59 (Uriens) und S. 62 (Gyot).

einem seiner früheren Drucke wiederverwendet, auch an anderen Stellen ist eine Rationalisierung der Ausstattung zu beobachten, die eher typisch für Nachdrucke ist.[57]

Mit der Einführung des Bischofs unternimmt Bernhard Richel in seinem Basler Druck der ‚Melusine' auf bildlicher Ebene eine formale Vereinheitlichung der Eheschließung, die als Reflex der zahlreichen Normierungsbestrebungen des Spätmittelalters aufzufassen ist. Angesichts der Streitigkeiten, die sich aus den Divergenzen zwischen kanonischem Recht und weltlicher Praxis ergaben, wie etwa Dispute um das Bestehen einer Ehe, die Konsequenzen für Brautgaben, Wiederverheiratung, Erbschaften oder Rechte der Nachkommen, sind die zahlreichen Verordnungen in diesem Bereich nicht überraschend. Die von Friedrich VON WYß für die Schweiz zusammengestellten Nachweise belegen für Stadt- und Landrechte sowie Vogtoffnungen regelmäßig die Bestimmung, dass, wer als Kläger oder Klägerin eine/einen anderen um die Ehe anspricht, aber vom geistlichen Gericht abgewiesen wird, dem Vogt, der Stadt oder dem Land Buße zu zahlen hat.[58] Eine erhebliche Anzahl von Verordnungen stellt das Unterschreiten eines Mindestalters, Kuppelei oder die Heirat ohne Zustimmung der Eltern unter Strafandrohung, aber auch der Ablauf der Feierlichkeiten und der dabei erlaubte Aufwand werden – wie die von August JEGEL untersuchten Nürnberger Verordnungen des 15. Jahrhunderts zeigen – bis ins Detail geregelt.[59]

Für Basel hat Jenny MARKEES gezeigt, wie die städtische Gerichtsbarkeit in das Recht des Bischofs in Ehesachen eindringt.[60] Bereits 1448 erließ der Rat eine Ermahnung gegen Ehebruch, Unzucht und Konkubinat, der kurz darauf eine weitere Verordnung gegen das Verlöbnis wider Wissen und Willen der Eltern folgte, die zwar die

---

[57] Der Holzschnitt zu Uriens und Gyots Vermählung diente bereits in seinem 1473 erschienenen Druck von Johannes Hartliebs ‚Alexander' für die Vermählung Alexanders mit Roxane, Abb. bei: Schramm [Anm. 10], Nr. 39. Zwei weitere Illustrationen in der ‚Melusine' Bämlers wurden aus seinem ‚Alexander' übernommen, vgl.: Müller: Bämler [Anm. 10], S. 54 und S. 84; Schramm [Anm. 10], Nr. 33 und Nr. 32. Aus der im April 1474 erschienenen ‚Historia Troiana' wurden 5 Holzschnitte übernommen, vgl. dazu: Müller: Bämler [Anm. 10], S. 46, S. 51, S. 65, S. 81, S. 85, und Schramm [Anm. 10], Nr. 80, Nr. 84, Nr. 91, Nr. 75, Nr. 93. Außer den genannten Widerholungen bei den Vermählungen werden von den für die ‚Melusine' angefertigten Druckstöcken weitere fünf wiederholt, vgl. Müller: Bämler [Anm. 10]: S. 15 und 40, S. 34 und S. 125, S. 37 und S. 67, S. 41 und S. 90, S. 45 und S. 152.

[58] Von Wyß, Friedrich: Die Eheschließung in ihrer geschichtlichen Entwicklung nach den Rechten der Schweiz, in: Zeitschrift für schweizerisches Recht 20 (1878), S. 85-186, hier S. 114, S. 120-124. Zu Prozessen um Zuerkennung eines Partners als Ehegatte vgl. auch: Weigand, Rudolf: Zur mittelalterlichen kirchlichen Gerichtsbarkeit. Rechtsvergleichende Untersuchung, in: Liebe und Ehe im Mittelalter. Goldbach 1993, S. 307-341, hier S. 311-324.

[59] Jegel, August: Altnürnberger Hochzeitsbrauch und Eherecht, besonders bis zum Ausgang des 16. Jahrhunderts, in: Mitteilungen des Vereins für Geschichte der Stadt Nürnberg. Bd. 44. Nürnberg 1953, S. 238-285.

[60] Markees, Jenny: Das Recht der Eheschliessung und der Ehescheidung nach den Rechtsquellen der Stadt Basel. Diss. Basel 1933, S. 17-21, vgl. auch: Hagemann, Hans-Rudolf: Basler Rechtsleben im Mittelalter. Bd. 1. Basel/ Frankfurt 1981, S. 43.

Gültigkeit einer heimlichen Ehe nicht in Frage stellte, den Eltern aber die Befugnis gab, das ungehorsame Kind zu enterben.[61] Ausgebaut wurde der Einfluss städtischer Gerichtsbarkeit in Ehesachen 1457 mit der Einführung einer Behörde aus drei Herren, den „Dreien über die Ehe", die Ehebruch, Unzucht, Kuppelei und uneheliche Gemeinschaft mit Bußen und Leibesstrafen belegen konnte, wogegen der Bischof Johann von Venningen 1466 beim Rat Beschwerde einlegte.[62] Im Zuge der Reformation wird in Basel bereits 1532 eine Ehegerichtsordnung erlassen, die die Öffentlichkeit des Verlöbnisses, die Verkündigung der Eheschließung von der Kanzel herab und den Eintrag vom Pfarrer in ein eigens dafür geführtes Buch fordert.[63]

Vor dem Hintergrund der spezifischen Situation in Basel lässt sich die in den Bildern vorgeführte formale Vereinheitlichung der Eheschließung in der ‚Melusine' Bernhard Richels aus der für den Drucker bestehenden Notwendigkeit verstehen, weder bei potentiellen Auftraggebern Anstoß zu erregen noch die projektierten Erwartungen seines Publikums zu enttäuschen. Inwieweit dabei auch moralisches Sendungsbewusstsein oder Parteinahme aus persönlicher Überzeugung eine Rolle spielten, muss Spekulation bleiben. Anzunehmen ist jedoch, dass sie mit diplomatischem Ausgleich und ökonomischem Kalkül zu begründen ist, da Bernhard Richel, der im August 1474 das Bürgerrecht in Basel erwarb, den geschäftlichen Erfolg seines Betriebes sichern musste.[64] Die durchgängige Einbeziehung eines Bischofs – auch ein gewöhnlicher Priester hätte die kirchliche Forderung erfüllt – mag mit der zeitgenössischen Auseinandersetzung in Basel um die Zuständigkeit in Ehesachen zusammenhängen und als Reverenz an Johann von Venningen und die kirchliche Obrigkeit verstanden werden. Weiterreichende Schlussfolgerungen bezüglich einer geistlichen Auftraggeberschaft für die Basler Ausgabe entbehren der Grundlage. Die Rolle der Kirche als Vermittlerin der heilsbringenden Sakramente, die sie in den Holzschnitten zu den Eheschließungen einnimmt, wird allerdings durch die Bebilderung des Textes durchgängig betont, wie vor allem der zweite Teil des Romans augenfällig macht.

---

[61] Markees [Anm. 60], S. 18; Hagemann [Anm. 60], S. 78-79, 265-269.
[62] Markees [Anm. 60], S. 20; Hagemann [Anm. 60], S. 71.
[63] Markees [Anm. 60], S. 40-41.
[64] Zu Bernhard Richel vgl. auch Rautenberg [Anm. 7], S. 63-66; Geldner, Ferdinand: Die deutschen Inkunabeldrucker. Ein Handbuch der deutschen Buchdrucker des XV. Jahrhunderts nach Druckorten. Bd. 1: Das deutsche Sprachgebiet. Stuttgart 1968, S. 114-116; van der Haegen, Pierre L.: Ein Kalendergedicht auf das Jahr 1471. Ein Beitrag zur frühesten Basler Buchdruckergeschichte, in: Basler Zeitschrift für Geschichte und Altertumskunde 83 (1983), S. 183-191.

III. Die Kirche als Mittlerin des Heils: Geffroys Wandlung

Nachdem Melusine Lusignan verlassen musste, finden sich im Basler Druck noch 21 Holzschnitte, die den von der Literaturwissenschaft kaum beachteten Teil des Romans bebildern und Geffroys Abenteuer mit dem Riesen, die Entdeckung der Grabesgruft seiner Großeltern sowie – unterbrochen von verschiedenen Versuchen, die Familie zu erlösen – seine Wandlung schildern. Auf allen der insgesamt 16 Holzschnitte, die ihn zeigen, ist Geffroy, der sechste Sohn Melusines, durchweg an seinem vorstehenden Zahn, der *ym als ein eberzan uß dem Mund gieng*, zu erkennen.[65] Die bildliche Umsetzung seines Geburtsmals dürfte jedoch von den zeitgenössischen Betrachtern nicht als pejorativ oder gar monstruös empfunden worden sein. Sein Eberzahn konnte als geradezu emblematisches Attribut für seine Kraft, aber auch seine Wut aufgefasst werden.[66] Zwei zeitgleich entstandene Porträts Alexanders des Gr., die Eingangsminiatur einer Handschrift und das Titelbild des 1473 bei Johann Bämler erschienenen Druckes des ‚Alexander'-Romans von Johannes Hartlieb, in denen der antike Held mit einem Paar Hauern zu sehen ist, stützen eine solche Interpretation.[67]

Die Versuche, den auf der Familie lastenden Fluch durch menschliches Handeln zu brechen, schlagen im Roman fehl, denn weder Melusine noch ihre Schwestern können befreit werden. Die Bildzyklen weisen jedoch am Beispiel Geffroys einen Weg, wie Erlösung zu erlangen sei: durch Buße und den Beistand der Kirche. Sie werden Geffroy durch seine Beichte auf dem Totenbett am Ende der Illustrationsfolge zuteil (Abb. 11). In den Holzschnitten zu den Drucken Richels und Bämlers liest ihm ein Priester die Exequien und besprengt ihn mit Weihwasser.[68] Die Federzeichnung der Nürnberger Handschrift hingegen zeigt außer der letzten Ölung, wie neben dem Bett des Sterbenden ein Schreiber Geffroys Testament aufnimmt.[69] Dieser weltliche Akt, das Verfassen des Testaments, wird in den Drucken nicht veranschaulicht und auch in den jeweiligen Tituli nicht erwähnt, obgleich er bei Thüring genannt wird.[70] In ihrer Konzentration auf

---

[65] Schnyder: Richel [Anm. 1], Bl. 23r, Z. 729-730.
[66] Vgl. auch: Harf-Lancner [Anm. 14], S. 84-87.
[67] Vgl. die Handschrift Darmstadt, Hessische Landes- und Hochschulbibliothek, Hs. 4256, fol. 1v, und den Druck Johann Bämlers, Augsburg 1473, Bl. 1b, GW 884 [Anm. 2], Abb. in: Katalog der deutschsprachigen illustrierten Handschriften des Mittelalters. Begonnen von Hella Frühmorgen-Voss, fortgeführt von Norbert H. Ott unter Mitarbeit von Gisela Fischer. Bd. 1. München 1991, S. 112-113, 120, Abb. 51, 52.
[68] Müller: Bämler [Anm. 10], S. 173.
[69] Nürnberg, GNM, Hs. 4028, [Anm. 5], fol. 95v.
[70] Bei Thüring heißt es: *Wie Geffroy bichte im todbette und sin testament machte, ouch sich fürbaß mit christlichen rechten besorgte und starb*, vgl.: Melusine, Schneider (Hg.), 1958 [Anm. 1], S. 126, Z. 32-33. Bei Richel lautet der Titulus: *Hye bichtet goffroy an dem dot bette vñ lot yme thun*

den priesterlichen Beistand beim Sterben eröffnen die Illustrationen der Frühdrucke eine visuelle Brücke zu den Bildern der ‚Ars moriendi', einer Erbauungsschrift, die von der Kirche als Anleitung zum richtigen Sterben empfohlen wurde. Das in Handschriften, Blockbüchern und Kupferstichen weit verbreitete Werk, stellt in fünf Gegensatzpaaren Versuchungen im Glauben, mit denen der Sterbende auf dem Totenbett zu kämpfen hat, und ihre Überwindung dar.[71] Am Schluss der ‚Ars moriendi', für die beispielhaft eine in Basel wohl nach 1470 entstandene Version mit Holzschnitten und handschriftlichem Text stehen mag (Abb. 12), zeigt das letzte Bild die „Stunde des Todes" mit dem Beistand eines Priesters, während der begleitende Text das passende Gebet für den Gläubigen bereithält.[72]

Durch die visuelle Assoziation der Sterbeszene zu dem bekannten Bild der ‚Ars moriendi' wird die Haltung des vorbildlichen Gläubigen auf Geffroy übertragen. Trotz seiner Untaten, dem Abbrennen des Klosters Maliers, bei dem sein Bruder und die Mönche sterben, und dem Mord an seinem Onkel, der Reymond gegen Melusine aufstachelte, erfährt er am Ende seines Lebens Vergebung durch die Kirche und rettet sein Seelenheil. Seine Beichte auf dem Totenbett ist der letzte, entscheidende Schritt seiner Bekehrung vom zwiespältigen ritterlichen Helden zum Wohltäter der Kirche und redlichen Christen, deren einzelne Etappen die Holzschnittserie in fünf Illustrationen veranschaulicht.

Geffroys Wandlung beginnt, als er von seinem Vater Reymond Verzeihung erbittet, bevor dieser nach Rom aufbricht, um beim Papst zu beichten und Einsiedler zu werden.[73] Der Illustration zur Versöhnung auf familiärer Ebene folgt gleich im nächsten Holzschnitt die tatkräftige Wiedergutmachung der begangenen Schuld, indem Geffroy das Kloster Maliers wieder aufbauen lässt (Abb. 7). Wohl nicht zufällig trägt Geffroy ab diesem Zeitpunkt nur noch „bürgerliche" Gewänder und tritt nicht mehr wie zuvor

---

criftenliche recht mit allen fakramenten dornoch ftarb er, vgl.: Schnyder: Richel [Anm. 1], Bl. 97v; vgl. auch: Müller: Bämler [Anm. 10], S. 173, Z. 1-2.

[71] Allein 13 Ausgaben als Blockbuch sind nachgewiesen, vgl.: Blockbücher des Mittelalters. Bilderfolgen als Lektüre (Ausstellungskatalog Gutenberg-Museum Mainz, 22. Juni - 1. September 1991), hrsg. von Gutenberg-Gesellschaft und Gutenberg Museum. Mainz 1991, Kat. Nr. 27 und 28, S. 164-166, Kurzzensus, S. 400-401, Literatur, S. 432-435; Bevers, Holm (Hrsg.): Meister E.S. Ein oberrheinischer Kupferstecher der Spätgotik (Ausstellungskatalog Staatliche Graphische Sammlung München 1986, Kupferstichkabinett Staatliche Museen Preußischer Kulturbesitz 1987). München 1986, Kat. Nr. 90, S. 74-76.

[72] Basel, UB, A IX 23 (3a). fol. 12v, 13r. Zur Handschrift vgl. auch: Oberrheinische Buchillustration. Inkunabelholzschnitte aus den Beständen der Universitätsbibliothek (Ausstellungskatalog Basel, Universitätsbibliothek 1972), bearb. von Frank Hieronymus. Basel 1972 (Nachdruck Basel 1983), Kat. Nr. 2, S. 14; Binz, Gustav: Die deutschen Handschriften der Öffentlichen Bibliothek der Universität Basel. Bd. 1: Die Handschriften der Abteilung A. Basel 1907, S. 132-133.

[73] Schnyder: Richel [Anm. 1], Bl. 81v; Müller: Bämler [Anm. 10], S. 150.

bei seinen „*aventuren*" in Rüstung auf, so dass seine Wandlung ebenfalls an seiner Kleidung abzulesen ist.[74]

Seiner tätigen Reue schließt sich die Beichte vor Papst Leo an (Abb. 8). Die unmittelbare Abfolge seines Sündenbekenntnisses auf das seines Vaters Reymond, mit der ein Bildthema in fast identischer Weise wiederholt wird, bildet ein Scharnier, das vom letzten Auftritt Reymonds zum Schicksal Geffroys überleitet. Der Sohn führt die von seinem Vater begonnene Wiedergutmachung fort, indem er als nächstes das Kloster Maliers reichlich mit Stiftungen bedenkt (Abb. 9).[75]

Im entsprechenden Basler Holzschnitt ist dabei nicht wie in der Nürnberger Handschrift eine Urkundenübergabe als Beglaubigung seiner Stiftung wiedergegeben.[76] Zu sehen sind vielmehr Geffroy und sein Bruder Dietrich vor dem wieder aufgebauten Kloster. Dabei hält Geffroy einen Rosenkranz in der Hand, ein Attribut, das im Text keine Erwähnung findet, ihn jedoch als praktizierenden Gläubigen kennzeichnet. Denn der Rosenkranz verweist auf eine Frömmigkeitspraxis, die vor allem im letzten Viertel des 15. Jahrhunderts weite Verbreitung fand, nicht zuletzt befördert durch die Rosenkranzbruderschaften, deren erste der aus Basel stammende Dominikaner Jacob Sprenger 1475 in Köln gründete. In Basel druckte Martin Flach das ‚Rosarium BMV', den ‚Rosenkranz unser lieben Frau', um 1475, vielleicht auch schon 1473.[77] Bernhard Richel gab 1476 Jacob Sprengers Statuten der Rosenkranzbruderschaft heraus.[78]

Gegenüber der Nürnberger Handschrift entfällt in Richels Bildzyklus – wie schon bei der Darstellung zu Geffroys Sterben – die Verbildlichung eines weltlichen Rechtsaktes, wodurch seine Illustration ein deutlich stärkeres Gewicht auf Geffroys Bekehrung und seine Frömmigkeit legt.

Das ihm im letzten Bild zur ‚Melusine' gewährte Heilsversprechen der göttlichen Gnade (Abb. 11) kontrastiert mit den zuvor in Text und Bild geschilderten vergeblichen Versuchen anderer, die Familie durch ihre Taten zu erlösen. Die Bemühungen schlagen zum einen wegen des unsittlichen Verhaltens Gis', zum anderen aufgrund der falschen Abstammung eines Ritters fehl. In der Ausgabe Richels werden die Misserfolge insofern besonders pointiert, als bei der Bestrafung Gis' durch das Gespenst ein entsprechender Holzschnitt einfügt wurde, für den nicht auf die Kapiteleinteilung Thürings

---

[74] In der Nürnberger Handschrift ist dies hingegen nicht durchgehalten, Nürnberg, GMN, Hs. 4028 [Anm. 5], fol. 84r, 85r.

[75] Bei Richel lautet der Titulus: *Wie das Cloſter nuwe gebuwen iſt vnd es Gŏffroy rilich begobete vnd ſin brŭder dietherich by ym was*, Schnyder: Richel [Anm. 1], Bl. 86r.

[76] Nürnberg, GNM, Hs. 4028 [Anm. 5], fol. 85r.

[77] Van der Haegen [Anm. 24], X 06, S. 275; Oberrheinische Buchillustration [Anm. 72], Kat. Nr. 8, S. 17.

[78] Van der Haegen [Anm. 24], 9, 10, S. 59, Abb. 4, S. 60; Oberrheinische Buchillustration [Anm. 72], Kat. Nr. 9, S. 18; Exemplar: Basel, UB, F P VII² 8, Nr. 5.

zurückgegriffen werden konnte.[79] Nach Gis' Scheitern wird die Episode des englischen Ritters bebildert, die mit seiner Niederlage gegen ein Ungeheuer im vorletzten Holzschnitt endet (Abb. 10). Die Illustration zeigt den unglücklichen Ritter im Maul des Untiers, so dass nur noch seine Beine herausbaumeln, wobei im Bildhintergrund ein Reiter den Blick des Betrachters auf das Geschehen lenkt. Die Darstellung des halb verschluckten Ritters mutet geradezu wie eine Parodie auf die unzähligen heldenhaften Siege über Drachen und Fabelwesen an, die zum Repertoire ritterlicher „aventure" in Texten und Bildern gehören.[80] Die beiden letzten Bilder des Basler Zyklus, die den Gegensatz von menschlichem Scheitern – am Beispiel des Ritters – und kirchlichem Heilsversprechen – am Beispiel Geffroys – veranschaulichen, bilden einen konsequenten Abschluss der Geschichte. Allein Geffroys Wandlung vom zornigen, affektbeherrschten Ritter zum Wohltäter der Kirche, vor allem aber zum frommen, reuigen Sünder birgt die Aussicht auf seine Erlösung.

IV. Fazit

Die Beobachtungen zur ‚Melusine' ermöglichen im Hinblick auf die Interpretation des Textes eine Erweiterung der bisherigen Sichtweise und werfen zugleich grundlegende Fragen auf. Einige neuartige Momente in Thürings Bearbeitung werden durch die Illustration des Textes, insbesondere in Bernhard Richels Erstausgabe, übernommen und verstärkt. Dies gilt auf struktureller Ebene insofern, als die mit seiner Kapiteleinteilung vorgenommene Phrasierung des Textes für die Konzeption des Bildzyklus als Grundlage diente. Die als Tituli der Bilder fungierenden Kapitelüberschriften Thürings bestimmten Anzahl und Szenenauswahl der Holzschnitte maßgeblich. Zugleich wird die Tendenz des deutschen Übersetzers zu moralisieren, die sich in verschiedenen Einschüben niedergeschlagen hat, in den Bildern aufgegriffen und sichtbar gemacht.[81] Die im Roman geführte Debatte zwischen Rittertum und Klerus[82] – für Geffroy gibt die Entscheidung seines Bruders Freymond, Mönch zu werden, den Anstoß das Kloster Maliers abzubrennen – wird im Illustrationszyklus zugunsten der Kirche als Mittlerin der Erlösung entschieden.

---

[79] *Wie das geſpengſte hie den künig ſere vbel flecht darumb das er kein ander gobe begert Do er dem ſperwer gewachet / hatt / Denn die iungfrouwen.* Schnyder: Richel [Anm. 1], Bl. 91r, vgl. dazu.: Schneider: Melusine [Anm. 1], S. 121, Z. 7; Nürnberg, GNM, Hs. 4028 [Anm. 5], fol. 89r.

[80] Zu ähnlich satirischen Umformungen am Beispiel höfischer Minnesenen vgl. auch: Moxey, Keith P. F.: Master E. S. and the Folly of Love, in: Simiolus 11 (1980), S. 125-148.

[81] Pinto-Mathieu, Elisabeth : Le roman de Mélusine de Coudrette et son adaptation allemande dans le roman en prose de Thüring von Ringoltingen (Göppinger Arbeiten zur Germanistik, Nr. 524). Göppingen 1990, S. 26-46.

[82] Pinto-Mathieu [Anm. 81], S. 68-75.

Wird der Text der ‚Melusine' aus einer historisierten Perspektive in seiner materiellen Existenz als illustriertes Buch wahrgenommen, so ist er nicht allein als Roman des Scheiterns einer Liebesehe aufgrund der mangelnden Affektbeherrschung Reymonds zu lesen. Seine Beichte vor dem Papst weist bereits im Ansatz auf eine Lösung hin. Vermittels der in den Bildern vor Augen geführten Wandlung Geffroys zum reuigen Sünder, der als gleichbedeutender Protagonist auf dem Weg der Reue fortschreitet, bietet der Bildzyklus eine Perspektive zur Lösung des Konfliktes auf individueller Ebene. Geffroys Sündenbekenntnis und seine Frömmigkeit können im Sinne einer frühhumanistischen Moraldidaxe als lehrreiches Exemplum – als Beispiel vorbildlichen Verhaltens des Individuums – verstanden werden.

In buchgeschichtlicher Hinsicht werfen die Differenzen zwischen den beiden frühesten Drucken grundlegende Fragen auf. Im Vergleich zu Richels Druck, für den jeder der 67 ganzseitigen Holzschnitte einzeln angefertigt und die Inszenierung bis ins Detail in die Narration des Textes eingepasst wurde, lassen sich an der Ausgabe Bämlers Maßnahmen zur Rationalisierung des Produktionsprozesses beobachten, durch die Wiederholung von Holzschnitten und die Reduktion des Bildformates, das an ein bereits in seiner Offizin verwendetes Layout angepasst wird. Sind diese Veränderungen, mit denen letztlich die Dominanz der Bilder zurückgenommen wird, ein für Nachdrucke typisches Phänomen, das durch die Approbation eines Textes durch eine vorangegangene Erstausgabe ermöglicht wird? Ist die für Richels Druck charakteristische Sorgfalt und Üppigkeit der bildlichen Ausstattung ein für Erstausgaben kennzeichnendes Merkmal? Oder aber: Bieten die Gegebenheiten des jeweiligen lokalen Marktes eine Erklärung für dieses Phänomen? Während in Augsburg außer Johann Bämler auch Günther Zainer, ab 1476 auch Anton Sorg, illustrierte deutschsprachige Bücher produzieren, ist dies in Basel ein völlig neues Marktsegment.

Abschließend lässt sich ausgehend vom Beispiel der ‚Melusine' nach der Bedeutung der Bilder im frühen Buchdruck fragen, die sich – um Edgar BIERENDES Überlegungen zu diesem Thema aufzugreifen – mit *delectare*, *docere* und *memoria* umschreiben lassen.[83] Sicherlich sind die Holzschnitte, insbesondere jene der Basler Ausgabe, ihrer Anzahl, ihres Formates und ihrer Qualität nach als Schmuck und materielle Aufwertung des gedruckten Buches gegenüber dem konkurrierenden Medium Handschrift aufzufassen. Doch haben die Beobachtungen zur ‚Melusine' ebenfalls gezeigt, dass sich ihre Funktion nicht in bloßer Kostbarkeit erschöpft. Sie dienen gleichfalls dazu, dem Publikum zu einer adäquaten Lesart der Geschehnisse zu verhelfen, indem sie – und dies wurde an den Darstellungen der Eheschließung deutlich – die im Text geschilderten Vorgänge den zeitgenössischen Normvorstellungen anpassen. Inwieweit das an der ‚Melusine' augenfällig gewordene Phänomen der Vereinheitlichung sozialer und

---

[83] Bierende, Edgar: Die Warnung vor dem Bilde. Medienkritik im frühen Buchdruck?, in: Michael Stolz/ Adrian Mettauer (Hrsg.): Buchkultur im Mittelalter, Schrift – Bild – Kommunikation (Festschrift für Hubert Herkommer). Berlin/ New York 2006, S. 275-294.

rechtlicher Praktik durch Bilder im Buchdruck zum Tragen kommt, wäre auf breiterer Materialbasis zu prüfen.

Die Bildfolge zum Prosaroman lässt sich als moralisches Exempel lesen. Dem Illustrationszyklus zur ‚Melusine' ist damit zumindest in Ansätzen eine Qualität zueigen, welche die Forschung der Buchillustration gewöhnlich erst Objekten wie dem 1493 in Basel erschienenen ‚Narrenschiff' Sebastian Brants zubilligt: die Funktion der Bilder als didaktisches und rhetorisches Mittel zur Stärkung der Erinnerung im Sinne der ‚Ars memorativa'.[84]

---

[84] Knape, Joachim: Mnemonik, Bildbuch und Emblematik im Zeitalter Sebatian Brants, in: *Mnemosyne* (Festschrift für Manfred Lurker). Baden-Baden 1988, S. 133-178.

Buchillustration, die „rechte Ehe" und die Kirche als Heilvermittlerin 459

Abb. 1: Reymonds Treueschwur am ‚Turstbrunnen', Bernhard Richel, Basel 1473/74, München, BSB, 2° Inc. s. a. 668, Bl. 10r

Wye reymond der iungfrowen melusinē jx ffgesinde beschouwete in der Capellen das ym wol geuiel vnd wie ym grosse ere von yn en er botten wart

Abb. 2: Begegnung in der Kapelle, Bernhard Richel, Basel 1473/74, München, BSB, 2° Inc. s. a. 668, Bl. 13v

Wye melusina vnd reymont zu samen by der capellen vermehelt wurdent das dett ein byschoff

Abb. 3: Vermählung Melusines und Reymonds, Bernhard Richel, Basel 1473/74, München, BSB, 2° Inc. s. a. 668, Bl. 16v

⁋ Wie fraw Melusina vñ Reymund zů samen bey der Cappell von dem bischoff vermåhelt wurden.

Da wurde sÿ auch bey der Cappellen vñ nach der messe löblich zesåmē vermåhelt Vñ der Graff fůrt da die braut von der Cappell hin gen dem gezelte zů einer seytten /vñ ein fürst oder hertz auß d gegent zů der andern seytten Vñ da was es zeyt dz man wasser an die hende nam /vñ ward die braut zů tische geseczt /vñ mit ir der graff /darnach die Gråffin Darnach ein måchtiger hertz auß dem lannd d auch zů eren vñ wirdikeit darzů geseczet ward /d Graff Bertram vñ alle die seinen die sahen ein sôliche gůtte ordnung dz sÿ eygentlichē meinten achte zů haben wie dise hochzeit außgericht wurde /dz sÿ sich auch ein ander mal darnach môchten gerichten.

Abb. 4: Vermählung Melusines und Reymonds, Johann Bämler, Augsburg 1474, München, BSB, 2° Inc. c. a. 295, Bl. 16v

Buchillustration, die „rechte Ehe" und die Kirche als Heilvermittlerin 463

Wye reymont vnd melusina zü samen wúrdent geleit / Vnd von dem bischoff gesegenet wurdent in dem bett

Abb. 5: Segnung des Brautbettes, Bernhard Richel, Basel 1473/74,
Freiburg i. Br., UB, Ink. 4° E 4816, Bl. 19v

Abb. 6: Vermählung Reinharts und Eglantines, Bernhard Richel, Basel 1473/74, Freiburg i. Br., UB, Ink. 4° E 4816, Bl. 46r

Buchillustration, die „rechte Ehe" und die Kirche als Heilvermittlerin 465

Abb. 7: Der Wiederaufbau des Klosters Maliers, Bernhard Richel, Basel 1473/74, Freiburg i. Br., UB, Ink. 4° E 4816, Bl. 83r

Abb. 8: Geffroys Beichte vor Papst Leo, Bernhard Richel, Basel 1473/74, Freiburg i. Br., UB, Ink. 4° E 4816, Bl. 85r

Buchillustration, die „rechte Ehe" und die Kirche als Heilvermittlerin 467

Abb. 9: Geffroy bedenkt das Kloster Maliers mit Stiftungen, Bernhard Richel, Basel 1473/74, Freiburg i. Br., UB, Ink. 4° E 4816, Bl. 86r

Wie der ritter vō Engellant an das wilde vngehüre tier kā vnd er
vast /ritterlich gewozte doch mocht er es nit vber komē den dz es in
so lebende vsluckete wan er nit vō des künig helmas geschlechte was

Abb. 10: Der englische Ritter und das Ungeheuer, Bernhard Richel, Basel 1473/74, Freiburg i. Br., UB, Ink. 4° E 4816, Bl. 95v

Buchillustration, die „rechte Ehe" und die Kirche als Heilvermittlerin 469

Abb. 11: Geffroy auf dem Sterbebett, Bernhard Richel, Basel 1473/74, Freiburg i. Br., UB, Ink. 4° E 4816, Bl. 97v

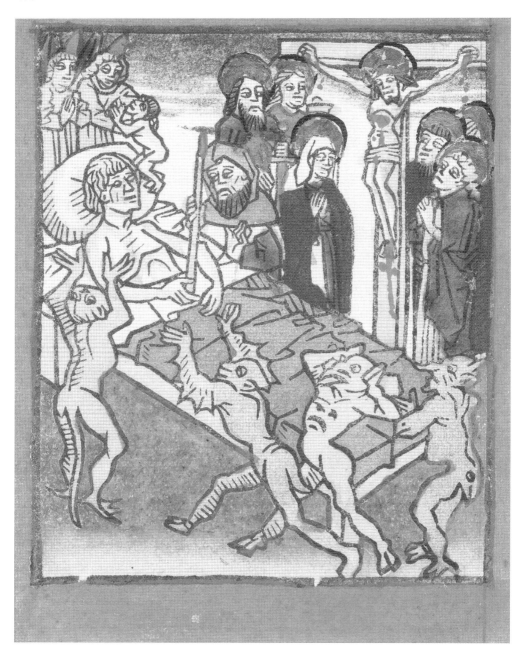

Abb. 12: Die Stunde des Todes, *Ars moriendi* Bild 11, nach 1470, Basel, Öffentliche Bibliothek der Universität, A IX 23 (3a), fol. 12v

Abbildungsnachweis:
Abb. 1, 2, 3, 4: München, Bayerische Staatsbibliothek
Abb. 5, 6, 7, 8, 9, 10, 11: Freiburg i. Br., Universitätsbibliothek
Abb. 12: Basel, Öffentliche Bibliothek der Universität
Den genannten Bibliotheken sei für ihre Unterstützung, die Überlassung der Vorlagen und die Genehmigung zur Reproduktion herzlich gedankt.
Die Abbildungen sind mit Bedacht in der Reihenfolge ihres Erscheinens im Erstdruck Richels angeordnet, um wenigstens im Ansatz die innere Logik ihrer Abfolge wiederzugeben.

GEORG STRACK

De Germania parcissime locuti sunt ...
Die deutsche Universitätsnation und das „Lob der Deutschen" im späten Mittelalter

An den mittelalterlichen Universitäten organisierten sich die Studenten in der sozialen Lebensform der „Landsmannschaft". Besonders früh lassen sich derartige Zusammenschlüsse in Bologna nachweisen, die wohl auch für spätere Gründungen wie Padua, Pavia und Turin richtungsweisend waren.[1] Die Zugehörigkeit zu einer *natio* wurde meist über den Ort der Geburt oder über die Muttersprache bestimmt.[2] Bei akademischen, religiösen und administrativen Akten traten die Mitglieder der Landsmanschaft geschlossen in Erscheinung, was sicherlich eine gewisse Form von Gemeinschaftsbewusstsein hervorbrachte – oder stärkte.[3] Nach MÜNKLER, GRÜNBERGER und MAYER spielte die *universitäre natio* an den oberitalienischen Hochschulen darüber hinaus allerdings keine Rolle für die Ausbildung einer „nationalen Identität" im späten Mittelalter.[4] Zuletzt betonte auch Caspar HIRSCHI, dass die Universitätsnation keinen Beitrag

---

[1] Die Quellenlage ermöglicht vor allem Erkenntnisse über die deutsche Universitätsnation in Bologna. Vgl. dazu das grundlegende Werk von Kibre, Pearl: The Nations in the Medieval Universities. Cambridge 1948, S. 3-14, 116-127. Für Pavia Sottili, Agostino: Università e cultura. Studi sui rapporti italo-tedeschi nell'età dell'Umanesimo. Goldbach 1993; für Padua Bortolami, Sante: Le nationes universitarie medioevali di Padova: comunità forestiere o realta sovranazionali?, in: Giovanna Petti Balbi (Hrsg.): Comunità forestiere e *nationes* nell'Europa di secoli XIII-XVI (Europa Mediterranea 19). Neapel 2001, S. 41-65 und zu Turin Rosso, Paolo: Studenti di area Germanica presso l'Università di Torino nel Quattrocento, in: Schede Umanistiche 2 (2001), S. 35-55.

[2] Colliva, Paolo (Hrsg.): Statuta Nationis Germanicae Universitatis Bononiae (1292-1750) (Acta Germanica 1). Bologna 1975, S. 128-154, Nr. 7 und 8, S. 128; Bortolami [Anm. 1], S. 49; Kibre [Anm. 1], S. 4f.

[3] Kibre [Anm. 1], S. 29-64.

[4] Münkler, Herfried/ Grünberger, Hans/ Mayer, Kathrin: Nationenbildung. Die Nationalisierung Europas im Diskurs humanistischer Intellektueller. Italien und Deutschland (Politische Ideen 8). Berlin 1998, S. 40-44, wobei sie der universitären *natio* prinzipiell eine wichtige Rolle bei der Entstehung frühnationaler Tendenzen zubilligen, ihre Argumentation (S. 57-73) aber auf die Vorgänge in Prag beschränken, wo sich als Folge des Kuttenberger Dekrets von 1409 die „erste(n) nationale Universität in Europa" herausgebildet habe. Der Begriff der „nationalen Identität"

zu den „Konstruktionen einer deutschen Ehrgemeinschaft an der Wende zur Neuzeit" geleistet habe. Denn schließlich hätten sich „die Mitglieder der *nationes* nicht als Repräsentanten ihres Einzugsgebietes und dessen Bevölkerung verstanden" und „keine Ehre einer abstrakten Gemeinschaft" verteidigt.[5] Dagegen hob Dieter MERTENS vor kurzem hervor, dass „für die diskursive Etablierung der deutschen Nation [...] die [...] Universitätsnationen allerdings von eminenter Bedeutung" gewesen seien, nämlich als „ihr sozialer und intellektueller Ort"[6]. Er belegt dies mit einer Rede, die der deutsche Jurastudent Christoph Scheurl anlässlich der Amtseinführung eines neuen Rektors, der ebenfalls der deutschen Universitätsnation angehörte, in Bologna am 1. Mai 1505 gehalten hat.[7] In dieser Ansprache habe das „Lob der Deutschen" bereits so breiten Raum eingenommen, dass Scheurl sie bald darauf zur Grundlage für einen eigenen ‚Libellus de laudibus Germaniae' nehmen konnte. Diese Rede sei deshalb als ein „Akt der Selbstidentifizierung der Bologneser deutschen Nation" zu verstehen. Das ausführliche Lob der Deutschen sollte dabei „Identität konstruieren durch die rühmende Beschreibung von Spezifika, um damit implizit der Abgrenzung von anderen vor anderen zu dienen". Durch die rasche Verbreitung der Rede im Druck und die Kontakte Scheurls zu den deutschen Humanisten wurde die Universitätsrhetorik auch mit den frühnationalen Diskursen in Deutschland verflochten.[8] Damit zeichnet sich die Bedeutung der deutschen Universitätsnation in Italien um 1500 für eine Geschichte des Nationalismus ab, der als ein Diskurs verstanden werden kann, der „Menschen in Kollektive einordnet, die [...] als kulturelle und politische Einheiten mit festem Lebensraum konstruiert" werden.[9]

Wenig Aufmerksamkeit widmete die Forschung bislang allerdings der historischen Genese der frühnationalen Rhetorik an den oberitalienischen Universitäten.[10] Sie wird

---

wurde in diesem Zusammenhang schon in die Forschung eingeführt von: Münkler, Herfried/ Grünberger, Hans: Nationale Identität im Diskurs der Deutschen Humanisten, in: Helmut Berding (Hrsg.): Nationales Bewußtsein und kollektive Identität (Studien zur Entwicklung des kollektiven Bewußtseins in der Neuzeit 2). Frankfurt a. M. 1994, S. 211-248.

[5] Hirschi, Caspar: Wettkampf der Nationen. Konstruktionen einer deutschen Ehrgemeinschaft an der Wende vom Mittelalter zur Neuzeit. Göttingen 2005, S. 125-134, hier S. 127.

[6] Mertens, Dieter: Auslandsstudium und *acts of identity* im Spätmittelalter, in: Elisabeth Vogel/ Antonia Napp/ Wolfram Lutterer (Hrsg.): Zwischen Ausgrenzung und Hybridisierung. Zur Konstruktion von Identitäten aus kulturwissenschaftlicher Perspektive (Identitäten und Alteritäten 14). Würzburg 2003, S. 97-106, hier S. 100. Dazu auch ders.: *Laudes Germaniae* in Bologna und Wittenberg. Zu Christoph Scheurls *Libellus de laudibus Germaniae et Ducum Saxoniae* 1506 und 1508, in: Fabio Forner/ Carla M. Monti/ Paul G. Schmidt (Hrsg.): Margarita Amicorum. Studi di cultura europea per Agostino Sottili. Bd. 2. Mailand 2005, S. 717-731.

[7] Scheurl, Christoph: Libellus de laudibus Germaniae et Ducum Saxonie. Bologna 1506. Vgl. Graf, Wilhelm: Doktor Christoph Scheurl von Nürnberg. Leipzig 1930, S. 30f.

[8] Mertens: *Laudes* [Anm. 6], S. 726, 730f.

[9] Hirschi [Anm. 5], S. 57 nimmt diese Definition zum Ausgangspunkt seiner Begriffsklärung.

[10] Zur problematischen Forschungslage zum Frühnationalismus vor 1500 generell auch Schnell, Rüdiger: Deutsche Literatur und deutsches Nationalbewußtsein in Spätmittelalter und Früher Neu-

auf die Erfahrung von Fremdheit und nationaler Differenz oder auf allgemeine, auch an den Statuten ablesbare, Tendenzen zur Nationalisierung der deutschen Studentenschaft zurückgeführt.[11] Rhetorische Traditionen spielten für die Etablierung des Deutschenlobs scheinbar nur eine untergeordnete Rolle.[12] Scheurl selbst behauptete, im Unterschied zu früheren Autoren erstmals in aller Ausführlichkeit *de Germania* zu handeln.[13] Universitäre Festreden lassen sich in Italien allerdings bereits seit dem 13. Jahrhundert nachweisen und im *Quattrocento* erlangte diese Gattung unter dem Einfluss des Humanismus eine erste Blüte.[14] Im Folgenden soll nun gezeigt werden, dass sich schon im 15. Jahrhundert das „Lob der Deutschen" in den Ansprachen an den Universitäten Oberitaliens etablierte. Dazu sollen, nachdem zunächst die Quellengattung definitorisch genauer gefasst und auch der Textbestand erläutert worden ist (I), die wichtigsten Konstituenten des Topos „Deutschenlob" vorgestellt werden, wobei sich zeigen wird, dass die frühesten Lobreden auf deutsche Studenten von italienischen Gelehrten verfasst wurden (II). Erst ab etwa 1450 lassen sich auch Texte aus der Feder von Angehörigen einer deutschen Universitätsnation in Italien nachweisen (III). Diese Tradition wurde schließlich von Christoph Scheurl rezipiert und ausgebaut (IV). Insgesamt soll dabei deutlich werden, dass der an die deutschen Universitätsnationen zunächst von außen herangetragene Diskurs über eine deutsche Tugendgemeinschaft[15] die Voraussetzung bildete für die frühnationale Rhetorik deutscher Studenten um 1500. Dieser

---

zeit, in: Joachim Ehlers (Hrsg.): Ansätze und Diskontinuität deutscher Nationsbildung im Mittelalter (Nationes 8). Sigmaringen 1989, S. 247-319, hier S. 255.

[11] Mertens: *Laudes* [Anm. 6], S. 720; ders.: Auslandsstudium [Anm. 6], S. 102. In diese Richtung argumentierte für Orléans auch schon Stelling-Michaud, Sven: Les influences universitaires sur l'éclosion du sentiment national allemand aux 15e et 16e siècles, in: Schweizer Beiträge zur Allgemeinen Geschichte 3 (1945), S. 62-73.

[12] Vgl. die knappen Ausführungen bei Stelling-Michaud [Anm. 11], S. 65f.; Mertens, Auslandsstudium [Anm. 6], S. 103.

[13] Scheurl [Anm. 7], Bl. B VIIIr. *De Germania uero et ueteres et recentes scriptores parcissime locuti sunt, et tanquam extra orbem ea natio sita esset, somniantes quodamodo res Germanicas attingunt, ob eam rem nos pleno ore et copiose de illis tractabimus, et in Germanorum laudibus omnis nostra hodierna uersabit oratio, quam, ut commodius luculentiusque perficere possim, vellem mihi a deo immortali dari fluuium Tullianę eloquentię et torrentem Demosthenis facundiam.*

[14] Die ältesten Beispiele für Universitätsreden in Italien bei Conte, Emanuele: Un sermo pro petendis insigniis al tempo di Azzone e Bagarotto, in: Rivista di Storia del diritto Italiano 60 (1987), S. 71-86 und Lewry, Osmund: Four Graduation Speeches from Oxford Manuscripts (c. 1270-1310), in: Medieval Studies 44 (1982), S. 138-180. Zum 14. Jahrhundert siehe die grundlegende Studie von Piana, Celestino: Nuove ricerche su le Università di Bologna e di Parma. Florenz 1966, S. 8-82.

[15] Die Bezeichnung „Tugendgemeinschaft" wird aufgrund der Zuschreibung positiver kollektiver Eigenschaften an die Bewohner der *Germania* verwendet. Wie in Abschnitt II deutlich werden soll, ist dieser Begriff zudem pädagogisch-integrativ konnotiert, während das sich um 1500 formierende Konzept der „Ehrgemeinschaft", wie es Hirschi [Anm. 5], S. 62f. ausführt, stärker auf Wettbewerb und Exklusion zielt.

sozialen Lebensform kommt folglich eine größere Bedeutung für die Entstehung einer „deutschen Ehrgemeinschaft" oder „nationaler Identität" im ausgehenden Mittelalter zu als bislang angenommen.

I.

Die Quellenlage für die Universitätsoratorik im Italien des *Quattrocento* ist in so hohem Maße disparat und unübersichtlich, dass die folgenden Ausführungen unter dem Vorbehalt weiterer Textfunde stehen müssen. Die oben formulierte Hypothese basiert auf der Auswertung von 13 Reden, die zwischen 1437 und 1474 an den Universitäten Pavia, Padua und Turin gehalten wurden.[16] Bei diesen Ansprachen handelt es sich um Lobreden auf deutsche Studenten, die anlässlich von Promotionen oder der Amtseinführung eines Rektors vorgetragen wurden. Einige sind nur handschriftlich überliefert und wenig bekannt, andere liegen gedruckt vor, doch sind sie generell noch nicht unter der Fragestellung dieses Beitrags analysiert worden.[17] Während das Publikum der Promotionsreden überwiegend aus Angehörigen der eigenen Universitätsnation bestand, versammelte sich zur Amtseinführung eines Rektors stets die gesamte Universität. Die unterschiedlichen Rezeptionskreise hatten aber kaum einen Einfluss auf die Ansprachen. Sie orientierten sich, wie etwa auch Grabreden, prinzipiell an der humanistischen Lobrede.[18] Das heißt, sie wandten sich ab von der scholastisch-logischen

---

[16] Für Hilfe bei der Transkription bedanke ich mich herzlich bei Frau Dr. Julia Knödler (München). Von diesen Reden bleiben zwei im Folgenden außer Betracht: Eine sehr kurze Rede Gianmario Filelfos für die Verleihung der *licentia* an Johannes Herrgott, da sie kein Deutschenlob enthält (Klette, Theodor: Johannes Herrgott und Johannes Marius Philelphus. Ein Beitrag zur Geschichte der Universität Turin im 15. Jahrhundert mit zehn bislang unedirten [sic!] Dokumenten. Bonn 1898, Doc. VIII S. 67ff.). Dies gilt auch für die Promotionslaudatio des Bartholomäus von Tarvisio auf Hans Mulner, zumindest in der mir zugänglichen Fassung in München, Bayerische Staatsbibliothek, Clm 350, Bl. 96r-98r. Vgl. dazu Damm, Nicolas: Der Nürnberger Stadtarzt Sebald Mulner (†1495). Eine biographische Skizze, in: Mitteilungen des Vereins für Geschichte der Stadt Nürnberg 88 (2001), S. 139-170, hier S. 148 Anm. 32.

[17] Zur Auswertung unter biographischen Gesichtspunkten siehe Sottili, Agostino: Ehemalige Studenten italienischer Renaissance-Universitäten. Ihre Karrieren und ihre soziale Rolle, in: Rainer C. Schwinges (Hrsg.): Gelehrte im Reich. Zur Sozial- und Wirkungsgeschichte akademischer Eliten des 14. bis 16. Jahrhunderts. Berlin 1996, S. 41-74, hier S. 49f., sowie ders.: Le lettere di Johannes Ruysch da Chieri e Pavia nel contesto di rapporti tra umanesimo Italiano e umanesimo Tedesco, in: Annali della scuola normale superiore di Pisa. Classe di lettere e filosofia III 19/1 (1989), S. 323-412, hier S. 337-347 und zuletzt Mantovani, Gilda Paola: Le orazioni accademiche per il dottorato. Una fonte per la biografia degli studenti? Spunti dal caso padovano, in: Francesco Piovan/ Luciana Sitran Rea (Hrsg.): Studenti, università, città nella storia padovana (Contributi alla storia dell' Università di Padova 34). Triest 2001, S. 73-115.

[18] Grundlegend dazu McManamon, John M.: Funeral Oratory and the Cultural Ideals of Italian Humanism. Chapel Hill/ London 1989, S. 2, 111 und passim, sowie O'Malley, John: Praise and

Struktur und öffneten sich mehr und mehr für eine am klassischen Latein und auf historische Exempel ausgerichtete Rhetorik. Stets wird in ihnen der jeweilige Student selbst gepriesen, über seinen Bildungsgang, seine Herkunft panegyrisch reflektiert und dabei auch das Lob der Deutschen formuliert. Nach der traditionellen Theorie der Lobrede, die dem *genus demonstrativum* zugehört, zählt dieser Aspekt zum Lob der äußeren Merkmale einer Person, die ihr von der *fortuna* verliehen wurden.[19] Die positive Erwähnung von *patria* und *natio* war also ein fester Bestandteil akademischer Lobreden und soll in diesem Sinne im Folgenden als Topos bezeichnet werden.[20] Die primäre rhetorische Funktion dieses Topos war die Bekräftigung und Steigerung des Lobes des jeweiligen Doktoranden oder Rektors, doch war dies notwendigerweise mit der Zuschreibung von Gemeinsamkeiten an die gesamte deutsche Universitätsnation und alle Bewohner ihres Herkunftslandes verknüpft. Zunächst griffen italienische Gelehrte, deren Ansprachen nun im Einzelnen vorgestellt werden sollen, diesen Topos auf.

Die frühesten Beispiele für das 15. Jahrhundert lassen sich in Pavia finden, wo der Rhetorikprofessor Baldassare Rasini 1437 eine Lobrede auf den deutschen Rektor Johannes Ruysch hielt.[21] In den 1440er Jahren rezitierte dort der Jurist Giacomo Ricci (Jacobus de Ericio) zwei weitere Lobreden auf deutsche Studenten, eine anlässlich des Rektorats von Leonhard Langen,[22] eine weitere für die kanonistische Promotion des

---

Blame in Renaissance Rome. Rhetoric, Doctrine, and Reform in the Sacred Orators of the Papal Court c. 1450-1521 (Duke Monographs in Medieval and Renaissance Studies 3). Durham 1979, S. 36-41.

[19] Vgl. McManamon, [Anm. 18], S. 36-45; Rhetorica ad Herennium. Lateinisch-Deutsch, hrsg. u. übersetzt v. Theodor Nüßlein. Zürich 1994, III 6, S. 139; M. Tullius Cicero: De Inventione. Über die Auffindung des Stoffes. Lateinisch-deutsch, hrsg. u. übersetzt v. Theodor Nüßlein. Darmstadt/ Düsseldorf/ Zürich 1998, I 34f., S. 72-75.

[20] Zu dieser Bestimmung siehe Knape, Joachim: Die zwei texttheoretischen Betrachtungsweisen der Topik und ihre methodologischen Implikationen, in: Thomas Schirren/ Gert Ueding (Hrsg.): Topik und Rhetorik. Ein interdisziplinäres Symposium (Rhetorik-Forschungen 13). Tübingen 2000, S. 747-766, hier S. 748ff.

[21] Rasini, Baldassare: Laudatio in assumptione rectoratus domini Johannis de Linse, hrsg. v. Agostino Sottili, Die Lobrede des Baldassare Rasini auf den Kölner Juristen und Kanzler Johann Ruysch (1437/38), in: ders. (Hrsg.): Humanismus und Universitätsbesuch. Renaissance Humanism and University Studies. Die Wirkung italienischer Universitäten auf die Studia humanitatis nördlich der Alpen. Italian Universities and their Influence on the *Studia humanitatis* in Northern Europe (Education and Society in the Middle Ages and Renaissance 26). Leiden/ Boston 2006, S. 368-395, Edition S. 385-395. Zuletzt dazu Iaria, Simona: Nuove lauree pavesi del Quattrocento, in: Simona Negruzzo (Hrsg.): Università, umanesimo, Europa. Giornata di studio in ricordo di Agostino Sottili (Fonti e studi per la storia dell'Università di Pavia 47). Mailand 2007, S. 105-120, hier S. 110f.

[22] Ricci, Giacomo: In ingressu novi rectoris, in: London, British Library, Codex Arundel 138, Bl. 233v-235v. Die letzte ausführliche Beschreibung der Handschrift bei Rosso, Paolo: Il Semideus di Catone Sacco (Quaderni di Studi Senesi 95). Mailand 2001, S. CLXXIV-CCXIII, hier S. CXC.

Johannes Zeller.[23] In Turin wurde 1454 von Gianmario Filelfo anlässlich der Wahl zum Rektor eine Ansprache auf Johannes Herrgott gehalten.[24] Alle späteren Beispiele gehören nach Padua, wo 1459 Francesco Barozzi eine Rektoratsrede auf Johannes Roth vortrug,[25] der ein Jahr später von Giacomo Can eine weitere Panegyrik im Rahmen der Erlangung seines Lizentiats erhielt.[26] Ein weiteres Textbeispiel, eine Promotionslaudatio für Hartmann Schedel, den Initiator der berühmten Weltchronik von 1493, stammt ebenfalls aus Padua und wurde 1466 von Mathiolo Perusino an der Fakultät der Mediziner rezitiert – während die übrigen Lobreden alle für Juristen verfasst wurden.[27] Alle diese italienischen Autoren orientierten sich bei der Ausgestaltung des topischen Deutschenlobs an ethnographischen Ordnungsmustern, wie sie schon in der Antike verbreitet waren.[28] Man äußerte sich also zu kollektiven Eigenschaften der ausländischen Studenten (Frömmigkeit, Natürlichkeit, Treue, Kampfkraft), wie zu gewissen historisch-politischen Bezugspunkten dieser Gruppe (Verfügung über das *imperium*).

---

[23] Ricci, Giacomo: In presentatione Johannis Zeller, in: London, British Library, Codex Arundel 138, Bl. 104v. Vgl. Rosso [Anm. 22], S. CLXXX, wobei die Rede nicht auf den 4. August 1444, sondern auf den 7. August 1447 zu datieren ist.

[24] Filelfo, Gianmario: Oratio laudis Johannis Hergot rectoris universitatis. Zunächst hrsg. v. Herrmann Müller (Johannes Herrgotts Libellus de virtute colenda. Nebst einigen Briefen und Reden von ihm und an ihn. Nach der Greifswalder Handschrift [Mss. Lat. Bl. 15] herausgegeben, in: Archiv für Litteraturgeschichte 3 [1874], S. 169-201, S. 289-323, Edition S. 299-312) und schließlich hrsg. v. Klette [Anm. 16], Doc. I, S. 41-6, wonach im Folgenden zitiert wird. Vgl. zuletzt Rosso, Paolo: *Soli duo nos Alamanni hic Taurini ...* . Nuove testimonianze sul soggiorno universitario torinese di Johannes Herrgott, in: Quaderni di Storia dell'Università di Torino 5 (2000), S. 3-79, hier S. 5ff, 33f.

[25] Barozzi, Francesco: Oratio de laudibus Joannis Roti Vendicensis, in: München, Bayerische Staatsbibliothek, Clm 350, Bl. 132v-141r.

[26] Can, Giacomo: Oratio in laureandi examine, hrsg. v. Gustav Bauch: Analekten zur Biographie des Bischofs Johann IV. Roth, in: Studien zur schlesischen Kirchengeschichte. Seiner Eminenz dem hochwürdigen Fürstbischof von Breslau Herrn Georg Kardinal Kopp ehrerbietig gewidmet (Darstellungen und Quellen zur schlesischen Geschichte 3). Breslau 1907, S. 19-102, Edition S. 21-28. Dazu Sottili, Agostino: La formazione umanistica di Johannes Roth, vescovo principe di Breslavia, in: Sante Graciotti (Hrsg.): Italia e Boemia nella cornice del rinascimento Europeo (Civiltà Veneziana studi 49). Florenz 1999, S. 211-226, hier S. 213f., 219.

[27] Perusino, Mathiolo: Oratio in medicine coronazione, hrsg. v. Wilhelm Wattenbach: Hartmann Schedel als Humanist, in: Forschungen zur deutschen Geschichte 11 (1871), S. 351-374, Edition S. 368f. Zu Schedel grundlegend: Hernad, Béatrice/ Worstbrock, Franz Josef: Art. Schedel, Hartmann, in: Die deutsche Literatur des Mittelalters. Verfasserlexikon. Bd. 8 (1992), Sp. 609-621.

[28] Vgl. dazu Müller, Klaus E.: Geschichte der antiken Ethnographie und ethnologischen Theoriebildung. Von den Anfängen bis auf die byzantinischen Historiographen. Teil I (Studien zur Kulturkunde 29). Wiesbaden 1972, S. 106, 114f.

II.

Doch ehe darauf eingegangen wird, soll der geographische Bezugsraum geklärt werden, in dem die deutsche Studentenschaft rhetorisch verortet wird, was häufig über Reflexionen zur Ethnogenese germanischer Völker und zur Etymologie ihrer Namen geschieht.[29] Dabei wird sich zeigen, dass der identitätsstiftende Bezugsraum keinesfalls auf die Heimatstadt oder -region beschränkt ist, wie es die bisherige Forschung nahe legt.[30] Lediglich in seiner Rede für Leonhard Langen belässt es Giacomo Ricci zunächst beim Lob der *potissima urbs Luneburgensis Saxonie*.[31] Schon in der Laudatio für Johannes Zeller bezieht dieser Autor sein Deutschenlob von vornherein auf die *Germani homines*, zu denen er alle zählt, „die am Ozean leben", was vermutlich sowohl Friesen wie Skandinavier mit einschließt.[32] Bei Filelfo wird Johann Hergotts Heimatstadt Marburg besonders ausführlich behandelt, und doch wendet er sich letztlich an alle *Teutones*, als deren Heimat er den äußersten Norden der Provinz Belgia ausmacht, was sich ungefähr mit den Angaben des antiken Ethnographen Pomponius Mela deckt.[33] Bei Francesco Barozzi liegt der Schwerpunkt auf Ausführungen zur Heimatregion des Johannes Roth, nämlich dem Ries, das er als *Raetia* latinisiert. Sehr ausführlich zitiert er die Herkunftsgeschichte der Raetier nach Pompeius Trogus, die ursprünglich Tuszier gewesen seien und von den Galliern aus ihren angestammten Siedlungsgebieten vertrieben worden waren. Unter ihrem Führer Retus hätten sie schließlich die Alpen besiedelt, woher sich auch der Name des Stammes ableite.[34] Doch auch dieser Stamm siedelt in der *Germania* und teilt mit den übrigen germanischen

---

[29] Vgl. dazu auch Schnell [Anm. 10], S. 258-275.

[30] So etwa Mertens: Auslandsstudium [Anm. 6], S. 103. Vgl. dazu auch Hirschi [Anm. 5], S. 41-44.

[31] Ricci: In ingressu [Anm. 22], Bl. 234v.

[32] Ricci: In presentatione [Anm. 23], Bl. 104v: *Etiam qui occeanum versus incolunt Germani dicuntur*. Vgl. dazu auch Lund, Allan A.: Die Erfindung Germaniens und die Entdeckung Skandinaviens in Antike und Mittelalter, in: Annelore Engel-Braunschmidt u. a. (Hrsg.): Ultima Thule. Bilder des Nordens von der Antike bis zur Gegenwart (Imaginatio Borealis. Bilder des Nordens 1). Frankfurt a. M. u. a. 2001, S. 29-45.

[33] Filelfo [Anm. 24], S. 42; Pomponius Mela: De Chorographia libri tres, hrsg. v. Piergiorgio Parroni (Storia e Letteratura. Raccolta di studi e testi 160). Rom 1984, III 54, S. 164. Vgl. Müller, Klaus E.: Geschichte der antiken Ethnographie und ethnologischen Theoriebildung. Von den Anfängen bis auf die byzantinischen Historiographen. Teil II (Studien zur Kulturkunde 52). Wiesbaden 1980, S. 123-137.

[34] Barozzi [Anm. 25], Bl. 137r *Plinius et Iustino teste Trogus Pompeius declarat Gallos videlicet, qui Brenno duce Romam incenderant, Tuscos etiam sedibus expulisse et Mediolanum, Comum, Brixiam, Bergomum, Veronam, Tridentum, Vincentiam condidisse, Tuscos autem avitis sedibus amissis Reto duce Alpibus occupatis ex ducis nomine Retorum gentem constituisse et inde Alpinam illam Suevie partem quam possederunt Etrusci Retiam iuniores dixere*. Fast wörtlich nach M. Iunianus Iustinus: Epitoma Historiarum Philippicarum Pompei Trogi, hrsg. v. Otto Seel. Leipzig 1935, XX 5, S. 172. Zu diesem Ethnographen vgl. Müller: Geschichte II [Anm. 33], S. 60-67.

Stämmen die wichtigsten Eigenschaften, worauf noch einzugehen sein wird.³⁵ Mathiolo Perusino hebt in seiner Rede für Hartmann Schedel dessen angebliche Heimatregion, die *Alemannia*, ebenfalls als *regio nobilissima* hervor. Ihren Namen interpretiert er, in Anlehnung an Isidor von Sevilla, als Ableitung vom *Lemanno flumine*, was sich wohl auf den Genfer See (*Lacus lemannus*) bezieht.³⁶ Für diesen Redner bildet die *Alemannia* gemeinsam mit der *Theutonum regio* und der *Germania* einen – eben den von germanischen Stämmen besiedelten – Teil der *Gallia*. Unter Berufung auf Caesar grenzt er die *Germania* durch Donau und Rhein ab.³⁷ Etymologisch leitete Mathiolo *Germania* von *germen* ab, und so wird deutlich, dass er sich vor allem an dem etymologisch-grammatischen Handbuch ‚De verborum significatione' orientiert.³⁸ Die Teutonen wiederum würden nicht weit von Italien wohnen und von den Italienern nur *sinceros* genannt werden, also die „Aufrichtigen". Auch bei diesem Autor ist das Lob der Deutschen demnach nicht nur auf die unmittelbare Heimatregion des Studenten bezogen, sondern umfasst verschiedene germanische Stämme. Giacomo Can geht in seiner Laudatio für Johannes Roth ebenso mit einigen Worten auf den Reichtum seiner Heimatstadt Wemding im Ries und die umliegende Region ein, doch entwirft er letztlich den umfassendsten Bezugsrahmen für das Lob der Deutschen.³⁹ In enger Anlehnung an antike Vorstellungen berichtet er von der geschützten Lage Germaniens, das im Osten von Donau [sic!] und Don, im Westen aber vom Rhein begrenzt wird. Die Alpen im Süden werden mit einer schützenden Mauer verglichen und im Norden Germaniens lebten die friedliebenden Hyperboreer, die schon in der Antike mit positiven Vorstellungen des Nordens assoziiert waren.⁴⁰ Doch nicht nur die Geographie, auch die Astronomie dient der Verortung von Johannes Roths *patria*, die auch durch Sternbilder wie die Bären, zwischen denen sich ein Drache schlängelt, symbolisiert wird.⁴¹ In dieser Himmelsrichtung lebten die *arctoi populi*, die sich unter allen Völkern schon durch ihr besonderes Alter auszeichneten.⁴² Entgegen einer langen christlich-

---

35 Barozzi [Anm. 25], Bl. 137r. Vgl. Anm. 60.
36 Isidorus Hispalensis episcopus: Etymologiarum sive originum libri XX, hrsg. v. Wallace M. Lindsay. Oxford 1911 (Neudruck Oxford 1980), IX 2, S. 94.
37 Perusino [Anm. 27], S. 368.
38 Sextus Pompeius Festus: De verborum significatu quae supersunt cum Pauli epitome, hrsg. v. Wallace M. Lindsay. Leipzig 1913 (Neudruck Stuttgart, Leipzig 1997), S. 84.
39 Can [Anm. 26], S. 24.
40 Can [Anm. 26], S. 23. Zu den „Hyperboreern" s. Molina Morena, Francisco: Bilder des heiligen Nordens in Antike, Patristik und Mittelalter, in: Engel-Braunschmidt [Anm. 32], S. 47-65, hier S. 50f.; Fraesdorff, David: Der barbarische Norden. Vorstellungen und Fremdheitskategorien bei Rimberg, Thietmar von Merseburg, Adam von Bremen und Helmold von Bosau (Orbis Medievalis. Vorstellungswelten des Mittelalters 5). Berlin 2005, S. 52.
41 Can [Anm. 26], S. 23, der hier fast wörtlich schöpft aus M. Tullius Cicero: De natura deorum libri tres. Lateinisch-deutsch, hrsg. u. übers. v. Wolfgang Gerlach u. Karl Bayer. München/ Zürich ²1987, II 105, S. 264. Zu dieser Tradition auch Fraesdorff [Anm. 40], S. 37.
42 Can [Anm. 26], S. 22f. Dieses Motiv ist möglicherweise eine Verschmelzung von Genesis 8, 5, wonach nach der Sintflut als erstes die Gipfel der Berge wieder aus dem Wasser auftauchten, und

mittelalterlichen Tradition einer Negativsicht auf den Norden[43] wird diese Himmelsrichtung damit positiv konnotiert. Can fährt fort mit der Erzählung von der Entstehung der *Germania* als eigenständigem Siedlungsgebiet. Ursprünglich habe man alle Völker des Nordens als Skythen bezeichnet, ihr Gebiet aber schließlich in die *Sarmatia*, die an die *Asia* angrenzt, und die *Germania*, die nach Europa hineinragt, unterteilt.[44] Die Vorstellungen der italienischen Gelehrten vom geographischen Bezugsraum der deutschen Studenten, der Ethnogenese der dort lebenden Völker und ihrer Namensgebung basieren also stets auf den Angaben der antiken Literatur, die bisweilen etwas ungenau rezipiert wird. Dennoch bleibt als Gesamttendenz festzuhalten, dass zwar die Herkunftsstadt oder -region in den meisten Universitätsreden erwähnt, doch überwiegend ein sehr viel weiträumigeres Bild von der *patria* der deutschen Studenten entworfen wird. Durch natürliche Grenzen wie die Alpen, Flüsse oder ethnische Einheiten ist diese vergleichsweise klar umrissen, auch wenn ihre Grenzen insbesondere im Norden zu verschwimmen scheinen. Tatsächlich umfasste die deutsche Universitätsnation ja auch meist die wenigen skandinavischen Studenten. Den Angehörigen der deutschen Universitätsnation wurde also eine gewisse Homogenität hinsichtlich ihrer geographischen Herkunft zugeschrieben und damit eine wichtige Konstituente einer frühnationalen Identität.

Im rhetorischen Kontext der Universitätsreden zeichnet sich eine *natio* allerdings nicht nur durch den Bezug auf eine territoriale Größe aus. Die Deutschen, und zwar sowohl die deutschen Studenten vor Ort wie überhaupt alle Bewohner dieser *patria*, scheinen durch gewisse Tugenden gekennzeichnet, die ihnen in den Ansprachen der Italiener in Anlehnung an die antike Ethnographie zugeschrieben werden. Filelfo etwa zitiert den Ostgotenkönig Totila als ein Exemplum für die Tugend der *constantia*. Unter dem Eindruck der Eroberung Konstantinopels von 1453 konstruiert er eine Tradition der Deutschen als Glaubenskrieger. Er verweist auf die Anstrengungen Kaiser Siegmunds im Kampf gegen die Türken und behauptet, bei keinem anderen Volk seien so viele Christen für den wahren Glauben gefallen, was dessen einzigartige *pietas* und *constantia* beweise.[45] Ähnliche Zuschreibungen finden sich bei Humanisten wie Piccolomini und Campano im Rahmen ihrer Türkenreden und wurden noch von deutschen Gelehrten des 16. Jahrhunderts gerne aufgegriffen.[46] Auch Giacomo Ricci sah *constancia*, *fides* und *religio* als typische Wesensmerkmale der Deutschen. Dabei

---

Psalm 48, 3, wo der heilige Zionsberg im Norden verortet wird. Vgl. Fraesdorff [Anm. 40], S. 40f.

[43] Fraesdorff [Anm. 40], S. 169ff. und passim.

[44] Can [Anm. 26], S. 23. Diese Vorstellung geht zurück auf Plinius den Älteren: Hirschi [Anm. 5], S. 330; Lund [Anm. 32], S. 31, 39.

[45] Filelfo [Anm. 24], S. 42f.

[46] Ridé, Jacques: L'Image du Germain dans la pensée et la litterature Allemandes. De la redecouverte de Tacite à la fin du XVIe siècle. Contribution a l'étude de la genese d'un mythe. Bd. I. Paris 1977, S. 166, 183. Münkler/ Grünberger/ Mayer [Anm. 4], S. 168f.; Hirschi [Anm. 5], S. 277ff.

betont er allerdings, dass es den Anschein habe, diese Tugenden kleideten sie eher von Natur aus, als dass sie erst durch mühsame Studien erworben werden müssten.[47] Damit rekurriert er auf den Topos einer deutschen *simplicitas*, also einer gewissen Unverdorbenheit und Naturnähe der Deutschen, die auch in der Vorstellungswelt der italienischen Frühhumanisten eine Rolle spielte und mit Motiven aus Tacitus' ‚Germania' und Cäsars ‚Commentarii' korrespondiert.[48] Ricci wiederholt diese Ansicht im Mittelteil seiner Rede unter Berufung auf eine angebliche Aussage Cäsars, nach dessen Meinung die Germanen durch Wildheit, besonders im Kampf, ausgezeichnet seien. Allerdings seien sie auch ein besonders treues Volk, das aufgrund seiner Natur und nicht aufgrund von Anstrengungen zur Anständigkeit neige.[49] Im Rahmen der Lobrede wird dieses Stereotyp lediglich deshalb aufgerufen, um durch die positive Kontrastierung mit dem tatsächlichen Sachverhalt das Lob des Doktoranden zu steigern. Denn gleich anschließend räumt Ricci ein, durch seine Erfahrung mit den Deutschen eines Besseren belehrt worden zu sein, zumal durch Thomas Pirckheimer oder Johann Zeller, die sich beide in den Studien hervortaten, die für den Humanisten die eigentliche Grundlage für moralisches Handeln darstellen.[50] Bezüglich der Eigenschaften der Deutschen fällt hier allerdings einer der zentralen Begriffe, nämlich die *fides*, die Treue, die wohl seit den Schilderungen im 14. Kapitel von Tacitus' ‚Germania' fester Bestandteil des Germanenbildes war.[51] Dieser Topos war im ganzen Mittelalter bekannt[52] und wurde schließ-

---

[47] Ricci: In presentatione [Anm. 23], Bl. 104v: *Credideram ego nonnumquam, patres celeberrimi, quadam potius naturae bonitate constanciam, fidem, religionem ceterasque virtutes omnes germanos homines indutos esse quam arte studio aut quavis elaboratione.*

[48] Dazu Krebs, Christopher B.: *Negotiatio Germaniae. Tacitus' Germania und Enea Silvio Piccolomini, Giannantonio Campano, Conrad Celtis und Heinrich Bebel* (Hypomnemata 158). Göttingen 2005, S. 89–99.

[49] Ricci: In presentatione [Anm. 23], Bl. 104v: *Confirmabat opinionem preclari Gaii Cesaris eius inquam, qui primus rerum potitus et in Galiarum commentariis, illius sane divina historia de Germanis summa, inquit: [...] ‚gens fera nimis et in preliis admodum; nec minus in fide persistentes, natura pocius quam industria ad probitatem composita singulari fame gentis eius.' Et a tanto viro preconium, quo nemo maior, nemo fortunacior, nemo optimarum arcium et usu rerum sapiencior!*

[50] Ebd.: *Sed, medius fidius, opinionem omnem meam et Gaii Cesaris iudicium vincitur, tum plurimorum, qui ex hac vestra achademia hactenus prodierunt, Germanorum experiencia, tum et horum maxime qui in manibus sunt: Thome Nurembergensis cuius probitatem virtutem sapientiam iamiam stupentes magis quam laudantes approbastis, et Johannis Zelleris ex Rotbilia Almani, [...] [qui] insignem eloquentiam, gravitatem, venustatem, humanitatem et sacrorum canonum premaiorem scientiam reliquae virtuti adiecit.*

[51] P. Cornelius Tacitus: Germania. Interpretiert, herausgegeben, übertragen, kommentiert und mit einer Bibliographie versehen von Allan A. Lund. Heidelberg 1988, XIV, S. 80ff. Dazu Müller: Geschichte II [Anm. 33], S. 80–106, hier S. 87f.; Heitmann, Klaus: *Das italienische Deutschlandbild in seiner Geschichte. Bd. I: Von den Anfängen bis 1800.* Heidelberg 2003, S. 39–43, 144; von See, Klaus: *Barbar – Germane – Arier. Die Suche nach der Identität der Deutschen.* Heidelberg 1994, S. 94.

[52] Heitmann [Anm. 51], S. 63.

lich auch in der Rektoratsrede des Baldassare Rasini aufgegriffen. Hier wurde von den Deutschen behauptet, dass sie die Universität von Pavia mit ihrem hellen Verstand erleuchteten. Die *fidissimi Alamanni* würden ein anständiges und ehrbares Leben an ihrem Studienort führen und die Universität durch Weisheit, Tugend und Ruhm schmücken. Außerdem brächten die „treuesten Deutschen" großen Reichtum in die Stadt, und so werden alle Bewohner Pavias aufgerufen, ihnen wohlwollend zu begegnen.[53] Noch Giacomo Can zitiert das Motiv der Treue, wenn er erklärt, im Norden wohnten *pax atque fides*.[54]

Neben Frömmigkeit, natürlicher Tugendhaftigkeit und Treue gehört auch die Kampfkraft zu den Bestandteilen des Deutschenlobs in den Universitätsreden des 15. Jahrhunderts, die hier erneut Parallelen zu den Reden eines Piccolomini oder Campano aufweisen.[55] Sie alle stehen dabei wieder in der Tradition von Cäsar und Tacitus.[56] Schon Ricci hatte neben der Treue auch die Kampfkraft der Germanen betont und sich dafür auf Cäsars ‚Commentarii' berufen. Giacomo Can zitiert in humanistischer Manier zahlreiche historische Exempla, in denen die Germanen die übermächtigen Legionen der Römer besiegten. In einem dialogistisch gestalteten Abschnitt beruft er sich in zahlreichen Anaphern zunächst auf das Zeugnis Cäsars, der zur Eroberung Germaniens mehr Zeit benötigt habe und dabei größeren Gefahren ausgesetzt gewesen sei als irgendwo anders. Augustus habe Varus mit zwei äußerst erfolgreichen Legionen zur Befriedung Germaniens entsandt, doch sei dieser mitsamt seinen Truppen untergegangen. Auch Nero sei hier gescheitert, und letztlich legten auch Asien und der ganze Weltkreis Zeugnis von den Siegen dieses Volkes ab.[57] Mathiolo Perusino zitiert wieder ‚De verborum significatione', wenn er davon berichtet, wie die Cimbern wegen einer Überschwemmung ihre Heimatgebiete verließen und plündernd gegen Rom zogen.[58] Auch der Sieg des Marius über diesen germanischen Stamm geht auf diese Quelle zurück, doch schmückt Mathiolo die Niederlage der Cimbern zudem unter Verweis auf Lucius Florus und Plinius aus. Er berichtet sogar vom Triumphzug des Marius und davon, dass man noch heute am Podestàpalast von Padua ein Bild davon sehen könne,

---

[53] Rasini [Anm. 21], S. 395.

[54] Can [Anm. 26], S. 23.

[55] Heitmann [Anm. 51], S. 127f.; Amelung, Peter: Das Bild des Deutschen in der Literatur der italienischen Renaissance 1400-1559 (Münchner Romanistische Arbeiten 20). München 1964, S. 175.

[56] C. Iulius Caesar: Der gallische Krieg. Lateinisch-deutsch, hrsg. v. Otto Schönberger. München 1990, I 39 1, S. 52. Vgl. Trzaska-Richter, Christine: *Furor teutonicus*. Das römische Germanenbild in Politik und Propaganda von den Anfängen bis zum 2. Jahrhundert n. Chr. (Bochumer Altertumswissenschaftliche Colloquien 8). Trier 1991, S. 102-109, hier S. 105. Tacitus [Anm. 51], XIIIf., S. 80ff. Nach Müller (Geschichte II [Anm. 33], S. 106) führt schon die pädagogische Intention dieses Autors zu einer idealisierenden Sicht auf die Germanen, während Krebs [Anm. 48], S. 102-106 ein eher kritisches Germanenbild herausarbeitet.

[57] Can [Anm. 26], S. 23.

[58] Perusino [Anm. 27], S. 368; De verborum significatu [Anm. 38], XVII 29, S. 15.

wie der römische Feldherr den gefangenen König der Cimbern vor seinem Wagen einherziehen lässt. Erfolgreicher erscheinen da die Teutonen, die Cäsar angeblich folgten, als er zurück nach Rom strebte, weshalb schon Lucan vom *furor Theutonicus* spreche. Mathiolo verwendet damit einen Topos, der seit Petrarca häufig von italienischen Autoren aufgegriffen wurde.[59] Die eher wenig schmeichelhaften Worte über Cimbern und Teutonen mögen in der Lobrede auf einen deutschen Studenten zunächst etwas befremden. In der Struktur der Ansprache dienen sie allerdings dazu, die Alemannen, denen Hartman Schedel zugerechnet wird, als besonders positiv von den eher barbarischen germanischen Nachbarstämmen abzugrenzen. Ausnahmsweise wird damit stärker die Differenz unter den deutschen Studenten als deren Einheit betont.

Noch komplexer und unter ausführlicher Zitierung antiker Klassiker gestaltet Francesco Barozzi das Lob der germanischen Tapferkeit. Er beginnt mit einem Zitat aus Cäsars ‚Commentarii', in dem davon die Rede ist, dass die römischen Soldaten in solche Furcht vor den kriegerischen Germanen geraten seien, dass sie vor der Schlacht ihre Testamente versiegelten, weinten und seufzten.[60] Da die Germanen ihre Freiheit so heftig verteidigten, habe sie schon Tiberius mit zahlreichen Kriegen überzogen. Kurz davor habe Drusus, der das ganze *Illyricum* unter seine Gewalt gebracht hatte, den härtesten Krieg gegen Raeter und Vindeliker geführt.[61] Dies habe wohl vor allem an der körperlichen und seelischen Wildheit der Germanen gelegen, von der schon Pomponius Mela berichtet.[62] Auch Horaz nannte die Räter in einer Ode, aus der anschließend 19

---

[59] Perusino [Anm. 27], S. 368 *Marius eos senatus decreto media Italia magna cede superavit. De eisque tandem publico triumphavit. Sic enim Lucius Florus et Plinius apud viros illustres testati sunt. Quem utique triumphum in edibus illustris presidis Patavi nobilissimi pictoris manu videre potestis, ubi Marius Cimbrorum regem ante currum ut mos erat captivum ducit. [...] Theutones [...] gens utique effera est et montana inhabitans. Hi siquidem Caesari Romam petenti comitatum fecere. Unde Lucanus rabiemque furoris Theutonici.* Vgl. Heitmann [Anm. 51], S. 47. Ebd. S. 127f. zum Fortleben dieses Topos in Spätmittelalter und Renaissance. Dazu auch Amelung [Anm. 55], S. 167, 175. Ludwig Schmugge (Über 'nationale' Vorurteile im Mittelalter, in: Deutsches Archiv 38 [1982], S. 439-459, hier S. 458) weist auf die Verbreitung schon im 12. Jahrhundert hin.

[60] Barozzi [Anm. 25], Bl. 137r: *In Germania bellicosissima provincia, que maximos saepe adversus Romam tumultus concitavit, Reti populi has alpes nobis vicinas colunt: hi a maioribus nostris omnibusque fere orbis scriptoribus inter Suevos locantur; gentem bellis adeo tremendam, ut exercitum Julii Cesaris, quo totum pene orbem terrarum domuit, vehementissime perturbarit, adeoque perturbarit ut eius milites tamquam omnes morituri, testamentis prius vulgo obsignatis, lacrimabundi ac gementes vix eo perduci se paterentur.* Vgl. Caesar [Anm. 56], I 39, S. 53f.

[61] Ebd.: *Cum iis Retie populis libertatem suam adversus Romanorum cupiditatem tuentibus acerrime Tiberius imperator multis preliis conflixit et paulo ante Drusus, Augusti legatus, qui Cantabremiam, Aquitaniam, Pannoniam, Dalmatiam cum omni Yllirico auspiciis suis represserat, bellum Reticum ac Vindelicum omnium prope bellorum quae gesserat gravissimum duxerat.*

[62] Ebd., Bl. 137r-137v: *Nec mirum cum et Germani, ut et Pomponius tradit, et cottidie id ipsum scire volentibus patet, corporibus animoque immanes sint.* Nach Pomponius Mela [Anm. 33], III 26, S. 159.

Verse zitiert werden, *immanes*. Sonst würde es schließlich so scheinen, als habe das römische Heer sich gegen ein träges und feiges Volk lange abgemüht, erklärt Barozzi.[63] Trotz ihrer überragenden Körpergröße und ihrem Freiheitsdrang hat Drusus sie aber letztlich besiegt. Die Freiheitsliebe bis in den Tod, die den Schlusspunkt des Horaz-Zitats bildet, gehört auch zum Germanenbild des Tacitus.[64] Sie ist für Barozzi das eigentlich Lobenswerte an der Tapferkeit der Germanen, nicht ihre ungebändigte Kampfkraft, was sich mit dem *fortitudo*-Konzept anderer Humanisten deckt.[65] Unter den Attributen der Deutschen spielen für die italienischen Festredner Kampfkraft und Tapferkeit eine besondere Rolle. Diese Eigenschaften werden bisweilen durchaus kritisch gesehen, dienen prinzipiell aber ebenfalls der Steigerung des Ruhmes der *patria* und damit zur Konstruktion einer deutschen Tugendgemeinschaft.

Konstitutiv für die Entstehung nationaler Diskurse ist zudem ein politischer Bezugspunkt, wie ihn für die Deutschen im späten Mittelalter das *imperium* darstellt. Schon in der Typologie des Alexander von Roes kommt ihnen das Kaisertum zu, und im 15. Jahrhundert spielt es für das Deutschenbild humanistischer Autoren wie Piccolomini eine entscheidende Rolle.[66] So bezeichnet auch Giacomo Can in seiner Laudatio für Johannes Roth das *imperium Romanum* als eine Zierde, eine Säule der Menschheit, welche die ganze Christenheit bewundere. Otto, Siegmund, Konrad, die Friedriche und alle übrigen früheren Kaiser förderten die römische Macht und verdienten sich so die Gnade Gottes.[67] Giacomo Riccis Lob Sachsens, der Heimatregion des neuen Rektors Leonhard Langen, basiert auf der *translatio imperii*. Denn die Sachsen hätten ungefähr 300 Jahre über das Kaisertum verfügt, nachdem es zur Zeit des Papstes Stephan von den Griechen auf die Deutschen transferiert worden sei. Hier wäre es noch länger verblieben, doch bestimmte Otto III., dass nicht nur aus der ehrwürdigen Familie der

---

[63] Ebd., Bl. 137v: *Ideoque noster Horatius in scriptis etiam suis Romanorum partium fautor, ne tamdiu adversus vilem et ignavam aliquam gentem laborasse Romanus exercitus videretur, ipsos, de quibus loquimur, Retos immanes dixit, sive ob proceram corporum magnitudinem, sive quia, ut ipse intuit, mortem libertatis amore contemnerant, hoc videlicet carmine: ‚Quem, legis expertes latine, / Vindelici didicere nuper / Quid morte posses. Milite nam tuo / Drusus Genaunos [ms: Germanos], implacidum genus, / Brennosque veloces et arces / Alpibus impositas tremendis / Deiecit acer plus vice simplici; / Maior Neronum mox grave prelium / Commisit immanisque Retos / Auspiciis pepulit secundis, / Spectandus in certamine Martio / Devota morti pectora liberae / Quantis fatigarat ruinis.'* Horatius Flaccus Quintus: Oden und Epoden. Lateinisch – Deutsch, hrsg. u. übers. v. Gerhard Fink. Düsseldorf 2002, S. 254-257, IV 14, S. 7-19.

[64] Christ, Karl: Germanendarstellung und Zeitverständnis bei Tacitus, in: Historia 14 (1965), S. 62-73, hier S. 63. Gegen die hier behauptete positive Tendenz wieder Krebs [Anm. 48], S. 99-102.

[65] Probst, Veit: Petrus Antonius de Clapis (ca. 1440-1512). Ein italienischer Humanist im Dienste Friedrich des Siegreichen von der Pfalz (Veröffentlichungen des historischen Instituts der Universität Mannheim 10). Paderborn u. a. 1989, S. 244.

[66] Grundlegend dazu Goez, Werner: *Translatio Imperii*. Ein Beitrag zur Geschichte des Geschichtsdenkens und der politischen Theorien im Mittelalter und in der frühen Neuzeit. Tübingen 1958; siehe ferner Münkler/ Grünberger/ Mayer [Anm. 4], S. 175-180, sowie Schnell [Anm. 10], S. 291.

[67] Can [Anm. 26], S. 23f.

Fürsten von Braunschweig in Sachsen, sondern aus dem ganzen Volk der „heroischen Deutschen" der römische Kaiser gewählt werden sollte.[68] Der italienische Gelehrte bezog sich hierbei auf eine Version der *translatio imperii*, wie sie die weit verbreitete Chronik des Martin von Troppau berichtet, wobei er allerdings die Figur Karls des Großen ausblendet und gleich auf das sächsische Kaiserhaus der Ottonen zu sprechen kommt.[69] Bezüglich der Einrichtung des Kurkollegs am Ende der Regierungszeit Ottos III. folgt Ricci der von diesem Chronisten erstmals formulierten „Kurfürstenfabel".[70] Nach Gianmario Filelfo verfügten die Deutschen bereits seit 1000 Jahren über das *imperium*, und zwar seit Otto I. Große Verdienste hätten sie sich damals erworben, etwa durch die schriftliche Fixierung und Tradierung von Gesetzen. Alle vornehmen Fürstenhäuser würden sich auf deutsche Vorfahren berufen, und vor allem auf die Fürsten der Sachsen. Kaiser Friedrich I. stamme von diesen ebenso ab wie das savoyische Herrscherhaus, in dessen Machtbereich sich die Universität von Turin befand.[71]

Unter Bezug auf eine Vielzahl antiker und mittelalterlicher Autoren gestalteten italienische Gelehrte seit dem Ende der 1430er Jahre das Lob der Deutschen anlässlich von Promotionen oder des Amtsantritts eines neuen Rektors. Sie konstruierten dabei über die Zuschreibung eines gemeinsamen geographischen Bezugsraums in der *Germania* sowie positiver kollektiver Eigenschaften und über die politische Zuordnung zum *imperium* eine frühnationale Tugendgemeinschaft. Die zahlreichen historischen Exempel evozierten zudem die Vorstellung einer geschichtlichen Kontinuität bis in die Antike oder die Zeit nach dem Sündenfall, was ebenfalls zu den wesentlichen Bestandteilen nationaler Identität gezählt werden kann.[72] Insgesamt wird dabei ein, im Gegensatz zur allgemein angenommenen eher negativen Sicht auf die Besucher aus dem

---

[68] Ricci: In ingressu [Anm. 22], Bl. 235r: *Celebratissima olim Saxonie patria feracissima ingenia gignit, apud quam trecentis ferme annis post tempora translationis imperii ... [a] beatissimo papa Stephano secundo e Grecis in Germanos facte, continue sedit imperium diutiusque mansisset, nisi Ottonis tertii providentia pariter et consensu ordinatum fuisset, ut non solum ex Brunswyck Saxonie principum serenissima familia, sed ex universo Germanorum heroum genere delegi Romanorum imperator posset.*

[69] Martinus Oppaviensis: Chronicon pontificum et imperatorum, hrsg. v. Ludwig Weiland, in: Monumenta Germaniae Historica. Scriptores 22. Hannover 1872, S. 377-475, hier S. 426. Vgl. Goez [Anm. 66], S. 202, 194-198 zu den Vorlagen dieser Chronik.

[70] Martinus Oppaviensis [Anm. 69], S. 466. Dazu Buchner, Max: Die Entstehung und Ausbildung der Kurfürstenfabel. Eine historiographische Studie, in: Historisches Jahrbuch 33 (1912), S. 54-100, hier S. 68-75. Vgl. auch Erkens, Franz-Reiner: Kurfürsten und Königswahl. Zu neuen Theorien über den Königswahlparagraphen im Sachsenspiegel und die Entstehung des Kurfürstenkollegs (Monumenta Germaniae Historica. Studien und Texte 30). Hannover 2002, S. 2, 35.

[71] Filelfo [Anm. 24], S. 42f. Vgl. Goez [Anm. 66], S. 116.

[72] Wagner, Peter: Fest-Stellungen. Beobachtungen zur sozialwissenschaftlichen Diskussion über Identität, in: Aleida Assmann/ Heidrun Friese (Hrsg.): Identitäten (Erinnerung, Geschichte, Identität 3). Frankfurt a. M. 1998, S. 44-72, hier S. 69; Schnell [Anm. 10], S. 313.

Norden stehendes, äußerst positives Bild der Deutschen entworfen.[73] Als Erklärung hierfür sei zunächst darauf verwiesen, dass die deutschen Studenten in den norditalienischen Universitätsstädten einen wichtigen Wirtschaftsfaktor darstellten.[74] Bei manchen Lobrednern lassen sich zudem besonders gute Beziehungen zur deutschen Landsmannschaft nachweisen, unterstützte diese doch etwa die Gehaltsforderungen des Rhetorikprofessors Baldassare Rasini.[75] Nicht übersehen werden darf aber der moralische Appellcharakter, den die italienischen Humanisten ihren Lobreden generell unterlegten. In diesen wurde stets ein Ideal formuliert, dem die Zuhörer nachstreben sollten, um so auch des öffentlichen Ruhmes würdig zu sein oder zu werden.[76] Mit dem Lob der Deutschen wurde folglich an die Studenten aus dem Norden appelliert, sich doch die Tugenden der Beständigkeit, Frömmigkeit und Treue zu Eigen zu machen. Sie sollten sich als würdige Angehörige eines Volkes erweisen, das sogar über das Kaisertum verfügte. Nicht zufällig wurde das Lob der Kampfkraft, das aufgrund der langen Tradition dieses Topos eine prominente Stellung einnehmen musste, bisweilen etwas gebrochen. Sie wurde zur inneren Tapferkeit umgedeutet und sollte im eigentlichen Sinn am besten nur gegen die Türken aktualisiert werden. Vor dem Hintergrund dieser pädagogischen Intention ist die Konstruktion einer deutschen Tugendgemeinschaft durch humanistische Gelehrte zu verstehen. Sie wollten so einen Beitrag leisten zu einem friedlichen Miteinander in den potentiell konfliktgefährdeten italienischen Universitätsstädten.

---

[73] Heitmann [Anm. 51] geht im Kapitel „Zeit des Humanismus und der Renaissance" (S. 72-160) vor allem auf negative Eigenschaften ein. So auch Amelung [Anm. 55], S. 150-177. Vgl. auch Schmugge [Anm. 59], S. 454.

[74] Strnad, Alfred A.: „Sechzig Deutsche geben mehr Geld aus, als hundert Italiener". Zu Agostino Sottilis Forschungen zur Geschichte des Studiums in Pavia, in: Innsbrucker historische Studien 20/21 (1999), S. 297-316.

[75] Sottili, Agostino: L'Università di Pavia nella politica culturale sforzesca, in: ders.: Università e cultura. Studi sui rapporti italo-tedeschi nell'età dell'Umanesimo. Goldbach 1993, S. 99*-160*, hier S. 106*.

[76] McManamon [Anm. 18], S. 34, 160; O'Malley [Anm. 18], S. 193f. Vgl. auch Hambsch, Björn: Das tadelnswerte Lob. Bemerkungen zur historischen Pragmatik lobender Rede im Fest, in: Josef Kopperschmidt/ Helmut Schanze (Hrsg.): Fest und Festrhetorik. Zur Theorie, Geschichte und Praxis der Epideiktik (Figuren 7). München 1999, S. 119-140, hier S. 130-134.

III.

Die Mitglieder der deutschen Landsmannschaft eigneten sich die Tradition der humanistisch gefärbten Lobrede erst um die Mitte des 15. Jahrhunderts an. Soweit ersichtlich, hielt erstmals Gottfried Lange 1452 in Bologna eine entsprechende Laudatio auf Hertnidt vom Stein. Sie fand später Eingang in Albrecht von Eybs ‚Margarita poetica'. Die wesentlichen Bestandteile einer frühhumanistischen Universitätsrede hat Lange ganz offensichtlich bereits erfasst, verweist er doch ähnlich wie etwa Filelfo auf die Gaben der *fortuna*, ehe er auf das Lob der gemeinsamen Heimat zu sprechen kommt. Dieses fällt allerdings so kurz aus, wie bei kaum einem der Italiener. Er grenzt lediglich die *patria* auf die *Francia orientalis* ein, die unter den *Germaniae nationes* nicht die kleinste sei.[77] Die nächsten drei Lobreden eines deutschen Studenten für andere Angehörige seiner Nation stammen von Rudolf Agricola und wurden zwischen 1472 und 1474 zum Amtsantritt deutscher Rektoren in Pavia rezitiert.[78] Obwohl Agricola wusste, dass das Lob der *patria* zu einer klassischen Panegyrik gehörte,[79] spart er diesen Topos in seinen Ansprachen aus. So geht er in der Rede für Mathias Richilius nicht weiter auf einzelne Tugenden des neuen Rektors ein und motiviert dies mit dem Hinweis darauf, dass nach dem Zeugnis zahlreicher Autoren für die Deutschen und vor allem die Oberdeutschen die Tugendhaftigkeit ohnehin ein *ius naturae* sei.[80] Damit klingt immerhin das bereits aus den oben erwähnten Texten bekannte Motiv einer positiv konnotierten deutschen *simplicitas* an. In der Rede für Johannes Dalberg wird lediglich sein früherer Studienort Erfurt positiv erwähnt, nicht aber seine eigentliche

---

[77] Lange, Gottfried: De laudatione domini Hertnidi de Lapide in electione eius ad dignitatem officii rectoratus universitatis. Oratio XX, hrsg. v. Albrecht von Eyb: Margarita Poetica. Basel 1495, I2r-v: *Recensere inpresentiarum non libuit omnia illa, quibus a fortuna dotatus est bonis, utputa nobilissimum et vetustissimum equestris ordinis genus de Lapide cognominatum, clarissimam et opulentissimam patriam Franconiam, quae plaerumque Francia orientalis dicitur et inter Germaniae nationes non minima.* Deutsche Staatsbibliothek zu Berlin (Hrsg.): Gesamtkatalog der Wiegendrucke. Band VIII: Eike von Repgow – Flühe. Stuttgart/ Berlin/ New York 1978, Nr. 9537. Siehe auch Thumser, Matthias: Hertnidt vom Stein (ca. 1427-1491). Bamberger Domdekan und markgräflich-brandenburgischer Rat. Karriere zwischen Kirche und Fürstendienst. Neustadt a. d. Aisch 1989, S. 19.

[78] Vgl. dazu Sottili, Agostino: Notizie per il soggiorno in Italia di Rodolfo Agricola, in: Fokke Akkerman/ Arjo J. Vanderjagt (Hrsg.): Rodolphus Agricola Phrisius 1444-1485. Proceedings of the International Conference at the University of Groningen 1985. Leiden u.a. 1988, S. 79-95.

[79] Walter, Peter: Rudolf Agricolas Rektoratsrede für Johannes von Dalberg, in: Andreas Bihrer/ Elisabeth Stein (Hrsg.): *Nova de veteribus*. Mittel- und neulateinische Studien für Paul Gerhardt Schmidt. München/ Leipzig 2004, S. 762-786, hier S. 764.

[80] Agricola, Rudolf: Oratio in laudem Matthie Richili, hrsg. v. Alardus Aemstelredamus: Rodolphi Agricolae Phrisii lucubrationes aliquot lectu dignissimae, in hanc usque diem nusquam prius editae, caeteraque eiusdem viri plane divini omnia, quae extare creduntur opuscula. Köln 1539 (Nachdruck Frankfurt a. M. 1975), S. 138-143, hier S. 141.

Heimatstadt Oppenheim am Rhein.[81] Auch in Agricolas Rede für Paul van Baenst bleibt das Deutschenlob auf eine Stadt beschränkt, diesmal aber tatsächlich auf die Heimatstadt Brügge. Diese Stadt sei unter allen westlichen Geschäftszentren durch die Menge an Schätzen, Händlern und Geschäften, aber auch durch Menge, Preis und Verschiedenheit der Waren ausgezeichnet.[82] Die deutschen Studenten selbst übernehmen im 15. Jahrhundert also den Topos des Deutschenlobs nur zögerlich. Ihr geographischer Bezugspunkt ist sehr viel stärker regional geprägt als in den Reden der italienischen Gelehrten, und das Selbstverständnis als deutsche Tugendgemeinschaft wird zwar anzitiert, bleibt in seiner Ausgestaltung aber äußerst blass.

IV.

Es fügt sich nun in die Geschichte einer Diffusion des Humanismus, dass die Deutschen zu Beginn des 16. Jahrhunderts die aus Italien bekannten rhetorischen Formen vollständig übernehmen und eigenständig weiterführen. Wie sehr der eingangs erwähnte Christoph Scheurl in seiner Lobrede von 1505 dabei in der Tradition italienischer Universitätsrhetoren steht und inwiefern er diese fortentwickelt, sei an einigen prägnanten Beispielen ausgeführt.[83] Scheurl beginnt seine Ausführungen mit etymologischen Reflexionen, wobei er wie schon Mathiolo Perusino etwa 40 Jahre zuvor aus ‚De verborum significatione' zitiert, wenn er den Namen der Germanen von dem Begriff *germen* ableitet.[84] In Anlehnung an dasselbe Werk wird der Name der Alamannen vom Fluss *Lemannus* hergeleitet, was allerdings nur als eine mögliche Deutung angeboten wird.[85] Auch bezüglich der Grenzen Deutschlands lehnt sich Scheurl an seine italienischen Vorläufer an, wenn er von der Lage zwischen Meer und Donau, Rhein und Elbe oder der früheren Ausdehnung über Skythien und Sarmatien berichtet.[86] Insgesamt sind seine Ausführungen zur Geographie aber doch ausführlicher und mit zahlreichen Hinweisen auf die unermessliche Größe Germaniens durchsetzt. Andererseits ist er

---

[81] Agricola, Rudolf: Oratio rectoratus pro domino Johanne de Talberg, hrsg. v. Walter [Anm. 79], S. 781-786, hier S. 784. Vgl. Keilmann, Burkard: Art. Dalberg, Johann von, Kämmerer von Worms, in: Erwin Gatz (Hrsg.): Die Bischöfe des Heiligen Römischen Reiches 1448-1648. Ein biographisches Lexikon. Berlin 1996, S. 115ff.

[82] Agricola, Rudolf: Oratio rectoratus pro domino Paulo de Baenst, hrsg. v. Agostino Sottili: L'Orazione di Rudolf Agricola per Paul de Baenst, rettore dell'Università Giurista Pavese. Pavia 10 Agosto 1473, in: Gilbert Tournoy/ Dirk Sacré (Hrsg.): *Ut Granum Sinapis*. Essays on Neo-Latin Literatur in Honour of Jozef Ijsewijn (Supplementa Humanistica Lovaniensia 12). Löwen 1997, S. 87-130, Edition S. 125-130, hier S. 126.

[83] Inhaltsangabe der gesamten Rede bei Mertens: *Laudes* [Anm. 6], S. 722-725.

[84] Scheurl [Anm. 7], Bl. B VIIIv.

[85] Ebd., Bl. C Ir.

[86] Ebd., Bl. C Iv. Auf die Ausbreitung der Germanen wies auch schon Can [Anm. 26], S. 23 hin.

De Germania parcissime locuti sunt ...

auch um einiges konkreter, nennt er doch, anders als die italienischen Rhetoren, zahlreiche innerdeutsche Flüsse und spricht von einer *Germania inferior* und einer *Germania superior*.[87] Von den Eigenschaften der Deutschen übernimmt Scheurl den hohen Stellenwert der *fides*. Doch variiert er diesen Bestandteil des Deutschenlobs dahingehend, dass er nun, neben anderem, zur Differenzierung gegenüber den Franzosen herangezogen wird.[88] Auch im Verbund mit der Kampfkraft wird dieser Begriff erneut aufgerufen, und sie scheint das eigentliche Distinktionsmerkmal der Deutschen zu sein.[89] Wie schon die humanistisch beeinflussten italienischen Universitätsrhetoren des 15. Jahrhunderts illustriert auch er diese Tugend mit verschiedenen historischen Exempeln. Eine wichtige Rolle spielt dabei die Niederlage des Varus, auf die bereits der italienische Lobredner Giacomo Can explizit verwiesen hatte.[90] Scheurl hebt schließlich auch das *imperium* hervor, das im Nationaldiskurs deutscher Humanisten des 16. Jahrhunderts generell „als augenfälligstes Zeichen des deutschen Vorrangs" präsentiert wurde.[91] Er berichtet von der Übertragung des Kaisertums von den Griechen auf Karl den Großen, doch orientiert er sich nicht mehr, wie noch der Paveser Jurist Giacomo Ricci, an Martin von Troppau, sondern berichtet von der Krönung durch Leo III. als Dank für militärische Hilfeleistung.[92] Ähnlich wie schon Filelfo sieht auch er die Deutschen als Ahnherren bedeutender italienischer Dynastien.[93] Bezüglich der Entstehung des Kurfürstenkollegs betont er, dass nicht Otto III., sondern Papst Gregor V. um die Jahrtausendwende das Kaiserwahlrecht auf alle Deutschen ausgeweitet habe.[94] Damit bezieht sich Scheurl erneut auf eine andere Quelle als seine italienischen Vorläufer, nämlich auf den anonymen Verfasser einer Streitschrift des 13. Jahrhunderts.[95] Auch wenn Scheurl das Lob der Stadt Nürnberg einfügt, ist dies in der Tradition der Universitätsoratorik der Italiener vorgeprägt, wie oben gezeigt werden konnte.[96]

Wenn Christoph Scheurl also in seiner Einleitung behauptet, mit dem Lob der Deutschen literarisches Neuland zu betreten, ist das als humanistischer Exordialtopos zu betrachten, der die Aufmerksamkeit seiner Rezipienten verstärken sollte. Denn, wie oben gezeigt, bedeutet seine Rede gattungsgeschichtlich keinen Neubeginn, sondern

---

[87] Ebd., Bl. C Iv – C IIv.
[88] Ebd., Bl. Cr.: *Non video, quid simile cum Gallis habeamus, quippe aliud robur, alia lingua, alia militia, alia denique promissi tenacitas et fidei integritas nobis est.* Vgl. dazu auch Hirschi [Anm. 5], S. 280.
[89] Scheurl [Anm. 7], Bl. C IIIv – C Vr.
[90] Ebd., Bl. C Vv – C VIr. Vgl. Can [Anm. 26], S. 23. Zur Übernahme dieses Motivs bei Ulrich von Hutten s. Ridé [Anm. 46], S. 570-625.
[91] Hirschi [Anm. 5], S. 270-277.
[92] Scheurl [Anm. 7], Bl. E IIIv. Vgl. Goez [Anm. 66], S. 137ff.
[93] Vgl. auch die zusammenfassende Randglosse zu dem entsprechenden Absatz bei Scheurl [Anm. 7], Bl. E VIr: *Omnes familiae apud Italos illustres ex Germania.*
[94] Ebd., Bl. E VIIIv.
[95] Dazu Buchner [Anm. 70], S. 95f.
[96] Scheurl [Anm. 7], Bl. F Vv.- G IIIv.

einen wichtigen Qualitätssprung in der Aneignung humanistisch gefärbter Universitätsrhetorik durch deutsche Studenten. Durch die Übernahme und Ausgestaltung des Deutschenlobs trat um 1500 allerdings die pädagogisch-integrative Intention dieses Topos zurück. Scheurl beschwor nicht nur eine tugendhafte Gemeinschaft aller Bewohner Germaniens, die durch gewisse Eigenschaften und das *imperium* geeint sind. Er vertritt eher schon das Konzept einer exklusiven deutschen Ehrgemeinschaft, die insbesondere im Wettbewerb zu den Franzosen steht. Der nationale Ehrdiskurs wurde um 1500 also zweifellos auch an den Universitäten Italiens gepflegt. Dies ist allerdings kaum denkbar ohne die Tradition der Universitätsrede, wie sie italienische Humanisten etabliert hatten. Deren Fremdzuschreibungen waren zunächst an die deutsche Universitätsnation gerichtet, die im 15. Jahrhundert als Repräsentantin einer deutschen Tugendgemeinschaft imaginiert wurde. Somit erlangt diese soziale Lebensform im späten Mittelalter grundlegende Bedeutung für die Entstehung von Diskursen über eine deutsche Identität.

JOHANNES KLAUS KIPF

Humanistische Freundschaft im Brief – Zur Bedeutung von *amicus*, *amicitia* und verwandter Begriffe in Briefcorpora deutscher Humanisten 1480 - 1520

I. Einleitung

Für die europäische Bildungsbewegung des Humanismus insgesamt und für seine Spielart im Reich, den deutschen Humanismus (etwa seit 1450), können die in beträchtlicher Zahl und in beträchtlichem Umfang erhaltenen Briefwechsel – in Abschwächung eines allzu apodiktischen Urteils Franz Josef WORSTBROCKS – als eine der wichtigsten Quellengattungen gelten;[1] auch die neulateinische Philologie sieht in europäischer Perspektive in der Epistolographie ein wichtiges und interessantes Teilgebiet unter anderen.[2] Nun haben die Humanisten den Brief nicht erfunden. Briefe sind nach Franz-Josef SCHMALES Einschätzung „als Mittel der Nachrichtenübermittlung an räumlich Entfernte wahrscheinlich fast so alt wie die Schrift selbst", der Brief ist daher wohl „Bestandteil jeder schriftlichen Kultur"[3], doch die Zahl und die geschlossene Überlieferung personen- oder auch familienzentrierter Briefcorpora steigt mit dem Auftreten des Humanismus (in Italien seit Francesco Petrarca; in Deutschland seit etwa 1450) in signifikanter Weise an.[4] Auch ihre Erschließung ist in den letzten Jahrzehnten in so erfreulicher Weise vorangeschritten, dass nun eine zunehmend vorbildlich erschlossene

---

[1] Vgl. Worstbrock, Franz-Josef: Rez. zu Johannes Reuchlin: Briefwechsel. Bd. 1: 1477-1505. Bearb. v. Matthias Dall'Asta u. Gerald Dörner. Stuttgart-Bad Cannstatt 1999, in: Zeitschrift für deutsches Altertum 130 (2001), S. 236-242, hier S. 236: Briefwechsel seien „die insgesamt wichtigste humanistische Quellengattung".
[2] Vgl. Ijsewijn, Jozef/ Sacré, Dirk: Companion to Neo-Latin Literature. Part 2. Leuven ²1998, S. 218.
[3] Schmale, Franz J.: Art. Brief, Briefliteratur, Briefsammlungen, in: Lexikon des Mittelalters 2 (1983), Sp. 648-656, hier Sp. 648.
[4] Zum Konzept und zur zeitlichen Situierung eines deutschen Humanismus vgl. Mertens, Dieter: Deutscher Renaissance-Humanismus, in: Stiftung ‚Humanismus heute' (Hrsg.): Humanismus in Europa. Heidelberg 1998, S. 187-210.

Quellengruppe vorliegt, die sich für die Fragestellungen der historischen Semantik wie diejenige nach der Bedeutung von *amicitia* und verwandter Begriffe geradezu anbietet. Ich nenne hier nur die Editionen jüngeren Datums mit der Zahl edierter Briefe: Den Briefwechsel Jakob Wimpfelings (358 Stücke)[5], Johannes Reuchlins (seit 1993 bis voraussichtlich 2008, knapp 400 Stücke)[6], Willibald Pirckheimers (etwa 1360 Stücke)[7], die drei Generationen übergreifende Korrespondenz der Drucker- und Humanistenfamilie Amerbach, die allein bis 1513, der Lebenszeit des Dynastiegründers Johann Amerbach, knapp 500, bis 1520 dann 640 und insgesamt deutlich mehr als 6000 Stücke umfasst.[8] Hinzu kommen die in älteren Editionen greifbaren Briefsammlungen des Konrad Celtis (etwa 360 Stücke), Konrad Peutingers (303), Johannes Cuspinians (64), Beatus Rhenanus' (429, davon 193 vor 1520), des Konrad Mutianus Rufus (645 Briefe, davon allein 350 an den Freund Heinrich Urbanus) sowie Ulrichs von Hutten (etwa 150 Briefe), um die im Humanismus verwurzelten Reformatoren Philipp Melanchthon und Martin Bucer, deren Korrespondenz vor 1520 relativ geringes Gewicht gegenüber ihrem späteren Briefwechsel hat, außen vor zu lassen. Auch Erasmus' von Rotterdam Briefwerk, das 6145 Briefe umfasst, die schon in einigen zeitgenössischen wie in der modernen kritischen Ausgabe als ‚Opus epistolarum' firmieren, sei hier als die bedeutendste Korrespondenz eines Humanisten nördlich der Alpen (‚Northern Humanist')[9] nur erwähnt.[10]

---

[5] Wimpfeling, Jakob: Briefwechsel. Eingeleitet, kommentiert u. hrsg. v. Otto Herding u. Dieter Mertens. 2 Bde. München 1990.

[6] Reuchlin, Johannes: Briefwechsel. Bearb. v. Matthias Dall'Asta u. Gerald Dörner. 3 Bde. Stuttgart-Bad Cannstatt 1999-2006.

[7] Willibald Pirckheimers Briefwechsel. Gesammelt, hrsg. u. erläutert v. Emil Reicke, Dieter Wuttke u. Helga Scheible. Bd. 1-7, München 1940-2007. Vgl. Scheible, Helga: Willibald Pirckheimers Persönlichkeit im Spiegel seines Briefwechsels am Beispiel seines Verhältnisses zum Klosterwesen, in: Franz Fuchs (Hrsg.): Die Pirckheimer. Humanismus in einer Nürnberger Patrizierfamilie (Pirckheimer-Jahrbuch 21). Wiesbaden 2006, S. 73-88.

[8] Vgl. Hartmann, Alfred: Die Amerbachkorrespondenz. Bd. 1. Basel 1942; dazu Jenny, Beat R.: Die Amerbachkorrespondenz. Von der humanistischen Epistolographie zur bürgerlichen Briefstellerei, in: Franz J. Worstbrock (Hrsg.): Der Brief im Zeitalter der Renaissance (Mitteilungen der DFG-Kommission für Humanismusforschung 9). Weinheim 1983, S. 204-225, hier S. 204; der Forschungsstand bei Ueli Dill u. Beat R. Jenny: Aus der Werkstatt der Amerbach-Korrespondenz. Christoph Vischer zum 90. Geburtstag. Basel 2000.

[9] Vgl. zum Begriff Akkerman, Fokke/ Vanderjagt, Arjo (Hrsg.): Wessel Gansfort and Northern Humanism (Brill's Studies in Intellectual History 40). Leiden u. a. 1993; dies. (Hrsg.): Northern Humanism in European Context. 1469-1625. From the ‚Adwert Academy' to Ubbo Emmius (Brill's Studies in Intellectual History 94). Leiden u. a. 1999.

[10] Wichtige Überblicke über Erasmus' Briefwerk bei Alois Gerlo: Erasmus von Rotterdam: Sein Selbstporträt in seinen Briefen, in: Worstbrock [Anm. 8], S. 7-24; Voet, Leon: Erasmus and his Correspondents, in: J. Sperna Weiland/ W. Th. M. Frijhoff (Hrsg.): Erasmus of Rotterdam. The Man and the Scholar. Leiden u. a. 1988, S. 195-202; Jardine, Lisa: Erasmus. Man of Letters. The Construction of Charisma in Print. Princeton (NJ) 1993, S. 147-174.

Wenn hier gleichsam von der unteren Grenze, von der spätesten Zeit des Mittelalters im deutschen Kulturraum, den 40 Jahren vor der Reformation, der Blick auf das Thema des Symposiums, die ‚sozialen Lebens- und Kommunikationsformen im Mittelalter' gerichtet und dabei aus den drei Begriffen, die der Tagung das Thema vorgaben, die Freundschaft herausgegriffen wird, so geschieht dies nicht aus Geringschätzung gegenüber den nicht- oder vorhumanistischen mittelalterlichen Briefcorpora, deren Bedeutung für die Begriffs- und Geltungsgeschichte von Freundschaft im Mittelalter, sehe ich recht, noch nicht zusammenfassend gewürdigt ist, sondern es geschieht wegen der bequemen Greifbarkeit der Briefwechsel humanistischer Provenienz und aufgrund meiner Vertrautheit mit diesem Quellentyp.

Die wechselseitige Bedeutung der sozialen Lebens- und Kommunikationsform „Freundschaft" für den Quellentyp des Briefs ist evident und kann hier nur grob skizziert werden. Zwar sind die deutschen Komposita „Brieffreund" und „Brieffreundschaft", auf die mein Titel, „humanistische Freundschaft im Brief", anspielt, relativ jungen Datums, sind etwa im zweiten Band des Deutschen Wörterbuchs der Brüder Grimm von 1860 noch nicht belegt[11] – das gleichzeitige Deutsche Wörterbuch von Daniel Sanders kennt den Freundesbrief, nicht aber den Brieffreund[12] –, doch die Bedeutung der Briefe für die kulturelle Institution der Freundschaft ist seit der römischen Antike, v. a. durch die Briefsammlungen Ciceros und Senecas, auch durch das Briefwerk des jüngeren Plinius eindrucksvoll grundgelegt. Die Altphilologie spricht in diesem Zusammenhang vom „Freundschaftsbrief" als einer eigenen Untergattung der römischen Epistolographie[13] und die Humanismusforschung hat diesen Begriff für ihr Gebiet übernommen.[14] Gerade der römische Freundschaftsbrief war es, der den Protohumanisten Francesco Petrarca und seine Nachfolger zur (brief-)literarischen Nachahmung anregte. Auch die Überlieferung von Ciceros Briefcorpus ‚Ad familiares', die von einigen der prominentesten Namen des Tre- und Quattrocento getragen wird, kann im Zusammenhang genannt werden.[15] In der humanistischen Brieflehre bildet der Freundschaftsbrief hingegen keine durchgängig feste eigene Kategorie: er kann – so bei Francesco Negri – als *epistola amatoria* thematisiert werden, fehlt aber in der verbrei-

---

[11] Vgl. Grimm, Jacob u. Wilhelm: Deutsches Wörterbuch. Bd. 2. Leipzig 1860, Sp. 379-381. Fehlanzeige auch in vielen anderen Wörterbüchern. Dagegen findet sich das Wort in: Dudenredaktion (Hrsg.): Duden. Das große Wörterbuch der deutschen Sprache in sechs Bänden. Bd. 1. Mannheim/ Wien/ Zürich 1976, S. 431.

[12] Sanders, Daniel: Wörterbuch der deutschen Sprache. Mit Belegen von Luther bis auf die Gegenwart. Bd. 1. Leipzig 1860, S. 215.

[13] Vgl. grundlegend Thraede, Klaus: Grundzüge griechisch-römischer Brieftopik (Zetemata 48). München 1970.

[14] Vgl. etwa Bertalot, Ludwig: Cincius Romanus und seine Briefe, in: Quellen und Forschungen aus italienischen Archiven und Bibliotheken 21 (1929/30), S. 209-255, hier S. 219.

[15] Schmidt, Peter L.: Die Rezeption des römischen Freundschaftsbriefes (Cicero-Plinius) im frühen Humanismus (Petrarca-Coluccio Salutati), in: Worstbrock [Anm. 8], S. 25-59.

teten Brieflehre Niccolò Perottis ganz.[16] Dennoch ist die „gelehrte" bzw. „literarische Freundschaft", um zwei Stichworte Erich TRUNZ'[17] aufzugreifen, in vorzüglicher Weise im Brief präsent: „Briefe, Stammbücher, Gedichte und besonders Freundschaftsbücher waren die Formen, die man dafür [scil. die literarische Freundschaft] fand, und mancher liebte schließlich diese Formen mehr als die Freunde und die Freundschaft selbst"[18], resümiert TRUNZ und stellt bündig fest: „die ursprünglichste Form der gelehrten Freundschaft war der Brief"[19]. András VIZKELETY sprach 1967 davon, dass Büchergeschenke und der Austausch von Briefen die wichtigsten „Dokumente einer Humanistenfreundschaft" seien[20], Christine TREML führt den „gelehrt-freundschaftlichen Briefwechsel" und „die humanistische Freundschaft" neben den sogenannten Sodalitätsgründungen als die drei Grundformen der von ihr so genannten und monographisch behandelten „humanistischen Gemeinschaftsbildung" an,[21] und Gerlinde HUBER-REBENICH hat kürzlich am Beispiel der Ausgaben der Korrespondenz des Helius Eobanus Hessus durch Joachim Camerarius d. Ä. dargelegt, dass auch die postume Sammlung des Briefwechsels für den Druck ein „Freundschaftsdienst", ein *officium amicitiae*, war.[22] Francesco Negri konnte in seinem Briefsteller ‚De modo epistolandi', dem wohl verbreitetsten humanistischen, als wichtigsten Zweck des Briefs angeben, „abwesende Freunde zu vergegenwärtigen"[23] und Erasmus fasste diese Tradition in ‚De conscribendis epistolis' in die bündige Definition der *epistola* als *absentium amicorum quasi mutuo sermo* zusammen.[24]

---

[16] Harth, Helene: Poggio Bracciolini und die Brieftheorie des 15. Jahrhunderts. Zur Gattungsform des humanistischen Briefes, in: Worstbrock [Anm. 8], S. 81-99, hier S. 94 mit Anm. 30.

[17] Trunz, Erich: Der deutsche Späthumanismus als Standeskultur [1931/65], in: ders.: Deutsche Literatur zwischen Späthumanismus und Barock. Acht Aufsätze. München 1995, S. 7-82, hier S. 36, 38, 40 („gelehrte Freundschaft") bzw. 34, 36, 41 u. ö. („literarische Freundschaft").

[18] Ebd., S. 36

[19] Ebd., S. 36, 38.

[20] Vizkelety, András: *Libri Epistolaeque* – Dokumente einer Humanistenfreundschaft, in: Bibliothek und Wissenschaft 4 (1967), S. 225-295.

[21] Treml, Christine: Humanistische Gemeinschaftsbildung. Sozio-kulturelle Untersuchung zur Entstehung eines neuen Gelehrtenstandes in der frühen Neuzeit. Hildesheim u. a. 1989, S. 77, 81.

[22] Huber-Rebenich, Gerlinde: *Officium amicitiae*. Beobachtungen zu den Kriterien frühneuzeitlicher Briefsammlungen am Beispiel der von Joachim Camerarius herausgegebenen Hessus-Korrespondenz, in: Boris Körkel u. a. (Hrsg.): *Mentis amore ligati*. Lateinische Freundschaftsdichtung in Mittelalter und Neuzeit. Festgabe für Reinhard Düchting zum 65. Geburtstag. Heidelberg 2001, S. 145-156.

[23] Negri, Francesco: *De modo epistolandi*, Venedig 1490, S. 195: *[...] ut absentes amicos praesentes redderemus* (zit. nach Harth, Helene: Überlegungen zur Öffentlichkeit des humanistischen Briefs am Beispiel der Poggio-Korrespondenz, in: Heinz-Dieter Heimann [Hrsg.]: Kommunikationspraxis und Korrespondenzwesen im Mittelalter und in der Renaissance. Paderborn u. a. 1998, S. 127-137, hier S. 130 Anm. 11).

[24] *Opera omnia Desiderii Erasmi Roterodami recognita et adnotatione critica instructa notisque illustrata*. Bd. I-2. Amsterdam u. a. 1971, S. 225. Vgl. zur Tradition dieser Definition Jardine [Anm. 10], S. 150-153.

Nun gilt auch hier, dass die Verbindung von Freundschaft und Brief nicht erst im Humanismus statthatte und im Rückgriff auf Äußerungen antiker Autoren zum Thema begründet wurde. Vielmehr gilt nach Verena EPPS grundlegender Untersuchung zur Begriffsgeschichte von *amicitia* bereits für Autoren des 5. bzw. 6. Jahrhunderts, dass „[d]ie vornehmste Pflicht, die [...] geographisch getrennt lebende Freunde zu erfüllen haben, [...] die regelmäßige briefliche Mitteilung an den Freund über den eigenen Aufenthalt und das augenblickliche Befinden"[25] sei. Diese für Ennodius von Pavia getroffene Aussage dürfte auch aus Briefwechseln des späteren Mittelalters zu bestätigen sein. Doch kehren wir zurück zum Humanismus in Deutschland um 1500.

Die europäische Bildungsbewegung des Humanismus wird in der neueren Forschung (Dieter MERTENS[26], Christine TREML, Eckhard BERNSTEIN[27], Albert SCHIRRMEISTER[28] u. a.) zunehmend als ein durch personale Protektion und klientelähnliche Verhältnisse bestimmtes Netzwerk verstanden, das sich am Rande von und teils konkurrentiell zu etablierten Bildungsinstitutionen (v. a. Schule und Universität) bemühte, neue, an der Antike orientierte Standards und Codes für die lateinische Sprache und die Wissenschaften durchzusetzen. Die Humanisten selbst haben den Netzwerkcharakter ihrer Bewegung[29] durch das für ihre Publikationen charakteristische Beiwerk (Widmungs-, Geleit- oder Empfehlungsvorreden bzw. -gedichte) sichtbar gemacht. Auch die Briefwechsel waren für die Konstituierung und Selbststilisierung der Humanisten als Gruppe von zentraler Bedeutung. „Im brieflichen Austausch konstituierten sich die Humanisten über alle räumlichen Grenzen hinweg, auch wenn sie einander nie sahen, als eigene Kommunikationsgemeinschaft, als *Respublica literaria*."[30]

Bei der Interpretation humanistischer Briefe ist freilich zu beachten, dass die brieflichen Äußerungen der Humanisten auch dort, wo von *amicitia* und anderen Formen menschlicher Verbundenheit die Rede ist, nicht unbesehen als Beschreibungen realer

---

[25] Epp, Verena: *Amicitia*. Zur Geschichte personaler, sozialer, politischer und geistlicher Beziehungen im frühen Mittelalter (Monographien zur Geschichte des Mittelalters 44). Stuttgart 1999, S. 62.

[26] Vgl. v. a. Mertens, Dieter: Zu Sozialgeschichte und Funktion des *poeta laureatus* im Zeitalter Maximilians I, in: Rainer Ch. Schwinges (Hrsg.): Gelehrte im Reich. Zur Sozial- und Wirkungsgeschichte akademischer Eliten des 14. bis 16. Jahrhunderts (Zeitschrift für historische Forschung. Beiheft 18). Berlin 1996, S. 327-348.

[27] Bernstein, Eckhard: Humanistische Standeskultur, in: Werner Röcke/ Marina Münkler (Hrsg.): Die Literatur im Übergang vom Mittelalter zur frühen Neuzeit (Hansers Sozialgeschichte der Literatur 1). München 2004, S. 97-129; ders.: Group Identity Formation in the German Renaissance Humanists: The Function of Latin, in: Eckhard Keßler/ Heinrich C. Kuhn (Hrsg.): *Germania Latina-Latinitas Teutonica*. Bd. 1. München 2003, S. 375-386.

[28] Schirrmeister, Albert: Triumph des Dichters. Gekrönte Intellektuelle im 16. Jahrhundert (Frühneuzeitstudien N. F. 4). Köln/ Weimar/ Wien 2003.

[29] Zur soziologischen Fundierung des Netzwerkbegriffs vgl. Gramsch, Robert: ›Seilschaften‹ von universitätsgebildeten Klerikern im deutschen Spätmittelalter – Beziehungsformen, Netzwerkstrukturen, Wirkungsweisen, in diesem Band.

[30] Worstbrock, Franz J.: Vorwort, in: ders. [Anm. 8], S. 5f., hier S. 6.

Verhältnisse genommen werden dürfen, sondern stets auch als Dokumente der Selbststilisierung gelesen werden müssen, wie es Lisa JARDINE exemplarisch für Erasmus von Rotterdam unter den Stichwörtern „*construction of charisma in print*" und „*Confected Correspondence*" gezeigt hat.³¹ Ausgehend von Erasmus' Briefwerk hatte GERLO bereits zuvor – wohl überspitzt – konstatiert, „[d]ie gesamte humanistische Briefliteratur [sei] eigentlich eine Prestigeangelegenheit".³² Ungeachtet der im Wissen um ihre literarische Stilisierung gebotenen Vorsicht gegenüber den Behauptungen der Quellen gerade der für den Druck bestimmten Briefe, aber auch vieler zunächst nur handschriftlich überlieferter, die wie Trophäen im Freundes- oder Bekanntenkreis herumgereicht wurden, wenn sie eine berühmte Persönlichkeit zum Verfasser hatten, ungeachtet des Wissens um das Phänomen des von GREENBLATT so genannten „Renaissance Self-Fashioning"³³, erscheint eine Trennung zwischen „öffentlichen" bzw. Kunst- und Privatbriefen, zwischen *litterae publicae* und *privatae* in der Terminologie IJSEWIJNS und SACRÉS³⁴, sinnvoll und auch möglich, so schwierig die Abgrenzung im Einzelfall sein mag. Je nach Überlieferungslage ist nämlich von unterschiedlichen Brief- bzw. Briefcorpustypen auszugehen. Während Celtis seine Briefe (ähnlich wie Erasmus) im Bekanntenkreis verbreitet wissen wollte und für eine breitere Zielgruppe als den genannten Adressaten formulierte, seine Korrespondenz also den *litterae publicae* zuzurechnen ist, schrieb Mutianus, der zeitlebens keine Zeile veröffentlichte, intendierte *litterae privatae* unter der Voraussetzung der Geheimhaltung an seine Freunde und forderte vom Adressaten regelmäßig die Vernichtung des Briefes nach der Lektüre.³⁵

Nach diesen einleitenden Bemerkungen möchte ich anhand weniger ausgewählter Briefwechsel aus dem Bereich des italienischen und des deutschen Humanismus zwischen je zwei Personen, die jeweils über Jahre hinweg regelmäßig Briefe austauschten – erhalten sind uns allerdings nur die Briefe je eines der beiden Partner – nach dem Vorkommen und der Bedeutung der Begriffe *amicus, amicitia* und semantisch korrelierter Vokabeln fragen. Ich habe dafür – nach einem Seitenblick auf die

---

[31] Jardine [Anm. 10], Untertitel bzw. S. 147. Vgl. zum Briefwerk bes. S. 147-174.

[32] Gerlo [Anm. 10], S. 8.

[33] Greenblatt, Stephen: Renaissance Self-Fashioning. From More to Shakespeare. Chicago 1980 (⁷1993). Zur Aufnahme dieses Stichworts für den mitteleuropäischen Humanismus vgl. Suntrup, Rudolf/ Veenstra, Jan R. (Hrsg.): Personen(selbst)darstellung. Self-Fashioning (Medieval to Early Modern Culture 3). Frankfurt a. M. u. a. 2003.

[34] Vgl. Ijsewijn/ Sacré [Anm. 2], S. 219.

[35] Einschränkungen an dieser Unterteilung nimmt Harth [Anm. 23] vor unter Verweis auf den durchgängigen „Öffentlichkeitscharakter des humanistischen Briefs" (S. 131) und die „öffentliche politische Wirksamkeit des humanistischen Briefes" (S. 134). – Ohne die Gültigkeit ihrer Überlegungen auf der Grundlage der dort zitierten Beispiele in Zweifel ziehen zu wollen, möchte ich anhand der von mir genannten Extremfälle der Korrespondenzen des Erasmus und Mutians doch auf der graduellen Differenz verschiedener Brieftypen hinsichtlich ihrer Öffentlichkeit bzw. Privatheit insistieren.

Briefe Poggio Bracciolinis an Niccolò Niccoli – Konrad Leontorius' Briefe an Johann Amerbach (aus den Jahren 1491-1509) gewählt; als Gegenprobe dienen Christoph Scheurls Briefe an Otto Beckmann (1512-36) und die des Jacobus Montanus Spirensis an Willibald Pirckheimer (1524-30). Mein Vorgehen vereint induktive mit deduktiven Zügen. Wie EPP in ihrer bereits zitierten Monographie erscheint es mir für jede Untersuchung zur historischen Semantik unumgänglich zu sein, nicht von dem modernen Begriff der Freundschaft auszugehen und dessen Äquivalente in den Quellen zu suchen, sondern in „reflektierte[r] Rückkehr zu methodischen Prinzipien des Historismus"[36], umgekehrt die Belegstellen eines historischen Begriffs (*amicus*, *vriunt*, *freunt* etc.) in einem Quellencorpus zu sammeln und dann nach ihrer Bedeutung und Funktion zu fragen. Aus pragmatischen Gründen habe ich allerdings (deduktiv) solche überschaubaren Briefcorpora ausgewählt, deren Verfasser in modernem Sinne als „Freunde" zu bezeichnen sind.

II. Poggio Bracciolini und Niccolò Niccoli

Bevor ich zu Beispielen aus dem deutschen Humanismus um 1500 komme, möchte ich einen Seitenblick auf den vielleicht prominentesten Briefautor des italienischen Quattrocento werfen, den päpstlichen *Abbreviator* und *Secretarius* sowie Handschriftenphilologen[37] Poggio Bracciolini (1380-1459)[38], und werde kurz die Verwendung der Vokabeln *amicus* und *amicitia* im Briefbuch an seinen Freund Niccolò Niccoli (1363-1437) skizzieren.[39] Seine berühmte und auch in Deutschland reich überlieferte Korrespondenz (558 Briefe) wurde von ihm selbst nach Korrespondenzpartnern geordnet; die erste Teilsammlung (von dreien) füllen allein 88 Briefe an den Jugendfreund Niccolò Niccoli.[40] In diesen Schreiben, die zwischen 1406 und 1436 entstanden, die Poggio freilich für die Publikation 1436 auch überarbeitet hat,[41] finden sich Anreden des Freundes als *amicus* oder gar explizite Berufungen auf die Freundschaft nur höchst selten. Poggios Briefe sind zumeist schlicht an „seinen Niccolò"

---

[36] Epp [Anm. 25], S. 19. Zur Methodik vgl. ebd. und S. 24f.
[37] Gordan, Phyllis W. G.: Two Renaissance Book Hunters. The Letters of Poggius Bracciolini to Nicolaus de Niccolis. Translated from the Latin with Notes. New York/ Chichester 1974.
[38] Vgl. grundlegend Walser, Ernst: Poggius Florentinus. Leben und Werke (Beiträge zur Kulturgeschichte des Mittelalters und der Renaissance 14). Leipzig 1914 (Neudruck Hildesheim/ New York 1974); vgl. auch Kajanto, Iiro: Poggio Bracciolini and Classicims. A Study in Early Italian Humanism (Annales Academiae Scientiarum Fennicae B 238). Helsinki 1987.
[39] Zippel, Giuseppe: Niccolò Niccoli. Contributo alla storia dell'umanesimo. Con una appendice di documenti. Florenz 1890. Neuere Literatur bei Gordan [Anm. 37], S. 217.
[40] Poggio Bracciolini: Lettere, hrsg. v. Helene Harth. Bd. 1: Lettere a Niccolò Niccoli. Florenz 1984.
[41] Vgl. die Einleitung ebd., S. XI-XIX, CV-CIX; ferner Harth [Anm. 23], S. 130f.

gerichtet: Die *Superscriptio* lautet zumeist: *Poggius plurimam salutem dicit Nicolao suo*[42] bisweilen mit dem Zusatz *viro clarissimo* oder auch einmal *dulcissimo*[43]. Auch im Brief an Francesco Marescalco, der das Briefbuch an Niccoli einleitet, beschreibt Poggio den Freund ohne Rückgriff auf die Vokabel *amicus* als *Florentinum virum doctissimum et mihi ab ipsi mea adolescentia summa necessitate ac benivolentia coniunctum*[44], er spricht in diesem Brief allein von Marescalco als *docto homini, et mihi amicissimo*[45]. Gegenüber dem Jugendfreund Niccoli, so scheint es, kann Poggio auf Beteuerungen der Verbundenheit verzichten. Diese versteht sich vielmehr, so scheint es, von selbst und ist nicht gefährdet. Dagegen ist die Berufung auf die Freundschaft im Stadium der Gefährdung angezeigt. Im langen Brief aus London vom 30. November 1421, in dem Poggio seiner Sehnsucht nach Rom und der Kurie Ausdruck verleiht, kommt er auch auf den gemeinsamen Freund Niccolò de' Medici zu sprechen und betont: „*De Nicolao nostro quod ais, amicissimum mihi, superfluum est.*"[46] Niccolis Versicherung, dass der junge Medici von sich aus das freundschaftliche Verhältnis zu Poggio betone, weist er zurück. Zu vertraut seien beide einander. Niccolò de' Medici und er, Poggio, seien einander das andere Selbst und alles sei ihnen, wie es das „Recht der Freundschaft", *amicitie ius*[47]*,* fordere, gemein.[48] Im selben Zusammenhang nennt Poggio auch das *officium amici*, das im Beantworten von Briefen bestehe.[49] Im letzten Satz des Briefes kommt Poggio auf die Freundschaft zu Niccolò de' Medici zurück: „*Quia Nicola forsan de illis est, qui suspicantur de me nescio quid, ut dixisti, te rogo, ut has litteras secum communices et cum iis, qui sunt eius opinionis, ne falsum quid de amico opinentur.*"[50]

Die Vertrautheit mit Niccoli äußert sich dagegen eher in der Anrede *mi Nicolae*[51] bzw. *mi amantissime Nicolae*[52], in der Selbstbezeichnung als *Poggius tuus*[53] oder in der abschließenden Aufforderung, die Zuneigung des Freundes möge nicht nachlassen – „*Vale et me ut facis ama*" ist ein häufiger Briefschluss[54] – als im häufigen Gebrauch der Vokabel *amicus*.

---

[42] Poggio [Anm. 40], Nr. 2, Z. 1; vgl. Nr. 3, 4, 6-9 und passim.
[43] Ebd., Nr. 4, Z. 1 bzw. Nr. 10, Z. 1.
[44] Ebd., Nr. 1, Z. 3-5
[45] Ebd., Z. 39f.
[46] Ebd., Nr. 8, Z. 171.
[47] Ebd., Z. 174.
[48] Ebd., Z. 173-175: *Persuasum est mihi iamdudum illum esse alterum me et nostra omnia, ut amicitie ius postulat, esse communia […]*. Dahinter steht Terenz, ‚Adelphoe' 804: *communia esse amicorum inter se omnia.*
[49] Vgl. ebd., Z. 182-184: *Gratissimum esset mihi si quando responderet litteris meis; nam in officio amici non solum mihi respondet sed antecellit ac superat.*
[50] Ebd., Z. 220-222.
[51] Ebd., Nr. 13, Z. 27 u. passim.
[52] Ebd., Nr. 10, Z. 86.
[53] Ebd., Nr. 20, Z. 18.
[54] Ebd., Nr. 13, Z. 69; vgl. Nr. 14, Z. 55, Nr. 18, Z. 59 u. ö.

Das für die Konstitution des persönlichen Nahbereichs wohl signifikanteste Ereignis ist Poggios Geburtstagsfeier im Jahr 1430, die er *ad imitationem antiquorum*[55] im Kreis der engsten Vertrauten unter den Kollegen der päpstlichen Kanzlei beging. Im Brief an den in Florenz lebenden Niccoli, dem Poggio vom Ereignis berichtet und dadurch seine erzwungene Absenz lindern möchte,[56] nennt er diese nun doch einmal *viros mihi amicissimos* und *convivii socios*[57]. Der Begriff *amicus* ist daher durchaus nicht aus dem Kreis möglicher Bezeichnungen für den personalen Nahbereich ausgeschlossen. Auch seinen zu Recht berühmten Brief über die Bäder von Baden a. d. Limmat, die der Konzilsteilnehmer Poggio 1416 von Konstanz aus besuchte,[58] schließt er mit der Bitte an Niccoli, den Brief an den gemeinsamen Freund Leonardo Bruni Aretino weiterzugeben und begründet sie mit Terenz: *cum amicorum inter se communia omnia sint.*[59]

Fallweise finden sich in den Korrespondenzen italienischer Humanisten des Quattrocento auch Reflexionen über das Wesen der *amicitia*. Poggios Freund und Kollege in der päpstlichen Kanzlei, Cencio de' Rustici (Cincius Romanus),[60] beginnt einen Brief, in dem er über die gemeinsamen Bücherentdeckungen in St. Gallen während der Zeit des gerade genannten Konstanzer Konzils berichtet, mit Erwägungen über die Bedeutung regelmäßigen Briefaustauschs für die Erhaltung der *amicitia* unter räumlich Getrennten. Darin vergleicht er Briefe mit „Bildern der Freunde": sie seien *quasi amicorum imagines*, die *absentes amici* verbänden.[61] In einem Brief an den Florentiner Freund Gianozzo Strozzi beteuert der Römer, es sei nötig, dass die Freunde, solange sie räumlich getrennt seien, einander durch Briefe ein Bild ihrer Gedanken (*imaginem nostre mentis*) übermittelten, um Vertrautheit (*familiaritas*) und Wohlwollen (*beniuolentia*) zu stärken.[62] An Francesco Barbaro schreibt Cencio, er wolle „wie in einem Spiegel das Bild" des Freundes „erblicken".[63] Seinen Brief schließlich solle Barbaro als „Pfand der übergroßen Zuneigung" zu ihm aufbewahren.[64]

---

[55] Ebd., Nr. 37, Z. 4f.
[56] Vgl. Nr. 37, Z. 62f.: *Sed postquam presens nobis adesse nequivisti, he literre tibi natale meum representabunt.*
[57] Ebd., Z. 60, 62.
[58] Vgl. zuletzt Studt, Birgit: Die Badenfahrt. Ein neues Muster der Badepraxis und Badegeselligkeit im deutschen Spätmittelalter, in: Michael Matheus (Hrsg.): Badeorte und Bäderreisen in Antike, Mittelalter und Neuzeit (Mainzer Vorträge 5). Stuttgart 2001, S. 33-52, bes. S. 42-44.
[59] Poggio [Anm. 40], Nr. 46, Z. 205. Zur Quelle s. o. Anm. 48.
[60] Vgl. zur Biographie Bertalot [Anm. 13], weitere Literatur bei Gordan [Anm. 37], S. 268f.
[61] An Francisco de Fiana (Sommer 1416), hrsg. v. Bertalot [Anm. 13], S. 222-225, hier S. 222. Engl. Übersetzung bei Gordan [Anm. 37], S. 187-190.
[62] Vgl. Bertalot [Anm. 14], Nr. 18, S. 244.
[63] Vgl. ebd., S. 255: *Itaque eas* [scil. *litteras*] *legi atque relegi et in ipsas tanquam in speculo imaginem tuam inspecturus oculos acerrime infixi.*
[64] Vgl. ebd.: *Cape igitur hanc epistolam tanquam summi mei amoris erga te obsidem* […].

III. *amicitia* in Briefwechseln deutscher Humanisten

Auch im Briefwechsel deutscher Humanisten gibt es Freundschaftsreflexionen. Dietrich Reisach (Rysicheus, gest. 1523), der 1496 in Bologna zum Dr. iur. utr. promoviert wurde und 1498 einen legistischen Lehrstuhl in Ingolstadt erhalten sollte,[65] flicht in einen Brief an Celtis (1496), den er im Heidelberger Humanistenkreis kennen gelernt hatte, ein kleines „Lob der Freundschaft"[66] ein, in dem er die zentrale Definition der *amicitia* aus Ciceros ‚Laelius sive de amicitia' als *divinarum humanarumque consensus*[67] (so leicht verändert bei Reisach) und einen Preis der Freundschaft als höchstem Gut[68] zitiert, bevor er seine Bildung mit einer griechischen Wendung aus Euripides (‚Orestes' 1155f.) und seine Weltläufigkeit mit einem italienischen Sprichwort[69] demonstriert. Auch andere Einschätzungen der *amicitia* in Briefen deutscher Humanisten, die Christine TREML gesammelt hat,[70] belegen eine Gründung der *amicitia* auf die *virtus* und gemeinsame noble Interessen der *amici*, wie sie einen Grundgedanken von Ciceros ‚Laelius' ausmacht. So schreibt etwa Mutian an Beatus Rhenanus: *Literarum dignitas et recta studia vehementer conciliant nostri ordinis [...] gentilitatis homines et hac quasi copula devinctos in amicitia retinent sempiterna.*[71] Der *ordo*, dem sich Mutian gemeinsam mit Rhenanus zugehörig fühlt, ist durch die Liebe zu *literae* und *studia* konstituiert, und diese gemeinsame Zuneigung verbindet als *copula* die Angehörigen der Gruppe. Gemeinsame Interessen wirken hier geradezu freundschaftsstiftend. Daher ist TREML zuzustimmen, wenn sie eine grundsätzliche Kontinuität des humanistischen Freundschaftsbegriffs mit dem der römischen Antike konstatiert, auch wenn hinzugefügt werden muss, dass den sozialen Realitäten, die hinter den Begriffen *amicitia* oder *virtus* bei Cicero stehen, um 1500 andere Lebensformen und Institutionen entsprechen.

Einen Brief Reuchlins untersuchte Matthias DALL'ASTA mit Blick auf die neuplatonische Liebeskonzeption Marsilio Ficinos, interessanterweise einen Brief Reuchlins an

---

[65] Vgl. Stauber, Reinhard: ‚Reisach, Dietrich', in: Laetitia Boehm u. a. (Hrsg.): Biographisches Lexikon der Ludwig-Maximilians-Universität München. Teil 1: Ingolstadt-Landshut 1472-1826. Berlin 1998, S. 335.

[66] So Treml [Anm. 21], S. 217 Anm. 54, die erstmals im Zusammenhang auf den Brief hinweist.

[67] Vgl. Celtis, Konrad: Briefwechsel, hrsg. v. Hans Rupprich. München 1934, Nr. 145, S. 241. Bei Cicero heißt es genauer: *Est enim amicitia nihil aliud nisi omnium divinarum humanarumque rerum cum benevolentia et caritate consensio* (Laelius II 6, 20).

[68] Vgl. ebd., S. 241: *Ego hortari vos tantum possum, ut amicitiam omnibus rebus anteponatis [...]*. Vgl. Laelius II 5, 17.

[69] Vgl. ebd. S. 242: *El [!] se sol dire per proverbio antico, che piu che limpido oro et fulva gemma et leto amore dum profecto amico.*

[70] Vgl. Treml [Anm. 21], S. 91-97.

[71] Briefwechsel des Beatus Rhenanus. Gesammelt u. hrsg. v. Adalbert Horawitz u. Karl Hartfelder. Leipzig 1886 (Neudruck Hildesheim 1966), Nr. 77; vgl. Treml [Anm. 21], S. 92 mit Anm. 58.

einen ihm zuvor Unbekannten.[72] Nirgends aber ist mir eine Reflexion über Freundschaft begegnet, die in die Nähe eines brieflichen Traktats führt.[73]

Die Begründung der *amicitia* in gemeinsamen Interessen, nicht in gegenseitiger persönlicher Zuneigung oder langer Vertrautheit, hat nun aber zur Folge, dass Bewunderer und Gleichgesinnte oder solche, die sich dafür halten, berühmten Humanisten gleich im ersten Brief nicht nur die eigene Verehrung und Bewunderung antragen, sondern sich gleichsam um deren Freundschaft bewerben. Solche „Freundschaftsbewerbung[en]"[74], wie TREML diese Briefe nennt, finden sich in großer Zahl in den Korrespondenzen;[75] regelmäßig bittet darin der Bewerber um die *amicitia* des berühmteren Gelehrten. Es sind übrigens gerade diese Bewerbungsbriefe, in denen (nach heutiger Kenntnis) erstmals die Junktur *album amicorum* als metaphorische Bezeichnung des Freundeskreises – der Buchtyp des Stammbuchs ist Jahrzehnte jünger – erscheint, deren Zeugnisse jüngst WORSTBROCK zusammengetragen hat.[76]

IV. Konrad Leontorius und Johann Amerbach

Damit komme ich zu ausgewählten Briefwechseln deutscher Humanisten und zuerst zu den 38 Briefen des gelehrten Zisterziensers Konrad Leontorius (1460/61-1511), der Griechisch (und ein wenig Hebräisch) bei Reuchlin studiert hatte und in Heidelberg im Dalberg-Kreis, der sogenannten *Sodalitas litteraria Rhenana*, verkehrte,[77] an den Basler Drucker Johann Amerbach (um 1445-1513).[78] Leontorius hatte sich dem berühmten und gelehrten Drucker 1491 in einem Brief aus Dijon mit einem Projektvorschlag (einer Plautusausgabe, die nicht zustande kam) vorgestellt.[79] Seit Leontorius als Beichtvater im Zisterzienserinnenkloster Engental in unmittelbarer Nähe Basels lebte, entspann sich eine fruchtbare Zusammenarbeit gerade auf editorischem Gebiet, doch trat Leontorius auch in vertrauten Kontakt zur Familie Amerbach und beherbergte und unterrichtete etwa 1507, als in Basel die Pest grassierte, Johanns Sohn Bonifacius in Engental. Die

---

[72] Vgl. Dall'Asta, Matthias: *Amor sive amicitia*. Humanistische Konzeptionen der Freundschaft bei Marsilio Ficino und Johannes Reuchlin, in: Körkel [Anm. 22], S. 57-69, bes. S. 60.
[73] Eine solche wird etwa auch bei Dall'Asta [Anm. 72] nicht erwähnt.
[74] Treml [Anm. 21], S. 85, 87 u. ö.
[75] Vgl. ebd., S. 84-88.
[76] Worstbrock, Franz J.: Album, in: Mittellateinisches Jahrbuch 41/2 (2006), S. 248-264.
[77] Vgl. zur Biographie grundlegend Wolff, Georg: Conradus Leontorius. Biobibliographie, in: Beiträge zur Geschichte der Renaissance und Reformation. Festgabe Joseph Schlecht. München/Freising 1917, S. 363-410; zuletzt Posset, Franz: Renaissance Monks. Monastic Humanism in Six Biographical Sketches (Studies in Medieval and Reformation Traditions 108). Leiden 2005, S. 29-62.
[78] S. o. Anm. 8. Vgl. ferner Halporn, Barbara C.: The Correspondence of Johannes Amerbach. Early Printing in its Social Context. Ann Arbor (MI) 2000.
[79] Vgl. Amerbachkorrespondenz [Anm. 8], Nr. 18.

Briefe an Johann Amerbach handeln in erster Linie von der gemeinsamen Arbeit an Buchprojekten, etwa an der Augustinus- oder den kommentierten Bibel-Ausgaben;[80] noch 1509 verhandelte Leontorius in Hirsau in Amerbachs Auftrag mit Reuchlin über dessen Mitarbeit an der geplanten Werkausgabe des Hieronymus.[81] Die Briefe sind Privatkorrespondenz, die nicht im Verdacht steht, für Dritte oder irgendeine Form der Öffentlichkeit geschrieben zu sein. Sie drehen sich häufig um Bücherwünsche oder -ausleihen, Besorgungen für den alltäglichen Bedarf, darunter eine lang ersehnte und mehrfach genau beschriebene Brille; auch die Erziehung der Söhne und die Sorge bei deren Krankheiten sind wiederkehrende Themen. Intim-Familiäres wie die scherzhafte Ableitung des Namens Amorbachius von den Göttern Amor und Bacchus,[82] Glückwünsche zur Geburt einer Enkelin[83] und die Sorge um Johanns erkrankten Sohn Basilius fehlt nicht. Johann Amerbach fasste die Beziehung zu Leontorius 1507 gegenüber seinem Sohn Bruno in die Worte, Leontorius sei ihm *quasi frater* und jener schätze ihn und seine Söhne „mehr als die eigenen Brüder"[84]. Ist damit die Berechtigung gegeben, Johann Amerbach und Konrad Leontorius als Freunde (im modernen Verständnis) anzusprechen, so bietet der (von Leontorius' Seite) nahezu vollständig erhaltene Briefwechsel die Gelegenheit, die Beziehung beider seit den Anfängen zu verfolgen. Im ersten Brief vom 22. April 1491 ergreift Leontorius die Gelegenheit, die sich dadurch bot, dass er in Dijon als Sekretär des Generalabts von Cîteaux den Erstdruck der Statuten seines Ordens überwachte und dort Amerbachs Stiefsohn traf, der Typenmaterial aus der Offizin des Vaters nach Burgund gebracht hatte, und erklärt, wie gern er selbst ein Werk bei Amerbach drucken ließe. Von der ausbleibenden Antwort Amerbachs ließ sich Leontorius nicht beirren und richtete am 21. Juni 1491 einen zweiten Brief an den Basler Drucker und bat nun, wenn auch geschickt verbrämt, um „Freundschaft"; er klagt sich nämlich des „Verbrechens" an, Freundschaften allzu sehr zu begehren: *Aut impudentem me argues aut certe honestiori crimine amicitiarum nimis cupidum: ego vero, utrum volueris, neutrum negabo.*[85] Und weiter: *Quod vero sim amicitiarum [...] cupidus, non id tam cupidus nego, quam de me credi velim; quid enim possum facere honestius?*[86] Dieses zweite Werben um Aufmerksamkeit blieb nicht vergebens, denn im nächsten erhaltenen Brief (1494) kann sich Leontorius für eine ihm erwiesene *singularis prestantia*[87] bedanken und Amerbach als *egregie domine mi*[88]

---

[80] Vgl. generell Halporn [Anm. 78] sowie im einzelnen Hieronymus, Frank: 1488 Petri-Schwabe 1988. Eine traditionsreiche Basler Offizin im Spiegel ihrer frühen Drucke. Halbbd. 1. Basel 1997, Katalog Nr. 2, 6, 7, 9, 10, 12 u. 14.

[81] Vgl. ebd., Nr. 383 u. 415.

[82] Ebd., Nr. 224.

[83] Ebd., Nr. 304.

[84] Amerbachkorrespondenz [Anm. 8], Nr. 265, Z. 71: *et me et vos plus diligit quam suos fratres*.

[85] Ebd., Nr. 19, Z. 5-7.

[86] Ebd., Z. 10-12.

[87] Ebd., Nr. 32, Z. 4.

[88] Ebd.

anreden. Erst 1497 aber, nun von Maulbronn aus, nennt Leontorius Amerbach bereits in der Adresse seinen *amicus singularissimus*[89]. In den folgenden Jahren (1502-9) bleibt Amerbach für Leontorius (den Adressen zufolge) *amicus singularissim[us]*[90] oder *amicus suus charissimus*[91]. Die Briefe der Engentaler Jahre (seit 1503), die Leontorius nun häufig an den *amicus suus charissimus*[92] o. ä. richtet und in denen er Amerbach regelmäßig mit Wendungen wie *mi domine et amice Amorbachi*[93] anredet, behandeln die oben bereits erwähnten familiären und vertrauten Themen. 1504 erwähnt der Zisterzienser erstmals einen Brief an Amerbachs Gattin und seine Töchter, wird demnach Gast in dessen Haus gewesen sein, und lässt die Familienmitglieder in den zwischen 1506 und 1508 besonders dicht überlieferten Briefen regelmäßig grüßen. Auch bedankt er sich dafür, dass der Drucker seine *studia* stets *amicissime et liberalissime*[94] mit Büchergaben unterstütze, er erwähnt (Dezember 1506) eine weitere Übernachtung bei Amerbach und kündigt launig einen Besuch in dessen Badestube an.[95] Überhaupt scheinen regelmäßige gegenseitige Visiten stattgefunden zu haben oder waren zumindest regelmäßig angekündigt, da Leontorius mehrmals Amerbachs Ausbleiben beklagt und dies einmal scherzhaft in eine rechtsförmige Anklage wegen Täuschung voller gelehrter Anspielungen kleidet.[96] Schließlich fasst er seine Sicht ihrer Beziehung 1508 in dem Satz zusammen, dass er unter allen Bekannten keinen Freund habe, der als solcher vertrauter und treuer sei: *[...] inter omnes nullum expertus sum mihi quam te amicitiorem et fideliorem amicum.*[97] 1509 ist Amerbach ihm in einer Variante derselben *Figura etymologica amicorum amicissimus* (Nr. 411).

V. Christoph Scheurl und Otto Beckmann

Als Gegenprobe soll das zweite Beispielcorpus dienen, jene 49 Briefe, die der in Bologna promovierte Wittenberger Rechtsprofessor und spätere Nürnberger Ratskonsulent Christoph Scheurl (1481-1542)[98] zwischen 1512 und 1536 aus Nürnberg an

---

[89] Ebd., Nr. 66, Z. 2.
[90] Ebd., Nr. 175, Z. 2 (aus Colmar).
[91] Ebd., Nr. 300, Z. 2f.
[92] Ebd., Nr. 313, Z. 2.
[93] Ebd., Nr. 336 u. ö.
[94] Ebd. Nr. 319, Z. 6.
[95] Vgl. ebd., Nr. 328, Z. 9-11: *Dispone te, quia domi tuę [...] mecum intraturus es tuum balneolum.*
[96] Vgl. ebd., Nr. 403, bes. Z. 3f.: *Ego lege Aquilia tecum injuriarum agam, nam tu me dolo malo, fraude, deceptione preuertisti.*
[97] Ebd., Nr. 379, Z. 4-6.
[98] Vgl. grundlegend Graf, Wilhelm: Dr. Christoph Scheurl von Nürnberg (Beiträge zur Kulturgeschichte des Mittelalters und der Renaissance 43). Leipzig u. a. 1930; neuere Literatur bei Wriedt, Markus: ‚Scheurl, Christoph', in: Biographisch-Bibliographisches Kirchenlexikon 9. Nordhausen 1995, Sp. 178-185; zuletzt Wagner, Bettina: Nürnberger Büchersammler um 1500. Inkunabeln

den Wittenberger Freund Otto Beckmann (um 1484-1540)[99] richtete. Beckmann ist der bei weitem häufigste Adressat Scheurlscher Briefe, und die Vertrautheit in Ton und Inhalt der Briefe rechtfertigt es, die beiden Freunde im modernen Sinn zu nennen. Anders als Poggio oder Leontorius gebraucht Scheurl – in den Briefen an Beckmann wie auch in den übrigen an Bekannte seiner Wittenberger Zeit – Ausdrücke aus der Wortfamilie *amicus* jedoch überaus häufig, ja geradezu inflationär. Bereits im ältesten erhaltenen Brief (1512) redet er Beckmann an als *amice praestantissime addo etiam dulcissime*[100] und den Brief, den er vom Freund erhalten hat, will er nicht nur wieder und wieder gelesen haben – solches behaupten Humanisten häufig – sondern will ihn mehrfach abgeküsst und sich für den Antwortbrief volle zwei Tage Zeit genommen haben, da eine solche Investition sich lohne bei *litterae, quae mihi amicissimos amiciores reddere possunt*[101]. Überaus häufig finden sich in den 24 Jahre umspannenden Briefen Scheurls an Beckmann Anreden wie *amice et frater suavissime*[102], *optime amice*[103] und ähnliches. Regelmäßig lässt Scheurl auch die gemeinsamen *amici* in Wittenberg grüßen,[104] und gerne verweist er auf seine einflussreichen und gelehrten „Freunde" in Nürnberg (Pirckheimer u. a.)[105] oder Ingolstadt (Johann Eck)[106], nicht ohne seine Vermittlung bei der Anbahnung neuer „Freundschaften" gebührend herauszustreichen. Die Wittenberger Universitätslehrer Nikolaus von Amsdorf, Andreas Karlstadt, Christian Beyer, Johann Doltzsch, Georg Spalatin[107] und Beckmann sind ihm gemeinsam *amici suavissimi dulcissimique*[108]; er schreibt ein andermal „allein an [Beckmann] anstelle aller Freunde"[109]. Mit zunehmender Dauer intensivieren sich die Freundschaftsbeteuerungen. Das Jahr 1521 (oder 1520?) beginnt Scheurl etwa mit

---

aus dem Besitz Christoph Scheurls und einiger seiner Zeitgenossen in Oxforder Bibliotheken, in: Mitteilungen des Vereins für Geschichte der Stadt Nürnberg 82 (1995), S. 69-87.

[99] Vgl. Kipf, J. Klaus: Art. ‚Beckmann, Otto', in: Franz Josef Worstbrock (Hrsg.): Deutscher Humanismus 1480-1520. Verfasserlexikon. Bd. 1/1. Berlin/ New York 2005, Sp. 163-170.

[100] Christoph Scheurl's Briefbuch, ein Beitrag zur Geschichte der Reformation und ihrer Zeit, hrsg. v. Franz Frhrn. von Soden u. J. K. F. Knaake. 2 Bde. Potsdam 1867-1872 (ND Aalen 1962), Bd. 1, S. 89, Nr. 61.

[101] Ebd.

[102] Ebd., S. 100, Nr. 65.

[103] Ebd., S. 96, Nr. 64 u. ö.

[104] Vgl. etwa ebd., S. 93, Nr. 61, S. 100, Nr. 64, S. 102f., Nr. 65 u. ö.

[105] Vgl. ebd., S. 119, Nr. 77: *Bilibaldus Pichameir* [!], *communis meus amicus* […].

[106] Ebd. Bd. 2, S. 12, Nr. 124 (an Martin Luther): *Amicum meum Johannem Eckium de virtute tua feci certiorem, unde amicitiae tuae percupidus nedum ad te litteras dedit sed et libellum cum disputationibus suis mittit.* Vgl. auch ebd., S. 13, Nr. 125 (an Karlstadt).

[107] Vgl. zu diesem Kreis Kruse, Jens-Martin: Universitätstheologie und Kirchenreform. Die Anfänge der Reformation in Wittenberg 1516-1522 (Veröffentlichungen des Instituts für Europäische Geschichte. Abteilung für abendländische Religionsgeschichte 187). Mainz 2002, bes. S. 1-52.

[108] Scheurl's Briefbuch [Anm. 100], Bd. 1, S. 119, Nr. 77.

[109] Ebd., S. 147, Nr. 96: *Tibi uni scribo pro omnibus amicis, communicabis his quae communia erunt.*

einem Brief an Beckmann, der ihm „stets ein vorzüglicher und treuer Freund" gewesen sei.[110]

Die Beteuerungen allzu vieler Freundschaften zu unterschiedlichen Persönlichkeiten – man ist versucht, von „Polyphilie" zu sprechen – brachte aber auch Probleme mit sich, besonders seit 1518, als Scheurl, der Luthers 95 Thesen gegen den Ablass an den *amicus* Johann Eck in Ingolstadt[111] weitergeleitet hatte, sich in Nürnberg und Wittenberg wegen dieser Freundschaft (*Eccii amicitia*) Verdächtigungen ausgesetzt sah[112] und sich verteidigte, dass seine *Ecciana amicitia* eine *tragoediam* – damit sind die Ereignisse der beginnenden Reformation bis 1521 gemeint – ausgelöst habe.[113]

VI. Jacobus Montanus Spirensis und Willibald Pirckheimer

Die 20 Briefe zwischen Jacobus Montanus Spirensis (um 1464 - um 1534)[114], einem in Westfalen lebenden Fraterherrn, der durch einige Schriften, besonders geistliche Dichtung hervorgetreten ist, und Willibald Pirckheimer (1470-1530)[115] stehen abschließend für eine Brieffreundschaft im modernen Sinn des Wortes, die ja „die Freundschaft aufgrund eines regelmäßigen Briefwechsels"[116] impliziert.[117] Montanus und Pirck-

---

[110] Ebd., Bd. 2, S. 119, Nr. 222: *Haud iniuria ineunte hodie novo hoc anno 21 ad te omnium primum scribo, qui ferme omnium semper mihi fuisti praecipuus et fidus amicus.*

[111] Vgl. ebd., Bd. 2, S. 39f., Nr. 155 (vom 5.11.1517). – Scheurls erster erhaltener Brief an Eck ist übrigens ein Muster für eine „Freundschaftsbewerbung". Er empfiehlt den „gemeinsamen Freund" Jodocus Trutfetter (in Erfurt) der „Freundschaft" Ecks und fragt rhetorisch, ob ein so hervorragender Mann nicht der Aufnahme in das „Verzeichnis seiner Freunde" würdig sei: *Nisi Eckiana amicitia dignissimum iudicassem scivissemque, nunquam tantopere tibi commendassem Trutfetterum meum, imo tuum, imo communem amicum nostrum quem non secus quam me ipsum carum habeo, quamquam ut par est longe pluris faciam qui meae nunquam defuit voluntati. Quare ergo non referet in rationarium amicorum Eckium illum in quem summus rerum conditor tantum congessit eruditionis et qui hinc antecellit probitate, ut inde plures celebres reddi potuissent?* (ebd., Bd. 1, S. 162, Nr. 108).

[112] Vgl. ebd., S. 127, Nr. 227: *apud hunc quoque Eccii amicitia nobis suspicionem peperit* […].

[113] Ebd.: *Ita undequaque infeliciter cedit Ecciana amicitia, si modo dicendi sunt amici, quibus tanto tempore, a fervescente scilicet hac tragoedia, nec tantillum quidem consuetudinis intercessit* […]. Vgl. dazu auch Kruse [Anm. 107], S. 164f.

[114] Vgl. zur Biographie Stupperich, Robert: Art. ‚Montanus, Jakob', in: Neue Deutsche Biographie 18 (1997), S. 41; näherhin Mose, Hans-Ulrich: Der Herforder Humanist und Fraterherr Jacobus Montanus Spirensis († nach 1534), in: Jahrbuch für westfälische Kirchengeschichte 96 (2001), S. 21-53; demnächst Kipf, J. Klaus: Die heilige Elisabeth und die Humanisten. Elisabethviten im Kontext humanistischer Entwürfe weiblicher Heiligkeit, in: Christa Bertelsmeier-Kierst (Hrsg.): Elisabeth von Thüringen und die neue Frömmigkeit in Europa. Frankfurt a. M. 2008, S. 313-336.

[115] S. o. Anm. 7.

[116] Dudenredaktion (Hrsg.): Duden. Deutsches Universalwörterbuch. Mannheim u. a. ⁵2003, S. 315.

heimer trafen einander nie und blieben so zeitlebens Brieffreunde im heutigen Wortsinn.[118] Den Anlass ihrer Kontaktaufnahme kennen wir nicht; bereits im ersten erhaltenen Schreiben (8. Feb. 1524), dem weitere vorausgegangen sein müssen, bedankt sich Montanus aber für die Übersendung einiger Schriften Pirckheimers sowie eines Nierensteins.[119] Im dritten erhaltenen Schreiben (9. Jan. 1525) erwähnt Montanus ein ihm übersandtes Bildnis, wahrscheinlich Dürers Porträt-Kupferstich (von 1524), den Pirckheimer kurz zuvor auch an Erasmus übersandt hatte.[120] Auch nennt Montanus Pirckheimer bereits im ältesten erhaltenen Brief einen *amic[us] [...] amantissim[us]*[121], und die späteren Briefe sendet der Herforder Fraterherr regelmäßig dem *amico suo meritissimo dilecto*[122], *amico suo amantissimo*[123] oder *amico suo meritissimo colendissimoque*[124]. Er beruft sich auf gegenseitige *amicicia* bzw. *amiciciae iura* allerdings erst dann direkt, als es gilt, um Gefälligkeiten, etwa die Versorgung eines ehemaligen Schülers und Studienabbrechers, zu bitten.[125] Sonst kommt die gegenseitige Zuneigung eher indirekt zur Sprache, so wenn Montanus sich darüber überrascht (und erfreut) zeigt, wie intensiv Pirckheimer sich bei dem Überbringer des Briefs nach seinem, Montanus', Befinden erkundigt habe. Ein Vater, so der Bote, hätte sich für einen Sohn nicht eingehender interessieren können.[126]

Unter den zahlreichen Stellen, an denen Montanus von *amicicia* spricht, interessiert hier besonders die Reflexion über die Bedeutung des Briefs für die Freundschaft unter Abwesenden: *Ad hoc enim inventae sunt [scil. litterae] et quidem pulcherrime, ita ut*

---

[117] Der erhaltene Briefwechsel zwischen Pirckheimer und Montanus wurde erstmals veröffentlicht von Klemens Löffler: Zwanzig Briefe des Herforder Fraterherrn Jakob Montanus an Willibald Pirckheimer, in: Zeitschrift für vaterländische Geschichte und Altertumskunde 72 (1914), 1. Abt., S. 22-46. Neuausgabe in Pirckheimer: Briefwechsel [Anm. 7], Bd. 5, 2001, und 6, 2004.

[118] Vgl. Duden [Anm. 116]: „anfänglich persönlich nicht bekannter Briefpartner, mit dem jmd. regelmäßig korrespondiert".

[119] Vgl. Pirckheimer: Briefwechsel [Anm. 7], Bd. 5, Nr. 820, Z. 4-6: *Et theologiam Gregorii et literas tuas suavissimas accepi residuum quoque infandi calculi.* sowie die Anm. 4, S. 130, zur Stelle.

[120] Vgl. ebd., Nr. 890, Z. 14: *Litteras tuas accepi unacum effigie faciei tuae.* Vgl. auch ebd., Anm. 4, S. 290, zur Stelle.

[121] Ebd., Z. 2.

[122] Ebd., Nr. 829, Z. 2.

[123] Ebd., Nr. 890, Z. 2.

[124] Ebd., Nr. 921, Z. 2.

[125] Vgl. Pirckheimer: Briefwechsel [Anm. 7], Nr. 921, bes. Z. 41-45: *Itaque te, mi Bilibalde, cumulatissime rogo, uti adolescentulem optimae spei destinatam, discipulum olim meum ac singulari michi amicicia devinctam, commendatum habeas promoveasque, si ullo modo usquam promoveri potest.* Vgl. auch ebd., Z. 55f.: *[...] oro te per omnia amiciciae iura perque viscera divinae bonitatis [...].*

[126] Vgl. ebd., Nr. 921, Z. 5-9: *Dici non potest, doctor emerite, quantum admiretur tabellarius tuam erga me benevolentiam, 'ita' (inquiens) 'amanter interrogabat accurateque ac sollicite disquirebat, quid ageret Iacobus, quo in statu foret, qui valeret, ut si filius etiam esset, arctius amari non posset'.*

vix inter absentes amicicia constare posse videatur sublatis, quae internuntiae sunt, litteris.[127] In gleicher Absicht vergleicht Montanus bei späterer Gelegenheit den Brief mit dem graphischen Porträt des Freundes, das er ja besaß: *Iis [scil. litteris] tecum loqui teque complecti videbor. Eae michi non tam faciem quam animum erga me tuum affabre graphiceque depingent, ut pari tecum vel gaudio vel maerore affici queam.*[128] Montanus nimmt somit zwei zentrale Gedanken über den Zusammenhang von Brief und Freundschaft auf: die Bestimmung des Briefs als Mittel der Freundschaft zwischen räumlich Entfernten und den Vergleich des Briefes (oder von Schriften allgemein) mit einem geistigen Porträt des Urhebers, einen Vergleich, der in der Devise „Ein besseres Porträt werden seine Schriften zeichnen" auf Dürers und Metsys' Erasmus-Darstellungen auf den Punkt gebracht ist.[129]

Ähnlich wie bei Leontorius finden wir in Montanus' Briefen an Pirckheimer einen moderaten Gebrauch des Freundes- bzw. Freundschaftsbegriffs bezogen auf den Adressaten. Für eine Diskursgeschichte der Freundschaft sind seine Reflexionen über den Zusammenhang von Brief und Freundschaft notierenswert, gerade weil Montanus und Pirckheimer einander nie trafen.

VII. Ergebnis und Ausblick

Die *Tour de force* durch einige humanistische Briefwechsel und die Verwendung von Vokabeln aus dem Wortfeld *amicitia* hat ein wenig überraschendes Ergebnis gezeigt. Nicht immer, wenn in Briefen italienischer und deutscher Humanisten um 1500 von *amicitia* die Rede ist, ist eine personale Nahbeziehung erkennbar, die den kritisch fragenden Historiker berechtigt, von Freundschaft im heutigen Verständnis (gleichsam ohne Anführungszeichen) zu sprechen. *Amicitia* kann im Humanismus um 1500 auch die Zugehörigkeit zu einem Kreis von Bekannten aufgrund gleichgerichteter literarischer Interessen bedeuten. Auch scheint die Häufigkeit der Verwendung der Vokabel *amicus* und der Beteuerungen der Freundschaft in einem Briefwechsel durchaus eine Frage des personalen Briefstils der Korrespondenten zu sein. Besonders bei Poggio Bracciolini ist gegenüber dem engsten und ältesten Freund Niccolò Niccoli eine Reserviertheit gegenüber dem Wort *amicus* festzustellen; es fällt eher in der Situationen in Frage gestellter oder gefährdeter Nahbeziehung. Poggios Freund Cencio de' Rustici dagegen ist weniger zurückhaltend, auch die Diskussion der *amicitia* nimmt in seinen Briefen breiteren Raum ein als in denen Poggios an Niccoli. Im Bereich des deutschen Humanismus bietet Leontorius' Korrespondenz mit Johann Amerbach die Gelegenheit, die Entwicklung einer brieflich angebahnten Gelehrtenfreundschaft hin zu einem Ver-

---

[127] Ebd., Nr. 928, Z. 6-8.
[128] Ebd., Nr. 952, Z. 8-11.
[129] Vgl. dazu erhellend Jardine [Anm. 10], S. 27-39.

trauensverhältnis, das diese weit übersteigt, zu beobachten. Christoph Scheurls Briefe an Otto Beckmann sind von Poggios Reserve gegenüber den Begriffen *amicus* und *amicitia* weit entfernt, doch liegt kein Grund vor, deswegen an der Aufrichtigkeit des manchmal großsprecherischen Nürnberger Ratskonsulenten zu zweifeln. Jacobus Montanus' Brieffreundschaft zu Willibald Pirckheimer schließlich zeigt ähnlich wie Leontorius' Briefe einen mittleren Grad der Häufigkeit der Verwendung des Freundesbegriffs und er enthält bemerkenswerte Reflexionen über die Bedeutung des Briefs für die Freundschaft entfernt Wohnender.

Wenn ich abschließend versuchen soll, die hier an einem eng begrenzten Quellencorpus gewonnenen Ergebnisse in eine weiter gefasste kulturgeschichtliche Perspektive zu stellen, dann erscheint es mir ausgehend von den drei untersuchten Briefwechseln eine lohnende Fragestellung zu sein, inwieweit der je verschiedene Freundschaftsbegriff der späteren Frühen Neuzeit mit ihren kulturgeschichtlichen Epochenbegrenzungen wie Barock, Empfindsamkeit und Aufklärung bis hin zum so genannten „Freundschaftskult" des 18. Jahrhunderts[130] ideengeschichtlich nicht auf Grundlagen aufruht, die in früheren Epochen, dem Humanismus um 1500 wie dem vor-humanistischen Mittelalter insbesondere in lateinischen Quellen bereits zu beobachten sind und für die erhaltenen Briefwechsel, sowohl der eher privaten als der von vornherein öffentlichen Briefe, die reichste, für die Ideengeschichte der Freundschaft bisher nur sehr partiell ausgewertete Quellengattung bilden. Verena EPP spricht ja in ihrem Überblick zur Begriffsgeschichte der *amicitia* mit Blick auf spätantike Autoren wie Ennodius von Pavia oder Fulgentius von Ruspe explizit von einem „Freundschaftskult"[131] und gründet dies auf die Junktur *religio amicitiae* bei Ennodius. Von „literarischem Freundschaftskult" spricht auch Robert SEIDEL mit Blick auf die (spät)humanistische Standeskultur, wie sie der erwähnte epochale Aufsatz TRUNZ' gezeichnet hat.[132] Dessen weitere Geschichte zwischen Spätantike und früher Neuzeit harrt näherer Untersuchung. Dabei dürfte sich allerdings zeigen, dass nicht ein bruchloser, immer gleicher „Freundschaftskult" in den erhaltenen Briefwechseln zwischen Spätantike und früher Neuzeit zu finden ist; eher ist zu erwarten, dass sich höchst

---

[130] Vgl. Pott, Ute (Hrsg.): Das Jahrhundert der Freundschaft. Johann Wilhelm Ludwig Gleim und seine Zeitgenossen (Schriften des Gleimhauses Halberstadt 3). Göttingen 2004 (mit der älteren Literatur); zuletzt Maurer, Michael: Freundschaftsbriefe – Brieffreundschaften, in: Klaus Manger/ Ute Pott (Hrsg.): Rituale der Freundschaft (Ereignis Weimar-Jena. Kultur um 1800). Heidelberg 2007, S. 67-79.

[131] Epp [Anm. 25], S. 37, 40 u.ö.

[132] Seidel, Robert: Gelehrte Freundschaft – Die *Epistula ad Philippum Melanchthonem* des Jacobus Micyllus, in: Daphnis 19 (1990), S. 567-633, hier S. 567 u. ö. Trunz [Anm. 16] spricht selbst – sehe ich recht – nicht von ‚Freundschaftskult', zitiert jedoch (leider ohne Quellenbeleg) die lateinische Wendung *literarius cultus amicitiae*, von dem die Späthumanisten „selbst gesprochen" hätten (S. 38). Vgl. auch Seidel, Robert: Der empfindsame Freundschaftsbrief und die humanistische Tradition, in: Achim Aurnhammer/ Dieter Martin/ Robert Seidel (Hrsg.): Gefühlskultur in der bürgerlichen Aufklärung (Frühe Neuzeit 98). Tübingen 2004, S. 75-101.

unterschiedliche Bedeutungen und Funktionen mit den Begriffen *amicus*, *amicitia* etc. verbinden, und dass dort, wo wir als moderne Historiker(innen) Zeugnisse einer Freundschaft im modernen Sinn des Wortes zu finden glauben, eher sparsam mit den genannten Vokabeln umgegangen wird. Daher mündet diese exemplarische begriffsgeschichtliche Untersuchung, die aus der Fülle der humanistischen Korrespondenzen nur wenige Beispiele herausgreifen konnte, in einen Aufruf zu weiteren Untersuchungen auch an Briefcorpora des eigentlichen Mittelalters.

KLAUS OSCHEMA

Riskantes Vertrauen.
Zur Unterscheidung von Freund und
Schmeichler im späten Mittelalter*

„Der Feind ist süß, der Freund ist bitter"[1] – oder wie der burgundische Rat und Bischof von Tournai Guillaume Fillastre es in seinem ‚2. Buch vom Goldenen Vlies' ausdrückte:

> Aber der Neid desjenigen, den man als seinen Freund betrachtet, ist viel gefährlicher als der Neid jener, die uns als Feind bekannt sind, denn wie Cleobolus der Weise es formulierte: ‚Man kann sich gut vor dem Neid des Feindes in Acht nehmen, denn der Hass ist hier offen und erkennbar; vor dem Neid des Freundes aber nicht, denn er ist verdeckt; daher gibt es, keine wahre Freundschaft wo der Neid herrschen kann.'[2]

Wie so viele Aspekte aus dem Bereich der Reflexionen über Freundschaft wirkt auch diese Einsicht dem historischen Kontext seltsam entrückt, in dem sie niedergeschrieben

---

* Der vorliegende Text basiert auf einem Vortrag im Rahmen des 12. Symposiums des Mediävistenverbandes in Trier. Ich danke den Teilnehmerinnen und Teilnehmern der Diskussion für Ihre Anregungen und Hinweise, insbesondere Ingrid Bennewitz, Rüdiger Schnell und Petra Schulte.

[1] Cassiodor: De Anima, hrsg. v. J. W. Halporn, in: ders.: Opera. Bd. 1 (CCSL 96), hrsg. v. Å. J. Fridh/ J. W. Halporn. Turnhout 1973, c. 18: *hostis dulcis, amicus amarus est.*

[2] Guillaume Fillastre: 2ᵉ livre de la Toison d'or (Wien, HHStA, Archiv des Ordens vom Goldenen Vlies, HS 2), fol. 26v: *Or est l'envie de celluy que on repute son amy trop plus perilleuse que de celluy qu'on scet estre son ennemy, car comme dist Cleobolus le sage: « On se peut tres bien garder de l'envie de son ennemy, par ce que la hayne y est ouverte et manifeste ; mais de l'envye de son ami non, car elle est couverte; pour ce n'est vraie amité ou qu'envye peut rengner. »* Der Text ist, mit Ausnahme dreier Inkunabeldrucke aus der Pariser Offizin von François Regnault (März und Dezember 1517) und der Offizin von Nicolas le Rouge in Troyes (April 1530), bislang nicht im Druck zugänglich; ich bereite derzeit eine Edition des Kapitels über die Freundschaft vor. Die Zitate, die im Folgenden aus dem Text geboten werden, folgen der Wiener Handschrift, dem Karl dem Kühnen dedizierten Exemplar, vgl. Guillaume Fillastre d. J.: Ausgewählte Werke, hrsg. v. Malte Prietzel (Instrumenta 11). Ostfildern 2003, S. 101; zu den erwähnten Inkunabeln ebd., S. 105-108. Zu Fillastres Leben und Werk s. jetzt vor allem Prietzel, Malte: Guillaume Fillastre der Jüngere (1400/07-1473). Kirchenfürst und herzoglich-burgundischer Rat (Beihefte der Francia 51). Stuttgart 2001.

wurde. Der unverkennbare Hauch des überzeitlichen Geltungsanspruchs geht bereits vom epochenübergreifenden Charakter des Zitats aus, mit dem Fillastre seine Position untermauert: Er kann keine Originalität für das Mitgeteilte beanspruchen, nicht einmal im Sinne einer humanistischen Wiederentdeckung lange verschütteter Texte, wie sie zum Zeitpunkt der Niederschrift seiner ‚Bücher vom Goldenen Vlies' durchaus denkbar wäre. Der Gedanke ist vielmehr bestens bekannt und der Bischof, der ihn in seine Erwägungen zur Freundschaft integriert, stellt sich damit in eine lange Tradition, die ihn durchaus näher an das Mittelalter rückt als an die modernisierende Bewegung humanistischer Textarbeit. Er bestätigt damit den allgemeinen Eindruck, dass zu kaum einem Gegenstand eine derartig langfristige Kontinuität der formulierten Positionen in theologischen und philosophischen Texten, der fiktionalen Literatur, juristischen Dokumenten und Spruchweisheiten zu finden ist, wie zur Freundschaft.[3] Damit soll natürlich ebenso wenig eine reale überzeitliche Geltung der jeweiligen Aussagen behauptet werden wie eine Invariabilität des Nachdenkens und der Bezugnahme auf die Freundschaft. Schließlich haben die intensiven Forschungen der letzten Jahre deutlich vorgeführt, wie sich nicht nur die Praktiken durchaus verändern konnten, die mit der *amicitia* verbunden waren, sondern auch die theoretischen Überlegungen.[4]

---

[3] An dieser Stelle kann keine vollständige Literaturübersicht zur historischen Erforschung der Freundschaftsthematik gegeben werden. Ich erlaube mir daher den Hinweis auf den knappen Forschungsüberblick in Oschema, Klaus: Freundschaft und Nähe im spätmittelalterlichen Burgund. Studien zum Spannungsfeld von Emotion und Institution (Norm und Struktur 26). Köln/ Weimar/ Wien 2006, S. 73-167, sowie ders.: Einführung, in: ders. (Hrsg.): Freundschaft oder amitié? Ein politisch-soziales Konzept der Vormoderne im zwischensprachlichen Vergleich (15.-17. Jahrhundert). Berlin 2007, S. 7-21. Zur Rezeption der aristotelischen Freundschaftstheorie in der philosophischen Debatte des späten Mittelalters s. insbesondere Sère, Bénédicte: Penser l'amitié au Moyen Âge. Étude historique des commentaires sur les livres VIII et IX de l',Ethique à Nicomaque' (XIIIe-XVe siècle). Turnhout 2007. Wichtige Beiträge versammeln insbesondere Haseldine, Julian (Hrsg.): Friendship in Medieval Europe. Stroud 1999, sowie Wipfler, Esther P./ Appuhn-Radtke, Sibylle (Hrsg.): Freundschaft. Motive und Bedeutungen. München 2006. Aus philosophiegeschichtlicher Warte s.a. einzelne Beiträge in Kelly, Thomas A.F. u.a. (Hrsg.): *Amor Amicitiae*: On the Love that is Friendship. Essays in Medieval Thought and Beyond in Honor of the Rev. Professor James McEvoy. Leuven 2004.

[4] Siehe Anm. 3. Als herausragende Umbruchsepoche, insbesondere auf der Ebene der Freundschaftspraktiken, markiert Alan Bray (The Friend. Chicago/ London 2003) das 17. Jahrhundert; vgl. auch ders./ Rey, Michel: The Body of the Friend: Continuity and Change in Masculine Friendship in the Seventeenth Century, in: Tim Hitchcock/ Michèle Cohen (Hrsg.): English Masculinities 1660-1800. London/ New York 1999, S. 65-84. Dem gegenüber sind sicher auch die räumlich und zeitlich auszudifferenzierenden Wandlungen im europäischen Mittelalter stärker zu betonen, s. etwa van Eickels, Klaus: Freundschaft im (spät)mittelalterlichen Europa: Traditionen, Befunde und Perspektiven, in: Freundschaft oder amitié? [Anm. 3], S. 23-34, hier v.a. S. 31. Die Spezifität unterschiedlicher Freundschaftsentwürfe des hohen Mittelalters, insbesondere der intensivierten Reflexion im 12. Jahrhundert, zeigen u.a. Legros, Huguette: L'amitié dans les chansons de geste à l'époque romane. Aix-en-Provence 2001, und McGuire, Brian P.: Friendship and Community. Kalamazoo 1988.

Im Folgenden soll die kaum zu erschöpfende Freundschaftsthematik auf einen eng abgegrenzten Teilaspekt hin befragt werden, der in den Untersuchungen über die Freundschaft als politisch-soziales Phänomen im späten Mittelalter bislang zu Unrecht vernachlässigt wurde.[5] Es geht dabei um eine besondere Figur, nämlich jene des Schmeichlers, die in den Texten des späten 14. und des 15. Jahrhunderts weit verbreitet ist.

I. Die Bedeutung von Freundschaft und Schmeichelei

Kurios erscheint diese Vernachlässigung in der historisch-kritischen Analyse schon deshalb, weil damit eine Schwerpunktsetzung zahlreicher Texte des späten Mittelalters ebenso ignoriert wird, wie ein wichtiger Aspekt der Denkstruktur, die sie uns vorführen. Identifiziert man, wie dies weithin üblich ist, als Gegenfigur des Freundes lediglich jene des Feindes, so lässt man nicht nur die eigentlich problematischen Zwischentönungen der unterschiedlichen sozialen Bindungen beiseite, die mit den Begriffen Freund und Feind gefasst werden können. Man nimmt sich zudem auch die Möglichkeit, mit dem Phänomen des Schmeichlers oder *flatteurs* einen zentralen Bereich des Freundschaftsdiskurses analytisch zu fassen, der einen wichtigen Schlüssel für das Verständnis jener gestuellen und rituellen Praktiken bieten kann, die im Umfeld des verbalen Freundschaftsdiskurses angesiedelt waren. Von besonderer Relevanz erscheint der Typus des Schmeichlers zudem angesichts des verstärkten Interesses an den Mechanismen zur Herstellung und Stabilisierung von Vertrauensverhältnissen, deren Erforschung in den letzten Jahren auch in der Mediävistik Einzug gehalten hat.[6]

Die Frage nach dem Vertrauen wurde dabei vorwiegend in einem „außenpolitischen" Modus gestellt. Das heißt, dass in erster Linie solche personalen Bindungen in den Blick gerieten, die in horizontaler oder zum Teil auch vertikaler Ausrichtung Herr-

---

[5] Eine der wenigen Ausnahmen bildet der Beitrag von Mireille Vincent-Cassy (Flatter, louer ou comment communiquer à Paris à la fin du Moyen Age, in: Daniela Romagnoli [Hrsg.]: La Ville et la Cour. Des bonnes et des mauvaises manières. Paris 1995, S. 117-159), der zwar an einzelnen Fehlern auf der faktographischen Ebene leidet, aber zutreffend die Grundzüge der Entwicklung skizziert. Vincent-Cassy analysiert hier das Phänomen der *flatterie* als Verhaltensmuster und die an ihm angebrachte Kritik. Sie hebt hervor, dass das Schmeicheln in den literarischen und moralisierenden Diskursen des späten 14. Jahrhunderts in Frankreich das zuvor kritisierte „Verleugnen" ersetzt habe. Vgl. daneben insbesondere Sère [Anm. 3], S. 83-87 und 165-170.

[6] Vgl. den instruktiven Beitrag von Dorothea Weltecke: Gab es „Vertrauen" im Mittelalter? Methodische Überlegungen, in: Ute Frevert (Hrsg.): Vertrauen. Historische Annäherungen. Göttingen 2003, S. 67-89, deren Einschätzungen gleichwohl problematisch erscheinen; s. a. das Dossier „Vertrauensbildung durch symbolisches Handeln", in: Frühmittelalterliche Studien 39 (2005), S. 247-479, insbesondere Bleumer, Hartmut: Das Vertrauen und die Vertraute. Aspekte der Emotionalisierung von gesellschaftlichen Bindungen im höfischen Roman, S. 253-270, hier v. a. S. 253-258 („I. Voreinstellungen').

schaftsträger miteinander in Bezug setzten.[7] In diesem Rahmen bieten die konsultierten Quellen den Verweis auf die Freundschaft tatsächlich vorwiegend in Kontexten, in welchen auf sie als Medium der Friedensstiftung oder der politischen Allianzbildung Bezug genommen wurde. Folglich konzentrierten sich die Handlungsoptionen stark auf eine Freund-Feind-Dichotomie,[8] bei der sich beide Zustände in diskreter Verteilung anordneten und in radikalen Umbrüchen umschlagen konnten.

Die Beispiele für den „politischen Einsatz" der Freundschaft sind kaum zu überblicken; hier möge der Verweis auf den bekannten Fall der Herzöge Johann Ohnefurcht von Burgund und Ludwig von Orléans genügen. Das Verhältnis der beiden Fürsten, die in letzter Konsequenz um den Vorrang in der Regentschaft für den handlungsunfähigen französischen König Karl VI. rivalisierten, war in den Jahren 1404-05 mehr als gespannt, so dass sich beide Lager 1405 kurz vor dem offenen Kriegszustand befanden.[9] Unter anderem auf Vermittlung von Karls Gemahlin, Königin Isabeau de Bavière, konnte ein fragiler Friede hergestellt werden,[10] dessen Sicherheit auf dem Abschluss einer öffentlich demonstrierten und ausagierten Freundschaft zwischen den beiden Protagonisten basierte, die bei mehreren Gelegenheiten nicht nur die Hostie teilten, sondern auch gemeinsam aßen und nach Ausweis einzelner Chronisten sogar das Bett teilten.[11]

---

[7] Vgl. etwa die Studie von Claudia Garnier: *Amicus amicis – inimicus inimicis*. Politische Freundschaft und fürstliche Netzwerke im 13. Jahrhundert (Monographien zur Geschichte des Mittelalters 46). Stuttgart 2000, sowie Klaus van Eickels: Vom inszenierten Konsens zum systematisierten Konflikt. Die englisch-französischen Beziehungen und ihre Wahrnehmung an der Wende vom Hoch- zum Spätmittelalter (Mittelalter-Forschungen 10). Stuttgart 2002, und jüngst Nicolas Offenstadt: Faire la paix au Moyen Âge. Paris 2007.

[8] Hierzu Oschema, Klaus: Auf dem Weg zur Neutralität. Eine neue Kategorie politischen Handelns im spätmittelalterlichen Frankreich, in: Freundschaft oder amitié? [Anm. 3], S. 81-108.

[9] Klassisch die Studie von Bernard Guenée: Un meurtre, une société. L'assassinat du duc d'Orléans, 23 novembre 1407. Paris 1992, hier S. 159-167; s. jetzt auch Schnerb, Bertrand: Jean sans Peur. Le prince meurtrier. Paris 2005, S. 163-182, zu den Hintergründen und der Entwicklung der Konfrontation.

[10] Schnerb [Anm. 9], S. 177, betont die Vermittlung durch den König von Navarra, Ludwig II., Herzog von Anjou und König von Sizilien, die Herzöge von Berry und von Bourdon sowie weitere große Adlige. Am 22. Oktober 1405 begleiteten die versöhnten Rivalen die Königin und den Dauphin gemeinsam beim Einzug in Paris.

[11] Siehe den Bericht der *Geste des nobles françois*, ediert in: Fragments de la Geste des nobles françois, in: Chronique de la Pucelle ou Chronique de Cousinot, suivie de la Chronique normande de P. Cochon, relatives aux règnes de Charles VI et de Charles VII, hrsg. v. Auguste Vallet de Viriville. Paris 1859 (Neudruck Genf 1976), S. 105-204, hier S. 111f.: *Si admenèrent la royne dedens Paris où receuz furent à grant joye, et pour seurté de ferme paix, jurèrent les ducs d'Orléans et de Bougoingne fraternité et compaignie d'armes prindrent ; et portèrent les ordres et les devises l'un de l'autre, et après leurs seremens faiz ès / mains de Monsieur Jehan de Montagu adonq évesque de Chartres sur les saints canons et la croix par eulx touchez, usèrent le corps de Nostre Seigneur parti en deux ; souvent, d'illec en avant, burent, mangèrent et couchèrent ensemble tenans toutes manières d'amour et bienveillance.* Zur rituellen Einbettung dieses

Aus moderner Sicht wirkt dieses Arrangement weitgehend funktional erklärbar, wenngleich die Zeitgenossen dies anders wahrgenommen haben mögen.[12] Das Freundschaftsvokabular und die zugehörigen Praktiken ritualisierten Handelns erscheinen hier instrumentalisiert, so dass man ihnen angesichts der existierenden Spannungen auf den ersten Blick bestenfalls noch metaphorische Bedeutung zusprechen möchte. Wer einer idealisierenden Auffassung von Freundschaft anhängt, wie sie unseren alltäglichen Sprachgebrauch heute prägt, mag tatsächlich über den hohen Grad an sozialer Institutionalisierung erstaunt sein, den der recht breite Konsens über den Verpflichtungshorizont auch politisch eingesetzter Freundschaft im (späten) Mittelalter erkennen lässt.[13] Wie riskant (authentisches oder inszeniertes) Vertrauen in den Partner auch vor diesem Hintergrund aber weiterhin sein konnte, musste Ludwig von Orléans auf unangenehme Weise erfahren, als sein so genannter „Freund" ihn am 23. November 1407 auf offener Straße in Paris ermorden ließ.[14]

Trotz dieses für die Vertrauenswürdigkeit der politisch-sozialen Institution „Freundschaft" eher schädlichen Zwischenfalls und noch folgender ähnlicher Erfahrungen, wie

---

Friedensschlusses s. van Eickels [Anm. 7], S. 374, und Oschema: Freundschaft und Nähe [Anm. 3], S. 260f., 531f. und 552.

[12] Die ausufernde Debatte über die methodischen Schwierigkeiten ritualorientierter Zugriffe und Interpretationsmöglichkeiten sei hier ausgeklammert. Für aktuelle Überblicke zu einschlägigen Forschungsstrategien aus geschichtswissenschaftlicher Perspektive s. Stollberg-Rilinger, Barbara: Symbolische Kommunikation in der Vormoderne. Begriffe – Thesen – Forschungsperspektiven, in: Zeitschrift für historische Forschung 31 (2004), S. 489-527, und Rexroth, Frank: Rituale und Ritualismus in der historischen Mittelalterforschung. Eine Skizze, in: Hans-Werner Goetz/ Jörg Jarnut (Hrsg.): Mediävistik im 21. Jahrhundert. Stand und Perspektiven der internationalen und interdisziplinären Mittelalterforschung (Mittelalter-Studien 1). München 2003, S. 391-406, mit weiteren bibliographischen Hinweisen. Kritisch gegenüber ritualorientierten Ansätzen v.a. Buc, Philippe: The Dangers of Ritual. Between Early Medieval Texts and Social Scientific Theory. Princeton/ Oxford 2001. Zur systematischen Kritik der vor allem in anthropologisch-ethnologischen und religionswissenschaftlichen Studien entwickelten Ritualtheorien s. Bell, Catherine: Ritual Theory, Ritual Practice. New York/ Oxford 1992.

[13] Zu den Konturen eines für das franko-burgundische Spätmittelalter rekonstruierbaren Idealmodells s. Oschema: Freundschaft und Nähe [Anm. 3], S. 249-385; vgl. für das frühe Mittelalter Althoff, Gerd: Verwandte, Freunde und Getreue. Zum politischen Stellenwert der Gruppenbindungen im frühen Mittelalter. Darmstadt 1990; ders.: Freund und Freundschaft. § 2: Historisches, in: Realenzyklopädie der germanischen Altertumskunde. Bd. 9 (1995), S. 577-582, und Garnier [Anm. 7].

[14] Zum Mord selbst s. Guenée [Anm. 9], S. 7-11 und 178f. Mit den Auswirkungen auf die politische Kultur im Frankreich der Folgejahre beschäftigen sich Petra Schulte: Treue und Vertrauen im Zeichen der Ermordung Ludwigs von Orléans durch Johann ohne Furcht (23. November 1407), in: Frühmittelalterliche Studien 39 (2005), S. 315-333, und Peter von Moos: Das Öffentliche und Private im Mittelalter. Für einen kontrollierten Anachronismus, in: ders./ Gert Melville (Hrsg.): Das Öffentliche und Private in der Vormoderne (Norm und Struktur 10). Köln/ Weimar/ Wien 1998, S. 3-83, hier S. 46-74.

sie etwa der Mord an Johann Ohnefurcht im Jahr 1419 bewirkte,[15] rekurrierten die Autoren und die politischen Akteure des franko-burgundischen Raumes auch in den folgenden Jahrzehnten bei der Beschreibung und Begründung des Handelns einzelner Protagonisten immer wieder auf die Bezugsgröße Freundschaft.[16] Es fällt nicht leicht, diese Stabilität des offensichtlich fragilen Mediums und des in dieses investierten Vertrauens zu verstehen. Um eine Erklärung zu finden, scheint es unumgänglich, die Ausführungen jener zeitgenössischen Autoren zur Kenntnis zu nehmen, die sich in reflektierendem Zugriff damit auseinandersetzten.

Kehren wir also zurück zum Œuvre Guillaume Fillastres, der sich freilich für andere Dinge interessierte als der moderne Historiker. Wo wir gerne Näheres über die Mechanismen der politischen Freundschaft und der Absicherung pragmatischer Verbindungen erfahren möchten – also etwa darüber, welche Pflichten als einklagbar galten und in welchen Formen entsprechende Bindungen zu schließen waren – zeigt sich Fillastre trotz seiner Orientierung an einem Laienpublikum vor allem an einer verinnerlichten Sicht interessiert.

Im bereits zitierten ‚2. Buch vom Goldenen Vlies'[17] beschäftigt sich ein längerer Abschnitt von etwa dreißig Folio mit verschiedenen Aspekten der Freundschaft, die hier als „Tochter der Gerechtigkeit" kategorisiert wird.[18] Der Text ist in hohem Maße kompilatorisch angelegt und kann daher kaum als origineller Beitrag zur Freundschaftsdebatte angesehen werden: Auf dieser konventionellen Anlage beruht aber zugleich sein Wert als Zeitdokument, da Fillastre eben keine anspruchsvollen, neuernden Ausführungen vorstellt. Er möchte vielmehr einem ritterlich-adligen Laienpublikum,[19] an das er sich konsequent in der französischen Vernakularsprache wendet, ein Florileg der Weisheiten zu zentralen Tugenden und Verhaltensnormen bieten, zu dessen Erstellung

---

[15] Siehe den Überblick bei Gaston du Fresne de Beaucourt: Histoire de Charles VII. 6 Bde. Paris 1881-1891, Bd. 1, S. 166-178, sowie die für den späteren Karl VII. kritischere Interpretation bei Richard Vaughan: John the Fearless. The Growth of Burgundian Power. London 1966 (Neudruck Woodbridge 2002), S. 274-286. Vgl. jetzt auch Schnerb [Anm. 9], S. 671-689.

[16] Hierzu im Überblick Oschema: Freundschaft und Nähe [Anm. 3], und Offenstadt [Anm. 7].

[17] Zur handschriftlichen Überlieferung des Textes s. Fillastre [Anm. 2], S. 93-101. Hinzu kommen vier Handschriften, die einen Auszug des Buches gesondert wiedergeben, der sich mit dem Rat beschäftigt (s. ebd., S. 101-103, und Häyrynen, Helena: Guillaume Fillastre: Le Traittié de Conseil. Edition critique avec introduction, commentaire et glossaire. Jyväskylä 1994), und eine Pariser Handschrift, die das Kapitel über die Freundschaft enthält: Paris, BnF, ms. fr. 19128.

[18] Fillastre: 2e livre de la Toison d'or, fol. 23v: *La tierce file de justice est amitié*. Fillastre kann hier zurückgreifen auf Ambrosius Theodosius Macrobius: Commentarii in Somnium Scipionis, hrsg. v. Jacob Willis. Stuttgart/ Leipzig 1970 (2. Auflage), 1,8,7: *de iustitia veniunt innocentia, amicitia, concordia, pietas, religio, affectus, humanitas*. Vgl. auch Thomas von Aquin: Summa theologiae. 3 Bde, hrsg. v. Pietro Caramello. Turin 1948-1950, II^a II^{ae}, q. 80, art. 2.

[19] Fillastre: 2^e livre de la Toison d'or, fol. 50r: *Mais j'ay bien voulu ycy lesdis exemples inserer, pour ce que nobles hommes se delittent a les lire, affin que en les lisant ilz les entendent sainement en laissant la paille et prenant le grain*.

er zu gleichen Teilen auf biblische, theologische, philosophische und historische Vorlagen zurückgreift.[20]

Dabei erscheint in der Auswahl der Quellen allerdings ein Autor nicht, der sich mit unserer Frage aus philosophischer Warte am intensivsten auseinandergesetzt hatte: Plutarch widmete zwischen 90 und 115 nach Christus einen ganzen Traktat dem Thema der Unterscheidung des Freundes vom Schmeichler[21] – der Text ist dem Königssohn Caius Julius Antiochus Philopappos dediziert und schreibt sich damit ebenso in ein höfisches Milieu ein, wie es die Ausführungen Fillastres tun.[22] Diese Situierung erscheint vor allem deswegen von Bedeutung, weil bei der Erörterung der Schmeichler-Thematik das konkrete soziale Umfeld der Autoren offensichtlich einen spürbaren Einfluss ausübte: Zwar begegnete die Figur des Schmeichlers in ihren Grundzügen immer wieder in philosophischen und literarischen Texten seit der Antike.[23] Sie nahm aber je nach Kontext der Schriften deutlich unterschiedlichen Raum ein. Andere regelmäßig erscheinende Grundfragen zur Freundschaft, wie etwa jene nach der ideellen Gleichheit der Freunde, der Tugend als Grundlage der „echten" Freundschaft und der aristotelischen Unterscheidung von drei Freundschaftstypen, der Tugendfreundschaft, der Nutzenfreundschaft und der Lustfreundschaft, zeichnet trotz aller Nuancierungen insgesamt eine deutlich größere Stabilität aus.[24]

Erkennbar wird die situationsgebundene Bedeutung der Schmeichlerthematik auch an der bereits erwähnten Konjunktur, die das Phänomen des *flatteurs* in Frankreich ab

---

[20] Zu den Quellen Fillastres anhand eines anderen Abschnitts Häyrynen [Anm. 17], S. 20-40, sowie allgemein Prietzel [Anm. 2], S. 421-425.

[21] Plutarch: Les moyens de distinguer le flatteur d'avec l'ami (De adulatore), in: ders.: Œuvres morales. Bd. 1,2, hrsg. und übers. v. Robert Klaerr, André Philippon u. Jean Sirinelli. Paris 1989, S. 63-141. Der Traktat wurde allerdings erst im frühen 16. Jahrhundert in das Französische übersetzt, übte dann jedoch große Wirkung aus; vgl. Evans, Robert C.: Flattery in Shakespeare's ‚Othello'. The Relevance of Plutarch and Sir Thomas Elyot, in: Comparative Drama 35 (2001), S. 1-43.

[22] Siehe die einleitenden Bemerkungen in Plutarch [Anm. 21], S. 65f.

[23] Ebd., 71-73, mit Verweis auf Epicharmos, Aristophanes, Menander einerseits, und Platon, Aristoteles, Theophrast, Cicero, Seneca andererseits; vgl. auch Scholtz, Andrew: Friends, Lovers, Flatterers: Demophilic Courtship in Aristophanes' „Knights", in: Transactions of the American Philological Association 134 (2004), S. 263-295. – Für die Beurteilung der *adulatio* in der theologischen und moralischen Reflexion des Mittelalters s. Casagrande, Carla/ Vecchio, Silvana: Les pechés de la langue. Discipline et éthique de la parole dans la culture médiévale. Paris 1991, S. 253-263. Die Autorinnen konzentrieren sich hier aber vorwiegend auf die moralische Wertung der *adulatio* in allgemeiner Perspektive, so dass die Frage nach den sozialen Auswirkungen ebenso in den Hintergrund gerät, wie jene nach dem Verhältnis des Typus „Schmeichler" zum Freund.

[24] Dabei ist in den Kommentaren zu den Büchern VIII und IX der Nikomachischen Ethik des Aristoteles zwischen dem 13. und 15. Jahrhundert eine deutliche Tendenz zu einer dichotomischen Auffassung festzustellen, die grundsätzlich die „wahre" Freundschaft von „falschen" Formen unterscheidet, s. Sère [Anm. 3], S. 86.

dem späten 14. Jahrhundert erlebte.[25] In der klassischen Freundschaftslehre, die zumal ab dem 12. Jahrhundert vor allem auf der Grundlage von Ciceros ‚Laelius' und später auch Aristoteles' ‚Nikomachischer Ethik' aufbaute, galt vor allem der wechselhafte und wankelmütige Freund als Gefahr, vor der wiederholt gewarnt wurde.[26] Zu einem Topos der Spruchweisheiten avancierte hier der von Cicero mitgeteilte Ausspruch des Ennius, dass der *amicus certus in re incerta cernitur*.[27] Der Typus des Schmeichlers, der sich mit Vorsatz durch falsches Schönreden die Freundschaft böswillig erschleicht, spielte dagegen eine nachrangige Rolle. Die aristotelische Systematik unterschied bekanntlich drei Freundschaftstypen, von denen einer auf Nutzen, einer auf Lustgewinn und einer auf der Tugendhaftigkeit der Partner aufbaute[28] – nur die letzte Form wollte der Philosoph als die „wahre" Freundschaft anerkennen. In diesem Koordinatensystem, das auch die einflussreiche ciceronische Freundschaftstheorie bestimmte,[29] war der Typus des Schmeichlers in der Nutzenfreundschaft zu verorten, erhielt aber damit noch keine präzisere Kontur.[30]

Dies bedeutet nicht, dass die Figur des unaufrichtigen und gefallsüchtigen Anhängers, der zu seinem eigenen Nutzen und unter Hintanstellen der Wahrheit seine wahren, eigensüchtigen Intentionen verleugnete und stattdessen höhergestellten Personen nach dem Mund redete, nicht schon früh in der Literatur aufgetreten wäre. Im 12. Jahrhundert etwa legte Johann von Salisbury im dritten Buch seines ‚Policraticus' der (wohl fiktiven) Gestalt des Caecilius Balbus eine mahnende Rede an Kaiser Augustus in den Mund. Balbus warnte den Imperator vor den Schmeichlern und führte aus, dass diese,

---

[25] Siehe oben [Anm. 5].

[26] Vgl. u.a. Sir 6,7-10; Marcus Tullius Cicero: Laelius de Amicitia, hrsg. u. übers. v. Robert Combès. Paris ³1983, c. 63f.; Publius Ovidius Naso: Tristia, in: ders.: Briefe aus der Verbannung, übers. v. Wilhelm Willige, komment. v. Niklas Holzberg. München/ Zürich 1990, I 5,17-34; ders.: Epistulae ex Ponto, in: ebd., II 6,19-24 (Graecino); Boetius: Philosophiae consolatio, hrsg. v. Ludwig Bieler (CCSL 94,1). Turnhout 1957, II 8; Aelred von Rievaulx: De spiritali amicitia, in: ders.: Opera Omnia, hrsg. v. Anselm Hoste, C.H. Talbot (CCCM 1). Turnhout 1971, S. 279-350, hier 321-323 (III 22-30); Pierre de Blois: Un traité de l'amour du XIIe siècle, hrsg. v. M.-M. Davy. Paris 1932, S. 172 (*De amicitia christiana*, c. 13).

[27] Cicero [Anm. 26], c. 64.

[28] Aristoteles: Nikomachische Ethik [im Folgenden: NE], hrsg. v. Günther Bien. Hamburg 1985 (4. Auflage), S. 184-186 (VIII 3-4). Vgl. zur aristotelischen Freundschaftslehre weiterhin Fraisse, Jean-Claude: *Philia*. La notion de l'amitié dans la philosophie antique. Paris 1974, und Hoffmann, Ernst: Aristoteles' Philosophie der Freundschaft, in: Fritz Peter Hager (Hrsg.): Ethik und Politik des Aristoteles (Wege der Forschung 208). Darmstadt 1972, S. 149-182. Für weitere bibliographische Hinweise s. Oschema: Freundschaft und Nähe [Anm. 3], S. 118-121, und Schinkel, Andreas: Freundschaft. Von der gemeinsamen Selbstverwirklichung zum Beziehungsmanagement – Die Verwandlungen einer sozialen Ordnung. Freiburg i. Br./ München 2003, S. 184-193.

[29] Cicero [Anm. 26], c. 29.

[30] So grenzt Aelred von Rievaulx denjenigen, dem die schmeichelnde *adulatio* wichtiger sei als die mahnende *correptio*, schlicht von den tugendhaften echten Freunden ab, s. Aelred von Rievaulx [Anm. 26], S. 309 (II 38).

wenn sie ihn mit den Göttern verglichen, sowohl jene beleidigten wie auch den Kaiser selbst.[31]

Die Situierung dieser Warnung macht aber erneut die Anbindung an ein konkretes soziales Umfeld deutlich, da sie in einem als höfisch vorgestellten Kontext aufscheint. Dieser ist im Sinne einer allgemeinen Charakteristik durch zwei grundlegende Züge bestimmt: Zum einen handelt es sich um eine strikt hierarchisch angelegte Ordnung, in der die Positionierung und der Aufstieg des Einzelnen stark von dessen personaler Bindung an höherrangige Personen abhängig ist.[32] Zum zweiten werden ebendiese Bindungen auf der Grundlage einer Interaktions-Dynamik gedacht, in welcher die Idealvorstellung authentischen Handelns[33] an die Existenz bestimmter Verhaltensnormen gekoppelt ist. Mit anderen Worten: mehr oder weniger feste Regeln für das Verhalten im höfischen Kontext treffen mit der Erwartung des Ausdrucks der persönlichen Haltung aufeinander. Der äußere Schein wird damit einerseits zur Grundlage der Einschätzung des Gegenübers; andererseits wird er durch die immer stärkere Fixierung der Umgangsformen auch berechnend einsetzbar.[34]

Hier nun setzt, nachdem die Einschätzung der *adulatio* in früheren Schriften vorwiegend von moralisch-theologischen Gedanken allgemeiner Natur bestimmt worden war,[35] die Verbindung des Nachdenkens über Freunde und Schmeichler im späten

---

[31] John of Salisbury: Policraticus I-IV, hrsg. v. K.S.B. Keats-Rohan (CCCM 118). Turnhout 1993, III 14; vgl. zur Präsenz der Thematik im *Policraticus* auch Romano, Roberto: *Memento quod es homo*: a imagem do rei no *Policraticus* e o estatuto da lisonja, in: Historia 15 (1996), S. 41-53. Peter von Moos (Geschichte als Topik. Das rhetorische Exemplum von der Antike zur Neuzeit und die *historiae* im ‚Policraticus' Johanns von Salisbury [Ordo 2]. Hildesheim/ Zürich/ New York 1988, S. 287f., 316 und 326ff.) geht nur knapp auf das Motiv der Schmeichelei ein; vgl. auch Curtius, Ernst R.: Europäische Literatur und Lateinisches Mittelalter. Bern 1948, S. 172f.

[32] Zu diesem sozio-dynamischen Aspekt höfischer Vergesellschaftung s. jüngst die Beiträge in Butz, Reinhardt/ Hirschbiegel, Jan/ Willoweit, Dietmar (Hrsg.): Hof und Theorie. Annäherungen an ein historisches Phänomen (Norm und Struktur 22). Köln/ Weimar/ Wien 2004, v.a. Butz, Reinhardt/ Dannenberg, Lars Arne: Überlegungen zu Theoriebildungen des Hofes, S. 1-41, hier S. 33f.

[33] Damit ist im vorliegenden Fall nicht der Authentizitätsbegriff auf der Basis moderner Vorstellungen von Individualität angesprochen, vgl. die Ausführungen von R. Handler: Authenticity, Anthropology of, in: International Encyclopedia of the Social & Behavioral Sciences. Bd. 2 (2001), S. 963-967, oder Charles Taylor: The Ethics of Authenticity. Cambridge (Mass.)/ London 1991. Vielmehr geht es um die in der Epoche kaum je kritisch eingeholte Vorstellung eines Ineinanderfallens des körperlichen (mimisch-gestischen) Ausdrucks und der seelischen Disposition, vgl. hierzu demnächst die Hinweise bei Klaus Oschema: Falsches Spiel mit wahren Körpern. Freundschaftsgesten und Betrug im franko-burgundischen Spätmittelalter, in: Frank Rexroth u.a. (Hrsg.): Kooperation und Betrug in Beziehungssystemen (zum Druck vorgelegt).

[34] Vgl. etwa auf der Grundlage didaktischer Schriften jüngst Rüdiger Schnell: Wer sieht das Unsichtbare? *Homo exterior* und *homo interior* in monastischen und laikalen Erziehungsschriften, in: Katharina Philipowski/ Anne Prior (Hrsg.): *anima* und *sêle*. Darstellungen und Systematisierungen von Seele im Mittelalter. Berlin 2006, S. 83-112.

[35] Vgl. etwa Thomas von Aquin: Summa theologiae [Anm. 18], II^a II^{ae}, q. 115.

Mittelalter an. Beantwortet man nämlich, wie es zahlreiche Traktate ab dem späten 13. Jahrhundert im Aufgreifen aristotelischer Positionen tun, die Frage nach dem verbindenden Medium sozialer Organisation mit dem Verweis auf Freundschaft und Liebe,[36] so ergibt sich unmittelbar das Problem der Institutionalisierung und Verstetigung eines immer auch emotional gedachten Bindungstyps.

Wenn Dichter wie Theologen des spätmittelalterlichen Frankreich unisono gegen schmeichlerische Höflinge wetterten,[37] so taten sie das zudem nicht nur vor dem Hintergrund solcher allgemeinen Erwägungen, sondern sie reagierten vielmehr auf konkrete Vorkommnisse ihrer Zeit, die mehrfach Zeuge von spektakulären Aufstiegsgeschichten wurde, denen meist der ebenso Aufsehen erregende Fall der höfischen Karrieristen folgte – Beispiele existieren in großer Zahl, von den so genannten ‚Marmousets' Karls VI. von Frankreich[38] über Pierre de Giac, einen der Günstlinge Karls VII.,[39] bis hin zum berüchtigten Olivier le Daim oder Olivier le Diable im Gefolge Ludwigs XI.[40]

II. Die Gefahr des Schmeichlers

Wir können also festhalten, dass die Figur des Schmeichlers für die Beschreibung realer Umstände der gesellschaftlichen Organisation im Rahmen der höfischen Gesellschaft Frankreichs von großer Relevanz war. Was aber machte diese Figur so gefährlich[41] und gleichzeitig für die Kritik so empfänglich?

Das Beispiel Fillastres kann stellvertretend für weitere Autoren stehen: Für ihn ist die „wahre" Freundschaft zwar im klassischen Sinne eine Beziehung, die auf der Tu-

---

[36]   Am prominentesten ist in diesem Kontext wohl Aegidius Romanus: De regimine principum, hrsg. v. Hieronymus Samaritanus. Rom 1607 (Neudruck Aalen 1967), S. 39 (I 1,12) und 214-218 (II 1,1). Die Wirkung dieses Traktats auf die didaktische Fürstenspiegelliteratur des spätmittelalterlichen Frankreich kann kaum hoch genug veranschlagt werden: Noch im 13. Jh. wurde der Text ein erstes Mal in die französische Volkssprache übersetzt, weitere Übersetzungen folgten, s. Li livres du gouvernement des rois. A XIIIth Century French Version of Egidio Colonna's Treatise ‚De regimine principum', hrsg v. Samuel Molenaer. New York 1899, S. xxvif.
[37]   Siehe die Beispiele bei Vincent-Cassy [Anm. 5].
[38]   Vgl. hierzu den Überblick bei Françoise Autrand: Charles VI – la folie du roi. Paris 1986, S. 189-203 (Kap. 10: ‚Le temps des Marmousets').
[39]   Siehe jüngst Contamine, Philippe: Charles VII, roi de France, et ses favoris: l'exemple de Pierre, sire de Giac († 1427), in: Der Fall des Günstlings [Anm. 57], S. 139-162.
[40]   Boudet, Jean-Patrice: Genèse et efficacité du mythe d'Olivier le Daim, in: Médiévales 10 (1986), S. 5-16, und ders.: Faveur, pouvoir et solidarités sous le règne de Louis XI: Olivier le Daim et son entourage, in: Journal des Savants (1987), S. 219-257; vgl. allgemein zu den Favoriten Ludwigs XI. die Monographie von Jean Favier: Louis XI. Paris 2001, S. 938.
[41]   Li livres du gouvernement [Anm. 36], S. 331, stellt zu den *flateours* explizit fest, dass sie *metent souvent lor seignors et le pueple en granz periz*.

gendhaftigkeit der Partner beruht, während jene Bindungen, deren Grundlage im gegenseitigen Nutzen oder Lustgewinn besteht, minderwertige Formen darstellen.⁴² Zugleich hebt er aber auch jene Ebene hervor, die wir heute als „psychologisch" und „emotional" bezeichnen würden. Deutlich wird dies etwa in einem Cassiodor zugeschriebenen Zitat, dessen Autor in Wahrheit Peter von Blois ist. Fillastre begnügt sich nicht mit der einfachen Wiedergabe der ursprünglich auf die Tugendfreundschaft zugeschnittenen Aussage, sondern arbeitet eine durchaus persönliche Komponente ein:

> [...] die Süße der Empfindungen von Menschen, die gemeinsam in wahrer Liebe, Gefallen und Süße zusammenfinden, welche sie sich gegenseitig durch aufrichtige Zuneigung, Gespräche, tugendhafte Betätigung, Gleichheit des Wollens sowie fortgesetzte und unverletzliche Treue und Loyalität bereiten, ist eine schöne, süße und feste Grundlage, eine Wurzel und Nahrung wahrer Freundschaft.⁴³

Tatsächlich geht Fillastre über eine solche Formel, die durch den weiterhin markant präsenten Verweis auf den Tugendcharakter noch moralisch rationalisierbare Züge trägt, hinaus, wenn er an späterer Stelle ein rational nicht mehr einholbares Prinzip der Freundschaft andeutet. Seine Gedanken scheinen geradezu auf Montaignes berühmte Freundschaftsformel voraus zu weisen,⁴⁴ indem er bekennt:

> Von allen Dingen kann man den Grund erfragen, der den Menschen zu ihrer Ausführung bewegt, außer von diesem. Denn wenn man mich, was die Freundschaft betrifft, fragt, weshalb ich den einen mehr als den einen anderen liebe, so ist, obwohl ich antworten könnte, dass es wegen seiner Tugend oder einer anderen Sache so sei, die grundlegendste Antwort doch jene, dass er mir gefällt [...].⁴⁵

---

⁴² Fillastre: 2ᵉ livre de la Toison d'or, fol. 29r: *Aristote ou VIIIᵉ livre de Ethiques met trois manieres d'amistié, c'est assavoir pour prouffit, pour plaisir ou volupté et pour honesteté. [...] Se l'omme repute son prouffit et son gaing estre chose bonne et pour ceste cause, non pour aultre, il ayme ung homme, ceste amitié n'est pas a louer, car la cause defaillant l'effect cessera, c'est adire: cesse tel amy de avoir prouffit, il cessera de amer. Pareillement, se pour cause de voluptez ou delices on aime: se les delices ou la volupté cesse, l'amitié cessera. Par ainsi n'est a louer, ne a choisir, ne a accepter l'amitié qui procede d'amour fondee en prouffit ou en delices, car ce n'est pas vraie amitié, mais comme il est dessus touché, c'est marchandise.*

⁴³ Ebd., fol. 24v: *... la suavité et la doulceur des affections des hommes convenans ensemble par bonne amour, plaisir et doulceur que ils font l'un a l'auttre par sinceritté de affection, devisees, frequentees de choses honestes, equalité de voulentés et continué et inviolable foy et loiaulté, sont gratieux, doulz et fermes principes, rachines et nourrissement de vraie amittié.* Vgl. Pierre de Blois [Anm. 26], S. 136 (c. 7): *Est autem amicitiae suavissimus fomes sinceritas affectionum, mutua obsequela, rerum honestarum crabra collatio, parilitas voluntatum, jugis et in inviolabilis fides.*

⁴⁴ Michel de Montaigne: De l'amitié, in: ders.: Essais. Bd. 1, hrsg. v. André Tournon. Paris 1998, S. 310-328; vgl. Langer, Ullrich: Perfect Friendship. Studies in Literature and Moral Philosophy from Boccaccio to Corneille. Genf 1994, S. 164-176, und Schinkel [Anm. 28], S. 265-278.

⁴⁵ Fillastre: 2ᵉ livre de la Toison d'or, fol. 39r: *Pour quoy est a noter que de toutes materes on peut demander raison pour laquele l'omme peut estre meu a ce faire, fors en ceste. Car en ceste matere d'amitié, se on me demande pourquoy je ayme ung plus que ung aultre, combien que je*

Fillastre erkennt das Prinzip des Gefallens aber nicht nur, wie schon andere vor ihm, sondern legitimiert es geradezu, wenn er zur Herstellung von Freundschaften empfiehlt, dem gewünschten Partner Gutes zu tun, ihm zu gefallen und sich *courtois* zu verhalten.[46] Just diese Verhaltensstrategie führt zur selben Zeit auch Leon Battista Alberti in seinem Traktat ‚Della famiglia' vor,[47] und sie bildet auch den Hintergrund der frühneuzeitlichen Traktate über den Hofmann.[48] Während jene stark durch die Renaissance in ihrer spezifisch italienischen Ausformung geprägten Texte aber bereits die entstehende Doppelbödigkeit von Verhalten, Ausdruck und Wirkung reflexiv einholen oder doch zumindest problematisieren, bewegt sich der burgundische Bischof in einem stärker traditionell geprägten Kontext, der die Orientierung an absoluten Wertmaßstäben impliziert. Vor diesem Hintergrund wird der Schmeichler, der ebenfalls durch ein ausgesprochen höfisches Verhalten charakterisiert ist und sich daher äußerlich in seinem Handeln zunächst kaum vom Freund unterscheiden lässt, typologisch zu einem Risikofaktor im sozialen System „Freundschaft".[49] Virulent wird dieses Risiko vor allem dann, wenn die zugrunde liegende Freundschaftsvorstellung vorrangig als Phänomen einer Verinnerlichung auftritt, für dessen Einschätzung die innere Einstellung der Beteiligten zählt und damit die Frage nach deren authentischer Gesinnung einen zentralen Raum einnimmt.

Ganz in diesem Sinne hebt Fillastre aber wiederholt auf die segensreichen Auswirkungen der Freundschaft auf das Wohlbefinden der Beteiligten ab: Mit Aristoteles zeichnet er den Menschen als politisches Wesen, das zum erfüllten Dasein auch den freundschaftlichen Kontakt zu seinen Mitmenschen benötige.[50] Herrscherfiguren machen hier keine Ausnahme, ja sie haben sogar die Freundschaft besonders nötig, da

---

puisse respondre que c'est pour ses vertus ou pour aultre cause, touteffois la principale response qui y chiet n'est aultre, fors dire que il me plaist, pour ce principalement que le commencement et la cause qui me meut est mon vouloir, car je veul aymer.

[46] Ebd., fol. 36v: *Dist* [i.e. Thomas von Aquin] *oultre ancore que quatre choses sont, qui seulement ne sont pas moiens pour parvenir a amitié, mais d'elles meismes elles engendrent et font amitié, c'est assavoir faire bien, plaisir et courtoisie a aultruy, car les benefices que l'omme rechoipt le contraindent, s'il n'est desnaturel, a amer celluy dont il les recoipt.* Der einschlägige Passus im Werk Thomas von Aquins konnte noch nicht identifiziert werden.

[47] Alberti, Leon Battista: Über das Hauswesen [Della famiglia], übers. v. Walther Kraus, eingel. v. Fritz Schalk. Zürich/ Stuttgart 1962, S. 350-363; vgl. Schinkel [Anm. 28], S. 244-254.

[48] Vgl. Berger, Harry: The Absence of Grace. Sprezzatura and Suspicion in two Renaissance Courtesy Books. Stanford 2000.

[49] Siehe das Zitat in Anm. 64.

[50] Fillastre: 2^e livre de la Toison d'or, fol. 27r und 35r-v; vgl. Aristoteles: NE [Anm. 28], VIII 1, und ders.: Politik, hrsg. v. Wolfgang Kullmann. Reinbek 1994, I 2. Dieser Leitsatz hat auch Eingang gefunden in die im späten Mittelalter tradierten *Auctoritates Aristotelis*, s. Hamesse, Jacqueline: Les Auctoritates Aristotelis. Un florilège médiéval. Étude historique et édition critique. Louvain/ Paris 1974, S. 252.

nur diese die Hilfe ihrer Nachbarn im Bedarfsfall garantieren kann.[51] Fillastre akzeptiert diese utilitaristische Erwägung, die er hier lediglich im Zusammenhang mit horizontalen Bindungen näher ausführt. Vertikal angelegte Beziehungen, welche die Angehörigen eines Hofes mit dessen Herrn verbinden, schließt er eigentlich entschieden aus,[52] wobei auch diese Regel nur scheinbar absolute Geltung beanspruchen kann: Der Hinweis auf die Majestät des Herrschers unterstreicht zwar die Notwendigkeit einer gewissen Distanz zu den Untertanen, da „zu große Vertraulichkeit oft Streit und Missachtung verursacht"[53]. Im Gegenzug empfiehlt der Autor dem Fürsten aber, im Privaten eine gewisse Vertraulichkeit mit seinen Baronen, Adligen und Räten zu pflegen, da dieses Verhalten sie dazu bewege, ihn zu lieben, wertzuschätzen, zu fürchten und zu ehren.[54]

Solche Ratschläge erscheinen kaum originell, sondern waren in der theoretischen Reflexion über die Natur des Königtums weit verbreitet: Indem auch Fillastre sie hier wieder aufgreift, zeigt er, wie sich die effiziente Ausübung und Stabilisierung personaler Herrschaft stets zwischen der Scylla des Versuchs bewegte, die Autorität des Fürsten durch auratische Distanz zu stärken,[55] und der Charybdis, die Zuneigung der

---

[51] Fillastre: 2ᵉ livre de la Toison d'or, fol. 27v: *Et pour ce comme ainsi soit, que la vie de l'omme qui est sans amy soit plaine de sollicitudes et de explorations, car le plus des vivans pensent a nuire l'un l'aultre, raison nous ammoneste de acquerir et a acheter amitié, et principalment a roix, princes et seigneurs. [...] Car il peut advenir que ung prince aura besoing d'estre servi et aidé par son voisin; il ne le pourra contraindre par argent ne par paiement a son service, ne par puissances d'armes, ne par rien qu'il lui donne – et il le constraindera par seulle amitié.* Fillastre steht damit in der Tradition der späteren Aristoteles-Kommentare ab dem 14. Jahrhundert, während etwa Albertus Magnus zur Wahrung der Herrscherwürde noch strikt darauf bestand, dass sich Könige nicht in „perfekter Freundschaft" mit anderen verbinden sollten: *[...] sed secundum perfectam amicitiae rationem non convenit sibi amicos habere [...].* Siehe Sère: Penser l'Amitié [Anm. 3], S. 154-159, hier S. 157, Anm. 9 (Zitat).

[52] Fillastre: 2ᵉ livre de la Trison d'or, fol. 36v, mit dem Verweis auf die nötige Ähnlichkeit der Freunde im Bezug auf ihre Sitten und ihre soziale Stellung.

[53] Ebd., fol. 35v: *... touteffois les roix et princes si doivent maintenir plus meurement et plus gravement que les aultres hommes, et ne doit point leur amiableté ou affabilité estre moustrée a chascun si ouvertement a l'un que a l'auttre, combien que en ceur luy soit entiere, et ce affin que la dignité du roy ou prince ne soit diminuee ou anientie, ne moins reputee. Car souvent trop grant familiarité engendre content [= dispute] et mesprisement.*

[54] Ebd.: *Mais en son privé avoir familiarité a ses barons, a ses nobles, a ses conseillers, et leur moustrer une amiableté grave et joieuse, tel maintien les attrait a le amer, a le cherir, a le doubter et honnourer.*

[55] Ebendies wird Philipp IV. dem Schönen von Frankreich von Bernard Saisset vorgeworfen, der den König als *nec homo, nec bestia, sed imago* bezeichnet; vgl. die Ausführungen bei Bernd Carqué: Stil und Erinnerung. Französische Hofkunst im Jahrhundert Karls V. und im Zeitalter ihrer Deutung (VMPG, 192). Göttingen 2004, S. 542 (mit Anm. 110 und 111). Die Problematik von Nähe und Distanz reflektiert auch Philippe de Mézières: Le songe du vieil pélerin. 2 Bde, hrsg. v. G. W. Coopland. Cambridge 1969, Bd. 2, S. 245f.; vgl. Slanička, Simona: Krieg der Zeichen. Die visuelle Politik Johanns ohne Furcht und der armagnakisch-burgundische Bürgerkrieg (VMPG 182). Göttingen 2002, S. 97-101, deren Analyse hier allerdings vorwiegend auf die

Untertanen zu suchen und dabei zu große Nähe zuzulassen, die letztlich ebendieser Autorität schadete.[56] In dieser labilen Konstruktion erschien der Schmeichler, also zumeist die fürstlichen Favoriten oder *mignons*, die im späten Mittelalter einen spektakulären Aufschwung erlebten, als zusätzliches Problem.[57] Aufgrund ihrer engen persönlichen Bindung an den Herrscher konnten die dergestalt angesprochenen Personen herausgehobene Positionen im Machtgefüge erreichen, zu welchen sie ihre Herkunft aus traditioneller Warte nicht autorisierte. Sie stellten damit einen markanten Faktor sozialer Dynamik dar.

Aus einer sozialkonservativen Perspektive, wie sie bei Fillastre aufscheint, avancierten solche Karriereverläufe zu einer offenen Gefahr für die etablierten sozialen und politischen Strukturen. Es ist daher wenig verwunderlich, wenn der Schmeichler zur Zielscheibe bissigen Spotts von Seiten der Dichter wie der Theologen wurde, die damit zugleich an die Tradition der Hofkritik anknüpften. Schließlich durchbrach er nicht nur die traditionelle Herrschaftsordnung, sondern er stellte sich zudem noch außerhalb der etablierten Wertvorstellungen, indem er sich als eigenständige Person auslöschte, um gefallsüchtig dem Herrn nach dem Mund zu reden. Damit aber gefährdete er nicht nur die Funktion der sozialen Mechanismen in ihrer idealen Modellierung, sondern letztlich auch sein eigenes Heil: Zum einen beging er mit der *adulatio* konkret eine Sünde;[58] zum anderen ging man davon aus, dass der illegitime Höhenflug den charakterlichen Verfall nach sich ziehen musste, ganz nach der klassischen Formel des *honores mutant mores*.[59]

---

vestimentäre Repräsentation Bezug nimmt. Ein Jahrhundert später erscheinen ähnliche Tendenzen resp. Versuche beim burgundischen Herzog Karl dem Kühnen, der dem Ausweis Olivier de la Marches zufolge um ein stark distanzierendes Zeremoniell an der Tafel bemüht war, s. de la Marche, Olivier: L'estat de la maison du duc Charles de Bourgogne, dit le Hardy, in: ders.: Mémoires. 4 Bde, hrsg. v. Henri Beaune. Paris 1883-1888, Bd. 4, S. 1-94, hier S. 21, 27 und 45f.; vgl. auch Paviot, Jacques: Les marques de distance dans les *Honneurs de la Cour* d'Aliénor de Poitiers, in: Werner Paravicini (Hrsg.): Zeremoniell und Raum (Residenzenforschung 6). Sigmaringen 1997, S. 91-96, sowie Paravicini, Werner: Zeremoniell und Raum, in: ebd., S. 11-36, hier S. 13 und 21. Zur Aufhebung des direkten Körperkontakts im Rahmen des französischen Krönungsrituals s. Oschema: Freundschaft und Nähe [Anm. 3], S. 392-398.

[56] Vgl. den in Anm. 55 erwähnten Passus bei Philippe de Mézières, dessen Grundzüge bereits bei Aegidius Romanus [Anm. 36], S. 133, 138 und 397, aufscheinen.

[57] Vgl. jüngst die Beiträge in Hirschbiegel, Jan/ Paravicini, Werner (Hrsg.): Der Fall des Günstlings: Hofparteien in Europa vom 13. bis zum 17. Jahrhundert (Residenzenforschung 17). Ostfildern 2004, die nicht ohne Grund erst mit dem späten Mittelalter einsetzen. Zum Phänomen des *mignon* s. auch Oschema: Freundschaft und Nähe [Anm. 3], S. 365-379.

[58] Vgl. Anm. 35.

[59] Fillastre: 2^e livre de la Toison d'or, fol. 29v; vgl. Cicero [Anm. 26], c. 54, sowie mehrere Zitate in der Korrespondenz Pierre de Blois' in: PL 207, Sp. 54, 68 und 398. Die Wendung ist im hohen Mittelalter bereits sprichwörtlich geworden.

Die offensichtlich polemische Ausrichtung der Anwürfe – die bei Eustache Deschamps ebenso begegnen wie bei Jean Gerson[60] – bestätigt im Gegenzug zugleich die Bedeutung der Freundschaft und der mit ihr verbundenen Vorstellungen von Offenheit, Solidarität und Loyalität als Normen gesellschaftlicher Ordnung, insbesondere dort, wo sie die Verwirklichung der zentralen Tugenden mit sich bringen sollten.[61] In einer Zeit, in der die Mechanismen der Herrschaft ebenso wie soziale Codes deutlich in Bewegung gerieten, erwies sich der bislang wenig beachtete Typus des Schmeichlers als besonders geeignet, um bestimmte Aspekte dieser Umwälzungen zu kritisieren.

Für die Kritik musste man damit nicht ein neues Modell konstruieren; vielmehr ließ sich der defizitäre oder gar betrügerische Bezug auf eine anerkannte Norm anprangern. Um den Zusammenhang zwischen Freundschaft und Schmeichelei zu konstruieren, konnte sich etwa Guillaume Fillastre durchaus auf ein klassisches Vorbild berufen, indem er Aristoteles die Beschreibung der Freundschaft als Tugend zwischen den Extremen der Streitsucht und der Schmeichelei zuschrieb.[62] Der Schmeichler tue hier zuviel des Guten, während die wahre Freundschaft eben in der Mitte liege: „das heißt: dem Freund die Wahrheit sagen, ohne Täuschung, ohne Schmeichelei; ihn für die Sünde zu kritisieren, nicht zulassen, dass er irrt: dies ist wahre und volle Freundschaft."[63] Fillastre ermahnt seine Leser daher ganz pragmatisch, den Ausdruck der Zuneigung nicht zu übertreiben, um nicht den Eindruck der Schmeichelei zu erwecken.[64] Dem jeweiligen Partner dagegen legt er eine aufmerksame Vorsicht ans Herz, da

---

[60] Etwa in der resignativen Ballade *Contre la Médisance*, s. Deschamps, Eustache: Œuvres complètes. 10 Bde, hrsg. v. Queux de Saint-Hilaire. Paris 1878-1903, Bd. 1, S. 130f.; Gerson, Jean: Pour la réforme du royaume [*Vivat rex*], in: ders.: Œuvres. Bd. VII/1, hrsg. v. Palémon Glorieux. Paris 1968, S. 1137-1185, hier S. 1143 und 1160-1167; vgl. Vincent-Cassy [Anm. 5], S. 118 und 141.

[61] Gerson [Anm. 60], S. 1160-67, zeichnet die *flatterie* explizit als Gegenbild zur *prudentia* und betont damit ihre Gefahren für das bedeutende politisch-soziale Regulativ des Ratschlags.

[62] Fillastre: 2e livre de la Toison d'or, fol. 24v. Vgl. Oresme, Nicole: Le livre de Éthiques d'Aristote, hrsg. v. Albert D. Menut. New York 1940, S. 168 [= NE II 11]. Walter Burley markierte in seinem Kommentar die Pole als *adulatio* und *silvestritas*, s. Sère [Anm. 3], S. 70, Anm. 10. Die knapp zusammenfassenden Auctoritates Aristotelis [Anm. 50], S. 235, bieten keinen Verweis auf die Freundschaft als konkretes Exempel.

[63] Fillastre: 2e livre de la Toison d'or, fol. 24v: ... *c'est assavoir dire verité a son ami, sans dissimulation, sans flaterie, le reprendre de son vice, non le souffrir errer: ce est vraie et entiere amitié.* Vg. ebd., fol. 26r-v, mit Hinweis auf Cassiodor, d. h. Pierre de Blois: Un traité de l'amour [Anm. 26], S. 184-186 (c. 15). An dieser Stelle gibt Pierre de Blois auch Kriterien zur Einschätzung des Gegenübers an die Hand, da *ex dejectione oculorum, ex vultus aversione, ex risu ficto* auf die *ambitio* des Betreffenden geschlossen werden könne.

[64] Fillastre: 2e livre de la Toison d'or, fol. 32r (ein Thales zugeschriebenes Zitat, das von Diogenes Laertius Epikur zugeschrieben wird, s. Diogenes Laertius, Vitae philosophorum. Bd. 1: Libri I-X, hrsg. v. Miroslav Marcovich. Stuttgart 1999, X 118.

letzten Endes sogar die Anwürfe eines Feindes größeren Wert hätten als die süßen Worte des Schmeichlers, der nicht mit dem wahren Freund verwechselt werden dürfe.[65]

Von praktischer Relevanz konnte die Gefahr der defizitären Erfüllung zentraler sozialer Normvorgaben in zahlreichen Kontexten werden, von denen an dieser Stelle nur derjenige des fürstlichen Rates herausgegriffen sei: Neben dem solidarischen Handeln wurde von Freunden immer wieder auch eine korrigierende Funktion eingefordert. Antike Philosophen wie christliche Autoren forderten gleichermaßen dazu auf, dem Freund auch kritisch entgegenzutreten, ihn aufrichtig zu einem tugendhaften Verhalten anzuhalten oder auch bei der Wahl des richtigen und klugen Vorgehens im Sinne der *prudentia* zu beraten.[66] In diesem Sinne eignete sich niemand besser dazu, dem Rat (als Institution fürstlicher Herrschaft) anzugehören, als Freunde.[67] Für das französische Spätmittelalter gilt dies umso mehr, als sich die Funktion des Rates in seiner idealtypischen Charakterisierung wandelte: von einem Gremium der Konsensfindung, in welchem Personen rund um den Herrscher sozial integriert werden konnten, hin zu einem Instrument, mit dem eine inhaltlich kluge und richtige Entscheidung gefunden werden sollte.[68]

Guillaume Fillastre erläuterte aber auch die Gefahren, die mit dieser gedanklichen Konstruktion verbunden waren. Seiner Einschätzung zufolge, die auch hier wenig originell ist, konnten nämlich sowohl der Hass wie auch die Zuneigung das Urteilsvermö-

---

[65] Fillastre: 2^e livre de la Toison d'or, fol. 41v: *Car trop mieux valent les playes, c'est a dire les rudes parolles, les redargutions, les corrections que te fait ton ennemy, que le<s> doulceurs que te fait le flateur que tu dois pour vray non tenir ton amy.*

[66] Siehe etwa aus den bereits zitierten Werken Cicero [Anm. 26], c. 44 (*consilium uero dare ... libere*), oder Aelred von Rievaulx [Anm. 26], S. 309 (II 38) und 340f. (III 103-106), mit Bezugnahme auf Ambrosius Mediolanensis: De officiis. 2 Bde., hrsg. und übers. v. Ivor J. Davidson. Oxford 2001, III 128.

[67] Zu diesem Schluss kam, trotz einiger Bedenken, auch Aegidius Romanus [Anm. 36], S. 502: *Secundo consiliarij debent esse non solum boni sed amici, vt non solum non mentiantur ratione sui qui loquuntur & qui consilium præbent: quia amicorum est amicis vera & bona consulere.* Vgl. Li livres du gouvernement [Anm. 36], S. 333: *... covient qu'il* [i.e. der Ratgeber] *soit prodons et de bone vie, quer touz prodommes heënt mençonge et lor desplest. Apres il covient que celi qui autrui conseille soit son ami, por cen que li ami selon lor pover conseillent a ceus a qui il sont ami bien et verité.* Diese Position widerspricht zwar der Einstellung eines Albertus Magnus, der dem König ja keine Freunde zubilligen mochte (s. o. Anm. 51), fand aber bereits im 14. Jahrhundert etwa mit Johannes Buridanus einen entschiedenen Verfechter, vgl. Sère [Anm. 3], S. 135.

[68] Vgl. hierzu Ruhe, Doris: Ratgeber. Hierarchie und Strategien der Kommunikation, in: Karl-Heinz Spieß (Hrsg.): Medien der Kommunikation im Mittelalter (Beiträge zur Kommunikationsgeschichte 15). Wiesbaden 2003, S. 63-82, und dies.: Hiérarchies et stratégies. Le conseil en famille, in: Carla Casagrande/ Chiara Crisciani/ Agostino Paravicini Bagliani (Hrsg.): *Consilium.* Teorie e pratiche del consigliare nella cultura medievale (Micrologus library 10). Florenz 2004, S. 109-123, sowie die weiteren Beiträge im letztgenannten Band.

gen beeinträchtigen.[69] Zugleich betonte er aber die Notwendigkeit, dem Rat des Freundes besonderes Gewicht beizumessen[70] – in der Gesamtabwägung scheint er dieser Position auch insofern zuzuneigen, als sie den Abschluss der Argumentation im zweiten Abschnitt (,Quel doit estre conseil') seines ,Traité du conseil' bildet.

Die offensichtliche Entscheidungsschwierigkeit in dieser Frage spiegelt sich bei zahlreichen weiteren Autoren wieder. Geoffrey Chaucer entwickelte die Problematik in seinen ,Canterbury Tales' im Rahmen der weit verbreiteten Episode von Melibeus und seiner Gattin Prudentia:[71] Angesichts eines Übergriffs seiner Feinde versammelt Melibeus auf Anraten seiner Gemahlin und im Einklang mit den Gewohnheiten der Tradition seine Freunde und Verwandten, um sich mit ihnen über sein weiteres Vorgehen zu beraten. Chaucer kann sich wohl auch auf die Erfahrung berufen, wenn er zugleich festhält, dass sich unter den Ratgebern auch zahlreiche „durchtriebene Schmeichler und im Gesetz erfahrene Advokaten" befanden[72] – als Konsequenz erscheint ihr Ratschlag korrumpiert, da sie eher den Einflüsterungen ihrer eigenen Interessen und des Neides gehorchen als den Regeln der Vernunft.[73]

Derlei Gedanken wurden in den französischsprachigen Texten des Spätmittelalters immer wieder aufs Neue debattiert,[74] wobei etwa Jean Juvénal des Ursins in seinem

---

[69] Siehe Häyrynen [Anm. 17], S. 247; vgl. Prietzel [Anm. 2], S. 419. Ähnlich bereits Aegidius Romanus [Anm. 36], S. 501. Für eine allgemeinere Einschätzung im Kontext der Fürstenspiegelliteratur s. Graßnick, Ulrike: Ratgeber des Königs. Fürstenspiegel und Herrscherideal im spätmittelalterlichen England (Europäische Kulturstudien 15). Köln/ Weimar/ Wien 2004, S. 168f.; zu Frankreich: Krynen, Jacques: Idéal du prince et pouvoir royal en France à la fin du Moyen âge (1380-1440). Étude de la littérature politique du temps. Paris 1981, S. 147f. Allgemein werden im kanonischen Recht Furcht, Gier, Hass und Liebe als negative Einflussfaktoren für die Urteilsfähigkeit ausgewiesen, s. Corpus iuris canonici. Bd. 1: Decretum Magistri Gratiani, hrsg. v. Emil Friedberg. Leipzig 1879, 2.11.3.78-79.

[70] Häyrynen [Anm. 17], S. 148.

[71] Chaucer, Geoffrey: The Tale of Melibee, in: The Riverside Chaucer, hrsg. v. Larry D. Benson. Boston u.a. 1987 (3. Auflage), S. 217-239; vgl. zur hier prominent aufscheinenden beratenden Rolle der Frau den Beitrag von Nicolas Offenstadt: Les femmes et la paix à la fin du Moyen Âge: genre, discours, rites, in: Le règlement des conflits au Moyen Âge. Actes du XXXIe congrès de la SHMESP. Paris 2001, S. 317-333, hier v. a. S. 329-331, mit weiterer Literatur zur Melibeus-Erzählung, die auf Albertanus von Brescia zurückzuführen ist.

[72] Chaucer [Anm. 71], S. 218: *Ther coomen also ful many subtille flatereres and wise advocatz lerned in the lawe.*

[73] Ebd., S. 218: *His neighebores ful of envye, his feyned freendes that semeden of wepyng, and empereiden and agreggeden muchel of this matiere in preisynge greetly Melibee of myght, of power, of richesse, and of freendes, despisynge the power of his adversaries, and seiden outrely that he anon sholde wreken hym on his foes and bigynne werre.* Vgl. ebd., S. 222: *For trust wel that comunli thise conseillours been flatereres, namely the conseillours of grete lordes, for they enforcen hem alwey rather to speken plesante wordes, enclynynge to the lordes lust, than wordes that been trewe or profitable.*

[74] Die Traditionslinie reicht zumindest bis weit ins 16. Jahrhundert, vgl. de Seyssel, Claude: La monarchie de France et deux autres fragments politiques, hrsg. v. Jacques Poujol. Paris 1961, S. 133-140.

Brieftraktat ‚A, a, a, nescio loqui' des Jahres 1445 die Thematik nutzt, beide der betroffenen Seiten zu ermahnen.[75] Im Rückgriff auf klassische Positionen der politischen Philosophie und der Kirchenväter unterstreicht er die Bedeutung des Rates als Institution und entwickelt zugleich ein Profil des idealen Ratgebers, der sich durch seine Weisheit und Tugendhaftigkeit auszeichnet sowie unerschrocken die Wahrheit äußert.[76] Als Gegenbild erscheint auch hier wieder der gefallsüchtige Schmeichler, der Jean Juvénal zufolge in seiner Zeit nur zu oft zu beobachten sei.[77] Aber nicht nur die Ratgeber werden in die Pflicht genommen, sondern der jeweilige Fürst ist im Gegenzug dazu aufgefordert, die Wahrheit ihrer Äußerungen anzunehmen.[78] Von Freundschaft ist hier freilich nicht die Rede[79] – aber man wird wohl in Anschlag bringen dürfen, dass das tugendhafte Idealbild, das Jean Juvénal von den Ratgebern zeichnet, zu weiten Teilen mit dem Anspruchsprofil an ideale Freunde übereinstimmt. Darüber hinaus mag sich der Leser des Traktats auch an die Ausführungen des ‚Livres du gouvernement des princes' erinnert gefühlt haben, die nicht nur den König vor dem schlechten Einfluss der Schmeichler warnten,[80] sondern zugleich die konzeptuelle Paarung des „guten Königs" und der von ihm geschätzten „Freundschaft" der Kombination des „Tyrannen" mit den von ihm geförderten „Schmeichlern" gegenüberstellt.[81]

Wenn in den zitierten Passagen Jean Juvénals die Freundschaftsthematik bestenfalls noch indirekt anklingt und der kritisierte Schmeichler bereits ein Eigenleben in der politischen Kultur gewinnt, sollte dies allerdings nicht zur Annahme eines linearen Entwicklungsverlaufs verführen. Nicht nur zeigt das Beispiel Fillastres, dass zumindest aus der Sicht eines tief in der burgundischen Hofkultur verwurzelten Autors auch noch Jahrzehnte nach Jean Juvénals zitiertem Traktat die Freundschaft und die sie gefähr-

---

[75] Jean Juvénal des Ursins: Écrits politiques. 3 Bde., hrsg. v. Peter S. Lewis. Paris 1978-92, Bd. 1, S. 437-551.

[76] Ebd., S. 460-462.

[77] Ebd., S. 463: *Helas, en ce royaume on a fort usé d'une maniere de beau parler, et y a plusieurs hommes d'armes et aultres qui mettent entente toute et ymaginacion a bien prononcer leurs parolles, mieulx a paine que ung advocat, en conseillant par une maniere de flaterye, en cuidant plus complaires que conseiller.* In der Leithandschrift für die Edition, Paris, BnF, ms. fr. 2701, ist hier am Rand nochmals unterstreichend der Verweis *des flateurs* eingefügt, s. ebd., Anm. 3.

[78] Ebd.: *... et doit ung prince aymer et priser ceulx qui de leur povoir dient verité, et croirre leur conseil.* Die Freundschaft mag hier gewissermaßen auch als „Gleitmittel" gedacht werden – zumindest stellte Aelred von Rievaulx [Anm. 26], S. 340f. (III 103), fest: *Praetera quidquid suadendum est, ab amico facilius recipitur, et securius retinetur, cuius in suadendo magna debet esse auctoritas; cum nec fides eius dubia, nec adulatio sit suspecta.*

[79] Ähnliches gilt für Christine de Pizan: Le livre du corps de policie, hrsg. v. Angus J. Kennedy. Paris 1998, S. 34, die knapp von *saiges preudhommes expers* spricht.

[80] Li livres du gouvernement [Anm. 36], S. 128 und 136.

[81] Ebd., S. 317 und 320. Eben diese konzeptionelle Verbindung lässt sich in den Aristoteles-Kommentaren des 14. Jahrhunderts aufzeigen, s. Sère [Anm. 3], S. 188-198. Sie nimmt hier, insbesondere bei Nicole Oresme, eine zentrale Rolle für die Behauptung der Freundschaftsfähigkeit (oder vielmehr -notwendigkeit) des Königs ein.

dende Schmeichelei bedeutende Kategorien für die Beschreibung politischer Prozesse bildeten. Ein Seitenblick auf die Verhältnisse außerhalb Frankreichs bestätigt zudem, dass mit zahlreichen regionalen und individuellen Verwerfungen zu rechnen ist: in Deutschland warnte etwa Albrecht von Eyb am Ende des 15. Jahrhunderts zwar *huete dich vor aim senften freünd mitt suesen worten*, ging darüber hinaus in seinem ‚Spiegel der Sitten' aber nicht weiter auf das Phänomen ein.[82] Das Risiko, das er in seinen Ermahnungen vor Augen hatte, bestand vor allem in der Wahl wankelmütiger Freunde, auf die im Bedarfsfall kein Verlass war. Was uns die vorgestellten französischen Quellen des späten Mittelalters vor Augen führen, erscheint als komplexeres Phänomen, das auf die Hofintrigen der folgenden Jahrhunderte voraus weist. Es geht um ein subtiles gesellschaftliches Spiel, bei dem der Wunsch nach innerlicher Authentizität und die Entwicklung elaborierter Verhaltensmodelle auf eine Weise zusammentreffen, die an die Grundstrukturen staatlicher und gesellschaftlicher Ordnung rührt.

Die reine Existenz des Typus „Schmeichler" führte damit aber im spätmittelalterlichen Frankreich nicht etwa zur Suche nach einem alternativen Ordnungsraster für die Wahrnehmung und Beschreibung politisch-sozialer Zusammenhänge, sondern zumindest punktuell zu einer traditionalistischen, beinahe schon nostalgischen Bezugnahme auf anerkannte Kategorien, deren Gefährdung man nur umso intensiver hervorhob. In einer paradoxal erscheinenden Wendung intensivierte die Risikofigur des Schmeichlers sowohl die Debatte um die Freundschaft wie auch die sie begleitenden Praktiken der Authentizitätssicherung.

Sichtbar wird Letzteres durch das verstärkte Interesse der Zeitgenossen an gestischen Ausdrucksformen als Zeichen der seelischen Verfassung, die immer mehr den Blick auf rein physiologische Indizien ergänzte. So wurde im 11. Jahrhundert Ruodlieb noch schlicht vor der Freundschaft mit Rothaarigen gewarnt, die zu Zornesausbrüchen neigten.[83] Das ab dem 13. Jahrhundert weit verbreitete ‚Secretum Secretorum' bietet dagegen in manchen Fassungen einen aufmerksamen Blick auf das Verhalten:

> Jener, der seinen Körper beim Sprechen zu heftig bewegt oder mit seinen Händen spielt, ist schwatzhaft, schamlos, prahlsüchtig und voll des Trugs.[84]

Solch ein optimistischer Blick auf den Körper und die „äußeren Zeichen, welche die Geheimnisse der Seele zeigen",[85] so Laurent de Premierfait am Beginn des 15. Jahrhun-

---

[82] Albrecht von Eyb: Spiegel der Sitten, hrsg. v. Gerhard Klecha (Texte des späten Mittelalters und der frühen Neuzeit 34). Berlin 1989, S. 437.

[83] Ruodlieb, hrsg. v. Benedikt K. Vollmann, in: ders./ Walter Haug (Hrsg.): Frühe deutsche Literatur und lateinische Literatur in Deutschland 800-1150 (Bibliothek des Mittelalters 1/ Bibliothek deutscher Klassiker 62). Frankfurt a. M. 1991, S. 388-551, hier Frgm. 5, vv. 451f.: *Non tibi sit rufus umquam specialis amicus; / Si fit is iratus, non est fidei memoratus...* Vgl. zum Text Vollmann, Benedikt K.: Ruodlieb (Erträge der Forschung 283). Darmstadt 1993.

[84] Secretum Secretorum cum glossis et notulis. Tractatus brevis et utilis ad declarandum quedam obscure dicta fratris Rogeri, hrsg. v. Robert Steele. Oxford 1920, S. 222.

derts, stieß natürlich häufig an seine Grenzen. Nur zu oft musste man feststellen, dass der äußere Eindruck falsche Vorstellungen von der Haltung vermittelte.[86] Gleichwohl blieb man bei der Interpretation solcher Zeichen als Authentizitätssignale. Die Doppelbödigkeit zwischen ihrer Ausdrucksfunktion und den normativen Vorgaben in Form von Verhaltensvorschriften wurde vorerst selten theoretisch gefasst.[87]

III. Lösungen? Ein kurzes Fazit

Patentlösungen für das Problem konnten die Zeitgenossen nicht bieten. Wie viele andere zog sich Fillastre auf den Rat zurück, die potentiellen Freunde vor der Herstellung einer Beziehung gut zu prüfen, um sich ihrer moralischen Integrität zu versichern.[88] Zwar gab er einzelne Hinweise dazu, wie das zu bewerkstelligen sei, aber auch diese erschöpften sich weitgehend in der Beobachtung des äußeren Verhaltens.[89] Ein präzises Kriterium für die Einschätzung vermochte er damit nicht präsentieren. Der offensichtliche Wert der Freundschaft überwog aber auch in seinen Augen die Schwierigkeiten, die sich aus der Bezugnahme auf diese prominente Kategorie sozialer Bindung ergaben. Fillastre sprach den Freunden eine essentielle Rolle für das herrschaftliche Handeln im offiziell-politischen wie im individuell-privaten Rahmen zu und propagierte damit ein System, das mit großen Risiken verbunden war – und genau deswegen dem Vertrauen eine zentrale Rolle einräumte, da es offensichtlich unmöglich war, das gegenwärtige und zukünftige Verhalten der Partner mit absoluter Gewissheit einzuschätzen.

---

[85] Laurent de Premierfait: Lélius [Übersetzung von Cicero: Laelius sive De amicitia], BnF ms. fr. 24283, fol. 1v [Prolog des Autors]. Der Text liegt bislang noch nicht in kritischer Edition vor; eine englische Übersetzung bietet Reginald Hyatte: The Arts of Friendship. The Idealization of Friendship in Medieval and Early Renaissance Literature (Brill's Studies in Intellectual History 50). Leiden 1994, S. 209-226, hier S. 210.

[86] Vgl. die oben genannten Beispiele der Morde an Ludwig von Orléans und Johann Ohnefurcht.

[87] Zur Entwicklung der Benimmregel-Literatur vgl. die knappe Darstellung und die weiterführenden bibliographischen Angaben bei Klaus Oschema: Courtesy Books, in: Albrecht Classen (Hrsg.): Handbook of Medieval Studies (im Druck); vgl. Schnell [Anm. 34], für die Unterscheidung zweier Diskurse, die einerseits auf die Seelenprüfung Gottes ausgerichtet sind und andererseits auf die soziale Wirkung des gewandten Auftretens.

[88] Fillastre: 2e livre de la Toison d'or, fol. 31v ff.

[89] Ebd., fol. 31v: ... car par les œuvres de son amitié on le congnoist estre amy et n'est a recevoir amy jusques ad ce qu'il moustre par ses œuvres qu'il est amy et que il moustre par effect que foy est en luy et que on la doibt avoir a luy, comme on congnoist le sel par son goust ou sa saveur qu'il est sel.

Nachtrag

GERHARD KRIEGER

Philosophie und soziale Lebensform im Mittelalter

Die folgenden Überlegungen widmen sich der Frage nach der Bedeutung der Philosophie im Blick auf das Verständnis sozialer Lebensform im Mittelalter. Wie sich zeigen wird, erlaubt die betreffende Diskussion sowohl in der Philosophie als auch in den sogenannten Kulturwissenschaften, die infrage stehende Bedeutung der Philosophie nach Maßgabe von entsprechenden mittelalterlichen Selbstdeutungen zu kennzeichnen, soweit diese im Bereich von Universität und Wissenschaft gegeben werden (I.). Vor dem Hintergrund dieses Ergebnisses legt sich nahe, auf die sogenannte Aristoteles-Rezeption im Allgemeinen und den politischen Aristotelismus im Mittelalter im Besonderen einzugehen (II.). Im nächsten Abschnitt wird der Aspekt der teleologischen Bestimmtheit als Ansatzpunkt der näheren Kennzeichnung der Philosophie in ihrer Bedeutung für das Verständnis sozialer Lebensform herausgearbeitet. Dies geschieht historisch im Blick auf die Auffassung des Thomas von Aquin (III). Im Anschluss daran soll die Entwicklung hinsichtlich des genannten Bedeutung der Philosophie zwischen Thomas von Aquin und Nikolaus von Kues zur Sprache kommen. Im Besonderen wird auf die Auffassungen Dantes, des Wilhelm von Ockham und des Marsilius von Padua eingegangen werden (IV). Schließlich soll die zur Diskussion stehende Bedeutung der Philosophie im Blick auf die Auffassung des Nikolaus von Kues thematisiert werden (V).

I.

In den weiteren Überlegungen wird die Frage nach der Bedeutung der Philosophie im Blick auf das Verständnis sozialer Lebensform im Mittelalter im Sinne der Betrachtung von Selbstdeutungen der Genese der mittelalterlichen Philosophie im angesprochenen Zusammenhang verstanden. Das geschieht vor dem Hintergrund von Diskussionen um die Besonderheit des mittelalterlichen Denkens sowohl in der philosophischen Historiographie als auch in sich als kulturwissenschaftlich begreifenden Beiträgen.[1] Soweit es die Diskussionen im erstgenannten Feld der philosophischen Historiographie betrifft, ist die Feststellung erlaubt, dass der Versuch, philosophisches Denken im Blick auf seinen Zusammenhang mit dem realen Leben im weitesten Sinne zu betrachten, auf eine Kennzeichnung abzielen kann, die sich ergibt im Blick auf eine Selbstdeutung philosophischen Denkens oder Wissens, die dessen historische Generierung betrifft und erklärt, wie im historischen Sinne aus Wissen Wissen entstehen kann.

Dieses Ergebnis philosophiehistorischer Mittelalterforschung findet seine Bestätigung in entsprechenden Betrachtungen sogenannter kulturwissenschaftlicher Forschung[2]: Der Ansatzpunkt ist hier nicht allein das philosophische Wissen, d.h. die mittelalterliche Wissenschaft, sondern der Wissensbestand des Mittelalters im umfassenden Sinne. Dieses Wissen wird nach zwei, nicht dem mittelalterlichen Verständnis selbst entnommenen Hinsichten unterschieden, nämlich in Bildungs- und Handlungswissen, wobei mit dem erstgenannten Wissen vornehmlich das der Universität und Wissenschaft angesprochen wird. Für die hier zur Debatte stehenden Zusammenhänge ist weiter von Bedeutung, dass die Verbindung zwischen diesen beiden Wissensbereiche vornehmlich eine Frage ist, die im Bereich des Bildungswissens zur Debatte steht, insofern ihm „Deutungskompetenz" zukommt. Da aus kulturwissenschaftlicher Perspektive schließlich „die Wissensgeschichte des Mittelalters [...] nach den Wertsetzungen und Deutungskategorien ihrer Zeit beschrieben werden [muss]"[3], ist die

---

[1] Die Ausführungen zu diesem Punkt basieren auf Überlegungen in meinem Beitrag: Die Rückkehr des Sokrates. Oder: Wo liegen die Grenzen mittelalterlichen Denkens?, in: Ulrich Knefelkamp/ Kristian Bosselmann-Cyran (Hrsg.): Grenze und Grenzüberschreitung im Mittelalter. 11. Symposium des Mediävistenverbandes vom 14. bis 17. März 2005 in Frankfurt an der Oder. Berlin 2007, S. 439-452, bes. S. 441-445. Im Besonderen nehmen diese Überlegungen Bezug auf entsprechende Beiträge zum einen von Flasch, Kurt: Einführung in die Philosophie des Mittelalters. Darmstadt 1987; ders.: Wozu studieren wir die Philosophie des Mittelalters?, in: Wilhelm Vossenkuhl u.a. (Hrsg.): Die Gegenwart Ockhams. Weinheim 1990, S. 393-409; ders.: Wie schreibt man Geschichte der mittelalterlichen Philosophie?, in: ders.: Theorie der Philosophiehistorie. Frankfurt a. M. 2003, S. 294-318. Zum zweiten wird die Kritik aufgegriffen, die Vittorio Hösle an Flaschs Auffassung geübt hat, in: Hösle, Vittorio: Wie soll man Philosophiegeschichte betreiben? Kritische Bemerkungen zu Kurt Flaschs philosophiehistorischer Methodologie, in: Philosophisches Jahrbuch 111 (2004), S. 140-147, bes. S. 140 u. 142. Was andere, im Zusammenhang der angesprochenen Diskussion relevante Auffassungen aus dem Bereich der mittelalterlichen Philosophiegeschichtsschreibung betrifft, sei auf den genannten Beitrag verwiesen.

[2] Im Besonderen handelt es sich um die Beiträge von Kintzinger, Martin: Wissen wird Macht. Bildung im Mittelalter. Ostfildern 2003, und Verger, Jacques: Les gens de savoir dans l'Europe de la fin du Moyen Age. Paris 1997; ferner Bezner, Frank: *Omnes excludendi sunt praeter domesticos*. Eine mittelalterliche Reflexion über die sozialen und kommunikativen Bedingungen des Wissens, in: Cora Dietl/ Dörte Helschinger (Hrsg.): Ars und Scientia im Mittelalter und in der Frühen Neuzeit. Ergebnisse interdisziplinärer Forschung. Tübingen/ Basel 2002, S. 57-76.

[3] Vgl. Kintzinger [Anm. 2], S. 26f. In ähnlicher Weise unterscheidet Verger [Anm. 2], S. 3, im Blick auf die von ihm untersuchten „Gelehrten [...] deux éléments: d'abord, la maitrise d'un certain type et d'un certain niveau de connaissance; ensuite, la revendication [...] de certains

Erklärung der Genese mittelalterlichen Wissens im Ergebnis eine Frage nach der Deutung des Denkens oder Wissens des im Bereich von Universität und Wissenschaft erzeugten Wissens.

Gemäß diesem Ergebnis können mit der historischen Forschung eine Reihe „ebenso konstitutiver wie kontingenter Elemente mittelalterlicher Spekulation herausgearbeitet" werden. Im Besonderen sind etwa zu nennen „spezifische Rezeptions- und Übersetzungsbedingungen; die prägende Rolle von literarischen Gattungen; die grundlegende »Kommentarizität« der mittelalterlichen Scholastik". Im Grundsatz gilt diese Historisierung ebenso in Bezug auf die inhaltliche Gestalt des mittelalterlichen Denkens, insofern etwa für die erst im Mittelalter erreichte Etablierung der Theologie als Wissenschaft „gerade die Anerkennung der Grenzen rationalen und der Vorrang offenbarten Wissens, mit dem die ratio zwar operieren, das sie aber nicht zu erzeugen oder letztgültig zu beweisen vermag, konstitutiv ist." Demgemäß beruht das mittelalterlichen Denken insgesamt auf Grundlagen und Voraussetzungen, „deren Existenz und Gebrauch [...] Produkt spezifisch-historischer Bedingungen sind."[4]

II.

Vor dem Hintergrund dieser Einschätzung legt sich im Blick auf die hier infrage stehende Bedeutung der Philosophie nahe, die Selbstdeutung der politischen Philosophie im Rahmen der sogenannten Aristoteles-Rezeption zu thematisieren. Jedenfalls zeigt sich, dass auf diese Weise zum einen diejenigen Bedingungen philosophischer Selbstdeutung in den Blick genommen werden können, die in Bezug auf das Verständnis sozialer Lebensform im spezifischen Sinne relevant sind. Zum anderen und mehr noch begründet sich die angesprochene Themenstellung unter inhaltlichem Aspekt, insofern die Philosophie im Zuge ihrer mittelalterlichen Entwicklung die Kompetenz für die Begründung des Politischen zunehmend für sich beansprucht und in diesem Zusammenhang die Aristotelische Auffassung, wenn auch in inhaltlich sich durchaus ändernden Gestalt, von zentraler Bedeutung ist.

Die Wiederentdeckung des *corpus aristotelicum* im lateinischen Westen hat unbestritten enorme philosophische Bedeutung. Um diese richtig einzuschätzen, gilt es zunächst, sich zu vergegenwärtigen, dass der gemeinhin als „mittelalterliche Aristoteles-Rezeption" bezeichnete Vorgang[5] vor dem Hintergrund der Kenntnis Aristotelischer

---

    compétance practiques fondées précisément sur les savoirs préalablement aquis." (Hervorhebung im Original)

[4] Bezner [Anm. 2], S. 64.

[5] Vgl. zu den folgenden Überlegungen im Besonderen Söder, Joachim R.: Hochmittelalter: Die Wiederentdeckung des Politischen, in: Christoph Horn/ Ada Neschke-Hentschke (Hrsg.): Politischer Aristotelismus. Die Rezeption der aristotelischen ‚Politik' von der Antike bis zum 19. Jahr-

Auffassungen aus der Logik und im Rahmen eines umfassenderen Rezeptionsvorgangs erfolgt. Insoweit wird Aristoteles weder gesteigerte Aufmerksamkeit entgegengebracht noch gar als besondere Herausforderung empfunden. Dies gilt auch noch im Blick auf den ab dem 11. Jahrhundert allmählich zunehmenden, im 12. Jahrhundert sich zu einem bis dahin ungekannten Ausmaß steigernden Wissenstransfer, der zu Beginn vornehmlich auf Medizin und Naturwissenschaft ausgerichtet ist. In diesem Zusammenhang gelangen weitere Aristotelische Schriften insbesondere aus Naturkunde und Naturphilosophie in den lateinischen Westen. Diese Schriften erweitern das betreffende Wissen, sie werden aber nicht als Teile eines Gesamtcorpus rezipiert. Entsprechend werden andere Schriften des Stagiriten in dieser Zeit zwar ebenfalls übersetzt und liegen insoweit vor, sie werden aber nicht weiter abgeschrieben, bleiben also ungelesen und damit unbeachtet. Aristoteles bleibt (noch) nur einer unter vielen.

Bekanntlich ändert sich das bis zur Mitte des 13. Jahrhunderts grundlegend. Innerhalb eines knappen halben Jahrhunderts avanciert Aristoteles zur maßgeblichen philosophischen Autorität. Das erwähnte Desinteresse an bereits vorliegenden übersetzten Text zeigt, dass diese Entwicklung nicht auf die bis zum genannten Zeitpunkt erfolgte Kenntnisnahme des Aristotelischen Schrifttums zurückgeführt werden kann. Insoweit besteht eine Differenz zwischen dieser Rezeption der Schriften auf der einen Seite und der Aneignung der Aristotelischen Philosophie als solcher auf der anderen Seite. Im Zusammenhang der hier zu bearbeitenden Aufgabe kann freilich die Erklärung dafür offen bleiben.[6] Festzuhalten bleibt, dass die letztgenannte Aneignung zu verstehen ist im Sinne des Interesses an der „Aristotelischen Philosophie als ganzer"[7]: Aristoteles repräsentiert die Philosophie als rationale und insoweit eigene Dimension umfassender Weltorientierung.

Wie versteht sich in diesem Zusammenhang die Aufnahme und Hinwendung zur Aristotelischen Politik? Im Blick auf diese Frage ist davon auszugehen, dass die Aristotelische Politik in ihrer Zugehörigkeit als Teil der praktischen Philosophie seit Boethius bekannt ist und dass der Text selbst nicht vor Mitte des 13. Jahrhunderts in griechisch-lateinischer Übersetzung vorliegt. Aber auch hier gilt es, der angesprochenen Differenz zwischen der Kenntnisnahme der Schrift selbst und ihrer philosophischen

---

hundert. Stuttgart 2008, S. 51-76; Miethke, Jürgen: Spätmittelalter: Thomas von Aquin, Aegidius Romanus, Marsilius von Padua, in: Horn/ Neschke-Hentschke (Hrsg.): Politischer Aristotelismus, a.a.O., S. 77-111; Flüeler, Christoph: Politischer Aristotelismus im Mittelalter. Einleitung, in: Vivarium 40 (2002), S. 1-13. Darüber hinaus zur Thematik insgesamt Dod, B.G.: Aristoteles-Latinus, in: Norman Kretzmann u.a. (Hrsg.): The Cambridge History of Later Medieval Philosophy. Cambridge 1982, S. 45-79; Lohr, Charles: The Medieval Interpretation of Aristotle, in: Kretzmann u.a. (Hrsg.): The Cambridge History, a.a.O., S. 80-98.

[6] Ein nach wie vor bedenkenswerter Versuch ist der Beitrag von Wieland, Georg: Plato oder Aristoteles? Überlegungen zur Aristoteles-Rezeption des lateinischen Mittelalters, in: Tijdschrift voor Filosofie 47 (1985), S. 605-630.

[7] Söder [Anm. 5], S. 57.

Aneignung Rechnung zu tragen. Insofern legt sich nahe, an dieser Stelle die Diskussion um den sogenannten politischen Aristotelismus im Mittelalter[8] aufzugreifen.

Diese Diskussion ist bezogen auf das historiographische Modell Walter ULLMANNS, gemäß dem im 13. Jahrhundert ein revolutionärer Umbruch des politischen Denkens sich vollzieht, der im wesentlichen durch die Entdeckung der Aristotelischen Politik initiiert sei.[9] Gegenüber dieser Auffassung wird im Kern geltend gemacht, dass „die Rezeption der Aristotelischen Politik vielschichtiger"[10] war: Kernaussagen der Aristotelischen Auffassung waren dem Mittelalter bereits vor deren Kenntnisnahme bekannt, Aristotelische Argumente wurden im gegensätzlichen Sinne genutzt, die Entwicklung einer politischen Wissenschaft im Sinne der Aristotelischen Einteilung der praktischen Philosophie erfolgte bereits auf der Grundlage der durch Boethius und Cassiodor ermöglichten Kenntnis der weiteren jeweils bekannten Schriften des Aristoteles und der anderer Autoren sowie sonstiger Quellen wie das römische und kanonische Recht. Und letztendlich bestimmte die Aristotelische ‚Politik' nach ihrem Bekanntwerden die politische Theorie keineswegs uneingeschränkt.

Ist die Diskussion um den politischen Aristotelismus im Mittelalter insoweit negativ bestimmt, lassen sich darüber hinaus zwei Richtungen positiver Versuche der betreffenden Kennzeichnung unterscheiden:[11] Zum einen wird angezielt, Kernelemente der Aristotelischen Position zu benennen und daran zu messen, inwieweit mittelalterliche Auffassungen zum politischen Aristotelismus gezählt werden können oder nicht.[12] Zum anderen wird die betreffende Zugehörigkeit letztlich vom Bezug zum Aristotelischen Text abhängig gemacht.[13] Im Unterschied dazu legt sich vor dem Hintergrund der zuvor

---

[8] Vgl. dazu Flüeler [Anm. 5].
[9] Vgl. Ullmann, Walter: Medieval Political Thought. Harmondsworth 1965 u.ö.
[10] Flüeler [Anm. 5], S. 5. (Hervorhebung im Original)
[11] Die folgende Unterscheidung knüpft an den Einteilungsversuch bei Flüeler [Anm. 5] an, zu Differenzen gegenüber dieser Einteilung vgl. die beiden folgenden Anm.
[12] Darunter werden zwei bei Flüeler [Anm. 5] unterschiedene Auffassungen gefasst, zum einen Nederman, C.J.: The Meaning of „Aristotelianism" in Medieval Moral and Political Thought, in: Journal of the History of Ideas 57 (1996), insofern nach diesem "Aristoteliker [...] Wissenschaften systematisch" einteilen (S. 8); zum anderen Ubl, Karl: Engelbert von Admont. Ein Gelehrter im Spannungsfeld von Aristotelismus und christlicher Überlieferung. München 2000, insofern dieser zum politischen Aristotelismus zählt, wer sowohl „den Menschen als *animal sociale und politicum*" begreift als auch „die Trennung von häuslich-despotischer und politischer Herrschaft" behauptet (ebd.). Zu diesen Versuche kann der Vorschlag von Christoph Horn (Einleitung: Aristoteles und der politische Aristotelismus, in: ders./ Neschke-Hentschke [Anm. 5], S. 1-19), auch wenn er nicht dem politischen Aristotelismus im Mittelalter im Besonderen gewidmet ist, insoweit gezählt werden, als dieser den politischer Aristotelismus überhaupt dadurch bestimmt sieht, dass „in aristotelischen Grundüberzeugungen" (S. 1) gedacht wird. Horn nennt seinerseits „fünfzehn Punkte als kriteriologische Merkmale" (ebd.).
[13] Darunter werden folgende zwei bei Flüeler [Anm. 5] unterschiedene Auffassungen gezählt: zum einen Antony Black (Political Thought in Europe, 1250-1450. Cambridge 1992), der die Zugehörigkeit zum politischen Aristotelismus allein vom Gebrauch der Aristotelischen Sprache abhän-

getroffenen Unterscheidung zwischen der Rezeption der Aristotelischen Schriften einschließlich der ‚Politik' auf der einen Seite und der Aneignung der Aristotelischen Philosophie als solcher auf der anderen Seite nahe, zum Aristotelismus im Allgemeinen diejenigen Versuche mittelalterlichen Denkens zu zählen, die unter Bezug auf Aristoteles Philosophie im genannten Sinne begreifen, also als rationale und insoweit eigene Dimension umfassender Weltorientierung. Im historischen Sinne liegen solche Versuche von der skizzierten Wiederentdeckung des vollständigen Aristoteles im Verlauf der ersten Hälfte des 13. Jahrhunderts an vor. Der politische Aristotelismus ist insoweit ein Element dieses Zusammenhangs, dementsprechend sind zu diesem alle Versuche zu zählen, die vom genannten Zeitraum an unter Bezug auf Aristoteles bzw. Aristotelische Auffassungen politische Theoriebildung betreiben und sich möglicherweise sogar darauf beschränken. Demgemäß gehören dazu insbesondere die „eigenständigen Entwürfe einer politischen Theorie"[14], die, wie etwa die im Folgenden angesprochenen Auffassungen des Thomas von Aquin, des Marsilius von Padua und des Nikolaus von Kues, nicht in Kommentierungen des Aristotelischen Textes vorliegen.

Was lässt sich demnach hinsichtlich der hier infrage stehenden Bedeutung der Philosophie festhalten, soweit es deren Selbstdeutung im Bezug auf die soziale Lebensform im Zusammenhang der sogenannten Aristoteles-Rezeption betrifft? Von etwa der Mitte des 13. Jahrhunderts an erfolgt die entsprechende Theoriebildung unter Bezug auf Aristoteles in der Intention des Verständnisses des Politischen im Zusammenhang rationaler und insoweit eigener umfassender Weltorientierung. Inwieweit der Bezug auf Aristoteles das intendierte Verständnis in inhaltlicher Hinsicht bestimmt, ist eine in der Forschung durchaus umstrittene Frage. Insofern die folgenden Überlegungen der Frage nachgehen, wie in mittelalterlichen Auffassungen vom genannten Zeitpunkt der Aristoteles-Rezeption an bis zum Ende des 15. Jahrhunderts über soziale Lebens- und Kommunikationsformen gedacht wird, sind diese Überlegungen unmittelbar auf die angesprochene Forschungsdiskussion bezogen.

III.

Bereits Walter ULLMANN war der Auffassung, dass die Bedeutung der Wiederentdeckung der Aristotelischen ‚Politik' im 13. Jahrhundert in besonderer Weise in der Überzeugung gründe, der Mensch sei von Natur aus ein politisches Wesen und insofern natürlicherweise auf die ‚staatliche' Gemeinschaft bezogen. Dieser Auffassung hat C. NEDERMANN entgegengehalten, dass die angesprochene Idee im Mittelalter bereits vor

---

gig macht. Zum anderen der Vorschlag Flüelers selbst, der in der Erforschung des politischen Aristotelismus vom „Fortleben dieses einen Buches [der Aristotelischen Politik] auszugehen" (S. 9) vorschlägt.

[14] Miethke [Anm. 5], S. 84.

dem Bekanntwerden der Aristotelischen Politik in Schriften anderer Autoren, etwa bei Cicero oder Seneca, zugänglich war. Trotzdem hält J. SÖDER daran fest, dass die angesprochene Aussage aus ‚Politik' I, 2 in dem Augenblick, da dieser Text zur Verfügung steht, „Dreh- und Angelpunkt [des] Politikverständnisses"[15] ist. Insofern der genannte Interpret die Auffassung teilt, dass die Aneignung der Aristotelischen Philosophie sich letztlich nicht bestimmt von der Rezeption der Schriften, sondern vom Interesse an dieser Philosophie „als ganzer", stellt er zugleich die Frage nach dem Stellenwert der politischen Theorie im Gesamtzusammenhang der Philosophie. Im Kontext der Aristotelischen Betrachtung ergibt sich die Antwort letztlich unter dem teleologischen Gesichtspunkt, d.h. unter dem Aspekt der Sinnbestimmung des natürlichen Geschehens insgesamt und der Zuordnung menschlicher Aktivität zu diesem Geschehen.[16] In diesen Zusammenhang ordnet sich die Bedeutung der Philosophie für das Verständnis sozialer Lebensform insofern unmittelbar ein, als die hier in Betracht zu ziehende Begründung politischer Herrschaft letztlich auf nichts anderes abzielt als die Begründung menschlicher Sozialität, und zwar wegen ihres teleologischen Charakters: Weil der Mensch im Aristotelischen Verständnis von Natur aus ein politisches Wesen ist, findet Herrschaft ihren letzten Sinn eben darin, dem Menschen Erfüllung zu ermöglichen.

In den weiteren Überlegungen wird an der Begründung politischer Herrschaft des Thomas von Aquin angesetzt. Das versteht sich zunächst vor folgendem Hintergrund: Thomas bringt in seiner Lehre vom natürlichen Gesetz sowie in seiner Handlungs- und Willenslehre auf der einen Seite seine Überzeugung von der Ursprünglichkeit und Selbstständigkeit der praktischen Vernunft des Menschen in Bezug auf die Normierung des Wollens und Handelns zur Geltung. Insoweit bestimmt sich die menschliche Praxis unabhängig und eigenständig gegenüber teleologischer Bestimmung. Auf der anderen Seite kennt Thomas keine wertneutrale Wirklichkeit. Insofern ist die menschliche Vernunft für Thomas in ihrer die Zielgerichtetheit menschlichen Handelns

---

[15] Söder [Anm. 5], S. 62. Der Autor hat dabei im Besonderen Albertus Magnus und Thomas von Aquin im Blick.

[16] Ebd., S. 54. Demgemäß spricht Söder vom „Verhältnis von theoretischer und praktischer Lebensform" als „Indikator" zur Kennzeichnung des Stellenwertes des Politischen. Er geht dieser Problemstellung im Blick auf die Auffassung des Albertus Magnus nach und macht deutlich, dass dieser sich für den Vorrang der Theorie ausspricht. Diese Auffassung Alberts ist zu sehen vor dem Hintergrund der wesentlichen Schwierigkeit der Aufnahme der Aristotelischen Ethik durch die mittelalterlichen Autoren, welche Schwierigkeit in der Aneignung des Aristotelischen Glücksbegriff liegt. Die damit gegebene Bejahung der menschlichen Vollendung unter den Bedingungen der Endlichkeit steht in Gegensatz zu dem durch Augustinus vorgezeichneten Ausschluss innerweltlicher Glücksmöglichkeiten, da diese der wahren Bestimmung und dem eigentlichen Ziel des Menschen in der unmittelbaren Anschauung Gottes nicht genügen können, vgl. dazu im Besonderen Wieland, Georg: Ethica- scientia practica. Die Anfänge der philosophischen Ethik im 13. Jahrhundert. Münster 1981; ders.: The Reception and Interpretation of Aristotle's Ethics, in: Kretzman u.a. [Anm. 5], S. 657-672.

begründenden Bedeutung bezogen auf die theologisch-teleologische Verfasstheit des Seienden insgesamt.[17]

Vor diesem Hintergrund soll weiter verdeutlicht werden, dass Thomas in seiner Begründung politischer Herrschaft auf der einen Seite im Sinne der teleologischen Bestimmung menschlicher Sozialität verfährt. Auf der anderen Seite lässt sich diese Begründung, insofern sie über die menschliche Sozialität hinausgeht, im Lichte der noch zu erläuternden Entwicklung als Weichenstellung und Schritt in die Richtung eben des Verlustes der begründenden Bedeutung der teleologischen Hinsicht zugunsten eines begrenzten anthropologischen Verständnisses menschlicher Sozialität als solcher ansehen.

Schließlich zielen die weiteren Darlegungen bis hin zu den Überlegungen zu Nikolaus von Kues darauf ab, den Verlust der teleologischen Betrachtung zugunsten der Begründung politischer Herrschaft in der menschlichen Freiheit hervortreten zu lassen. Bezogen wiederum auf die angesprochene, in der praktischen Vernunft liegende Begründung menschlicher Aktivität in ihrer Unabhängigkeit von teleologischer Bestimmtheit bei Thomas besagt dies: Die Begründung politischer Herrschaft in der menschlichen Freiheit weitet diese Unabhängigkeit der Sinnbestimmung menschlicher Aktivität bei Thomas soweit aus, wie menschliches Dasein jedenfalls im Aristotelischem Verständnis überhaupt sinnbestimmt zu sein vermag. Im Ergebnis ist die Sinnbestimmung menschlicher Existenz, soweit diese unter den Bedingungen der Endlichkeit steht, in die Hand des Menschen selbst gestellt.

Die Auffassung des Thomas, die hier in Betracht zu ziehen ist, entstammt nicht seinem unvollendet gebliebenen Kommentar zur Aristotelischen Politik, sondern dem ursprünglich unter dem Titel ‚De regno ad regem Cypri', dann nach dem Tod des Thomas unter dem Titel ‚De regimine principium' veröffentlichten und ebenfalls unvollendet gebliebenen Fürstenspiegel. Unter dem hier verfolgten Aspekt der Bedeutung der teleologischen Betrachtung für das Verständnis des Politischen setzt Thomas der stattlichen Gemeinschaft, d.h. dem *regnum*, zwar wie Aristoteles das Ziel, dass die Menschen in ihr bzw. ihm nicht nur „leben" (*vivere*) sollen. Vielmehr sollen sie „gut leben" (*bene vivere*), was für Thomas heißt, tugendhaft zu leben. Entsprechend stellt sich dem Herrscher die Aufgabe, seine Untertanen zu tugendhaftem Leben anzuleiten und zu führen.

---

[17] Vgl. dazu Kluxen, Wolfgang: Philosophische Ethik bei Thomas von Aquin. Hamburg ³1998, S. XVIII; Pesch, Otto Herrmann: Kommentar, in: Thomas von Aquin, Das Gesetz (Die Deutsche Thomas-Ausgabe, 13). Heidelberg u.a. 1977, S. 535-540; Imbach, Ruedi: Thomas von Aquin – Das Gesetz, in: Ansgar Beckermann/ Dominik Perler (Hrsg.): Klassiker der Philosophie heute. Stuttgart 2004, S. 145-147; Wieland, Georg: Gesetz und Geschichte, in: Andreas Speer (Hrsg.): Thomas von Aquin: Die Summa theologiae. Werkinterpretationen. Berlin/ New York 2005, S. 224-226; Mertens, Karl: Handlungslehre und Grundlagen der Ethik, in: A. Speer (Hrsg.), Thomas von Aquin, a.a.O., S. 168-197.

Allerdings begründet Thomas die Notwendigkeit der Herrschaft deutlich verschieden von Aristoteles. Er setzt dazu bei einer Differenz zwischen Tier und Mensch an: Erstgenannte verhalten sich instinktgeleitet und verfügen von daher über angeborene Möglichkeiten, sich zu wehren und zu überleben. Hingegen fehlt dem Menschen diese natürliche Ausstattung. Allerdings verfügt er über Vernunft und Sprache, durch die sich mit seinen Artgenossen über seine Erkenntnis auszutauschen und in freiem Zusammenspiel zu kooperieren vermag. Darum ist sein Hang zur Geselligkeit stärker ausgeprägt als bei den Tieren.[18] Da aber die einzelnen Menschen ihre Vernunft durchaus verschieden gebrauchen, bedarf es einer Instanz, die alle auf dasselbe Ziel hinlenkt. Darin liegt die besondere Aufgabe und Begründung von Herrschaft.[19]

Die Begründung der Herrschaft basiert also bei Thomas auf der Differenz zwischen der sozialen und der politischen Dimension des Menschen. Die Notwendigkeit der politischen Ordnung ergibt sich im Übergang aus dem durch Mängel und Konflikte gekennzeichneten Leben in einer *societas* zu demjenigen in einem *regnum*, in dem diese Mängel und Konflikte geregelt werden. „Erst mit dem Nachweis der politischen Natur, dem Nachweis also, dass der Mensch von Natur aus zu politischen Organisationen befähigt ist, wird Herrschaft legitimiert."[20] Menschliche Sozialität als solche versteht sich für Thomas nicht teleologisch, sondern anthropologisch.

Im Zusammenhang dieser Ausführungen zu Thomas legt sich eine kurze Bemerkung zum Versuch von Kurt FLASCH nahe, die Vorstellungen über „Hierarchie und Enthierarchisierungen im Denken des 13. Jahrhunderts" im Sinne eines „Historischen Apriori" zu skizzieren.[21] Zum einen geht es dem genannten Autor der Sache nach um „die intellektuelle Arbeit von Philosophen-Theologen, denen die Herrschaft von Menschen über Menschen zum Problem geworden ist"[22]. Insofern widmet sich FLASCH also genau dem im vorliegenden Zusammenhang behandelten Problem. Zum anderen kommt FLASCH unmittelbar auf Thomas von Aquin zu sprechen. Insofern bietet sich an dieser Stelle die Gelegenheit, das Konzept des ‚Historischen Apriori Hierarchie' im Verhältnis zu der herausgestellten Bedeutung der teleologischen Begründung menschlicher Sozialität zu diskutieren.

Im Blick auf Thomas sieht FLASCH die „intellektuelle Situation der politischen Philosophie" infolge der Kenntnis der Aristotelischen Politik in den zur Debatte stehen-

---

[18] De regno (Ed. Leonina Bd. XIII) Rom 1979, I, 1 u. II, 1. Eine vergleichbare Unterscheidung findet sich in Sth I-II 72, 4.
[19] Ebd., I, 1.
[20] Flüeler, Christoph: Der Einfluß der Aristotelischen „Politica" auf die philosophische Begründung politischer Herrschaft, in: Günther Mensching (Hrsg.): Gewalt und ihre Legitimation im Mittelalter. Symposium des Philosophischen Seminars an der Universität Hannover v. 26.-28. Febr. 2002, S. 65-78, hier: S. 73. Zum selben Ergebnis gelangt Jürgen Miethke: „Staatsbildung tritt zur Gesellschaftsbildung allererst hinzu." (in: Horn/ Neschke-Hentschke [Anm. 5], S. 92)
[21] Flasch, Kurt: Hierarchie und Enthierarchisierung im Denken des 13. Jahrhunderts. Skizze eines Historischen Apriori, in: Philosophie hat Geschichte. Bd. 2. Frankfurt a.M. 2005, S. 136-160.
[22] Ebd., S. 138.

den Hinsicht „ambivalent. Denn einmal und vor allem: Jetzt war die soziale, die politische Natur des Menschen thematisiert. [...] Es wurde denkbar, das Gemeinwesen habe Ziel und Wert in sich selbst"[23]. Auf der anderen Seite „zuckt [Thomas] nicht mit der Wimper, wenn er Aristoteles kommentierend die Rangunterschiede von Mann und Frau, von Herr und Knecht als naturbegründet festschreibt"[24]. Insoweit bestätigt FLASCH die herausgestellte, besondere Bedeutung des teleologischen Gesichtspunktes, dieser bietet aber zugleich den Ansatzpunkt einer Kritik sowohl an Aristoteles wie auch an Thomas.

Wie verbindet sich diese Einschätzung mit dem Konzept des ‚Historischen Apriori Hierarchie'? Den Bezug glaubt FLASCH aufgrund des von Thomas bejahten Vernunftprimats herstellen zu können, denn dieser ist „der Primat des Sklavenhalters und des Mannes. Die Hierarchie von Leib und Seele, von Trieb und Vernunft unterbaut die sozialen Hierarchien."[25] Darüber hinaus stehen Thomas dafür nach Auffassung FLASCH auch noch andere Argumente zur Verfügung. Im Ergebnis bündelt Thomas, so FLASCH, „folgende Motive: Naturordnung von Leib und Seele, Logokratie, also Herrschaft der Vernunft, da dem besseren die Macht gebühre, ferner Polisstruktur, heilige Engel- und Klerusordnung mit dem ‚heiligen' Ziel der Angleichung an Gott, männliche Oberherrschaft und Sklaverei als Natur."[26]

Zum Ansatzpunkt der Kritik an FLASCHS Auffassung sei dessen Hinweis gewählt, dass Thomas die genannten Rangunterschieden unter Menschen wie Aristoteles mit der Natur begründet, „ohne das Wort ‚Hierarchie' dabei zu gebrauchen"[27]. Für FLASCH fällt dieser Tatbestand nicht ins Gewicht, denn an anderer Stelle in den zur Debatte stehenden Überlegungen stellt er wiederum im Blick auf Thomas fest, dessen „kosmologisch-theologische Gehorsamsmetaphysik [sei] nicht gebunden an den Terminus ‚Hierarchie'"[28].

Vor dem Hintergrund der zuvor dargelegten Differenzierung könnte dieser Tatbestand sich allerdings auch im Sinne des skizzierten Verlustes der begründenden Bedeutung der teleologischen Hinsicht zugunsten eines begrenzten anthropologischen Verständnisses menschlicher Sozialität als solcher verstehen lassen. Insofern wäre das Fehlen des Ausdrucks ‚Hierarchie', in der Perspektive von FLASCHS Verständnis des ‚Historischen Apriori' gesagt, eher im Sinne der bewussten Ablösung von der betreffenden „überindividuelle[n] Prädisposition des Denkens und Handelns"[29] zu begreifen.

---

[23] Ebd., S. 151f.
[24] Ebd., S. 153.
[25] Ebd.
[26] Ebd., S. 154.
[27] Ebd.
[28] Ebd., S. 136f.
[29] Ebd., S. 137.

IV.

Im jetzt anstehenden Schritt betreffen die Überlegungen historisch die Zeit zwischen Thomas und Cusanus. Zuerst wird auf die Begründung politischer Herrschaft bei Dante eingegangen, weil diese Begründung unter Bezug auf ein Ziel der Menschheit im Ganzen erfolgt und insofern die Teleologie im umfassenden Sinne zur Grundlage politischer Herrschaft macht.

Dante verfolgt mit seiner hier in Betracht gezogenen Monarchia erklärtermaßen drei Ziele:[30] 1. den Nachweis der Notwendigkeit der zeitlichen Monarchie als „der Herrschaft eines einzigen über alle anderen" für das Wohl der Welt; 2. die Beweisführung für den alleinigen Anspruch des römischen Volkes auf das Amt des Monarchen und 3. die Zurückführung der Autorität des Monarchen unmittelbar auf Gott. In Bezug auf die Legitimation der Herrschaft sei hier an deren Aufgabenbestimmung durch Dante angeschlossen. Diese besteht darin, „die menschliche Gattung gemäß philosophischer Unterweisung zur zeitlichen Vollendung zu führen"[31]. Dante legitimiert auf diese Weise Herrschaft im Zusammenhang mit der Frage nach dem Ziel und Glück des Menschen.[32] Dabei geht er in der Zielfrage durchaus insoweit über Aristoteles hinaus, als er neben den von diesem in Betracht gezogenen Zielen (Individuum, Haus, *civitas*) mit Averroes den Gedanken eines der Menschheit als ganzer eigenen Zieles und Werkes zu begründen sucht.[33]

Zunächst stellt sich die Frage, inwieweit Dante mit seiner genannten Aufgabenbestimmung der Herrschaft noch mit Aristoteles den Grundsatz teilt, dass der Mensch ein zur Gemeinschaft bestimmtes Wesen sei und in dieser den eigentlichen „Ort" seiner Erfüllung finde. R. Imbach hat dazu die These vertreten, dass Dante, obzwar er diesen Grundsatz in der Monarchia nicht erwähnt, „die Notwendigkeit einer staatlich organisierten menschlichen Gemeinschaft [...] in der Natur der menschlichen Vernunft" begründe. Insoweit dürfe die Lehre „vom gemeinsamen Werk [der Erkenntnis], an dem alle Menschen arbeiten", als eine Auslegung der Aristotelischen These vom Menschen

---

[30] Vgl. Dante: Monarchia I 2, 3. Zur Definition der zeitlichen Monarchie vgl. I, 2 2: *Est ergo temporalis monarchia, quam dicunt imperium, unicus principatus et super omnes in tempore.* Zugrunde gelegt ist die Studienausgabe von Imbach/ Flüeler.

[31] Monarchia III 15, 10: *Propter quod opus fuit homini duplii directivo secundum duplicem finem: scilicet summo pontifice [...] et imperatore, qui secundum philosophica documenta genus humanum ad temporalem felicitatem dirigeret.*

[32] Monarchia I, 2, 7: *cum in operabilibus principium et causa omnium sit ultimus finis [...] consequens est ut omnis ratio eorum que sunt ad finem ab ipso fine summatur.*

[33] Monarchia I 3, 4.: *Est ergo aliqua propria operatio humane universitatis, ad quam ipsa universitas hominum in tanta multitudine ordinatur; ad quam quidem operationem nec homo unus, nec domus una, nec una vicinia, nec una civitas, nec regnum particulare pertingere potest. Que autem sit illa, manifestum fiet, si ultimum de potentia totius humanitatis appareat.*

als *animal politicum* gelesen werden.[34] Insofern der genannte Interpret betont, dass die Menschen zur Realisierung des Zieles der Erkenntnis „einander brauchen und deshalb eine *civitas* gründen", legt sich nahe, seine These im Sinne der Kennzeichnung der Gemeinschaft als notwendiger Bedingung zu verstehen. Dabei mag offen bleiben, ob damit dem Sinn des Aristotelischen Grundsatzes im Ganzen entsprochen wird.

Unabhängig davon lässt sich in Bezug auf die Aufgabenbestimmung der Herrschaft durch Dante auf jeden Fall zweierlei festhalten: Insofern der Monarch diese Aufgabe „gemäß philosophischer Unterweisung" (*secundum philosophica documenta*) realisiert, vollzieht Dante erstens, wie Georg WIELAND betont, „die strikte und konsequente Loslösung weltlicher Herrschaft von geistlichen Ansprüchen", oder, mit Robert P. HARRISON gesagt, „eine radikale Trennung von Kirche und Staat"[35]. Da die Philosophie auf diese Weise „zur zeitlichen Vollendung" (*ad temporalem felicitatem*) führt bzw. führen soll, werden zweitens, wiederum mit Georg WIELAND gesagt, „Politik und Herrschaft [...] letztlich moralisch begründet und legitimiert"[36]. Schließlich lässt sich in Bezug auf die sachliche Problematik der Herrschaftskonzeption Dantes mit Peter Brokmeier vermuten, dass „der Ort, an dem der Imperator oder Monarch sich befindet, in einem politisch funktionalen Sinn ‚leer'"[37] ist.

Im Zusammenhang dieser Überlegungen zu Dantes Herrschaftsbegründung sei noch kurz eine Einschätzung des bereits zu Wort gekommenen Robert Harrsion wiedergegeben: Insofern Dante in seinem Herrschaftsverständnis „die Notwendigkeit einer überregionalen und übernationalen Staatsautorität erkannte", ist diese Auffassung nach Einschätzung HARRISONS „höchst vernünftig" und „im Grunde [...] die gleiche Überlegung, die zur Errichtung des Völkerbundes und der Vereinten Nationen führte", dass nämlich „der Weltfrieden nur durch eine Institution gesichert werden kann, deren Autorität größer und umfassender ist als die der Nationalstaaten". Allerdings ist HARRISON zugleich davon überzeugt, dass diese modernen Institutionen ebenso gescheitert sind wie Dantes Weltherrscher. Vielleicht kann man, um in der Beurteilung des Erfolgs der Aktivitäten von Völkerbund und insbesondere der Vereinten Nationen vorsichtiger zu sein, HARRISONS Einschätzung insoweit zustimmen, als diese Institutionen ähnlich politisch funktionslos erscheinen wie Dantes Monarch.

---

[34] Imbach, Ruedi: Die politische Dimension der Vernunft bei Dante, in: Otfried Höffe (Hrsg.): Der Mensch – ein politisches Tier? Essays zur politischen Anthropologie. Stuttgart 1992, S. 26-42, hier: S. 38.

[35] Harrison, Robert P.: Brauchen wir einen Kaiser? F.A.Z. v. 14.11.2007.

[36] Wieland, Georg: Politik und Religion. Das Friedenskonzept des Marsilius von Padua, in: Bestermöller, Gerhard u.a. (Hrsg.): Friedensethik im Spätmittelalter. Theologie im Ringen um die gottgegebene Ordnung, Stuttgart 1999, S. 79-94, hier: S. 82.

[37] Brokmeier, Peter: Zur Legitimation von Herrschaft bei Dante Alighieri, in: Günther Mensching (Hrsg.): Gewalt und ihre Legitimation im Mittelalter. Symposion des Philosophischen Seminars der Universität Hannover vom 26.-28. Februar 2002 (Contradictio. Studien zur Philosophie und ihrer Geschichte, 1). Würzburg 2003, S. 248-265, hier: S. 254.

Der zweite Autor, auf den im Zusammenhang der Überlegungen zur Zeit zwischen Thomas und Cusanus eingegangen werden soll, ist Wilhelm von Ockham. Mit dessen Auffassung kommt die in willentlicher und insoweit nicht naturaler Dynamik liegende Begründung politischer Herrschaft zur Sprache. Allerdings bleibt diese Begründung bei Ockham, wie sich zeigen wird, in philosophischer Hinsicht zugleich auch offen. Für die infrage stehende Begründung politischer Herrschaft bedeutet das weiter, dass diese ihre moralische Basis verliert. Ihre Fundierung beschränkt sich bei Ockham auf eine religiös-anthropologische und positiv-rechtliche Begründung.

In der näheren Erläuterung der Auffassung Ockhams wird zuerst auf dessen Haltung zur Frage der Begründung des Moralischen als solchen eingegangen, Anknüpfungspunkt ist dabei die Unterscheidung eines zweifachen Konformitätsverhältnisses zwischen der *recta ratio* und dem göttlichen Willen: Zum einen besteht ein derartiges Verhältnis zwischen dem rechten Willen und der rechten Vernunft, das sich nach den Grundsätzen des Naturrechts bestimmt. Insoweit begründet sich das Moralische auf einer natürlichen oder rationalen Basis. Der Geltungsgrund des Moralischen ist die *recta ratio*, d.h. die menschliche Vernunft. Zum anderen gibt es das Konformitätsverhältnis zwischen dem rechten Willen und der *recta ratio praevia*. Diesem Verhältnis verdankt sich, dass der Wille will. Der Geltungsgrund dafür ist der göttliche Wille.

Diese Unterscheidung erlaubt, Ockhams Begründung des Moralischen jedenfalls nicht im Sinne des Gegensatzes, wohl aber im Sinne einer klaren Differenz zwischen der rationalen Begründung und der religiösen zu verstehen. Die rationale Begründung ist ursprünglicher und nicht-positiver Natur, während die religiöse Begründung durch Setzung erfolgt.[38] Insofern bleibt die Begründung willentlicher Aktivität als solcher und

---

[38] In ähnlicher Weise urteilt Mandrella, Isabelle: Das Isaak-Opfer. Historisch-systematische Untersuchung zu Rationalität und Wandelbarkeit des Naturrechts in der mittelalterliche Lehre vom natürlichen Gesetz (Beiträge zur Geschichte der Philosophie und Theologie des Mittelalters NF 62). Münster 2002, S. 159f.: „Wieder wird deutlich, wie [...] Ockham [...] eine [...] sich auf rechte Einsicht berufende Ethik vernünftiger Selbstbestimmung konzipiert und wie fundamental und unverzichtbar sie für seine Moraltheorie ist, nämlich als Basis menschlichen Handelns, das aus vernünftigen Gründen geschieht. Andererseits läßt er keinen Zweifel daran, daß eine perfekt tugendhafte Handlung erst dann erfolgt, wenn die rechte Einsicht um ihres eigentlichen Zieles willen her befolgt wird, nämlich um aus Liebe zu Gott das zu erfüllen, von dem Gott will, daß wir es wollen." Ebenso tut dies King, Peter: Ockham's Ethical Theory, in: Paul Vincent Spade (Hrsg.): The Cambridge Companion to Ockham. Cambridge 1999, S. 236: „God and right reason each prescribe telling the truth. Instead, the difference lies in where one puts one's trust for a source of truth – God or reason." Die Auffassung, rationale und religiöse Begründung könnten bei Ockham durchaus im Sinne eines Gegensatzes erscheinen, vertritt hingegen Marilyn Mccord Adams: Ockham on Will, Nature, and Morality, in: Paul V. Spade (Hrsg.): The Cambridge Companion, a.a.O., S. 266: „God could command the opposite of what right reason dictates, whether in general or in particular. [...] And this would mean the breakdown of Ockham's ideal of the moral life as one in which the highest degrees of virtue agents freely commit themselves to do whatever right reason dictates for right reason's sake or whatever God commands for God's sake, or both [...] Ockham insists on the controversial assumption that it is enough for the coherence of

damit die des Praktischen als solchen bei Ockham ein in rationaler oder philosophischer Hinsicht offenes Problem.

In der Frage der Begründung politischer Herrschaft sind zwei Stellungnahmen Ockhams von Belang: zum einen, dass politische Herrschaft insgesamt die gottgegebene Befugnis zur Voraussetzung hat, überhaupt Herrscher einzusetzen.[39] Vor dem Hintergrund der vorangegangenen Deutung von Ockhams Begründung des Moralischen kann diese Feststellung im Sinne einer religiös-anthropologische Deutung gegebener Verhältnisse aufgefasst werden, die als solche theoretischer Natur und insofern nicht von unmittelbar praktischer, d.h. normativer Relevanz ist.[40]

Darüber hinaus beruht Herrschaft für Ockham auf positiv-rechtlicher Regelung. Konkret wird dieser Aspekt in seiner Naturrechtslehre in Bezug auf die Sklaverei in den Blick genommen: Insofern diese sich positiv gesetztem Recht verdankt und nicht naturrechtlich begründet ist, macht sie Herrschaft unter Menschen beispielhaft ausdrücklich. In anderen Zusammenhängen finden diese Äußerungen insoweit ihre Bestätigung, als Ockham politische Herrschaft als Folge eines Übertragungsaktes versteht: Ursprünglich kommt die Gewalt der Rechtsetzung dem ganzen Volk zu, das diese dann aber auf einzelne Personen übertragen kann.[41]

Soweit zu Ockham. Der letzte Autor, auf den hier im Zusammenhang der Überlegungen zur Begründung politischer Herrschaft zwischen Thomas von Aquin und Nikolaus von Kues eingegangen werden soll, ist Marsilius von Padua. Zum einen kann dessen Auffassung insoweit in den bisher betrachteten Zusammenhang zwischen Dante und Ockham eingeordnet werden, als Marsilius dem Politischen ebensowenig wie Ockham eine moralische Basis im philosophisch-rationalen Sinne legt. Weiter besteht insoweit eine Gemeinsamkeit zwischen den beiden letztgenannten Autoren, als diese Herrschaft im anthropologischen Sinne deuten. In dieser Hinsicht unterscheiden sie sich insoweit, als Ockham dies theologisch tut, während Marsilius philosophisch argumentiert. Schließlich verweist die Auffassung des Marsilius insoweit auf Cusanus, als dieser sich seinerseits in seinen Überlegungen auf Marsilius bezieht. Darauf wird im Kontext der Ausführungen zur Auffassung des Kardinals näher eingegangen werden.

---

moral theory if the two criteria for morally virtuous action, right reason and divine precepts, *in fact* yield extensionally equivalent results. [...] The two norms could break apart but they do not and will not." (Hervorhebung im Original)

[39] Vgl. Bevilloquium III, 8,1ff., in: Wilhelm Ockham: Opera politica. Bd. 4, hrsg. v. H.S. Offler. Oxford 1997, S. 180.

[40] Ähnlich urteilt Leppin, Volker: Wilhelm von Ockham. Gelehrter, Streiter, Bettelmönch, Darmstadt 2003, S. 255: „[...] jede Form von Herrschaft [...] nimmt ihren Anfang in Gen. 3, 16 [...] Da es sich hier um einen Ausspruch Gottes handelt, ist diese Art der Herrschaft göttlichen beziehungsweise natürlichen Rechts und insofern nicht einfach das Urbild aller anderen Herrschaftsformen, wohl aber Ausdruck dessen, dass Herrschaft erst zur sündigen Natur gehört."

[41] Vgl. Brevilloquium III [Anm. 39], 14, 4-11, a.a.O., S. 189.

Im Blick auf seine zunächst ganz traditionell anmutende Kennzeichnung des Zieles oder Zweckes des Staates[42] lässt Marsilius die Unterscheidung von Leben und gutem Leben außer Betracht. Vielmehr richtet er seine Aufmerksamkeit darauf, dass „alle Menschen [...] von Natur aus ein befriedigendes Leben erstreben und das einem solchen Leben Schädliche fliehen und meiden"[43]. Insofern begreift Marsilius den Staat vor allem „als Instrument für ein befriedigendes menschliches Dasein". „Für Marsilius kommt alles darauf an, das Funktionieren des Gemeinwesens zu sichern, während er dem bene vivere, also den Zielen, die es oder besser die die Menschen in ihm zu verwirklichen trachten, keine Aufmerksamkeit widmet."[44]

Im Blick auf diese Begründung stellt Francisco Bertelloni fest: „Diese Erklärung ignoriert die aristotelische Teleologie."[45] In Übereinstimmung damit urteilt J. Miethke, dass „der politische Verband nicht das vorherbestimmte Ziel menschlichen Strebens [sei, ... sondern] durch die Not der Menschen nahegelegt" werde.[46] Der letztgenannte Interpret führt weiter aus, dass die politische Vereinigung sich „nicht der Natur anthropologischer Verfasstheit" verdanke.[47] Dieser Einschätzung sei hier insoweit zugestimmt, als zwischen teleologischer und anthropologische Betrachtung nicht unterschieden wird. Soweit die letztgenannte Hinsicht bezogen ist auf „die natürlichen Bedingungen"[48] des Menschen, dürfte die Auffassung des Marsilius durchaus anthropologisch genannt werden, ohne damit der Einschätzung Miethkes zu widersprechen. Insofern kann in Übereinstimmung mit allen genannten Interpreten festgehalten

---

[42] Marsilius von Padua: Verteidiger des Friedens I 4, 1: *Quod autem dixit Aristoteles: vivendi gracia facta, existens autem gracia bene vivendi, significat causam finalem ipsius perfectam, quoniam viventes civiliter non solum vivunt, quomodo faciunt bestie aut servi, sed bene vivunt, vacantes scilicet operibus liberalibus, qualia sunt virtutum tam practice quam speculative anime.*

[43] Verteidiger des Friedens I 4, 2: *omnes homines non orbatos aut aliter impeditos naturaliter sufficientem vitam appetere, huic quoque nociva refugere et declinare.* Gegen die Auffassung, bei Marsilius fehle die Lehre vom Naturrecht, interpretiert Hamilton-Bleakley, Holly: Marsilius of Padua's Conception of Natural Law revisited, in: Gerson Moreno-Riano (Hrsg.): The World of Marsilius of Padua. Turnhout 2006, S. 125-142, hier: S. 139, die zitierte Feststellung als erstes Prinzip im Sinne des Naturrechtes. Zweites Prinzip stellt die Feststellung dar, dass der Staat besteht um des Lebens und des guten Lebens willen (vgl. Verteidiger des Friedens I 4, 3). Insgesamt versteht die genannte Autorin die von ihr herausgearbeitete Naturrechtslehre des Marsilius im Sinne einer theoretischen Beschreibung menschlicher Wesenseigentümlichkeiten und insofern anthropologisch (S. 142) : „Marsilius's theory [...] is *speculative* because it is descriptive about the kind of creatures human beings are and therefore what sort of political institutions they need in order to survive." (Hervorhebung im Original)

[44] Wieland, Politik und Religion [Anm. 36], dort das erste Zitat S. 83, das zweite S. 86.

[45] Bertelloni, Francisco: Nähe und Distanz zu Aristoteles: Die neue Bedeutung von *civitas* im politischen Denken zwischen Thomas von Aquin und Nikolaus von Kues, in: Laurent Cesalli u.a. (Hrsg.): University, Council, City. Intellectual Culture on the Rhine (1300-1550). Turnhout 2007, S. 340.

[46] Miethke [Anm. 5], S. 100.

[47] Ebd.

[48] Ebd.

werden, dass Marsilius, indem er die teleologische Begründung politischer Herrschaft aufgibt, diese nicht mehr moralisch versteht, sondern sich auf die anthropologische Betrachtung begrenzt.[49]

Im Zusammenhang diese letztgenannten Einschätzung sei noch erwähnt, dass für Marsilius ebenfalls innere Einstellungen und Vollzüge außerhalb des staatlich-öffentlichen Raums liegen. Wenn sich jemand „gegen theoretische und praktische Lehren versündigt" (*quantumque peccans contra disciplinas speculativas aut operativas quascumque*), kann er deswegen nicht in dieser Welt zur Rechenschaft gezogen und bestraft werden.[50] Insofern gehören Häretiker und Ungläubige nicht vor ein weltliches Gericht, weil dieses nur Verstöße gegen menschliches Gesetz, also äußere Handlungen bestrafen kann.[51] „Dem systematischen Ansatz nach vollzieht Marsilius (damit) die Trennung von Politik und Moral, von Politik und Religion."[52]

Soweit die Begründung des Politischen bei Marsilius in ihrem Zusammenhang zu den betreffenden Auffassungen bei Dante und Ockham angesprochen wurde, kann somit im Ergebnis folgendes festgehalten werden: Erstens unterscheidet sich die Auffassung des Marsilius gemeinsam mit der Ockhams von der Dantes insoweit, als die moralische Legitimation politischer Herrschaft zugunsten der anthropologischen Betrachtung aufgegeben wird. Zweitens differieren Ockham und Marsilius in anthropologischer Hinsicht insoweit, als der erstgenannte theologisch und der letztgenannte philosophisch argumentiert.

V.

Vor diesem Hintergrund wird jetzt die Begründung politischer Herrschaft bei Nikolaus von Kues thematisiert. Im Gesamtzusammenhang der vorliegenden Überlegungen soll auf diese Weise im Ergebnis deutlich gemacht werden, dass politische Herrschaft in der

---

[49] Bertelloni [Anm. 45], S. 347, hat diese Begrenzung der Aufgabenstellung der Herrschaft auf den Aspekt der Selbsterhaltung der Gemeinschaft als „Einbrechen des Privaten in die politische Theorie" bezeichnet. Diese Einschätzung versteht sich vor dem Hintergrund der Kennzeichnung der teleologischen Begründung des Politischen als einer „Axiomatik des Öffentlichen". Dieses Verständnis des Gegensatzes von ‚öffentlich und privat' sowie seine historische Anwendung erscheinen erläuterungsbedürftig.

[50] Verteidiger des Friedens II 10, 3: *nemo quantumcumque peccans contra disciplinas speculativas aut operativas quascumque punitur vel arcetur in hoc seculo.*

[51] Ebd., 10, 7: *Sed peccans in legem divinam, hereticus scilicet, tali peccato eciam humana lege prohibito punitur (in hoc seculo), inquantum peccans in legem humanam.*

[52] Wieland [Anm. 44], S. 90. Miethke [Anm. 5], S. 103, glaubt, dass Marsilius die „Tendenz zur Trennung von Gesetz und Moral, von Recht und Ethik [...] bereits vorfand" und interpretiert seinerseits den von ihm diagnostizierten „Positivismus des korrekt erlassenen Gesetzes" im Sinne dieser Trennung.

menschlichen Freiheit begründet und insoweit als Dienstleistung unter aus Freiheit Gleichen verstanden wird. Insofern findet menschliches Dasein seine Sinnbestimmung im umfassenden Sinne nicht mehr vor, sondern es bedarf der Stiftung dieses Sinns durch den Menschen selbst.

Diese Überlegungen nehmen ihren Ausgang bei der Kennzeichnung des Ausgangspunktes menschlicher Erkenntnis. Auf diese Weise soll deutlich werden, dass die fragliche Sinnbestimmung von ihrem allerersten Ausgangspunkt an durch das Fehlen jeglicher vorgängiger Bestimmung und insoweit auch vorgängiger teleologischer Bestimmung gekennzeichnet ist. Vor diesem Hintergrund wird dann auf die Begründung politischer Herrschaft bei Cusanus eingegangen werden. Zuvor ist allerdings noch eine kurze Vorbemerkung in methodischer Hinsicht angebracht: Denn bekanntlich hat sich Nikolaus von Kues nicht ex professo zu ethischen Fragen geäußert. Wenn dennoch von Ethik und Politik bei Cusanus die Rede ist, legitimiert sich diese Auffassung methodisch mit einer Reihe von Texten aus dem gesamten Werk des Kardinals einschließlich der Predigten. Insofern wird davon ausgegangen, dass Cusanus in seinem Denken insgesamt im Sinne mittelalterlicher Intellektualität ansprechbar ist, wie sie ihre Gestalt in der Universität erfährt und entwickelt.[53]

Wie also kennzeichnet Cusanus den Ausgangspunkt der Erkenntnis, und zwar sowohl in subjektiver als auch in objektiver Hinsicht? In subjektiver Hinsicht geht es um das konjekturale Verständnis menschlicher Erkenntnis bei Cusanus. Im Besonderen steht dabei seine Feststellung zur Diskussion, dass es sich bei einer *coniectura* um eine bejahende Behauptung handelt, die zur Wahrheit selbst im Verhältnis von Andersheit und Teilhabe steht (*positiva assertio in alteritate veritatem, uti est, participans*[54]). Diese Kennzeichnung sei hier gedeutet als „subjektive Selbstgewissheit der Vernunft oder Wahrheit": Insofern der konjekturale Charakter besagt, dass menschliche Erkenntnis von behauptender Natur sei, ist der relationale Charakter der Erkenntnis angesprochen: Erkenntnis stellt als solche ein Verhältnis dar, das vom Erkannten selbst verschieden ist. Wenn Erkenntnis als diese Beziehung zugleich „positiven" Charakter besitzt, ist damit ihre Gewissheit zum Ausdruck gebracht: Erkenntnis basiert darauf, dass sie ihrer Natur nach vom Erkennenden bejaht wird und insoweit gewiss ist. Demgemäß ist jede einzelne Erkenntnis begleitet von der Bejahung ihres Zieles als Erkenntnis, d.h. ihrer Wahrheitsintention. Da sie allerdings lediglich in dieser Intention, aber nicht bereits dem tatsächlichen Ergebnis nach bejaht sein kann, wenn anders Irrtum ausgeschlossen wäre, ist sie zwar subjektiv, aber nicht schon objektiv gewiss, d.h. tatsächlich wahr. Im Ergebnis heißt das: Menschliche Erkenntnis steht gemäß ihrer Vernunftbestimmtheit von vornherein im Verhältnis zur Wahrheit, d.h. zur zu erkennenden Sache, sie ist aber zugleich, soweit es ihre subjektive Seite betrifft, von dieser

---

[53] Näher dazu Krieger [Anm. 1], bes. S. 446-452.
[54] Nikolaus von Kues: Mutmaßungen. Lat.-dt., übers. u. mit Einf. u. Anm. hrsg. v. J. Koch u. W. Happ (Schriften des Nikolaus von Kues in deut. Übers. H. 17). Hamburg 1971, I c. XI n. 57.

Sache als der Wahrheit sowohl im Sinne des betreffenden Anspruchs wie der Realität nach verschieden. Historisch betrachtet macht Cusanus auf diese Weise das nach traditioneller Auffassung in jeder Erkenntnis zwar vollzogene, aber nicht ausdrücklich gesetzte Wissen um das eigene Erkennen zum expliziten Ausgangspunkt der Erkenntnis.[55]

Inwieweit entspricht das Gegenstandsfeld der Erkenntnis dieser subjektiven Selbstgewissheit der Vernunft als dem Ausgangspunkt der Erkenntnis? Inwieweit geht Cusanus also von besonderen Annahmen über den Gegenstand menschlichen Erkennens aus? Der Zusammenhang, an dem er seine betreffende Auffassung zum Ausdruck bringt, betrifft seine Überlegungen zum Intellekt als Quelle menschlicher Erkenntnis. Cusanus hebt dabei dessen Unabhängigkeit und Ursprünglichkeit hervor. Demgemäß kann der Intellekt für Cusanus ohne weitere Hilfe das Urteil hervorbringen, dass jegliches sei oder nicht sei (*quodlibet est vel non est*).[56] Danach besteht am Anfang der Erkenntnis also folgende Alternative: Entweder wird angenommen, dass es ein jegliches gibt, oder aber es wird angenommen, dass es jegliches nicht gibt. Fällt die Entscheidung für die erstgenannte Alternative aus, steht am Ausgangspunkt der Erkenntnis somit die Annahme, dass es Jegliches im Sinne eines Vorkommnisses gibt. Der Form nach, d.h. ihrem hypothetischen Charakter nach, entspricht diese Annahme der zuvor skizzierten subjektiven Gewissheit. In objektiver Hinsicht unterstellt Cusanus am Ausgangspunkt der Erkenntnis die Unbestimmtheit und Bestimmbarkeit des Erkenntnisgegenstandes.

Die bisherigen Überlegungen galten dem subjektiven und dem objektiven Ausgangspunkt der Erkenntnis überhaupt, und dieser Ausgangspunkt hat sich als die subjektive Selbstgewissheit der Vernunft sowie die Annahme der Unbestimmtheit und Bestimmbarkeit des Erkenntnisgegenstandes erwiesen. Im Sinne der intendierten Untersuchung des Cusanischen Verständnisses praktischer Erkenntnis liegt es nahe, jetzt zu eben dieser Untersuchung im engeren Sinne überzugehen. Dazu bietet sich an, den Ausgang bei der betreffenden Prinzipienerkenntnis zu nehmen. Cusanus nimmt dazu zum einen in *De mente* Stellung. In seiner Kennzeichnung der grundlegenden Bedingungen menschlicher Erkenntnis macht er deutlich, auf der einen Seite mit Aristoteles davon

---

[55] Spaemann, Robert: Bürgerliche Ethik und nichtteleologische Erkenntnis, in: Reflexion und Spontaneität: Studien über Fénelon. Stuttgart ²1990, S. 69: „Man wird nicht sagen dürfen, die alte Philosophie sei unreflektiert gewesen. Aber für ihre Art der Reflexion ist die scholastische Unterscheidung einer Reflexion im vollzogenen Akt und im ausdrücklich gesetzten Akt [...] kennzeichnend. Alle Erkenntnis ist insofern reflektiert, als ich mich in ich immer auch unausdrücklich selbst als Erkennenden weiß."

[56] Nikolaus von Kues: Kompendium (Kurze Darstellung der philos.-theol. Lehren). Lat.-dt., übers. u. mit Einl. u. Anm. hrsg. v. B. Decker u. K. Bormann (Schriften des Nikolaus von Kues in deut. Übers. H. 16). Hamburg 1982, XI n. 36: *Intellectus enim non dependet ab aliquo, ut intelligibilia intelligat, et nullo alio a se ipso indiget instrumento, cum sit suarum actionum principium. Intelligt enim hoc complexum: ‚quodlibet est vel non est,' sine aliquo instrumento seu medio.* Eine weitere Erwähnung dieses Urteils findet sich in: Die Jagd nach der Weisheit XIII n. 38.

auszugehen, dass der menschliche Geist über keine apriorischen Erkenntnisgehalte verfügt, sondern diese allein aufgrund von Erfahrung gewinnt. Auf der anderen Seite verfügt der Geist aber „von Natur aus über eine ihm anerschaffene Urteilsfähigkeit" (*mens nostra habet sibi concreatum iudicium, sine quo proficere nequiret*). Zur Begründung verweist Cusanus auf die Erfahrung, „dass der Geist in uns spricht und urteilt, dies sei gut, dies gerecht, wie er uns ebenso tadelt, wenn wir vom Rechten abweichen" (*experimur spiritum in mente nostra loquentem et iudicantem hoc bonum, hoc iustum, hoc verum, et nos reprehendentem, si declinamus a iusto*). Diese Rede und dieses Urteil, so Cusanus, „hat der Geist niemals erlernt, sondern sie bzw. es ist ihm angeboren" (*Quam loquelam et quod iudicium nequaquam didicit, sed sibi connatum est*).[57]

Im Blick auf diese Stellungnahme kann festgehalten werden, dass Cusanus zum einen praktische Vernunft in ihrer Wirksamkeit beschreibt: Insofern diese über das Gute und die Gerechtigkeit urteilt und die betreffenden Abweichungen tadelt, gibt sie ebenso die Richtung des menschlichen Handelns vor, wie sie dies im normativen Sinne tut. Zweitens macht Cusanus deutlich, dass die menschliche Vernunft dies in ursprünglicher und spontaner Weise tut. Damit unterscheidet sich Cusanus in seinem Verständnis des Moralischen insoweit von Ockham, als erstgenannter dessen Normativität nicht auf den göttlichen Willen, sondern im ursprünglichen Sinne auf die menschliche Vernunft zurückführt.

In vergleichbarer Weise argumentiert Cusanus in einer 1457 in Brixen gehaltenen Predigt. In diesem Zusammenhang stellt er zugleich eine Verbindung zwischen der angesprochenen Vernunfterkenntnis und dem Naturrecht her. Im Besonderen benennt der Kardinal den menschlichen Geist als den Ursprungsort des natürlichen Gesetzes, und er legt dessen praktischen Sinn dar: Dieser Sinn zeigt sich in dem Grundsatz der Unterscheidung von Gut und Böse sowie in dessen normativer Natur: „Dieses Gesetz zeigt auf, dass moralisch Gutes von moralisch Schlechtem zu unterscheiden ist, sowie, dass Gutes zu wählen ist" (*Ostendit etiam lex illa mores bonos differe a malis et bonos eligendos*). Insoweit reflektiert diese Predigt die Begründung der moralischen Differenz in ihrem Gehalt und in ihrer Form in Parallele zum zuvor analysierten Text. Hinzu tritt der Hinweis, dass der praktische Grundsatz seine Weitergabe im Modus praktischen

---

[57] Nikolaus von Kues: Der Laie über den Geist. Lat.-dt., mit einer Einl. v. G. Santinello, neu übers. u. mit Anm. hrsg. v. R. Steiger (Schriften des Nikolaus von Kues in deut. Übers. H. 21). Hamburg 1995, IV, nn. 77-78: *In hoc igitur Aristoteles videtur bene opinari animae non esse notiones ab initio concreatas, quas incorporando perdiderit. Verum quoniam non potest proficere, si omni caret iudicio, sicut surdus numquam proficeret, ut fieret citharoedus, postquam nullum de harmonia apud se iudicium haberet, per quod iudicare posset an profecerit, quare mens nostra habet sibi concreatum iudicium, sine quo proficere nequiret. Haec vis iudiciaria est menti naturaliter concreata, per quam iudicat per se de rationibus, an sint debiles, fortes aut concludentes. [...] Nam clare experimur spiritum in mente nostra loquentem et iudicantem hoc bonum, hoc iustum, hoc verum, et nos reprehendentem, si declinamus a iusto. Quam loquelam et quod iudicium nequaquam didicit, sed sibi connatum est.*

Wissens einschließt: „Es gehört zu diesem Wissen (vom Naturgesetz), es denen, mit denen man zusammenlebt, einsichtig und wirksam zu machen" (*et est docilis, eo quod intellecta familiaribus suis scit esse revelanda*).[58] Insofern gibt Cusanus in der Predigt zusätzlich zu der genannten Begründung noch die seiner eigenen konkreten Predigttätigkeit.

Wie gelangt Cusanus über die bisher betrachtete Begründung des Moralischen in seiner Ursprünglichkeit und Normativität hinaus zu dessen inhaltlicher Bestimmung? Vor dem Hintergrund entsprechender Ausarbeitungen an anderer Stelle[59] sei dazu zusammenfassend so Stellung genommen: Cusanus betrachtet die Goldene Regel im Sinne einer Handlungsbedingung als zentrale Bedingung der Gerechtigkeit und diese als zentrale Tugend. Auf diese Weise begrenzt der Kardinal die ethische Betrachtung im Besonderen auf den zwischenmenschlichen Bereich. Insofern zeigt sich eine enge Verknüpfung von Ethik und Politik im Verständnis des Cusanus. Ansonsten bleibt die Frage nach wahrhaft menschlichen Zielen insoweit außer Betracht, als diese jedenfalls nur in dem Maße beurteilt werden, wie sie mit der Bedingung der Goldenen Regel nicht in Einklang stehen. In der Sache stellt Cusanus eine anthropologisch begründete Verbindung zwischen dem Zusammenhang von Gerechtigkeit und Gleichheit auf der einen Seite und der Goldenen Regel auf der anderen Seite her: Die Gerechtigkeit ist insoweit anthropologisch begründet, als mit ihr das zwischenmenschliche Verhältnis unter dem Gesichtspunkt der Gleichheit angesprochen wird. Der Mensch ist von Natur aus auf das Zusammenleben mit anderen angewiesen und ausgerichtet. Darin sind sich die Menschen gleich. Insofern ist das Leben in einer Gemeinschaft in dem Maße gerecht, wie es sich an der Gleichheit der Menschen orientiert. Die Festlegung des konkreten Handelns steht unter der Voraussetzung der Anerkennung der Gerechtigkeit als des vorrangigen moralischen Guten, und sie erfolgt nach Maßgabe der Goldenen Regel. Deswegen garantiert im Ergebnis die Beachtung der Goldenen Regel das gerechte und damit das moralisch gute Handeln.

In historischer Hinsicht führt Cusanus damit das Verständnis des Naturrechtes in folgender Weise fort: Im Blick auf Thomas von Aquin ist in diesem Zusammenhang zunächst anzusprechen, dass dieser die Goldene Regel insoweit zum Naturrecht zählt, als darunter die Grundregelungen sozialer Beziehungen gefasst sind, und dass Thomas insoweit mit dem bereits in der Patristik und in der Frühscholastik gegebenen

---

[58] Nicolai de Cusa: Sermo CCXXII, in: Nicolai de Cusa, Opera omni iussu et auctoritate Academiae Litterarum Heidelgergensis. Bd. 20. Hamburg 2005, n. 70 *[...] Adam positus fiut in via verae iustitiae [...] eo ipso, quod creatus fuit et adeptus rationalem spiritum, in ipso spiritu naturalem legem scilicet viam iustitiae repperit, quae lex est, ut Deus agnitus veneraretur. Ostendit etiam lex illa mores bonos differre a malis et bonos eligendos, scilicet alteri non facere, quod ipse non vult pati, et est docilis, eo quod intellecta familiaribus suis scit esse revelanda.*

[59] Vgl. Krieger, Gerhard: Freiheit und Gleichheit – Die Idee sittlicher Selbstbestimmung in Spätmittelalter und Neuzeit, in: Markus Kremer/ Hans-Richard Reuter (Hrsg.): Macht und Moral – Politisches Denken im 17. und 18. Jahrhundert. Stuttgart 2007, S. 72-91.

Verständnis übereinstimmt.⁶⁰ Darüber hinaus betrachtet Thomas das Naturrecht bekanntlich als den Inbegriff jener Forderungen, die der Mensch kraft seiner Vernunft als Verpflichtungen im Hinblick auf sein Endziel erkennt, und dazu gehören nicht nur Forderungen in Bezug auf den Mitmenschen, sondern ebenso in Bezug auf sich selbst und in Bezug auf Gott.⁶¹ Cusanus führt diese beiden Hinsichten im Verständnis des Naturrechts insoweit zusammen, als er die letztgenannte Bedeutung begrenzt auf den Aspekt der Begründung der Normativität und damit im Vergleich zu Thomas die zielorientierende Bedeutung des Naturrechtes in inhaltlicher Hinsicht unbeachtet lässt. In Bezug auf die erstgenannte Bedeutung des Naturrechtes, d.h. unter dem Aspekt der Goldenen Regel vollzieht Cusanus insoweit eine Änderung gegenüber Thomas, als er entsprechend dem Verzicht auf inhaltliche Zielbestimmungen die Goldene Regel im Sinne einer Handlungsbedingung versteht, diese weiter als zentrale Bedingung der Gerechtigkeit ansieht und letztgenannte schließlich als anthropologisch begründete zentrale Tugend begreift. Im Ergebnis hält Cusanus damit auf der einen Seite an der moralischen Begründungsfunktion des Naturrechts fest, gibt aber auf der anderen Seite dessen inhaltliche Bedeutung auf, soweit diese über das Feld sozialer Beziehungen hinausreicht. Dementsprechend bleibt, wie noch zu zeigen ist, die inhaltliche Bedeutung des Naturrechts im Zusammenhang der Begründung politischer Herrschaft auf den funktionalen Aspekt begrenzt.

Die dargelegte Bedeutung der Goldenen Regel bringt Cusanus in zugespitzter Weise in der bereits angesprochenen Predigt zum Ausdruck. In diesem Zusammenhang fasst er die Goldene Regel als den Inbegriff der moralischen Differenz. Zugleich erläutert er auf diese Weise das Bild des auf den Weg der Gerechtigkeit gestellten Adam: Ziel und Gutes ist die Gerechtigkeit, der Weg dorthin, d.h. die Realisierung der Gerechtigkeit, erfolgt durch die Beachtung der Goldenen Regel.⁶² Damit wird zugleich dem Grundsatz der moralischen Differenz in seiner Vernunftsursprünglichkeit entsprochen, insofern sowohl die Verfolgung des Ziels der Gerechtigkeit als auch deren Realisierung nach Maßgabe der Goldenen Regel kraft der Einsicht des menschlichen Geistes erfolgen. Schließlich ist in eben dem Maße, in dem die Goldene Regel zentrale moralische Handlungsbedingung und Inbegriff des praktischen Wissens ist, dieses seinerseits moralische Handlungsbedingung.

Mit den vorangegangenen Überlegungen zur inhaltlichen Bestimmung des moralischen Handelns hat sich die Verbindung zwischen Ethik und Politik im Denken des Cusanus ergeben. Insofern kann jetzt auf dessen Begründung der politischen Herrschaft im engeren Sinne eingegangen werden. Zuvor sei aber noch eine kurze Bemerkung zum Zusammenhang zwischen moralischer und religiöser Betrachtung bei Cusanus gemacht. Als Gegenstand legt sich dazu die Verbindung nahe, die der Kardinal wiederum in

---

⁶⁰ Thomas von Aquin: Sth I-II 94, 4 ad 1.
⁶¹ Zu diesem zweifachen Verständnis des Naturrechts vgl. Pesch [Anm. 17], S. 568-571.
⁶² Vgl. Anm. 32.

einer Predigt, diesmal aus dem Jahre 1441, zwischen der an Gott gerichteten Vergebungsbitte und der Goldenen Regel herstellt.[63] Cusanus bringt in diesem Zusammenhang die Goldene Regel im religiösen Bereich zur Anwendung, und er gibt ihr eine spezifisch christliche bzw. religiöse Begründung. Auf diese Weise vollzieht er auf der einen Seite eine Trennung von Religion und Politik. Auf der anderen Seite entwirft er aber für den religiösen Bereich keine Sondermoral. Der Sache nach gilt hier der gleiche Grundsatz wie im nicht-religiösen Feld, wenn auch die Begründung eine spezifisch religiöse ist. Damit begreift Cusanus das Verhältnis von Politik und Religion im Ergebnis nicht eigentlich im Sinne einer Trennung als vielmehr im Sinne der Unterscheidung zwischen sachlicher Einheit und, modern gesprochen, gesellschaftlicher Differenzierung der genannten Bereiche.

Die Überlegungen zur Cusanischen Herrschaftsbegründung im engeren Sinne beziehen sich dem Text nach auf das Prooemium zum dritten Buch von De concordantia catholica. In Bezug auf die historische Einschätzung dieses Textes schließen sich die vorliegenden Überlegungen, wie bereits betont wurde, an die betreffende Auffassung von Gregorio Piaia an. Nach dessen Auffassung greift Cusanus auf den ‚Defensor pacis' des Marsilius zurück, weil der betreffende Teil des genannten Werkes „als ein entscheidend aristotelisches Stück angesehen wurde, und das heißt als ein philosophisch-wissenschaftliches Stück, dessen objektive Gültigkeit durch die päpstliche Verurteilung des marsilischen Werkes nicht kompromittiert zu sein schien"[64].

Der Sache nach vertritt Cusanus im angesprochenen Text gemäß der Auffassung von Piaia „die These von der Notwendigkeit des consensus, um das Gesetz und die Regierung zu legitimieren [...]. Dieser consensus gründet sich auf die von Natur aus gegebene Gleichheit und auf die Freiheit der Menschen und hat als Hintergrund eine hierarchische Vision des Universums und der Gesellschaft." In dieser sachlichen Sicht stimmt Cusanus auf der einen Seite mit Marsilius darin überein, dass Konsens die Grundlage von Gesetz und Herrschaft bildet. Auf der anderen Seite unterscheidet sich Cusanus von Marsilius darin, dass er über den Konsens hinaus auf Natur verweist. Daraus erklärt sich nach der hier in Betracht gezogenen Auffassung weiter „die auffallende Divergenz [...] in der Behandlung des Themas des ‚Törichten' [im Zusammen-

---

[63] Nicolai de Cusa: Sermo XXIV, in: Nicolai de Cusa, Opera omnia. Bd. XVI. Hamburg 1991, n. 39: *In hoc sancto „Pater noster", in quo omne, quod nobis necessarium est, una doctrina comprehensum est, nihil aliud invenimus, quod facere debeamus, quam in hoc articulo, ubi ponitur „sicut nos facimus debitoribus nostris". Ideo hic omnes leges Christi, quas exsequi debemus, complicantur, hoc est: ‚dimittere'. Christus docet nos, Deum nobis non aliter dimittere nisi ‚nos dimittimus'. Ibi nota legem Christi esse, ut „aliis facias, sicut tibi fieri vis". Hoc indicant verba: ‚Dimitte nobis debita nostra, sicut et nos dimittimus debitoribus nostris'. [...] et Deus eum vult a te liberatum esse [a debito], sicut et tibi videtur bonum tibi esse Deum tale tibi facere, quod non vis facere debitori tuo.*

[64] Piaia, Gregorio: Marsilius von Padua († um 1342) und Nicolaus Cusanus († 1464): Eine zweideutige Beziehung?, in: Klaus Kremer, Klaus Reinhardt: Nikolaus von Kues als Kanonist und Rechtshistoriker. Trier 1998, S. 171-193, hier: S. 190.

hang des angesprochenen Textes]; denn dieser muss ‚von Natur aus' zustimmen, sich von dem, der höhere Gaben besitzt, regieren zu lassen"[65].

Soweit die Auffassung, über die hinausgehend die hier vertretene These entwickelt werden soll. Zunächst sei die Differenz in historischer Hinsicht beschrieben: Cusanus weicht nicht darin von Marsilius ab, dass er der Herrschaft eine anthropologische Grundlage gibt und damit zwar über diesen hinausgeht, doch durchaus in dessen Linie bleibt. Vielmehr transzendiert Cusanus den Rahmen der marsilischen Betrachtung, indem er zweierlei tut. Erstens hat Herrschaft für Cusanus in Übereinstimmung mit Marsilius darin eine naturale Grundlage, dass sie die Organisation des menschlichen Zusammenlebens zum Zwecke der Existenzsicherung der Mitglieder ist bzw. zur Aufgabe hat. Darüber hinaus gibt es für Cusanus im Unterschied zu Marsilius Herrschaft, weil wir sie wollen, d.h. weil wir ihr als in Freiheit Gleiche zustimmen.

Der Sache nach ergeben sich damit in zwei Punkten Differenzen zwischen Marsilius und Cusanus, die beide den allgemeinen Konsens als Grundlage von Herrschaft betreffen: Der erste Punkt liegt in der Differenz in Bezug auf das Verhältnis des Konsenses zum göttlichen Willen. In diesem Punkte unterscheidet sich Cusanus insoweit von Marsilius, als dieser von einer grundsätzlichen Harmonie zwischen menschlichem Konsens und göttlichem Willen ausgeht,[66] während Cusanus diese Übereinstimmung vom Ergebnis her legitimiert, damit also, „dass die Menschen offensichtlich erkannt haben, dass Zusammengehörigkeit zu ihrem Nutzen beiträgt"[67]. Gemäß dieser Differenz vermag Cusanus ebenfalls den bei Marsilius fehlenden Gedanken des Naturgesetzes[68] aufzugreifen und im Sinne des Rechtes jedes Lebewesens auf Existenzsicherung zu interpretieren.[69] Denn insofern dieser Gedanke etwa bei Thomas gerade anthropologische und moralische Betrachtung im Zusammenhang entwickelt und zur Geltung bringt, kann Cusanus diesen Gedanken aufgreifen, da er den angesprochenen Zusammenhang ebenfalls – wenn auch in der skizzierten, von Thomas sich unterscheidenden Weise – zu fassen vermag, während

---

[65] Ebd., S. 184.
[66] Marsilii de Padua: Defensor pacis, hrsg. v. R. Scholz. Hannover 1932-33, I, 9 § 2: *est principatuum institucio, que scilicet ab humana mente immediate provenit, licet a Deo tamquam a causa remota, qui omnem principatum terrenum eciam concedit [...] quod tamen non est immediate semper, quinimo ut in pluribus et ubique quasi hoc statuit per hominum mentes*
[67] Nicolai de Cusa: De concordantia catholica, hrsg. v. G. Kallen, in: Nicolai de Cusa, Opera omnia. Bd. XIV, n. 270: *Divina quidem superadmiranda ac omnibus gratiose collata lege apertum est, ut intelligerent homines maxime eorum utilitati consoliditates conferre.*
[68] Vgl. dazu den in Anm. 43 genannten Beitrag von H. Hamilton-Bleakley.
[69] Nicolai de Cusa: De concordantia catholica [Anm. 67], n. 268: *Naturalia quidem iura cunctas humanas considerationes et antecedunt et ad omnia illa principia sunt. Omni autem generi animantium primum a natura tribuitur, ut tueatur se, corpus vitamque, declinet nocitura, acquiratque necessaria [...] Quare ad hoc, ut quaelibet essentia sit, habet connata ad hoc principia, instinctum, appetitum aut rationem. Ex quo evenit secundum naturarum diversitatem varia esse media propter esse et conservari naturaliter instinctui inedita.*

das bei Marsilius nicht der Fall ist. Jedenfalls stellt Cusanus nicht nur die Übereinstimmung zwischen menschlichem Konsens und göttlichem Willen bzw. Gesetz fest, sondern ebenso zwischen menschlichem Konsens und dem natürlichen Recht eines jeden Lebewesens auf Existenzsicherung.[70]

Die Annahme liegt nahe, dass sich diese Differenz mit dem zweiten Unterschied zwischen Cusanus und Marsilius erklärt, der Rückbindung des Konsenses an Freiheit. Insofern diese nämlich Einsicht in die innere Notwendigkeit des Handelns ist, liegt es nahe, die Übereinstimmung des allgemeinen Konsenses mit natürlichem Gesetz und göttlichem Willen im Ergebnis des kraft menschlicher Freiheit bzw. dieses Konsenses zustande kommenden Handelns zu sehen, soweit dieses Ergebnis anthropologisch vorgezeichnet ist. Den Nachweis der so verstandenen Freiheit als Grund des allgemeinen Konsenses führt Cusanus im Blick auf das Thema des ‚Törichten' und die Frage der Zustimmung zur Herrschaft aus dessen Unterlegenheit, wobei als Beispiel das im traditionellen Verständnis ganz von Willkür bestimmte Verhältnis von Vater und Sohn dient. Die entscheidenden Feststellungen in diesem Zusammenhang sind zwei, wobei die erste folgendermaßen lautet: „Nicht Natur macht den Unterlegenen, sondern der Mangel an Uneinsichtigkeit. Ebenso wird man nicht durch Entlassung frei, sondern durch Disziplin. Daher ist Esau frei geboren und zum Sklaven gemacht worden, Josef wurde in die Sklaverei verkauft und zur Herrschaft auserwählt" (*Non ergo natura servum facit, sed insipientia, nec manumissio liberum, sed disciplina. Denique Esau liber natus est et servus factus, Ioseph venditus in servitutem est et electus ad potestatem*).[71] Insofern begründet sich Unterlegenheit nicht natural, sondern funktional, d.h. aufgrund von Einsicht in eine sachliche Notwendigkeit: „Die Törichten sind notwendigerweise zu Sklaven der Weisen geworden, da sie sich nicht selbst regieren konnten."[72]

Herrschaft, verstanden als Unterwerfung unter das der Existenzsicherung der Gemeinschaft und ihrer Mitglieder dienende Gesetz und die betreffende Obrigkeit, beruht demnach auf der Einsicht in das Zusammenleben in einer Gemeinschaft als die notwendige äußere Bedingung unserer Existenz. Zweitens basiert Herrschaft auf der willentlichen Zustimmung der Mitglieder einer Gemeinschaft. Denn dem Notwendigkeitscharakter, d.h. der Normativität dieser Bindung, liegt die freiwillige Unterwerfung zugrunde (*alligabatur illi necessitati voluntaria subiectio propter*

---

[70] Ebd., n. 270: *Quoniam [...] dum communi consensu res pro conservatione rei publicae tractantur, maior pars populi, civium aut heroicorum a recta via ac pro trempore utili non deficiet.*

[71] Ebd., n. 272.

[72] Ebd., n. 273: *licet ex necessitate insipientes, quia se ipsos regere non poterant, servi sapientum effecti sunt* (Der Text findet seine unmittelbare Fortsetzung im Text der folgenden Anm.)

necessitatem)⁷³. So gesehen beruht Herrschaft auf der Anerkennung und Übernahme sowohl der inneren und als auch der äußeren Bedingtheit unserer Existenz. Herrschaft versteht sich damit im Sinne des Cusanus zusammengefasst als Dienstleistung unter aus Freiheit Gleichen.⁷⁴

---

⁷³ Ebd.: *tamen alligabatur illi necessitati voluntaria subiectio propter necessitatem.*
⁷⁴ Bertelloni [Anm. 45], S. 345, hebt im Blick auf die in den Blick genommenen Ausführungen des Nikolaus hervor, dass dieser „seine Konstruktion der *civitas* hauptsächlich auf einen Naturalismus gründet, der die politische Natur des Menschen nicht teleologisch, sondern historisch versteht." Der Sache nach dürfte diese Deutung mit der hier vorgetragenen insoweit übereinstimmen, als es die funktionale Begründung von Herrschaft betrifft. Den Aspekt der Freiheit als letzten oder ersten Grund der Herrschaft spricht Bertelloni nicht an.

Anhang

Autorinnen, Autoren und Herausgeber

Asadeh Manuela ANSARI M. A.
Theologische Fakultät Trier
Lehrstuhl für Philosophie I
Universitätsring 19
54296 Trier

Tina BODE
Friedrich-Schiller-Universität Jena
Historisches Institut
Fürstengraben 13
07743 Jena

Prof. Dr. Norbert BRIESKORN SJ
Kaulbachstr. 31 a
80539 München

Prof. Dr. Geneviève BÜHRER-THIERRY
Université de Paris-Est, Marne la Vallée
EA 3350 - Analyse Comparée des Pouvoirs
Cité Descartes-5, bd Descartes
F-77454 Marne-la-Vallée Cedex 2

Univ.-Prof. Dr. Rolf DARGE
Institut für Philosophie an der
Kath.-Theol. Fakultät der Universität Salzburg
Franziskanergasse 1
A-5020 Salzburg

Dr. Philippe DEPREUX
Université Limoges / Institut universitaire de France
Faculté des Lettres et des Sciences humaines
39^E, rue Camille Guérin
F-87036 Limoges Cedex

Prof. Dr. Gerhard DILCHER
Johann Wolfgang Goethe-Universität Frankfurt/M.
Institut für Rechtsgeschichte
Senckenberganlage 31
60325 Frankfurt/M.

Dr. Kristina DOMANSKI
Aeussere Baselstrasse 145
CH-4125 Riehen

Daniel FÖLLER
Johann Wolfgang Goethe-Universität
Historisches Seminar
Grüneburgplatz 1
60323 Frankfurt am Main

Prof. Dr. Hans-Werner GOETZ
Universität Hamburg
Fakultät für Geisteswissenschaften
Historisches Seminar
Von-Melle-Park 6
20146 Hamburg

Dr. Robert GRAMSCH
FSU Jena
Historisches Institut
Fürstengraben 13
07743 Jena

Dr. Johannes Klaus KIPF
Ludwig-Maximilians-Universität
München
Institut für deutsche Philologie
Schellingstr. 3
80799 München

Prof. Dr. Hermann KLEBER
Universität Trier
FB II, Romanistik
Universitätsring 15
54286 Trier

Prof. Dr. Wendelin KNOCH em.
Am Kistner 5
45527 Hattingen

Katrin KÖHLER M. A.
Graduiertenkolleg „Generationenbewusstsein und Generationenkonflikte
in Antike und Mittelalter"
Fischstr. 5-7
96045 Bamberg

Gabriele KÖSTER
Kulturhistorisches Museum Magdeburg
39104 Magdeburg

Prof. Dr. Gerhard KRIEGER
Theologische Fakultät Trier
Lehrstuhl für Philosophie I
Universitätsring 19
54296 Trier

Prof. Dr. Dorothea KULLMANN
University of Toronto
St. Michael's College
81 St. Mary Street
CAN-Toronto, Ontario
M5S 1J4

Prof. Dr. Régine LE JAN
Université de Paris
1-Panthéon-Sorbonne
17 rue de la Sorbonne
F-75005 Paris

Beatrice MICHAELIS M. A.
Humboldt-Universität Berlin
Zentrum für transdisziplinäre
Geschlechterstudien
Hausvogteiplatz 5-7
10117 Berlin

Prof. Dr. Claudine MOULIN
Universität Trier
Lehrstuhl für Ältere deutsche
Philologie
Universitätsring 15
54296 Trier

Dr. Sabine OBERMAIER
Johannes-Gutenberg-Universität Mainz
FB 05 - Deutsches Institut
55099 Mainz

Dr. Klaus OSCHEMA
Universität Bern
Historisches Institut
Länggassstrasse 49
CH-3000 Bern 9

Dr. Leah OTIS-COUR
chargé de recherche au CNRS
Université Montpellier I
UMR 5815 Dynamiques du Droit
39, Rue de l' Université
F-34060 Montpellier Cedex

Mag. Dr. Claudia RESCH
Österreichische Akademie der
Wissenschaften
Sonnenfelsgasse 19/8
A-1010 Wien

Prof. Dr. Rüdiger SCHNELL
Universität Basel
Lehrstuhl für Deutsche Philologie
Nadelberg 4
CH-4051 Basel

Dr. Simone SCHULTZ-BALLUFF
Ruhr-Universität Bochum
Germanistisches Institut
44780 Bochum

Prof. Dr. Kurt SMOLAK
Universität Wien
Institut für Klassische Philologie
Dr.-Karl-Lueger-Ring 1
A-1010 Wien

Georg STRACK M. A.
Ludwig-Maximilians-Universität
München
Historisches Seminar
Schellingstr. 12
80799 München

Dr. Francesca TASCA DIRANI
via Borgo Palazzo, 10
I-24125 Bergamo

Silke WINST
Universität Göttingen
Seminar für Deutsche Philologie
Käte-Hamburger-Weg 3
37073 Göttingen

Personenverzeichnis

Abilant	115
Adalbold, Bischof	231
Adam von Bremen	318
Adelheid	220, 236
Adolf von Nassau, Erzbischof	179
Aegidius (Hlg.) (= Gilles)	413
Aegidius Romanus, Erzbischof	140, 525
Aelred von Rievaulx	120, 371, 517, 527
Agnes Bernauer	447
Agnes von Poitou	236
Agnes, Kaiserin	22
Alberti, Leon Battista	521
Albertus Magnus	394, 522, 525, 539
Albrecht III. von Bayern	447
Albrecht von Eyb	487, 528
Alessandro III, Papst	337, 340
Alessio	339
Alexander d. Große	349-351, 451
Alexander von Roes	484
Alkuin	222
Alphonse II, comte de Provence	261, 263
Ambrosius	89, 224
Amerbach, Bonifacius	501
Amerbach, Johann	492, 497, 501-503, 507
Angelo Clareno	331
Anonimo di Laon	334f., 338, 340
Ansgar, hl., karol. Missionar, Erzbischof	318
Anthoni	450
Apollo	109
Aribo, Erzbischof	231, 233
Aripert, König	27

Aristoteles	141, 371f., 386-393, 395, 397, 399, 401, 516f., 521f., 524, 527, 533, 535-538, 540-543, 547, 550f.
araldisti	331
Arnaldo da Brescia	330
Arnulf, König	21, 303
Augustinus	88-90, 224, 344, 372, 398f., 502, 539
Augustus (Gaius Octavius)	482, 517
Azor S.J., Johannes	251
Baldassare Rasini	476, 482, 486
Bämler, Johann	442, 444f., 449-451, 453, 457
Barbara Löffelholz	447
Barbaro, Francesco	499
Bartholus	254
Baudouin (de Boulogne)	114f.
Baudouin (IV le Lépreux)	115
Baudouin de Sebourc (Balduin II. von Bourg)	115
Baudouin I., König	411, 418, 420-422
Beatrix	201
Beatus Rhenanus	492, 500
Beckmann, Otto	497, 503-505, 508
Bellarmin, Robert	249
Bernaldus von Konstanz	238, 240f., 243
Bernard-Aton vicomte de Nîmes	259
Bernhard von Clairvaux	119-126, 371
Bernard von Italien	228
Berno, Bischof von Mâcon	299
Bertha von Turin	33, 236
Bertrand du Guesclin	411f., 425f.
Bertuin von Malonne, Bischof	26
Boethius	65, 74, 76, 397, 398, 403
Boethius von Dacien	394-407, 536f.
Bohémond	112
Bon, Bartolomeo	160-162
Bon, Giovanni	160, 162
Bonifaz VIII., Papst	85f., 91-94, 248, 252
Boso, Bischof von Lausanne	298, 300
Boso, Graf und Herzog	298, 300
Bracciolini, Poggio	497-499, 504, 507f.

Bruno von Braunschweig	234
Bullinger, Heinrich	205
Burchard, Bischof von Worms	47, 231
Caius Julius Antiochus Philopappos	516
Camerarius, Joachim d.Ä.	494
Caresini, Raffaino (Grußkanzler)	116, 152, 154
Cassiodor	520, 524, 537
Celtis, Konrad	72, 492, 496, 500
Charles d'Anjou	266
Chaucer, Geoffrey;	269, 526
Chevalerie Ogier de Danemarche	424
Childebert, König	25, 30, 32
Childerich, merowingischer König	99-101, 239, 241, 248-250
Christine von Lützelburg (Luxemburg)	450
Christoph Scheuerl	473f., 488f.
Cicero	83, 92, 255, 351, 368, 371, 493, 500, 516f., 539
Clemens VII., Papst	179
Corbaran	111f.
Cornumaran	117
Coudrette	440, 443, 449
Cozroh	299
Cuspinianus, Johannes	492
Daisenti, Pietro	157f., 160f.
Dandolo, Andrea, Doge	152-154, 160f.
Dante	52, 122, 533, 543f., 546, 548
David von Augsburg	140f., 287
Deschamps, Eustache;	524
Dietmar Maul von Meckbach	183
Dolcino	330
Dürer, Albrecht	506f.
Eberhard, Bischof	231
Eck, Johannes	504f.
Eglantine	450
Eilhart von Oberge	352f.
Einhard	146, 223
Elias	117
Elioxe	117
Enfances Vivien	425

Personenverzeichnis

Ennius	517
Ennodius von Pavia	89, 495, 508
Erasmus von Rotterdam	94, 131, 146, 492, 494, 496, 506f.
Erkanbald, Erzbischof	231
Ermengard	121
Ermoldus Niger	222f.
Ernst I. (Babenberger)	234
Ernst II., Herzog	233
Eucherius von Orléans, Bischof	27
Eustache (de Boulogne)	114
Falier, Marino, Doge	155
Fasani, Ranerio	152
Fastrada	236
Ficino, Marsilio	500f.
Fisica, Pietro	154-157, 160-162
Francesco Barozzi	477f., 483
Francesco da Barberino	137, 140, 148
Francesco Petrarca	151, 153, 161, 483, 491, 493
Franz von Assisi	331
Fredegunde, Königin	32
Freidank	135
Friedrich I. (Kaiser)	239, 485
Friedrich II. (Kaiser)	51, 239, 252
Fulgentius von Ruspe	508
Gaius Julius Cäsar	481-483
Gaius Plinius Secundus	83, 89, 94, 493
Galahot	363-384
Garsion	111f.
Gawan	345-347, 351, 361, 369f., 374
Geffroy	445, 453-457
Geiler von Kaysersberg, Johannes	192-194, 198-202
Gerhard von Schwarzburg, Bischof	181f.
Gerlach von Nassau, Erzbischof	183
Giacomo Can	477, 479, 482, 484, 489
Giacomo Ricci	478, 480, 484, 489
Gianmario Filelfo	475, 477, 485
Ginover	363-365, 367-370, 373-381
Gioacchino da Fiore	331
Giovanni della Casa	134, 138, 142, 147

Godefroy (de Bouillon)	110, 115
Gorm „der Alte", König	323
Gottfried von Straßburg	21, 278, 291f., 352, 355f.
Gozbald, Abt von Niederaltaich	304
Graindor de Douai	117
Gratian	240, 252
Gregor V., Papst	489, 506
Gregor VII., Papst	239f., 245f.
Gregor von Tours	19f., 29-32, 100
Gruato, Bartolomeo	163-165
Gruato, Domenico	159, 161-164
Gruato, Leonardo	163f.
Gruato, Nicoletto	159-164
Guðvēr	325
Guglielma la Boema	333
Guibert de Nogent	107f.
Guilhem VIII de Montpellier	260
Guillaume Fillastre d.J.,	510, 515, 524f.
Guntchram, König	30f.
Gyot	450f.
Harald Gormsson „Blauzahn", König	313, 323
Hartmann Schedel	477, 479
Hartmann von Aue	271, 357, 359-361
Hartung Germodi	180f., 183
Heinrich I. Plantagenêt	22, 26, 212, 228
Heinrich II.	217, 220, 229-233
Heinrich III.	233, 236
Heinrich IV.	33, 236, 239, 245f.
Heinrich von Breitenbach	180
Heinrich von Gent	407
Heinrich, Bischof	231
Hélène de Constantinople	409, 414
Heribert, Erzbischof	231
Hermann II., Herzog	230, 233
Hermann Ryman	179, 182
Hessus, Helius Eobanus	494
Hieronymus, Bischof von Lausanne	88f., 301, 502
Hinkmar von Reims	228
Hitto, Bischof von Freising	299
Hrabanus Maurus	56, 224, 226, 319

Hugo	
Hugo von St. Victor	19f., 27, 120f.
Hugues Capet	413, 425f.
Hutten, Ulrich von	492
Iarlabanki von TæbyR	316
Innozenz IV., Papst	240, 246f., 252
Irmingard	236
Irnerius	254
Isabeau de Bavière, König	513
Isidor von Sevilla	76, 225, 344, 359, 479
Isolde	278, 289-293, 352-356
Ivo von Chartres	121
Iwein	357-362
Jean d' Arras	442
Jean Juvénal des Ursins;	526f.
Johann Ohnefurcht, Herzog	513, 515, 529
Johann von Salisbury, Bischof	121, 517
Johann von Venningen	452
Johann Zeller	477f., 481
Johannes Bassianus	255
Johannes Dalberg	487
Johannes Gerson	193f., 198, 201f., 251, 524
Johannes Hartlieb	349, 451, 453
Johannes Herrgott	475, 477
Johannes Roth	477-479, 484
Johannes Ruysch	476
Johannes Ryman	179f., 182f.
Johannes Scottus Eriguena	224
Johannes VIII.	22
Johannes von Paris	250
Judith	236
Karl der Große	21, 27, 146, 221f., 226f., 236, 408, 413, 415-417, 424f., 485, 489
Karl der Dicke, Kaiser	300f.
Karl der Kahle, König	226-228, 298
Karl IV., Kaiser	144, 183f.
Karl VI., König	139, 513, 519
Karl VII., König	144, 515, 519

Karloman	228
Knut, König	21
Konrad I., König	26f., 212, 302f.
Konrad II.	229, 232-234
Konrad von Haslau	149
Kunigunde	229-236
Kurzmann, Andreas	429
Lampert von Hersfeld	22, 33
Lancelot	363-384
Laurent de Premierfait	528
Leonhard Langen	476, 478, 484
Leontorius, Konrad	497, 501-504, 507f.
Lion de Bourges	414, 417, 425, 426
Lorenzo	157, 162
Lorenzo Veneziano	157, 160-163
Lothar von Süpplingernburg	236
Lothar, König	236, 228
Ludwig das Kind, König	212, 302
Ludwig der Deutsche	21, 27, 221-223, 303f.
Ludwig der Fromme, Kaiser	222f., 226f., 297f., 298, 305, 408
Ludwig von Provence	228, 236
Ludwig von Wettin, Erzbischof	179
Ludwig, Herzog	513
Lupold von Bebenburg	183
Luther, Martin	206f., 505
Mahomed	109
Marescalco, Francesco	498
Margherita	330
Marie de Montpellier	261
Marsilius von Padua	534, 538, 546-548, 554-556
Martin von Troppau	485, 489
Mathias Richilius	487
Mathiolo Perusino	477, 479, 482f., 488
Maymbold, Bischof	299
Medici, Niccolò de'	498
Meinwerk, Bischof	231f.
Melusine	444-450, 453f.
Mieszko II., Herzog	233
Montaigne, Michel de;	520

Personenverzeichnis

Montanus, Jacobus, Spirensis	497, 505-508
Moro, Antonio	158
Moro, Lodovico	158
Moro, Luca	158
Moses	225-227
Mutianus Rufus, Konrad	492, 496
Negri, Francesco	493f.
Niccoli, Niccolò	497-499, 507
Niccolò di Pietro	157f., 160f., 163
Niklaus Meyer zum Pfeil	441
Nikolaus von Kues	533, 538, 540, 543, 545f., 548-557
Notker Balbulus von St. Gallen	23, 73, 221-223, 227
Odo von Saint-Maur-des-Fossés	305
Olivier le Daim	519
Osiander, Andreas	204
Otto I., Kaiser	32, 214f., 217, 236, 485
Otto III., Kaiser	143, 219, 484, 485, 489
Otto von Freising	48, 246
Paul van Baenst	488
Paulus Diaconus	27
Perotti, Niccolò	494
Peter of Aragon	261, 265
Peter von Blois	520, 523f.
Petrarca, Francesco	151, 153, 161, 483, 491, 493
Petrus Damiani	17
Petrus, Apostel	125, 241, 247
Peutinger, Konrad	492
Philipp II, August, König	261
Philippe de Mézières	139, 522f.
Pierre (l'Hermite)	
Pierre de Giac	519
Pilgrim, Erzbischof	231, 233
Pillius	255
Pippin, König	239, 249f.
Pirckheimer, Willibald	447, 492, 497, 504-508
Pisano, Vettor	155
Plinius, C. Caecilius Secundus	83, 89, 94, 478, 480, 482f., 493
Plutarch	137f., 516

Pompeius Trogus	478
Pomponius Mela	478, 483
Pons de Leras	340
Principles	109f., 112
Raoul de Caen	107
Ravagnani, Benintendi, Großkanzler	152-154, 160f.
Regino von Prüm	228
Reinerus Alemanicus	132-134, 146, 148
Reinhart	450
Reisach, Dietrich	500
Renaud de Châtillon	115
Renaut de Montauban	424
Rethar, Bischof	231
Reuchlin, Johannes	492, 500-502
Reymond	443-445, 447f., 450, 454f., 457
Richard von St. Victor	121
Richel, Bernhard	441f., 444f., 447, 449-453, 455-457, 471
Richenza	236
Robert de Blois	136
Robert de Flandre	113
Robert von Abrissel	49f.
Rudolf Losse	183
Rudolf von Rheinfeldn	22
Rudolf I., König	300f.
Rufinus von Bologna	242
Rustici, Censio de'	499, 507
Saladin	115f.
Sansovino, Jacopo	165, 175
Saxo Grammaticus	319
Scheurl, Christoph	473f., 488-490, 497, 503-505, 508
Sebastian Brant	132, 458
Seneca	493, 539
Sichar	30
Siegmund, Kaiser	480, 484
Simon de Montfort	257
Sorg, Anton	457
Stephan II., Papst	239-241, 484f.
Stephan Tempier	402, 406
Stephan von Tournai	241

Personenverzeichnis

Strozzi, Gianozzo	499
Suárez, Franz	249
Suetone	223
Tacitus	481f., 484
Tassilos III.	32
Thangmar	32
Thegan	21, 222f.
Theophanu	220, 235
Thierry von Chartres	400
Thietmar von Merseburg	21, 32f., 229
Thomas de Ammanatis	181
Thomas de Marle	113
Thomas Pirckheimer	481
Thomas von Aquin	242, 372, 386, 389-393, 395, 401-.404, 521, 533, 538-546, 552f., 555
Thomasin von Zirklaere	146, 148
Thorwi „Danebod", Königin	323
Thüring von Ringoltingen	440, 442-444, 449, 453, 455f.
Totila, König	480
Tristan	278, 289-291, 293, 352-356, 368
Tristan de Nanteuil	412-416
Ubertino da Casale	331
Ugo Sperone	331
Ulrich von Etzenbach	349
Urban VI.	179
Uriens	450f.
Valdesio di Lione	335f., 339, 342
Varus	482, 489
Veit, Graf	297f.
Venatorius, Thomas	487, 528
Wenzel I., König	179
Wilhelm von Ockham	533, 545f., 548, 551
Wilhelm von St. Thierry	121, 123
Wilhelm von Tyrus	410
Willehalm	347-349, 351
Willigis, Erzbischof	220, 231
Wimpfeling, Jakob	492

Wolfram von Eschenbach	277, 345-347
Wulfstan von York, Erzbischof	316
Zainer, Günther	457